Korinna Schönhärl

Wissen und Visionen

Theorie und Politik der Ökonomen im Stefan George-Kreis

WISSENSKULTUR UND GESELLSCHAFTLICHER WANDEL

Herausgegeben vom Forschungskolleg 435
der Deutschen Forschungsgemeinschaft
»Wissenskultur und gesellschaftlicher Wandel«

Band 35

Korinna Schönhärl

Wissen und Visionen

Theorie und Politik der Ökonomen im Stefan George-Kreis

Akademie Verlag

Gedruckt mit Unterstützung der Deutschen Forschungsgemeinschaft und des Landes Hessen.

Abbildung auf dem Einband: Totenmaske Stefan Georges, in: Boehringer, Robert, Mein Bild von Stefan George, Tafelband, 2. Aufl., Verlag Helmut Küpper vormals Georg Bondi, Düsseldorf und München 1967, S. 185.

Bibliografische Information der Deutschen Nationalbibliothek
Die Deutsche Nationalbibliothek verzeichnet diese Publikation in der Deutschen Nationalbibliografie; detaillierte bibliografische Daten sind im Internet über http://dnb.d-nb.de abrufbar.

ISBN 978-3-05-004635-8

Das eingesetzte Papier ist alterungsbeständig nach DIN/ISO 9706.

Satz: Korinna Schönhärl, Duisburg-Essen
Druck und Bindung: Druckhaus »Thomas Müntzer«, Bad Langensalza
Einbandgestaltung: Dorén + Köster, Berlin

Printed in the Federal Republic of Germany

Inhaltsverzeichnis

Danksagung

Die vorliegende Untersuchung ist die überarbeitete Fassung einer Studie, die im Rahmen des Frankfurter Sonderforschungsbereichs „Wissenskultur und gesellschaftlicher Wandel“ der Johann Wolfgang Goethe-Universität in Frankfurt am Main entstand und durch ihn bis zur Drucklegung gefördert werden konnte. Im Wintersemester 2008/09 wurde sie vom Fachbereich Philosophie und Geschichtswissenschaften als Dissertation angenommen.

Der Sonderforschungsbereich trat bereits in seine letzte Förderungsperiode, als das Projekt „Wissen und Visionen. Theorie und Politik der Ökonomen im Stefan George-Kreis“ dort beginnen konnte. Die DFG hatte das Forschungsvorhaben auf Grund eines Antrags bewilligt, der federführend von Tim Schuster bearbeitet worden war. Aber konnte das Projekt von einer Historikerin verwirklicht werden, die sich bisher kaum mit der Geschichte des ökonomischen Denkens in der Weimarer Republik beschäftigt hatte? Der Projektleiter Bertram Schefold traute mir diese Aufgabe zu. Für dieses Vertrauen, die vielen durchaus kontroversen Diskussionen mit ihm und seine stets bereitwillig gewährte Hilfe danke ich ebenso wie für die Vermittlung von Kontakten zu Zeitzeugen und George-Kennern, vor allem aus dem Umfeld der Stefan George-Gesellschaft. Ohne das Vorbild seiner gelebten Interdisziplinarität als „Universalgelehrter“ wäre diese Arbeit nicht möglich gewesen. Ebenfalls danke ich Werner Plumpe, der mir an seinem Lehrstuhl für Wirtschafts- und Sozialgeschichte und damit am Historischen Seminar der Johann Wolfgang Goethe-Universität Gastrecht gewährte und durch seine mit heiterer Ironie gepaarte analytische Strenge stets für die nötige Distanz zum Forschungsobjekt sorgte. Auch der Sprecher des Forschungskollegs Johannes Fried war nicht nur dank seines Interesses für Ernst Kantorowicz und die Georgeaner ein anregender Gesprächspartner, der mein Projekt unterstützte, wo er konnte. Andreas Fahrmeir schließlich danke ich sehr für die Übernahme des Drittgutachtens und die damit verbundene eingehende und konstruktive Kritik.

Danken möchte ich zudem allen denen, die durch ihr aufmerksames Zuhören, genaues Nachfragen und ihre Hinweise und Anmerkungen meine Begeisterung für das Thema immer wieder befeuert haben. An allererster Stelle steht Martin Lenz, der mich in allen Phasen der Arbeit unterstützt und ermutigt hat. Ein wichtiger Gesprächspartner in Frankfurt war Roman Köster, der zur gleichen Zeit ebenfalls über die Ökonomen der Weimarer Zeit forschte; Jan Hesse arbeitete derweil über die Entwicklung der deutschen Wirtschaftswissenschaften nach 1945. Unsere Gespräche über die philosophischen Probleme der Nationalökonomie und „unsere Spinner“ haben immer wieder neue Fragen aufgeworfen, überraschende Perspektiven eröffnet und so zum Weiterfragen motiviert; der Austausch über den Ratsch und Klatsch im Heidelberg des beginnenden 20. Jahrhunderts bot nicht nur die manchmal nötige Ablenkung, sondern gab uns die Möglichkeit, diese Wissenschaftler in den Umständen und dem Denken ihrer Zeit zu verorten. Philosophische Fragen durfte die Nicht-Philosophin mit Barbara Merker und Alexander Becker diskutieren, deren kritische Anmerkungen sehr hilfreich waren. Wolfgang Gebauer ist zu danken für die Unterstützung bei Problemen der Geldtheorie, bei denen der Historiker an seine Grenzen stößt. Christian Kleinerts sprachlicher Feinschliff darf ebenso wenig unerwähnt bleiben wie Christian Schmidts und Susanne

Rühles Hilfe bei den Korrekturen. Eine unschätzbare Hilfe waren die beiden engagierten studentischen Hilfskräfte Philipp Kratz und Daniel Wylegala. Ulrich Kloos und Elko Lerche sorgten im Hintergrund durch das effektive Management des Sonderforschungsbereichs für förderliche Arbeitsbedingungen, unter denen nicht nur diese Untersuchung gedeihen konnte.

Danken möchte ich außerdem den vielen Archivaren, bei denen ich mich als neugierige Besucherin immer willkommen fühlte und die die langen Wochen in Hamburg, Bern, Heidelberg, New York und London so angenehm und so ergiebig machten. Da unmöglich alle namentlich genannt werden können, möchte ich stellverstretend nur die überaus freundlichen und hilfsbereiten Teams im Stefan George-Archiv in Stuttgart sowie in der Handschriftenabteilung der Universitätsbibliothek Basel erwähnen.

Außerdem kann ich die „Zeitzeugen“ nicht unerwähnt lassen, die mir von „meinen“ Ökonomen berichteten und sich an Charakterzüge und Details erinnerten, die nirgends schriftlich überliefert sind. Vor allem sind zu nennen Julius Landmanns Schwiegertochter Annette Landmann, Edgar Salins Tochter Brigitte Bernard sowie Anton Föllmi als sein ehemaliger Schüler, der sich wissenschaftlich intensiv mit dem Werk seines Lehrers auseinandersetzt.

Der Abschied von Frankfurt ist mir nach drei intensiven Jahren dort nicht leicht gefallen und ich freue mich, das Ergebnis dieser spannenden Zeit nun vorlegen zu können.

Dieses Buch ist seinem begeistertstem Leser und Korrektor, meinem Vater Lothar Schönhärl, und meiner Großmutter Maria Mühlbauer gewidmet, von der wir beide Wissbegierde und Lebensfreude geerbt haben.

Essen, im Juli 2009

A. Fragestellung und Methodik

Beim anblick eines bildes der heiligen stätte

Du warst uns mehr als ahn und vater war
Als kindheitserde, als geminnte frau,
Mehr als der freunde lorbeerglühende schar
Mehr als des heimathimmels lichtes blau.

Du warst uns mehr als Heiland. Aus dir sprach
Des grauen anfangs stimme, und die hand
Die fest und lind in unsrer lag, sie brach
Mit hartem ruck das früheste ackerland.

Unter den blitzen deines adlerblicks
Ward tod zu leben, Götter blühten auf,
Unwillig kehrten räder des geschicks
Und nahmen den von dir bestimmten lauf.

Bleib bei uns, Herr, die ganze zeitennacht
Und wache mit uns in geheimem turm:
So wird zerreissend leiden süss und sacht
Und sterngetön des unterganges sturm.

Kurt Singer[1]

1. Problemstellung und Forschungsgegenstand

Diese adorierenden Zeilen richtete der Nationalökonom Kurt Singer an den symbolistischen Dichter Stefan George, der wie kaum ein anderer zu Beginn des 20. Jahrhunderts seine Zeitgenossen in seinen Bann zog. Singer, der nicht nur Wirtschaftswissenschaftler, sondern auch Platonforscher, Soziologe, Wirtschaftsjournalist und Japanologe war, teilte seine hingebungsvolle Verehrung für den Dichter mit zahlreichen Intellektuellen seiner Zeit: Die Germanisten Friedrich Gundolf und Max Kommerell, die Historiker Ernst Kantorowicz und Friedrich Wolters, der Romanist Ernst Robert Curtius und der Philosoph Walter Benjamin sind nur einige Beispiele für die vielen Akademiker, die sich von der faszinierenden Gestalt Stefan Georges angezogen fühlten und sich eine längere oder kürzere Phase ihres Lebens in seinem Umfeld bewegten. Das Gedicht gibt einen ersten Eindruck davon, wie weit die Ver-

1 Kurt Singer in SUB, NKS AII, 1,20. Mit „heilige Stätte" ist das Grab Stefan Georges in Minusio gemeint.

ehrung und der Enthusiasmus zuweilen gingen: Stefan George wurde für die Wissenschaftler und Künstler zu *dem* Orientierungspunkt, an dem sie ihr gesamtes akademisches und privates Leben ausrichteten. Sie verfassten Schriften nach seinen Vorschlägen und gemäß seiner Deutungsansätze, für die sie sich seine Zustimmung erhofften, so z.B. Kurt Singer sein Platon-Buch, das sich auf Anweisung Georges der im Kreis üblichen Platon-Deutung anschmiegte wie der neue Jahresring eines Baumes an die vorherigen.[2] Sie nahmen weite Reisen auf sich, um Zeit mit ihm verbringen zu können oder scheuten keine Kosten und keinen Organisationsaufwand, um ihn bei sich unterzubringen und zu verpflegen, sei es in Kiel, Baden-Baden oder Basel. Familiäre Verpflichtungen hatten dabei manchmal zurück zu stehen: „Du warst uns mehr als ahn und vater war". Sie brachen Freundschaften ab, die ihm nicht genehm waren, wie etwa das Ehepaar Landmann die mit dem Dichter Rudolf Borchardt. Sie nahmen Berufungen nur nach seiner ausdrücklichen Zustimmung an, so etwa Julius Landmann die nach Kiel oder Kurt Singer eine Gastprofessur in Tokio. In diesem Fall verließen sie willig „des heimathimmels lichtes blau", um seiner Weisung zu folgen. Sie machten den Dichter in jeder Hinsicht zum Mittelpunkt ihres Lebens, der stets berechtigt war, die „räder des geschicks" in die von ihm bestimmte Richtung umzulenken. Ein Dasein ohne ihn machte sie zu „blumen die im schatten sind", und deshalb „farblose blüten und verzweifelte arme" haben.[3]

Was den besonderen Zauber Georges ausmachte, der „zerreissend leiden süss und sacht" machte und „des unterganges sturm" in „sterngetön" verwandeln konnte, lässt sich schwer rekonstruieren, zumal es große individuelle Unterschiede gab. Die Bewunderung für seine Lyrik und die ureigene Betroffenheit durch seine Gedichte spielten für alle „Jünger" eine ausschlaggebende Rolle; daneben machte George aber auch im persönlichen Umgang einen überwältigenden Eindruck auf seine Umwelt, dessen Ursachen sich aus den überlieferten Erinnerungsbüchern und Gesprächsaufzeichnungen kaum befriedigend erklären lassen. Edgar Salin schrieb über seine Empfindungen bei der ersten Begegnung mit dem Dichter:

> „Der Betrachter stand erstarrt, auf den Fleck gebannt. Ein Hauch einer höheren Welt hatte ihn gestreift. Er wusste nicht mehr, was geschehen war, kaum wo er sich befand. War es ein Mensch gewesen, der durch die Menge schritt? Aber er unterschied sich von allen Menschen […] durch eine unbewusste Hoheit und durch eine spielende Kraft, so dass neben ihm alle Gänger wie blasse Larven, wie seellose Schemen wirkten. War es ein Gott, der das Gewühl zerteilt hatte und leichtfüssig zu anderen Gestaden enteilt war?"[4]

Aber es war wohl nicht nur Georges äußere Wirkung auf Menschen, die ihn auszeichnete. Er muss auch ein phantastischer Zuhörer gewesen sein, der dem einzelnen das Gefühl vermitteln konnte, in sein Innerstes zu blicken und ihm Impulse zu seiner Höherentwicklung geben zu können, wie die vielen Erinnerungen der „Jünger" an seine Gesprächsäußerungen belegen. Worin jedoch das eigentliche „Erweckungserlebnis" bestand, von dem die Geor-

---

2 Singer, Kurt, Beiträge zur Kenntnis Stefan Georges, Dezember 1960, handschriftliche Abschrift eines Originalmanuskripts von Singer, in: StGA, Singer I, 105, 22, vgl. 291.

3 Charlotte Salin an George am 15. 07.1926, StGA George III, 10861, vgl. 76.

4 SALIN, Edgar, Um Stefan George. Erinnerung und Zeugnis (1. Aufl. Godesberg 1948). 2. Aufl. München u. Düsseldorf 1954, 4.

geaner so oft und so dithyrambisch berichteten, muss den Nachgeborenen ein Mysterium bleiben.[5]

Bemerkenswert ist, dass die meisten Georgeaner Wissenschaftler waren und George einen substanziellen Einfluss auf ihre wissenschaftliche Tätigkeit unterstellten. Sie näherten sich ihm nicht nur als Verehrer seiner Lyrik oder als Privatleute auf der Suche nach Lebenssinn, sondern auch als Wissenschaftler, deren akademischer Arbeit er etwas Essentielles hinzufügen konnte. Diese Tatsache hat in der Forschung die Frage aufgeworfen, ob George auf die in seinem Umfeld entstandenen wissenschaftlichen Arbeiten in der Tat so stark einwirkte, wie die Selbstbeschreibung der Wissenschaftler dies nahe legt, und wie ein solcher Einfluss ausgesehen haben könnte.[6] Auf die Arbeiten eines Literaturwissenschaftlers wie etwa Friedrich Gundolf, an dessen Shakespeare-Übersetzungen George intensiv mitarbeitete, scheint sein Einwirken evident. Auch auf historische Studien wie Ernst Kantorowicz' Arbeit über Friedrich II.[7] kann man sich einen beträchtlichen Einfluss des belesenen und humanistisch gebildeten Dichters durch Rat und Kritik vorstellen. Weitaus weniger plausibel scheint auf den ersten Blick eine Beeinflussung der wirtschaftswissenschaftlichen Arbeiten in seinem Umfeld, weil er sich kaum für ökonomische oder wirtschaftspolitische Fragestellungen interessierte, nicht über Fachwissen in diesem Bereich verfügte und die zunehmende Ökonomisierung der Gesellschaft als Verfallserscheinung wertete. Die Beschäftigung mit ökonomischen Fragen schien George weder erstrebenswert noch von besonderem Interesse. Dennoch gelang es ihm, einige Ökonomen zu faszinieren und teilweise über seinen Tod hinaus an sich zu binden. Die Wirtschaftswissenschaftler selbst fühlten sich nicht nur durch seinen persönlichen Rat oder seine Lyrik bereichert, sondern sahen auch explizit einen Mehrwert für ihre wissenschaftliche Arbeit in der Beziehung zu ihm. Das Ziel der vorliegenden historischen Arbeit besteht darin, zu rekonstruieren, worin die Faszination Stefan Georges und seines Kreises für die Ökonomen unter seinen Anhängern lag[8], und wie das Wissen, das sie von ihm übernahmen, ihre wirtschaftswissenschaftliche Arbeit beeinflusste.[9]

Der George-Kreis kann begriffen werden als historisches Phänomen der „Krise der Moderne".[10] Die deutsche Gesellschaft zeigte am Ende des 19. und zu Beginn des 20. Jahrhunderts in vielen Bereichen massive Desintegrationstendenzen. Viele Menschen kamen mit

---

5 Vgl. RAULFF, Ulrich, Steinerne Gäste. Im Lapidarium des George-Kreises, in: Marbacher Magazin 121 (Das geheime Deutschland. Eine Ausgrabung. Köpfe aus dem George-Kreis) (2008), 5–33, 12ff.

6 Vgl. ZIMMERMANN, H.-J., Die Wirkung Stefan Georges auf die Wissenschaft. Ein Symposion. Heidelberg 1985; BÖSCHENSTEIN, Bernhard u.a. (Hrsg.), Wissenschaftler im George-Kreis. Die Welt des Dichters und der Beruf der Wissenschaft. Berlin [u.a.] 2005.

7 KANTOROWICZ, Ernst, Kaiser Friedrich der Zweite. Berlin 1927.

8 Diese Frage stellte zuerst SCHEFOLD, Bertram, Political Economy as 'Geisteswissenschaft' (Manuskript der Konferenz: In Search of the Secret Germany: Stefan George. His Circle and the Weimar Republic im Queens College, 2002), 6.

9 Der zweite Teil der Fragestellung greift diejenige des Frankfurter Sonderforschungsbereichs 435 „Wissenskultur und gesellschaftlicher Wandel" an der J. W. Goethe-Universität Frankfurt auf.

10 Die Bezeichnung George-Kreis wird dabei verwendet, obwohl nicht ausgeblendet werden kann, dass sie eine Homogenität und Geschlossenheit suggeriert, die tatsächlich nicht existierte, ja es wird sich zeigen, wie groß die Heterogenität zwischen den einzelnen Mitgliedern z.B. in Weltanschauungsfragen war. Vgl. KOLK, Rainer, Literarische Gruppenbildung. Am Beispiel des George-Kreises 1890–1945. Tübingen 1998, 4.

dem rasanten Tempo der Modernisierungen in den Bereichen der Technik, der Kommunikation, der Politik, der Familienverhältnisse und der gesellschaftlichen Hierarchien schlecht zurecht. Stefan Breuer spricht von den Problemen der „doppelten Modernisierung“: Die „einfache“ industrielle und gesellschaftliche Modernisierung habe in Deutschland verspätet eingesetzt und deshalb viele ihrer Vorteile noch nicht voll entwickelt, als bereits die Phase der „reflexiven“ Modernisierung, des Nachdenkens über diese Modernisierungsprozesse, angelaufen sei. Dementsprechend dominierte bei vielen Menschen eine skeptische Haltung, was zur Orientierungslosigkeit breiter Schichten geführt habe.[11] Die Menschen fühlten sich ausweglos im „stahlharten Gehäuse“ der Industrialisierung und Rationalisierung gefangen, in dem es keine allgemeinverbindliche Sinnzuschreibung mehr gab. Die zunehmende Individualisierung schien den Einzelnen ganz auf sich zu stellen, ohne dass eine selbstbewusste Nation oder eine von allen gleichermaßen respektierte Religion im Dschungel der sich bekämpfenden Weltanschauungen eine unumstrittene Orientierung hätte bieten können.[12] Sinn und Bestimmung des Lebens eines jedes Einzelnen waren kontingent geworden.[13] Mannigfaltige Gruppen und Bewegungen entstanden, die dieses gefühlte Desiderat gerade für die junge Generation zu füllen versuchten, so die Jugendbewegung und der „Wandervogel“, aber auch intellektuelle Kreise wie die Münchner „Kosmiker“ um Ludwig Klages und Alfred Schuler.[14]

Der Erste Weltkrieg, dessen grausame Materialschlachten viele Intellektuelle als Kriegsfreiwillige und Soldaten in den Schützengräben erlebten, beendete die als statisch empfundene Kaiserzeit abrupt. Die anschließende Revolution, die die politischen Verhältnisse von einem Tag auf den anderen umkrempelte, verstärkte das Gefühl der Verunsicherung und Kontingenz.[15] War es vorher der Eindruck gewesen, im „stahlharten Gehäuse“ einer ratinonalisierten, formalisierten Moderne eingesperrt zu sein, so brachen die traditionellen Institutionen des Kaiserreichs nun plötzlich und für viele überraschend in sich zusammen. An ihre

---

11 BREUER, Stefan, Anatomie der konservativen Revolution. Darmstadt 1995, 15ff. Die Unterscheidung zwischen „einfacher“ und „reflexiver“ Modernisierung behandelt ausführlich GIDDENS, Anthony, Konsequenzen der Moderne. Frankfurt a. M. 1996, 59ff.

12 Georg Simmel, bei dem zahlreiche Georgeaner studierten, begriff die fehlende Setzung von Endzielen als eine wesentliche Bedingung der menschlichen Existenz und den Verlust der Verbindlichkeit von Religion als ein Grundproblem der Moderne, vgl. GRAF, Rüdiger, Die Mentalisierung des Nirgendwo und die Transformation der Gesellschaft. Der theoretische Utopiediskurs in Deutschland 1900–1933, in: Wolfgang HARDTWIG und Philip CASSIER (Hrsg.), Utopie und politische Herrschaft im Europa der Zwischenkriegszeit. München 2003, 145–173, 167.

13 Diese Zeitkritik findet sich bei zahlreichen Intellektuellen der Zeit, z.B. bei WEBER, Max, Wissenschaft als Beruf, in: Johannes WINCKELMANN (Hrsg.), Gesammelte Aufsätze zur Wissenschaftslehre. Tübingen 1988, 582–613.

14 Vgl. allgemein auch FAULSTICH, Werner (Hrsg.), Die Kultur der zwanziger Jahre (Kulturgeschichte des zwanzigsten Jahrhunderts). Paderborn 2008.

15 Allerdings verweist Rüdiger Graf darauf, dass der Erste Weltkrieg nicht in allen Aspekten ein Ende des Fortschrittoptimismus der Kaiserzeit bedeutete, sondern in manchen Kreisen auch nach 1918 ein Gestaltungsoptimismus und eine optimistische Zukunftsorientierung erhalten blieben, vgl. GRAF, Rüdiger, Optimismus und Pessimismus in der Krise – der politisch-kulturelle Diskurs in der Weimarer Republik, in: Wolfgang HARDTWIG (Hrsg.), Ordnungen in der Krise: Zur politischen Kulturgeschichte Deutschlands 1900–1933. München 2007, 115–140, 116f, 139. Ausführlicher in GRAF, Rüdiger, Die Zukunft der Weimarer Republik: Krisen und Zukunftsaneignungen in Deutschland 1918–1933. (Ordnungssysteme 24) München 2008.

Stelle traten neue demokratische Strukturen, die von vielen als instabil und einer „natürlichen" Ordnung entgegengesetzt erlebt und von zahlreichen Intellektuellen aus dem konservativen Lager rundheraus abgelehnt wurden. Die schwierige innen- und außenpolitische Situation verstärkte den intensiven Krisendiskurs in den Geisteswissenschaften, der sich mehr und mehr radikalisierte. In einer Übersteigerung der schon seit der einsetzenden Nietzscherezeption virulenten Kulturkritik[16] erklärten die „Mandarine" ihre Gegenwart zu einer Krise der Moderne insgesamt[17], während viele Jugendliche Halt und Orientierung in der bündischen Jugend suchten. Aus der radikal kulturkritischen Perspektive heraus schien es sinnlos, die Verhältnisse zu reformieren: Vielmehr hielten viele einen radikalen Neuentwurf[18] für nötig, um die Strukturdefekte der Moderne zu überwinden.

Einen solchen Versuch stellte der George-Kreis dar, den Stefan George in den Jahren nach 1900 um sich scharte. In einem konzentrischen Kreis elitärer Geistesaristokratie wollten die Georgeaner ihrer als desintegriert empfundenen Gegenwart das Ideal des „schönen Lebens", einer ästhetisch-heroischen Lebensform, gegenüberstellen.[19] Als Bewegung gegen Ordnungsverlust, gesellschaftliche Konflikte und innere Zerrissenheit schloss sich hier eine Gruppe von ausgewählten Mitgliedern zusammen, um durch das Erlebnis von Georges Lyrik ihr ganzheitliches Menschsein zu entwickeln und ihre ästhetischen und intellektuellen Potenziale unter der Führung des „Meisters" zu entfalten.[20] In der gestalttheoretischen Konzeption des Kreises sollte der „ganze Mensch" erfasst werden,[21] wobei man sich in einer elitären Haltung gegen die breite, ungebildete Masse abzugrenzen versuchte.[22] Dem entzau-

16 Die Auswirkungen der Nietzsche-Rezeption für die Geistesgeschichte untersucht SCHLAFFER, Heinz, Das entfesselte Wort: Nietzsches Stil und seine Folgen. München 2007.

17 Den Ausdruck verwendet RINGER, Fritz K., Die Gelehrten. Der Niedergang der deutschen Mandarine 1890–1933. Stuttgart 1983.

18 Überlegungen dieser Art gab es in der Weimarer Zeit sowohl von rechts als auch von links, z.B. Ernst Blochs Utopie einer sozialistischen Brüdergemeinde, vgl. GRAF (2003), Mentalisierung des Nirgendwo, 167ff. Allerdings versuchten die wenigsten Intellektuellen eine Umsetzung ihrer Utopien in der Realität wie diejenigen im George-Kreis.

19 KOLK (1998), Gruppenbildung, 9. Für Carola Groppe ist die elitäre wissenschaftliche Haltung des George-Kreises eine Reaktion auf das Anwachsen des Bildungssektors und der Studentenzahlen in der Weimarer Zeit, wodurch die alte Bildungselite ihren Anspruch auf Privilegien verloren habe. Die aristokratische Vorstellung von Wissenschaft im George-Kreis sei demgegenüber der Versuch, der breiten Masse den Zugang zur „wahren" Bildung, die nicht allein durch Lehre vermittelbar, sondern auch eine Frage der Berufung sei, abzusprechen und die eigene herausgehobene Stellung zu festigen (GROPPE, Carola, Konkurrierende Weltanschauungsmodelle im Kontext von Kreisentwicklung und Außenwirkung des George-Kreises: Friedrich Gundolf – Friedrich Wolters, in: Wolfgang BRAUNGART u.a. (Hrsg.), Stefan George: Werk und Wirkung seit dem „Siebenten Ring". Tübingen 2001, 265–282.

20 Klaus Landfried fasst zusammen: „So erscheint die Dichtung als ein Mittel, dem Menschen *Ganzheit* zu ermöglichen, die aus der Differenzierung seiner sozialen Rollen entspringende Entfremdung und ihre Kommunikationsprobleme zu überwinden." (LANDFRIED, Klaus, Stefan George – Politik des Unpolitischen (Literatur und Geschichte. Bd. 8). Heidelberg 1975, 159).

21 Vgl. z.B. BRAUNGART, Wolfgang, Ästhetischer Katholizismus. Stefan Georges Rituale der Literatur (Communicatio Bd. 15). Tübingen 1997, 182.

22 Den für die europäische Moderne allgemein typischen Affekt gegen die Masse beschreibt CAREY, John, Hass auf die Massen: Intellektuelle 1880–1939. Göttingen 1996. Die semantischen Veränderungen, die der Begriff der „Masse" in der Literatur seit dem 18. Jahrhundert durchmachte, untersucht jüngst GAMPER, Michael, Masse lesen, Masse schreiben: Eine Diskurs- und Imaginationsgeschichte der Menschenmenge

berten, sinnentleerten, zerrissenen Leben sollte ein mystisches, ganzheitliches, sinnerfülltes entgegengesetzt werden, der zunehmenden gesellschaftlichen Differenzierung ein Programm der bewussten Entdifferenzierung. Max Weber beschrieb diese Sehnsucht seiner intellektuellen Zeitgenossen treffend wie kein anderer:

> „Der Intellektuelle sucht auf Wegen, deren Kasuistik ins Unendliche geht, seiner Lebensführung einen durchgehenden ‚Sinn' zu verleihen, also ‚Einheit' mit sich selbst, mit den Menschen, mit dem Kosmos. Er ist es, der die Konzeption der ‚Welt' als eines ‚Sinn'-Problems vollzieht. Je mehr der Intellektualismus den Glauben an die Magie zurückdrängt, und so die Vorgänge der Welt ‚entzaubert' werden, ihren magischen Sinngehalt verlieren, nur noch ‚sind' und ‚geschehen', aber nichts mehr ‚bedeuten', desto dringlicher erwächst die Forderung an die Welt und ‚Lebensführung' je als Ganzes, daß sie bedeutungshaft und ‚sinnvoll' geordnet seien."[23]

Gerade diese Form der Einheit und Sinngebung stellte der George-Kreis für seine Mitglieder dar. Der Gedanke, durch das Modell einer solchen an der Antike orientierten Gemeinschaft die Gesellschaft als ganze verändern und ein *Neues Reich* schaffen zu können, trat bei den einzelnen Mitgliedern des Kreises verschieden stark in den Vordergrund.[24]

Die so gebotene Orientierung und Stabilität hatten die Nationalökonomen in besonderer Weise nötig, da es bereits vor dem Ersten Weltkrieg Stimmen gab, die das Fach als in der Krise befindlich beschrieben. Die Volkswirtschaftslehre wurde als akademisches Fach nicht nur von den Umbrüchen des Wissenschaftssystems seit dem Ende des 19. Jahrhunderts erfasst, wie sie Rainer Kolk und Carola Groppe beschrieben haben,[25] sondern die Situation war noch weitaus komplexer. Die Historische Schule der Nationalökonomie, die mit ihrem Deutungsansatz jahrzehntelang die Volkswirtschaftslehre unangefochten dominiert hatte, büßte zu Beginn des 20. Jahrhunderts diese herausgehobene Stellung mehr und mehr ein, um sie mit der Novemberrevolution endgültig zu verlieren. In der Zeit der Weimarer Republik mit ihren mannigfaltigen wirtschaftspolitischen Problemen gelang es in der Nationalökonomie jedoch nicht, ein neues, allgemein anerkanntes Paradigma zu etablieren und Wissen über die Wirtschaft zu stabilisieren, was bei vielen Ökonomen zu großer Verunsicherung führte. Manchen von ihnen schien in dieser instabilen Situation die Orientierung an Stefan

---

1765–1930. München 2007. Siehe außerdem auch MAKROPOULOS, Michael, Theorie der Massenkultur. München 2008.

23 WEBER, Max: Wirtschaft und Gesellschaft, in: WEBER, Max, Gesammelte Werke (Elektronische Ressource der Digitalen Bibliothek). Berlin 2001, 2360.

24 Die Vermutung liegt nahe, dass Max Weber auch an den George-Kreis dachte, wenn er schrieb: „Es ist das Schicksal unserer Zeit, mit der ihr eigenen Rationalisierung und Intellektualisierung, vor allem: Entzauberung der Welt, daß gerade die letzten und sublimsten Werte zurückgetreten sind aus der Oeffentlichkeit, entweder in das hinterweltliche Reich mystischen Lebens oder in die Brüderlichkeit unmittelbarer Beziehungen der Einzelnen zueinander. Es ist weder zufällig, daß unsere höchste Kunst eine intime und keine monumentale ist, noch daß heute nur innerhalb der kleinsten Gemeinschaftskreise, von Mensch zu Mensch, im pianissimo, jenes Etwas pulsiert, das dem entspricht, was früher als prophetisches Pneuma in stürmischem Feuer durch die großen Gemeinden ging und sie zusammen schweißte." (Weber (1988), 612).

25 KOLK (1998), Gruppenbildung, 9. GROPPE, Carola, Die Macht der Bildung. Das deutsche Bürgertum und der George-Kreis 1890–1933. Köln, Weimar u. Wien 2001.

George den Halt zu geben, nach dem sie sich sehnten. Im George-Kreis wurde eine Beschreibung der Gesellschaft konstruiert und semantisch stabilisiert, auf der sie mit ihrer ökonomischen Arbeit aufbauen konnten.[26] Hier wurden methodologische Richtlinien vorgegeben, an die sie anknüpfen konnten und die ihnen der Diskurs im eigenen Fach nicht vermittelte. Der George-Kreis absorbierte jene Unsicherheit, die die rasche Veränderung der Gesellschaft einerseits und die gefühlte Krisenhaftigkeit der Ökonomie anderseits hervorriefen und reduzierte diese durch Limitationalität, d.h. es wurden dem Denkmöglichen Grenzen gesetzt, die verhinderten, dass die Operationen „in die Leere eines ewigen Und-so-weiter“ ausliefen, sondern sie statt dessen produktiv machten.[27] Im Kontext des Kreises gelang, was in der ökonomischen Forschungslandschaft der Zeit nicht glückte: Unter der Leitung des „Meisters“ einigte sich eine Gruppe hervorragender Wissenschaftlern auf eine Beschreibung der Gesellschaft, die auf einem basalen ethisch-kulturkritischen Konsens basierte und die man gemeinsam nach außen kommunizierte.[28]

Die Anzahl der Nationalökonomen im Umfeld Georges ist beachtlich, wenn man die weiten Grenzen des Faches, wie die Zeitgenossen es verstanden, verwenden will. Um eine eingehende Untersuchung ihrer Werke und nachgelassenen Dokumente leisten zu können, muss die Untersuchung deshalb auf einige wenige Fallbeispiele eingeschränkt werden. Dazu wurden vier Ökonomen ausgewählt, die einerseits langjährigen Kontakt zu George und seinem Kreis hatten und sich in seinem Umfeld bewegten. Da es eine in welcher Form auch immer institutionalisierte Kreiszugehörigkeit nicht gab und differierende „Gruppierungsgrade“ angenommen werden müssen,[29] muss die „gefühlte“ Nähe der einzelnen „Jünger“ zum „Meister“ als Kriterium gelten: Die ausgewählten vier Ökonomen „fühlten“ sich als Georgeaner und beteuerten immer wieder den Einfluss Georges auf ihr Leben und Denken. Zum anderen wurden solche Wissenschaftler ausgewählt, die sich in ihrer wissenschaftlichen Arbeit mit dezidiert ökonomischen Fragestellungen beschäftigten, da die Abgrenzung der Ökonomie zu den Nachbarwissenschaften Geschichte, Staatsrechtslehre und insbesondere Soziologie zu Beginn des 20. Jahrhunderts gerade erst erfolgte. Die „Einheit der Sozialwissenschaften“, wie sie nach 1945 in der Bundesrepublik vermehrt diskutiert wurde, empfand man in der Weimarer Zeit noch nicht als Problem, auch wenn die Soziologie als eigenständige Fachrichtung langsam sichtbar wurde.[30] Die Zuordnung zu Lehrstühlen oder akademischen Stellen würde deshalb ins Leere gehen. Eine ganz Reihe von Georgeanern, die sich eher nebenher mit ökonomischen Fragestellungen beschäftigten, scheiden nach diesen Kriterien aus: So etwa Friedrich Wolters, der sich weniger als Ökonom, sondern eher als (Wirtschafts-) Historiker verstand.[31] Gleiches gilt für Eberhard Gothein, dessen Kontakt zu George insbesondere über seinen Sohn Percy zustande kam und dessen Werk erst vor kurzem in

---

26 SCHUSTER, Tim, Wissen und Visionen. Das Gesellschaftsbild des George-Kreises im Kontext des Krisendiskurses zwischen Kaiserreich und Weimarer Republik. (Manuskript Magisterarbeit). Frankfurt a. M. 2004, 19.

27 LUHMANN, Niklas, Gesellschaftsstruktur und Semantik. Studien zur Wissenssoziologie der modernen Gesellschaft. Bd. I. Frankfurt a. M. 1980, 40.

28 KOLK (1998), Gruppenbildung, 542.

29 Ebd., 109.

30 KÖSTER, Roman, Zwischen Theorie und Sozialphilosophie. Die Krise der Nationalökonomie in der Weimarer Republik (Manuskript Dissertation). 2008, 202f.

31 SCHEFOLD (2002), Political Economy, 16–20.

einer Monographie eingehend gewürdigt wurde.[32] Ebenso kann auf Robert Boehringer nicht näher eingegangen werden, der zwar Nationalökonomie studierte, jedoch nach Abschluss seiner Promotion vor allem in der Praxis tätig war und kaum ökonomische Arbeiten verfasste.[33] Bei Elisabeth Salomon, der späteren Frau von Friedrich Gundolf, liegen die Dinge ähnlich: Nach ihrer nationalökonomischen Dissertation[34] veröffentlichte sie nur noch einige Zeitungsartikel und Übersetzungen.[35] Ganz ähnlich liegt der Fall bei Rudolf Rahn.[36] Andererseits kann auch auf die große Zahl von Ökonomen nicht weiter eingegangen werden, die die Werke Georges kannten und schätzten und ihn möglicherweise auch einmal trafen, jedoch nie dauerhaft unter seinem Einfluss standen. Hier ist der Ökonom und Sozialwissenschaftler Wilhelm Andreae zu nennen, der zwar durch den Dichter beeinflusst wurde, aber vor allem als Schüler Otmar Spanns zu gelten hat.[37] Erwähnen könnte man auch Alexander Rüstow, der in seiner Jugend George sehr verehrte, ihm aber nie bestimmenden Einfluss auf sein Leben einräumte,[38] ähnlich wie Arnold Bergstraesser.[39]

Die Auswahl der Fallbeispiele fiel letzten Endes auf vier Nationalökonomen, an denen sich die Fragestellung paradigmatisch untersuchen lässt: Arthur Salz, ein Heidelberger Ökonomen, der nach 1933 in die USA auswanderte; Edgar Salin, der ebenfalls in Heidelberg studierte und 1927 einen Lehrstuhl in Basel annahm; der oben bereits erwähnte Wirtschaftsjournalist Kurt Singer, der 1931 eine Gastprofessur in Tokio antrat und von dort nicht mehr nach Deutschland zurückkehrte; und schließlich Julius Landmann, der als polnischstämmiger Schweizer bis 1927 in Basel lehrte, bevor er nach Kiel umzog.

---

32 MAURER, Michael, Eberhard Gothein (1853–1923). Leben und Werk zwischen Nationalökonomie und Kulturgeschichte. Köln, Weimar u. Wien 2007.

33 SCHEFOLD, Bertram, Robert Boehringer. Unternehmer und Helfer, Wissenschaftler und Dichter, in: Helmut KNÜPPEL u.a. (Hrsg.), Wege und Spuren. Verbindungen zwischen Bildung, Wissenschaft, Kultur, Geschichte und Politik. Festschrift für Joachim-Felix Leonhard. Berlin 2007, 579–593; SCHNEIDER, Wolfgang Christian, Staat und Kreis, Dienst und Glaube. Friedrich Wolters und Robert Boehringer in ihren Vorstellungen von Gesellschaft, in: Roman KÖSTER u.a. (Hrsg.), Das Ideal des schönen Lebens und die Wirklichkeit der Weimarer Republik. Vorstellungen von Staat und Gemeinschaft im George-Kreis. Berlin 2009, 97–122.

34 SALOMON, Elisabeth, Die Papierindustrie des Riesengebirges in ihrer standortmäßigen Bedingtheit (Über den Standort der Industrien, hrsg. von Alfred WEBER. Bd. 2, 5). Tübingen 1920.

35 ESCHENBACH, Gunilla und SCHÖNHÄRL, Korinna, Elisabeth Salomon in: Achim AURNHAMMER u.a. (Hrsg.), Stefan George und sein Kreis. Ein Handbuch zu Leben und Werk Stefan Georges, zu den Mitgliedern seines Kreises und zu dessen Wirkung. Voraussicht. 2010 (im Druck).

36 Seine Lebenserinnerungen: RAHN, Rudolf, Ruheloses Leben. Aufzeichnungen und Erinnerungen. Düsseldorf 1949.

37 HELBING, Lothar und BOCK, Claus Victor, Stefan George. Dokumente seiner Wirkung aus dem Friedrich Gundolf Archiv der Universität London (Publications of the Institute of Germanic Studies University of London 18), in: Castrum Peregrini, 111–113 (1964), 14; SEIDENFUS, Hellmuth Stefan, Wilhelm Andreae, in: Hans Georg GUNDEL, Peter MORAW und Volker PRESS (Hrsg.), Lebensbilder aus Hessen. Marburg 1982, 1–5.

38 Vgl. NEUMARK, Fritz, Deutsche Ökonomen des frühen 20. Jahrhunderts, in: Bertram SCHEFOLD (Hrsg.), Studien zur Entwicklung der ökonomischen Theorie. Bd. 7. Berlin 1989, 127–140, 137.

39 SCHMITT, Horst, Ein „typischer Heidelberger im Guten wie im Gefährlichen". Arnold Bergstraesser und die Ruperte Carola 1923–1936, in: Reinhard BLOMERT, Hans Ulrich EßLINGER und Norbert GIOVANNI (Hrsg.), Heidelberger Sozial- und Staatswissenschaften: Das Institut für Sozial- und Staatswissenschaften zwischen 1918 und 1958. Marburg 1997, 167–196.

2. Forschungsstand und Quellenbasis

Die vorliegende Arbeit versteht sich als eine historische, auch wenn die Thematik stellenweise in die Bereiche der Ökonomie, der Soziologie und der Philosophie übergreift. Diese Aspekte können jedoch nur in einem für den Historiker möglichen Rahmen verfolgt werden.

So kann es nicht darum gehen, in einem dogmenhistorischen ökonomischen Ansatz die Anknüpfungspunkte der georgeanischen ökonomischen Ideen für die heutige Ökonomie explizit herauszuarbeiten. Die germanistische Dimension des Themas muss ebenfalls weitgehend ausgespart bleiben, um eine zu weite Entfernung von der Fragestellung zu verhindern, obwohl keineswegs bestritten werden soll, dass die Untersuchung der Lyrik Georges Rückschlüsse auf seine Haltung in wirtschaftspolitischen und ökonomischen Fragen zulässt.[40] Georges eigene politische oder wirtschaftspolitische Haltung ist jedoch nicht Kerninteresse dieser Arbeit und wurde bereits anderweitig untersucht.[41] Hier ist insbesondere auf die Arbeit von Klaus Landfried zu verweisen, der Georges politische Überzeugungen analysiert.[42]

Zudem wurde George auch im Kontext der „Konservativen Revolution" untersucht und verortet,[43] wobei dieser Begriff ebenso wie der des „Neokonservativismus" seit Kurt Sontheimers Arbeit in den 60er Jahren[44] bis heute intensiv diskutiert wird.[45] Zu verweisen ist in

---

40 Der umgekehrten Frage nach der Rezeption ökonomischer Probleme in der Literatur widmet sich der Band SCHEFOLD, Bertram (Hrsg.), Studien zur Entwicklung der ökonomischen Theorie. Bd. XI. Berlin 1992. Allerdings steht hier nicht George im Vordergrund, sondern andere Dichter und Epochen (SCHEFOLD, Bertram, Spiegelungen des antiken Wirtschaftsdenkens in der griechischen Dichtung, 13–89; BINSWANGER, Hans Christoph, Goethe als Ökonom. Chancen und Gefahren der modernen Wirtschaft im Spiegel von Goethes Dichtung, 109–131; EISERMANN, Gottfried, Wirtschaft und Gesellschaft im klassischen französischen Roman, 133–190; RIETER, Heinz, Alfred Marshall und die viktorianische Kunst, 191–238; SCHERF, Harald, Die Rolle der Wirtschaft im deutschen Roman des 20. Jahrhunderts, 257–278).

41 Sein Verhältnis zum Nationalsozialismus in PETROW, Michael, Der Dichter als Führer? Zur Wirkung Stefan Georges im „Dritten Reich". Marburg 1995.

42 LANDFRIED (1975), George. Ein laufendes Forschungsprojekt zur Zeitkritik im Werk Georges an der Universität Bielefeld verspricht eine Vertiefung dieser Fragestellung, vgl. ANDRES, Jan, Gegenbilder. Stefan Georges poetische Kulturkritik in den „Zeitgedichten" des „Siebenten Ringes", in: George-Jahrbuch 6 (2006/07), 31–54.

43 MATTENKLOTT, Gert, Bilderdienst. Ästhetische Opposition bei Beardsley und George. 2. Aufl. Frankfurt a. M. 1985; STRODTHOFF, Werner, Stefan George: Zivilisationskritik und Eskapismus (Studien zur Literatur der Moderne. Bd. 1). Bonn 1976; BREUER, Stefan, Ästhetischer Fundamentalismus. Stefan George und der deutsche Antimodernismus. Lizenzausg. Darmstadt 1996; KARLAUF, Thomas, Stefan George: Die Entdeckung des Charisma. München 2007, 498ff.

44 SONTHEIMER, Kurt, Antidemokratisches Denken in der Weimarer Republik: Die politischen Ideen des deutschen Nationalismus zwischen 1918 und 1933. München 1962.

45 GAY, Peter, Die Republik der Aussenseiter: Geist u. Kultur in der Weimarer Zeit, 1918–1933. Frankfurt a. M. 1970; RINGER (1983), Mandarine; HERF, Jeffrey, Reactionary modernism. Technology, culture, and politics in Weimar and the Third Reich. Cambridge 1984; GUSY, Christoph (Hrsg.), Demokratisches Denken in der Weimarer Republik. Baden-Baden 2000; MOHLER, Armin und WEIßMANN, Karlheinz, Die konservative Revolution in Deutschland 1918–1932: Ein Handbuch. 6. Aufl. Graz 2005; STERN, Fritz Richard, Kulturpessimismus als politische Gefahr: Eine Analyse nationaler Ideologie in Deutschland. Stuttgart 2005; FRANKEL, Richard E., Bismarck´s shadow: The cult of leadership and the transformation of German right, 1898–1945. New York 2005; RETALLACK, James N., The German right: 1860–1920. London 2006; ROHKRÄMER, Thomas, A single communal faith? The German Right from Conservatism to National Social-

diesem Zusammenhang ferner auf die weitläufige Sekundärliteratur, die sich mit der „Krise“ der Moderne beschäftigt, nachdem Detlev Peukert die Zeit der Weimarer Republik schon Ende der 80er Jahre als *Krisenjahre der klassischen Moderne* gewertet hatte.[46] Die Literatur, die sich mit diesem Krisenbegriff auseinandersetzt, füllt mittlerweile Regale, sodass an dieser Stelle nur zwei Tagungsbände besonders herausgehoben werden sollen, die einen guten Überblick über die Entwicklung der Diskussion geben können: Zum einen der Ende der 80er Jahre erschienene Band *Kultur und Kulturwissenschaften um 1900. Krise der Moderne und Glaube an die Wissenschaft*, und der vor kurzem publizierte Band *Die ‚Krise' der Weimarer Republik. Zur Kritik eines Deutungsmusters.*[47] Der Vergleich der beiden Sammelbände erlaubt es, die Entwicklung der Diskussion um den „Krisen“-Begriff nachzuvollziehen: Im zweiten erscheint die „Krise“ weniger als Erscheinung der Realität, sondern vielmehr als Folge der sich verselbstständigenden Krisendiskurse.

Auf die biografischen Aspekte aus dem Leben Georges kann die Arbeit aufgrund der umfangreichen Sekundärliteratur weitgehend verzichten: Die erste deutschsprachige Biografie über den Dichter, die viel Material über Entstehung und Entwicklung seines Kreises enthält, veröffentlichte vor kurzem Thomas Karlauf.[48] Für die wissenschaftliche Auseinandersetzung bietet sie jedoch weniger Anknüpfungspunkte als die Dissertation von Carola Groppe, die aus erziehungswissenschaftlicher Sicht den George-Kreis insbesondere als Phänomen des deutschen Bildungsbürgertums deutet. Groppe widmet auch Landmann, Salin und Salz jeweils ein kurzes Kapitel ihrer Monografie, wobei sie jedoch eher an biografischen Details als an den Werken der Ökonomen interessiert ist.[49]

Das Interesse an den Wissenschaftlern im George-Kreis nahm, wie oben bereits erwähnt, seinen Anfang bereits in den 80er Jahren[50] und verstärkte sich in jüngster Vergangenheit.[51]

---

ism. New York 2007; BREUER, Stefan, Die Völkischen in Deutschland: Kaiserreich und Weimarer Republik. Darmstadt 2008; BECK, Hermann, The fatefull alliance: German conservatives and Nazis in 1933: the ‘Machtergreifung' in a new light. New York [u.a.] 2008.

46 PEUKERT, Detlev J. K., Die Weimarer Republik. Krisenjahre der Klassischen Moderne (Moderne deutsche Geschichte: Von der Reformation bis zur Vereinigung; in 12 Bänden, hrsg. von Hans-Ulrich WEHLER, Edition Suhrkamp, Neue historische Bibliothek. Bd. 9). Frankfurt a. M. 1987. Speziell zur Lage der Soziologie vgl. auch LICHTBLAU, Klaus, Kulturkrise und Soziologie um die Jahrhundertwende. Zur Genealogie der Kultursoziologie in Deutschland. Frankfurt a. M. 1996. Daneben sei auch verwiesen auf ROHKRÄMER, Thomas, Eine andere Moderne? Zivilisationskritik, Natur und Technik in Deutschland 1880–1933. Zürich 1999 und jüngst HARDTWIG, Wolfgang, Ordnungen in der Krise: Zur politischen Kulturgeschichte Deutschlands 1900–1933. München 2007.

47 VOM BRUCH, Rüdiger, GRAF, Friedrich Wilhelm und HÜBINGER, Gangolf (Hrsg.), Kultur und Kulturwissenschaften um 1900. Krise der Moderne und Glaube an die Wissenschaft. Stuttgart 1989; FÖLLMER, Moritz, GRAF, Rüdiger und PER, Leo (Hrsg.), Die „Krise“ der Weimarer Republik. Zur Kritik eines Deutungsmusters. Frankfurt u. New York 2005. Erwähnt sei außerdem FRITZSCHE, Peter, Landscape of Danger, Landscape of Design. Crisis and Modernism in Weimar Germany, in: Thomas W. KNIESCHE und Stephen BROCKMANN (Hrsg.), Dancing on the Volcano. Essays on the Culture of the Weimar Republic. Columbia 1994, 29–46 und BEẞLICH, Barbara, Wege in den „Kulturkrieg“: Zivilisationskritik in Deutschland 1890–1914. Darmstadt 2000.

48 KARLAUF (2007), Charisma. Einige Jahre zuvor erschien die erste Biografie Georges in englischer Sprache: NORTON, Robert Edward, Secret Germany. Stefan George and his circle. Ithaca [u.a.] 2002.

49 GROPPE (2001), Macht der Bildung.

50 ZIMMERMANN (1985), Symposion.

Dass Georges Apodikt „Von mir aus führt kein Weg zur Wissenschaft", wie Edgar Salin es überlieferte, nur im Kontext der Situation zu verstehen ist, in der es fiel,[52] und keine grundsätzliche Abneigung des Dichters gegenüber der Wissenschaft bedeutet, braucht hier deshalb nicht weiter bewiesen zu werden. Auch wenn in Georges Vorstellung die höchste Stufe der Erkenntnis der Kunst allein vorbehalten war, so galt ihm die wissenschaftliche Erkenntnis doch als zweite Stufe, der er ein genuines Recht zugestand.[53] Die vielen Publikationen, die sich mit den Wissenschaftlern im Kreis auseinandersetzen, belegen eindrücklich die mannigfaltigen Verbindungslinien zwischen ihm und der zeitgenössischen Wissenschaft.[54] Die Nationalökonomen des Kreises fanden dabei jedoch wenig Aufmerksamkeit, da einerseits ihre Bedeutung innerhalb des George-Kreises eher gering war, sie aber andererseits auch nicht zu den großen Namen der ökonomischen Dogmengeschichte gehören. Hinzu kommt, dass die Nationalökonomie der Weimarer Zeit als solche bisher nur unzureichend erforscht wurde.[55] Diese Lücke schließt die in Kürze erscheinende Dissertation von Roman Köster, die fundiert und detailreich die wichtigsten Strömungen der Wirtschaftswissenschaften von 1918–1933 untersucht.[56] Naturgemäß finden sich zu den georgeanischen Ökonomen, die für die großen Entwicklungslinien der Nationalökonomie in der Weimarer Zeit nur eine untergeordnete Rolle spielten, jedoch auch hier kaum mehr als einige Randnotizen. Kösters Monographie entlastet die vorliegende Arbeit jedoch von der Notwendigkeit, den Diskursen innerhalb der Nationalökonomie der Weimarer Zeit mehr Raum zu widmen als unbedingt nötig, sodass die Konzentration sich ganz auf das Verhältnis der Ökonomen zu George richten kann. Gleiches gilt für die Wirtschaftswissenschaften in der Zeit nach 1945, die Gegenstand der Habilitationsarbeit von Jan-Otmar Hesse sind, die ebenfalls in Kürze erscheint.[57]

---

51 SCHLIEBEN, Barbara, SCHNEIDER, Olaf und SCHULMEYER, Kerstin, Geschichtsbilder im George-Kreis. Gottingen 2004; BÖSCHENSTEIN (2005), Wissenschaftler im George-Kreis.

52 In der Auseinandersetzung mit Friedrich Gundolf, vgl. SALIN (1954), Um George, 49.

53 George benannte drei Stufen der Erkenntnis: „Drei sind der wisser stufen. Nur der wahn/ Meint dass er die durchspringt: geburt und leib./ Die andre gleichen zwangs ist schaun und fassen./ Die lezte kennt nur wen der gott beschlief." (GEORGE, Stefan, Der Stern des Bundes (Sämtliche Werke in 18 Bänden. Bd. 8). Stuttgart 1993, 95). Insbesondere Salin betonte: „George bestätige hierdurch die Notwendigkeit der Wissenschaft, wenn auch vielleicht in einer besonderen, lebendigen Form." (SALIN (1954), Um George, 249).

54 Vgl. auch KOLK (1998), Gruppenbildung.

55 Als einige der wenigen Arbeiten seien genannt NÖRR, Knut Wolfgang, SCHEFOLD, Bertram und TENBRUCK, Friedrich, Geisteswissenschaften zwischen Kaiserreich und Republik: Zur Entwicklung von Nationalökonomie, Rechtswissenschaft und Sozialwissenschaft im 20. Jahrhundert. Stuttgart 1994; KROHN, Claus-Dieter, Wirtschaftstheorien als politische Interessen. Die akademische Nationalökonomie in Deutschland 1918–1933 (Campus Forschung 226). Frankfurt a. M. [u.a.] 1981; JANSSEN, Hauke, Nationalökonomie und Nationalsozialismus. Die deutsche Volkswirtschaftslehre in den dreißiger Jahren (Beiträge zur Geschichte der deutschsprachigen Ökonomie 10). Marburg 1998; KURZ, Heinz D., Die deutsche theoretische Nationalökonomie zu Beginn des 20. Jahrhunderts zwischen Klassik und Neoklassik, in: Ökonomisches Denken in klassischer Tradition. Marburg 1998, 275–334.

56 KÖSTER (2008), Theorie und Sozialphilosophie.

57 HESSE, Jan-Otmar, Die Volkswirtschaftslehre der frühen Bundesrepublik. Strukturwandel und Semantik (Manuskript Habilitation). 2008; Vgl. außerdem den Sammelband ACHAM, Karl, NÖRR, Knut Wolfgang und SCHEFOLD, Bertram, Erkenntnisgewinne, Erkenntnisverluste: Kontinuitäten und Diskontinuitäten in den Wirtschafts-, Rechts- und Sozialwissenschaften zwischen den 20er und 50er Jahren. Stuttgart 1998.

Arbeiten zu den vier ausgewählten Ökonomen sind bisher spärlich.[58] Einzig zu Edgar Salin liegen einige tiefer gehende Untersuchungen vor, darunter eine Monografie über die soziologischen Aspekte seines Werkes[59], sowie die Arbeiten seiner Schüler Anton Föllmi[60] und Bertram Schefold, der die Methodendiskussion und das Verhältnis zu George untersucht.[61] Zu Kurt Singer fand im Jahr 1997 eine interdisziplinäre Konferenz statt, deren Ergebnisse als Tagungsband publiziert wurden.[62] Über Julius Landmann existiert eine unpublizierte biografische Diplomarbeit an der Universität Lausanne von Annette Baudraz.[63] Arthur Salz schließlich wurde in der Sekundärliteratur nur in einem einzigen Artikel von Johannes Fried ausführlicher gewürdigt, der zwar nur in Ansätzen auf sein ökonomisches Werk eingeht, dafür aber das Verhältnis zu George beleuchtet.[64] Das Forschungsdesiderat, das diese Arbeit füllen möchte, ist demgemäß eine genaue Untersuchung der Werke und Nachlässe der vier Ökonomen unter der Fragestellung, inwiefern sich in ihren Arbeiten ein Einfluss Georges bzw. des George-Kreises nachweisen lässt. Als Quellen werden dazu in erster Linie die publizierten Texte der vier Ökonomen herangezogen, die in großer Zahl vorliegen. Des weiteren wird die Korrespondenz der Ökonomen untereinander und mit anderen Mitgliedern des George-Kreises, zum Teil auch mit Kollegen außerhalb des Kreises, untersucht, die teilweise publiziert wurde, zum Großteil jedoch nur in den Archiven eingesehen werden kann. Die Nachlässe der vier Ökonomen, soweit sie in verschiedenen Archiven der Öffentlichkeit zugänglich sind, enthalten daneben auch unpublizierte Schriften, Tagebücher, Personalakten und andere biografische Dokumente, die so weit wie möglich ausgewertet wur-

---

58 Nur ein Aufsatz von Bertram Schefold befasst sich – in aller Kürze – mit allen vieren, vgl. SCHEFOLD (2002), Political Economy.

59 SCHMITT, Hubert Ralph, Der soziologische Aspekt im Denken und Werk von Edgar Salin: Edgar Salin als Kultur-, Literatur- und Wirtschaftssoziologe. Diss. Würzburg. 1987.

60 FÖLLMI, Anton, Edgar Salin – sein Leben und Denken, in: Georg KREIS (Hrsg.), Zeitbedingtheit – Zeitbeständigkeit. Professoren-Persönlichkeiten der Universität Basel. Basel 2002, 75–95; FÖLLMI, Anton, Edgar Salin – Aspekte aus seinem Leben und Denken. Vorlesungsskript, Senioren Universität Basel. Februar 2004 (aktualisiert im April 2006).

61 SCHEFOLD, Bertram, Nationalökonomie als Geisteswissenschaft – Edgar Salins Konzept einer Anschaulichen Theorie, in: List Forum für Wirtschafts- und Finanzpolitik 18, 1–4 (1992), 303–324; SCHEFOLD, Bertram, Nationalökonomie und Kulturwissenschaften, in: Knut Wolfgang NÖRR, Bertram SCHEFOLD und Friedrich Tenbruck (Hrsg.), Geisteswissenschaften zwischen Kaiserreich und Republik: Zur Entwicklung von Nationalökonomie, Rechtswissenschaft und Sozialwissenschaft im 20. Jahrhundert (aus den Arbeitskreisen „Methoden der Geisteswissenschaften" der Fritz-Thyssen-Stiftung). Stuttgart 1994, 215–242; SCHEFOLD, Bertram, Edgar Salins Deutung der „Civitas Dei", in: Barbara SCHLIEBEN, Olaf SCHNEIDER und Kerstin SCHULMEYER (Hrsg.), Geschichtsbilder im George-Kreis: Wege zur Wissenschaft. Göttingen 2004, 209–247; SCHEFOLD, Bertram, Edgar Salin and his Concept of "Anschauliche Theorie" ("Intuitive Theory") during the Interwar Period, in: Annals of the Society for the history of economic thought 46 (2004, Dezember), 1–16; SCHEFOLD, Bertram, Die Welt des Dichters und der Beruf der Wissenschaft, in: Bernhard BÖSCHENSTEIN u.a. (Hrsg.), Wissenschaftler im George-Kreis. Berlin u. New York 2005, 1–34.

62 ESCHBACH, Achim u.a. (Hrsg.), Interkulturelle Singer-Studien: Zu Leben und Werk Kurt Singers. München 2002.

63 BAUDRAZ, Annette, Julius Landmann (1877–1931). Législateur du Prince. Mémoire de licence universite de Lausanne (als Manuskript). Lausanne 1997.

64 FRIED, Johannes, Zwischen „Geheimem Deutschland" und „geheimer Akademie der Arbeit". Der Wirtschaftswissenschaftler Arthur Salz, in: Barbara SCHLIEBEN, Olaf SCHNEIDER und Kerstin SCHULMEYER (Hrsg.), Geschichtsbilder im George-Kreis: Wege zur Wissenschaft. Göttingen 2004, 249–302.

den. Daneben wird auch auf die Erinnerungsbücher bzw. -schriften einzugehen sein, die verschiedene Mitglieder des Kreises verfassten, auch die Ökonomen. Diese Quellengattung ist jedoch mit Vorsicht zu behandeln, da hier Dichtung und Wahrheit oft eng miteinander verflochten sind. In Fortsetzung dieser Problematik zeichnet sich ein Teil der aktuellen Sekundärliteratur über den George-Kreis durch starke Polarisierungen aus: Manche Autoren polemisieren gegen George und die hierarchische Struktur seines Kreises, indem dem Dichter oder seinen „Jüngern“ psychische Defizite unterstellt werden, indem das homoerotische Moment zum ausschließlichen Interpretationsmuster hochstilisiert wird, oder indem der Kreis eindimensional als Vorläufer und Wegbereiter des Nationalsozialismus verstanden wird. Daneben besteht eine verklärende Tradition, eine „Innensicht“, die bemüht ist, Vorwürfe und Makel vom „Meister“ und seinen „Jüngern“ fernzuhalten und sämtliche Befunde in einer für die Georgeaner honorablen Weise zu deuten, wobei das implizite Ziel darin besteht, ein Stück des „schönen Lebens“ aus dem George-Kreis in die Gegenwart hinüber zu retten. Nur wenigen Schriften gelingt es, einen halbwegs neutralen Weg zwischen diesen beiden Extrempositionen zu gehen. Die vorliegende Arbeit unternimmt diesen Versuch mit Hilfe eines systemtheoretischen Ansatzes.

3. Theoretischer Ansatz

Die oben beschriebene „Krise der Moderne“ lässt sich in einer systemtheoretischen Deutung beschreiben als Folge der zunehmenden funktionalen Ausdifferenzierung der vormals traditionellen, stratifikatorisch differenzierten Gesellschaft Europas. Während noch im Mittelalter alle Bereiche der Gesellschaft einem übergeordneten Sinnzusammenhang, der Religion, untergeordnet waren, differenzierte sich die Gesellschaft seit dem 17. und 18. Jahrhundert, insbesondere im Rahmen der Aufklärung, in die Systeme der Wirtschaft, der Politik, der Religion, der Kunst und der Wissenschaft. Diese autopoietischen Systeme funktionierten jeweils nach ihrer eigenen Codierung und jedes von ihnen erfüllte eine bestimmte Funktion für die komplexer werdende Gesellschaft. Sie waren nicht mehr hierarchisch angeordnet, sondern entwickelten sich gleichberechtigt nebeneinander. Diese Entwicklung beschleunigte sich am Ende des 19. und zu Beginn des 20. noch einmal immens, ohne dass man bereits über Semantiken verfügt hätte, um diese Veränderungen sinnhaft zu deuten. Deshalb erschienen sie den Zeitgenossen als chaotisch und schwer lenkbar, was bei vielen Menschen zum Gefühl der Kontingenz und Verunsicherung führte.[65] Der George-Kreis konstituierte sich demgegenüber nach Rainer Kolk als literarische Gruppierung, die als System persönlicher, unmittelbarerer Mitgliederbeziehung eine „Gegenstruktur“ zur Komplexität sozialer Subsysteme und ihrer Rollendefinitionen darstellte.[66] Ein solches soziales Subsystem kann

65 LUHMANN, Niklas, Die Gesellschaft der Gesellschaft. Frankfurt a. M. 1998, 165ff.

66 Vgl. KOLK (1998), Gruppenbildung, 108–123. Kolks Definition der literarischen Gruppierung kann verstanden werden als Sonderform eines Interaktionssystems nach Luhmann, vgl. LUHMANN (1998), Die Gesellschaft, 812–826. Kolk gibt auch einen Überblick über die soziologische und germanistische Forschung zur Gruppenbildung. Weitere Versuche, den George-Kreis systemtheoretisch zu beschreiben: PLUMPE, Gerhard, Mythische Identität und modernes Gedicht. Stefan Georges „Maximin“, in: Alice BOLTERAUER (Hrsg.), Moderne Identitäten. Wien 1999, 109–121; PETERSDORF, Dirk von, Stefan George –

sich nach Luhmann ausschließlich in Kommunikation realisieren,[67] deren Grundvoraussetzung die beteiligten Personen sind. Das System selbst besteht jedoch per definitionem ausschließlich aus Kommunikation.[68] Diese kann aus der Beobachterperspektive beschrieben werden. Die systemtheoretische Betrachtungsweise bildet, bei sparsamer Verwendung der entsprechenden Terminologie, den theoretischen Hintergrund dieser Arbeit, wobei ein „Beweis" oder eine „Widerlegung" des Luhmannschen Theorieansatzes keinesfalls angestrebt wird.[69] Sie soll vielmehr als funktionales Handwerkszeug der Untersuchung verstanden werden.

Die Kommunikation des George-Kreises als einer literarischen Gruppierung fand zunächst insbesondere innerhalb des Kunstsystems statt:[70] In der von Stefan George und Carl August Klein herausgegeben Zeitschrift *Blätter für die Kunst* lief die Kommunikation fast ausschließlich durch und über Kunstwerke, „alles staatliche und gesellschaftliche ausscheidend."[71] Die Autonomisierung des Kunstsystems und damit die Differenzierung der gesellschaftlichen Teilsysteme wurden hier noch ausdrücklich anerkannt.[72] Der George-Kreis erfüllte mit seinem Ideal des „schönen Lebens" genau die Aufgabe, die im Sinne Luhmanns das Kunstsystem innerhalb der Gesellschaft auszuführen hat, nämlich unübliche Wirklichkeitsvorstellungen herzustellen und die Gesellschaft damit zu konfrontieren.[73] Die *Blätter* inszenierten sich dabei dezidiert als Raum der „Gegenöffentlichkeit" und setzten die soziale Distinktion als Instrument der Selbstbehauptung auf dem literarischen Markt ein.[74] Auf diese Weise differenzierte sich die Gruppierung von der sie umgebenden Umwelt und konnte sich so als gesellschaftliches Subsystem etablieren, das zunächst auf die Kommunikation im Kunstsystem beschränkt blieb.

Um die Spezifika der Kommunikation im George-Kreis zu erfassen, kann auf den Luhmannschen Begriff der „Semantik" zurückgegriffen werden. Luhmann definiert eine Semantik als „einen höherstufig generalisierten, relativ situationsunabhängig verfügbaren Sinn".[75] Der Kreis entwickelte nun nicht etwa alle Semantiken seiner Gesellschaftsbeschreibung neu,

---

ein ästhetischer Fundamentalist? in: Bernhard BÖSCHENSTEIN u.a. (Hrsg.), Wissenschaftler im George-Kreis. Berlin und New York 2005, 49–58; Klaus Landfried wies bereits 1975 darauf hin, dass viele „Jünger" Probleme mit der Rollenstandardisierung der Moderne und deshalb Sehnsucht nach einem schützenden Kollektiv gehabt hätten (LANDFRIED (1975), George, 148).

67 LUHMANN (1998), Die Gesellschaft, 14f.

68 Diese wiederum setzt sich aus den Komponenten Information, Mitteilung und Verstehen zusammen, vgl. KRAUSE, Detlef, Luhmann-Lexikon: Eine Einführung in das Gesamtwerk von Niklas Luhmann. 3. Aufl. Stuttgart 2001, 152.

69 Zur Anwendung des systemtheoretischen Ansatzes in der Geschichtswissenschaft vgl. BECKER, Frank und REINHARDT-BECKER, Elke, Systemtheorie. Eine Einführung für die Geschichts- und Kulturwissenschaften. Frankfurt a. M. [u.a.] 2001. Exemplarische Fallstudien in BECKER, Frank, Geschichte und Systemtheorie: Exemplarische Fallstudien. New York 2004.

70 KOLK (1998), Gruppenbildung, 5.

71 GEORGE, Stefan und KLEIN, Carl August, Blätter für die Kunst. Eine Auslese aus den Jahren 1892–1898. Berlin 1899, 10.

72 KOLK (1998), Gruppenbildung, 44.

73 JAHRAUS, Oliver, Nachwort. Zur Systemtheorie Niklas Luhmanns, in: Oliver JAHRAUS (Hrsg.), Niklas Luhmann. Aufsätze und Reden. Stuttgart 2001, 299–333, 316.

74 KOLK (1998), Gruppenbildung, 57.

75 LUHMANN (1980), Gesellschaftsstruktur, 19.

er schloss sich gegenüber seiner Umwelt keineswegs hermetisch ab.[76] Vielmehr erfolgte die Gesellschaftsbeschreibung durch Reaktivierung und neue Verknüpfung bestimmter Semantiken, die in anderen Diskursen, z.B. der Nietzsche-Rezeption oder der Lebensphilosophie, bereits gebräuchlich waren.[77] Die Sinnzuschreibung erfolgte nach immer gleichen Mustern, wodurch sich die Kommunikationszusammenhänge, die sich als bewahrenswert erwiesen, nach und nach stabilisieren konnten. Durch den „schulmäßigen" Charakter der Zeitschrift wurden sie von den meisten Mitarbeitern übernommen, etablierten sich und wurden „gepflegt", d.h. in der schriftlichen Kommunikation in wechselnden Zusammenhängen immer wieder verwendet.

Nach 1900 weitete sich die Kommunikation dann über das Kunstsystem hinaus aus. Aus der Polemik gegen den Naturalismus entwickelte sich zunehmend eine globalere Kulturkritik, die z.B. in den Aphorismen der fünften Blätter-Folge 1901 ihren Ausdruck fand.[78] Die Kompetenzen und Werte der Gruppe wurden universalisiert und auf andere Bereiche als den der Kunst übertragen. Der Dichter selbst wandte sich immer stärker Erziehungsaufgaben zu, und der Kreis ging zu einer Selbstbeschreibung als „Staat" über. Durch Riten und Kulthandlungen,[79] insbesondere das laute Lesen von Gedichten, stabilisierte sich der Kreis als Gruppe, die auf personeller Ebene von George, dem charismatischen Herrscher, zusammengehalten wurde. Die Kommunikation griff immer mehr auch auf das Wissenschaftssystem über, eingeleitet von den ersten „Geistbüchern" der Wissenschaftler im Kreis, Friedrich Gundolfs *Shakespeare und der deutsche Geist* und Friedrich Wolters *Herrschaft und Dienst.*[80] Planmäßig wandten sich die Georgeaner in den *Jahrbüchern für die geistige Bewegung*, die in den Jahren 1910–1911 erschienen, einer jungen Wissenschaftlergeneration zu und entwickelten ihre Vorstellungen einer „neuen" Wissenschaft[81] in Abgrenzung gegen die „alte" in der Tradition des Historismus.[82] In den beiden Reihen *Werke der Schau und Forschung aus dem Kreis der Blätter für die Kunst* und *Werke der Wissenschaft aus dem Kreis der Blätter für die Kunst* im Verlag Bondi, als deren inoffizieller Herausgeber George gelten kann, wurden Monographien publiziert, die das Wissenschaftsverständnis des Kreises nach außen kommunizierten. Bei der Transformation der im Kreis gepflegten Semantiken in den Kontext des Wissenschaftssystems, das in der systemtheoretischen Betrachtung die Aufgabe hat,

---

76 LUHMANN, Niklas, Die Wissenschaft der Gesellschaft. Darmstadt 2002, 173. Luhmann verwendet den Begriff der „monadischen Geschlossenheit".

77 KOLK (1998), Gruppenbildung, 126. Den Vorrat einer Gesellschaft an bereitgehaltenen Sinnverarbeitungsregeln bezeichnet Luhmann als semantischen Apparat, vgl. LUHMANN (1980), Gesellschaftsstruktur, 19.

78 Vgl. KOLK (1998), Gruppenbildung, 105.

79 Zur sozialen und ästhetischen Funktion des Ritus im George-Kreis vgl. BRAUNGART (1997), Ästhetischer Katholizismus, 78.

80 WOLTERS, Friedrich und LECHTER, Melchior, Herrschaft und Dienst (1. Aufl. 1909). 2. Aufl. Berlin 1920; GUNDOLF, Friedrich, Shakespeare und der deutsche Geist (1. Aufl. 1911). 6. unveränd. Aufl. Berlin 1922.

81 GUNDOLF, Friedrich und WOLTERS, Friedrich, Jahrbuch für die geistige Bewegung. Bd. 1–3. Berlin 1910–1912.

82 Schon 1932 machte Helmut Frenzel klar, dass die Vorwürfe der Georgeaner gegen die von ihnen als „alt" empfundene Wissenschaft ihrer Vätergeneration in vielen Punkten nicht gerechtfertigt waren (FRENZEL, Helmut, George-Kreis und Geschichtswissenschaft. Darstellung und Kritik der Auffassung des George-Kreises vom geschichtlichen Erkennen, Waldenburg in Sachsen 1932).

nach dem Code wahr/ unwahr Wissen für die Gesellschaft zu erzeugen, ergaben sich diverse Schwierigkeiten.[83] Denn nach Luhmann haben im wissenschaftlichen Teilsystem nur Argumente mit begründetem Wahrheitsanspruch eine Chance, sich durchzusetzen, nicht aber solche, die aufgrund einer andersartigen Codierung politisch oder ethisch argumentieren. Auch Gedanken, die ursprünglich in anderen gesellschaftlichen Kontexten verwurzelt waren, z.B. im Konservativismus, mussten im Wissenschaftskontext mit wissenschaftlichen Argumenten begründet werden. Wie diese Überführung der Semantiken in den Bereich der Wissenschaft, insbesondere der Wirtschaftswissenschaften, erfolgte, stellt ein schwerpunktmäßiges Interesse dieser Arbeit dar. Denn gerade in der Phase nach Abschluss der Jahrbücher, in den Jahren 1912–1914, stießen drei der vier hier untersuchten Ökonomen zum Kreis. Für sie war zwar einerseits die Kommunikation im Kunstsystem von Bedeutung: Sie alle verehrten George als Dichter. Daneben erfüllte er aber auch jedem einzelnen mehr oder weniger intensiv seine Sehnsucht nach Sinn, nach einer transzendenten Ebene des Lebens, und zum dritten gab er ihnen als Wissenschaftlern Orientierung in ihrer akademischen Tätigkeit. Das Individuum wurde so in seiner Totalität erfasst, wobei alle Dimensionen der individuellen Existenz reorganisiert werden sollten.[84] Im Kontext der Geschichtsschreibung des ökonomischen Denkens stellt dieser Versuch, ästhetische Impulse in der Ökonomie jenseits der im engeren Sinne politischen oder biografischen Beweggründe ausfindig zu machen, Neuland dar.

Ein besonderes Interesse der Arbeit gilt der Frage, wie viel Variation die im Kreis gepflegten Semantiken vertrugen in einer Gesellschaft, die sich radikal und in immer schnellerem Tempo veränderte. Wie lange konnte man in einer zeitkritischen, an einer idealisierten Antike orientierten Haltung verharren, ohne den Zugriff auf die Realität zu verlieren?[85] Welche spezifischen Kombinationen der Semantiken wurden erprobt, und in welchen Konstellationen konnten sie sich bewähren? Wie viel Veränderung der georgeanischen Deutungsmuster war möglich und nötig, wenn man sich weiterhin als Georgeaner fühlen wollte? Um dieser Frage nachzugehen, wird der Untersuchungszeitraum über die Zeit der Weimarer Republik hinaus ausgedehnt bis zum Tod aller vier untersuchten Ökonomen. Der ausgeweitete Untersuchungszeitraum ist nur durch eine konsequente Beschränkung der Fragestellung sinnvoll abzudecken: Nicht die Verortung in den zeitgenössischen Diskursen der Fachwissenschaft, sondern allein der Bezug zu George und seinem Kreis werden untersucht.

4. Aufbau der Arbeit

Im ersten Teil der Arbeit sollen zunächst einige für den George-Kreis typische Semantiken sowie deren charakteristische Verknüpfungen vorgestellt werden. Der Schwerpunkt liegt dabei auf der Verwendung in der wissenschaftlichen Kommunikation, wohingegen der Dichtung nur punktuell Beachtung geschenkt werden kann. Deshalb sollen als Quellenbasis für diesen Teil der Arbeit zum einen eine Auswahl von georgeanischen „Geistbüchern" sowie die drei Bände des *Jahrbuchs für die geistige Bewegung* herangezogen werden. In

83 LUHMANN (2002), Wissenschaft, 85f.
84 KOLK (1998), Gruppenbildung, 215, 541.
85 LUHMANN (1980), Gesellschaftsstruktur, 15, 22.

einem weiteren Abschnitt wird geklärt, wie die Semantiken im einzigen erkenntnistheoretischen Werk des George-Kreises, Edith Landmanns *Die Transcendenz des Erkennens*, in das Wissenschaftssystem übertragen wurden, da dieses Werk einen wichtigen Ausgangspunkt für die Arbeit der Ökonomen, insbesondere der von Edgar Salin, darstellt.

Das nächste Kapitel wendet sich den Ökonomen zu, die sich im Umfeld Georges bewegten. Warum fühlten sie sich von George angezogen? Zunächst untersucht ein Kapitel in aller Kürze Georges Verhältnis zu den ökonomischen Fragen seiner Zeit, wobei nicht sein lyrisches Werk, sondern die überlieferten Gesprächsäußerungen im Vordergrund des Interesses stehen. Als nächstes wird die krisenhafte Situation des Faches der Nationalökonomie zu Beginn des 20. Jahrhunderts beleuchtet, unter der die Ökonomen litten. Vor diesem Hintergrund werden die vier ausgewählten Wirtschaftswissenschaftler dann in kurzen biografischen Abrissen vorgestellt, wobei der Schwerpunkt auf ihrem beruflichen Werdegang und auf ihrem Verhältnis zu George und seinem Kreis liegt. Darüber hinaus soll auch eine knappe Überschau über die Entwicklung ihrer wissenschaftlichen Werke gegeben werden. Ein Exkurs reflektiert den Einfluss ihrer jüdischen Herkunft auf ihre hermeneutischen Vorstellungen und ihr Verhältnis zu George; anschließend wird das wissenschaftliche Netzwerk untersucht, das sich zwischen den Georgeanern insgesamt und zwischen den Ökonomen im Besonderen entwickelte.

Das dritte Kapitel wendet sich der Frage nach einer speziellen georgeanischen Methodologie bzw. Theorie zu. Die Werke der vier Ökonomen werden daraufhin untersucht, inwiefern sich die georgeanischen Semantiken in ihren methodologischen Positionen feststellen lassen und welche Funktion sie in der konkreten Forschungspraxis einnahmen. Die langsame Weiterentwicklung der methodologischen und theoretischen Prämissen der Ökonomen unter dem direkten Einfluss Georges und nach seinem Tod wird ausführlich untersucht. Am Ende des Kapitels wird der typisch georgeanische „Duktus“ analysiert, der den Zeitgenossen oft als wichtigstes Erkennungsmerkmal der Wissenschaftler aus dem Kreis erschien, und seine Bedeutung für die Selbst- und Fremdbeschreibung der Georgeaner erwogen.

Im vierten Teil wird der Frage nachgegangen, ob die ähnlichen methodologischen Prämissen auch zu ähnlichen Ergebnissen in der Forschungspraxis führten. Da alle Ökonomen im Umfeld Georges sich als soziologische Ökonomen verstanden, die den Staat und die Wirtschaft als eng miteinander verknüpft sahen, soll zu diesem Zweck untersucht werden, welche Idealvorstellungen von Wirtschaft und Staat und der Verknüpfung der beiden Sphären sie entwickelten. Im Rahmen der Untersuchung der Staatsvorstellungen der Ökonomen wird auch auf ihr Verhältnis zum Faschismus bzw. Nationalsozialismus einzugehen sein. Von besonderem Interesse ist, wie die Ökonomen die georgeanischen Semantiken in der Zeit der Weimarer Republik, aber auch nach dem Tod Georges in einer sich rasant verändernden Gesellschaft einsetzten und variierten. Der Geldtheorie, mit der alle Ökonomen sich ausführlich beschäftigten, ist ein eigener Abschnitt gewidmet.

In einem Schlusskapitel soll schließlich zusammengefasst werden, worin die Faszination Georges und seines Kreises auf die Ökonomen als Wissenschaftler bestand und inwiefern sie die im Kreis üblichen Semantiken in ihrem eigenen wissenschaftlichen Werk verwendeten, um ihre Sicht der wirtschaftlichen und gesellschaftlichen Zusammenhänge zu plausibilisieren und diese sinnhaft zu deuten.

B. Georgeanische Semantiken

1. In den Schriften des George-Kreises über die Wissenschaft

> „Wo immer aber rational empirisches Erkennen die Entzauberung der Welt und deren Verwandlung in einen kausalen Mechanismus konsequent vollzogen hat, tritt die Spannung gegen die Ansprüche des ethischen Postulates: daß die Welt ein gottgeordneter, also irgendwie ethisch sinnvoll orientierter Kosmos sei, endgültig hervor. Denn die empirische und vollends die mathematisch orientierte Weltbetrachtung entwickelt prinzipiell die Ablehnung jeder Betrachtungsweise, welche überhaupt nach einem ‚Sinn' des innerweltlichen Geschehens fragt."
>
> Max Weber[1]

> „Wenn das denken nicht mehr kraft und ausfruchtung des leibes ist, wenn die den sinnen dargebotene wirklichkeit nicht mehr als schlechthin seiend hingenommen wird, wenn es nicht mehr einen denkenden leib, sondern ein denken und einen leib als gegenstand des denkens gibt: so wird auf der einen seite der geist, auf der andern die masse frei: die beziehung zwischen beiden wird rein willkürlich: der geist wird souveräne funktion seiner selbst, die masse wird toter gegenstand."
>
> Friedrich Gundolf[2]

In der *Analyse* der Probleme ihrer Gegenwart lagen der Sozialwissenschaftler Max Weber und der Literaturwissenschaftler Friedrich Gundolf nicht weit auseinander: Wo Weber feststellte, das rationale Erkennen würde zur „Entzauberung der Welt" führen und diese in einen „kausalen Mechanismus" verwandelt sah, klagte Gundolf, dass „denken und leib", also der Vorgang des Erkennens und die Person des Erkennenden, keine natürliche Einheit mehr bildeten. Nach Weber hörte die Welt damit auf ein „ethisch sinnvoll orientierter Kosmos" zu sein, den man nach seinem Sinn befragen könnte, nach Gundolf wurde der Geist in letzter Konsequenz „souveräne funktion seiner selbst." Die beiden Zitate zeigen, wie sehr die georgeanische Kulturkritik als Teil einer breiteren kulturkritischen Strömung verstanden werden muss. Der Unterschied der beiden Sichtweisen lag jedoch darin, dass Weber mit diesen Zeilen eine Entwicklung der Gesellschaft zu beschreiben versuchte, in die der einzelne sich fügen müsse; der Georgeaner Gundolf dagegen schleuderte der Gegenwart diese Diagnose als Anklage entgegen und glaubte an die Möglichkeit, ein anderes, „schönes Leben" im Kontext des Kreises um den „Meister" Stefan George zu realisieren. Die Semantiken der beiden Kontrahenten Weber und Gundolf, die sich im Heidelberg der 1910er Jahre oft und

---

1 WEBER, Max: Die Wirtschaftsethik der Weltreligionen, in: WEBER, Gesammelte Werke, 6426.
2 GUNDOLF, Friedrich, Wesen und Beziehung, in: Jahrbuch für die geistige Bewegung 2 (1911), 10–35, 11.

intensiv miteinander auseinandersetzten und abendfüllende Diskussionen führten, ähneln einander jedoch frappant.

Den Begriff der „Semantik" gilt es näher zu erläutern. Wie einleitend schon angesprochen, kann man darunter eine generalisierte Form der Sinnzuschreibung verstehen, die in verschiedensten Situationen und Kontexten einsetzbar ist, um Kommunikation zu koordinieren und die Gesellschaft zu beschreiben. In einem bestimmten Subsystem werden dazu ausgewählte Semantiken „gepflegt", die auch dazu dienen, das System von der Umwelt abzugrenzen.[3] Die Systeme operieren dazu jeweils entlang einer Leitunterscheidung, eines Gegensatzpaares. Die eine Seite einer kulturkritischen Semantik beschreibt das dominierende Prinzip der Gegenwartsgesellschaft, die andere das Leitbild der *angestrebten* Welt- bzw. Gesellschaftsordnung, das der Realität als Ideal entgegengesetzt wird. Der Beobachter kann untersuchen, welche Unterscheidungen eine bestimmte Gruppierung verwendet, um die Gesellschaft zu beschreiben und sich selbst von ihr abzugrenzen. So konnte Daniela Gretz in ihrer Arbeit über „Die deutsche Bewegung", die ebenfalls einem systemtheoretischen Theorieansatz folgt, zeigen, dass zahlreiche kulturkritische Intellektuelle des beginnenden 20. Jahrhunderts, angefangen bei Wilhelm Dilthey, bemüht waren, durch solche Unterscheidungen eine genuin „deutsche" geistesgeschichtliche Tradition von einer nicht-deutschen abzugrenzen. Während sie der nicht-deutschen Tradition Begriffe wie „Zivilisation", „Rationalismus", „Verstand", „Positivismus", „Utilitarismus", „Wertrelativismus", „Statik" oder „Mechanik" zuordneten, wurde die deutsche durch entgegen gesetzte Begriffe wie „Kultur", „Irrationalismus", „Gefühl", „Idealismus", „Opferbereitschaft", „Wertebewusstsein", „Dynamik" oder „Organik" charakterisiert und positiv ausgezeichnet.[4] So wurde in der Vergangenheit rückblickend eine genuin „deutsche" geistesgeschichtliche Tradition konstruiert, die auf die eigene Gegenwart bezogen werden konnte. Auch den George-Kreis versteht Gretz als Teil dieser „deutschen Bewegung", weil er sich der genannten Semantiken bediente.[5]

Diese wurden im Kontext des Kreises in einer ganz spezifischen Weise verwendetet und kombiniert, wobei man großen Wert auf Eigenständigkeit und Besonderheit legte. Die Abgrenzung Georges gegen ähnliche zeitgleiche geistesgeschichtliche Strömungen, etwa gegen die Lebensphilosophie Henri Bergsons, gegen den Dichter Rudolf Borchardt[6] oder Ludwig Derleth[7] fiel umso vehementer aus, je näher sie den eigenen Vorstellungen inhaltlich standen. Welche Leitunterscheidungen standen also im George-Kreis im Vordergrund, wie wur-

---

3 LUHMANN (1980), Gesellschaftsstruktur, 24. Klaus Landfried scheint dasselbe zu meinen, wenn er ausführt: „Die Beschäftigung mit den gesellschaftlichen und politischen Aspekten im Werk Georges rechtfertigt sich aus der ideologischen Wirkung, die in den Jahren nach dem ersten Weltkrieg von ihm ausging. Medium dieser Wirkung war die Sprache, das heißt die Ausbreitung eines bestimmten Wortschatzes, bestimmter, mit sozialen Werten verknüpfter Bilder und Figurationen. Diese finden sich nicht allein in den Gedichtbänden Georges selbst, sondern auch in den Schriften seiner meist an Universitäten lehrenden Jünger." (LANDFRIED (1975), George, 16).

4 GRETZ, Daniela, Die deutsche Bewegung: Der Mythos von der ästhetischen Erfindung der Nation. München 2007, 137f.

5 Ebd., 147–174.

6 Wie sehr die Artikel der Jahrbücher auch gegen Borchardt gerichtet sind, betont DAVID, Claude, Le „Jahrbuch" für die Geistige Bewegung (1910–1911), in: Etudes Germaniques (1955), 276–299, 278; Gretz widmet Rudolf Borchardt ein eigenes Kapitel in GRETZ (2007), deutsche Bewegung, 211–239.

7 BEẞLICH (2000), „Kulturkrieg", 135ff.

den sie verwendet und miteinander verknüpft? Tim Schuster führt in seiner Magisterarbeit *Wissen und Visionen. Das Gesellschaftsbild des George-Kreises im Kontext des Krisendiskurses zwischen Kaiserreich und Weimarer Republik* die Semantiken, die für die Kommunikation des George-Kreises charakteristisch waren, auf vier Leitunterscheidungen zurück. Er weist diese insbesondere im *Jahrbuch für die geistige Bewegung* überzeugend nach und belegt sie detailliert.[8] Auf dieser Arbeit bauen die nachfolgenden Ausführungen auf, die, um spätere Wiederholungen bei der Untersuchung der ökonomischen Schriften zu vermeiden, sehr kurz gehalten sind. Insbesondere ist auf den Zusammenhang zwischen der georgeanischen Gesellschaftsbeschreibung und dem Wissenschaftsideal des Kreises einzugehen.

1.1 Das Ganze und seine Teile

In den wissenschaftlichen Texten des George-Kreises wird leitmotivisch immer wieder unterschieden zwischen dem Ganzen auf der einen Seite und seinen Teilen auf der anderen. Diese universalistische Semantik bezeichnet Niklas Luhmann als eine „alteuropäische", die typisch ist für die europäische Geistesgeschichte.[9] Ihr zufolge ist das Ganze mehr als die Summe seiner Teile, eine übergeordnete, ontologische Realität, an der die Einzelteile ihre Aufgabe zu erfüllen haben.[10] Die Teile sind im Ganzen nicht fragmentiert, sondern in einem sinnvollen, organischen Zusammenhang angeordnet.[11] Im George-Kreis diente diese holistische Semantik als universelles Sinngebungsmuster für verschiedenste Beobachtungen. Das Ganze als die eine Seite der Unterscheidung wurde verwendet zur Beschreibung der Einheit der Welt, einer Kultur (etwa der griechischen Antike), einer Persönlichkeit (z.B. Goethes), eines Kunstwerkes. Prinzipiell konnten alle möglichen Gebilde als Ganzheiten beschrieben werden, und diese holistischen Einheiten fügten sich in größere Ganzheiten wie die Kultur oder die Volksgemeinschaft wiederum organisch ein, ja sie erhielten ihre Qualität erst von der Verbindung mit dem Ganzen her und konnten für sich allein gar nicht bestehen. Die Georgeaner sprachen von der „harmonie, die das All klar und schön gliedern sollte und jedem teil die stelle anweisen."[12] Die andere Seite der Unterscheidung, die Teilhaftigkeit, plausibilisierte die vehemente Zeitkritik: So wurde etwa die Kunst des Naturalismus oder der moderne, individualistische Mensch kritisiert, weil sie atomisiert und vereinzelt seien,[13] „fasernbündel aus lockern empfänglichkeiten und begehrlichkeiten."[14] Die zentrifugalen Kräfte der Moderne führten zum Zerreißen von Mensch und Gesellschaft. Auch die Kritik

---

8 SCHUSTER (2004), Wissen und Visionen, 53–79.

9 LUHMANN (1998), Die Gesellschaft, 912–931.

10 LUHMANN, Niklas, Einführung in die Theorie der Gesellschaft. Darmstadt 2005, 298.

11 Gretz nennt als Unterscheidung, die die „deutsche Bewegung" typischerweise trifft, die zwischen Organik und Mechanik, die von der zwischen dem Ganzen und seinen Teilen abgeleitet ist (GRETZ (2007), Deutsche Bewegung, 138).

12 HILDEBRANDT, Kurt, Romantisch und Dionysisch, in: Jahrbuch für die geistige Bewegung 2 (1911), 89–115, 95.

13 WOLFSKEHL, Karl, Die Blätter für die Kunst und die neueste Literatur, in: Jahrbuch für die geistige Bewegung 1 (1910), 1–18, 1f; HILDEBRANDT (1911), Romantisch, 103f.

14 GUNDOLF, Friedrich, Gefolgschaft und Jüngertum, in: Stefan GEORGE und Carl KLEIN (Hrsg.), Blätter für die Kunst. Eine Auslese aus den Jahren 1904–1909. Berlin 1909, 114–118, 115.

am „Fortschritt", der als Antithese zur „Kultur" begriffen wurde, konnte man so begründen: Der Fortschritt entwickle nur die Teile und lasse sie als Ganzheit erscheinen, könne aber keine neuen kosmischen Ganzheiten entwickeln.[15] Von besonderer Bedeutung war in diesem Zusammenhang die Annahme, dass die Ganzheiten auch ihre Norm bereits in sich trügen, die vom Erkennenden nur noch erfasst werden müsse.[16] Je nach ihrem Erkenntnisvermögen könnten die einzelnen Individuen dieses Wesen der Dinge zwar verschieden gut erkennen – der Perspektivität der Erkenntnis war man sich also bewusst.[17] Trotzdem hielt man das Erkenntnisobjekt mit seiner Norm jedoch keineswegs für subjektiv, vom Betrachter konstruiert, sondern für eine reale Entität. Diese Vorstellung implizierte eine scharfe Ablehnung aller relativistischen und positivistischen Tendenzen in der Wissenschaft,[18] wie man sie etwa dem Historismus unterstellte, der „das all als konglomerat von gesetzlich zu ordnenden atomen oder als masse von einzelfakten" sehe.[19] Dem relativistischen Wissenschaftsbild setzten die Georgeaner dementsprechend die Vorstellung einer neuen, bewusst wertenden Wissenschaft entgegen, einer „scienca nuova", von der man unter Berufung auf das Werk den Renaissance-Gelehrten Giovanni Battista Vico sprach.[20]

Von besonderem Interesse für die volkswirtschaftlichen Schriften aus dem Umfeld des George-Kreises ist die Semantik vom Ganzen und seinen Teilen im Hinblick auf die Vorstellungen von Gesellschaft, die damit plausibilisiert wurden: Die holistische Staatsvorstellung wurde begriffen als Gegenpol zum modernen Individualismus, den man kritisierte.[21] „Volk ist heute ein komplex von relationen, kein schöpferisches gesamtwesen mehr."[22] Verwirklicht sahen die Georgeaner ihr Ideal der Ganzheitlichkeit vor allem in einer idealisierten griechischen Antike, also in der Vergangenheit.[23] Aber auch für das „geheime Deutschland" der Zukunft erträumten sie eine organische Gemeinschaft, die durch „Herrschaft und Dienst" strukturiert sein sollte. Die eigene Gegenwart sahen sie demgemäß durch

---

15 VALLENTIN, Berthold, Zur Kritik des Fortschritts, in: Jahrbuch für die geistige Bewegung 1 (1910), 49–63, 49. Diese Vorstellung bereitete im Kontext der Nationalökonomie durchaus Probleme, wie noch zu zeigen sein wird.

16 GUNDOLF (1911), Wesen und Beziehung, 31.

17 Vgl. Bertrams Beschreibung der Legendenbildung in BERTRAM, Ernst, Nietzsche. Versuch einer Mythologie. Berlin 1918, 10.

18 Vgl. JOLLES, Frank, Die Entwicklung der wissenschaftlichen Grundsätze des ‚George-Kreis', in: Etudes Gérmaniques 22 (1967), 346–358, 346f.

19 GUNDOLF (1911), Wesen und Beziehung, 11.

20 RIETER, Heinz, Historische Schulen, in: Otmar ISSING (Hrsg.), Geschichte der Nationalökonomie. München 2002, 127–162, 129f. Vico beeinflusste durch die Vermittlung von Herder, Fichte und Hegel intensiv die deutsche Romantik. Der Verweis auf Vico findet sich auch bei Karl Marx an der Stelle, an der er die materialistische Methode erläutert, die ausgehend von den konkreten Lebensumständen die Geschichte begreifen soll. Nach Vico sei die menschliche Geschichte dem Menschen besser verständlich als die Naturgeschichte, weil sie von ihm gemacht sei, vgl. MARX, Karl: Das Kapital, in: Karl MARX und Friedrich ENGELS: Ausgewählte Werke (Elektronische Ressource der Digitalen Bibliothek). Berlin 2004, 4678 (vgl. MEW Bd. 23, Fn 489).

21 Eine typische Haltung für wertkonservative Bewegungen, wie Dumont ausführt. DUMONT, Louis, Individualismus: Zur Ideologie der Moderne. Paris 1991, 287.

22 GUNDOLF (1911), Wesen und Beziehung, 32.

23 Ebenso wie in den kirchlichen Strukturen, vgl. VALLENTIN, Berthold, Der Engelstaat, in: Kurt BREYSIG, Fritz WOLTERS und Berthold VALLENTIN (Hrsg.), Grundrisse und Bausteine zur Staats- und Geschichtslehre. Zusammengetragen zu Ehren Gustav Schmollers. Berlin 1908, 41–120, insb. 115ff.

den Verlust der Einheit charakterisiert, als teilhafte „Gesellschaft“ statt ganzheitliche „Gemeinschaft“. Sie knüpften damit an soziologische Diskurse der Zeit an, z.B. an Ferdinand Tönnies, der die Unterscheidung zwischen Gemeinschaft und Gesellschaft in die Soziologie eingeführt hatte.[24]

1.2 Oberfläche und Tiefe

Das Verbindende zwischen den Teilen wurde durch eine andere Leitdifferenz erfasst, nämlich durch die von Oberfläche und Tiefe. Diese Unterscheidung basiert auf der Annahme, dass es unter den veränderlichen Oberflächenerscheinungen noch eine tiefere Dimension geben müsse, in der die „lebendig schöpferische kraft“[25] wirke. Diese in der Tiefe wirkende Kraft wurde als „dunkler mittegrund“[26], „dunkler born“[27], „dunkler Lebensstrom“[28] etc. bezeichnet.[29] Gemeint war damit eine mit Begriffen nicht genau fassbare Lebenskraft, die allein eine Erscheinung lebendig machen könne. Sie breche sich in allen Epochen in den großen kulturellen Leistungen der Menschheit Bahn, insbesondere in der Antike, die die Georgeaner als Gegenbild zur eigenen Gegenwart verstanden, und im gegenwärtigen „geheimen Deutschland“.[30] Die Gegenseite der Unterscheidung plausibilisierte wiederum die georgeanische Kulturkritik: Während der antike Mensch mit der Urkraft noch in ganz natürlicher Weise verwoben gewesen sei, bestehe die Moderne nur noch aus Oberflächenphänomenen, habe keine Verbindung mehr mit der Tiefe und sei sich ihrer Wurzeln nicht mehr bewusst.[31] Nur die wenigen besonderen, großen Menschen reichten mit ihren Wurzeln noch bis zum Lebensgrund hinab, seien dort sicher verankert und deshalb „Sprachrohr eines Höheren“.[32] Die Mehrzahl der Menschen könne an der Dimension der Tiefe jedoch nur noch vermittelt teilhaben, durch Dienst für den großen, kosmischen Menschen. Der Rang der einzelnen werde bestimmt durch „das Maass ihres Teilhabens an jenen Grundmächten der Tiefe.“ [33]

---

24 Intensiv setzte sich mit diesen Begriffen der dem George-Kreis nahe stehende Herman Schmalenbach auseinander, vgl. SCHMALENBACH, Herman, Die soziologische Kategorie des Bundes, in: Die Dioskuren. Jahrbuch für Geisteswissenschaften 1 (1922), 35–105.

25 HILDEBRANDT, Kurt, Romantisch und Dionysisch II, in: Jahrbuch für die geistige Bewegung 3 (1912), 115–131, 118.

26 GUNDOLF, Friedrich, Vorbilder, in: Jahrbuch für die geistige Bewegung 3 (1912), 1–20, 62.

27 EICK, Hugo, Das Erbe des Rokoko, in: Jahrbuch für die geistige Bewegung 1 (1910), 118–127, 118.

28 GUNDOLF, Friedrich, Goethe. 5. Aufl. Berlin 1918, 13.

29 Vgl. auch SIMON, Ralf, Das Wasser, das Wort. Lyrische Rede und deklamatorischer Anspruch beim späten Stefan George, in: Wolfgang BRAUNGART u.a. (Hrsg.), Stefan George: Werk und Wirkung seit dem „Siebenten Ring“. Tübingen 2001, 48–68.

30 KANTOROWICZ, Ernst, Das Geheime Deutschland. Vorlesung, gehalten bei der Wiederaufnahme der Lehrtätigkeit am 14. November 1933. Edition von Eckhart Grünewald, in: Institute for advanced study Princeton. Johann Wolfgang Goethe-Universität Frankfurt (Hrsg.), Ernst Kantorowicz. Erträge der Doppeltagung. Stuttgart 1997, 77–93, 83.

31 Ausdruck fand dieser Gedanke in Georges Gedicht „Der Mensch und der Drud“ in GEORGE, Stefan, Das Neue Reich (Sämtliche Werke in 18 Bänden. Bd. 9). Stuttgart 2001, 53–56.

32 BRAUNGART (1997), Ästhetischer Katholizismus, 85. Insofern partizipierten sie am „kosmischen Rhythmus“, vgl. DAVID (1955), Jahrbuch, 286.

33 KANTOROWICZ (1997), Deutschland, 84.

Im wissenschaftlichen Kontext wurde die Unterscheidung zwischen Oberfläche und Tiefe übersetzt in die Differenzierung zwischen Wissenschaft und Leben, wobei die georgeanische Wissenschaft nicht mehr Selbstzweck sein sollte, sondern Dienst am Leben.[34]

Die Semantik von Oberfläche und Tiefe und die Vorstellung einer ursprünglichen Lebenskraft ist typisch für die vitalistischen Strömungen der Zeit, die, von Nietzsche ausgehend, insbesondere im Werk des Philosophen Henri Bergson ihren Ausdruck fanden. Gretz hält die Unterscheidungen auch für charakteristisch für die „deutsche Bewegung".[35] Für den George-Kreis typisch ist jedoch die Verknüpfung dieser Semantik mit einer weiteren, der von Formung und Auflösung.

1.3 Formung und Auflösung

Anders als in der Antike oder im Mittelalter konnten die Georgeaner zu Beginn des 20. Jahrhundert nicht mehr selbstverständlich von einem holistischen Weltbild ausgehen.[36] Sie waren vielmehr mit der Frage konfrontiert, wie diese Einheit zustande komme, welche Instanz sie garantiere.[37] Die Antwort lag in der Semantik von Formung und Auflösung. Der chaotische Weltstoff, der aus der Tiefe quelle, bedürfe nämlich erst noch der Formung; neben das dionysische Prinzip müsse das apollinische treten, um „die unendlichen flutströme des lebens in schön-klare bewegung und ruhe zu formen".[38] In der Antike seien die formenden Kräfte noch so stark gewesen, dass die Welt ganz von selbst zu einer harmonischen Einheit geformt war. Seitdem hätten jedoch die zersetzenden Kräfte die Oberhand gewonnen, weswegen es Aufgabe der schöpferischen Kräfte sei, der Welt und der Kultur – und, wie zu zeigen sein wird, auch der Wirtschaft – eine neue Form zu geben. Insbesondere die Kunst sei dazu in der Lage, wie Klaus Landfried feststellt: „Das Ornament, die geschlossene, schön geformte Ganzheit – gleichviel ob verschlungen oder einfach – verselbständigt sich zum festen Lebens-Symbol, konstituiert eine neue Weltsicht. Die dem Bewusstsein entfallende, nicht mehr be-griffene Wirklichkeit wird vom ästhetischen Maßstab wieder zur Einheit gezwungen."[39] Die gestaltenden Kräfte könnten, insbesondere in Zeiten der Krise, lebendig werden nur im großen, gestalthaften Menschen, der als Seher und Täter auftrete.[40] Täter, bewegender Gestalter, könne dabei sowohl der Künstler sein als auch der Held in Krieg oder Politik: Entscheidend sei allein seine formende Kraft und sein Wille.[41] Die anzustrebende Leistung für den großen Täter sei in jedem Zeitalter eine andere, weil der zu

34 SCHUSTER (2004), Wissen und Visionen, 87.

35 GRETZ (2007), Deutsche Bewegung, 138.

36 Nicht umsonst bezeichnet David das in den Jahrbüchern beschriebene Weltbild als „un Cosmos athée" (DAVID (1955), Jahrbuch, 283).

37 SCHUSTER (2004), Wissen und Visionen, 78; LUHMANN (1998), Die Gesellschaft, 914.

38 HILDEBRANDT (1911), Romantisch, 95.

39 LANDFRIED (1975), George, 53.

40 GUNDOLF (1912), Vorbilder, 2ff.

41 GUNDOLF, Friedrich, Dichter und Helden. Heidelberg 1921, 47. Die Bezeichnung „Tatmensch" auch für den Typus des Künstlers war nach 1900 in intellektuellen Kreisen durchaus üblich, vgl. GERSTNER, Alexandra, Neuer Adel: Aristokratische Elitekonzeptionen zwischen Jahrhundertwende und Nationalsozialismus. Darmstadt 2008, 257.

formende Stoff jeweils unterschiedlich sei. Stefan George galt seinen Anhängern als der einzige, der die Moderne mit seiner schöpferischen Kraft zur Ganzheit zurückführen könne, da er die angenommene antike Einheit von Leib und Geist verkörpere und somit als kosmischer Mensch sowohl über Vitalität als auch über Formkraft verfüge.[42] Auch die Erziehung der Menschen wurde in diesem Sinne als Formung verstanden: „umbildung der seelen aber ist wunsch oder sinn jedes gewaltigen sagers und tuers."[43]

Durch die Semantik von Formung und Auflösung[44] grenzte sich der Kreis gegen die vitalistischen Strömungen ab, die wie Bergson das ganze Dasein als stetiges Fließen sehen wollten, und setzte bewusst den *kairos* an Stelle des dauernden Wesensstroms.

Im wissenschaftlichen Kontext war es auch diese Leitunterscheidung von Formung und Auflösung, durch die die Georgeaner ihre Kritik am zeitgenössischen Historismus plausibilisierten: Ihm würde die Kraft fehlen, die aufgehäuften Stoffmengen sinnvoll zu ordnen.[45] Statt Synthese leiste er nur Analyse und nicht die für die lebendige Darstellung unerlässliche Auswahl aus den Stoffmassen, die deren gründlicher Kenntnis folgen müsse.[46] Die dafür notwendige Erlebnisart sei nicht lehrbar, sondern könne nur im Erlebnis erfasst werden.[47] Die Darstellung der Ergebnisse der „Schau" des Erkenntnisobjekts in einer wohlgeformten, ansprechenden Form stellte dementsprechend ein wichtiges Element der wissenschaftlichen Arbeit dar.[48] Zudem lehnten die Wissenschaftler im Umfeld Georges die Vorstellung ab, aus der Geschichte Gesetzmäßigkeiten abzuleiten, nach denen die Zukunft prognostiziert werden könne, wie das die Zielvorstellung des Historismus sei, da der Lebenszusammenhang auf diese Weise nicht erfasst werden könne.

---

42 GUNDOLF, Friedrich, Das Bild Georges, in: Jahrbuch für die geistige Bewegung 1 (1910), 19–48.

43 GUNDOLF (1909), Gefolgschaft Jüngertum, 114. Vgl. auch BRAUNGART (1997), Ästhetischer Katholizismus, 16. Landfried spricht von der Kunst als „Instrument der Menschenformung" (LANDFRIED (1975), George, 140).

44 Claude David konstatierte schon 1955, dass die Formung des Chaos ein wichtiges Anliegen der Jahrbücher gewesen sei, vgl. DAVID (1955), Jahrbuch, 281.

45 HILDEBRANDT, Kurt, Hellas und Wilamowitz, in: Jahrbuch für die geistige Bewegung 1 (1910), 64–117, 70.

46 GUNDOLF (1922), Shakespeare, VII.

47 Ebd., VIII. „Gewissermaßen in dem Schnittpunkt, in dem die Wirkung des Objekts und die Liebesfähigkeit des Subjekts sich berühren, da steht oder besser: da entsteht das Erlebnis." (ZÖFEL, Gerhard, Die Wirkung des Dichters. Mythologie und Hermeneutik in der Literaturwissenschaft um Stefan George (Europäische Hochschulschriften. Reihe 1. Deutsche Sprache und Literatur. Bd. 986). Frankfurt a. M. u.a 1987, 161). Dennoch bliet Gundolf seiner Aufgabe verpflichtet, dieses Erlebnis für den Leser seiner Bücher sozusagen zu „übersetzen" (ebd. 167).

48 FRENZEL (1932), Geschichtswissenschaft, 31.

1.4 Zentrum und Peripherie

Eine weitere Unterscheidung ist in den oben genannten implizit, nämlich die von Zentrum und Peripherie, die nach Luhmann immer dann auftaucht, wenn der Komplexitätsgrad der Gesellschaft so hoch wird, dass er in einer segmentären Differenzierung nicht mehr gehandhabt werden kann.[49] Die formenden Kräfte, so die Überzeugung der Georgeaner, könnten ihre Tätigkeit nur von einem Zentrum aus wahrnehmen, von dem aus der Stoff in konzentrischen Kreisen geordnet werde, indem „eine lebende kraft in der mitte wirkt".[50] Luhmann würde hier von einer stratifikatorischen Differenzierung sprechen.[51] Ohne eine solche Mitte, die in der Gegenwart fehle, sei die Gestaltbildung nicht möglich: „Die frucht, des kerns beraubt, zeigt noch die schale; auch differenzierteste mechanische versuche vermögen nicht der oberfläche noch leben zu entpressen."[52] Die Struktur von Zentrum und Peripherie wurde auf alle Ganzheiten angewendet: Der schöpferische Mensch sei um ein solches gestalterisches Zentrum, seinen Wesenskern, angeordnet. Davon ausgehend diene ihm das periphere Leben als Stoff für die Gestaltung.[53] Als Gestalt könne er dann wiederum zum Zentrum eines Kreises werden, in dem er andere Menschen forme. Durch die Semantik von Zentrum und Peripherie legitimierte sich im Umfeld Georges, aber auch bei manchen anderen Zeitgenossen wie etwa bei Rudolf Borchardt, die Vorstellung eines kleinen elitären Kreises, der die Rettung der Welt zur Aufgabe habe.[54] Im Rahmen einer solchen Gemeinschaft hielten die „Jünger" Georges ihr Ideal des „schönen Lebens" für verwirklichbar. Denn auch wenn der modernen Welt ihre Zentrierung auf einen bestimmten Sinn, z.B. die Religion, abhanden gekommen sei, ermögliche der hierarchisch strukturierte Kreis eine Neuorientierung durch Unterordnung unter die Herrschaft eines großen Menschen.[55]

Im wissenschaftlichen Kontext fand die Semantik von Zentrum und Peripherie ihre Entsprechung in der Vorstellung von einer bewusst wertenden Wissenschaft: Nur von „einem festen Punkt", einem festen Werthorizont aus, sei eine gesicherte Erkenntnis möglich,[56] weswegen Wissenschaft immer auch „Wertsetzung" sein müsse.[57]

---

49 LUHMANN (1998), Die Gesellschaft, 663–678.

50 GUNDOLF, Ernst, Über Stil, in: Jahrbuch für die geistige Bewegung 2 (1911), 116–122, 116. Vgl. Breuer: „Wenn das Göttliche die Eigenschaft hat, nur in Abstufungen und Graden hervorzutreten, wenn es nur im Zentrum, bei den schöpferischen Geistern, lebendiger Quell ist, liegt es in der Natur der Sache, daß die Intensität mit der Entfernung vom Mittelpunkt abnimmt." BREUER (1996), Ästhetischer Fundamentalismus, 193.

51 Vgl. BARALDI, Claudio u.a., GLU. Frankfurt a. M. 1997, 67.

52 THIERSCH, Paul, Form und Kultus, in: Jahrbuch für die geistige Bewegung 2 (1911), 123–136, 123.

53 GUNDOLF (1918), Goethe, 5–10.

54 BREUER (1996), Ästhetischer Fundamentalismus, 167, 193.

55 So beschrieb Friedrich Wolters die Bildung der absolutistischen Herrschaftsordnung in WOLTERS, Friedrich, Über die theoretische Begründung des Absolutismus im siebzehnten Jahrhundert, in: Kurt BREYSIG u.a. (Hrsg.), Grundrisse und Bausteine zur Staats- und Geschichtslehre. Berlin 1908, 201–222.

56 GUNDOLF (1918), Goethe, 5.

57 BERTRAM (1918), Nietzsche, 1. George formulierte Simmel gegenüber: „Wer nicht in der Mitte steht, gelangt niemals hin." (WOLTERS, Friedrich, Stefan George und die Blätter für die Kunst. Deutsche Geistesgeschichte seit 1890 (Werke aus dem Kreis der Blätter für die Kunst, Geschichtliche Reihe). Berlin 1930, 118).

1.5 Gundolfs „Kräftekugel"

Der zentrale Text, in dem diese für den George-Kreis typischen Semantiken in ihrer ganzen Komplexität zur Plausibilisierung eines wissenschaftlichen Konzepts herangezogen wurden, war die Einleitung zu Gundolfs *Goethe* von 1916, in dem der junge Heidelberger Gelehrte eine bewusste Gegenpositionierung zur philologisch orientierten Germanistik seiner Zeit vertrat. Der Titel *Goethe* ohne jeden Zusatz war Programm: Gundolf wollte Goethes „Wesen" erfassen. In der Einleitung zu dem fast 800seitigen Werk prägte er den georgeanischen Gestaltbegriff, der für alle späteren Werke aus dem Kreis von zentraler Bedeutung sein sollte.[58] Wie sah dieses Konzept aus?[59]

Zunächst unterschied Gundolf zwischen „Werden" und „Sein". Er legte dar, dass er weder *nur* Goethes Biografie, also seine Entwicklung, noch *nur* Goethes Werke, die ein Seiendes darstellten, untersuchen wolle.[60] Vielmehr gehe es ihm um die Betrachtung von Goethes *Gestalt*, die zugleich Werden *und* Sein verkörpere. Die Gestalt verstand Gundolf als eine „Substanz, eine[r] geistig leibliche[n] Einheit, die zugleich als Bewegung und als Form erscheint."[61] Sie, die „Seele", müsse aus „Person, Gebärde, Gebild, Wort", also von ihren Einzelteilen ausgehend, geschaut werden. Die Semantik vom Ganzen und seinen Teilen verknüpfte Gundolf mit der von Oberfläche und „dunkle[r] Mitte und Tiefe", in der die entscheidende Kraft zu suchen sei, „jene heimlich bildende Gewalt [...], jene Bildnerkraft die eine Gestalt schafft und den Raum, das Gesetz für diese Gestalt."[62] Diese Kraft wirke von der Mitte des goetheschen Wesens aus, um das die drei Hauptzonen seiner Äußerungen (Gespräche, Briefe und Werke) „konzentrisch von außen nach innen" kreisten. Die Semantik von Zentrum und Peripherie war wiederum eng verknüpft mit der von Formung und Auflösung: Als entscheidendes Charakteristikum der Kraft machte Gundolf ihre Fähigkeit zur Formung der gegebenen Stoffe und der Sprache aus. Goethe habe sich selbst als Gestalter verstanden, der den bloßen Lebensstoff, die Vitalität, aber auch die Menschen in seiner Umgebung zu formen verstand.[63]

Gundolf fasst seinen Gestaltbegriff im Bild der „Kräftekugel" zusammen,[64] das das Zusammenspiel der vier Semantiken noch einmal veranschaulicht: „Die einzelnen Werke sind

---

58 Der Begriff wurde allerdings vorher schon verwendet, z.B. in WOLTERS, Friedrich, Gestalt, in: Jahrbuch für die geistige Bewegung 2 (1911), 137–158.

59 Vgl. ausführlich auch GROPPE (2001), Macht der Bildung, 295–306 sowie WEIGAND, Kurt, Von Nietzsche zu Platon. Wandlungen in der politischen Ethik des George-Kreises, in: Eckard HEFTRICH (Hrsg.), Stefan George Kolloquium. Köln 1971, 67–90.

60 Die Auseinandersetzung mit Bergson, dessen Philosophie auf eine frühere, von George untersagte Version der Einleitung noch viel stärker eingewirkt hatte, klingt hier nach. Ausführlicher 191.

61 GUNDOLF (1918), Goethe, 1. Die Gleichsetzung der Kraft des schaffenden Dichters mit seinem wirkenden Wesen bzw. seiner Seele nennt Gundolf in seiner Dichtungstheorie „Gestalt" (vgl. GUNDOLF (1911), Wesen und Beziehung, 71). „Dieselbe Kraft, die aus fremden Zufällen ein eigenes Schicksal zu bilden befähigt, bringt auch die Einheit von Werden und Sein, Entwicklung und Form, oder konkreter: von Leben und Werk zustande und trägt sie. Wo diese Kraft am Werke ist, spricht Gundolf von Gestalt." (ZÖFEL (1987), Wirkung des Dichters, 117).

62 GUNDOLF (1918), Goethe, 3.

63 Ebd., 5, 8f, 10.

64 Hildebrandt hatte dieses Modell der konzentrischen Kreise im Jahrbuch bereits ausgeführt, vgl. HILDEBRANDT (1911), Romantisch, 109–111. Er unterschied zwischen einer innersten Kugel der Lyrik,

die sichtbaren Schichten dieser strahlenden Kraft, als die Zonen der Gesamtkugel immer Goethisch, immer Zeugnisse der gleichen Gestalt, aber von verschiedenem Umfang und verschiedener Dichte und Struktur, wie die verschiedenen Jahresringe an Bäumen." Sie seien zu verstehen als die „kugelförmigen Ausstrahlungen von einer Mitte her, Ausstrahlungen die im Maß als sie vordringen zugleich die Atmosphäre, den Stoff den sie vorfinden, verwandeln mit ihrer spezifischen Kraft."[65]

Der Gestaltbegriff, den Gundolf hier das erste Mal konsequent ausarbeitete, fand in späteren Arbeiten aus dem George-Kreis in den verschiedensten Kontexten Anwendung[66], auch in der Ökonomie, wie zu zeigen sein wird. Neben zwei „alteuropäischen" Semantiken (der vom Ganzen und seinen Teilen und vom Zentrum und seiner Peripherie) zeigt sich auch eine vitalistische (Oberfläche und Tiefe) und als vierte die von Formung und Auflösung. Alle vier Leitunterscheidungen sind intertextuell eng miteinander verknüpft. Selbstverständlich bewegten sich die Georgeaner mit diesen Differenzierungen nicht im luftleeren Raum, sondern knüpften an ältere europäische Traditionen des Gestaltbegriffs an,[67] ebenso wie andere Denker im Umfeld der „konservativen Revolution".[68] Die spezifische Kombination der Semantiken, die im Bild der Kräftekugel ihren Ausdruck fand, und die Anwendung auf die Situation der Moderne stellten jedoch das Charakteristische der georgeanischen Gesellschaftsbeschreibung dar.[69] „Hier liegt der Schlüssel zur Antwort des George-Kreises auf den Krisendiskurs. Diese versucht die alteuropäische Semantik durch Modifizierungen zu retten und zeichnet den George-Kreis zudem gegenüber der konkurrierenden Position des Vitalismus als tatsächliche Gestaltungsmacht aus."[70]

Mit den ersten „Geistbüchern" und mit dem *Jahrbuch für die geistige Bewegung* wurden diese für den George-Kreis typischen Leitdifferenzierungen vom System der Kunst auf das

---

einer zweiten der „gestalten hohen menschentums", insbesondere im Drama, und einer dritten, für die ihre Erziehungstendenz entscheidend sei, vgl. HILDEBRANDT (1911), Romantisch, 110f.

65 GUNDOLF (1918), Goethe, 14f.

66 Weiller erklärt: „Wirklichkeit ist, mit einem zentralen Georgeschen Terminus, ‚leibwerdung des göttlichen', deren ‚Wert' sich letztlich in ihrem ästhetischen und sittlichen Veränderungspotential erweisen muß. Ihr liegt als werthafter Maßstab die Vorstellung einer anthropologisch begründeten Ganzheit, einer die ‚moderne' Subjektivität überwindenden bzw. ihr vorgelagerten Einheit zugrunde. Die aus diesem Grund als Bildungsziel auch für den einzelnen geforderte ‚Objektivierung' auf diese Ganzheit hin reicht bis in die ideelle Begründung der Sozialstruktur des Georgeskreises selbst hinein." (WEILLER, Edith, Max Weber und die literarische Moderne: Ambivalente Begegnungen zweier Kulturen. Weimar 1994, 93f).

67 Simonis erklärt die Tradition des Gestalt-Begriffs: „Wer Gestalten schaut, befindet sich nicht allein auf dem ästhetischen Höhepunkt der anthropologischen Erfahrungsmöglichkeiten, sondern bewegt sich zugleich an der Grenze des Wahrnehmbaren und noch Mitteilbaren. Die ganzheitliche Gestalterfahrung entzieht sich, auf ihrer metaphysischen Höhe angelangt, so will es scheinen, emphatisch der Kommunikation und bedarf offensichtlich keiner Versprachlichung. Zuletzt verabschiedet die Gestaltidee mit dem Verzicht auf Präsenz in den stets sprachlich verfaßten Diskursen der Epoche also genau dasjenige Moment, das ihren steilen Aufstieg und ihre wirkungsvolle Ausstrahlung in der Moderne allererst in Gang gesetzt und begründet hat." (SIMONIS, Annette, Gestalttheorie von Goethe bis Benjamin. Diskursgeschichte einer deutschen Denkfigur (Kölner germanistische Studien N.F. Bd. 2). Köln [u.a.] 2001, 387f).

68 BREUER (1995), Konservative Revolution, 96.

69 SCHUSTER (2004), Wissen und Visionen, 78.

70 SCHUSTER (2004), Wissen und Visionen, 78f.

der Wissenschaft übertragen.[71] Allerdings wurde auf diesem Weg nicht nur der Versuch einer Ausdehnung der Kommunikation auf ein anderes gesellschaftliches Teilsystem unternommen, sondern gleichzeitig die moderne funktionale Differenzierung der Gesellschaft an sich in Frage gestellt, indem der Anspruch der künstlerischen Gestaltung auch für die Wissenschaft aufrecht erhalten wurde: Die Sprache, insbesondere in den Jahrbüchern, blieb vielfach bewusst dunkel und enigmatisch – dies zeigt auch der Vergleich mit dem Zitat von Max Weber zu Beginn des Kapitels[72] – und brach so mit den Gepflogenheiten des Wissenschaftssystems, indem man sich rationalen Begründungsstandards verweigerte. Auch die spärlich oder gar nicht vorhandenen Anmerkungen widersprachen dem Usus der akademischen Welt. Der viel diskutierte Begriff vom „Ästhetischen Absolutismus", dem Anspruch der Kunst auf Vorrang vor anderen gesellschaftlichen Bereichen, ist auch in diesem Zusammenhang anwendbar.[73] Dies erleichterte zwar für die Georgeaner den Übergang vom Kommunikationszusammenhang der Kunst in den der Wissenschaft. Im wissenschaftlichen Kontext dagegen erschwerte es die Akzeptanz der „scienza nuova" so sehr, dass es den Nationalökonomen im Umfeld Georges offensichtlich nicht ratsam erschien, sich auf die *Jahrbücher* zu berufen. Dieses Problem fand erst viel später eine Lösung, als Edith Landmann ihren Versuch publizierte, die georgeanischen Semantiken zur Plausibilisierung eines erkenntnistheoretischen Modells einzusetzen.

2. Georgeanische Semantiken in der Erkenntnistheorie Edith Landmanns

Edith Landmann-Kalischers *Transcendenz des Erkennens* erschien im Jahr 1923, zwölf Jahre nach dem letzten Band des *Jahrbuchs für die geistige Bewegung*. Es stellt den einzigen Versuch dar, die wissenschaftlichen Grundsätze des Kreises in einem erkenntnistheoretischen System zu konzentrieren.[74] Das Buch fand in der Forschungsliteratur zum George-Kreis nur am Rande Würdigung.[75] Zum Teil lässt sich dies inhaltlich erklären – die aufgestellte Erkenntnistheorie ist nicht widerspruchsfrei und nicht immer originell. Zum anderen

71 Dies bedeutet im Gegensatz zu David meiner Ansicht nach jedoch keine Vulgarisierung von Georges geistiger Haltung (DAVID (1955), Jahrbuch, 279).

72 Vgl. 18.

73 Zur ausführlichen Diskussion des Begriffes vgl. GRETZ (2007), deutsche Bewegung, 148, Fn 4. Eric Weitz bezeichnet es als Charakteristikum der Weimarer Kunst allgemein, mit großer Ernsthaftigkeit Utopien für die Transformation der Gesellschaft zu entwickeln, vgl. WEITZ, Eric D., Weimar Germany: promise and tragedy. Princeton [u.a.] 2007, 169ff.

74 Maximilian Nutz gesteht Landmann zu, den einzigen systematischen Versuch innerhalb des Kreises unternommen zu haben, die Einheit von Erkenntnis und Wertung erkenntnistheoretisch zu begründen. (NUTZ, Maximilian, Werte und Wertungen im George-Kreis. Zur Soziologie literarischer Kritik. Bonn 1976, 98). Diese Tatsache kann ihn jedoch nicht dazu ermutigen, dem Buch mehr als dreieinhalb Seiten zu widmen. In dieser verkürzten Wiedergabe geht viel von Landmanns ursprünglichem Gedankengang verloren. Das folgende Kapitel findet sich in leicht abgewandelter Form gedruckt in SCHÖNHÄRL, Korinna, „Die Transcendenz des Erkennens". Erkenntnistheoretische Grundlagen der ökonomischen Methodendiskussion im George-Kreis, in: Archiv für Kulturgeschichte 2 (2009), (im Druck).

75 Ein kurzer Artikel über Landmann findet sich im Philosophinnen-Lexikon: MEYER, Ursula I., Edith Landmann, in: Ursula I. MEYER und Heidemarie BENNENT-VAHLE (Hrsg.), Philosophinnen Lexikon. Bd. 2. Aachen 1994, 205–206.

scheint sich die eher abschätzige Beurteilung der wissenschaftlichen Arbeit von Frauen[76] im Kreis in der Rezeptionsgeschichte fortzupflanzen.[77] Edith Landmann wird deshalb in der Sekundärliteratur meist nur als Vertraute Georges, als sein „Eckermann"[78], nicht aber als Philosophin behandelt.[79] Dabei verdankt die *Transcendenz des Erkennens*, wie Edith Landmann in ihren *Gesprächen mit Stefan George*[80] schrieb, dem Dichter wesentliche Impulse. George schien seine eigenen Gedankengänge darin wieder zu finden: Das Buch durfte mit seiner Erlaubnis im Verlag Bondi mit dem Zeichen der Swastika als *Werk der Wissenschaft aus dem Kreise der Blätter für die Kunst* erscheinen. Als wichtige Quelle zum Verständnis der erkenntnistheoretischen Prämissen des George-Kreises verdient es eine eingehende Würdigung. Allerdings kann diese hier nur aus der Perspektive eines historischen Erkenntnisinteresses geleistet werden, was einen Philosophen sicher nicht zufrieden stellen kann. Ziel der Ausführungen ist es lediglich, die Funktion der georgeanischen Semantiken in den erkenntnistheoretischen Überlegungen des Kreises zu bestimmen, um so einen Ausgangspunkt für die Untersuchung der ökonomischen Arbeiten aus dem Kreis zu gewinnen.

Vorauszuschicken sind einige biografische Angaben zu Edith Landmann. Geboren 1877 in Berlin als Tochter des Bankiers Moritz Kalischer begann sie nach dem Abitur ein Studium mit Schwerpunkt Philosophie in Zürich, wo Frauen zur Promotion zugelassen waren, das sie später in Berlin fortsetzte. So hörte sie um die Jahrhundertwende bei Georg Simmel und Max Dessoir. Ihr Studium schloss sie 1901 mit einer Dissertation zum Thema *Analyse der ästhetischen Kontemplation* ab.[81] 1903 heiratete sie den Ökonomen Julius Landmann und begleitete ihren Mann nach Basel.[82] Ihre philosophischen Studien setzte sie ihr Leben lang fort.[83] Vermittelt durch die Vallentins, Lechter und Robert Boehringer kam 1908 der persönliche Kontakt zu George zustande, nachdem die Landmanns seine Lyrik schon lange bewundert hatten. Ab 1913 besuchte der Dichter sie regelmäßig in Basel bzw. man verbrachte gemeinsam die Sommerurlaube. Der Kontakt setzte sich auch fort, als Julius Land-

76 Die Ergebnisse einer Tagung in Marbach „Frauen im George-Kreis" (25.04.–26.04.2008) sollen in Kürze publiziert werden.

77 Kurt Hildebrandt betonte in seiner Rezension des Buches mehrmals die ausschlaggebende Rolle, die das Geschlecht seiner Auffassung nach für die Qualität einer wissenschaftlichen Arbeit spielt: „Von einer Frau soll man nicht staarliches [sic! Ko. S.] Gefühl und Gerechtigkeit verlangen: sie verachtet, was nicht unmittelbar ihrer Liebe entspricht, sie sieht nicht den nötigen Stufenbau, die Grade des Wissens, die Funktionen im Staate." (HILDEBRANDT, Kurt, [Rezension zu] Edith Landmann: Die Transcendenz des Erkennens, 8f).

78 So RIEDNER, Johannes, Edith Landmann als philosophische Interpretin und Zeugin Stefan Georges. Zu Problemen der Assimilation im George-Kreis, in: Marburger Forum. Beiträge zur geistigen Situation der Gegenwart 3, 4 (2002), 1–14, 1.

79 So auch in KARLAUF (2007), Charisma.

80 LANDMANN, Edith, Gespräche mit Stefan George. Düsseldorf [u.a.] 1963. George schätzte Landmanns Werk, wie sie berichtete: „Als ich ein Kapitel meiner Arbeit, der ‚Transcendenz des Erkennens' vorlas [sagte er]: das sei ja eine richtige Arbeit, verdienstvoll besonders durch den Angriff auf Autoritäten wie Rickert." (ebd. 76).

81 LANDMANN, Edith, Analyse der ästhetischen Kontemplation (Malerei und Plastik), in: Zeitschrift für Psychologie und Physiologie der Sinnesorgane 28 (1901), 199–252.

82 Genaueres über die Verbindungen der Familie Landmann zu George und seinem Kreis im Kapitel über Julius Landmann, 83ff.

83 Ihre Publikationsliste ist in einem Sonderheft von Castrum Peregrini nachzulesen in N.N., Bibliographie Edith Landmann, in: Castrum Peregrini 25 (1955), 123–128.

mann 1927 als Ordinarius nach Kiel berufen wurde. Edith Landmann folgte ihrem Mann dorthin, wo er sich allerdings bereits 1931 das Leben nahm. Daraufhin ging sie zurück nach Basel, wo sie bis zu ihrem Tod 1951 wohnhaft blieb. Postum erschien ihr zweites großes Werk *Die Lehre vom Schönen* im Jahr 1952.[84]

Wie übertrug Edith Landmann nun in *Die Transcendenz des Erkennens* von 1923[85] die im Kreis gepflegten Semantiken in ein erkenntnistheoretisches System? Ihr Ausgangspunkt war eine für den George-Kreis typische zeitkritische Position. Sie verstand die Moderne als Prozess der Vereinzelung des Menschen, der Auflösung der verbindlichen Normen und Werte sowie eines bindenden Sinnzusammenhangs der Welt. Insbesondere kritisierte sie die positivistischen Wissenschaften,[86] weil sie sich nur noch für Spezialwissen interessierten und das Ganze darüber aus den Augen verlören. Die Tatsache, dass dem menschlichen Erkenntnisvermögen Grenzen gezogen seien und deshalb nicht alles rational erforscht werden könne, werde meist nicht akzeptiert. Diese „Auflösung" und Entgrenzung empfand Landmann als problematisch, sie litt wie so viele andere konservative Revolutionäre an einem „Hunger nach Ganzheit".[87] Der modernen Philosophie seit Kant machte sie den Vorwurf,[88] dass durch sie ein verbindlicher Sinnzusammenhang, wie er in der scholastischen Philosophie durch den Bezug aller Erkenntnis zu Gott noch selbstverständlich war, verloren gegangen sei. Dem setzte Landmann ihr eigenes Modell entgegen: *Die Transcendenz des Erkennens*. Unter Transzendieren verstand sie „[j]enes eigentümliche über eine Grenze Hinausgehen, worin etwas erfaßt wird, was doch jenseits des Erfassens liegt."[89] Dieses finde nicht nur in Gebet und Ekstase statt, sondern ständig innerhalb des Bewusstseins, es sei das Apriori der Erkenntnis.[90] Landmann wollte also die Grenzen der menschlichen Erkenntnis transzendieren, überschreiten, allerdings gerade nicht oder nicht nur durch die *ratio*. Wie hat man sich ein solches „Überschreiten" vorzustellen? Grob vereinfacht könnte man es grafisch folgendermaßen darstellen, wobei das Schaubild von unten nach oben zu lesen ist:

---

84 LANDMANN, Edith, Die Lehre vom Schönen. Wien 1952.

85 LANDMANN, Edith, Die Transcendenz des Erkennens. Berlin 1923.

86 Landmanns Beschreibung und Begründung des Niedergangs der Wissenschaften deckt sich mit vielen philosophischen Schriften der 20er und 30er Jahre, die dieses Thema aufgreifen, z.B. SPENGLER, Oswald, Der Untergang des Abendlandes. Umrisse einer Morphologie der Weltgeschichte. München 1923; HUSSERL, Edmund, Die Krisis der europäischen Wissenschaften und die transzendentale Phänomenologie. Eine Einleitung in die phänomenologische Philosophie, hrsg. von Elisabeth STRÖKER (Philosophische Bibliothek 292) 3. Aufl. Hamburg 1996.

87 So eine treffende Kapitelüberschrift in GAY (1970), Republik der Aussenseiter.

88 Johannes Riedner kritisiert, Landmann würde nicht klar zwischen Kant und dem Neukantianismus unterscheiden, der „rezeptiv-sensuelle Anteile in dessen Vernunftkritik zu Gunsten der These, dass die Welt letztlich ein reines Produkt unserer Vernunft sei", unterdrücke (RIEDNER (2002), Interpretin und Zeugin, 1f). In der Tat polemisierte Landmann oft gegen Kant, wo sie eigentlich den Neukantianismus meinte.

89 LANDMANN (1923), Transcendenz, 7.

90 LANDMANN (1923), Transcendenz, 59.

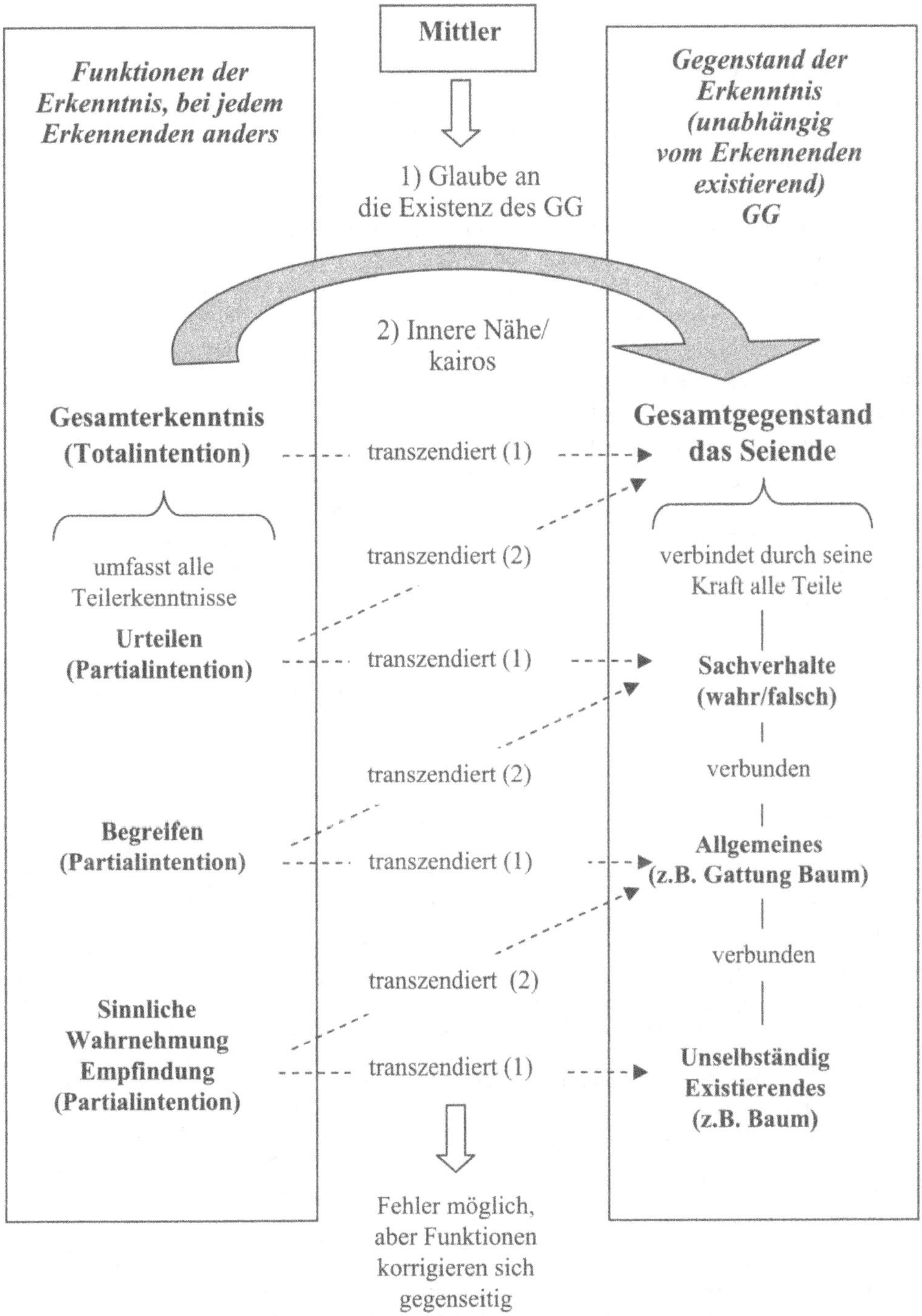

Abb. 1: Edith Landmanns Transcendenz des Erkennens (Schema)

2.1 Der Erkenntnisapparat und der Gesamtgegenstand

Wie in der Erkenntnistheorie üblich, ging Landmann davon aus, dass das Bewusstsein hierarchisch aus drei Funktionen aufgebaut sei: Zunächst erfolgt Erkenntnis durch die *sinnliche Wahrnehmung*. Ihr Gegenstand ist der sinnliche Eindruck; auf einer zweiten Ebene werden *Begriffe* gebildet, die sich auf das Allgemeine beziehen; und schließlich erfolgt das *Urteilen* über Sachverhalte.[91] Zunächst richtet sich nach Landmann jede Funktion intentional auf ihren eigenen Erkenntnisgegenstand (wobei unter Erkenntnisgegenstand hier das Ding in der Welt gemeint ist). Bereits in dieser einfachen Beziehung einer Erkenntnisfunktion auf ihren Gegenstand sah Landmann eine erste Art von Transzendenz – eine eher ungebräuchliche Verwendung des Begriffs. Hinzu kommt aber noch eine zweite Art des Transzendierens. Irrt z.B. die unterste Ebene, die Wahrnehmung, was durchaus vorkommt, so kann sie durch andere Funktionen korrigiert werden.[92] So glauben wir keinen Moment, dass ein ins Wasser gehaltener Stab wirklich gebrochen ist, sondern eine höhere Erkenntnisebene macht uns klar, dass hier eine Täuschung vorliegt, weil die höhere Erkenntnisebene über einen Begriff von genau dem Gegenstand verfügt, der wahrgenommen wird.[93] Jede Erkenntnisebene kann sich so auch auf Gegenstände richten, die eigentlich einer anderen Funktion angehören. Also funktioniert die Wahrnehmung des Gegenstandes, der der jeweiligen Erkenntnisfunktion wesensgemäß ist, transzendent (in diesem zweiten Sinne). Hier meint Transzendenz also einen Übergang zwischen den Funktionen des Bewusstseins, der jeder Erfahrung a priori vorausgesetzt ist.

Alle Ebenen der Erkenntnis zusammengenommen bilden schließlich die Ebene der Totalintention,[94] die wiederum einen eigenen Erkenntnisgegenstand hat: den Gesamtgegen-

---

91 LANDMANN (1923), Transcendenz, 15f.

92 Auch Husserl stellte sich eine solche Korrektur der Seinsgewissheit vor, allerdings durch das Miteinander der Menschen und ihren Austausch, nicht durch die Funktionen des Erkenntnisvermögens (HUSSERL, Edmund, Die Krisis der europäischen Wissenschaften und die transzendentale Phänomenologie, hrsg. von Walter BIEMEL, Samuel IJSSELING, Herman Leo VAN BREDA, Rudolf BERNET (Husserliana: gesammelte Werke. Aufgrund des Nachlasses veröffentlicht vom Husserl-Archiv (Leuven) unter Leitung von Rudolf Bernet. Bd. 6). 2. Aufl. Den Haag 1962, 166).

93 Eben diese Überlegung notierte Edith Landmann in ihrem Tagebuch, nur wenige Tage, nachdem sie Stefan George am 19.01.1913 das erste Mal begegnet war: „Ihr verlangt Glauben, unbedingte gläubige Hingabe. Ich will euch sagen, welcher Art mein Glaube ist. Ich glaube an George wie an d. Licht. Ich glaube, daß er nur d. Dinge enthüllt in allem Glanz, allen Farben – ich danke ihm die Welt – ab. ich schwöre nicht auf jed. Einzelne d. Manifestationen. Wenn es nun d. Stab gebrochen zeigt, so glaube ich, trotz meines Glaubens an das Licht nicht, daß er gebrochen ist. Ich glaube m. Händen mehr, die ihn *gerade* unter d. Wasser greifen. Bin ich deshalb abtrünnig, ungläubig? Ich sehe daß dieselben Gesetze, die d. Lichtstrahlen in m. Auge gelangen lassen, unter gewi. Umständen notw. Täuschungen hervorrufen. Ist mein Glaube an d. Licht minder strak, weil ich den Täuschungen entkomme? Was ist denn nur geschehen? Warum diese Seligkeit? Diese Verzauberg. bei jed. neuen Blick auf d. Leben?“ (Edith Landmann, Tagebücher, Bd. 1, in StGA Landmann I).

94 LANDMANN (1923), Transcendenz, 39–41. Hier liegen Parallelen zum psychologischen Gestaltbegriff bei Ehrenfels vor, der das menschliche Bewusstsein für fähig hielt zu einem „Prozeß der Synthesestiftung, der vielfältige und verschiedenartige Merkmale quasi-automatisch als bewußtseinsimmanente Ganzheiten erkennt und somit über die Wahrnehmung disparater Sinnesdaten ebenso hinausgeht wie über eine rein additive Operation.“ (SIMONIS (2001), Benjamin, 133). Die Parallelen zu den Gestalttheorien von Ehrenfels und Carl Stumpf arbeitet heraus SCHIEWER, Gesine Leonore, Das Problem des Politischen in der Philosophie

stand, das Seiende, die Substanz, um dessen Erfassung es letztlich geht.[95] Wie stellte sich Landmann nun diesen Gesamtgegenstand, diese „Gestalt", vor? Sie führte eine Reihe von Beispielen an. Sowohl eine Rose kann als Gestalt betrachtet werden, als auch der Dichter Goethe, eine historische Persönlichkeit, das Geld oder „die Wirtschaft" eines Staates, ebenso wie der Kosmos als ganzer.[96] Der Begriff wurde von Landmann also recht willkürlich eingesetzt. Entscheidend ist, dass sie den Gesamtgegenstand als Ganzheit begriff, die aus zahlreichen Glieder zusammengesetzt sei und dennoch mehr als deren Summe: „Die Teilgegenstände sind im Gesamtgegenstande nicht verschmolzen (vermischt), sondern in der gemeinsamen transcendenten Beziehung auf ihn geeinigt, dergestalt, daß sie ihn alle meinen, aber keiner ihn erreicht, daß sie in ihm sind und doch bei sich selbst bleiben, ein jeder selbständig und auf seine eigene Weise ihm dienend."[97] Der Gesamtgegenstand halte die Teilgegenstände zusammen, er besitze „diejenige Kraft, welche Gegebenheiten der verschiedensten Art zu einem geordneten Ganzen zusammenschließt." Außerdem besitze er auch eine „Kraft, durch welche ein Ganzes neue Eigenschaften enthüllt: sich entfaltet und aus sich verändert."[98] Wie die Autoren des *Jahrbuchs*, so argumentierte auch Landmann mit der geheimnisvollen Kraft, die vom Zentrum aus auf die Peripherie einwirke. Teilgegenstände, aus denen sich der Gesamtgegenstand zusammensetzt, sind laut Landmann weder völlig selbstständig, noch völlig unselbstständig. Sie haben vielmehr Teil am Gesamtgegenstand, der sie trotz zentrifugaler Kräfte zusammenhält, man könnte sagen: sie sind Glieder, nicht Teile. Dementsprechend bildet ein Kollektivum wie z.B. der Staat nicht nur eine ideelle, sondern eine reale Einheit, da räumliches Beieinander immer auch die Individuen verändert.[99] „Überall, wo Menschen durch ein reales Verhältnis geeint sind, entsteht auch ein neues, ihnen übergeordnetes Konkretum."[100] Hier zeigen sich bereits wichtige Ansatzpunkte für die Rezeption von Landmanns Erkenntnistheorie durch die Ökonomen. Zwar sei der Staat als ganzer nicht sichtbar oder sinnlich wahrnehmbar, auch wenn seine Elemente wie z.B. das Land und der Boden sichtbar sind, doch seine Einheit sei dem geistigen Auge zugänglich.[101] Weil der Teilgegenstand von der Ganzheit des Gesamtgegenstandes durchdrungen ist, lässt er Rückschlüsse auf diesen zu. Weil also z.B. Goethes lyrisches Schaffen von seinem Wesen beeinflusst ist, lässt es Rückschlüsse auf seine Substanz zu.

Hinzu tritt nun aber eine normative Ebene: Je weniger der Teilgegenstand im Gesamtgegenstand modifiziert werden muss, desto richtiger ist er auch für sich gesehen. „Der Gesamtgegenstand bildet das Kriterium für ihre Richtigkeit oder Falschheit."[102] Hier enthält der Begriff des „Gesamtgegenstandes" nochmals eine neue Komponente: Es ist nicht nur eine

Edith Landmanns, in: Roman KÖSTER u.a. (Hrsg.), Das Ideal des schönen Lebens und die Wirklichkeit der Weimarer Republik. Vorstellungen von Staat und Gemeinschaft im George-Kreis. Berlin 2009, 77–94.

95 Gundolf sprach von einem „ens realissimum", das nur dem Erlebnis zugänglich sei, vgl. GUNDOLF, Friedrich, Hölderlins Archipelagus. Heidelberg 1911, 19.

96 LANDMANN (1923), Transcendenz, 116, 183, 123, 239.

97 Ebd., 104f.

98 Ebd., 202.

99 Ebd., 71, 118.

100 LANDMANN (1923), Transcendenz, 121.

101 Eben diesen Gedanken formulierte Edith Landmanns Mann Julius in einem Brief an Louise Sommer, vgl. 222.

102 LANDMANN (1923), Transcendenz, 156.

faktisch vorliegende Einheit gemeint (zu einem Teil der Rose zu sagen, er sei „falsch", würde keinen Sinn ergeben), sondern die Einheit wird jetzt zur Norm dort, wo sie faktisch nicht oder nicht in der von Landmann gewünschten Weise vorliegt. Der Gesamtgegenstand wird zur Norm für die Teilgegenstände. Eine Isolierung beraube sie ihrer Teilhabe am Seienden.

So vielgestaltig der Gesamtgegenstand nach Landmann auch sein konnte, eine Prämisse war ihr konstitutiv: Der Gesamtgegenstand sei selbstständig und existiere unabhängig von der Wahrnehmung durch das Bewusstsein – damit grenzte sich also scharf vom Idealismus ab.[103] „Die Annahme, daß die Rose mit Lidschluß der Augen verschwinde, ist sinnlos, da doch auch die Sinnesorgane nur als Sinnesvorstellungen, durch ihre Wirkung auf Sinnesorgane, gegeben sind."[104] In der alltäglichen Wahrnehmung sei der Mensch ganz selbstverständlich davon überzeugt, dass die Dinge um ihn herum unabhängig von seiner eigenen Wahrnehmung existierten. Diesem „belief", wie Hume[105] das Phänomen bezeichnete, kann der Mensch nach Landmann vertrauen.[106]

Von subjektivistischen oder konstruktivistischen Vorstellungen distanzierte sie sich entschieden: „Jeder Unvollkommenheit mag man, zugunsten anderer Welten, diese Welt zeihen, nur der einen nicht: sie sei – als Ganzes oder in irgendeinem ihrer Elemente – bloßer Schein."[107] Zwar lasse sich die reale Existenz der Umwelt weder beweisen noch widerlegen, doch sie sei evident.[108] Eine subjektivistische Deutung, die diese von Natur gegebene Grundannahme anzweifelt – sie nannte als Beispiele Descartes, Kant und die Neukantianer – würde sich nur um die Mittel der Erkenntnis kümmern, nicht um Resultat, Zweck und Sinn.[109] Gerade ein verbindlicher Sinn aber war es, um den es Landmann in ihrer Sehnsucht nach Ganzheit ging.

Allerdings sah sie hier sehr wohl die Gefahr, in relativistisches Fahrwasser zu kommen: Wenn die Welt wirklich so wäre, wie sie jedem einzelnen Betrachter erscheint, dann gebe es unzählige eigenständige, sich widersprechende Wahrheiten; der Unterschied zwischen wahr und falsch verschwinde und dem Relativismus wäre Tür und Tor geöffnet – eine Vorstel-

---

103 Ebd., 45.

104 Ebd., Transcendenz, 53.

105 Ihre Wertschätzung für Humes Begriff des „belief" drückte Landmann in einem Brief vom 20.01.1911 an Alexius Meinong aus, vgl. MEINONG, Alexius, Philosophenbriefe: Aus der wissenschaftlichen Korrespondenz von Alexius Meinong, hrsg. von Rudolf KINDINGER. Graz 1965, 169. Den Skeptizismus im Sinne Humes lehnte sie jedoch ab: Der Zweifel gegenüber der Wahrnehmung sei sekundär und nur partiell, und er finde innerhalb des Systems statt, das ihn denke.

106 Husserl betonte „Es gilt nicht, Objektivität zu sichern, sondern sie zu verstehen." (HUSSERL (1962), Krisis Wissenschaften, 193). Landmann dagegen wollte in ihrem letztbegründeten Ansatz sehr wohl Objektivität sichern!

107 LANDMANN (1923), Transcendenz, 72.

108 Diese Evidenz ist zu verstehen im Sinne der lebensweltlichen Evidenz Husserls, die er so beschrieb: „Die Lebenswelt ist ein Reich ursprünglicher Evidenzen. Das evident Gegebene ist jenachdem in Wahrnehmung als ‚es selbst' in unmittelbarer Präsenz Erfahrendes oder in Erinnerung als es selbst Erinnertes." (HUSSERL (1962), Krisis Wissenschaften, 130). Der grundsätzliche Unterschied zwischen Husserl und Landmann besteht darin, dass in der Phänomenologie die Gegenstände an sich gar nicht interessieren, sondern nur ihre Erscheinung, während Landmann sehr wohl Rückschlüsse von der Erscheinung der Dinge auf ihre tatsächliche Existenz zuließ. Man könnte also sagen, Landmann habe sich eben *die* lebensweltliche Evidenz zum Programm gemacht, die Husserl untersuchen wollte.

109 LANDMANN (1923), Transcendenz, 46f.

lung, die Landmann ebenso unerträglich war wie den Autoren des *Jahrbuchs für die geistige Bewegung*.

Deshalb verwahrte sie sich gegenüber einem übertriebenen Realismus: Der Mensch könne nicht davon ausgehen, dass die Welt wirklich genau so sei, wie sie ihm erscheine. „Wir können Bewußtseinsinhalt und Gegenstand nicht identifizieren; sie sind nicht eins. Aber könnten sie einander nicht ähnlich sein?“[110] Die Wahrscheinlichkeit einer Wahrnehmung werde gesteigert, wenn mehrere Funktionen des Bewusstseins übereinstimmten. Ihre Erkenntnistheorie, die auf der Unterscheidung vom Ganzen und seinen Teilen aufbaut, bezeichnete Landmann als „transcendenten Realismus“.[111]

An dieser Stelle kann noch einmal zusammengefasst werden, wie Edith Landmann die georgeanischen Semantiken in ihrer Erkenntnistheorie umsetzte, wobei die Konzentration dabei auf den Punkten liegen soll, die für die Ökonomen anschlussfähig waren: Sie ging aus von Gesamtgegenständen, an deren eigenständige Präexistenz unabhängig vom Betrachter sie glaubte. Diese setzten sich aus einzelnen Teilgegenständen zusammen, die sie durch die ihnen innewohnende Kraft verändern könnten. Sie seien also in einem metaphysischen Sinne „mehr“ als die Summe ihrer Teile und würden sich durch die Kraft auszeichnen, ihre auseinanderstrebenden Glieder zusammenzuhalten und zu ordnen. Zudem enthielten sie auch die Norm für die Richtigkeit oder Falschheit der Teilgegenstände. Ausdrücklich nannte sie als Beispiel für solche Gestalten auch den Staat.

2.2 Der Glaube

Landmann hatte also die Existenz von real existierenden, ontologischen Gestalten postuliert – bewiesen hatte sie sie dagegen noch nicht. Das war ihrer Meinung nach auf rationalem Weg auch gar nicht möglich. Diese Grenze der Verifizierbarkeit müsse der Mensch akzeptieren. An diesem Punkt wird der Einfluss Georges eindeutig, der Landmann erklärte, dass das Erkennen seine Fruchtbarkeit erst aus seinen Grenzen heraus gewinne.[112] Existenz, so Landmann, müsse geglaubt werden, das sei Resultat und Voraussetzung der Erkenntnis. Das Erkennen erhebe zu Recht Anspruch auf Gültigkeit.[113] Die gesunde Erkenntnis führe die

---

110 Ebd., 66.

111 Ebd., 86.

112 Edith Landmann zitierte George mit der Bemerkung: „Dann aber sagte er, dass das Geistige überhaupt eine Grenze habe und die Gescheitesten dies am besten sähen; dies sei kein Einzelschicksal.“ (LANDMANN (1963), Gespräche George, 18).

113 Darin sah Przywara eine Parallele zur scholastischen Philosophie, die entgegen Husserl eine Erkenntnis des „Allgemeinen“ im „Konkret-Existierenden“ behaupte. „Auch das letzte Stück des alten scholastischen Standpunktes findet sich bei ihr: die **ideae ante rem**, die Ideen der realen Dinge als diesen vorausgehend, wobei sie freilich […] keinen **ordo metaphysicus** *neben* einer Seinsordnung will (147ff.). **Intellectus est universalium, sensus autem singularium**, dieses altscholastische Axiom samt seiner Bedeutung einer wahren Abbildung der Realität (162) ist der Sinn dieser neuesten Erkenntnistheorie.“ (PRZYWARA, Erich, [Rezension zu] Landmann, Die Transzendenz des Erkennens, in: Stimmen der Zeit 106/107, 54 (1924), 65–68, 65f. Hervorhebung von Przywara; die Seitenzahlen in Klammern beziehen sich auf Landmanns „Transcendenz“).

Kraft des Glaubens mit sich.[114] „Glaube ist völlige Gewißheit einer Erkenntnis aus sich selbst.“[115] Der Glaube stehe jedoch nicht im Gegensatz zum Wissen, sondern es solle nur das geglaubt werden, was nicht im Gegensatz zur rationalen Erkenntnis stehe und was durch Anschauung und Erlebnis zugänglich sei.[116] Der Glaube beschränke sich also keineswegs nur auf das Gebiet, wo die Erfahrung nicht hinreicht, sondern er sei notwendig bei der Erkenntnis eines jeden Gesamtgegenstandes, um eventuelle Zweifel an dessen Existenz abzuwehren.[117] Völlig Bewiesenes kann dagegen nicht mehr geglaubt werden.[118]

Entscheidend für Landmann war deshalb der bewusste Entschluss, an die Existenz sinnvoller Gestalten zu glauben: „Dieses Sehen des inneren Zusammenhanges, das ‚noetische‘ Denken, ist keine spezielle und subjektive Kategorie, die wir an einen in ‚Wirklichkeit‘ ganz anders gestalteten Stoff herantrügen, sondern der adäquate Blickpunkt, um die wirkliche Struktur derjenigen Substanzen zu erfassen, um deren Erkenntnis die Geschichte sich bemüht.“[119]

Diese Sichtweise sei für den modernen Menschen aber nicht mehr selbstverständlich. Während die Menschen bei der Wahrnehmung der Einzelgegenstände ihrem „belief“, ihrer natürlichen Überzeugung von der Richtigkeit ihrer Wahrnehmung, glauben würden, ohne ihn zu hinterfragen, sei dies für den Gesamtgegenstand nicht der Fall. Der moderne Mensch sei nicht mehr daran gewöhnt, sinnvolle Ganzheiten zu sehen. Wie aber konnte man ihn trotzdem dazu bringen, an die Existenz der Gestalten zu glauben und sich nicht in unfruchtbarem Zweifel zu verlieren? Die entscheidende Frage für Landmann war die nach der Berechtigung des Subjekts, die Existenz von Gestalten anzunehmen, ohne sie als subjektivistische Konstruktionen deuten und analysieren zu müssen, die Frage nach der Evidenz. Wie konnte man einen solchen Glauben rechtfertigen?

Die Frage nach den Möglichkeiten, die Evidenz zu „beweisen“, war Inhalt der jahrelangen Korrespondenz von Landmann mit dem Wiener Philosophen Alexius Meinong, die sie ein Stück weiter brachte in der Frage, warum der Mensch zum Glauben an Gestalten berechtigt sei.[120] In der *Transcendenz* argumentierte sie zunächst ausgehend vom menschlichen Erkenntnisapparat. Da dieser einen Teil des Seins darstelle, könne man davon ausgehen, dass seine Ergebnisse zuverlässig seien. Hier scheint ein evolutorischer Gedanke zu Grunde zu liegen, der eine passgenau Entwicklung des Erkenntnisapparats auf seine Aufgabe hin, die Wahrnehmung der Welt, annimmt. „Es ist kein Zufall, daß wir so und nicht anders orga-

114 George pries die Macht des Glaubens: „Glaube/ Ist kraft von blut ist kraft des schönen lebens.“ (GEORGE, Der Stern des Bundes, 89).

115 LANDMANN (1923), Transcendenz, 269.

116 Auch für Gundolf wird der Verlust des anthropologischen Apriori des Verstehensprozesses ausgeglichen durch Wirkung, Liebe und Erlebnis (womit er das Bildungserlebnis meint). „Alle drei Aspekte bilden zusammengenommen die geschichtsphilosophisch konzipierte, d.h. wesentlich ereignishafte Brücke, die Subjekt und Objekt in den Geisteswissenschaften verbinden und das zeitlos-statische anthropologische Apriori ersetzen soll.“ (ZÖFEL (1987), Wirkung des Dichters, 157).

117 LANDMANN (1923), Transcendenz, 271–273.

118 Weber sprach deshalb in Abwandlung eines Zitats von Tertullian vom „Opfer des Intellekts“, das der Wissenschaftler seiner religiösen Überzeugung darbringen muss. „Credo non quod, sed *quia* absurdum est.“ (WEBER (1988), Beruf, 611; Hervorhebung von Weber).

119 LANDMANN (1923), Transcendenz, 124f.

120 In den Jahren 1905–1916, vgl. MEINONG (1965), Philosophenbriefe, 154–198.

nisiert sind. Das einzige, was aus jenen spielerischen Gedankenexperimenten sich folgern läßt, ist dies, daß Geist und Sinn in den Wirkungszusammenhang der ganzen Natur hineingestellt und aufs genaueste ihm angepaßt sind, daß also auch die Personen und der erkennende Geist – zu den Realien gehören."[121] Die Erkenntnisorgane und die zu erkennende Natur unterliegen dem gleichen Gesetz und sind so sinnvoll aufeinander abgestimmt. Da der Erkenntnisapparat also für die Erkenntnis eben dieser Welt gemacht sei, könne man ihm auch vertrauen, wenn man nur richtig mit ihm umgehe. Gleiches erkenne Gleiches, aber das Gleiche besteht bei Landmann nicht mehr in der allgemeinen Menschennatur wie bei Dilthey, sondern in der Teilhabe an Geist und Schöpferkraft.[122] Deswegen ist dem Menschen nach Landmann nicht nur wie in der Lebensphilosophie die Erkenntnis des von ihm geschaffenen Kulturlebens möglich, sondern auch die der natürlichen Welt, dessen Teil er ist.

Die Erkenntnis sei umso leichter möglich, wenn eine innere Nähe und Wesensverwandtschaft zwischen Subjekt und Gegenstand, ja Liebe zum Objekt, bestehe.[123] Diese innere Nähe sei aber nicht jedem Menschen gegeben, denn nicht jeder Erkenntnisapparat sei gleich gut. „Nicht jede Ansicht der Dinge ist gleich aufschlußreich, die höhere Organisation wird mehr und darum richtiger wahrnehmen als die niedere."[124] Hier scheint der elitäre Aspekt von Landmanns Erkenntnistheorie auf. Das lebensphilosophisch formulierte, anthropologische Apriori, dass der Mensch aufgrund seiner Zugehörigkeit zur Kultur die Kulturobjekte erkennen könne,[125] wird entscheidend eingeschränkt, da eben nicht jeder Mensch den gleichen Zugang zur Totalität des Lebens habe, sondern gewichtige qualitative Unterschiede bestünden.[126] „Wahrheit ist sowenig wie Schönheit jedem Beliebigen erreichbar."[127] Während die Teilerkenntnisse von anderen Menschen nachvollziehbar sein müssten, gilt das nicht für die Gesamterkenntnis. Da sie nicht rein rational fassbar ist, kann sie auch nicht intersubjektiv mitgeteilt, transferiert und gelehrt werden, sondern man könnte sie eher als „implizites Wissen" bezeichnen. Sie kann oft, wie eben erläutert, nicht einmal vom Erken-

---

121 LANDMANN (1923), Transcendenz, 167.

122 Bei Dilthey und Johann Gustav Droysen findet sich der Gedanke, dass der Mensch aufgrund der „allgemeinen Menschennatur" kulturelle Zusammenhänge (die ja wiederum vom Menschen geschaffen sind), verstehen könne (ZÖFEL (1987), Wirkung des Dichters, 153f). Landmann und auch Gundolf dagegen sahen den Menschen und sein Erkenntnisvermögen eingebettet in den größeren Zusammenhang der Natur, deren Objekte er aufgrund der Gleichartigkeit der Kräfte ebenfalls erkennen könne. Deswegen urteilte Przywara über Landmann: „L. übernimmt Diltheys Persönlichkeitsstandpunkt ohne seinen Relativismus." (PRZYWARA (1924), [Rezension zu] Landmann, 66).

123 LANDMANN (1923), Transcendenz, 276. Vgl. auch FRENZEL (1932), Geschichtswissenschaft, 22.

124 LANDMANN (1923), Transcendenz, 169.

125 Vgl. ZÖFEL (1987), Wirkung des Dichters, 153ff. Insofern ging Landmanns erkenntnistheoretischer Optimismus noch über den Cassirers hinaus. Dieser nahm an, der menschliche Geist könne die Struktur des Seins erkennen, weil er selbst sein Schöpfer sei (CASSIRER, Ernst, Zur Logik der Kulturwissenschaften. Fünf Studien. Darmstadt 1961, 10); Landmann dagegen argumentierte, der menschliche Geist könne das Sein erkennen, weil er Teil der gleichen, großen Substanz sei wie dieses. Sie drängte so idealistische und konstruktivistische Vorstellungen, in deren neukantianischer Tradition Cassirer stand, weit zurück.

126 Und so erklärt sich, warum dem Dichter George Welten erkennbar sind, die sich anderen Menschen verschließen, wie Gundolf darlegte: „Dann aber kommt der schein des solipsismus daher dass George von einer noch nicht geborenen [sic! Ko. S.] welt singt, deren realität und dinglichkeit kein auge sieht ausser seinem: dennoch *ist* sie so gut wie die schon gewordnen welten." (GUNDOLF (1910), Bild Georges, 20).

127 LANDMANN (1923), Transcendenz, 281.

nenden selbst ein zweites Mal nachempfunden werden, wenn der *kairos*[128] vorüber ist. Doch sie bleibe in der Tiefe der Persönlichkeit verankert.

> „Gesamterkenntnis [...] bleibe an das erkennende Individuum gebunden, in seiner Auswahl, in seiner Bewertung des Gegebenen werden ihm bestenfalls verwandte Naturen folgen, wiederholbar ist seine Erkenntnis vielleicht nicht einmal ihm selbst – denn es mag Sache des Glücks oder der Gnade sein, ob je wieder aufleuchtet, was eine gute Stunde ihn hat sehen lassen – und kontrollierbar ist seine Erkenntnis für niemanden. Die Verantwortung für ihre Wahrheit ruht gänzlich auf ihm allein."[129]

Dennoch gibt es *eine* richtige Wahrheit, von der verschiedene Menschen verschiedene Seiten sehen. „Statt zu sagen: wahr ist, was allgemein gilt oder gelten soll, würde man richtiger definieren: wahr ist, was den Wenigen oder: was dem Einen so gilt oder gelten soll."[130] Während das Urteil historisch bedingt ist, ist die Wahrheit zeitlos, wenn auch nicht beweisbar im Sinne der modernen Naturwissenschaft, wie Landmann sie sah. Insbesondere Künstler könnten die Wahrheit nicht nur erkennen, sondern auch darstellen. „Die großen Gedanken kommen aus dem Herzen, und Erkenntnis, objektiv richtige, absolut gültige Erkenntnis ist dem heißesten Bemühen unerreichlich, sie ist Sache der Gnade."[131]

2.3 Der Mittler

In einer Zusammenfassung ihres geplanten Werkes, die Landmann im Jahr 1915 an Alexius Meinong schickte, kam sie genau bis zu diesem Punkt.[132] Spätestens hier sah sie sich allerdings in einer erkenntnistheoretischen Sackgasse. Denn was sollten all jene Menschen und auch Wissenschaftler tun, die sich nicht der inneren Nähe teilhaftig fühlten? Letztendlich lag genau hier das Problem, an dem sie mit ihrer Arbeit nicht mehr weiterkam,

---

128 Auch der Begriff des *kairos* ist in seiner Verwendung bei Landmann nicht originell, sondern geht auf Heidegger zurück, vgl. RÖMPP, Georg, Heideggers Philosophie: Eine Einführung. Wiesbaden 2006.

129 LANDMANN (1923), Transcendenz, 277. Die ansonsten sehr positive Rezension von Przywara kritisierte, dass Dasein damit nur noch von der Persönlichkeit abhängig schaubar, aber nicht mehr intersubjektiv beweisbar sei (PRZYWARA (1924), [Rezension zu] Landmann, 66). Er sah darin Parallelelen zu Scheler und seinem „Kampf[es] gegen Beweise des Daseins Gottes [...] mit all seinen Mißverständnissen und Gefährlichkeiten." Glaubensgeheimnisse ließen aus ihrem Wesen heraus eine schauende Einsicht nicht zu. Deshalb warnte Przywara vor den „Abgründen des Mystizismus" (ebd. 67).

130 LANDMANN (1923), Transcendenz, 283. Auch der elitäre Aspekt des georgeanischen Wissensbegriffs kann auf die platonische Philosophie, aber auch auf die Scholastiker zurückgeführt werden: „Umschließe das, was heilig ist, und bewache es vor der unreinen Menge wie etwas Einzigartiges. Zum anderen, wenn etwas genau Bestimmtes Ungebildeten vorgelegt wird, nehmen sie aus diesem nicht völlig Verstandenen Material zum Irren [...]. Folglich ist dies [d.h. das Hohe. Ko. S.] vor denjenigen, denen es schadet, zu verbergen." (HOFFMANN, Peter, FIDORA, Alexander und NIEDERBERGER, Alexander, Thomas von Aquin: Kommentar zum Trinitätstraktat des Boethius I. (Herders Bibliothek der Philosophie des Mittelalters). Freiburg im Breisgau [u.a.] 2006, 125).

131 LANDMANN (1923), Transcendenz, 292.

132 Edith Landmann an Alexius Meinong im Juni 1915 in MEINONG (1965), Philosophenbriefe, 192–196.

an dem aber auch Meinong ihr nicht weiterhelfen konnte. Den entscheidenden Impuls erhielt sie erst durch ihr Zusammensein mit George. Er war für sie der Anlass, die oben zusammengefassten Gedanken folgendermaßen weiterzudenken: Wenn es nur einige wenige Menschen gebe, die zu wahrer Erkenntnis in der Lage seien, so liege darin auch eine Möglichkeit für andere, zum Glauben an die Existenz der Gestalten zu gelangen, obwohl sie selbst dazu nicht befähigt seien: Sie könnten sich der Autorität eines Berufenen unterordnen.[133] Aufgrund der Überzeugung, dass diese Autorität ihm selbst überlegen sei, könne der Mensch sich von ihr die Augen öffnen lassen.[134] Die verkündende Person könne ihm ihre Art zu sehen lehren.[135] Durch dieses Bildungserlebnis gelange das Subjekt auf einer neuen Ebene zu sich selbst. Selbst die höchste Erkenntnis, die des Schönen, könne so erreicht werden, allerdings als Ausdruck eines „Wille[ns] zur Hingebung des eigenen Wesens“ an einen Höheren. Der höchste Ausdruck einer solchen bedingungslosen, nicht rational begründeten Hingabe an einen berufenen Menschen sei der *eros*.[136]

Die besondere Befähigung zeige sich in der Ausstrahlung dieser Menschen: Solche Weisen lehrten aus einer menschlichen Mitte heraus, nicht als Gelehrte.[137] Sie konzentrierten sich deshalb auch nicht auf die Teiltätigkeit des Erkennens, sondern durch ihre Befähigung zur Tat (worunter Landmann auch das Dichten verstand), die alle Kräfte der Seele beinhalte. „Die Ausbreitung einer Lehre geschieht nicht durch den Zwang ihrer Argumente sondern durch die Macht der sie verkündenden Person.“[138] Der berufene Mensch – damit war im Kontext des Georges-Kreises selbstverständlich Stefan George gemeint. Dieser Seher kann nun laut Landmann aufgrund der lebensweltlichen Evidenz seiner persönlichen Ausstrahlung die anderen lehren, Gestalten zu sehen, deren Existenz nicht rational beweisbar ist. Er ist ihnen sozusagen die Begründung für das „Opfer des Intellekts“, das oben angesprochen wurde.[139] Diese metaphysische Konstruktion wurzelt, wenn man ihre Entstehung historisch nachvollziehen will, tief in Landmanns eigenem Erleben. Das „Erlebnis George“ spielte für die Entwicklung ihres Systems eine entscheidende Rolle, die Landmann rückblickend so beschrieb:

> „Die Lösung dieser Aporie ergab sich mir erst nach Jahren, und zwar im Gespräch mit George. Angesichts des Kosmos, den er darstellte, angesichts der Ideen von Mass, Grenze und Gefüge, die in ihm gleichsam in ihrer Verkörperung mir vor Au-

---

133 Demgemäß nannte Przywara die „Verknüpfung von Gesamterkenntnis mit höherer Persönlichkeit des Erkennenden“ bei Landmann ihren „Autoritätsstandpunkt“ (PRZYWARA (1924), [Rezension zu] Landmann, 66). Er vermutete hier Parallelen zu Aristoteles.

134 LANDMANN (1923), Transcendenz, 274. Edith Landmann berichtete über George: „Er erzählte mit Wärme von einem Arbeiter, der auf eine Umfrage, was Kultur wäre, geantwortet habe: Kultur beginnt da, wo ein Mensch sich einem anderen Höheren anschliesst.“ (LANDMANN (1963), Gespräche George, 32).

135 Landmann erinnerte sich an ein Gespräch mit George, in dem gesprochen wurde „über die Funktion der Mittleren: dass sie hüten und andere anregen, die dann Ganze werden.“ (Ebd., 30).

136 LANDMANN (1923), Transcendenz, 82.

137 Przywara konstatierte Parallelelen zu Scheler: „Schelers wie Landmanns Personalismus wurzelt letztlich im Zusammenfallen von Wahrheit und Gutheit mit Gott, der *als* Gott Persönlichkeit ist.“ (PRZYWARA (1924), [Rezension zu] Landmann, 67).

138 LANDMANN (1923), Transcendenz, 283.

139 Vgl. 36, Fn 118.

gen traten, leuchtete mir die Einheit des Bewusstseins als eines strukturell gegebenen und sozusagen beabsichtigten Ganzen auf. Und damit ergab sich als der Gegenstand dieses als Einheit genommenen Bewusstseins ein Gesamtgegenstand, der alle Gegenstände der einzelnen Funktionen und Aussagen des Bewusstseins als blosse Teilgegenstände in sich schliesst, die ihrerseits nur vom Gesamtgegenstand ihre Norm und ihr Gesetz erhalten."[140]

George öffnete also Landmann den Weg zu einer Überwindung ihrer wissenschaftlichen Probleme und sie entwickelte durch den Eindruck, den er ihr vermittelte, ihre Erkenntnistheorie. Der berufene Seher spielt darin genau die Rolle, die George für Landmann selbst gespielt hatte: Der Dichter ermöglichte es der Philosophin, die Erkenntnistheorie als sinnvolles System zu sehen und zu beschreiben; dementsprechend charakterisierte sie die Funktion aller prophetischen Führergestalten für die erkennenden Subjekte genau so: Sie sollten den anderen Menschen die Augen für das Sehen der Gestalten öffnen. Gerade in dieser Möglichkeit einer Vermittlung des Glaubens an die Erkenntnis von sinnvollen Ganzheiten liegt das spezifisch Neue des georgeanischen Gestaltbegriffs.

2.4 Schlussfolgerungen für die Wissenschaft

Aus ihren erkenntnistheoretischen Überlegungen zog Landmann Schlüsse über die Funktionsweise der Wissenschaften und formulierte deren Aufgaben. Sie kritisierte die modernen „Spezialwissenschaften", weil sie das Ganze der erkennbaren Welt aus den Augen verlören. Diese Spezialisierung wertete Landmann ganz und gar nicht als Fortschritt, sondern betrachtete sie vielmehr skeptisch. Sie verwehrte sich gegen die Vorstellung, die Naturwissenschaften seien objektiver als die Geisteswissenschaften: Auch die naturwissenschaftlichen Methoden würden von Menschen ersonnen, und deshalb sei es sogar bei dieser scheinbar so objektiven Materie unvermeidlich, dass ihre persönlichen Werthaltungen mit einflössen. Der modernen Naturwissenschaft, die sich auf die rationale Erkenntnis beschränke, gehe es vor allem um die Beherrschung der Natur, um praktische Anwendbarkeit ihrer Ergebnisse.[141] Die sich immer weiter spezialisierenden Einzelwissenschaften produzierten lediglich Teilerkenntnis, verlören jedoch die Gesamterkenntnis aus den Augen.[142] Diesen Teilerkenntnissen sprach Landmann zwar nicht per se ihre Berechtigung und Funktion ab. Der Wissenschaftler müsse sich aber immer dessen bewusst bleiben, nur eine Teilerkenntnis vor sich zu haben, die sich durch ihren „provisorischen Charakter" auszeichne, und dürfe sie nicht als Gesamt-

140 LANDMANN (1963), Gespräche George, 15.

141 Da die Unterscheidung nach der Betrachtungsweise, also zwischen Teil- und Gesamterkenntnis, für Landmann die entscheidende war, hielt sie die auf Dilthey zurückgehende Differenzierung zwischen Geistes- und Naturwissenschaften, also nach dem Objekt, nicht für ausschlaggebend. Gesamterkenntnis sei durchaus auch in der Naturwissenschaft möglich; Goethe z.B. sei bei seinen naturwissenschaftlichen Studien, etwa zur Urpflanze, der „Zusammenhang der Natur" ebenso „lebendig wie der seelisch-geschichtliche" gewesen (LANDMANN (1923), Transcendenz, 256).

142 Auch hier stimmt Landmann mit Husserl überein, vgl. HUSSERL (1996), Krisis, 8f.

erkenntnis ausgeben.[143] „Das Erkennen im Sinne einzelner Funktionen kann nur als Instrument gelten, das dem höchsten Erkenntnisziele, der Erkenntnis des Seienden, dient."[144] Die Aufgabe des Naturwissenschaftlers sei es lediglich, Material für eine umfassendere Form der Erkenntnis bereitzustellen – hier formulierte Landmann exakt die „Rolle" der Naturwissenschaften, die Edgar Salin später der „rein rationalen" Theorie in der Nationalökonomie zugestehen sollte.

> „Demgemäß sind nur zwei Arten von Erkennen zu unterscheiden: die eine, welche als Gesamterkenntnis das Seiende zum Gegenstande hat, die andere, ihr untergeordnete, welche als Teilerkennen nur Elemente des Seienden, nur etwas vom oder am Seienden erkennt. Beide Arten des Erkennens stehen nicht gleichen Ranges nebeneinander, sondern das Ziel, auf das die Organisation der Erkenntnis angelegt ist, besteht in der Erkenntnis eines Ganzen; Teilerkenntnisse ordnen sich als notwendige aber dienende der Gesamterkenntnis unter."[145]

Eine wissenschaftliche Erkenntnis, die nur auf der *ratio* aufbaut und deshalb die sinnhafte Gestalt des Gesamtgegenstandes, die sich nicht rational beweisen lässt, vernachlässigt, verbleibt in der Sphäre der Teilerkenntnis.[146] Da solche Teilerkenntnis nicht entbehrlich sei, müsste auch sie bereits auf die Erkenntnis des Gesamtgegenstandes abzielen, indem je nach seinem Wesen, nach dem Teilgegenstand, der seinen Kern bilde, sorgfältig die Perspektive auf ihn gewählt werde. So ergeben sich verschiedene Blickrichtungen auf die Substanz.[147] Geld könne z.B. von seiner Funktion als Zahlungsmittel oder von seiner sinnlich wahrnehmbaren Gestalt her (z.B. als Papier, Muschel oder Edelmetall) erfasst werden; die Erkenntnis werde jeweils eine andere sein, die Substanz hingegen bleibe dieselbe.[148] Für den interdisziplinären Ansatz der Ökonomen im Kreis war diese Überlegung, die mit der Leitun-

---

143 LANDMANN (1923), Transcendenz, 186, 239. Wiederum sind Parallelen zu Husserl sichtbar, der den „objektiven" Naturwissenschaften durchaus ihre Funktion an ihrem Platz zugestand (HUSSERL (1962), Krisis Wissenschaften, 193, 203). Kurt Hildebrandt verkannte diesen Gedanken in seiner Rezension von Landmanns Schrift. Er warf ihr vor, sie als Frau würde den „niedrigen Erkenntnisformen der Mathematik und der Mechanik", wie er selbst sie nannte, nicht ihre Berechtigung zuerkennen (HILDEBRANDT, [Rezension zu] Landmann, 9).

144 LANDMANN (1923), Transcendenz, 138.

145 Ebd., 236, 135.

146 Zöfel benennt für Gundolf „vorkritische und vormethodische Momente im Verstehen" (ZÖFEL (1987), Wirkung des Dichters, 90 f.).

147 LANDMANN (1923), Transcendenz, 17f. Eine Parallele zu Cassirer wird deutlich, der die naive Abbildungstheorie der Erkenntnis verwarf und statt dessen die Arten der Objektivierung zu erfassen und zu beschreiben versuchte, die die einzelnen Wissenschaften, Künste oder Religionen wählen und die ihnen verschiedene Perspektiven auf die Welt eröffnen. (RAULET, Gérard, Das Zwischenreich der symbolischen Formen. Ernst Cassirers Erkenntnistheorie, Ethik und Politik im Spannungsfeld von Historismus und Neukantianismus (Schriften zur politischen Kultur der Weimarer Republik. Bd. 9). Frankfurt a. M. [u.a.] 2005, 57). Allerdings wertete er diese verschiedenen Perspektiven nicht hierarchisch, sondern gestand jeder ihr genuines Recht zu.

148 LANDMANN (1923), Transcendenz, 116f. Diese Thematik, die Simmel in seiner Philosophie des Geldes (SIMMEL, Georg, Philosophie des Geldes. 3. Aufl. Leipzig 1920) behandelt hatte, vertiefte Landmann allerdings nicht weiter. Vgl. FLOTOW, Paschen von, Geld, Wirtschaft und Gesellschaft: Georg Simmels Philosophie des Geldes. Frankfurt a. M. 1995.

terscheidung zwischen Zentrum und Peripherie operierte, eine entscheidende Legitimationshilfe.[149]

Die eigentliche Gesamterkenntnis solle dann jedoch über die Teilerkenntnisse hinausgreifen und in geistiger Anschauung des Gegenstandes als ganzem erfolgen.[150] Denn auch, wenn eine Behauptung vom Teilgegenstand aus betrachtet richtig sei, könne sie, vom Gesamtgegenstand aus besehen, dennoch falsch sein.[151] Man kann folgendes Beispiel für diesen Gedankengang konstruieren: Eine Behauptung über ein bestimmtes Wirtschaftsunternehmen ist richtig, solange man das Unternehmen isoliert betrachtet (z.B. die Aussage, es sollte Arbeiter entlassen); sie verliert jedoch ihre Gültigkeit, wenn man die Volkswirtschaft als ganze ins Auge fasst (weil die Entlassenen dann von der Allgemeinheit versorgt werden müssen und das Zusammengehörigkeitsgefühl der Volksgemeinschaft geschädigt wird). Die Perspektive vom Gesamtgegenstand her muss also Fehler, die sich aus der isolierten Betrachtung der Teilgegenstände ergeben, aufdecken und richtig stellen. Die Teilerkenntnisse würden zwar als Gesetzmäßigkeiten gelten, bezahlten diese Gesetzmäßigkeit aber durch ihre Teilhaftigkeit. Um in unserem Beispiel zu bleiben: Jeder Betrieb für sich gesehen kann durch die Einsparung von Arbeitskräften seine Produktionskosten senken, aber die gesamtwirtschaftlichen Folgekosten und der Schaden für die Gemeinschaft als solche sind damit nicht bedacht. Die anzustrebende Gesamterkenntnis sei nicht irr-, sondern überrational[152]; sie umfasse alle Einzelurteile, auch, aber nicht nur die rationalen. „Kausales und genetisches, logisches und mathematisches Wissen wird zur Erkenntnis des Gesamtgegenstandes vorausgesetzt und gefordert."[153] Danach komme aber noch etwas dazu: Das Verstehen, das auf „die Struktur des Gegenstandes, auf den Quell seines Wesens, seine innere Kausalität, das geheime Lebensgesetz, das ihn durchdringt", abzielt.[154] Dieses versuche, „den Mittelpunkt oder Keimpunkt des Gegenstandes zu erfassen, dessen Entwicklung bis ins Peripherische und Momentane hinein zu verfolgen." In der Wesenserfahrung werde das Urbild der Gegenstände erfasst.

---

149 Salin schloss sich in seinen Überlegungen zum Wesen des Geldes exakt an diese Sicht Landmanns an, vgl. 378.

150 Einflüsse aus der Scholastik werden deutlich. Bei Thomas von Aquin heißt es: „Die Wissenschaften, die sich wechselseitig zugeordnet sind, verhalten sich in der Weise, dass die eine die Prinzipien der anderen einsetzen kann, so wie die späteren Wissenschaften die Prinzipien der früheren Wissenschaften gebrauchen, seien sie höhere oder niedere [Wissenschaften]. Daher setzt die Metaphysik, die allen [Wissenschaften] vorgeordnet ist, das ein, was in den anderen Wissenschaften bewiesen wurde." (HOFFMANN, FIDORA, NIEDERBERGER und LUTZ-BACHMANN (2006), Thomas von Aquin, 121).

151 Der Gedanke, dass die Dinge in verschiedenen „Gegebenheitsweisen" oder Seinsmodi erscheinen können, findet sich auch bei Husserl. Der „subjektive Wandel der Gegebenheitsweisen, der Erscheinungsweisen, der einwohnenden Geltungsmodi, welcher, ständig verlaufend, unaufhörlich im Dahinströmen sich synthetisch verbindend, das einheitliche Bewußtsein des schlichten ‚Seins' der Welt zustande bringt" ist das, was Husserl vor allen Dingen interessiert (HUSSERL (1962), Krisis Wissenschaften, 149). Allerdings gibt es ihm zufolge keine vom Objekt bestimmten richtigeren oder unrichtigeren Seinsmodi, d.h. das Objekt hat keinen normativen Anspruch wie bei Landmann.

152 LANDMANN (1923), Transcendenz, 241, 249.

153 Ebd., 248. Unter „logischem Wissen" verstand Landmann rational beweisbares Wissen im Gegensatz zum intuitiven, das durch Verbindung zum Objekt gefühlt und erlebt werden könne.

154 Ebd., 249.

Was aber war unter „Urbild" zu verstehen? Intensiv setzte Landmann sich mit der Frage der wissenschaftlichen Begriffsbildung auseinander, wobei vor allem die Abgrenzung gegen Max Webers Idealtypus eine entscheidende Rolle spielte, auch wenn sie diesen nicht explizit erwähnte. Weber verstand unter einem Idealtypus ein „Gedankenbild", das „bestimmte Beziehungen und Vorgänge des historischen Lebens zu einem in sich widerspruchslosen Kosmos gedachter Zusammenhänge" vereinige, also eine „einseitige Steigerung eines oder einiger Gesichtspunkte." Der Idealtypus komme nirgends in der Wirklichkeit vor, sondern die historische Arbeit habe lediglich die Aufgabe, „in jedem einzelnen Falle feszustellen, wie nah oder fern die Wirklichkeit jenem Idealbilde" stehe.[155] Gegen diese Art „Werkzeug" der wissenschaftlichen Arbeit protestierte Landmann. Eine Ablösung der Begriffe von der empirischen Wirklichkeit, wie der Forscher sie bei der Aufstellung eines Idealtypus vornimmt, schien ihr unmöglich, da die Bedeutung eines sinnhaften Ganzen ja nicht einfach von ihm abgelöst werden könne. Wirklichkeit verstand sie gerade nicht als subjektivistisches Konstrukt des Erkennenden, das durch die Sonderung des „Wesentlichen" vom „Zufälligen" entstehen könne, sondern Wirklichkeit *ist* für sie unabhängig vom individuellen Bewusstsein und kann sich im Denkerlebnis vermitteln.[156] Die Idee und das Wirkliche, dem sie zugrunde liegt, seien nicht voneinander trennbar – hier stimmte Landmann mit Erich Kahler völlig überein, dass „Idee nicht nur das wesen sondern zugleich das ideal des dinges, das vollkommene ding ist, während der begriff sich um das ideal nicht kümmert, ja ihm ausweicht."[157] Eine Zweiteilung der Welt in die real existierenden Dinge einerseits und Ideen andererseits lehnte Landmann ab, ebenso wie sie das vonGeorge selbst berichtete.[158] Beide seien Teil desselben Seienden.

Mit dieser Position nahm Landmann weitgehende Modifikationen am platonischen Begriff der Idee vor, die sie aber nicht weiter thematisierte. Denn während für Platon die Ideen die eigentliche Wirklichkeit waren,[159] von denen die real existierenden Dinge nur Abbilder darstellten, war Landmann der Meinung, die Ideen könnten überhaupt nur in ihrer realen Verkörperung existieren.[160] Mit solchen Umdeutungen der platonischen Philosophie stand Landmann im George-Kreis nicht allein, sie ging darauf jedoch nicht näher ein.[161]

---

155 Max Weber entwickelte den Idealtypus als sozialwissenschaftliches Hilfsmittel bereits 1904 (WEBER, Max, Die „Objektivität" sozialwissenschaftlicher und sozialpolitischer Erkenntnis (1904), in: Johannes WINCKELMANN (Hrsg.), Gesammelte Aufsätze zur Wissenschaftslehre. Tübingen 1988, 146–214, 190f). Ausführlicher zur Auseinandersetzung der Georgeaner mit dem Idealtypus vgl. 143.

156 WEILLER (1994), Begegnungen zweier Kulturen, 91f.

157 Landmann an Erich Kahler am 5.10.1920, in DLM, A: Kahler, 91.88.68.

158 Georges Position war nach dem Bericht Landmanns der Max Webers völlig entgegengesetzt. George habe gesagt, „dass nichts ausgedacht werden kann, das nicht einen Kern von Realität hätte: Der Platonischen Utopie liege die Realität von Sparta zugrunde. Im Ausspinnen einer Realität liegt ein Wert. Es kann eine Musteragrarwirtschaft geben in Alabama; sie ist in Alabama wirklich da, und ist doch kein allgemein gültiges Muster." (LANDMANN (1963), Gespräche George, 42).

159 PLATON, Der Staat, 476c, 596a–c (in der Übersetzung von Karl VRETSKA. Stuttgart 1982).

160 Dies verwirrte später auch Gerhard Colm, der an Salin kritisch über dessen Anschauliche Theorie schrieb: „Soviel ich mich erinnere, behauptet Edith Landmann, dass der Gegenstand der Gesamterkenntnis immer auch ein ‚daseiender' Gegenstand sei. Ich erinnere mich aber nicht, ob dieses „Dasein" wirklich die Existentialform der Realität meint. Ich könnte eigentlich gerade bei ihr eine so unplatonische Auslegung nicht recht verstehen." (Colm an Salin am 10. 12.1928, UB Basel, NSB Fa 5244). Genau so war es aber bei Edith Landmann in der Tat gemeint! In einem Brief an Erich Kahler vom 5.10.1920 schrieb sie: „[F]ür den

Da Landmann Wissenschaft nicht für einen rein rationalen, erlernbaren Vorgang hielt, kam Forschung für sie nicht ohne Genius aus. Das Ideal einer demokratischen, egalitären Bildung lehnte sie strikt ab. „Demokratische Tendenzen mit Bezug auf Erkenntnis sind nur möglich, wenn man sich auf rationale Teilfähigkeiten beschränkt, die freilich auch bei Tieren und niedersten Völkern vorzüglich ausgebildet sein können."[162] Auch dem Weberschen Ideal des Wissenschaftlers, der sich jedes eigenen Urteils zu enthalten und Werturteile als solche zu kennzeichnen hat, stimmte sie nicht zu.[163] Der entscheidende Impuls für die Herausbildung einer neuen Wissenschaft müsse, so Landmann, aus dem „Leben" kommen und nicht aus dem „Denken". Für sie selbst war dieser Anstoß das „Erlebnis" George.[164]

2.5 Philosophiehistorischer Kontext

Edith Landmanns Buch versuchte, ein erkenntnistheoretisches System zu formulieren, das sich durch die Semantiken des George-Kreises plausibilisieren ließ. Dabei wurde die innere Logik der georgeanischen Vorstellungen mit all ihren irrationalen Elementen klar nachgezeichnet, was in anderen Schriften des Kreises selten der Fall ist: Sonst wurden die erkenntnistheoretischen Grundüberzeugungen oft überlagert von der pathetischen Sprache und mystischer Überhöhung, wie bei Wolters, oder von der Brillanz der literaturwissenschaftlichen Überlegungen und des enormen literaturgeschichtlichen Wissens, wie bei Gundolf. *Die Transcendenz des Erkennens* dagegen versuchte eine sprachlich klare Darstellung, die mit Ausnahme der Schlusskapitel auch konsequent durchgehalten wurde.

Die verschiedenen philosophischen Quellen werden sichtbar, aus denen der George-Kreis eklektizistisch schöpfte. Gerade der erste Teil der hier beschriebenen Erkenntnistheorie ist keineswegs originell, sondern greift traditionelle erkenntnistheoretische Ansätze auf. Die Basis bildet die georgeanische Form der Platondeutung.[165] Daneben setzte Landmann sich mit der gesamten Bandbreite der zeitgenössischen Philosophie ausgiebig auseinander, nannte die Namen der Philosophen und zitierte aus ihren Werken. So stützte sie sich bei

unterschied von idee und begriff scheint mir nach ein vierter (von Ihnen auch erwähnter aber nicht ausdrücklich hervorgehobener) punkt von entscheidender bedeutung zu sein, der nämlich, dass idee nicht nur das wesen sondern zugleich das ideal des dinges, das vollkommene ding ist, während der begriff sich um das ideal nicht kümmert, ja ihm ausweicht. Behält man diesen punkt im auge, so bracht man auch nicht mehr die in sich geschlossene griechische welt gegenüber unserer vielspältigen für die reinheit der idee, gleichsam zur entschuldigung unserer begriffe, verantwortlich zu machen." (DLM, A: Kahler, 91.88.68).

161 Vgl. STARKE, Ernst Eugen, Das Plato-Bild des George-Kreises. Köln 1959.

162 LANDMANN (1923), Transcendenz, 279.

163 Sie grenzte sich somit sowohl gegen die Vorstellung einer wertfreien Wissenschaft ab, wie sie Weber aufbauend auf Rickert z.B. in seinem Aufsatz Wissenschaft als Beruf (WEBER (1988), Beruf) propagiert hatte, als auch gegen die Idee eines völlig unbeteiligten Beobachters, wie sie Husserl vorschrieb, der es für unvermeidlich hielt, „mit einer Art radikaler skeptischer Epoché anzufangen, die das Universum aller seiner bisherigen Überzeugungen in Frage stellt, vorweg jeden Urteilsgebrauch von denselben verwehrt, jede Stellungnahme zu ihrer Gültigkeit oder Ungültigkeit." (HUSSERL (1996), Krisis, 83).

164 Landmann an Erich Kahler am 5.10.1920, DLM, A: Kahler, 91.88.68.

165 Zur Platon-Deutung des George-Kreises vgl. STARKE (1959), Plato-Bild sowie REBENICH, Stefan, „Dass ein strahl von Hellas auf uns fiel". Platon im George-Kreis, in: George-Jahrbuch 7 (2008/2009), 115–141.

ihren Ausführungen über die verschiedenen Ebenen des Bewusstseins auf den Neukantianismus.[166] Ihre Hochschätzung der lebensweltlichen Evidenz dagegen zeigt Parallelelen zur Phänomenologie Husserls.[167] Die Vorstellung eines „belief", eines naturgegebenen Glaubens an die wahrgenommene Außenwelt, der Erkenntniszweifel zurückdrängt, steht in Humes Tradition. Die Zusammenführung von Erkenntnissubjekt und -objekt in einem verbindenden, einheitlichen Universum ist dagegen stark lebensphilosophisch inspiriert, da sie die Verlässlichkeit der menschlichen Wahrnehmung letztlich in der Einheit von Mensch und Natur begründet sieht. Und die Unterordnung der verschiedenen wissenschaftlichen Teilerkenntnisse unter das Ziel einer metaphysischen Gesamterkenntnis schließlich lehnt sich, wie die oben erwähnten Rezensenten von Landmanns Buch feststellen, an scholastische Traditionen an, die auch im Werk Max Schelers aktualisiert wurden. Johannes Riedner spricht von der *Transcendenz des Erkennens* gar als einem „Vorbote[n] von Heideggers *Sein und Zeit*", da Landmanns „Gesamtgegenstand" auf Heideggers „Bewandtniszusammenhang" voraus weise.[168]

Spezifisch georgeanisch ist jedoch *der* Aspekt der landmannschen Erkenntnistheorie, dass der Glaube an die Existenz eines Gesamtgegenstandes, der dessen Erfassung und Beschreibung voraus gehen muss, durch einen Mittler bewirkt werden kann, der durch seine pure Existenz als sinnvolle Ganzheit den erkennenden Menschen von der Glaubwürdigkeit solcher gestalttheoretischer Vorstellungen überzeugen kann – die Semantik von Tiefe und Oberfläche wird wie in Gundolfs Gestalttheorie mit der von Zentrum und Peripherie verknüpft zu einer metaphysischen, letztbegründeten Erkenntnistheorie, die ihre Glaubwürdigkeit nicht aus der intersubjektiven Nachweisbarkeit der Ergebnisse, sondern aus der puren Existenz des „großen Menschen" zieht. Deren entscheidende Leistung sei es, durch die Evidenz ihrer eigenen Erscheinung ihren „Folgern" den festen Glauben an präexistente Gestalten zu vermitteln, um deren Erkenntnis sie sich dann bemühen könnten. Von George als Mittler wollte Landmann den Glauben beziehen, dass die Welt kein kontingentes Chaos sei, dass es vielmehr sehr wohl einen Sinn in den Erscheinungen gebe und es sich lohne, nach diesem zu suchen.

Ihre persönliche Tragik lag darin, dass sie den ihrer Meinung nach einzigen möglichen Weg zur Erkenntnis, über den Mittler Stefan George, selbst nicht gehen konnte, da sie als dichterisch nicht begabte Frau keine richtige Aufnahme in den Kreis fand. Hinzu kam, dass

---

166 Vgl. z.B. Rickerts zusammenfassenden Aufsatz „Thesen zum System der Philosophie" (RICKERT, Heinrich, Thesen zum System der Philosophie, in: Logos XXI (1932), 97–102). Dagegen lehnte sie die Vorstellung eines eigenen, unabhängigen Reichs der Werte vehement ab (LANDMANN (1923), Transcendenz, 21f).

167 Landmann zitierte Husserl oft, z.B. 13, 25, 36, 48, 91, 284. Der Georgeaner Herman Schmalenbach rezipierte Husserl ganz ähnlich wie Landmann, indem er ihm zugestand, mit seiner Philosophie die platonische Idee des „eidos" wiederentdeckt zu haben, vgl. SCHMALENBACH (1922), Kategorie, 70.

168 RIEDNER (2002), Interpretin und Zeugin, 3. Die Beziehungen zwischen George und Heidegger wurden von Friedrich-Wilhelm von Herrmann ausführlich gewürdigt, HERRMANN, Friedrich-Wilhelm von, Die zarte, aber helle Differenz. Heidegger und Stefan George. Frankfurt a. M. 1999. Auch Daniel Morat widmet sich Heideggers Haltung zum „geheimen Deutschland", worunter er aber eher einen Ausdruck der inneren Emigration in Anlehnung an Hölderlin versteht. Der George-Kreis wird nur am Rande erwähnt, vgl. MORAT, Daniel, Von der Tat zur Gelassenheit: Konservatives Denken bei Martin Heidegger, Ernst und Friedrich Georg Jünger 1920–1960 (Veröffentlichungen des Zeitgeschichtlichen Arbeitskreises Niedersachsen. Bd. 24). Göttingen 2007, 186–196.

sie in George heftig verliebt war; unter der Unerfüllbarkeit dieser Liebe litt sie jahrelang. Ihrem Tagebuch vertraute sie ihren Kummer an:

> „Was kann ein wesen ihm sein das in dem doppelten fluche stehe weiblich u. undichterisch zu sein, nur daß es an ihm bis zu jeder faser hängt. Daß vor dem größten kenner u. künder des herzens d. herz so schweigen muß. Himmel, wie gabst du ihm diesen zauber – e. sublimer verstand hat welt gemacht gefügt mit der verruchtesten fantasie, die dem süßesten allemahl das bitterste beimischt, an d. höchste allemal das niedrigste knüpft. Der gütige gott ist d. dümmste erfindung der zivilisation."[169]

Aus ihren Tagebuchaufzeichnungen erstellte Edith Landmann selbst ein Manuskript, das den *Gesprächen mit George*[170] zugrunde liegt und heute verschollen ist. Sie hinterlegte es im Archiv der Universitätsbibliothek Basel und übertrug die Verantwortung dafür ihrer Freundin Renata von Scheliha, die sie nach langen Auseinandersetzungen an Ediths Sohn Georg Peter weitergab. Dieser publizierte das Werk schließlich gemäß dem Wunsch seiner Mutter im Jahr 1963 – nach weiteren Überarbeitungen.[171] Alle Passagen, die über Edith Landmanns eigenes Gefühlsleben und ihre Liebe zu George berichten, sind in der gedruckten Version getilgt. Die Originaltagebücher, die im Stefan George-Archiv in Stuttgart zugänglich sind, lassen jedoch die tiefen Depressionen und die heftige Todessehnsucht erkennen, die für Edith Landmann die Folge ihrer unglücklichen Liebe und Erkenntnissuche waren.[172]

Dies berührt jedoch nicht ihre wissenschaftliche Leistung. Diese bestand darin, die im Kreis gepflegten Semantiken, die sich im Bereich der Kunst stabilisiert hatten und im *Jahrbuch* unsystematisch in die Logik des Wissenschaftssystems transformiert worden waren, in einem zusammenhängenden erkenntnistheoretischen Entwurf zu reformulieren. Während es den *Blättern* fern gelegen hatte, „eine Wissenschaftsschule mit gangbaren Methoden und erlernbarer Systematik aufzubauen"[173], wurde hier eine in sich geschlossene Erkenntnistheorie vorgestellt. Damit wurden die Semantiken in das System der Wissenschaft übertragen und wissenschaftlich anschlussfähig für die anderen Akademiker des Kreises. Griffen diese in der Tat auf Landmanns georgeanische Erkenntnistheorie zurück? Karl Wolfskehl jedenfalls schrieb Edith Landmann in einem Brief von 1934 über ihre wissenschaftliche Arbeit: „Ich verdanke Ihnen viel, viel in dieser Hinsicht."[174] Inwiefern dies auch für die Ökonomen im Kreis zutrifft, soll im Folgenden untersucht werden.

---

169 Edith Landmann, Tagebücher, StGA, Landmann I, 101, Bd. 8, Sep. 1927–März 1931, hier November 1923.

170 LANDMANN (1963), Gespräche George.

171 Georg Peter Landmann an Renata von Scheliha am 11.6.61, in StGA, Korrespondenz Georg Peter Landmann – Robert Boehringer, ohne Nummerierung.

172 Edith Landmann, Tagebücher, StGA, Landmann I, 101, Bd. 1–8. Ausführung dazu SCHÖNHÄRL, Korinna, „Wie eine Blume die erfroren ist". Edith Landmann als Jüngerin Stefan Georges, in: Bertram SCHEFOLD und Bruno PIEGER (Hrsg.), Stefan George: Dichtung – Ethos – Staat. Denkbilder für ein geheimes europäisches Deutschland, voraussichtlich 2009 (im Druck).

173 WOLTERS (1931), George und die Blätter, 492.

174 Wolfskehl an Landmann am 6.9.1934, DLM, A: Wolfskehl, 78.605/4.

C. Die Ökonomen im George-Kreis

Spätestens im Jahr 1923 lag mit der *Transcendenz des Erkennens* ein ausgearbeiteter Entwurf der georgeanischen Erkenntnistheorie vor, der die Diskussion im Kreis seit den 1910er Jahren zusammenfasste und wissenschaftlich anschlussfähig machte: Die Rezeption neuer philosophischer Richtungen galt in der Weimarer Zeit nicht nur für staatsrechtliche, sondern auch für ökonomische Texte als modern und ließ diese als auf der Höhe der Zeit erscheinen.[1] War aber, jenseits solcher Modeströmungen, eine georgeanische Erkenntnistheorie für die Ökonomen im Kreis überhaupt von Interesse? Hatten sie nicht vielmehr in ihrer akademischen Sozialisation bereits brauchbares und verlässliches methodologisches Handwerkszeug erlernt, auf das sie in ihrer wirtschaftswissenschaftlichen Arbeit zurückgreifen konnten? Oder waren hier Bedürfnisse offen geblieben? Wie stand es um die Nationalökonomie zu Beginn des 20. Jahrhunderts? Um die Bedeutung der georgeanischen Erkenntnistheorie für die Ökonomen im George-Kreis einschätzen zu können, muss die Situation ihres Fachgebietes kurz skizziert werden.

1. Die Ökonomen des George-Kreises in der „Krise" der Nationalökonomie

Wie einleitend bereits erwähnt, beschrieb sich die deutsche Nationalökonomie seit der Jahrhundertwende als in der Krise befindlich.[2] Wie war es dahin gekommen?

Seit den 1860er und 1870er Jahren war die Fachdisziplin in Deutschland von der Jüngeren Historischen Schule dominiert worden, die sich, in Abgrenzung zur vorhergehenden Älteren Historischen Schule, insbesondere empirische Untersuchungen des wirtschaftlichen Lebens zum Ziel gemacht und sich die Lösung oder Milderung der sozialen Frage zur Aufgabe gesetzt hatte. Im Gegensatz zu den im deutschen Idealismus fußenden romantizistischen Vorstellungen der Älteren Historischen Schule vertraten die Anhänger der Jüngeren Historischen Schule ein eher positivistisches Forschungsprogramm.

Auf der anderen Seite grenzte sich die Schule[3] und ihr bedeutendster Kopf Gustav Schmoller aber auch von der angloamerikanischen und österreichischen neoklassischen Schule der Nationalökonomie ab: Die Anhänger der Jüngeren Historischen Schule sahen keine Möglichkeit, ökonomische Gesetzmäßigkeiten unabhängig von den spezifischen historischen Rahmenbedingungen erkennen zu können. Mit der isolierenden, mechanistischen Betrachtungsweise, wie die Anhänger der neoklassischen Theorie sie praktizieren würden, löse man das Ökonomische aus den vielfältigen Human- und Sozialbeziehungen heraus und

---

1 LEPSIUS, Oliver, Staatstheorie und Demokratiebegriff in der Weimarer Republik, in: Christoph GUSY (Hrsg.), Demokratisches Denken in der Weimarer Republik. Baden-Baden 2000, 366–414, 395.

2 JANSSEN (1998), Nationalökonomie und NS, 22f.

3 Zur Diskussion der Frage, ob die Jüngere Historische Schule als „Schule" begriffen werden kann, vgl. KÖSTER (2008), Theorie und Sozialphilosophie, 29. Köster setzt sich hier insbesondere auseinander mit GRIMMER-SOLEM, Erik, The rise of historical economics and social reform in Germany 1864–1894. Oxford 2003.

könne deshalb nie, auch für den Bereich des bloß Ökonomischen nicht, zu allgemeingültigen und der Wirklichkeit gerechten Aussagen gelangen.[4] Deswegen setzte man der rein deduktiven ökonomischen Theoriebildung eine historisch-empirische Arbeitsweise mit besonderer Berücksichtigung der Statistik entgegen[5], die aber trotzdem in eine theoretische Beschreibung der wirtschaftlichen Zusammenhänge einmünden sollte: Die Jüngere Historische Schule war keineswegs so theoriefeindlich, wie spätere Generationen ihr unterstellten.[6] Des Weiteren war ein wichtiges Charakteristikum der nationalökonomischen Forschung die Interdisziplinarität, die sich schon aus der häufigen Verknüpfung der Lehrstühle mit anderen Fachrichtungen wie der Finanzwissenschaft, Soziologie oder der Staatslehre ergab.[7] Die Soziologie verselbständigte sich erst während der Weimarer Jahre von der ihr nahe stehenden Nationalökonomie und etablierte sich als eigenständiges Fach.[8]

In einer prinzipiell affirmativen Haltung gegenüber dem Kaiserreich hielten die Ökonomen der Jüngeren Historischen Schule die staatlichen Institutionen für eine unverzichtbare Voraussetzung für die sittliche Entwicklung der Staatsbürger und den gesellschaftlichen Fortschritt und gingen von einer Koevolution von Staat und Wirtschaft aus.[9] Die institutionellen Voraussetzungen der Wirtschaft standen deshalb im Zentrum des Forschungsinteresses. Mit dem in zahlreichen Einzelstudien gewonnenen empirischen Tatsachenmaterial sollte die Notwendigkeit sozialer Reformen belegt werden, was zu einer zwangsläufigen Vermischung von Theorie und Praxis führte und den Vertretern der Schule die Bezeichnung „Kathedersozialisten" einbrachte, obgleich man sich im eigenen Selbstverständnis einem streng wissenschaftlichen Objektivitätsideal verpflichtet fühlte. Das Wissenschaftsverständnis der Historischen Schule war jedoch ganz selbstverständlich ein normatives und aktivistisches, bei dem immer die Frage nach dem Sein-Sollenden im Blickpunkt stand.[10] Dass dieses Forschungsprogramm von der jüngeren Generation zunehmend als veraltet empfunden wurde, hing nicht nur mit der beherrschenden Stellung Gustav Schmollers zusammen, der sich durch seine guten Beziehungen zu den preußischen Behörden eine unumstrittene Machtstellung innerhalb der Disziplin aufgebaut hatte;[11] vielmehr war auch ein gewisser Überdruss an

---

4 HÄUSER, Karl, Das Ende der historischen Schule und die Ambiguität der deutschen Nationalökonomie in den zwanziger Jahren, in: Knut Wolfgang NÖRR, Bertram SCHEFOLD und Friedrich TENBRUCK (Hrsg.), Geisteswissenschaften zwischen Kaiserreich und Republik: Zur Entwicklung von Nationalökonomie, Rechtswissenschaft und Sozialwissenschaft im 20. Jahrhundert; aus den Arbeitskreisen „Methoden der Geisteswissenschaften" der Fritz-Thyssen-Stiftung. Stuttgart 1994, 47–74, 48.

5 KÖSTER (2008), Theorie und Sozialphilosophie, 29.

6 SCHEFOLD, Bertram, Schmoller als Theoretiker, in: J. BACKHAUS, Y. SHIONOYA und B. SCHEFOLD (Hrsg.), Gustav von Schmollers Lebenswerk (Kommentarband „Vademecum" zur Faksimileausgabe von Schmollers ‚Grundriss' (1900/1904) in der Reihe ‚Klassiker der Nationalökonomie'). Düsseldorf 1989, 77–103, 77f.

7 HÄUSER (1994), Historische Schule, 63.

8 So hatte etwa Franz Oppenheimer von 1919–1929 in Frankfurt einen Lehrstuhl für „Soziologie und theoretische Nationalökonomie" inne, vgl. LICHTBLAU, Klaus, Krise als Dauerzustand? Weltanschauliche Implikationen der Weimarer Soziologie, in: Roman KÖSTER u.a. (Hrsg.), Das Ideal des schönen Lebens und die Wirklichkeit der Weimarer Republik. Vorstellungen von Staat und Gemeinschaft im George-Kreis. Berlin 2009, 15–26.

9 RIETER (2002), Historische Schulen, 143.

10 HÄUSER (1994), Historische Schule, 58, 62.

11 Zur Stellung Schmollers in der Nationalökonomie am Ende des Kaiserreichs vgl. VOM BRUCH, Rüdiger,

der relativistischen Detailforschung und am ständigen weiteren Aufschieben der zusammenfassenden Ergebnisse und Überblicksdarstellungen verbreitet. Die junge Generation vermisste den „großen Wurf".

Schon vor dem Ersten Weltkrieg war die Jüngere Historische Schule von verschiedenen Seiten in Frage gestellt worden. Im sog. älteren Methodenstreit hatte der Österreicher Carl Menger ihr und insbesondere Gustav Schmoller mangelnde Theoriebildung vorgeworfen. Schmoller spitzte dies in seinen Repliken auf die Kontroverse über den Vorzug der induktiven oder der deduktiven Methode zu: Während die österreichische Schule nur deduktive Theoriebildung betreiben wolle, suche seine eigene Forschungsrichtung beides zu verbinden.[12] Im Hintergrund stand nicht zuletzt die Frage, ob die Nationalökonomie denn nun als Natur- oder als Geisteswissenschaft zu verstehen sei.[13]

Auf der anderen Seite erwuchs im sog. jüngeren Methoden- oder Werturteilsstreit Kritik an der Historischen Schule auch aus ihren eigenen Reihen, insbesondere von Werner Sombart und Max Weber. Die beiden sprachen sich gegen die Vermischung von Forschung und Werturteilen aus.[14] Weber erkannte zwar an, dass Werturteile aus der Nationalökonomie niemals ganz verdrängt werden könnten, da sie zumindest in der Ausarbeitung der Fragestellung immer ihren Niederschlag fänden; allerdings plädierte er dafür, dass sie klar als solche gekennzeichnet und nicht als objektives Resultat der Forschungsarbeit ausgegeben würden.[15] Daneben kritisierten er und Werner Sombart aber auch die Geschichtsteleologie der Historischen Schule, die von einer automatischen Höherentwicklung und Harmonisierung der Gesellschaft ausging. Demgegenüber diagnostizierten sie eine Zuspitzung der gesellschaftlichen Konflikte im Kapitalismus, den sie als Epochenproblem ansahen, und ein zunehmendes Leiden der Menschen an der Moderne.[16] In eben diesem Punkt zeigen sich die Überschneidungspunkte zur Zeitkritik vieler Zeitgenossen, z.B. der Georgeaner, wie sie oben bereits dargestellt wurde.

Die Jüngere Historische Schule war also bereits angeschlagen, als sich das Fach mit Beginn des Ersten Weltkrieges neuen institutionellen Anforderungen stellen musste. Plötzlich endete die bis dahin herrschende „Alltagsentlastetheit"[17], da von Politik und Gesellschaft die Forderung an das Fach herangetragen wurde, konkrete und zeitnahe Lösungsvorschläge für die drängenden ökonomischen Probleme der Kriegswirtschaft zu entwickeln und fähige Beamte für deren Organisation auszubilden. Gegenüber diesen Anforderungen erwiesen sich die langfristig angelegten empirischen Forschungsprogramme der Jüngeren Historischen Schule als ungeeignet. Die Defizite der vornehmlich historischen Forschungsmethode traten klar zu Tage. Das Ende der Schule war dann spätestens mit der Novemberrevolution im Jahr

Nationalökonomie zwischen Wissenschaft und öffentlicher Meinung im Spiegel Gustav Schmollers, in: DERS., Gelehrtenpolitik, Sozialwissenschaften und akademische Diskurse in Deutschland im 19. und 20. Jahrhundert, hrsg. von Björn HOFMEISTER und Hans-Christoph LIESS. Stuttgart 2006, 311–331.

12 KOLB, Gerhard, Geschichte der Volkswirtschaftslehre. 2. Aufl. München 2004, 112f.

13 RIETER (2002), Historische Schulen, 147.

14 NAU, Heino Heinrich, Der Werturteilsstreit: Die Äusserungen zur Werturteilsdiskussion im Ausschuss des Vereins für Sozialpolitik (1913). Marburg 1996.

15 KÖSTER (2008), Theorie und Sozialphilosophie, 44.

16 DÜE, Thomas, Fortschritt und Werturteilsfreiheit: Entwicklungstheorien in der historischen Nationalökonomie des Kaiserreichs. Bielefeld 2001.

17 KÖSTER (2008), Theorie und Sozialphilosophie, 59.

1918 gekommen, die viele Zeitgenossen als fundamentale Verunsicherung erlebten:[18] Der Umsturz spülte auf einen Schlag eben jene Institutionen hinweg, an deren Höherentwicklung die Historische Schule geglaubt hatte. Das Paradigma des Historismus war damit anachronistisch geworden.[19]

Nach diesem ersatzlosen Paradigmenverlust hätte das Fach einer Phase der ruhigen Selbstfindung bedurft. Davon konnte in der schwierigen wirtschaftlichen und politischen Situation zu Ende des Weltkrieges jedoch keine Rede sein. Schon rein institutionell kamen große Anforderungen auf die Nationalökonomie zu: So vervielfachten sich aufgrund der Welle der Kriegsheimkehrer einerseits und dem gesteigerten Interesse an wirtschaftlichen Fragen in weiten Bevölkerungskreisen andererseits bis 1924 kurzfristig die Studentenzahlen, was eine große Herausforderung für die Organisation der universitären Lehre darstellte.[20] Von den Wirtschaftsverbänden wurde zudem eine stärkere Praxisorientierung der Nationalökonomie angemahnt, auch wenn meist unklar blieb, was genau die Beteiligten sich darunter vorstellten. Die Nationalökonomie sollte jedenfalls ihren Beitrag zu einer sinnvollen Wirtschaftspolitik und zur Lösung der ökonomischen Tagesfragen leisten, die nun viel weiter gefächert waren als die Probleme der Handels-, Zoll- und Sozialpolitik vor dem Ersten Weltkrieg. Dennoch hatten die ökonomischen Experten in Deutschland nicht annähernd so viel Einfluss auf die Politik wie die in den USA oder in Großbritannien.[21] Die Anforderungen aus der Praxis wurden von den Ökonomen, auch denen aus dem George-Kreis, die alle in der Jüngeren Historischen Schule sozialisiert worden waren, als Überforderung des Faches wahrgenommen.[22] So beklagte etwa Kurt Singer, dass die „laut fordernden Aktualitäten der aus den Fugen geratenen Umwelt" der Nationalökonomie „ein Übermaß an Tagesarbeit in Unterricht, Publizität, Beratung und Stoffbewältigung" abforderten, weswegen die Publikationen nicht die nötige „Frist zur Reife" hätten.[23]

Unter diesen denkbar ungünstigen Umständen sollte eine theoretische Neuausrichtung des Faches stattfinden, für die nicht einmal ein basaler Konsens bestand. Eine Reihe von Nationalökonomen forderte eine stärkere theoretische Ausrichtung der Nationalökonomie, z.B. Robert Liefmann, Gustav Cassel und Franz Oppenheimer. Daneben war aber auch der Wunsch nach einem „neuen System" weit verbreitet, das man nicht als Ergebnis eines arbeitsteiligen Programms, sondern vielmehr als große Leistung *eines* Ökonomen erwartete.[24] Zahlreiche Versuche solcher neuer Systementwürfe in den 1920er Jahre führten zu einer

---

18 SINGER, Kurt, Die Krisis, in: Wirtschaftsdienst 44 (1918, 1. November), 993–994.

19 KÖSTER (2008), Theorie und Sozialphilosophie, 54.

20 Ebd., 61ff.

21 Ebd., 85ff.

22 Zu den Problemen der internationalen Ökonomie der Zwischenkriegszeit siehe auch PARKER, Randall E., The economics of the great depression: a twenty-first century look back at the economics of the interwar era. Cheltenham u.a. 2007.

23 SINGER, Kurt, Wirtschaftslehre als Problem, in: Kritische Blätter. Literaturanzeiger für Staat, Wirtschaft und Gesellschaft. Monatliche Beilage des „Wirtschaftsdienst" 1, 1 (1923, 26. Januar), 117–118.

24 HÄUSER, Karl, HÄUSER, Karl, Deutsche Nationalökonomie in der Diaspora: Die dreißiger und vierziger Jahre bis Kriegsende, in: Karl ACHAM, Knut Wolfgang NÖRR und Bertram SCHEFOLD (Hrsg.), Erkenntnisgewinne, Erkenntnisverluste: Kontinuitäten und Diskontinuitäten in den Wirtschafts-, Rechts- und Sozialwissenschaften zwischen den 20er und 50er Jahren. Stuttgart 1998, 173–222, 193f.

„neuen Unübersichtlichkeit“ des Faches.[25] Im Vordergrund stand dabei nie die Beschäftigung mit ökonomischen Einzelfragen, sondern der Streit über grundlegende methodologische Positionen, bei denen man von der Konsensfindung weit entfernt war.[26] Dieser Tatbestand wurde von zahlreichen Ökonomen als misslich empfunden: Arthur Salz etwa stellte fest, dass die Nationalökonomie sich „in methodologischen Bedenklichkeiten erschöpfte und über die Frage, wie man richtig gehen muß, das Gehen selbst verlernte.“[27] Problematisch erwies sich bei vielen Autoren, wie etwa bei Gustav Cassel[28] oder Robert Liefmann[29], der Versuch, ihre Theorien von Grund auf neu zu entwickeln, ohne auf den Vorarbeiten der Vorgänger aufzubauen. Statt zu gesicherten, unumstrittenen Erkenntnis- und Theoriegrundlagen und zu einer Stabilisierung des Methodenwissens zu gelangen, bestand so eine Vielzahl von eklektizistischen Systementwürfen nebeneinander her, die ausgehend von philosophischen Letztbegründungen eine Erneuerung der Nationalökonomie versprachen.[30] Darunter waren auch universalistische Ansätze zu verzeichnen, die ähnlich wie diejenigen der Georgeaner einen Vorrang des Ganzen vor seinen Teilen annahmen, allerdings mit sehr unterschiedlichen Schwerpunktsetzungen.[31] Keines der neuen Paradigmata konnte sich indes durchsetzen,[32] auch das der neoklassischen Nationalökonomie nicht.[33] Rezensionen fielen oft polemisch aus und die Fachwissenschaft zerfiel in kleine sich gegenseitig bekämpfende Gruppen, die sich jeweils um einen Vordenker scharten.[34] Roman Köster spricht von einer „diskursiven Radikalisierung“ der sich immer stärker polarisierenden Auseinandersetzun-

---

25 SCHEER, Christian, Die deutsche Finanzwissenschaft 1918–1933 – ein Überblick, in: Heinz RIETER (Hrsg.), Studien zur Entwicklung der ökonomischen Theorie. Bd. 13. Deutsche Finanzwissenschaft zwischen 1918 und 1933. Berlin 1994, 111–141, 112.

26 PRIBRAM, Karl und BRÜHMANN, Horst, Geschichte des ökonomischen Denkens, Bd. 2 (Suhrkamp-Taschenbuch Wissenschaft. Bd. 1356). Frankfurt a. M. 1992, 696.

27 SALZ, Arthur, Theorie und Praxis in der Wirtschaft, in: Der deutsche Volkswirt 2, 9 (1927, 2. Dezember), 269–272, 271. Die wirtschaftspolitischen Zielsetzungen des deutchen Volkswirts, in dem Arthur Salz oft publizierte, untersucht RIETER, Heinz, Der deutsche Volkswirt 1926–1933. Eine Fallstudie zur publizistischen Umsetzung wirtschaftspolitischer Konzeptionen, in: Erich STREISSLER (Hrsg.), Studien zur Entwicklung der ökonomischen Theorie Bd. 17, Teil 2: Die Umsetzung wirtschaftspolitischer Grundkonzeptionen in die kontinentaleuropäische Praxis des 19. und 20. Jahrhunderts. Berlin 1998, 95–153.

28 CASSEL, Gustav, Theoretische Sozialökonomie. Leipzig 1918.

29 LIEFMANN, Robert, Grundsätze der Volkswirtschaftslehre. 2 Bd. Berlin 1917–1919.

30 PRIBRAM und BRÜHMANN (1992), Geschichte ökonomisches Denkens, 694.

31 Insbesondere Othmar Spann und Rudolf Stolzmann, vgl. KÖSTER, Roman, Universalismuskonzepte in der Nationalökonomie der Weimarer Republik, in: Roman KÖSTER u.a. (Hrsg.), Das Ideal des schönen Lebens und die Wirklichkeit der Weimarer Republik. Vorstellungen von Staat und Gemeinschaft im George-Kreis. Berlin 2009, 47–61.

32 Nach Luhmann sind Theorien Formen, in denen Erklärungen kommuniziert und reformuliert werden. Ihre Aufgabe innerhalb des Wissenschaftssystems ist es, Zusammenhänge herzustellen und die Kommunikation zu steuern sowie sie ausbau- und anschlussfähig zu machen. Dabei sind sie prinzipiell fortschreibbar ohne Bezug zur Realität. Aufgabe der Methoden ist es, die Kommunikation der Theorie zu kontrollieren. Sie sollten diese also eigentlich unterschwellig begleiten, ohne ständig kommuniziert zu werden. In der Nationalökonomie der Weimarer Zeit gelang es nicht, das Methodenwissen zu stabilisieren, sondern die Voraussetzungen wurden ständig mitkommuniziert, was zur Selbstirritation des Systems und zur fortgesetzten Krisensemantik führte, vgl. LUHMANN (2002), Wissenschaft, 401. Siehe insbesondere auch KÖSTER (2008), Theorie und Sozialphilosophie, 181ff.

33 Vgl. KURZ (1998), Deutsche Nationalökonomie.

34 KÖSTER (2008), Theorie und Sozialphilosophie, 129f.

gen.[35] In diese scharfen Kontroversen, die oft in persönlich verletzendem Ton geführt wurden, waren auch die georgeanischen Ökonomen verwickelt. Das Fach litt unter gänzlicher Orientierungslosigkeit, die durch den Tod einiger nationalökonomischer Autoritäten noch verschärft wurde: Kurz hintereinander verstarben Adolph Wagner (1835–1917), Gustav Schmoller (1838–1917) und Max Weber (1864–1920).[36] Die Folge dieser Entwicklungen war, dass immer mehr Ökonomen ihr Fach als in einer tiefen Krise befindlich beschrieben. Zu ihnen gehörten auch die Wirtschaftswissenschaftler aus dem George-Kreis, die die von ihrem „Meister" aus dem Umfeld der *Blätter* übernommenen zeitkritischen Semantiken in ihre Diagnose der Krise der Nationalökonomie einflochten. Zunächst konstatierten sie eine Krise ihrer Zeit und der modernen Wissenschaft an sich: So stellte etwa Edgar Salin 1921 fest, dass in der außergewöhnlich problematischen Gegenwart die Stellung der Wissenschaft prekär geworden sei und „ein großer Teil der Jugend den Glauben an die Wissenschaft verloren" habe.[37] Er sprach vom „Bestehen einer ‚Krise'" der Zeit insgesamt und der Nationalökonomie im Besonderen.[38] Der Grund dafür sei, dass „der Lebensstrom, der von Goethe ausgehend die ganze geistige deutsche Welt gehoben und zu gewaltigem Werk getragen hatte", versiege, und „das Weltbild, das er verpflichtend geschaffen hatte", seine Kraft verliere.[39] Kurt Singer beschrieb nach dem Ersten Weltkrieg ebenfalls die Krise, die vor allem vom Nihilismus verschuldet sei und deren Zerstörungskräfte er als bedrohlich für die Welt als ganze empfand.[40] Zahlreiche seiner Artikel tragen den Begriff der „Krisis" schon im Titel.[41] Er sah die problematischen Zustände ganz im Sinne der georgeanischen Semantiken nicht durch äußere, sondern vielmehr durch innere Gründe bedingt.[42]

Aber nicht nur die Gegenwart an sich, sondern auch das Wirtschaftssystem und die Nationalökonomie als Wissenschaft sahen die Georgeaner, ebensowie viele ihrer Kollegen, in einer schwierigen Situation.

Eine Krise des kapitalistischen Wirtschaftssystems, das sich nach dem Ersten Weltkrieg plötzlich gegen konkurrierende sozialistische Modelle zur Wehr setzen musste, stellte z.B. Arthur Salz fest.[43] Auch Edgar Salin konstatierte eine „allgemeine, tiefe Unbefriedigtheit mit dem gegenwärtigen Zustand unserer Wissenschaft und ein allgemeines Zweifeln an der

---

35 Ebd., 131.

36 HÄUSER (1994), Historische Schule, 54.

37 SALIN, Edgar, Zu Methode und Aufgabe der Wirtschaftsgeschichte, in: Schmollers Jahrbuch 45 (1921), 179–201, 189.

38 SALIN, Edgar, Zur Stellung G. Schmollers in der Geschichte der Nationalökonomie, in: Schmollers Jahrbuch 48 (1924), 307–314, 312f.

39 SALIN (1921), Methode Wirtschaftsgeschichte, 189.

40 SINGER, Kurt, The idea of conflict. Vermehrt um ausgewählte Schriften zu Wirtschaft und Staat; Ein Gedenkband, hrsg. von Peter PAWLOSKY (Veröffentlichungen der List Gesellschaft 70). Basel 1973, 22.

41 Z.B. SINGER, Kurt, Die Krisis des Marxismus, unter dem Titel „Die Krisis der sozialen Revolution" in: Wirtschaftsdienst 21 (1919, 23. Mai), 389–391, oder in: DERS., Staat und Wirtschaft seit dem Waffenstillstand. Jena 1924, 32–37; SINGER, Kurt, Die Krisis der Erfüllungspolitik und die Auflockerung des Staatsgefüges, unter dem Titel „Die neue Krisis" in: Wirtschaftsdienst 46 (1921, 18. November), 621–622, oder in: DERS., Staat und Wirtschaft seit dem Waffenstillstand. Jena 1924, 125–129.

42 SINGER, Kurt, Die Krisis statt der Wirtschaft, unter dem Titel „Wirtschaft?" in: Wirtschaftsdienst 28 (1923, 13. Juli), 685–687, oder in: DERS., Staat und Wirtschaft seit dem Waffenstillstand. Jena 1924, 183–188.

43 BELLOC, Hilaire, Der Sklavenstaat, hrsg. von Arthur SALZ. Berlin [u.a.] 1925, 11f.

Richtigkeit des historischen Weges."[44] Das Fach stehe „vor einem Trümmerfeld oder günstigsten Falles vor einer Baustätte".[45] Die Weltwirtschaftskrise nach 1929 deutete er sogar als Zeichen der Verdammnis der alten Ordnung.[46] Auch Kurt Singer sah die Nationalökonomie als Fach in einer tiefen Krise,[47] ebenso wie die nah verwandte Soziologie.[48] Sogar der Schweizer Julius Landmann beklagte schon während des Krieges die Isolierung, in die sich die Nationalökonomie manövriert habe, und mahnte eine neue Einbettung in den „fruchtbaren Zusammenhange mit einem Lebensganzen" an.[49] Auch in seiner Kieler Zeit nach 1927 hielt er immer noch die Frage, „wie Wirtschaftswissenschaft gegenwärtig betrieben werden könne und solle", für tief problematisch.[50]

Alle vier Ökonomen empfanden also ihre Gegenwart insgesamt, die Wirtschaftsordnung ihrer Zeit und insbesondere ihr Fach als in einer tiefen Krise befindlich, und zwar schon vor dem Ersten Weltkrieg, der die Krisenwahrnehmung noch potenzierte. Im Bezug auf die theoretische Fundierung der Nationalökonomie hatten sie das Gefühl, vor einem „Trümmerfeld" zu stehen. Auf die methodologischen Fragen, die sich ihnen in ihrer täglichen wissenschaftlichen Arbeit stellten, konnten sie im nationalökonomischen Diskurs der Zeit keine befriedigenden Antworten finden, was sie offensichtlich schon vor dem Krieg als starkes Defizit und als massive Verunsicherung erlebten. Vor diesem Hintergrund ist ihre Hinwendung zu George und seinem Kreis näher zu untersuchen.

2. Stefan George und die Ökonomie

Am 7. August 1918 erhielt Kurt Singer die Einladung, in Königsstein im Taunus Stefan George zu treffen. Die beiden gingen zusammen in einem Hotel zum Essen, das aber keineswegs ihren Erwartungen entsprach: Wegen der Lebensmittelrationierungen konnte man von der servierten Mahlzeit nicht satt werden. Deshalb lud George Singer anschließend noch in eine Konditorei ein, wo man eine Torte vorgesetzt bekam, die mehr Kalorien hatte als die Hauptmahlzeit. Singer berichtete Georges Kommentar: „Er wisse eben auch von wirtschaftlichen Dingen mehr als die Nationalökonomen, schloß George, ‚halb im Scherz, halb im Ernst'."[51] Glaubt man dieser Anekdote, so inszenierte sich George einem Nationalökonomen gegenüber „halb im Ernst" als selbst ernannter Experte für Wirtschaftsfragen. Kann man dieser Selbsteinschätzung Glauben schenken? Interessierte sich der Dichter für ökonomische Fragen, und verstand er etwas davon? Könnte seine Kompetenz auf diesem Gebiet ein Grund für die Ökonomen gewesen sein, seine Nähe und seinen Rat zu suchen?

---

44 SALIN (1924), Stellung Schmollers, 312f.

45 SALIN (1921), Methode Wirtschaftsgeschichte, 190.

46 SALIN, Edgar, Wirtschaft und Staat. Drei Schriften zur deutschen Weltlage. Berlin 1932, 16.

47 SINGER (1918, 1. November), Krisis.

48 SINGER, Kurt, Die Krisis der Soziologie, in: Weltwirtschaftliches Archiv 16 (1920/21), 246–261.

49 LANDMANN, Julius, Die Kriegsfinanzen der Großmächte. Basel 1915, 38.

50 LANDMANN, Julius, Des Abbé Galiani Dialoge über den Getreidehandel und der Methodenstreit in der heutigen Wirtschaftswissenschaft (Vortrag, gehalten am 16. Mai 1930, zur Einleitung eines Seminars über Handelspolitik), in: Vortraege aus dem Nachlass. Basel 1933, 27–61, 54.

51 SINGER (1957), Erinnerungen, 304.

Die von den Ökonomen überlieferten Gesprächsäußerungen legen in der Tat die Vermutung nahe, dass George sich in einem begrenzten Rahmen für wirtschaftliche Fragen interessierte. So berichtete Kurt Singer von einem Gespräch Mitte Oktober 1918, in dem der Dichter ihn „viel und ausführlich von der kriegswirtschaftlichen lage" erzählen ließ, „wie sie sich mir durch meine berufliche beschäftigung mit den dingen darstellte". Er

> „fasste auch das sachlich verwickelte rasch auf, führte es auf die entscheidenden menschlichen fakten zurück und sagte rund heraus dass der Krieg verloren sei: ‚Wissen möchte ich nur ob die an der spitze (Hindenburg und Ludendorff) begriffen oder noch nicht begriffen haben dass das spiel zu ende ist.' Dies war am vorabend der letzten hoffnungslosen offensive des deutschen heeres. Von dem kaiser sprach er in äussert tiefer verachtung."[52]

Auch an anderer Stelle berichtete Singer, dass George sich 1918 intensiv nach der Wirtschaftslage in Hamburg bei ihm erkundigt habe, ja dass er mit ihm sogar die währungspolitische Position Karl Helfferichs und die Möglichkeiten einer Fortführung des Währungssystems nach Kriegsende diskutiert habe.[53] Ganz offensichtlich spielten die ökonomischen Faktoren also im Denken Georges durchaus eine Rolle, ja er maß ihnen so große Bedeutung bei, dass Singers negativer Bericht über die wirtschaftliche Lage seine Prognose über den Kriegsausgang entscheidend beeinflusste.

Auch Edgar Salin berichtete, dass George sich von ihm über seine Tätigkeit im Auswärtigen Dienst genau Bericht erstatten[54] und während des Krieges auch über ökonomische Fragen informieren ließ, z.B. über die wirtschaftlichen Folgen eines amerikanischen Kriegseintritts, insbesondere die Auswirkungen auf die Goldwährung. Als Salin dem Dichter eine „Entthronung des Goldes" prognostizierte, wies ihn George darauf hin, dass Julius Landmann genau das Gegenteil behaupte, und riet Salin, sich mit dem Basler Kollegen auseinanderzusetzen.[55] Im Juli 1920 ließ sich George von Salin und Landmann die mutmaßlichen Entwicklungen der deutschen und europäischen Wirtschaft erklären und erfragte ihr Urteil über das neue Buch von John Maynard Keynes *The economic consequences of the Peace*[56], das er nach dem, was die beiden Fachleute ihm darüber erzählten, als Zeichen für die Erschütterung des bürgerlichen England bewertete. Allerdings wird nirgends berichtet, dass George jemals selbst ökonomische Bücher gelesen hätte. So tief ging sein Interesse dann wohl doch nicht. Insofern scheint es vorstellbar, dass er seine Fragen nach ökonomischen

---

52 Singer, Kurt, Beiträge zur Kenntnis Stefan Georges, Dezember 1960, handschriftliche Abschrift eines Originalmanuskripts von Singer, in: StGA, Singer I, 105, 9. Singer berichtete, er sei von dieser Kritik am Kaiser so sehr berührt gewesen, dass er „von dem Gedanken besessen [gewesen sei] dass mir nur ein Weg offen stünde: den Verderber zu töten". Stattdessen habe er dann aber nur an Albert Ballin geschrieben, dass dieser abdanken solle (ebd. 13). Es ist allerdings zu bedenken, dass Singer dies erst 1960, also lange nach dem Stauffenberg-Attentat auf Hitler, niederschrieb, sodass seine Erinnerungen dadurch beeinflusst gewesen sein könnten.

53 SINGER (1957), Erinnerungen, 304f.

54 SALIN (1954), Um George, 32.

55 Ebd., 29.

56 KEYNES, John Maynard, The economic consequences of the Peace (1919). (The Collected Writings of John Maynard Keynes. Bd. II). London 1971.

Zusammenhängen nicht oder zumindest nicht in erster Linie aus Interesse an der Sache stellte, sondern auch, um die Ökonomen in ihrer wissenschaftlichen Arbeit zu ermutigen oder um etwas über ihre geistige Entwicklung zu erfahren, auf die er formend Einfluss nehmen wollte.[57]

Konkrete Stellungnahmen Georges zu wirtschaftlichen Fragen sind selten. Er nahm zwar die Schwierigkeiten wahr, in denen die deutsche Wirtschaft in der Zwischenkriegszeit steckte: „Die umgestürzte Litfassäule, die ihre Hohlheit und Pappigkeit offenbarte: das Bild der deutschen Wirtschaft."[58] Sehr viel detaillierter wurden seine Deutungen jedoch nicht. Feststellen lässt sich immerhin, dass George mit der gegenwärtigen Wirtschaftsordnung nicht einverstanden war. Friedrich Gundolf konnte wohl auf die Zustimmung seines „Meisters" rechnen, wenn er den Kapitalismus definierte und kritisierte als „loslösung der werte von den dingen, verselbständigung des geltens."[59] Singer überlieferte, George habe insbesondere die Rationalisierung der Wirtschaft abgelehnt, weil sie ein „göttlichmachen wollen der maschine" bedeute, das ihm furchtbar sei[60], und die Natur des Menschen verkenne.[61] Deshalb, so Singer, habe er eine Revolution für nötig gehalten.[62] Auch Edith Landmann berichtete mehrmals von Gesprächen über die vermutlichen Auswirkungen des Krieges, bei denen der Dichter geäußert haben soll „Geld ist Schwindel. Keine Sache kostet Geld, jede muss bezahlt werden."[63] Die Kritik am Kapitalismus war Teil von Georges Zeitkritik, in deren Rahmen er forderte: „Keine Zinsen, keine Maschinen, keine Menschenmassen"[64], auch wenn ihm selbst die Unerfüllbarkeit solcher Vorschläge klar war. Geldverdienen als Selbstzweck oder gar als Erfüllung einer religiösen Aufgabe war George ein Gräuel: „Völker, die zu nichts anderem mehr fähig sind als zum Handel, für die flüchtet sich alles Höhere ins Religiöse. Der Mensch im Wirtschaftsleben fühlt sich dann als Werkzeug Gottes, der ihn an diesen Platz gestellt hat, und betrachtet seine Tätigkeit als Liebesdienst an seinem Volk und an der Menschheit."[65] Insbesondere auch der achtlose Umgang mit Natur und natürlichen Ressourcen erschien George als Frevel[66], und der Markt der technisch reproduzierten Waren

57 So ließ er sich von Berthold Schenk Graf von Stauffenberg auch über seine Arbeit in dem mit dem Völkerbund verbundenen Ständigen Internationalen Gerichtshof in Den Haag berichten, obwohl er dieser Institution wenig Bedeutung beimaß, vgl. VITZTHUM, Wolfgang Graf, Weimarer Republik und Völkerbund aus der Sicht von Berthold Graf Stauffenberg, in: Roman KÖSTER u.a. (Hrsg.), Das Ideal des schönen Lebens und die Wirklichkeit der Weimarer Republik. Vorstellungen von Staat und Gemeinschaft im George-Kreis. Berlin 2009, 211–234.

58 28.1.–21.2.1928 in Kiel, LANDMANN (1963), Gespräche George, 188.

59 GUNDOLF (1911), Wesen und Beziehung, 11.

60 SINGER (1957), Erinnerungen, 304f.

61 Ebd., 304.

62 Ebd., 305.

63 LANDMANN (1963), Gespräche George, 43.

64 Ebd., 78.

65 Ebd., 140. Edith Landmann bezeichnete diese Aussage als Georges „bösere Wendung der Max Weberschen These vom Kapitalismus und Puritanismus" (ebd.).

66 LANDFRIED (1975), George, 214–216; Schefold verweist insbesondere auf Georges Gedichte *Der Mensch und der Drud*, *Der Herr der Insel* sowie *Geheimes Deutschland* (SCHEFOLD, Bertram, Stefan George. Dichter einer anderen Moderne. Vortrag am 21. Mai 1997 in Zürich, in: Castrum Peregrini 237–238 (1999), 15–21, 20).

war ihm ein Symbol des Chaos, des Nicht-Geformten.[67] Breuer fasst Georges Position zusammen: „Der Meister ging zwar in Wirtschaftsfragen nicht ins Detail, ließ aber niemanden darüber im unklaren, wie sehr er die amerikanischen Vertrustungen und die Herrschaft von Wirtschaftsgewalten über den Geist und das Leben ablehnte."[68]

Trotzdem war George in finanziellen Fragen durchaus nicht unbedarft und als Sohn eines Weinhändlers mit einem gewissen praktischen Erfahrungswissen in wirtschaftlichen Dingen ausgestattet. Immerhin gelang es ihm, das kleine, von seinen Eltern ererbte Vermögen so gut anzulegen, dass er auch noch nach der Krisenzeit und der Inflation genug zum Leben hatte,[69] weswegen Max Weber ihn und seine Anhänger als „Rentner" bezeichnete.[70] Für Finanzgesetze, die ihn direkt betrafen, interessierte sich George deshalb.[71] Nicht zuletzt die Anlageberatung von Julius Landmann dürfte zu seiner erfolgreichen Vermögensverwaltung ihren Teil beigetragen haben. Georges praktische Lebensumstände änderten jedoch nichts an seiner prinzipiell kapitalismuskritischen Haltung. Geret Luhr bezeichnet seine Einstellung als „konservativ-revolutionären oder ästhetischen oder fundamentalästhetischen Antikapitalismus".[72] Die Ausbildung eines autonomen Wirtschaftssystems in der Gesellschaft konnte der Dichter, der der Kunst alle anderen gesellschaftlichen Bereiche untergeordnet sehen wollte, nur als Verfehlung werten. Sein geistiges Reich, um das sich sein Denken drehte, war nicht von dieser Welt, wie er immer wieder betonte, und sollte deshalb von profanen Wirtschaftsfragen nicht tangiert werden. Soziale oder gar wirtschaftliche Probleme versanken vor diesen künstlerischen Maßstäben in die Bedeutungslosigkeit.[73]

Mit dieser kapitalismuskritischen Haltung stand George unter den Künstlern seiner Zeit nicht allein da. Eine ganz ähnliche Abneigung gegen die modernen Wirtschaftsformen findet sich auch bei Hugo von Hofmannsthal, Rudolf Borchardt, Rudolf Pannwitz oder Ludwig Klages. „Mammonismus und Kapitalismus erscheinen aus dieser Sicht nur als zwei Namen für ein und denselben Vorgang der ‚Selbstaufbrauchung des Lebensstoffes'."[74] Stefan Geor-

---

67 LANDFRIED (1975), George, 243.

68 BREUER (1996), Ästhetischer Fundamentalismus, 198.

69 Vor 1923 lebte George von seinem Vermögen, vgl. LANDFRIED (1975), George, 124. Dies war möglich, obwohl er sich aus Abscheu gegen Markt und Geld, Buchführung und Rechenhaftigkeit lange Zeit weigerte, ein Bankkonto zu unterhalten (ebd. 136). Auch Schefold betont, dass es George gelang, sein kleines Vermögen durch Inflation und Wirtschaftskrise zu retten, vgl. Schefold (2004) Civitas Dei, 212.

70 „Auf der andern Seite ist es bei einer primär künstlerischen charismatischen Jüngerschaft denkbar, daß die Enthebung aus den Wirtschaftskämpfen durch Begrenzung der im eigentlichen Sinn Berufenen auf ‚wirtschaftlich Unabhängige' (also: Rentner) als das Normale gilt (so im Kreise Stefan Georges, wenigstens der primären Absicht nach)." (WEBER, Max: Wirtschaft und Gesellschaft, in: WEBER, Gesammelte Werke, 1839).

71 Z.B. zeigte er 1933 Interesse für das Fristablaufgesetz für Steuernachzahlungen, das so genannte „Volksverratsgesetz", weil es ihn unmittelbar betraf, vgl. KARLAUF (2007), Charisma, 616.

72 LUHR, Geret, Ästhetische Kritik der Moderne: Über das Verhältnis Walter Benjamins und der jüdischen Intelligenz zu Stefan George. Marburg 2002, 219f. Der Begriff geht nach Luhr zurück auf Georg Lukács' Vorwort zur *Theorie des Romans* von 1962. Den Ausdruck „Ästhetischer Fundamentalismus" lehnt Luhr ab, da er eine ungebrochene Linie von der Romantik zu George und Hitler ziehe, was ihm unangemessen erscheint.

73 LANDFRIED (1975), George, 118.

74 BREUER (1996), Ästhetischer Fundamentalismus, 196. Die Verwandtschaft solcher Gedanken zu anderen „konservativen Revolutionären" betont auch LANDFRIED (1975), George, 98.

ge erscheint in dieser Frage ebenso wie in seiner Ablehnung der Demokratie als typischer Vertreter der „Konservativen Revolution“.[75]

George achtete allerdings nicht nur den Kapitalismus als Wirtschaftsform gering, sondern er brachte auch der Wissenschaft, die sich mit der Wirtschaft beschäftigte, wenig Billigung entgegen: Edith Landmann berichtete, dass er, als Julius Landmann ihn über die schlechte Ernährungslage in Baden als Folge des Versailler Friedens informiert habe, Tränen vergoss. „‚Es soll ja zugrunde gehen, aber es ist scheusslich, es mitanzusehen.‘ [...] ‚Aber das sind nun‘, sagte er endlich, ‚die Früchte der Weltwirtschaft.‘ Und mit großer Gebärde: ‚Ceterum censeo eos (er meinte die Nationalökonomen) esse pendendos – mit einer Ausnahme‘, fügte er mit einem Blick auf I.L. hinzu.“[76] Das Zitat erhärtet die Vermutung, dass Georges Interesse an der Arbeit der Ökonomen vor allem persönliche Gründe hatte: Er interessierte sich für sie als geistige Menschen und deshalb auch für ihre wissenschaftliche Arbeit. Als solche rechnete er sie sehr wohl seinem Kreis zu, und zwar auch nachdem er den Kontakt zu manchen von ihnen nach der Trennung von Gundolf eingestellt oder eingeschränkt hatte. Als Julius Landmann den Vorschlag machte, zu Georges 60. Geburtstag im Jahr 1928 eine Festschrift heraus zu bringen, äußerte der „Meister“ seine Zustimmung: „Wolters dürfte nicht fehlen u. gehört doch auch zu d. intensiveren, Bertram, Kurt Singer, Salin, ihr feind Hildebrandt, Wolters adlatii u. wie dick müsste das sein, u. wenn jeder nur mit einem sprüchelchen dabei wär, wärs auch nichts. Andere ehrungen – gesch. der Blätter, ja, wenn die fertig würde.“[77]

Zusammenfassend kann festgestellt werden, dass Stefan George die Wirtschaftswissenschaftler sicherlich nicht aufgrund seines ökonomischen Fachwissens anzog, da er über solches nicht verfügte. Seine Äußerungen zu ökonomischen Fragen, die von einer prinzipiell antikapitalistischen Haltung geprägt waren, blieben vage, auch wenn er sich auf diesem Feld einer raschen Auffassungsgabe erfreute und die Dinge geschickt „auf die entscheidenden menschlichen fakten“ zurückzuführen wusste. Er interessierte sich jedoch für die Ökonomen als Menschen und Wissenschaftler und ließ sich von ihnen über ihre Arbeit informieren, um sie zu motivieren. Der fundamentale Gewinn, den die Ökonomen aus seiner Bekanntschaft zogen, muss jedoch auf anderem Gebiet gesucht werden.

3. Wege zum „Meister“

Warum wendeten sich Arthur Salz, Edgar Salin, Julius Landmann und Kurt Singer dem Dichter Stefan George zu? Zu welchem Zeitpunkt in ihrer Biografie und unter welchen Um-

75 Ebd., 248. Stefan Georges Haltung zum Nationalsozialismus ist dagegen bis heute strittig, da in den Quellen widersprüchliche Aussagen überliefert sind. Vgl. z.B. PETROW (1995), Dichter als Führer?, 63–67; GROPPE, Carola, Widerstand oder Anpassung? Der George-Kreis und das Entscheidungsjahr 1933, in: Günther RÜTHER (Hrsg.), Literatur in der Diktatur. Schreiben im Nationalsozialismus und DDR-Sozialismus. Paderborn [u.a.] 1997, 59–92; KARLAUF (2007), Charisma, insb. 611–630; NORTON (2002), Secret Germany, 727–730, 733–737.

76 Tagebuch Edith Landmann, 20. Januar bis Ende April 1920 in Basel, in: LANDMANN (1963), Gespräche George, 116. „I. L.“ bedeutet Julius Landmann.

77 Edith Landmann, Tagebücher, in StGA Landmann I, Bd. 7 ab Januar 1926. „[G]esch. der Blätter“ meint WOLTERS (1931), George und die Blätter.

ständen fanden diese Begegnungen statt? Um die Bedeutung, die George im Leben und in der Arbeit der Ökonomen in seinem Umfeld spielte, einschätzen zu können, soll im Folgenden zu jedem von ihnen ein kurzer biografischer Abriss gegeben werden. Die Ökonomen werden dabei in der Reihenfolge vorgestellt, in der sie die Bekanntschaft Stefan Georges machten.

3.1 Arthur Salz

„An Salz placuit?", „hat Salz gefallen?" fragte Friedrich Gundolf am 11. Februar 1902 fast etwas ängstlich seinen „Meister" Stefan George.[78] Er hatte ihm einen guten Freund zugeführt und war auf das Urteil des Dichters gespannt – es fiel, wie sich zeigte, positiv aus. Wer aber war dieser Freund? Arthur Salz kam am 31.12.1881 in Staab in Böhmen (heute Stod in Tschechien) als Sohn des jüdischen Landwirts und Malzfabrikbesitzers Heinrich Salz und seiner Frau Rosa, geb. Popper, zur Welt. Seine Gymnasialzeit verbrachte er im staatlichen Gymnasium in Pilsen. Die dort lehrenden Prämonstratenser[79] beschrieb Salz später als liberal und aufgeschlossen.[80] Hier dürfte Salz auch das Spiel auf der Violine gelernt haben.[81] Nach dem Abitur nahm er zum Wintersemester 1900/1901 das Studium in Berlin auf – eine ungewöhnliche Entscheidung für einen Bürger der Donaumonarchie, wie Salz rückblickend betonte, konnte ihm ein in Berlin erworbenes Zertifikat doch nicht zu einer staatlichen Anstellung in Österreich-Ungarn verhelfen. Salz ertrug die ihm unangenehme Atmosphäre im Berlin der Nach-Bismarck-Ära, das ungewohnte Essen, den unverständlichen Dialekt und die Fremdheit in der unbekannten Stadt, weil Berlin der Ruf eines Bildungszentrums vorauseilte und er die Universität als intellektuelle Oase empfand.[82] Vor allem Georg Simmel[83] beeindruckte ihn, und er beeinflusste nach Salz′ eigener Aussage seinen Blick auf das Leben stark und dauerhaft.[84] Durch die Lektüre seines Essays über Stefan George wurde Salz auch

---

78 Gundolf an George und Wolfskehl am 11.02.1902, in GEORGE, Stefan und GUNDOLF, Friedrich, Briefwechsel, hrsg. von Robert BOEHRINGER, München [u.a.] 1962, 108.

79 Das 1775 gegründete Gymnasium von Pilsen leiteten ursprünglich Dominikaner, unter Joseph II. wurde es dann jedoch kurzfristig in eine staatliche Schule umgewandelt, die seit 1804 wiederum von Prämonstratensern aus dem Kloster Tepl geleitet wurde. 1812–1820 besuchte auch Kaiser Franz diese Schule, in der in deutscher Sprache unterrichtet wurde. Ich danke Pater Augustin Ján Kováčik, O. Praem., dem Administrator des Prämonstratenserklosters Tepl, für diese Informationen. Vgl. auch GRASSL, Basilius Franz, Geschichte und Beschreibung des Stiftes Tepl. 2. Aufl. Pilsen 1929, 80–84.

80 SALZ, Arthur, A note from a student of Simmel's, in: Kurt H. WOLFF (Hrsg.), Georg Simmel: 1858–1918. Columbus 1959, 233–236, 233.

81 Gundolf an Salz in StGA, Gundolf II, 7219.

82 Salz sprach von Berlin als einem „center of learning" (SALZ (1959), Note, 233f.)

83 Simmel war seit 1885 Privatdozent für Philosophie an der Friedrich-Wilhelms-Universität Berlin und wurde 1900 zum außerordentlichen Professor berufen.

84 SALZ (1959), Note, 235. Simmels dialektisches Denken lässt sich in der Tat auch in späten Texten von Salz noch nachweisen, z.B. in *Stability and Expansion* (UM von 1955 im LBI, AR 6288, Box I, Folder 1), in dem Salz Stabilität und Expansion als gegensätzliche Ziele beschrieb, ebenso wie Freiheit, Gleichheit und Brüderlichkeit oder Sozialismus und Kapitalismus, die sich aber doch in der Praxis nicht ausschließen: "Many things are practicable in spite of the fact that logically they are *not* flawless." (ebd. 3; Hervorhebung von Salz).

zum ersten Mal auf den George-Kreis aufmerksam.[85] Im Alter von 21 Jahren schloss er, der sich in Berlin anfangs sehr einsam gefühlt hatte, Freundschaft mit Friedrich Gundolf und gelangte durch ihn ins nähere Umfeld des Dichters. Nach einem Studienwechsel nach München besuchte er 1902 auf Gundolfs Empfehlung hin Karl Wolfskehl, der sofort begeistert von ihm war,[86] und begegnete dort das erste Mal Stefan George persönlich. Das erste halbstündige Gespräch zwischen ihnen handelte von tschechischer Literatur.[87] Salz war fasziniert vom Dichter, auch wenn er – im Gegensatz zu den meisten anderen „Jüngern“ – diese erste Begegnung nie literarisch verarbeitete. Sein Verhältnis zu George war wohl nie von „letzter Hingabe“ geprägt.[88] Johannes Fried sieht in Salz′ tiefer Verwurzelung in der jüdischen Religion den Grund, warum er George gegenüber eine gewisse Zurückhaltung nie aufgab,[89] worauf weiter unten einzugehen sein wird.[90] Dennoch konnte sich Salz dem „Zauber“ Georges nicht entziehen. In einem Brief vom Juli 1901 dankte er Gundolf, dass er ihn „einführte in ein Heiligtum“ und bestätigte, „Wächter dieses Tempels“ sein zu wollen.[91] Das „Erlebnis“ George fesselte ihn: „Es ist unsagbar, wie sehr große Menschen durch ihre bloße Gegenwart wirken.“[92] An George selbst schrieb er in tiefster Verehrung: „Für mich wünsche ich nichts sehnlicher als dass von dem Segen den Sie austeilen ein Funken auch auf mein demütiges Haupt falle und dass ich in den Vorhoefen harrend, nie dahin komme glauben zu müssen, dass Ihr Groll mich Schuldigen treffe!“[93] Aber nicht nur Georges Person, sondern auch Gundolfs gestalttheoretischer Wissenschaftsansatz beeindruckte Salz. Die Freundschaft zwischen den beiden war sehr intensiv, wie der Briefwechsel erkennen lässt, der sich von 1901 bis 1931 ausdehnte. Er enthält neben Alltäglichem auch Betrachtungen über Kunst und Wissenschaft, über George und den Kreis und zahllose gegenseitige Literaturhinweise aus Belletristik, Philosophie und Nationalökonomie.[94] In vielen wissenschaftlichen und ästhetischen Fragen stimmten sie überein. In einem undatierten Schreiben verglich Salz das geistige Einvernehmen zwischen Gundolf und sich selbst mit dem zwischen Goethe und Schiller

---

85 SIMMEL, Georg, Stefan George. Eine kunstphilosophissche Studie (1901), in: Georg SIMMEL (Hrsg.), Zur Philosophie der Kunst. Philosophische und kunstphilosophische Aufsätze. Potsdam 1922, 29–45.

86 Gundolf schickte ihn zu Wolfskehl (Brief an Wolfskehl vom 25.11.1901) und betonte diesem gegenüber, wie sehr er ihn lieben würde (Brief vom 13.01.1902). Er freute sich, dass Salz auch dort gefiel (Brief vom 15.01.1902, in: WOLFSKEHL, Karl, WOLFSKEHL, Hanna und GUNDOLF, Friedrich, Karl und Hanna Wolfskehl. Briefwechsel mit Friedrich Gundolf: 1899–1931, Bd. 1 und 2, hrsg. von Karlhans KLUNCKER (Publications of the Institute of Germanic Studies University London. Vol. 24), in: Castrum Peregrini 123–128 (1977), 141, 147f, 150) Vgl. auch FRIED (2004), Wirtschaftswissenschaftler, 253.

87 SEEKAMP, Hans-Jürgen, OCKENDEN, Raymond C. und KEILSON, Marita, Stefan George: Leben u. Werk; Eine Zeittafel. Amsterdam 1972, 120.

88 FRIED (2004), Wirtschaftswissenschaftler, 258.

89 Ebd., 259.

90 Vgl. Exkurs *Der George-Kreis und das Judentum*, zu Salz 114 f.

91 Salz Ende Juli 1901 an Gundolf, zitiert nach HELBING und BOCK (1964), George, 217. Fried geht davon aus, dass Salz zu diesem Zeitpunkt „innerlich bereits geformt“ gewesen sei (FRIED (2004), Wirtschaftswissenschaftler, 261).

92 Salz an Gundolf vom 20.03.1902, AL, NGL.

93 Salz an George, undatiert, StGA George III 10892, zitiert nach FRIED (2004), Wirtschaftswissenschaftler, 258.

94 So erkundigte sich Gundolf bei Salz über die Arbeiten Werner Sombarts (Gundolf an Salz, undatiert, StGA Gundolf II, 7249). Salz reagierte in einem Brief vom 22.05 (ohne Jahresangabe) mit der Empfehlung verschiedener Schriften Sombarts (AL, NGL).

und hoffte auf vollständiges gegenseitiges Verständnis: „Ich hoffe es nicht, sondern weiß es, denn ich *fühle* mich eins mit Ihnen."[95] Ein Gedicht an Gundolf vom 8.4.1904 legt einen homoerotischen Charakter der Beziehung nahe.[96] Gundolf beschrieb Salz als „eine der treuesten und lautersten Seelen die es eben gibt".[97]

Salz' Karriere entwickelte sich zunächst positiv: Im Jahr 1903 promovierte er in München bei Lujo Brentano mit summa cum laude zum Dr. rer. cam. mit dem Thema *Beiträge zur Geschichte und Kritik der Lohnfondstheorie.*[98] Danach sammelte er praktische ökonomische Erfahrung: Nach dem Tod seines Vaters 1902 leitete er bis 1906 phasenweise den elterlichen Betrieb in Staab.[99] Anschließend setzte er seine Studien in Wien und Prag fort. Am 8.5.1909 habilitierte sich Salz als erstes Mitglied des George-Kreises in Heidelberg, wo er seit 1908 als Dozent tätig war. Sein Doktorvater war Alfred Weber, dem er von Prag aus dorthin gefolgt war. Das Thema der Habilitation lautete *Wallenstein als Merkantilist.*[100] Seine Probevorlesung hielt Salz zum Thema *Leibniz als Volkswirt. Ein Bild aus dem Zeitalter des deutschen Merkantilismus.*[101] In Heidelberg verkehrte er auch im Hause von Max Weber, dem er freundschaftlich verbunden war. Im April 1910 folgte ihm Friedrich Gundolf nach Heidelberg nach, wo er und Salz zusammen in der Pension Neuer „wie Familienmitglieder" wohnten.[102] Salz scheint die Ankunft des Freundes, den er zur Habilitation auch im kulturpolitischen Interesse des Kreises überredete, sehnlich erwartet zu haben: Kurz vorher hatte Gundolf ihn aufgemuntert: „Ihr Wirken als Generalstatthalter des ‚Neuen Lebens' am Nekar verdient lorbeerkränze! Dass Sie selbst die Felsenfeste Weber bestürmen und gar erobern, wird Ihnen in künftigen commentariis de bello civili ein cäsarenlob eintragen. Halten Sie die belagerung noch 4 Wochen aufrecht, dann rücke ich mit neuen Truppen heran!"[103] Zwischen Salz, Gundolf und Weber entwickelte sich in der Folgezeit ein reger Austausch und Kontakt, sogar eine gemeinsame Englandreise war geplant, die dann aber doch nicht zustande kam. Marianne Weber erwähnte in ihrem Lebensbild die beiden Georgeaner

---

95 Undatierter Brief von Salz an Gundolf, AL, NGL.
96 Gedicht „Begegnung" an Gundolf vom 08.04.1904, AL, NGL. „So sehr hab ich in Dich geliebter mich verfangen/ Dass ich den Weg zurück nicht finde, wo ich auch gegangen: Durch Dich ward mir die Welt zum fest der feste." Gundolf erwähnte das Gedicht und Salz' „lieben lieben brief" in einem Brief an Wolfskehl vom 08.04.1904 (WOLFSKEHL, WOLFSKEHL, GUNDOLF (1977), Briefwechsel, Bd. 1, 208).
97 Gundolf an Eleonore Reichl am 26.04.1909 in GUNDOLF, Friedrich, Briefe: Neue Folge, hrsg. von Wolfgang FROMMEL und Claus Victor BOCK. Amsterdam 1965, 48.
98 SALZ, Arthur, Beiträge zur Geschichte und Kritik der Lohnfondstheorie. Stuttgart 1905.
99 Im Brief an Gundolf vom 15.12.02 berichtete Salz über den Verlust seines Vaters, kurz darauf schrieb er über dessen Beerdigung. Heinrich Salz starb also bereits 1902, anders als Blomert meint, der die Erkrankung des Vaters auf 1904 datiert (Vgl. BLOMERT, Reinhard, Arthur Salz, in: Harald HAGEMANN und Claus Dieter KROHN (Hrsg.), Biographisches Handbuch der deutschsprachigen wirtschaftswissenschaftlichen Emigration nach 1933. Bd. 2. München 1999, 600–603, 600). In einem Formular der Ohio State University nannte Salz 1944 als berufliche Tätigkeiten "Manager of a manufacturing concern. Manager of a farm industry. Director of publishing firm, building-association" (OSUA Sala-Salz).
100 SALZ, Arthur, Wallenstein als Merkantilist, in: Mitteilungen des Vereins für Geschichte der Deutschen in Böhmen 47, 4 (1909), 433–461.
101 SALZ, Arthur, Leibniz als Volkswirt, ein Bild aus dem Zeitalter des deutschen Merkantilismus, in: Jahrbuch für Gesetzgebung Verwaltung und Volkswirtschaft im Deutschen Reich 34 (1910), 1109–1134.
102 Gundolf an Leonie Gräfin Keyserling im Februar 1912, in GUNDOLF (1965), Briefe, 103.
103 Gundolf an Salz am 01.1910, StGA Gundolf II, 7225.

als häufige Gäste im Hause Weber.[104] Angeblich unterhielt Salz auch eine Zeitlang eine Beziehung mit Else Jaffé, die später die Geliebte Gundolfs und danach die Max Webers wurde.[105]

Es ist sicher kein Zufall, dass Salz sich gerade in *der* Periode seines Schaffens, in der er mit Friedrich Gundolf zusammen wohnte, besonders für dogmengeschichtliche und wirtschaftsgeschichtliche Fragestellungen interessierte – das historische Interesse Gundolfs scheint ausgestrahlt zu haben.[106] Gundolf unterstrich ihre Freundschaft, indem er Arthur Salz seinen *Shakespeare und der deutsche Geist* „in herzlicher Freundschaft“ widmete, wofür ihm Salz überschwänglich dankte.[107] Die Wohngemeinschaft löste sich jedoch noch vor dem Krieg auf:[108] Am 2. April 1912 heiratete Arthur Salz Sophie Kantorowicz, genannt Soscha, die Schwester des Historikers Ernst Kantorowicz, der später ebenfalls ein „Jünger“ Georges wurde. Sophie war eine gebildete Frau, die nach der Schule Reisen durch Europa unternommen und in Heidelberg Vorlesungen für Philosophie und Literaturgeschichte besucht hatte.[109] Das Paar bekam drei Kinder: 1913 wurde eine Tochter Rosa Beate geboren, 1914 eine zweite Tochter Judith, 1919 ein Sohn Heinrich Joseph.[110] Die Ehe scheint Salz′ Freundschaft zu Gundolf trotz Auflösung der Wohngemeinschaft keinerlei Abbruch getan zu haben. Soscha Salz befand sich mit dem Freund ihres Mannes in bestem Einvernehmen und fügte Salz′ Briefen an Gundolf oft einige Zeilen bei, ab 1915 duzte sie ihn sogar, lange bevor auch Salz zum „Du“ mit Gundolf überging.[111] In der Wohnung des Ehepaars Salz, die Gundolf als „wirklich eine Kostbarkeit“ beschrieb,[112] stieg Stefan George einige Male ab.[113] Wie Arthur, so war auch Soscha Salz von Georges „Sicherheit und Festigkeit“ tief beeindruckt.[114]

Nach dem guten Beginn entwickelte sich Salz′ wissenschaftliche Karriere jedoch nur schleppend weiter. Im Jahr 1913 wurde er in eine schwerwiegende wissenschaftliche Kontroverse verwickelt: Er handelte sich den Vorwurf des Plagiats ein. Der Prager Professor Paul Sander veröffentlichte in der „Deutschen Literaturzeitung“ eine Besprechung von Salz′

---

104 WEBER, Marianne, Max Weber: Ein Lebensbild. Tübingen 1926, 372, 460, 462, 676.

105 KARLAUF (2007), Charisma, 414.

106 BLOMERT (1999), Salz, 600.

107 GUNDOLF (1922), Shakespeare, V. Salz′ Dank in einem Brief an Gundolf vom 24.10.1910.

108 Gundolf klagte am 04.03.1912 George, dass „der letzte Abend gemeinsamer Pension Neuer“ gekommen sei (GEORGE, GUNDOLF (1962), Briefwechsel, 243).

109 GRÜNEWALD, Eckhart, Ernst Kantorowicz und Stefan George: Beiträge zur Biographie des Historikers bis zum Jahre 1938 und zu seinem Jugendwerk „Kaiser Friedrich der Zweite“. Wiesbaden 1982, 25. Soscha Salz (geb. am 22.1.1887) starb am 15.8.1960 vor ihrem Mann.

110 STRAUSS, Herbert A. und RÖDER, Werner, Arthur Salz, in: Herbert A. STRAUSS und Werner RÖDER (Hrsg.), International Biographical Dictionary of Central European Emigrés 1933–1945. Bd. 2. München 1983, 1015. Rosa Beate Salz (1913–2006) wurde Anthropologin und Soziologin, Judith (1914–2001) Dolmetscherin und Heinrich Joseph, mit Rufnamen Hanno (1919–1984), Historiker. Für diese Angaben danke ich Ariane Phillips, der Tochter von Judith Salz.

111 Z.B. Soscha und Arthur Salz an Gundolf vom 18.02.1915, AL, NGL.

112 Gundolf an Leonie Gräfin Keyserling im Mai 1912 in GUNDOLF (1965), Briefe, 105.

113 Am 10.05.1912 kündigte George Gundolf seinen Besuch in Heidelberg an, wenn die ihm zugedachten Räume in Salz′ neuer Wohnung in der Karlsstraße fertig seien (GEORGE, GUNDOLF (1962), Briefwechsel, 245). Vgl. auch SEEKAMP, OCKENDEN und KEILSON (1972), Zeittafel, 234.

114 HELBING und BOCK (1964), George, 219.

Geschichte der böhmischen Industrie der Neuzeit,[115] in der er Salz' Werk als „Sammlung von Einfällen und Exzerpten ohne innere Einheit" bezeichnete und ihm unterstellte, seine Theorien würden „wie Kartenhäuser" zusammenfallen, „da ihnen die sichere Grundlage der Tatsachen fehlt".[116] Zudem beschuldigte er Salz, aus Vorgängerwerken abgeschrieben zu haben, ohne dies ausreichend kenntlich zu machen, und eine unveröffentlichte Quellensammlung so zu verwenden, als habe er selbst das Material zusammengestellt bzw. entdeckt. Arthur Salz verwahrte sich gegen den Vorwurf des Plagiats,[117] woraufhin Sander ihn noch einmal unterstrich.[118] Der Streit zog sich weiter hin,[119] bis Salz an der Heidelberger Fakultät gegen sich selbst ein Disziplinarverfahren beantragte, das diese allerdings ablehnte.[120] Sogar Max Weber griff ein, um Salz in Schutz zu nehmen: Sander habe lediglich die Absicht, Salz' Werk zu zerreißen, sei aber selbst keine „wissenschaftliche Persönlichkeit" und entbehre der „Qualitäten der Gesinnung".[121] Der Ton nahm im Folgenden an Schärfe zu,[122] bis Weber schließlich Fehler und Mängel in Salz' Werk zugeben musste.[123] Er attestierte ihm aber immer noch lobenswerte Motive: Salz habe den Fundort der Quellensammlung in einem Prager Archiv auf den Rat von Alfred Weber hin verschwiegen, um zu verhindern, dass sie *tschechischen* Wissenschaftlern in die Hände fiele. Das Gesamtwerk verliere dadurch aber ebenso wenig an Wert wie durch belanglose Detailfehler.[124] Die Kontroverse versandete dann, nicht ohne Schaden an Salz' wissenschaftlichem Renommee zu hinterlassen.

Im Ersten Weltkrieg leistete Salz Kriegsdienst in Österreich-Ungarn, wobei er sich intellektuell in keiner Weise ausgelastet fühlte: „Beim Militär denkt man eben nicht mit dem Kopf, sondern wie mir scheint mit dem selben Körperteil auf dem man reitet."[125] Zunächst war Salz in Wien stationiert,[126] wurde aber schon 1915 auf Empfehlung von Maximilian Zürcher ins Osmanische Reich abkommandiert, um als Reserveleutnant beim österreichisch-ungarischen Militärbevollmächtigten in Konstantinopel den türkischen Befehlshaber der IV.

---

115 SALZ, Arthur, Geschichte der böhmischen Industrie in der Neuzeit. München [u.a.] 1913; SANDER, Paul, [Rezension zu] Salz, Arthur, Geschichte der böhmischen Industrie in der Neuzeit, in: Deutsche Literaturzeitung für Kritik der internationalen Wissenschaft (1913, 18. Oktober), Sp. 2675–2681.

116 Ebd., 2675f.

117 SALZ, Arthur, Entgegnung, in: Deutsche Literaturzeitung für Kritik der internationalen Wissenschaft 35, 7 (1914), Sp. 445f.

118 SANDER, Paul, Antwort, in: Deutsche Literaturzeitung für Kritik der internationalen Wissenschaft 35, 7 (1914), Sp. 446ff.

119 SALZ, Arthur, In eigener Sache, in: Archiv für Sozialwissenschaft und Sozialpolitik 38 (1914), 527–538.

120 Dekan der Philosophischen Fakultät an den Rektor der Universität Heidelberg vom 7.7.1914, in UA Heidelberg, PA 5581.

121 WEBER, Max, Redaktionelles Nachwort, in: Archiv für Sozialwissenschaft und Sozialpolitik 38 (1914), 539–550.

122 Die rechts- und staatswissenschaftliche Fakultät der deutschen Universität in Prag, Über den Angriff Professor Dr. Max Webers gegen Professor Dr. Paul Sander, in: Schmollers Jahrbuch 38 (1914), 555–571.

123 Zu Webers Rolle vgl. auch SCHÖNHÄRL, Korinna und FRIED, Johannes, Arthur Salz, in: Achim AURNHAMMER u.a. (Hrsg.), Stefan George und sein Kreis. Ein Handbuch zu Leben und Werk Stefan Georges, zu den Mitgliedern seines Kreises und zu dessen Wirkung. Voraussichtl. 2010 (im Druck).

124 WEBER, Max, Zu dem redaktionellen Geleitwort im Märzheft 1914, 539f., gegen Herrn Prof. Dr. Sander in Prag, in: Archiv für Sozialwissenschaft und Sozialpolitik 39 (1915), 227–252.

125 Salz an Gundolf am 18.02.1915 AL, NGL.

126 Salz an Gundolf und Elli im Lauf des Jahres 1915, in AL, NGL.

Armee Djemal Pascha in ökonomischen Fragen zu beraten.[127] Das Jahr 1916 verbrachte er in dieser Eigenschaft in Konstantinopel, um 1917 weiterzureisen nach Damaskus, wo er für Djemal Pascha eine Denkschrift über den Wiederaufbau Anatoliens verfasste.[128] Zeitweise war Salz auch für das türkische Marineministerium tätig, bevor er 1918 wieder nach Deutschland zurückkehren konnte. Im Jahr 1917 konnte er die Versetzung von Friedrich Gundolf von der Front nach Berlin erreichen.[129] Für seine Verdienste im Krieg erhielt Salz zahlreiche Ehrungen von österreichischer und türkischer Seite, unter anderem das Eiserne Kreuz, das goldene Verdienstkreuz, signum laudis sowie den eisernen Halbmond.[130] Nach dem Krieg unterstützte er Djemal Pascha weiter: Auf dessen Deutschlandreise quartierte er ihn bei Fine von Kahler ein, wo auch Stefan George ihn kennen lernte. Nach Paschas Ermordung am 24.06.1922 in Tiflis gab er dessen Lebenserinnerungen heraus und verfasste einen Nachruf.[131] Salz' eigene intensive Religiosität erklärt sein Interesse auch an fremden Religionen, vor allem dem Islam, mit dem er während seiner Arbeit im osmanischen Reich in Kontakt kam. In den nächsten Jahren entstanden mehrer Schriften, in denen Salz sich mit dieser Religion beschäftigte, auch in der Auseinandersetzung mit Webers These in der *Protestantischen Ethik*, der Islam habe keine gute Voraussetzung für die Entstehung oder Ausbreitung des Kapitalismus geboten.[132]

Nach dem Krieg schien es zunächst, als würde Salz auch wissenschaftlich endlich Fuß fassen. Am 11. Juni 1918 wurde er zum außerordentlichen Professor in Heidelberg ernannt und erhielt die venia legendi für Nationalökonomie.[133] In der Folge verstrickte sich Salz jedoch in die Wirren bei der Niederschlagung der Münchner Räterepublik.[134] Im April 1919

127 PASCHA, Ahmed Djemal, Erinnerungen eines türkischen Staatsmannes. München 1922, 311. Salz bewog wohl auch seinen Schwager Ernst Kantorowicz, sich zu einer Eisenbahn-Kompanie in die Türkei versetzen zu lassen, vgl. GRÜNEWALD (1982), Biographie des Historikers, 23.

128 Im August 1917 meldete Gundolf an George, Salz sei „in Galizien an der Front“. Hierbei kann es sich nur um einen kurzen Abstecher zwischen Istanbul und Damaskus gehandelt haben, da Salz 1918 an Gundolf von dort schrieb (GEORGE, GUNDOLF (1962), Briefwechsel, 309).

129 Gundolf an Edgar Salin am 15.02.1917, in GUNDOLF (1965), Briefe, 156. Auch Reinhard Lepsius scheint sich über Walther Rathenau für die Versetzung engagiert zu haben, vgl. ALT, Peter-André, Zwischen Wissenschaft und Dichterverehrung. Friedrich Gundolf in seinen Briefen und Briefwechseln, in: Zeitschrift für deutsche Philologie 106 (1987), 251–281, 269.

130 BLOMERT (1999), Salz.

131 Johannes Fried macht Salz als Herausgeber der Lebenserinnerungen aus (PASCHA (1922), Erinnerung; in FRIED (2004), Wirtschaftswissenschaftler, 284f); Der Nachruf: SALZ, Arthur, Djemal Pascha, in: Oesterreichische Rundschau. Deutsche Kultur und Politik 18, 17 und 18 (1922, September), 789–794.

132 SALZ, Arthur, Ueber das Problem der „Dekadenz“ des Islam, in: Archiv für Sozialwissenschaft und Sozialpolitik 47 (1920/21), 376–417; SALZ, Arthur, Die Mohammedaner in China, in: Weltwirtschaftliches Archiv 16 (1920/21), 333–347; SALZ, Arthur, [Rezension zu] Hartmann, M., Zur Geschichte des Islam in China, in: Weltwirtschaftliches Archiv 18 (1922), 441–442; Exkurs in SALZ, Arthur, Macht und Wirtschaftsgesetz. Ein Beitrag zur Erkenntnis des Wesens der kapitalistischen Wirtschaftsverfassung. Leipzig [u.a.] 1930, 231–246.

133 MUßGNUG, Dorothee, Die vertriebenen Heidelberger Dozenten: Zur Geschichte der Ruprecht-Karls-Universität nach 1933. Heidelberg 1988, 37.

134 Dahms berichtet von den zahlreichen Heidelberger Hochschuldozenten, die an der Münchener Räterevolution beteiligt waren (DAHMS, Hans-Joachim und NEUMANN, Michael, Sozialwissenschaftler und Philosophen in der Münchener Räterepublik, in: Carsten KLINGEMANN, Michael NEUMANN und Karl-Siegbert REHBERG (Hrsg.), Jahrbuch für Soziologiegeschichte 1992. Opladen 1994, 115–146).

wurde er dabei ertappt, gemeinsam mit dem Maler Botho Schmidt den KPD-Politiker Eugen Leviné und seine Frau[135] versteckt zu halten, und der Beihilfe zum Hochverrat angeklagt. Nicht zuletzt durch die Fürsprache von Alfred Weber,[136] der Salz und Schmidt im Prozess als unschuldige Opfer darstellte, entging Salz jedoch dem Todesurteil, anders als Leviné. Seine wissenschaftliche Karriere nahm jedoch durch den Vorwurf, Sozialist zu sein oder doch mit den Sozialisten zu sympathisieren, abermals schweren Schaden. Allerdings kann Salz' Rückgabe der venia legendi an die Fakultät in Heidelberg nicht in ursächlichem Zusammenhang mit den Münchener Vorfällen stehen.[137] Der Dekan Alfred von Domaszewski hatte den engeren Senat bereits am 5. April von diesem Antrag Salz' informierte,[138] der seine Umhabilitierung nach München plante.[139] Da die Münchner Räterepublik erst am 7. April ausgerufen, am 2. Mai niedergeschlagen wurde und man Leviné am 13. Mai bei Salz entdeckte, kann hier kein Zusammenhang bestehen. Nach dem Vorfall galt Salz jedoch unwiderruflich als „Roter".

Dabei stimmte er mit Leviné inhaltlich nicht überein. Salz war kein Sozialist, sondern setzte sich gerade in und nach dem Ersten Weltkrieg sehr kritisch mit marxistischen Strömungen auseinander.[140] Mit Leviné verband ihn lediglich eine persönliche Freundschaft. Er erklärte Gundolf: „Aber Sie begreifen, dass mir das nicht genügen kann, weil ich nämlich so bin, dass ich Menschen die ich liebe (so wie Sie) ganz und gar mit Haut und Haaren bejahe auch wo ich nicht verstehe und glaube, dass Sie immer recht haben, weil sie eben der und der sind."[141] Die Münchener Revolution und ihre Folgen stellten für Salz eine schwere Erschütterung dar, zumal er drei Wochen im Gefängnis verbringen musste und aus München ausgewiesen wurde – Marianne Weber bedauerte die Salzens wegen des Verlusts ihrer herrlichen Wohnung am Nymphenburger Park.[142] Während der Revolution war auch die Familie in unmittelbare physische Gefahr geraten. Im Mai 1919 schrieb Salz an Salin:

---

135 Rosa Meyer-Leviné brachte Salz in der luxuriösen Wohnung eines befreundeten Türken unter, ihren Mann Eugen Leviné bei Botho Schmidt, vgl. MEYER-LEVINÉ, Rosa, Leviné: Leben und Tod eines Revolutionärs; Erinnerungen; mit einem dokumentarischen Anhang. Frankfurt a. M. 1974, 125; Meyer-Leviné schilderte auch Salz' Gewissensnöte, als sich die Suche nach Leviné, dem die Ermordung von zehn „weißen" Gefangenen vorgeworfen wurde, intensivierte. Salz habe ihren Mann aber dennoch nicht verraten (ebd. 126f).

136 DEMM, Eberhard, Ein Liberaler in Kaiserreich und Republik. Der politische Weg Alfred Webers bis 1920 (Schriften des Bundesarchivs. Bd. 38). Boppard am Rhein 1990, 285f.

137 Nach Drüll verzichtete Salz schon am 27.03.1919 auf die venia legendi (DRÜLL-ZIMMERMANN, Dagmar, Heidelberger Gelehrtenlexikon. 1803–1932. Berlin 1986, 31). Dahms bestreitet deshalb einen Zusammenhang zwischen Münchner Räterevolution und Rückgabe der Lehrerlaubnis (DAHMS und NEUMANN (1994), Münchener Räterepublik, 142. Anderer Meinung ist JANSEN, Christian, Professoren und Politik: Politisches Denken und Handeln der Heidelberger Hochschullehrer 1914–1935. Göttingen 1992, 146. Jansen irrt offenbar.

138 Brief von Domaszewski vom 5.4.1919 an den engeren Senat, UA Heidelberg PA 5581.

139 Dies legen zwei Briefe von Max Weber an Salz (undatiert, vor am 1.12.1919, DLA, A: Jaspers) nahe, der sich in München für Salz' Vorhaben einzusetzen vorgab. Nach Angaben von Heide-Marie Lauterer zeigen die Fakultätsprotokolle im Universitätsarchiv München jedoch, dass Weber in Wirklichkeit eher auf Distanz zu Salz ging, obwohl seine Briefe an ihn das nicht erkennen lassen.

140 Z.B. in dem Aufsatz SALZ, Arthur, Literatur des Bolschewismus, in: Archiv für Sozialwissenschaft und Sozialpolitik 46 (1918/19), 784–805.

141 Salz an Gundolf am 30.06.1919, AL, NGL.

142 WEBER (1926), Lebensbild, 707.

„Wir hatten sehr stürmische, sehr aufregende Tage und sind wie durch ein Wunder großem Unglück entgangen. In dem Kinderzimmer im Hotel schlug eine Granate ein und explodierte im Kinderbett. ‚*Zufällig*‘ war niemand in diesem Augenblick in dem Zimmer, fünf Minuten vorher standen beide Kinder noch an dem Fenster, durch das dieses rote Geschoss geflogen kam. Das Zimmer ist natürlich demoliert. Die Stadt atmet auf, aber es wird lange dauern, bis diese Erinnerungen das Bittere das ihnen anhaftet, verlieren.“[143]

Salz′ Schwager Ernst Kantorowicz war übrigens auf der Gegenseite, bei den „Weißen“, an der Niederschlagung der Münchner Räterepublik beteiligt.

Arthur Salz zog sich in der Folge aus der verwirrten Gegenwart in die klarere Vergangenheit zurück: Er versenkte sich in das Studium der deutschen romantischen Ökonomie und beschäftigte sich intensiv mit der Herausgabe der Schriften Adam Müllers[144], um „bei der Zuchtlosigkeit und Verwirrung der Geister die Fäden, die uns mit der eignen Vergangenheit verbinden, sachte wieder zu knüpfen.“[145] Außerdem lehrte er an der Akademie der Arbeit in Frankfurt.[146] Nachdem man gleich nach dem Wegzug aus Bayern kurzfristig bei Erich Kahler in Wolfratshausen,[147] Ende des Jahres 1919 in Oberstdorf untergekommen war,[148] zog die Familie Salz nun nach Baden-Baden, wo man im Haus Hohenstein großbürgerlich lebte und George gelegentlich zu Besuch kam. Salz engagierte sich zudem auch organisatorisch für den Münchner Drei-Masken-Verlag, bei dem er einige Arbeiten publizierte.[149]

Salz′ Verhältnis zu George veränderte sich nach dem Krieg. Im Jahr 1914 noch hatte er ein Vorabexemplar des *Stern des Bundes* vom „Meister“ erhalten, was eine besondere Aus-

---

143 Karte von Arthur Salz an Edgar Salin vom 06.05.1919, UB Basel, NSB Fa 8096 (Hervorhebung von Salz). Mit dem „Hotel“ ist das „Vier Jahreszeiten“ in München gemeint.

144 MÜLLER, Adam, Vorlesungen über die deutsche Wissenschaft und Literatur, hrsg. von Arthur SALZ. München 1920; MÜLLER, Adam Heinrich, Zwölf Reden über die Beredsamkeit und deren Verfall in Deutschland, hrsg. von Arthur SALZ. München 1920. Im Jahr 1937 hatte sich Salz′ Begeisterung für Adam Müller jedoch gelegt. Er sah in ihm den Vertreter des deutschen romantischen Konservativismus und Vorläufer der nationalsozialistischen Ideologie, in SALZ, Arthur, Müller, Adam Heinrich, in: Edwin R. A. SELIGMAN (Hrsg.), Encyclopaedia of the social science Bd. 11/12. New York 1937, 80. Vgl. auch FRIED (2004), Wirtschaftswissenschaftler, 280.

145 Salz an Gundolf am 11.11.1919 in AL, NGL.

146 Er berichtete über diese Tätigkeit in SALZ, Arthur, Was mir die Akademie der Arbeit bedeutet, in: Ernst Michel (Hrsg.), Die Akademie der Arbeit in der Universität Frankfurt am Main 1921–1931. Frankfurt a. M. 1931, 102 ff. Vgl. außerdem ANTRICK, Otto, Die Akademie der Arbeit in der Universität Frankfurt a. M.: Idee, Werden, Gestalt. Darmstadt 1966. Johannes Fried legt dar, dass der Umgang mit „Proletariern“ der Intention Georges nicht widersprach, da er die unteren Volksschichten durchaus schätzte (FRIED (2004), Wirtschaftswissenschaftler, 278).

147 LAUER, Gerhard, Die verspätete Revolution: Erich Kahler. New York 1995, 273.

148 Gundolf berichtete am 17.11.1919 an George, die Salzens würden aus Mangel an Heizmaterial am 15.12. nach Oberstdorf ziehen (GEORGE, GUNDOLF (1962), Briefwechsel,, 333).

149 Der Drei Masken Verlag wurde im November 1920 in München von Ludwig Friedmann als Bühnen- und Musikverlag gegründet, ab 1920 existierte unter dem gleichen Namen auch ein musikliterarischer Buchverlag. Die Korrespondenz von Salz mit Gottfried Salomon-Delatour zeigt, dass man sich auch mit Plänen trug, nationalökonomische Klassikertexte in Übersetzung sowie soziologische Literatur zu publizieren (Salz an Salomon-Delatour 1919–1927 in ISH, Gottfried Salomon-Delatour-Papers).

zeichnung darstellte.[150] 1920 berichtete er George über seine Gespräche mit Friedrich Gundolf,[151] und er wählte auch in seiner wissenschaftlichen Arbeit Themenfelder, bei denen er mit Georges Beifall rechnen durfte, wie etwa die Auseinandersetzung mit Max Weber um die Wertfreiheit der Wissenschaft[152] oder die Frage nach Bildung und Ausbildung junger Wissenschaftler.[153] Beim endgültigen Bruch zwischen Gundolf und George fand sich Salz dann auf Gundolfs Seite wieder und verlor die Nähe zum „Meister", da er zu Gundolf hielt, zumal er zum „Stein des Anstoßes", Elisabeth Salomon, stets ein gutes Verhältnis gehabt hatte. Wie viele andere Georgeaner korrespondierte er intensiv mit Elli, und zwar sowohl vor wie auch nach ihrer Hochzeit mit Gundolf. Sein Verhältnis zu Gundolf blieb nach dessen Eheschließung mit Elli trotz kleinerer Eintrübungen[154] herzlich, die beiden gingen in dieser Zeit sogar zum vertrauten „Du" über. So mahnte Salz Gundolf etwa 1927, sich nicht zu großem Stress auszusetzen: „Entschuldige wenn ich mich in Deinen körperlichen Angelegenheiten einmische; aber Dein Corpus ist deutsches Nationaleigentum und da wir bekanntlich in einer Demokratie leben kann da jeder mitreden, wenn deutsches Nationalvermögen verschleudert wird."[155] Im Jahr 1930 publizierte Gundolf ein Gedicht an Arthur Salz,[156] und 1931 widmete Salz dem Freund sein Werk *Das Wesen des Imperialismus.*[157] Die Korrespondenz setzte sich bis zu Gundolfs Ableben 1931 fort, und Salz sorgte nach seinem Tod „für das erste", wie Ernst Gundolf an George vermeldete.[158] Mit Elisabeth Gundolf korrespondierte Salz nachweislich bis 1933[159], und sie verwendete sich intensiv für ihn und seine Kinder, als er Deutschland verlassen musste.[160]

Nur ein Versuch von Arthur Salz ist nachzuweisen, den Kontakt zu George nach dem Bruch mit Gundolf wieder herzustellen, indem er George gegenüber in das negative Urteil über Elli einstimmte und sich selbst Vorwürfe machte, nicht stärker auf Seiten des „Meisters" in den Konflikt eingegriffen zu haben. Nach einem Treffen mit dem Dichter im Jahr 1926 schrieb ihm Salz, dass er es bereue, drei Jahre lang den Beleidigten gespielt zu haben,

---

150 FRIED (2004), Wirtschaftswissenschaftler, 276.

151 Robert Norton meint, es sei bei dem Gespräch, von dem Salz George berichtete und das dieser später Edith Landmann gegenüber erwähnte, um Elisabeth Salomon gegangen (NORTON (2002), Secret Germany, 613f; Die Briefe von Gundolf an George vom 14. und 23.01.1921 in GUNDOLF (1965), Briefe, 349f.; Edith Landmanns Erinnerung in LANDMANN (1963), Gespräche George, 118). Dieser Darstellung widerspricht jedoch Johannes Fried, der die Äußerungen auf die Kontroverse um Kahlers Schrift *Der Beruf der Wissenschaft* bezieht (FRIED (2004), Wirtschaftswissenschaftler, 255, 271, Fn 86).

152 SALZ (1921), Wissenschaft.

153 Z.B. SALZ, Arthur, Zur Reform der staatswissenschaftlichen Studien, in: Wirtschaftsdienst 43 (1920, 22. Oktober), 613–614.

154 Im Zusammenhang mit Salz' Schrift über die Werturteilsfreiheit der Wissenschaft, vgl. 202ff. Allerdings finden sich in London für die Zeit von 1921 bis 1926 nur Briefe und Karten an Elisabeth Salomon, nicht an Gundolf selbst (AL, NGL). Erst ab 1927 sind wieder Briefe an Gundolf erhalten.

155 Salz an Gundolf am 18.07.1927, AL, NGL.

156 GUNDOLF, Friedrich, Gedichte. Berlin 1930, 27.

157 SALZ, Arthur, Das Wesen des Imperialismus. Umrisse einer Theorie. Leipzig u. Berlin 1931.

158 Ernst Gundolf an George am 12.07.31, in GEORGE, GUNDOLF (1962), Briefwechsel, 392.

159 AL, NGL.

160 AL, NEGL, E22, Elli Gundolf an Maria Bruno-Averardi vom 18.05.1933, an Frau Yahuda vom 21.04.1933, an „Paul" vom 24.10.1933, an Frau Geheeb vom 22.07.1933.

und bot seine Hilfe zur Vermittlung an, um Schaden vom „Staat“ abzuwenden. Georges Führungsanspruch ordnete er sich unter, versuchte aber, Gundolfs Ehe zu bagatellisieren:

> „Es sind jetzt 25 Jahre verflossen seit ich das Glück habe, Sie persönlich zu kennen. In dieser ganzen Zeit sind meines Wissens Brüche nur aus geistigen Zerwürfnissen erfolgt aber niemals wegen eines Unterrocks. Wie wäre es möglich dass ein kleines Weibchen eine Gemeinschaft wenn nicht geradezu zerstört so doch in ein Chaos stürzt und die Brandfackel in den Tempel wirft? Über eine Kröte zu stolpern wäre ein Widersinn der Weltgeschichte.“[161]

Einige Tage später versicherte Salz George: „Ich bin überzeugt dass wenn die h... einmal verheiratet ist · sie sich vollkommen einwandfrei und gesittet benehmen wird.“[162] Die Briefe zeigen, wie sehr sich Salz auch zu diesem Zeitpunkt dem Kreis zugehörig fühlte und seine hierarchische Struktur bejahte. Die gleichzeitige Fortsetzung des Kontakts zu den Gundolfs – anders als bei Salin, der die Beziehung zu Gundolf abbrach – lässt jedoch den Verdacht aufkommen, dass die oben zitierten Briefe vor allem „strategische“ Zwecke verfolgten, nämlich eine Wiederannäherung an den „Meister“, vielleicht auch um Gundolf vor ihm rechtfertigen zu können. George verstand es wohl so und scheint auf Salz′ Beteuerungen nicht reagiert zu haben; es lassen sich keine weiteren Kontakte nachweisen.

Am 7. Januar 1924 wurde Salz′ venia legendi in Heidelberg mit ministerieller Genehmigung erneuert und er wurde zum außerordentlichen Professor berufen.[163] Zudem bekleidete er eine Dozentur an der Handelshochschule Mannheim. Allerdings schien die Scharte aus der Münchner Revolution nicht endgültig ausgemerzt: Im Jahr 1926 war Arthur Salz für die Berufung auf den volkswirtschaftlichen Lehrstuhl der Mannheimer Handelshochschule vorgeschlagen gewesen, jedoch nur an zweiter Stelle. 1930 stand er an erster Stelle der Berufungsliste in Mannheim, die Professur wurde jedoch wegen fehlender Haushaltsmittel nicht mehr neu besetzt.[164] 1931 vertrat er nach dem Weggang Emil Lederers die freigewordene Professur für Nationalökonomie in Heidelberg, stand auf der Berufungsliste für die Nachfolge jedoch nur an dritter Stelle, berufen wurde schließlich Carl Brinkmann – Salz kam nicht zum Zuge. Daran änderte auch sein sonstiges Engagement nichts: Er war Mitarbeiter am Programm des Instituts für Sozial- und Staatswissenschaften „Zum wirtschaftlichen Schicksal Europas“, das von der Rockefeller-Stiftung gefördert wurde,[165] und 1930–1933 Mitherausgeber der Heidelberger Studien aus dem Institut für Sozial- u. Wirtschaftswissenschaften.[166] Zudem publizierte er fleißig, wobei nun die Auseinandersetzung mit dem Kapi-

---

161 Salz an George am 06.07.1926, StGA George III 10893; abgedruckt in GEORGE, GUNDOLF (1962), Briefwechsel, 372f.).

162 Salz an George am 14.07.1926, StGA George III 10894.

163 Dieses Datum in einem Brief des Rektors in UA Heidelberg PA 5581.

164 Vgl. BRINTZINGER, Klaus-Rainer, Die Nationalökonomie an den Universitäten Freiburg, Heidelberg und Tübingen 1918–1945. Eine institutionenhistorische, vergleichende Studie der wirtschaftswissenschaftlichen Fakultäten und Abteilungen südwestdeutscher Universitäten (Hohenheimer volkswirtschaftliche Schriften. Bd. 21). Frankfurt a. M. [u.a.] 1996, 181.

165 BLOMERT (1999), Salz, 601.

166 Die Geschichte des Heidelberger InSoSta bespricht im Detail BRINTZINGER (1996), Nationalökonomie, 163ff.

talismus als Wirtschaftsform einerseits und mit der neoklassischen Nationalökonomie andrerseits im Vordergrund seines Interesses stand. Gerade in dieser Zeit lässt sich in seinen Schriften georgeanisches Gedankengut nachweisen, z.B. in seinem Buch *Das Wesen des Imperialismus* von 1931, wo Salz die Bedeutung des Ehrbegriffs für die Entstehung des Imperialismus erläuterte. Der Exkurs über die „Ehre" der Nation umfasst siebzig Seiten.[167] Salz legte dar, Ehre sei „eine zweckmäßige Lebensform kleiner Kreise, welche in einem größeren gefasst sind und durch die Forderung an ihre Mitglieder, die ihr Ehrbegriff deckt, ihre innere Kohäsion, ihren einheitlichen Charakter und ihren Abschluß gegen die anderen Kreise eben desselben größeren Verbandes wahren." Weiter unten heißt es: „Auch das „Dienen" und nicht bloß das „Herrschen" kann Inhalt der Ehre sein, und warum sollte der Dienst an einer Gesamtheit minder ehrenvoll sein als das Herrschen und Berauben?"[168] Die Passage zeigt, wie stark Salz zu Beginn der 30er Jahre von Gedanken aus dem George-Kreis, wie sie z.B. in Wolters *Herrschaft und Dienst*[169] formuliert wurden, beeinflusst war.

Mit der „Machtergreifung" der Nationalsozialisten wurde Salz' wissenschaftliche Karriere in Deutschland im Jahr 1933 aufgrund seiner jüdischen Religionszugehörigkeit beendet.[170] Am 20.04.1933 wurde er aufgrund des „Gesetzes zur Wiederherstellung des Berufsbeamtentums" beurlaubt, obwohl er als Frontkämpfer des Ersten Weltkrieges eigentlich seine berufliche Tätigkeit zunächst hätte fortsetzen können. Er konnte allerdings die notwendigen Papiere, die sich mittlerweile in der Tschechoslowakei befanden – er hatte im österreichisch-ungarischen Heer gedient –, nicht vorweisen, sodass er im Herbst 1933 endgültig entlassen wurde.[171] Das Haus in Baden-Baden musste verkauft werden.[172] Er bewarb sich in der Folge um eine Berufung an eine tschechoslowakischen Hochschule, die ihm jedoch nicht gewährt wurde, da er „in wissenschaftlicher Beziehung nicht von großer Bedeutung" sei, wie man in der Tschechoslowakei befand.[173] Im Herbst des gleichen Jahres nahm er deshalb eine auf neun Monate befristete Einladung nach Cambridge als visiting professor an – sein Gehalt wurde von seinen dortigen Kollegen finanziert.[174] Seine Familie blieb währenddessen zunächst in Heidelberg. 1934 erhielt Salz dann eine Stelle als Gastprofessor für Nationalökonomie an der Ohio State Universität in Columbus, wohin er mit seiner Familie emigrierte.[175] Im Jahr 1937 wurde er full professor. Er fühlte sich in Ohio nicht

167 SALZ (1931), Wesen des Imperialismus, 103–174.

168 Ebd., 133f, 172. Vgl. 323.

169 WOLTERS und LECHTER (1920), Herrschaft.

170 Zu einem kurz vorher stattgefundenen Gespräch zwischen Marianne Weber, Eugen Täubler, Arthur Salz, Alfred Weber, Karl Hampe und Karl Jaspers im Angesicht der Hakenkreuzflagge auf dem Heidelberger Schloss siehe TÄUBLER, Eugen, Heidelberger Gespräch, in: Eugen TÄUBLER (Hrsg.), Ausgewählte Schriften zur Alten Geschichte. Stuttgart 1987, 305–325; vgl. auch FRIED (2004), Wirtschaftswissenschaftler, 301f.

171 MUßGNUG (1988), Heidelberger Dozenten, 37.

172 Salz an den Rektor der Universität Heidelberg am 8.8.34, in UA Heidelberg PA 5581.

173 Aktennotiz vom 22. Mai 1933 (Institut für Zeitgeschichte München MA 1500/51, zitiert nach MUßGNUG (1988), Heidelberger Dozenten, 174).

174 So Elisabeth Gundolf in einem Brief an Paul Kempner in Berlin vom 24.10.1933, in: AL, NEGL, E22. Salz konnte davon gerade seinen Lebensunterhalt finanzieren (Salz an den Rektor der Universität Heidelberg am 8.8.34, in UA Heidelberg PA 5581).

175 Dorthin wurde ihm eine Aufforderung des Ministeriums nachgeschickt, eine Unterstützung über 1000 Reichsmark, die ihm 1930 ausgezahlt worden war, zurückzuzahlen. Trotz der Stelle befand Salz sich aber

wirklich wohl, obwohl er die Stelle dort bis zu seiner Emeritierung bekleidete. Dies berichtete Heinrich Zimmer, der Arthur und Soscha Salz 1941 besuchte. Die beiden seien „eher unglücklich“.[176] Salz' Vorstellungen von Wirtschaft und Staat weisen zwischen der Zeit vor und nach der Emigration aus Deutschland jedoch viele Konstanten auf: Er konnte seine liberalen Ansichten in den USA weiterentwickeln. Intensiv setzte er sich mit der US-amerikanischen Außenpolitik, dem Verhältnis zu Europa, dem Verständnis des Liberalismus und wissenschaftlichen Methodenfragen auseinander, wobei nur wenige Manuskripte gedruckt wurden. Er erschloss sich in dieser Zeit auch ganz neue Arbeitsfelder, mit denen er sich bisher kaum beschäftigt hatte, z.B. nach Fragen zu Geld und Währung.[177]

Belastend war sicherlich die Sorge um die in Deutschland zurückgebliebenen Verwandten: So berichtete Gertrud Kantorowicz immer wieder brieflich an die Salzens über die Versuche, für Soschas 80jährige Mutter die Ausreise aus Deutschland zu organisieren.[178] Allerdings waren die Schwierigkeiten, ein Ausreisevisum zu bekommen und die nötigen Geldmittel aufzutreiben, immens, und trotz Salz' Professur konnte auch er sie nicht ohne weiteres aufbringen.[179] Dennoch scheint Soschas Mutter die Flucht geglückt zu sein, im Gegensatz zu Gertrud. Ein Brief von Maria Wundsch vom 12.11.1945 berichtete rückblickend, dass ihre Ausreise scheiterte. Sie wurde mit einigen älteren Damen, die sie begleitete, auf der Flucht aufgegriffen und in Theresienstadt interniert, wo sie bald darauf an einer Meningitis starb.[180] Nach 1949 strebte Salz ein Wiedergutmachungsverfahren in Deutschland an und beteuerte, zurückkehren zu wollen. Sein Patriotismus und seine Liebe zu Deutschland schienen ungebrochen, wie zahlreiche Manuskripte beweisen, in denen er Deutschland und die Deutschen gegen verallgemeinernde Vorwürfe aus den USA in Schutz nahm und den ungebrochenen „élan vital“ der Deutschen lobte.[181] Die Klage wurde jedoch abgewiesen, da nicht anzunehmen sei, dass Salz in Heidelberg ein Ordinariat erhalten hätte, wenn er das Land 1933 nicht hätte verlassen müssen.[182] Salz erhielt immerhin 1952 bei seiner Emeritierung die Ehrendoktorwürde der Universität Heidelberg, der Alfred Weber auch einen per-

immer noch in schwierigen finanziellen Verhältnissen, was er nach Deutschland mitteilte. Die ausgedehnte Korrespondenz über die Rückzahlungsforderungen in UA Heidelberg PA 5581. Vgl. auch MUßGNUG (1988), Heidelberger Dozenten, 146.

176 H. Zimmer an Gerty von Hofmannsthal am 6.3.1941, DLM, 77.2066/3 und 4, zitiert nach MUßGNUG (1988), Heidelberger Dozenten, 146.

177 Vgl. *The problem auf gold*, UM 1942/43 im LBI AR 6288, Box IV, Folder 3, *The ordeal of inflation*, UM 1957 im LBI, AR 6288, Box IV, Folder 4, sowie unbenannte Manuskripte in LBI, AR 6288, Box III, Folder 2. Vgl. 384.

178 Schreiben von Gertrud Kantorowicz an Sophie und Arthur Salz 1938–41, LBI AR 7216, Box V, Folder 1.

179 Dies geht hervor aus Briefen von Ernst Kantorowicz an Soscha und Arthur vom 18.10.41 und 23.10.41, LBI AR 7216, Box V, Folder 1.

180 Maria Wundsch an die Familie Kantorowicz am 12.11.1945, LBI AR 7216, Box V, Folder 2. Ihre literarischen Arbeiten aus der Zeit im Konzentrationslager bespricht ALFERS, Sandra, Metaphern der Auflösung. Der Tod als poetische Grenzerfahrung in Das Sterben der Gertrud Kantorowicz, in: Theresienstädter Studien und Dokumente 13 (2006), 150–161.

181 Z.B. UM *Some considerations on 'the free state'*, im LBI, AR 6288, Box I, Folder 3.

182 Brief des Dekans ans Ministerium vom 22.12.52. Die Verhandlungen zogen sich hin von 1950–54, vgl. die Briefe in UA Heidelberg PA 5581.

sönlichen Brief beilegte.[183] Im September 1955 gewährte ihm das Kultusministerium eine regelmäßige finanzielle Unterstützung, ab Juli 1959 Emeritenbezüge, rückwirkend seit 1954.

Salz kehrte wohl dennoch nicht mehr nach Deutschland zurück. Am 15.08.1960 verstarb seine Frau Soscha, drei Jahre später am 10.08.1963 starb er selbst in Worthington in Ohio, allem Anschein nach in geistiger Verwirrung.[184]

Beurteilt man Salz′ Verhältnis zu Stefan George, so stellt er im Vergleich mit den anderen Ökonomen insofern eine Ausnahme dar, als er bereits zu einem sehr frühen Zeitpunkt, nämlich seit 1902, zum George-Kreis gehörte. Dennoch war seine Haltung zum Dichter die distanzierteste. Die Vermittlung durch Gundolf spielt für Salz eine nicht zu unterschätzende Rolle, und die Loyalität zu ihm scheint für Salz stärker gewesen zu sein als die zu George selbst. Nach 1933 kam er auf seine Bindung zum George-Kreis kaum mehr zurück: George fand, soweit ich feststellen konnte, nur in einer einzigen seiner Schriften nach der Auswanderung Erwähnung,[185] obwohl Salz mit der Zitation der Klassiker wie Goethe,[186] Dante,[187] Hölderlin oder Shakespeare[188] in seinen Schriften nicht geizte. Sein Nachlass im Leo-Baeck-Institut in New York und die verbliebenen Unterlagen an der Universität in Ohio enthalten kaum persönliche Korrespondenz, und die Familie möchte keine weiteren Einblicke gewähren, sodass die Quellenlage keine Aussagen über seine weitere Haltung zum Kreis zulässt. So sehr Salz sich in den 20er Jahren als Georgeaner und Mitglied des „Staates“ gefühlt hatte, für die Zeit nach 1933 lässt sich dies nicht mehr nachweisen. Auch die Sekundärliteratur hilft kaum weiter, sie beschränkt sich mit Ausnahme des detaillierten und höchst aufschlussreichen Artikels von Johannes Fried[189] auf einige wenige, schon genannte Artikel, Handbuchartikel und Passagen in Werken über die Gelehrten in der Weimarer Republik und Heidelberg allgemein, wobei der Schwerpunkt in den Texten über Salz nicht auf dem George-Kreis liegt.[190]

---

183 Vgl. UA Heidelberg H IV 512, zitiert nach MUßGNUG (1988), Heidelberger Dozenten, 269f.

184 Dies belegt ein Brief von Ernst Kantorowicz an Elise Pietrkowski vom 30 Juni 1959: „Der Arthur ist wohl das Senilste was ich je gesehen habe und voller jeweils neuer Verruecktheiten, das einzige was er sich so ausdenkt. Es ist schrecklich und sehr schwierig mit ihm, zumal fuer die Soscha.“ (Brief im Privatbesitz Robert Lerners, dem ich herzlich für diesen und weitere Hinweise danke).

185 "It is a distinctly European sentence of a great contemporary poet which hardly any modern American would approve and which runs thus: 'Regeneration and salvation will come forward to you from the remotest.'" (UUM *Epilogue*, im LBI, AR 6288, Box II, Folder1, 26f).

186 SALZ (1913), Böhmische Industrie, 395; *Go west, young man, go west*, UM von 1939 im LBI AR 6288, Box I, Folder 1, 9f; *Economic Inconsistencies, Anomalies, Entanglements*, UUM im LBI AR 6288, Box III, Folder 6; *Signs of the times* nach 1960, UM LBI, AR 6288, Box II, Folder 6, 21. Eine intensive Auseinandersetzung mit Goethes gestalttheoretischer Position findet sich in UM von 1959 im LBI, AR 6288, Box II, Folder 5, 36ff.

187 UUM *Empire–a challenge or a scourge?* im LBI, AR 6288 Nachlass Arthur Salz, Box II, Folder 2.

188 UM *The Tragicomedy of errors. Sings of Omissions and Commissions* vom Juni 1961 im LBI, AR 6288, Box II, Folder 9.

189 FRIED (2004), Wirtschaftswissenschaftler.

190 Eine Ausnahme stellt der Artikel über Salz in HELBING und BOCK (1964), George, dar, der auch den Briefwechsel zwischen Salz und Gundolf in London mit einbezieht. Allerdings umfasst auch er nur wenige Seiten (216–220).

3.2 Edgar Salin

Ganz anders liegen die Dinge im Falle von Edgar Salin, dessen Verhältnis zu George nicht zuletzt aufgrund seiner eigenen Dokumentationen in weiten Teilen rekonstruiert werden kann. Salin wurde am 10. Februar 1892 in Frankfurt am Main als Sohn jüdischer Eltern geboren. Er war das älteste von drei Kindern.[191] Sein Vater Alfred Salin war Fabrikant und Mitbesitzer der Nackenheimer Kapselfabrik,[192] die Mutter Paula Salin, geborene Schiff, entstammte einer alteingesessenen jüdischen Finanziers- und Gelehrtenfamilie.[193] Von 1898 bis 1901 besuchte Salin das Wöhler-Realgymnasium in Frankfurt, später das Goethe-Gymnasium und absolvierte dort im Frühjahr 1910 sein Abitur. Bei der Schlussfeier hielt er in fließendem Altgriechisch die Abiturrede seines Jahrgangs. Bereits während seiner Schulzeit beschäftigte er sich mit der platonischen Philosophie. Im Nachlass finden sich die beiden Schriften *Der Daimon bei Epiktet und Marc Aurel* und *Julius Caesar und das Fürstenideal der griechischen Philosophie*[194], die er als Schüler verfasste.

Nach dem Abitur besuchte Salin seinen Großonkel Jakob Schiff in den USA. Dort reiste er mit der amerikanischen Verwandtschaft im Sonderzug von New York bis nach Alaska. Die Eindrücke, die er auf dieser Reise sammelte, bildeten die Grundlage für seine spätere Dissertation. Salin lehnte ein Angebot des Großonkels, in sein Bankunternehmen einzusteigen, ab und kehrte stattdessen nach Europa zurück, um im Herbst 1910 in Heidelberg ein Studium der Nationalökonomie, Jura, Philosophie sowie der Kunst- und Literaturgeschichte zu beginnen. Nach dem ersten Semester, in dem er vor allem Lehrveranstaltungen bei Alfred Weber besuchte,[195] wechselte er für ein Jahr nach München, wo er u.a. bei Lujo Brentano studierte.[196] Anschließend ging er für ein Semester nach Berlin, wo er bei Georg Simmel, Ulrich von Wilamowitz-Moellendorff und dem Kunsthistoriker Heinrich Wölfflin Vorlesungen hörte,[197] und schloss am 24.7.1914 nach drei Schlusssemestern in Heidelberg sein Studium im Alter von 22 Jahren nach 7 Semestern ab. Für diese zweite Heidelberger Zeit wandte er sich vor allem Lehrern aus dem Umfeld des George-Kreises zu: Eberhard Gothein,[198] Friedrich Gundolf, Edgar Jaffé und Arthur Salz. Bei Gundolf besuchte Salin zahl-

191 Es folgten die beiden jüngeren Geschwister Paul (1896–1922) und Elise (1899–1983), die später Hautärztin wurde.

192 FÖLLMI (2002), Salin Leben, 75.

193 Die verwandtschaftlichen Beziehungen gibt detailliert wieder FÖLLMI, Anton, Salin, Edgar Bernhard Jacques, in: Neue Deutsche Biographie, hrsg. von der historischen Kommission bei der Bayerischen Akademie der Wissenschaften, Bd. 22. Berlin 2005, 372f.

194 UB Basel, NSB. Vgl. auch NETZBAND, Karl-Bernhard, Zum 10. Todestag Edgar Salins, in: List Forum 12, 4 (1984, Januar), 205–227, 206.

195 Daneben nannte er Friedrich Endemann (Jura), Otto Gradenwitz (Jura und Altphilologie) und Georg Jellinek (Staatsrecht) als Lehrer. Die Aufzählung seiner Lehrer ist Salins Dissertation entnommen (SALIN, Edgar, Goldwäscherei und Goldbergbau am Klondike und in Alaska. Tübingen 1914, 107).

196 Auch Karl v. Amira (Rechtsgeschichte), Moritz Julius Bonn (Staatswissenschaften), Karl Rothenbücher (Staatsrecht), Leopold Wenger (Rechtsgeschichte), Lazarus Abraham Geiger (Literaturgeschichte), Claudius Frhr. v. Schwerin.

197 Daneben bei Ladislaus von Bortkiewicz (Mathematik, Statistik), Beno Erdmann (Philosophie), Otto Friedrich v. Gierke (Rechtsgeschichte), Gustav Roethe (Germanistik), Max Sering, Adolph Wagner (Nationalökonomie und Finanzwissenschaft), Martin Wolff (Zivilrecht).

198 Zu den Beziehungen der Gotheins zum George-Kreis vgl. auch SCHEFOLD, Bertram und SCHÖNHÄRL,

reiche Vorlesungen, unter anderem über Goethe und die Romantik, und man verkehrte auch privat miteinander.[199] Alfred Weber, mit dem Salin bis zu dessen Tod korrespondierte,[200] scheint als wissenschaftlicher Lehrer von besonderer Bedeutung für den jungen Ökonomen gewesen zu sein. Karl-Bernhard Netzband wertet Salins nachgelassene Vortragsmanuskripte für die Seminare und soziologischen Diskussionsabende Alfred Webers als „die Geburtszeugnisse des beginnenden politischen Ökonomen Salin".[201] Seine Promotion über das Thema *Goldwäscherei und Goldbergbau am Klondike und in Alaska. Eine Betrachtung zur Geschichte und Theorie der Konzentrationsbewegung*[202] legte Salin bei Alfred Weber mit summa cum laude ab.[203] Ein wichtiger Lehrer war zudem auch Eberhard Gothein, mit dessen Frau Marie Luise Salin sehr gut befreundet war.[204]

Schon als Schüler hatte sich Salin mit der Lyrik Stefan Georges beschäftigt und war davon beeindruckt gewesen.[205] Der Kontakt zu Gundolf eröffnete nun die Möglichkeit einer persönlichen Bekanntschaft. In München kam es im Jahr 1912 zum ersten Kontakt mit dem George-Kreis, den Karl Wolfskehl vermittelte. An einem Frühlingstag 1913 begegnete Salin dann zum ersten Mal Stefan George auf der Straße in Heidelberg, ein Ereignis, das ihn tief berührte.[206] Am 18. Dezember 1913 kam es, diesmal herbeigeführt von Friedrich Gundolf, zu einer persönlichen Begegnung mit George, die Salin in seinen Erinnerungen ausführlich als prägendes Erlebnis beschrieb.[207] Auch wenn er das Gefühl hatte, die Probe dieses ersten Zusammenseins und den von George geforderten Gedichtvortrag schlecht bestanden zu

Korinna, Eberhard und Marie Luise Gothein, in: Achim AURNHAMMER u.a. (Hrsg.), Stefan George und sein Kreis. Ein Handbuch zu Leben und Werk Stefan Georges, zu den Mitgliedern seines Kreises und zu dessen Wirkung. Voraussicht. 2010 (im Druck).

199 So wirkte Salin an der Aufführung von *Wie es euch gefällt* im Wald beim Königsstuhl mit, die Gundolf organisiert hatte, vgl. GEORGE, GUNDOLF (1962), Briefwechsel, 251.

200 UB Basel, NSB Fa 10149–10234a.

201 NETZBAND (1984, Januar), 10. Todestag, 208.

202 SALIN (1914), Goldwäscherei in Alaska.

203 Dies berichten Anton Föllmi (FÖLLMI (2002), Salin Leben, 77) und Reinhard Blomert (BLOMERT, Reinhard, Edgar Salin, in: Ruperto Carola. Heidelberger Universitätshefte 85, 44 (1992 Juli), 155–157, 155). Carola Groppe dagegen meint, er hätte bei Eberhard Gothein promoviert (GROPPE (2001), Macht der Bildung, 501). In einem Brief an Marie Gothein schrieb Salin jedoch, er habe bei Alfred Weber promoviert (UB Basel, NSB Fb 1058, vom 28.02.30). Diese Quelle belegt auch, dass A. Weber den George-Kreis als Konkurrenz empfunden hat: „So ist mir ein Gespräch deutlich vor Augen, in dem Alfred Weber im Frühjahr 1914 Wolfgang Heyer und mir einmal vorwarf, wir seien von ihm zu Gundolf abgefallen. Wir haben zuerst gar nicht verstanden, was er wollte, bis uns nachher aufging, dass es sich hier um jenen Punkt handelte, der immer die Beziehungen zu A.W. störte: Er hatte die merkwürdige Meinung, im höchsten Sinne Führer sein zu können – und gerade dieses entfernte uns dann von ihm und näherte uns der geistigen Menschlichkeit Ihres Mannes. Ich muss in diesem Zusammenhang daran erinnern, dass es sich überhaupt sehr viel stärker um menschliche Bindungen und Beziehungen gehandelt hat, als um wissenschaftliche; promoviert haben wir fast alle, mich eingeschlossen, bei Alfred Weber – und trotzdem haben wir in Ihrem Hause und mit Ihnen Beiden gelebt."

204 Zahlreiche Briefe der Gotheins an Salin im UB Basel, NSB. Marie Luise Gothein berichtet in ihren Erinnerungen, dass sie den Herbst 1913 in Begleitung Salins in Rom verbrachte, wo sich auch die Webers und Georg Lukács sich aufhielten (UB Basel, NSB, C4).

205 GROPPE (2001), Macht der Bildung, 501f.

206 SALIN (1954), Um George, 11f.

207 Ebd., 15–20. Vgl. 2.

haben, so schien er sich in den Augen des „Meisters“ doch bewährt zu haben.[208] Was Salin später über Gundolf schrieb – er habe „seinen Weg zu sich selbst unter Georges Führung“ gefunden – das empfand Salin auch für sich selbst.[209] Als Beleg für diese identitätsverändernde bzw. -stiftende Wirkung kann die Tatsache gelten, dass George Salins Namen veränderte, so wie den mancher anderer „Jünger“ auch: er betonte ihn auf der zweiten Silbe.[210] Um Georges Übersetzungsversuchen spanischer Lieder folgen zu können, die der Dichter ihm und Percy Gothein im Mai 1914 vorlas, lernte Salin sogar etwas Spanisch.[211] Neben dem direkten Umgang mit dem Dichter stellten sich auch Kontakte zu anderen Georgeanern in Heidelberg ein: Salin war befreundet mit Norbert von Hellingrath und Wolfgang Heyer, die beide im Ersten Weltkrieg fielen.[212] Zudem verband ihn eine enge Freundschaft mit Heyers Bruder Gustav Richard.[213] Der prägende Vermittler zum Kreis blieb jedoch Friedrich Gundolf, dessen wissenschaftlichen Grundsätzen Salin nahe stand; seine tiefe Verehrung belegt das Kapitel „Friedrich Gundolf“ in seinem Erinnerungsbuch *Um George*.[214] Der Kontakt zum „Meister“ war dann zunächst recht intensiv: Im November 1914 besuchte Salin George mehrmals in Darmstadt.[215] George scheint jedoch keine großen Sympathien für Salin gehabt zu haben. Schon während des Krieges äußerte er sich negativ über ihn[216] und ließ sich sogar von Wolfskehl verleugnen, als Salin nach ihm fragte.[217]

Im Ersten Weltkrieg leistete Salin als Kriegsfreiwilliger Dienst bei den Ulanen, also bei der Kavallerie. Er teilte die Kriegsbegeisterung vieler Georgeaner zu Beginn des Krieges, auch Gundolfs Enthusiasmus für Hindenburg.[218] Gundolf schrieb ihm ins Feld: „Neue Litteratur [sic! Ko. S.] wird Sie wohl noch weniger interessieren. Immerhin, wenn Sie Läuse haben, kann es Ihnen auf ein paar Notizen auch nicht mehr ankommen.“[219] Während seines Dienstes im Osten versuchte Gundolf, über Beziehungen Salins Ernennung zum Leutnant zu befördern, die aufgrund seiner jüdischen Konfession erschwert wurde.[220] Als Auszeichnungen erhielt er im Jahr 1915 das Eiserner Kreuz zweiter Klasse sowie 1916 die Hessische

208 Gundolfs Trost an Salin am 23.12.1913 in GUNDOLF (1965), Briefe, 130.
209 SALIN (1954), Um George, 66.
210 Ebd., 240.
211 SEEKAMP, OCKENDEN und KEILSON (1972), Zeittafel, 247.
212 Über die beiden findet sich im Erinnerungsbuch ein eigenes Kapitel, SALIN (1954), Um George, 93–125.
213 Der Briefwechsel umfasst die Jahre 1913–1950 (UB Basel, NSB C 30).
214 SALIN (1954), Um George, 62–93. Von der engen Freundschaft zeugt ein Gedicht, das Gundolf Salin im September 1914 widmete (UB Basel, NSB C 28): „An E. S./ Bleib der du warst beim Spielen und beim Sinnen/ Auch auf der blutigen fahrt,/ Ringsum dein Volk, die Sterne oben, innen/ Das Herz dem Gott bewahrt/ Die Kraft zur Liebe wie die Kraft zum Töten/ Und selbst im Weltenbrand/ Den freudigen Schimmer unsrer Morgenröten/ Am heimatlichen Strand./ Derselbe Funke ists der beides zündet/ Den Zauber und den Zorn/ Und der allmächtige Strom worein ihr mündet/ Quillt aus dem tauigen Born.“
215 SEEKAMP, OCKENDEN und KEILSON (1972), Zeittafel, 255.
216 George war verärgert, dass Salin über Wolfskehl versuchte, für Frau von Hoesch ein Gespräch mit dem Dichter zu erwirken, wie er Gundolf am 29.02.1916 schrieb (GEORGE, GUNDOLF (1962), Briefwechsel, 280).
217 SEEKAMP, OCKENDEN und KEILSON (1972), Zeittafel, 293.
218 Vgl. Gundolfs Briefe an Salin aus dem Jahr 1914 in GUNDOLF (1965), Briefe, 138–141.
219 Gundolf an Salin im Frühjahr 1915 in GUNDOLF (1965), Briefe, 146.
220 Gundolf an Karl Wolfskehl Anfang November 1914 in WOLFSKEHL, WOLFSKEHL und GUNDOLF (1977), Briefwechsel, Bd. 2, 115f.

Tapferkeitsmedaille.[221] Im Jahr 1918 wurde Salin schwer verletzt, das Kriegsende erlebte er als Katastrophe. Obwohl auch die politische Situation vor 1914 mit dem regierenden Hohenzollernkaiser „bestimmt nicht der vom jungen Salin gehegten Idealvorstellung vom Philosophenkönig an der Spitze des die Harmonie seiner ständischen Ordnung sichernden Staates“[222] entsprochen hatte, führte die Revolution von 1918 doch zu einer tiefen Verunsicherung. Die identitätsstiftende Zugehörigkeit zum Kreis half ihm, diese aufzufangen, und bewirkte ein wachsendes Sendungsbewusstsein des jungen Gelehrten.[223] Nach dem Krieg, im Oktober 1918, nahm er eine Tätigkeit als Referent im Auswärtigen Amt an, und zwar in der politischen Abteilung der deutschen Gesandtschaft in Bern, wo er Informationen über die Entwicklung der bolschewistischen und sozialistischen Bewegungen sammelte und auswertete, die Stoßkraft der sozialistischen Bewegung jedoch weit überschätzte.[224]

Im Februar 1919 konnte er dann eine Stelle als Assistent am volkswirtschaftlichen Seminar der Universität Heidelberg antreten[225], wo er eine vielfältige Lehrtätigkeit aufnahm[226] und den Auftrag bekam, eine Bibliothek für das volkswirtschaftliche Seminar einzurichten.[227] Am 15. Oktober 1920 habilitierte er sich mit der Arbeit *Platon und die griechische Utopie.*[228] Das Manuskript hatte er George vorgelesen und von ihm absegnen lassen. Für seinen Habilitationsvortrag[229] erntete er großen Beifall. Eberhard Gothein kommentierte: „Sein Vortrag über die Lehre der Wirtschaftsstufen bei List war fein ausgearbeitet und wie die Kollegen ganz richtig bemerkten, ein ‚Genuß für Feinschmecker‘ und so wußte er seine kritische Ansicht über ‚Typen‘ überhaupt im Kolloquium sehr geschickt gegen Weber, der sich getroffen fühlte, zu vertreten, ebenso wie er auf meine Fragen über List als Theoretiker sehr gut ergänzend beantwortete [sic! Ko. S.].“[230] Der frisch gebackene Privatdozent war sozusagen ein neuer, viel versprechender Stern am Heidelberger Gelehrtenhimmel.

---

221 Personalakte Salin im UA Heidelberg PA 5578.

222 NETZBAND (1984, Januar), 10. Todestag, 207. Salin fühlte sich in seiner kritischen Haltung gegen das Preußentum einer Meinung mit George (SALIN (1954), Um George, 256ff, 293).

223 GROPPE (2001), Macht der Bildung, 504.

224 Vgl. Salin an Landmann am 22.1.1918, in SWA, HS 426 B 10. Die in dieser Zeit gesammelten Zeitungsartikel finden sich im Nachlass Salins in Basel, vgl. NETZBAND (1984, Januar), 10. Todestag, 209.

225 Salin war der erste Vollassistent am Volkswirtschaftlichen Seminar. Er wurde noch vor der Umbenennung des Seminars in Institut für Sozial- und Staatswissenschaften (InSoSta) eingestellt, vgl. BRINTZINGER (1996), Nationalökonomie, 164.

226 Zu den Themen der verschiedenen Vorlesungen vgl. GROPPE (2001), Macht der Bildung, 503. Zudem findet sich im Nachlass eine Zusammenstellung der Themen (Vorlesungen, gehalten von Edgar Salin, UB Basel, NSB B 368).

227 Salin in einem Brief an Volkhard Laitenberger vom 19.12.72 (UB Basel, NSB Fb 1722). Salin betonte, dass er auch nach Heidelberg gerufen worden war, um die Verbindung zwischen Eberhard Gothein und Alfred Weber enger zu knüpfen. Maurer bezeichnet Salin deshalb als „Bindeglied [...] zwischen den staatswissenschaftlich-ökonomisch interessierten Kreisen und den ästhetisch-literarischen um Friedrich Gundolf und dem regelmäßig in Erscheinung tretenden Meister Stefan George.“ (MAURER, Michael; SÄNGER, Johanna; ULRICH, Editha (Hrsg.), „Im Schaffen genießen“. Der Briefwechsel der Kulturwissenschaftler Eberhard und Maria Luise Gothein (1883–1923). Köln, Weimar u. Wien 2006, 7).

228 SALIN, Edgar, Platon und die griechische Utopie. München [u.a.] 1921.

229 SALIN (1921), Methode Wirtschaftsgeschichte.

230 Einzig Ernst Robert Curtius habe kritisiert, Salins Platon sei „Theosophie“ und ihm höchst unsympathisch, wogegen Gothein die neue Lesart aber verteidigte, vgl. Eberhard Gothein an Marie Luise Gothein am 24.07.1920 in MAURER (1999), „Im Schaffen genießen“, 540f.

Mit Beginn seiner wissenschaftlichen Lehrtätigkeit bekam Salin von George den Auftrag, neue Mitglieder für den Kreis zu werben. Durch seine Vermittlung gelangten Percy Gothein, Woldemar Uxkull, Ernst Kantorowicz und Heinz Zimmermann ins Umfeld Georges. Schon im Jahr 1921 endete allerdings Salins Zeit im George-Kreis als Folge des Zerwürfnisses zwischen Friedrich Gundolf und George. Gundolf hatte sich aufgrund seiner von George abweichenden Vorstellungen von Wissenschaft und seiner Beziehung zu Elisabeth Salomon immer mehr vom Kreis distanziert. George erwartete im Juni 1919 von Salin, den älteren Freund zum Gehorsam zu überreden, ein Auftrag, den Salin trotz großem Einsatz nicht erfüllen konnte.[231] 1920 bat er George, Gundolf die Heirat mit Elisabeth Salomon zu erlauben und ihn aus gesundheitlichen Gründen nicht zur Annahme der Berufung nach Berlin zu drängen, was George schroff ablehnte.[232] Ob darüber hinaus, wie Hildebrandt andeutete, auch Salins kritische Haltung zu manchen Werken von Wolters und Gundolf dazu beitrug, die Distanz zwischen Salin und George zu vergrößern, kann nur vermutet werden.[233] Immerhin war Salin schon zum Heidelberger Pfingsttreffen 1919 nicht eingeladen worden, auch wenn George mit Gundolf zusammen am Freitag zuvor bei ihm zum Essen eingeladen gewesen war.[234] Obwohl der junge Ökonom den Dichter im Sommer 1920 noch regelmäßig in der Klinik in Heidelberg besucht und auch zur Kur nach Bad Wildungen begleitet hatte,[235] musste er im Frühjahr 1921 die für ihn katastrophale Erfahrung machen, dass George sich endgültig von ihm zurückzog.[236] Salin bemühte sich in der Folgezeit verzweifelt, die Nähe zu ihm wieder herzustellen,[237] aber der Dichter fühlte sich eher belästigt. Zu Edith Landmann sagte er über Salin: „Er ist überall. Sie können ihm gar nicht entgehen. Ich bin kaum irgendwo da, an den unwahrscheinlichsten Orten – an der nächsten Strassenecke wird er dastehen. Eines Tages fassen Sie in die Westentasche – da ist er drin“.[238] In dem Teil von Edith Landmanns Tagebuchnotizen, die nicht in die Publikation mit aufgenommen wurden, berichtete sie von noch herberer Kritik Georges an dem jungen Ökonomen.[239] Salin schien so getroffen zu sein, dass sogar seine Frau Charlotte bei George anfragte, ob er ihren Mann nicht empfangen könne: „Warum rufen Sie Edgar Salin nicht? Ich habe ihn mit tränen gebeten zu Ihnen zu gehen – er hats nicht getan. Und warum darf er es nicht? Ich habe so gehadert mit Ihnen wenn ich sah dass nichts ihn lösen konnte von seiner schwermut und daran

---

231 SALIN (1954), Um George, 57.

232 SEEKAMP, OCKENDEN und KEILSON (1972), Zeittafel, 308.

233 HILDEBRANDT, Kurt, Erinnerungen an Stefan George und seinen Kreis. Bonn 1965, 118.

234 KARLAUF (2007), Charisma, 484.

235 SEEKAMP, OCKENDEN und KEILSON (1972), Zeittafel, 309.

236 Er berichtete Georges Abschiedsworte: „So lange will ich Sie nicht mehr sehen. […] Leben Sie wohl und verzagen Sie nicht. Dies kann gesühnt werden.“ (SALIN (1954), Um George, 58).

237 Ein ratloser Brief an Friedrich Wolters in SALIN (1954), Um George, 303.

238 LANDMANN (1963), Gespräche George, 119. Johannes Fried macht wahrscheinlich, dass sich die Äußerung Georges, die Landmann ohne Namensnennung wiedergibt, auf Salin bezieht, FRIED (2004), Wirtschaftswissenschaftler, 300.

239 „Beim thee kam d. gespräch auf Salin, gegen den er in allen tönen spottete als e. agenten, so erhaben d. dinge auch seien, die er verhandelt, […] ich kann mir gar nicht denken, wie ich mit so was nur innerhalb desselben raums sein könnte, so was nicht zu fühlen, selbst verbannt zu sein u. es nicht zu wissen u. dann noch f.e. anderen zu bitten? Indem einer sagt: ich komme morg wieder u. d. andre: morg kann ich Sie nicht brauchen, u. jener: dann komm ich übermorgen – das geht auch nicht – nun so komm ich nächste woche..“ (Edith Landmann, Tagebücher Bd. 6: 25.8.1920–Dez. 1925, hier nach 1923, StGA, Landmann I).

dachte dass ein einziges mal bei Ihnen zu sein ihm das leben wiedergeben würde – wirklich das leben. Er lebt ja wohl aber wie blumen die im schatten sind – sie haben farblose blüten und verzweifelte arme."[240] George beantwortete die Bitte abschlägig[241] und präsentierte den Briefwechsel den Landmanns als „surprise".[242] Es kam nur noch zu zufälligen Begegnungen, und George äußerte sich auch weiterhin kritisch über Salin,[243] auch wenn er ihn gelegentlich noch mit kleineren Aufträgen bedachte.[244] Auch die Freundschaft mit Gundolf kühlte in der Folge ab; Salin konnte ihm und Elli offenbar nicht verzeihen, dass George sich nicht nur von ihnen, sondern auch von ihm selbst abgewandt hatte. Die Auseinandersetzung mit Gundolfs Witwe Elli nach dessen Tod zeigt, wie tief die gegenseitigen Verletzungen waren.[245] In der Auseinandersetzung mit Wolters über dessen Werk *Stefan George und die Blätter für die Kunst*[246], vor allem in Fragen nach dem Wissenschaftsverständnis, vertrat Salin allerdings immer noch Gundolfs Partei.[247]

In wissenschaftlicher Hinsicht stand Salin vor dem gleichen Problem wie Gundolf, nämlich Georges wissenschaftskritische Haltung mit dem Gefühl seiner eigenen Berufung zur wissenschaftlichen Arbeit in Einklang zu bringen.[248] Einerseits schloss Salin sich Georges Sicht an, dass Dichtung immer höherwertiger als wissenschaftliche Deutung sei und er anerkannte „die Grenze nicht jeden, doch des tiefsten Verstehens" für den Wissenschaftler.[249] Andererseits wollte er Wissenschaft betreiben. Es ist kein Zufall, dass seine Bemühungen um die Entwicklung einer am Kreis orientierten „Anschaulichen Theorie" eben in die Jahre

240 Charlotte Salin an George am 15. 07.1926, StGA George III, 10861.

241 „Ich begreife vollkommen den sinn Ihrer zeilen, Ihre ratlosigkeit sowie die Ihres gatten – Sie teilen sie in diesem augenblick mit vielen. Nur bitte ich Sie: bestehen Sie jetzt in dieser wirrnis auf keiner unterredung. Den einen trost kann ich Ihnen geben, dass Alle heil daraus hervorgehen werden, die sich ein klein wenig vernunft bewahren." (StGA George III, 10861, abgedruckt in GEORGE, GUNDOLF (1962), Briefwechsel, 374).

242 Edith Landmann, Tagebücher Bd. 7 ab Januar 1926, hier nach August 1926, StGA, Landmann I.

243 So ließ er etwa durch Wolters an Gundolf im Oktober 1923 ausrichten, er habe nichts gegen eine Festschrift für Eberhard Gothein einzuwenden, wenn sie nicht unter Salins Ägide stehe (SEEKAMP, OCKENDEN und KEILSON (1972), Zeittafel, 326). Salin war dann dennoch der Herausgeber, aber diese Information wurde in ungewöhnlicher Weise auf der dritten Seite des Bandes versteckt.

244 So sollte Salin im Sommer 1924 Percy Gotheins Mutter Marie Luise beschwichtigen, die von ihrem Sohn wissenschaftliche Arbeit wünschte statt die am Erinnerungsbuch, vgl. SEEKAMP, OCKENDEN und KEILSON (1972), Zeittafel, 334. Dazu schien Salin aufgrund seines freundschaftlichen Verhältnisses zu Marie Gothein geradezu prädestiniert.

245 Vgl. Elli Gundolfs Briefe an Salin von 1937–40, in denen es vor allem um die Publikation des Briefwechsels zwischen George und Gundolf ging. Elli wollte Salin die Briefe nicht aushändigen, weil sie sich von ihm hintergangen fühlte. Die Atmosphäre scheint vom Streit der frühen 20er Jahre belastet gewesen zu sein. Elli betonte: „Ich habe es niemandem versagt, der aus meinem unbestreitbaren Ketzertum für sich die Konsequenzen gezogen hat." (Brief vom 30.8.1937, UB Basel, NSB C26). Freundlich gestaltete sich dagegen die Korrespondenz mit Gundolfs unehelicher Tochter Cordelia Gundolf aus der Verbindung mit Agathe Mallachow (UB Basel, NSB Fa 3398–3402).

246 WOLTERS (1930), George und die Blätter. Salins Wertung des Buches in SALIN (1954), Um George, 150–158.

247 SALIN (1954), Um George, 91; SALIN, Edgar, Letzte Begegnung mit Friedrich Gundolf in Paris, in: Rhein-Neckar-Zeitung (1948, 11. Dezember).

248 SCHEFOLD (2005), Welt des Dichters, 13.

249 SALIN (1954), Um George, 136; „Aus tiefem Fug veraltet auch das grösste Werk sinnhafter Deutung schneller und wird rascher vergessen als die kleinste Perle vollkommener Schöpfung." (ebd., 62).

fallen, in denen er die Nähe Georges zurück zu gewinnen versuchte, indem er georgeanische Semantiken aus dem Kontext des Kreises in seine ökonomische Gedankenwelt übernahm und sich bemühte, seine Wissenschaft durch George – und wohl auch für ihn – zu legitimieren. Auch wenn es in den sieben Jahren von 1913 bis 1920 zahlreiche Treffen und Kontakte zu George gab, gehörte Salin nicht zum engsten Kreis, wie er selbst später feststellte[250]: Obwohl er vor dem „Meister“ und im Kreis der Freunde immer wieder aus seinen Entwürfen und Schriften vorlas, durfte keine seiner Arbeiten mit dem Signet der *Blätter für die Kunst* erscheinen, und George widmete dem jungen Ökonomen auch kein Gedicht. Salins Erinnerungen an seine Zeit im Kreis waren seine erste Publikation im Verlag Bondi, Georges Stammverlag, der zu dieser Zeit allerdings schon lange von Helmut Küpper geleitet wurde und dessen Namen trug.[251]

Im Juli 1924 erhielt Salin den Titel eines außerordentlichen Professors und nahm nun offiziell die Gothein-Gedächtnisprofessur für Staatswissenschaften ein, insbesondere Wirtschafts- und Gesellschaftskunde des Auslands, um deren Einrichtung er sich schon als Assistent intensiv bemüht hatte.[252] Von den Zinsen des Stiftungskapitals, das Eberhard Gothein zu Lebzeiten zusammengebracht hatte, war schon seit Oktober 1921 sein Salär bestritten worden.[253] Die Besoldung blieb jedoch trotz des neuen Titels mäßig.[254] Im Verzeichnis von Salins Werken fällt auf, dass er sich ab diesem Zeitpunkt verstärkt wirtschaftspolitischen Themenstellungen zuwandte. Auch der Kontakt zu Joseph A. Schumpeter in Bonn, den der Heidelberger dort des Öfteren besuchte, intensivierte sich.[255] In die gleiche Zeit fiel die Gründung der Friedrich List Gesellschaft (FLG), an der Salin maßgeblich beteiligt war. Ziel dieser Gesellschaft war es zum einen, eine wissenschaftliche Ausgabe der Werke von Friedrich List zu erstellen, zum anderen ein Forum für die Diskussion zwischen staatlichen Stellen, Wissenschaft und Wirtschaft zu bieten.[256]

Das Sommersemester 1927 verbrachte Salin als Gastprofessor und Vertreter von Julius Landmann in Kiel – der Ruf hatte ihn zur rechten Zeit erreicht, da aufgrund der sinkenden

---

250 Salin sprach von einer *„kleine[n] Zahl von nahen Freunden [...], zu denen ich nicht gehörte,* auch wenn der Dichter mich in einem mittelfernen Rang zu den Seinen zählen mochte.“ (SALIN, Edgar, Der wissenschaftliche Kreis um Stefan George. Vortrag im Südwestfunk am 5.1.1969, in: Neue Beiträge zur George-Forschung 4 (1979), 38–42, 40; Hervorhebung von Salin).

251 SALIN (1954), Um George, 1. Aufl. 1948.

252 Die Initiative zu dieser Professur für Auslandskunde, die insbesondere die Beziehungen zu anderen Ländern durch Studienreisen, Führungen und den Austausch von Dozenten befördern sollte, war bereits 1910 von Georg Jellinek ausgegangen, vgl. BLOMERT, Reinhard, EẞLINGER, Hans Ulrich und GIOVANNI, Norbert, Einleitung, in: DIES. (Hrsg.), Heidelberger Sozial- und Staatswissenschaften: Das Institut für Sozial- und Staatswissenschaften zwischen 1918 und 1958. Marburg 1997, 11–23, 16f.

253 Brief vom Ministerium für Kultur u. Unterricht vom 5.8.21, UA Heidelberg PA 5578.

254 BRINTZINGER (1996), Nationalökonomie, 177. Da in der Inflation das Stiftungskapital zusammenschrumpfte, wurde Salins Gehalt nach 1926 noch einmal gekürzt, trotz der Bezuschussung aus der Universitätskasse (Brief an die Fakultät vom 15.4.26, in UA Heidelberg PA 5578).

255 Schumpeter lehrte dort von 1925–32, vgl. KURZ, Heinz D., Joseph A. Schumpeter: Ein Sozialökonom zwischen Marx und Walras. Marburg 2005, 23–26. Siehe auch die jüngst erschienenen Biographien SCHÄFER, Annette, Die Kraft der schöpferischen Zerstörung: Joseph A. Schumpeter. Die Biographie. Frankfurt am Main [u. a.] 2008 und MCCRAW, Thomas K., Joseph A. Schumpeter: eine Biographie. Hamburg 2008.

256 Vgl. ausführlich 237f.

Zinserträge der Gothein-Stiftung der Bestand seiner außerordentlichen Professur ernsthaft in Frage stand. Im hohen Norden knüpfte er seine Freundschaft zum „Wissenschaftsorganisator“ Bernhard Harms enger und pflegte auch mit Friedrich Wolters Umgang.[257] Zum Wintersemester konnte er dann die ordentliche Professur für Staatswissenschaften an der Universität Basel als Nachfolger von Julius Landmann antreten, der seinerseits nach Kiel wechselte. Landmann hatte den jungen Ökonomen für seine Nachfolge empfohlen und seine Berufung durchsetzen können.[258] Dort wurde er später auch Direktor des Instituts für Wirtschaftskunde. Die Berufung nach Basel wurde mit der Mahnung verbunden, genau auf Salins Wirkungsgebiet zu achten und ihn festzulegen. Das Berufungskomitee wollte wohl „den jungen Adler zum vornherein domestizieren“, wie Karl Pestalozzi mutmaßt.[259] Er lebte sich nicht leicht in Basel ein, weil er das bildungsbürgerliche Milieu oft provozierte und dementsprechend auch auf ablehnende Reaktionen, z.B. in den Basler Zeitungen, stieß.[260] Er war ein Mensch, der aufgrund seiner „gewagten Formulierungen“ und seiner „schonungslosen Dialektik mündlich und schriftlich gelegentlich fast verletzend wirken“[261] konnte. Zahlreiche Kollegen und Freunde bezeichneten diese streitbare Haltung als „Agreement to disagree“[262], das für die wissenschaftliche Auseinandersetzung sehr fruchtbar gewesen sei.

Ein Beispiel dafür, dass seine provokante Haltung nicht immer auf Gegenliebe stieß, war seine Laudatio auf Karl Barth, in der dem Theologen ahistorisches Denken vorwarf und seine Arbeit kritisierte – die Rede löste in Basel einen kleinen Skandal aus.[263] Am Anfang kamen erschwerend noch Vorurteile gegen die Nationalökonomie im Basler Establishment hinzu, weil diese Wissenschaft an der Universität noch nicht verwurzelt war.[264] Auch der fordernde Stil von Salins Lehrveranstaltungen war für manchen Studenten gewöhnungsbedürftig, machte aber auch einen Teil vom „Zauber seiner Person“ aus, von dem Anton Föllmi

---

257 GEORGE, Stefan und WOLTERS, Friedrich, Briefwechsel 1904–1930. Hrsg. von Michael PHILIPP, in: Castrum peregrini 233/235 (1998), 15. Allerdings beanstandete Salin, dass Wolters Vorlesungen für die Studenten unergiebig seien, weil sie sie weder auf den Beruf vorbereiteten noch vor Schöngeisterei schützten, vgl. SALIN (1954), Um George, 148. Auch Wolters pädagogisches Wirken beurteilte er skeptisch.

258 1928 wurde der Lehrstuhl umbenannt in „Nationalökonomie mit besonderer Berücksichtigung von Geld-, Bank- und Handelswesen“, vgl. Erziehungsakten CC 21 1928–1942, in StAB.

259 PESTALOZZI, Karl, Stadt und Universität bei Edgar Salin, in: Uni nova: Mitteilungen aus der Universität Basel 67 (1992), 36–39, 36.

260 Anton Föllmi stellt fest, er habe sich selbst von Nietzsche her denken wollen (FÖLLMI (2004, Februar), Salin Aspekte, 14).

261 KÜNG, Heinrich, Edgar Salin in der Erinnerung von Freunden und Schülern, in: Gottfried BOMBACH und René L. FREY (Hrsg.), Symposion in memoriam Edgar Salin. Basel 1975, 94–100, 98.

262 HAHN, Ludwig Albert, Lieber Edgar Salin, in: Erwin von BECKERATH, Heinrich POPITZ und Hans Georg SIEBACK (Hrsg.), Antidoron. Edgar Salin zum 70. Geburtstag. Tübingen 1962, 15–18, 16; RÖPKE, Wilhelm, Lieber Herr Salin, in: Erwin von BECKERATH, Heinrich POPITZ und Hans Georg SIEBACK (Hrsg.), Antidoron. Edgar Salin zum 70. Geburtstag. Tübingen 1962, 28–32, 31.

263 SALIN, Edgar, Laudatio für Karl Barth, in: Zeitschrift für neuere Theologiegeschichte 1 (1994), 305–312. Der Herausgeber Niklas Peter führt die Spannungen zwischen Salin und Barth auf eine „Konkurrenzsituation in religiösen Dingen“ zurück, weil Salin stark vom George-Kreis geprägt gewesen sei (ebd. 306). Barth galt als Vertreter der „eschatologischen Revolution“ in der protestantischen Theologie.

264 KÜNG (1975), Erinnerung, 95.

spricht.[265] Hinzu kamen seine temporären Sympathien für die nationalsozialistische Bewegung.[266]

Nichts desto trotz beteiligte er sich in Basel aktiv an der Wirtschaftspolitik des Kantons und war seit 1929 auch Präsident des Schlichtungsamtes, dem die Vermittlung zwischen Arbeitnehmern und Arbeitgebern in den Tarifverhandlungen oblag.[267] In dieser Tätigkeit wurde er jedoch massiv angegriffen: Ihm wurde Steuerhinterziehung unterstellt, weswegen er 1939 als Vorsitzender des Einigungsamtes und als Vize-Präsident des Arbeitsbeschaffungsrates zurücktrat.[268] Er fühlte sich so unwohl in Basel, dass er Ende der 30er Jahre konkrete Überlegungen anstellte, in die USA oder gar nach Australien auszuwandern.[269] Es gab also einige Anlaufschwierigkeiten, bis man von der Liebe und Verbundenheit zur Stadt Basel sprechen konnte, die sich in späteren Jahren einstellte.[270]

Die Zeit des Nationalsozialismus in Deutschland verbrachte Salin in Basel. War seine Haltung zum NS noch in den frühen 30er Jahren durchaus zustimmend, unterstützte er später nach eigener Aussage den Widerstand gegen Hitler.[271] Nach dem Reichstagsbrand am 27.02.1933 nahm er Karl Wolfskehl bei sich in Basel auf. Salins familiäre Umstände verschlechterten sich in den 30er Jahren: Seine erste Ehe mit Antonie Charlotte Trützschler von Falkenstein, aus der er eine Tochter Brigitta und ein Sohn Lothar hervorgegangen waren,[272] ging 1937 in die Brüche und wurde 1938 geschieden. Salin traf die Trennung schwer, die für ihn völlig unerwartet kam.[273]

---

265 FÖLLMI (2004, Februar), Salin Aspekte, 21. In einem Brief von 1928 äußerte sich J. Landmann besorgt über Salins Umgang mit den Studenten: „Dora Sch. schrieb, sie sähe nicht ohne Bedenken der weiteren Entwicklung der Dinge in Basel entgegen, wenn Alle, die nicht direkt genial sind, an Collegen Mangold gewiesen werden. Ich habe Dora Sch. darauf erwidert mir sei von einem so gearteten Ausleseprinzip nichts bekannt.“ (UB Basel, NSB C 38).

266 Vgl. 269ff.

267 FÖLLMI (2002), Salin Leben, 28; KÜNG (1975), Erinnerung, 96; SCHMITT (1987), Soziologische Aspekte, 128f.

268 Die Finanzkontrolle kam jedoch am 7.12.1928 zu dem Schluss, dass Salin keine Steuern hinterzogen hatte, vgl. die Akte FD-REG 63 57,9 in StAB.

269 Salin an Wolfskehl am 21.2. und 24.5.1939, in DLM, A: Wolfskehl/ Salin, 80.122/8 und 80.122/10.

270 Vgl. Scheps, Samuel, *Edgar Salin.* UM, UB Basel, NSB Ga4.

271 Nach Salins eigener Aussage stieg der List-Forscher und Reichswehroffizier Arthur Sommer während seiner Besuche in der Schweiz bei ihm ab und berichtete ihm vom Widerstand gegen Hitler in der deutschen Armeeführung. Im Auftrag Sommers leitete Salin im Oktober 1941 Bilder aus Gefangenenlagern und von Massengräbern an den päpstlichen Nuntius in Bern weiter, und im Jahr 1942 bat Sommer Salin, Churchill und Roosevelt über die geplanten Vernichtungslager in Osteuropa zu informieren. Über den amerikanischen Präsidenten der Bank für Internationalen Zahlungsausgleich Thomas McKittrick sei ihm dies für Roosevelt auch gelungen, berichtete Salin, allerdings ohne dass daraufhin eine Reaktion erfolgt wäre (SALIN, Edgar, Über Arthur Sommer, den Menschen und List-Forscher, in: Mitteilungen der List Gesellschaft 6, 4/5 (1967/68), 81–90, 85f).

272 Brigitte Bernard-Salin (geb. 1923), verheiratet mit Manfred Bernard; Lothar (1924–1989), Druckereibesitzer, später Psychotherapeut, Leiter des Berkeley Institute of Psychotherapy in Kalifornien, USA.

273 Für Auskünfte zur Familiengeschichte danke ich Brigitte Bernard, der Tochter Edgar Salins. Außerdem danke ich Annette Landmann für ein Gespräch am 5. April 2006 in Basel. Sie berichtete, dass sie selbst bei ihrer Eheschließung mit Georg Peter Landmann keine Kontovollmacht für die Konten ihres Mannes erhalten habe – mit dem Verweis auf Charlotte Salin, die mit viel Geld „durchgebrannt“ sei. Salin besprach sich über seine Eheprobleme, die weitere Unterbringung der Kinder etc. ausführlich im Briefwechsel mit Edith Landmann (UB Basel, NSB C 36).

Er blieb den Rest seines Lebens in Basel wohnhaft, von wo aus er eine rege Reisetätigkeit entwickelte: Auf Anregung Alfred Webers und auf Einladung der US-amerikanischen Militärregierung hin hielt er in den Jahren 1946 und 47 Vorlesungen in Heidelberg, um beim Wiederaufbau der Universität zu helfen.[274] Die erheblichen organisatorischen Schwierigkeiten, die die wöchentliche Reise von Basel nach Heidelberg verursachte, sind in unzähligen Briefen in Salins Heidelberger Personalakte festgehalten. Allein die Beschaffung eines funktionsfähigen Autos und des nötigen Benzins stellte die Universität Heidelberg vor schier unüberwindliche Probleme.[275] Er lehrte bis zum Sommersemester 1947 in Heidelberg über die Themen „Kapitalismus und Sozialismus", „Gegenwartsfragen der Agrarpolitik" und „Politische und wirtschaftliche Ideen von Plato bis zur Gegenwart" sowie „Probleme der europäischen Rekonstruktion." Bei seinen Besuchen in Heidelberg lernte er die 25 Jahre jüngere Isolde Maria Baur aus Mannheim kennen, die als Angestellte der amerikanischen Militärverwaltung arbeitete; im Jahr 1949 schloss er mit ihr seine zweite Ehe. 1952 nahm er die Einladung zu einer Gastprofessur in Berkeley an und unternahm in den Jahren 1958–1969 acht Reisen nach Israel. Nach seiner Emeritierung 1962 unterrichtete er 1963 als Gastprofessor in Princeton. Wie groß sein wissenschaftliches Netzwerk mittlerweile war, zeigt sich darin, dass er bedeutende Kollegen für Vorträge in seinem Kolloquium in Basel gewinnen konnte.[276]

Salin schrieb und publizierte Zeit seines Lebens eine große Anzahl von wissenschaftlichen Artikeln, Zeitungsartikeln und Schriften. 1947 war er mitbeteiligt an der Gründung der Zeitschrift *Kyklos*, in der in den folgenden Jahren zahlreiche Arbeiten von ihm erschienen. Die Bibliographie von Salins Werken bei Hubert-Ralph Schmitt[277], die die vollständigste sein dürfte und auch die ungedruckten Schriften und Manuskripte enthält, umfasst über 400 Titel aus den verschiedensten Themenbereichen: Salin war „Universalgelehrter".[278] Daneben sind im Nachlass, der in der Universitätsbibliothek Basel verwahrt wird, über 4000 Briefe an und von Freunden aus dem George-Kreis, Kollegen, Bekannten, Verwandten und interessanten Personen der Zeitgeschichte erhalten.[279] Salin betätigte sich auch nach 1945 weiterhin wirtschaftspolitisch: Im Jahr 1954 war er an der Neugründung der List Gesellschaft betei-

---

274 BLOMERT (1992 Juli), Salin, 156. Vgl. auch JAFFÉ VON RICHTHOFEN, Else, Lieber Edgar Salin, in: Erwin von BECKERATH, Heinrich POPITZ und Hans Georg SIEBACK (Hrsg.), Antidoron. Edgar Salin zum 70. Geburtstag. Tübingen 1962, 22–23. Allerdings hatte es in den 30er Jahren auch Spannungen zwischen Salin und A. Weber gegeben, wie schon angedeutet. Salin schrieb am 11.03.31 an Marie Gothein über den freiwerdenden Lehrstuhl von Emil Lederer in Heidelberg, für den er sich interessierte: „Ich weiss zuverlässig, dass Weber in diesem Fall meine Nominierung entweder verhindern, oder zumindest nicht fördern will. Unter diesen Umständen ist es eine Angelegenheit des Taktes, dass ich mich nicht in Heidelberg zeige und nicht den Anschein erwecke, als wollte ich durch persönliches Erscheinen irgendwie doch meine Kandidatur stellen." (UB Basel, NSB Fb 1058f).

275 Salins Personalakte, Briefe von und an die Universität und die philosophische Fakultät, 1946–47, Heidelberg PA 5578.

276 ROGGE, Peter, Edgar Salin in der Erinnerung von Freunden und Schülern, in: Gottfried BOMBACH und René L. FREY (Hrsg.), Symposion in memoriam Edgar Salin. Basel 1975, 101–106, hier 101f.

277 SCHMITT (1987), Soziologische Aspekte, 244–275.

278 R.W., Gedenkblatt für Edgar Salin, in: Neue Beiträge zur George-Forschung 17 (1992), 28–29, 28.

279 NETZBAND (1984, Januar), 10. Todestag, 205. Das Findbuch zum Nachlass mit einem genauen Verzeichnis der Adressaten und Absender: METZGER-BUDDENBERG, Ingrid, Verzeichnis des schriftlichen Nachlasses von Edgar Salin. 1892–1974. Basel 1984.

ligt, die sich 1935 im Angesicht der drohenden Gleichschaltung durch die Nationalsozialisten selbst aufgelöst hatte. In den folgenden Jahrzehnten bot sie ihm ein Forum für seine wirtschaftspolitische Betätigung und wurde maßgeblich von ihm gelenkt.[280] Zudem war er 1959 an der Gründung der Prognos AG beteiligt, einem Wirtschaftsunternehmen, das für Firmen und staatliche Stellen ökonomische Prognosen erstellte.[281] In den letzten beiden Lebensjahrzehnten erfuhr Salin zahlreiche Ehrungen: 1960 wurde er mit von der französischen Republik zum Chevalier dans l'Ordre des Palmes Académiques ernannt, 1961 verlieh ihm das Weizmann Institut in Rehovot die Fellowship, 1962 zum 70. Geburtstag erhielt er die Goethe-Plakette der Stadt Frankfurt. Zum 80. Geburtstag 1972 wurde er mit dem Verdienstkreuz der Bundesrepublik Deutschland ausgezeichnet. Ab 1971 verschlechterte sich sein Gesundheitszustand, er musste seine bis dahin fortgesetzten Lehrveranstaltungen abbrechen. Am 17. Mai1974 verstarb er, gepflegt von seiner Schwester Elise, in Montreux in der Schweiz.

Von den 82 Jahren seines Lebens stand Salin nur knapp sieben Jahre lang, zwischen seinem 21. und seinem 28. Lebensjahr, in engerem Kontakt mit Stefan George. Bei diesem Zeitraum handelte es sich jedoch um die Phase seines Lebens, in der er die Grundsteine für seine weitere wissenschaftliche Karriere legte. Auch nachdem sich der Dichter von ihm abgewandt hatte, blieb Salin ihm immer verbunden, und der geheimnisvolle Ruf, dem Kreis nahe zu stehen, blieb ihm erhalten.[282] Der Ökonom verstand es, dieses Mysterium zu bewahren: Seine Basler Studenten mussten nicht unbedingt etwas von seiner Zugehörigkeit zum George-Kreis ahnen, weil er sich ihnen gegenüber kaum dazu äußerte[283] und den Dichter in seinen ökonomischen Schriften selten namentlich erwähnte.[284] Daneben entwickelte er nach dem Krieg jedoch eine rege Publikationstätigkeit über den Kreis. So schrieb Salin, der sich in den 50er Jahren auch mit seinen Platon-Übersetzungen[285] ganz im Rahmen der georgeani-

280 Düren nennt Salin den „Vater und Führer“ der FLG, vgl. DÜREN, Albrecht, Schlusswort des Schriftführers der List Gesellschaft, in: Gottfried BOMBACH und René L. FREY (Hrsg.), Symposion in memoriam Edgar Salin. Basel 1975, 43–44, 44.

281 Der akademische Nachwuchs sollte Gelegenheit erhalten, die „erworbenen Theoriekenntnisse in der Anwendung zu erproben und sich die ersten Sporen im gewinnorientierten Beratungsmarkt zu verdienen.“ (FÖLLMI (2004, Februar), Salin Aspekte, 19). Jaacov Bach betont die Finanzierung aus der Privatwirtschaft, vgl. Bach, Jaacov, Edgar Salin, Altmeister der politischen Oekonomie zum 80. Geburtstag, Manuskript für die Veröffentlichung in der Jerusalem-Post, 01.02.72, UB Basel, NSB A 19, 7.

282 ARON, Raymond, Edgar Salin, in: Erwin von BECKERATH, Heinrich POPITZ und Hans Georg SIEBACK (Hrsg.), Antidoron. Edgar Salin zum 70. Geburtstag. Tübingen 1962, 56–67, 57.

283 Ich danke Pierre L. Van Haegen (Assistent bei Salin 1954–56; Gespräch in Basel am 15.03.07) und Anton Föllmi (Student bei Salin 1957–61; Gespräch in Basel am 13.03.07) für ihre Berichte über ihren Lehrer Salin.

284 Eines der wenigen Zitate in SALIN, Edgar, Friedrich List und der europäische Zollverein, in: Mitteilungen der List Gesellschaft 2, 8 (1959), 157–171, 170: „ ‚Es *ist* spät geworden.‘“ (Hervorhebung von Salin). Salin nannte seine Quelle nicht. Bei George heißt es im *Jahr der Seele*: „Es ist worden spät“. (GEORGE, Stefan: Das Jahr der Seele (Sämtliche Werke in 18 Bänden. Bd. 4), Stuttgart 1982, 114). Die Verfremdung eröffnete für den George-Leser einen zusätzlichen Bedeutungsraum.

285 PLATO, Von Mensch und Staat, ausgewählt und übertragen von Edgar SALIN. Basel 1942; PLATO, Apologie. Beigefügtes Werk: Kriton, hrsg. von Edgar SALIN. Basel 1945; PLATO, Theaitet, hrsg. von Edgar SALIN. Basel 1946; PLATO, Euthyphron, Laches, Charmides, Lysis, hrsg. von Edgar SALIN. Basel 1950; PLATO, Gastmahl. Beigefügtes Werk: Phaidros, hrsg. von Edgar SALIN. Basel 1952; PLATO, Phaidros, deutsch von Edgar SALIN mit Erläuterungen von Jean BOLLACK. Frankfurt a. M. 1963.

schen Interessen bewegte, 1945 und 1947 über die Brüder von Stauffenberg und ihre Bedeutung für den deutschen Widerstand,[286] 1948 über Friedrich Gundolf,[287] 1949 über Robert Boehringer,[288] 1954 über Claude Davids George-Buch,[289] 1964 über Ernst Kantorowicz.[290] Er veröffentlichte Übersetzungen von Albert Verweys Gedichten[291] und zahlreiche Zeitungsartikel über Stefan George und den Kreis,[292] ja er hielt sogar Vorträge im Radio, um die Erinnerung an den Dichter lebendig zu halten.[293] 1948 erschien zudem auch sein eigenes Erinnerungsbuch *Um George*, in dem er in pathetischem Stil die weit reichende Beeinflussung seiner geistigen Entwicklung durch den „Meister" beschrieb, ein „leidenschaftliche[s] Bekenntnisbuch".[294] Salin schloss es mit einem George-Zitat ab: „Du bist mein wunsch und mein gedanke/ ich atme dich mit jeder luft/ ich schlürfe dich mit jedem tranke/ ich küsse dich mit jedem duft."[295] An anderer Stelle stellte er fest, dass ihm George „für immer Vorbild und Richte des Lebens" gegeben habe.[296] Die George-Bibliothek in seiner Wohnung in Basel umfasste 395 Bände.[297] Salin schrieb auch selbst Gedichte, die seine starke Identifikation mit dem George-Kreis noch in den 60er Jahren zeigen.[298] Seine Publikationstätigkeit über den Kreis war durchaus keine Randerscheinung, kein „dekoratives Bildungserlebnis" seiner wissenschaftlichen Tätigkeit, sondern wichtiges Element seiner Werbung für die Anschauliche Theorie.[299] Trotz seiner bitteren Erfahrung mit dem Ausschluss aus dem Kreis bejahte Salin rückblickend dessen hierarchische Struktur mit George im Zentrum vollkommen, ganz im Sinne von Gundolfs Gestalttheorie: „Denn wie um eine Eiche sich Jahresringe bilden und schließen, so ist es auch um den Dichter gewesen."[300] Er unterstrich die Wichtig-

---

286 SALIN, Edgar, Die deutschen Katakomben, in: Schweizer Annalen 2 (1945), 80–92; SALIN, Edgar, Die Tragödie der deutschen Gegenrevolution, in: Schweizer Annalen 3 (1947), 719–729.
287 SALIN (1948, 11. Dezember), Letzte Begegnungen Gundolf.
288 SALIN, Edgar, Der Dichter Robert Boehringer, in: Deutsche Rundschau (1949, 7. Juli).
289 SALIN, Edgar, Die Dichtung Stefan Georges, in: Etudes Germaniques 9, 1 (1954), 49–55.
290 SALIN, Edgar, Ernst H. Kantorowicz, 1895–1963, in: Historische Zeitschrift 199, 3 (1964), 551–557.
291 VERWEY, Albert, Ausgewählte Gedichte. Hrsg. von Edgar Salin. Düsseldorf 1954.
292 SALIN, Edgar, „Im Dienste des Meisters". Zum 80. Geburtstag von Robert Boehringer, in: Frankfurter Allgemeine Zeitung (1964, 30. Juli); SALIN, Edgar, Stefan Georges Wiederkehr. Zu seinem 25. Todestag am 4.12.1958, in: Die Zeit (1958, 5. Dezember); SALIN, Edgar, Die Heidelberger Zeit des Georgekreises, in: Rhein-Neckar-Zeitung (1967, 2./3. Dezember).
293 SALIN, Edgar, Das dichterische Werk Stefan Georges. Vortrag im Südwestfunk am 29.12.1968, in: Neue Beiträge zur George-Forschung 4 (1979), 29–37; SALIN (1979), Wissenschaftlicher Kreis um George.
294 Föllmi, Anton, *Zum hundersten Geburtstag von Edgar Salin*, 1992, UM.
295 SALIN (1954), Um George, 296.
296 SALIN, Edgar, Lynkeus: Gestalten u. Probleme aus Wirtschaft u. Politik. Tübingen 1963, VIII.
297 Das Verzeichnis im Nachlass, UB Basel, NSB C13.
298 Z.B. das Gedicht *Platon und die Jünger* aus der 2. Hälfte der 40er Jahre, UB Basel, NSB B 320. Ein anderes Beispiel, das die starke Identifikation Salins mit dem George-Kreis auch in den 60er Jahren zeigt: „‚Erkenne dich' stand an des Delphiers tempel./ Die Vielen kamen· lasen· staunten· gingen./ Nur einer blieb erstarrt· rafft sich· und eilte/ Den steilen weg hinauf zur hohen priesterin./ ‚Du hehr des Gottes mund· der menschen richte·/ Du weißt und kündest stadt und welt das schicksal·/ Hilf mir · wer bin ich· wie kann ich mich finden?'/ Sie sah ihn prüfend an· das tränenfeuchte auge·/ Den schön-und-edlen wuchs· die bittende gebärde·/ Und lächelt: ‚tor· der sich in sich verschliesst./ Schau nach der sonne· suche dir gefährten·/ Ergib dich ganz und folg dem Sokrates.'" (UB Basel, NSB B 331).
299 NETZBAND (1984, Januar), 10. Todestag, 207.
300 SALIN (1979), Wissenschaftlicher Kreis um George, 39.

keit der Rangunterschiede im Kreis und den „starken Einfluß nicht nur an den deutschen Universitäten, sondern auf das gesamte geistige Leben der Deutschen“, den der Kreis durch *Jahrbücher* und „Geist-Bücher“ ausgeübt habe.[301] Salin verlor nie die geistige Nähe zum Kreis und er war sich ihrer auch stets bewusst und stolz auf sie.[302] George blieb für ihn der „größte[n] Dichter des neuen Jahrhunderts“.[303]

3.3 Julius Landmann

Sowohl Salz als auch Salin kamen zu Beginn ihres Studiums in das Umfeld Georges, sodass man einen prägenden Eindruck des Dichters auf ihre Persönlichkeit annehmen kann. Ganz anders lagen die Dinge bei den zwei anderen Ökonomen im Umfeld des Kreises, Landmann und Singer, die beide schon die 30 überschritten hatten, als sie den Weg zum Dichter fanden. War diese Begegnung dennoch prägend für ihr Leben?[304]

Julius Landmann wurde am 6. August 1877 in Lemberg in Galizien (heute Lwów in der Ukraine)[305] geboren, wohin die Familie aus Tarnopol gezogen war.[306] Der Großvater war Getreidekaufmann, eine Großmutter betrieb in Lemberg ein Stoffgeschäft. Der Vater Emil Landmann, verheiratet mit Bertha Kurzer, leitete eine österreichische Grossbank. Julius Landmanns Eltern sprachen Jiddisch miteinander, mit den beiden Söhnen jedoch Polnisch. Erst mit 15 Jahren begann Julius, Deutsch zu lernen, und behielt lebenslang einen leichten Akzent.[307] Die jüdische Religion der Eltern spielte in der Familie keine prägende Rolle im Alltag.[308] Landmann besuchte das Gymnasium in Lemberg. Als er 17 Jahre alt war, starb sein Vater, was ihn zum Abbruch der Schule zwang. Er musste in der Folge selbst für seinen Lebensunterhalt aufkommen, arbeitete zunächst ein halbes Jahr in einer Bank, dann als Schauspieler, später auch als Schlosser und Stenograph.[309] Zudem war er Mitarbeiter der

---

301 Ebd., 40f.

302 In diesem Sinne auch der Eindruck seines Assistenten Bertram Schefold (SCHEFOLD (2004, Dezember), Concept, 13f).

303 SALIN, Edgar, Berufung und Beruf. Rektoratsrede an der Jahresfeier der Universität Basel am 24. November 1961 (Basler Universitätsreden. Bd. 46). Basel 1961, 37.

304 Vgl. auch SCHEFOLD, Bertram und SCHÖNHÄRL, Korinna, Julius Landmann, in: Achim AURNHAMMER u.a. (Hrsg.), Stefan George und sein Kreis. Ein Handbuch zu Leben und Werk Stefan Georges, zu den Mitgliedern seines Kreises und zu dessen Wirkung. Voraussicht. 2010 (im Druck).

305 Zu den Lebensbedingungen der jüdischen Bevölkerung Galiziens vor dem Ersten Weltkrieg vgl. die Lebenserinnerungen von Salcia Landmann, geb. Passweg (1911–2002), der Frau von Julius Landmanns Sohn Michael, LANDMANN, Salcia, Erinnerungen an Galizien. 2. Aufl. München 1983.

306 Aus Mangel an weiteren Quellen muss sich die Rekonstruktion von Julius Landmanns Kindheit und Jugend ausschließlich stützen auf LANDMANN, Michael, Erinnerungen an Stefan George. Seine Freundschaft mit Julius und Edith Landmann, in: Castrum Peregrini 141–142, 2. Aufl. (1980).

307 SALIN, Edgar, Julius Landmann. Rede gehalten bei der Gedenkfeier der Philosophischen Fakultät der Universität Basel am 14.12.1931. Tübingen 1933, 17.

308 Vgl. Exkurs *Der George-Kreis und das Judentum*, zu Landmann 114ff.

309 Sein jüngerer Bruder wurde später Schauspieler und beteiligte sich am polnischen Nationaltheater. Er verstarb jedoch schon 1917. Auch Julius Landmann scheint mit dem polnischen Nationalismus sympathisiert zu haben, wie viele Intellektuelle der Zeit: Sein Sohn Michael berichtet die Anekdote, er habe in der Schule

Sozialistischen Partei[310] und schrieb für ein „Idealistenblatt“, das von einem russischen Grafen Sapieha finanziert wurde, der sich angeblich einige Zeit mit dem Gedanken trug, Landmann zu adoptieren.[311] Landmann sympathisierte in dieser Zeit mit dem Sozialismus und Anarchismus.[312] Im Jahr 1895 ging er nach Wien, wo er für eine Lemberger Zeitung Nachrichten der *Neuen Freien Presse* ins Polnische übersetzte und nach Lemberg schickte, obwohl er sein Deutsch erst noch perfektionieren musste.[313] Im Jahr darauf nahm er ein Studium in Bern auf, wo man nach bestandener Aufnahmeprüfung auch ohne Abiturzeugnis studieren konnte. Als Hauptfach wählte er Nationalökonomie, daneben studierte er Philosophie sowie Staats- und Verwaltungsrecht und Germanistik, wobei er sich aufs 16. und 17. Jahrhundert spezialisierte.[314] In Bern als Student akzeptiert, konnte Landmann nun auch in Deutschland studieren, wo er die Vertreter der historischen Schule kennen lernen wollte.[315] Seine Studien führten ihn nach Zürich, wo er bei Heinrich Herkner hörte, nach Würzburg, wo Georg von Schanz einen Lehrstuhl inne hatte,[316] nach Berlin, wo Gustav Schmoller und Adolph Wagner unterrichteten, nach Basel, nach Göttingen – hier sind unter anderem Wilhelm Lexis, Gustav Cohn und Richard Ehrenberg als Lehrer zu nennen – sowie nach Kiel.[317] Während seiner Zeit in Kiel – Landmann war 21 Jahre alt – starb die Mutter, die ihn bis dahin finanziell unterstützt hatte. Er verdiente sich sein Geld in der Folge durch die Arbeit als Redakteur im Handelsteil einer Berliner Tageszeitung und durch Übersetzungen, aber auch seine erste wissenschaftliche Publikation fällt noch in die Zeit vor der Promotion.[318] Im Jahr 1900 wurde er in Bern bei August Oncken zum Dr. phil. promoviert mit einer Arbeit

Mickiewiczs *Pan Tadeusz* auswendig gelernt und oft daraus vorgetragen vgl. LANDMANN (1980), Erinnerungen George, 73f.

310 Der „Sozialismus der Gebildeten“ war um 1900 ein weit verbreitetes Phänomen, vgl. VOM BRUCH, Rüdiger, Bürgerliche Sozialreform im deutschen Kaiserreich, in: Ders. (Hrsg.), „Weder Kommunismus noch Kapitalismus“: Bürgerliche Sozialreform in Deutschland vom Vormärz bis zur Ära Adenauer. München 1985, 61–179, 112f.

311 LANDMANN (1980), Erinnerungen George, 74. Wohl ein Angehöriger des polnisch-litauischen Hochadelsgeschlechts der Sapieha, dem unter anderem der Erzbischof von Krakau Adam Stefan Kardinal Sapieha (1867–1951) entstammte.

312 Salin interpretierte dies als „ehrliches Bekenntnis zur Unbedingtheit“ in Anbetracht der „Hohlheit der Donaumonarchie“ (SALIN (1933), Landmann, 17).

313 LANDMANN (1980), Erinnerungen George, 74f.

314 N.N., Landmann, Julius, in: Vereinigung der Sozial- und Wirtschaftswissenschaftlichen Hochschullehrer (Hrsg.), Werdegang und Schriften der Mitglieder. Vereinigung der Sozial- und Wirtschaftswissenschaftlichen Hochschullehrer. Bd. 1. Köln 1929, 134–136, 134.

315 BAUDRAZ (1997), Landmann, 10. Baudraz bespricht ausführlich die einzelnen Lehrer Landmanns an seinen verschiedenen Studienorten.

316 Georg von Schanz rezensierte später Landmanns Arbeit lobend, ausdrücklich als die seines Schülers, vgl. SCHANZ, Georg, [Rezension zu] Landmann, Julius, Leu & Co 1755–1905, in: Finanzarchiv 22, 2 (1905), 398–400.

317 Die Reihenfolge der Studienorte und die genau Zeit des Aufenthalts sind nicht rekonstruierbar. Allerdings kann Landmann, der das erste und letzte Semester seines insgesamt achtsemestrigen Studiums in Bern verbrachte, nur an einem der Orte länger als ein Semester studiert haben.

318 LANDMANN, Julius, Zur Abänderung des deutschen Bankgesetzes: Eine kritische Studie auf dem Gebiete der Bankpolitik. Leipzig 1899. Die Publikation wurde bereits rezensiert, vgl. HELFFERICH, Karl, [Rezension zu] Landmann, Zur Abänderung des deutschen Bankgesetzes, in: Jahrbücher für Nationalökonomie und Statistik 3/F. 19, 2 (1900), 288–291.

über *Das System der Diskontpolitik*[319], die Lexis in Göttingen angeregt hatte.[320] Nach Abschluss des Studiums wurde Landmann auf Empfehlung Trautgott Geerings Mitarbeiter von Stephan Bauer, dem Leiter des staatswissenschaftlichen Seminars in Basel, bei der Bearbeitung des wissenschaftlichen Nachlasses von Ernst Engel[321] und Assistent am Volkszählungsbüro des Kantons Basel-Stadt.[322] Seine weiteren Publikationen befassten sich zunächst insbesondere mit wirtschaftshistorischen Themen, die Landmann im Stil der Historischen Schule bearbeitete.[323] Im Mai 1901 bekam er eine Stelle beim Internationalen Arbeitsamt in Basel, die er bis Ende 1906 bekleidete.[324] Hier war er für die Herausgabe des *Bulletin* des Amtes zuständig und hatte die Aufgabe, die Arbeitergesetzgebung der Schweiz systematisch zu sammeln und zu edieren.[325] Auch für Robert Boehringer, den er im Abstinenzlerclub in Basel[326] kennen gelernt hatte, konnte er dort eine Stelle erwirken.[327] Die Frage des Arbeiterschutzes, mit der Landmann während dieser Tätigkeit konfrontiert wurde, beschäftigte ihn bis zum Ende seines Lebens. Im Sozialistischen Club in Zürich lernte Landmann zudem seine spätere Frau Edith Kalischer kennen.[328] Auch sie sympathisierte in ihrer Jugend mit dem Sozialismus.[329] Die Familie Kalischer war zunächst skeptisch, akzeptierte Landmann aber dann als Schwiegersohn, sodass die Ehe im Dezember 1903 geschlossen werden konnte. 1905, im Jahr der Einbürgerung Landmanns in der Schweiz, wurde der Sohn Georg Peter[330] geboren, 1906 die Tochter Eva. 1913 folgte ein weiterer Sohn Michael.[331]

Landmanns wissenschaftliches Interesse galt in diesen Jahren insbesondere der Einrichtung einer Schweizerischen Zentralbank. Aufgrund seiner intensiven Beschäftigung mit

---

319 Gedruckt als LANDMANN, Julius, Die Principien der Diskontpolitik. Bern 1900.

320 GEERING, Traugott, Zum Abschied von der Schweiz, in: Zeitschrift für schweizerische Statistik und Volkswirtschaft 63, 5 (1927), 551–561, 551.

321 Christian Lorenz Ernst Engel (1821–1896) war ein deutscher Statistiker und Sozialökonom

322 N.N. (1929), Landmann, Julius, 134.

323 LANDMANN, Julius, Die auswärtigen Kapitalanlagen aus dem Berner Staatsschatz im 18. Jahrhundert. Zürich 1903; LANDMANN, Julius, Leu und Co. 1755–1905: Ein Beitrag zur Geschichte der öffentlichen und privaten Kreditorganisation. Zürich 1905.

324 BAUER, Stephan, L'office international du travail: Son organisation et son but: Discours, prononcé le 25 juin 1901 au sein de la section locale bernoise de l'Association suisse pour l'avancement de la protection internationale des ouvriers. Zürich 1901, 7–9.

325 LANDMANN, Julius, Die Arbeiterschutzgesetzgebung der Schweiz. Basel 1904.

326 Aus Landmanns abstinenzlerischer Haltung ist seine Schrift LANDMANN, Julius und BLOCHER, Hermann, Die Belastung des Arbeitsbudgets durch den Alkoholgenuß. Eine sozialstatistische Studie auf dem Gebiete der Alkoholfrage. Basel 1903, zu erklären. Allerdings berichteten Gäste später, im Hause Landmann werde ein ausgezeichneter Wein serviert, eine Tatsache, die auch George zu schätzen wusste (Bernhard Harms an Christian Eckert am 19.11.1925, in UA Köln Zug 317–11, Nr. 1129).

327 LANDMANN (1980), Erinnerungen George, 77.

328 Ebd., 75f.

329 LANDMANN (1963), Gespräche George, 13.

330 SCHEFOLD, Bertram und Schönhärl, Korinna, Georg Peter Landmann in: Achim AURNHAMMER u.a. (Hrsg.), Stefan George und sein Kreis. Ein Handbuch zu Leben und Werk Stefan Georges, zu den Mitgliedern seines Kreises und zu dessen Wirkung. Voraussicht. 2010 (im Druck).

331 Michael Landmann (16.12.1913 Basel – 25.1.1984 Haifa) wurde wie seine Mutter Philosoph und wanderte später nach Israel aus.

dieser Thematik in zahlreichen Schriften[332] war Landmann geradezu prädestiniert für eine Tätigkeit in der neu zu schaffenden Institution, die er dank der Fürsprache von Wilhelm Edmund Milliet[333] dann auch tatsächlich antreten konnte.[334] Seit Oktober 1906 war er nebenamtlich, ab Januar 1907 hauptamtlich an der Organisation der Schweizerischen Nationalbank beteiligt, die im Juni 1907 eröffnet wurde.[335] Die Familie zog um nach Bern. Vom April 1907 bis zum März 1910 fungierte Landmann gleichzeitig als Sekretär des Bankrates und des Bankausschusses sowie als Vorsteher des Statistischen Büros und Prokurist des Direktoriums der Schweizerischen Nationalbank.[336] In diesen Jahren knüpfte er ein engmaschiges Netzwerk in den Kreisen der Wissenschaft, der Wirtschaft und der Politik.[337]

Trotz seiner praktischen Tätigkeit ließ er aber auch seine wissenschaftlichen Ambitionen nicht aus dem Auge, obwohl Pläne zu einer Habilitation bei August Oncken in Bern scheiterten.[338] Im Jahr 1910 konnte er dennoch zwischen zwei Stellenangeboten wählen: Zum einen wurde ihm eine leitende, gut dotierte Stelle in einer deutschen Bank in Karlsruhe angeboten, zum anderen, wiederum auf Vorschlag Geerings, die Berufung an den neu gegründeten Lehrstuhl für „Nationalökonomie mit besonderer Berücksichtigung des Handels" an der Universität Basel. Die „Stiftung Bank in Basel" hatte den Anstoß zur Schaffung der neuen Professur gegeben, indem sie jährlich einen Zuschuss von 3000 Fr. zu ihrer Besoldung zur Verfügung stellte.[339] Entgegen der Beteuerung von Fritz Mangold, der Lehrstuhlinhaber stehe nicht im Dienste einer Bank, hatte die Stiftung explizit um ein Mitwirkungsrecht bei der Ernennung gebeten und Landmann vorgeschlagen.[340] Er verfügte über exzellente Beziehungen zur Bankenwelt, was ihm an der Universität nicht nur Freunde machte. Abgesehen von den Anfeindungen, die er ertragen musste, weil er der Fakultät und der Universi-

---

332 LANDMANN, Julius, Die Notenbankfrage in der Schweiz. Geschichte und gegenwärtiger Stand, in: Zeitschrift für Volkswirtschaft, Sozialpolitik und Verwaltung 12 (1903), 1–70; LANDMANN, Julius, Das schweizerische Bankgesetz: Untersuchungen zur Geschichte und Kritik der schweizerischen Notenbankgesetzgebung, insbesondere des Bundesgesetzes vom 6. Okt. 1905 über die schweizerische Nationalbank. Zürich 1905; LANDMANN, Julius, Die Schweizerische Nationalbank, in: Zeitschrift für Volkswirtschaft, Sozialpolitik und Verwaltung 15 (1906), 187–201; LANDMANN, Julius, Die währungspolitischen Aufgaben der Schweizerischen Nationalbank und deren Förderung durch den Bund. Bern 1907.

333 Edmund Wilhelm Milliet (geb. 1857), seit 1885 Direktor des eidgenössichen statistischen Bureaus und von 1897–1906 Berner Großrat, war seit 1909 Honorarprofessor für Volkswirtschaftslehre in Bern.

334 MANGOLD, Fritz, Prof. Dr. Julius Landmann, in: Zeitschrift für schweizerische Statistik und Volkswirtschaft 75 (1939), 446–468, 447.

335 In dieser anstrengenden Übergangszeit musste Landmann zwischen Basel und Bern pendeln, wie er Rudolf Borchardt klagte (DLA, Briefe vom 17.10.1906–17.03.1907).

336 N.N. (1929), Landmann, Julius, 134.

337 BAUDRAZ (1997), Landmann, 31.

338 LANDMANN (1980), Erinnerungen George, 77.

339 Die Stiftung ging 1910 in die Schweizerische Nationalbank über und legte dabei ein Kapital von 100 000 Franken zurück, dessen Zinsen sie als Beitrag zur Besoldung der neuen Professur zur Verfügung stellte. THOMMEN, Rudolf, Die Universität Basel in den Jahren 1884–1913. Basel 1914, 25. Die Höhe des Zuschusses variierte im Laufe der Jahre, vgl. StAB, Erziehungsakten CC 21 1855–1927.

340 Vorsteher des Erziehungsdepartements an Regierungsrat am 2.11.1909, in StAB, Erziehungsakten CC 21 1855–1927. Vgl. auch MANGOLD (1939), Landmann, 452; JAUN, Rudolf, Management und Arbeiterschaft: Verwissenschaftlichung, Amerikanisierung und Rationalisierung der Arbeitsverhältnisse in der Schweiz, 1873–1959. Zürich 1986, 42f.

tät von den ministerialen Behörden aufgezwungen worden war,[341] hatte Landmann auch gegen antisemitische und fremdenfeindliche Vorurteile zu kämpfen, und zudem wurde er wegen seiner fehlenden Habilitation angegriffen.[342]

An der Universität nahm Landmann engagiert seine Tätigkeit auf. So war er im Jahr 1910 an der Gründung des Wirtschaftsarchivs der Universität Basel beteiligt,[343] organisierte ein Studium der Versicherungswissenschaft, widmete sich der Organisation der Ausbildung von Handelslehrern und Bücherrevisoren und war 1914 Dekan der philosophisch-historischen Abteilung, 1915 sogar Gesamtdekan der philosophischen Fakultät.[344] Von 1914 bis 25 war er zudem Redaktor der *Zeitschrift für schweizerische Statistik und Volkswirtschaft* und seit 1912 Mitherausgeber der *Beiträge zur schweizerischen Wirtschaftskunde*, einer Reihe, in der insbesondere Arbeiten seiner Doktoranden publiziert wurden; daneben gab er seit 1913 die Monographien zur Darstellung der schweizerischen Kriegswirtschaft heraus.[345] Um Landmann, der durch seine rhetorische und pädagogische Begabung bestach, bildete sich ein großer Schülerkreis: Bis 1927 promovierten bei ihm 25 Studenten zum Dr. phil. und 11 zum Dr. rer. pol., ein Abschluss, der auf seine Initiative hin eingerichtet wurde und für den er das Studienprogramm entwarf. Die Absolventen erreichten teilweise einflussreiche Stellungen in der schweizerischen Wirtschaft, was Landmanns Netzwerk weiter verstärkte.[346]

Daneben blieb er aktiv in der Beratung der politischen Entscheidungsträger. Sein vierter fachlicher Schwerpunkt neben den historischen Arbeiten, dem Arbeitsrecht und dem Bankwesen war die Steuergesetzgebung. Nachdem er zuerst auf Kantonalebene als Berater tätig gewesen war, übte er diese Tätigkeit später auch auf Bundesebene aus. Als ständiger Experte des eidgenössischen Wirtschaftsdepartements von 1914 bis 23 und des Finanzdepartement 1916 bis 20 erstellte er über 25 Gutachten für die Berner Bundesbehörden, teilweise in sagenhaft schnellem Tempo.[347] 1919 bis 23 beriet er zudem den Prinzen Karl von Liechtenstein und entwickelte Gesetzentwürfe zur Einführung der Frankenwährung in Liechtenstein, zu einem Steuergesetz und zur Gewerbegesetzgebung des Landes,[348] sowie ein *Gesetz über*

---

341 SALIN (1933), Landmann, 19. In einem Brief vom 10.5.1910 an Borchardt klagte Landmann, „das etwas gewaltsame und schroffe Eindringen in den geschlossenen Kreis der Universität“ habe Folgen gezeitigt, unter denen seine Stimmung leide (DLA).

342 Die antisemitischen Angriffe gegen Landmann im *Samstag*, insbesondere in den Jahren 1910–1913, untersucht BAUDRAZ (1997), Landmann, 32ff.

343 MANGOLD, Fritz, Die Statistisch-Volkswirtschaftliche Gesellschaft zu Basel 1870–1930: Im Rahmen der wirtschaftlichen Entwicklung Basels und seiner Einrichtungen für das wirtschaftswissenschaftliche Studium. Basel 1931, 126f.

344 MANGOLD (1939), Landmann, 448.

345 Mangold gibt als Zeitraum der Herausgeberschaft 1913–1926 an, vgl. MANGOLD (1939), Landmann, 446.

346 Sehr ausführlich korrespondierte Landmann z.B. mit Salome Schneider, die ihn mit „mein Meister“ anredete, in SWA, HS 426 B1-16.

347 So erhielt er am 24.5.16 den Auftrag für ein Gutachten über die Stempelsteuer, das er bereits am 10.7. fertig abgab, vgl. LANDMANN, Julius, Gutachten zur Frage der bundesgesetzlichen Einführung von Stempelabgaben. Bern 1916, 1.

348 LANDMANN (1980), Erinnerungen George, 80. Vgl. auch KLEINE-HARTLAGE, Michael, Der Währungsvertrag Schweiz-Liechtenstein. Mit einem währungsgeschichtlichen Rückblick und unter besonderer Be-

die Spar- und Leihkasse für das Fürstentum Liechtenstein.[349] Seine Vorschläge wurden in weiten Teilen übernommen[350] und ihm lag viel an der gesetzgeberischen Tätigkeit. Diese politischen Aktivitäten waren es schließlich jedoch, die Landmann stärkste Anfeindungen einbrachten. So arbeitete er als Mitglied der eidgenössischen Stempelkommission 1918 bis 21 die Gesetzgebung zur Stempelsteuer aus, die sehr unpopulär war und auch als „Lex Landmann" bezeichnet wurde.[351] Die Auseinandersetzungen in dieser Frage kosteten Landmann seine guten Beziehungen zum Bankmilieu und führten letztendlich dazu, dass er sich nach 1921 immer mehr aus seiner politischen Tätigkeit in der Schweiz zurückzog und ein Amt nach dem anderen abgab.[352]

Schon während des Krieges hatte Landmann sich nach einem Ruf nach Deutschland umgesehen, bisher erfolglos. 1916 hatte er auf Empfehlung Walther Rathenaus[353] auf der Berufungsliste der Berliner Handelshochschule gestanden, war aber nicht berufen worden, ebenso wie in Kiel.[354] Seit 1921 wurde der Wunsch stärker, die Schweiz zu verlassen, und Landmann bemühte sich um eine entsprechende Berufung nach Deutschland. Aber so oft er auch nominiert wurde, entweder kam die Berufung nicht zustande, oder Landmann akzeptierte sie nicht.[355] Der Erfolg kam erst 1927, und zwar auf Betreiben von Bernhard Harms. Landmann erhielt einen Ruf als ordentlicher Professor für „Wirtschaftliche Staatswissenschaften" ans „Institut für Seeverkehr und Weltwirtschaft" in Kiel.[356] Hier lebte er sich allerdings nicht gut ein, die ruhigen Arbeitsbedingungen von Basel fehlten ihm.[357] Hinzu kamen gesundheitliche Probleme: Er litt an einer unheilbaren Herzkrankheit,[358] die ihn schon 1925 gezwungen hatte, seine Stunden an der Universität zu reduzieren.[359] 1930 hatte er einen Nervenzusammenbruch, und nach einer Reise nach Spanien, wo er einer Versammlung des Internationalen Statistischen Instituts beigewohnte hatte, beging er am 8.11.1931 Selbstmord. Neben seinen

rücksichtigung seiner Bedeutung für die Geschäftspolitik der liechtensteinischen Banken. Bamberg 1988, 29ff.

349 Dieses wurde am 12.01.23 verabschiedet, vgl. KLEINE-HARTLAGE (1988), Schweiz-Liechtenstein, 35.

350 Dies gilt insbesondere für seine Steuergesetzgebung, wie der Vergleich von LANDMANN, Julius, Steuergesetz von 1922: Entwurf zur Vorlage an die Finanzkommission des Landtages. Liechtensteinisches Landes-Gesetzblatt. Vaduz 1922, sowie LANDMANN, Julius, Steuergesetz. Liechtensteinisches Landes-Gesetzblatt. Vaduz 26. Januar 1923 zeigt. Für die endgültige Fassung des Gesetzestextes wurden nur geringfügige Modifikationen vorgenommen. Kantorowicz berichtete, dass man Landmann den „letzten Kameralisten" genannt habe (KANTOROWICZ, Hermann, Trauerrede auf Julius Landmann. Kiel 1932, 5).

351 KANTOROWICZ (1932), Landmann, 5.

352 SALIN (1933), Landmann, 23. Ausführlich dazu 357ff.

353 Rathenau an Paul Eltzbacher am 15.7.1916 in RATHENAU, Walter, Briefe. Bd. 2: 1914–1922, hrsg. von Alexander JASER, Clemens PICHT und Ernst SCHULIN. Düsseldorf 2006, 1546f.

354 BAUDRAZ (1997), Landmann, 73.

355 Er war nominiert in Frankfurt, Heidelberg, Köln, zwei Mal in Leipzig und drei Mal in Kiel, vgl. BAUDRAZ (1997), Landmann, 73, Fn 229. In Köln stand er 1926 primo loco, lehnte die Berufung aber ab (Landmann an Hauser am 27.3.1916 in StAB, Erziehungsakten CC 21 1855–1927). George hatte Landmann von einem Wechsel in die katholische Stadt abgeraten: „Mit der Pfafferei, das ist nichts für Euch. Darauf versteht Ihr Euch nicht." (LANDMANN (1963), Gespräche George, 171).

356 Seit 1923 lehrte auch Wolters als Ordinarius für mittlere und neuere Geschichte dort – ein Einwirken auf die Berufung ist anzunehmen, vgl. GROPPE (2001), Macht der Bildung, 530.

357 Landmann an Rappard am 8.1.1927, in BAR J 1.149 19777/135.

358 GROPPE (2001), Macht der Bildung, 531.

359 BAUDRAZ (1997), Landmann, 73.

gesundheitlichen Problemen trugen andere Faktoren zu diesem Entschluss bei. Landmann litt schon in früheren Jahren unter Depressionen. Schon vor der Bekanntschaft mit George kam es vor, dass er seiner Frau in Ehestreitigkeiten drohte, ihr das Leben zu nehmen.[360] Edith Landmann war zudem seit 1913 ebenso heftig wie hoffnungslos in Stefan George verliebt, was auch bei ihr depressive Phasen zur Folge hatte[361] – für die Ehe war dies mit Sicherheit eine schwere Belastung. Im Jahr 1925 verstarb die Tochter Eva an Knochen-Tuberkulose, was für den Vater ein schwerer Schlag war.[362] Seine lebenslustige und gastfreundliche Ader lebte er danach kaum noch aus. Außerdem kamen kurz zuvor eine Reihe von guten Freunden ums Leben, was seine Depression verschlimmerte: 1930 Friedrich Gundolf, im Juli 1931 Edmund Milliet und im gleichen Jahr Friedrich Wolters.[363] Möglich ist auch, dass Julius Landmann, der viel an der Börse spekulierte, in der Wirtschaftskrise seit 1929 große finanzielle Verluste hinnehmen musste.[364] Andere Gründe mögen hinzugekommen sein: So berichtete Michael Landmann: „Ein Freund meines Vaters erzählte mir, dieser habe ihm gesagt: Wenn in Deutschland der Antisemitismus offiziell wird, schiesse ich mir eine Kugel durch den Kopf.“[365] Aber Michael selbst hielt das Erstarken des Nationalsozialismus nicht für den eigentlichen Grund des Selbstmordes. Vielmehr sei Julius Landmann mit seiner beruflichen Tätigkeit in Deutschland nicht zufrieden gewesen. Er litt trotz seines Engagement im Verein für Sozialpolitik und in der Friedrich List-Gesellschaft, das Salin als außerordentlich wichtig beschrieb,[366] darunter, dass er als Ratgeber von der Politik in Deutschland nicht herangezogen wurde. Hier fand er zwar durchaus Anerkennung – so schlug ihn die Berliner Fakultät für die Nachfolge Herkners vor[367] –, aber aus Kreisen der Politik und als Gutachter wurde er nicht angefragt. Er spielte deshalb wohl auch mit dem Gedanken, sich in den schleswig-holsteinischen Landtag wählen zu lassen, ein Plan, den er jedoch nicht in die Tat umsetzte.[368] Es ist vorstellbar, dass George von einem solchen aktiven politischen Engagement abriet. Selbst der Ehrendoktor der Universität Basel, der Landmann 1929 verliehen wurde,[369] konnte ihn über die mangelnde Präsenz in der Politik anscheinend nicht hinweg trösten, obgleich er dies zum Anlass nahm, die Basler Landmann-Stiftung mit einem Kapital von 10 000 Franken zu gründen, die besonderes gelungene Über-

---

360 Edith Landmann, Tagebücher, Eintrag vom Sommer 1912, StGA Landmann I, 101, Bd. 1.

361 Edith Landmann, Tagebücher, StGA Landmann I, 101, Bd. 1–8.

362 Vgl. BAUDRAZ (1997), Landmann, 72.

363 Ebd., 86. Julius Landmann war, ebenso wie das Ehepaar Kantorowicz, Erich und Robert Boehringer, Edgar Salin, Berthold Vallentin, Kurt Singer und zahlreich andere, an der Gründung der Wolters-Stiftung im Jahr 1931 beteiligt, vgl. Rundschreiben der Landmanns, hier an Edgar Salin, DLA A: Wolfskehl, 80.155A.

364 Seine Witwe Edith befand sich Anfang der 40er Jahre in finanziellen Schwierigkeiten, sodass 1941 bei der Landmann-Stiftung um Unterstützung für sie angefragt wurde (StAB, ED-REG1 192–11). Der Grund dafür könnte allerdings auch gewesen sein, dass ihr unter der nationalsozialistischer Regierung die Witwenpension gestrichen wurde.

365 LANDMANN (1980), Erinnerungen George, 81.

366 SALIN (1933), Landmann, 26.

367 Ebd.

368 LANDMANN (1980), Erinnerungen George, 80.

369 Am 31.11.1929 „in Anerkennung seiner Verdienste um die Schaffung des Examens des Dr. rer. pol., seiner wissenschaftlichen Forschungen und Darstellungen auf dem Gebiete der Wirtschaftsgeschichte und der Volkswirtschaft.“ (MANGOLD (1931), Statistisch-Volkswirtschaftliche Gesellschaft, 150).

setzungsarbeiten griechischer und lateinischer Texte auszeichnen sollte.[370] Eine Rückkehr in die Schweiz lehnte er jedoch ab, obwohl sein alter Freund Schulthess ihn 1930 drängte, sich für einen Lehrstuhl in Bern vorschlagen zu lassen.[371] Auch seine Erfolge in Deutschland, z.B. auf der Konferenz von Bad Eilsen, wo sein Auftreten als Ereignis gewertet wurde, konnten ihn nicht entschädigen.[372] Salin führte in seiner Trauerrede aus, dass Julius Landmanns Kenntnisse über die deutsche Wirtschaft nicht umfassend genug für seinen eigenen hohen Anspruch gewesen seien und er deshalb nie mit der eigenen Leistung zufrieden war. Das habe zur Überarbeitung geführt.[373] Auch Edith Landmann hielt ihren Mann rückblickend für überarbeitet. Sie schrieb an Salin, man könne Landmanns Arbeit in Basel nicht als Fron bezeichnen. „Das sehen Sie heut so an. aber er brannte damals keineswegs von wissenschaftlichem ehrgeiz. das interessierte ihn alles brennend. er war bei alldem glücklich – ach wieviel glücklicher als in dieser glänzenden Kieler professur. – die, *die* war ihm zuletzt fron, so dass er sich einmal mit einem karrengaul verglich, dem man doch einmal ruhe gönnen müsse!“[374] Eine Rolle könnte auch die Tatsache gespielt haben, dass Landmann gerade in seinen letzten Lebensjahren das eigene methodologische Rüstzeug als nicht mehr zeitgemäß wahrnahm, ohne sich aber auf die neueren Entwicklungen der Nationalökonomie und der Wissenschaft als solcher noch einstellen zu können.

Wann aber kam Julius Landmann in Kontakt zu Stefan George, und welche Rolle spielte dieser für sein Leben? Der Ökonom, der eine humanistische Erziehung genossen und früher selbst gedichtet hatte,[375] träumte nach Aussage seines Sohnes „in seiner Jugend […] davon, das Herzogtum Burgund, in dem sich alle edlen Jünglinge Europas versammeln sollten, wiederherzustellen, mit George als Herzog.“[376] Er las also offensichtlich schon früh Georges Lyrik und hatte durch seinen Freund Robert Boehringer ab 1905 vermittelten Kontakt zu ihm. Seit dem Sommer 1906 war man zudem mit Berthold und Diana Vallentin befreundet.[377] Ein erstes Treffen im Jahr 1908 in Berlin bei Melchior Lechter blieb jedoch zunächst folgenlos.[378] George schien an weiteren Begegnungen nicht interessiert, solange die Landmanns Kontakt zu Rudolf Borchardt pflegten,[379] und die Landmanns hatten ihrerseits Vorbehalte gegenüber dem George-Kreis. Mit Wolters *Herrschaft und Dienst* oder seinen „entgleiste[n] Minnesänger[n]“ konnten sie zunächst nichts anfangen,[380] und auch Gundolfs Jahrbuchaufsatz von 1910 billigten sie nicht. „Der Kreis entwickelt sich zusehends zu einer litterarischen [sic! Ko. S.] Clique, die nach und nach sämtliche kritischen Organe für sich

---

370 Edith LANDMANN, Erläuterungen zur Julius Landmann-Stiftung, in: LANDMANN (1980), Erinnerungen George, 105f. Zu den Preisträgern vgl. 124.

371 Schulthess an Landmann am 21.1.1928, 18.3.1929, 7.9.1929 in BAR J 1.6 1000/ 1355 BD: 2. BAUDRAZ (1997), Landmann, 82.

372 LANDMANN (1980), Erinnerungen George, 78.

373 SALIN (1933), Landmann, 24, 27.

374 Edith Landmann an Salin, undatiert, UB Basel, NSB C 36, 98 (Hervorhebungen von E. Landmann).

375 LANDMANN (1980), Erinnerungen George, 97.

376 Ebd., 92.

377 LANDMANN (1963), Gespräche George, 12.

378 Ebd.

379 Einige Briefe gedruckt in BORCHARDT, Rudolf, Briefe, bearbeitet von Gerhard SCHUSTER. Bd. 1 1895–1906, Bd. 2 1907–1913. München 1992.

380 Edith Landmann an Rudolf Borchardt am 22.1.1910, in DLM, A: Borchardt.

mit Beschlag belegt“, schrieb Julius Landmann an Borchardt.[381] Edith stimmte mit Borchardt überein, der George in seiner „inneren Gebundenheit und zeitlichen Bedingtheit“ sah; obwohl sie von Georges Dichtung fasziniert war, gratulierte sie Borchardt zu seinem polemischen Aufsatz in den *Süddeutschen Monatsheften*.[382] Mit der Zeit wuchs dann aber die Faszination durch George. Als die Freundschaft mit Borchardt 1913 abgebrochen wurde,[383] besuchte George die Landmanns am 19. Januar 1913 zusammen mit Robert Boehringer in Basel.[384] Julius Landmann war zu diesem Zeitpunkt 35 Jahre alt und beruflich als ordentlicher Professor in Basel voll etabliert. In den folgenden Jahren kam der Dichter oft nach Basel oder man machte gemeinsam Urlaub. Während der 18 Jahre ihrer Freundschaft verbrachte George insgesamt 18 Monate in der Familie.[385] Er fühlte sich dort sehr wohl, konnte kostenlos logieren und ließ sich von Landmann in Fragen seiner Finanzen ebenso beraten wie bei den Vertragsabschlüssen mit Verlagen.[386] Zudem schätzte er Landmanns Verbundenheit mit der Realität und seine genaue Informiertheit in politischen Fragen. Zwar berichtet Michael Landmann, die Freundschaft des Ehepaars zu George sei „eine gleichgewichtig gemeinsame“ gewesen.[387] Es war jedoch eindeutig Edith Landmann, die den Dichter stärker verehrte, innig liebte und in der *Georgika* und der *Transcendenz des Erkennens*[388] in den Mittelpunkt ihrer wissenschaftlichen Tätigkeit stellte. Landmann scheint die Liebe seiner Frau zu George entweder nicht wahrgenommen zu haben, oder er akzeptierte sie, da sie ja ohnedies unerfüllt bleiben musste. Nach Landmanns Tod im Jahr 1931 verweilte George nicht mehr im Hause Landmann.

Julius Landmann sei, so berichtete der Sohn Michael, anders als Edith kein „Jünger“ gewesen.[389] Groppe vertritt dementsprechend die These, dass Landmann viel strikter als die anderen Ökonomen zwischen seiner privaten Verehrung für George, an dem er „in vereh-

---

381 Julius Landmann an Rudolf Borchadt am 3.4.1910, in DLM, A: Borchardt.

382 Edith Landmann an Rudolf Borchardt, undatiert, in DLM, A: Borchardt. Bezug wohl auf BORCHARDT, Rudolf, Intermezzo (1910), in: Rudolf Borchardt: Prosa I. Textkritisch revidierte, chronologisch geordnete und erweiterte Neuedition, hrsg. von Gerhard SCHUSTER. Stuttgart 1957, 105–138. Es ist nicht ganz sicher, dass E. Landmann wirklich diesen Text Borchardts meinte, da der Brief undatiert ist.

383 Nach Michael Landmann lernten die Eltern Borchardt als Lügner und Betrüger kennen (LANDMANN (1980), Erinnerungen George, 93). Andere Freundschaften der Landmanns zu ihm missliebigen Personen duldete George dagegen, z.B. die zu Walther Rathenau, die ebenfalls 1913 ihren Anfang nahm (der erste Brief von Rathenau an Julius Landmann wohl vom 4.5.1913 RATHENAU, Walther, Briefe. Bd. 1: 1871–1913, hrsg. von Alexander JASER, Clemens PICHT und Ernst SCHULIN. Düsseldorf 2006, 1180), auch wenn sich der Dichter Landmann gegenüber kritisch über Rathenaus Propheten-Duktus äußerte (Friedrich Gundolf an Julius Landmann am 6.9.17, in SWA, HS 426, B9). Julius Landmann schickte Rathenau am 3.11.1917 sogar Georges Kriegsgedicht, vgl. RATHENAU (2006), Briefe 2, 1793. Zu Rathenau siehe auch GALL, Lothar, Walther Rathenau: Portrait einer Epoche. München 2009 sowie BRENNER, Wolfgang, Walther Rathenau: Deutscher und Jude. München 2007.

384 LANDMANN (1963), Gespräche George, 17.

385 Dies errechnet Baudraz anhand von SEEKAMP, OCKENDEN und KEILSON (1972), Zeittafel in BAUDRAZ (1997), Landmann.

386 BAUDRAZ (1997), Landmann, 91.

387 LANDMANN (1980), Erinnerungen George, 94.

388 LANDMANN, Edith, Georgika. Das Wesen des Dichters Stefan George: Umriss seines Werkes, Stefan George: Umriss seiner Wirkung. Heidelberg 1920; LANDMANN (1923), Transcendenz.

389 LANDMANN (1980), Erinnerungen George, 96.

render Liebe“[390] hing, und seiner beruflichen Tätigkeit getrennt habe. Sie meint, dass Landmann „in seine Publikationen keinerlei ‚georgeanisches‘ Gedankengut einfließen“[391] habe lassen; Diese These gilt es zu prüfen.

Der Dichter widmete dem Ökonomen auch ein Gedicht. Nach Michael Landmann könnte sein Vater die Person „J“ sein, an die sich folgender Spruch im *Neuen Reich* richtet:[392]

Du unversehrten leibs trankst bei mir mut
Dass nicht der geist zerbräch in dunst und flut ..
Nun halt ich dich geläutert und gesund
Und nehme kraft mir auf aus deinem grund.[393]

George hat die Eigenschaft Landmanns, „Freund zu sein“, besonders an ihm gepriesen.[394] Der Sohn berichtete: „Als nach dem Tod meines Vaters meine Mutter George in Berlin besuchte, sagte er ihr, er habe sich gefragt, weshalb mein Vater, der von den anderen Freunden des ‚Kreises‘ so verschieden war, trotzdem selbstverständlich dazu gehörte. Die Antwort sei: er war ein Phänomen.“[395] Dennoch kann man nicht von einer Freundschaft „d'égal à égal“ sprechen.[396] Dazu wäre George wohl nur in jüngeren Jahren bereit gewesen. Die Hierarchie in dieser Freundschaft dürfte klar gewesen sein. Salin beschrieb die Verbindung von Landmanns Seite aus als sehr eng: George sei es für ihn gewesen, in dessen Zeichen „seine Ehe stand, seine Kinder heranwuchsen und seine liebsten Freunde ihm erblühten.“[397] Die Tatsache, dass die Bedeutung Landmanns für George nicht vergleichbar war, widerlegt Baudraz' These von der gleichwertigen Freundschaft. Landmann akzeptierte Georges Autorität widerspruchslos. Ganz natürlich holte er z.B. dessen Meinung zu seiner Berufung nach Deutschland ein, bevor er zusagte.[398] Die Schwierigkeit in der Beurteilung seines Verhältnisses zu George liegt in der unzureichenden Quellenlage: Zwar geben die Erinnerungen seiner Frau einzelne Gesprächsthemen wieder, Julius selbst führte aber kein Tagebuch (oder es blieb nicht erhalten), und seine Briefe an George, die bisher der Öffentlichkeit zugänglich sind, thematisieren überwiegend organisatorische Fragen.[399] Auch die Briefe Landmanns an andere Georgeaner geben selten Aufschluss über sein Verhältnis zum „Meister“. Einige Briefe wurden von seinem Sohn Georg Peter aus dem Nachlass entfernt und von Robert

---

390 Ebd., 97.

391 GROPPE (2001), Macht der Bildung, 527.

392 LANDMANN (1980), Erinnerungen George, 95.

393 GEORGE (2001), Das Neue Reich, 79.

394 LANDMANN (1980), Erinnerungen George, 85. Ähnlich in seinem Beileidsschreiben vom November 1931, in StGA George II, 2682.

395 LANDMANN (1980), Erinnerungen George, 95.

396 BAUDRAZ (1997), Landmann, 91.

397 SALIN (1933), Landmann, 29. Es ist wahrscheinlich, dass Salin nichts von Ediths Liebe zu George wusste, sodass die Bemerkung keineswegs ironisch gemeint war.

398 LANDMANN (1963), Gespräche George, 171. Ebenso selbstverständlich ging er davon aus, dass Wolters die Berufung nach Kiel erst nach Zustimmung des Dichters akzeptiert habe, vgl. Landmann an Wolters am 10.11.1923, in StGA [ohne Signatur].

399 Julius und Edith Landmann an George in StGA George III, 7741–7765D; George an die Landmanns in StGA George II, 2746–2818.

Boehringer vernichtet.[400] Über seinen Charakter offenbaren die erhaltenen Korrespondenzen dagegen viel: Er war nicht nur ein geistreicher Gesprächspartner und Gastgeber, sondern auch ein scharfer Kritiker. In vielseitigen Briefen kritisierte er oft ironisch jede noch so kleine Ungenauigkeit in zu prüfenden Manuskripten: So sei seine ehemalige Schülerin Louise Sommer der Anerkennung aller Kritiker gewiss, „deren Lob in einem direkt proportionalen Verhältnis steht zur Zahl der im zu besprechenden Werk enthaltenen, von ihnen nicht verstandenen generischen Fremdwörter.“[401] Wolters schrieb er über seine *Stimmen des Rheins*[402], seine konstruierte Zentrierung der deutschen Geschichte am Rhein sei doch sehr gezwungen, hätten die Glanzpunkte der deutschen Kaisergeschichte, die Ottonen, Staufer, Württemberger und Hohenzollern dort doch höchstens Streubesitz besessen.[403] Landmann scheute weder Zeit noch Mühe für solche Kritik. Ein ähnlich scharfer Brief an den Kollegen Manuel Saitzew wurde nach vielen Seiten an einer Stelle unterbrochen durch den Seufzer: „Uff! (Es ist nämlich inzwischen 1 Uhr nachts geworden).“[404] Am Ende nahm Landmann jedoch stets durch Beteuerung der freundschaftlichen Beziehungen der Kritik die Schärfe. Eine eindrucksvolle Charakterisierung lieferte Bernhard Harms, der sich nach dem ersten Treffen sofort entschloss, Landmann nach Kiel zu holen. Harms war offensichtlich hocherfreut, dass der Basler Professor in keiner Weise dem Stereotyp des Ostjudens entsprach: „Schon seiner äußeren Erscheinung nach ist Landmann ein sympathischer Kulturmensch, keine Spur von jüdischem Typ. Bescheiden im Auftreten, gut angezogen, rein gewaschen und in bester Linnenwäsche. Dabei eher Biedermann als Gent. [...] Landmann ist eine ganz überragende Persönlichkeit, ein scharfer Geist, sachlicher Debatter, getragen von unheimlichem Wissen und überdurchschnittlicher Arbeitskraft.“ Er bezeichnete ihn als „den bedeutendsten Finanzwissenschaftler, den Europa z.Z. besitzt.“[405]

---

400 Am 29.7.1970 berichtete Georg Peter an Boehringer über seine Arbeit im Schweizerischen Wirtschaftsarchiv: „Eure karten und briefe die auch da sind betreffen fast nur dispositionen und überlegungen; drei stücke die mehr geben hab ich für Euch entwendet und bring sie einmal mit.“ Boehringer antwortete am 9.12.70: „Nun kann ich Euch auch noch für die beiden Beilagen Eures Briefes vom 27. November 1970 danken. Was ich an Euren Vater im November 1918 schrieb, habe ich zerrissen.“ (Korrespondenz Georg Peter Landmann – Robert Boehringer, StGA, ohne Nummerierung).

401 Landmann an Louise Sommer am 6.8.26 in UB Basel, NLB E1, 3.

402 WOLTERS, Friedrich, Stimmen des Rheins: Ein Lesebuch für die Deutschen. Breslau 1923.

403 Landmann an Wolters, undatiert, in StGA [ohne Signatur]. Wolters erwiderte, er gebe das Bild der vergangenen Einheit des Rheinlandes, weil er die künftige für möglich halte und erwünsche (Wolters an Landmann in SWA, HS 426, B15).

404 Landmann an Saitzew am 14.8.1931, UB Basel, NLB E1,5. Manuel Saitzew (geb. 1885) war seit 1923 Professor für Nationalökonomie an der Universität Zürich, vgl. BRUCKNER, Albert, Neue Schweizer Biographie. Basel 1938, 446.

405 Bernhard Harms an Christian Eckert am 19.11.1925, UA Köln Zug 317–11, Nr. 1129 (Bd. 2). Harms lobte auch Edith, der man im Gegensatz zu ihrem Mann die jüdische Abstammung allerdings anmerke. „Über das Alter, in welchem Frauen gefährlich zu sein pflegen, ist sie hinaus, womit nicht gesagt sein soll, daß sie es jemals gewesen ist.“ Christian Eckert suchte daraufhin am 22.12.1925 Landmann auf und schwärmte anschließend, er lasse „gepflegte, köstliche Weine, gute Schnäpse, ausgezeichneten Kaffee servieren.“ (ebd.). Ich danke Roman Köster für diesen Hinweis.

3.4 Kurt Singer

Ähnlich wie Julius Landmann kam auch Kurt Singer erst in relativ hohem Alter zum George-Kreis. Singer wurde am 18.5.1886 in Magdeburg geboren als Sohn des jüdischen Kaufmanns Maximilian Singer (gest. 1921) aus Kreuzberg in Schlesien und seiner jüdischen Ehefrau Mary, geborene Peartree aus London (gest. 1914), die die Tochter eines nach England ausgewanderten Westpreußen war.[406] Singers jüngere Schwester wurde 1889 geboren. Der Vater legte großen Wert auf ein einwandfreies Deutsch der Kinder, weswegen zu Hause nur Deutsch gesprochen wurde und Singer Englisch erst in der Schule lernte.[407] Ohne seine Quelle offen zu legen, behauptet Tilmann Allert, die Assimilationsbestrebungen von Singers Eltern seien so weit gegangen, dass er sogar protestantisch getauft worden sei, wofür ich allerdings keine weiteren Hinweise finden konnte.[408]

Singers Tagebücher und Briefe, die sich als einzigartige Quelle erhalten haben und im Universitätsarchiv Hamburg eingesehen werden können, geben Aufschluss über seine geistige Entwicklung: Bereits im Alter von 15 Jahren begeisterte er sich für Dichtergestalten: „Das sei der *Dichter*: ein prophet und ein wisser alter mären. ein könig an stolz und hoheit und ein priester an glühender sehnsucht nach dem unendlichen.“[409] Bei Singer war der Wunsch nach einer Dichterfigur wie George schon lange präfiguriert, bevor er *diesem* Dichter begegnete. Seine Tagebücher weisen lange Leselisten quer durch den klassischen Bildungskanon auf, die der Junge nach einem selbst gesetzten Zeitplan durcharbeitete.[410] Im gleichen Alter, in dem er mit der Lektüre von Georges Gedichten begann,[411] setzte auch seine Zeitkritik ein: „Das Tempo, das die erste Hälfte des 19ten Jahrhunderts eingeschlagen, war zu schnell. Nun sind die Kräfte ermattet, die Nerven sind ruiniert und alle leiden an einer verzweifelten Schwäche. Alles sehnt sich nach Ruhe, nach Seelenfrieden.“[412] Singer ist ein Paradigma für den empfindsamen Intellektuellen, wie ihn Max Weber beschrieb, der zu Beginn des 20. Jahrhunderts am Verlust der Mitte, unter Zerrissenheit und Verunsicherung der Moderne litt.[413]

„Um das Gebiet meiner tieferen Anliegen von professionellen Notwendigkeiten freizuhalten“[414] – Peter Pawlowsky spricht von Singer als einem „Nationalökonom mit der Seele eines Poeten“[415] – entschloss er sich nach dem Abitur 1904 zu einem Studium der National-

---

406 Zur Rekonstruktion der verwandtschaftlichen Beziehungen vgl. ALLERT, Tilman, Das gebrochene Pathos der Auserwähltheit. Zwischen Stefan George und Georg Simmel. Eine interkulturelle Biografie Kurt Singers, in: Achim ESCHBACH u.a. (Hrsg.), Interkulturelle Singer-Studien: Zu Leben und Werk Kurt Singers. München 1992, 9–42, 14f. Die Singers waren weitläufig mit dem Erfinder der Nähmaschine verwandt.

407 Singer, Kurt, Abriss eines Lebenslaufes, SUB, NKS C II 1, 1. Ein vollständiges Exemplar (das in Hamburg umfasst nur die Seiten 1–4) des Lebenslaufs mit geringfügigen Änderungen, datiert auf den 10.7.54, befindet sich im Nachlass Edgar Salins als Beilage zu einem Brief Singers, UB Basel, NSB Fa Singer.

408 ALLERT (1992), Pathos der Auserwähltheit, 14.

409 Singer, Notizheft von 1901, in SUB, NKS AII, 6 (Hervorhebung von Singer).

410 Singer, Tagebuch von Februar-März 1903, SUB, NKS C19.

411 Singer, Tagebuch von 1901, SUB, NKS C13.

412 Singer, Tagebuch von 1901, SUB, NKS C15.

413 WEBER, Max: Wirtschaft und Gesellschaft, in: WEBER, Gesammelte Werke, 2360; Vgl. 6.

414 Singer, Kurt, Abriss eines Lebenslaufes, SUB, NKS C II 1, 1.

415 SINGER, Kurt, The Idea of Conflict vermehrt um ausgewählte Schriften zu Wirtschaft und Staat. Ein Gedenkband, hrsg. von Peter PAWLOWSKY (Veröffentlichungen der List Gesellschaft 70). Basel 1973, VII.

ökonomie in Berlin.[416] Philosophie und Literaturwissenschaft wählte er nur als Nebenfächer. Er hörte unter anderem bei Gustav Schmoller, Adolph Wagner und dem Kunsthistoriker Heinrich Wölfflin. Auch Georg Simmels Veranstaltungen besuchte er, dessen „Einheit von Tun und Denken“ ihn tief beeindruckte – zwischen 1905 und 1909 ließ er keine von Simmels Berliner Vorlesungen aus.[417] Simmel habe ihm einen ersten Eindruck davon gegeben, dass die Philosophie nicht ihren „lebensformenden Beruf verfehlen, ihre synoptische Kraft einbüßen müsse“, um zur Wissenschaft zu werden. Bei ihm habe sich der Hörsaal zur Welt geweitet, und er sei es auch gewesen, der dem Studenten den Rat gegeben habe, den Kontakt zum George-Kreis zu suchen.[418] In Berlin war Simmel, ganz wie für Arthur Salz wenige Jahre zuvor, Singers wichtigster Lehrer: Seine *Philosophie des Geldes*[419] weckte Singers Interesse für Geldtheorie, und bei ihm lernte er auch Martin Buber kennen, der ihm als typisch jüdischer Gelehrter die Einheit von Politik und Religion zu verkörpern schien und mit dem er intensiv korrespondierte.[420] Sein Studium setzte Singer in Genf und Freiburg fort.

1909 wechselte er nach Straßburg, um dort auf Schmollers Rat hin bei Friedrich Knapp, dessen *Staatliche Theorie des Geldes*[421] ihn faszinierte, seine Promotion mit dem Thema *Die Motive der indischen Geldreform*[422] mit magna cum laude abzulegen. Knapp, der sich nach Singers Bericht ebenfalls für Stefan Georges Dichtung interessierte,[423] war von seinem Doktoranden sehr angetan und verwendete sich für ihn.[424] Im November 1910 wurde Singer im amerikanischen Konsulat in Chemnitz eine Sekretärsstelle angeboten, die er bis Januar 1912 bekleidete. Im Anschluss daran wurde er wissenschaftlicher Assistent bei Friedrich Bendixen, dem Direktor der Hamburger Hypothekenbank. Danach schlug Singer eine journalistische Laufbahn ein: 1913 wurde er leitender Handelsredakteur des *Hamburgischen Correspondenten*, und zwar als Chefredakteur des Handels- und Finanzteils *Neue Hamburgische Börsenhalle*, was ihm einen engen Kontakt zur Hamburgischen Kaufmannschaft sicherte.[425] Zudem lehrte er seit 1913 am Hamburger Kolonialinstitut bzw. ab 1919 nach deren Gründung an der Hamburger Universität, wo er Veranstaltungen über „Grundlagen und Ziele der

---

416 Nach einem kurzen Aufenthalt an der Technischen Hochschule in Charlottenburg, vgl. ARNDT, H.W., Kurt Singer: Wandering Jewish Scholar, in: History of Economics Review: Supplement 32 (2000), 72–76, 72.

417 Eine Vorlesungsmitschrift in SUB, NKS CII 13.

418 SINGER, Kurt, Georg Simmel zum Dank, in: Kurt GASSEN und Michael LANDMANN (Hrsg.), Buch des Dankes an Georg Simmel. Briefe, Erinnerungen, Bibliographie. Zu seinem 100. Geburtstag am 1. März 1958. Berlin 1958, 294–298, 296f.

419 SIMMEL (1920), Philosophie, Erstauflage 1900.

420 SINGER, Kurt, Martin Buber and his “Moses”. On the occasion of his seventieth birthday, in: The Zionist (1948, Februar), 7–10, 7. Einige Briefe gedruckt in BUBER, Martin, Briefwechsel aus sieben Jahrzehnten, Bd. 1: 1897–1918, Bd. 2: 1918–1938, Bd. 3: 1938–1965, hg. von Grete SCHAEDER, Ernst SIMON, Rafael BUBER, Margot COHN und Gabriel STERN. Heidelberg 1972–75.

421 KNAPP, Georg Friedrich, Staatliche Theorie des Geldes. Leipzig 1905.

422 SINGER, Kurt, Die Motive der indischen Geldreform. Dissertation Strassburg 1910.

423 Singer berichtete, er habe sich mit Bendixen darüber ausgetauscht. KNAPP, Georg Friedrich und BENDIXEN, Friedrich, Zur staatlichen Theorie des Geldes. Ein Briefwechsel 1905–1920, hrsg. von Kurt SINGER (Veröffentlichungen der List Gesellschaft 10). Basel 1958, 8.

424 Z.B. in seinen Briefen an Friedrich Bendixen, KNAPP und BENDIXEN (1958), Theorie Geld.

425 Nähere Informationen zu dieser Zeitung 297, Fn 401.

deutschen Geldpolitik", „Weltwirtschaftslehre und Soziologie", sowie die „Geschichte der griechischen Mathematik" hielt[426], eine Tätigkeit, die ihm Karl Rathgen vermittelt hatte.

Obwohl er Ende 1914 zum Kriegsdienst einberufen wurde und zumindest kurzfristig voller Kriegsbegeisterung war[427], wurde der kleinwüchsige Singer wegen Unzulänglichkeit schnell wieder aus dem Militär entlassen. Wirtschaftlich hielt er den Krieg für Unsinn: „Diese Wirtschaftsordnung kann nur fortbestehen ohne Krieg, aber sie ruft den Krieg hervor."[428] Er wirkte also weiterhin als Ökonom. Neben seiner Tätigkeit in Hamburg richtete er bei der Zentral-Einkaufsgesellschaft in Berlin eine Informationsstelle ein; 1917 war er zudem für das Reichskommissariat für Übergangswirtschaft tätig,[429] aus dem er jedoch wieder ausschied, weil er mit der dort betriebenen Politik nicht einverstanden war: er wünschte sich *keine* einfache Rückkehr zur Vorkriegswirtschaft.[430] Seine Wirkungsmöglichkeiten während der Kriegsjahre empfand Singer als eingeschränkt, da ihm z. B. die Reichsbank in den Kriegsjahren jedwede Kritik an ihrer Geschäftsführung verbot.[431] In der Tat erschienen in der *Börsenhalle* Ende 1914 Artikel, die ganz offensichtlich nur den Zweck hatten, das Publikum zu beruhigen, sich mit Singers währungspolitischen Überzeugungen jedoch in keiner Weise deckten.[432]

Im Jahr 1917 wechselte er auf Einladung von Max Warburg zum *Wirtschaftsdienst*, der von der Zentralstelle des Hamburgischen Kolonialinstituts, später Hamburgisches Welt-Wirtschafts-Archiv, herausgegeben wurde. Das Blatt wollte ein dem Londoner *Economist* vergleichbares Organ darstellen. 1919 stieg Singer zum einen der beiden Schriftleiter auf.[433] Es gelang ihm, John Maynard Keynes für das Blatt zu interessieren, den er 1926 in Berlin

---

426 Lebenslauf von Kurt Singer, zusammengestellt von einem unbekannten Bearbeiter (möglicherweise dem Nachlassverwalter Georg Peter Landmann). Das Schriftstück wurde erstellt, um Singers Ansprüche bei den Hamburger Wiedergutmachungsbehörden zu untermauern, SUB, NKS C II 4, vorhanden nur Seiten 4–8.

427 Singer, Tagebuch September 1914, in SUB, NKS CI 22. Vgl. auch einen Artikel im Hamburger Korrespondenten vom 27.11.1914, Morgenausgabe, in dem Singer zur Führung eines Wirtschaftskrieges gegen England aufrief.

428 Singer, abgetippter Tagebucheintrag vom 23.8.14, in SUB, NKS CI 23.

429 Das Reichskommissariat für Übergangswirtschaft wurde im August 1916 gegründet und sollte sich um die technisch-organisatorische Vorbereitung der Rohstoff- und Warenversorgung kümmern. Es scheiterte bereits im Jahr darauf, vgl. ZUNKEL, Friedrich, Industrie und Staatssozialismus: Der Kampf um die Wirtschaftsordnung in Deutschland 1914–1918. Düsseldorf 1974, 76–84.

430 Singer, Abriss eines Lebenslaufes, SUB, NKS C II 1, 3.

431 Der „junge Freund" Knapps und Bendixens, von dem Singer berichtete, „der damals den Handelsteil einer führenden Hamburger Zeitung leitete", kann nur er selbst gewesen sein (KNAPP und BENDIXEN (1958), Theorie Geld, 6). Auch Feldmann konstatiert die Kritikunfähigkeit der Reichsbank zu Kriegbeginn, die die Zensur einiger Artikel von Bendixen und scharfe Repliken auf Singer zur Folge gehabt habe (FELDMAN, Gerald D., The great disorder: Politics, economics, and society in the German inflation, 1914–1924. Oxford 1993, 37).

432 Z.B. *Neue Hamburgische Börsen-Halle* vom 3.12.1914, Abendausgabe, wo die kritischen Berichte des Schweizerischen Bankvereins über die Währungspolitik der Deutschen Reichsbank als Ergebnis von „großer Böswilligkeit oder von ungewöhnlicher Dummheit" dargestellt wurden. Das Blatt kommentierte die deutsche Geldpolitik sehr freundlich, selbst die ausgedehnte Kreditgewährung der Reichsbank ans Reich (z.B. Abendausgabe vom 26.11.1914). Dies entsprach sicher nicht Singers Meinung.

433 Der andere Hauptschriftleiter war Paul Heile. Von 1920 bis 1927 kam Kurt Singer hinzu; 1924–1925 leitete er allein die Redaktion, vgl. LEVEKNECH Helmut, Kurt Singer „Mystischer Ökonom aus Hamburg" und bedeutender Japankenner, in: http://www.wirtschaftsdienst.eu/historie/kurt_singer.php vom 02.01.2009.

auch persönlich kennen lernte:[434] Singer erwirkte für den *Wirtschaftsdienst* das Exklusivrecht, Keynes' Artikel in deutscher Übersetzung abzudrucken. Er fühlte sich von Keynes stark beeinflusst. Rückblickend gab er an, von der Cambridge School of Economics viel gelernt zu haben, auch wenn er daneben stets der Tradition der deutschen Ökonomie mit ihren soziologischen und politologischen Überlegungen Aufmerksamkeit geschenkt habe.[435] Keynes attestierte er, über eine rein rationalistische Wissenschaft hinauszugehen, denn die Forderungen nach Rationalität seien „hier nicht wie sonst auf rationalistischem und manchesterlichem Boden gewachsen“ sondern eingebettet „in eine von anderen Schauern genährte Ansicht der Dinge.“[436] Singers Publikationen in seiner Zeit beim Wirtschaftsdienst befassen sich überwiegend mit aktuellen geldpolitischen und wirtschaftspolitischen Fragestellungen, eine Ausnahme bildet lediglich sein Platonbuch. Eine Auswahl seiner besten Artikel zwischen 1918 und 1923 veröffentlichte er ein Jahr später in dem Band *Staat und Wirtschaft seit dem Waffenstillstand.*[437] Trotz seines journalistischen Erfolgs schien Singer seine wissenschaftliche Laufbahn nicht aufgeben zu wollen: Einen Ruf als Dezernent für Geldwesen nach Kiel an das dortige Institut für Seeverkehr und Weltwirtschaft, wo er mehrfach Vorlesungen hielt, lehnte er zwar ab, aber 1920 habilitierte er sich bei Karl Rathgen mit der Arbeit *Das Geld als Zeichen.* Allerdings gelang es ihm nicht, einen Lehrstuhl zu bekommen. Ab 1924 durfte er sich immerhin in Hamburg außerordentlicher Professor nennen und erhielt jährliche Lehraufträge.

Neben seiner beruflichen Tätigkeit widmete Singer sich aber weiterhin der Kunst. Seit 1906 war er Mitarbeiter der Kulturzeitschrift *Neue Rundschau,* wo er bis 1920 immer wieder kurze, essayistische Besprechungen von Lyrikbänden oder wissenschaftlichen Werken publizierte, oft in hohem pathetischem Ton.[438] Die Texte zeigen, ähnlich wie Singers Tagebücher, ein tiefes Leiden an der Moderne. „Das Ich, das sich eben aus allen sozialen und moralischen Normen gelöst hatte, hat die Sicherheit der traditionellen Stellung zur Welt verloren“[439], heißt es hier. Singer empfand die Welt ohne Transzendenz als kontingent, die Dinge würden darin „welk und müde, und das ganze Dasein ist eine blosse Umständlichkeit, die stets auch anders hätte sein können.“[440] Weiterhin zeigte er sich als intensiver Lyrik-Leser, der Hofmannsthal, Dehmel, Dauthendey, Rilke, André Gide und Émile Verhaeren

---

434 Keynes erwähnte in seiner Erinnerung an die Reise nach Berlin Singer namentlich, vgl. KEYNES, John Maynard, Einstein (The Collected Writings of John Maynard Keynes. Essays in Biography. Bd. X.) London 1972, 382–384; vgl. auch KROHN, Claus-Dieter, Ökonom wider Willen. Kurt Singers frühe intellektuelle Biographie, in: Achim ESCHBACH u.a. (Hrsg.), Interkulturelle Singer-Studien: Zu Leben und Werk Kurt Singers. München 2002, 43–59, 43.

435 Singer, Kurt, Activities and attitudes during the inter-war period 1919–1939, undatiert, SUB, NKS C II 2, 1.

436 SINGER, Kurt, [Rezension zu] Keynes, John Maynard, The economic consequences of the peace, in: Weltwirtschaftliches Archiv 16 (1920/21), 326–330, 327. Diese positive Haltung schränkte Singer zwei Jahre später allerdings ein: „An die Stelle visionären Schauders ist ironische Überlegenheit getreten.“ (SINGER, Kurt, Keynes und die deutsche Reparationspolitik, in: Wirtschaftsdienst 7, 35 (1922), 855–856, 855).

437 SINGER, Kurt, Staat und Wirtschaft seit dem Waffenstillstand. Jena 1924.

438 Z.B. SINGER, Kurt, Melancholia, in: Neue Rundschau 19 (1908), 1246–1247, oder SINGER, Kurt, Umkehr, in: Neue Rundschau 18 (1907), 633–635.

439 SINGER, Kurt, Das Bild von Sais, in: Neue Rundschau 18 (1907), 379–380, 380.

440 SINGER, Kurt, Kritik der Masken, in: Neue Rundschau, 18 (1907), 195–199, 199.

studierte. George nahm eine Sonderstellung ein: „Vielleicht wird man erst später begreifen, in einem wie tiefen Sinne er einsam und ganz in sich verschlossen geblieben ist."[441] Singer schrieb auch selbst Gedichte, einige davon auch an seine Freundinnen. Seine Beziehungen waren aber nie von Dauer, was Singer selbst auf eigene emotionale Defizite zurückführte. Über seine Freundin Luise schrieb er: „Ich fühle mich ihr fremd. sie wird nicht begreifen, dass ich keine ‚gefühle' kenne."[442]

Nach einem Studienwechsel nach Straßburg wurde Singer durch Ernst Robert Curtius an den George-Kreis herangeführt, und Curtius war es auch, der nach und nach über Jahre hinweg seine Vorbehalte gegenüber den Georgeanern zerstreute[443] – eine im Vergleich mit anderen „Jüngern" sehr ungewöhnliche Annäherung, da das „Erlebnis" des persönlichen Kontakts noch lange ausblieb. Anfangs tat sich Singer trotz seiner Begeisterung für gemeinsame Leseabende mit manchem Georgeanischen schwer: So schrieb er Curtius über das zweite *Jahrbuch für die geistige Bewegung*:

> „Ich glaube nicht, dass in der gesamten Weltliteratur ein solches Dokument von Falschheit, Unechtsein existiert. Schmerzlich, das von Gundolf mit seinem Namen gedeckt zu sehen. Es ist das Gegenteil von Geistigkeit und das Gegenteil von Bewegung. Stagnation faulen Blutes. [...] Intellektuelle Rechtschaffenheit scheint in diesem ‚Kreis' nur soweit zu gedeihen wie sie zur Stützung einer Georgosophie zulässig ist. Man möchte aus Georges Erlebnis von ‚Rausch und Helle' eine Geschichtsphilosophie machen."[444]

Während Singer zu diesem Zeitpunkt also Georges Lyrik bewunderte und bejahte, stand er der Übertragung seiner „Lehre" in den Wissenschaftsbereich sehr kritisch gegenüber. Dennoch setzte er sich weiter intensiv mit dem Kreis und seinen Schriften auseinander und korrespondierte mit Curtius über seine Eindrücke. Die Bedenken wichen immer mehr echter Begeisterung, wobei dem Erlebnis der Lyrik eine viel wichtigere Rolle zukam als der intellektuellen Auseinandersetzung mit den Publikationen des Kreises. Im Februar 1912 war Singer glücklich, endlich Wolters Aussagen über Reich und Herrscher billigen zu können. Er notierte: „Das dritte Jahrbuch [...] Vita nuova. Reinen Tisch machen. [...] Ich denke, nun kann ich mit meiner Bildung beginnen."[445] An Curtius schrieb er über das dritte *Jahrbuch*:

---

441 SINGER, Kurt, Die lyrische Legende, in: Neue Rundschau, 18 (1907), 1353–1358, 1353.

442 Singer, Tagebuch von 1907, SUB, NKS CI 17. Später heißt es im Tagebuch: „Eva ist kein ‚Mensch'. Sie ist ein Gefäß, kostbar in dem Rhythmus seiner Linien. Gefäße schweigen und bergen. Ich habe noch nicht so viel in dies Gefäß geschüttet, daß es überfließen solle. Ich bin in keinen Menschen dieser Welt verliebt. Aber das schließt nicht aus, daß es Kristalisationspunkte gibt, Brennpunkte, Spiegel von besonderem Schliff, Körper, auf die alle Masse des Lebens bezogen scheint, die alles Leben in sich strömen lassen, indem es ihnen als Widerstand, als anderes Form gibt. [...] Eva – die Monstranz heimatlichen Kults." (SUB, NKS, CI 14, Undatiertes Heft).

443 Über Curtius' Verhältnis zum Kreis gibt sein Briefwechsel mit Friedrich Gundolf Aufschluss, der publiziert vorliegt in GUNDOLF, Friedrich, STEINER, Herbert und CURTIUS, Ernst Robert, Friedrich Gundolf. Briefwechsel, hrsg. von Wolfgang FROMMEL und Claus Victor BOCK. Amsterdam 1963. Ein Brief von Curtius an George auch in BOEHRINGER (1968), Bild von George, 289.

444 Singer an Curtius am 20.5.11 in SUB, NKS BI3, 4.

445 Singer, Tagebuch von 1912, SUB, NKS CI 20.

„Welche Freude, ganz schlicht Ja sagen zu können.“[446] Im Tagebuch heißt es weiter: „Neue schrankenlose Liebe zu St.G. alle Einwände waren bloss ‚gedacht‘. In Wirklichkeit wollte ich mich nur der grössten Überwindung hingeben, weil ich wusste, dass sie rückhaltlos sein musste. Im Grund ist das alles nichts als die wunderbarste Bestätigung der Erfüllung meiner geheimsten Wünsche.“[447] Seiner Begeisterung für George sicher, wagte Singer erste Publikationen über den Kreis: Im Jahr 1912 entstand aufgrund einer Rezension über Friedrich Gundolfs *Shakespeare und der deutsche Geist*[448] aus Singers Feder der persönliche Kontakt. Singer hatte in der Besprechung den George-Kreis gegen den Vorwurf in Schutz genommen, lediglich eine „Sekte von Ästheten“ zu sein und sich tief beeindruckt gezeigt von der „kühlglühenden Morgenluft“, die von den Werken aus dem Umfeld Georges ausgehe.[449] Auch George selbst pries er in dieser Zeit als Erneuerer der deutschen Kultur, als „grossen Dichter, durch den der Wille des geheimen Deutschland eine neue Sprache erhielt.“[450] Die Begeisterung hielt an: 1914 schwelgte Singer in Euphorie über den *Stern des Bundes*, der seine letzten Einwände gegen die Lehre des Kreises beseitigt habe: „Meine Kräfte gehören nun ganz dem Aufbau des neuen Staates, soweit ich mitzubauen wert bin.“[451]

Solcherart vorbereitet, wünschte sich Singer nun, im vergleichsweise späten Alter von 30 Jahren, auch den persönlichen Kontakt zu George. Mitten während des Krieges, im Jahr 1916, kam es in Heidelberg, vermittelt durch Ernst Robert Curtius, zur ersten persönlichen Begegnung. Singer schrieb, er habe dem Dichter seine Dienste für die „geistige Bewegung“ angeboten, mit einer ausdrücklichen Berufung auf seine jüdische Identität. Von Gundolf hörte er danach, George habe verwundert auf dieses Angebot reagiert: „Das ist mir noch nicht vorgekommen dass Einer zu mir kommt und sagt dass er etwas für mich *tun* wolle.“[452] Die besondere Rolle, die Singers jüdischer Glauben in seinem Verhältnis zu George spielte, wird weiter unten ausführlich zu besprechen sein.[453] Besonders intensiv war Singers Kontakt zu George im Jahr 1918.[454] Während eines Krankenhausaufenthalts des Dichters in Heidelberg besuchte er ihn regelmäßig und besorgte Lebensmittel für ihn, um die er sogar Martin Buber bat.[455] Bei den Treffen wurde unter anderem viel über Ernst Bertrams *Nietzsche* ge-

---

446 Singer an Curtius an 19.12.1912, maschinenschriftl. Abschrift in StGA, Singer II.

447 Singer, Tagebuch von 1912, SUB, NKS CI 20.

448 SINGER, Kurt, [Rezension zu] Gundolf, Friedrich: Shakespeare und der deutsche Geist, in: Neue Rundschau 23 (1912), 1627–1629.

449 SINGER (1912), [Rezension zu] Gundolf, 1629.

450 SINGER, Kurt, Die Wende des deutschen und französischen Geistes, in: Cahiers Alsaciens. Elsässer Hefte 3 (1912), 119–125, 122.

451 Singer an Curtius am 6.3.1914, maschinenschriftl. Abschrift in StGA, Singer II. Singer fühlte sich dem George-Kreis auch dann noch zugehörig, als sein Mentor Curtius sich ab 1917 von ihm abwandte, ja er verteidigte schließlich George und Gundolf gegen Curtius′ Vorwürfe. Curtius führte seine Distanzierung darauf zurück, dass er den Maximinkult zwar ehren, aber nicht teilen konnte, vgl. CURTIUS, Ernst Robert, Stefan George im Gespräch, in: ders. (Hrsg.), Kritische Essays zur europäischen Literatur. Bern 1950, 138–157, 152.

452 Singer, Kurt, Beiträge zur Kenntnis Stefan Georges, Dezember 1960, handschriftliche Abschrift eines Originalmanuskripts von Singer, in: StGA, Singer I, 105, 2 (Hervorhebung von Singer).

453 Vgl. Exkurs *Der George-Kreis und das Judentum*, zu Singer 118ff.

454 Den Bericht über ein Treffen in Königsstein publizierte er fast vierzig Jahre später SINGER (1957), Erinnerungen.

455 Singer an Buber am 31.8.1918, in SUB, NKS BI 2 (in Kopie).

sprochen, den Singer daraufhin in einer Rezension besprach, die George seiner Aussage nach überschwänglich lobte,[456] obwohl auch kritische Aspekte darin anklangen. So konnte sich Singer den Kommentar nicht verkneifen, dass Bertrams Interpretation der „Schrille des Ecce Homo" als ‚Stille eines unvergänglichen Bildes' wohl nur als „Zeichen verehrender Kraft" ihre Berechtigung habe.[457] Wie Salin, so betonte auch Singer Georges positive Haltung zur Wissenschaft: „Es wäre aber ganz irrig anzunehmen dass George die arbeit im bereiche der wissenschaft geringgeschätzt hätte." Er habe die Gelehrten vielmehr um „energie und spannung" bewundert, mit denen sie Stein um Stein zusammentrügen, und sich selbst als zu unruhig für diese Arbeit bezeichnet.[458] Die Begegnung mit George scheint für Singer der Auslöser für seine intensive Beschäftigung mit Platon gewesen zu sein, die sich in dem Werk *Platon, der Gründer* niederschlug.[459]

Bei George galt Singer ganz offensichtlich als zum Freundeskreis um Gundolf gehörig, denn in der Folge des Zerwürfnisses zwischen dem Dichter und dem Literaturwissenschaftler brach auch der persönliche Kontakt zwischen Singer und George ab. Dabei hatte Singer Gundolfs Abfall von George nach 1920 entschieden verurteilt: „Die nächsten jahre standen unter dem Unstern von Gundolfs verstrickung ablösung untergang. Seine Sprach- und Deutekraft sein Durch- und Überblick wuchsen von Jahr zu Jahr, nicht so sein menschliches. Es war als ob die protestantisch oder romantisch zu nennende erbschaft seines geistes an die oberfläche käme."[460] Singers letzter Besuch bei George fand im Jahr 1926 statt.[461] Später klagte er, z.B. bei Wolters, über die „dauernde verbannung", obwohl ihm doch in Aussicht gestellt worden sei, George alle ein bis zwei Jahre sehen zu dürfen.[462] George seinerseits spottete zuweilen auch über ihn, ebenso wie über Salin. So äußerte er den Erinnerungen Edith Landmanns nach, Singer sei „ein ruhiger vernünftiger mensch d. Nemesis, die mit 40 Jahren beginnt."[463] Gefragt, warum er ihn übergehe, antwortete George: „Es ist doch 'ne

---

456 SINGER, Kurt, Das Problem Nietzsche, in: Neue Rundschau 4 (1919), 497–503; Singer, Kurt, Beiträge zur Kenntnis Stefan Georges, Dezember 1960, handschriftliche Abschrift eines Originalmanuskripts von Singer, in: StGA, Singer I, 105, 9a f.

457 SINGER (1919), Nietzsche, 503.

458 Singer, Kurt, Beiträge zur Kenntnis Stefan Georges, Dezember 1960, handschriftliche Abschrift eines Originalmanuskripts von Singer, in: StGA, Singer I, 105, 21.

459 SINGER, Kurt, Platon, der Gründer. München 1927.

460 Singer, Kurt, Beiträge zur Kenntnis Stefan Georges, Dezember 1960, handschriftliche Abschrift eines Originalmanuskripts von Singer, in: StGA, Singer I, 105, 14.

461 SINGER, Kurt, Bericht über die japanischen Jahre (1931–1939), in: Erich BOEHRINGER und Wilhelm HOFFMANN (Hrsg.), Robert Boehringer: Eine Freundesgabe. Tübingen 1957, 591–603, 599. Auch in einem Brief an Edith Landmann vom 9.1.34 berichtete Singer, der gerade von Georges Tod erfahren hatte, dass er ihn in den letzten sieben Jahren, seit der Vollendung seines Platon-Buches, nicht mehr gesehen habe (Singer an Edith Landmann in SUB, NKS BI5). Dies widerspricht der Aussage von Rudolf W. Müller, der unter Berufung auf eine mündliche Aussage von Achim Eschbach behauptet, Singer habe 1932 und 1933 die weite Reise von Japan nach Europa auf sich genommen, um George zu treffen (MÜLLER, Rudolf Wolfgang, Gestalt, Reich und Mythos. Zu Kurt Singers politischer Einstellung zwischen den Weltkriegen, in: Achim ESCHBACH u.a. (Hrsg.), Interkulturelle Singer-Studien: Zu Leben und Werk Kurt Singers. München 2002, 137–160, 152, Fn 15). Ich konnte für diese Angabe, die Eschbach auch in einem Brief an Ute Oelmann vom 11.1.94 (StGA, Singer III) bekräftigt, keinerlei Quellenbelege finden; sie widerspricht dem Eindruck aus der Lektüre von Singers Briefen.

462 Wolters an George am 4.2.1930 in GEORGE und WOLTERS (1998), Briefwechsel 1904–1930, 246.

463 Edith Landmann, Tagebücher, Bd. 7 ab Januar 1926, hier nach August 1926, StGA Landmann I, 101.

andre sorte; nee, nee, Kinder, is ne andre sorte.“[464] Ob sich dies auf Singers Tätigkeit als Ökonom, auf seine jüdische Religion oder gar seine Zugehörigkeit zum Kreis um Gundolf bezieht, lässt sich dem Kontext nicht entnehmen.

Auch beruflich hatte Singer in der folgenden Zeit Rückschläge einzustecken. Zwar war er sehr engagiert, z.B. 1926–30 als Sachverständiger für die Zahlungsbilanzgruppe des Reichsausschusses zur Untersuchung der Erzeugungs- und Absatzbedingungen der Deutschen Wirtschaft, deren Schriften über die deutsche Zahlungsbilanz er mit heraus gab. 1925 erfolgte dann in der Tat eine Berufung an die Handelshochschule in Königsberg, für die Bernhard Harms sich eingesetzt hatte.[465] Singer schlug dieses Angebot jedoch aus, in der Hoffnung auf eine baldige Professur in Hamburg. Die von der Fakultät 1927 beantragte Stelle wurde jedoch von der Hochschulbehörde abgelehnt, sodass Singer sich weiterhin mit Lehraufträgen begnügen musste. Die Königsberger Chance war vertan und Harms verärgert.

Auch die Arbeit im *Wirtschaftsdienst* war zunehmend von Spannungen geprägt und Singer machte sich Feinde. Es ist anzunehmen, dass daran nicht zuletzt seine beißenden Verrisse Schuld hatten.[466] Über die Frage, wie Konjunkturforschung richtig zu betreiben sei, kam es mit Adolf Löwe, der am Institut für Weltwirtschaft und Seeverkehr tätig war, das mittlerweile den *Wirtschaftsdienst* mit heraus gab, zu einem Streit.[467] Der Konflikt spitzte sich trotz der Vermittlung von Julius Landmann, Salin und Wolters[468] zu und führte zu persönlichen Angriffen, so dass Bernhard Harms, der Leiter des Instituts, schließlich 1928 Singers Entlassung bewirkte.[469] Singer selbst interpretierte die Auseinandersetzung als reine Machtfrage zwischen sich selbst und Harms. Dieser dagegen kritisierte Singer, weil er nicht zur Kooperation fähig und ein kompromissloser Einzelkämpfer sei.[470] Nachdem er es sich mit dem einflussreichen Wissenschaftsorganisator Harms verscherzt hatte, schwanden Singers Hoffnungen auf eine Professur zusehends. Eine Ernennung zum Honorarprofessor an der Universität Hamburg, die Fritz Terhalle vorschlug, kam nicht zustande,[471] und ebenso wenig erfüllten sich die Hoffnungen auf eine Berufung auf einen Lehrstuhl für Zeitungswissenschaften in Berlin[472] oder auf ein Ordinariat in Marburg.

---

464 Edith Landmann, Tagebücher, Bd. 8 Sep. 1927–März 1931, hier 9. Januar 1929, StGA Landmann I, 101.

465 NICOLAYSEN, Rainer, Kurt Singer und die Hamburger Universität. Typoskript 1998, 70.

466 So vermerkte Singer etwa am Ende eines Verrisses von R. Lehfeldts *Die Wiederherstellung der Währung* in sarkastischem Ton: „Zu loben ist die Verwendung einer schönen großen Drucktype, die auch eines wichtigeren Werkes durchaus würdig wäre.“ SINGER, Kurt, [Renzension zu] Lehfeldt, R.A., Die Wiederherstellung der Währungen. Aus dem Englischen übersetzt von B. L. Frank, in: Weltwirtschaftliches Archiv 22, 2 (1925), 227–228, 228.

467 Die Auseinandersetzung schlug sich in folgenden Artikeln im Wirtschaftsdienst nieder: SINGER, Kurt, Bemerkungen zur Konjunkturforschung, in: Wirtschaftsdienst 26 (1926, 2. Juli), 875–879; LÖWE, Adolf, Replik, in: Wirtschaftsdienst 37 (1926, 17. September), 1271–1276; SINGER, Kurt, Duplik, in: Wirtschaftsdienst 37 (1926, 17. September), 1276–1279; LÖWE, Adolf, Berichtigung, in: Wirtschaftsdienst 44 (1926, 5. November), 1516–1517; SINGER, Kurt, Entgegnung, in: Wirtschaftsdienst 44 (1926, 5. November), 1517.

468 Singer an Julius Landmann am 26.1.29, 30.1.29. 17.2.29 in SUB, NKS BI6.

469 Singer, Kurt, Abriss eines Lebenslaufes, SUB, NKS C II 1, 4.

470 NICOLAYSEN (1998), Singer und Hamburger Universität, 71.

471 Ebd., 72.

472 Zur Geschichte dieses Faches, das sich nach 1914 zu etablieren begann, vgl. VOM BRUCH, Rüdiger, Zeitungswissenschaft zwischen Historie und Nationalökonomie, in: DERS., Gelehrtenpolitik, Sozialwissen-

Im Jahr 1931 eröffnete sich dann doch ein weiteres Wirkungsfeld: Singer erhielt die Einladung zu einer Gastprofessur für Theoretische Nationalökonomie an der kaiserlichen Universität Tokio, die vor ihm schon Emil Lederer, Alfred Amonn und Karl Rathgen bekleidet hatten.[473] Hermann Schumacher, Werner Sombart und Friedrich von Gottl-Ottlilienfeld hatten ihn für die Stelle empfohlen. Singer, der sich schon immer für Japan interessiert hatte,[474] nahm die zunächst bis Mai 1933 befristete Stelle an, die sehr gut bezahlt wurde: Er verdiente mehr als doppelt so viel wie ein japanischer Professor.[475] George habe ihm, so Singer, brieflich Glück gewünscht für die „lange Reise", was Singer später als Prophetie seines Exil-Schicksals interpretierte.[476]

Die Ankunft in Japan war für ihn zunächst eine tiefe Enttäuschung, da von dem traditionellen Japan, das er zu finden gehofft hatte, kaum noch etwas übrig war.[477] Japan war, ebenso wie Deutschland, keine holistische Volkseinheit mehr, was Singer prompt in gewohnt zeitkritischer Manier als Ursache für seine wirtschaftliche und politische Misere identifizierte.[478] Auch vom Niveau der Studenten an der Universität war er enttäuscht: Er unterrichtete auf Deutsch und Englisch, aber seine Vorlesungen überforderten viele Hörer, wie der spätere Max-Weber-Forscher Ōtsuka Hisao berichtete.[479] Immerhin gelang es Singer, vielfältige wissenschaftliche Kontakte anzubahnen: So gründete er zusammen mit englischen Kollegen einen „Economic Circle", der 1935/36 in die Economic Section der Asiatic Society of Japan umgewandelt werden konnte, als deren Vizepräsident Singer fungierte. Auch zu japanischen Politikern nahm er Kontakt auf und bot wirtschaftspolitische Beratung an, unter anderem zu

---

schaften und akademische Diskurse in Deutschland im 19. und 20. Jahrhundert, hrsg. von Björn HOFMEISTER und Hans-Christoph LIESS. Stuttgart 2006, 394–430.

473 Zu Singers Zeit in Japan vgl. auch SCHEFOLD, Bertram und SCHÖNHÄRL, Korinna, Der Georgeaner Kurt Singer in Japan: „Die aber wie der Meister sind, die gehen, und Schönheit wird und Sinn wohin sie sehen", in: Heinz KURZ (Hrsg.), Studien zur Entwicklung der ökonomischen Theorie, voraussichtlich Berlin 2009 (im Druck).

474 Eines der frühesten Zeugnisse im Tagebuch von 1903: „Wenn ich jetzt etwas schreiben könnte u. zwar zugleich über Judenfrage, Japan. Kunst, Mathematik und Architektur, wäre ich froh." (SUB, NKS CI 10) Träume von Japan auch im Tagebuch von 1907, SUB, NKS CI 17. Außerdem besprach Singer im gleichen Jahr Lafcadio Hearns Roman *Izumo* (HEARN, Lafcadio, Izumo: Blicke in das unbekannte Japan. Frankfurt a. M. 1907) in SINGER, Kurt, Der Blütenzweig in der Vase, in: Neue Rundschau 18 (1907), 767.

475 OHTA, Hidemichi, Kurt Singers Leben und Wissenschaft 1–7 (Japanisch), in: UP 9–12; 2,3,6 (1984/1985). Ich danke Kenji Mori für die Übersetzung aus dem Japanischen.

476 SINGER (1957), Bericht, 599.

477 Als Vergleich für die Wahrnehmung Japans durch einen Deutschen sei verwiesen auf PANTZER, Peter und SAALER, Sven (Hrsg.), Japanische Impressionen eines kaiserlichen Gesandten. Karl von Eisendecher im Japan der Meiji-Zeit. München 2007.

478 WILHELM, Wolfgang, Drei bedeutende deutsche Denker in Sendai: Herrigel, Löwith, Singer, in: Jahresmitteilungen der Japanisch-Deutschen Gesellschaft Sendai 3 (1988), 42–58, 45f; ebenso ESCHBACH-SZABO, Viktoria, Kamakura und Athen, in: Achim ESCHBACH u.a. (Hrsg.), Interkulturelle Singer-Studien: Zu Leben und Werk Kurt Singers. München 2002, 161–182.

479 OHTA (1984/1985), Kurt Singers Leben. Auch der Volkswirt Haruo Naniwada berichtete von dem bleibenden Eindruck, den Singer auf ihn ausübte. Vgl. auch das Kapitel über Kurt Singer in SCHWENTKER, Wolfgang, Max Weber in Japan: Eine Untersuchung zur Wirkungsgeschichte 1905–1995. Tübingen 1998, 109–111.

Finanzminister Korekiyo Takahashi.[480] Sogar ein Platon-Buch in japanischer Übersetzung konnte Singer publizieren, das mehrfach aufgelegt wurde, und er wurde zur Zeremonie der Gedichtlesung im japanischen Kaiserpalast eingeladen.[481] Singer setzte sich nicht nur mit Fragen der japanischen Wirtschaft auseinander,[482] sondern er interessierte sich auch intensiv für den Aufbau der japanischen Gesellschaft, die japanische Mentalität, Kunst, Kultur und Tradition, wie zahlreiche Publikationen zu diesem Thema, auch in japanischer Sprache, beweisen.[483] Er bemühte sich dabei um den „objektiven“ Blick des Fremden, von dem George Simmel geschrieben hatte.[484] Für sein großes Werk über die japanische Gesellschaft *Spiegel, Schwert und Edelstein*, das er Karl Wolfskehl widmete, fand Singer jedoch keinen Verleger, sodass es erst posthum publiziert werden konnte.[485] Trotz wissenschaftlichem Erfolg blieb das Gefühl der Isolation als Fremder. Zu seinem Kummer lernte Singer nie fließend Japanisch zu sprechen und noch weniger zu lesen[486], und auch sein schriftliches Englisch erreichte nie muttersprachliches Niveau, sodass er auf Korrektoren angewiesen blieb.[487]

Obwohl Singer zunächst nur für zwei Jahre bleiben wollte, konnte er nicht wie geplant nach Deutschland zurückkehren. Im April 1933 wurde ihm in Hamburg wegen seiner jüdischen Abstammung die venia legendi entzogen. Es gelang, den Vertrag in Tokio noch bis zum März 1935 zu verlängern, doch danach konnte Singer keine neue Stelle finden. Er nutzte die Zeit für eine Reise nach China ab Herbst 1935, wo er in der gespannten politischen Lage in Peking ausgedehnte Studien zu Kultur und Geschichte des Landes unternahm und Kontakt zu ausländischen Journalisten, Wissenschaftlern und Politikern unterhielt.[488] Das japanisch besetzte Peking wurde – nach Rom – seine Lieblingsstadt, auch wenn er mit wachsender Beunruhigung den sich verschärfenden Konflikt zwischen Japan und China

---

480 Lebenslauf Kurt Singer, SUB, NKS C II 4, wie Fn 426, sowie Singer, Kurt, Activities and attitudes during the inter-war period 1919–1939, undatiert, SUB, NKS C II 2, 7.

481 SINGER (1957), Bericht, 602.

482 SINGER, Kurt, Landlords and tenant farmers of Japan, in: The economic record 23 (1947), 238–249.

483 Z.B. SINGER, Kurt, Some Notes on early Japanese marriage Institutions, in: Kurt SINGER (Hrsg.), The life of ancient Japan. Selected contemporary texts illustrating social life and ideals before the era of seclusion. Mit einer Einleitung von Kurt Singer (1. Aufl. 1939). Neudruck in der Japan Libary Tokio-Kanda 2002, 279–309.

484 Vgl. KITAGAWA, Sakiko, Soziologische Ästhetik – Georg Simmel, Kurt Singer und Japan, in: Achim ESCHBACH u.a. (Hrsg.), Interkulturelle Singer-Studien: Zu Leben und Werk Kurt Singers. München 2002, 271–294, 283.

485 SINGER, Kurt, Mirror, Sword and Jewel. Edited with an introduction by Richard STORRY. London 1973; in deutscher Übersetzung (und ohne Widmung): SINGER, Kurt, Spiegel, Schwert und Edelstein. Strukturen des japanischen Lebens (Edition Suhrkamp 3327). 5. Aufl. Frankfurt a. M. 2005. Zur Problematik der deutschen Ausgabe, die wesentlich erweitert ist, ohne ihre Quellenbasis darzulegen, vgl. WIENOLD, Götz, Gibt es Kurt Singers Japan noch? Fragen zur Historizität von Singers Blick und zur doppelten Textgestalt, in: Achim ESCHBACH u.a. (Hrsg.), Interkulturelle Singer-Studien: Zu Leben und Werk Kurt Singers. München 2002, 209–246, insb. 212–231.

486 ESCHBACH-SZABO (2002), Kamakura, 170f.

487 Singer an Wolfskehl am 28.6.39 in: WOLFSKEHL, Karl, Karl Wolfskehls Briefwechsel aus Neuseeland 1938–1948, Veröffentlichungen der Deutschen Akademie für Sprache und Dichtung Darmstadt. Bd. 1 und 2, hier Bd. 1. 2. Aufl. Darmstadt 1988, 328.

488 Singer, Kurt, Activities and attitudes during the inter-war period 1919–1939, undatiert, SUB, NKS C II 2, 9.

beobachtete. Seine eigene Aussage, in seiner auf der Reise entstandenen Studie[489] sei keine Parteinahme für Japan und gegen China zu entdecken, deckt sich nicht mit dem Lektüreeindruck. Singer schilderte Japan eindeutig als kulturell überlegen.[490]

Im Januar 1936 kehrte Singer nach Japan zurück, wo er einen Putschversuch in Tokio miterlebte und zunehmende totalitäre Tendenzen feststellte.[491] Er bekam eine Stelle als Deutschlehrer an der Daini Kōtō Gakkō in Sendai, einer höheren Schule, wo er junge Japaner zwischen dem 17. und 22. Lebensjahr auf ihr Studium an der Universität vorbereitete. Im Gästebuch der Schule notierte er bei seiner Ankunft am 23. April 1936 die Verse von George: „In far und fron wenn wir nur überdauern,/ Hat jeder tag mit einem sieg sein ende."[492] Auch wenn er sehr unter den 22 Stunden Lehrverpflichtung pro Woche litt, genoss er doch auch den Umgang mit seinen jungen Schülern, die ihm als Verkörperung antiker Ideale erschienen: „Fragt man die besten was sie wollen, so sagen sie ganz einfach: wir wollen den platonischen staat errichten..."[493] Die Stelle in Sendai wurde nach Abschluss des Deutsch-Japanischen Kulturpaktes im Herbst 1938 nicht mehr verlängert, vielmehr wurde Singer 1939 durch den überzeugten Nationalsozialisten Karl Ferdinand Reichel ersetzt.[494] In einer letzten Ansprache im Februar 1939 an seine Schüler, die seinen Unterricht zuletzt gemieden hatten, verwahrte er sich gegen den Vorwurf, ein schlechter Deutschlehrer zu sein; er habe vielmehr hohe Forderungen an die Allgemeinbildung gestellt, den Forschertrieb seiner Schüler zu fördern versucht und sie immer wieder aufgefordert, selbstständig zu denken.[495] Eine weitere Beschäftigung war in Japan nicht zu finden, worüber Singer zunehmend verzweifelt war. „Es werden briefe über briefe geschrieben, mit immer bittererem geschmack im munde – denn ist es wirklich erlaubt dort zu bitten wo jetzt gebeten werden muss? man darf nur verbannt sein solange es könige und grosse Herren gibt. ist es nicht besser nach tahiti zu fahren und dort allmählich ins reich der seesterne und haifische überzugehen statt ungemässe zu ersuchen; sagen und schreiben zu dürfen was niemand drüben noch hören will? Und doch *vielleicht dass hinter jenen Hoehenzuegen*..."[496]

Im August 1939 emigrierte er nach 99 Monaten in Japan nach Australien – die Reisekosten bezahlte die Hochschule in Sendai, wie es Singer vertraglich zugesichert worden war.[497]

---

489 SINGER, Kurt, Differences of Chinese and Japanese Culture, in: Yale Review 27 (1938), 772–789; Seine Bewertung in Singer, Kurt, Activities and attitudes during the inter-war period 1919–1939, undatiert, SUB, NKS C II 2, 11.

490 Vgl. 190ff.

491 Ein unpublizierter Artikel über den Faschismus in Japan, den Singer erwähnt, ist im Nachlass nicht auffindbar (Singer, Kurt, Activities and attitudes during the inter-war period 1919–1939, undatiert, SUB, NKS C II 2, 12). Seine Tagebuchaufzeichnungen im Tagebuch von 1936, SUB, NKS CI 31.

492 Ich danke Bertram Schefold für die Kopien aus dem Gästebuch der Universität Tohoku aus dem Universitätsarchiv Sendai/ Japan.

493 Singer an Edith Landmann am 25.7.36 in SUB, NKS BI5.

494 HATTORI, Fumio, Kurt Singers ‚Spiegel, Schwert und Edelstein' (Japanisch), in: Seminaristenhefte des Hattori-Seminars 122 (1994), 4. Ich danke Keji Mori für die Übersetzung.

495 Singer, Kurt, Ansprache an Schüler des zweiten und dritten Jahrgangs der Dainikotogakko, am 13.–15. Februar 1939, SUB, NKS C II 8.

496 Singer an Edith Landmann am 27.12.38 in SUB, NKS BI5 (Hervorhebungen von Singer).

497 Ich danke Bertram Schefold für die Kopien des Arbeitsvertrags aus dem Universitätsarchiv Sendai/ Japan.

Hier fand er zunächst eine Wohnung und knüpfte erste wissenschaftliche Kontakte.[498] Im Juni 1940 wurde er jedoch als „enemy alien“ im Lager Tartura interniert,[499] wovor ihn auch das in Japan in seinen Pass gestempelte J für „Jude“ nicht bewahrte.[500] Er überbrückte die Gefangenschaft, indem er Chinesisch lernte und alle Bücher las, die er bekommen konnte.[501] Erst im Oktober 1941 kam er nach einer Intervention von Keynes sowie der Protection of Science and Learning wieder frei[502] und nahm die verzweifelte Suche nach einem neuen akademischen Wirkungsfeld wieder auf.[503] Um in Australien bleiben zu können, musste er die englische Staatbürgerschaft annehmen. Von einer Übersiedlung nach England, die Singer ebenfalls erwog, riet Keynes allerdings ab. Auch Eduard Heimann verwendete sich für Singer und charakterisierte ihn 1940: „Singer is not a happy man. He is very short and suffers from some complex on this account. This has something to do with his somewhat Napoleonic attitude. I must mention it to give you a full picture and to warn you against placing him where he would not fit in. But it does not detract from my appreciation of his many brilliant qualities.”[504] Im Jahr 1942 bekam Singer ein dreijähriges Stipendium für eine Studie über Konfliktforschung.[505] 1946 erhielt er eine Stelle als teaching fellow an der ökonomischen Fakultät der Universität Sydney, die schließlich in die jährlich kündbare Stellung eines acting lecturer überführt wurde. Er las über die Geschichte des Wirtschaftsdenkens in Altertum, Mittelalter und frühester Neuzeit[506] und beschäftigte sich wiederum mit wirtschaftlichen Problemen seines Gastlandes.[507] Wirklich wohl fühlte er sich in Sydney nicht, obwohl er die weitgehende akademische Freiheit genoss.[508] Ein „diffuses und unverantwortliches freundlichsein aus paradiesischem impuls“ bei den Australiern blieb ihm suspekt.[509]

498 Kurt Singer an Karl Löwith am 21.10.39 in DLA, A: Löwith, 99.17.109/1–12. Singer wurde also nicht sofort bei der Ankunft verhaftet. Erst ein Brief vom 10.09.1940 berichtet von seiner Internierung, die drei Monate zurückliege. Als Begründung führte Singer an, man habe seine Erzählungen über Japan als feindliche Propaganda verstanden. Dies verwundert nicht, bedenkt man Singers Parteinahme und Begeisterung für Japan.

499 KING, J.E., Kurt Singer, in: J.E. KING (Hrsg.), A Biographical Dictionary of Australian and New Zealand Economists. Cheltenham und Northampton 2007, 253–254, 253.

500 Singer, Tagebuch vom August 1939, maschinenschriftl. Abschrift, SUB, NKS CI35.

501 ARNDT (2000), Jewish Scholar, 73.

502 NICOLAYSEN (1998), Singer und Hamburger Universität, 86.

503 *Proposals for future research work by Dr. Kurt Singer*, als Beilage zu einem Brief von Else Staudinger an Hugh Borton (American Council of Learned Societies) vom 28.12.1938, in: U Albany SPA Else Staudinger (Ger–017), Series 4, Box VI, Folder 128.

504 Brief von Eduard Heimann an Alvin Johnson, in: U Albany SPA, Nachlass Else Staudinger (Ger–017), Series 4, Box VI, Folder 128. Heimann verwendete sich für Singer, betonte aber, dass er selbst, Emil Lederer und Gerhard Colm teilweise bittere Kontroversen mit Singer ausgefochten hätten, da er im Gegensatz zum klassisch-liberalen Ansatz gestanden habe. Den positiven Grundtenor des Briefes unterschlägt KROHN (2002), Kurt Singer, 59.

505 SINGER, Kurt, The Meaning of Conflict, in: Australasian Journal of Philosophy 27, 3 (1949, Dezember), 145–170; SINGER, Kurt, The Resolution of Conflict, in: Social Research 16 (1949), 231–245.

506 Lebenslauf Kurt Singer, SUB, NKS C II 4, wie Fn 426.

507 Z.B. in dem Text Wool Prices and Inflation. A Post-Mortem on Conditions and States of Mind in 1950/1951. The economic society of Australia and New Zealand. New South Wales branch. Economic Monograph No. 151, Februar 1953, SUB, NKS AI 60.

508 Singer an Löwith am 6.12.46 in DLM, A: Löwith, 99.17.109/7.

509 Singer an Löwith am 25.1.48 in DLM, A: Löwith, 99.17.109/1–12.

„Man lässt mich gelten, wie einen granitblock den eine endmoräne in der lüneburger Heide stehen gelassen hat, und kann ebenso wenig etwas damit anfangen."[510] Singer resümierte: „Es gehört allerdings eine gehörige dosis von stolz mit einsicht dazu in einer bevölkerung zu leben die einen nicht als zugehörig betrachtet und behandelt – die sehr wenigen leidlich gebildeten ausgenommen. Wenn ich je zu ‚nationalistisch' gedacht haben sollte, so entspricht diese Purgatorio-zeit unter dem denkbar krudesten adepten dieser schule allerdings vollkommen dem fehl."[511] Als er 1956 das Höchstalter von 70 Jahren für eine Beschäftigung an der Universität überschritt, hielt er sich zunächst durch den von Theodor Heuss vermittelten Auftrag, den Briefwechsel zwischen Friedrich Knapp und Bendixen zu edieren, über Wasser.[512] 1957 schließlich erreichte er die Anerkennung seiner Pensionsansprüche an der Universität Hamburg: Ein Ruhegehalt und rückwirkend vier Jahresbezüge wurden ihm gewährt. Diese Pension erlaubte ihm die Rückkehr nach Europa. Nach einigen Reisen durch Deutschland, Italien und die Schweiz ließ er sich in Athen nieder. Nach Deutschland zog es ihn nicht zurück. Seine einzige Verwandte, seine jüngere Schwester, war 1941 im Konzentrationslager Łódź ums Leben gekommen.

In Athen, weit weg von den ökonomischen Diskussionen seiner Zeit, litt Singer darunter, durch sein Schaffen keine echte Wirkung erzielt zu haben. Curtius, mit dem er die Korrespondenz wieder aufnahm, tröstete ihn: „Der Mangel an Resonanz, den Sie bei sich konstatieren, ist wol [sic! Ko. S.] daraus zu erklären, dass der Autor der Lyr-Legende, der der Geldreform, der des Platon nicht auf einen Nenner zu bringen sind. Man bringt es zur Notorietät nur, wenn man immer dasselbe sagt und herstellt."[513] Wie Salin, so war auch Singer „Universalgelehrter".[514] Immerhin besuchte ihn in Athen sein ehemaliger japanischer Schüler Daigoro Kusayanagi, ein Kunsthistoriker, der Singers Leben als einsam, aber zufrieden beschrieb.[515] Eine Einladung an die Universität Hamburg durch Siegfried Landshut musste Singer 1960 wegen Krankheit absagen. Am 13.2.1962 verstarb er in Athen. Als Nachlassverwalter kümmerte sich Georg Peter Landmann um Singers Hinterlassenschaften[516] und brachte einen Teil davon ins George-Archiv in Stuttgart, den anderen in die Staats- und Universitätsbibliothek Hamburg.

Singers Beschäftigung mit George und dem Kreis setzte sich über die Zeit des persönlichen Kontakts zum Dichter fort. So verfasste er 1930 eine Besprechung von Wolters *Stefan George und die Blätter für die Kunst*[517] und 1948 eine Rezension von Wolfskehls *An die*

---

510 Singer an Löwith am 24.7.49 in DLM, A: Löwith, 99.17.109/1–12.

511 Singer an unbekannt am 21.11.52 in SUB, NKS BI18.

512 KNAPP und BENDIXEN (1958), Theorie Geld.

513 Curtius an Singer am 30.5.57 in SUB, NKS BII 9.

514 BLAICH, Fritz, [Rezension zu] Singer, Kurt, The Idea of Conflict, Basel 1973, in: Vierteljahresschrift für Sozial- und Wirtschaftsgeschichte 63 (1976), 507–508.

515 KUSAYANAGI, Daigoro, In Griechenland (Japanisch), in: Sekai 247 (1966), 235ff. Ich danke Kenji Mori für die Übersetzung. Singers Schüler Hidemichi Ota besuchte sein Grab in Athen, vgl. ARNDT (2000), Jewish Scholar, 75.

516 Singers widersprüchliche Testamentfassungen in SUB, NKS CII, 5 u. 6; vgl. auch NICOLAYSEN (1998), Singer und Hamburger Universität, 90. Georg Peter Landmanns Bericht über seine Tätigkeit als Nachlassverwalter im StGA, Singer IV, 1.

517 SINGER, Kurt, Stefan George und die Seinen. [Rezension zu] Friedrich Wolters: Stefan George und die Blätter für die Kunst, in: Münchner Neueste Nachrichten 83, 16 (1930, 17. Januar), 1f.

Deutschen, in der er Wolfskehl ganz von George aus deutete: Dessen Kräfte, zu binden und zu wandeln hätten sich in der Fähigkeit gezeigt, den kaum jüngeren und ebenso begabten Wolfskehl anzuziehen und an sich zu fesseln.[518] Singer las wohl schon 1950 Salins *Um George* und schrieb darüber gewohnt bissig an Edith Landmann: „Dank für die Übersendung des Salin'schen buches. [...] Es steht viel richtiges und mitteilenswertes darin aber es leidet nicht nur an einem missverhältnis zwischen der menschlichen substanz des berichters und dem gewicht des von ihm gesehenen und gedachten. [...] In literarischen categorien: evangelinkes zeugnis und commentarius de bello civili.“[519] In der Folge begann auch Singer Gedanken über George niederzuschreiben. 1951 räsonierte er über Georges Einfluss auf das Werk Hugo von Hofmannsthals, 1957 hielt er Erinnerungen an eine Begegnung mit George im August 1918 fest und 1963 kommentierte er den Briefwechsel zwischen George und Hofmannsthal.[520] In Australien verband ihn eine innige Freundschaft mit Hans Brasch, die nicht zuletzt durch ihrer beider Nähe zum George-Kreis bedingt war und ihren Ausdruck auch in Gedichten fand.[521] Ein 1969 von Georg Peter Landmann herausgegebener Band *Antithule* fasst die Gedichte der beiden aus der Zeit in Australien zusammen.[522] Zahlreiche Gedichte Singers behandeln die Erfahrungen des Exils und der Einsamkeit, aber auch seine Verehrung für den „Meister“.[523] Der Bezug zu George blieb bis ins Alter ein prägendes Element seiner Identität und er fühlte sich ihm lebenslang eng verbunden: Der Dichter war und blieb Singers „Wunschgott, der uns über die Schranken der eigenen Natur hinausträgt, wie es Wieland durch Goethe, Heine durch Napoleon, Mommsen durch Cäsar geschah.“[524] Im Gedicht schrieb der Ökonom in Erweiterung eines Zitats von Leonardo da Vinci: „Doch ‚der sich band an einen stern/ Der kehrt nicht um‘ Dein glühen siegt.“[525]

---

518 SINGER, Kurt, Poems by Karl Wolfskehl. [Rezension zu] Karl Wolfskehl: An die Deutschen, in: Meanjin (Melbourne) 7, 3 (1948), 184–186, 184.

519 Singer an Edith Landmann am 3.2.50 in SUB, NKS BI5.

520 SINGER, Kurt, Die Spur einer Dichterbegegnung. George und Hofmannsthal, in: Castrum Peregrini 4 (1951), 7–29; SINGER (1957), Erinnerungen; SINGER, Kurt, Der Streit der Dichter. Gedanken zum Briefwechsel George-Hofmannsthal, in: Castrum Peregrini 60 (1963), 5–28. Dieser Text sollte ursprünglich in der Zeitschrift Merkur veröffentlicht werden, die ihn aber ablehnte, weil Hofmannsthal zu negativ dargestellt werde. Singer reagierte erbost und bezeichnete die Ablehnung als „totalitär“ (DLA, D: Merkur, 52–57, 80.3, hier Singer an Hans Paeschke vom 7.9.1956).

521 Vgl. BRASCH, Hans, Die Verstreuten. Ein Gespräch 1943, in: Castrum Peregrini 60 (1963), 29–36. Ein Gedicht Singers an Brasch auch gedruckt in BOEHRINGER (1968), Bild von George, 258.

522 SINGER, Kurt und BRASCH, Hans, Antithule. Deutsche Gedichte aus Australien. Düsseldorf u. München 1969. Der Titel stellt einen deutlichen Bezug zu Karl Wolfskehl her. „Thule“ war der Name einer in der Antike sagenhafte Insel im hohen Norden. Wolfskehl wählte mit Neuseeland das Land zum Exil, das vom nationalsozialistischen Deutschland am denkbar weitesten entfernt war, auf der anderen Seite des Globus, und nannte es seine „Antithule“. In einer ähnlichen Situation sahen sich auch Singer und Brasch in Australien.

523 Vgl. das Gedicht am Anfang dieser Arbeit, 1.

524 SINGER, Kurt, Rede auf Goethe, in: Neue Rundschau 63 (1952), 382–395, 394.

525 Gedicht *Frangor non flectar* in SINGER und BRASCH (1969), Antithule, 24.

4. Der George-Kreis und das Judentum

Die vier Ökonomen Salin, Singer, Salz und Landmann wurden als zentrale Untersuchungsobjekte dieser Arbeit ausgewählt, weil sie erstens einen engen und langjährigen Bezug zu George hatten und zweitens genuine Ökonomen waren. Allerdings hieße es den Zufall überstrapazieren, wollte man behaupten, dass ihre gemeinsame jüdische Herkunft nur auf ihm beruhe.[526] Dieser Aspekt ihrer Identität verdient eine genauere Betrachtung.

Zu Beginn einer solchen Überlegung muss eine Definition stehen, was unter einem „Juden" zu verstehen ist. Historisch gesehen wurde die Definition der Juden als Glaubensgemeinschaft in dem Augenblick schwierig, als im Rahmen der alle Religionen ergreifenden Säkularisierungstendenzen immer mehr „Juden" sich von ihrer Religion abwandten und diese nicht mehr praktizierten.[527] Gegen diesen Verlust der jüdischen Identität war die „Jüdische Renaissance" gerichtet, die vor allem von Martin Buber dominiert wurde. Andererseits kann auch die Definition über die „Rasse", das „Blut" wie sie von vielen Zeitgenossen, auch von jüdischen, vorgenommen wurde, nicht befriedigen.[528] Ich möchte mich daher Geret Luhrs Definition anschließen: „Unabhängig von den spezifischen ethnischen Herkunftsverhältnissen wird hier derjenige als jüdisch bezeichnet, bei dem entweder eine Selbst- oder eine Fremdeinschätzung als Jude oder Deutschjude vorliegt, die sich wiederum auf die individuelle Identitätsbildung in irgendeiner feststellbaren Weise ausgewirkt hat."[529] Diese Definition wird auch der Problematik eines Falles wie dem von Friedrich Wolters gerecht, der zwar jüdische Großeltern hatte, aber abgesehen von wenigen Ausnahmefällen nie als Jude bezeichnet wurde und sich nicht als solcher bezeichnete, und infolgedessen auch nicht als solcher galt. Die beschriebenen vier Ökonomen können nach dieser Definition alle vier klar als Juden gelten: Sie waren sich ihrer jüdischen Herkunft bewusst, füllten Personalbögen mit der Religionsangabe „mosaisch" aus und wurden auch von ihrer Umgebung als Juden wahrgenommen. Die folgenden Überlegungen sollen in keiner Weise eine Zwangläufigkeit suggerieren: Als „freischwebende Intellektuelle" *mussten* sich die jüdischen Ökonomen keineswegs für den George-Kreis entscheiden, sondern sie taten dies vielmehr aufgrund einer „Wahlverwandtschaft".[530] Umso interessanter ist die Frage, warum der Kreis eine derartige

---

526 Die große Zahl der jüdischen Wissenschaftler unter den deutschen Ökonomen zu Beginn des 20. Jahrhunderts vernachlässigt völlig BERG, Nicolas, Ökonomie und Kollektivität. Fragen zur Metaphorisierung von Judentum in nationalökonomischen Schriften um 1900, in: Raphael GROSS und Yfaat WEISS (Hrsg.), Jüdische Geschichte als Allgemeine Geschichte. Göttingen 2006, 49–75. Berg untersucht die antisemitischen Tendenzen der Nationalökonomie um 1900. Insbesondere Edgar Salin, dessen Schriften Berg als Beispiel für antikapitalistisches Denken nennt, das später in antisemitische Metaphern gemündet habe, war Jude! Die Zusammenhänge waren deshalb viel komplizierter, als Berg sie stark schematisiert darstellt.

527 Vgl. die folgenden Ausführungen LUHR (2002), Ästhetische Kritik, 81–98.

528 Zur Problematik der deutsch-jüdischen „Symbiose" vgl. auch SCHOEPS, Julius H., Deutsch-jüdische Symbiose oder die missglückte Emanzipation. Darmstadt 1996; Veronika Lipphardt betont, dass jüdische Biowissenschaftler ihre Rassenforschungen für wirksame und zukunftsweisende Maßnahmen im Interesse des Judentums hielten, da man die Rassenbiologie nicht einfach ignorieren könne und die biologischen Unterschiede zwischen Juden und Nichtjuden anerkennen müsse. Solche Deutungsmuster spielten eine wichtige Rolle im jüdischen Selbstvergewisserungsdiskurs (LIPPHARDT, Veronika, Biologie der Juden: jüdische Wissenschaftler über ‚Rasse' und Vererbung. Göttingen 2008, 313f.).

529 LUHR (2002), Ästhetische Kritik, 93.

530 Ebd., 104f, 269.

Anziehungskraft auf sie ausübte. Die Forschungsliteratur, die sich mit der Frage beschäftigt,[531] warum der George-Kreis auf jüdische Intellektuelle eine besondere Faszination ausübte – von den 40 bis 45 Mitgliedern, die dem Kreis zwischen 1918 und 1933 in etwa zugeordnet werden können, war knapp ein Viertel Juden[532] – bietet verschiedene Antworten an.

Die Intellektuellen jüdischer Herkunft in Deutschland[533] litten ebenso wie die christlich sozialisierten unter der „Krise der Moderne". Im Anschluss an Breuers These von der einfachen und reflexiven Modernisierung in Deutschland[534] legt Luhr dar, dass sie davon in besonderer Weise betroffen waren, da die Erosion traditioneller jüdischer Identitätsmuster sich in einem sozial und kulturell noch nicht gefestigten Raum vollzog, sodass sie unter der Modernisierung verstärkt litten und das Gefühl der Verunsicherung besonders stark empfanden.[535] Während die Juden noch um eine volle Akzeptanz im Bildungsbürgertum kämpften, war das Gelehrtentum seinerseits schon durch den Niedergang bedroht, was die intellektuelle Orientierung für die Intellektuellen jüdischer Herkunft besonders erschwerte. Eine solche ermöglichte der George-Kreis. Zudem hätten die Juden die Fremdheitserfahrung mit George gemeinsam gehabt:[536] In der Zeit vor dem Ersten Weltkrieg, in der die meisten Juden sich dem George-Kreis anschlossen, präsentierte sich George als Antipode zum wilhelminischen, bürgerlichen Deutschland, in dem die Juden sich nicht voll integriert fühlten. In der Erfahrung der Ausgegrenztheit und Fremdheit habe so eine Parallele zwischen George und den Juden gelegen, durch die sie sich angezogen fühlten – eine Deutung, die auf George selbst zurück geht, der betonte, die Juden hätten wohl aufgrund ihrer Fremdheit sein eigenes, in Deutschland fremdes Werk besonders gut verstehen können.[537] Der George-Kreis bot den Juden die Möglichkeit, ästhetische Kritik an einer Kultur zu üben, in der sie es schwer hatten, sich zu behaupten.

Der Überlegung einer George und die Juden verbindenden Fremdheitserfahrung in der bürgerlichen wilhelminischen Gesellschaft scheint die Argumentation Carola Groppes diametral entgegengesetzt. Sie führt aus, der George-Kreis habe den Juden die Möglichkeit geboten, sich optimal ins deutsche Bildungsbürgertum zu integrieren, ohne sich dem Verdacht des „Hyperintellektualismus" oder überzogenen Rationalismus auszusetzen, der oft

---

531 Die Forschungsliteratur findet sich zusammengefasst und besprochen in LUHR (2002), Ästhetische Kritik. Luhr weist besonders auf die Unvereinbarkeit der Thesen von Sparr und Lewin hin (ebd. 149f). Erwähnenswert zu dieser Thematik daneben auch KRAFT, Werner, Stefan George. München 1980.

532 KOLK, Rainer, „Verkannte brüder", „entjudete Juden". George-Kreis, deutsch-jüdisches Bürgertum und die politische Rechte 1918–1933, in: Gert MATTENKLOTT, Michael PHILIPP und Julius H. SCHOEPS (Hrsg.), „Verkannte brüder"? Stefan George und das deutsch-jüdische Bürgertum zwischen Jahrhundertwende und Emigration. Hildesheim, Zürich, New York 2001, 55–68, 56. Kolk definiert allerdings nicht, wen er als „Juden" versteht.

533 Die Situation der Juden in Deutschland während der Weimarer Zeit schildert übersichtlich REINKE, Andreas, Geschichte der Juden in Deutschland: 1781–1933. Darmstadt 2007, 106–141.

534 BREUER (1995), Konservative Revolution, 15ff. Vgl. 4.

535 LUHR (2002), Ästhetische Kritik, 90.

536 Diese gemeinsame Fremdheitserfahrung betont auch RIEDNER (2002), Interpretin und Zeugin, 7f.

537 EGYPTIEN, Jürgen, Georges Haltung zum Judentum, in: Gert MATTENKLOTT, Michael PHILIPP und Julius H. SCHOEPS (Hrsg.), „Verkannte brüder"? Stefan George und das deutsch-jüdische Bürgertum zwischen Jahrhundertwende und Emigration. Hildesheim, Zürich, New York 2001, 15–29, 18.

gegen jüdische Intellektuelle erhoben wurde.[538] In der Tat stellte die Bildung für die meisten Juden den wesentlichen Identifiktionsträger dar.[539] Weil die Judenemanzipation in Deutschland vor allem über die Integration in die deutsche Bildungstradition erfolgt war, verstanden sich die jüdischen Intellektuellen als eine Bildungselite, weswegen sie auch durch die elitäre Tendenz des Kreises angesprochen wurden.[540] Die Bildung, die Hinwendung zum Humanismus und zur Antike spielte bei der Attraktion des Kreises auf die jüdischstämmigen Intellektuellen also eine herausgehobene Rolle, nicht aber in ihrem wilhelminischen, bürgerlichen Gewand. Mit Luhr muss darauf hingewiesen werden, dass die meisten Juden sich dem Kreis anschlossen in einer Zeit, in der George sich antibürgerlich, ja manchmal sogar anarchistisch stilisierte, was den Geltungsbereich von Groppes These einschränkt. *Das* Deutschland, das George verkörperte und das mit dem Schlagwort vom „geheimen Deutschland" umschrieben wurde, war für die jüdischstämmigen Intellektuellen eines, „an das sie glauben konnten und in dem sie sich aufgehoben wußten, ganz im Unterschied zu dem gesellschaftlichen Umfeld, in dem sie lebten."[541] Gerade durch die Betonung des elitären Anspruchs und den hohen Stellenwert der humanistischen Bildung wurde es für sie attraktiv. Der Wunsch, sich zu einem in geistiger Hinsicht höheren Leben zu erheben, war für Franz Rosenzweig die eigentliche Begründung der Zionssehnsucht der deutschen Juden. Eben diese Hoffnung scheint für die georgeanischen Juden das „Geheime Deutschland" zu verkörpert zu haben.[542]

Zwischen der jüdischen Religion, die auch die atheistischen Mitglieder mit jüdischen Wurzeln in ihrer Sozialisation erlebt hatten, und dem Kreis bestanden zudem strukturelle Ähnlichkeiten: Wera Lewin betont die „Affinität zur patriarchalischen Gemeinschaft, vor allem aber zum absoluten Anspruch des Gesetzes auf totale Gestaltung des Lebens", die die jüdischstämmigen Intellektuellen für Georges Auftreten empfänglich gemacht habe.[543] Ebenso habe die Prophetie Georges auf die jüdisch sozialisierten Georgeaner aufgrund der Nähe zu alttestamentarischen Darstellungen einen besonderen Reiz ausgeübt.[544] Auch auf wissenschaftlicher Ebene lassen sich hier Parallelen erkennen: Rainer Kolk führt aus, dass der im Kreis gepflegte verehrende Umgang mit Autoren und der Versuch, dem Gegenüber – zumindest dem eigenen Verständnis nach – im hermeneutischen Prozess zu seinem Recht zu verhelfen und seine Wahrheit und Lebensnähe aufzuzeigen, eine Parallele zur jüdischen Praxis der Schriftauslegung darstellte.[545] Auch die ästhetischen Riten des Kreises hätten deutliche Parallelen zur jüdischen Religionspraxis aufgewiesen, was den Juden oder jüdisch sozialisierten Atheisten zusätzlich entgegen gekommen sei.[546]

---

538 GROPPE (2001), Macht der Bildung, 532.

539 LUHR (2002), Ästhetische Kritik, 46.

540 Ebd., 158.

541 DURZAK, Manfred, Stefan George und die Familie Landmann, in: Gert MATTENKLOTT (Hrsg.), „Verkannte Brüder"?: Stefan George und das deutsch-jüdische Bürgertum zwischen Jahrhundertwende und Emigration. New York 2001, 153–161, 158.

542 LEWIN, Wera, Die Bedeutung des Stefan George-Kreises für die deutsch-jüdische Geistesgeschichte, in: Year book of the Leo Baeck Institute 8 (1963), 184–213, 195.

543 Ebd.

544 LUHR (2002), Ästhetische Kritik, 140.

545 KOLK (2001), Deutsch-jüdisches Bürgertum, 61.

546 GROPPE (2001), Macht der Bildung, 534.

Ein entscheidender Faktor für die Attraktion des Kreises auf jüdischstämmige Intellektuelle war ferner, dass im George-Kreis die „rassische“ Herkunft keine Rolle spielte, sondern der Wert der Einzelperson und ihr geistiges Potenzial zählte[547] – ein Punkt, den besonders Edgar Salin hervorhob.[548] Da die Abstammung im Kreis von untergeordnetere Bedeutung war, konnten sich jüdischstämmige Intellektuelle hier im kulturkritischen Spektrum engagieren, aus dem sie sonst aus „rassischen“ Gründen meist ausgeschlossen blieben.[549] „Das Ethikangebot des Kreises erlaubt Distinktion durch Kritik an Konventionen, zugleich aber Integration durch Betonung traditioneller Normen.“[550] Erich Kahler etwa verstand das Judentum als konservativ und revolutionär – eine Beschreibung, die auch auf den George-Kreis passt.[551]

Im *Stern des Bundes* gab George, von dem in anderen Zusammenhängen auch antisemitische Äußerungen überliefert sind,[552] diesem Gefühl der Gleichberechtigung Ausdruck, indem er Deutsche und Juden als „Verkannte brüder“, „Blond oder schwarz demselben schooss entsprungne“ bezeichnete.[553] George habe damit einen Mythos von einer deutsch-jüdischen Wahlverwandtschaft geschaffen, auch wenn er diese nicht unbedingt in positiven Eigenschaften gegeben sah, sondern eher in der Tendenz zur „Selbstzerfleischung“ und zum Selbsthass bei Deutschen und Juden.[554] Der Mythos von der deutsch-jüdischen Verwandtschaft habe den Juden erlaubt, das zu sein, was ihnen in der Realität verwehrt war: Juden und Deutsche zugleich. Vor allem Friedrich Wolters betonte diese Funktion des Kreises.[555] Eine vollständige Assimilation, die die eigenen kulturellen und religiösen Wurzeln negierte, habe George abgelehnt. Er hielt es für wichtig, sich dessen bewusst zu sein, was man selbst sei, und habe in diesem Sinne eine Doppelidentität als Deutscher und Jude zugelassen.[556]

Allerdings bleibt diese Deutung nicht unwidersprochen. Luhr lehnt sie entschieden ab: Zum einen habe George selbst eine so starre Haltung an den Tag gelegt, dass eine Doppelidentität den Kreismitgliedern nicht möglich gewesen sei, zum anderen hätten diese auch nicht den Wunsch zur Bewahrung des Jüdischen gehabt. Georges Versuche, das Gemeinsame zwischen Juden und Deutschen zu betonen, erklärt Luhr als Rechtfertigungsstrategie Georges, dem von Außenstehenden oft Unverständnis für seine Sympathien für die Juden und die hohe Anzahl von Juden in seinem Kreis entgegengebracht wurde.[557] Dennoch lassen

---

547 KAHN, Ernest, Jews in the Stefan Georges Circle, in: Year book of the Leo Baeck Institute 8 (1963), 171–183, 175; EGYPTIEN (2001), Judentum, 25.
548 SALIN (1954), Um George, 176.
549 GROPPE (2001), Macht der Bildung, 534.
550 KOLK (2001), Deutsch-jüdisches Bürgertum, 62.
551 LUHR (2002), Ästhetische Kritik, 141.
552 Vgl. EGYPTIEN (2001), Judentum, 16f.
553 GEORGE (1993), Stern des Bundes, 41.
554 EGYPTIEN (2001), Judentum, 23.
555 PHILIPP, Michael, „Im Politischen gingen halt die Dinge anders“. Die Thematisierung des „Jüdischen“ im George-Kreis vor und nach 1933, in: Gert MATTENKLOTT, Michael PHILIPP und Julius H. SCHOEPS (Hrsg.), „Verkannte brüder“? Stefan George und das deutsch-jüdische Bürgertum zwischen Jahrhundertwende und Emigration. Hildesheim, Zürich u. New York 2001, 31–53, 32.
556 LANDMANN (1963), Gespräche George, 198, zitiert nach RIEDNER (2002), Interpretin und Zeugin, 7.
557 LUHR (2002), Ästhetische Kritik, 49.

sich in seinem Denken durchaus antisemitische Versatzstücke nachweisen.[558] Nur in Karl Wolfskehl sieht Luhr eine Ausnahme, da dieser trotz der Verehrung für George sein Judentum bewahrt habe.[559] Wie im Folgenden zu zeigen sein wird, stellte aber auch Kurt Singer einen solchen Fall dar, was die Vermutung nahe legt, dass das bewusste Bekenntnis zum Judentum eben nicht in jedem Fall ein prinzipieller Gegensatz zur Verehrung Georges war. Nur am Rande wird in der Sekundärliteratur erwähnt, dass für die atheistischen Intellektuellen mit jüdischer Sozialisation die „Bildungsreligion" des Kreises zudem die Funktion einer neuen Sinnstiftung und religionsähnliche Funktion übernommen habe, ebenso wie für christlich sozialisierte atheistische Intellektuelle auch.[560] Allerdings zeigt ein eingehender Vergleich der vier Ökonomen im Kreis im Hinblick auf ihr Verständnis von Religion, dass George durchaus nicht nur für die Atheisten unter ihnen eine sakrale Funktion übernahm.

Die Haltung der vier Ökonomen, die im Zentrum dieser Untersuchung stehen, zum Judentum könnte unterschiedlicher kaum sein:

Die weiteste Entfernung dürfte wohl im Fall von Julius Landmann vorgelegen haben, der weitgehend assimiliert war. Die jüdische Religion spielte in seinem Leben keine prominente Rolle: Der Religionsunterricht, so berichtete sein Sohn Michael, habe sich darauf beschränkt zu lernen, zur richtigen Zeit das richtige Gebet zu sprechen, aber nicht den Inhalt zu verstehen, sodass er kaum Hebräisch beherrschte. Nach seiner Bar Mitzwa mit dreizehn Jahren benutzte er seinen Gebetsmantel und sein Tefillin nie mehr. Jüdische Feste wurden in der Familie nicht gefeiert, aber auch keine christlichen.[561] Zwar trat Landmann noch in Kiel in die jüdische Gemeinde ein, sagte jedoch von sich, seine Beziehung zu ihr bestehe darin, nicht aus ihr auszutreten.[562] „Sein Verhältnis zum Judentum war das des Gebildeten, nicht eines, das noch in einer Tradition wurzelte." Dennoch blieb eine gewisse Affinität zum Judentum bestehen: Als Landmann 1925 von dem Plan erfuhr, eine hebräische Universität in Jerusalem zu gründen, legte er auf dem Dachboden eine Bücherkiste für die dortige Bibliothek an und schickte alle seine Publikationen dorthin. Zudem korrespondierte er mit Martin Buber und las seine Schriften. „So gab es bei meinem Vater Reste der Solidarität mit dem Judentum, auch ein wenig Romantik des Judentums", berichtete Michael, der insbesondere die Fremdheitserfahrung hervorhob: „Sein Judentum bestand darin, dass er sich bewusst war, in der Schweiz und in Deutschland als Fremder zu leben. Das schloss seine Geburt in Polen ebenso ein wie die Herkunft aus dem Judentum."[563] Julius Landmann wäre nie auf den Gedanken gekommen, sein Judentum zu verstecken, ja er bekannte sich offen dazu, Ostjude zu sein: In dieser Tradition sei die Herzenswärme größer. In dieser Hinsicht stand er also weit mehr zu seinen Wurzeln als seine Frau Edith Landmann, die aus einem aufgeklärten

---

558 Vgl. BRUMLIK, Micha, Die Ikonisierung Stauffenbergs. Stefan George, Karl Wolfskehl und das „Geheime Deutschland", in: Blätter für deutsche und internationale Politik 52, 10 (2007), 1209–1220, 1212ff; Auch Johannes Fried kommt zu dem Urteil, dass George durchaus am zeitüblichen Antisemitismus partizipierte, vgl. FRIED, Johannes, George und seine Juden. Vortragsmanuskript (unpubliziert). Heidelberg 2008, 19.

559 LUHR (2002), Ästhetische Kritik, 126.

560 GROPPE (2001), Macht der Bildung, 534.

561 LANDMANN (1980), Erinnerungen George, 71.

562 Ebd.

563 Ebd., 72.

Elternhaus stammte, das den Weg zur Moderne als Loslösung von der Religion begriff,[564] wobei die Dichtung schon in ihrer Jugend die Funktion übernahm, transzendentale Bedürfnisse zu erfüllen. In der Familie Landmann wurde Stefan George zum metaphysischen Lebensmittelpunkt stilisiert. Paradigmatisch für diese Haltung war der Bau eines Bücherschreins, ähnlich dem traditionellen jüdischen Thoraschrein, als Aufbewahrungsort für die Sammlung der Erstausgaben der Werke Georges.[565] Georg Peter Landmann schrieb das Gedicht *Der Krieg* auf ein Blatt, das er wie eine Thorarolle mit Stäben einfasste.[566] Michael Landmann berichtete: „In glaubenloser Zeit, in der man sich schon wunderte, dass Kirchen und Synagogen immer noch stehen, wuchs ich in Frömmigkeit auf. George genoss eine ähnliche Verehrung wie ein orientalischer Weiser, ein Brahmane oder ein chassidischer Rabbi im Kreis seiner Schüler."[567]

Edith Landmann vollzog die Hinwendung zu George und damit verbunden die Distanzierung von der jüdischen Religion vor 1933, also zu Lebzeiten ihres Mannes, viel konsequenter als dieser. Offen gestand sie ein, gegenüber den sich in Deutschland „breitmachenden" Ostjuden Antisemitin zu sein – ungeachtete dessen, dass sowohl sie selbst als auch ihr Mann aus dieser Tradition stammten. Edith Landmann wollte sich voll und ganz in die deutsche Kultur, die für sie in der Dichtung Georges ihren Höhepunkt erreichte, assimilieren, indem sie sich diese mit Begeisterung aneignete. Stefan George füllte für sie die Lücke einer Sehnsucht nach Transzendenz, die für die Juden durch die Abwendung von der Religion und vom Glauben an Sippe, Sitte, Volk und Gesetz in der Aufklärung verloren gegangen sei.[568] Seine Lehre verstand sie als „Evangelium der deutschen Dichtung".[569] Dementsprechend tief war die Enttäuschung, als gerade diese deutsche Identität den Juden nach 1933 in Deutschland verweigert wurde: Edith Landmann schrieb sich diese Verzweiflung in dem Text *Omaruru. An die deutschen Juden, die zum geheimen Deutschland hielten* von der Seele. Darin machte sie klar, wie wichtig die Zugehörigkeit zum Kreis für die eigene Identität gewesen war: „Ihr wisst so gut wie ich: keiner ist unter uns, ob Jud ob Christ, an dem das Wunder der Verwandlung sich nicht vollzogen, der nicht zweimal geboren wäre. Das Blut, das der Verwandlung fähig war, konnte nicht unedel sein, unseres so wenig wie eures."[570] Sie ging so weit, zuzugestehen, dass viele Gedanken und Ziele des Nationalsozialismus auch die Juden in ihrem „Herzen" gewünscht hatten, selbst wenn sie jetzt verzerrt verwirklicht würden; dementsprechend fühlte sie sich, als werde sie mitten auseinander geschnitten.[571] Infolgedessen lehnte sie noch 1933 den Zionismus ab, weil sie die Bestimmung der Juden im Aufgehen in der deutschen Kultur sah: „Bleiben wir, war [sic! Ko. S.] wir geworden sind: deutsche jüdischen Blutes, Juden deutschen Geistes."[572] Eine Lösung sah sie in diesem Moment einzig darin, dass die deutschen Juden sich anderswo eine Art Insel schaf-

564 Ebd., 109.
565 Der Schrein befindet sich heute im Besitz von Annette Landmann in Basel.
566 Ebd., 134.
567 Ebd., 133.
568 Landmann, Edith, An die deutschen Juden, die zum geheimen Deutschland hielten, in: UB Basel, NSB, C 36, 21.
569 Ebd., 16.
570 Ebd., 8.
571 Ebd., 3.
572 Ebd., 2, 12.

fen sollten, auf der sie ihr Deutschtum, zu dem es für Edith Landmann keine Alternative gab, weiter leben konnten. Sie formulierte als Handlungsanweisung für die auswandernden Juden, die Werke und den Geist des „Geheimen Deutschlands" mit ins Exil zu nehmen: „Halten wir den Boden, den wir hier gewonnen und auf den wir ein uns unentreissbares Recht haben, fest, so haben wir, was allen nur völkisch gegründeten staatlichen Neubildungen fehlt: die geistige Mitte. Wir tragen das geheime Deutschland mit uns, tragen es in Metall geritzt, und schon steht uns reinlich gezimmert die heilige Lade, gefüllt mit den heiligen Büchern."[573] Erst 15 Jahre später bekannte Edith Landmann sich als Jüdin und begrüßt den Zionismus, wobei sie aber weiterhin die Verwurzelung in der deutschen Kultur betonte.[574]

Auch für Edgar Salin spielten seine jüdischen Wurzeln keine besondere Rolle, am jüdischen Gemeindeleben nahm er, soweit mir bekannt ist, nicht teil. Im Jahr 1918 trat er aus der jüdischen Religionsgemeinschaft aus.[575] In seinem Werk *Um George* ging er auf seine ursprüngliche Religion kaum ein, und auch ansonsten zeigt sein Werk wenige Hinweise auf eine jüdische Identität. Nach dem Zweiten Weltkrieg entwickelte er jedoch ein intensives Interesse für Israel, das er oft besuchte und über das er wissenschaftlich arbeitete.[576] Allerdings betonte er stets, dass das Interesse lediglich auf der Tatsache beruhe, hier ein Paradebeispiel für die Anwendung der Anschaulichen Theorie vorzufinden.

Ganz anders lagen die Dinge im Fall Arthur Salz'. Für ihn war seine jüdische Identität von entscheidender Bedeutung für seine geistige Entwicklung. Friedrich Gundolf beschrieb Edgar Salin die Religiosität des Freundes folgender Maßen:

> „Wenn ich Salz recht verstehe (wie er mir denn von all meinen Freunden am rätselhaftesten ist) so ist der grund seiner Religiosität nicht der Glaube (Dogma oder Mythus) sondern der Kultus, d.h. das *Opfer*, und zwar Opfer um jeden Preis, Opfer bis zur Askese, Opfer um des Opfers willen – letzten Endes einerlei für was: Opfer als tiefster religiöser Wert und einzige Rechtfertigung des individuellen Daseins. [...] Die Jüdische Tradition die Sie ohne Qual von sich ablösen können, wenn Sie den Glauben daran nimmer haben, wird für ihn zum Problem, weil sie Opfer von ihm verlangt, und das hält ihn am Judentum fest. Denn das Opfer ist ihm mit seinem Charakter selbst gegeben, er ist zu stolz und zu gut, um sich irgend einer Schwierigkeit zu entziehen, er sucht sie auf und vergöttert sie: sich alles möglichst schwer zu machen ist ein Grundzug seines Charakters. Und dieser Grundzug seines Charakters scheint mir die Basis seines Judentums, nicht umgekehrt: weil er opfern will, ist er Jude.. nicht weil er an das Judentum glaubt, will er opfern. Ich kann mir denken, dass wenn ihm etwas begegnete was an seinen Opfersinn noch grössere Ansprüche stellte als seine Judenprobleme, er diesem andren sich mit derselben Intensität widmen würde."[577]

573 Ebd., 19.

574 LANDMANN, Edith, Eine Aufzeichnung aus dem Jahr 1948 über Assimilation und Zionismus, in: Emuna. Horizonte zur Diskussion über Israel und das Judentum 10 (1975), 45–48.

575 SCHEFOLD, Betram und SCHÖNHÄRL, Korinna, Edgar Salin, in: Achim AURNHAMMER u.a. (Hrsg.), Stefan George und sein Kreis. Ein Handbuch zu Leben und Werk Stefan Georges, zu den Mitgliedern seines Kreises und zu dessen Wirkung. Vorauss. 2010 (im Druck).

576 Vgl. 162.

577 Gundolf an Salin am 04.09.1913, StGA Salin III, 1205, gedruckt in GUNDOLF (1965), Briefe, 128f. Helbig und Bock vermerken, dieser Brief beziehe sich auf Salz' „Ver Sacrum". Die Beschreibung erinnert

Gundolfs Charakterisierung stellte den Opferwillen in den Vordergrund, während religiöse Inhalte in den Hintergrund rückten. Es darf dabei aber nicht übersehen werden, dass Gundolf selbst, zumindest in seinen publizierten Schriften,[578] das Judentum öfters mit Leiden und Schrecken in Verbindung brachte und dem Jüdischen eine deutliche Feindseligkeit entgegen brachte.[579] Es ist also durchaus möglich, dass die oben zitierten Zeilen mehr Gundolfs Verständnis des Judentums widerspiegeln als das von Salz. In seinem Text *Ver sacrum*, den Salz für den Sammelband *Vom Judentum* verfasste, der vom Verein jüdischer Hochschüler Bar Kochba in Prag herausgegeben wurde und an dem auch Kurt Singer mit seinem Text über Bergson beteiligt war,[580] bekannte er sich klar zum Judentum und unterstrich die Distanz der jüdischen Deutschen zu den christlichen, die er als positiv wertete: Für die geistige Erneuerung gestand er den Juden eine besondere, elitäre Bedeutung zu.[581] Auch in späteren Schriften bekannte sich Salz ausdrücklich zu seinem Judentum, das er keineswegs mit Leiden und Opfer in Verbindung brachte, sondern als Erwählung verstand: "For I am a Jew myself, one of the conscious Jews who makes much of being a Jew, not only for a short time, but in all the days of my life."[582] Die jüdische Religion war offensichtlich ein wichtiger Teil von Salz′ Identität, der sich nach 1933 noch verstärkte.[583]

Im Hinblick auf seine Zugehörigkeit zum George-Kreis scheint bei Salz eine ähnliche Haltung wie bei Erich Kahler vorgelegen zu haben:[584] Sein Bekenntnis zum Judentum hielt ihn davon ab, George „mit letzter Hingabe" zu folgen. Auf Salz scheint zuzutreffen, was Luhr über Kahler schreibt: „Die Unmittelbarkeit zu Gott ist es, die die unbedingte Bindung an George verhindert. Bei Kahler war der Ort, den George für sich in seiner ästhetisch ritualisierten Heilslehre beanspruchte, bereits durch den Stamm-Gott der Juden bzw. dessen Prinzip des ‚Göttlichen' belegt."[585] In seinen Schriften beschrieb Salz die Religion als wichtiges gesellschaftliches Bindemittel, das in der Lage sei, eine Brücke zu bilden zwischen einem prinzipiellen Individualismus und absolutem Universalismus, indem sie die Aufmerk-

---

an die, die Friedrich Wolters von Max Weber gab: Weber habe den Prüfstein sittlichen Handelns darin gesehen, „nie das zu wählen was dem eigenen Wesen entsprach und ohne inneren Widerstand zu vollbringen war." (WOLTERS (1930), George und die Blätter, 472). Vielleicht zog Salz gerade diese Eigenschaft an Weber an, in der sie sich ähnelten.

578 Die Korrespondenz Gundolfs mit seiner späteren Frau Elisabeth Salomon zeigt, wie sehr das Bewusstsein einer Zugehörigkeit zum Judentum auch bei ihm verwurzelt war, obgleich er sich in seinen publizierten Schriften nie dazu bekannte und sogar antisemitische Stereotypen verwendete (vgl. GOLDBERG, Ann, The Black Jew with the Blonde Heart: Friedrich Gundolf, Elisabeth Salomon, and conservative Bohemianism in Weimar Germany, in: The Journal of Modern History 79 (2007, Juni), 306–334).

579 LEWIN (1963), Deutsch-jüdische Geistesgeschichte, 207.

580 Vgl. 185.

581 SALZ, Arthur, Ver sacrum, in: Verein Jüdischer Hochschüler (Bar Kochba) Prag (Hrsg.), Vom Judentum. Ein Sammelbuch. Leipzig 1915, 169–172.

582 UM *Aspects an prospects of the Jewish question. Address delivered before the Hillel Foundation*, Columbus, Ohio, 26.02.1935, im LBI, AR 6288, Box I, Folder 1.

583 Salz an Kahler vom 20.12.1935, in DLM, A: Kahler, 91.88.267. Salz erklärte, das Wort „wir" hätte seit 1933 einen Bedeutungswandel durchgemacht: „An die Stelle des einsilbigen wir, we, nous, noi etc. ist das dreisilbige jüdische a-nach-nu getreten."

584 LUHR (2002), Ästhetische Kritik, 135ff.

585 Ebd., 138.

samkeit von diesem profanen Gebiet weg aufs Metaphysische leite.[586] In den ökonomischen Schriften spielte seine jüdische Identität allerdings kaum eine Rolle.

Noch einmal anders war die Bedeutung der jüdischen Identität für Kurt Singer, dessen Korrespondenz und Tagebücher einen hervorragenden Einblick in seine geistige und religiöse Entwicklung ermöglichen. Für ihn trifft keineswegs zu, was Wera Lewin für die Juden im George-Kreis behauptet, nämlich dass Äußerungen über ihr Judentum selten seien.[587] Auch war Singer in keiner Weise „religiös unmusikalisch", wie ihn Tilmann Allert in Anlehnung an das Diktum Max Webers charakterisiert.[588] Seine Tagebucheinträge zeigen vielmehr, dass er schon als 14jähriger intensiv religiöse und philosophische Fragen reflektierte.[589] Zu Beginn seines Studiums stellte er seitenweise Überlegungen über die jüdische Religion und Geschichte an, die er als wesentlichen Bestandteil der eigenen Identität betrachtete. Andrerseits verweigerte er die Teilnahme an den Gottesdiensten, was zu Konflikten mit der Familie führte, Singer aber ein Gefühl von Freiheit und Selbstbestimmung ermöglichte – man kann hier bei dem 20jährigen also wohl von einer typisch spätpubertären Abwehrhaltung ausgehen.[590] Etwa zur selben Zeit entdeckte der junge Singer das religiöse Potenzial Georges und notierte über Georges Maximin-Dichtung: „Nicht weniger als eine neue Ästhetik und eine neue Religion. Nie haben Verse mich so aufgeregt."[591]

Wie im biografischen Teil bereits dargestellt, wurde Singer, anders als die meisten anderen Georgeaner, nicht einfach von dem Erlebnis der persönlichen Begegnung mit George überwältigt, sondern er bahnte sich in jahrelanger, mühsamer geistiger Auseinandersetzung mit den Werken des Dichters und des Kreises, die immer wieder von heftigen Abwehrreaktionen unterbrochen wurde, den Weg zu ihm. Das erste Treffen kam erst zustande, als Singer sich ganz von George überzeugt fühlte: „Ich bin nun, nach langer Prüfung und Arbeit, so weit, dass ich mich nach Sinn und Richtung dem Kreis (wenn ich das Wort in seiner reinen Bedeutung nehmen darf, unabhängig von den empirischen Verwirklichungen, die ich nicht kenne) zugewandt und verpflichtet fühle, ohne Vorbehalte, die ich bisher immer machen zu müssen glaubte. Es ist mir aufgegangen, wie alles was ich sonst an Forderungen und Einsichten, Trieben und Werten trage und vertrete, hier seinen Mittelpunkt, seinen Ausgleich und seine Steigerung findet – auch das Orientalische und Jüdische, das ich vom Blut her in mir und über mir habe."[592] Für Singer stellte die Verehrung Georges *keinen* Gegensatz zum Judentum dar. Beim ersten Treffen 1916 stellte er sich und seinen Dienst für George ganz bewusst in eine jüdische Traditionslinie, wie sie ihm durch Martin Buber vermittelt worden sei. Er berichtete, er habe sich dem Dichter vorgestellt „als Glied des alten Stammes der Gottgeschlagenen, der sich am Sinai dem Einen anverlobt hat, […] nicht als Untertan sondern als Gefolgsmann."[593] Er sah in George den „neuen Künder" und bat ihn, seinen

586 SALZ, Arthur, Ueber einige Beziehungen des Naturrechtes zur Sozialphilosophie, in: Archiv für Sozialwissenschaft und Sozialpolitik 39 (1914/15), 525–556, 536.

587 LEWIN (1963), Deutsch-jüdische Geistesgeschichte, 186.

588 ALLERT (1992), Pathos der Auserwähltheit, 28f.

589 Singer, Tagebuch des Jahres 1900, SUB, NKS CI 12.

590 Singer, Tagebuch vom Sommer 1906, SUB, NKS CI 16.

591 Singer, Tagebuch des Jahres 1907, SUB, NKS CI 17.

592 Singer an Curtius am 1.12.15, maschinenschriftl. Abschrift in StGA, Kurt Singer II.

593 Singer, Kurt, Beiträge zur Kenntnis Stefan Georges, Dezember 1960, handschriftliche Abschrift eines Originalmanuskripts von Singer, in: StGA, Singer I, 105, 1.

„Kampf" mitkämpfen zu dürfen „gemäss der Sendung meines gottverlobten und gottgeschlagenen Stammblutes." Auch wenn man bedenkt, dass diese Schilderung der ersten Begegnung erst 44 Jahre später niedergeschrieben und die Erinnerung deshalb sicherlich von späteren Reflexionen beeinflusst wurde, so kann man doch davon ausgehen, dass das Erlebnis für Singer religiöse Züge hatte, und zwar im Sinne seiner jüdischen Identität. George übernahm für ihn offensichtlich die Rolle einer messianischen Figur, obwohl er selbst kein Jude war. Singer berichtete, George habe seine jüdische Verwurzelung nicht gelten lassen wollen, und er habe diese Ablehnung des Jüdischen durch den „Meister" akzeptiert. Edith Landmann erklärte er, entsetzt über die antisemitische Wendung einiger Georgeaner im Jahr 1933: „Als ich zum meister kam, brachte ich ein starkes gefühl meiner stammesart mit und glaubte ihm grade kraft dieser art dienen zu können. Er aber wollte das nicht gelten lasen und verwies auf die wandlung des blutes durch den boden. Diesen glauben nahm ich an und habe bis heute darin gelebt. An der art aber wie sich die Freunde heute verhalten, muss ich ablesen dass sie in der tat anderer art sind. Sind wir nicht wert dass einer die hand für uns ins feuer legt und sagt: diese sind unser und wir bürgen für sie?"[594] Die Nicht-Juden im Kreis waren es nach dieser Deutung Singers, die die von George propagierte Verwandlung des „Rassischen" durch den Geist nicht akzeptiert hatten.

Obwohl George seine jüdische Identität nicht als solche gelten lassen wollte, behielt Singer in der Beschreibung seines Verhältnisses zum Dichter die jüdische Metaphorik bei, wenn er berichtete, er habe sich seit dieser ersten Begegnung einen „alttestamentarischen Gefolgschaftswillen" erhalten, auch in den Jahren, „in denen das zeithaft Bedingte in des Dichters Schau des Unbedingten mir erahnbar wurde. Wer sich an einen Stern bindet, kehrt nicht um [...]." Dafür sei gerade seine jüdische Identität ausschlaggebend gewesen: „Ich bleibe George so verpflichtet wie ich es dem lebenden war, als angehöriger des stammes der auf die stimme aus dem brennenden busch zu *hören* hat, auch wenn sie von dem Gott von Midian ausgeht."[595] Offensichtlich liegt bei Singer ein ganz ähnliches Phänomen vor wie bei Wolfskehl:[596] Auch er musste nicht, wie andere Juden im Kreis, Abstand nehmen vom ursprünglichen Glauben seiner Väter, sondern behielt ihn bewusst bei. Und wie für Wolfskehl, so spielte auch für Singer die Möglichkeit einer dezidiert jüdisch-deutschen Identität eine wesentliche Rolle: In seinem *Platon, der Gründer*, dessen Aussagen sich meist nicht nur auf Platon, sondern zugleich auch auf George beziehen, schrieb Singer: „Denn Platon erwartete Einheit nicht aus Gleichheit des Blutes und der Herkunft oder aus Gleichheit der Grundsätze und der Zwecke, sondern aus der königlichen Kunst, Freundschaft zu stiften zwischen Arten und Kräften, die in ihrer Vereinzelung den Bestand des Ganzen bedrohen, vereinigt den Körper eines neuen Wesens schaffen können."[597] Auch in seiner Besprechung von Karl Wolfskehls *Die Stimme spricht* hob Singer hervor, Wolfskehl sei "the most German among Jewish, the most Jewish among German poets of any time."[598] In Singers Fall spielte die Ermöglichung der Doppelidentität im Anschluss an George also sehr wohl eine Rolle, ob-

---

594 Singer an Edith Landmann am 4.8.33, SUB, NKS BI5.
595 Singer an Buber am 16.2.34, in SUB, NKS BI 2 (in Kopie, Hervorhebungen von Singer).
596 LUHR (2002), Ästhetische Kritik, 125.
597 SINGER (1927), Gründer, 244.
598 SINGER (1948), [Rezension zu] Wolfskehl.

wohl ihm Georges antisemitische Ansichten nicht verborgen blieben und er sich dadurch auch getroffen fühlte.[599]

Immer wieder reflektierte Singer das religiöse Potenzial des George-Kreises. So berichtete er, er habe George gefragt, ob aus der Bewegung eine neue Religion erwachsen würde, was George verneint habe.[600] Dementsprechend kommentierte er: „Nicht dass ich in dem Dichter den Stifter einer neuen Religion gewähnt hätte, er verkörperte mir etwas Urtümlicheres, das vor allen Buchreligionen und Kirchen ist, den Dichter der das Bild von Mensch und Welt schafft und umschafft, den Weisen der das Eine lebt und lehrt das not tut, in diesem Einen den Bewahrer der Urgrundkraft für die kein anderes Wort bereit steht als Zauber.“[601] – Diese Umschreibung entspricht bis ins Detail der Charakterisierung des Messias im Chassidismus, wie Singer sie an anderer Stelle gab.[602] Er wurde noch deutlicher:

> „Ein anderes aber ist die Erkenntnis, die sich mir täglich stärker in die Mitte meines Lebens stellt, dass heute kein Mensch reiner und schöpferischer das Göttliche verkörpert als George, – doch das ist nicht genug: dass der Knoten der Zeit und der Erneuerung sich in George schürzt. Sein Werk, nicht als Summe einzelner Gedichtbände, sondern als das Gesamt seines Wirkens verstanden, ist für mich die erste Ausstrahlung des neuen Aeons, des werdenden Gotteszeichens; Hingabe an dies Werk also für mich der einzig mögliche Weg, um mit meinem Eigenen einzugehen in dieses Reich. Ich lebe nun seit zwei Jahren mit dem Stern des Bundes und bin von Tag zu Tag wieder erschüttert und beseligt, hier alle mir wesentlichen Elemente der Welt in absoluter Reinheit und vollendetem Gleichgewicht ausgesprochen und gestaltet zu finden. Es ist als ob alle grossen geistigen Ströme sich in diesem Menschen kreuzten und sich zur Kugel ballten. Beim Aufbau des neuen geistigen Reiches, von dem George wohl selbst glaubt, dass er es nicht selbst schauen wird, wird den Juden ebenso wie den anderen Völkern, die noch schöpferisch sind, eine neue Mission zufallen, nicht in Gnaden eines anderen Volkes, sondern des Ewigen. Das aber wird für sie, wie für alle, ein wachsendes bedeuten müssen, und zugleich eine Rückkehr.“[603]

Dass er George diese religiöse Funktion auch lange nach dessen Tod noch zugestand, bezeugen Aussagen aus Singers letzten Lebensjahren. In seinem Tagebuch notierte er: „Das schwerstzubegreifende für die heute lebenden, zumal die älteren wird sein: dass mit George der gegenwurf antike christentum aufgehoben ist, nicht durch synthese von zwei abstrakten wesenheiten sondern durch geburt eines neuen bei dem beide patenschaft gestanden haben.

---

599 Über Buber und dessen Zionismus schrieb Singer an Curtius: „Es handelt sich nicht um Nationalität im Gegensatz zur Menschheit, sondern um Nationalität als Weg zur Menschheit, - so wie Hebbel sagte, dass Individualität ein Weg, kein Ziel sei. [...] Dass Sie als Enkel von Ernst Curtius und Freund Georges den Wert dieses Jüdischen gleich null anschlagen, kommt mir nicht überraschend.“ Singer an Curtius am 13.3.13, in SUB, NKS BI 3,2.

600 Singer, Kurt, Beiträge zur Kenntnis Stefan Georges, Dezember 1960, handschriftliche Abschrift eines Originalmanuskripts von Singer, in: StGA, Singer I, 105, 25.

601 Ebd., 29.

602 SINGER (1913), Sendung, 90ff.

603 Singer an Buber am 5.2.16 in SUB, NKS BI 2 (in Kopie); abgedruckt in BUBER (1972–75), Briefwechsel, Bd. 1, 416f. Die Parallelen zu Georges Maximin-Erlebnis drängen sich geradezu auf.

Er ist im tieferen Sinne poeta christianissimus als Baudelaire und tiefer antikisch als Hölderlin. Fasse das wer's mag."[604] Hier verzichtete Singer auf den Versuch, die Überschneidung der Sphären rational zu begründen – für ihn war sie dennoch gefühlte Realität. Der Wunsch, in George einen Messias zu erblicken, scheint für die jüdischen Kreismitglieder durchaus typisch, am deutlichsten wiederum bei Karl Wolfskehl, der an Singer schrieb: „Aber ich entsinne mich doch noch aus meinen Münchner Tagen, vor 1931 also, daß ein mir näher befreundeter Lieblingsschüler C. G. Jungs, ein Psychotherapeut mit reicher Erfahrung, in fesselnder theoretischer Aussprache immer wieder betont hat, das allerauffälligste beim Analysieren jüdischer Fälle sei stets die ungeheure, oft dunkle, manchmal negative, meist bis zum Unerreichbaren inbrünstige Verbundenheit mit dem Christuserlebnis. Wir freilich sind durch Stefan George gegangen, und in mir hat, wie Sie wissen, ‚die Stimme gesprochen'."[605] Eindeutig stellte auch für Wolfskehl George eine messianische Figur dar.[606] Wera Lewin weist vergleichbare Bewertungen Georges als Messias auch bei Gundolf, Edith Landmann und Berthold Vallentin nach.[607]

Singers „Gefolgschaftstreue" ging so weit, dass er sich sogar die Konversion zur Religion Georges überlegt, als ihm dies im Jahr 1933 nicht mehr ein Zeichen der Schwäche erschien, da es an der Verfolgung ja nichts mehr änderte. „D. M. selbst zu fragen wage ich nicht, denn ich kann nicht glauben, ihm wichtig genug zu sein."[608] Er fühlte sich in dieser Zeit stark zum Christentum hingezogen:

> „Ob man [...] es noch wagen kann; einer der fortbestehenden kirchen anzugehören; entscheidet sich nach dem mass der kühnheit und spannkraft. und diese entschlüsse und sie allein liegen im bereich staatlicher erwägung. über alles andere ist schon entschieden; nämlich durch glauben. was die Juden betrifft; so ist ihre schuld auch für mich zugleich eine schuld gegen das ‚Griechische'.. nicht weil sie ihren staat zerbrochen hätten (das brauchte so wenig unedel zu sein wie das zerbrechen eines einzelnen um eines göttlichen willen) sondern weil sie ihren gott nur hören, aber nicht leibhaft schauen wollten.. und das sakrament von Brot und Wein nicht annahmen."[609]

Für Singer scheint zuzutreffen, dass er sich die „Ergänzung des eignen Wesens durch Bildwelt und sinnliche Vergegenwärtigung" wünschte, und diese im George-Kreis fand.[610]

Die Anziehungskraft des Kreises auf die jüdischen Ökonomen verwundert nicht, wenn man Lauers Definition des kulturzionistischen Vereins Bar Kochba bedenkt, in dessen

---

604 Singer, Tagebuch „Eindrücke aus Griechenland", in SUB, NKS CI 41.

605 Wolfskehl an Singer am 5.2.45, in: WOLFSKEHL (1988), Briefwechsel aus Neuseeland, Bd. 1, 333.

606 KAHN (1963), Jews, 177.

607 LEWIN (1963), Deutsch-jüdische Geistesgeschichte, 208.

608 Singer an Edith Landmann am 9.11.33 SUB, NKS BI5 („D. M." meint „den Meister" und steht für George).

609 Singer an Edith Landmann am 7.3.34 in SUB, NKS BI5. Allerdings machte George selbst Landmann gegenüber die Äußerung, dass gerade das Phänomen des gestaltlosen, formlosen Gottes Juden und Christen gemeinsam sei. (vgl. SPARR, Thomas, „Verkannte Brüder". Jüdische George-Rezeption, in: Merkur. Deutsche Zeitschrift für europäisches Denken 46, 11 (1992), 993–1000, 995). Dies sah Singer offensichtlich anders.

610 LEWIN (1963), Deutsch-jüdische Geistesgeschichte, 195.

Sammelband *Vom Judentum* sowohl Singer als auch Salz publizierten: „Leitend bleibt der Wunsch nach der Erschaffung der Einheit angesichts der Zersplitterung der modernen Lebenswelt und die rhetorische Einforderung der erlösenden Tat, die absolute Zukunft des messianischen Menschentums und das exemplarische Dasein als Jude unter Deutschen und in der Welt."[611] Eben dieser Wunsch konnte auch zu George führen. Wera Lewin zeigte bereits 1963, dass der Weg des Chassidismus in der zeitgenössischen Interpretation mit dem Georges einiges gemeinsam hatte: „Die Erfüllung im George-Kreis konnte als wesensnah dem erscheinen, was Buber im Chassidismus fand – und durch ihn viele im deutschen Judentum [...] Vom Chassidismus zum George-Kreis lässt sich der Faden spinnen."[612] Ganz ähnlich sah das auch Edith Landmann am Ende ihres Lebens, als sie die Verwandtschaft des eigenen Personalismus mit Bubers Erneuerung der jüdischen Tradition wahrnahm.[613] In der Figur des Mittlers, in dem sich der lebendige Kern des Menschentums enthülle, in der bewussten Gestaltung des Lebens als Kunstwerk, in der Freude am Leben, das als Einheit von Weltlichem und Heiligem gesehen wurde, zeigen sich Elemente, die sich auch für den George-Kreis nachweisen lassen, obgleich es auch Unterschiede gibt, vor allem den, dass George die Grenze zwischen Gott und Mensch „gefährlich" verwische.[614] Singers Vorstellung vom Chassidismus stützt diese These von Lewin: Er rezipierte aus dem Werk Bubers, mit dem er eine ausführliche Korrespondenz pflegte,[615] eben *die* Elemente, die für seine eigene Vorstellung von Gemeinschaft relevant waren und die er im George-Kreis verwirklicht sah. An Bubers *Moses* hob er hervor, dass Buber Religion und Politik nicht getrennt, sondern als Einheit gedacht habe.[616] Nur durch das göttliche Gesetz sei die Verwirklichung einer Gemeinschaft überhaupt möglich. Moses habe über die Juden geherrscht, weil nur durch ein göttliches Gesetz und durch die Ausrichtung alles Handelns auf Gott eine jüdische Gemeinschaft bestehen könne.[617] Würde der Mensch dagegen seinen Ursprung, seine Normen und Ziele verlieren, so sinke er auf eine Ebene hinab, die unter der animalischen Existenz stehe. Das Gesetz müsse sich ständig im Feuer des Geistes erneuern. Große Wendepunkte in der Geschichte des Glaubens gebe es immer dann, wenn ein Einzelner an Wunder glaube und die Gruppe um ihn her mit ihm. Bubers Mut lag nach Singer darin, das ganze jüdische Recht präfiguriert und mit einer zentralen Bedeutung ausgestattet zu sehen in der Vision des einen Gründers.[618] Die Punkte, die Singer herausarbeitet – ob er Buber damit richtig verstand, ist in unserem Kontext nur von sekundärem Interesse, ebenso wie die Frage, inwiefern Buber den Chassidismus in seiner Interpretation verfremdete – lassen sich auf den George-Kreis übertragen:[619] Auch dort wurde das Gesetz der Gemeinschaft durch einen Gründer gegeben, musste sich ständig erneuern und konnte nur durch transzendente Elemente die Gemeinschaft aufrecht erhalten werden. Ernst Robert Curtius, mit dem Singer ebenfalls korrespondierte, empfand rückblickend den Chassidismus als wesentliches Ele-

611 LAUER (1995), Verspätete Revolution, 117. Vgl. auch 115, 185.
612 LEWIN (1963), Deutsch-jüdische Geistesgeschichte, 196, 210, 189f.
613 LANDMANN (1975), Assimilation und Zionismus; Vgl. auch RIEDNER (2002), Interpretin und Zeugin.
614 LEWIN (1963), Deutsch-jüdische Geistesgeschichte, 212.
615 Einige wenige Briefe sind abgedruckt in BUBER (1972–75), Briefwechsel.
616 SINGER (1948, Februar), Moses, 8.
617 Ebenso in SINGER, Kurt, Observations on Cain, in: The Zionist (1944), 40–41, 40.
618 SINGER (1948, Februar), Moses, 9f.
619 Vgl. 188, Fn 383.

ment in Singers Gedankenwelt.[620] Singer beschrieb ihm diese jüdische Geistesströmung folgendermaßen: „Die Vorstellung von dem Messias als etwas in ferner Zukunft liegendem ist im Chassidismus völlig überwunden. Der messias *ist* in jedem Menschen nach dem mass seiner annäherung an die heiligkeit. Er ist das werden des gottesreiches auf erden und also gleich dem wachsen der ‚geheimen kirche'."[621]

Martin Buber, der in der Zeit vor dem Ersten Weltkrieg gerne seine eigenen messianischen Züge betonte, konnte mit George als Messias nichts anfangen.[622] Singer verteidigte den Kreis gegen Angriffe von dieser Seite und stellte als Folge dieser Kontroverse den Kontakt zu Buber schließlich zeitweilig ein: „Lassen Sie uns jeder dem Gotte auf die ihm gemässe Weise dienen, der eigenen Schau folgend, und in dem Wissen, dass Tun und Dulden, Kämpfen und Harren an der vom Gotte gesetzten Stelle gleich notwendig und Zeichen gleichen Glaubens sind."[623] Für Singer bestand der Dienst an Gott ganz offensichtlich im Dienst für Stefan George. Die Grenzen zwischen den religiösen und pseudoreligiösen Strömungen verschwammen ihm an seinem Lebensende immer mehr. So schrieb er 1955 an Buber: „Rückschauend aber wird mir deutlich daß alle menschen die ich gewonnen habe, nicht George sondern der chassidischen lehre gewonnen waren…"[624] Buber antwortete begeistert: „Was Sie mir von George und den Menschen, die Sie gewonnen haben, sagen, ist mir ungemein wertvoll. Das reicht tief hin."[625]

Die Untersuchung hat ergeben, dass im Verhältnis der vier jüdischen Ökonomen zu George ihre angestammte Religion eine ganz unterschiedliche Rolle spielte: Salin wandte sich so weit wie möglich von seinen jüdischen Wurzeln ab, während Julius Landmann ihnen nur eine untergeordnete Rolle in seinem Leben zugestand, wobei er alle Bedürfnisse nach Transzendenz durch die Dichtung Georges befriedigte. Arthur Salz hielt seine tiefe jüdische Religiosität von einer schrankenlosen Hingabe zu George ab, wohingegen für Kurt Singer die Verehrung Georges gerade der adäquate Ausdruck seines jüdischen Glaubens war, da George für ihn die messianische Figur des Chassidismus darstellte. Ein einheitliches Fazit in der Frage, inwiefern Judentum und Anhängerschaft an George sich gegenseitig bedingten, kann demgemäß nicht gezogen werden, weil die Antwort individuell stark variierte. Die verschiedenen Erklärungsversuche der Sekundärliteratur treffen insofern jeweils für bestimmte Mitglieder zu, müssen sich aber in dem Augenblick widersprechen, wo versucht wird, sie für alle jüdischen Kreismitglieder zu verallgemeinern.

---

620 Curtius an Singer am 30.5.57 in SUB, NKS BII 9.

621 Singer an Curtius am 30.8.17 in SUB, NKS BI 3, 3.

622 Bubers Verhältnis zu George in LUHR (2002), Ästhetische Kritik, 146ff.

623 Singer an Buber am 27.4.19, in SUB, NKS BI 2 (in Kopie).

624 Singer an Buber am 8.7.55 in SUB, NKS BII 5.

625 Buber an Singer am 22.7.55 in SUB, NKS BII5.

5. Netzwerke

Stefan George legte keinen Wert darauf, dass seine Anhänger sich gegenseitig kannten, ja ganz im Gegenteil sah er Kontakte seiner „Jünger" untereinander, die nicht durch ihn selbst angeregt worden waren, nicht gern.[626] Der George-Kreis war ein streng hierarchisches System, bei dem die Kommunikation immer über das Zentrum, den „Meister", zu laufen hatte. Dennoch scheint George das Bedürfnis der Ökonomen in seinem Kreis, miteinander in Kontakt zu treten, nicht nur geduldet, sondern auch gefördert zu haben. So verwies er Edgar Salin explizit darauf, ökonomische Fragestellungen mit Julius Landmann zu diskutieren.[627] Die Ökonomen bildeten mit Billigung des „Meisters" ein dichtes Netzwerk, in dem sie sich in wissenschaftlichen Fragen berieten, sich gegenseitig zitierten, sich in Berufungsverfahren unterstützten oder einfach den Klatsch der Disziplin austauschten. Sie besuchten sich regelmäßig und wechselten zahllose Briefe, wobei auch der Kontakt zu Wissenschaftlern anderer Disziplinen im Kreis eine wichtige Rolle spielte. Insbesondere zu Friedrich Gundolf pflegten alle vier Kontakt. Gundolf war es, der Arthur Salz mit Wolfskehl und mit George in Kontakt brachte, nachdem er sich in Heidelberg mit dem jungen Ökonomen angefreundet hatte; auch für seinen Schüler Edgar Salin stellte er den Kontakt zum „Meister" her. Gundolf korrespondierte mit Kurt Singer, bevor dieser George kennen lernen durfte.[628] Die Kehrseite dieser Vermittlung durch Gundolf war, dass George die Ökonomen zu dessen „Sphäre" rechnete und in dem Moment, in dem er den Kontakt zu seinem einstigen Lieblingsjünger abbrach, auch mit Salz, Salin und Singer nichts mehr zu tun haben wollte. Einzig den Landmanns, die über die Vallentins und Robert Boehringer ins Umfeld des Kreises gelangt waren, gelang es, eine von Gundolf unabhängige Beziehung zu George aufzubauen, die den Bruch zwischen ihm und dem Dichter überdauerte.

Zu diesem Zeitpunkt hatten die Ökonomen untereinander allerdings bereits ein festes Netzwerk aufgebaut, das diese Erschütterung überlebte. Seine Bedeutung für die jeweilige wissenschaftliche Karriere darf nicht unterschätzt werden. So entstand eine enge, dauerhafte Freundschaft zwischen Salin und Landmann, die im Jahr 1913 begann, in dem beide George persönlich kennen lernten. Man darf also davon ausgehen, dass der Kontakt über George selbst oder seine „Jünger" vermittelt wurde. Die intensive Korrespondenz zwischen den beiden Ökonomen setzte sich bis zu Landmanns Tod 1931 fort.[629] Zunächst war es der Jüngere, der von Kompetenz und Verbindungen des Älteren profitieren konnte: Landmann kommentierte Salins Texte, beriet ihn in der Planung seiner Karriere, stellte Referenzen aus oder empfahl Salin an Kollegen und Bekannte. Spätestens nach seiner Habilitation revanchierte sich Salin: Er berichtete Landmann ausführlich über sämtliche interessanten Berufungsverfahren an deutschen Universitäten und über die Chancen, die Landmann sich darin ausrechnen konnte. Über die Friedrich List-Gesellschaft war Salin eng befreundet mit Bern-

---

626 BOEHRINGER (1968), Bild von George, 163.

627 Vgl. 54ff.

628 Der Kontakt entstand, weil Singer Gundolfs *Shakespeare* besprach, wofür Gundolf sich bedankte. Zu dieser Zeit stand Singer bereits jahrelang mit Ernst Robert Curtius in Kontakt, vgl. 99.

629 Die Briefe Landmanns an Salin in UB Basel, NSB C38, die Salins an Landmann in SWA, HS 426 B 1–16.

hard Harms in Kiel, der die Berufung Landmanns dorthin initiierte.[630] Und auch der Georgeaner Friedrich Wolters, mit dem Landmann ebenso intensiv korrespondierte wie mit seiner Frau Erika, saß zu diesem Zeitpunkt bereits in Kiel, machte seinen Einfluss geltend und riet Landmann zu, die Berufung auch wirklich anzunehmen.[631] Sogar den Kultusminister Carl Heinrich Becker, der die Wissenschaftler des George-Kreises in vielfältiger Weise förderte,[632] schaltete Wolters in dieser Sache ein.[633] Nachdem Landmann den Ruf nach Kiel akzeptiert hatte, sorgte er dafür, dass Salin ihn an der neuen Wirkungsstätte vor seinem Amtsantritt ein Semester lang vertreten konnte, und machte dann seinen ganzen Einfluss geltend, um den jungen Kollegen als seinen Nachfolger nach Basel zu holen. Sobald das gelungen war, sorgte wiederum Salin dafür, dass der in Deutschland kaum verwurzelte Landmann Gelegenheit bekam, sich im Archiv für Sozialwissenschaften und in der FLG zu engagieren.[634] In schwierigen wirtschaftspolitischen Fragen in Basel berief er sich auf seinen Vorgänger.[635] Landmann und Salin waren einander viel mehr als „Nichts-als-Kollegen".[636] Neben die Freundschaft zwischen den beiden Männern trat dann auch noch die zwischen Salin und Edith Landmann, der er in erkenntnistheoretischer Hinsicht viel verdankte. Verstärkt wurde die Verbindung durch viele Quervernetzungen innerhalb des Kreises, z.B. die Beziehung zwischen Landmann und Karl Wolfskehl einerseits und Wolfskehl und Salin andererseits.[637]

Dic Bcziehung zwischen Landmann und Singer war weniger intensiv, aber der Basler Ökonom nahm die Arbeiten des Jüngeren durchaus anerkennend zur Kenntnis und empfahl seine konjunkturtheoretischen Arbeiten weiter. Er habe „die Erfahrungen der letzten Jahre für die Theorie in höherem Masse fruktifiziert" als die österreichische Schule.[638] Wann genau die Bekanntschaft ihren Anfang nahm, lässt sich nicht rekonstruieren. Singer platzierte gelegentlich, auch auf Vermittlung Salins, Texte von Landmann im Wirtschaftsdienst,[639] und Landmann versuchte, im Konflikt mit Harms zu vermitteln. Als der Streit dennoch eskalier-

---

630 Zwischen den Heidelberger und den Kieler Sozial- und Wirtschaftswissenschaftlern gab es mannigfaltige freundschaftliche Beziehungen; u.a. war auch der Heidelberger Jacob Marschak von 1928–1930 in Kiel tätig, vgl. HAGEMANN, Harald, Volkswirtschaftslehre in den 1920er Jahren, in: Roman KÖSTER u.a. (Hrsg.), Das Ideal des schönen Lebens und die Wirklichkeit der Weimarer Republik. Vorstellungen von Staat und Gemeinschaft im George-Kreis. Berlin 2009, 27–46.

631 Wolters an Landmann am 25.3.1927, in SWA, HS 426 B16. Im SWA, HS 426 B1–16 auch die Briefe von Erika Wolters an Landmann.

632 GROPPE (2001), Macht der Bildung, 535–560 sowie jüngst BONNIOT, Béatrice, Die Republik, eine „Notlösung"? Der preußische Kultusminister Carl Heinrich Becker im Dienste des Weimarer Staates (1918–1933), in: Andreas WIRSCHING und Jürgen EDER (Hrsg.), Vernunftrepublikanismus in der Weimarer Republik: Politik, Literatur, Wissenschaft. Stuttgart 2008, 299–309.

633 Wolters an Landmann am 4.10.1925 in SWA, HS 426 B15.

634 Schon 1926 hatte Salin dafür gesorgt, dass Landmann in den Vorstand der FLG gewählt wurde, vgl. FLG an Landmann am 27.1.1926, SWA, HS 426 B 13.

635 Salin, Edgar, Gutachten: Wege und Ziele der Arbeitsbeschaffung im Kanton Baselstadt, in: StAB Arbeitsbeschaffung und Arbeitsrappen, B2,3. Salin riet, mögliche Gegenstimmen gegen sein Konzept mit dem Aufruf zur Solidarität zu kontern. Landmann habe gezeigt, dass hinter der moralischen Entrüstung verschiedener Interessensgruppen meist deren materielle Interessen stünden.

636 Salin an Landmann am 14.11.1920 in SWA, HS 426 B 12.

637 Wolfskehl an Salin am 21.12.31, 80.72/4.

638 Landmann an Louise Sommer am 6.8.26 in UB Basel, NLB E1,3.

639 Salin an Landmann am 6.5.1920 in SWA, HS 426, B12.

te, schlug er vor, Singer nach der Kündigung beim Wirtschaftsdienst bei einer Bank unterzubringen.[640]

Auch für Arthur Salz setzte Landmann sich ein: Im Juni 1913, als die Nachfolge Theophil Kozacs in Basel diskutiert wurde, berichtete er an Gundolf, es sei ihm gelungen, einige Mitglieder der Vorschlagskommission für Salz zu interessieren.[641] Landmann und Salz scheinen aber nicht miteinander korrespondiert zu haben, möglicherweise ging es hier nur um eine Gefälligkeit für Gundolf.

Aus Freundschaft zu Gundolf kam Landmann auch der Bitte nach, die ökonomische Dissertation seiner Freundin und späteren Frau Elli Salomon *Die Papierindustrie des Riesengebirges in ihrer standortmäßigen Bedingtheit*[642] Korrektur zu lesen, die sie bei Alfred Weber vorlegte.[643] Gundolf bat Landmann auch, Elli eine Stelle zu vermitteln.[644] Als es nach 1920 zum Konflikt zwischen George und Gundolf kam, versuchte Landmann ebenso wie Salin und Salz zu vermitteln, doch er blieb klar auf Seiten Georges, weswegen dieser den Kontakt zu ihm fortsetzte. Später äußerte Landmann gegenüber Gundolf sein Unverständnis, dass dieser die Gedichte, in denen der die Trennung verarbeitete, publizierte: „Dass Sie sich jetzt förmlich und öffentlich lossagen, will mir schwer eingehen, ja mir ist diese Lossage selbst als Vorstellung schwer vollziehbar, denn ich verstehe nicht, wie eine Kraft, die einen Menschen entscheidend bestimmt und in ihm Gestalt gewonnnen hat, jemals als der Vergangenheit angehörend empfunden werden kann."[645]

Daneben stand Landmann mit vielen anderen Georgeanern in Kontakt: mit Robert Boehringer, der seinerseits ebenso wie Landmann mit William Emmanuel Rappard befreundet war[646] und in Berufungsfragen auch mit Bernhard Harms und Herman Schmalenbach korrespondierte.[647] Die Vallentins schrieben Landmann häufig, und Berthold Vallentin suchte Landmanns Hilfe und Rat immer wieder im Vorfeld seines *Napoleons*, an dem auch George selbst Anteil nahm.[648] Für Josef Liegle, den späteren ersten Preisträger der Landmann-Stiftung, veranstalteten die Georgeaner nach dem Krieg sogar eine richtige Sammel-Aktion, um ihm den Abschluss seines Studiums zu ermöglichen, an der auch George selbst sich finanziell beteiligte.[649]

---

640 Singer bat Landmann um Vermittlung am 25.1.1927, 3.9.1927, SWA, HS 426 B 15.

641 Landmann an Gundolf am 25.6.1913, in AL, NGL.

642 SALOMON (1920), Papierindustrie.

643 Er äußerte sich positiv, weil die Arbeit sich nicht auf einen einzigen Standortfaktor konzentrierte, sondern mehrere in den Blick nahm, gab aber auch Anregungen für Ausbaumöglichkeiten. Landmann an Gundolf am 14.1.1921 in AL, NGL.

644 Gundolf an Landmann am 8.8.19, in SWA, HS 426, B11.

645 Landmann an Gundolf am 13.11.1930 in AL, NGL.

646 William Emmanuel Rappard (1883–1958) war Professor für Nationalökonomie und Finanzwissenschaft an der Universität Genf und seit 1925 in verschiedenen Funktionen im Völkerbund tätig. Er wirkte auch an den Versailler Friedensverhandlungen mit. Briefe von Landmann an Rappard in BAR, J 1.149 19777/135.

647 Robert Boehringer an Landmann am 7.8.1916, 10.7.1917, in SWA, HS 426 B7, 8.

648 VALLENTIN, Berthold, Napoleon. Berlin 1923; Die Korrespondenz über das Buch, z.B. Vallentin an Landmann am 26.12.12, in SWA, HS 426 B2.

649 Berthold Vallentin an Landmann am 8.9.1919 und 20.9.1919 in SWA, HS 426 B11. Liegle stand dem George-Kreis nahe und war ein enger Freund Landmanns. Er erhielt den Preis für eine Übersetzung und Interpretation des Mythos aus Platons Politikos, vgl. BOEHRINGER, Robert, Mein Bild von Stefan George. Textband und Tafelband, 2. Aufl. Düsseldorf u. München 1968, 155. Auch die Preisträgerin von 1941, Re-

Ernst Gundolf erledigte gelegentlich wissenschaftliche Vorarbeiten für Landmanns Studien.[650] Auch mit Friedrich Wolters[651] und Friedrich Gundolf[652] korrespondierte Landmann. Viele Bekannte, unter anderem Diana Vallentin, Edgar Salin, Karl Wolfskehl und Rudolf Borchardt beriet Landmann finanziell in Fragen der Geldanlage und bei Vertragsabschlüssen mit Verlagen. Die Landmanns bildeten einen wichtigen Knotenpunkt im Netzwerk des George-Kreises.

Auch Edgar Salin war ein guter Netzwerker, und im Heidelberger InSoSta (Institut für Sozial- und Staatswissenschaften), das Christian Jansen respektvoll das „Institut der Außenseiter" nannte, hatte er die besten Voraussetzungen, zu den wissenschaftlichen Größen seiner Zeit Kontakt aufzunehmen.[653] Auch im George-Kreis war er gut vernetzt, nicht nur mit Gundolf und Landmann, sondern auch mit Kurt Singer, obwohl das Verhältnis nicht immer frei von Spannungen war. Der Beginn des Kontakts lässt sich wiederum nicht zweifelsfrei rekonstruieren. Zu Beginn der 20er Jahre hatte man jedenfalls freundlich miteinander Umgang, und Salin scheint auch Singers manchmal harsche Kritik an seinen Arbeiten recht gut verkraftet zu haben.[654] Er zitierte auch gelegentlich Singers Schriften.[655] In der Kontroverse zwischen Singer und Harms wurden dann aber als Vermittler nicht nur Landmann und Wolters, sondern auch Salin eingeschaltet, den seine Stellung zwischen Harms einerseits und Singer andererseits naturgemäß in eine schwierige Situation brachte, in der er sich schließlich für die Loyalität zu Harms entschieden zu haben scheint.[656] Noch Jahre später war Singer deshalb verstimmt. In der Zeit nach 1933, als Singer in Japan ein starkes Bedürfnis nach unzensierten Nachrichten über Deutschland hatte und damit bei dem schreibfreudigen Salin in der Schweiz gerade den richtigen Ansprechpartner gefunden hatte, näherten sich die beiden jedoch wieder an und schrieben sich regelmäßig.[657]

Auch mit seinem Heidelberger Lehrer Arthur Salz stand Salin in Kontakt. Allerdings entstand hier keine wirkliche Freundschaft, wofür möglicherweise eine gewisse Eifersucht Salins auf die enge Verbindung zwischen Salz und Gundolf der Grund gewesen sein könn-

---

nata von Scheliha, bewegte sich im Umfeld des Kreises (StAB, ED-REG 1(2) 192-11). In der Stiftungsurkunde zeigte sich Landmanns Orientierung an der „neuen Wissenschaft" im Umfeld Georges: „Die Absicht des Stifters ist nicht auf Mehrung fachwissenschaftlicher Erkenntnisse, sondern darauf gerichtet, dass die Denkmäler des griechischen und römischen Schrifttums als ursprüngliche Bildungsquelle zugänglich und lebendig bleiben." (Stiftungsurkunde der Landmann-Stiftung vom 26.5.1931, StAB ED-REG1 192–11).

650 Ernst Gundolf an Landmann in SWA, HS 426 B14–15.

651 Landmann an Wolters in StGA, Wolters III, 2750.

652 Landmann an Gundolf in AL, NGL.

653 Jansen betont die politische Liberalität, die Offenheit gegenüber dem Ausland und die vielfältige Innovationsfreudigkeit der Ruperto Carola und insbesondere des InSoSta, vgl. JANSEN, Christian, Das Institut der Außenseiter. Inneruniversitäre Spannungen und Öffentlichkeit, in: Reinhard BLOMERT, Hans Ulrich EßLINGER und Norbert GIOVANNI (Hrsg.), Heidelberger Sozial- und Staatswissenschaften: Das Institut für Sozial- und Staatswissenschaften zwischen 1918 und 1958. Marburg 1997, 25–54, 27.

654 Vgl. 180.

655 SALIN, Edgar, Die Bank für Internationalen Zahlungsausgleich, in: Weltwirtschaftliches Archiv 33 (1931), 1–29, 6, Fn 1; SALIN, Edgar, Die Entthronung des Goldes (Bemerkungen zu Keynes "A tract on monetary reform"), in: Schmollers Jahrbuch 48 (1924), 95–112; gekürzte Fassung in: DERS., Lynkeus. Gestalten und Probleme aus Wirtschaft und Politik. Tübingen 1963, 251–266, 251.

656 Vgl. 101.

657 Singer an Salin in UB Basel, NSB Fa; Salin an Singer in UB Basel, NSB Fb 2613.

te.[658] Nach 1933 scheint der Kontakt zwischen Salin und Salz sporadisch geworden zu sein.[659] Das mochte damit zusammen hängen, dass man in den Familien Kahler und Kantorowicz, mit denen Salz durch seine Frau verkehrte, Edgar Salin sehr reserviert gegenüber stand. Ein Brief Fine von Kahlers an Ernst Kantorowicz mag dies belegen und zugleich ein Beispiel für den vielen Tratsch und Klatsch abgeben, der hinter den Kulissen des Kreises verbreitet wurde. Fine zitierte aus einem Brief, den Singer ihr aus Hamburg geschickt hatte, dessen Aussage über Salin: „Seine Arbeit ist sachlich und tief, aber verfrüht u. also zu gewaltsam. Er weiss nicht wie man Schmetterlinge anfasst u. zeigt seine spirituellen goldenen Uhrketten zu ostentativ aber es hätte sich schon gelohnt, ihn rechtzeitig zu erziehen, statt zu loben."[660] Das Apodikt wiegt umso schwerer, wenn man die Äußerung Georges bedenkt, er möge keine Leute mit goldener Uhrkette, das sei „Kennzeichen der amusischen ‚Bürger', die er abschätzig ‚Fettbürger' nannte."[661] Später waren die Kahlers entsetzt über Salins Versuch, sich mit seinem Erinnerungsbuch nachträglich in eine Nähe zum „Meister" zu rücken, die er wohl nie innehatte. Alice von Kahler nannte das Werk falsch und verlogen, es diene Salin zur Verherrlichung des „Meisters" und seiner selbst.[662] Auch Ernst Kantorowicz konnte Salin nicht ausstehen.[663] Dennoch stellte Salin im Netzwerk der Georgeaner aufgrund seiner guten wissenschaftlichen Beziehungen einen wichtigen Knotenpunkt dar, der aufgrund der ausgezeichneten Überlieferungslage seiner Korrespondenz im Universitätsarchiv Basel – Salin wohnte dauerhaft in der gleichen Wohnung und war weder zur Emigration noch zu Umzügen gezwungen wie die anderen – auch gut nachvollzogen werden kann. Insbesondere die Dokumente der Heidelberger Zeit lassen ein eindrucksvolles Bild der wissenschaftlichen community dieser Tage aufscheinen, da Salin ja auch zu den Brüdern Weber

---

658 Salin berichtete Karl Wolfskehl über seine Forschungen zu Gundolfnach dessen Tod, „dass das Vorhandene eine Beziehung ganz wider Erwarten als letztlich unwesentlich erweist: Salz. Hier stehe ich noch vor einem Rätsel. Denn ich weiss aus Münchner Erzählungen, wie sehr Salz dort im Vordergrund zu stehen schien, – ich habe selbst einen langen Brief, der sich für Salz einsetzt, – ich habe in Heidelberg oft genug die rührend vergeblichen Versuche erlebt uns von Salzens Bedeutung zu überzeugen. Aber die Elli sagt, und ich muss es ihr glauben, dass selbst in den letzten Jahren, in denen Salz der einzige dauernde Gefährte war, diese Bindung nie in die Tiefe reichte." Salin erklärte die Bindung zwischen Salz und Gundolf folgendermaßen: „Der weibliche Teil von Gundolfs Wesen mag müde geworden sein, wenn er dauernd mit ‚enormen' Menschen zu tun hatte, und der wirklich dürftige Monosyllab, dessen Schlemihlichkeit [sic! Ko. S.] sich mit Dämonie verwechseln liess, mag sich dann als willkommener Ersatz geboten haben." (Salin an Wolfskehl am 15.8.1938, DLA, A: Wolfskehl, 80.122/4; gedruckt in WOLFSKEHL (1988) Briefwechsel aus Neuseeland, Bd. 1, 120f). Man kann nur spekulieren, dass bei dieser Deutung Salins Eifersucht im Spiel gewesen sein muss, da der Briefwechsel Salz – Gundolf im Universitätsarchiv London meines Erachtens als Ausdruck einer engen Freundschaft interpretiert werden muss.

659 Salin an Hanna Wolfskehl am 11.6.45: „Wissen Sie irgend etwas von meinem Freund Arthur? Seit Januar fehlt von ihm jede Nachricht." DLM, A: Wolfskehl, 95.54.1578/1–5.

660 Fine von Kahler an Ernst Kantorowicz am 10.6.1920, StGA Kahler II, 6537.

661 LANDMANN (1980), Erinnerungen George, 7.

662 Insbesondere war sie entsetzt, dass Salin behauptete, Gundolf sei in Paris ein gebrochener Mann gewesen, obwohl dieser mit Elli dort einige Jahre lang sehr glücklich gelebt habe (DLM, A: Kahler, 91.88.156, Alice von Kahler: Verschiedenes. Notiz zu Edgar Salins Darstellung Friedrich Gundolfs).

663 Alice von Kahler zitierte Kantorowicz über Salin: „Der kommt mir nicht ins Haus." (DLM, A: Kahler, 91.88.156, Alice von Kahler: Verschiedenes. Notiz zu Edgar Salins Darstellung Friedrich Gundolfs). Es gab auch Spannungen zwischen Kantorowicz und Wolfskehl, vgl. Wolfskehl an Salin am 20.6.33, DLM, A: Wolfskehl/Salin, 80.73/13.

und den Gotheins gute Beziehungen pflegte.[664] Er vermittelte wichtige wissenschaftliche Kontakte, gerade im Kreis der Sozialwissenschaftler, etwa wenn er Wolters und Landmann mitnahm zu Eberhard Gothein, mit dem man die neuesten Arbeiten diskutierte.[665] Mit der Amsterdamer Richtung der George-Verehrung konnte er dagegen wenig anfange. Über die „Castraten" des Castrum Peregrini Verlags, der für sich in Anspruch nahm, das Erbe Georges fortzusetzen, äußerte er sich kritisch.[666] Dass Thomas Karlauf seinen umfangreichen Nachlass ignoriert, nur weil er zu Georges Lebzeiten nicht *die* Stellung im Kreis einnahm, die er später für sich reklamierte, scheint eher praktische als sachliche Gründe zu haben.

Kurt Singer stand schon räumlich etwas weiter entfernt: Nach Hamburg verirrten sich die Kollegen aus dem Kreis nur selten, nach Japan und später Australien nie. Zwischen Singer und Salz gab es keine intensive Freundschaft, man stand sich eher reserviert gegenüber, auch wenn Singer Salz′ Arbeiten las und gelegentlich zitierte.[667] Im persönlichen Umgang taten sich die beiden schwer: So berichtete Singer an Ernst Robert Curtius, die Gespräche bei einem Besuch in Baden-Baden bei Arthur Salz, den ganz offensichtlich Curtius vermittelt hatte, hätten sich „auf der Höhe einer Kaffeepausenunterhaltung" gehalten.[668] Kontakt pflegte Singer dagegen zu Wolters. Von der Staufer-Begeisterung des Kreises, die Ernst Kantorowicz′ Arbeit auslöste, angesteckt, begleitete er an Ostern 1924 Ernst Kantorowicz und Erika Wolters nach Palermo zum Grab Friedrichs II.[669] Zudem korrespondierte Singer mit zahlreichen anderen Georgeanern, etwa mit Robert Boehringer[670] und mit Edith Landmann, die die meisten seiner Publikationen in Europa nach 1945 organisierte[671], und mit Karl Wolfskehl in Neuseeland.[672] Dieser wiederum wurde auch von Arthur Salz innig verehrt.[673] Die Beziehungen im George-Kreis stellten ein engmaschiges Netz dar.

Die Ökonomen taten vieles, um sich gegenseitig zu fördern und zu unterstützen, selbst dann, wenn die persönliche Zuneigung nicht die tiefste war. Man empfand ein gewisses Zusammengehörigkeitsgefühl und die Verpflichtung, den anderen georgeanischen Wissenschaftlern, noch dazu der gleichen Zunft, in ihrer Karriere zu helfen, wo dies möglich war. Selbst die Bekanntschaften, die nicht direkt über Vermittlung des Dichters oder anderer Kreismitglieder zustande kamen, lebten doch ganz wesentlich vom Gemeinschaftsgefühl des

---

664 So bat er Julius Landmann im Auftrag von Alfred Weber, der Mitglied der Valuta-Kommission geworden war, ein Gutachten über eine mögliche Valuta-Anleihe Deutschlands, die Schaffung einer internationalen Währung und einer Devalvation der Mark zu schreiben, vgl. Salin an Landmann am 19.1.1920, in SWA, HS 426, B12.

665 Z.B. Wolters *Agrarzustände und Agrarprobleme in Frankreich*, die Gothein lebhaft interessierten, vgl. SALIN (1954), Um George, 134f.

666 Salin an Georg Peter Landmann vom 13.04.73, UB Basel, NSB Fb 1727.

667 SINGER, Kurt, Staat und Wirtschaft in Griechenland (in Japanisch), in: Keizaigaku-Ronshu (Journal of Economics) 5, 12 (1935, Januar), 1–15, 15; zitiert wird SALZ, Arthur, Das Prinzip der „Grenze" in der theoretischen Nationalökonomie, in: Studi nelle scienze giuridiche e sociali 14 (1930), 137–153.

668 Singer an Curtius am 8.7.10, in SUB, NKS BI 3,1.

669 HOFFMANN, Peter, Claus Schenk Graf von Stauffenberg: Die Biographie. München 2007, 69. Zur gleichen Zeit besuchten auch Alexander und Berthold von Stauffenberg, Maria Fehling, Albrecht von Blumenthal und Erich Boehringer das Grab.

670 SINGER (1957), Bericht, 601.

671 Singer an Edith Landmann am 28.11.38, in SUB, NKS BI5.

672 Die Briefe sind publiziert in WOLFSKEHL (1988), Briefwechsel aus Neuseeland.

673 Salz an Wolfskehl am 14.9.1929, in DLM, A: Wolfskehl, 95.54.846/1–6.

Kreises: Immer wieder geht es in den Briefen um Neuigkeiten aus dem Kreis, die Kommentierung der jüngsten „Geistbücher“, Nachrichten über das Befinden des „Meisters“ und seine Gedichte. George war der Bezugspunkt, um den die Korrespondenzen kreisten, und von dem aus auch der fachliche Austausch möglich wurde. Der Dichter scheint die Verbindungen zuweilen aktiv gefördert oder zumindest gebilligt zu haben. Gerade im Fall von Landmann und Salin waren diese von großer Bedeutung: Es ist davon auszugehen, dass ihre Karrieren deutlich anders verlaufen wären, wenn sie nicht auf die kreisinternen Beziehungen hätten zurückgreifen können, auch wenn die traditionellen Qualifikationsnachweise in Forschung und Lehre durch die Verbindungen des Kreises selbstverständlich nicht ersetzt werden konnten.[674]

Zuweilen herrschte unter den Wirtschaftswissenschaftlern im Kreis aber auch Konkurrenz: Als klar wurde, dass Landmann 1927 den Ruf nach Kiel annehmen und bei der Besetzung seiner Nachfolge ein gewichtiges Wort mitzureden hatte, interessierten sich sowohl Salin, den Landmann favorisierte,[675] als auch Salz, den Alfred Weber vorschlug,[676] und Singer, für den sich Gottl-Ottlilienfeld verwendete,[677] für den Lehrstuhl. Salz und Singer standen neben Salin mit auf der Prüfungsliste der Berufungskommission, auch wenn ihre Aussichten nicht gut waren.[678] Als im Jahr 1928 dann der Lehrstuhl von Roberto Michels bei dessen Weggang aus Basel neu zu besetzen war, setzte sich Alfred Weber wiederum für Arthur Salz ein, diesmal bei Salin, ein Unterfangen, das allerdings nicht von Erfolg gekrönt war.[679]

Die Zugehörigkeit zum Kreis bot aufgrund des weit gefächerten georgeanischen Netzwerkes also gewisse Vorteile bei der Verfolgung der akademischen Karriere, auch durch die gewisse „Exotik“, durch die die Georgeaner sich von anderen Bewerbern abgrenzen konnten. Allerdings war dieser Nutzen bei weitem nicht groß genug, um die Attraktion des Kreises auf die Ökonomen zur Gänze zu plausibilisieren. Neben den praktischen Vorteilen müssen andere Aspekte die ausschlaggebende Rolle gespielt haben.

---

674 KOLK (1998), Gruppenbildung, 543.

675 Julius Landmann hatte sich intensiv für Salin als Nachfolger eingesetzt, wie seinen zahlreichen Briefen an Salin aus dem Jahr 1927 zu entnehmen ist (UB Basel, NSB C 38). Alfred Weber scheint dagegen zurückhaltender gewesen zu sein. Am 16.04.27 schrieb Landmann: „Sind Sie Alfred Webers sicher? ich habe aus zwei Briefen den Eindruck (doch bitte ich Sie dringend, diese Mitteilung als streng vertraulich zu betrachten), dass Alfred Weber sehr gerne Salz in Basel sähe.“ (ebd.)

676 Alfred Weber an Landmann am 17.3.27 in SWA, HS 426 B16.

677 Gottl-Ottlilienfeld an Landmann am 8.3.1927, in SWA, HS 426, B 16.

678 Bericht der Expertenkommission für Neubesetzung im Juni 1927, in: Erziehungsakten CC 21 1855–1927 in StAB.

679 Alfred Weber an Salin am 16.5.28, in: Erziehungsakten CC 21 1928–1942 in StAB.

Abb. 2, oben:
Friedrich Gundolf und Arthur Salz in der Heidelberger Zeit (1910-1914)

Abb. 3, rechts:
Edgar Salin am Schreibtisch in der Hardstrasse 110 in Basel, 60er Jahre

Abb. 4, oben:
Edgar Salin,
Heidelberg
1914

Abb. 5, links:
Edgar Salin,
am Frühstückstisch,
vermutlich in
Badenweiler,

Abb. 6, links unten:
Edgar Salin in Montreux,
Hotel Bonivard

Abb. 7, rechts oben:
Edgar Salin im August 1957 in
Schuls-Tarasp (Graubünden)

Abb. 8, rechts unten:
Julius Landmann
um 1920 (oder früher)

Abb. 9, links oben:
Edith Landmann

Abb. 10, rechts oben:
Edith Landmann 1927

Abb. 11, rechts unten:
Julius Landmann im Alter von ca. 35 Jahren, auf der Veranda des Sombartschen Hauses in Berlin-Grunewald

Abb. 12, links:
Kurt Singer,
wohl in der Studienzeit

Abb. 13, rechts:
Kurt Singer im Alter

Abb. 14, links:
Kurt Singer in Japan

Abb. 15, unten:
Kurt Singer mit seinen Schülern an der Daini Kōtō Gakkō in Sendai/ Japan (1936-39)

D. „In wen der gleiche Funke schlug…“:[1] Georgeanische Methodologie in der Ökonomie

„Euch dank ich mein WISSEN: mir danket den WEG!“

Karl Wolfskehl[2]

Die Frage nach dem richtigen Weg zum Wissen, nach der richtigen Methodologie, hatte in der Ökonomie der 1920er Jahre einen Stellenwert, der aus heutiger Perspektive kaum noch nachvollziehbar ist. Paradigmatisch kann auf den Wirtschaftswissenschaftler Alfred Seidel verwiesen werden, der, nachdem er zu dem Schluss gekommen war, dass objektive Erkenntnis nicht möglich sei, nur noch den Weg in den Selbstmord sah.[3] Aber auch in vielen anderen ökonomischen Schriften nimmt die Suche nach einer verlässlichen methodologischen Grundlage nach dem Ende der Historischen Schule breiten Raum ein. Viele Wirtschaftswissenschaftler erhofften ein ganz neues System der Ökonomie, das sie sich als Einzelleistung und großen Wurf eines genialen Ökonomen vorstellten. Auch die Georgeaner beteiligten sich an dieser Suche nach einem neuen ökonomischen System, das ihr Fach aus der Krise führen sollte. Der oben zitierte Ausspruch Karl Wolfskehls legt nahe, dass es gerade eine Orientierung in diesen methodologischen Fragen gewesen sein könnte, die die Ökonomen dem Dichter George dankten. Im Folgenden sollen deshalb ihre methodologischen Ansätze untersucht werden. Inwiefern wurden sie durch George und seinen Kreis inspiriert und beeinflusst?

1. Erkenntnistheoretische Grundlagen: der Wunsch nach Gesamterkenntnis

1.1 Edgar Salins Anschauliche Theorie

Edgar Salin war einer jener Ökonomen, die von der Historischen Schule, wie er sie im Studium kennen gelernt hatte, tief enttäuscht waren. Statt eines systematischen Gebäudes habe sie nur „eine Fülle von Sondertheorien“ geliefert, „die ohne Verbindung untereinander Spezialgebiete an- und ausbauten.“[4] Die Nationalökonomie erschien ihm als Bauplatz, „auf dem

---

1 „Der Stand-Punkt als solcher lässt sich weder beweisen noch abstreiten – man hat ihn oder man hat ihn nicht wie man einen Glauben hat oder nicht hat. Nur in wen der gleiche Funke schlug wird sich zum ihm bekennen, wohingegen Beweise wenig und nur bei Schwachen fruchten.“ (Salin, Manuskript *Nationalökonomie als Wissenschaft*, UB Basel, NSB B 367).

2 Karl Wolfskehl legte George diese Worte über das Verhältnis zu seinen Jüngern in den Mund. Blätter für die Kunst 6 (1902/03), 38, zitiert nach KARLAUF (2007), Charisma, 177.

3 SEIDEL, Alfred, Bewusstsein als Verhängnis. Aus dem Nachlass hrsg. von Hand PRINZHORN. Bonn 1927; Vgl. KÖSTER (2008), Theorie und Sozialphilosophie, 183.

4 SALIN, Edgar, Die deutsche volkswirtschaftliche Theorie im 20. Jahrhundert, in: Zeitschrift für schweizerische Statistik und Volkswirtschaft 57, 1 (1921), 87–117, 87.

eine wohleingerichtete Stube neben der andern steht, auf dem aber der Architekt noch fehlt, der aus und über dem Ganzen einen geschlossenen Bau errichtet."[5] Auf dieser Grundlage glaubte er nicht mehr weiterarbeiten zu können, und deshalb beteiligte er sich aktiv an der Suche nach einer neuen Methodologie für die Nationalökonomie. Sein Ausweg aus der Krise bestand in der Entwicklung seiner „Anschaulichen Theorie". Was ist darunter zu verstehen? Salin definierte folgendermaßen:

> "The distinction between theorizing of this sort and 'positivistic' or 'rational' theory can be made clearer by comparing the positions of *Adam Smith, Friedrich List, Karl Marx*, for example, with those of *Ricardo, Menger, Jevons, Marshall.* Both groups of men did work in theory, propounded theoretical questions, and on the basis of their answers, drew practical political conclusions and framed political programs. It is the first type of theorizing that may be called 'synthetic vision' or 'Gestalt theory', the second 'rational theory'. However, the two concepts are not direct opposites. Any good *anschauliche Theorie* must contain good 'rational theory' in it. The former is the wider concept, the latter a narrower one."[6]

Die Anschauliche Theorie lässt sich also durch vier Abgrenzungen definieren: Erstens bildet sie *Theorien*, sie ist keinesfalls nur Sammlung von historischem Material, wie Salin zur Abgrenzung gegen die Historische Schule betonte. Dazu stellt sie zweitens theoretische Fragen – z.B. anhand von Begriffen oder Typenbildung, wie weiter unten zu zeigen sein wird. Drittens ist sie politische Theorie, d.h. sie zieht politische Schlussfolgerungen und hat damit einen ethischen, keinesfalls wertfreien Charakter, womit Salin sich gegen Max Weber positionierte. Viertens geht sie über eine rein rationale Theorie hinaus, indem sie *neben* dieser auch soziologische, historische, politische Überlegungen mit einschließt.[7] Entscheidend für die Anschauliche Theorie ist, dass sie „rational nicht rein faßbare Kräfte", die im Wirtschaftsleben wirken, einbezieht. „Ein rationaler Kern der Wirtschaftswissenschaft ist nur insoweit erfordert und berechtigt, als rationales Handeln das Wirtschaftsleben selbst bestimmt."[8] Worum es Salin letztendlich ging, war die „Anschauung des ganzen Objekts mit einem Schlage".[9]

---

5 SALIN (1921), Volkswirtschaftliche Theorie, 87.

6 SALIN, Edgar, Sombart and the German Approach, in: Frederic C. LANE (Hrsg.), Architects and Craftsmen in History. Festschrift für A.P.Usher. Tübingen 1956, 41ff (Hervorhebungen von Salin). Für das englischsprachige Publikum fasste Salin seine langjährigen Überlegungen sehr präzise und knapp zusammen, was diese Definition besonders prägnant ausfallen lässt.

7 Schefold betont, dass dieser Ansatz gar nicht so sehr von „rationalen" Theorien der Zeit abweicht, da z.B. Keynes oder Schumpeter ebenfalls versuchten, soziologische oder psychologische Aspekte in ihre Gedankengebäude mit einzubeziehen (vgl. SCHEFOLD (1992), Anschauliche Theorie, 304).

8 Ebd., 310. Salin formulierte also die „Gegenthese zur Neuen Politischen Ökonomie der Chicagoschule, die mit der neoklassischen Rationalitätsauffassung auch das Verhalten in privaten Lebensbereichen oder in vormodernen, ja in primitiven Kulturen erklären will." (ebd.)

9 So sein Rezensent Hans Neisser, der diese Leistung für eine spezifisch poetische hielt, die für die Ökonomie sehr unrealistisch sei, vgl. NEISSER, Hans, Der Gegensatz von „anschaulich" und „rational" in der Geschichte der Volkswirtschaftslehre, in: Archiv für Sozialwissenschaft und Sozialpolitik 65, 2 (1931), 225–250, 241.

In der Literatur wird von verschiedener Seite immer wieder der große Einfluss Stefan Georges auf die Entwicklung von Salins „Anschaulichen Theorie“ betont.[10] Diese These gilt es zu prüfen, indem zunächst chronologisch die Entwicklung der Anschaulichen Theorie rekonstruiert wird.

Frühe Ansätze

Dabei muss man sich zunächst die Basis klarmachen, von der aus Salin startete: seine wissenschaftliche Sozialisation in der Jüngeren Historischen Schule.[11] Insbesondere deren Hauptvertreter Gustav Schmoller hatte er in Berlin selbst gehört und fand seine Vorlesungen enttäuschend.[12] Kein Wunder also, dass die im *Jahrbuch* der Georgeaner geübte Kritik am Historismus bei dem jungen Ökonomen auf offene Ohren stieß. Vor diesem Hintergrund muss man das Ziel seiner Dissertation von 1914 verstehen, „eine wirkliche wissenschaftliche Behandlung [...] – d.h. eine Behandlung, deren Zweck nicht Aufstapelung, sondern Sichtung des Materials und Aufdeckung der eigentlichen *wirtschaftlichen* Probleme ist“, zu geben.[13] Was Salin am Studium der Nationalökonomie reizte, war die Erforschung der dynamischen Kräfte und Mächte der Wirtschaft,[14] und hierfür hielt er die ausschließliche Verwendung der historischen Methode für unzureichend. Insofern ist es nur verständlich, dass er nach anderer Orientierung Ausschau hielt und diese in zunehmendem Maß im Umfeld Georges fand. Nach dem Ersten Weltkrieg zeigen seine Publikationen eine starke Beeinflussung durch die georgeanischen Semantiken, insbesondere durch die Werke Gundolfs, aber

---

10 „Salin gehörte dem Kreis um Stefan George an, übertrug dessen weltanschauliche Thesen auf Hauptfragen der Wirtschaftslehre.“ (ARNSBERG, Salin, Edgar, in: Deutsche Biographische Enzyklopädie. Bd. 8. Darmstadt 1998, 499); „Wie sehr die Verankerung in Stefan George das bestimmt hat, was für Salin anschauliches Denken und verstehendes Erkennen war, kann wohl nur ein George-Kenner ausloten.“ (KLOTEN, Norbert, Die List-Gesellschaft: Tradition und Verpflichtung, in: Deutsche Bundesbank. Auszüge aus Presseartikeln 29 (1984, 9. April), 1–8, 5); „Für Salin war der George-Kreis und insbesondere Stefan George eine der ausschlaggebenden Personen in seinem Leben, die sowohl sein literarisch-philosophisches als auch sein wissenschaftliches Denken sehr geprägt haben.“ (SCHMITT (1987), Soziologische Aspekte, 29).

11 Schumpeter gebrauchte für die Nachfolger der Jüngeren Historischen Schule den Begriff der „Jüngsten Historischen Schule“, vgl. KÖSTER (2008), Theorie und Sozialphilosophie, 56.

12 Vgl. KÖSTER (2008), Theorie und Sozialphilosophie, 36.

13 SALIN, Edgar, Die wirtschaftliche Entwicklung von Alaska (und Yukon Territory). Ein Beitrag zu Geschichte und Theorie der Konzentrationsbewegung (Archiv für Sozialwissenschaft und Sozialpolitik Ergänzungsheft XII). Tübingen 1914, 5 (Hervorhebungen von Salin).

14 SALIN (1914), Alaska, 221. Ähnlich auch in dem Vortrag *Wilson. The new freedom*, den der Student 1913 in Heidelberg hielt: „Dass der Kapitalismus nicht eher wird überwunden werden, als der Mensch wieder aufwache, als der Mensch sich wieder als μέτρον ἁπάντων fühlt, als eine neue Gesinnung die Menschen durchglüht, das glaube ich hat Wilson in dieser Stärke nicht als das Problem gesehen. Dass die *Wissenschaft* den Menschen nicht mehr als Zentrum nimmt, dass ihr der Mensch nicht mehr Subjekt, dass er ihr Objekt geworden ist, das fühlt und bekämpft er; dass auch im Leben der Mensch aufhört, Zentrum zu sein, dass – ob der Mensch will oder nicht – einen immer grösseren Teil des menschlichen Lebens die Arbeit, die Wirtschaft beherrscht, ist ihm [gemeint ist Wilson, Ko. S.], wenn überhaupt zu Bewusstsein gekommen, dann nicht zur Richtungsmaxime geworden.“ (UB Basel, NSB B 304; Hervorhebungen von Salin).

auch durch Edith Landmanns Arbeiten.[15] So zeigte sich der junge Ökonom z.B. davon überzeugt, dass die Geschichte, auch die Wirtschaftsgeschichte, von großen Einzelnen geprägt werde und ein solcher Genius sich selbst die Norm setze. Die Welt sah er als Gesamt-Organismus und forderte vom Historiker deshalb einen Blick „für die Erkenntnis des organischen Wachsens und Vergehens auch im Leben der Geschlechter, der Völker und der Staaten".[16] Er polemisierte gegen die „mechanistische Geschichtsschreibung, die in der Ueberschätzung des gesetzlichen Ablaufes den Sinn für Einmaligkeit, für Gestalt und Tat verlor" und „statt der organischen Entwicklung eine mathematisch-logische Fortspinnung, statt des Körperhaften ein Lineares setzte."[17] Auch in einer Besprechung von Oswald Spenglers *Untergang des Abendlandes*[18] lobte er alles, was zu den Anschauungen des Kreises passte, und monierte den Rest, insbesondere Spenglers Versuch, die Zukunft analytisch zu berechnen.[19] Das sei nicht möglich, denn „Methode besteht nicht für sich, ist folglich nicht übertragbar, Methode ist eine Erlebnisweise, eine direkte, einmalige, erlebte Verbindung des Schauenden und seines Objektes, des Gestaltenden und seines Stoffes."[20] Eine solche Erkenntnis sei nur von der schöpferischen Mitte aus möglich, durch Zeugung statt durch Analyse.[21] In keinem späteren und vor allem in keinem wirtschaftswissenschaftlichen Text lehnte sich Salin in demselben Maße an die georgeanischen Deutungsmuster an wie hier. Kurt Singer reagierte dementsprechend begeistert.[22] In anderen Texten, z.B. seinen Probevorlesungen an der Universität Heidelberg vom 24. Juli und 23. Oktober 1920, tauchen zwar auch georgeanische Semantiken auf, etwa der Hinweis auf die Subjektgebundenheit der wissenschaftlichen Sehweise[23], aus der Salin die Notwendigkeit einer „Änderung des geistigen Auges" ableitete und dazu aufrief, sich „das Bild des Ganzen, das Ineinandergreifen der einzelnen Teile vor Augen" zu rufen.[24] Die Anlehnung an den Kreis ist jedoch wesentlich subtiler und die Diktion viel unauffälliger. Offensichtlich erschien es Salin in diesen für sein berufliches Fortkommen wichtigen Probevorlesungen angemessener, seine Beziehung zum

---

15 SALIN, Edgar, Organische Geschichtsschreibung, in: Archiv für Sozialwissenschaft und Sozialpolitik 46 (1918/19), 762–774. Salin bezeichnete die Schrift den Landmanns gegenüber als „Epilog zu einigen Gesprächen des Winters". Sie sei insbesondere für Edith von Interesse, vgl. Salin an Landmann am 26.7.1919, in SWA, HS 426, B11.

16 SALIN (1918/19), Organische Geschichtsschreibung, 762ff.

17 SALIN (1918/19), Organische Geschichtsschreibung, 764.

18 SPENGLER (1923), Untergang. Angeblich regte George selbst an, eine Besprechung von Spenglers Buch aus Salins Feder drucken zu lassen. Er hatte Salins Manuskript mit dem Titel *Der Untergang des Abendlandes* bei Gundolf entdeckt und billigte den Text inhaltlich, auch wenn er rügte, dass vor der Erstellung nicht das meisterliche Placet eingeholt worden war (SALIN (1954), Um George, 41). Das Manuskript, das im Nachlass Salins erhalten ist (UB Basel, NSB B310 Ca1914–18), ist inhaltlich fast identisch mit dem gedruckten Text, enthält aber noch nicht die Besprechung von Kahlers Buch (KAHLER, Erich, Das Geschlecht Habsburg. München 1919). George oder Gundolf legten Salin also möglicherweise die Einbeziehung dieses georgeanischen Werkes als positiven Vergleichspunkt zu Spengler nahe.

19 SALIN (1918/19), Organische Geschichtsschreibung, 766.

20 Ebd., 769.

21 Vgl. auch GROPPE (2001), Macht der Bildung, 505f.

22 Kurt Singer an Salin am 20.07.1919, UB Basel, NSB Fa 8882–8975.

23 SALIN, Edgar, Friedrich Lists Lehre von den Wirtschaftsstufen und die Bedeutung der Typik, in: DERS., Lynkeus. Gestalten und Probleme aus Wirtschaft und Politik. Tübingen 1963, 301–309, 301. Den Hörern von Gundolfs Vorlesungen in Heidelberg dürften diese Semantiken bekannt gewesen sein.

24 SALIN (1921), Methode Wirtschaftsgeschichte, 190ff.

Kreis nicht zu deutlich herauszustellen, auch wenn er seine Überzeugungen gerade in Heidelberg, wo viele Studenten George bewunderten, nicht verleugnete. Von einer systematischen Übertragung des georgeanischen Gedankengutes nicht nur in die Wirtschaftsgeschichte, sondern auch in die Ökonomie konnte jedoch noch keine Rede sein. Der Weg dazu führte über eine intensive Auseinandersetzung mit der Historischen Schule, die spätestens mit dem Ende des Kaiserreichs in den Augen der nachfolgenden Generation ihre Berechtigung verloren hatte.

Die Auseinandersetzung mit der Historischen Schule

Im Jahr 1923 erschien Salins Hauptwerk *Geschichte der Volkswirtschaftslehre*[25], das den mittlerweile 31jährigen Heidelberger Privatdozenten mit einem Schlag berühmt machte – und das, obwohl es sich in der ersten Auflage um ein schmales Heft von nur 42 Seiten handelte.[26] Nachdem er sich mit seiner Arbeit *Die deutsche Volkswirtschaftliche Theorie im 20. Jahrhundert* für ein solches Werk empfohlen hatte[27], fragte Arthur Spiethoff als Herausgeber der Reihe *Enzyklopädie der Rechts- und Staatswissenschaft* bei ihm an, ob er diesen Beitrag schreiben wolle.[28] Von den anderen Georgeanern ermutigt,[29] untersuchte Salin auf engstem Raum zusammengedrängt den „sozialphilosophischen Gehalt der Wirtschaftslehren der Vergangenheit“[30] von Platon bis in die Gegenwart und nutzte die Gelegenheit, seine eigenen methodischen Anschauungen in der Auseinandersetzung mit diesen Lehren zu präzisieren. Ein Rezensent merkte zur Charakterisierung des Werkes an, die Kritik an den von Salin besprochenen Systemen werde „mit kaum gedämpftem Bekehrungseifer zum Argument des eigenen Lehrsystems umgeschmiedet“[31] – auch wenn dieses Lehrsystem, die Anschauliche Theorie, bisher nur in ihren Grundzügen angedacht war. Das Kriterium, nach

---

25 SALIN, Edgar, Geschichte der Volkswirtschaftslehre (Enzyklopädie der Rechts- und Staatswissenschaft. Abteilung Staatswissenschaft. Bd. 34). Berlin 1923.

26 In einem Brief an Bernhard vom Brocke schrieb Salin am 30. 11. 1973: „Mein Kampf gegen Schmoller war zu gutem Teil ein Kampf gegen die Berliner Exzellenzen, und soweit diese oder ihre Witwen noch am Leben waren, haben sie sich zu rächen gesucht. Ich kann mich darüber nicht beschweren; denn diese Gegenschriften gegen die drei Bogen, die meine Geschichte der Volkswirtschaftslehre ursprünglich gehabt hat, waren die Basis nicht nur für meinen relativ schnellen Aufstieg an den Universitäten, sondern für erhebliche Teile meines Lebenslaufs.“ (UB Basel, NSB Fb 475).

27 SALIN (1921), Volkswirtschaftliche Theorie. Singer glaubte fest daran, in Salin „den künftigen Verfasser eines benötigten Lehrbuches zu sehen [...], dessen Aufgaben Sie schon jetzt deutlich umrissen haben. Dass ich neben vielem anderem auch manches gefunden habe, das ich mir schwer zu eigen machen kann, liegt in der Natur der Sache und der Personen, und ändert am Gesamturteil nichts.“ (Singer an Salin am am 01.06.21, UB Basel, NSB Fa 8882–8975).

28 Spiethoff bat Salin in einem Brief vom 13.10.22 um diesen Beitrag, in UB Basel, NSB Fa 9343–9477.

29 Julius Landmann am 21.02.1922: „Die ganze Abhandlung ist so sehr aus einem Gusse, und rührt so positiv (d.h. fördernd) an zentrale Fragen unserer Disciplin, dass ich unter allen Umständen die Publikation befürworten würde.“ (UB Basel, NSB C 38).

30 MANN, Fritz Karl, [Rezension zu] Salin, Edgar, Geschichte der Volkswirtschaftslehre, in: Schmollers Jahrbuch 54 (1930), 131–138, 131. Die Aussagen, die hier zur zweiten Auflage des Buches getroffen werden, treffen auch auf die erste zu.

31 MANN (1930), [Rezension zu] Salin, 131.

dem Salin die besprochenen ökonomischen Theorien beurteilte, war das Maß, in dem sie seinen methodologischen Grundsätzen entsprachen. Seine ökonomische Dogmengeschichte war deshalb deutlich subjektiv gefärbt: Er umwarb „jeden, der sich in früheren Zeiten auf dem angeblich richtigen Wege befand, mit blinder Liebe", aber verfolgte „den wissenschaftlichen Gegner mit blindem Haß"[32], wie ihm ein Rezensent bescheinigte.

Einer dieser Gegner war Gustav Schmoller und die Jüngere Historische Schule. Wie sah Salins Kritik an der Methodologie der vorhergegangenen Generation aus? Ihre Entstehung aus der Ablehnung der klassischen ökonomischen Theorien hielt er zwar für durchaus wichtig und folgerichtig[33], aber er kritisierte ihre weitere Entwicklung. Vor allen Dingen polemisierte er gegen den bisher „sakrosankten Vertreter der Ökonomik schlechthin [...] Gustav Schmoller"[34] – ein Eklat. Schmoller habe „den ökonomischen Historismus zur Detailbetrachtung, zur Monographie hingeführt und damit die Voraussetzung und den Beginn historischer Arbeit als ihren Sinn erscheinen lassen."[35] Eine theoretische Durchdringung des vielen angehäuften Materials sei nicht erreicht, vielmehr durch die pure Menge noch erschwert worden, und auch die von Schmoller im Verein für Sozialpolitik vertretene Ethik sei „jeder tieferen Fundierung und jeder tieferen Verpflichtung bar". Salin erhob gegen die Jüngere Historische Schule den Vorwurf, dass durch ihr Verschulden „die Ethik, die Ökonomik, die Wissenschaft suspekt" geworden und ihr Verhältnis zueinander ungeklärt geblieben sei.[36] Zudem machte er dem Historismus den Vorwurf, einer blinden Fortschrittsgläubigkeit verfallen zu sein: „Die metaphysische Führung übernimmt die seltsamste, tiefste und geheimste Macht des 19. Jahrhunderts, jene verborgene Idee, die an die Stelle des Gottes des Mittelalters, an die Stelle der Natur des 18. Jahrhunderts tritt: der Gedanke der Entwicklung."[37] Die Analyse werde so Mittel zum politischen Zweck.[38] Die Kritik an Schmoller und der Jüngeren Historischen Schule war noch nie so hart formuliert worden: Roman Köster spricht von einem „Exorzismus des Übervaters Schmoller", den Salin eingeläutete habe.[39] Die angemahnte Aufgabe der Zusammenschau der bisherigen Volkswirtschaftslehre übernahm er nun

---

32 Ebd., 132.

33 SALIN (1921), Volkswirtschaftliche Theorie, 87.

34 SALIN (1923), Geschichte VWL, 36.

35 Ebd. Deshalb nannte Salin die Anhänger der historischen Schule spöttisch die „Herbarienleute". SALIN, Edgar, Der „Sozialismus" in Hellas, in: Edgar SALIN (Hrsg.), Bilder und Studien aus drei Jahrtausenden, Eberhard Gothein zum siebzigsten Geburtstag als Festgabe dargebracht. Leipzig 1923, 15–59, 35.

36 SALIN (1923), Geschichte VWL, 37.

37 Ebd., 24. In der Ausgabe von 1967 fügt Salin hinzu: „und die Idee des Fortschritts." (SALIN, Edgar, Politische Ökonomie. (Hand- und Lehrbücher aus dem Gebiet der Sozialwissenschaften) 5., erw. Aufl. Tübingen 1967, 92).

38 SALIN (1923), Geschichte VWL, 26. Zur Fortschrittsgläubigkeit der historischen Schule vgl. auch DÜE (2001), Fortschritt und Werturteilsfreiheit, 54–103.

39 KÖSTER (2008), Theorie und Sozialphilosophie, 56. Allerdings war auch vorher schon Kritik an Schmoller geübt worden, z.B. von Robert Schüller, vgl. LINDENLAUB, Dieter, Richtungskämpfe im Verein für Sozialpolitik: Wissenschaft und Sozialpolitik im Kaiserreich vornehmlich vom Beginn des „Neues Kurses" bis zum Ausbruch des Ersten Weltkrieges (1890–1914). Bd. 1. Wiesbaden 1967, 99 sowie 138–140. Schmoller war jedoch keineswegs so theoriefeindlich, wie ihm seine Gegner vorwarfen, vgl. PLUMPE, Werner, Gustav von Schmoller und der Institutionalismus. Zur Bedeutung der Historischen Schule der Nationalökonomie für die moderne Wirtschaftsgeschichtsschreibung, in: Geschichte und Gesellschaft 25, 2 (1999), 252–275, 262.

selbst. Aufgabe der jüngeren Generation sei die Schaffung einer „organisch-historischen Theorie und der systematischen Erfassung des ökonomisch-historischen Stoffes".[40]

Es war wohl gar nicht in erster Linie das Werk selbst, sondern eher die heftige und prominente Kritik daran, die Salin mit einem Schlage bekannt machte.[41] Die negative Darstellung der Jüngeren Historischen Schule, noch dazu in einem Lehrbuch für Studenten, wurde in *Schmollers Jahrbuch* von Heinrich Herkners angegriffen, der Salins Zugehörigkeit zum George-Kreis bei dieser Gelegenheit nicht unerwähnt ließ.[42] Herkner, der 1919 zum Vorsitzenden des Ausschusses des Vereins für Sozialpolitik gewählt worden war, betonte, dass Schmoller sehr wohl das Ziel gehabt habe, eine Synthese der Stoffmengen zu bilden und nichts weniger als ein „Fachpapst" gewesen sei.[43] Salin nutzte die Gelegenheit zur Replik in der prominenten Zeitschrift.[44] Ziel seiner Arbeit sei es gewesen, die Jugend „geschichtlich sehen und die vergangene und gegenwärtige Problematik verstehen lernen" zu lassen, und deshalb wolle er Schmoller nicht von seiner Wirkung aus erfassen, die er ihm völlig zugestehe, sondern von seinem „Wesen" her. Auch wenn Salin hier den George-Kreis nicht zitierte (möglicherweise, um seinen Gegnern nicht noch mehr Angriffsfläche zu bieten), so wurde in der Art, wie er sein methodisches Vorgehen bei der Beschreibung einer Person erklärte, der Rückgriff auf Gundolfs Gestaltbegriff doch sehr deutlich, wenn er von verschiedenen Schichten sprach, die bei der Erfassung einer Person beachtet werden müssten – die „Wirkung" konnte nur als Teilbereich des „Wesens" verstanden werden.[45] Salin wiederholte seine Vorwürfe gegen Schmollers reinen Historismus,[46] der weder einen festen Standpunkt noch eine sichere Methode besessen und deshalb die Theorie vernachlässigt habe.[47] Als Ziel seiner eigenen Generation formulierte Salin deshalb den Wunsch nach einer methodischen Synthese, die „das Widerspiel historischer Mächte und theoretischer ‚Gesetze' erfassen und verstehen" lasse. Dazu müssten auch „Idole zertrümmert werden."[48] Zur Unterstützung seiner Position trat sogar Schmollers alter Feind Georg von Below aufs Feld.[49]

---

40 SALIN (1923), Geschichte VWL, 42.

41 Vgl. KÖSTER (2008), Theorie und Sozialphilosophie, 51f.

42 HERKNER, Heinrich, Zur Stellung G. Schmollers in der Geschichte der Nationalökonomie, in: Schmollers Jahrbuch 47 (1924), 3–10, hier 4. Daneben warf Herkner Salin vor, aufgrund seiner Jugend nicht ausreichend mit der einschlägigen nationalökonomischen Literatur vertraut zu sein (ebd. 5). Auch der Rezensent Bloch erwähnte den George-Kreis (BLOCH, Kurt, [Rezension zu] Salin, Edgar, Geschichte der Volkswirtschaftslehre, in: Archiv für Politik und Geschichte 2 (1924), 624–627).

43 HERKNER (1924), Stellung Schmollers, 8f.

44 SALIN (1924), Stellung Schmollers.

45 „Das Bild eines Gelehrten wird für die Geschichte in erster Linie bestimmt durch seine Leistungen. Erst in zweiter Linie kommt in Frage, was er selbst von sich gesagt und gedacht hat. In dritter Linie, was andere über ihn äußerten." (SALIN (1924), Stellung Schmollers, 308). Zu Gundolfs Gestaltbegriff vgl. 26.

46 Damit brachte er Arthur Spiethoff, den Herausgeber von Schmollers Jahrbuch einerseits und der Enzyklopädie der Rechts- und Staatswissenschaften andererseits, in eine schwierige Situation; Spiethoff bemühte sich in einem Nachwort um Ausgleich (vgl. SPIETHOFF, Arthur, Zum Abschluß, in: Schmollers Jahrbuch 48 (1924), 321–324, 321ff). Schon im Vorfeld hatte er am 28.04.24 Salin um Milderung des Tones gebeten (UB Basel, NSB Fa 9343–9477).

47 SALIN (1924), Stellung Schmollers, 314.

48 SALIN (1924), Stellung Schmollers, 313f. Welcher Skandal Salins Darstellung war, ist einem undatierten entschuldigenden Brief zu entnehmen, den Salin an Gustav Schmollers Witwe schrieb. Er habe Gustav Schmollers Größe nie abgestritten (UB Basel, NSB, Fb 2491–2494). Der Berliner Nationalökonom Hermann Schumacher, der mit Arthur Spiethoff in eine Auseinandersetzung um die Herausgeberschaft von Schmollers

War auch Salins eigener methodologischer Ansatz noch nicht klar formuliert, so war doch seine Stellung zur Historischen Schule klar umrissen und publikumswirksam inszeniert: Er hielt die historische Betrachtungsweise für nötig und zweckmäßig, aber für ergänzungsbedürftig durch die theoretische. Wie aber sollte diese Kombination aussehen?

Die Auseinandersetzung mit der „rationalen" Theorie

Salins theoretische Ziele waren in der *Geschichte der Volkswirtschaftslehre* 1923 bereits angelegt, nämlich nicht nur in der Abgrenzung gegen den Historismus, sondern auch gegen die Klassik bzw. Neoklassik. Im Gegensatz zu dieser lehnte er es vehement ab, die Wirtschaft als Selbstzweck zu betrachten. Vielmehr solle sie nur „Nährerin des höheren Lebens von Geist und Leib" sein.[50] Die Wirtschaft erschien in dieser Sichtweise als Teil der Gesellschaft, als Glied eines Ganzen.[51] In diesem Sinne wertete Salin es in der Behandlung der verschiedenen ökonomischen Schulen stets positiv, wenn Gelehrte, die sich mit der Lehre von der Wirtschaft auseinandersetzten, sich dieser Teilhaftigkeit bewusst blieben und der Wirtschaft eine dienende Funktion zuordneten.[52] Gegensätzliche Anschauungen wurden scharf kritisiert: So hätten die Physiokraten und die Klassiker das Ziel des Merkantilismus, die Förderung und den Ausbau der Wirtschaftskräfte im Sinne des staatlichen Ganzen, aufgegeben und stattdessen eine „mechanistische Wirtschaftsdynamik" eingeführt, bei der es darum gehe, Gesetzmäßigkeiten der Wirtschaft zu entdecken, ohne dabei ihre Einbettung in das staatliche Ganze zu berücksichtigen.[53] Mit der Zeit hätten die Ökonomen der Wirtschaft eine immer bedeutendere Stellung eingeräumt, bis bei John Stuart Mill der Glaube an die Geltung der erkannten ökonomischen Gesetze eine religionsähnliche Absolutheit erreicht habe und die „Ökonomik zur Metaphysik" geworden sei.[54] Dabei habe man übersehen, dass auch die rationale Theorie des Liberalismus an Zeit und Raum ihrer historischen Entstehung gebunden sei.[55]

Die mathematische Methode in der rationalen Volkswirtschaftslehre hielt Salin nicht für „eine neue geistige Richtung, sondern eine andere Darstellungsweise innerhalb der Ökono-

---

Jahrbuch verwickelt war, hatte Lucie Schmoller auf Salins Schrift hingewiesen, vgl. KÖSTER (2008), Theorie und Sozialphilosophie, 52.

49 BELOW, Georg v., Zur Stellung G. Schmollers in der Geschichte der Nationalökonomie, in: Schmollers Jahrbuch 48 (1924), 315–319, hier 318.

50 SALIN (1923), Geschichte VWL, 1.

51 In diesem Punkt fühlte sich Salin Othmar Spann nahe, bei dem er die „Erfassung der Wirtschaft von der Gesellschaft her, und Ausrichtung ihrer Ziele, Abmessung ihrer Leistungen an der Gesellschaft" bewunderte. Die Wirtschaft habe keinen Wert an sich, „sie ist stets und ausschließlich ein Mittel für Ziele." (SALIN (1921), Volkswirtschaftliche Theorie, 114).

52 Ähnliche Vorstellungen sind kennzeichnend für das wirtschaftspolitische Denken des Nationalsozialismus, das den „Primat der Politik" vor der Wirtschaft propagierte, vgl. JANSSEN (1998), Nationalökonomie und NS, 95ff.

53 SALIN (1923), Geschichte VWL, 18.

54 Ebd., 24. Sicher spielte bei dieser negativen Bewertung von Mills Ökonomie auch die Tatsache eine entscheidende Rolle, dass Salin eine Repräsentativdemokratie mit Frauenwahlrecht, wie Mill sie vorschlug, vehement ablehnte; Vgl. SCHMIDT, Manfred G., Demokratietheorien. 3. Aufl. Opladen 2000, 148–165.

55 SALIN (1923), Geschichte VWL, 39.

mik."[56] Sie sei nicht glaubwürdiger als eine rein sprachliche Ausformulierung. Die größere Exaktheit, die zuweilen ohnehin nur vorgetäuscht sei, führe zudem so weit weg von der Wirklichkeit, „dass sie in wesentlichen Punkten *nichts* sagen, nichts beschreiben, nichts erklären kann." Zudem warf Salin dem Denken in Modellen vor, es sei „seiner Definition nach unbewegt", d.h. statisch, und lasse keinen Platz für die Dynamik von Veränderungen.[57]

Die Auseinandersetzung mit Max Weber in der Frage der „Werturteilsfreiheit" der Wissenschaft

Im letzten Kapitel *Epigonen und Vorläufer* wird Salins dritte Abgrenzungslinie deutlich: diejenige gegen die Werturteilsfreiheit der Wissenschaft im Sinne Max Webers.[58] Damit griff er eine schon lange zwischen den Georgeanern und Weber schwelende Kontroverse auf.

Die Problematik von Werturteilen in der Wissenschaft war nach dem Ersten Weltkrieg nicht mehr neu. Sie war in der deutschen Ökonomie bereits ab 1871 intensiv diskutiert worden, ausgehend vom so genannten Methodenstreit zwischen Gustav Schmoller und Carl Menger.[59] Max Weber hatte in die Debatte eingegriffen durch seinen „Objektivitäts"-Aufsatz von 1904,[60] in dem er die methodologische Position der Grenznutzenlehre mit der neukantianischen Wertbeziehungslehre Heinrich Rickerts verbunden hatte.[61] Im Verein für Sozialpolitik wurde die Diskussion vor allem auf den Tagungen 1905 und 1909 weitergeführt.[62] Der Streit erreichte seinen Höhepunkt im Januar 1914.[63] Bei dieser Auseinandersetzung, auf die hier nicht näher eingegangen werden kann, hatte es sich in erster Linie um ein Aufbegehren der jüngeren Ökonomengeneration gegen die dominante Historische Schule

---

56 Ebd., 38.

57 SALIN (1921), Volkswirtschaftliche Theorie, 97 (Hervorhebungen von Salin). Dennoch gestand Salin durchaus zu, dass „die mathematische Methode zur Erklärung ältester Probleme und Beseitigung schärfster Kontroversen vorzüglich geeignet" sei (ebd.). In der Ausgabe von 1967 (SALIN, Edgar, Politische Ökonomie (Hand- und Lehrbücher aus dem Gebiet der Sozialwissenschaften). 5., erw. Aufl. Tübingen 1967, 154–169) ist der Teil über die mathematische Weiterentwicklung der Nationalökonomie vom Anfang ans Ende des Kapitels *Nachfahren und Vorläufer* gestellt und erheblich erweitert, was den Eindruck erweckt, hier wären in der Zukunft die entscheidenden Entwicklungen zu erwarten. In der Ausgabe von 1923 steht dagegen Max Weber bzw. die deutsche Historische Schule am Ende.

58 Salin gehörte, anders als z.B. Arthur Salz, dem Kreis um Max Weber nicht an, auch wenn er bei Alfred Weber studierte. Zum persönlichen Kontakt mit Max Weber, der Salin beeindruckte, kam es erst auf einer gemeinsamen Romreise mit Marie Gothein im Jahr 1913 (Vgl. 72, Fn 204; vgl. auch SALIN (1954), Um George, 110). Allerdings blieb Salin der Meinung, sein Lehrer Alfred Weber hätte mehr wissenschaftlichen Tiefblick besessen als sein Konkurrent und Bruder Max (SALIN, Edgar, Auf der Suche nach dem Standort der Zeit, in: Kyklos 11, 3 (1958), 318–340; oder unter dem Titel „Alfred Weber" in: DERS., Lynkeus. Gestalten und Probleme aus Wirtschaft und Politik. Tübingen 1963, 58–74, 66).

59 Vgl. auch 49.

60 WEBER (1988), „Objektivität".

61 NAU (1996), Werturteilsstreit, 39. Webers Angriff richtete sich auch gegen die österreichische Schule der Nationalökonomie, vgl. LINDENLAUB (1967), Richtungskämpfe Bd. 1, 436.

62 LINDENLAUB (1967) Richtungskämpfe Bd. 2., 433–443. Sombart und Weber vertraten die Auffassung, die Nationalökonomie müsse sich wertender Begriffe wie dem der „Produktivität" enthalten (ebd. 433).

63 BOESE, Franz, Geschichte des Vereins für Sozialpolitik 1872–1932. Berlin 1939, 143–148.

gehandelt, der man vorgeworfen hatte, die von ihr ständig gefällten Werturteile nicht als solche zu kennzeichnen und sie mit den Ergebnissen der wissenschaftlichen Arbeit zu vermischen.[64]

Auch die Georgeaner kritisierten die Historische Schule, wie bereits ausgeführt wurde, allerdings in anderen Punkten. Denn während es Weber um die saubere Trennung von politischem Engagement bzw. moralischem Urteil einerseits und den rational beweisbaren Ergebnissen der wissenschaftlichen Arbeit andererseits ging,[65] warfen die Georgeaner der Historischen Schule vor allem die lebensferne Faktensammlerei vor. Werturteile in der Wissenschaft, wenn sie als solche gekennzeichnet waren, lehnten die Georgeaner dagegen keinesfalls ab, ja sie betrachteten sie sogar als Voraussetzung für eine fruchtbare wissenschaftliche Arbeit. Auch den Versuch, die Gesellschaft als „Gestalt" zu begreifen, die von möglichst vielen Positionen aus in ihrer Universalität erkannt werden sollte, hatten die Georgeaner durchaus mit Schmoller gemeinsam.[66] Es stellte sich also die paradoxe Situation ein, dass Weber gegen Schmoller polemisierte, den er als veraltet empfand, gleichzeitig die Georgeaner aber gerade Webers relativistischen Standpunkt als „alte Wissenschaft" darstellten und in zahlreichen Punkten an den von Weber kritisierten Historismus anknüpften, ohne dies allerdings explizit zu machen.[67]

Die Auseinandersetzung über den Sinn der Wissenschaft zwischen Max Weber und den Georgeanern hatte nach 1910 begonnen und war vor allem zwischen ihm und Friedrich Gundolf ausgetragen worden.[68] Den Anlass für die Intensivierung der Kontroverse um die Werturteilsfreiheit zwischen Max Weber und den Georgeanern stellte einer der Kolloquiums-Abende von Alfred Weber dar, auf dem auch sein Bruder Max anwesend war. Im Anschluss an einen Vortrag von Salin entwickelte Max Weber hier die Grundthesen seines berühmten Vortrags *Wissenschaft als Beruf*[69], den er später, im Jahr 1917, in München vor der akademischen Jugend auf Einladung des Freistudentischen Bundes hielt, wie Salin berichtete.[70] Dass Webers Vortrag in der Tat in vielen Punkten als Polemik gegen den George-

---

64 Vgl. auch POHLE, Richard, Max Weber und die Krise der Wissenschaft: eine Debatte in Weimar. Göttingen 2009.

65 Allerdings darf nicht unterschlagen werden, dass auch Weber in jungen Jahren eine Position vertrat, die Werturteile für die Ökonomie durchaus bejahte, vgl. RADKAU, Joachim, Max Weber: Die Leidenschaft des Denkens. Wien 2005, 135ff. Die Entwicklung der Weberschen Position beschreibt auch KEUTH, Herbert, Wissenschaft und Werturteil: Zu Werturteilsdiskussion und Positivismusstreit. Tübingen 1989, 6–36.

66 Zur gestalttheoretischen Betrachtungsweise der Wirtschaft in der Nachfolge der Jüngeren Historischen Schule vgl. auch KOLB (2004), Geschichte der VWL, 115.

67 Vgl. WEILLER (1994), Begegnungen zweier Kulturen, 124; LAUER (1995), Verspätete Revolution, 236.

68 Vgl. GROPPE (2001), Macht der Bildung, 601f.

69 WEBER (1988), Beruf.

70 „Der Vortragende fragte den illustren Gast, was er denn bei seiner Einschränkung der Geschichtsschreibung auf seinen engen Begriff der Wissenschaft mit Mommsens Römischer Geschichte anfange. Worauf Weber mit Stentorstimme: ‚Das ist keine Wissenschaft.' Und der Vortragende: ‚Dann weiss ich nicht, welchem Lebendigen Ihre Wissenschaft noch dienen kann und warum sie für uns von Interesse sein soll'…" SALIN (1954), Um George, 110f. Vgl. zu Salins Verhältnis zu Weber auch HIDEHARU, Ando, Die Interviews mit Else Jaffé, Edgar Salin und Helmuth Plessner über Max Weber 1969/70, in: Kölner Zeitschrift für Soziologie und Sozialpsychologie 55 (2003), 596–610.

Kreis verstanden werden kann, legen Carola Groppe und Rainer Kolk ausführlich dar.[71] Als Reaktion auf diesen Vortrag entstanden drei Schriften im Umfeld des George-Kreises, die sich mit der Weberschen Position auseinandersetzten.[72] Zunächst verfasste Edgar Salin, gegen dessen Ausführungen sich Webers spontane Ansprache gerichtet hatte, das unpublizierte Manuskript *Nationalökonomie als Wissenschaft.*[73] Im Jahr 1920 erschien Erich Kahlers[74] Text *Der Beruf der Wissenschaft*,[75] der auf Fürsprache Gundolfs hin im Verlag Bondi, Georges Stammverlag, publiziert wurde, allerdings ohne Georges Wissen. Dies hatte das einmalige Ereignis zu Folge, dass George, der anders als Gundolf Kahlers Text nicht begeistert war, Edgar Salin auf dem nächsten soziologischen Diskussionsabend verkünden ließ,[76] dass Kahlers Aufsatz eine Privatangelegenheit des Verfassers sei und nicht die Auffassungen des George-Kreises wiedergebe.[77] Kahler war also offenbar sogar in Georges Sicht übers Ziel hinausgeschossen.[78] Es folgte im Jahr 1921 Arthur Salz' Arbeit *Für die Wissenschaft. Gegen die Gebildeten unter ihren Verächtern*, die die Position Kahlers relativierte

---

71 GROPPE (2001), Macht der Bildung, 605ff und KOLK, Rainer, Das schöne Leben. Stefan George und sein Kreis in Heidelberg, in: Hubert TREIBER und Karol SAURLAND (Hrsg.), Heidelberg im Schnittpunkt intellektueller Kreise. Opladen 1995, 310–327.

72 Webers Position in *Wissenschaft als Beruf* kann hier aus Platzgründen nicht ausführlich dargestellt und diskutiert werden, vgl. dazu GROPPE (2001), Macht der Bildung, 605–609. Groppe fasst auch die wichtigsten biografischen Daten zu Erich Kahler zusammen, vgl. ebd. 610, Fn 224. Die Schrift von CURTIUS, Ernst Robert, Max Weber über Wissenschaft als Beruf, in: Die Arbeitsgemeinschaft. Monatsschrift für das gesamte Volksschulwesen 1 (1919/20), 197–203, bleibt hier ausgeklammert, da Curtius nur dem äußeren Rande des George-Kreises zuzurechnen ist, vgl. ebd. 612f. Hingewiesen sei auch auf die Auseinandersetzung Herman Schmalenbachs mit Weber in SCHMALENBACH (1922), Kategorie, 90–93, Fn 2 sowie 95–97, Fn 1.

73 UUM *Nationalökonomie als Wissenschaft*, UB Basel, NSB B 367.

74 Erich Kahler führte seinen Adelstitel nicht im Autorennamen, weil sein Vater ihn für eben die industriellen und kulturpolitischen Leistungen erhalten hatte, die der Sohn Erich nicht sein eigen nennen wollte, vgl. LAUER (1995), Verspätete Revolution, 183.

75 KAHLER, Erich, Der Beruf der Wissenschaft. Berlin 1920.

76 Johannes Fried legt dar, dass Salins Datierungen einer genauen Überprüfung nicht standhalten und bezweifelt deshalb den Wert seiner Erinnerungen insgesamt. Der im Februar 1921 von George „verbannte" Salin könne wohl kaum zu einem späteren Zeitpunkt im Auftrag des „Meisters" gesprochen haben. Vgl. FRIED (2004), Wirtschaftswissenschaftler, 299f. Dies scheint mir allerdings keineswegs so unwahrscheinlich wie Fried meint, wurde Salin doch nach dem Zerwürfnis auch noch mit anderen Aufträgen betraut, vgl. 76, Fn 244.

77 SALIN (1954), Um George, 252; HILDEBRANDT (1965), Erinnerungen an George, 85. Carola Groppe spekuliert, dass George die Schrift auch aus Gründen der „Staatsraison" abgelehnt haben könnte, weil er nicht wollte, dass Wissenschaftler, die dem Kreis höchstens nahe standen, in einer so wichtigen Frage ohne seine Autorisierung Stellung bezogen, die man als die Meinung des Kreises auslegen konnte, zumal Kahler ständig von einem „wir" sprach, das man als Leser gut für den George-Kreis halten konnte (GROPPE (2001), Macht der Bildung, 617). Gundolf gegenüber äußerte George sich zudem verletzt über Kahlers Bemerkung, die Dichtung würde in der gegenwärtigen Krise dem Leben zu fern stehen, um Rettung zu verheißen, vgl. KIEL, Anna, Erich Kahler. Ein ‚uomo universale' des zwanzigsten Jahrhunderts – seine Begegnungen mit bedeutenden Zeitgenossen, vom Georgekreis, Max Weber bis Hermann Broch und Thomas Mann. Bern 1989, 39.

78 Es überrascht, dass Gerhard Lauer zunächst noch betont, Kahler habe sich als Geschichtsphilosoph gegen mythisierende Deutungen Georges gewehrt, obgleich er diese dann in *Der Beruf der Wissenschaft* doch auffindet (LAUER (1995), Verspätete Revolution, 201f).

und eine Annäherung an Max Weber versuchte.[79] Auf die beiden letztgenannten Texte ist weiter unten einzugehen;[80] Der Kernpunkt von Salins Manuskript, die Frage nach der Werturteilsfreiheit, soll dagegen schon hier, im Zusammenhang mit der Entwicklung seiner Anschaulichen Theorie, Erwähnung finden.

Entscheidend sind die ganz verschiedenen erkenntnistheoretischen Standpunkte Webers und Salins: Während Weber Objektivität gerade darin gewährleistet sah, dass das Subjekt sich in seinen eigenen Werturteilen so weit wie möglich zurücknehmen sollte, sahen die Georgeaner Objektivität gewährleistet durch das Eingebettetsein sowohl des Subjekts als auch des Objekts in einen gemeinsamen, größeren Sinnzusammenhang. Die Werte wurden dabei als dem Objekt immanent begriffen.[81] „Die Forderung der Objektivität, richtig verstanden, bedeutet zwar ein Zurücktreten der ‚Subjektivität', aber nicht ein Zurücktreten, sondern die grösste Erweiterung des Subjekts. [...] Die ‚Objektivität' ist kein Sache-werden, sondern ein Welt-werden des Wissenschaftlers – sie ist, so gesehen, gar nicht ein Gegensatz sondern die höchste Stufe und damit allerdings zugleich die Aufhebung der Subjektivität."[82] Salin vertrat hier also den gleichen Standpunkt, den Edith Landmann wenige Jahre später in der *Transcendenz* ausarbeitete.[83] Seine Schlussfolgerung war, dass eine rein rationale Wissenschaft ohne einen festen, nur durch den Glauben möglichen Standpunkt weder Erziehung noch Bildung leisten könne.[84] Das erkennende Subjekt müsse sich selbst einbringen und könne dabei seine eigenen Werthaltungen unmöglich ausblenden.[85]

Während Salin in diesem Manuskript eher die erkenntnistheoretischen Grundfragen verfolgte, blieb er in der *Geschichte der Nationalökonomie* auf einer ökonomischen Ebene. Doch auch hier kritisierte er Webers Schlussfolgerungen. Zwar hielt er dessen Kritik an der Vermischung der Sphären von Erkenntnis und Werturteil, wie sie in der Historischen Schule üblich gewesen sei, für berechtigt.[86] Dennoch dürfe man das Werturteil nicht im Sinne der Rickertschen Erkenntniskritik[87] ganz aus der Wissenschaft verbannen. Salin warf Weber vor, dass durch seine Forderung nach Werturteilsfreiheit „das Phantom der Objektivität die Herrschaft gewann, daß Trennung vom Ich, statt Läuterung, Steigerung, Vertiefung als der Weg wissenschaftlicher Schöpfung erschien, daß der dürrste Glaube, der Wahn von der objektiven, autonomen Selbstherrlichkeit des Verstandes, an die Stelle jener metaphysischen Bindungen trat."[88] Wenn man die Ökonomie in ein höheres Gesamt einbette, dann würden

---

79 SALZ (1921), Wissenschaft. Der Text wurde kürzlich ins Italienische übersetzt, SALZ, Arthur, Per la scienza contro i suoi colti detrattori (La cultura storica, Domini 5). Napoli 1999.

80 Vgl. 202ff. Salin lehnte die Schriften von Salz und Kahler ab, da sie „in Ton und Haltung übersteigert" seien und mit viel Genialität an den wirklichen Problemen vorbei sähen (Salin an Landmann am 19.4.1921, in SWA, HS 426 B 13).

81 *Nationalökonomie als Wissenschaft*, UUM im UB Basel, NSB, B 367, 44.

82 Ebd., 21–23.

83 Vgl. 33ff.

84 *Nationalökonomie als Wissenschaft*, UUM im UB Basel, NSB, B 367, 3a.

85 Ebd., 20.

86 Ebenso in SALIN, Edgar, Die drei Nationalökonomien in geschichtlicher Beleuchtung, in: Schmollers Jahrbuch 54 (1930), 123–128, 125. Zur Stellung des Werturteils in Schmollers Werk vgl. DÜE (2001), Fortschritt und Werturteilsfreiheit, 485f.

87 Rickert trennte die Welt der Metaphysik, die „Wertrealität", scharf von der sinnlich wahrnehmbaren und der unsinnlich verstehbaren Welt, vgl. RICKERT (1932), System der Philosophie.

88 SALIN (1923), Geschichte VWL, 41.

auch bewusste Wertsetzungen wieder ihren Platz darin finden.[89] Die Wissenschaft dürfe sich nicht in einzelne Spezialdisziplinen, z.B. in Ökonomie und Soziologie, aufsplittern, die nicht mehr durch den Dienst an einem gemeinsamen Ziel verbunden seien. In der Ablehnung von Webers Forderung nach Werturteilsfreiheit konnte Salin sich ganz in Übereinstimmung mit Stefan George fühlen.[90] Nur eine bewusst wertende Wissenschaft konnte nach Ansicht des Dichters und seiner Anhänger einen „Dienst am Leben" leisten.[91] Salin formulierte diese Prämisse für seine Wissenschaft, die Nationalökonomie. Seine Kernfrage lautete: „Wie steht die Theorie zur Wirtschaftspolitik und was ist hierfür ihre produktive Leistung?"[92] Er rückte mit diesem Ansatz der Sozialpolitik Gustav Schmollers und der Historischen Schule näher, als seine rigorose Abgrenzung in der Frage der Theoriebildung zunächst vermuten lässt. Der Bezug der Theorie auf die Praxis entwickelte sich zu einem von Salins wichtigsten Anliegen, und eben in dieser Verbindung lag für ihn der Kern des Begriffs der „Politischen Ökonomie"[93]: Er wollte damit ganz im Sinne der Historischen Schule den Gegensatz zur „reinen", neoklassischen Theorie bezeichnen.[94] Die „Politische Ökonomie" sollte aktiv dem praktischen Wirtschaftsleben dienen. Nur durch diesen Bezug zum Leben lasse sich die Wissenschaft der Ökonomie, wie jede andere auch, überhaupt legitimieren. Salin konnte sich hier direkt auf georgeanisches Gedankengut zurück beziehen: „Geistbücher" im Fach Ökonomie konnten aus seiner Sicht nur „Politische Ökonomie" sein, um Georges Vorstellungen von Wissenschaft zu erfüllen. Gerade in der schwierigen wirtschaftlichen Situation der 30er Jahre hielt er der rationalen Ökonomie entgegen, sie könne sich nicht einfach auf den Standpunkt zurückziehen, „bei einem solchen Widerspruch zur ‚Theorie' habe sie nichts mehr zu sagen", das sei Selbstmord für die Wissenschaft.[95] Wie genau der von ihm geforderte „Dienst" der Ökonomie für die Wirtschaft aussehen sollte, wird weiter unten zu untersuchen sein.[96] Wie eine georgeanisch „wertende" Wissenschaft in der hochschuldidaktischen Praxis aussah, soll an einem Beispiel verdeutlicht werden. In seiner Vorlesung über Finanzwissenschaft erklärte Salin seinen Studenten:

---

89 SALIN (1921), Volkswirtschaftliche Theorie, 103.

90 George nannte Webers Objektivität einen „armseligen Heidelberger Popanz", berichtete Salin. (SALIN (1954), Um George, 254).

91 Salin zitierte George mit dem Ausspruch (im Zusammenhang mit seinem *Platon*): „Ich höre mir gern Alles an, was belebt. Aber ich will mich nicht mit leerer Wissenschaft anöden lassen." (SALIN (1954), Um George, 45). Salin fasste Georges Position zusammen: „[...] die Wissenschaft hatte ihm nur Bedeutung, soweit sie dem Leben, dem Schönen Leben dient, – die objektive Richtigkeit allein galt ihm nichts, sondern sie war bloss die Voraussetzung zum sauberen Bau eines erzieherischen und in diesem Sinn politischen Werks." (ebd. 253).

92 SALIN (1921), Volkswirtschaftliche Theorie, 105.

93 Zur langen Geschichte des traditionsreichen Begriffs der „Politischen Ökonomie", der sich auf Adam Smith und die Klassiker zurückführen lässt, vgl. BÜRGIN, Alfred, Zur Soziogenese der politischen Ökonomie: wirtschaftsgeschichtliche und dogmenhistorische Betrachtungen, 2. Aufl. Marburg 1996.

94 Vgl. JANSSEN (1998), Nationalökonomie und NS, 40f. Die semantische Wandlung des Begriffs der Politischen Ökonomie zeichnet detailliert nach HESSE (2008), Volkswirtschaftslehre, 303–307.

95 SALIN (1932), Wirtschaft und Staat, 89. Die Forderung nach dem Praxisbezug der Theorie stellte Salin unermüdlich, z.B. in SALIN, Edgar, Theorie und Praxis staatlicher Kreditpolitik der Gegenwart (Recht und Staat in Geschichte und Gegenwart. Bd. 57). Tübingen 1928.

96 Vgl. 237ff.

„Spätestens 1900 war der Zeitpunkt gekommen, wo es klar sein musste, dass dieses Beamtentum nur dann noch ganz seine Aufgabe erfüllen konnte, wenn die eigentlichen Führer auf anderem Wege ausgelesen werden könnten; denn um Führer zu bilden, dazu fehlte diesem Beamtensystem, das wir als das rein-bureaukratische bezeichnen wollen, jede Möglichkeit, und hier lagen die Nachteile des Systems: das hierarchische Aufsteigen mit seinem Abhängigsein vom Vorgesetzten ertötete die Initiative und persönliche Selbständigkeit, die Hingabe an die monarchische Spitze führte, im Augenblick als dieser Monarch nicht mehr Verkörperung des alten Königsideals, sondern ein sehr moderner, sprunghafter, unausgeglichener, allen Tagesmeinungen und -stimmungen wechselnd hingegebener Mensch war, zu Meinungs- und Rückgratlosigkeit, und es entstand jener Beamtentyp der nachbismarckischen Generation, dessen schmähliches, mehr schicksalhaftes als selbstverschuldetes Versagen der Krieg offenbarte – Leute wie Bethmann, wie Michaelis, wie die meisten Staatssekretäre des Auswärtigen, die als Beamte ausgezeichnet und als Politiker, als Führer völlig untauglich waren. Es brauchte nicht erst die Revolution zu kommen – das bureaukratische System hatte schon vorher sichtbar genug Schiffbruch erlitten."[97]

Hier brachte der Professor nicht nur seine Zeitkritik, sondern auch seine persönlichen Wünsche und Hoffnungen und seine politische Einstellung ganz selbstverständlich zum Ausdruck, ohne diese als solche zu kennzeichnen. Der Abstand zum Postulat der Werturteilsfreiheit Max Webers könnte größer kaum sein. Die Vorlesung verdeutlicht, welche Zeitströmungen Max Weber bekämpfte, wenn er forderte: „Politik gehört nicht in den Hörsaal. [...] Denn praktisch-politische Stellungnahme und wissenschaftliche Analyse politischer Gebilde und Parteistellungen ist zweierlei." Weder der Prophet noch der Demagoge hätte auf dem Katheder etwas zu suchen.[98]

Die Auseinandersetzung mit der Typenlehre und Edith Landmanns Transcendenz des Erkennens

In der Auseinandersetzung mit Weber ging es aber nicht nur um die Frage des Werturteils in der Wissenschaft, sondern auch um Webers Konzept des „Idealtypus". Um diese Diskussion zu verstehen, ist es hilfreich, zunächst einen Blick zu werfen auf Salins Beschäftigung mit der Methodik der Typenbildung bei älteren Autoren, z.B. bei Friedrich List. Salin war ein großer Bewunderer von List, dem er zugestand, er sehe nicht nur Rahmen, Form oder Ziel, sondern „die Art, die Natur der Wirtschaft."[99] Das Problem bei List sei allerdings, dass er die Nation bereits in der Urzeit der Menschheit annehme, weil er in Typen denke, was so nicht haltbar sei. Das zeige „die Grenzen der Typik überhaupt" auf, die immer nur eine Rei-

---

97 Vorlesung Finanzwissenschaft, Wintersemester 1921/22 und Wintersemester 1928/29, Manuskript gebunden, UB Basel, NSB B 371, 102f.
98 WEBER (1988), Beruf, 95–97. Ob Weber selbst sich immer an sein Postulat hielt, darf allerdings ebenfalls bezweifelt werden.
99 SALIN (1963), Wirtschaftsstufen, 304.

he von Fakten herausgreifen könne und deshalb nur eine Vorarbeit zum wirklichen Verstehen sei.[100] Durch Typenbildung seien keine „eindeutigen Kausalitäten zu finden", sondern sie könne höchstens durch ihre Defizite verweisen auf das „nur im schöpferischen Kerne Begreifbare[n], als das sich das lebendige Genos, die runde Art, von der Typosreihe, der stofflichen Geraden abhebt."[101] Typenreihen könnten deshalb keine allgemeine Geltung beanspruchen, sondern höchstens Tendenzen zeigen, sie hülfen „pragmatisch nichts. Methodisch vieles."[102] Die Vereinfachung sei jedoch ein guter Hintergrund für „ein Wesenhaftes, das zugleich ein Organisches und ein Besonderes ist."[103] Gerade in der Grenze, in der Nicht-Verifizierbarkeit, liege also die Leistung der Typik, denn vor dieser Folie könne das Besondere erscheinen, die Typik biete Punkte für den Ansatz und die Darstellung des organischen Werdens.[104] Soweit Salins Auseinandersetzung mit der älteren Typenlehre.[105]

Für seine ausführliche Auseinandersetzung mit Webers Idealtypus dagegen, die sich in der Geschichte der Volkswirtschaftslehre bereits andeutete, brauchte Salin weiteres Rüstzeug aus dem Umfeld des George-Kreises, das ihm zu diesem Zeitpunkt noch nicht zur Verfügung stand. Immerhin verwies er in der *Geschichte der Volkswirtschaftslehre* bereits auf seine Abhandlung *Der „Sozialismus" in Hellas*[106], in der er die methodologischen Überlegungen vertiefte – und zwar mit explizitem Bezug auf Edith Landmanns *Transcendenz des Erkennens*. Der angekündigte Text wurde an prominenter Stelle, nämlich in der Festschrift zu Eberhard Gotheins 70. Geburtstag, publiziert.[107] Auf der Basis von Landmanns Erkenntnistheorie versuchte Salin hier eine detaillierte Auseinandersetzung mit dem Konzept des Idealtypus von Max Weber.

Zunächst ging er gegen Stimmen in der Geschichtswissenschaft bzw. der Philologie vor, die im Athen der klassischen Zeit einen Sozialismus moderner Prägung präfiguriert sahen, wie z.B. Robert von Poehlmann.[108] Sie entdeckten, so Salin, im Fremden nur das eigene

100 Ebd.f.

101 Ebd., 305.

102 Ebd., 307.

103 Ebd.

104 Auch Föllmi betont, dass Salin das Denken in Typen, das er „mythisch" genannt habe, sehr geschätzt habe, denn es habe ihm erlaubt, „Ordnung in die tausendfache Hydra der Empirie zu bringen, und um Ordnung ging es Salin in hohem Masse." (FÖLLMI (2004, Februar), Salin Aspekte, 13).

105 Seine nicht unkritische Haltung der Typenlehre gegenüber begründete er selbst damit, er sei durch die Schule Alfred von Domaszewskis gegangen, der Stufenlehren kritisch gegenübergestanden habe (SALIN, Edgar, Staat und Handel in Hellas in archaischer und klassischer Zeit, in: Zeitschrift für die gesamte Staatswissenschaft 89 (1930), 353–361, 356).

106 SALIN (1923), Geschichte VWL, 25, Fn 1. Der Aufsatz erschien als: SALIN (1923), Sozialismus in Hellas.

107 Wie sehr George selbst (vgl. 76, Fn 243) und die Georgeaner auf die richtige Zusammensetzung der Beiträge zu diesem Band achteten, beweist ein Brief von Friedrich Wolters an Salin vom 17.5.23: „Nach Ihrem Briefe erscheinen als bisher sicher beteiligt nur Sie, Landmann und Gundolf. Wenn ich noch dazu trete und etwa die Zusagen der anderen ausbleiben, so ergibt das eine Kombination aus einem engeren Lebenskreise, die mir für den Zweck nicht ganz am Platze scheint. Meinem Gefühl nach dürften wir nur die Minderheit, höchstens die Hälfte der Mitarbeiter bilden." (UB Basel, NSB C 48). Die Georgeaner empfanden sich demnach als „wir", als zusammengehörige Gruppe.

108 POEHLMANN, Robert von, Geschichte der sozialen Frage und des Sozialismus in der antiken Welt. 2. Aufl. München 1912.

wieder und setzten so Platon die „rote Jakobinermütze" auf.[109] Er widerlegte diese These schlüssig: Das Geld habe zwar in der griechischen Polis an Bedeutung gewonnen, aber man sei nicht von der rationalen Planung der Wirtschaft ausgegangen und die Armen hätten nie ein Klassenbewusstsein besessen oder die Abschaffung des Besitzes gefordert, sondern nur seine Aufteilung.[110] Daneben interessierte Salin aber auch, wie solche Fehlschlüsse überhaupt zustande kommen könnten, d.h. die methodologische Frage. Er sah das Problem in der falschen Begriffsbildung der modernen Spezialwissenschaften, in denen z.B. der Begriff „Sozialismus" von verschiedenen Wissenschaftlern unterschiedlich, aber meist völlig falsch gebraucht würde.[111] Das Ziel der gegenwärtigen Wissenschaft müsse wieder echte „Wesenserkenntnis" werden, und dazu seien Begriffe im Sinne von Webers rein logischen Erkenntnisbegriffen unbrauchbar, weil sie nicht das historisch Einzigartige erfassen könnten[112] – ebenso wie die Typenbildung in der älteren Nationalökonomie. Salin kritisierte, dass Weber Begriffe einfach setze, indem er etwa definiere: „Der Staat soll sein". Statt eines historischen Erfahrungs- werde also bewusst ein logischer Erkenntnisbegriff gebildet durch gedankliche Steigerung bestimmter Typen der Wirklichkeit.[113] Solche Typen seien historisch nicht brauchbar, weswegen Max Webers Wirtschaftsgeschichte auch eher eine Einführung in dessen Soziologie als eine Geschichte sei.[114] Auch Salin sah es als Aufgabe des Wissenschaftlers an, Begriffe rational zu formen, aber dies müsse anders, viel näher an der historischen Wirklichkeit, geschehen. Man müsse „sich darauf beschränken, aus dem ‚Namen' einer historischen Erscheinung durch Ausschaltung der unwesentlichen sowie durch Verdichtung der wesentlichen Merkmale zum ‚Begriff' aufzusteigen." In der Fußnote legte er den Abstand zu Webers Idealtypus klar fest: „Der ‚Idealtypus' ist ein Gattungsbegriff – der im Text behandelte historische Begriff dagegen ist ein Individual- oder Ganzheits-, Sach- oder Wesensbegriff. Wäre der Webersche Begriff ‚Typus' nicht im modernen Sinn, sondern im platonisch-aristotelischen: Idee oder Norm, dann könnte er, statt Antithese, das bergende Gehäuse, die Stammmutter aller historischen Begriffe sein."[115] Salin sah Webers Idealtypus ausschließlich als deduktives Konstrukt an und übersah seine induktive Komponente. In der Antike sei ein solcher „Rückzug auf das Teilgebiet der logischen Richtigkeit, der ‚Erkenntnis' modernen Stils" niemals in Frage gekommen, weil „die θεωρία, ja noch die Kontemplation so aktiv auf das Ganze gerichtet" gewesen sei. Die Erkenntnis des „Ganzen" hielt Salin

---

109 SALIN (1923), Sozialismus in Hellas, 31.

110 Ebd., 52ff.

111 Vgl. auch GROPPE (2001), Macht der Bildung, 511.

112 SALIN (1923), Sozialismus in Hellas, 25f. Die ganze Komplexität von Webers Idealtypus kann hier aus Platzgründen nicht weiter diskutiert werden, vgl. dazu z.B. B. KLOTEN, Norbert, Der Methodenpluralismus und das Verstehen, in: DERS. (Hrsg.), Systeme und Methoden in den Wirtschafts- und Sozialwissenschaften: Erwin Beckerath zum 75. Geburtstag. Tübingen 1964, 207–236, insb. 211–218. Vgl. zu Max Webers Idealtypus und Salins Distanzierung davon auch SCHEFOLD (2005), Welt des Dichters, 17ff. Salin erfasste den Weberschen Idealtypus sicher nicht in all seinen Facetten, sondern vereinfachte stark. Er unterschlug Webers Ausführungen zum „erklärenden Verstehen" als einem hermeneutisch-induktiven Verfahren (GROPPE (2001), Macht der Bildung, 513).

113 Vgl. Webers Definition des Idealtypus, die auf 43 bereits zitiert wurde. WEBER (1988), „Objektivität", 191. Zu Georges und Edith Landmanns Haltung vgl. 43, Fn 155.

114 SALIN (1923), Sozialismus in Hellas, 25f, Fn 2.

115 Ebd., 37f, Fn 3.

für entscheidend, und hierbei bezog er sich ausdrücklich auf Edith Landmann: „Der modernen Teilerkenntnis die echte Erkenntnis, die nach Jahrhunderten der Blindheit nun Gesamterkenntnis heißen muß, gegenübergestellt und die ‚Transzendenz des Erkennens' aufs neue versichtbart und erwiesen zu haben, ist die mächtige Leistung des gleichnamigen Buches von Frau Dr. Edith Landmann. Berlin 1923."[116] Ganz in ihrem Sinne führte er aus, dass echte Begriffe „durch Verdichtung der wesentlichen Merkmale"[117] gebildet werden sollten, was aber nur einem elitären Kreis möglich sei. „Wesensdeutung, – und darum handelt es sich immer, wenn die schöpferische Mitte einer Idee erfaßt werden soll –, Wesensdeutung ist immer Sache der Wenigen, Berufenen."[118]

Salin versuchte nun eine Anwendung dieser Begriffsbildung auf sein Erkenntnisobjekt, den Sozialismus, und zitierte zu diesem Zweck noch einmal Landmann: „Im Gesamtgegenstand, der ein Ganzes ist, ist kein Teilgegenstand ohne Beziehung auf das Ganze, aber immer ist es nur einer, und ein je nach der Struktur der Substanz verschiedener Teilgegenstand, welcher die Gestalt der übrigen Teilgegenstände dominierend bestimmt."[119] Welche Elemente des Sozialismus waren nun die entscheidenden für die Erkenntnis seines Wesens? Salin meinte, wesentlich am Sozialismus sei, dass er erstens wissenschaftlich vorgehe, zweitens Wirtschaft und Gesellschaft analysiere und drittens zu einem neuen Gesellschaftsaufbau gelangen zu können glaube. Die Idee des Individual- oder Sozialprinzips gehöre dagegen nicht zum Wesen des Sozialismus hinzu, da es sehr wohl auch individualistische Sozialisten gebe.[120] Würde man vom Sozialprinzip ausgehen, könne man also nie zum Wesen des Sozialismus vordringen.

Die Beeinflussung durch Landmann könnte deutlicher nicht sein.[121] Sie selbst schrieb Salin, der Text gehe sie „so besonders nah an!"[122] Die Anregungen aus ihrem Buch ermöglichten es Salin, seine Argumentation auf eine neue, erkenntnistheoretische Ebene anzuheben. Sein Unbehagen mit der Übertragung des Begriffs „Sozialismus" auf das alte Griechenland, das mit der Ablehnung aller „-ismen" im Kreis einherging, ließ sich so noch allgemeiner formulieren: als Kritik an der wissenschaftlichen Begriffsbildung seiner Zeit im Allgemeinen und dem Idealtypus Webers im Besonderen. Salin hielt dem eine Begriffsbildung entgegen, die das Wesentliche und damit auch das Wesen der Dinge in der inneren Schau erfasst – auch wenn er für seine Schau, seine Definition des Sozialismus, letztlich keine wissen-

116 Ebd., 25.

117 Ebd., 37.

118 Zur elitären Erkenntnistheorie des Kreises vgl. auch SCHEFOLD (2004, Dezember), Concept, 13.

119 LANDMANN (1923), Transcendenz, 117, zitiert nach SALIN (1923), Sozialismus in Hellas, 39.

120 Mit dieser Feststellung grenzte sich Salin vor allem von Othmar Spann ab, der Universalismus oder Individualismus als konkurrierende, sich ausschließende Prinzipien jeder Staatslehre bestimmte.

121 Den Einfluss Edith Landmanns auf Salins Anschauliche Theorie betont auch HARADA, Tetsushi, Der andere Nachfolger der historischen Schule der deutschen Nationalökonomie: Edgar Salin im George-Kreis, in: Roman KÖSTER u.a. (Hrsg.), Das Ideal des schönen Lebens und die Wirklichkeit der Weimarer Republik. Vorstellungen von Staat und Gemeinschaft im George-Kreis. Berlin 2009, 195–210. Harada nennt als höchste Ebene der Hierarchie der Erkenntnisformen bei Landmann die Erkenntnis der Normen, der bei Salin eine „Anschauliche Theorie auf der höchsten Ebene" entspreche. Hier kann ich nicht zustimmen. Die höchste Ebene der Erkentnisformen bei Landmann stellt meines Erachtens die Gesamterkenntnis dar (vgl. 33). Die Differenzierung der Anschaulichen Theorie Salins in eine höherer und eine höchste Ebene kann ich ebenfalls nicht nachvollziehen.

122 Edith Landmann an Salin am 18.03.23, UB Basel, NSB C36 134.

schaftlich nachprüfbaren Beweise anführte, sondern sie „aus einem geregelten wissenschaftlichen Diskurs der Zeit herausgenommen und in das Gebiet der Werturteile verschoben“[123] hatte. Einige Jahre später formulierte Landmann diese gemeinsamen Überzeugungen der Georgeaner noch einmal ganz klar: „Sinnliche Eindrücke, Gefühle und Affekte werden als primäre Quellen der Erkenntnis anerkannt“, den Intellekt dagegen lasse man nur „als Diener des Willens“ gelten.[124]

Es fällt auf, dass Salin es gerade als junger Privatdozent vermied, George oder Gundolf zu zitieren, obwohl er insbesondere von letzterem stark beeinflusst wurde – ein denkbarer Grund dafür wäre, dass die Zugehörigkeit zum George-Kreis für die Förderung der wissenschaftlichen Laufbahn nicht unbedingt positiv ins Gewicht fiel.[125] Die Jahrbücher bezeichnete Salin selbst rückblickend als „Kampfschriften“ – und vermied ihre Erwähnung in seinen Werken.[126] Andererseits könnte er die Erwähnung Georges und seines Kreises auch deshalb unterlassen haben, weil in seinen nationalökonomischen Arbeiten Zitate aus Gedichten bzw. aus germanistischen Werken mit künstlerischem Anspruch wie denen Gundolfs fachfremd und unangemessen erschienen wären.[127] Denn selbst in den Schriften, die sich inhaltlich und methodisch sehr nah an Gundolf anlehnen,[128] wird dieser nicht als Quelle erwähnt, wie oben dargelegt wurde. Dieses Problem scheint mit der *Transcendenz des Erkennens* für Salin gelöst worden zu sein: Schon 1923, sofort nach dem Erscheinen des Buches, zitierte er ausgiebig daraus, um seine Vorstellung von Wesenserkenntnis in der Wirtschaftswissenschaft zu untermauern.[129] Die Heranziehung erkenntnistheoretischer Überlegungen war in der Nationalökonomie der 20er und 30er Jahre durchaus üblich,[130] und so scheint für Salin das Buch Landmanns die wichtige Aufgabe erfüllt zu haben, die georgeanischen Semantiken im erkenntnistheoretischen und damit auch nationalökonomischen Kontext diskussions- und zitierfähig gemacht zu haben.

---

123 GROPPE (2001), Macht der Bildung, 514.

124 LANDMANN, Edith, Wissen und Werten, in: Schmollers Jahrbuch 54 (1930), 95–111, 98.

125 Carola Groppe vertritt die Meinung, dass gerade Salins Karriere der Bezug zu George nicht zum Nachteil gereicht habe, vgl. GROPPE (2001), Macht der Bildung, 636. Allerdings ist zu beachten, dass in einer vernichtenden Kritik seiner *Geschichte der Volkswirtschaftslehre* seine Zugehörigkeit zum Kreis vom Rezensenten betont wurde (HERKNER (1924), Stellung Schmollers, 4, vgl. auch meine Bemerkungen über Herkners Kritik 141). Für Karriereüberlegungen als Grund des Nicht-Erwähnens in frühen Jahren spricht auch, dass Salin später, als ordentlicher Professor in Basel, George und Gundolf sehr wohl zitierte, wenn auch selten.

126 SALIN (1948, 11. Dezember), Letzte Begegnungen Gundolf, 129.

127 Diese Meinung vertritt auch Bertram Schefold (SCHEFOLD (2004, Dezember), Concept, 11).

128 Z.B. der Aufsatz Salin (1921) Methode Wirtschaftsgeschichte.

129 In SALIN (1923), Sozialismus in Hellas, 25, 39, 41.

130 Vgl. SOMBART, Werner, Die drei Nationalökonomien. Geschichte und System der Lehre von der Wirtschaft (1. Aufl. 1930). München [u.a.] 1967, der die breite erkenntnistheoretische Diskussion seiner Zeit in seine Ausführungen mit einbezog.

Die Ausformulierung der Anschaulichen Theorie in der Auseinandersetzung mit Werner Sombart

Waren die Grundlinien von Salins methodologischen Prämissen Mitte der 20er Jahre schon abgesteckt, so hatte er diese doch noch nicht in einem einheitlichen System zusammengefasst. Eine Besprechung von Werner Sombarts *Hochkapitalismus*[131] von 1927 nutzte er nun, um zum ersten Mal eine Lösung all der bisher angerissenen methodologischen Probleme zu präsentieren: die Anschauliche Theorie.

Ausgangspunkt war sein emphatisches Lob für Sombarts Werk, und zwar trotz einzelner Fehler im Detail. Die Idee des Werkes, so Salin, sei unabhängig von den angeführten Daten und Fakten, die nur Beleg einer transzendenten Erkenntnis seien.[132] Sombarts Ansatz sei weder ein Idealtypus im Sinne eines logisch geformten Erkenntnismittels (aus Salins Feder ein großes Kompliment!) noch ein historischer Idealbegriff, sondern eine empirische Theorie, da „der" Kapitalismus ja weder sichtbar noch am Einzelbeispiel darstellbar sei. Es handle sich hierbei um echte „Gesamterkenntnis" und damit echte Theorie. „Den Weg der Gesamterkenntnis aber nennen wir seit alters Theorie – und Theorie, nicht Historie, das ist denn auch die eigentliche Aufgabe und Leistung des Sombartschen Werkes."[133] Das Anstreben von Gesamterkenntnis im Gegensatz zur Teilerkenntnis – dies also war es, was Salin als Theorie verstand, und was er an der Historischen Schule vermisst hatte. Die Typusbildung bei Sombart erfolge, so Salin weiter, indem das Wesen von zufälligen Erscheinungsformen befreit werde – also genau *die* empirische Typenbildung, die Salin vorschwebte.[134] Er fasste seine Theorie, die er bei Sombart umgesetzt fand, zusammen: „Wir scheiden diese Theorie als die Theorie der Gesamterkenntnis von der klassisch-nachklassischen Theorie der Teilerkenntnis oder, um einen einprägsamen Namen zu wählen, als die anschauliche oder historische Theorie von der rationalen oder dogmatischen Theorie."[135] In der Fußnote ergänzte er die Quelle seiner Ausführung: Sie entstammten der „wichtigsten erkenntnistheoretischen Leistung der zwanziger Jahre", dem Werk Edith Landmanns.[136] Allerdings, so Salin weiter, habe auch die rationale Teilerkenntnis in der Anschaulichen Theorie ihren Platz und sei als heuristisches Mittel notwendig, „denn wie Gesamterkenntnis die Teilerkenntnis, Gesamtanschauung die Teilanschauung einschließt, so kann und muß die anschauliche Theorie in sich

131 SOMBART, Werner, Das Wirtschaftsleben im Zeitalter des Hochkapitalismus. München 1927. Salins Besprechung: SALIN, Edgar, Hochkapitalismus, in: Weltwirtschaftliches Archiv 25 (1927), 314–344; oder mit dem Untertitel „Eine Studie über Werner Sombart, die deutsche Volkswirtschaftslehre und das Wirtschaftssystem der Gegenwart" in: DERS., Lynkeus. Gestalten und Probleme aus Wirtschaft und Politik. Tübingen 1963, 182–212.

132 SALIN (1927), Hochkapitalismus, 190. Vgl. auch die spätere Schrift SALIN, Edgar, Werner Sombart, in: Sonntagsblatt der Basler Nachrichten (1941, 1. Juni), oder in: DERS., Lynkeus. Gestalten und Probleme aus Wirtschaft und Politik. Tübingen 1963, 41–46, 42.

133 SALIN (1927), Hochkapitalismus, 192.

134 SALIN (1927), Hochkapitalismus, 191. Vgl. dazu Sombarts Definition des „Idealbegriffs" in SOMBART (1967), Nationalökonomien, 245.

135 SALIN (1927), Hochkapitalismus, 193f.

136 Ebd., 192; In der gleichen Schrift zitierte Salin auch Wolters, stellte sich also in einen dezidiert georgeanischen Zusammenhang (WOLTERS, Friedrich, Einführung in das Lesewerk „Der Deutsche". Breslau 1927, 7, zitiert nach Salin, Hochkapitalismus, 186, Fn 17).

die – richtige! – rationale Theorie mitumfassen." Die Begriffe *sollten* sich also explizit überschneiden.[137]

Es ist wichtig zu betonen, dass Salin die rationale Theorie nicht als solche ablehnte – er war z.B. einer der frühen Vertreter der Grenznutzenschule in Deutschland[138] –, aber er forderte, sie müsse sich ihrer Teilhaftigkeit bewusst bleiben. Nur eine umfassendere Anschauliche Theorie könne den logischen Charakter und den historischen Geltungsbereich der rationalen Theorie bestimmen. Eine vollständige Anschauliche Theorie würde noch ein Stück über Sombart hinausgehen, indem sie auch Erklärungen über den metaphysischen oder geschichtsphilosophischen oder soziologischen Sinn oder Unsinn des Kapitalismus liefere.[139] Was Salin bei Sombart – ebenso wie bei Weber – also vermisste und was unbedingt zu der breiten, viele verschiedene Disziplinen umfassenden Betrachtungsweise hinzukommen müsse, war das Werturteil, der Sinn, den die Anschauliche Theorie in den empirischen Daten finden solle. Damit waren die Kernelemente von Salins „Anschaulicher Theorie" entworfen, wie er sie die nächsten Jahrzehnte weiter verwendete und beschrieb.

In der Folge bekam Salin von den verschiedensten Seiten Zuschriften und Reaktionen zu seiner Anschaulichen Theorie. Arthur Spiethoff dankte überschwänglich und stellte fest, die Vertreter der Anschaulichen Theorie seien sich bisher ihres Zusammenhanges noch gar nicht bewusst gewesen.[140] Der Gebildetheoretiker Othmar Spann dagegen wollte in dem „geistvollen Aufsatz" den Gegensatz zwischen Universalismus und Individualismus viel stärker betont sehen (den Salin ja im *„Sozialismus" in Hellas* gerade als unwesentlich abgetan hatte).[141] Auch Adolf Löwe gab zu bedenken, die maßgebliche Unterscheidung sei nicht die zwischen rationaler und anschaulicher Theorie: Er wollte vielmehr unterscheiden „eine Anschauung, die die Wirtschaft als qualitativ bestimmte, offene, unendliche Gestalt ansieht, und eine Anschauung, die die Wirtschaft als quantitativ bestimmte, geschlossene, endliche Gestalt auffasst." Letztere sei der ersteren nicht einfach untergeordnet.[142] Der Kollege aus dem George-Kreis Julius Landmann wiederum fand die Abgrenzung der Anschaulichen Theorie gegenüber einer reinen Systematik nicht stark genug, zu der Sombart seiner Meinung nach zuweilen neige. Er stellte in Aussicht, seine Frau Edith werde mit Salin „über das Erkenntnistheoretische darin" sprechen.[143] Auch Sombart selbst[144] ging auf die Rezension

---

137 SALIN (1927), Hochkapitalismus, 194. Explizit auch in einem Brief Salins an Erwin von Beckerath am 17.12.28, in UB Basel, NSB Fb 158. Ebenso in SALIN (1930), Drei Nationalökonomien, 127.

138 Dies geht bereits aus einer Schrift von 1921 hervor (SALIN (1921), Volkswirtschaftliche Theorie), wie Schefold unterstreicht (SCHEFOLD (1992), Anschauliche Theorie, 308).

139 SALIN (1927), Hochkapitalismus, 208.

140 Arthur Spiethoff an Salin am 02.06.27. Er selbst habe z.B. erst vor kurzem das Verbindende zwischen Gottl-Ottlilienfeld und sich selbst erkannt und Anschluss an ihn gefunden (UB Basel, NSB Fa 9343–9477).

141 Othmar Spann an Salin am 27.04.27, UB Basel, NSB Fa 9276–9303. Die Parallelen von Salins Theorie mit Spanns Gestaltenlehre betonte WAGENFÜHR, Horst, „Theoretische" und „historische" Volkswirtschaftslehre vom heutigen Stand der Forschung, in: Schmollers Jahrbuch 52 (1928), 27–52, 44f.

142 Adolf Löwe an Salin am 11.03.27, UB Basel, NSB Fa 5920.

143 Julius Landmann an Salin am 02.05.1927, UB Basel, NSB C 38.

144 Von einer „lebenslangen Übereinkunft im Denken von Edgar Salin und Werner Sombart" (FÖLLMI (2002), Salin Leben, 80) kann m. E. nur bedingt gesprochen werden. Sicher bewunderte Salin Sombart sehr und bezeichnete sich sogar als dessen Schüler, aber es gab, wie oben ausgeführt, durchaus Gegensätze.

Salins ein[145] in seinem Werk *Die drei Nationalökonomien. Geschichte und System der Lehre von der Wirtschaft* von 1929.[146] Darin unterteilte er die Nationalökonomie in drei Richtungen: die richtende, die ordnende (sie entsprach dem, was Salin unter rationaler Theorie verstand) und die verstehende, der er sich selbst zurechnete. An der richtenden Volkwirtschaftslehre kritisierte Sombart vor allem, dass sie Werturteile fälle, die letztendlich einem selbständigen, höheren Zweck dienten, der immer außerhalb der Wissenschaft selbst liege.[147] Da verschiedene Zwecke denkbar seien, könne man ein solches Werturteil nicht wissenschaftlich begründen, es liege außerhalb des Erfahrungs- und Evidenzwissens[148] – hier schloss sich Sombart also an Max Weber an. Eine solche philosophische Erkenntnis der letzten Zwecke des Menschen sei nur auf metaphysischem Wege möglich, „es ist mehr ein Schauen, ein Ahnen als ein Wissen im szientifischen Sinne." Diese Art von Wissen sei „nur in beschränktem Umfange objektivierbar", „nicht beweisbar" und nur durch die Lehre vom Meister zum Jünger übertragbar. Zudem sei diese Lehre „bewußtes ‚Standpunkt'-Wissen, das bestimmte Teilausschnitte aus der Welt des Absoluten erkennt."[149] Sein Fazit lautete: „Es handelt sich bei ihr [gemeint ist die richtende Nationalökonomie] *nicht* um Wissenschaft, sondern um Metaphysik."[150]

Bis in die Wortwahl hinein (er sprach vom Verhältnis zwischen „Meister" und „Jüngern", von der „Gnade" der Begabung[151] und von „scholastischem Denken"[152]) beschrieb Sombart hier also eine Auffassung von Wissenschaft, wie George und seine Anhänger sie vertraten. Dabei ging es ihm, ebenso wie Max Weber, vor allem um die Frage des Werturteils, das er strikt als solches gekennzeichnet sehen wollte. Allerdings nannte er die Georgeaner in diesem Zusammenhang nicht beim Namen, obwohl seine Beschreibung sich direkt auf sie und andere „soziologische" Ökonomen zu beziehen scheint.[153] Sombart war über die erkenntnistheoretischen Grundlagen des George-Kreises gut informiert: Er hatte sogar die *Transcendenz des Erkennens* gelesen, zitierte sie aber, überraschender Weise, in anderem Zusammenhang und sehr positiv.[154] Auch Salin lobte er für die zweite Auflage der *Volkswirtschaftslehre*.[155] Warum Sombart sich bei aller heftig formulierten Kritik an der „richtenden Nationalökonomie" einer namentlichen Nennung der Georgeaner unter dieser Rubrik enthielt, ist nicht leicht zu erklären. Vielleicht war die gemeinsame Front gegen die rationale Volkswirtschaftslehre Grund genug, die Gegensätze in der Werturteilsfrage nicht aufbre-

145 Zunächst auf einem Vortrag *Die Wandlungen des Kapitalismus* auf der Züricher Tagung des Vereins für Sozialpolitik im September 1928 (BOESE (1939), Verein für Sozialpolitik, 203f). Vgl. SOMBART (1967), Nationalökonomien, 191.

146 SOMBART (1967), Nationalökonomien.

147 Ebd., 67.

148 Ebd., 71f.

149 Ebd., 80f.

150 Ebd., 84.

151 Ebd., 329.

152 Ebd., 73.

153 Die historische Schule handelte er dagegen in dem Kapitel *Abwege* separat ab, vgl. ebd., 167ff.

154 Sie habe die Auflösungserscheinungen der modernen Wissenschaft in „mustergültiger Weise" dargestellt. (ebd., 94).

155 „Die Salinsche Einteilung [der Geschichte der Nationalökonomie, Ko. S.] ist die verhältnismäßig beste, obwohl auch sie von den oben vermerkten Fehlern nicht frei ist: politisch-systematisch, sozialistisch-historisch sind Merkmale, die je in verschiedenen Ebenen liegen." (ebd., 12).

chen zu lassen – in der negativen Beschreibung der ordnenden Nationalökonomie war Sombart mit Salin weitgehend einer Meinung. Seine Definition der Verstehenden Nationalökonomie sah Sombart von Salin allerdings missverstanden und wies dessen Bezeichnung „anschaulich“ zurück, weil sein Begriff des „Verstehens“ auf keine Weise metaphysisch verstanden werden dürfe. Er wolle immer anschaulich und rational zugleich denken, und dazu sei weder Transzendenz noch Metaphysik nötig.[156] In enger Anlehnung an Dilthey führte er an, das Kulturverstehen sei dem Menschen eben nicht transzendent, weil die Kultur vom Menschen geschaffen und ihm deshalb verständlich sei. „Deshalb kann das Verstehen auch den Sinn erfassen, kann es Gesamtheits- und Ganzheitswissen vermitteln, kann es zur Wesenserkenntnis führen, ohne Metaphysik zu sein.“ Erst wenn man darüber hinaus versuche, den Sinn der Menschheit oder der Welt zu erfassen, verlasse man diese Grenzen. Solange die „Verstehende Nationalökonomie“ das nicht tue, bleibe sie Wissenschaft.[157] „Die Nationalökonomie soll eine Wissenschaft und keine Heilslehre, eine Wissenschaft und keine Kunstlehre, eine Wissenschaft und doch keine Naturwissenschaft sein.“[158] Ihr „Dienst für das Leben“ sei die „Erschaffung geistiger Gebilde, die ihren Wert in sich tragen wie das Kunstwerk.“ Darin, und nicht etwa in einer „Politischen Ökonomie“ im Sinne Salins, liege ihr Sinn.[159] Wenn man Sombarts Gesamtkonzept betrachtet, so war jedoch auch sein Ansatz durchaus nicht frei von der Sehnsucht nach einer metaphysischen Ökonomie, so vehement er sich auch gegen die „richtende“ Nationalökonomie abzugrenzen versuchte, und auch den Versuch der Legitimierung der eigenen Position durch eine an der Phänomenologie orientierten Philosophie hatte er mit Salin gemeinsam. Es gab also mehr Übereinstimmungen, als Sombart zugeben wollte, und vielleicht lag gerade darin der Grund, warum er auf eine schärfere Positionierung Salin gegenüber verzichtete.

Das Werk wurde auf einer Sitzung des Unterausschusses für Theorie des Vereins für Sozialpolitik im Juni 1930 in Würzburg diskutiert, und die Beiträge von Alfred Amonn, H. Schack, Ludwig von Mises, Edith Landmann, Singer[160] und Salin wurden anschließend in *Schmollers Jahrbuch* publiziert.[161] Die Georgeaner reagierten also geradezu mit einer geschlossenen Phalanx von Rezensionen.[162] Edith Landmann nutzte die Gelegenheit, um die Unterschiede zwischen der georgeanischen Sichtweise und der Sombarts herauszuarbeiten, insbesondere in der Frage der Werturteilsfreiheit der Wissenschaft. Klar identifizierte sie die eigene Haltung mit Sombarts „richtender Nationalökonomie“, die er zwar anfangs so freundlich geschildert, dann aber doch mit „sanfter Gewalt“ wieder aus der Wissenschaft hinaus gewiesen habe.[163] Ihr Votum in der Werturteilsfrage ließ an Deutlichkeit nichts zu

156 Ebd., 202.
157 Ebd., 205.
158 Ebd., 342.
159 Ebd., 339f.
160 Der Text SINGER, Kurt, Über Wesen und Stand der Nationalökonomie, in: Schmollers Jahrbuch 54 (1930), 113–122, ist weiter unten zu besprechen, vgl. 176.
161 BOESE (1939), Verein für Sozialpolitik, 217.
162 Amonns polemische Rezension umfasste fast 100 Seiten. Werner Sombart spottete über die Ausgabe von Schmollers Jahrbuch, es käme ihm vor „wie eine hinkende Wanze“: „der schmutzige, dicke Körper in Gestalt der Amonnschen Schmähschrift, der auf fünf mageren Beinchen daherkriecht!“ (zitiert nach LENGER, Friedrich, Werner Sombart: 1863–1941. 2. Aufl. München 1995, 329).
163 LANDMANN (1930), Wissen, 96.

wünschen übrig: „Die Werte sind im Sein." Werte waren für sie *nicht* ein Konstrukt des Beobachters, sondern „auf der Stoffseite der Erkenntnis", weswegen sich das Erkennen von Werten nicht vom Hören, Sehen, Begriff-Bilden oder Schlüsse-Ziehen unterscheide.[164] Zudem betonte sie die Notwendigkeit, in der Wertfrage einen festen Standpunkt zu beziehen: „Stehe man, wo immer man wolle, aber irgendwo, will man im Raume sich orientieren, muß man stehen. Wer sich nach allen Richtung umdreht, verliert jede Richtung."[165] Sie zog daraus die paradox anmutende Schlussfolgerung: „Werturteile können zwar nicht als richtig bewiesen werden, aber sie können auch ohne Beweis richtig sein."[166]

Salin schlug einen anderen, subtileren Weg ein.[167] Er lobte Sombarts Werk überschwänglich. Die Kritik an der richtenden Nationalökonomie, die Sombart so offensichtlich auf die Georgeaner und die soziologischen Ökonomen gemünzt hatte, bezog Salin schlicht und ergreifend nicht auf sich, sondern auf die Historische Schule. Er erklärte, dass diese durchaus in ihrer Zeit ihre Berechtigung gehabt habe „durch die Tiefe des ‚Verstehens', das ihre besten Vertreter auszeichnete".[168] Im Hinblick auf die Fehlentwicklungen der Historischen Schule sei Sombarts und Webers Kampf gegen die Vermischung von Werturteilen und Wissenschaft verständlich, aber ein echtes Verstehen sei immer „untrennbar verbunden mit dem Wertereich".[169] So reihte Salin sich nur indirekt in die Reihe der von Sombart bekämpften „richtenden" Nationalökonomie ein, indem er die Parallelen zwischen der georgeanischen Sicht und der der Historischen Schule aufzeigte. Durch dieses Manöver konnte er vordergründig die Historische Schule in Schutz nehmen, die er wenige Jahre zuvor noch so heftig attackiert hatte, und gleichzeitig die georgeanische Position verteidigen, ohne dies so explizit machen zu müssen wie Edith Landmann. Sombarts Unterscheidung zwischen „ordnender" und „verstehender" Nationalökonomie beschrieb er als in sein eigenes Schema integrierbar;[170] die Tatsache, dass richtende und verstehende Nationalökonomie in Sombarts Konzeption sich ausschließende Gegensätze waren, ließ er unter den Tisch fallen. Und Sombarts „bitterer Entsagung"[171], die der Wissenschaft höchstens einen immanenten Sinn zugestehen wollte, hielt Salin die Hoffnung auf den Neuanfang einer bewusst wertenden Wissenschaft entgegen, die die „seinsgegebene[n] Rangunterschiede"[172] der Erkenntnisobjekte nicht negiere und sich in vollem Bewusstsein solchen zuwende, die dieser Beschäftigung würdig seien.

Die Anschauliche Theorie in der Geschichte der Volkswirtschaftslehre (2.–5. Auflage)

Vor diesem Hintergrund überrascht es nicht, dass Salin in seine überarbeitete Ausgabe der *Geschichte der Volkswirtschaftslehre* von 1929, die erheblich erweitert war (statt 42 nun

---

164 Ebd., 106f.
165 Ebd., 102.
166 Ebd., 111.
167 SALIN (1930), Drei Nationalökonomien.
168 Ebd., 125.
169 Ebd., 125. Ganz genau so LANDMANN (1930), Wissen, 97.
170 SALIN (1930), Drei Nationalökonomien, 127.
171 Ebd., 126.
172 Ebd., 127.

102 Seiten), Bezüge zu Edith Landmann einarbeitete. Er verstärkte die Polemik gegen die relativistische „‚wertfreie‘ Standpunktlosigkeit“[173] und betonte die Notwendigkeit des „leidenschaftlichen Herzens und der formkräftigen Hand“ für den Wissenschaftler. Insbesondere die Behandlung der Historischen Schule und Schmollers wurde milder, und öfter klang „statt der Kriegsfanfare der ersten Auflage nun die Friedensschalmei.“[174] Salin wurden die Gemeinsamkeiten mit der Historischen Schule, insbesondere in der Abwehrhaltung gegen die „rationale Theorie“, offensichtlich mehr und mehr bewusst. An Spiethoff schrieb er: „Meine eigene Begabung ist ja doch zweifellos stärker geschichtlich als theoretisch und es berührt mich zutiefst, wenn es die geschichtliche Schule ist, deren Scheitern dargestellt werden muss. So unheilvoll es mir wissenschaftlich erscheint, dass es zu einem Entweder Oder zwischen Schmoller und Menger kam, so geht jedoch meine persönliche Richtung nach der Seite Schmollers mehr als nach der Seite Mengers.“[175] Eine Passage wurde dem Text im Jahr 1929 völlig neu hinzugefügt, in der Salin sich mit der Kritik an seiner Anschaulichen Theorie auseinandersetzte. Er versuchte erstens Spanns Unterscheidung zwischen Universalismus und Individualismus, zweitens Sombarts Differenzierung zwischen statischen und dynamischen Wirtschaftslehren, drittens die zwischen Kulturwissenschaft und Naturwissenschaft, die er ebenfalls Sombart zurechnete, und viertens Harms Unterscheidung zwischen Gebilde- und Gefügetheorie zu widerlegen.[176] Die einzig richtige Unterscheidung sei die zwischen anschaulicher und rationaler Theorie, welche auf Edith Landmanns Differenzierung zwischen Gesamterkenntnis und Teilerkenntnis aufbaue.[177] Die Anschauliche Theorie sei „nicht nur rationale, sondern sinnliche Erkenntnis, Ganzheits-, Einheits-, Gestalt-, Wesenserkenntnis […]. Diese Wesenserkenntnis befaßt die rationale Teilerkenntnis in sich, woraus ein logischer und ein Seins-Vorrang der anschaulichen vor der nur-rationalen Theorie zu folgern ist.“[178]

Die dritte Auflage von 1944 verschob die Schwerpunkte noch weiter in Richtung historischer Methode, die Salin für absolut notwendig erklärte und deren Bedeutungsverlust er nun, zwanzig Jahre nach seinem scharfen Angriff auf Gustav Schmoller, bedauerte.[179] Der Methoden-Teil wurde aufgewertet, indem er als eigenes Kapitel ans Ende des Buches gestellt und auf 18 Seiten ausgedehnt wurde, wobei die Unterscheidung anschaulich – rational nun zwölf Seiten statt bisher einer in Anspruch nahm.[180]

Wie stark Salin dabei von Landmann und vom George-Kreis abhängig blieb, beweist der Vergleich mit Arthur Spiethoff, der nicht nur Salins Begriff der Anschaulichen Theorie übernahm, sondern in weiten Teilen auch seine Definition. Auch Spiethoff warnte davor, welch „ungeheure, die Wirklichkeit vergewaltigende Vereinfachung die Ausgangspunkte

173 SALIN, Geschichte VWL (2. Aufl. 1929), Vorwort.
174 MANN (1930), [Rezension zu] Salin; Salin über Schmoller: SALIN, Geschichte VWL(2. Aufl. 1929), 89, 93.
175 Salin an Spiethoff am 15.10.28, in UB Basel, NSB Fb 2762.
176 SALIN, Geschichte VWL (2. Aufl. 1929), 53ff.
177 Ebd., 54. Gerhard Colm kritisierte, dass ein „Ganzes“ sehr wohl der Erkenntnisgegenstand eines rationalen Modells sein könne (Colm an Salin am 10. 12.1928, UB Basel, NSB Fa 5244).
178 SALIN, Geschichte VWL (2. Aufl. 1929), 55.
179 SALIN, Geschichte VWL (3. Aufl. 1944), 3.
180 Ebd., 202–220.

der reinen Theorie bilden können."[181] Das Ziel der Anschaulichen Theorie dagegen sei Wesenserkenntnis, d.h. Erkenntnis des Wirtschaftsstils als ganzem.[182] Aus der Untersuchung von regelhaften Abläufen wolle sie das Allgemeingültige, das „Arteigene" beschreiben, wobei neben der Beschreibung im Stil der Historischen Schule die Hypothese des Forschers treten müsse, die notwendig subjektiv sei: „Zwei Maler vor denselben Gegenstand gestellt, werden immer verschiedene Bilder liefern."[183] Der Beweis dagegen, und hier grenzte sich Spiethoff von Salin ab, müsse intersubjektiv nachvollziehbar sein.[184] Auch dem Rezensenten Erwin von Beckerath entging dieser Unterschied zwischen Salin und Spiethoff nicht.[185] In erkenntnistheoretischen Fragen enthielt sich Spiethoff einer klaren Positionierung und wich aus: „Was Sombart unter wertbezogen versteht, habe ich nicht klären können."[186] Geradezu ängstlich beteuerte er: „Hinter dem Wort [anschaulich, Ko. S.] sind keine erkenntnistheoretischen Feinheiten zu suchen."[187] Diese ausdrückliche Verneinung einer unbestreitbaren Tatsache ist um so erstaunlicher, weil die Textstellen, die Spiethoff aus Salins Schriften zitierte, auch von „Gesamterkenntnis" und „Teilerkenntnis" handelten – eben jene Begriffe, bei denen Salin sich wie oben dargestellt ausdrücklich auf Edith Landmann bezogen hatte. Arthur Spiethoff, der dem George-Kreis nicht nahe stand, versuchte ganz offensichtlich, die Anschauliche Theorie von ihren Wurzeln abzulösen. Dies unterschied ihn von Salin, der den Hinweis auf Edith Landmanns Erkenntnistheorie in allen Auflagen seiner *Geschichte der Volkswirtschaftslehre* beibehielt.

Wie stark Salin auch in der Zeit nach dem Zweiten Weltkrieg für die Anschauliche Theorie warb, zeigt der Name seiner 1947 neu gegründeten Zeitschrift, die der Spezialisierung und Zersplitterung der Disziplinen entgegen wirken sollte und sich rasch zu einer der führenden internationalen Fachzeitschriften entwickelte: *Kyklos*.[188] Salin schwebte eine „Versinnbildlichung des Ganzen, mithin des Gesamtkreises der Sozialwissenschaften, die mit verschiedenen methodologischen Mitteln sich doch der Erkenntnis des gleichen Gegenstandes, der ‚Wirtschaft', widmen"[189] sollte, vor. Kyklos, Kreis – Gundolfs Vorstellung der Kräftekugel wirkte nach.

---

181 SPIETHOFF, Arthur, Anschauliche und reine volkswirtschaftliche Theorie, in: Edgar SALIN (Hrsg.), Synopsis. Festgabe für Alfred Weber zum 80. Geburtstag. Heidelberg 1948, 568–664, 593.

182 Während Sombart also den Begriff des Wirtschaftssystems zur Gestalterfassung der Wirtschaft verwendete, bevorzugten Spiethoff und Salin den des Wirtschaftsstils. Vgl. JANSSEN (1998), Nationalökonomie und NS, 44. Salins begeisterte Zustimmung zu Spiethoffs Begriff des „Wirtschaftsstils" in einem Brief an Spiethoff vom 21.01.33 (UB Basel, NSB Fb 2764). Vgl. außerdem SPIETHOFF, Arthur, Die allgemeine Volkswirtschaftslehre als geschichtliche Theorie. Die Wirtschaftsstile, in: Schmollers Jahrbuch 56, 2 (1932), 51–84 sowie SCHEFOLD (1994), Kulturwissenschaften, 227ff.

183 SPIETHOFF (1948), Theorie, 638f.

184 Ebd., 598.

185 BECKERATH, Erwin von, [Rezension zu] SALIN, Geschichte der VWL (4. Aufl. von 1951), Druckort unbekannt, NSA B 139.

186 SPIETHOFF (1948), Theorie, 607. Norbert Klothen betont die Gegensätze: „Sombart und Spiethoff dürfen im Grunde nicht in einem Atemzuge genannt werden." (KLOTEN (1964), Methodenpluralismus, 231).

187 SPIETHOFF (1948), Theorie, 648.

188 NÜTZENADEL, Alexander, Stunde der Ökonomen. Wissenschaft, Politik und Expertenkultur in der Bundesrepublik 1949-1974. Göttingen 2005, 32f.

189 SALIN, Edgar u.a., Einführung, in: Kyklos 1 (1947), V–IX, I.

Betonte Salin im Laufe der Jahre einerseits immer stärker die Gemeinsamkeiten mit der Historischen Schule, so wies er andererseits mit zunehmendem Nachdruck auf den Gegensatz zur „rationalen“ Theorie hin, die in der Volkswirtschaftslehre zunehmend dominant wurde. Der *Exkurs* der vierten Auflage von 1951 warnte vor den vereinfachenden Modellen der Mathematik.[190] Salin wies auf die Gefahr hin, dass dadurch leicht Normen entstehen könnten, die verabsolutiert würden. So könnten staatliche Programme eine Zwangsgewalt über programmwidrig handelnde Menschen bekommen.[191] Man müsse einen Ausgleich zwischen „der geordneten Freiheit und der freiheitlichen Ordnung“ finden.[192] Mit seinem Versuch, die verstehende Nationalökonomie mit der Theorie zu verbinden, stand Salin aber immer mehr auf verlorenem Posten, auch wenn die Kollegen sich der Einseitigkeit der Ökonometrie durchaus bewusst waren.[193] Die fünfte und letzte Auflage der *Volkswirtschaftslehre*, mittlerweile auf 193 Seiten angewachsen, erschien im Jahr 1967 – in der deutschen Volkswirtschaftslehre war die „Mathematisierung“ und „Amerikanisierung“ mittlerweile unumkehrbar verankert[194] – und vollendete in gewisser Weise Salins Bekenntnis zur georgeanischen Wissenschaft, denn sie trug einen neuen Namen: *Politische Ökonomie.*[195] Der frühere sei vor allem Arthur Spiethoff geschuldet gewesen, jedoch mittlerweile historisch geworden. Grund der Namensänderung sei, „daß alle ökonomische Wissenschaft ihrem Wesen und ihrem Ziel nach eine *Politische Wissenschaft* ist. [...] Alle ökonomische Wissenschaft ist Sozialwissenschaft, ist Staatswissenschaft und darum von Anbeginn bis in alle Zukunft politische Ökonomie.“[196] Den Begriff verstand Salin ausdrücklich positiv, er wollte die

---

190 Was in der deutschen Volkswirtschaftslehre der Nachkriegszeit eine durchaus typische Wendung war, vgl. HESSE (2008), Volkswirtschaftslehre, 406ff.

191 SALIN, Geschichte VWL (4. Aufl. von 1951), 199.

192 Ebd., 200. Auf Salins wirtschaftspolitische Vorstellungen in den 50er und 60er Jahren ist weiter unten einzugehen, vgl. 284.

193 SCHEFOLD, Bertram, Der Nachklang der historischen Schule in Deutschland zwischen dem Ende des zweiten Weltkrieges und dem Anfang der sechziger Jahre, in: Karl ACHAM, Knut Wolfgang NÖRR und Bertram SCHEFOLD (Hrsg.), Erkenntnisgewinne, Erkenntnisverluste: Kontinuitäten und Diskontinuitäten in den Wirtschafts-, Rechts- und Sozialwissenschaften zwischen den 20er und 50er Jahren. Stuttgart 1998, 31–75, 58ff. Jan Hesse sieht in Salin den einzigen Ökonomen, der nach 1945 in Auseinandersetzung mit dem neoklassischen Mainstream eine Weiterentwicklung des historischen Paradigmas versuchte, vgl. HESSE (2008), Volkswirtschaftslehre, 36. Methodenprobleme wurden von der VWL nach dem Krieg mehr und mehr in die sich abspaltende Soziologie ausgelagert (ebd. 290). Salin schlug in diesen Auseinandersetzungen, z.B. im Verein für Sozialpolitik, oft einen harschen Ton an, vgl. SCHEFOLD, Bertram, Die Wirtschafts- und Sozialordnung der Bundesrepublik Deutschland im Spiegel der Jahrestagungen des Vereins für Socialpolitik 1948–1989, in: Richard HAUSER (Hrsg.), Die Zukunft des Sozialstaats: Jahrestagung des Vereins für Socialpolitik in Rostock vom 22.–25. September 1998. Berlin 2000, 201–228, 210f.

194 Vgl. HESSE (2008), Volkswirtschaftslehre, 397ff. Kurz nach dem Zweiten Weltkrieg hatte eine Wiederbelebung historischer und soziologischer Methoden dagegen noch möglich geschienen, da zahlreiche Lehrstühle mit Ökonomen aus dieser Tradition besetzt waren, vgl. NÜTZENADEL (2005), Stunde der Ökonomen, 30.

195 Noch einmal ist hier zu verweisen auf die lange Geschichte dieses Begriffes, die insbesondere BÜRGIN (1996), Politische Ökonomie, aufarbeitet.

196 SALIN, Geschichte VWL (5. Aufl. von 1967), VII.

soziale Verantwortung des Ökonomen und den Gestaltungsanspruch der Ökonomie betonen.[197] Arthur Spiethoff hatte sich diesem Verständnis des Verhältnisses von Theorie und Praxis nie anschließen können und war deshalb Mitte der 20er Jahre schon nach kurzer Zeit als Vorstand der von Salin initiierten Friedrich List-Gesellschaft zurückgetreten, da er „Veranstaltungen und Zusammenkünfte von Vertretern der Wissenschaft, Wirtschaft, Verwaltung und Politik auf internationaler Grundlage", wie Salin sie in der Satzung der Friedrich List-Gesellschaft festschreiben ließ,[198] nicht befürworten konnte. Er lehnte gerade die öffentliche Wirkung ab, die Salin so sehr am Herzen lag.[199] Mit der Namensänderung verdeutlichte Salin im hohen Alter noch einmal seine Überzeugung, dass die Wissenschaft dem Leben dienen müsse, wie George und seine Anhänger das ein halbes Jahrhundert zuvor gefordert hatten.

Anwendungsfelder für die Anschauliche Theorie: Entwicklungspolitik und die Beurteilung des Technischen Fortschritts

Klarer als in der zu Anfang dieses Kapitels gegebenen Erklärung[200] wird Salin in der Definition seiner Anschaulichen Theorie nirgends. Konkrete methodologische Handlungsanweisung für den Ökonomen lassen sich kaum entnehmen. Bertram Schefold bemerkt deshalb, dass die Art und Weise der Anwendung der Anschaulichen Theorie sich kaum theoretisch erklären, sondern nur am Beispiel demonstrieren lasse,[201] eine Ansicht, in der Salin ihm wohl zugestimmt hätte. Im Folgenden soll deshalb anhand von zwei Beispielen gezeigt werden, wie Salin die Anwendung seiner Anschaulichen Theorie in der Forschungspraxis bewerkstelligte.

Ein Feld, auf dem er die Notwendigkeit von anschaulichen Überlegungen in besonderem Maße gegeben sah, war die Entwicklungspolitik.[202] Er betonte immer wieder, dass es in der Entwicklungshilfe keine Globallösungen geben könne, sondern dass man die besonderen Umstände in jedem Land einzeln betrachten müsse[203] – ganz im Sinne der Historischen

---

197 Salin verwendete den Begriff also mit anderer Schwerpunktsetzung als die Vertreter der Studentenbewegung, die im marxschen Sinne insbesondere die Verbindung zwischen Produktionsverhältnissen und Wissenschaft bezeichnen wollten, vgl. HESSE (2008), Volkswirtschaftslehre, 306. Vgl. auch 147, Fn 94.

198 Satzung der (zweiten) List Gesellschaft e.V. Düsseldorf vom 4.12.54 (UB Basel, NSB E1). Für die erste Friedrich List-Gesellschaft musste Salin diese Zielsetzung erkämpfen, was erst nach Spiethoffs Rücktritt gelang, vgl. SCHÖNHÄRL, Korinna, Edgar Salins Wiederentdeckung von Friedrich List: Die Legitimation der „Anschaulichen Theorie" durch die Suche nach Vordenkern, in: Christian CARSTENSEN u.a. (Hrsg.), Transfer und Wiederaneignung von Wissen. Berlin 2010 (im Druck).

199 KLOTEN (1984, 9. April), List-Gesellschaft, 2; BRÜGELMANN, Hermann, Politische Ökonomie in kritischen Jahren. Die Friedrich List-Gesellschaft e.V. von 1925–1935. Mit einer Einleitung von Edgar Salin, in memoriam Bernhard Harms. Tübingen 1956, 17ff. Salin über Spiethoff: „Mit Praktikern und Beamten vertrug er sich schlecht." (SALIN, Edgar, Spiethoff, Arthur, in: Staatslexikon. Recht Wirtschaft Gesellschaft, hrsg. von der Görres-Gesellschaft. Bd. 7. 6. Aufl. Freiburg 1962, 504–506, 505).

200 Vgl. 136.

201 SCHEFOLD (1992), Anschauliche Theorie, 311.

202 SALIN, Edgar, Unterentwickelte Länder: Begriff und Wirklichkeit, in: Kyklos 12, 3 (1959), 402–427, oder in: DERS., Lynkeus. Gestalten und Probleme aus Wirtschaft und Politik. Tübingen 1963, 323–342.

203 Vgl. Bach, Jaacov, Edgar Salin, Altmeister der politischen Oekonomie zum 80. Geburtstag, Manuskript für die Veröffentlichung in der Jerusalem-Post, 01.02.72, UB Basel, NSB A 19.

Schule. Er schlug deshalb vor, zwischen Entwicklungsländern und Aufbauländern, wie z.B. Israel, zu unterscheiden, da hier ganz verschiedene Bedingungen vorlägen.[204] Daher rührte auch sein besonderes Interesse an Israel, das er oftmals besuchte und mit dem er sich im Rahmen der List Gesellschaft intensiv auseinandersetzte: So entstand etwa 1962 ein Gutachten über eine mögliche Bahnverbindung zwischen Rotem Meer, Totem Meer und Mittelmeer im Rahmen des „Israel-Projekts" der List Gesellschaft.[205] Salins Schüler Bach erinnerte sich: „Hier fand er ein Land, dessen Gegebenheiten sich dem Verständnis nur dann erschliessen, wenn die geschichtlichen Voraussetzungen und geistigen Triebkräfte in ihrem vollen Gewicht erkannt werden. Hier fand er – wie in einem Retortenversuch im Laboratorium – den schlagenden Beweis für seine Annahme, dass der Wert jeder schematischen Behandlung von Entwicklungsproblemen beschränkt ist. [...] Die israelische Wirklichkeit passt zu keinem theoretischen Modell und lässt sich mit ökonomischen Abstraktionen nicht erfassen."[206] Der Untersuchung der Entwicklung Israels mit all ihren geschichtlichen, geographischen, kulturellen und religiösen Hintergründen wandte sich Salin also gerade deshalb zu, weil er hier ein perfektes Anwendungsfeld für die Anschauliche Theorie sah.

Ein weiteres Gebiet, das Salin für anschauliche Überlegungen besonders gut geeignet erschien, war die Frage nach der Beurteilung des technischen Fortschritts. Sie wurde von wichtigen Ökonomen wie Gustav Schmoller, Max Weber und Werner Sombart zu Beginn des Jahrhunderts intensiv diskutiert.[207] Wie oben bereits angedeutet, verweigerte sich Salin als kulturpessimistischer Georgeaner in den 20er und 30er Jahren einem prinzipiellen Fortschrittsoptimismus im Sinne der Historischen Schule, die eine kontinuierliche Höherentwicklung der Menschheit annehmen zu dürfen glaubte und sich nach dem Ersten Weltkrieg überlebt hatte.[208] Für Salin war technischer Fortschritt keineswegs automatisch als Höherentwicklung zu deuten, sondern er konnte im Sinne der schöpferischen Zerstörung, die Schumpeter konstatiert hatte, die Gesellschaft auch unterminieren.[209] Allerdings lehnte Salin den technischen Fortschritt nicht kategorisch ab, sondern zeigte sich auch von eher

---

204 SALIN, Edgar (Hrsg.), Entwicklungshilfe – Mittel des Aufstiegs oder des Verfalls? Diskussionsleiter: Edgar Salin. Referent: E. F. Schumacher. Korreferent: Walter Rau (Bergedorfer Protokolle. Bd. 9). Hamburg [u.a.] 1965, 84.

205 SALIN, Edgar, Israelische Impressionen, in: Mitteilungen der List Gesellschaft 2, 10 (1959), 225–238, oder in: DERS., Lynkeus. Gestalten und Probleme aus Wirtschaft und Politik. Tübingen 1963, 310–322, vgl. auch FÖLLMI (2004, Februar), Salin Aspekte, 20.

206 BACH, Jaacov, Edgar Salin in der Erinnerung von Freunden und Schülern, in: Gottfried BOMBACH und René L. FREY (Hrsg.), Symposion in memoriam Edgar Salin. Basel 1975, 107–110, 107. Bach schildert auch Salins andere Kontakte nach und Interessen für Israel.

207 DÜE (2001), Fortschritt und Werturteilsfreiheit.

208 SCHEFOLD (1992), Anschauliche Theorie, 309. Eine Position, die von zahlreichen Ökonomen um die Jahrhundertwende vertreten wurde, z.B. von Eugen von Philippovich, vgl. ALDENHOFF, Rita, Nationalökonomie und Kulturwerte um 1900, in: Rüdiger VOM BRUCH, Friedrich Wilhelm GRAF und Gangolf HÜBINGER (Hrsg.), Kultur und Kulturwissenschaften um 1900. Stuttgart 1989, 45–62, 53f.

209 Diese fortschrittskritische Haltung war typisch für den George-Kreis. Vallentin z.B. hatte über den Fortschritt im Jahrbuch geschrieben: „In seiner parasitären gier achtet er nicht die grenzen die die vernunft empfiehlt: einen teil einen teil sein zu lassen, allenfalls vorbildliche prägung des ganzen, niemals aber ersatz des ganzen selbst." (VALLENTIN (1910), Kritik, 55).

fortschrittsfreundlichen, neokonservativen Strömungen beeinflusst.[210] Die beiden Positionen ließen sich nicht immer widerspruchslos zur Deckung bringen,[211] was zuweilen zu merkwürdigen Diskrepanzen führte, etwa wenn Salin zwar detaillierte Kostenrechnungen zur automatischen Mittelpufferung[212] aufstellte und diese als wichtigen Fortschritt pries, aber gleichzeitig beklagte, das Maschinenzeitalter habe „die Sesshaftigkeit und die Stille, in welche die Menschen der Goethezeit, in welche die Menschen Jean Pauls hineingeboren wurden", vernichtet.[213] Nur wenn eine wirkliche Verbesserung des Lebens in Aussicht stand – in Werner Sombarts Terminologie könnte man sagen, wenn die persönliche Kulturentwicklung gefördert wurde[214] – beurteilte Salin den materiellen technischen Fortschritt positiv. Er verschloss sich nicht der Einsicht, dass die technischen Neuerungen zum Unterhalt der wachsenden Weltbevölkerung unabdingbar geworden waren und auch der Massenkonsum nur auf diese Weise zu befriedigen sei, worauf bei der Behandlung der Konzentrationsdebatte näher einzugehen sein wird.[215] In jedem Fall hielt er den technischen Fortschritt für unentrinnbar, ebenso wie die zunehmende Konzentration der Wirtschaft, und wollte die Wechselwirkungen von technischem Fortschritt und gesellschaftlichen Veränderungen untersuchen, um die Zukunft gestalten zu können.[216] Keineswegs müssten Veränderungen von Wirtschaft und Technik immer die Gesellschaft verändern, meistens bleibe sie trotz technischer Neuerungen stationär. Den Ausdruck der „industriellen Revolution" hielt er nur dann für angemessen, wenn sich auch das Leben der Menschen und die Gesellschaft durch die technischen Neuerungen entsprechend veränderten.[217] Um aber diese Auswirkungen der Technik auf das Leben zu beschreiben, schienen ihm neben ökonomischen auch soziologische, historische, politologische und philosophische Über-

---

210 Einige neokonservative Intellektuelle der Weimarer Zeit bejahten den technischen Fortschritt uneingeschränkt, da sie in ihm einen Ausdruck der Leistungskraft sahen (vgl. DUPEUX, Louis, ‚Kulturpessimismus', Konservative Revolution und Modernität, in: Manfred GANGL und Gérard RAULET (Hrsg.), Intellektuellendiskurse in der Weimarer Republik. Zur politischen Kultur einer Gemengelage. Frankfurt u. New York 1994, 287–299, 292). Zur Bejahung des technischen Fortschritts bei Vertretern der Neokonservativen wie Oswald Spengler, Ernst Jünger und Carl Schmitt vgl. auch BREUER (1995), Konservative Revolution, 69–78. Auch Arthur Salz stand dem technischen Fortschritt sehr aufgeschlossen gegenüber, vgl. 238, Fn 742.

211 Schmitt spricht von einer Technikbejahung Salins „auf der Basis einer kritischen Distanz" (SCHMITT (1987), Soziologische Aspekte, 175f.).

212 Mittelpufferkupplungen sind kombinierte Puffer und Kupplungen, die mittig an Eisenbahnfahrzeugen angebracht werden. Die Ersetzug des manuellen durch ein automatisches System bedeutete eine große Zeitersparnis.

213 Diese negative Wertung findet sich auch im Spätwerk, etwa in SALIN, Edgar, Die automatische Mittelpufferkupplung. Technischer Fortschritt als finanz- und wirtschaftspolitisches Problem. Mit Kostenschätzungen für 8 europäische Länder (Sonderreihen der List Gesellschaft, Sonderreihe 2, Zur Politik der Gegenwart. Bd. 5). Basel [u.a.] 1966, 30.

214 ALDENHOFF (1989), Nationalökonomie, 46f.

215 Vgl. 284ff.

216 SALIN, Edgar, Politische Ökonomie – heute, in: Kyklos 8, 4 (1955), 369–388; oder in: DERS., Lynkeus. Gestalten und Probleme aus Wirtschaft und Politik. Tübingen 1963, 213–227, 74.

217 SALIN, Edgar und SCHARPENACK, Friedrich, Strukturwandel der Wirtschaft im Gefolge der Computer. Frankfurter Gespräch der List Gesellschaft 03.–05. März 1966; Protokolle und Gutachten (Veröffentlichungen der List Gesellschaft, Reihe D, Gutachten und Konferenzen 55). Basel [u.a.] 1966, 6. Ähnlich in SALIN, Edgar, Die neue Etappe der industriellen Revolution, in: Harry W. ZIMMERMANN (Hrsg.), Zur Ökonomik und Technik der Atomzeit. Tübingen 1957, 97–173, 98.

legungen unbedingt notwendig, also die Anwendung der Anschaulichen Theorie.[218] Er wehrte sich gegen eine monokausale Betrachtungsweise, weil sie einem multikausalen Phänomen nicht gerecht werden konnte: Das Verhältnis von technischem Fortschritt und Gesellschaft betrachtete er als ein wechselseitiges. Die Gesellschaft werde nicht nur einseitig von ihren materiellen Grundlagen beeinflusst, wie der Marxismus meine,[219] sondern es gebe mannigfache Wechselwirkungen. Salin beschäftigte sich daher – meist im Rahmen der List Gesellschaft – mit Fragen der Energieversorgung und der Elektrizität[220] ebenso wie mit technischen Fragen des Eisenbahnwesens[221] und der Automation, z.B. in der Folge des Computers.

An diesem letzten Beispiel soll der typische Aufbau von Salins Texten exemplarisch dargestellt werden, der ebenso wie die Wahl der Themen stark von seinem erkenntnistheoretischen Zugang bestimmt wurde.[222] Am Anfang der Texte steht fast immer ein historischer Rückblick.[223] Salin stellte fest, dass Automation keine neue Errungenschaft war, sondern während der gesamten industriellen Revolution zu beobachten. Zur Beweisführung untersuchte er die Entwicklung dieses Phänomens in verschiedenen Ländern.[224] In manchen Schriften schließen sich auch statistische Untersuchungen an, wie etwa in der Schrift über

---

218 Um ihrem empirischen Anspruch gerecht zu werden, ging Salin auch vor Ort, um Fabriken zu besichtigen, vgl. SALIN, Edgar, Probleme der Automation, in: Mitteilungen der List Gesellschaft 2, 11/12 (1959), 253–265; oder in: DERS., Lynkeus. Gestalten und Probleme aus Wirtschaft und Politik. Tübingen 1963, 390–401, 390.

219 SALIN, Edgar, Wirtschaft und Technik als politische Realität. Ein Vortrag; [Vortrag auf der Arbeitstagung des Verbandes kommunaler Unternehmen in Mannheim im April 1954]. Köln 1954, 3. Die Frage, inwieweit der Wirtschaftsgeist wichtiger als solche technischen, materiellen Voraussetzungen für die Entwicklung der Wirtschaft war, war entscheidend für die Nationalökonomie des beginnenden 20. Jahrhunderts. Eindrucksvollstes Beispiel ist Max Webers Arbeit *Die protestantische Ethik und der Geist des Kapitalismus.* Schon 1921 hatte Salin Max Weber dafür gelobt, den „Primat des Geistes" gegenüber materialistischen Geschichtsauffassungen hervorgehoben zu haben. Zwar seien Schlagworte wie das von der „Verjudung" oder der „Amerikanisierung" der Wirtschaft übertrieben, aber immerhin sei hier der „Zusammenhang bestimmter Wirtschaftszustände mit einer bestimmten geistigen Haltung gesehen." (SALIN (1921), Methode Wirtschaftsgeschichte, 195).

220 BURCHARD, Hans-Joachim und MÜLLER-MICHAELIS, Wolfgang, Europas Energiestruktur im Wandel. Mit einem Vorwort von Edgar Salin (Sonderreihen d. List Gesellschaft e.V., Sonderreihe 1: Stimmen der Praxis. Bd. 4). Basel u. Tübingen 1967; BURCKHARDT, Helmut, Der Energiemarkt in Europa. Mit einem Vorwort von Edgar Salin (Sonderreihen d. List Gesellschaft e.V., Sonderreihe 1: Stimmen der Praxis. Bd. 3). Tübingen 1963; SALIN, Edgar, Ökonomik der Atomkraft. Vor einer neuen Etappe der industriellen Revolution. Köln-Marienburg 1955; SALIN, Edgar, Energiepolitik europäischer Industriestaaten oder europäische Energiepolitik? in: Kyklos XIV (1961), 451–481.

221 SALIN (1966), Mittelpufferkopplung.

222 SCHNEIDER, Ernst, RINTELEN, Friedrich und BACH, Jaacov, Zum 80. Geburtstag von Edgar Salin, in: Mitteilungen der List Gesellschaft 7, 14 (1972, Juli), 351–361, 358. Hierzu ist eine starke Vereinfachung nötig, um einige wiederkehrende Grundmuster aufzeigen zu können, auch wenn man mit dem so entstehenden Schema lange nicht allen Texten Salins im Detail gerecht wird.

223 Z.B. in SALIN, Edgar, Abschluss, in: Harry W. ZIMMERMANN (Hrsg.), Aspekte der Automation. Die Frankfurter Tagung der List Gesellschaft (Veröffentlichungen der List Gesellschaft e.V. Reihe C: Gutachten und Konferenzen. Bd. 16). Tübingen 1960, 383–400, 394.

224 SALIN (1959), Automation, 395. Ebenso in SALIN, Edgar, Industrielle Revolution, in: Kyklos 9, 3 (1956), 299–317; oder in: DERS., Lynkeus. Gestalten und Probleme aus Wirtschaft und Politik. Tübingen 1963, 345–358, 345–351.

die automatische Mittelpufferkuppelung, wo Salin eine ausführliche Analyse der volkswirtschaftlichen Vorteile dieser Neuerung und eine detaillierte Kostenkalkulation für mehrere Länder unternahm.[225] In allen Schriften folgt die Schlussfolgerung, dass die Entwicklung unentrinnbar sei und deshalb gesteuert werden müsse, sodass sie möglichst positive Wirkungen für die Menschen zeitige. Um dieses Optimum benennen zu können, folgte eine soziologische Untersuchung der Auswirkungen der Automation. Salin beschrieb unter anderem, dass in der Folge der Automation die Menschen nicht mehr ihren erlernten Berufen nachgehen könnten, sondern vielmehr ungelernt am Fließband arbeiteten, was das Bewusstsein, einer bestimmten Berufsgruppe anzugehören, abschwäche und die gewerkschaftlichen und gesellschaftlichen Bindungen lockere.[226] Er hielt eine Entproletarisierung der Bevölkerung für möglich, allerdings könne sich, vielleicht nur kurzfristig, auch die Arbeitslosigkeit erhöhen.[227] Zudem würde die Automation zu einer Verkürzung der Arbeitszeiten und einer Vermehrung der freien Zeit führen. Man müsse aber auch damit rechnen, dass die Automation konjunkturelle Krisen verschärfe, weil man die Produktion im Abschwung nicht einfach drosseln könne, und somit möglicher Weise zu erhöhter Arbeitslosigkeit und Rückgang der Kaufkraft führe. Auch werde die Produktion verletzlicher gegenüber Kriegsschäden.[228]

Der Übergang von den Beobachtungen zu den Schlussfolgerungen ist in vielen Texten mit methodologischen Warnungen markiert, indem Salin z.B. mahnte, die Phänomene „zunächst einmal in ihrer geschichtlichen Besonderheit zu erfassen und dann sehr genau zu prüfen, welche Verallgemeinerung der beobachteten Erscheinungen zulässig, welche Verknüpfung denknotwendig, welches Einmalige möglicherweise oder zwangsläufig wiederholbar ist. Dies ist ein Weg von der Beobachtung zur anschaulichen Theorie und zugleich eine Schranke gegen die rationale Schreinerei von Konstruktiv-Modellen."[229] Im nächsten Schritt – in den Texten in enger Verknüpfung, die hier nur aus analytischen Gründen aufgehoben wird – zog Salin aus seinen Beobachtungen praktische Schlussfolgerungen, die immer auch politische Forderungen darstellten, meist aus dem Bereich der Wirtschaftspolitik, aber auch für Bildung und Erziehung. Wenn z.B. eine Berufsausbildung nicht mehr notwendig sei für die ausgeübten Tätigkeiten, sei es effektiver, diese zu verkürzen und auf die erforderlichen Fertigkeiten wie Kontrolle und Wartung von Maschinen zu reduzieren, wie das in Amerika vielerorts der Fall sei.[230] Wenn nicht damit zu rechnen sei, dass die Menschen ihre neu gewonnene Freizeit und auch ihre überschüssigen körperlichen Kräfte von sich aus sinnvoll nutzten, müsse man sich Gedanken machen über Möglichkeiten der Freizeitgestal-

---

225 SALIN (1966), Mittelpufferkopplung, 35–77.

226 SALIN (1959), Automation, 390ff.

227 SALIN (1956), Industrielle Revolution, 357.

228 SALIN (1960), Abschluss, 395f. Ein Gedanke, den Emil Lederer bereits in den 20er Jahren in die Debatte eingebracht hatte, und der auch in der sog. Schmalenbach-Debatte ab 1928 eine Rolle spielte, vgl. KROHN (1981), Wirtschaftstheorien, 80, 87. Vgl. 260, Fn 105.

229 SALIN, Edgar, Stand und Aufgaben der Konjunkturforschung, in: Arthur SPIETHOFF und Edgar SALIN (Hrsg.), Die wirtschaftlichen Wechsellagen. Aufschwung, Krise, Stockung (Hand- und Lehrbücher aus dem Gebiet der Sozialwissenschaften). Tübingen [u.a.] 1955, 1–10, 7.

230 SALIN (1959), Automation, 390. Der Vorschlag, von Amerika zu lernen, zeigt den deutlichen zeitlichen Abstand zum Salin der Jahrbuch-Zeit!

tung, um einen „Faschismus der Freizeit" zu verhindern.[231] Wenn die Produktion krisenanfälliger werde, müsse man sich überlegen, wie dem entgegengewirkt werden könne.

Am Ende seiner Ausführungen stehen zumeist philosophische Überlegungen, die die vorangegangenen Untersuchungen in einen größeren Rahmen einbetten, ihnen sozusagen einen höheren Sinn beilegen – man könnte auch sagen, ein Werturteil fällen, und oft mit einem Appell verbunden sind. Allerdings sind die Schlussbetrachtungen oft sehr allgemeiner Art. So räsonierte Salin im Kontext der Automation, dass Maschinen und Computer, so viele unabsehbare Verbesserungen sie noch durchlaufen würden, niemals selbstständige Entscheidungen treffen und deshalb auch nie den schöpferischen Menschen ersetzen könnten, der letztendlich immer die Verantwortung trage.[232] An anderer Stelle appellierte er an die Verantwortlichen, sich einen offenen Sinn für die schöpferische Gestaltung von Wirtschaft und Politik zu bewahren, um den Herausforderungen der Zukunft gewachsen zu sein,[233] mahnte die Wissenschaft und Technik an ihre große Verantwortung[234] oder forderte mehr Kooperation „zwischen Technik und Wirtschaft und Politik, zwischen Staats- und Privatwirtschaft, zwischen Finanz- und Verkehrspolitik, zwischen West und Ost."[235] Oder er stellte die grundsätzliche Frage, wie der Mensch als „Imago Dei" trotz aller Schwierigkeiten in seiner Freiheit bestehen bleiben könne.[236] Dieser Aufbau, der sich in ähnlicher Weise in fast allen Texten Salins wieder findet, zeigt, wie er sich die anschauliche Untersuchung ökonomischer Probleme vorstellte.

Zusammenfassung

Zwar lassen sich verschiedene Ansätze Salins auch bei anderen Ökonomen nachweisen, die nicht im Kontakt zu George standen und sich eher dem weiten Umfeld der „Konservativen Revolution" zuordnen lassen.[237] So war ein romantischer Antimodernismus unter den soziologischen Ökonomen der Weimarer Republik ebenso verbreitet[238] wie ein gewisser Antirationalismus, eine „Ökonomophobie" (d.h. die Vorstellung, „daß der Glaube an die Berechtigung isolierter ökonomischer Fragestellungen zu den Irrtümern des Liberalismus gehöre" und „daß die Wirtschaft sich ihrer dienenden Rolle bewusst sein müsse") und der Wunsch nach einer „Reform des Menschentums".[239] Dennoch hat die Untersuchung der Entwicklung von Salins Anschaulicher Theorie gezeigt, dass er in jeder Phase von georgeanischem Ge-

---

231 SALIN (1959), Automation, 400f.
232 SALIN und SCHARPENACK (1966), Strukturwandel, 276, 60f.
233 SALIN (1959), Automation, 401.
234 SALIN (1954), Wirtschaft und Technik, 20.
235 SALIN (1966), Mittelpufferkopplung, 31.
236 SALIN, Edgar, Der Mensch in der Wirtschaft des Westens (Schriften der Gesellschaft für Sozialen Fortschritt e.V. 9). Berlin 1958, 78.
237 BREUER (1995), Konservative Revolution.
238 HOCK, Wolfgang und RITTERSHAUSEN, Heinrich, Deutscher Antikapitalismus. Der ideologische Kampf gegen die freie Wirtschaft im Zeichen der grossen Krise (Veröffentlichungen des Instituts für Bankwirtschaft und Bankrecht an der Universität Köln, Wirtschaftswissenschaftliche Reihe. Bd. 9). Frankfurt a. M. 1960, 11–27.
239 Ebd., 31.

dankengut beeinflusst war. Zu Beginn übernahm er Semantiken und Diktion der georgeanischen Kulturkritik, um sie auf seine Kritik der Nationalökonomie zu übertragen. Die Ausarbeitung seiner Anschaulichen Theorie als methodologisches System war ihm erst in dem Moment möglich, als er in Edith Landmanns *Transcendenz des Erkennens* eine Ausformulierung des georgeanischen Gedankengutes als erkenntnistheoretisches Modell fand, das in der Nationalökonomie zitier- und anschlussfähig war, weil es die georgeanischen Semantiken aus dem gesellschaftlichen Teilsystem der Kunst in das der Wissenschaft übertrug. In der Auseinandersetzung mit Gustav Schmoller, Max Weber, Werner Sombart und anderen Ökonomen seiner Zeit entwickelte er daraus eine ökonomische Theorie. Die Anschauliche Theorie kann daher als Übertragung eines georgeanischen, letztlich metaphysischen Wissenschaftsideals auf die Ökonomie verstanden werden, das seine Legitimation von George als Mittler bezog:[240] Als Salin dem Dichter gestehen musste, er könne seine These, Platon habe in den *nomoi* historische Ergebnisse seines Schülers Aristoteles verwendet, nicht beweisen, erwiderte dieser: „Nun, dann nehmen Sie meine Gewissheit für Ihre Vermutung."[241] In seinem Erinnerungsbuch machte Salin klar, welche Impulse er von George übernommen hatte: „Es ging um die Haltung des Gelehrten, um den Stoff der Betrachtung und um die Form der Darstellung."[242] Statt einer kritisch-zersetzenden Haltung sei Ehrfurcht vor dem Leben, „dem Großen und Wertvollen", geboten. Ziel der Darstellung sei „eine runde, in sich geschlossene Darstellung, die die vollkommene Beherrschung des Stoffes voraussetzt, doch ihn niemals roh, sondern erst in vollendeter Gestaltung kund gibt."[243] Eben diese Darstellungsweise versuchte Salin in fast allen seinen wissenschaftlichen Texten.

---

240 Der Rezensent Hans Neisser sprach sogar von einer „halbdichterischen" Volkswirtschaftslehre. Er hielt die Suche nach einer solchen für aussichtslos und unrealistisch (NEISSER (1931), Gegensatz, 250).

241 SALIN (1954), Um George, 44f.

242 SALIN (1954), Um George, 250. Aufgabe der Kultur sei „ein In-Form-Bringen des Fließenden, Schweifenden, Grenzenlosen, künstlerisch ein In-Gestalt-Bannen des abgründig und sprengend Lebendigen." (SALIN (1921), Platon, VI, 182).

243 SALIN (1954), Um George, 250.

1.2 Kurt Singers Semiotik

Edgar Salin setzte sich explizit mit methodologischen Fragestellungen der Ökonomie auseinander, entwickelte sogar eine eigene Anschauliche Theorie. Betrachtet man dagegen das Gesamtoeuvre Kurt Singers, so fällt auf, dass sich vor allem in der Zeit vor seiner Emigration aus Deutschland bemerkenswert wenige Texte explizit mit methodologischen Fragestellungen befassen. Singer verstand sich in dieser Zeit als Wissenschaftsjournalist, der sich weniger theoretischen als viel mehr praktischen wirtschaftspolitischen Problemen zuwandte. „Die Nationalökonomen [...] müssen den Tag anpacken, Flugschriften schreiben und Unsterblichkeit, wenn überhaupt, zufälligerweise erwerben." Singer sah sich in der Rolle des „Staats-Ratgebers", die der des Arztes ähnle.[244]

Obwohl er diese selten explizit machte, lassen seine Texte dennoch auf intensive Methodenreflexionen schließen. Wie aber sahen seine methodologischen Prämissen aus? Auch wenn Singer seine wissenschaftliche Methode nie selbst so bezeichnete, ja ihr eigentlich gar keinen wirklichen Namen gab und sie auch nicht zu einem System ausbaute, so könnte man sie doch „Semiotik" nennen, eine Form der Zeichendeutung.[245]

Die Semiotische Methode

Es ging Kurt Singer, ganz ähnlich wie Salin, darum, eine „verstehende und erklärende Interpretation aus dem zu verstehenden Gegenstand herauszuarbeiten, anstatt Erklärungen von außen an den Gegenstand heranzutragen", eine Haltung, die man als „teilnehmende Beobachtung" beschreiben könnte[246] und die ihre Wurzeln auch in der traditionellen jüdischen Hermeneutik hat.[247] Singer versuchte, bestimmte gesellschaftliche Phänomene als Elemente zu deuten, aus denen ein Bild der Gesellschaft als ganzer rekonstruiert werden könne, ausgehend von einer Form der Gestalttheorie. Für Singer stand fest: „Nur im Besonderen wird das Allgemeine fassbar, nur im Einmaligen erscheint das Ewige."[248] Als Beispiel für diese Arbeitsweise kann sein Vorgehen im Kapitel *Der Wunsch, sich zu entziehen* seines Japanbuchs angeführt werden: Die Menschen in Japan fänden den Berg Fuji-san im Nebel schöner als an einem klaren Tag; Prosa und Dichtung der Japaner würden mehr andeuten und verschweigen als aussagen und ausdrücken; in den Gesten und im Stil der Unterhaltung würden Gefühle und Gedanken eingehüllt und nicht geäußert. Aus diesen Beobachtungen, die er in ganz verschiedenen gesellschaftlichen Bereichen machte, schloss Singer, dass es

---

244 SINGER (1930), Nationalökonomie, 122. Man kann hier durchaus Ähnlichkeiten zu Salins Ideal der Politischen Ökonomie sehen.

245 HEISE, Jens, Anmerkungen zur Semiotik Singers aus der Sicht der „Philosophie der symbolischen Formen", in: Achim ESCHBACH u.a. (Hrsg.), Interkulturelle Singer-Studien: Zu Leben und Werk Kurt Singers. München 2002, 109–118.

246 ESCHBACH, Achim, Scienza nuova und Semiotik, in: Achim ESCHBACH u.a. (Hrsg.), Interkulturelle Singer-Studien: Zu Leben und Werk Kurt Singers. München 2002, 381–402.

247 Vgl. den Exkurs *Der George-Kreis und das Judentum*, zu Kurt Singer insb. 116ff.

248 SINGER, Kurt, Staat und Wirtschaft in Griechenland (Vortrag von 1934), in: Peter PAWLOWSKY (Hrsg.), The Idea of Conflict. Vermehrt um ausgewählte Schriften zu Wirtschaft und Staat (Veröffentlichungen der List Gesellschaft. Bd. 70). Basel 1973, 127–137, 137.

„erster und letzter Wunsch“ der Japaner sei, „sich jedem fremden Blick zu entziehen.“[249] Typisch japanisch sei der „Akt des Bergens, Verbergens, Erschließens, Verhüllens. Dies scheint die Urgebärde der japanischen Seele selber.“[250] Singer schien dies eine so charakteristische Eigenschaft der Japaner, dass er sie sogar als „das verborgene Volk“ bezeichnete.[251] Seine Methode legitimierte er an anderer Stelle folgendermaßen: „[...] the essence of Man lies in his will and power to create normative forms and concrete standards, fashioned into the whole life of a distinct type of civilization; and in those times and nations which deserve to be called great, this style is one, in the whole breath of existence, religious, aesthetic, political, and economic."[252] Alle Lebensäußerungen der großen Nationen waren für Singer Ausdruck eines einheitlichen Ganzen, und deshalb war von jeder einzelnen aus der Rückschluss auf das Ganze gerechtfertigt. Die Auswahl, welche davon wirklich aussagefähig seien und für die Untersuchung herangezogen werden sollten, musste der Wissenschaftler aufgrund seiner Intuition treffen, sodass ein pointillistisches Bild durchaus erlaubt war.

Geistesgeschichtliche Parallelen

An welche Vorläufer knüpfte Singer mit dieser Vorgehensweise an? Zunächst fühlt man sich erinnert an die Methodik von Georg Simmel, der Singer als Lehrer dauerhaft beeinflusste. Er selbst beschrieb, es sei Simmels Ziel gewesen, „nicht mehr wie der alte harmlose Pantheismus das Einzelne und das All in einer Gleichung zu verbinden, sondern aus jedem Fragment der Wirklichkeit den Sinn des ganzen Geschehens“ zu deuten – „eine wirklich symbolische Philosophie“, beseelt „von dem verzehrenden Streben, aus einer Scherbe des Daseins den Rhythmus des Ganzen zu fühlen.“[253] Allerdings kritisierte er an Simmels Methode, dass dieser als Folge seines Relativismus′ oft bei den Relationen stehen bleibe, ohne die Gestalt als ganze in den Blick zu nehmen, z. B. bei der Bestimmung des Prinzips eines Genius wie Goethe.[254]

Lohnend ist zudem der Vergleich von Singers Ansatz mit Cassirers Philosophie der symbolischen Formen, zumal die beiden gleichzeitig an der Hamburger Universität tätig waren und Singer deshalb Cassirers Ansatz mit Sicherheit kannte.[255] Auch in Briefen legte

---

249 SINGER (2005), Spiegel, 121f.

250 SINGER, Kurt, Über das japanische Gedicht, in: Neue Rundschau 60 (1949), 556–572, 560.

251 SINGER, Kurt, Das verborgene Volk. Zur allgemeinen Psychologie der Japaner, Teil 1, in: Merkur 9, 1 (1955), 1–11.

252 SINGER, Kurt (Hrsg.), An economic history of Japan. By Takao Tsuchiya. Translation by Michitaro Shidehara, revised by Neil Skene Smith. Edited, with an Introduction an Notes, by Kurt Singer (Transaction of the Asiatic Society of Japan, 2nd. series. Vol XV). Tokio 1937, XVIII.

253 SINGER, Kurt, Anmerkung zu Simmels ‚Religion‘, in: Neue Rundschau 18 (1907), 1145–1146, 1146.

254 SINGER, Kurt, Simmels Goethebuch, in: Neue Rundschau (1918, Januar), 140–142. Simmels Relativismus in seinem Werk *Die Philosophie des Geldes* untersucht FLOTOW (1995), Simmels Philosophie, insb. 86–114.

255 Cassirer lehrte in Hamburg 1919 bis 1933, Singer 1919 bis 1931. Cassirer erstellte zusammen mit Max Warburg ein Gutachten, das mit zur Verleihung des Walther-Rathenau-Preises an Singer im Jahr 1931 beitrug, vgl. Lebenslauf Kurt Singer, SUB, NKS C II 4, 4. An anderer Stelle nannte Singer Cassirer und An-

Singer dar, Cassirers Schriften wegen ihrer „energischen Klarheit und umsichtigen Übersicht" „mit gutem Gewinn" gelesen zu haben.[256] Annette Simonis, die die Philosophie der symbolischen Formen und den georgeanischen Gestaltbegriff neben anderen Formen der Gestalttheorie untersucht, beschreibt den Kern von Cassirers Ansatz so: „Mit der starken Annahme, man könne von jeder noch so geringfügigen Einzelheit immer auch auf die jener zugrunde liegende Gesamtstruktur hochrechnen, bekräftigt der Kulturphilosoph nachdrücklich die Ergebnisse der Gestaltpsychologie."[257] Mit der These, von einer Einzelheit des Kulturlebens zurück schließen zu können auf die Kultur und Gesellschaft als Ganzes, steht Singer in seiner Zeit also keineswegs allein. Jens Heise, der ebenfalls Singers und Cassirers erkenntnistheoretische Prämissen vergleicht, stellt fest, dass Cassirer durch diese Annahme über die Transzendentalphilosophie hinausgehe zur Kulturphilosophie.[258] Die Vernunft reiche nicht aus, um die Kultur zu erklären. Stattdessen müsse die Kultur in ihrer Symbolik erfasst und als symbolische Welt verstanden werden. Im mythischen Gebrauch werden Bedeutung und Ding nicht getrennt, sondern gehen ineinander auf und sind konkreszent. Die Bedeutung ist Teil des Gegenstandes, die Dinge können zu Zeichen werden.[259] Dabei spricht Cassirer den symbolischen Formen objektive Geltung zu, ein nicht unproblematisches Vorgehen, wie Gérard Raulet ausführt: „Der Kern der Debatte – und der Stein des Anstoßes – ist, [...] *die Frage, ob die symbolischen Formen bloß subjektive Geltung beanspruchen können oder aber objektive Wirklichkeit besitzen.* Cassirer wendet sich explizit gegen den Subjektivismus. [...] Er weigert sich [...], aus dem Verzicht auf Metaphysik eine Reduktion der Erkenntnis auf logische Strukturen, auf ‚Begriffe', deren ‚Inhalt' empirisch festgestellt würde, zu folgern."[260] Singer geht in seiner ästhetischen Sichtweise über Cassirers Ansatz jedoch noch hinaus, weil die Konkreszenz bei ihm nicht auf den symbolischen Bereich beschränkt bleibt. Er spricht seinen Annahmen nicht nur im Bereich der Kunst Geltung zu, sondern auch für andere Sphären wie Religion, Natur oder Sprache.[261] Simonis zeigt die Herausforderung und Problematik der Philosophie der symbolischen Formen auf, die sich bei Singer im Vergleich zu Cassirer noch verstärkt: „Die Metapher des Schleiers umfaßt für Cassirer jene Doppelbödigkeit der kulturwissenschaftlichen Erkenntnis, die es stets mit symbolischen Repräsentationen und Oberflächen zu tun hat, deren genaue Referenz und Bedeutung immer nur annäherungsweise zu bestimmen sind."[262] Der Interpret verfügt also

dreae als Gutachter, vgl. Abriss eines Lebenslaufes von Kurt Singer, Beilage zu einem Brief an Salin in UB Basel, NSB. Cassirers prononciert demokratische Haltung in der Weimarer Republik untersucht MEYER, Thomas, „Vorrede zur Magna Charta der Deutschen Republik" – Ernst Cassirer, der Kreis um Aby Warburg und der Vernunftrepublikanismus, in: Andreas WIRSCHING und Jürgen EDER (Hrsg.), Vernunftrepublikanismus in der Weimarer Republik: Politik, Literatur, Wissenschaft. Stuttgart 2008, 109–128.

256 Singer an unbekannt am 21.11.52 in SUB, NKS BI16.

257 SIMONIS (2001), Benjamin, 180. Simonis betont, dass Cassirer sich stark an Goethe orientierte, indem er die Präsenz des Allgemeinen im Besonderen suchte (ebd. 182).

258 HEISE (2002), Semiotik Singers, 109.

259 Ebd., 110.

260 RAULET (2005), Symbolische Formen, 54 (Hervorhebungen im Original).

261 HEISE (2002), Semiotik Singers, 112.

262 SIMONIS (2001), Benjamin, 196. Simonis warnt explizit vor den Gefahren von Cassirers Ansatz (dessen Methode er nie selbst ausgearbeitet habe): Er verführe zu „Kohärenzstiftung und zu spekulativen Sinnprojektionen, die den jeweiligen Assoziationen des Beobachters freien Lauf lassen." (ebd., 185).

über große Spielräume in seiner Deutung[263], die Singer, wie zu zeigen sein wird, in besonderer Weise nutzte.

Auch bei Singers Zeitgenossen Karl Mannheim wurden Kulturobjektivationen als Sinngebilde verstanden.[264] Sie könnten eine Mittlerrolle einnehmen, um atheoretische Weltanschauung zu erfassen und ins Theoretisch-Wissenschaftliche zu übersetzen. Auch Mannheim deutete also die Erscheinungen einer Kultur als Zeichen, die etwas über die Gesellschaft oder den kulturellen Zusammenhang als ganzen aussagten. Und da Mannheim bei der dokumentarischen Form der Sinnanalyse für die Einbeziehung sämtlicher Gebiete der Kultur plädierte und sich so von naturwissenschaftlicher Methodik abgrenzte, kann man mit seinem Ansatz auch Singers eklektizistisches Vorgehen bei der Auswahl der untersuchten Phänomene rechtfertigen, bei dem einem Teil unterstellt wird, in der Lage zu sein, das Wesentliche des Ganzen zu erfassen, auch wenn dieser Zusammenhang nicht kausal gedeutet werden darf. Klaus Lichtblau erklärt:

> „Mannheim insistiert [...] auf der Überzeugung, daß bei einer solchen *dokumentarischen* Form der Sinnanalyse *jedes* einzelne Moment der *Intensität* nach das Eigentliche und Charakteristische eines solchen Werkes bereits *vollständig* enthält bzw. vermittelt. [...] Sich möglicherweise *widersprechende* Sinndeutungen müssen dabei aber so lange hinsichtlich ihrer Leistungsfähigkeit aneinander abgearbeitet werden, bis die inadäquateren Deutungen erkannt und in den adäquateren ‚aufgehoben' werden können, so daß ein Zustand eintritt, in dem sich die unterschiedlichen Untersuchungsresultate mehr oder weniger ‚undialektisch', das heißt ‚in der reinen Alternative von wahr oder falsch' einander gegenüberstehen."[265]

Es entsteht also die Situation, dass „der Teil das Ganze und das Ganze den Teil zu erfassen hilft."[266] Auch die Forderung Mannheims nach der „Herstellung von Bezügen zwischen verschiedenen Bereichen oder Sphären einer Kultur"[267] hätte Singer gutgeheißen. Unterschiede zwischen Mannheim und Singer weist Gesine Schiewer jedoch für die Beurteilung der Philosophie Platons auf, wo Singer „die Einheit von Erleben und Idee, d.h. unter Berücksichtigung seiner Polemik gegen Kant das Zusammenwirken von Sinnlichkeit und Verstand respektive von Materie und Geist, welches in der Gestalt geschaffen werde", betont.[268]

---

263 Diese „Vogelperspektive" vergleicht Griesecke mit der von Wittgenstein in GRIESECKE, Birgit, Singer und Wittgenstein. Über Gewinn und Gefahr „synoptischer Darstellung", in: Achim ESCHBACH u.a. (Hrsg.), Interkulturelle Singer-Studien: Zu Leben und Werk Kurt Singers. München 2002, 327–350.

264 Singer kannte Mannheims Ansätze und äußerte sich positiv darüber (SCHIEWER, Gesine L., Wissenssoziologie und Semiotik. Karl Mannheims Ansatz einer „kultursemiotischen Hermeneutik" und der Gebilde-Begriff Kurt Singers, in: Achim ESCHBACH u.a. (Hrsg.), Interkulturelle Singer-Studien: Zu Leben und Werk Kurt Singers. München 2002, 363–380, 372). Ebenso LOENHOFF, Jens, Zwischen subjektivem Sinn und objektiver Form. Kurt Singers Verhältnis zur sozialwissenschaftlichen Methodologie, in: Achim ESCHBACH u.a. (Hrsg.), Interkulturelle Singer-Studien: Zu Leben und Werk Kurt Singers. München 2002, 351–362, 355f.

265 LICHTBLAU (1996), Kulturkrise, 506 (Hervorhebungen im Original).

266 Ebd., 508.

267 SCHIEWER (2002), Wissenssoziologie, 371.

268 Ebd., 376.

Der Sinn der Einzelheiten wird nach Singer erst klar, wenn man sie in schöpferischer Anschauung von ihrer Mitte her betrachtet.[269] Obwohl beide Denker von der Lebensphilosophie beeinflusst wurden, muss man sich der Unterschiede bewusst bleiben: „Die an den Gebilde-Begriff angeschlossenen Basisannahmen des Verstehens, die in wesentlichen Punkten auch Singers Denken zugrunde liegen, sind bei Mannheim schon zu Beginn der zwanziger Jahre in den Versuch der Ausarbeitung einer systematischen ‚Kultursemiotik' eingeflossen, womit die enge Verbindung von Kulturwissenschaft und Semiotik Bestätigung findet."[270] Dieser weiterführende Schritt ist für Singer nicht nachzuweisen.

Inspiration aus dem George-Kreis

Dementsprechend schwer ist zu bestimmen, welche Anregungen Singer von den oben genannten Denkern seiner Zeit übernahm und welche er genuin aus dem George-Kreis und dessen Vorstellungen von einer „scienza nuova" bezog[271] – man mag darin einen weiteren Beleg dafür sehen, dass sich die Diskurse der Georgeaner und die der Zeitgenossen außerhalb des Kreises gegenseitig intensiv beeinflussten und dass sich die Fragestellungen und in manchen Aspekten auch die Antworten überschnitten. Simonis stellt deshalb den georgeanischen erkenntnistheoretischen Ansatz in die lange Tradition des Gestaltbegriffs, als deren Vertreter unter anderem Johann Wolfgang von Goethe und Georg Simmel zu nennen sind.[272] Es soll im Folgenden also keineswegs behauptet werden, dass der gestalttheoretische Ansatz im George-Kreis originär entwickelt wurde, sondern lediglich auf seine besondere Ausprägung und seine Anwendung bei Kurt Singer eingegangen werden.

Der Vergleich mit Gundolfs Gestalt-Theorie macht die Impulse, die Singer aus dem George-Kreis bekam und die über Cassirer und Mannheim hinausgehen, deutlich.[273] Auch Singer selbst sah diese Verwandtschaft: „Wie verwandt Gundolfs geschichtsphilosophische Prinzipien den meinen sind"[274], notierte er im Tagebuch. Gerhard Zöfel beschreibt die erkenntnistheoretischen Implikationen von Gundolfs Gestaltbegriff, der

> „das ‚Zeichen' vermittelnd zwischen den einzelnen raum-zeitlichen Punkt und den ‚Einen absoluten Sinn' stellt und es so als die notwendige, d.h. zwangsläufig perspektivische, aber eben darum hic et nunc hilfreiche Offenbarung des Logos zu begreifen sucht. [...] Hermeneutisch legitim ist einzig ein Deutungsverfahren, das die beiden Bereiche berücksichtigt, zwischen denen das ‚Zeichen' vermittelnd steht, nämlich den der ‚jeweiligen Nöte', vor dem uns das historische Phänomen begreiflich wird, sowie den der schöpferischen Kraft, als deren Offenbarung wir es bewundern."[275]

---

269 SINGER (2005), Spiegel, 32.
270 SCHIEWER (2002), Wissenssoziologie, 379.
271 ESCHBACH (2002), Scienza nuova, 384. Wie Eschbach veranschlagt auch Richard Storry den Einfluss des George-Kreises sehr hoch, vgl. sein Vorwort in SINGER (1973), Mirror.
272 SIMONIS (2001), Benjamin.
273 Zu Gundolfs Gestalttheorie vgl. 26.
274 Singer, Tagebucheintrag vom 6.1.12, SUB, NKS CI 20.
275 ZÖFEL (1987), Wirkung des Dichters, 184ff.

Nach Zöfel beruhen in Gundolfs Theorie die Vermittlungen zwischen Besonderem und Allgemeinem einerseits und Vergangenem und Gegenwärtigem andererseits „auf der Fähigkeit des Absoluten, sich in faßbaren Individualitäten zu begrenzen, und, hermeneutisch formuliert, auf dem naturwüchsigen Verhältnis des Verstehenden zu seinem Gegenstand als etwas Lebendigem, auf einem Verhältnis also, in welchem noch nicht die kritische Absicht sich vor die ursprüngliche positive Sinnerwartung gedrängt hat.“[276] Wie Gundolf versuchte auch Singer, aus dem zeitgeschichtlichen Kontext heraus die Erscheinungen als Ausdruck einer schöpferischen Kraft, die über dieser zeitlichen Bindung stehe, zu begreifen, ein metaphysischer Aspekt, der sich weder bei Cassirer noch bei Mannheim findet, sondern genuin georgeanisch scheint und direkter Ausdruck der georgeanischen Semantik der schöpferischen Tiefe. Auch Singers starke Orientierung am Sichtbaren und Wahrnehmbaren erklärt der Vergleich mit der Philosophie des Kreises, der die Perspektive des Wissenschaftlers so beschreibt: „Für diesen blick wird alles leib, tat und gebärde, er scheidet nicht mehr künstlerisches, staatliches und sittliches tun, sondern sieht alles menschliche nur symbolisch und begreift warum es dem genius gleichgültig ist ‚ob er teller macht oder töpfe.‘“[277] Eben diese Herangehensweise findet sich in Singers Semiotik wieder, und er führte sie explizit auf das Gundolfsche Gestaltverständnis zurück. Dessen Gestalttheorie übernahm Singer in weiten Teilen, wobei er unter Gestalt verstand „jenes schwer definierbare, doch höchst reale, dauernde Gefüge, in dem das bildende Gesetz dieses ewig sich wandelnden Lebens sichtbar wird, ‚geprägte Form, die lebend sich entwickelt‘, eine organische Einheit, die sich in seiner [gemeint ist Goethe, Ko. S.] geistig-leiblichen Physiognomie darstellt; aus der all sein Schaffen entspringt und zu der es zurückführt, nachdem es den Kreis der Selbstschöpfung beschrieben hat.“[278]

Auch der Vergleich mit Edith Landmanns Werk *Die Transcendenz des Erkennens* zeigt Singers Abhängigkeit vom George-Kreis.[279] Er war mit Edith Landmann eng befreundet, korrespondierte jahrzehntelang mit ihr und lobte ihre Arbeit *Vom Schönen* überschwänglich.[280] Sogar ein Gedicht und später einen gedenkenden Artikel widmete er ihr, in dem er aber eher ihre Bedeutung als Freundin Georges als ihre philosophische Leistung würdigte.[281] Edith Landmann schrieb über das Verhältnis des Ganzen zu seinen Teilen:

> „Ist an dem Gesamtgegenstand der Teilgegenstand einmal gefunden, der seinen Kern zugleich und den für seine Erfassung adäquaten Augenpunkt darstellt, so verlieren auch

---

276 Ebd., 99.

277 Friedrich Gundolf beschreibt so Friedrich Wolters Darstellungsweise in dessen Schrift *Herrschaft und Dienst* (GUNDOLF (1910), Bild Georges, 42).

278 SINGER (1952), Goethe, 387.

279 LANDMANN (1923), Transcendenz. Singer interessierte sich zeitlebens für metaphysische Philosophie, z.B. in SINGER, Kurt, [Rezension zu] Misch, Georg, The Dawn of Philosophy: A Philosophical Primer, in: The Australien Quaterly (1951, September), 85–88.

280 Sie hatte ihm das Manuskript geschickt, vgl. Singer an Edith Landmann am 28.11.38, in SUB, NKS BI5.

281 Die Korrespondenz Singers mit Edith Landmann in SUB, NKS BI5; Gedicht *Die Tragenden. Für Edith Landmann* in SINGER und BRASCH (1969), Antithule, 23; SINGER, Kurt, Erinnerung an die Georgika, in: Castrum Peregrini 25 (1955), 50–58.

> die anderen Teilgegenstände, von hier aus gesehen, ihre willkürlich zufällige Gestalt. Ist einmal das Konkretum Geld von einem Sachverhalt aus: als Zahlungsmittel, verstanden, so wird auch klar, warum es seine sichtbare Gestalt heut und bei diesem Volke als Münze, morgen und bei einem anderen Volke als Papier oder Salzstange hat. [...] Sind umgekehrt organische Wesen und Kunstwerke als Sichtbarkeiten einmal erfaßt, so läßt sich aus den Formen Zusammenhang und Funktion aller Teile und der Sinn des Ganzen ‚ablesen'. Im Gesamtgegenstand, der ein Ganzes ist, ist kein Teilgegenstand ohne Beziehung auf das Ganze, aber immer ist es nur einer, und ein je nach der Struktur der Substanz verschiedener Teilgegenstand, welcher die Gestalt der übrigen Teilgegenstände dominierend bestimmt."[282]

Die Teilhaftigkeit der aufs Ganze transzendierenden Einzelgegenstände und ihr Anteil am Wesen des Gesamtgegenstandes ist es also, die es dem Beobachter erlaubt, von einem richtig ausgewählten Teil aufs Ganze zurück zu schließen. Singer griff diesen Gedanken auf: „Jedes Tun und Verhalten transzendiert, ist auf ein Gegenständliches, außerhalb seiner Liegendes gerichtet und findet in ihm Bestimmtheit und Erfüllung."[283] Die Landmannsche Erkenntnistheorie erklärt auch, warum Singer keine Bedenken hat, Beobachtungen aus den verschiedensten Bereichen in seiner Auswertung zusammenzuziehen: „Wenn die Kraft, die das Dasein eines Dinges bewirkt, das Prinzip der Veränderungen seiner selbst und seiner Umgebung ist, so sind, wenn wir das Weltganze als Substanz nehmen, die Wirkungen der Dinge aufeinander wie die Vorgänge innerhalb eines und desselben Wesens."[284] Wenn wir auf das oben genannte Beispiel zurückgreifen, kann Singer in diesem Sinne die japanische Gesellschaft also von ihren Bestandteilen her als Ganzes auffassen, dessen kulturelle Besonderheiten Teile eines einheitlichen Wesens darstellen, das er trotz der zentrifugalen Tendenzen als Einheit beschreiben und deuten kann. „Nur im Besonderen wird das Allgemeine fassbar, nur im Einmaligen erscheint das Ewige."[285] Eine besondere Rolle spielte hierbei immer auch die Untersuchung der Kunst, denn „man kann den Weltprozess als ein Gewebe betrachten. Die Kunst zeigt nur ein Stück daraus, so daß man aus diesem Stück auf das Ganze schließen kann."[286]

Aus der vergleichenden Betrachtung ergibt sich, dass Singer in methodischer Hinsicht wesentliche Anregungen aus dem George-Kreis aufnahm. Auch seine Rezensenten ordneten ihn einer „neuen, noch nicht völlig gewordenen" Art von Wissenschaft zu[287], und ebenso war er selbst sich dieser Abhängigkeit bewusst und positionierte sich klar im Lager der georgeanischen „scienza nuova". Seine Haltung gegenüber der Historischen Schule war jedoch lange nicht so ablehnend wie die Salins. Friedrich Knapp, mit dem Singer sich hauptsächlich auseinandersetzte, dürfte er auch kaum als so „theoriefeindlich" empfunden haben wie Salin den „Übervater" Schmoller. Ganz im Jahrbuchstil positionierte Singer sich

282 LANDMANN (1923), Transcendenz, 117.
283 SINGER (1927), Gründer, 38.
284 LANDMANN (1923), Transcendenz, 218.
285 SINGER (1973 (Vortrag 1934), Griechenland, 137.
286 Singer, Tagebuch von 1903, in SUB, NKS CI10.
287 NEUMARK, Fritz, [Rezension zu] Singer, Kurt, Staat und Wirtschaft seit dem Waffenstillstand, in: Jahrbücher für Nationalökonomie und Statistik 3, F. 69, 124 (1926), 484–485, 485.

meist in Abgrenzung gegen andere Wissenschaftler. So würdigte er etwa Max Weber als würdigen Kontrahenten, der sich dem Rationalismus nicht aus geistiger Armut oder Starrheit zugewandt habe, sondern weil er die Flucht in die Utopie strikt ablehnen zu müssen glaubte. „Die Gegner des Zeitgeistes aber müssen dankbar sein, dass die Mächte sie mit einem so grossen und adligen Widersacher geehrt haben.“[288] In Singers Besprechung von Spenglers *Untergang des Abendlandes*[289] setzte sich diese Linie fort, indem er Spengler vorwarf, von einer naturalistischen Determiniertheit der Geschichte auszugehen, die ihren Gang auf lange Sicht berechenbar machen solle. Durch die Abgrenzung von diesen Wissenschaftlern nahm Singer klar die Position des Kreises ein. Aber er bekannte sich auch explizit zur Gestalttheorie der Georgeaner, etwa in seiner Besprechung von Gundolfs *Goethe*. Hier faszinierte ihn „ein neues Verhältnis zum Einzelnen, zum Konkreten: zur symbolischen Gestalt, in der allein ein Lebendig-Allgemeines sich manifestieren kann. In dem Erlebnis Georges ist dieser Generation aufgegangen, daß sich ihre Aufgaben nicht aus der Reflexion über die dialektischen Gegensätze des Zeitgeistes ergeben werden, sondern nur aus einer Erneuerung der großen Wirklichkeiten in uns.“[290] Wie für Edith Landmann, so wurde auch für Singer die georgeanische Gestalttheorie erst durch das Erlebnis George evident und legitimierte so das Ausgreifen über die rein rationalen Erkenntnismittel hinaus.

Auch in seinen eigenen Arbeiten bekannte sich Singer zur Betrachtungsweise des Kreises und zum gestalttheoretischen Ansatz, den er mit den typischen Semantiken plausibilisierte. So sei etwa Platon ein würdiger Betrachtungsgegenstand „als eine lebendig-ewige Substanz, Herd und Feuer göttlicher Kraft, deren Auswirkung und Einwirkung in Zeit und Raum das Sinnbild ihres Wesens ist. Es folgt hieraus, […] daß Ablauf und Gehalt des Lebens, Gestalt und Sendung, auch nur der Idee nach nicht mehr von einander gelöst werden können: erst wenn sich Geschick des Menschen und Geburt des Gedankens als Ausstrahlungen eines hohen Gesamtlebens darbieten, darf der Betrachtende hoffen, zum Gegenstande selber vorgedrungen zu sein.“[291] Die platonische Gestalt müsse als Einheit gesehen und keinesfalls in ein „Bündel von Teilpersonen“ aufgelöst werden.[292] Ebenso müsse auch Nietzsche, wie das in Bertrams Arbeit geschehe, als Gestalt und „beunruhigendes und verheißendes Element unserer Gegenwart“, als „Legende“ gedeutet werden.[293] Auch den elitären Aspekt der georgeanischen Erkenntnislehre übernahm Singer: Erkenntnis war ihm ganz im Sinne des Kreises „unableitbare Schau“, verwurzelt „in einem Sein, das nach dem platonischen Glauben nur vom Sein der gleichen Art erkannt werden kann.“[294] Explizit benannte Singer Gundolfs *Shakespeare* und *Goethe*, Bertrams *Nietzsche*, Friedemanns *Platon* und Wolters *Herrschaft und Dienst* als Werke einer neuen Wissenschaft, der er auch sich selbst

---

288 SINGER, Kurt, Max Weber und diese Zeit, unter dem Titel „Zum Gedächtnis Max Webers“ in: Wirtschaftsdienst 28 (1920, 09. Juli), 403–404, oder in: DERS., Staat und Wirtschaft seit dem Waffenstillstand. Jena 1924, 95–99.

289 SINGER, Kurt, Oswald Spengler und der Zeitgeist, unter dem Titel „Über die Aufgaben der Gegenwart“ in: Wirtschaftsdienst 33 (1921, 19. August), 429–431, oder in: DERS., Staat und Wirtschaft seit dem Waffenstillstand. Jena 1924, 110–115.

290 SINGER (1912), [Rezension zu] Gundolf, 1628.

291 SINGER, Kurt, Platon und das Griechentum: Ein Vortrag. Heidelberg 1920, 3.

292 SINGER (1920), Griechentum, 9f.

293 SINGER (1919), Nietzsche, 498.

294 SINGER (1920), Griechentum, 7. Ähnlich in SINGER (1919), Nietzsche, 500.

zuordnete.[295] Deutlich reihte er sich in die Gruppe der Georgeaner ein auch in eben dem Band von *Schmollers Jahrbuch*, in dem neben ihm selbst auch Edgar Salin und Edith Landmann Stellung bezogen zu Werner Sombarts *Die drei Nationalökonomien* – die Georgeaner traten hier sozusagen als geschlossene Front auf.[296] Singers Lob und Kritik an Sombart ähnelte dem Standpunkt der beiden anderen, insbesondere im Hinblick auf die elitäre Erkenntnistheorie: Nur ausgewählte Menschen hielt Singer für fähig, aufgrund ihres So-Seins (hier übernahm Singer Edith Landmanns Begriff) zu bestimmten Erkenntnissen zu gelangen.[297]

Ökonomische Anwendungsfelder der semiotischen Methode

Was konnte Singer nun mit seiner semiotischen Methode in seinen nationalökonomischen Arbeiten anfangen? Er selbst stellte fest, seine Zeitungsartikel sollten „die fragwürdigen Ereignisse des Tages an klaren, unverrückbaren Maßen des menschlichen Seins und staatlichen Handelns messen, alles einzelne Tun und Lassen aus den Kräften und Bewegungen des Gesamtgeistes deuten: das Dürftige nicht erhöhend und nicht verschönernd, aber noch im Schlimmsten die Züge der schicksalhaften Notwendigkeit und des Dämons unseres Volkes ehrend."[298] Singer wollte im Sinne seiner Semiotik das Einzelne als aussagekräftigen Teil des Ganzen verstehen und unter Berücksichtigung dieses Gesamtgegenstandes auswerten.

Die georgeanische Position erlaubte ihm, wie auch den anderen georgeanischen Ökonomen, eine feste Position in den wichtigen erkenntnistheoretischen Fragen der Zeit. So hielt er ein Verständnis der ökonomischen Zusammenhänge nur von der Betrachtung des ganzen Gemeinwesens aus für möglich, wie er Zeit seines Lebens betonte.[299] Ganz im Sinne der *Transcendenz des Erkennens* und ihrer Begriffsbildung betrachtete er die Wirtschaft nur als Teilbereich eines größeren Ganzen: „Daher gibt es im Bereich der Nationalökonomie keine Gesamterkenntnis: die Idee der Wirtschaft selber ist keine echte Idee im platonischen Sinn, sondern ein teilhaftes Moment an einer echten Idee, die immer nur das Urbild eines menschlichen Gesamt sein kann. Wer dies übersieht, verfällt dem Spott des Abbé Galiani über die Ökonomisten."[300] Wie Salin und Salz, so plädierte auch Singer gegen ein isoliertes Ver-

295 Ebd., 499ff.

296 SOMBART (1967), Nationalökonomien; Singers Besprechung in SINGER (1930), Nationalökonomie. Zu den Rezensionen der beiden anderen Georgeaner vgl. 156.

297 Diese elitäre Auffassung, nach der Erkenntnis „an Mensch, Ort und Stunde und an die Weisungen der Götter" gebunden sei, findet sich auch in SINGER (1920), Griechentum, 22. „Die Idee selber ist nach Platons Lehre nur dem erkennbar, dessen Sein an ihr teilhat." (ebd. 28).

298 SINGER (1924), Waffenstillstand, Vorwort, III.

299 SINGER, Kurt, The logic of pure expansion: An economist's appraisal of a mathematician's contribution, in: Jahrbuch für Sozialwissenschaft 11, 1 (1960), 32–64, 63.

300 SINGER (1930), Nationalökonomie, 120. Galiani und seine Kritik an den „Ökonomisten" erwähnte Singer regelmäßig, z.B. in SINGER, Kurt, Robot economics, in: The economic record 25 (1949, June), 48–73, 55; SINGER (1960), Expansion, 40; SINGER, Kurt, Bentham as an Economist, in: The economic record 29 (1953), 267–270, 269; SINGER, Kurt, Schumpeter's epilogue, in: The economic record 31 (1955, November), 324–329, 328; SINGER, Kurt (Hrsg.), The life of ancient Japan. Selected contemporary texts illustrating social life and ideals before the era of seclusion. Mit einer Einleitung von Kurt Singer (1. Aufl. 1939). Neudruck in der Japan Libary Tokio–Kanda 2002, 7. Julius Landmanns Text über Galiani gilt es weiter unten zu untersuchen, vgl. 212.

ständnis von Wirtschaft und für "a true theory of economic life seen as a whole and in its fundamental relations to the realm of politics, ethics, social and cultural life".[301] Daraus ergab sich für ihn die Notwendigkeit, dieses Ganze aus der Perspektive verschiedener Disziplinen zu betrachten, auch wenn er die Bezeichnung seines jüngeren Kollegen Salin „Anschauliche Theorie" nicht verwendete, so weit ich feststellen konnte. Allerdings verfolgte er mit großem Interesse, wie Salin mit Edith Landmanns Begriffen arbeitete, und die Versuche fanden seine Zustimmung.[302] Auch die Kombination der rationalen mit der verstehenden Methode befürwortete er.[303] In seiner Arbeit zog er jedenfalls nicht nur Erkenntnisse der Soziologie und Philosophie heran, sondern darüber hinaus auch solche der analytischen Psychologie, der Archäologie und der Ethnologie.[304] Die ganze Methodenvielfalt sollte zum Einsatz gebracht werden, z.B. in der Konjunkturforschung: „Unter Beschreibungen werden hier nicht blinde Materialaufschüttungen verstanden, sondern analytische Darstellungen, unter nichtdoktrinärer Anwendung des gesamten verfügbaren theoretischen Rüstzeugs."[305] Die theoretische Betrachtungsweise hielt Singer für unentbehrlich. Hier lag sein Hauptkritikpunkt am Berliner Institut für Konjunkturforschung, das lediglich empirische Daten sammelte, ohne dieser Sammlung und Auswertung eine Theorie zugrunde zu legen. Auch dem Harvard-Konjunkturbarometer warf Singer vor, zwar die Tatbestände genau zu beschreiben, jedoch keine kausale Deutung und prognostische Auswertung zu liefern. Ökonomisch zufällig ausgewählte Zahlen, so Singer, könnten niemals etwas beweisen, weil Zahlen gar keine sinnhaften Antworten geben könnten.[306] Er, der in Fragen der Konjunkturforschung auf Arthur Spiethoffs Theorie der Wechsellagen zurückgriff,[307] ging im Wirtschaftsdienst viel mehr aus „von charakteristischen, in ihrem Sinn-Zusammenhang verstehbaren Tatbeständen des Wirtschaftslebens hochkapitalistischer Stufe"[308], also einer kleinen Auswahl von Daten, die Rückschlüsse auf das Wirtschaftsgesamt liefern sollten, ganz ähnlich wie in seiner semiotischen Methode der Kulturbeschreibung. Nur so sei eine ökonomische Diagnose und Therapie möglich, nur so könne man zu einer „gestalttheoretischen" Darstellung gelangen.[309] „Erst auf Grund einer vagen Gesamtanschauung ist es möglich, die einzelnen Züge der individuellen Gestalt aufzufinden und zusammenzuschauen, aber erst aus der geistigen Durchdringung des gesamten Stoffes erwächst das gültige Bild der Dinge."[310] Eine

---

301 SINGER (1955, November), Epilogue, 328.

302 Singer an Julius Landmann am 12.5.1927, in SWA, HS 426, B15.

303 SINGER, Kurt, Kreditkreation und Konjunktur: Ein Gutachten über Erkenntnis und Darstellung der Wirtschaftlichen Wechsellagen, in: Beiträge zur Wirtschaftstheorie, hrsg. von Karl DIEHL. Zweiter Teil: Konjunkturforschung und Konjunkturtheorie. Wissenschaftliche Gutachten. München 1928, 295–336, 332.

304 BLAICH (1976), [Rezension zu] Singer.

305 SINGER, Kurt, Sieben dringliche Aufgaben der Wechsellagenforschung, in: Albert AFTALION (Hrsg.), Der Stand und die nächste Zukunft der Konjunkturforschung. Festschrift für Arthur Spiethoff. München 1933, 268–269, 268.

306 SINGER (1928), Kreditkreation, 326.

307 Auch Walter Eucken war in seinem Referat über Kredit und Konjunktur auf der Sitzung des Vereins für Sozialpolitik 1928 in Zürich von Spiethoffs Konjunkturschematismus ausgegangen. Singer war anwesend und beteiligte sich an der Debatte, vgl. BOESE (1939), Verein für Sozialpolitik, 207f. Zur Bedeutung der Konjunkturtheorie in der Weimarer Zeit vgl. KÖSTER (2008), Theorie und Sozialphilosophie, 272ff.

308 SINGER (1928), Kreditkreation, 330.

309 Ebd., 330, 334.

310 Ebd., 335.

überwiegend empirische Konjunkturtheorie hielt Singer demgegenüber für sinnlos. Die Auseinandersetzung um die richtige Messung der Konjunkturdaten führte zu seiner Auseinandersetzung mit Adolf Löwe, die schließlich Singers Ausscheiden aus dem *Wirtschaftsdienst* zur Folge hatte.[311]

Wie im George-Kreis üblich, reichte Singer diese Kombination verschiedener Wissenschaften jedoch nicht aus. Zu den rationalen Methoden müsse zur Erlangung der Gesamterkenntnis noch etwas anderes, Höheres hinzutreten.

> „Wissenschaft als der bezirk des wissens für jedermann von jedermann grundsätzlich nachprüfbar und für jedweden grundsätzlich zwingend ist nur eine einzige provinz im reich der erkenntnis. es steht nirgends geschrieben dass die bewohner dieser provinz das ganze reich zu erben bestimmt sind. sie sind deshalb nicht zu schmähen ausser wenn sie diesen anspruch erheben. freilich auch das geht nicht an, ihren bezirk ohne zusammenhang mit dem ganzen wuchern und sich abkapseln zu lassen. alles menschliche Wesen transzendiert. es deutet auf ein höheres ganzes aus dem es leben und sinn erhält. so auch die Wissenschaft. es gilt mehr als kritische besinnung über ihre grenzen. es gilt sie zu erneuern aus dem gesamtleben, wenn sie stockt und sich verwirrt. es gilt ihr echte masse von höherer fachlicher geltung zu geben. es gilt sie zu befeuern und sie in zucht zu nehmen."[312]

Diese Zeilen zeigen Singers intensive Beschäftigung mit Edith Landmanns *Transcendenz*, deren Ansätze er für die eigene Arbeit verwendete. Ein Überschreiten der rationalen Erkenntnis schien ihm nötig, auch in der Volkswirtschaftslehre. „Was das innerste Anliegen eines Volkes ist, wird oft von ihm selber nicht mit planen Worten ausgesprochen. Das Leben verlangt um zu wachsen, schützendes Dunkel. Im grellen Licht verstandesmässiger Erklärung wächst für den Werdenden nur lähmender Zweifel und heftige Anmassung, die bald in schlimmeren Zweifel umschlägt."[313] Im Hinblick auf seine „überrationalen" Erkenntnismittel versuchte Singer, sich durch einen Rückgriff auf Platon zu legitimieren, der ebenfalls kein reiner Rationalist gewesen sei, sondern auch Träume und Götterzeichen als Erkenntnismittel akzeptiert habe.[314] Ähnlich wie in der Anschaulichen Theorie sollten sich auch bei Singer rationale und überrationale Erkenntnismethoden gegenseitig ergänzen: „Der Sophist äfft den Philosophen nach und versucht sich an seine Stelle zu setzen, der Philosoph aber hat den Sophisten in sich als eine Gefahr, sein polares Gegenbild, seinen Feind, dessen er notwendig bedarf."[315]

Dementsprechend gestand Singer genau wie die anderen Georgeaner ökonomischen Modellen durchaus einen gewissen Erkenntniswert zu. Über ihren Wert entscheide „ihre Tauglichkeit zur Aufhellung bestimmter empirisch ausweisbarer Tatbestände". Der Wissenschaftler müsse sich aber immer dessen bewusst bleiben, dass es sich dabei nicht um „Verkörperungen höchster Möglichkeiten" handle, sondern immer nur um „Grenzfälle", um

---

311 Vgl. 101.
312 Tagebucheintrag vom 1.12.33, in SUB, NKS CI 28.
313 UUM *Über Griechenland* in SUB, NKS AI34.
314 SINGER (1927), Gründer, 32.
315 Ebd., 219.

„Schematisierungen in der Richtung auf maximale Durchschnitts-Verständlichkeit“.[316] Mit Modellen als Hilfsmittel sei deshalb nur Teilerkenntnis zu erreichen, nicht aber Erkenntnis des Ganzen. Dementsprechend fehlte bei Singer, ebenso wie bei den anderen georgeanischen Ökonomen, auch die Kritik am Modell des homo oeconomicus nicht.[317]

Über die Mathematisierung von Modellen dachte Singer sehr positiv, auch wenn die Mathematik für ihn, ebenso wie seiner Meinung nach für Platon, „keine Erkenntnis im strengen Verstand, sondern ihr schwächeres Spiegelbild und eine Bereiterin des geistigen Auges für den Bereich des echten Wissens“[318] war. Singer, der auch Veranstaltungen über Mathematik abhielt, konnte sich für die Anwendung derselben in der Nationalökonomie durchaus erwärmen, und diese Neigung scheint sich im Laufe der Jahre verstärkt zu haben. So schrieb er 1949 über John von Neumanns Gleichgewichtsmodell, mit der er sich ausführlich auseinandersetzte und dessen mathematische Formulierung er akribisch nachvollzog[319]:

> “For the first time a cardinal theorem of traditional economics has been precisely stated and conclusively proved by a mathematician of distinction and exacting logical standards. This does not settle the matter for the economist but it puts methodological discussion on an incomparably firmer basis. For the first time we are in this much-disputed borderland confronted not with analogies and anticipations but with results.”[320]

In einer Überarbeitung des Aufsatzes elf Jahr später verstärkte er diese Argumentation noch und führte aus, “that there are problems relevant to economics, which cannot be solved except by mathematical methods.” Deshalb dürften sich die „literarischen“ Ökonomen auch nicht von der abstrakten Mathematik abschrecken lassen.[321] Mathematische Beweise seien in der Ökonomie nötig, da, so wichtig Instinkt und Intuition auch seien, der common sense sich irren könne (dies sei z.B. in der metallistischen Geldtheorie der Fall gewesen).

Auch wenn Singer bereit war, kleine sachliche Fehler in einem großen Werk zu verzeihen,[322] so kritisierte er es doch scharf, wenn er den Eindruck gewann, ein Autor würde sich auf seine Intuition verlassen, ohne diese durch eine scharfe und detaillierte Beweisführung zu untermauern. So wies er etwa Salin anlässlich seiner Antrittsvorlesung darauf hin, dass er methodisch nicht sauber arbeite: „Aber die Induktion *allein* aus dem Platon-Beispiel ist nach alten und neuen massstäben unerlaubt. […] *Dies* nenne ich mangel an bündigkeit in der beweisführung. Denn Sie *beweisen* hier, ohne alles vergleichbare zur zeugenaussage zuzu-

---

316 SINGER, Kurt, Von den Prinzipien der Konjunktur-Theorie. Tokio 1932, 3.
317 Ebd., 5.
318 SINGER (1927), Gründer, 180.
319 Singer befand sich also auch nach 1945 auf der Höhe der aktuellen Diskussion in der Volkswirtschaftslehre, ja er machte die australischen Ökonomen erst mit von Neumanns Wachstumsmodell bekannt (ARNDT (2000), Jewish Scholar, 74). Zur Auseinandersetzung der deutschsprachigen VWL mit der Spieltheorie, die sich erst zu Beginn der 50er Jahre verstärkte, vgl. HESSE (2008), Volkswirtschaftslehre, 391–396. Insbesondere zu Beginn der 60er Jahre wurde die Spieltheorie Ziel sehr pauschaler Angriffe gegen die Modellökonomie und die Mathematisierung, bevor sie sich nach dem Generationswechsel an vielen Universitäten als eigener Forschungsbereich durchsetzen konnte.
320 SINGER (1949, June), Robot, 49.
321 SINGER (1960), Expansion, 33f.
322 Z.B. in Schumpeters Werk, vgl. SINGER (1955, November), Epilogue, 326.

lassen."[323] Beweise hielt Singer für wichtig, weil sie geeignet seien, die innere Struktur eines Problems zu beleuchten.[324] Ob jedoch in mathematischer oder verbaler Form, einen Geltungsanspruch der ökonomischen Erkenntnisse im Sinne physikalischer Gesetzmäßigkeiten bestritt er vehement.[325] So sei z.B. von Neumanns Gleichgewichtsmodell zwar „alarmingly beautiful"[326], aber von dieser Schönheit dürfe man sich nicht blenden lassen. Die Objektivität sei nur scheinbar gegeben, gesellschaftliche Konflikte, die die Nationalökonomie zu untersuchen hätte, würden ausgeblendet,[327] und der Faktor Zeit bzw. die Dynamik der Entwicklung, deren Bedeutung Henri Bergson erschlossen habe, nicht berücksichtigt – Singer gestand allerdings ein, dass von Neumann in Zusammenarbeit mit Morgenstern der Lösung dieses letzten Problems in der Spieltheorie durchaus näher gekommen sei. Eindringlich warnte er auch vor Konstellationen, wo die Methode die Festlegung des zu lösenden Problems oder sogar die Formung des zu Grunde liegenden Konzepts dominierte, eine Konstellation, wie er sie etwa in der behavioristischen Theorie gegeben sah, die im Menschen nichts anderes als eine „quasi-neurasthenic cat" sehe.[328] Solche mechanistischen Vereinfachungen lehnte Singer ab. So könne etwa von Neumanns Gleichgewichtsmodell nicht gesetzmäßig gelten, sondern nur in bestimmten historischen Fällen. Diese historische Begrenztheit werde jedoch ausgeblendet.[329] Auf die Gebundenheit der ökonomischen Erkenntnis an Raum und Zeit wies Singer immer wieder hin, gerade auch in seinen Studien über Japan und China. Stets legte er Wert darauf, dass die historisch gewordenen Bedingungen in allen Ländern verschieden seien und deshalb von global geltenden Gesetzen in der Wirtschaft oder auch in der Geldverfassung keine Rede sein könne. So erklärte er etwa, warum die Bauern in Japan, das keinen Hochkapitalismus westlicher Prägung habe, so aggressiv auf die Deflationspolitik des Inouye Régimes nach 1928 reagiert hätten, obwohl sie sonst so friedlich seien: Weil die Japaner traditionell viel weniger Barkassenhaltung hätten als z.B. die Engländer, würde die Kontraktion der Geldmenge sofort zu einem starken Sinken der Preise, also zur Deflation führen.[330] Solche nationalen Besonderheiten müsse der Ökonom berücksichtigen.

Ganz wie Salin und Salz, so hielt auch Singer Werturteile, wie Sombart sie der richtenden Nationalökonomie zuschrieb und negativ apostrophierte, für unumgänglich: Gerade die

---

323 Singer an Salin am 2.8.1921, in UB Basel, NSB Fa 8882–8975. Die Lesart des Wortes „Platon" ist ungewiss. Dieses Beispiel verwendete Salin in seinem Aufsatz, um die Geltung der Listschen Typenreihe zu belegen (Hervorhebungen von Singer).

324 SINGER (1960), Expansion, 50.

325 SINGER, Kurt, Zur Wirtschaftspolitik und Theorie der englischen Klassiker, in: Kyklos 1/2 (1954), 21–36, 203f. Ähnlich in SINGER, Kurt, [Rezension zu] Budge, Siegfried, SINGER, Kurt, [Rezension zu] Budge, Siegfried, Der Kapitalprofit, in: Weltwirtschaftliches Archiv 18 (1922), 220–221.

326 SINGER (1949, June), Robot, 49, 67. Die „Schönheit" der allgemeinen Gleichgewichtstheorie attestierten auch andere Ökonomen, z.B. George Shackle oder Frank Hahn, vgl. LEE, Cassey und LLOYD, Peter, Beauty and the Economist: The Role of Aesthetics in Economic Theory, in: Kyklos 58 (2005)1, 65–86, 70.

327 Hier bewegte sich Singer ganz im Rahmen der in der westdeutschen Volkswirtschaftslehre üblichen Kritik an der zunehmenden Mathematisierung der eigenen Wissenschaft. Auch wenn die prinzipielle Notwendigkeit und Nützlichkeit der Mathematik unstrittig war, setzte man sich doch intensiv über das Ausmaß und die Grenzen ihrer Verwendung auseinander, vgl. HESSE (2008), Volkswirtschaftslehre, 409ff.

328 SINGER (1949, Dezember), Meaning, 160ff.

329 SINGER (1949, June), Robot, 50–54.

330 SINGER, Kurt, The currency of Japan: Dimensions and proportions, in: The economic journal 46 (1936), 246–278, 277f.

Nationalökonomie sei blind, wenn sie sich „kein Urteil darüber erlaubte, ob in einer konkreten Lage diese Aufgabe erfüllt oder nicht erfüllt, besser oder schlechter erfüllt sei.“[331] Singer hatte diese Position schon lange vor seinem direkten Kontakt zum George-Kreis entwickelt. In seinen Tagebüchern zu Beginn seines Studiums schrieb er bereits über die Nationalökonomie: „Die Ethik aus ihr zu entfernen, geht nicht an, da die Ww. [Wirtschaftswissenschaft, Ko. S.] auf Wertgrundlagen beruht. A priori steht es gar nicht fest, daß das Wohl aller mehr ist als das Wohl des Einzelnen, daß ein einheitlicher Preis herrschen soll, daß – um ein furchtbar allgemeines Problem zu streifen – die menschliche Gattung sich erhalten soll, daß der Mensch mehr ist als eine Amöbe usw. Diese Grundlage unumstößlicher Werte bleibt unbewiesenes Fundament unserer Ww.“[332] Für die Reflexion solcher Werturteile schienen Singer historische Betrachtungen wichtig: Der Sinn der Ökonomie, aber auch der Geisteswissenschaften als solcher war es für ihn, "venturing itself into what is to be while seeking a hold in what has been."[333] Es scheint für Singer einen großen Reiz ausgemacht zu haben, dass er seine eigenen Positionen durch die Mitglieder des George-Kreises bestätigt fand und sich so in eine größere Gruppe gleich gesinnter Wissenschaftler einreihen konnte.

Im Sinne einer bewusst wertenden Nationalökonomie war seine Kritik an Gleichgewichtsmodellen nicht nur methodisch, sondern auch philosophisch und weltanschaulich begründet. Er interpretierte diese Modelle so, dass die „idealisierten“ Voraussetzungen, von denen sie ausgingen, in einer freien Wirtschaft kaum je erreichbar seien, jedoch sehr wohl in einer autoritär gesteuerten, wo eine perfekte Planung möglich sei.[334] Deshalb hielt er das Zustandekommen des Zustands eines allgemeinen Gleichgewichts nur in einer kollektivistischen Wirtschaft für möglich, nicht aber in einer freien, was er als höchst problematisch beschrieb: „And the most dreadful, for in the conditions set by this model, it will perpetuate itself endlessly and will attain its optimum the closer its conditions approximate to a state of inhumanity.“[335]

Über diese allgemeinen gestalttheoretischen Ansätze hinaus, die sich auch bei anderen Georgeanern finden, bot Singers semiotische Methode jedoch noch weitere Anwendungsfelder. Dies lässt sich in besonderer Weise zeigen an seiner Habilitationsschrift mit dem viel sagenden Titel *Das Geld als Zeichen*, die heute als semiotische Analyse unter Sprachwissenschaftlern mehr Beachtung findet als unter Wirtschaftswissenschaftlern.[336] Das Werk wurde 1922 publiziert, d.h. die Vorüberlegungen entstanden wohl in dem Lebensabschnitt, in dem Singer intensiven Kontakt zu George pflegte. Singer ging in geldtheoretischer Hinsicht von der Lehre seines Doktorvaters Friedrich Knapp aus, erweiterte diese jedoch durch seine semiotische Herangehensweise. Er verstand Geld als „gesellschaft-staatliche, überindividuelle Einrichtung“,[337] als ein „Symbol für die Tauschbarkeit der Güter“ und ein konkretes Zeichen für eine Leistung, die der Gesellschaft erbracht worden war.[338] Für diese Leis-

331 SINGER (1930), Nationalökonomie, 119.
332 Singer, Tagebucheintrag vom 6.7.05, SUB, NKS CI 13.
333 SINGER (1973b), Schriften, 11.
334 SINGER (1960), Expansion, 32, 53.
335 Ebd., 64.
336 KROHN (2002), Kurt Singer, 48. Auführlich zu Singers Geldtheorie vgl. 372.
337 SINGER, Kurt, Das Geld als Zeichen. Jena 1920, 65.
338 SINGER (1920), Zeichen, 186.

tung bekomme man Geld, und für Geld könne man wiederum die Leistung eines anderen Gesellschaftsmitgliedes eintauschen – eine Deutung, die Singer in einem späteren Text bis auf Platon zurückführte.[339] Aufgrund dieser Geldtheorie kam Singer zu dem Schluss, dass von der Zentralbank jederzeit neues Geld ausgegeben werden könne, wenn die Neuausgabe durch echte Warenwechsel gedeckt sei, da dann ja eine Leistung für die Gesellschaft bereits erbracht und die Gefahr einer Inflation nicht zu erwarten sei. „Solange eine Notenbank sich darauf beschränkt, echte Warenwechsel zu diskontieren, wird das Gleichgewicht der Preise nicht gestört. Es sind Waren produziert und dem Konsum zugeführt worden, es steht also nichts im Wege, Quittungen für die Leistungen in Umlauf zu setzen, die zur Entgegennahme von Gegenleistungen berechtigen."[340] Den Vorwurf, sein Lehrer Knapp sei durch diese These mitverantwortlich für die Entstehung der deutschen Inflation 1922/23,[341] wies Singer zurück: Er sei ebenso unsinnig wie die Vorstellung, die Relativitätstheorie sei schuld an der Zersetzung der Moralvorstellungen.[342]

Auf einer höheren Ebene deutete Singer den Zustand der Währung aber auch als Zeichen für den Zustand einer Gesellschaft.

> „So oft der Gedanke ausgesprochen ist, das Geld sei ein Symbol, zugleich ein Erzeugnis und ein Ausdruck menschlicher Kräfte und Strebungen: seiner begehrenden Ruhelosigkeit und seiner Fähigkeit zur Abstraktion, seiner ins Wesenlose strebenden Unseligkeit und seiner Macht, Geistiges in Körperlichem darzustellen – so selten ist doch der Versuch gewagt worden, in den besonderen geschichtlichen Formen des Geldes, in dem individuellen Charakter der sich ablösenden Geldverfassungen, in der Eigenart der großen Epochen der Währungspolitik ein Sinnbild der geschichtlichen Welten zu sehen, aus denen sie hervorgegangen sind und aus deren Geist allein sie begriffen werden können: als Ausdruck und Träger eines Einmaligen, Unwiederholbaren, nicht als Glied einer unendlichen Kette von Beziehungen und Abhängigkeiten."[343]

Programmatisch forderte er also dazu auf, die Währung als Zeichen zu interpretieren, und zwar nicht nur für einen langsam sich entwickelnden Ablauf, sondern für eine einmalige Situation. So zeigte für ihn die Inflation in der Weimarer Republik den Verfall und Niedergang der deutschen Gesellschaft: „Die Währung, immer ein getreues Spiegelbild des Staates, ist ohne Grund und Halt, ein Exponent des Mißtrauens und der Abneigung."[344] Dem-

339 UM *Nomisma symbolon: observations on the ancient Greek monetary institutions and ideas*, nach 1950, SUB, NKS AI, 19a.

340 SINGER (1920), Zeichen, 115.

341 Diesen Vorwurf erheben z.B. PRIBRAM und BRÜHMANN (1992), Geschichte ökonomisches Denken 2, 697, sowie KROHN (1981), Wirtschaftstheorien, 20. Krohn weist darauf hin, dass die Währungsmissstände in Deutschland sehr wohl auf die „selektive, allein auf Staatsautorität ausgerichtete Sichtweise" der Knapp-Schule zurückzuführen seien, auch wenn man sie nicht für die Inflation verantwortlich machen könne. Diesen Widerspruch löst er nicht auf (KROHN (2002), Kurt Singer, 49).

342 Vgl. Singers Vorrede in KNAPP und BENDIXEN (1958), Theorie Geld, 7.

343 SINGER (1920), Zeichen, 183

344 SINGER, Kurt, Zur Diagnose der Währungs-Zerrüttung, unter dem Pseudonym „Spectator" mit dem Titel „Die neue Lage" in: Wirtschaftsdienst 41 (1922, 13. Oktober), 986–987, oder in: DERS., Staat und Wirtschaft seit dem Waffenstillstand. Jena 1924, 153–156.

entsprechend sei der einzige konsequente Weg, dieses währungspolitische Problem zu überwinden (natürlich nannte er daneben auch kurzfristige, praktische Handlungsalternativen), ein neuer, schöpferischer Geist, der das deutsche Volk ergreifen müsse.[345] Die Vorstellungen Georg Simmels, der in der zunehmenden Rationalisierung und Zentralisierung des Geldwesens einen Fortschritt sehen wollte, lehnte Singer demgemäß ab,[346] ganz im Sinne der georgeanischen Zeitkritik. Vielmehr wurde eine entwickelte Geldwirtschaft von Singer in bestimmten historischen Situationen sogar negativ bewertet, z. B. die von der Kolonialmacht England der Kolonie Indien aufgenötigte, weil die durch uralte Sitten geregelten Dorfgemeinschaften dadurch gesprengt und die europäischen Zwecke, Forderungen und Ideen ohne Rücksicht auf die indischen Eigenheiten dem Land übergestülpt worden seien. Letztlich sei Indien nur zur Einführung eines einheitlichen Geldsystems gezwungen worden, um seine Steuern in London entrichten zu können.[347] Gerechtfertigt erschien Singer eine dem Leben dienende Geldverfassung nur, wenn sie z.B. den Austausch von dringend benötigten Gütern erleichtere.[348]

Hier zeigt sich eine Möglichkeit, die Singers Semiotik dem Autor eröffnete: Er konnte Kritik an der gesamtgesellschaftlichen Entwicklung üben, ohne das immer direkt aussprechen zu müssen. Stattdessen genügte es meist, das Währungssystem oder die wirtschaftliche Entwicklung zu kritisieren, damit der regelmäßige Leser seiner Artikel diesen Gedanken zu Endc dachte und auch die Kritik an der gegenwärtigen Gesellschaft herauslas.

Die griechische Antike, Japan und der George-Kreis

In seiner Zeit in Japan war Singer von der japanischen Kultur tief beeindruckt. Er meinte in der japanischen Tradition viel Ursprüngliches zu finden, das ihn an die europäische Antike erinnerte und im modernen Westen längst verschüttet war. In der japanischen Geschichte ließen sich Werte wie ‚Ursprünglichkeit' und ‚Vornehmheit' lernen – Singer verwendet diese deutschen Begriffe in seinem englischen Text, weil es keine adäquate englische Übersetzung gäbe und zeigte damit an, wie sehr er hier vom Eigenen ausging, um das Fremde zu verstehen.[349] Teilweise verglich er auch direkt die antike griechische Tradition mit der japanischen, so etwa die Darstellung von Porzellanschnecken in altjapanischen und altgriechischen Darstellungen, oder die Tokugawa-Periode, die er bezeichnete als "Police-State (Polizeistaat); a stationary society organized on corporative lines which bears a certain remote resemblance to the estates of Plato's Republic: warriors advised by philosophers and partly educated by them represent the State, which is supported by the economic activities of peasants, artisans and merchants."[350] Auch die japanischen Mythen schienen ihm eng mit den

---

345 Kurt Singer: Der Stand der Reichsfinanzen nach dem Umsturz vom 28.2.1919, in: SINGER (1924), Waffenstillstand, 31.
346 SIMMEL (1920), Philosophie.
347 SINGER (1910), Geldreform, 1.
348 SINGER (1920), Zeichen, 188ff.
349 SINGER (1939), Life, 11.
350 SINGER, Kurt, The Formation of Japanese Ethics, in: Australasian Journal of Psychology and Philosophy 25, 1–2 (1947, August), 34–52, 42.

griechischen verwandt, und nicht umsonst würde seine Beschreibung der Bucht von Kamakura, in er der das Vorwort zu seinem japanischen Platon-Buch schrieb, auch auf eine griechische Bucht passen.[351]

Aber nicht nur die Beschreibung der japanischen Traditionen und der antiken Kultur glichen sich, sondern auch die zeitkritische Beurteilung der Gegenwart in Japan und in Deutschland. Wie Singer in Europa die Moderne kritisierte, so beurteilte er nun die Einflüsse aus dem Westen auf Japan als viel zu stark und negativ. Er beklagte die Auflösung von Normen und Sitten. Die zeitgenössische japanische Gesellschaft sei "neither bound by their ancient traditions nor able to find a new moral stability in the intellectual and moral turmoil." [352] Japan erschien Singer bei seiner Ankunft dort im Vergleich mit Deutschland „in einem Zustand noch drückenderer Sorge, ärgerer Zermürbung… tief mit sich selber unzufrieden und wie mir schien sich selbst entfremdet." Er beklagte die „schleichende Unterhöhlung der alten Lebensformen".[353] Deshalb schätzte der Georgeaner auch bei den Japanern jede Rückbesinnung auf ihre alten Traditionen, wo auch immer er eine solche ausmachen konnte. Immer wieder komme es in Japan zu Bewegungen, die sich zum Ziel setzten "the revival of a past more remote, but also richer in human values."[354] Die Elemente dieser antikisierenden Bewegungen kommen dem Leser von Singers Schriften über George und seinen Kreis bekannt vor: So entdeckte Singer in der Neubelebung des Konfuzianismus die Überzeugung, dass richtiges Verhalten nur am Leben des Weisen und Großen der Vergangenheit gelernt werden könne, während ihm im Buddhismus die Hochschätzung der Figur des Gründers das ausschlaggebende Element zu sein schien.[355]

Nachdem der George-Kreis eine Rückbesinnung auf die antiken Traditionen propagierte, liegt es nahe zu unterstellen, dass Singer sich in vielen Aspekten der japanischen Kultur, wo die alten Traditionen noch zu erkennen waren, an den Freundeskreis in Deutschland erinnert fühlte. An Salin schrieb er: „Was Sie über das Georgische und das Japanische sagen, war mir besonders erfreulich. Wie tief der kern dieses volkes dem antiken wesen verwandt ist, davon habe ich erstaunliche proben erfahren."[356] Ja selbst die Funktion des Vorlesens der japanischen Uta-Gedichte beschrieb er in einer Art und Weise, die überdeutlich an Robert Boehringers Schrift *Das Leben von Gedichten*[357] erinnert:

> „[…] erst als Rede und Gegenrede bestimmter Menschen in einmaligen Situationen, gebunden an sie und immer wieder erfüllt von einem Jetzt und Hier, Diesem und Jener, gewinnen sie Realität, enthüllen sie ihr Wesen. […] Eine solche Kunstübung ist freilich nur möglich und sinnvoll, wo die Gesellschaft selber zum Kunstwerk geworden ist, inselhaft in sich beschlossen, folgerichtig bis ins Kleinste durgebildet wie der Hof der Heian-Zeit (eine Epoche, die dem europäischen Zeitraum von Otto dem Großen bis

---

351 Singer schrieb von der „klingenden Einsamkeit meines edlen japanischen Hauses inmitten leise rauschender Föhren an der Bucht von Kamakura", SINGER (1957), Bericht, 601.

352 SINGER (1947, August), Formation, 51.

353 SINGER (1957), Bericht, 591ff.

354 SINGER (1947, August), Formation, 39.

355 Ebd., 41.

356 Singer an Salin am 16.4.1933, in UB Basel, NSB Fa 8882–8975.

357 BOEHRINGER, Robert, Das Leben von Gedichten. Breslau 1932.

Friedrich Barbarossa enspricht): eine Welt nicht nur des ‚Wie es euch gefällt' sondern zugleich des ‚Wie die Form es fordert'; wo selbst die unerhörten erotischen Freiheiten vom Charakter ‚dichterischer Lizenzen' sind; wo die Moral des Was entschiedener als jemals später durch die Ethik des Wie ersetzt ist; und wo Geschmack zur Tugend und die Gebärde zum Charakter geworden scheinen."[358]

Entscheidend dafür sei stets auch ein „Lufthauch aus einer anderen Welt, die stete Gegenwart einer Transzendenz". Die Utas glichen deshalb den „vielfarbig schimmernden Fäden eines Brokatgewebes, das über ein Unberührbares gebreitet ist"[359] – die Parallele zu Georges *Teppich des Lebens* könnte deutlicher nicht sein, und Singer verstärkte sie noch, indem er die Passage über die japanischen Utas abschließt mit der Bemerkung, der Dichter in Japan habe „den Rang als Sprecher und Reiniger des Volkes verloren. Eine kleine Schaar [sic! Ko. S.] Getreuer, durch Pietät und Subtilität mehr als durch Tiefe und Kraft ausgezeichnet, übt noch die alten Bräuche in der späten Abenddämmerung eines Tages, der nicht wiederkehrt."[360] „Das verborgene Volk" stellte für Singer immer wieder den Spiegel dar, in dem er seine Überlegungen über „das geheime Deutschland" reflektierte. Diese Tatsache gilt es für die weitere Untersuchung festzuhalten.

Kurt Singer und Henri Bergsons „Intuition"

Singers Methodik erhält ihre besondere Prägung auch dadurch, dass er die semiotische Methode, deren georgeanische Provenienz aufgezeigt werden konnte, mit der Lebensphilosophie Henri Bergsons verknüpfte.[361] Bei seinen ersten Kontakten mit Georges Lyrik notierte Singer: „Verwandtschaft irgendwie mit Bergson."[362] Er schien die beiden Ansätze von Anfang an als komplementär zu begreifen. Die Beschäftigung mit dem französischen Philosophen hatte Singer schon zu Beginn des Studiums aufgenommen, wie seine Tagebücher beweisen, und sein Interesse verstärkte sich im Laufe der Zeit. Am 8.12.1912 notierte er: „Das grosse an Bergson: Er geht nicht von irgend einem supponierten Sinn des Lebens aus. Dieser Sinn erhellt sich erst in der Entwicklung. Warum es ein auf- und ein abwärts gibt, warum das Leben nicht die Kraft hatte, ohne Materie auszukommen, sind Urgeheimnisse, die man nicht mit Spekulation überspinnen soll."[363] Noch vor seinem ersten Treffen mit George, im Jahr 1913, entstand aus diesen Überlegungen ein Text mit dem Titel *Von der Sendung des Judentums. Ideen zur Philosophie Henri Bergsons*, den Singer im Sammelband *Vom Judentum* des Vereins der jüdischen Hochschüler Bar Kochba in Prag veröffentlichte.[364] Schon mit

---

358 SINGER (1949), Gedicht, 566ff.
359 Ebd.
360 Ebd., 572.
361 Vgl. LOENHOFF (2002), Kurt Singer, 358.
362 Singer, Tagebuch aus Straßburg, 1909, SUB, NKS CI 18.
363 Singer, Tagebucheintrag vom 8.12.11, SUB, NKS CI 20 (Hervorhebungen von Singer).
364 SINGER, Kurt, Von der Sendung des Judentums. Ideen zur Philosophie Henri Bergsons, in: Verein jüdischer Hochschüler (Bar Kochba) in Prag (Hrsg.), Vom Judentum. Ein Sammelbuch. Leipzig 1913, 71–100. Der Verein Bar Kochba, dessen Leitideen Martin Buber in seinen *Drei Reden über das Judentum* formuliert hatte, war einem kulturellen Zionismus verpflichtet, der den Prager Studentenkreis von einer politischen

dem Titel und dem Publikationsort machte Singer klar, dass er Bergsons Philosophie als Fortsetzung einer jüdischen Hermeneutik verstand.

Die Lebensphilosophie Henri Bergsons faszinierte um die Jahrhundertwende nicht nur die französischen, sondern auch die deutschen Intellektuellen. „Von einer ganzen Generation wird der Bergsonismus wie eine Befreiung aufgenommen: wie die Errettung des Menschen vor der Fesselung und dem Zugriff der technisch-wissenschaftlichen Rationalisierung des Lebens.“[365] Auch Friedrich Gundolf hatte sich für seine Philosophie begeistert, hatte George jedoch nicht davon überzeugen können, weil Bergson „nicht den Augenblick im antiken Sinne verstehe, keine Unterschiede mache und das Werden als einen gleichmässigen Fluss betrachte.“[366] Gundolfs Versuch, seinen *Goethe* „Bergsonisch“ zu schreiben, „im ewigen Werden“, billigte George nicht, und Gundolf musste auf diesen Ansatz verzichten.[367] Anders als Singer sah George deutliche Unterschiede zwischen dem eigenen Standpunkt und dem Bergsons, und er animierte Ernst Gundolf dazu, diese im *Jahrbuch* auszuformulieren.[368] Singer, der zu dieser Zeit ohnehin noch am George-Kreis zweifelte, war über diesen Aufsatz tief enttäuscht.[369] Später scheint er sich über Georges Meinung zu Bergson einfach hinweggesetzt zu haben, indem er die beiden Ansätze in seiner Arbeit miteinander verband, ohne dies dem „Meister“ gegenüber zu thematisieren. Für ihn ergänzten sie sich, und von dieser Beurteilung ließ er sich von George nicht abbringen.

Singers Ausgangspunkt in seiner Beschäftigung mit dem französischen Philosophen war die Frage, was das Judentum beitragen könne zur Befriedigung des Bedürfnisses nach dem Transzendenten, das in der Gegenwart immer stärker werde.[370] Nach George, so Singer, könne dieser Beitrag nur „aus dem Fernsten“ kommen, von der entlegensten Stelle des Judentums – und diese verkörpere seiner Meinung Henri Bergson, da er sich zurückbesonnen habe auf das Lebendige und Ursprüngliche und den Trieb zum systematischen Deduzieren überwunden habe. Die von Singer für Bergson verwendete Semantik weist starke Ähnlichkeiten zu derjenigen auf, mit der er den George-Kreis beschrieb.

Was faszinierte Singer an Bergsons Methode der „Intuition“? Nach Gilles Deleuze ist sie „keine Gefühlseingebung, Erleuchtung oder dunkle Seelenverwandtschaft, sondern eine ausgearbeitete Methode, ja eine der höchstentwickelten Methoden der Philosophie.“ Die erste Regel sei es, die Wahrheit der Fragestellung zu prüfen, Scheinprobleme zu entlarven und Negationen zu vermeiden, um zum Wesen der Frage vorzudringen. Als zweite Regel fordere Bergson, die natürliche Einteilung in Dualismen zu ihrem Recht kommen zu lassen, ja die Intuition sei gerade eine Methode, Unterteilungen zu schaffen. Drittens müsse man sich den Dualismus von Raum und Zeit klar machen: „Das Absolute, sagt Bergson, hat zwei

---

Festlegung oder gar der Auswanderung entlastete. Auch Arthur Salz (vgl. 115), Erich Kahler, Margarete Susman, Arnold Zweig und Max Brod trugen zu dem Sammelband bei, vgl. LAUER (1995), Verspätete Revolution, 95, 99.

365 DELEUZE, Gilles, Henri Bergson zur Einführung. Herausgegeben und übersetzt von Martin Weinmann. (Zur Einführung Bd. 236) 3. Aufl. Hamburg 2001, 13.

366 LANDMANN (1963), Gespräche George, 35.

367 Ebd., 161, 200.

368 GUNDOLF, Ernst, Die Philosophie Henri Bergsons, in: Jahrbuch für die geistige Bewegung 3 (1912), 32–92.

369 Singer an Curtius am 23.2.13, SUB, NKS BI 3, 2.

370 DELEUZE (2001), Bergson Einführung, 72f.

Seiten, den Geist, den die Metaphysik durchdringt, und die Materie, der sich die Wissenschaft zuwendet." Die Abhängigkeit von der Zeit sei bei fast allen Problemen weitaus wichtiger als die vom Raum: „Wir können sie nur verstehen, wenn wir auf die Bewegung zurückgreifen, in der Wesensunterschiede gemacht werden."[371]

Singers Auseinandersetzung mit Bergson hob ganz ähnliche Punkte hervor: Zum einen habe Bergson die Forderung aufgestellt, Unterscheidungen durchzuführen, er habe „das Gefühl für die Notwendigkeit des Dualismus" wieder entdeckt.[372] Dieser Ansatz musste Singer schon von Simmel her evident erscheinen. Denn ähnlich wie Arthur Salz, so war auch Singer fasziniert von Simmels Denken in Oppositionen, das er später beschrieb als "the task [...] to sense in both the pulse of the one stream of life which abstract thought tends to divide into irreconcilable opposites."[373] Eben dieses fand er auch bei Bergson wieder, aber der Franzose fand über Simmel hinausgehend einen Weg, das Denken in Oppositionen fruchtbar zu machen. Die Bestimmung des wesensmäßigen Dualismus einer Frage sei für Bergson bei deren Beantwortung entscheidend, und falsche Dualismen decke er auf: So seien etwa Transzendenz und Immanenz für Bergson, der vom Erlebnis ausgehe, keine Gegensätze, sondern Teile einer Ganzheit.[374] Schon 1913, lange vor seiner Fahrt nach Japan, sah Singer die Fähigkeit zur Ganzheit gerade in der asiatischen, vor allem der japanischen Kunst verwirklicht.[375] Als wesentlichen Dualismus habe Bergson die Unterscheidung zwischen Materie einerseits und Bewegung andererseits gesehen, eine Unterscheidung, die ein wesentliches Element auch der jüdischen Religion sei. Singer verstand es geradezu als Sendung des Judentums, diesen Dualismus rein zu erhalten, „die Spannung zwischen dem Bedingten und dem Unbedingten ganz zu realisieren." Nur so sei der Weg frei für die bewegende Gewalt, den „Hauch". Singer schloss mit einem Bibelzitat, das auch Salin gerne verwendete, allerdings immer nur im Zusammenhang mit George: „Der Wind bläset, wo er will, und du hörest sein Sausen wohl, aber du weißt nicht, von wannen er kommt und wohin er fährt."[376]

Das Element der Bewegung, des Werdens, des élan vital bei Bergson faszinierte Singer in besonderer Weise, hatte er selbst doch schon in seinen frühen Texten gefordert, „zu sehen und zu hören, mit den Dingen und nicht mit den Begriffen zu leben, sie als etwas Bewegtes, Blühendes, ewig Fruchtbares zu fühlen, als ein Wunder, als eine Schöpfung, die in diesem Augenblick gebildet ist und auf der Stirne noch den Traum des Nichtseins trägt."[377] In Bergsons Philosophie fand Singer eben diese Forderung umgesetzt. Er stellte fest, dass der französische Philosoph „die Bewegung im Beharrenden sehen lehrt, das Werden das kein Sein kennt, die Auflösung alles Festen".[378] Dennoch wolle er nicht ins Chaos zurückfallen, sondern das Sein als Bewegung begreifen: „Dauer ist das Sein *als* Bewegung, Bewegung als

371 Ebd., 23–52, insb. 45, 50.
372 SINGER (1913), Sendung, 98.
373 SINGER (1973b), Schriften, 20.
374 SINGER (1913), Sendung, 92f.
375 Ebd., 97.
376 Joh 3,8; SINGER (1913), Sendung, 100. Auch Arthur Salz benutzte diese Bibelstelle in SALZ, Arthur, Die Kontrolle des technischen Fortschritts. Nationalökonomische Irrlichter III, in: Der deutsche Volkswirt 6, 49 (1932, 02. September), 1607–1609, 1609. Zu Landmann vgl. 217.
377 SINGER, Kurt, Apologie der Logik, in: Neue Rundschau 18 (1907), 511.
378 SINGER (1913), Sendung, 75.

Reifen, Reifen als Sich Selbst Schaffen.“[379] Auch Gott werde als ein werdender verstanden. Nur im Erlebnis seien demgemäß „Erinnerungen und Empfindungen zu einem unteilbaren, absolut individuellen Ganzen verschmolzen, auf das die Analyse kein Recht hat.“[380] Der platonische Wunsch, ein „Reich der Noumena“, der Ideen zu postulieren, die unveränderlich und begrifflich erfassbar seien, entspreche zwar der Natur des menschlichen Denkens, sei aber mittlerweile überholt und nur aus der Zeit seiner Entstehung heraus zu verstehen.[381] Hier wendete Singer gleichsam in der Einordnung Bergsons in die Philosophiegeschichte schon dessen Methode an, indem er zwischen solchen Epochen unterschied, die das Statische betonten, in diesem Fall die platonische Philosophie, und denen, die das Dynamische sehen würden, hier Bergsons Philosophie, wobei die Statik klar einem vergangenen Zeitalter zugeordnet wurde, dessen einfache Wiederbelebung keine Lösung der Gegenwartsprobleme bieten könne – diese Bewertung Singers gilt es für die folgende Untersuchung seiner politischen Ansichten festzuhalten. Bergson sehe, dass jede neue organische Form nur durch eine Verbindung der Materie mit dem élan vital entstehen könne, und wende sich der Untersuchung dieser Dynamik zu, da sich das Statische, Begriffliche ohnehin nie isolieren lasse. So seien etwa der Charakter eines Menschen und seine Tat so eng miteinander verwoben, dass eine begriffliche Isolierung der einzelnen Elemente keinen Sinn ergebe.[382] Eben hier sah Singer die Ähnlichkeit zur mystischen Unterströmung der jüdischen Religion, zum Chassidismus, wie Martin Buber ihn verstand.[383] „Das Göttliche ganz als Tat zu begreifen, hat aber nur die chassidische Lehre gewagt, die hier eine geheimnisvoll starke Verwandtschaft mit der Metaphysik Bergsons offenbart.“ Gott sei bei Bergson, ebenso wie im Chassidismus, als Urantrieb zur Aktivität verstanden, der in jedem Wesen und jedem Prozess sei.[384] Der Messias, der im Chassidismus nach Buber eine wichtige Rolle spiele, sei das Kommen des Gottesreiches, das Werden Gottes. An einer Tat sei demgemäß nicht der Inhalt, sondern vielmehr ihre Weihung entscheidend.[385] Eine spätere Charakterisierung der Bergsonschen „Intuition“ durch Singer zeigt, dass er in dessen Ansatz in keiner Weise einen Gegensatz zur Gestalttheorie sah, sondern sie sich für ihn vielmehr darin einbetten ließ. Er verstand Bergsons Intuition als “the unfolding of an intuition in which will and vision merge, magnetically sifting and attracting evidence which is finally condensed into a single view of life and man’s destination in this world.”[386]

Faszinierend ist nun zu sehen, wie Singer diese an Bergson orientierte intuitive Methode, die er selbst als Fortentwicklung der jüdischen Hermeneutik verstand, im Laufe seines Le-

379 Ebd., 79 (Hervorhebung von Singer).

380 Ebd., 78.

381 Ebd., 72; Kritik an der Ideenlehre, die nur eine „Vorstufe der echten Heils-Erkenntnis“ sein könne, auch in SINGER (1920), Griechentum, 24.

382 SINGER (1913), Sendung, 80.

383 Dass diese Interpretation den Chassidismus wohl nicht in seiner ursprünglichen Bedeutung erfasste, sondern stark lebensphilosophisch beeinflusst war, erläutert GRÖZINGER, Karl Erich, Jüdisches Denken. Theologie, Philosophie, Mystik. Bd. 2: Von der mittelalterlichen Kabbala zum Hasidismus. Frankfurt a. M. 2005, 683–686.

384 SINGER (1913), Sendung, 88.

385 Ebd., 90f.

386 SINGER (1973), Schriften, 94.

bens immer wieder zum Einsatz brachte,[387] und zwar auf den unterschiedlichsten Forschungsgebieten, meist in Verbindung mit der semiotischen Methode. Einige Beispiele sollen im Folgenden näher untersucht werden. So betonte Singer in ökonomischen Texten immer wieder, dass man die Phänomene nicht nur statisch fassen, sondern auch ihre zeitliche Erstreckung mit bedenken müsse. Dies war sein Hauptkritikpunkt an von Neumanns Gleichgewichtsmodell, wie oben dargelegt wurde,[388] und Singer brachte ihn mit namentlichem Bezug auf Bergson vor.[389] Auch in seinem Beitrag zur Konjunkturtheorie von 1932 (fast 20 Jahre nach dem Bergson-Text) argumentierte Singer ganz nach den Regeln der Bergsonschen Intuition. Der Ausgangspunkt war die Frage, wie es in der Wirtschaft zu konjunkturellen Schwankungen kommen könne, warum also ein einmal erreichter Gleichgewichtszustand wieder verlassen würde.[390] Er kritisierte die neoklassische Theorie, nach der Änderungen des ökonomischen Gleichgewichtszustandes immer nur von außen kommen könnten, die über die Entstehung solcher Änderungen aber nichts aussagen könne. Auch Schumpeter könne nicht erklären, warum gerade an bestimmten Zeitpunkten ein gehäuftes Auftreten „energetischer Naturen" zu verzeichnen sei.[391] Der Fehler liege darin, dass die statischen Theorien nur Teilvorgänge in den Blick nähmen, ohne die Struktur des Ganzen zu erfassen – die Verknüpfung der an Bergson ausgerichteten Intuition mit der Gestalttheorie des George-Kreises wird deutlich. Streng nach Bergson zeigte Singer zunächst die Ungültigkeit der Fragestellung: Die Frage, wie es zur Änderung eines Gleichgewichtszustandes käme, sei nicht relevant. Denn einen solchen gäbe es in der Realität gar nicht, sondern er sei nur imaginiert. Man müsse vielmehr – und hier praktiziert Singer die andere Regel Bergsons, den dynamischen Aspekt der Phänomene in den Mittelpunkt zu stellen – von einem Bewegungszustand der Wirtschaft als Ausgangspunkt ausgehen: „Das Normale und Vorwaltende aber war seit je ein Zustand mangelhaften Gleichgewichts und unregelmässiger Bewegung. Die Theorie erfüllt ihre Aufgabe, wenn sie zeigt, wie in einer bestimmten Wirtschaftsverfassung aus solchen Anfangszuständen bestimmt geformte Abläufe entstehen und welchen Sinn das Auftreten solcher Bewegungsformen in jenem bestimmten Fall von Wirtschaft hat."[392] Im Kapitalismus würden diese Bewegungen, die bereits der Naturalwirtschaft eigen seien, durch verschiedene Faktoren verstärkt.

Vor diesem Hintergrund verwundert es nicht, dass Singer ein großer Bewunderer von Friedrich von Gottl-Ottlilienfelds „Allwirtschaftslehre" war, die versuchte, die „Wirtschaft als Leben" zu erfassen und als Gestaltung zu verstehen mit dem Ziel, Bedarf und Deckung in dauerhaften Einklang zu bringen.[393] Hier fand Singer die lebensphilosophisch inspirierte Vorstellung wieder, dass jedes Gebilde durch die Art seines eigenen Seins gleichzeitig auch seine Dauer gewährleiste, die wiederum den Sinn der Gestaltung des Wirtschaftslebens darstelle. Singer betrachtete Gottls Gebildetheorie deshalb in den 20er Jahren, aber auch

387 Hans Brasch sprach noch in einem Text von 1963 von Singers Verehrung für Bergson, vgl. BRASCH (1963), Die Verstreuten, 34.

388 Vgl. 179.

389 SINGER (1949, June), Robot, 52; SINGER (1960), Expansion, 37.

390 Die Konjunkturtheorie erlebte von 1925–1933 in Deutschland geradezu eine Hochzeit, wobei die Frage nach Statik und Dynamik von entscheidender Bedeutung war, vgl. KÖSTER (2008), Theorie und Sozialphilosophie, 293–300.

391 SINGER (1932), Konjunktur-Theorie, 7f.

392 Ebd., 18f.

393 KÖSTER (2008), Theorie und Sozialphilosophie, 235f, 239.

noch nach seiner Auswanderung nach Australien, als Hoffnungsträger der Nationalökonomie.[394] Dies mag auch erklären, warum er weit weniger als Salin gegen den technischen Fortschritt und die Rationalisierung eingenommen war, spielten diese doch in Gottls „Fordismus“ eine zentrale und positive Rolle.[395]

Aber nicht nur in seinen ökonomischen Texten arbeitete Singer mit der intuitiven Methode Bergsons, sondern auch in den soziologischen und kulturwissenschaftlichen. So ordnete er in einem Vergleich zwischen französischer und deutscher Gegenwartskunst und -kultur ganz selbstverständlich den Franzosen „Rationalität, Ordnung, Klarheit, Durchsichtigkeit […], rationale Ordnung“ zu, also die statischen Kräfte, wohingegen er die Deutschen als ausgezeichnet mit „schöpferischen Mächten“ beschrieb.[396] In ähnlicher Weise verglich er in dem Text *Differences between Chinese and Japanese culture*[397], der während oder nach seiner China-Reise 1935 entstand, die japanische und die chinesische Kunst miteinander. Während in chinesischen Kunstwerken jedes einzelne Element immer Teil eines räumlichen Ganzen bleibe, seien gerade *die* japanischen Bilder die besten, “where there are neither things nor dimensions nor tangible masses, but only fields of magnetic force lines generating a sequence of unpredictable motions, tensions, polarities.”[398] Während die chinesischen Gedichte Bilder aus Worten seien, würden die japanischen vor allem Bewegung darstellen, aufgrund ihres *„élan vital“* – wörtlich verwendet Singer den Bergsonschen Begriff. Dieselbe Unterscheidung traf er für den zeremoniellen Bereich und für die Kunst: Während die chinesische Kunst nur Menschentypen darstelle, würden sie in der japanischen individualisiert.[399] Und auch das symmetrische und unbewegte Ying-Yang-Symbol der Chinesen schien ihm im Vergleich mit dem dreigeteilten Futatatsu-domoé-Symbol der Japaner, das vor allem Bewegung ausdrücke, diesen Befund zu bestätigen.[400] Singer führte als Begründung aus: “The Chinese spirit is a spirit of pure substance, pure because it is not yet differentiated into spirit and matter.” Die zerklüftete japanische Inselwelt zwinge dagegen zu “swinging elasticity”. Singer selbst behauptete später, trotz der politisch angespannten Situation, in der der Text entstand, keine parteiische Wertung vorgenommen zu haben.[401] Das Bewegte, Dynami-

---

394 An Salin schrieb Singer am 02.07.24: „[I]ch habe nach dem wenigen, was ich davon kenne, das Gefühl, als sei die Nationalökonomie heute in Cambridge und Harvard am lebendigsten – den einen Gottl ausgenommen.“ (NSB Fa). In seinem *Proposals for Future Research Work* von 1938 nannte Singer die Beschäftigung mit Gottls Werk als wesentliches Forschungsdesiderat, das er zu schließen wünschte, vgl. SINGER, Kurt, Proposals for Future Research Work, in: ACEP. American Council for Emigrés in the Profession 6, 78 (1938), ohne Seitenangabe.

395 KÖSTER (2008), Theorie und Sozialphilosophie, 229.

396 SINGER (1912), Wende, 122f. Allerdings wollte Singer ausdrücklich keine Hegemonie der deutschen über die französische Kunst propagieren. „Den Weg zu den Müttern muss jeder allein gehen: hier gibt es keine Hilfe.“ (ebd. 125).

397 SINGER (1938), Differences.

398 Ebd., 777.

399 SINGER, Kurt, Polarities of Chinese and Japanese Art. Melbourne 1944 (Hervorhebung von Singer).

400 Seine Beobachtungen zu diesem Symbol arbeitete Singer aus in SINGER, Kurt, Das Bild der kreisenden Drei: Über das japanische Tomoe-Symbol und seine westlichen Gegenbilder. Tokio 1938. Dazu LINHART, Sepp, Das Bild der kreisenden Drei. Sansukumi und die japanische Sozialstruktur, in: Achim ESCHBACH u. a. (Hrsg.), Interkulturelle Singer-Studien: Zu Leben und Werk Kurt Singers. München 2002, 183–208.

401 Singer, Kurt, Activities and attitudes during the inter-war period 1919–1939, undatiert, SUB, NKS C II 2, 11.

sche, in diesem Fall also Japanische bewertete er jedoch klar positiv, während er das Statische einer alten, vergangenen Zeit zugehörig empfand, auch wenn es noch in sich selbst ruhte wie die chinesische Kultur oder die platonische Philosophie. Den Lesern im Jahr 1938 dürfte es nicht allzu schwer gefallen sein, den Text als Rechtfertigung der japanischen Expansionspolitik gegenüber China zu verstehen, weil Japan in Singers Darstellung als die dynamische und zukunftsweisende Macht erschien.

Die Konflikt-Studien

Die von Singer gewählten Bezugspunkte lassen sich in einer seiner letzten großen Studien, der über Konflikte, zusammenfassend nachweisen.[402] Eindrücklich lässt sich hier zeigen, wie sehr seine gesamte wissenschaftliche Tätigkeit durch die Orientierung an George geprägt war.

In seinem *Proposals for Future Research Work* von 1938[403] erwähnte Singer unter den Forschungsprojekten, die ihn interessierten, keine Konflikt-Studie. Er nahm das Thema also wohl in seiner verzweifelten finanziellen Lage auch deshalb in Angriff, weil es ihm eine Finanzierung für die nächsten Jahre bot. Dafür spricht auch die Tatsache, dass er zwar 1949 seine Ergebnisse veröffentlichte, danach aber nicht mehr auf das Thema zurückkam. Dennoch benutzte er hauptsächlich Primärquellen und arbeitete sich für die Studie in die verschiedensten Fachgebiete ein. Die Ergebnisse wurden aus unbekanntem Grund nicht gesammelt veröffentlicht, sondern in drei verschiedenen Publikationen. In der Tat ist schwer verständlich, warum Peter Pawlowsky 1973 nur die eine Schrift, *The Idea of Conflict* abdruckte, nicht aber die beiden anderen *The Meaning of Conflict* und *The Resolution of Conflict*[404], da die drei Texte in der Tat zusammen gehören und nur im Kontext verständlich sind, wie auch Singer selbst darlegte.[405] In *The Idea of Conflict* legte er eine Studie vor über die Entstehung von Konflikten und den Umgang mit ihnen in verschiedenen Kulturen, von den archaischen Kulturen über die altnordischen Legenden, die griechische und christliche

---

402 Schmitz weist zu Recht darauf hin, dass Singer mal die Dyason Foundation, mal die Melbourne Foundation als Finanzier nannte (SCHMITZ, Walter H., Kurt Singers „The Idea of Conflict", in: Achim ESCHBACH u.a. (Hrsg.), Interkulturelle Singer-Studien: Zu Leben und Werk Kurt Singers. München 2002, 295–308, 296). Ersteres scheint richtig. Edward Clarence Evelyn Dyason gründete die Stiftung, deren erster Research-Fellow Singer 1943 wurde, vgl. GIBLIN, L.F., The Dyason Foundation. For the study of Psychology of Conflict, in: The Australian Outlook 4, 2 (1950, Juni), 77–79. 1948 spendete Dyason dann der Universität Melbourne 600£, um weiterführende Studien zu "social conflict and prejudice" zu finanzieren. Diese Stiftung scheint den Namen Melbourne Foundation getragen zu haben, vgl. TUCKER, Maya V., Dyason, Edward Clarence Evelyn, in: Bede NAIRN und Georffrey SERLE (Hrsg.), Australian Dictionary of Biography. Bd. 8. Melbourne 1981, 391–392 sowie MILLMOW, Alex, Edward Clarence Evelyn Dyason, in: KING, J. E. (Hrsg.), A Biographical Dictionary of Australian and New Zealand Economists, Cheltenham (UK) u. Northampton (MA, USA) 2007, 93–94.

403 SINGER (1938), Proposals.

404 SINGER, Kurt, The Idea of Conflict. Melbourne 1949; SINGER (1949, Dezember), Meaning, SINGER (1949), Resolution.

405 SCHMITZ (2002), Singers "The idea of conflict". Der Druck von *The Idea of conflict* verzögerte sich, und das könnte der Grund gewesen sein, warum Singer sich entschloss, die beiden anderen Texte vorab separat zu publizieren, vgl. Singer an Löwith am 6.2.49 in DLM, A: Löwith, 99.17.109/1–12.

Mythologie, die iranische Tradition und das Judentum. Entscheidend war für ihn die Frage, wie man in den verschiedenen kulturellen Kontexten mit Konflikten umging. So würde z.B. in den altnordischen Legenden die Vorstellung des sich bis in Chaos und Untergang verstärkenden Konflikts zum zyklischen Geschichtsbild dazugehören, mit dem der moderne Fortschrittsmensch nichts mehr anfangen könne, das aber bei George sehr wohl präsent sei: "'The inevitable recurrence of necessary sufferings' (Stefan George) is inadmissible."[406] In der griechischen Mythologie würde sich der Konflikt ganz natürlich innerhalb einer stabilen Ordnung abspielen, während das Christentum ihn in das Innere der Seele verlege.[407] In *The Meaning of Conflict* schrieb Singer seine Konflikttheorie ins 19. und 20. Jahrhundert fort und erläuterte verschiedene wissenschaftliche Ansätze, Konflikte zu erklären, etwa bei Freud, bei C. G. Jung oder im Behaviorismus. Positiv erschien es Singer dabei immer, wenn der Konflikt als etwas Natürliches gesehen wurde – so wie bei Bergson und George. An der Lösung solcher Konstellationen würde der einzelne wachsen. Singer zitierte die Zeilen ‚Denn du gedeihst in kaempfen die dir ziemen'.[408] Den engeren Begriff „Konflikt" wollte er für solche Fälle reservieren, wo die Auseinandersetzung der Gegensätze das Gesamte, zu dem sie gehörten, in seiner Stabilität und seiner Lebensfähigkeit gefährdete.[409] Die existenzgefährdende Dimension müsse in der Lösung des Konflikts abgemildert werden und die Desorganisation überwunden werden. Im dritten Teil der Studie *The resolution of conflict* zählte Singer vier prinzipielle Möglichkeiten zur Lösung von Konflikten auf:[410] Als erste die Regression, also eine Vereinfachung des Systems. Dies sei aber eine romantische Lösung, weil das Individuum nie völlig in der Gesellschaft aufgehen und diese nie absolut konfliktfrei sein könne. Als zweite Möglichkeit nannte Singer eine Erhöhung der Komplexität des Systems, die aber zu neuen Rollenkonflikten führen könne. Als dritte Möglichkeit erschien ihm der Rückzug in den Mystizismus, also die Suche nach einer neuen Einheit in der Transzendenz, was einen übergeordneten Standpunkt bedeuten würde. Die vierte Alternative sei der bewusste, bedingungslose und heroische Kampf. Eben seine Fähigkeit, aus diesen vier Wegen auszuwählen und sie zu mischen, würde den Menschen auszeichnen. Die perfekte Mischung sei gekennzeichnet durch das rechte *metron* zwischen *eros* und *logos*, und eine solche Balance könne vor allem in der Kunst hergestellt werden, die den Gott, das Transzendente, im Spiegel des begrenzten Mediums darstellen könne.[411] Das ästhetische Leben als harmonische Lösung der Konflikte: Singer blieb seinem „Stern" George treu, der sich das Ergebnis der Studie nicht anders hätte wünschen können.

406 SINGER (1973b), Schriften, 25.
407 Ebd., 33, 44.
408 SINGER (1949, Dezember), Meaning, 159.
409 Ebd., 169.
410 SINGER (1949), Resolution.
411 Ebd., 244f.

1.3 Arthur Salz: Zwischen Stefan George und Max Weber

Ebenso wie Kurt Singer entwickelte auch Arthur Salz keinen ausgearbeiteten methodologischen Ansatz. Allerdings finden sich in seinen Texten, ähnlich wie bei Singer, dennoch methodologische Überlegungen, die Salins Anschaulicher Theorie und Singers Semiotik verwandt sind. Wie sah seine Umsetzung der georgeanischen Semantiken in die ökonomische Methodologie aus?

Die Kunst als höhere Erkenntnisform

Der erste Punkt, in dem die Georgeaner übereinstimmten, war die Annahme, dass die Erkenntnismöglichkeiten der Kunst über die der Wissenschaft hinausgingen. Salz schrieb an Gundolf:

> „Der Künstler geht den geraden Weg mit aufrechtem Blick, der Gelehrte tappt als Halbblinder am Leitseil vorwärts. Welches der tiefer begründete Trieb, der menschlichere oder vielmehr der göttlichere ist, darüber kann kein Zweifel sein; vielleicht war jener Grieche, der zum erstenmale die Erfahrung zur Zeugin über Wahr und Falsch anrief ein Sünder an der Menschheit. Er stahl ihr das Feuer aus der Brust und machte sie schüchtern und zage. […] Und doch vermag sie Trost zu bieten, die Wissenschaft, indem sie vom niedern Zwang der Dinge befreit.“[412]

Obwohl Salz die Kunst für die überlegene Erkenntnisweise hielt, war er doch selbst Wissenschaftler und dichtete kaum. Wie Salin, so scheint auch er unter Georges Geringschätzung der Wirtschaft und der Ökonomie gelitten zu haben. Er betonte in seinen Schriften immer wieder, dass die Nationalökonomie vor allem eine Kulturwissenschaft sei, dass sich auch in wirtschaftlichen Systemen „das Leben des Geistes manifestiert, und daß sie die geistige Struktur einer Epoche nicht weniger zu charakterisieren geeignet sind wie etwa die philosophischen und Weltanschauungssysteme.“[413] Zudem unterstrich er, dass die Nationalökonomie „Dienerin am Leben und den höchsten Interessen der Gesellschaft sein will, als eine Wissenschaft, die niemals arriviert, dauernd sich entwickelt und wächst und sich verjüngt mit dem Gegenstand selbst den sie behandelt, mit dem epos des täglichen Lebens.“[414] Deswegen dürfe die Wirtschaft in einer neuen Staatslehre nicht verachtet werden, sondern müsse den ihr zustehenden Stellenwert bekommen.[415] Dennoch stellte Salz selbst für die Ökonomie die dichterische Schau in ihrem Erkenntniswert über die wissenschaftliche For-

---

412 Salz an Gundolf am 29.04. 02, AL, NGL. Dieser Brief stellt Johannes Frieds Ansicht in Frage, Salz habe dem Künstler lediglich zugebilligt, in Zeiten der Verwirrung Maß zu setzen und den Gelehrten in Form und Gestalt zurück zu führen (FRIED (2004), Wirtschaftswissenschaftler, 273). Nach diesem Dokument dagegen hielt Salz die Kunst immer für die überlegene Erkenntnisform, die Wissenschaft für die nachgeordnete.

413 SALZ (1914/15), Naturrecht, 525.

414 SALZ, Arthur, Memorials of Alfred Marshall, in: Archiv für Sozialwissenschaft und Sozialpolitik 57 (1927), 194–200, 195.

415 SALZ (1930), Macht und Wirtschaftsgesetz, 140.

schung: „Wesen, Gesetz und Sinn des Kapitalismus enthüllen sich nur dem unverdrossenen kritischen Geiste des Forschers oder werden uns vielleicht einmal, wenn diese ganze Epoche mythisch geworden sein wird, kund im dichterischen Gebilde."[416] Im wahren Staatsmann wollte Salz deshalb auch ein Stück Dichter verwirklicht sehen.[417] Im Vergleich zu Salin trat Salz jedoch im Umgang mit Georges Geringschätzung der Wirtschaftslehre wesentlich selbstbewusster auf. „Er nahm die Welterneuerung durch die Kunst gleichsam als Auftrag für die Praxis der Wissenschaft, zur rationalen Begründung der vom Dichter geschauten Zeitgestalt."[418] Paradigmatisch dafür war seine Beschäftigung mit der griechischen Antike. Anstatt wie Salin zu rühmen, dass damals die Wirtschaft noch die ihr zukommende untergeordnete Stellung im Staate gehabt habe,[419] vertrat Salz die Ansicht, wenn man mehr über die antike Gesellschaft wüsste, so würde man dort mit Sicherheit auch auf Perioden stoßen, „die frei sind von so prononciert wirtschafts- und erwerbsfeindlicher Gesinnung" und frei von der sonst traditionellen Verachtung der Wirtschaft, „mit der noch der windigste Spießer seine eigene Faulheit vor sich selbst rechtfertigte."[420] Solche Strömungen, wie sie sich bei Hesiod, Solon und Pindar abzeichneten und der demokratischen Lebensform gemäß seien, habe es sicher gegeben, obwohl sie sich im panhellenischen Denken nicht hätten durchsetzen können. Obwohl er das Eigenrecht der Ökonomie betonte, blieb Salz die ökonomische und politische Frage stets auch eine sittliche.[421]

Arthur Salz als Gestalttheoretiker

Neben seiner Einschätzung des Verhältnisses von Kunst und Wissenschaft zeigte sich Salz auch in anderer Hinsicht tief vom George-Kreis beeinflusst: Er war Gestalttheoretiker. Schon kurz nach Antritt seines Studiums war er beeindruckt von gestalttheoretischen Ansätzen, sicher auch beeinflusst durch Georg Simmel.[422] Simmels Ansatz befriedigte Salz aber nicht voll, weil er zu sehr von „zerfasernder Analyse angekränkelt" sei. „Alles was gut, schön u. edel ist müssen wir begreifen (nicht analysieren) können, d.h. es muss auf uns wirken, denn sonst wäre es ja nicht dieses Gute, Edle, Schöne, wenigstens nicht für uns. Klages geht bis zu einem Punkt, dann sagt er Halt, hier hinein senke sich kein sterbliches Auge, das

---

416 SALZ, Arthur, Kapital, Kapitalformen, Kapitalbildung, Kapitaldynamik (Grundriß der Sozialökonomik, Abt. 4: Spezifische Elemente der modernen kapitalistischen Wirtschaft, Bd. 1, bearbeitet von S. ALTMANN). Tübingen 1925, 209–257, 257.

417 SALZ, Arthur, Gedanken über das Lehrziel der volkswirtschaftlichen Ausbildung, in: Deutsche Vierteljahrsschrift für Literaturwissenschaft und Geistesgeschichte 6, 4 (1928), 581–610, 592.

418 FRIED (2004), Wirtschaftswissenschaftler, 266.

419 Eine der wenigen Stellen, wo Salz dennoch forderte, die Ökonomie müsse "ancillary rather than leading" im Staat sein, um das ‚good life' zu ermöglichen, in *On Values and on Economic 'Values'*, UM im LBI, Sommer 1945, AR 6288, Box II, Folder 7, 37. Ähnlich in SALZ, Arthur, Zu Friedrich List's Gedanken, in: Oesterreichische Rundschau. Mitteleuropäische Politik, Kultur und Wirtschaft 17, 1 und 2 (1921, November), 1092–1104, 1097. Widersprüche in Salz' Arbeiten lassen sich nicht immer restlos auflösen.

420 SALZ (1928), Volkswirtschaftliche Ausbildung, 394.

421 SALZ, Arthur, Bernard Bolzanos Utopie „Vom besten Staate", in: Archiv für Sozialwissenschaft und Sozialpolitik 31 (1910), 498–519, 501.

422 SALZ (1959), Note, 236.

Reich des Schaffens, der Ahnung beginnt. Damit hat er vollkommen Recht. Nie werden wir ergründen u. ermessen wollen, welche Kräfte da ihr Spiel treiben, bis dass die Gestalt vor uns tritt, das ist das Geheimnis des Dichters, von dem er selbst nur die Wirkung kennt."[423] Den Wunsch, an die Existenz sinnvoller Gestalten zu glauben, die als Ganzheiten wirken konnten und nicht mehr weiter analysiert werden mussten, verlor Salz sein ganzes Leben lang nicht. Noch nach seiner Auswanderung in die USA attestierte er, dass man den modernen Wertepluralismus zwar aushalten müsse – ganz im Sinne Max Webers –, dass aber dennoch ein "strong desire for more than wealth, a touching desire to believe" vorhanden sei, dass der Mensch nicht auskommen könne ohne "some ground to stand on."[424]

Welche Auswirkungen hatte dieser gestalttheoretische Ansatz auf Salz′ ökonomisches Denken? Wie Salin und Singer verstand er den Staat bzw. die Wirtschaft als ein zusammenhängendes, sinnhaftes Ganzes. „Alle Geisteserzeugnisse eines Volkes: die Werke der Literatur, der Kunst und Wissenschaft, aber auch seine gesellschaftliche, politische, religiöse Verfassung bilden ein zusammenhängendes, einheitliches Ganzes, ein wahres Organon, das selbst wieder als dienendes Glied sich einem Weltreich des Geistes einfügt."[425] Was für das Volk als ganzes galt, nahm Salz auch für das Wirtschaftssystem an, dessen Sinn er ergründen wollte.[426] Einer konstruktivistischen Sicht verschloss er sich konsequent. Selbst wenn er zugestand, dass das Bild des Kapitalismus, wie es in der wissenschaftlichen Ökonomie entworfen werde, ein Konstrukt sei, so verstand er doch das in der Realität existierende kapitalistische Wirtschaftssystem als Organismus, der mehr sei als die Summe seiner Teile, wie er in seinem letzten großen, unveröffentlichten Buch mit dem paradigmatischen Titel *The capitalistic system as a whole* darlegte.[427] Solange dieses System seine vitalen Kräfte behalte, sei es von außen kaum zerstörbar und könne sich auch nach schweren Schäden regenerieren, wie sich nach dem Ersten Weltkrieg gezeigt habe.[428]

Diese Gestalt des Wirtschaftssystems musste nach Salz durchaus nicht widerspruchsfrei und systematisch sein, sondern konnte auch Gegensätze und Widersprüche mit umfassen.[429] Die Einzelteile würden auf geheimnisvolle, nicht erklärbare Weise dennoch ein harmonisches, holistisches Ganzes bilden.[430] Nicht nur die nationale Volkswirtschaft, sondern auch die Weltwirtschaft in ihrer internationalen Verflochtenheit fasste Salz als Gestalt auf, sie war für ihn „bunter und vielwendiger" „Teppich des Lebens", der ‚nach ewigen, ehernen

423 Salz an Gundolf am 20.12.1901, AL, NGL.

424 Salz, Arthur, *An economist looks at economics.* UM im Leo Baeck Institute New York, AR 6288, Box I, Folder 1. 1935.

425 MÜLLER (1920), Deutsche Wissenschaft, VIII.

426 SALZ, Arthur, Der Sinn der kapitalistischen Wirtschaftsordnung, in: Archiv für Sozialwissenschaft und Sozialpolitik 52 (1924), 577–622, 577.

427 *The capitalistic system as a whole*, UM im LBI, AR 6288, Box II, Folder 3, Kapitel *Difficulties at the start*, 11ff.

428 Ebd., Kapitel V *Tests of the strength and endurance of economic structures*, 22.

429 UUM *Economic Inconsistencies, Anomalies, Entanglements,* im LBI AR 6288, Box III, Folder 6.

430 "At any rate, the modern industrial system, the capitalistic socalled, is a composite system, a combination of several and to part diverse systems grown into a whole with the concomitant effect that the combination makes for persistency and flexibility, that the sundry systems brace one another giving firmness, endurance and elasticity to the whole." (*The capitalistic system as a whole*, UM im LBI, 6288, Box II, Folder 3, Kapitel *The third pillar: the integration of several systems*, 13).

großen Gesetzen' funktioniere.[431] Indem Salz den Titel des George-Werkes *Der Teppich des Lebens* und ein Zitat von Goethe an dieser Stelle im Schlusswort seiner *Böhmischen Industrie* einflocht, machte er deutlich, einen wie wichtigen Stellenwert die Wirtschaft für ihn im „Lebensgesamt" einnahm und stellte seine Untersuchung in einen weiteren geistesgeschichtlichen Zusammenhang, ebenso wie Salin das am Schluss seiner Texte zu tun pflegte.[432] Salz wollte als Forcher derjenige sein, der „das Ganze organisch übersieht."[433] Deshalb bewunderte er die Sichtweise der Wissenschaftler vor dem 19. Jahrhundert, in der „alles lebt, west, atmet, wächst und vergeht, auch die Steine und Metalle [...] gespeist (sind) von der geheimnisvollen Lebenskraft oder Gott, noch wohnt in jedem Teil und Teilchen der Materie die Seele, seine Seele, hat jedes Ding seine eigene, ihm vom Schöpfer verliehene Würde und birgt sein eigenes Geheimnis."[434] Wie man sieht, näherte sich auch Salz' Diktion der Welt des „Meisters" an. Sie zeigt, wie sehr er Stefan George bejahte und verinnerlichte.[435]

Dementsprechend wandte Salz seine Aufmerksamkeit in der Dogmengeschichte insbesondere einem Vertreter der holistischen Betrachtungsweise zu, nämlich Adam Müller, der „alles Getrennte, Auseinandergetretene, Geschiedene [...] in der Einheit und gemeinsamen Wurzel des Lebens zu versöhnen" suche. In der organischen Betrachtung gelinge es Müller, die „Einheit und Identität alles Lebendigen"[436] zu erkennen und mehr zu sehen als nur die Summe der Einzelnen. „Keiner ist das Ganze, aber in jedem liegt ein Teil des Ganzen, und jeder wirkt in seiner Art zur Vollendung des Ganzen. Schon die Eigenart der Aufgabe, Mittler zu sein, bedingt eine Universalität des Verstehens und der Aufnahmebereitschaft."[437] Salz, der dieses Staatsverständnis bewunderte, argumentierte typisch georgeanisch: Er sprach vom Ganzen, dem der Vorzug vor den Teilen zu gewähren sei, von der Wurzel des Lebens im Gegensatz zu den Oberflächenerscheinungen, von der Mittlerfunktion und der Universalität des Verstehens. Manchmal verstieg er sich dabei so sehr in eine dichterische Sprache, dass es selbst Gundolf zu viel wurde, der dem Freund im Bezug auf seine Charakterisierung Adam Müllers riet, weniger „ewige Wahrheiten" und „hochfahrende Abwehr" gegen die Gegenwart als viel mehr „historische Umgrenzungen" und „aphoristische Charakteristik" zu bringen.[438]

Salz kritisierte ebenso wie Edith Landmann die moderne Wissenschaft aufgrund ihrer Teilhaftigkeit und ihrem Bestreben, die Dinge rational zu beherrschen; für ihn ging, wie für die anderen Ökonomen des Kreises, wissenschaftliche Erkenntnis über das rein rational Beweisbare hinaus, und dieses „Walten eines Unerforschlichen" müsse man anerkennen, ohne darüber zu räsonieren.[439] Er war bereit, auch im Wissenschaftlichen dem nicht rein Rationalen Raum zu geben, und sah die „Erschütterung des Herzens" als erstrebenswertes

---

431 SALZ (1913), Böhmische Industrie, 395.

432 Vgl. 166.

433 MÜLLER (1920), Deutsche Wissenschaft, Vorwort von Arthur Salz, VIII, IX.

434 SALZ, Arthur, Kulturtendenzen in der Frühzeit des Industriekapitalismus, in: Archiv für Sozialwissenschaft und Sozialpolitik. Ergänzungshefte 33 (1911), 500–522, 505.

435 FRIED (2004), Wirtschaftswissenschaftler, 275.

436 MÜLLER (1920), Deutsche Wissenschaft, Vorwort von Arthur Salz, XXV.

437 Ebd., XIV.

438 Gundolf an Salz am 08.01.1920, StGA, Gundolf II, 7237.

439 SALZ (1924), Sinn Wirtschaftsordnung, 601.

Ziel an.[440] In der Ökonomie dürfe man die Tore zur „Metaökonomik" bzw. Metaphysik nicht verschließen,[441] und müsse zu diesem Zweck auch „intuitive Wesensschau" zulassen.[442] Er wehrte sich gegen die „Entseelung, Entlebendigung, Entzauberung, Entgöttlichung der Welt."[443]

Dennoch zog Salz, etwa im Vergleich mit Erich Kahler, klarere Grenzen: Metaökonomische Überlegungen hätten zwar in der Wissenschaft ihren Platz, dürften aber nicht zu einer unklaren Forschungspraxis führen, sondern müssten klar als solche gekennzeichnet werden. Gerade Werner Sombart, Webers Verbündetem in der Frage der Werturteile, machte Salz den Vorwurf, metaökonomische Aspekte seines Werkes nicht als solche zu kennzeichnen und damit den „verbindlichen Charakter" der Forschungsergebnisse zu gefährden.[444] Zudem warf er Sombart eine „verschwommene" Begriffsbildung vor, seine Terminologie sei unpräzise und salopp, seine Überlegungen würden „in der Luft schweben".[445] Bei aller Befürwortung der Intuition dürfe das rationale Handwerkszeug des Wissenschaftlers nicht nachlässig gehandhabt werden, eine Haltung, in der Salz mit Stefan George übereinstimmte. Sombart schlug er vor, seine Überlegungen auf eine „typische oder repräsentative Firma und das Lebensschicksal und die Altersstufe einer solchen Firma" zu beziehen.[446]

Salz befürwortete interdisziplinäre Ansätze im Sinne von Salins anschaulicher Theorie. So lobte er z.B. Karl Pribrams Versuch, Begriffe aus der Staatslehre wie Universalismus und Kollektivismus auf die Nationalökonomie zu übertragen,[447] und er hielt die Betrachtung der geschichtlichen Entwicklung für unerlässlich, wenn der Ökonom etwas über das Wesen seiner Untersuchungsgegenstände erfahren wolle.[448] „Die Dynamik des Kapitalismus wird nur erfaßt in Form historisch-genetischer Betrachtung als kulturhistorisches Phänomen und ist nicht darzustellen in einer komprimierten mathematischen Formel. [...] Die Zeit der Tableaus und der Schemata ist vorüber."[449] Ganz im Sinne der georgeanischen Gestalttheorie wollte Salz den Erkenntnisgegenstand aus verschiedenen Perspektiven untersuchen; der Ökonom müsse immer wieder seine Methoden wechseln.[450] Deshalb standen historische und analytische Methode in der Volkswirtschaftslehre für Salz gleichberechtigt nebeneinander

---

440 MÜLLER (1920), Zwölf Reden, Vorwort von Arthur Salz, VI.

441 SALZ, Arthur, Anmerkungen zu Werner Sombarts „Hochkapitalismus" I, in: Zeitschrift für die gesamte Staatswissenschaft 85 (1928), 21–53, 34.

442 SALZ (1914/15), Naturrecht, 548.

443 SALZ (1928), Sombarts Hochkapitalismus, 50.

444 Ebd., 26.

445 SALZ, Arthur, Anmerkungen zu Werner Sombarts „Hochkapitalismus" II, in: Zeitschrift für die gesamte Staatswissenschaft 85 (1928), 256–272, 270.

446 SALZ (1928), Anmerkungen, 272.

447 SALZ (1914/15), Naturrecht, 527.

448 SALZ, Arthur, Der Unternehmer unserer Zeit. Heidelberg 1912, 20.

449 SALZ (1925), Kapital, 257. Diese Position vertrat Salz auch noch 30 Jahre später im amerikanischen Exil: "Say it with figures and indexes has all but obscured the economist's mind and overlaid an intellectual mildew. [...] To tar everything with the same brush, to measure the immeasurable, to count the unaccountable, to calculate by an inapt yardstick the best money can *not* buy will remain now as before poor or, at least, incomplete economics."[sic! Ko. S.] (*Stability and Expansion*, UM von 1955 im LBI, AR 6288, Box I, Folder 1, 17f).

450 *The capitalistic system as a whole*, UM im LBI, AR 6288, Box II, Folder 3, Kapitel *Difficulties at the start*, 23.

und ergänzten sich.[451] Es könne nicht angehen, das Erkenntnisobjekt einseitig rational zu betrachten, z.B. „den Unternehmer aufzulösen in die Summe seiner wirtschaftlichen Verrichtungen oder ihn vielmehr zusammenzusetzen aus den Elementen seiner Funktionen."[452] Aber auch eine ausschließlich historische Betrachtungsweise erschien ihm nicht ausreichend, die ökonomische rationale Theorie musste unbedingt hinzutreten: Wie Salin, so kritisiert auch Salz die Historische Schule, indem er betonte, für den Geschichtsschreiber gehe es um das Verständnis, nicht nur um das Sammeln von Tatsachen, weswegen er auch dazu fähig sein müsse, auszuwählen und seinen Stoff mit Leben zu füllen. Er müsse „im Einzelnen und Beschränkten das Ganze sehen, im Splitter, der durch die Zeit geschleudert, den Kosmos spüren."[453] Salz Arbeitsweise ähnelte dem, was Salin später Anschauliche Theorie nannte, und auch Singers semiotischer Methode. Salz wendete sie z.B. an bei der Erklärung des Phänomens der Kapitalakkumulation: Es sei von vielen verschiedenen Bedingungen abhängig und weder durch ein allgemein gültiges Gesetz noch rein historisch beschreibbar.[454]

Abgrenzung gegen die „rationale" Nationalökonomie

Trotz des Wunsches nach Ganzheit stand Salz der Neoklassik wesentlich aufgeschlossener gegenüber als Salin. Während dieser zwar immer das Eigenrecht der neoklassischen Methode betonte, ohne sie aber de facto groß in die eigene Arbeit zu integrieren, war Salz bestens damit vertraut. Noch während des Studiums übersetzte er die *Principles of Economics* von Alfred Marshall ins Deutsche.[455] Die detaillierte Kenntnis von Marshalls Werken, die er sich durch diese Tätigkeit erarbeitete, brachte er im Laufe seiner akademischen Karriere immer wieder in seine Arbeiten ein, und es gelang ihm, von der angelsächsischen Wirtschaftstheorie einen Bogen zu schlagen zur Sozialpolitik, auf der sein Hauptinteresse ruhte.[456] So setzte er sich z.B. intensiv mit dem Begriff der Elastizität auseinander, wobei er seine fundierte Kenntnis der neoklassischen Autoren unter Beweis stellte.[457] Auch in Vilfredo Paretos Modelle arbeitete er sich ein,[458] und er war ein begeisterter Leser von naturwissenschaftlicher, vor allem physikalischer Literatur.[459] Aber auch das methodologische Potenzial sowie die

---

451 SALZ, Arthur, Vermögen und Vermögensbildung in der vorkapitalistischen und in der modernen kapitalistischen Wirtschaft (Grundriß der Sozialökonomik, Abt. 4: Spezifische Elemente der modernen kapitalistischen Wirtschaft, Bd. 1, bearbeitet von S. ALTMANN). Tübingen 1925, 160–208, 207.

452 SALZ (1912), Unternehmer, 28.

453 SALZ (1913), Böhmische Industrie, V.

454 SALZ (1925), Kapital.

455 MARSHALL, Alfred, Handbuch der Volkswirtschaftslehre 1. Stuttgart u. Berlin 1905.

456 BRINTZINGER (1996), Nationalökonomie, 166.

457 SALZ, Arthur, Der Begriff der „Elastizität" in der theoretischen Nationalökonomie, in: Archiv für Sozialwissenschaft und Sozialpolitik 57 (1927), 336–391.

458 *The capitalistic system as a whole*, UM im LBI, AR 6288, Box II, Folder 3, unbenanntes Kapitel. Salz kommentierte: "If Pareto's conclusions drawn from statistical figures are not waterproof and fail in demonstrative power, it is not because his statistics is inaccurate but because it is statistic [...]. Statistics lulls ourselves into fits of security which turns out to be an intellectual will-o-the-wisp eventually." (1f).

459 Dies belegen Salz' Literatur- und Leselisten im LBI. Vgl. auch UM von 1959 im LBI, AR 6288, Box II, Folder 5.

Problematik der statischen Methode reflektierte er ausführlich.[460] Salz honorierte die Tendenz der klassischen bzw. neoklassischen Volkswirtschaftslehre „in der Erscheinungen Flucht nach einem Dauernden, Gesetzmäßigen zu forschen“[461], ja er hielt dieses Ziel für unabdingbar, wenn man die Ergebnisse nur nicht absolut setzte. Insofern maß er Konzepten wie dem der Elastizität einen hohen Erklärungswert für wirtschaftliche Vorgänge und Phänomene zu.[462] Obwohl Salz der Klassik aufgeschlossen gegenüber stand, durchzieht die Kritik an einer *absolut* gesetzten klassischen bzw. neoklassischen Theorie sein Werk wie ein roter Faden. Er kritisierte die klassische Theorie in ihrem Anspruch auf Allgemeingültigkeit unabhängig von den historischen Umständen.[463] Er vertrat die Meinung, jede Epoche habe ihr eigentümliches Wirtschaftsgesetz und die Klassik sei wirklichkeitsfremd, wenn sie behaupte, es lasse sich ein Gesetz ermitteln, das für jede Zeit gelte.[464] So gebe es etwa nicht *das* „universale Bevölkerungsgesetz für ‚die‘ Gesellschaft schlechthin, es ist die Frage, ob es nicht vielmehr verschiedene Bevölkerungsgesetze gibt, nicht nur für verschiedene Wirtschaftssysteme, sondern innerhalb des einzelnen Wirtschaftssystems für die verschiedenen Gesellschaftsteile.“[465] Auch die Wertlehre der Klassiker und der Marxisten kritisierte er scharf, weil sie den Menschen auf einen Mechanismus reduziere. Der homo oeconomicus sei nur ein Hilfsbegriff, „eine Puppe auf einem Marionettentheater, die an wenigen im Unsichtbaren verlaufenden Fäden, den Motiven und Begehrungen, bewegt wird und Handlungen mehr vortäuscht als vollführt. [...] Darüber darf man sich keinen Illusionen hingeben: diese Konstruktion mag notwendig sein als Forschungsprinzip, aber sie bleibt, was sie ist, Konstruktion und lebensfremd.“[466]

Weil er nicht an unabhängig von der Zeit geltende ökonomische Gesetze glaubte, hielt Salz historische Betrachtungen für den Ökonomen für unumgänglich.[467] Für ihn war ganz selbstverständlich, dass die Ökonomen vergangener Zeiten von bestimmten praktischen Forderungen ausgegangen waren und sich dann überlegt hätten, warum diese gültig sein sollten. So besprach er in seiner Dissertation von 1905[468] detailliert verschiedene Lohnfondstheorien und bemühte sich, ihre historische Gebundenheit aufzuzeigen, indem er die sozialen und politischen Entwicklungen beschrieb, vor deren Hintergrund sie entstanden waren.[469] Die Lohnfondstheorie sei immer auch politisches Kampfmittel gewesen[470], und sie sei über weite Zeiträume als Mittel zur Rechtfertigung der gerade herrschenden Löhne verwendet worden. Als „persönliches Bekenntnis“ ergab sich für Salz: Es liege „der größte Gewinn, den man aus jahrelanger Beschäftigung mit der ökonomischen Theorie ziehen kann, darin, daß man sich der Grenzen der Gültigkeit dieser Theorie deutlich bewusst wird

460 So z.B. Möglichkeiten und Grenzen der Beschäftigungsstatistik in SALZ, Arthur, Occupation, in: Edwin R.A. SELIGMAN (Hrsg.), Encyclopaedia of the social science Bd. 11/12. New York 1937, 424–435, 429ff.
461 SALZ (1905), Lohnfondtheorie, 200.
462 SALZ (1927), Elastizität, 390.
463 SALZ (1905), Lohnfondtheorie, 37.
464 Ebd., 69.
465 SALZ (1924), Sinn Wirtschaftsordnung, 604.
466 SALZ, Arthur, Über Arbeitswert und Arbeitsleid. Eine wertkritische Studie, in: Zeitschrift für Volkswirtschaft, Sozialpolitik und Verwaltung 20 (1911), 289–351, 345.
467 SALZ (1925), Kapital, 221.
468 SALZ (1905), Lohnfondtheorie.
469 Ebd., 4.
470 Ebd., 102.

und nicht sowohl die Eindeutigkeit und Gleichheit als vielmehr die Mannigfaltigkeit und Verschiedenheit der Wirtschaftserscheinungen verstehen und schätzen lernt."[471]. Auch „Wirtschaftsgeist", „Mentalität", „Triebe und Ambitionen, Wünsche und Ideale" der Wirtschaftssubjekte müssten untersucht werden.[472] Der Ökonom müsse auch mit dem „Illogismus des erst Werdenden" umzugehen wissen.[473] Auch wenn Salz die Bezeichnung seines Schülers nie verwendete, so ist die Parallele zu Salins Anschaulicher Theorie doch nicht zu übersehen.

Verwirrender Weise finden sich in Salz' Werken aber auch Passagen, in denen er sich sehr positiv über ökonomische Gesetzmäßigkeiten, z.B. über Adam Smith' „unsichtbare Hand" äußerte. „Aber was vom einzelnen aus als Spiel, Gier, Begehrlichkeit, Geiz und Profithascherei erscheint, kann vom Standpunkt der Gesamtheit aus fatale Notwendigkeit sein. Es kann sein, daß der einzelne, der zu schieben scheint, doch, ohne es zu ahnen, ein Werkzeug ist, dessen sich Natur oder Vorsehung bedient, um ein Verhängnis abzuwenden."[474] Den Rezensenten von „Macht und Wirtschaftsgesetz" Hans Weigmann irritierten diese scheinbar gegensätzlichen Aussagen merklich: „Es gibt also doch eine Übereinstimmung von Einzel- und Gesamtinteresse?!"[475] Diese Wendung in Salz' Denken ist nur verständlich, wenn man die psychologische Dimension seiner Überlegungen mit bedenkt. Zwar ging er nicht davon aus, dass sich die Übereinstimmung zwischen Einzel- und Gesamtinteresse automatisch einstellen könnte. Würden aber alle Menschen an die Geltung der ökonomischen Gesetze glauben und deswegen im Hinblick auf die Interessen des Ganzen agieren, könne man die Interessen von Individuum und Gesellschaft in Einklang bringen und das „Gesetz" könne seine Wirkung entfalten.[476] Durch Erziehung und Bildung könne man die Bürger zu einer solchen verantwortungsvollen Haltung bewegen. Der Glaube an die „unsichtbare Hand" sei also keine rationale Erklärung für das Funktionieren der Gesellschaft, sondern optimistischer Pragmatismus, man könnte fast sagen, eine "self fullfilling prophecy".[477] Indem die Ökonomie so tue, als handle es sich bei der Annahme vom homo oeconomicus um ein Gesetz, das mit naturwissenschaftlicher Regelmäßigkeit gelte, bringe sie die Menschen dazu, so zu handeln, dass sich die Realität in der Tat dem propagierten Gesetz annähere.[478] Salz wertete den Glauben an die unsichtbare Hand, die er nicht für ein ökono-

---

471 SALZ, Arthur, Grundsätze einer Theorie vom Arbeitslohn, in: Hans MAYER (Hrsg.), Die Wirtschaftstheorie der Gegenwart III: Einkommensbildung. Allgemeine Prinzipien, Lohn, Zins, Grundrente, Unternehmensgewinn, Spezialprobleme. Wien 1928, 49–84, 52.

472 SALZ (1925), Vermögen, 208.

473 SALZ (1928), Volkswirtschaftliche Ausbildung, 589.

474 SALZ (1924), Sinn Wirtschaftsordnung, 619.

475 WEIGMANN, Hans, [Rezension zu] Salz, Arthur, Macht und Wirtschaftsgesetz, in: Weltwirtschaftliches Archiv 35 (1932), 185–187, 187.

476 SALZ (1930), Macht und Wirtschaftsgesetz, 194, 200.

477 Unter einer sich selbst erfüllenden Prophezeiung versteht man eine Vorhersage, die sich erfüllt, nur weil sie von einem sozialen Akteur geäußert und von anderen aufgenommen wird.

478 SALZ (1930), Macht und Wirtschaftsgesetz, 28, 205ff. Salz schwebte also das Konzept eines „temperierten" homo oeconomicus vor, das durch Erziehung und Öffentlichkeit eine Verhaltensnormierung und eine „freiwillige" Anpassung an die Regeln der ökonomischen Moderne bewirkte, so die Transaktionskosten senkte und die Entfaltung der kapitalistischen Marktwirtschaft erleichterte. Diese Vorstellung war im 19. Jahrhundert Leitbild des wirtschaftlichen Handelns, vgl. PLUMPE, Werner, Die neue Institutionenökonomik und die moderne Wirtschaft. Zur Wirtschaftshistorischen Reichweite institutionenökonomischer Argumente

misches Gesetz hielt, positiv, weil er zu einer größeren Harmonie der Gesellschaft beitragen könne, und insofern hatte dieses irrationale Element des Kapitalismus durchaus seine Berechtigung.[479] Alle Wirkmechanismen würden sich letztendlich zu einem sinnvollen Gebilde ergänzen. Weigmann nannte diese Lösung „spekulativ-metaphysisch."[480] Sie erinnert stark an die ersten Ansätze der Adam-Smith-Rezeption in Deutschland, als Nationalökonomen wie Karl Heinrich Rau oder Friedrich Lotz die Meinung vertraten, die Menschen müssten zum rationalen Handeln für den Markt erst erzogen werden.[481]

Theorie und Praxis

Wichtig war für Salz ebenso wie für Salin der Nutzen der Nationalökonomie für das Leben. „Der wissenschaftliche Nationalökonom ist Diener der Gesellschaft."[482] Diesen Dienst habe z.B. Alfred Marshall als „sein praktisches Christentum" empfunden. Allerdings hielt Salz es nicht für die Aufgabe der Nationalökonomie, die Politik zu führen: „Die Wissenschaft und auch die wissenschaftliche Nationalökonomie ist nicht dazu da, das Unmögliche möglich zu machen, sondern das Mögliche aus dem Wirklichen zu erkennen."[483] Er versagte es der Ökonomie, „den Wirtschaftsführern nützliche Ratschläge, Marschrouten, spezifische Heilmittel für alle Fälle zu verabreichen und [...] ihnen auch kein Teil der Verantwortung gegenüber Nation und Staat" abzunehmen[484] – hier scheint sich eine starke Beeinflussung durch Max Weber abzuzeichnen. Lediglich den Versuch, Orientierung in einer verwirrten Zeit zu bieten, hielt er für den Sinn seiner wissenschaftlichen Arbeit.[485] Wie so viele Ökonomen der Weimarer Zeit, reflektierte auch Salz intensiv das Verhältnis von Theorie und Praxis, deren enge Verknüpfung er für nötig hielt.[486] „Ohne die Unterstützung der Praktiker kann der Nationalökonom die leeren Schubfächer nicht ausfüllen, weil er nicht über genügende Detailkenntnisse verfügt, ohne Unterstützung der Nationalökonomen kann der Praktiker sie nicht ausfüllen, weil er nicht weiß, was und wo diese Schubfächer sind."[487] Salz wünschte sich deshalb eine empirische Orientierung der Nationalökonomie. Eine wirkliche Zusammenarbeit mit den Wirtschaftspraktikern scheint ihm dagegen nicht vorgeschwebt zu haben. Zwar forderte er als Ziel der ökonomischen Ausbildung einen Wirtschaftswissenschaftler, der

---

am Beispiel des Handlungsmodells der Rationalität, in: Karl-Peter ELLERBROCK und Clemens WISCHERMANN (Hrsg.), Die Wirtschaftsgeschichte vor der Herausforderung durch die New Institutional Economics. Münster 2004, 31–57, 55f. Insofern sollte der homo oeconomicus auch ein Erziehungsprogramm gegenüber den „unvernünftigen" Massen darstellen, vgl. PLUMPE, Werner, Die Geburt des „Homo oeconomicus". Historische Überlegungen zur Entstehung und Bedeutung des Handlungsmodells der modernen Wirtschaft, in: Wolfgang REINHARD und Justin STAGL (Hrsg.), Menschen und Märkte. Studien zur historischen Wirtschaftsanthropologie. Wien, Köln u. Weimar 2007, 319–352, 343f.

479 SALZ (1930), Macht und Wirtschaftsgesetz, 230.

480 WEIGMANN (1932), [Rezension zu] Salz, 187.

481 KÖSTER (2008), Theorie und Sozialphilosophie, 26.

482 SALZ (1927), Alfred Marshall, 196.

483 SALZ (1921), Wissenschaft, 42ff.

484 SALZ (1927, 2. Dezember), Theorie und Praxis, 270.

485 SALZ (1930), Macht und Wirtschaftsgesetz, 226.

486 Vgl. KÖSTER (2008), Theorie und Sozialphilosophie, 80ff.

487 SALZ (1927, 2. Dezember), Theorie und Praxis, 272.

auch die Befähigung zum Staatsmann haben sollte.[488] Aber an eine Zusammenarbeit von Ökonomen, Politikern und Wirtschaftsführern, wenn diese nicht in einer Person vereinigt waren, dachte Salz nicht, anders als Salin, der sich in der Friedrich List-Gesellschaft die Politikberatung explizit zum Ziel machte.

Seine holistische Sichtweise behielt Salz, wie bereits erwähnt, auch nach seiner Emigration in die USA bei, und zwar obwohl er danach eine viel kritischere Haltung gegenüber dem deutschen Konservativismus und insbesondere gegenüber Adam Müller entwickelte. Er vertrat nun die Ansicht, die Vorstellung vom Staat als Organismus habe dem Antiindividualismus Vorschub geleistet und damit letztendlich den Boden für die nationalsozialistische Ideologie geebnet.[489] Allerdings hinderte ihn das nicht daran, selbst die Gesellschaft weiterhin als Organismus zu beschreiben, und das sogar im gleichen Buch. Offensichtlich wurde er sich dieser Inkonsequenz nicht bewusst.[490]

Salz in der Debatte um die Werturteilsfreiheit der Wissenschaft

Salz war also Gestalttheoretiker im Sinn des George-Kreises. Dies gilt es sich ins Bewusstsein zu rufen, bevor man sich seinem prominentesten Beitrag zur Methodendiskussion der 20er Jahre zuwendet,[491] seiner Streitschrift *Für die Wissenschaft. Gegen die Gebildeten unter ihren Verächtern* von 1920.[492] Diese Arbeit entstand ebenso wie die Erich Kahlers im Kontext der Debatte zwischen den Georgeanern und Max Weber über die Frage nach dem Umgang mit Werturteilen in der Wissenschaft, die oben bereits behandelt wurde.[493]

Da Salz′ Text eine Reaktion auf Erich Kahler darstellte, während er Salins Manuskript offensichtlich nicht kannte, muss zunächst Kahlers Position kurz skizziert werden. Kahler, dessen Dissertation noch ganz der Arbeitsmethode der historischen Schule verpflichtet gewesen war,[494] verstand Max Weber als den Vertreter einer „alten Wissenschaft", die er durch die „Alleinherrschaft der alten rationalen Methodik" und das Kausalgesetz geprägt sah, ebenso wie durch zunehmende Spezialisierung und ‚Entzauberung der Welt'.[495] Kahler wollte diese Wissenschaft nicht als gegeben akzeptieren. Sein Ausgangspunkt war ein anderer:

---

488 SALZ (1935), *Economics*, UM im LBI, AR 6288, Box I, Folder 1, 5.

489 SALZ, Arthur, Rodbertus, Johann Karl, in: Edwin R.A. SELIGMAN (Hrsg.), Encyclopaedia of the social science Bd. 13/14) New York 1937, 414–416, 414.

490 SALZ, Arthur, Spezialisation, in: Edwin R.A. SELIGMAN (Hrsg.), Encyclopaedia of the social science Bd. 13/14. New York 1937, 279–285, 279.

491 Mit der Problematik war Salz schon lange vertraut. Bereits 1909 hatte er an der hitzigen Sitzung des Vereins für Sozialpolitik in der Sektion *In welchem Maße kann man eine Steigerung der Produktivität der Volkswirtschaft feststellen* teilgenommen, wo er mit Othmar Spann den Begriff der Produktivität trotz des damit verbundenen Werturteils für die Ökonomie gerechtfertigt hatte, vgl. BOESE (1939), Verein für Sozialpolitik, 134. Salz′ Redebeitrag wurde publiziert in: Ständiger Ausschuß des Vereins für Socialpolitik (Hrsg.), Verhandlungen des Vereins für Socialpolitik in Wien 1909. Bd. 132, 3. Leipzig 1910, 592–594.

492 SALZ (1921), Wissenschaft.

493 Vgl. 143ff.

494 LAUER (1995), Verspätete Revolution, 227.

495 KAHLER (1920), Beruf Wissenschaft, 10.

„Hier ist unser Leben. Es hat diese und jene hohen Bedürfnisse. Ist das, was sich Wissenschaft nennt, geeignet, diesen unseren Bedürfnissen zu genügen und in welchem Grade. Davon hängt die Berechtigung seiner Existenz [...] für uns ab.“[496] Eine Wissenschaft könne diesen Dienst für das Leben aber nur dann leisten, wenn sie den gesammelten Stoff auch werten würde. Ungewerteter, reiner Wissensstoff sei dagegen nicht wissenswert.[497] Kahler zog also Max Weber mit der Historischen Schule in eins und machte ersterem den Vorwurf, der eigentlich auf letztere gemünzt war: die Ansammlung von nicht theoretisch durchdrungenem Spezialwissen. Ernst Troeltsch, der durchaus Interesse und Verständnis für Kahlers Position zeigte, wies auf den Fehler einer solchen Vorgehensweise hin: „Man wird dem an sich sympathischen Verfasser kein Unrecht tun, wenn man sagt, daß seine Generalisation der alten Wissenschaft eine verschwommene Ungeheuerlichkeit ist und auf sehr ungenauer Kenntnis der positiven Wissenschaften beruht.“[498] Kahler setzte gegen die von ihm kritisierte „alte“ die Vorstellung einer „neuen“ Wissenschaft, die das lebendige Gebilde erfassen sollte. Ganz klar verortete er dabei den Wert als den Erkenntnisobjekten immanente Größe, die der Erkennende zu entdecken habe, und keineswegs als Zuschreibung durch den Beobachter. Die Objekte seien „organische Gebilde, in deren Zusammenhang und aus deren Gesetz heraus sie allein Leben gewinnen. Außerhalb dieses jeweiligen Zusammenhangs und dieses jeweiligen Gesetzes von einem bestimmten organischen Gebilde haben sie für uns keinerlei Wert und Sinn.“[499] Kahlers Position war typisch für den deutschen Konservativismus.[500] Für ihn gab es keine „von dem organischen Gebilde unabhängige Werte.“[501] Stattdessen sprach er von ewigen Werten, die sich im Lebendigen verwirklichen würden. Um sie zu entdecken, setzte er auf „Eingebung“, d.h. er forderte auf zum „lebendigen irrationalen Finden“[502], bei dem die Intuition eine zentrale Rolle spielen müsste. Wissen verstand Kahler dementsprechend als an die Person gebunden, nicht von dieser ablösbar.[503] Webers Idealtypus lehnte er, ebenso wie Salin, vor diesem Hintergrund ab: Zwar sprach er von Urbildern,

496 Ebd., 10. Lauer kritisiert an Kahlers Text, das Thema „Leben“ werde unablässig wiederholt. „Die Dauerüberredung ersetzt den Mangel an gedanklicher Präzision.“ (LAUER (1995), Verspätete Revolution, 233f).

497 KAHLER (1920), Beruf Wissenschaft, 29.

498 TROELTSCH, Ernst, Die Revolution in der Wissenschaft. Eine Besprechung von Erich Kahlers Schrift gegen Max Weber „Der Beruf der Wissenschaft“ (1920) und der Gegenschrift von Arthur Salz „Für die Wissenschaft gegen die Gebildeten unter ihren Verächtern“ (1921), in: Ernst BARON (Hrsg.), Aufsätze zur Geistesgeschichte und Religionssoziologie von Ernst Troeltsch. Bd. 4. Tübingen 1925, 653–677, 672. Die gleiche Kritik an Kahlers Schrift führte auch Salz an, SALZ (1921), Wissenschaft, 22f. Zu Troeltsch' Interesse für den George-Kreis vgl. HÜBINGER, Gangolf, Individuum und Gesellschaft in der intellektuellen Streitkultur der 1920er Jahre, in: Roman KÖSTER u.a. (Hrsg.), Das Ideal des schönen Lebens und die Wirklichkeit der Weimarer Republik. Vorstellungen von Staat und Gemeinschaft im George-Kreis. Berlin 2009, 3–13.

499 KAHLER (1920), Beruf Wissenschaft, 35.

500 „Diese Legitimation aus einem aller Ratio vorausliegenden Sinn, ist eine der Hauptargumentationsfiguren des deutschen Konservativismus. Ihm ist Kahlers Werk wesentlich zuzurechnen. Die vorrationale Wirklichkeit ist, so erklärt Kahler im Sinne des deutschen Konservatismus, dem *Erkennen* nicht zugänglich. Der Modus der Wirklichkeitserfassung ist daher der der *Anerkennung* einer ursprünglichen Autorität.“ (LAUER (1995), Verspätete Revolution, 187f.).

501 KAHLER (1920), Beruf Wissenschaft, 42.

502 Ebd., 75.

503 Ebd., 56.

die er im Sinne platonischer Ideen verstehen wollte, aber diese könnten sich nur durch die Verkörperung im Lebendigen manifestieren. Deshalb könne es kein Allgemeines, keine Begriffe geben, sondern „nur größere oder geringere, an bestimmten metaphysischen Plätzen, d.h. Orten, Zeiten, Rängen heimische besondere organische Wesenheiten, an denen allen wir im innern Grunde unseres Seins irgendwie identisch oder korrespondierend teilhaben."[504] Der Anhänger der neuen Wissenschaft sei der, der „ein lebendiges Gebild zu schauen sich anschickt ganz aus der ureigenen Mitte und aus dem ureigenen Gesetz dieses Gebilds heraus, wenn man in diese Mitte sich versetzt und von dort als von einem souveränen Standpunkt aus Ordnungen, Gliederungen, Unterscheidungen – ob schon an sich bestehende oder nicht – lediglich der lebendigen Struktur dieses Gebildes folgend ausformt, wenn man kurz gesagt das Standbild, das Urbild dieses lebendigen Wesens errichten will."[505] Ziel müsse es sein, das „Urbild, die Idee einer besonderen organischen Wesenheit zu schauen und darzustellen."[506] Diese einzelnen organischen Gebilde sollten dann rückbegründet werden in immer höhere Zusammenhänge, „bis zu dem obersten Zusammenhang des lebendigen Urgrundes."[507] Edith Landmann machte zwei Jahre später diesen Zusammenhang klarer, den Troeltsch hier noch kommentieren musste: „Es ist, wenigstens für mich, kaum zu verstehen und ist so wenig ausgegoren, daß es die Wiedergabe kaum lohnen dürfte."[508]

Die Reaktionen im George-Kreis auf Kahlers Schrift waren ganz verschieden. Während George selbst sie ablehnte,[509] reagierten Gundolf und Edith Landmann begeistert. Die Philosophin bejahte die Forderung nach einer ethischen Aufgabe der Wissenschaft,[510] vermisste aber das Bindeglied zwischen der Bergsonschen Lebensphilosophie und der rationalistischen Systematik, das sie selbst drei Jahre später in der *Transcendenz* im Impuls einer großen Person ausmachte.[511]

Der Vergleich der Kahlerschen Schrift mit der von Arthur Salz zeigt, wo für den Ökonomen und Soziologen die Grenze verlaufen musste, an der er mit dieser (auch im Sinne Georges überspitzten) Wissenschaftstheorie nicht mehr mitgehen konnte.[512] Zwar stimmte

---

504 Ebd., 81f.
505 Ebd., 86.
506 Ebd., 94.
507 Ebd., 96.
508 TROELTSCH (1925), Revolution, 671. Und das, obwohl auch Troeltsch eine intuitive Erkenntnisweise für legitim hielt, um dem Relativismus des Historismus zu entkommen, vgl. KRAUCAUER, Siegfried, Die Wissenschaftskrisis. Zu den grundsätzlichen Schriften Max Webers und Ernst Troeltschs, in: DERS. (Hrsg.), Das Ornament der Masse: Essays. Frankfurt a. M. 1977, 197–208, 200f.
509 Vgl. 145. Carola Groppe weist darauf hin, dass George auch deshalb Salz' Schrift höher geschätzt haben könnte als die Kahlers, weil er die Grenzen zwischen wissenschaftlichem Werk und Kunstwerk nicht verwischte, wie Kahler das tat. Auch Salin legte Wert darauf, Kunstwerk und Wissenschaftswerk klar zu unterscheiden, selbst wenn er die Gestaltungskraft des Wissenschaftlers beschwor (GROPPE (2001), Macht der Bildung, 611).
510 Ihre erste Reaktion in einem Brief an Kahler vom 05.10.1920 war überschwänglich begeistert, DLA A: Kahler, 91.88.68.
511 KIEL (1989), Kahler, 40f. Gerade der Personenkult war ein Punkt, in dem Kahler sich vom George-Kreis abgrenzte, ebd. 32. Kiel stellt ausführlich die Gemeinsamkeiten und Unterschiede zwischen Kahlers Denken und Edith Landmanns Ansatz dar.
512 Kahler fühlte sich von Salz jedoch gänzlich missverstanden, wie seine Randglossen im Handexemplar der Salzschen Schrift zeigen, vgl. KIEL (1989), Kahler, 87ff.

Salz mit Kahler in einer Reihe von Punkten überein, die er nur „vorsichtiger und gereifter" formulierte, wie Troeltsch feststellte.[513] Auch er ging von einer stark philosophisch fundierten Wissenschaftstheorie aus und gestand dem Erlebnis in der Tradition Diltheys eine wichtige Rolle bei der Gewinnung wissenschaftlicher Erkenntnis zu. Ebenso ist die Beeinflussung durch Bergson zu nennen, die Salz mit Kahler ebenso wie mit Friedrich Gundolf teilte.[514] In anderen Punkten dagegen kritisierte Salz Kahler heftig. Zum ersten war es ihm ein Dorn im Auge, dass Kahler die Befriedigung des einzelnen Wissenschaftlers aus seinem Schaffen als wichtiges Ziel der „neuen" Wissenschaft nannte. Dies erschien Salz als „egozentrischer oder solipsistischer Pragmatismus", und wie Weber forderte Salz Entsagungsbereitschaft vom Wissenschaftler; es könne nicht angehen, dass man Wissenschaft zum Lebensgenuss betreibe. Zudem sei die „neue" Wissenschaft esoterisch, weil „nur einem begrenzten Kreise von Wissenden (Gemeinschaft genannt) zugänglich und für ihn gültig", hierarchisch an einen Führer gebunden und letzten Endes eine Gnadengabe. Salz kritisierte, dass hier ratio durch Schau, Intuition und Imagination einer Gemeinschaft ersetzt werden sollte. Die Schrift Kahlers lasse sich als Anweisung mit dem Ziel „wie werde ich ein Genie? oder: wie lerne ich zaubern?" lesen.[515] Durch das Fehlen von intersubjektiven Wahrheitskriterien seien bei Kahler einem „unerträglichen Dilettantismus und spielerischen Virtuosentum, der übelsten Art von Journalismus" Tür und Tor geöffnet.[516] Gerade in dem dogmatischen, hierarchischen und esoterischen Charakter der „neuen Wissenschaft" liege eine romantische Rückkehr ins Mittelalter.[517] Den Dogmatismus, der Troeltsch so an Schelers Philosophie erinnerte,[518] lehnte Salz bestimmt ab. Er wollte die irrationalen Kräfte, z.B. in der Wirtschaft, zwar auch untersuchen, aber in die rationale Erfassung der Welt einbeziehen.[519]

Er lobte demgegenüber an der sog. „alten" Wissenschaft, dass sie für alle da sei, niemanden ausschließe, republikanisch, tolerant und liberal sei – aus Salz' Feder waren diese Adjektive durchaus positiv gemeint, wie nachher ausführlicher zu zeigen sein wird.[520] Sie fördere mit ihren Ergebnissen sehr wohl das Leben, vor allem, wenn sie bei „Formungswillen und Gestaltungstrieb" vom Dichterwort unterstützt werde – hier zeigt sich wieder, dass die Georgeaner durchaus die gleichen Semantiken pflegten, damit aber ganz unterschiedliche Diskursstrategien verfolgten.[521] Sogar Webers klare Trennung zwischen rational beweisbarem Wissen und Werturteilen billigte Salz[522] und gestand Weber zu, diese notwendige Grenze keineswegs aus trockenem Rationalismus oder Mangel an Menschlichkeit gezogen zu haben, sondern vielmehr dem einzelnen die Verantwortung für seine Taten selbst zu übergeben.[523] In einem Punkt konnte Salz Weber und Kahler gleichzeitig beipflichten, da sie zumindest hier übereinstimmten: „Wir haben es satt, morgens, mittags und abends, zu jeder

513 TROELTSCH (1925), Revolution, 675.
514 FRIED (2004), Wirtschaftswissenschaftler, 267.
515 SALZ (1921), Wissenschaft, 28f.
516 Ebd., 32.
517 Ebd., 91.
518 TROELTSCH (1925), Revolution, 666f.
519 FRIED (2004), Wirtschaftswissenschaftler, 268, insb. Fn 79.
520 Vgl. 334ff.
521 SALZ (1921), Wissenschaft, 30.
522 Ebenso wie Salin, UUM *Nationalökonomie als Wissenschaft* im UB Basel, NSB, B 367, 19a.
523 SALZ (1921), Wissenschaft, 39f.

Tages- und Nachtzeit mit Weltanschauungen gefüttert zu werden.“ Das führe zu „unerträglicher Überheblichkeit.“[524] Alle drei Autoren waren sich einig, wenn der Ausschluss parteipolitischer Agitation aus dem Hörsaal gemeint war.[525]

Der entscheidende Unterschied zwischen Salz und Kahler lag in der Einschätzung der Empirie: Ernst Troeltsch brachte die Differenz zwischen den beiden Georgeanern auf den Punkt, wenn er kommentierte, dass Salz eben nicht die realen sozialen und ökonomischen Verhältnisse voll Ekel vor dem Bestehendem außer Acht lasse, sondern sich intensiv mit ihnen beschäftigen wolle. Salz sei sich bewusst, dass an dem „Felsen“ der Verachtung und Vernachlässigung der Realität die neue Romantik der Georgeaner „zerstäuben“ müsse[526] – genau der Vorwurf, den auch Max Weber Stefan George machte.[527] Salz bestand auf dieser Stellung des Wissenschaftlers im Staat: Während der Dichter sich daraus zurück ziehen dürfe und könne, verhalte es sich für den Gelehrten ganz anders: „*Sein* Platz ist nicht außerhalb des Staates und der Gesellschaft – wie sehr er dagegen ankämpfe – sondern im Herzen und in der Mitte der Zeit, deren Pulsschlag er in sich fühlen und wiederfinden muß.“[528] Die zeitkritische Position Kahlers, und damit implizit auch Gundolfs, lehnte Salz in dieser Beziehung als nicht zeitgemäß ab.[529] Die zunehmende Rationalität sei aus einem tiefen Lebensgefühl, aus einer echten Friedenssehsucht der Menschen heraus entstanden und habe urmenschliche Bedürfnisse befriedigt, was ihr ihre Berechtigung gebe[530] – wieder ist festzustellen, dass die gleiche Semantik wie bei Kahler von Oberfläche und lebendiger Tiefe verwendet wird, um ganz andere Ansichten zu plausibilisieren.[531]

Insgesamt hielt Salz also Reformen der Wissenschaft für völlig ausreichend, ohne dass eine Revolution nötig wäre. So müsse sich z.B. die Nationalökonomie ständig selbst hinterfragen, ob die von ihr erkannten Zusammenhänge noch so gälten und die Grenzen der eigenen Erkenntnis akzeptieren, aber dazu sei keine neue Wissenschaft nötig. Zudem sei eine Revolution per Akklamation auch gar nicht möglich, weil die Wissenschaft sich aus der Zeit und ihrem Gefühl heraus entwickle. Intuition und Phantasie hätten schon in der „alten“ Wissenschaft ihren Platz gehabt, z.B. bei Francis Bacon oder in der deutschen Tradition.[532] Jedenfalls könne man der Wissenschaft der Gegenwart nicht den Vorwurf machen, für die Krise der Gesellschaft verantwortlich zu sein: Sie habe den Niedergang nicht verschuldet

524 Ebd., 93.

525 Ob Salin angesichts des oben zitierten Abschnitts aus seiner Vorlesung dieser Forderung ebenfalls zugestimmt hätte, darf bezweifelt werden, vgl. 148.

526 TROELTSCH (1925), Revolution, 673f.

527 Marianne Weber über das Treffen von George und Max Weber: „Beide sind durchtränkt von tiefem Verantwortungsgefühl für ihre Zeit. Aber der eine erfaßt die Gegenwartsmächte wie sie nun einmal sind: als Material der Gestaltung und Aufgabe – der andere sieht nur das Teuflische daran und sucht es durch sein Nein zu überwinden.“ (WEBER (1926), Lebensbild, 468).

528 SALZ (1921), Wissenschaft, 58 (Hervorhebung von Salz).

529 Vgl. GROPPE (2001), Macht der Bildung, 614.

530 SALZ (1921), Wissenschaft, 75.

531 Gerhard Lauer bezeichnet daher das „Leben“ als ein universelles Deutungsmuster und Interpretationsschema, „das auf alles anwendbar ist und durch nichts Singuläres widerlegt werden kann.“ Es übernehme im nachidealistischen Zeitalter die traditionelle Rolle des philosophischen Systems (LAUER (1995), Verspätete Revolution, 239).

532 SALZ (1921), Wissenschaft, 65.

und könne ihn deshalb auch nicht verhindern.[533] Kahlers Vorstellungen jedenfalls hielt Salz für undurchführbar, wolle man nicht Zivilisation und Kultur preisgeben.[534]

Trotz des Sprachduktus, den er von Max Weber übernahm, korrigierte Salz Kahlers Ansichten also nur punktuell, während er im Ganzen gesehen nicht so weit von ihm abrückte, wie es aufgrund des aggressiven Tons den Anschein hatte.[535] Auffällig ist, dass er ganz auf der ethisch-praktischen Ebene des Problems blieb, also lediglich die Frage stellte, ob die Wissenschaft denn werten dürfe oder sich damit ihre eigene Legitimationsgrundlage entziehe – hier schienen die Gräben zwischen den Georgeanern und Weber nicht unüberbrückbar, und in der Frage der parteipolitischen Wertungen war man sich ja ohnehin einig. Das erkenntnistheoretische Problem, das hinter der Werturteilsfrage steckte, sparte Salz dagegen in seiner Schrift konsequent aus: Er nahm keine Stellung zu der Frage, ob die Werte den Objekten immanent seien oder nur Zuschreibungen des Betrachters. Spätestens an dieser Stelle wäre eine ausgleichende Stellung zwischen Weber und George nicht mehr möglich gewesen, und der Gestalttheoretiker Salz hätte sich auf Georges Seite schlagen müssen – was er vermied. Die Schrift versuchte eine Synthese der Standpunkte,[536] und das wäre von der gestalttheoretischen Perspektive aus nicht mehr möglich gewesen. Warum aber wollte Salz Weber nach dessen Tod verteidigen? Wollte er eine alte Schuld abtragen, die noch aus Webers Eintreten für ihn selbst, Salz, in der Kontroverse mit der Prager Fakultät zehn Jahre zuvor herrührte?[537] Oder ging es ihm gar nicht um Weber, sondern vielmehr um George, der wegen des beginnenden Zerwürfnisses mit Gundolf mehr und mehr auch Salz aus seiner Nähe verbannte? Wollte Salz, nachdem sich George von Kahlers Schrift distanziert hatte, mögliche Missverständnisse gerade rücken und zeigen, dass die Georgeaner durchaus wissenschaftlich ernster zu nehmen waren, als Kahlers Schrift das vermuten ließ? Gundolf jedenfalls, der sich so für Kahler eingesetzt hatte, schien sich angegriffen zu fühlen, er schrieb an Kahler, dass es durch Salz' Schrift „lahmer und leerer" zwischen diesem und ihm selbst geworden sei.[538] Möglich ist immerhin, dass es Salz ein echtes Bedürfnis war, eine Standpunktbestimmung zwischen den beiden geistigen Polen, zwischen denen er wanderte, herzustellen, und für sich selbst eine Vereinbarung der konträren Positionen zu versuchen. Dies gelang ihm nur zum Teil, da die Synthese in letzter Konsequenz nicht möglich war. Entweder, die Werte lagen in den Dingen und mussten nur noch erkannt werden, oder sie waren Konstrukte des Betrachters. Salz musste sich in der erkenntnistheoretischen Frage für eine der beiden Seiten entscheiden, und nachdem er gestalttheoretisch dachte, konnte dies nur Georges Position sein.

Wie sehr Arthur Salz in der Wertfrage Georgeaner war und blieb, zeigt das im Sommer 1945 entstandene Manuskript *On Values and on Economic "Value"*.[539] Hier betonte er, dass

---

533 Ebd., 89.

534 Ebd., 91.

535 WEILLER (1994), Begegnungen zweier Kulturen, 136.

536 Johannes Fried meint, es sei Salz' Ziel gewesen, die Position Webers mit der Georges zu versöhnen, „die menschenbildnerische Botschaft des Dichters in die Sozialwissenschaften zu integrieren." (FRIED (2004), Wirtschaftswissenschaftler, 271).

537 Vgl. 62.

538 Friedrich Gundolf an Erich Kahler am 23.06.1921, LBI zitiert nach GROPPE (2001), Macht der Bildung, 615.

539 UM *On Values and on Economic 'Value'* im LBI, Sommer 1945, AR 6288, Box II, Folder 7.

„Wert" im ökonomischen Sinn etwas ganz anderes sei als ein genuiner Wert. Bei letzterem würde es sich nicht um etwas Materielles handeln, um eine Tauschgröße, sondern um etwas Immaterielles, was den Menschen dennoch dazu bringen könne, sich bedingungslos auszuliefern.[540] Ein Wert, im allgemeinen Sinne, sei eine "consummate entity": "It would be absurd to conceive of it in fractions or fragments." Solche Werte könnten nur durch die Realisation im Stofflichen existieren – hier stimmten Salz, Salin, Kahler und Edith Landmann überein. Sie seien, anders als ökonomische Werte, zweckfrei und dennoch für den Menschen unverzichtbar, weil sie ihn formen könnten. Über den Wert schrieb Salz: "It simply 'is', insensitive, detached as the stars and not at all concerned about our physical or even spiritual welfare. Genuine values are unsentimental to the core."[541] Die Werte seien auch nicht wissenschaftlich beweisbar, sondern "the tear glittering in a man's eye is sufficient evidence that a real value has struck."[542] Salz glaubte an den Wert als präexistente, ontologische Größe, auch wenn er die Frage in der Schrift von 1921 zurückstellte hinter den pragmatischen Aspekten der Auseinandersetzung. Im Jahr 1945 klingt nur noch schwach die Webersche Position durch, wieder im Versuch, ihre grundsätzliche Bedeutung für die Debatte herunterzuspielen: "Whether genuine values are made *by* man is a moot issue, that they are made *for* man is unquestionable."[543] Salz diskutierte die Frage wieder nicht aus, stellte sie nicht ins Zentrum – seine eigene Position war und blieb jedoch die georgeanische.

1.4 Julius Landmann: Die Wandlung eines Positivisten

Reihte sich auch Julius Landmann in methodologischer Hinsicht in die Reihe der Georgeaner ein? Auf den ersten Blick hat es nicht den Anschein. Sieht man die Literatur über Julius Landmann nach Aussagen über seine methodologischen Überzeugungen und Präferenzen durch, stößt man zunächst auf bemerkenswerte Widersprüche. So wird teilweise die These vertreten, Julius Landmann, der seine methodische Ausbildung in der Historischen Schule der Nationalökonomie erhalten hatte, sei in dieser Tradition so fest verwurzelt gewesen, dass auch die Freundschaft zu George ihn nicht von seinen Überzeugungen abbringen konnte. „Anders als Singer und Salin, Gundolf und Wolters trennte Julius Landmann zwischen privater Verehrung des Dichters und beruflicher Realisierung. In dieser Hinsicht stand er den Überzeugungen der ersten Wissenschaftlergeneration im Sinne einer grundsätzlichen Trennung von Kunst, Weltanschauung und Wissenschaft näher als den Überzeugungen der gleichaltrigen Freunde aus dem George-Kreis."[544] Groppes Urteil über Landmann gründet sich auf Aussagen seiner Basler Freunde, die die historische Arbeitsweise Landmanns unterstrichen. „Aus den Erfahrungen der Vergangenheit und auf Grund denkender Beobachtung der Gegenwart ein Urteil über diese Gegenwart zu gewinnen und

---

540 Ebd., 11.
541 Ebd., 12.
542 Ebd., 13 (Hervorhebungen von Salz).
543 Ebd., 14 (Hervorhebungen von Salz).
544 GROPPE (2001), Macht der Bildung, 532. Es erstaunt, dass Carola Groppe das Kapitel über Julius Landmann unter die Überschrift *Lebensweg im Zeichen Stefan Georges* setzt, obwohl sie seine Arbeit als vom Einfluss des Dichters völlig unabhängig charakterisiert (ebd. 527).

Schlüsse auf die voraussichtliche Gestaltung der Zukunft zu ziehen“[545], sei Landmanns Ziel gewesen. Er habe die Bedeutung der Einzelerscheinungen im Allgemeinen zeigen wollen. Die These kann sich zudem stützen auf das Zeugnis von Michael Landmann, der über seinen Vater berichtete: „Die damals zuerst um sich greifende soziologische Betrachtungsweise empfand er als unwissenschaftlich.“ Landmann habe abfällig über die Heidelberger Soziologie gesprochen, und deshalb habe ihm die Vorlesung „Einführung in das wirtschaftliche und soziale Verständnis der Gegenwart“, die er im Wintersemester 31/32 in Kiel hätte halten sollen, gar nicht gelegen; das Thema sei ihm viel zu wenig konkret gewesen.[546] Michael schrieb explizit: „Auch der ‚neuen Wissenschaft‘, wie sie im George-Kreis propagiert wurde, stand er skeptisch gegenüber.“[547] Dem entspricht, dass Landmann in einem Brief an Rudolf Borchardt von 1910 die Meinung vertrat, Gundolfs Ausführungen im *Jahrbuch* bedürften sehr wohl einer Erwiderung, auch wenn er diejenige, die Borchardt ihm als Manuskript geschickt hatte, für unpassend hielt.[548] Auch 15 Jahre später blieb Landmann kritisch gegenüber der „neuen Wissenschaft“, wie ein Brief von Edith Landmann an Erich Kahler zeigt, in dem sie ihr eigenes geradezu euphorisches Urteil über Kahlers Schrift zum neuen Wissenschaftsverständnis des Kreises ausdrückte. Zum Ende hin bemerkte sie, dass ihr Mann, im Gegensatz zu ihr selbst, schwerwiegende Bedenken anzumelden habe:

> „[E]s ist, so meint er, gar nicht die alte wissenschaft, gegen die sich Ihr neues wissen richtet, sondern es ist nur die entartete wissenschaft der letzten generation, so wenig man aber, meint er, gegen die bildhauerei, die alte skulptur als solche, zu felde ziehen dürfe, wenn 2 generationen einmal nur afterkunst hervorgebracht und versagt haben, so wenig dürfe man die alte wissenschaft als solche angreifen. es gebe keine neue und alte, sondern nur echte und unechte wissenschaft, und echte sei zu allen zeiten, auch im 19ten jahrhundert noch, Ihren forderungen entsprechend. – ich teile diesen einwand nicht und bin gespannt, mündlich oder schriftlich, zu hören, wie Sie darauf antworten.“[549]

Diese Kritik an der georgeanischen neuen Wissenschaft weist Julius Landmann in der Tat eher ins Lager der ersten Wissenschaftlergeneration, sie gleicht bis ins Detail den Vorwürfen, die Kurt Breysig zwanzig Jahre zuvor gegen Friedrich Wolters Aufsatz im *Jahrbuch* erhoben hatte.[550] Die Differenz Julius Landmanns zum George-Kreis scheint dadurch noch

---

545 MANGOLD (1939), Landmann, 464.
546 LANDMANN (1980), Erinnerungen George, 81.
547 Ebd., 81.
548 Julius Landmann an Rudolf Borchardt vom 2.3.1910 in DLA.
549 Edith Landmann an Erich Kahler am 11.10.25, in DLA A: Kahler, 91.88.386.
550 BREYSIG, Kurt, Die schöpferische Macht der Wissenschaft, in: BREYSIG, Kurt und GEORGE, Stefan, Kurt Breysig – Stefan George. Gespräche – Dokumente, in: Castrum Peregrini 42 (1960), 91–105 (leicht gekürzt). Erstmals abgedruckt ohne die persönliche Anrede als: BREYSIG, Kurt, Die schöpferische Macht der Wissenschaft, in: DERS, Das Recht auf Persönlichkeit und seine Grenzen. Berlin 1944, 115–142. Vgl. zu Breysigs Beziehung zum George-Kreis auch SCHÖNHÄRL, Korinna, Kurt Breysig, in: Achim AURNHAMMER u.a. (Hrsg.), Stefan George und sein Kreis. Ein Handbuch zu Leben und Werk Stefan Georges, zu den Mitgliedern seines Kreises und zu dessen Wirkung. Voraussicht. 2010 (im Druck). Allerdings betonte Edith Landmann, dass sie alle „das zugrunde liegende erlebnis aufs engste, völlig“ verbinde – alle, d.h. auch ihren

vergrößert, dass er sich gerade in dem Punkt, in dem die Georgeaner mit der Jüngeren Historischen Schule übereinstimmten, in der Frage nach dem Umgang mit Werturteilen in der Wissenschaft, entschieden von ihr entfernte und eher auf die Position Max Webers einschwenkte. Seine Studenten dichteten über ihn: „Doch Landmann spricht/ ‚Ich werte nicht'/ Und Landmann ist ein ehrenwerter Mann."[551] In ihrer Abschiedsadresse für den aus Basel scheidenden Professor betonten die Schüler dementsprechend, Landmann habe immer eine scharfe Grenze zwischen Wissenschaft und Politik gezogen und darauf hingewiesen, „dass Wertungen wissenschaftlich bearbeiten niemals selber werten bedeutet."[552] In die gleiche Richtung geht Traugott Geerings Beitrag aus dem Jahr 1927, der Landmanns „Zurückhaltung mit dem eigenen Werturteil" hervorhob,[553] und der von Samuel Scheps von 1971.[554] Auch die von Mangold zitierten Nachrufe heben allesamt die unbestechliche Sachlichkeit als Markenzeichen Landmanns hervor.[555] Groppe schlussfolgert, Wissenschaft sei für ihn im traditionell positivistischen Sinn ein wertfreies Analyseinstrument gewesen, weshalb er sich keiner Schule der Nationalökonomie verpflichtet gefühlt habe.[556] Das Urteil der Basler Bekannten und Freunde scheint so eindeutig, dass Groppe und Baudraz[557] es unhinterfragt übernehmen. Gerade bei Baudraz überrascht dies, da sie, anders als Groppe, die die Werke Landmanns nicht im Original studiert hat, sondern sich nur auf die oben zitierten Quellen verlässt, sehr wohl eine große Anzahl von Landmanns Texten herangezogen und genau durchgearbeitet hat.

Dem gegenüber steht das Urteil späterer Weggefährten. So erweckte Salin in seinem Nachruf den Eindruck, Landmann habe in der „Fehde" um die Wertfreiheit der Wissenschaft auf Seiten der Georgeaner gestanden.[558] Er rückte den Betrauerten in die Nähe des Kreises, indem er Verse von Hölderlin in seine Würdigung einbaute und Landmanns Tätigkeit als „Gesetzgeber"[559] hervorhob; obwohl er diese nicht direkt mit Platons Tätigkeit als Gesetzgeber in Sizilien verglich, tauchte doch wie selbstverständlich in seinem Nachruf das „platonische Urbild des Staates" auf.[560] Die Stilisierung in Richtung George-Kreis setzte Salin noch weiter fort, indem er dem Freund unterstellte, ganz im Sinne des „schönen Lebens" seinen Tageslauf als Kunstwerk gestaltet zu haben,[561] und ihm das Verdienst zurechnete, sein Augemerk auf die geschichtsträchtigen Taten großer Männer gelenkt zu haben. Zusätzlich unterstrich seine pathetische Sprache diese Richtung, so etwa wenn er Landmanns politischen Einfluss darin begründet sah, dass „die Dämonie der Macht die Lebens-

Mann. Gemeint kann hier nur das Erlebnis Georges sein, wie Edith Landmann es andernorts beschrieb (Edith Landmann an Erich Kahler am 11.10.25, in DLA A: Kahler, 91.88.386).

551 LANDMANN (1980), Erinnerungen George, 81.

552 Abschiedsadresse an Julius Landmann von seinen Schülern vom 6.6.1927, in UB Basel, NLB F1.

553 GEERING (1927), Abschied Schweiz, 554.

554 SCHEPS, Samuel, Julius Landmann, in: DERS., The Dethronement of gold. Toward a new image of currencies (im Ergänzungsteil ohne Seitenangaben). London 1971.

555 MANGOLD (1939), Landmann, 454–458.

556 GROPPE (2001), Macht der Bildung, 531.

557 BAUDRAZ (1997), Landmann, 97ff.

558 SALIN (1933), Landmann, 25.

559 Ebd., 29, 21.

560 Ebd., 24.

561 Ebd., 28.

richtung unsichtbar bestimmte."[562] Salin stellte Landmann also als zum George-Kreis gehörig dar. In ähnlicher Weise rückte der nicht zum Kreis gehörige Hermann Kantorowicz[563] Landmann in die Nähe der georgeanischen Ideale, indem er den praktischen Bezug für das Leben betonte, den Landmanns Wissenschaft immer gehabt habe.[564] Er schloss seine Trauerrede mit Versen aus dem *Teppich des Lebens*. Haben wir es hier ausschließlich mit einer nachträglichen, posthumen Stilisierung Landmanns als georgeanischem Wissenschaftler zu tun, die nicht der Realität seiner wissenschaftlichen Arbeit entspricht?

Die georgeanische Deutung von Landmann kann sich durchaus auch auf Belege stützen, selbst wenn Landmann in seinen letzten Jahren in Kiel, auf die sich die Georgeaner vor allem bezogen, viel weniger publizierte als in der Zeit in Basel. Als wichtigste Quelle für die georgeanische Interpretation müssen deshalb die Vorträge aus dem Nachlass gelten,[565] die seine Frau mit Hilfe verschiedener Freunde nach seinem Tod herausgab. Schon die Publikationsgeschichte der Texte ist von besonderem Interesse: Nachdem Edith Landmann mit der Bitte um Hilfe bei der Auswahl von zur Publikation geeigneten Texten aus dem Nachlass an verschiedene Kollegen herangetreten war, beriet Salin sie dahin gehend, diese drei Vorträge auszuwählen; die Vorlesungen über Finanzgeschichte und Bankgeschichte hielt er für weniger geeignet, weil sie nicht so originell seien,[566] obwohl dazu Herbert Gross und Otto Pfleiderer geraten hatten.[567] Dass es sich bei den drei Vorlesungen um eine Art Politikum handelte, war Salin bewusst: „Ich bin mehr denn je der Auffassung, dass pseudo-wissenschaftliche Einwände seit Max *Webers* hoffentlich bald berüchtigten Aufsätzen nur allzu oft Schrift und Handeln gestört haben, und ich bin meinerseits fest entschlossen, mir keine Knüppel mehr zwischen die Beine werfen zu lassen."[568] Salin sah, dass gerade diese Texte in vielerlei Hinsicht Landmanns Einreihung in die Phalanx der georgeanischen Wissenschaftler ermöglichten, und deshalb plädierte er entschieden für ihre Publikation. Er kümmerte sich in der Folge intensiv um die Herausgabe,[569] ebenso wie Bernhard Harms.[570] Auch Ernst Gundolf las die

---

562 Ebd., 22.

563 Der Jurist und Rechtswissenschaftler Hermann Kantorowicz lehrte von 1929–1933 an der Universität Kiel. Er war Anhänger der gegen den Rechtspositivismus gerichteten Freirechtslehre und interessierte sich auch für soziologische Fragen. Kantorowicz publizierte auch eine Arbeit über Georges Gedichte (KANTORWICZ, Hermann (unter dem Pseudonym Kuno Zwymann) und GOESCH, H., Aesthetik der Lyrik. Das Georgesche Gedicht. 2. Aufl. Berlin 1904). Eine Verwandtschaft zu Ernst Hartwig Kantorowicz bestand aber wohl nicht. Ich danke Eckehard Grünewald für das Nachschlagen im weitverzweigten Stammbaum der Kantorowicz.

564 KANTOROWICZ (1932), Landmann, 3.

565 Es handelte sich um drei Vorträge: Der kuriale Ursprung der hohen Finanz, gehalten am 13. November 1929 im Christian-Albrecht-Haus der Universität Kiel (in diesem Vortrag finden sich allerdings noch kaum methodologische Überlegungen). Des Abbé Galiani Dialoge über den Getreidehandel und der Methodenstreit in der heutigen Wirtschaftswissenschaft, gehalten am 16.5.1930, zur Einleitung eines Seminars über Handelspolitik; Zur Psychologie des Börseaners, gehalten am 6.7.1931 im Christian-Albrecht-Haus der Universität Kiel. Gedruckt als: LANDMANN, Julius, Vorträge aus dem Nachlass. Basel 1933.

566 Im Oktober und November 1932 schrieb Salin Edith Landmann mehrmals in Fragen der Publikation aus dem Nachlass ihres Mannes, vgl. UB Basel, NSB Fb C36.

567 Brief von Herbert Gross an Edith Landmann am 11.5.33 in E4, 8 und Brief von Otto Pfleiderer am 4.5.33 in E4, 12.

568 Salin an Edith Landmann am 7.12.32, UB Basel, NSB Fb C 36 (Hervorhebung von Salin).

569 Es ist anzunehmen, dass Salin 30 Jahre später auch an dem Vorschlag beteiligt war, einen Teil des Textes über Galiani wieder abzudrucken in RECKTENWALD, Horst Claus, Lebensbilder grosser Nationalökono-

Manuskripte Korrektur.[571] Dementsprechend wurden die „georgeanischen" Ansätze, die Landmann in den Vorträgen selbst entwickelt hatte und die unten genauer untersucht werden, von seinen Nachlassverwaltern nach Kräften verstärkt. So gab man dem zweiten Vortrag *Des Abbé Galiani Dialog über den Getreidehandel und der Methodenstreit in der heutigen Wirtschaftswissenschaft* eine Fußnote bei, die erklärte, Landmann habe seinen Vortrag zu einer Abhandlung über die Methodenfragen in der Wirtschaftswissenschaft erweitern wollen und habe sich dafür um Unterstützung an den Georgeaner Ernst Gundolf gewendet. Dessen Ausführungen hätten Landmanns Billigung gefunden, würden deshalb Aufschluss geben „über die Richtung, in welcher Landmann die Lösung der Probleme suchte", und würden aus diesem Grund mit abgedruckt.[572] Es folgen sieben Seiten Text von Ernst Gundolf, den man geradezu als Quintessenz georgeanischen Wissenschaftsverständnisses bezeichnen darf. Nicht umsonst bezeichnete ein Rezensent Julius Landmann in einer Besprechung als „nationalökonomische[n] Jünger Stefan Georges."[573] Eine Tendenz zur Stilisierung im Sinne des George-Kreises lässt sich also nachweisen, aber legten die Georgeaner Landmann wirklich Worte und Überzeugungen in den Mund, die er so nie gemacht hätte? Eine Überprüfung der konträren Positionen an Landmanns eigenen Texten ist unerlässlich. Erschwert wird dieses Unterfangen dadurch, dass Landmann, abgesehen von den nachgelassenen Vorträgen, kaum methodologische Schriften verfasste, noch weniger als Singer oder Salz; seine methodologischen Überlegungen müssen aus Randbemerkungen entnommen werden.

Kontinuitäten in den methodologischen Überlegungen von Julius Landmann

In einigen methodologischen Fragen blieben Landmanns Überzeugungen im Lauf der Jahrzehnte seiner wissenschaftlichen Tätigkeit bemerkenswert konstant.

Trotz seiner Sozialisation in der Historischen Schule der Nationalökonomie löste er sich schon früh von der Vorstellung, allgemeingültige Gesetzmäßigkeiten in der Ökonomie auffinden zu können, die Prognosen für die Zukunft erlaubten. So stellte er bereits in seiner Dissertation über den Diskontsatz fest, dass dieser keineswegs ausschließlich für sämtliche Preisschwankungen verantwortlich gemacht werden könne. Vielmehr hielt er es für unzulässig, „gegenüber der verwickelten Mannigfaltigkeit der realen Erscheinungswelt ein einziges Moment herauszugreifen" und zu verabsolutieren.[574] Jede einzelne wirtschaftliche Situation

men: Einführung in die Geschichte der politischen Ökonomie. Berlin 1965, 129–131, wo er auch selbst zwei Texte publizieren ließ (über Johann Heinrich von Thünen, 194–205 und über Friedrich List, 227–229).

570 Brief vom Verlag Reimar Hobbing an Edith Landmann vom 16.08.1933 in UB Basel, NLB E4, 2.

571 Ernst Gundolf an Edith Landmann am 27.3.33 in UB Basel, NLB, E4, 6.

572 LANDMANN (1933), Abbé Galiani, 54. Landmann hatte Galiani, ebenso wie Singer (vgl. 176, Fn 300), früher schon zitiert, vgl. LANDMANN, Julius und FREY, Julius, Rapport sur les moyens des banques pour soutenir et faciliter l´exportation de la Suisse, in: Vereinigung von Vertretern des Schweizerischen Bankgewerbes: Procès-verbal de la assemblée générale de l´Association des Représentants de la Banque en Suisse (Hrsg.), Basel 1913, 3–25, 12.

573 N.N., [Rezension zu] Landmann, Julius, Vorträg aus dem Nachlass, in: Nationalzeitung 390 (1934, 26. August).

574 LANDMANN (1900), Diskontpolitik, 47.

müsse für sich genommen untersucht werden. Man könne zwar das allgemeine, idealtypische aus der Geschichte herausarbeiten.[575] Rückschlüsse auf Gesetzmäßigkeiten glaubte Landmann daraus jedoch nicht konstatieren zu können. Dementsprechend stellte er sein ganzes Leben lang klar, dass es keinen Sinn habe, Lehrsätze aufzustellen, die scheinbar überall gälten, dann aber nirgends anwendbar seien. Noch in den Vorträgen aus dem Nachlass spottete er über die physiokratische Lehre, die solche Gesetze auch noch in Bilder zu verpacken versuchte: „Der Herr bewahre uns vor dem Bösen und vor der Metapher, dem Bilde, das, wie z.B. das Bild des Kreislaufes in der Wirtschaftstheorie, meist vom Bösen kommt und Böses fortzeugt, und also sehe ich von allen Bildern ab."[576] In den nachgelassen Schriften ging Landmann insofern einen Schritt über seine früheren Überlegungen hinaus, als er seine Position durch explizite methodologische Überlegungen untermauerte, die im Frühwerk fehlen. Unter anderem reflektierte er hier das Verhältnis von Deduktion und Induktion, die er nicht als Gegensatz begreifen wollte, ganz ähnlich wie Salin: „Eine vollkommene Induktion kann in Wirklichkeit immer nur aufgrund gedanklicher Durchdringung des Stoffes zustande kommen, genau ebenso wie jeder Deduktion, die zu fruchtbaren Ergebnissen führen soll, eine der Wirklichkeit adäquate Anschauung des Gegenstandes zugrundeliegen muß."[577]

Der rationalen Methode in der Nationalökonomie stand Landmann Zeit seines Lebens kritisch gegenüber: „Die Methode ist fruchtbar durch Konzentration auf eine Teilerscheinung, diese Teilerscheinung wird, wie im Mikroskop, deutlicher sichtbar. Doch übersieht sie, daß die Wirtschaft in Tat und Wahrheit kein isoliertes Leben führt, in ihrem Prozeß vielmehr von zahlreichen anderen Erscheinungen des gesellschaftlichen Lebens beeinflußt wird."[578] So stellte Landmann z.B. fest, die Berechnung des Volkseinkommens könne nur eine Teilerkenntnis sein. „Die Sucht des [sic! Ko. S.] Volkseinkommens in seiner absoluten Größe um seiner selbst willen zu berechnen scheint das unglückseligste Derivat einer Zeit zu sein, in der man Minderwertigkeitsgefühle gegenüber dem geringen Schatz wirklichen wirtschaftswissenschaftlichen Wissens durch einen ausgedehnten Zahlenfetischismus zu verdecken suchte."[579] Landmann kritisierte die rationale Theorie, weil die Wirklichkeit seiner Meinung nach nicht nach der Prämisse von absoluter Rationalität funktionierte.[580] Auch die Kritik am homo oeconomicus fehlte nicht,[581] ganz ähnlich wie bei den anderen georgeanischen Ökonomen. Landmanns Schlussfolgerung entsprach der Salins, der die rationale Theorie nur als Teilerkenntnis gelten lassen wollte. Auch Landmann stellte klar: „Der Nationalökonom darf, so lange er sich auf dem Boden der reinen Theorie bewegt, in bewusster

---

575 LANDMANN, Julius, Geschichte des öffentliche Kredites, in: Handbuch der Finanzwissenschaft. Bd. 2 (1927), 479–515, 481.

576 LANDMANN, Julius, Zur Psychologie des Börseaners (Vortrag, gehalten am 6. Juli 1931 im Christian-Albrecht-Haus der Universität Kiel), in: DERS. Vortraege aus dem Nachlass. Basel 1933, 63–84, 64.

577 LANDMANN (1933), Abbé Galiani, 47f.

578 Ebd., 49.

579 LANDMANN, Julius und COLM, Gerhard, Vergleichbarkeit der Vorkriegs- und Gegenwartsschätzungen der Volksvermögen und Volkseinkommen, in: Allgemeines statistisches Archiv: ASTA; Journal of the German Statistical Society 22 (1932), 539–555, 553f.

580 COLM, Gerhard und NEISSER, Hans, Kapitalbildung und Steuersystem. Verhandlungen und Gutachten der Konferenz von Eilsen, Bd. I. Berlin 1930.

581 Landmann, Julis, Vorlesung Theorie des Geldes von 1927 im Typoskript, UB Basel, NLB A7, 9.

Einseitigkeit das menschliche Handeln als ausschliesslich durch wirtschaftliche Zielsetzungen bestimmt sehen, wie wenn es in der Welt nichts als nur Wirtschaft gäbe.“[582] Aber er müsse sich dessen bewusst bleiben, dass es in der Praxis viel mehr Einflussfaktoren gebe, und deshalb sei eine solche Isolierung bei der politischen Entscheidungsfindung nicht erlaubt. Der Leser fühlt sich nicht nur an Salins anschauliche Theorie erinnert, sondern auch an Edith Landmanns Unterscheidung zwischen Teil- und Gesamterkenntnis.

Dementsprechend prägte Julius Landmann auch seinen Studenten immer wieder ein, dass Theorien in der Nationalökonomie immer nur als Hilfestellungen verstanden werden könnten: „Jede Theorie stellt einen Versuch dar, eine Mehrzahl von Tatsachen in einem bestimmten kausalen Zusammenhang zu sehen, die Aufeinanderfolge der Tatsachen durch diesen Zusammenhang zu erklären; folglich kann keine Theorie durch eine Tatsache bestätigt oder widerlegt werden. Bestätigt wird sie immer nur durch den mehr oder weniger schlüssigen Beweis, dass eine Aufeinanderfolge von Tatsachen durch den vorausgesetzten Kausalzusammenhang erklärt werden kann, und widerlegt wird sie nur durch den Beweis, dass dieser Kausalzusammenhang anders geartet ist.“[583] In wichtigen wirtschaftspolitischen Fragen wie der Reparationsfrage riet Landmann deshalb, sich nicht auf eine Theorie festzulegen. Ein „agnostischer“ Standpunkt sei besser als quantitätstheoretischer Optimismus.[584]

Blieb Landmanns grundsätzliche Position, die Ablehnung von allgemeingültigen Gesetzen in der Nationalökonomie, im Laufe seiner akademischen Arbeit auch unverändert, so modifizierte sich doch die Semantik seiner Argumentation, und zwar in einer Richtung, die eine Beeinflussung durch georgeanisches Gedankengut wahrscheinlich macht. So schrieb Landmann am Ende seines Lebens über Galiani, den er als Beispiel für die richtige Methodik in der Ökonomie verstanden wissen wollte:[585] „Der einzelne Vorgang, die spezielle Erscheinung des Getreidehandels, wird nicht isoliert betrachtet, sondern auf ein Ganzes, eine Staats- und Volksgemeinschaft bezogen, das einzelne Wirtschaftsphänomen wird im Zusammenhang mit der Besonderheit des Staates aufgefaßt.“[586] Der Staat als Ganzes – diese Semantik findet sich in Julius Landmanns frühen Schriften selten, sie taucht jedoch hier am Ende seines Lebens auf, und sie ist typisch für den George-Kreis. Im Galiani-Text führt sie zu eben den Schlussfolgerungen über die Fähigkeiten und Grenzen der Ökonomie, die auch für Salin typisch sind. Durch Galianis Herangehensweise werde „kein theoretisches System gewonnen, sondern allein die für den Augenblick gültige Maxime des wirtschaftspolitischen Handelns.“ Ja sogar der Bezug auf Vico, auf den die Georgeaner so gerne ihre „neue Wis-

---

582 LANDMANN, Julius, Zur Beurteilung der eidgenössischen Stempelabgaben. Ein nachträgliches Diskussionsvotum, in: Zeitschrift für schweizerisches Recht 40 (1921), 464–474, 465.

583 Landmann, Julius, Vorlesung Theorie des Geldes von1927 im Typoskript, UB Basel, NLB A7, 1.

584 LANDMANN, Julius, Notwendigkeit und Wirksamkeit der Diskontpolitik im Transfermechanismus [Referat], in: SALIN, Edgar (Hrsg.), Das Reparationsproblem. Teil 1: Verhandlungen und Gutachten der Konferenz von Pyrmont. Berlin 1929, 204–210, 210.

585 Große Anleihen für diesen Aufsatz nahm er von seiner Schülerin Louise Sommer (SOMMER, Louise, Abbé Galiani und das physiokratische System, in: Zeitschrift für Volkswirtschaft und Sozialpolitik N.F., 5 (1927), 318–341). Nur die Schlussfolgerung war eine andere: Für Landmann wurde Galiani natürlich nicht, wie für Sommer, durch die Entwicklung einer subjektiven Wertlehre zum Vorläufer der österreichischen Grenznutzentheorie (ebd. 341). Ich danke Harald Hagemann für den Hinweis.

586 LANDMANN (1933), Abbé Galiani, 49.

senschaft" zurückführten,[587] findet sich in Landmanns nachgelassenen Schriften: „Die physiokratische Lehre fußt auf allgemeinen Gesetzen der Natur, die Galianis auf den besonderen Umständen der Menschenwelt. Jene auf Descartes, diese auf Vico."[588] Landmann stellte Galiani explizit in die Tradition Vicos, und sich selbst in die Galianis. Auch die Semantik vom großen Einzelnen findet sich in Landmanns Text: „Daß aber der Politiker vom Augenblicke abhängig ist und die Verhältnisse des Augenblickes wie ein Künstler behandeln muß, dürfte unbestritten sein. Die großen Staatsmänner, nicht zuletzt Napoleon[589] und Bismarck, waren Männer, über die der schöpferische Augenblick Gewalt besaß."[590] Die Annäherung an die Semantik des George-Kreises ist nicht zu übersehen. Sie entging auch den Zeitgenossen nicht. Edith Landmann schrieb an Salin über die nachgelassenen Texte ihres Mannes: „Ich schicke gleichzeitig den aufsatz mit einigen zur ansicht für Sie ausgestrichenen sätzen zurück. es ist nicht viel, aber Sie sehen daraus, in welcher richtung mein bedenken lag. Mehr noch als in ganzen sätzen steckts in der wahl der worte: grosser aus grosser dichtung übernommener worte in zusammenhängen, wo ich geflissentlich kleinere, z.B. ‚irrtum' wählen würde statt ‚wahn'".[591] Julius Landmanns Witwe konstatierte eine dichterische Sprache in Landmanns letzten Texten, die ihm in jungen Jahren völlig fremd gewesen war, und die sogar ihr, der überzeugten Georgeanerin, unangemessen oder zumindest in seinen Texten ungewohnt schien.

Als besonders eindrucksvolles Beispiel für Landmanns Ablehnung jeder Schule der Nationalökonomie, die versuchte, allgemeingültige Gesetze aufzustellen, – und zugleich für seine harsche Kritik und seine beißende Ironie – kann seine Kritik an der Österreichischen Schule herangezogen werden, die er in einem scharfen Brief an seine ehemalige Schülerin Louise Sommer[592] formulierte: „Einmal dürfen Sie ja institutionell der Zustimmung des Kreises gewiss sein, der sich heute noch österreichische Schule nennt. Er ist wohl allmählich zur Sekte geworden. Die Voraussetzungen der Aufnahme sind leicht zu erfüllen: fünf ältere Meister werden respektiert, drei neue bilden den Kanon, und im übrigen genügt der Glaube an die Allgültigkeit der Methode Ricardos, das unbedingte Bekenntnis zur Quantitätstheorie und die Bereitwilligkeit, aller aus dem deutschen Sprachgebiet aber nicht aus der Sekte kommenden Leistung jeden Wert abzusprechen, um vollberechtigtes Mitglied zu werden."[593] Die Ironie wurde noch schneidender: „„Haben Sie Absatzstockungsschmerzen, leiden Sie an einer Disproportion Ihres Preisniveaus, fühlen Sie sich von der Ungeistigkeit der deutschen Nationalökonomie verstofflicht? Wir können Ihnen helfen, denn wir haben den Alleinvertrieb des sicher wirkenden Brustthees aus dem allein echten niederösterreichischen Knöterich.'"[594] Und er unterstellte Sommer, nur in einem Punkt mit der deutschen Nationalöko-

587 Zu Vico vgl. 21, Fn 20.
588 LANDMANN (1933), Abbé Galiani, 44.
589 Über die Napoleon-Rezeption im George-Kreis vgl. BEßLICH, Barbara, Der deutsche Napoleon-Mythos: Literatur und Erinnerung. Darmstadt 2007.
590 LANDMANN (1933), Abbé Galiani, 50ff.
591 Edith Landmann an Edgar Salin am 15.1.32 in UB Basel, NSB, C 36, 103.
592 Dabei war Louise Sommer keineswegs eine unkritische Anhängerin der Österreichischen Schule, vgl. HAGEMANN, Harald, Sommer, Louise, in: Brigitta KEINTZEL und Ilse KOROTIN, Wissenschaftlerinnen in und aus Österreich. Leben – Werk – Wirken. Köln u. Weimar 2002, 690–695.
593 Landmann an Louise Sommer am 6.8.1926, in UB Basel, NLB E1, 3.
594 Ebd.

nomie übereinzustimmen: „Was sich nie und nirgends hat ereignet, das allein bleibt ewig wahr."[595] Landmann konnte eine derart vom praktischen Wirtschaftsleben isolierte Nationalökonomie nicht akzeptieren.

Daneben war für ihn der Bezug zur Praxis von Anfang an entscheidend für seine Tätigkeit als Ökonom. Seinem Sohn gegenüber betonte er, in einer praktischen Umgebung aufgewachsen zu sein und nannte dies einen wesentlichen Faktor für die Entwicklung seines Denkens.[596] Seine Tätigkeit bei der Schweizerischen Nationalbank legte davon ebenso Zeugnis ab wie die als Gutachter für die politischen Entscheidungsträger in der Schweiz. Aber auch in seinen Texten finden sich immer wieder Passagen, die die Bedeutung der Praxis gegenüber der Theorie betonten. Diese Haltung lässt sich z.B. in einer seiner historischen Arbeiten ablesen aus seinen Aussagen über Johann Conrad Heidegger, einen Mitbegründer und langjährigen Präsidenten der Züricher Zinskommission. Über diesen Praktiker und seinen eher theoretisch veranlagten Zeitgenossen Rousseau schrieb Landmann: „Es ist kein Zweifel, dass wir in ihm die reifere und durchgebildetere Persönlichkeit, die intellektuell und moralisch hervorragender geschulte Kraft vor uns haben. Rousseau ist dagegen der unklare Schwärmer, der haltlose Charakter mit pathologisch gesteigertem Selbstgefühl. [...] Rousseaus Wirken ist ideell, Heideggers praktisch; Rousseau revolutionierte die Köpfe, Heidegger reformierte die Institutionen."[597] Es liegt auf der Hand, welchem der beiden Landmanns Sympathie gehörte, der sich zur Zeit der Niederschrift dieses Textes mit vollem Engagement für die Schaffung einer zentralen Notenbank in der Schweiz einsetzte. Aus der Überzeugung von der Notwendigkeit des Praxisbezugs der Ökonomie heraus unterfütterte er sein Leben lang seine wissenschaftlichen Arbeiten durch Beispiele aus der Praxis,[598] was die Rezensenten seiner Arbeiten oft lobend vermerkten.[599] Die Volkswirtschaftslehre war für ihn eine empirische Wissenschaft, die von der Wirklichkeit ausgehen und zu Ergebnissen gelangen sollte, die mit der Wirklichkeit übereinstimmen.[600] Dementsprechend waren seine Texte klar und präzise formuliert und stringent gegliedert, sodass auch der ökonomische Laie sie verstehen konnte. Die Fußnoten verbannte Landmann, ganz ähnlich wie die Georgeaner, als „für den Grosstheil der Leser [...] nur eine ästhetisch unschöne Unterbrechung des Satzbildes" deshalb gerne aus dem Text, z.B. in den Registerband.[601] Landmann blieb seiner Überzeugung von der Notwendigkeit des Praxisbezugs treu, während die Semantik sich im Laufe der Jahre der georgeanischen anglich. So begründete er die Notwendigkeit, warum angehende Juristen in ihrem Studium der Rechtsordnung eines Landes auch die Nationalökonomie desselben kennen lernen sollten, im Jahr 1920, also sieben Jahre nach der engeren Bekanntschaft mit George, folgendermaßen: „Eine Ordnung, welche ihr Amt im Leben hat, hat ihren Sinn nur in den lebendigen Beziehungen zur konkreten Gestalt eben der Vorgänge, welche sie ordnen soll, sie gilt für sie nur, wenn sie auch von ihnen gilt, soll die

595 Ebd.

596 LANDMANN (1980), Erinnerungen George, 70.

597 LANDMANN (1905), Leu und Co, 57.

598 Z.B. in LANDMANN (1927), Öffentlicher Kredit.

599 HELFFERICH, Karl, [Rezension zu] Landmann, Julius, System der Diskontpolitik, in: Jahrbücher für Nationalökonomie und Statistik 3/ F. 22, 77 (1901), 284–285, 284.

600 LANDMANN, Julius, Die Volkswirtschaftslehre im Rahmen des staatswissenschaftlichen Studiums, in: Zeitschrift für schweizerische Statistik 56 (1920), 315–334, 323.

601 LANDMANN, Julius, Die Finanzlage der Helvetischen Republik. Bern 1909, 5.

Wirklichkeit sich nach dem Recht richten, so muss das Recht seinerseits aus der Wirklichkeit entwickelt sein."[602] Die Jura-Studenten sollten durch die Heranführung an die wirtschaftliche Realität darauf vorbereitet werden, das Recht von morgen mitzugestalten. Die Berufung auf das „Leben", dem die Wissenschaft dienen solle, zeigt, dass er die lebensphilosophischen Semantiken der Zeit, die auch im Kreis gepflegt wurden, allmählich in seine Argumentationen aufnahm und weist Landmann als intensiven Leser der *Jahrbücher* aus. Insbesondere anlässlich seines Austritts aus der Statistisch-volkswirtschaftlichen Gesellschaft im November 1922, den Landmann damit begründete, dass vom Vorstand ein künstlicher Gegensatz zwischen Theorie und Praxis aufgebaut werde, betonte er, dass sowohl die Theorie als auch die Praxis ihr Recht in der Nationalökonomie hätten und gegenseitig aufeinander angewiesen seien: „Es gibt eine gute und eine schlechte Theorie, wie es eine gute und eine schlechte Praxis gibt; aber es gibt keinen Gegensatz zwischen guter Theorie und guter Praxis, sondern höchstens nur den Unterschied, der sich auf diesem, wie auf jedem andern Gebiete menschlichen Lebens als Folge der Tatsache ergibt: ‚es sind vielerlei Gaben, aber ein Geist'."[603] Die Ähnlichkeit zu dem von Singer, Salin und Salz so gern verwendeten Bibelzitat „Der Geist weht, wo er will"[604] beruht schwerlich auf Zufall. Landmann betonte, dass die Unterscheidung zwischen Theorie und Praxis auch deshalb für ihn nicht möglich sei, weil er nicht wisse, welcher der beiden Sphären er sich zuzurechnen habe.[605] In seinen letzten Jahren in Kiel fand er in Salins Friedrich List-Gesellschaft ein weiteres Wirkungsfeld, wo er für die Verflechtung der Theorie mit der Praxis eintreten konnte. So wirkte er bei der Vorbereitung der Konferenzen von Pyrmont und Berlin von 1928 und von Bad Eilsen 1929 mit, wo sein Auftreten ein Erfolg war.[606] Auch in die Vorbereitung zur nicht stattgefundenen Konferenz über den Nationalsozialismus war Landmann eingebunden.[607]

Wie bei den anderen Ökonomen, so zeigt sich auch für Landmann die Grenze der politischen Aktivität im Umfeld Georges. Zwar wurde der „Dienst für das Leben" auch vom „Meister" als wichtige Aufgabe der Wissenschaft gesehen, aber andererseits wünschte er keine Verstrickung seiner „Jünger" in die Niederungen der praktischen Politik. Als im Jahr 1921 die Chance auf Landmanns Berufung nach Kiel zu bestehen schien, versuchte dieser in einer Anfrage an Walther Rathenau auszuloten, inwiefern eine Mitarbeit an der deutschen Wirtschafts- und Finanzpolitik möglich sei, da er nicht damit rechnete, in der professoralen Existenz volle Befriedigung zu finden.[608] George scheint diesen Plan nicht gebilligt zu haben. Nach einer Besprechung mit ihm in Heidelberg reflektierte Landmann Friedrich Wolters gegenüber die Schwierigkeit einer politischen Tätigkeit für die Regierung in Berlin bei gleichzeitiger Zugehörigkeit zum Kreis: „Denn ein Handeln, auch wenn man es ‚geistespolitisch' nennt, muss doch, wenn es den Wünschen der Berliner Zentrale entsprechen soll, doch [sic! Ko. S.] stets nicht an überheutigen Zielsetzungen, sondern an Problemen und

602 LANDMANN (1920), VWL, 320.

603 Landmann an den Präsidenten der Statistisch-volkswirtschaftlichen Gesellschaft zu Basel im November 1922, abgedruckt in MANGOLD (1931), Statistisch-Volkswirtschaftliche Gesellschaft, 50ff, hier 51f. Das Bibelzitat aus 1. Korinther 12, 7–10.

604 Vgl. 187.

605 Landmann an R. Christ-de Neufville vom 29.11.1922, in: SWA, Biographisches Landmann.

606 BRÜGELMANN (1956), Politische Ökonomie, 76, 101.

607 Ebd., 123.

608 Landmann an Rathenau, ohne Datum abgedruckt in RATHENAU (2006), Briefe 1, 2618.

Aufgaben der Gegenwart orientiert sein. Ich will damit durchaus nicht sagen, dass man alsdann in jeder tagespolitischen Frage Stellung zu beziehen hätte. Aber man dürfte sich in Fragen vom Charakter etwa Oberschlesien oder Ruhrbesetzung der Stellungsnahme nicht entziehen. Und hieraus ergäbe sich eine unmittelbare Teilnahme an den politischen Arbeiten der Gegenwart, welche, soweit ich es zu sehen vermag, vom M. z.Z. nicht gewünscht wird. Im Uebrigen eine Frage, und mehr als bloss Frage, die m. E. von Jahr zu Jahr erhöhte Bedeutung gewinnen muss."[609] George scheint also Einfluss auf Landmann ausgeübt zu haben, das gewünschte politische Engagement nicht in die Tat umzusetzen, und es ist nicht anzunehmen, dass er seinen Standpunkt nach der tatsächlich erfolgten Berufung Landmanns nach Kiel änderte. Möglicherweise scheiterte Landmanns Wunsch nach politischer Betätigung also nicht nur an dem Mangel nach Anfragen, sondern auch am Veto Georges.

Wandlungen und Umdenken

Lassen sich in manchen methodologischen Positionen Kontinuitäten feststellen, die Landmanns ganzes Leben durchziehen, so gibt es, wie in einer so langen Periode wissenschaftlichen Schaffens kaum anders zu erwarten, in anderen Feldern auch Brüche.

Sah Landmann, ebenso wie die bisher diskutierten Georgeaner und die meisten Vertreter der Historischen Schule, im Staat ein Gebilde, das mehr war als die Summe seiner Teile? Theoretische Überlegungen zu dieser Frage lassen sich in seinen Arbeiten nur vereinzelt nachweisen, aber aus Landmanns wirtschaftspolitischen Schriften kann man Rückschlüsse auf seine Vorstellung vom Verhältnis zwischen dem einzelnen und der Gemeinschaft ziehen. In vielen wissenschaftlichen Arbeiten ebenso wie in den Gutachten diskutierte Landmann Problemstellungen, in denen privatwirtschaftliche und volkswirtschaftliche Ziele miteinander in Widerspruch traten, und er wies auf diese Konflikte zwischen Individuum und Gemeinschaft immer wieder hin und problematisierte sie. Ein solcher sei z.B. gegeben auf dem Feld der Diskontpolitik, wo der einzelne Unternehmer sich stets billiges Geld wünsche, was aber für die Volkswirtschaft als ganze ein Anzeichen von verminderter Geldnachfrage und damit einer Depression sei.[610] Landmanns Herangehensweise in seinen frühen Arbeiten und Gutachten war es stets, Kompromisse ausfindig zu machen, mit denen alle Beteiligten leben und ihr Gesicht wahren konnten. Gerade diese Haltung war es, die ihn in der Zeit nach 1910 zu einem gefragten Vermittler zwischen den Banken auf der einen Seite und der Politik auf der anderen Seite machte. Der Staat erschien dabei stets als eine der beteiligten Parteien, die es zu berücksichtigen galt, jedoch nicht als übergeordnete Instanz, ja teilweise plädierte Landmann explizit dafür, die Interessen der Volkswirtschaft über die finanzpolitischen des Staates zu stellen, z.B. in der Frage nach einer Abänderung des deutschen Bankgesetzes 1909.[611] Michael Landmann, dessen Erinnerungen vor allem aus der Basler Zeit stammen dürften, erinnerte sich: „Aus meines Vaters Gesprächen notierte ich mir: Der erste

---

609 Landmann an Wolters am 1.4.22 in StGA [ohne Signatur].
610 LANDMANN (1900), Diskontpolitik, 34. „M." bedeutet „Meister" und meint Stefan George.
611 LANDMANN, Julius, Zur Abänderung des deutschen Bankgesetzes, in: Bank-Archiv 8 (1908/09), 56, 187.

Artikel einer Verfassung müsste lauten: Der Staat lässt mit sich reden."[612] Landmanns Moto „ea est optima res publica, quae minimis urgetur vitiis"[613] galt für den Vermittler als oberste Maxime.

Es bleibt allerdings festzuhalten, dass in der Frage nach der Stellung der Allgemeinheit gegenüber der Privatwirtschaft Landmanns Position bis zum Jahr 1920 eine deutliche Änderung durchlief, an deren Ende er das Vertrauen der Banken verspielt hatte, weil er ihre Position immer weniger berücksichtigte und statt dessen immer mehr das Interesse der Allgemeinheit in den Vordergrund rückte.[614] Ist in dieser Entwicklung ein Anzeichen für eine langsame Hinwendung zu einer universalistischen Staatsvorstellung zu sehen? Baudraz stellt bereits anhand eines Zitats von 1913 fest, Landmann habe den Staat als Organismus verstanden.[615] Dass er sich mit der Frage gerade im Kontext des George-Kreises auseinandersetzte und sich zumindest zu Beginn der Bekanntschaft mit George mit der georgeanischen universalistischen Vorstellung vom Staat schwer tat, zeigt ein Brief an Friedrich Wolters vom Januar 1915: Landmann hatte Arthur Salz' Schrift über Sozialpolitik[616] gelesen, und er erhob ernsthafte Einwände dagegen: „Hier sehe ich eine Erscheinung, die m.E. besser vermieden werde sollte; nämlich: eine Übertragung G.'scher [gemeint ist meiner Auffassung nach Georgeanischer, Ko. S.] Tendenzen und Gedankengänge auf völlig peripherische Sphären, ohne die vorausgegangene Arbeit, die notwendig wäre, wenn mehr als eine blosse äusserliche Uebertragung geleistet werden sollte."[617] Für Landmann war die Sozialpolitik keineswegs wie für Salz ein Gegenstand „höhere[r] Dignität" und Ausdruck „wirkender Volksgesamtheit", sondern aus seiner praktischen Erfahrung heraus ein parteipolitisch umkämpftes Feld der Tagespolitik wie alle anderen auch. Auch an Erich Kahlers Arbeiten beanstandete Landmann, dass „ein Grad der Vereinfachung erreicht ist, der den Dingen Gewalt antut."[618] Die Übertragungen von Georges Lehre auf die Wissenschaft, die Salz und Kahler vornahmen, waren Landmann also zu einfach, aber es entsteht der Eindruck, dass er keineswegs die georgeanische Perspektive an sich ablehnte, sondern vielmehr um überzeugende Anwendungsmöglichkeiten in seiner Arbeit rang. Eindeutig universalistische Semantiken finden sich in Landmanns Arbeiten selten. Insbesondere in der Lehre vermied er eine eigene Positionierung geradezu krampfhaft. So diskutierte er den Gegensatz zwischen individualistischer und universalistischer Sicht in einer Vorlesung in Kiel im Sommersemester 1931:

> „Dem universalistischen Denken sind die gesellschaftlichen Gebilde, vor allem der Staat und die ihm nachgeordneten politischen Verbände, nicht Gruppen von Individuen, sondern überindividuelle Gemeinschaften, die als ein Ganzes mehr sind als bloss die Summe ihrer Teile, Gemeinschaften eigenen Rechts mit eigenen Zwecksetzungen, welchen

---

612 LANDMANN (1980), Erinnerungen George, 97.
613 LANDMANN (1905), Leu und Co, 47.
614 Vgl. 350ff.
615 BAUDRAZ (1997), Landmann, 114.
616 SALZ, Arthur, Die Rechtfertigung der Sozialpolitik. Heidelberg 1914, vgl. 332.
617 Landmann an Wolters am 19.1.1915 in StGA [ohne Signatur].
618 Ebd.

die Zwecke der Individuen untergeordnet, ja unter Umständen geopfert werden müssen."[619]

Hier stellte er also eben jene Position dar, die seine Frau, Edgar Salin und andere universalistische Ökonomen der Zeit vertraten. Eine eigene Positionierung umging Landmann, indem er sich auf die Enthaltung vom Werturteil berief: „Es ist nicht meines Amtes, vom Katheder eine Wertdiskussion über letzte, mit den Mitteln wissenschaftlicher Erkenntnis nicht beweisbare, in der Weltanschauung und im Glauben verwurzelte staats- und gesellschaftsphilosophische Positionen zu führen und zwischen solchen Positionen Entscheidungen zu treffen, die doch nur subjektive Geltung beanspruchen dürften. Solche Entscheidungen dürfen um so eher unterbleiben, als der Gegensatz: Individualismus versus Universalismus, philosophisch unüberbrückbar und in seinen politischen Auswirkungen von kaum zu überschätzender Tragweite, für die theoretische Bestimmung des Wesens der Finanzwirtschaft bedeutungslos ist."[620] Immerhin kam er im Hinblick auf den Staat zu dem Ergebnis: „Dieser Verband ist deshalb nicht Träger eigener, von den Bedürfnissen der Individuen dem Wesen nach verschiedener Bedürfnisse, sondern lediglich entscheidende Instanz für eine besondere, eben die finanzwirtschaftliche Art der Bedürfnisbefriedigung und der Kostendeckung."[621] Ob der Staat darüber hinaus dennoch mehr war als die Summe seiner Teile, ließ Landmann dagegen in dieser Vorlesung offen. In einer Mitschrift ist vermerkt, das Recht des Staates, Steuern zu erheben, würde von der zeitgenössischen Steuerlehre nicht mehr wie in der historisch-organischen Staatstheorie des deutschen Idealismus als Recht des Staates interpretiert, sondern ganz unmetaphysisch.[622] Einige Seiten weiter hinten wiederum bezeichnete Landmann den Staat als „die Verwirklichung einer sittlichen Idee".[623] An anderer Stelle wies er darauf hin, dass der Staat nicht nur keine unsittlichen Zwecke verfolgen dürfe, sondern sich „auch zur Erreichung seiner sittlichen Zwecke keiner unsittlichen Mittel bedienen"[624] dürfe. Immer hat man den Eindruck, Landmann würde geradezu darum kämpfen, nicht Stellung beziehen zu müssen. In ähnlicher Weise entzog er sich auch in seinem Nachruf auf den Kollegen Günther Holstein von 1931, von dem er berichtete, er habe an eine Rechtsidee geglaubt, „die aus der präjuristischen Struktur und aus der Geschichte der Gemeinschaften, an welchen das Recht arbeitet, zu entwickeln ist." Er habe im Staat nicht ein „durch Verfassungsrecht bestimmtes, sondern ein eigenes, die Verfassung aus sich hervorbringendes Gebilde der Gemeinschaft" gesehen.[625] Ob Landmann diese Vorstellung für richtig hielt, erfährt der Leser jedoch wiederum nicht.

Es finden sich nur wenige Momente in Landmanns Texten, in denen er deutlicher wurde: Dies ist der seltene Fall im oben schon erwähnten deutschlandbegeisterten Text von 1915. Hier finden sich eindeutig universalistische Semantiken: Landmann sprach von der „We-

---

619 Vorlesung über Finanzwissenschaft, UB Basel, NLB A2a, 37f.

620 Ebd., 38.

621 Ebd., 41.

622 LANDMANN, Julius, Finanzwissenschaft. Nach dem Kolleg von Julius Landmann. Kiel 1929, 48f.

623 LANDMANN (1929), Finanzwissenschaft, 82.

624 Vorlesung über Finanzwissenschaft, UB Basel, NLB A2a, 29.

625 Landmann, Nachruf auf Günther Holstein, 1931, im Typoskript in UB Basel, NLB B6. Statt „Gemeinschaften" hatte Landmann ursprünglich „Gebilde" geschrieben, dies aber nachträglich durchgestrichen.

senheit“ der Krieg führenden Mächte, deren Zusammenhang mit ihrer Art der Kriegsfinanzierung er herausarbeiten wollte.[626] „Was die Völker im Innersten zusammenhält, ist nicht die Blutgemeinschaft und nicht der Sprachzusammenhang allein, es ist die Idee, in welcher das Wesen des Volkes sich investiert, und der Glaube, daß diese Idee berufen ist, durch dieses Volk und seinen Staat zur Weltidee erhoben zu werden.“[627] In dem oben zitierten Brief an Wolters, in dem Landmann Salz' und Kahlers vereinfachte Übertragung der georgeanischen Tendenzen auf die Wissenschaft kritisierte, verstärkten sich diese Tendenzen. Landmann schrieb Wolters, die positive Wirkung des Krieges sei das Erwachen eines Gefühls für die Skala der Werte. Er begrüßte, „dass, wenigstens vorübergehend, das Gefühl lebendig wurde, peripherische Werte müssten zurücktreten, im Augenblicke da die zentralen Wertsphären bedroht sind.“[628] Er empfand die nationalen Gegensätze der als Gebilde verstandenen Nationen im Krieg als so stark, dass er die von Salz angedachte Zusammenarbeit der Völker auf dem Gebiet der Kunst oder der Wissenschaft im Angesicht des Krieges als Anspruch eines „Partialgebietes“ empfand, das hinter den „übergeordneten Lebenssphären“ der nationalen Werte zurücktreten müsse. Das universalistische Denken, das an dieser singulären Stelle in Landmanns Werk sogar deutsch-nationale Züge annahm, scheint hier so ausgeprägt, dass sogar der Anspruch einer „neuen Wissenschaft“, wie die Georgeaner sie forderten, hinter den nationalen Interessen zurücktreten musste. Die überraschende Wendung in Landmanns Denken wird verständlicher, wenn man nicht nur den Kriegsbeginn bedenkt, sondern sich auch klarmacht, dass die Familie Landmann im Sommer 1914, kurz vor der Verfassung der *Kriegsfinanzen* und dem Brief an Wolters, das erste Mal ihren Urlaub mit Stefan George zusammen verbrachte. In Saanenmöser überbrachte Erika Schwarzkopff George, den Landmanns und Wolters auch die Nachricht vom Kriegsausbruch, den George keineswegs so begeistert begrüßte wie seine „Jünger“.[629] Die verregneten Wochen von Mitte Juli bis Ende August[630] verbrachte man vor allem mit Gesprächen, und Edith Landmann zeigte sich davon beeindruckt, dass bei George „Wesen, Leben und Lehre so völlig eins“ waren und „eine Norm wiederum sichtbar“ wurde.[631] Sie berichtete: „Formung war ihm suprema lex“. Auch wenn es keine eindeutigen Belege gibt, so liegt eine universalistische Beeinflussung Landmanns durch dieses erste Zusammensein mit George doch nahe. Die intensiven Gespräche dieser Wochen werden ihren Eindruck auf ihn nicht verfehlt haben. Die Semantik vom Ganzen und seinen Teilen hielt mehr und mehr Einzug in seine Schriften, etwa wenn er das Basler Bankwesen als lebendigen Teil der gesamtschweizerischen Organisation bezeichnete, das „wie alles Lebendige Teil zugleich und ein Ganzes“[632] sei. Aber nicht nur Staat und Bankwesen deutete Landmann nun universalistischer. Er gratulierte Wolters, in mittlerweile georgeanischer Kleinschreibung, trotz einiger kritischer Anmerkun-

---

626 LANDMANN (1915), Kriegsfinanzen, 4; Ein Rezensent vermerkte dies sehr positiv in KÖPPE, H., [Rezension zu] Landmann, Julius, Die Kriegsfinanzen der Großmächte, in: Jahrbücher für Nationalökonomie und Statistik 3/F. 53, 108 (1917), 252–254. Die Haltung entsprach der Kriegsbegeisterung der breiten Öffentlichkeit in den ersten Kriegsjahren.

627 LANDMANN (1915), Kriegsfinanzen, 35.

628 Landmann an Wolters am 19.1.1915 in Landmann an Wolters am 19.1.1915 in StGA [ohne Signatur].

629 GEORGE und WOLTERS (1998), Briefwechsel 1904–1930, 102.

630 SEEKAMP, OCKENDEN und KEILSON (1972), Zeittafel, 249ff.

631 LANDMANN (1963), Gespräche George, 21f.

632 LANDMANN, Julius, Das Basler Bankwesen, in: National-Zeitung (1921, 20. Februar), 5.

gen zu seinem 1923 entstandenen Werk über den Rhein: „Die auffassung des ganzen historischen raumes wie des Rheingebietes selbst als einheit ist gegenüber der heute vorherrschenden vorliebe für kleine ausschnitte und beziehungen ausserordentlich erfreulich.“ Er lobte, dass Wolters das Rheingebiet als Einheit aufgefasst habe.[633] Der Blick auf das Ganze wurde Landmann mehr und mehr zum Ziel der wissenschaftlichen Arbeit, und Berthold Vallentin bestätigte ihm immer wieder, seine Art der Nationalökonomie könne den Leser fesseln wie „leibhafter geist“, weil sie „lebendige wirtschaft und lebendiges volk plastisch sichbar“ mache.[634] In Landmanns Darstellung der Wirtschaftsformen enthülle sich ein „geistiges Bild, eine lebendige persönliche Substanz [...], die ebenso gut in jeder anderen – litteraturhistorischen, filosophischen [sic! Ko. S.] oder welcher immer – Seinsform sich verkörpern könnte.“[635] „Wenn alle so sähen wie Sie, könnte Ihre Wissenschaft vielleicht wirklich einmal in einem höheren Sinne eine Beziehung zwischen den grossen Finanz- und Geistesgewalten ermöglichen.“[636] Alles, was von Landmann käme, tue Türen auf, „hinter denen andere Reiche schlummern.“[637] Vallentin bemühte sich nach Kräften, Landmann gegenüber das Georgeanische seiner ökonomischen Schriften aufzuzeigen, ja selbst Friedrich Gundolf las und lobte seine Arbeiten.[638] In späteren Quellen aus Landmanns Feder werden die georgeanischen Vorstellungen immer dominanter, z.B. in einem persönlichen Brief an Louise Sommer, deren „von der Höhe Kelsenscher Staatstheoreme verkündete Position“[639] er kritisierte. Ihr schrieb er folgende chassidische Geschichte: Ein Mann „vermutlich ein[em] Vorfahre[n] Kelsens“, habe durch Befragung aller Diener des Königs herausgefunden, dass keiner diesen schon einmal persönlich gesehen habe und daraus den Schluss gezogen, dass er gar nicht existiere, was ihm ein unglaubliches Überlegenheitsgefühl gegeben habe. Landmann fuhr fort: „Ich kann nichts dafür, dass Sie in Ihrem armen Oesterreich niemals erfahren konnten, was ein Staat ist und den Staat zu sehen glaubten, wenn die Polizei vor Ihnen stand.“[640] Die Vermutung liegt nahe, dass der Staat für Landmann zu diesem Zeitpunkt sehr wohl mehr war als die Gruppe seiner sichtbaren Mitglieder, dass er ihn als Gebilde verstand. Der Einfluss Georges auf diese Entwicklung wird deutlich, wenn man bedenkt, dass der „Meister“ Julius Landmann gegenüber über den George-Kreis geäußert hatte: „Der Sinn aber unseres Staates ist dieser: dass für eine vielleicht nur kurze Zeit ein Gebilde da sei, das, aus einer bestimmten Gesinnung hervorgegangen, eine gewisse Höhe des Menschtums gewährleistet. Auch dies ist dann ein ewiger Augenblick wie das griechische Jahrhundert.“[641] Solche georgeanischen Positionen konnten ihren Eindruck auf Landmann nicht verfehlen – er wurde mehr und mehr zum Universalisten. An Heinrich Hagemann, der ihn als individualistische und freihändlerisch eingestellte Persönlichkeit angesprochen hatte, schrieb er: „Ob Sie bei mir zu Recht eine individualistische Weltanschauung voraussetzen, mag dahingestellt blei-

---

633 Landmann an Wolters, undatiert, in StGA [ohne Signatur].
634 Vallentin an Landmann am 23.12.1914, SWA, HS 426, B5.
635 Vallentin an Landmann am 25.12.1917 in SWA, HS 426, B8.
636 Vallentin an Landmann am 12.2.1916, SWA, HS 426, B6.
637 Vallentin an Landmann am 18.7.1921, SWA, HS 426, B13.
638 Gundolf an Landmann am 21.11.1920, SWA, HS 426, B12.
639 Landmann an Louise Sommer am 6.8.1926, in UB Basel, NLB E1,3. Gemeint ist der Staatsrechtler Hans Kelsen (1881–1973), der eine streng relativistische Rechtslehre vertrat.
640 Landmann an Louise Sommer am 6.8.1926, in UB Basel, NLB E1, 3.
641 Im Sommer 1916 in Klosters, LANDMANN (1963), Gespräche George, 40.

ben.“[642] Zudem beschäftigte sich Landmann vermehrt mit den Gestalttheoretikern Gottl-Ottlilienfeld[643] und Othmar Spann, die sich vor seinem Umzug nach Kiel in keiner seiner Arbeiten zitiert fanden. In seinen späten Schriften rezipierte er sie, auch wenn die Auseinandersetzung alles andere als unkritisch war.[644] Die Zurechnung Landmanns zum universalistischen Lager der Ökonomen entspricht auch der Wahrnehmung seiner Kollegen aus der Kieler Zeit. So rechnet Brügelmann, dem Referat von Bernhard Harms folgend, in seiner Besprechung der List-Konferenz in Pyrmont vom November 1928 Landmann auf die Seite der Gebildetheoretiker.[645] Sätze wie der folgende in Landmanns Arbeiten machen diese Zurechnung nachvollziehbar: „Die Wirtschaft ist aber nur eine Teilsphäre der menschlichen Betätigung, und nicht die wichtigste: Sie hat Mittel bereit zu stellen. [...] Wir wollen die Gleichsetzung von gesellschaftlich Wertvollem und wirtschaftlich Produktivem nicht nachahmen.“[646] Der Einfluss Georges auf Landmann scheint hier greifbar. Er hatte zu dem Ökonomen und seiner Frau gesagt: „Auch der Politiker muss von einem Geistigen gespeist sein; auch ein Kaufmann kann es sein, aber er darf nicht selbst ein Geistiger sein. Das Geistige ist ein tiefst zugrund Liegendes: Traum, Dichtung. Alle anderen Kräfte, die ihre eigenen Wege gehen müssen, müssen von jenem genährt werden.“[647]

Die universalistische Sicht der Dinge, insbesondere des Staates und der Wirtschaft, führte für Salin zur Entwicklung der Anschaulichen Theorie, die möglichst viele wissenschaftliche Methoden heranzuziehen versuchte, um den zu erkennenden Gegenstand in seiner Ganzheit zu erfassen. Wird Landmann also eine allmähliche Annäherung an den Universalismus unterstellt, so gilt es zu prüfen, ob auch er im Laufe seiner Karriere einen Methodenpluralismus entwickelte.

In den Texten aus der schweizerischen Zeit arbeitete Landmann zumeist historisch. Er war ganz im Sinne der Historischen Schule davon überzeugt, „daß über den Charakter und die Entwicklungstendenzen einer Erscheinung ihr Ursprung den besten Aufschluß zu geben vermag.“[648] Sein Credo war: „Ein vernünftiger Mann täuscht sich über das Kommende nicht, wenn er das Vergangene kennt.“[649] Geschichte war für ihn deshalb vor allem in ihrem Bezug zur Gegenwart interessant: „Geschichte hat es mit Lebendigem zu tun, mit Dingen, die unser

---

642 Landmann an Heinrich Hagemann vom 12.08.31, zitiert nach LANDMANN (1980), Erinnerungen George, 89ff.

643 Gottl-Ottlilienfeld hatte von 1924–26 in Kiel einen Lehrstuhl für theoretische Nationalökonomie inne gehabt, sodass Landmann dort mit Sicherheit mit seinem Werk in Berührung kam. Ausführlich zu Spanns Universalismuskonzept KÖSTER (2008), Theorie und Sozialphilosophie, 226–228 und zum Werk Gottl-Ottlilienfelds ebd. 229–241.

644 LANDMANN und COLM (1932), Volksvermögen, 541f.

645 BRÜGELMANN (1956), Politische Ökonomie, 90. Allein die Tatsache, dass Bernhard Harms sich nach dem ersten Zusammensein 1925 derart beeindruckt von Landmann zeigte, ist ein Indiz dafür, dass dieser zu dem Zeitpunkt seine „universalistische“ Wende bereits vollzogen hatte (Bernhard Harms an Christian Eckert am 19.11.1925, in UA Köln Zug 317–11, Nr. 1129). Harms holte zwar auch „rationale“ Theoretiker an sein Institut in Kiel, fühlte sich aber zu den Gebildetheoretikern wie z.B. Johann Plenge besonders hingezogen.

646 LANDMANN (1929), Finanzwissenschaft, 16.

647 LANDMANN (1963), Gespräche George, 31.

648 LANDMANN, Julius, Zur Revision des Basler Arbeiterinnenschutz-GesetzeVortrag (in vier Teilen), in: Basler Vorwärts, 57–60 (1904, 8.–11. März).

649 LANDMANN, Julius, Kurzfristige Auslandsverschuldung – ein Problem der inneren Kapitalpolitik?, in: Archiv für Sozialwissenschaft und Sozialpolitik 63 (1930), 1–42, 5.

eigenes Dasein noch unmittelbar angehen."[650] Landmanns Abhandlungen waren demnach stets historisch angelegt[651] oder enthielten zumindest lange historische Abschnitte bzw. Fußnoten zur historischen Entwicklung des untersuchten Gegenstandes.[652] Diese genauen geschichtlichen Studien, deren Ergebnisse Landmann oft in Tabellenform systematisierte und für die er auch Archivarbeit leistete, wurden auch von Rezensenten seiner Arbeiten immer wieder gelobt,[653] insbesondere die Objektivität seiner geschichtlichen Beschreibungen.[654] Neben den reinen Fakten hatte Landmann aber durchaus auch Sinn für Anekdotisches.[655] Auch seine Studenten regte er zu historischen Arbeiten an, vor allem im schweizerischen Wirtschaftsarchiv, für dessen Verwaltung in Basel er zuständig war.[656] Ergänzend zum historischen Rückblick verglich er daneben stets ausführlich die Regelungen in anderen Ländern mit denen in der Schweiz, wobei er darauf hinwies, dass keine direkte Übertragbarkeit auf die schweizerischen Verhältnisse möglich sei und eine eventuelle Verpflanzung von historisch gewachsenen Zusammenhängen nicht ausgeschlossen, aber eingehend zu prüfen sei.[657]

Dagegen finden sich in Landmanns Arbeiten aus der schweizerischen Zeit kaum Ansätze zu soziologischen, psychologischen oder anderen fächerübergreifenden Studien, wie sie für die anderen Ökonomen aus dem Kreis typisch waren. Landmann hatte in dieser Zeit ganz offensichtlich nicht das Bedürfnis, mit einer Vielfalt von Methoden zu arbeiten, um sich dem Erkenntnisgegenstand aus verschiedenen Perspektiven zu nähern. Auch nach seinem Umzug nach Kiel blieb die historische Methode für ihn dominant. Davon zeugt nicht zuletzt die Tatsache, dass das von ihm ausgearbeitete Programm für eine Agrarkonferenz der List Gesellschaft im Jahr 1930 aufgrund seines „deskriptiven Charakters" zurückgestellt wurde. Salin schrieb an Bernhard Harms, dass das Programm „nicht in der Art des landmannschen, historisch aufgebaut und die schon sichtbaren Wirkungen bestimmter Maßnahmen erörtern" solle; vielmehr wünschte er sich „spekulative Politik".[658] Er war in keiner Weise damit einverstanden, dass Landmann der Friedrich List-Gesellschaft abverlangte, ohne „Rücksicht

---

650 LANDMANN, Julius, Der schweizerische Kapitalexport. Referat auf der Generalversammlung der Schweizerischen Statistischen Gesellschaft am 22. und 23. Oktober 1916. Bern 1916, 5.

651 LANDMANN, Julius, Zur Entwicklungsgeschichte der Formen und der Organisation des öffentlichen Kredites, in: Finanzarchiv (1912), 1–69. Fünfzehn Jahre später noch einmal ausführlicher in LANDMANN (1927), Öffentlicher Kredit.

652 Z.B. der lange Exkurs über die Geschichte des Privatdiskontgeschäfts im Mittelalter in LANDMANN (1900), Diskontpolitik, 20.

653 Z.B. SEGNER, Franz, [Rezension zu] Landmann, Julius, Die auswärtigen Kapitalanlagen aus dem Berner Staatsschatz im 18. Jahrhundert, in: Finanzarchiv 1, 23 (1906), 441–443; BÖHLER, E., [Rezension zu] Landmann, Julius, Der Schweizerische Kapitalexport, in: Weltwirtschaftliches Archiv 10 (1917), 125–126.

654 EULENBURG, F., [Rezension zu] Moriz-Eichborn, Kurt, Das Soll und Haben von Eichborn & Co. in 175 Jahren und zu Landmann, Julius, Leu & Co 1755–1905, in: Jahrbuch für Nationalökonomie und Statistik 3/F. 31, 86 (1906), 113–114, 114.

655 Z.B. die Anekdote aus der Zeit der napoleonischen Krieges: Der Berner Gesandte Jenner habe nach langen erfolglosen Bemühungen um die Restitution der Berner Zinsschriften durch die französischen Besatzer schließlich Napoleons Frau Joséphine eine Herde schweizerischer Kühe verehrt, um ihr ein tägliches Milchbad zu ermöglichen, was zum umgehenden diplomatischen Erfolg seiner Mission geführt habe, vgl. LANDMANN (1903), Kapitalanlagen, 132.

656 THOMMEN (1914), Universität Basel, 190.

657 Z.B. in LANDMANN, Julius, Entwurf eines Bundesgesetzes betreffend den Betrieb und die Beaufsichtigung von Bankunternehmungen nebst Motivenbericht. Bern 1916, 46–55, 66f.

658 Salin an Harms am 8.4.1930, zitiert nach BRÜGELMANN (1956), Politische Ökonomie, 141f.

auf Trott und Hast der Tagespolitik eine Arbeit anzugreifen, die nur auf weite Sicht fruchtbar werden konnte."[659] Dem jungen Georgeaner war diese Art der Forschung viel zu „rein", er wünschte sich mehr Anwendung und einen direkten Einfluss auf die Politik. An der weiteren Organisation der Agrarkonferenz wurde Landmann dementsprechend nicht mehr beteiligt. Er konnte mit den Ansprüchen von Salins anschaulicher Theorie offenbar nicht mithalten. Allerdings ist zumindest *ein* Versuch von ihm aus der Kieler Zeit nachzuweisen, sich an anderen methodischen Ansätzen zu versuchen. Einer seiner aus dem Nachlass veröffentlichten Vorträge trug den Titel *Zur Psychologie des Börseaners*[660] und stellte die Frage nach der psychologischen Beschaffenheit der Börsenmakler und den Auswirkungen des Börsengeschäftes auf die Psyche ins Zentrum der Überlegungen. Dies verwundert umso mehr, als Landmann sich noch ein Jahr zuvor höchst kritisch über die Psychologie geäußert hatte, in der 2x5 auch einmal mehr oder weniger als 10 sein könne. „Ich bitte zu glauben, daß die Stimmungen, in welchen wir das Bedürfnis empfinden, uns zurückzuziehen in die Sphäre der Geltung eines so gearteten Einmaleins auch mir nicht fremd sind. Doch pflege ich in einer solchen Stimmung etwa Macbeth zu lesen, nicht aber Finanzwissenschaftstheorie zu treiben", äußerte er auf einer Konferenz der FLG.[661] Auch hier scheint Landmann ganz zum Schluss seines Lebens seine Ansicht revidiert und sich auf neue Gebiete vorgewagt zu haben, um den neuen Ansprüchen, die in Kiel an ihn herangetragen wurden, gerecht zu werden.

Am eindrücklichsten lässt sich Landmanns methodologische Entwicklung jedoch in der Frage der Werturteile zeigen. In den meisten und insbesondere in den frühen Texten versuchte er in der Tat, wie Groppe das konstatiert, Werturteilen in der Forschung und Lehre so weit wie möglich zu unterlassen oder sie als solche zu kennzeichnen. Seine Aufsätze, Monographien und Vorlesungen haben nichts vom pathetischen Stil eines Edgar Salins oder Kurt Singers und es werden auch kaum Dichterworte zitiert.[662] In wirtschaftspolitischen Fragen diskutierte er stets ausführlich die Meinungen aller beteiligten Parteien, zumeist ohne selbst ein eigenes Urteil abzugeben, das nicht auf rein logischen Argumenten beruhte. Weltanschauliche Fragestellungen wies er klar als solche aus und erinnerte die Studenten immer wieder daran, dass hier der Wissenschaftler nicht zu einer Entscheidung berufen war. „Meine Herren, wir haben hier keines Richteramtes zu walten."[663] Auch in seinen Schriften verzichtete Landmann bewusst auf „ jede Erörterung wirtschaftspolitischer Fragen und sieht konsequent von jeder Beurteilung der Wirkungen wirtschaftspolitischer Massnahmen ab", wie es im Vorwort zur *Schweizerischen Volkswirtschaft* heißt.[664] Der Autor wolle sich jeder Kritik und aller Vorschläge für zukünftige Gesetzgebung enthalten. Dem Leser seiner Texte

---

659 BRÜGELMANN (1956), Politische Ökonomie, 116.

660 LANDMANN (1933), Psychologie Börseaners.

661 COLM und NEISSER (1930), Konferenz von Eilsen I, 257.

662 Eine der wenigen Ausnahmen ein Goethezitat in LANDMANN (1899), Bankgesetz, 30.

663 Landmann, Julius, Vorlesung Theorie des Geldes von1927 im Typoskript, UB Basel, NLB A7, 15.

664 LANDMANN, Julius, Die schweizerische Volkswirtschaft. Volkswirtschaft, Arbeitsrecht und Sozialversicherung der Schweiz. Einsiedeln 1925, Vorwort von Edmund Schulthess. Das Buch erschien zunächst auf Französisch: LANDMANN, Julius, La Suisse économique et sa législation sociale: Exposé publié par le département fédéral de l'économie publique. Bern 1922. Ähnlich im Gutachten über die Frankeneinführung in Liechtenstein, vgl. LANDMANN, Julius, Gutachten über der Frage der Einführung der Frankenwährung in Lichtenstein. Basel 1919, 1.

sollte ein selbstständiges Urteil ermöglicht werden.[665] Selbst der praktischen Privatwirtschaftslehre (die man heute als Betriebwirtschaftslehre bezeichnet) glaubte Landmann nur dann den Rang einer Wissenschaft zuerkennen zu können, wenn sie sich von Werturteilen und praktischen Handlungsanweisungen fern halte: „Sie ist Wissenschaft, d.h. denkende Ordnung der empirischen Wirklichkeit, in des Wortes strengster Bedeutung, sie kennt keine andern Zwecke als den wissenschaftlicher Erkenntnis, sie untersucht die erwerbswirtschaftliche Unternehmung, wie sie organisiert ist, lehrt aber nicht, welche Mittel angewendet werden sollen."[666] Das Ziel der Privatwirtschaftslehre sei es nicht, Normen und Ratschläge aufzustellen, sondern sie müsse „eine Lehre des Seienden und nirgends eine Lehre vom Seinsollenden"[667] darstellen, auch wenn die Anwendung der in ihr vermittelten Erkenntnisse in der Praxis sehr wohl möglich sei.

Zwischen den Zeilen von Landmanns Texten kann man dennoch oft seine eigene Position zu den behandelten Problemen erkennen, auch wenn er diese nicht explizit machte und betonte, die Tatsachen nur sammeln zu wollen, ohne sie zu kritisieren.[668] So merkt man ihm in seinen Schriften über den Arbeiterschutz sehr wohl seine Sympathie für die Seite der Arbeiter an, z.B. wenn er über die „erschreckenden Resultate" der Erhebungen über die Lebensbedingungen von Pariser Bäckerlehrlingen berichtete, wenn er darauf hinwies, dass die Wünsche der Handelsangestellten, dem Arbeiterrecht der Industrie unterstellt zu werden, „mehr als gerechtfertigt" seien,[669] oder betonte, dass Hoffnungen auf eine Ausdehnung des gesetzlichen Schutzes bestünden.[670] Hier ergriff er Partei, aber anders als für die Wissenschaftler im George-Kreis war sein Ideal nicht eine wertende Wissenschaft, sondern die Werturteilsfreiheit. Nur ganz selten verletzte Landmann sein Postulat in dem Maße wie in seiner oben erwähnten Arbeit über die *Kriegsfinanzen der Großmächte* von 1915, in der er zwar betonte, keine Wertungen vorzunehmen,[671] dann aber doch ganz klar für Deutschland Stellung bezog und sein System der Kriegsfinanzierung für überlegen erklärte. Offensichtlich wurde zu Kriegsbeginn auch der gebürtige Österreich-Ungar und schweizerische Bürger von der deutschen Kriegsbegeisterung erfasst. Am Ende des Textes, der wie oben dargelegt der erste mit eindeutig universalistischer Semantik aus Landmanns Feder ist, findet sich auch der früheste Hinweise auf eine Aufweichung des Wertfreiheitspostulats in Landmanns Werk: Er resümierte, dass in Zukunft eine wertende Wissenschaft in einem erneuerten Deutschland vielleicht möglich und wünschenswert sein könnte: „Aus einem solchen autoritativ-nationalen Weltbilde fließende Werturteile wären dann ebenso einheitlich, in sich zusammenhängend, objektiv-gültig, wie heute die Aussagen über das Seiende und seine Zusammenhänge. Gut oder schlecht wäre dann eine Beschaffenheit der Dinge, wie jede andere objektive Qualität auch. Und in einem solchen Staate könnte auch die Staatswissenschaft aus der Isolierung, in die sie sich heute durch Verzicht auf das Werturteil selbst verbannt,

665 LANDMANN (1899), Bankgesetz, 5.

666 LANDMANN, Julius, Ratschlag betreffend die Errichtung von Fachkursen zur Ausbildung von Handelslehrern und Bücherrevisoren. Basel 1913, 26.

667 LANDMANN (1913), Ratschlag Handelslehren, 26.

668 LANDMANN (1904), Arbeiterschutzgesetzgebung, IX.

669 LANDMANN, Julius, Die Ausdehnung des Arbeiterschutzes in Frankreich, in: Archiv für Sozialwissenschaft und Sozialpolitik 19 (1904), 348–377, 364, 368.

670 LANDMANN (1904), Arbeitschutz Frankreich, 377.

671 LANDMANN (1915), Kriegsfinanzen, 36.

heraustreten und dem fruchtbaren Zusammenhange mit einem Lebensganzen wiedergegeben werden.“[672] Landmann, der seit zwei Jahren mit George in Kontakt stand, befleißigte sich hier einer Semantik, die der im George-Kreis ähnelte. In den folgenden Jahren in Basel, als die Kriegsbegeisterung der Katerstimmung gewichen war, ließ Landmann diese Hoffnung auf eine wertende Wissenschaft allerdings wieder fallen. Sein Ideal blieb – vorerst – die Werturteilsfreiheit. Selbst in manchen Texten aus der Kieler Zeit blieb sie der Orientierungspunkt. So betonte Landmann 1929 in der Frage nach der Möglichkeit, die Produktivität der Volkswirtschaft durch das Steuersystem zu fördern: „Ich habe keine konkreten Vorschläge gemacht, sondern Tatbestände untersucht und Möglichkeiten erörtert.“[673] Auch wenn dies nicht dem Leseeindruck entspricht – Landmann machte sehr wohl konkrete Vorschläge – so blieb er doch seinem Anspruch nach dem Ideal der Werturteilsfreiheit treu und erhob den Anspruch „nichtpolitischer [...] Urteilsbildung.“ [674] Noch 1930 beteuerte er, es sei nicht seine Aufgabe als Wissenschaftler, zu entscheiden, wie groß die Opfer sein könnten, die man der öffentlichen Finanzwirtschaft in der Krise auferlege.[675] Zudem verwehrte er sich dagegen, aufgrund seiner wirtschaftstheoretischen Ausführungen auf eine bestimmte wirtschaftspolitische Auffassung festgelegt zu werden.[676]

Seine nachgelassenen Vorträge aus der Kieler Zeit, für deren Publikationen sich die Georgeaner so einsetzten, zeichnen dagegen ein ganz anderes Bild. Vor allem in den beiden letzten plädierte er sehr wohl für eine wertende Wissenschaft, „weil ich allerdings der Meinung bin, daß alle lebende, nicht tote Wissenschaft ihren Beruf, ihre Dignität, ihre Gottunmittelbarkeit nur bewähren kann, wenn sie von ihren konkreten Einzelnachfragen den Weg zu menschlichen Werten findet, um derentwillen allein diese Fragen erörterungswürdig und als Stoff der Wissenschaft wissenswert sind.“[677] Hierbei handelt es sich keineswegs um einen aus dem Zusammenhang gerissenen Satz; Vielmehr hat Landmann, glaubt man diesen beiden Vorträgen, in seinen letzten Lebensjahren oder gar -monaten in der Frage der Werturteilsfreiheit seine Meinung komplett revidiert.

Nicht nur die neue Position an sich, sondern auch ihre Herleitung erinnert stark an die für die Georgeaner typische Haltung. So legte Landmann dar, dass sich aus einer wertenden Wissenschaft keine Gefahr ergebe, solange der Wissenschaftler seinen eigenen Standpunkt offen lege. „Ein klarer Standpunkt ergibt ein klares Bild. [...] Was theoretisch wie praktisch zum Irrtum führt, ist nur Schein der Objektivität, sind die krypto-politischen und krypto-metaphysischen Voraussetzungen.“[678] Die Offenlegung des eigenen Standpunktes, der doch nie ausgeblendet werden könne – eine Haltung, die immer noch von Max Weber stammen könnte. Aber sollten die Werturteile deshalb unterlassen werden? Landmann reflektiert weiter über Galiani: „Er weiß: nie ist das Denken völlig vom Subjekt, das denkt, zu trennen. Er spielt mit offenen Karten. Ja seine Klarheit, Festigkeit und Gefülltheit läßt ihn als ein blei-

---

672 Ebd., 38.
673 SALIN, Edgar, Stellung und Bedeutung des Unternehmers in der deutschen Wirtschaft der Gegenwart, in: Bericht über die außerordentliche Hauptversammlung des Arbeitgeberverbandes für den Bezirk der nordwestlichen Gruppe des Vereins deutscher Eisen- und Stahlindustrieller. Düsseldorf 1929, 20–32.
674 COLM und NEISSER (1930), Konferenz von Eilsen I, 180.
675 LANDMANN (1930), Auslandsverschuldung, 28.
676 COLM und NEISSER (1930), Konferenz von Eilsen, 256.
677 LANDMANN (1933), Psychologie Börseaners, 83.
678 LANDMANN (1933), Abbé Galiani, 54.

bendes Vorbild erscheinen, nach dem wir uns immer wieder noch richten dürfen, und das vielleicht die Beantwortung von einigen der heut so gern erörterten Fragen erleichtert: wie Wirtschaftswissenschaft gegenwärtig betrieben werden könne und solle."[679] Der bewusst wertende Wissenschaftler als Vorbild – klarer könnte Landmanns Positionswechsel zum Postulat einer wertenden Nationalökonomie kaum ausgesprochen werden. Selbst wenn man bedenkt, dass Salin intensiv darauf hinarbeitete, Edith Landmann zur Herausgabe gerade dieser Schriften zu bewegen, so ist doch nicht anzunehmen, dass der Text verändert wurde. Landmanns Position in den Texten aus dem Nachlass ist der in seinem Frühwerk diametral entgegengesetzt.

Dazu passt, dass die Vorträge aus dem Nachlass auch in der Frage der Erkenntnismöglichkeiten eine neue Position vertraten. In seinen frühen Schriften war es Landmann, ganz anders als den anderen georgeanischen Ökonomen, nicht um eine elitäre Erkenntnis gegangen. Er versuchte gerade nicht, um jeden Preis originell zu sein, sondern verstand seine Aufgabe vor allem darin, die Belege akribisch zu sammeln und zu einem klaren, verständlichen Bild zusammen zu setzen[680] – eine Haltung, die sich eng an die Historische Schule anschloss und von der Haltung der georgeanischen „scienza nuova" weit entfernt war. Über erkenntnistheoretische Fragen schrieb Landmann in seinen frühen Schriften so gut wie gar nicht, und Hinweise auf eine elitäre Erkenntnistheorie konnte ich nirgends finden. Ganz anders in der Schrift über Galiani aus dem Nachlass, wo es heißt: „Die induktive Methode sollte nach der Idee ihres Schöpfers Bacon ein bequemer breiter Weg sein, auf dem auch Lahme fort könnten. Auf den Wegen aber, die Vico wies, kommen nur hervorragende Geister zum Ziel."[681] Bedenkt man, dass es gerade die an Vico orientierte neue Wissenschaft war, die Landmann seinen Zuhörern im Vortrag empfahl, so wird klar, dass er auch in der Erkenntnistheorie nun georgeanische Wege einschlug und seine Hoffnungen nicht mehr auf die Masse der Erkenntnissuchenden, sondern auf die „hervorragenden Geister" richtete, für die er Erkenntniswege möglich hielt, die den „vielzuvielen" nicht offen stünden.

Zusammenfassung

Zusammenfassend kann man festhalten, dass Julius Landmanns Denken in einigen Positionen konstant blieb, während er in anderen nach dem Ersten Weltkrieg begann, neue Richtungen einzuschlagen. Dazu trugen mit Sicherheit verschiedene Umstände bei. So wurde Landmann, wie die meisten seiner Zeitgenossen auch, durch die Erfahrung des Ersten Weltkrieges beeinflusst, der bei ihm wie bei vielen anderen Hoffnungen auf ein Erstarken der Volksgemeinschaft und neue Solidarität weckte, die später bitter enttäuscht wurden. Zu Beginn des Ersten Weltkrieges lassen sich dementsprechend erste universalistische Ansätze

---

679 Ebd.

680 LANDMANN (1900), Diskontpolitik, 5f. Diese Aufgabenstellung, die eher an das angebliche „Stoffsammeln" der historischen Schule als an die genialen Würfe des George-Kreises gemahnt, belobigte sogar Salin, obwohl sie wenig in sein Landmann-Bild passte, vgl. SALIN (1933), Landmann, 18. Immerhin hatte George sich auch in diese Richtung geäußert: „Und nicht um jeden Preis etwas neues machen wollen." (BOEHRINGER, Robert, Ewiger Augenblick. Düsseldorf [u.a.] 1965, 12).

681 LANDMANN (1933), Abbé Galiani, 48.

in Landmanns Werk nachweisen. Daneben hat sicher auch die Auseinandersetzung mit der schweizerischen Bankiersvereinigung Landmanns Haltung zur Privatwirtschaft und somit zum universalistischen Denken beeinflusst, wobei hier Ursache und Wirkung des Umdenkens kaum von einander unterschieden werden können. In die gleiche Zeit, nach 1913, fällt allerdings auch die Freundschaft mit Stefan George und anderen Georgeanern, deren Ideal der „neuen Wissenschaft“ Landmann kennen lernte. Sicherlich wirkte sich nach 1927 auch der Weggang von Basel und die Arbeit in einem ganz neuen, völlig anders geprägten Umfeld in Kiel aus. Hier intensivierte sich nicht nur Landmanns Kontakt zu Friedrich Wolters, sondern er lernte auch andere, nicht zum George-Kreis gehörige universalistische Vorstellungen kennen wie die von Spann oder Gottl-Ottlilienfeld, die er rezipierte und mit denen er sich auseinandersetzte.

Andererseits kam es auch zu direkten Berührungen mit Vertretern der „rationalen“ Theorie aus der sog. Astwik-Gruppe am Kieler Institut für Weltwirtschaft, z.B. mit Gerhard Colm, Adolf Löwe und Hans Neisser.[682] Salins Deutung, Landmann habe am Ort der „rationalen“ Theorie, in Kiel, seinen Gegnern die Wissenschaftsauffassung Galianis als „Fehdehandschuh“ entgegengeschleudert,[683] ist schlüssig. Zum Teil ist Landmanns universalistische Wende als Abwehrhaltung gegen neoklassische Ansätze zu verstehen, und er trat, z.B. anlässlich der Züricher Verhandlungen des Vereins für Sozialpolitik, auch dezidiert als Vertreter der historischen Richtung in Abgrenzung von der jungen Gruppe der „Ricardianer“ auf.[684] Er sah sich jedoch nicht in der Lage, die aus diesen Gegensätzen entstehenden Kontroversen produktiv umzusetzen. Ein Gutachten über das Thema *Agrarpolitik und internationale Exportfähigkeit* stellte er nicht mehr fertig, nachdem Colm und Gross die darin ausgeführte Kritik der Theorie der Absatzwege in einem Gespräch angezweifelt hatten. Landmann schickte den Entwurf des Gutachtens kurz vor seinem Tod an Salin mit den Worten:

> „Die Möglichkeit, diesen Bedenken [von Colm und Gross, Ko. S.] Rechnung zu tragen und die Position wenigstens im Prinzipiellen aufrechtzuerhalten, sehe ich im Augenblicke nicht; und ein Gutachten zu erstatten, das sowohl die Position selbst wie die Bedenken nebeneinander und ohne Entscheidung vortragen würde, ist schlechterdings unmöglich.... Vielleicht sehen Sie sich diesen Entwurf, zu dem ich heute nicht mehr stehen kann, einmal an. Würden Sie eine Möglichkeit sehen, auf diesem Boden weiterzuarbeiten, so würde ich Ihnen dieses Manuskript als Rohstoff überlassen, in der Meinung, daß Sie damit tun könnten, was Ihnen gut scheint, einzelne Teile daraus verwerten, und versuchen, ob Ihnen möglich wäre, das Gutachten zu erstatten, an dessen Fertigstellung

682 „Astwik“ war die Abkürzung für „Abteilung für Statistische Weltwirtschaftskunde und Internationale Konjunkturforschung“, vgl. BECKMANN, Ulf, Von Löwe bis Leontief: Pioniere der Konjunkturforschung am Kieler Institut für Weltwirtschaft (Beiträge zur Geschichte der deutschsprachigen Ökonomie 15). Marburg 2000, 43–88, hier 45f. Der Streit mit Adolf Löwe kostete Singer seine Stellung beim *Wirtschaftsdienst*, vgl. 101. Weil er kurz danach nach Kiel wechselte, war Julius Landmann wohl in den Konflikt eingeschaltete worden, um zu vermitteln, allerdings erfolglos.
683 Vgl. SALIN (1933), Landmann, 25.
684 JANSSEN (1998), Nationalökonomie und NS, 30f.

> durch mich ich nicht mehr glaube. Könnten und wollten sie auf diese Weise an meine Stelle treten, so wäre ich von einer mich schwer bedrückenden Last befreit."[685]

Der Brief zeigt, dass Landmann nicht daran glaubte, die neuen Ansätze, mit denen er konfrontiert wurde, noch sinnvoll mit den eigenen Anschauungen verbinden zu können. Er gab den Stab an die nächste Generation weiter, an Salin, dem er diese Leistung offensichtlich zutraute.[686] Der in der Historischen Schule der Nationalökonomie sozialisierte Gelehrte fühlte sich von den von allen Seiten auf ihn einströmenden neuen Einflüssen wohl überfordert. Gerhard Colm formulierte in seinem Nachruf, dass Landmann hin und her gerissen wurde zwischen der „Verpflichtung zum Werturteil" einerseits und der „illusionslosen Erkenntnis, daß allgemein verbindliche Maßstäbe als unanfechtbares Ziel und Richtschnur heute nicht gegeben sind" andererseits. Colm fragte: „Ist er schließlich dann doch an dieser Haltung zerbrochen?"[687] Die Vermutung liegt nahe, dass Landmanns tiefe Verwirrung und Verzweiflung im Jahr 1931 auch damit zusammenhing, dass ihm die Brüche im eigenen Denken sehr wohl bewusst waren und er keine Möglichkeit sah, im Alter von 54 Jahren in der Auseinandersetzung mit der Neoklassik den Weg von der Historischen Schule der Nationalökonomie zu der „neuen Wissenschaft" der Georgeaner glaubwürdig gehen zu können.[688]

Die Quellenlage erlaubt es aufgrund des weitgehenden Fehlens von Tagebüchern oder aufschlussreichen persönlichen Briefen nicht, eindeutige Kausalitäten zwischen den einzelnen Faktoren, die auf Landmann einwirkten, zu konstruieren. Selbstverständlich kann nicht automatisch geschlossen werden, dass seine gedankliche Entwicklung ausschließlich oder überwiegend auf den Einfluss Georges zurückzuführen ist. Mit Sicherheit spielten auch andere Faktoren eine Rolle. Es muss aber festgehalten werden, dass Landmanns Denken sich gerade in den methodologischen Fragestellungen, die mit der Wissenschaftsauffassung des George-Kreises deckungsgleich waren, linear weiterentwickelte, wohingegen sich in anderen methodologischen Fragen, in denen er vor seiner Bekanntschaft mit George nicht mit den Positionen des Kreises übereinstimmte, umdachte. Es ist kaum anzunehmen, dass das „Erlebnis" Georges, das Julius Landmanns Frau Edith so tief beeindruckte, ihn selbst in keiner Weise beeinflusst haben sollte. Ein genauer Zeitpunkt seiner Umorientierung lässt sich nicht festmachen, es scheint sich eher um einen langsamen Prozess gehandelt zu haben, der seinen Anfang jedoch in der Zeit nahm, in der die Freundschaft mit George begann. In einigen wenigen Punkten wie der Frage der Werturteilsfreiheit scheint es, als habe sich Landmann erst im letzten Lebensjahr zu einer georgeanischen Position durchgerungen, da erst die Vorträge von 1930 und 1931 aus dem Nachlass die neue Richtung verdeutlichen.

---

685 Landmann an Salin, undatiert, zitiert nach LANDMANN, Julius, COLM, Gerhard und GROSS, Herbert, Agrarpolitik und internationale Exportfähigkeit, in: Fritz BECKMANN, Bernhard HARMS, Theodore BRINKMANN, Hermann BENTE, Edgar SALIN und Werner HENKELMANN (Hrsg.), Deutsche Agrarpolitik im Rahmen der inneren und äußeren Wirtschaftspolitik im Auftrag des Vorstandes der Friedrich List Gesellschaft e.V. Bd. 2. Berlin 1932, 600–623, 600.

686 Salin hielt das Gutachten allerdings bereits für „klar disponiert und [...] gut durchgearbeitet" (Salin an Landmann am 2.11.31, zitiert nach BRÜGELMANN (1956), Politische Ökonomie, 152).

687 COLM, Gerhard, Julius Landmann, in: Frankfurter Zeitung 859 (1931, 18. November).

688 Zu weiteren Gründen vgl. im biografischen Teil 89ff.

2. Der georgeanische Duktus

Über die methodologischen Grundanschauungen hinaus waren es insbesondere auch stilistische Gemeinsamkeiten, die dafür verantwortlich waren, dass zahlreiche Rezensenten die Texte der Georgeaner einer gemeinsamen „neuen Wissenschaft“ zuordneten. Was aber machte diesen typisch georgeanischen Stil der wissenschaftlichen Werke aus, wodurch wurde er zu einem unverkennbaren „Markenzeichen“?

Zunächst einmal beachteten die Ökonomen des Kreises die Grundregel Georges: Der Text sollte gut lesbar, ja gestaltet wie ein Kunstwerk sein. Kultur war zu verstehen als „In-Form-Bringen des Fließenden, Schweifenden, Grenzenlosen, künstlerisch ein In-Gestalt-Bannen des abgründig und sprengend Lebendigen.“[689] Die Gestalt sollte dem schöpferischen Werk völlig angemessen sein, wie das etwa Platon in der Politeia in der strengen griechischen Form des Dialogs gelungen sei.[690] Entscheidend war dabei die Übereinstimmung von Wesen und Form, was allerdings nicht immer so gelang, dass George zufrieden war.[691] Dazu gehörte auch, dass die Fußnoten knapp zu halten waren und nicht am Seitenende platziert wurden, sondern am Textende, sodass sie den Lesefluss nicht störten und man sie nicht unbedingt zur Kenntnis nehmen musste. Die Bedeutung der Formung als Gegenmittel und Gegensatz gegen die drohende Auflösung wurde auch in diesem Zusammenhang zur prägenden Semantik. Die Grenze von der künstlerisch geformten Sprache zum übertriebenen Pathos war allerdings teilweise fließend, insbesondere in den Schriften vom Beginn des Ersten Weltkrieges und wiederum in denen vom Ende der 20er und Beginn der 30er Jahre, insbesondere bei Singer und Salin. Neben diesen formalen und sprachlichen Regeln lassen sich allerdings noch einige weitere Konstanten ausmachen, die die Werke der georgeanischen Ökonomen auszeichneten.

2.1 Verschlüsselungen und verborgene Bedeutungsebenen

Es war im George-Kreis üblich, große Männer der Welt- oder Geistesgeschichte als Vorgänger und Wegbereiter für Stefan George zu interpretieren, also in einer Johannes-Funktion[692] für den „Meister“ zu deuten.[693] Für Kurt Singer wurde dieses Vorgehen bereits nachgewiesen, für Edgar Salin wird darauf weiter unten einzugehen sein.[694] Versteckte Hinweise auf den Dichter finden sich immer wieder in den Texten der Ökonomen.

---

689 SALIN (1921), Platon, 2.

690 Ebd., VI, 182.

691 An Salins *Platon und die griechische Utopie* etwa kritisierte er, das Platon-Bild des ersten Teils werde durch die weniger bedeutenden Utopien im zweiten Teil verdorben; man könne Gegenstände von so unterschiedlichem Rang nicht in einem Buch behandeln, das sei ein „lächerliches Missverhältnis“ (SALIN (1954), Um George, 45).

692 Diesen Begriff verwendet RASCHEL, Heinz, Das Nietzsche-Bild im George-Kreis (Monographien und Texte zur Nietzsche-Forschung 12). Berlin 1984, 36. Carola Groppe spricht von „Krypto-Biografien Georges“ (GROPPE (2001), Macht der Bildung, 630).

693 Gretz bezeichnet dieses Vorgehen als typisch für die „Deutsche Bewegung“ im nationalkonservativen Milieu zu Beginn des Jahrhunderts, vgl. GRETZ (2007), deutsche Bewegung, 245.

694 Zu Singer vgl. 175ff., zu Salin vgl. 253ff.

Insbesondere Kurt Singer versteckte solche versteckten Bedeutungsebenen subtil. Man konnte seine Texte ohne weiteres lesen, ohne den George-Bezug wahrzunehmen, etwa wenn er über Goethe sprach als Beispiel für den die Welt verändernden Dichter-Seher und dabei Wielands Verse zitierte: „Gleich mächtig, zu töten und zu entzücken." Welches Kreismitglied dachte hier wohl nicht an Hofmannsthals Verse über George („Und er kann töten, ohne zu berühren") und bezog im Folgenden Singers Äußerungen über Goethe auch auf den „Meister"?[695] Auch aktuelle Probleme des George-Kreises wurden verschlüsselt, etwa wenn Singer hervorhob, die Musen in der Politeia rieten, sich vor „falscher Paarung und unzeitiger Hochzeit" zu schützen.[696] Der Verdacht, dass hier ein Seitenhieb auf die auch von Singer missbilligte Heirat von Gundolf mit Elisabeth Salomon ein Jahr vorher vorliegt, drängt sich geradezu auf. Singer entwickelte für die „Verrätselung" solcher Parallelen im Rahmen ner semiotischen Methode der Zeichendeutung geradezu eine Meisterschaft und verwandte viel Raffinesse darauf, um Informationen und Interpretationen für Eingeweihte anzudeuten, ohne sie direkt aussprechen zu müssen.[697] Er pochte auf die „Doppelbödigkeit der Interpretation"[698] und nutzte extensiv ihr Potenzial zur Verschleierung von Inhalten, nicht nur im Bezug auf George, sondern auch in vielen anderen Kontexten. „Vornehme Form ist es, sich nicht auszusprechen sondern anzudeuten."[699] Singers Texte sind geradezu dominiert vom Begriff der „Maske". So verstand er die Erscheinungen der Welt, z.B. die Paläste Venedigs, als sich immer neu bildende Maske Gottes,[700] die Menschen als Masken Gottes, die Dämonen als Masken des Teufels.[701] Auch lyrische Werke kamen ihm wie Masken eines Gottes vor, und dieser Gott als „die Kraft, die alle Dinge zu Masken macht",[702] ein Gedanke, den Singer noch 50 Jahre später als ihm wesentlich bezeichnete.[703] Das Thema der Maske und ihrer Funktion durchzieht Singers Werk bis in die späten Gedichte wie ein roter Faden,[704] wobei die Ambivalenz des Begriffs *persona* als Maske bzw. als Gestalt und damit der Konnex zum Gestalt-Begriff nicht übersehen werden darf.[705] Die für den George-Kreis typische Spielart des Neuplatonismus gewann bei Singer so eine weitere Facette. Ganz im Sinne der semiotischen Methode war er ständig auf der Suche nach etwas Transzendentem, das sich

---

695 SINGER (1952), Goethe, 388. Das Zitat von Hofmannsthal aus dem Gedicht *Der Prophet* in HOFMANNSTHAL, Hugo von, Gedichte und lyrische Dramen. Wien 1952, 502.

696 SINGER (1927), Gründer, 129.

697 Zum Rollenspiel im Werk Georges vgl. OSTERKAMP, Ernst, „Ihr wisst nicht wer ich bin". Stefan Georges poetische Rollenspiele (Themen. Hg. von der Carl Friedrich von Siemens Stiftung). München 2002.

698 SIMONIS (2001), Benjamin, 196.

699 SINGER (1949), Gedicht, 560f. Im Folgenden führte Singer aus, dass Brauch und Konvention für die Japaner nicht verhasster Zwang, sondern geliebter Schleier oder verehrte Maske seien. Ähnliches galt für ihn selbst.

700 SINGER (1907), Masken, 199.

701 SINGER, Kurt, Der venezianische Epilog, in: Neue Rundschau 17 (1906), 1374–1380, 1376ff.

702 SINGER (1907), Legende, 1354, 1357.

703 Singer an Herbert Steiner am 9.1.1957, DLM, A: Steiner, 74.4449/1.

704 *Advent* in SINGER und BRASCH (1969), Antithule, 21.

705 GRETZ (2007), deutsche Bewegung, 157. Bei Borchardt werde die „‚Maske' (persona) der Dichtung zum Medium der Selbstkonstitution, das die Formierung und Objektivierung des ‚Innen' in der heillosen Auseinandersetzung mit der äußeren Welt ermöglicht." (Ebd. 321f). Vgl. auch Georges Gedicht *Die Maske* (GEORGE, Stefan, Der Teppich des Lebens und die Lieder von Traum und Tod mit einem Vorspiel (Sämtliche Werke in 18 Bänden. Bd. 5). Stuttgart 1984, 47).

hinter dem Gegenständlichen verbergen sollte. Seine Affinität zum Chiffrieren und Dechiffrieren zeigt sich auch darin, und er diese Stilfigur bei anderen Autoren immer wieder nachzuweisen versuchte. In seinen Schriften häufen sich Passagen, in denen er anderen Künstlern unterstellt, sie sprächen durch die Maske und würden etwas anderes sagen, als sie wirklich meinten, d.h. sie würden chiffrieren. So unterstellt er z.B. Hugo von Hofmannsthal, er verstecke sich selbst hinter der ‚redenden Maske' seiner Figuren.[706] Von Platon schrieb Singer: „Darüber hinaus aber gilt es, alles Logische als Sinn und Zeichen eines Alogischen zu sehen, als Wink und Wendung eines Geistes, der sich im Hellsten zu verbergen und in der Maske sich zu offenbaren liebt." Deshalb müsse man über das sokratische Denken hinausgehen, wenn man ihn verstehen wolle.[707] Auch plastische Künstler wie Rodin zeichneten sich nach Singer durch aus, die Masken und die Spiegel zu zerbrechen, wodurch die Illusionen ins Bodenlose versänken.[708]

Aber Kurt Singer war nicht nur ständig bestrebt, in seiner Umwelt und bei anderen Autoren Masken zu entdecken und diese zu lüften, sondern er chiffrierte auch selbst. Er war ganz offensichtlich fasziniert von der durch die Masken gebotenen Möglichkeit, „das Ich als Rollenspiel und die Persönlichkeit als eine vielgesichtige, facettierte zu begreifen."[709] Manchmal deckte er seine doppelte Schreibweise sogar selbst auf, etwa wenn er die mühsame Besteigung des japanischen Berges Fuji-san als Gleichnis für die Annäherung an Goethe beschrieb und dies dem Leser am Ende der Passage sogar erklärte: „Ich sprach von Fuji-san… ich habe zugleich von Goethe geredet."[710] Diese Parallele kann in keiner Weise überraschen, wenn man einen Blick auf die Titelillustration des zwei-

Abb. 16: George, Goethe. Berlin 1902.

706 SINGER (1963), Streit, 23f.
707 SINGER (1927), Gründer, 33f.
708 SINGER (1906), Der venezianische Epilog, 1380.
709 WEIHE, Richard, Die Paradoxie der Maske: Geschichte einer Form. Paderborn 2004, 16.
710 SINGER (1952), Goethe, 385.

ten Band der von George und Wolfskehl herausgegebenen „Deutschen Dichtung“ wirft, die Singer mit Sicherheit kannte.[711] Es liegt nahe, dass er bei der Betrachtung von japanischen Kunstwerken, die Berge abbildeten, an dieses Bild dachte, das ihn zu seinem Gleichnis inspirierte.

Solche ausdrücklichen Hinweise sind jedoch eine seltene Ausnahme, meist blieben die unterschwelligen Ebenen von Singers Texten im Verborgenen. Sein Zeitgenosse J. B. Schoemann machte es sich in einem Text mit dem aussagekräftigen Titel *Stefan George verdeutlicht durch Kurt Singers Platon* sogar zur Aufgabe, die vielen versteckten Parallelisierungen zwischen George und Platon zu entschleiern und „was Singer verhüllt und verrätselt sagt, ohne Hülle und Rätsel“ darzulegen.[712] Auch andere Leser übten sich in Enträtselungen: In einem mir vorliegenden Exemplar des Buches *Platon, der Gründer*, das im Jahr 1929, wie im Umschlag vermerkt, in den Besitz von Hildegund Rogner gelangte, ist auf Seite 119 neben Singers Ausführungen über die „Verwirklichung der Politeia“ in georgeanischer Schönschrift vermerkt: „Dies ist Reich des geistes… St. D. Bds. [*Stern des Bundes*, Ko. S.]“ – zumindest manche Leser verstanden Singers hermetische Schreibweise.

Wie bei Kurt Singer, so finden sich auch im Werk Arthur Salz′ Verschlüsselungen, wenn auch nicht so häufig, so methodisch und so kunstvoll wie bei Singer. Exemplarisch soll hier nur ein Beispiel herausgegriffen werden. In seinem Artikel *Leibniz als Volkswirt* von 1910 berichtete Salz zunächst ausführlich und im Präteritum über Leibniz′ volkswirtschaftliche Vorstellungen sowie über Wallenstein und seine Geschäfte als Feldherr und Condottiere. Unvermittelt springt der Text dann ins Präsens und eine Passage ganz anderen Inhalts schiebt sich dazwischen:

> „Inzwischen aber ist ein geheimes, inoffizielles Deutschland am Werke und arbeitet an der Versöhnung der Geister und der Vereinheitlichung der losgetrennten Glieder; Dichter, Philosophen, Juristen, Staatsmänner erstreben eine Solidarität der Geister, eine Vereinheitlichung der Sitte, eine Konsolidation der politischen Kräfte, eine Entwicklung der Idee und der Liebe eines gemeinsamen Vaterlandes, denken den Gedanken einer nationalen, einer deutschen Gesamtkultur. Und darum wohl appellieren sie an die beiden die Stärksten bindenden und organisierenden Mächte, die es gibt: Religion und Wirtschaft, die Solidarität der geistigen und der materiellen Interessen.“[713]

Damit endet die Verwendung des Präsens, und der Text wird im Präteritum fortgesetzt mit der Schilderung von Leibniz′ weiteren Aktivitäten. Ganz augenscheinlich springt der Autor aus der historischen Ebene in die Gegenwart, um einen Hinweis auf das „geheime Deutschland“, den George-Kreis, einzubinden – und das im gleichen Jahr, in dem der Ausdruck von Karl Wolfskehl gerade erst geprägt worden war.[714] Wie in den Texten von Singer oder Salin, so könnte auch hier ein nicht-eingeweihter Leser die Stelle leicht überlesen, während einem

711 GEORGE, Stefan und WOLFSKEHL, Karl, Goethe (Deutsche Dichtung, Bd. II). Berlin 1902.
712 SCHOEMANN, J.B., Stefan George verdeutlicht durch Kurt Singers Platon, in: Philosophisches Jahrbuch der Görres Gesellschaft 42, 3 (1929), 323–341, 324.
713 SALZ (1910), Leibniz, 212.
714 HOFFMANN (2007), Stauffenberg, 72. Wolfskehl verwendete den Ausdruck in WOLFSKEHL (1910), Blätter für die Kunst, 14f, und ganz in seinem Sinne gebrauchte ihn Salz.

Mitglied des Kreises der Bezug auf Anhieb klar werden musste. Wie zur Erinnerung wird einige Seiten später auch noch Dante erwähnt und in Beziehung zu Leibniz gesetzt.[715] Diesem Hinweis folgend, kann der Text auf eine zweite Bedeutungsebene untersucht und in Beziehung zum George-Kreis gesetzt werden. Salz deutete Leibniz als Merkantilisten – eine Zuordnung, die im Sinne des Kreises nicht eben vorteilhaft war, da nicht nur Salin dem Merkantilismus den Vorwurf machte, die Wirtschaft zum Selbstzweck gemacht und einem Panökonomismus der Gesellschaft Vorschub geleistet zu haben. Diesen Vorwurf widerlegte Salz jedoch für Leibniz. Bei ihm stehe der Merkantilismus keineswegs im Gegensatz zu einem universalistischen Staatsverständnis. Vielmehr habe Leibniz universalistisch gedacht insofern, als „sein Blick fürs Große und Ganze sich mit seinem auf das Praktische und Nützliche gerichteten Sinn verbindet und in den Dienst ganz bestimmter, auf realen Tatsachen und geschichtlich gegebenen Bedingungen ruhender Pläne gestellt wurde."[716] Nicht das Streben nach Geld, sondern die Erweiterung der Staatszwecke und -interessen stünde im Vordergrund seiner Bemühungen. Es sei bezeichnend für Leibniz, „wie er jede einzelne wirtschaftliche Maßnahme in einen großen Zusammenhang allgemeiner und zwar staatspolitischer Gedanken und die Wirtschaftspolitik als ganze in den Dienst der Staatspolitik stellte."[717] Bedenkt man den Bezug zur eigenen Gegenwart und zum George-Kreis, den Salz mit dem Einschub eröffnete, stellt sich die Frage, inwiefern diese Aussage auf ihn selbst im Kontext des Kreises übertragen werden kann. Es liegt nahe, hier eine Rechtfertigung der Ökonomie allgemein und Salz′ liberaler ökonomischer Vorstellungen im Besonderen vor den missbilligenden Augen Georges zu vermuten: Auch wenn sich die Volkswirtschaftslehre mit praktischen Fragen der Wirtschaft beschäftigte, die für George so fern vom „schönen Leben" schienen, könne eine universalistische Lehre von der Wirtschaft doch ihren Teil zum Wohl des Staatsgesamts beitragen und sei deshalb im Sinne der Gestaltidee unverzichtbar für die Gesellschaft, auch im Hinblick auf ihre geistige Entwicklung.[718]

2.2 Vorbilder und Traditionslinien

Die Verehrung der großen Heroen, Künstler und Helden ist ein zentraler Bestandteil von Georges Werk.[719] Den Zeitgenossen galt deshalb die Beschäftigung mit den „großen Männern" in der Geschichte als Charakteristikum der an George orientierten Wissenschaft.[720] Salin meinte, „Blick und Gespür für den großen Menschen" sei das entscheidende Merkmal

715 SALZ (1910), Leibniz, 217, Fn 1.

716 Ebd., 200.

717 Ebd., 207.

718 Seine Kritik an Leibniz „versteckte" Salz dagegen in einem anderen Text: Dort sagte er von Leibniz, dass er „auf den ‚gemeinen Mann' verächtlich herabblickt und den Wert und Reiz eines großen Vermögens vielleicht mehr als einem Philosophen wohl ansteht, zu schätzen wusste." (SALZ (1910), Bolzano, 519). Im oben besprochenen Text ist von solcher Kritik keine Rede.

719 Landfried stellt für George fest: „Die Könige, Fürsten, Eroberer sind Projektionen eines individualistischen, ästhetisch geprägten, apolitischen Weltbildes." (LANDFRIED (1975), George, 75).

720 FRENZEL (1932), Geschichtswissenschaft, 11ff.

gewesen, das alle Geistbücher geteilt hätten.[721] Auch wenn man nicht übersehen darf, dass in diesem Bedürfnis nach Angliederung an eine große Führungsgestalt ein zeittypisches Phänomen der 1910er bis 1930er Jahre lag[722], – gerade auch in Abgrenzung gegen die Historische Schule, die ihre Hoffnung eher auf eine historisch ausgebildete Bürokratie als auf „große Männer" setzte[723] – so scheint dies im Umfeld des George-Kreises doch besonders ausgeprägt. Die meisten Georgeaner interessierten sich für das „Hereinholen und Verwirklichen eines Ewigen" in ganz verschiedenen Formen, das in guten Zeiten durch die Gemeinschaft, in schlimmen durch den „grossen Menschen" erfolge, wie Kurt Osswald feststellte.[724] Auch die Ökonomen in seinem Umfeld tendierten dazu, die Geschichte allgemein und die ökonomische Ideengeschichte im Besonderen als die Folge der Taten großer Männer zu interpretieren[725], wohingegen sie die gesellschaftlich-sozialen und wirtschaftlichen Bedingungen, unter denen sich die moderne Nationalökonomie entwickelten, eher vernachlässigten.[726] Das „Geheimnis menschlichen Herrschertums" und die Faszination großer Einzelgestalten war nicht nur für Salin ein Thema, mit dem er sich lebenslang auseinander setzte.[727]

Die Ökonomen neigten dementsprechend dazu, nicht etwa strukturelle oder soziale Ursachen für geschichtliche Entwicklungen verantwortlich zu machen, sondern sich auf Persönlichkeiten zu konzentrieren „und die Strömungen, die von ihnen ausgehen oder von denen sie getragen wurden."[728] Ganz in diesem Sinne versuchten sie stets, ihre eigenen ökonomischen Ideen auf „große" Vorbilder in der ökonomischen Dogmengeschichte zurückzuführen, um durch diesen Bezug die eigenen, an George orientierten Vorstellungen zu legitimieren. So ging z.B. Edgar Salin vor, um der Anschaulichen Theorie Geltung zu verschaffen. Neben seiner ausgiebigen Bezugnahme auf Edith Landmanns Erkenntnistheorie suchte er nach einem *Ökonomen* in der Geschichte, auf den er seine Gegenstellung gegen die in mathematischen Modellen denkende Neoklassik zurückführen konnte. Im Deutschland der

---

721 SALIN (1979), Wissenschaftlicher Kreis um George, 41.

722 So gab etwa Othmar Spann von 1922–34 die Reihe *Die Herdflamme. Sammlung der gesellschaftswissenschaftlichen Grundwerke aller Zeiten und Völker* heraus, in der u.a. die Schriften von Adam Müller, Thomas von Aquin, Platon, List, Hegel, Schelling, Fichte, Meister Eckhart u.a. ediert wurden. Die Konstruktion von Traditionslinien in der deutschen Geistesgeschichte untersucht ausführlich GRETZ (2007), deutsche Bewegung.

723 PLUMPE (1999), Schmoller, 268.

724 Kurt Osswald, Notizen zu einem Brief an Edgar Salin am 22.4.1949. Osswald kritisierte in diesem Brief Salins *Um George* in vielen Punkten scharf, insbesondere die Schilderung des Bruchs zwischen Gundolf und George und den „schwächlich gefühlsseligen Zeitschmerz". Salin reagierte auf den Brief „erheblich (übererheblich?) eingeschnappt" wie Osswald am Rande des Manuskripts vermerkte, in DLM, A: Osswald, 2001.117.17.

725 Salin bescheinigte eine solche Geschichtsdeutung seinem Kollegen Julius Landmann als besondere Auszeichnung, SALIN (1933), Landmann, 28. In der Tat sprach selbst Landmann in seinen späten Vorträgen von Napoleon und Bismarck als „Männer[n], über die der schöpferische Augenblick Gewalt besaß" (LANDMANN (1933), Vorträge Nachlass, 50f.). Oft findet sich die Verehrung „großer Männer" in Landmanns Werk allerdings nicht, vgl. 215.

726 Diesen Vorwurf machte Salin Hans Neisser, NEISSER (1931), Gegensatz, 225f.

727 MOELLER, Hero, [Rezension zu] SALIN, Edgar: Lynkeus. Gestalten und Probleme aus Wirtschaft und Politik, in: Weltwirtschaftliches Archiv 92, 1 (1964), 12–14, 13.

728 NEUMARK (1926), [Rezension zu] Singer, 485.

20er Jahre, in dem nationalistische Töne gerade nach der „Demütigung" von Versailles an der Tagesordnung waren,[729] schien eine Berufung auf eine spezifisch *deutsche* Tradition in Abgrenzung zur angloamerikanischen Neoklassik besonders aussichtsreich, und so konstruierte Salin eine *deutsche* Traditionslinie der Nationalökonomie, in der er viele Elemente seiner eigenen Anschaulichen Theorie präfiguriert sah.[730] Wurzelnd in der griechischen Antike und dem europäischen Mittelalter, in denen die Wirtschaft stets nur Mittel, nie aber Zweck des staatlichen Handelns gewesen sei, fügte er auch die Romantiker, z.B. Adam Müller, und einige Vertreter der Historischen Schule, die er weitgehend von seiner Kritik an Schmoller ausnehmen zu können glaubte wie etwa Karl Knies, in seine Genealogie einer *deutschen* Nationalökonomie ein. Auch Karl Marx glaubte er diese positive Wertung zukommen lassen zu dürfen.[731] An prominentester Stelle in seiner „Ahnenreihe" stand aber Friedrich List (1789–1846), bei dem Salin viele Ansätze fand, die sich mit seinen eigenen Vorstellungen deckten, und denen er deshalb zu einer Renaissance verhelfen wollte.[732] Er wertete deshalb den bis dahin wenig beachteten List zu einem der wichtigsten Vertreter der deutschen Volkswirtschaftslehre auf.[733] Insbesondere betonte er, dass List eine bewusst wertende Nationalökonomie angestrebt habe, weil es auch ihm wie Salin selbst um die Erreichung politischer Ziele gegangen sei. Dabei habe sich List insbesondere um den Abbau der Zollschranken innerhalb Deutschlands und um den Ausbau eines gemeinsamen europäischen Eisenbahnnetzes bemüht.[734] Er hatte für seine Ziele sogar das Gefängnis ertragen und später das „Exil" in den USA.[735] Salin übernahm von ihm, der sein Hauptwerk *Das nationale System der politischen Ökonomie* genannt hatte, den Begriff der „Politischen Ökonomie".[736] Auch in Fragen des grundsätzlichen Wirtschaftsverständnisses

---

729 Wie einige sich fast alle gesellschaftlichen Schichten in der Ablehnung des Versailler Vertrags waren, betont LORENZ, Thomas, ‚Die Weltgeschichte ist das Weltgericht!': der Versailler Vertrag in Diskurs und Zeitgeist der Weimarer Republik. Frankfurt [u.a.] 2008, 412ff.

730 In seiner Besprechung lobte Horst Wagenführ diesen Versuch. Er rechnete der deutschen Tradition in Anlehnung an Salin neben Gottl-Ottlilienfeld, Alfred Weber, Plenge und Spiethoff auch List, Knies und Knapp zu, vgl. WAGENFÜHR (1928), Volkswirtschaftslehre, 43.

731 SALIN (1923), Geschichte VWL, 28f.

732 Ausführlich dazu SCHÖNHÄRL (2008) Wiederentdeckung List.

733 Andere Ökonomen vollzogen Salins Differenzierung zwischen angloamerikanischer und deutscher Schule nach: So stellte Luigi Einaudi die List-Ausgabe in Deutschland der von Piero Sraffa in England herausgegebenen Ricardo-Ausgabe in ihrer Bedeutung „zur Seite", vgl. SALIN, Edgar, Nachwort zum Neudruck der Werke Friedrich Lists, in: Mitteilungen der List Gesellschaft 7, 14 (1972), 345–350, 347.

734 WENDLER, Eugen, Friedrich List: Eine historische Gestalt und Pionier auch im deutsch-amerikanischen Bereich. München 1989, 27.

735 Wegen seiner Kritik an der staatlichen Wirtschaftspolitik musste List seine Stellung als Professor der Staatswirtschaft in Stuttgart aufgeben. 1821 verlor er aufgrund der von ihm publizierten *Reutlinger Petition*, die die Missstände in Verwaltung und Gesetzgebung scharf kritisierte und demokratische Reformen einforderte, sein Mandat als Landtagsabgeordneter in Württemberg und wurde sogar zu zehn Monaten Festungshaft verurteilt, vgl. EISERMANN, Gottfried, Friedrich Lists Lebenswerk, in: Jürgen G. BACKHAUS (Hrsg.), Studien zur Entwicklung der ökonomischen Theorie. Bd. X. Berlin 1990, 11–62, 26). Gegen das Versprechen, nach Amerika auszuwandern, wurde ihm ein Teil der Strafe erlassen. Von dort kehrte er 1834 nach Deutschland zurück, konnte aber nicht mehr richtig Fuß fassen. Im Jahr 1846 nahm List sich schließlich das Leben, vgl. EISERMANN (1990), Lebenswerk, 35f.

736 Als Beantwortung einer Preisfrage der Pariser Académie des Scienes Morales et Politiques entstand der Text *Système naturel d'économie politique* als Basis seines späteren Hauptwerkes LIST, Friedrich, Das na-

konnte er sich auf List berufen. Bei ihm fand er seine Vorstellung bestätigt, dass die Ökonomie im Staat nur eine dienende Rolle einzunehmen habe, dass „Reichtum und Industrie niemals Selbstzweck gewesen sind, sondern immer nur Mittel zum hohen Ziel der Erkämpfung von Größe und Macht der deutschen Nation."[737] Daneben bot List auch in methodologischer Hinsicht Anknüpfungspunkte, weil er genau wie Salin selbst den neoklassischen Versuch, von Zeit und Raum unabhängige volkswirtschaftliche Gesetze zu eruieren, abgelehnt hatte. Einen einheitlichen Weltmarkt, wie Adam Smith ihn annahm, hielten sowohl Salin als auch List für eine Fiktion, und Salin lobte seinen großen Vorgänger ausdrücklich dafür, die Freihandelslehre als Interessensvertretung Großbritanniens entlarvt zu haben.[738] Auch Lists Theorie der „Produktiven Kräfte", die das „geistige Kapital" eines Volkes als wichtigste Basis des wirtschaftlichen Erfolgs wertete,[739] ließ sich bruchlos in Salins Anschauliche Theorie einbetten. Und selbst die Forderung, in lesbarem Stil zu schreiben, fand Salin bei List präfiguriert, auch wenn es diesem weniger um die künstlerische Gestaltung als vielmehr um die Verständlichkeit seiner Texte für Praktiker gegangen war.[740]

Gegensätze, die es daneben auch gab, wie Lists Begeisterung für die Typenlehre, deutete Salin um[741] oder thematisierte sie einfach nicht weiter. So war der von Georges Zeitkritik beeinflusste Salin keineswegs damit einverstanden, dass List den technischen Fortschritt in all seinen Formen enthusiastisch begrüßte.[742] List hoffte, dass die neuen Transportmöglichkeiten der Eisenbahn eine Egalisierung der Gesellschaft herbeiführen würden, indem sie die Unterschichten mobil und ihnen Unterrichts- und Bildungsmaterial zugänglich machen könnten.[743] Er war davon überzeugt, dass eine volle Entfaltung der produktiven Kräfte nur unter demokratischen Institutionen möglich sei, da „der Staat um so mehr Kraft besitze, je stärker der einzelne ist, und daß dieser um so stärker ist, je mehr er eine vernünftige Freiheit genieße."[744] Solche Argumente entsprachen keineswegs Salins frühen Vorstellungen, und er

---

tionale System der politischen Oekonomie. Tübingen 1989 (Erstausgabe 1841), der ihm jedoch nicht den ersehnten Preis brachte.

737 SALIN, Edgar, Ein Nachwort zur List-Ausgabe als Vorwort für künftige List-Leser. Einlage: „Zur Nachlese", Originalgetreue Wiedergabe der im Jahr 1935 unterdrückten Einführung zu Band IX der Gesamtausgabe der Werke von Friedrich List (III–XVIII), in: Mitteilungen der List Gesellschaft 3, 11/12 (1960/62), 345–348, XIII.

738 SALIN (1932), Wirtschaft und Staat, 30f.

739 LIST, Friedrich, Das natürliche System der politischen Ökonomie. Nach der französichen Urschrift erstmals herausgegeben und übersetzt von Edgar SALIN und Arthur SOMMER (Schriften, Reden, Briefe. Bd. IV). Berlin 1927, 191–195.

740 LIST, Friedrich, Das nationale System der politischen Ökonomie. Ausgabe letzter Hand vermehrt um einen Anhang. Hrsg. von Arthur SOMMER (Schriften, Reden, Briefe. Bd. VI). Berlin 1930, 14.

741 Vgl. 148.

742 So schlug List den Direktionen der Deutschen Eisenbahngesellschaft ein technisches Erkundungsbüro in den USA vor, um technische Neuerungen sofort nach Deutschland weitergeben zu können. (Vgl. WENDLER, Eugen, Durch Wohlstand zur Freiheit: Neues zum Leben und Werk von Friedrich List. Baden-Baden 2004, 203f). Wendler spricht sogar von Lists „Dampfeuphorie" (ebd. 210). Salin lag solche Fortschrittsbegeisterung fern, vgl. 162. Anders als er dachte in diesem Punkt jedoch Arthur Salz, der den technischen Fortschritt für geistigen Fortschritt hielt und begrüßte, vgl. SALZ, Arthur, Die Kontrolle des technischen Fortschritts. Nationalökonomische Irrlichter V, in: Der deutsche Volkswirt 6, 52 (1932, 23. September), 1700–1703, 1701.

743 WENDLER (2004), Wohlstand zur Freiheit, 212.

744 LIST, Friedrich, Der Kampf um die politische und ökonomische Reform 1815–1825. Erster Teil: Staats-

rezipierte sie deshalb auch wenig. Die Fortschrittsbegeisterung Lists etwa erwähnte er in der ersten Auflage der *Geschichte der Volkswirtschaftslehre* nur mit einem Nebensatz[745] – mit der Folge, dass sie in der gesamten von Salin beeinflussten frühen List-Forschung kaum Resonanz fanden.[746] Diese These kann als Antwort auf die Frage verstanden werden, die der Ökonom Wolfgang Roth beim 23. Gespräch der List Gesellschaft 1989 über die Rezeption von Lists Werken an den Referenten Wolfram Fischer richtete: „Wie kommt es eigentlich, daß ich die Details der Eisenbahnpolitik ganz gut erinnere, daß ich sogar Details der übrigen – der Integrationspolitik – weiß, aber daß ich dieses fabelhafte demokratische Dokument [gemeint ist die Reutlinger Petition, Ko. S.], auf das wir eigentlich sehr stolz sein müssten, nicht kenne; wissen Sie das?“[747] Ein weiterer Punkt, in dem List mit Salin nicht übereinstimmte, war Lists prinzipielle Bejahung des freien Marktes und des Kapitalismus. List forderte zwar, dass die Verwaltung mit allen den ihr zu Gebote stehenden Mitteln die produktiven Kräfte fördern sollte,[748] auf lange Frist gesehen wollte er bürokratische Hemmnisse, Genehmigungsverfahren und Zollschranken jedoch abbauen, um dem Unternehmer mehr Handlungsspielraum zu geben.[749] Er glaubte letztendlich an die freie Konkurrenz, der Staat sollte dafür nur die Rahmenbedingungen schaffen.[750] Salin, der für weitreichende staatliche Interventionen in die Wirtschaft eintrat, ging auf diese Aspekte in Lists Werk kaum ein. Vielmehr sparte er diese Punkte aus, um List dennoch als wesentlichen Vertreter einer *deutschen* Volkswirtschaftslehre (im Gegensatz zur angloamerikanischen) darstellen zu können. Die ‚Rede von der deutschen Bewegung‘ benutzte er genau in dem Sinn, in dem Daniela Gretz sie als typisch für die kulturkritischen Strömungen um 1900 beschreibt, nämlich zur Einschreibung der je eigenen fachlichen Konzeption in einen legitimierenden Traditionszusammenhang.[751]

Organisatorisch setzte Salin sein Engagement für die „Wiederentdeckung“ Friedrich Lists um, indem er zusammen mit seinen Kollegen Arthur Spiethoff, Hans Luther, Erwin von Beckerath und Bernhard Harms die Friedrich List-Gesellschaft gründete. Sie bot ihm zum einen ein Forum für den von ihm gesteuerten Dialog zwischen Nationalökonomie, Wirtschaft und Politik im Sinne seiner „Politischen Ökonomie“. Zudem kümmerte sich die FLG, die im September 1924 feierlich begründet wurde, auch um die Herausgabe der ge-

politische Schriften der Frühzeit. Hrsg. von Karl GOESER und Wilhelm von SONNTAG (Schriften, Reden, Briefe. Bd. I). Berlin 1932, 364.

745 List habe „wiewohl in seiner Geschichtspragmatik nicht unbeeinflußt von der Aufklärung, in seiner Wertung materiellen Erfolges und seinem strengen Evolutionsimus mehr dem Geist des 19. Jahrhunderts als der Romantik verbunden“, dennoch die Nation als Glied der Weltgemeinschaft gesehen (SALIN (1923), Geschichte VWL, 32).

746 WENDLER (2004), Wohlstand zur Freiheit, 220.

747 FISCHER, Wolfram, Friedrich List und seine Zeit, in: Hans BESTERS (Hrsg.), Die Bedeutung Friedrich Lists in Vergangenheit und Gegenwart (Gespräche der List Gesellschaft e. V. N.F. Bd. 12). Baden-Baden 1990, 20–46, 40.

748 BACKHAUS, Jürgen G., Die politische Ökonomie der Schutzzolltheorie, in: Jürgen G. BACKHAUS (Hrsg.), Studien zur Entwicklung der ökonomischen Theorie. Bd. X. Berlin 1990, 103–114, 108.

749 WENDLER (2004), Wohlstand zur Freiheit, 223.

750 MOLSBERGER, Josef, Der Beitrag Friedrich Lists zur Gewerbe- und Industriepolitik, in: Hans BESTERS (Hrsg.), Die Bedeutung Friedrich Lists in Vergangenheit und Gegenwart (Gespräche der List Gesellschaft e. V. N.F. Bd. 12). Baden-Baden 1990, 120–136, 134f.

751 GRETZ (2007), Deutsche Bewegung, 135.

sammelten Listschen Schriften, die bis dahin kaum bekannt geworden waren.[752] Die FLG, die die Orientierung an dem großen Vorbild List sozusagen institutionalisierte, war für Salin eine perfekt geeignete Plattform, um auch George-fernen Kollegen seine Anschauliche Theorie näher zu bringen. Seine Freundschaft mit Bernhard Harms etwa beruhte zu großen Stücken auf der Zusammenarbeit in der FLG. Wie wichtig die Gesellschaft für Salin war, zeigt der Umstand, dass er, nachdem sie sich im Juli 1934 selbst aufgelöst hatte,[753] zwanzig Jahre später eine Neugründung unter dem Namen List Gesellschaft verfolgte,[754] wie weiter oben schon dargestellt wurde.[755]

Mit seiner List-Deutung beeinflusste Salin die frühe List-Forschung maßgeblich, an der sowohl er selbst als auch sein Schüler und Kollege Arthur Sommer federführend beteiligt waren. Sein Einfluss auf die List-Forschung setzte sich über seinen Tod hinaus fort.[756] So glaubte Heinz Rieter noch 1990 „organizistische Ideen" in Lists Lehre von den produktiven Kräften erkennen zu können: „In dieser Lehre ist das Ganze natürlich mehr als die Summe seiner quantitativen Teile. Es hat eine qualitative Dimension. Und hierin sehe ich den Kern der LISTschen Lehre. Es sind die geistigen Produktivkräfte und die institutionellen Faktoren, die er in den Vordergrund rücken und auf die er seine Theorie in ganzheitlicher Betrachtung gründen will."[757] Er deutete List also ganz im Sinne Salins. Anderen List-Forschern fiel auf, dass Salin teilweise Interpretationsmuster an List herantrug, die nicht unbedingt zu seinen Schriften passten. So folgte Gottfried Eisermann Salin nicht, wo der Georgeaner bei List Harmonievorstellungen des 18. Jahrhunderts verwirklicht sah und ihm unterstellte, er habe vor der Überindustrialisierung und der Verkümmerung der Agrikultur gewarnt.[758] Hier las Salin so viel George in List hinein, dass die Umdeutung ins Auge fiel und Eisermann wie auch manche andere Leser befremdete. Insgesamt war seine Beschäftigung mit Friedrich List jedoch außerordentlich erfolgreich. Sie ermöglichte es Salin, seine an Stefan George orientierten wirtschaftspolitischen und methodologischen Ziele unter Lists

---

752 Vgl. BRÜGELMANN (1956), Politische Ökonomie, 1f. Durch Kontakte zu Reichsaußenminister Stresemann konnte Salin erreichen, dass das Auswärtige Amt die Edition bezuschusste, vgl. BLOMERT, EẞLINGER und GIOVANNI (1997), Einleitung, 15.

753 Salins einleitendes Vorwort zum letzten Band der Gesamtausgabe *Zur Nachlese* konnte 1935 im antisemitischen Deutschland nicht mehr unter seinem Namen abgedruckt werden, weil die Mitarbeit eines jüdischstämmigen Deutschen das Werk in den Augen der Nazis disqualifiziert hätte. Es wurde deshalb erst im Jahr 1962 nachträglich gedruckt (SALIN (1960/62), Nachwort zur List-Ausgabe).

754 Salins Begeisterung für List war ungebrochen. Noch immer empfahl er den Ökonomen eine intensive Beschäftigung mit dessen Werk und bedauerte, dass die mit so viel Aufwand erstellte Gesamtausgabe „heute ungenutzt in den Bibliotheken verstaubt." SALIN (1960/62), Nachwort zur List-Ausgabe, 347.

755 Vgl. 161.

756 So förderte die List Gesellschaft die oben zitierten Arbeiten Eugen Wendlers über List, Hans Besters gab in ihrem Namen einen Sammelband über List heraus (BESTERS, Hans (Hrsg.), Die Bedeutung Friedrich Lists in Vergangenheit und Gegenwart (Gespräche der List Gesellschaft e.V. N.F. Band 12). Baden-Baden 1990). Hans Neisser hatte schon 1931 Kritik an Salins List-Deutung angemeldet, vgl. NEISSER (1931), Gegensatz, 244f.

757 BESTERS (1990), Bedeutung, 90 (Diskussion).

758 EISERMANN (1990), Lebenswerk, 49. Eisermann konstatiert, dass Salin in der Nachkriegszeit in Fragen der Zollpolitik zwischen der neoliberalen Position und der von List „merkwürdig" geschwankt habe (ebd. 45, Fn 141).

Namen im Kontext der Ökonomie viel effektiver zu vertreten, als das im Namen Georges je möglich gewesen wäre.

Die Orientierung an und die Konstruktion von großen Vorbildern war typisch auch für andere Georgeaner. Auch Salz betonte nicht nur prinzipiell, wie wichtig es in der Erziehung sei, dass der Zögling ein Vorbild habe, „dem man nacheifern und das man erreichen will, ein Vorbild der Erziehung, ein höchstes, vielleicht nie ganz erreichtes oder erreichbares, sinnbildliches Ziel, auf das man die Erziehung, die im letzten Grunde immer Selbstprägung ist, abstellt."[759] Er stilisierte auch selbst bestimmte historische Figuren zu solchen Vorbildern, wobei er eine für den George-Kreis eher ungewöhnliche Auswahl traf: Leibniz,[760] Wallenstein und den türkischen Befehlshaber Djemal Pascha.[761] Auch Dostojewski bewunderte Salz, weil sein „Werk ein Ganzes, aus *einer* göttlichen Inspiration geboren, das Werk eines gottbegnadeten Dichter[s]" sei.[762] Bernhard Bolzano tauchte ebenfalls auf, weil er „nicht bloß ein stiller und großer Gelehrter, sondern ein eifernder und bedeutender Mensch, nicht bloß schule-, sondern menschenbildend" gewesen sei.[763] Sogar ein Artikel über Friedrich List findet sich unter Salz' Schriften, den Salz noch vor dem Beginn von Salins List-Engagement als „unsere letzte Reserve und [...] Bürgschaft einer besseren Zukunft in trostloser Gegenwart" bezeichnete.[764] Entsprechend seiner politischen Überzeugung betonte Salz jedoch, im Gegensatz zu Salin, gerade Lists Freiheitssehnsucht und seinen Wunsch nach einer parlamentarisch-repräsentativen Gestalt eines vereinigten Deutschlands.[765] Salz erwies sich also auch in dieser Hinsicht als derjenige „Jünger" Georges, der unter den Ökonomen die Spielräume am ausgiebigsten nutzte: Bei der Verehrung großer Männer traf er seine eigene Auswahl. Dies überschritt nicht die Grenze des im Kreis Erlaubten.

2.3 Verheißungen: Der Blick in die Zukunft

Stefan George selbst hatte einen ausgeprägten prophetischen Duktus. Er fühlte sich als Seher und Mahner[766] und wollte sich diese Stellung von niemandem streitig machen lassen.[767] Die Ökonomen stellte dies vor eine besondere Schwierigkeit, da Prognosen ja zum Kerngeschäft des Wirtschaftswissenschaftlers gehörten, insbesondere in der Politikberatung. Es galt

---

759 SALZ (1928), Volkswirtschaftliche Ausbildung, 583.

760 Vgl. 234ff.

761 SALZ (1909), Wallenstein; SALZ (1922, September), Djemal Pascha; PASCHA (1922), Erinnerung.

762 SALZ, Arthur, F. M. Dostojewskis Politische Schriften, in: Archiv für Sozialwissenschaft und Sozialpolitik 41 (1916), 475–492, 478 (Hervorhebungen von Salz).

763 SALZ (1910), Bolzano, 498.

764 SALZ (1921, November), Friedrich List, 1093.

765 Ebd., 1097, 1099.

766 George über den Sänger: „Und wenn im schlimmsten jammer lezte hoffnung/ Zu löschen droht: so sichtet schon sein aug/ Die lichtere zukunft. Ihm wuchs schon heran/ Unangetastet von dem geilen markt/ Von dünnem hirngeweb und giftigem flitter/ Gestählt im banne der verruchten jahre/ Ein jung geschlecht das wieder mensch und ding/ Mit echten maassen misst · das schön und ernst/Froh seiner einzigkeit · vor Fremdem stolz."(GEORGE (2001), Das Neue Reich, 30).

767 Dies wohl auch der Grund, warum er für Rathenaus prophetischen Duktus keinerlei Verständnis hatte und Singer dazu aufforderte, ihn scharf anzugreifen, vgl. 305f.

also die Frage zu diskutieren, inwiefern die Ökonomen, die Georges Propheten-Monopol anerkannten, überhaupt Prognosen abgeben konnten. Prinzipiell betonten sie alle, dass der Ökonomie „Selbstbescheidung" angemessen sei, da „es keiner Wissenschaft und also auch ihr nicht vergönnt ist, den Schleier der Zukunft ganz zu heben und daß – bald zum Glück, bald zum Unglück – alle Determiniertheit aufgehoben wird durch das Unvorhergesehene und das Unerforschliche, das unsere Vordern als göttliche Fügung verehrten."[768] Arthur Salz warnte davor, die Menschen und Dinge für berechenbar zu halten,[769] ebenso wie Julius Landmann in seinen späten Vorträgen.[770] Deshalb war eine echte Voraussicht der Zukunft nur dem Dichter gegeben. Die Möglichkeiten des Wissenschaftlers seien sehr beschränkt, er könne „nicht mehr tun, als die Stärke einzelner Faktoren zu diagnostizieren, um daraus einen Anhalt für die mögliche oder wahrscheinliche Weiterentwicklung zu gewinnen."[771] Salin reagierte allergisch, wenn ökonomische Sachverständige sich als „Weise" titulieren ließen:

> „Ein Weiser ist nur, wer vom Gott aus weiß. Wenn man schon Gott leugnet, dann sollte man nicht mehr Menschen die Weisheit zusprechen und am allerwenigsten Ökonomen. Keiner der großen Ökonomen hätte je ‚die Weisheit' für sich in Anspruch genommen. Wenn die Spezialisten von heute dies versuchen, so besteht die große Gefahr, daß sie glauben, aus eigener Kraft die Wirtschaft ‚in den Griff zu bekommen', und daß sie nach dem Zerplatzen dieses Wahns in gar nicht allzu langer Zeit als Zauberlehrlinge verfemt und verbrannt werden."[772]

Dennoch war Salin der Meinung, dass Prognosen unabdingbar für eine sinnvolle Wirtschaftspolitik seien, und der politische Ökonom sich dieser Verantwortung nicht entziehen dürfe. Durch die Anschauliche Theorie käme man dieser Anforderung immerhin ein Stück näher, da „nur der Blick für das Wesentliche zur Erfassung und Gestaltung eines Wirtschaftsgesamts, nur die Vereinigung von Intuition und Logik im anschaulichen Verstehen zur Deutung seines Bestands und seiner Entwicklung, nur die Würdigung aller beteiligten Kräfte, von Angst und Mut, von Gefühl und Verstand, von Erwartung und Willen, zu sinnvoller wissenschaftlicher Arbeit und zu erfolgreichem politischen Handeln befähigt."[773] Diejenige ökonomische Theorie, die an Georges Vorstellungen entwickelt worden war, sollte dem befähigten Anwender sozusagen ein kleines Stück seiner prophetischen Fähigkeiten verleihen. Dadurch, dass er die Einzelerscheinungen zu einer sinnhaften Gestalt ordne und deren Wesen erkenne, versprach sich Salin richtige Aussagen über die weitere Entwicklung. „Die Zukunft durchdringt nur der Seher und bezwingt nur der Täter. Aber wenn auch nur die Zeichen der Zeit richtig verstanden und gedeutet werden, so ist schon ein Doppeltes erreicht, das seines Einflusses auf Mensch und Werk gewiß ist: wechselnde Tageseindrücke

---

768 SALIN (1955), Politische Ökonomie, 218.

769 SALZ, Arthur, The present position of economics, in: American Economic Review Supplement 34, 1 (1944, March), 15–24, 19.

770 LANDMANN (1933), Vorträge Nachlass, 66.

771 SALIN, Edgar, Amerikanische Impressionen (1. Aufl. 1952). 2. Aufl. Tübingen 1953, 40.

772 „Noch schlimmer ist, daß man sich im deutschen Sprachgebiet daran gewöhnt hat, die Sachverständigen als ‚Weise' zu bezeichnen." (SALIN, Edgar, Nationalisierung der Währungspolitik? in: Die Zeit 38 (1970, 18. September).

773 SALIN (1955), Konjunkturforschung, 9f.

und -ereignisse reihen sich zu sinnvollem Geschehen und an der Erkenntnis der Nöte und Greuel stählt sich der Wille, der sie überwindet."[774] In diesem Sinne versuchte Salin in der Tat immer wieder Prognosen, wenn schon nicht im Bereich der politischen Gestaltung und der Ökonomie als ganzer, so doch für die Entwicklung der Betriebs- und Unternehmungsformen,[775] wofür er häufig Spott erntete.[776] Nicht zufällig nannte er das Beratungsunternehmen, an dessen Gründung er 1959 beteiligt war, „Prognos AG".[777] Oft kam er mit seinen Prognosen den tatsächlichen Entwicklungen in der Zukunft sehr nahe, z.B. als er 1959 prognostizierte, der Lagerzyklus werde aufgrund der Automation bald historisch werden,[778] oder mit seinen währungspolitischen Prognosen. Auch seine Überlegungen von 1959 über die Notwendigkeit einer planvollen Freizeitgestaltung, die den Menschen die Möglichkeit gebe, ihre im Beruf nutzlos gewordenen Körperkräfte zu verbrauchen, scheint angesichts einer boomenden Fitness-Industrie in der Tat prophetisch.[779] Allerdings lag Salin nicht immer richtig: Seine Annahmen über die Entwicklung des Nationalsozialismus waren grundverkehrt[780]; auch die Nutzungsmöglichkeiten der Atomkraft überschätzte er stark, als er annahm, die Standortfaktoren müssten ganz neu definiert werden, wenn bald jedes Dorf sein eigenes Atomkraftwerk baue und Energie damit ubiquitär werde.[781] Salin sah in solchen Fehleinschätzungen jedoch keinen Grund, von Prognosen Abstand zu nehmen: „Der politische Ökonom, der zu Blicken in die Zukunft genötigt ist, kann sich im Einzelfall irren. Aber an seiner ‚Lynkeus'-Aufgabe[782] ändert dies nichts, und einen Irrtum einzugestehen, schändet ihn nicht."[783] Insbesondere die Warnung vor Unterlassungen oder vor unbeabsichtigten Folgen des Tuns schien ihm unabdingbar.[784]

---

774 SALIN (1932), Wirtschaft und Staat, 11. Vgl. auch SALIN (1954), Um George, 254.

775 GIERSCH, Herbert und BORCHARDT, Knut, Diagnose und Prognose als wirtschaftswissenschaftliche Methodenprobleme (Schriften des Vereins für Socialpolitik N.F. Bd. 25). Berlin 1962, 475.

776 SCHEFOLD (2005), Welt des Dichters, 32.

777 Die Prognos arbeitet noch heute, vgl. http://www.prognos.com/ vom 06.05.07: „Die Prognos AG unterstützt Sie bei der Analyse, Bewertung und Entwicklung von Zukunftsoptionen für Ihr Unternehmen oder Ihre Institution."

778 SALIN (1959), Automation, 397.

779 Vgl. 166.

780 Darauf wird im nächsten Kapitel detailliert einzugehen sein, vgl. 269ff.

781 SALIN (1954), Wirtschaft und Technik, 19. Van Haegen berichtet, dass er selbst als Salins Assistent die Chancen der Atomkraft wesentlich kritischer eingeschätzt habe, worauf Salin die Publikation seiner Dissertation verhinderte (Gespräch in Basel am 15.03.07). Bertram Schefold dagegen, der später mit Salin zusammenarbeitete, betont, Salin habe die Gefahren der Atomenergie durchaus wahrgenommen (SCHEFOLD, Bertram, *Edgar Salin.* UM einer Rede zum 100. Geburtstag 1992, UB Basel, NSB, 4).

782 Lynkeus war in der griechischen Mythologie der Sohn des Aphareus und der Arene und hatte so scharfe Augen, dass er durch Mauern und in das Erdinnere schauen konnte. Goethe gab diesen Namen dem Späher im dritten Akt des Faust II. Salin benannte nach ihm den Sammelband seiner Aufsätze (SALIN (1963), Lynkeus). Ein Jahr zuvor hatte ein Band des Kollegen Erwin von Beckerath den gleichen Titel getragen (BECKERATH, Erwin von, Lynkeus: Gestalten u. Probleme aus Wirtschaft und Politik. Tübingen 1962). Eine Rolle bei der Namenswahl mag auch der Lyrikband *Phantasien eines Realisten* von Josef Popper gespielt haben, den dieser unter dem Pseudonym *Lynkeus* 1886 erstmalig veröffentlichte und der im George-Kreis hoch geschätzt wurde (POPPER-LYNKEUS, Josef, Phantasien eines Realisten. 17. Aufl. Dresden 1899).

783 SALIN (1955), Atomkraft, 389.

784 BACH (1975), Salin in der Erinnerung, hier 109.

Singer sah die Dinge ähnlich: Auch er hielt es für notwendig „auf Fragen der wirtschaftlichen Umwelt zu antworten, noch bevor Probleme zu akademischer Reife gediehen“ seien – ein Punkt, in dem er mit seinem Doktorvater Friedrich Knapp nicht übereinstimmte.[785] Von den „tieferen und dunkleren Gründen – dem Bereich der richtenden Mächte, der schöpferischen und der vernichtenden Gewalten“ sei nur dem Dichter zu sprechen erlaubt.[786] Auch Singer gab zu bedenken, dass die Ökonomie es mit einem „Werdenden“, „wesenmäßig Unübersehbaren“ zu tun habe. „Sie ist hier außer der Theorie und Historie notwendig auch auf Takt, Blick, Spürsinn, Instinkt, Gefühl angewiesen; sie würde die tollsten Fehlschlüsse begehen, wenn sie glauben wollte, diesen irrationalen Rest durch Methoden der mathematischen Statistik ersetzen zu können.“[787] Auch wenn er Salins Begriff der Anschaulichen Theorie nicht verwendete, so meinte Singer doch die gleiche, intuitive Methode, die dann eben doch einen Blick in die Zukunft gestatten könnte. Echte Prophetie bedeutete für Singer, die Zukunft vorauszusagen, „indem man ausspricht, was bereits da ist, aber so im Keim begriffen dass es von allen gering geachtet wird mit Ausnahme dessen, der daran leidet zum Gefäß dieser schmerzlichen Vision gemacht zu werden.“[788] Selbstverständlich war es der Dichter-Seher, der zum „Gefäß“ einer solchen Vision gemacht werden konnte, weil er das Künftige verkörpere und es ihm deshalb leibhaft gegenwärtig sei. „Darum trägt auch alle echte Prophetie ihre Gewähr in sich selbst: sie sagt nicht nur voraus, sondern stellt dar und verwandelt. Sie selbst ist ein Zeichen und eine Kraft der neuen Welt, die sie verkündet. Die Schau Deutschlands, die diese Dichtung Stefan Georges ausspricht, schafft dieses Deutschland.“[789] Auch Salz schloss sich dieser Sichtweise an, indem er “vision” und “active sympathy” für den Ökonomen forderte.[790]

3. Zusammenfassung

Alle Ökonomen im George-Kreis reflektierten, wie für die Wirtschaftswissenschaften ihrer Zeit typisch, in ihren Werken mehr oder weniger explizit methodologische Fragestellungen. So entwickelte Edgar Salin seine Anschauliche Theorie, in deren Rahmen er versuchte, historische und rationale ökonomische Ansätze miteinander zu verbinden. Kurt Singer dagegen arbeitete mit einer Semiotik, die es ihm erlaubte, von den einzelnen Kulturgebilden Rückschlüsse auf das Gesamt der Wirtschaft oder der Kultur eines Volkes zu ziehen. Auch Arthur Salz machte sich die georgeanische Gestalttheorie zu Eigen, seit er mit ihr in Kontakt gekommen war, wohingegen Julius Landmann, der wissenschaftlich ganz anders sozialisiert worden war und erst spät zum Kreis um George gefunden hatte, sich in einem mühsamen Prozess des Umdenkens erst zur georgeanischen Wissenschaft durchringen musste.

---

785 KNAPP und BENDIXEN (1958), Theorie Geld, 254f.
786 SINGER (1918, 1. November), Krisis.
787 SINGER (1930), Nationalökonomie, 121.
788 SINGER, Kurt, Keynes, a memorial, in: Kyklos 5, 1/2 (1951), 1–16, oder in: SINGER, Kurt, The Idea of Conflict. Ausgewählte Schriften zu Wirtschaft und Staat. Ein Gedenkband, hrsg. von Peter PAWLOWSKY, Tübingen 1973, 222–234, 229.
789 SINGER, Kurt, [Rezension zu] George, Stefan: Der Krieg, in: Der Tag (1917, 09. Oktober).
790 SALZ (1944, March), Position of economics, 19.

In wesentlichen methodologischen Positionen stimmten die Wirtschaftswissenschaftler überein: Sie dachten alle universalistisch und organizistisch, und zwar sowohl in methodologischer Hinsicht als auch in ihrem Staatsverständnis. So verfolgten sie einerseits in erkenntnistheoretischen Fragen einen holistischen Ansatz, indem sie die ökonomischen Phänomene aus verschiedenen Perspektiven beleuchteten, um sie in ihrer Ganzheit zu erfassen. Sie alle hielten deshalb die „rationale" Methode der Volkswirtschaftslehre für notwendig, aber nicht für ausreichend, sondern höchstens für eine „Teilerkenntnis", zu der eine „überrationale", intuitive Form der Erkenntnis hinzutreten müsse, die man nicht zwingend intersujektiv beweisen können müsse. Sie hänge auch von der besonderen Beziehung zwischen Erkennendem und Objekt der Erkenntnis ab. Zudem hielten die Georgeaner als Gestalttheoretiker Rückschlüsse von einzelnen Kulturerscheinungen auf die ihnen übergeordneten Ganzheiten für legitim. Außerdem traten alle vier (wenn auch Julius Landmann erst am Ende seines Lebens) für eine bewusst wertende Wissenschaft ein. Die Werte wurden dabei nicht als Konstrukt des Erkenntnissubjekts, sondern als dem Erkenntnisobjekt inhärente, präexistente Größe gedacht, die es zu „schauen" gelte. Entscheidend war die Überzeugung, dass nur das Erlebnis Georges den Glauben an die Existenz präexistenter Gestalten verbürge und deshalb nur die Nähe zum Dichter zu wissenschaftlicher „Schau" befähige. Dementsprechend tragisch empfanden die Ökonomen eine Verbannung aus seinem Umfeld, die sowohl Salin als auch Singer und Salz über sich ergehen lassen mussten.

Die Ablehnung des methodologischen Individualismus ging mit der des politischen Hand in Hand[791]: Staat und Gemeinschaft stellten sich die Georgeaner als organische Ganzheiten vor, vor denen der einzelne seine Interessen zurückstellen müsse. Die universalistische Denkweise einerseits und die wertende Wissenschaft andererseits waren conditiones sine qua non der georgeanischen Position, zu denen sich alle Ökonomen bekannten bzw. wie Julius Landmann im Laufe ihrer akademischen Tätigkeit durchrangen. Der These von Rainer Kolk, die Spezifik des Kreises habe nicht in seinem methodischen Verfahren gelegen, muss im Hinblick auf die Ökonomen widersprochen werden[792]: Es gab große Übereinstimmungen in methodologischen Fragen, und gerade diese scheinen das Zusammengehörigkeitsgefühl der Wirtschaftswissenschaftler ausgemacht zu haben.

Ihre methodologischen Überzeugungen plausibilisierten die Ökonomen durch den Rückgriff auf die im George-Kreis gepflegten Semantiken vom Ganzen und seinen Teilen, von Oberfläche und Tiefe, von Zentrum und Peripherie sowie von Formung und Auflösung. Einige dieser Semantiken, die in der alteuropäischen und insbesondere in der romantischen Denktradition wurzeln, deckten sich mit den Denkmustern, die die Georgeaner von ihren akademischen Lehrern aus der Jüngeren Historischen Schule übernommen hatten. So konnte die Vorstellung einer bewusst wertenden und ethisch gebundenen Volkswirtschaftslehre, einer „Politischen Ökonomie", ebenso von dort übernommen werden wie die Forderung nach einer starken empirischen Orientierung. Historische Erkenntnis sei nur am konkreten Einzelfall möglich, nicht aber durch die Konstruktion von in der Realität nicht existierenden „Idealtypen", wie Max Weber sie vorschlug. Die anfängliche Polemik gegen die Historische Schule, der man einen Mangel an theoretischer Durchdringung des Stoffes vorgeworfen hatte, ließ im Laufe der Jahre nach. Je wichtiger die Auseinandersetzung gegen den gemein-

791 Diese zwei Facetten unterscheidet JANSSEN (1998), Nationalökonomie und NS, 43.
792 KOLK (1998), Gruppenbildung, 188.

samen „Feind" der Neoklassik wurde, desto stärker wurde man sich der Parallelen mit der Gedankenwelt der akademischen Vätergeneration bewusst.

Daneben gab es in methodologischer Hinsicht aber auch Spielräume. Die methodologischen Prämissen des Kreises waren kein starres Gerüst, das den einzelnen Wissenschaftler eingeengt hätte: So machte sich keiner der anderen Ökonomen Salins Konzept der Anschaulichen Theorie, den einzigen zusammenhängenden methodologischen Systementwurf der Ökonomen im Kreis, zu Eigen, obgleich die Grundsatzüberzeugungen der anderen weitgehend dazu gepasst hätten. Hier könnten persönliche Antipathien eine Rolle gespielt haben. Auch die spezifischen Schwerpunktsetzungen waren verschieden: Während Salin mit seiner Anschaulichen Theorie die erkenntnistheoretischen Fragen in den Mittelpunkt seiner Überlegungen rückte, tauchten sie bei Arthur Salz meist nur implizit auf. Kurt Singer wiederum kombinierte die georgeanischen Semantiken mit der Philosophie Henri Bergsons, die er als spezielle Form der jüdischen Hermeneutik verstand, zu einer sehr individuellen Form der Zeichendeutung, die er in seinen ökonomischen Schriften ebenso anwenden konnte wie in den soziologischen, ethnologischen oder philosophischen. Julius Landmann dagegen übernahm zwar die Kernpositionen der wertenden Wissenschaft und der Gestalttheorie, aber er gewöhnte sich nie den georgeanischen „Duktus" an, der durch eine pathetische Sprache, die Konstruktion von Vorbildern, das Einbauen verborgener Bedeutungsebenen und den prophetischen Blick in die Zukunft gekennzeichnet war. Möglicherweise hatte er in seiner Jugend beim Internationalen Arbeitsamt und bei der Schweizerischen Nationalbank so viele trocken-sachliche Protokolle verfasst, dass er sich die pathetische, prophetische Schreibweise der Kollegen aus dem Kreis weder angewöhnen konnte noch wollte. Eine blumige oder gar metaphorische Sprache wies er noch im Spätwerk weit von sich.[793] Gerade der georgeanische Duktus war für die Zeitgenossen jedoch ein wichtiges Indiz für die Identifizierung eines Gelehrten als „georgeanischem" Wissenschaftler, und dementsprechend rechneten viele von ihnen Landmann nicht dem George-Kreis zu, eine Beurteilung, die sich bis in die Sekundärliteratur fortsetzt. Für die Georgeaner und den Dichter selbst lagen Landmanns Interpretation und Anwendung der georgeanischen Semantiken dagegen sehr wohl noch innerhalb des Kreises. Systemtheoretisch formuliert könnte man sagen, auch er verwendete die im Kreis gepflegten Semantiken und hielt sich an die üblichen Sinngehalte, weswegen seine Beiträge von den anderen Georgeanern und dem „Meister" selbst als passend empfunden wurden.[794] George und seinen Anhängern ging es um eine gemeinsame methodologische und wissenschaftliche Grundhaltung, nicht um eher oberflächliche Gestaltungskriterien, wie man in georgeanischer Sprechweise zu sagen verleitet ist. Inwiefern die ähnlichen methodologischen Prämissen in der Beurteilung der wirtschaftlichen Phänomene tatsächlich zu gleichen oder ähnlichen Ergebnissen führten, ist im nächsten Kapitel zu prüfen.

793 LANDMANN (1933), Vorträge Nachlass, 64f.
794 LUHMANN, Niklas, Soziale Systeme: Grundriss einer allgemeinen Theorie. Frankfurt a. M. 1987, 224.

E. Das Verhältnis von Wirtschaft und Staat

Wie im vorhergehenden Kapitel gezeigt werden konnte, gingen die vier Ökonomen in vielen Punkten von ähnlichen methodologischen Grundüberzeugungen aus, die sie durch Rückgriff auf die georgeanischen Semantiken plausibilisierten. Führten diese ähnlichen methodologischen Prämissen aber auch zu ähnlichen Ergebnissen ihrer ökonomischen Arbeiten? Waren sich die Ökonomen im George-Kreis einig in der Frage, wie die Wirtschaft idealer Weise organisiert sein sollte und welche staatlichen Voraussetzungen für ihr Funktionieren erfüllt sein mussten, und deckten sich diese Ergebnisse vielleicht sogar mit den wenigen überlieferten Äußerungen des „Meisters" über die Gestaltung von Wirtschaft und Staat? Um diese Frage zu klären, soll im Folgenden untersucht werden, welche Idealvorstellungen von Wirtschaft und Staat die einzelnen Ökonomen im Laufe ihrer akademischen Tätigkeit entwickelten. Diese Fragestellung ist auch deshalb von besonderem Interesse, weil der George-Kreis sich selbst als „geheimes Deutschland" verstand und nach dem Ersten Weltkrieg zunehmend als „Staat" und „Reich" beschrieb.[1] Dieses nie erreichbare Idealbild einer organischen Gemeinschaft stand bei den Ökonomen zwangsläufig im Hintergrund, wenn sie über die ‚staatlichen und wirtschaftlichen Plänkeleien' der Weimarer Zeit und den realen Staat reflektierten, von dem die *Blätter für die Kunst* „kein Heil mehr für unser Volk erwarteten."[2] Wie gingen die Ökonomen mit diesem Spannungsverhältnis zwischen Ideal und Wirklichkeit um?

Wie bei den Gelehrten der Historischen Schule einerseits und anderen „soziologischen" Ökonomen der Weimarer Zeit andererseits sind die beiden Komplexe von Wirtschaft und Staat im Denken und Schreiben der hier zu untersuchenden Wirtschaftswissenschaftler eng verknüpft und kaum voneinander zu trennen, weil sie als zusammenhängende Ganzheit begriffen wurden:[3] „Die Verflechtungen zwischen Staat und Wirtschaft sind in allen modernen Staaten, ganz besonders aber bei uns, so enge, daß man kaum sagen kann, wo der Staat aufhört und die Wirtschaft anfängt."[4] Der Struktur des Quellenmaterials folgend werden deshalb die wirtschaftlichen und staatspolitischen Ansichten der Ökonomen in ihrer gedanklichen Vernetzung untersucht.

---

1 Georges Gedichtband *Das Neue Reich* wurde 1928 publiziert (GEORGE (2001), Das Neue Reich). Wolters betitelte einen Abschnitt seiner Blättergeschichte *Staat, Volk und Krieg* (WOLTERS (1930), George und die Blätter, 433–443). Winkler wählt die Überschrift *Der Weg ins Neue Reich* (WINKLER, Michael, Stefan George. Stuttgart 1970, 119–151). Karlauf titelt *Staat – Nation – Reich* (KARLAUF (2007), Charisma, 547–585).

2 WOLTERS (1930), George und die Blätter, 433f.

3 BRANDT, Karl, Entwicklungslinien der deutschen Volkswirtschaftslehre in der ersten Hälfte des zwanzigsten Jahrhunderts, in: Jahrbücher für Nationalökonomie und Statistik 206, 4–5 (1989, Oktober), 295–306, 296.

4 SALZ, Arthur, Oeffentliche Wirtschaft. Einige grundsätzliche Bemerkungen, in: Der deutsche Volkswirt 6, 7 (1931, 13. November), 213–217, 214.

1. Edgar Salin: Späte Wandlung zum Demokraten

1.1 Salins georgeanische Platondeutung

Will man erfahren, wie Edgar Salin sich den idealen Staat und seine Wirtschaft vorstellte, so muss man sich der Lektüre seiner philosophischen Schriften zuwenden.[5] In seinen beiden großen philosophiegeschichtlichen Arbeiten, seiner Habilitationsschrift *Platon und die griechische Utopie* von 1921 und dem Werk *Civitas Dei* von 1926, geht es um den Aufbau des Staates und den Staatsschöpfer, zwei Themen, die nach Salins eigener Aussage für ihn schon seit seiner Primanerzeit die entscheidenden Fragen waren und die er „Zentren des Lebens" nannte.[6] Die Staatskonzeptionen in den philosophischen Texten geben wichtige Hinweise zum Verständnis seiner volkswirtschaftlichen Arbeiten, da von seiner georgeanischen Platondeutung eine direkte gedankliche Linie zu seiner Arbeit als Ökonom führt.

Im ersten Werk beschäftigte Salin sich mit antiken Utopieentwürfen, angefangen bei Platons *Politeia* und *Nomoi* über Aristoteles' *Politika*, Xenophons *Kyropädie*, Theopompos' *Meropis*, Hekataios' *Aegyptiaka*, Euhemeros' *Heilige Inschrift* und Jambulos' *Sonneninsel*.[7] Ziel sei es, „das innere Lebensprinzip zu entwickeln, das in diesen philosophischen oder dichterischen Staatswerken zu idealer Gestaltung sich auswirkt, den besonderen Lebenskern, aus dem ein jedes von ihnen hervorgeht", stellte ein Rezensent fest.[8] Salin interpretierte die antike Staatslehre seit Platon als Geschichte des Niedergangs und Verfalls, was sich daran zeige, dass keine der nachfolgenden Utopien an die *Politeia* Platons heranreichen könne.[9] Seine Platon-Deutung entsprach in groben Zügen der seit Heinrich Friedemanns Platon-Buch[10] im Umfeld Georges üblichen und wurde von fast allen Rezensenten auch ausdrücklich dem George-Kreis zugerechnet.[11] Im zweiten Buch, das sich mit der Entstehungs- und Verbreitungsgeschichte des Christentums befasste, wurde die fallende Linie umgekehrt,

5 Zur Rezeption der Politeia im Kontext deutscher Utopien vgl. ZIMBRICH, Ulrike, Bibliographie zu Platons Staat: Die Rezeption der Politeia im deutschsprachigen Raum von 1800 bis 1970. Frankfurt a. M. 1994. Vgl. für den Zeitraum nach der Jahrhundertwende außerdem GERSTNER (2008), Neuer Adel, insb. 259ff.

6 So in einem Brief an Harms von 1931, vgl. NETZBAND (1984, Januar), 10. Todestag, 226.

7 Die Beschäftigung mit und der Entwurf von utopischen Gesellschaftsmodellen erlebte in der Weimarer Republik sowohl bei Links- als auch bei Rechtsintellektuellen eine beachtliche Konjunktur, vgl. GRAF (2003), Mentalisierung des Nirgendwo. Salin folgte hier also einer regelrechten Modeströmung.

8 Rezension von Clemens Baeumker, Druckort unbekannt, UB Basel, NSB B9.

9 Dies kritisierte IMMISCH, Otto, [Rezension zu] Salin, Edgar, Platon und die griechische Utopie, in: Vierteljahresschrift für Sozial- und Wirtschaftsgeschichte 16 (1922), 451–456, 453.

10 FRIEDEMANN, Heinrich, Platon, seine Gestalt. Berlin 1914. Friedemann gab mit diesem Buch die wesentlichen Grundlinien der späteren georgeanischen Platoninterpretation vor.

11 Der Leser merke bald, „daß er in die scienza nuova eines bekannten Kreises eingeführt wird, schon an der seltsamen Sprache, die aber, trotz allem Anspruch darauf, im Grunde nichts persönliches hat, sondern die konventionelle Sprache der Gruppe ist, fremdartig anreizend nur bei erstem Begegnen, in der dauernden Wiederholung ihrer leicht zu übersehenden Sondermittel alsbald ermüdend, ja von einer neuen Art Banalität." (IMMISCH (1922), [Rezension zu] Salin, 451). Auch Adolf Busse kritisierte den geschraubten Stil (BUSSE, Adolf, [Rezension zu] Salin, Edgar, Platon und die griechische Utopie, in: Preussische Jahrbücher 188 (1922), 103–104, 103). Andere Rezensenten erwähnten ebenfalls Salins Zugehörigkeit zum George-Kreis: FUCHS, Harald, [Rezension zu] Salin, Edgar, Civitas Dei, in: Gnomon (1927), 43–47; HÖFLER, Heinrich, [Rezension zu] Salin, Edgar, Civitas Dei, in: Blätter für Geisteskultur/ Beilage zum Pfälzer Boten, 6 (1926).

sodass Augustinus als Höhepunkt der christlichen Staatslehre erschien, die aber an die antike Konzeption des Staates doch nicht heranreichen könne.[12] Die Frage, die hierbei im Zentrum stand, lautete: „Wie wird das Reich Gottes, wie wird ein geistiges Reich irdisch-politische Wirklichkeit?“[13] Die besondere Sichtweise des frühen Christentums und der Entwicklung der Kirche, die Salin in diesem Buch entwickelte, arbeitet Bertram Schefold heraus[14], sodass darauf im Folgenden nicht mehr detailliert eingegangen werden muss. Schefold nennt als Ziel von Salins Buch, „die transzendierende Staatsauffassung des Mittelalters aus ihrer Entstehungsgeschichte verständlich zu machen.“[15] Diese Absicht lag ganz im Sinne Georges. Auch die sparsame Verwendung von Nachweisen entsprach dem Stil des George-Kreises und kann als Werbung des eben aus dem Kreis verstoßenen Salins um neue Anerkennung verstanden werden.[16] Insbesondere die Beschreibung des Christentums aus georgeanischer Sicht stellte eine durchaus widerspruchsvolle Aufgabe dar: Zwar wollte der Autor einerseits das Christentum, vor allem das Urchristentum, als charismatische Gemeinde und Ausdruck einer neuen Idee, die in ihrer Verwirklichung das Leben des einzelnen prägte, positiv werten; andererseits war jedoch herauszuarbeiten, dass durch die neue christliche Denkweise der letzte noch erhaltene Rest des antiken, ganzheitlichen Menschen verschwinde und der Weg zur individualisierten Moderne geebnet werde.[17] Um seine Interpretation zu plausibilisieren, bediente sich Salin der für den George-Kreis typischen Semantiken.

Das Ganze und seine Teile: Universalismus contra Individualismus

Die wichtigste Leitunterscheidung in den beiden Büchern war die zwischen dem Ganzen und seinen Teilen. Auf verschiedenen Ebenen unterschied Salin zwischen Vorstellungen, die von einem Ganzen ausgehen, und solchen, die sich vor allem mit Einzelteilen beschäftigen, ohne das Gesamt ins Auge zu fassen. So erschien ihm der antike Mensch ausgezeichnet durch seine Ganzheitlichkeit, d.h. die Einheit zwischen seinem Wesen und seiner Erschei-

---

12 Gundolf an Charlotte Salin im Februar 1926: „Nächste Woche wird wohl Edgars Augustin und mein Caesar gleichzeitig erscheinen, beinah Zwillinge, der eine mit rührendem Augenaufschlag gen Himmel blickend, der Andre mit historischer Nabelschnur an der Erde hängend.“ (GUNDOLF (1965), Briefe, 212).

13 SALIN, Edgar, Civitas Dei. Tübingen 1926, V. Salin berichtete, dass er diese Frage mit George diskutiert habe, als er *Platon und die griechische Utopie* mit ihm besprach (SALIN (1954), Um George, 267). Sie bezieht sich also auf beide Werke.

14 SCHEFOLD (2004), Civitas Dei, 220–233.

15 Ebd., 239.

16 Wie sehr Salin hoffte, mit seinem Werk Georges verlorene Zuneigung zurück zu gewinnen, beweist sein Brief vom 03.02.25 an George: „Ich glaube Alles richtig gesehen zu haben· ich bin gewiss dass es nicht gleichgültig ist was ich schrieb und dass es darum nicht ohne Ihren Willen erscheinen darf. Darf ich die Kapitel einmal senden?“ (StGA George III 10872).

17 Diesen Gegensatz konnte auch der Rezensent Walther Köhler nicht auflösen: „Den Reiz der Geschichte, den Reiz auch des *Salinschen* Buches macht der Kampf, das Abwägen von Quantität und Qualität der beiden Größen Christentum und Antike aus. Die Antike ist nie geschwunden (außer bei Jesus von Nazareth), auch nicht bei Augustin, dessen ganz unantikische Civitas-Dei-Konzeption abgesehen von Einzelmomenten als Ganzes von der antiken Kraft künstlerischer Schau als herrliches Gedicht geformt wurde.“ (KÖHLER, Walther, [Rezension zu] Salin, Edgar, Civitas Dei, in: Zeitschrift für die gesamte Staatswissenschaft 82, 1 (1927), 151–159, 159).

nung, seiner Seele und seinem Leib, die verschiedene Seiten eines Göttlichen darstellten.[18] Diese Vorstellung war kontrastiv gedacht zum Bild des modernen Menschen in seiner Vereinzelung und Rollenhaftigkeit. Was für den einzelnen Menschen galt, übertrug Salin auf den antiken Staat bzw. auf Platons Utopie davon, die *Politeia*. Auch diese sei gekennzeichnet durch ihre harmonische Ganzheit, die Salin in der Kugelform – ganz im Sinne von Gundolfs „Kräftekugel“[19] – oder im Bild des Tempels versinnbildlicht sah.[20] Dazu müsse ein „göttlicher Hauch“ das Material durchwehen, müsse „baumeisterliches Auge aus Schau des Ganzen jedem Einzel-Stein den Platz“ weisen.[21]

> „Wer die Kugel sieht und im Bild der Kugel schafft, weiß, daß das Ganze mehr ist als die Summe der Teile und früher ist als jeder Teil [...], seine Frage ist: wie wird der Einzelne eingereiht, so daß das Ganze den stärksten Kraft-Zuwachs erfährt? Wer dagegen im Bild der Geraden wirkt, dem löst sich das Ganze auf in die Verbindung zweier oder mehrerer Punkte, – er sieht im Staat nur die Vereinigung von Menschen und im Einzelnen den Kontrahenten des Staats-Vertrags, – seine Frage ist: wie wird der Staat gestaltet, so daß der Einzelne in seiner Freiheit am wenigsten geschmälert wird? So steht folgerichtig am Beginn des flächigen Baus eine Erklärung der Menschenrechte, am Beginn des sphärischen Baus eine Verkündung der Allmacht des Staates, seines Trägers oder Schöpfers, des Nomos oder des Gottes selbst.“[22]

Salins eigene Idealvorstellung war die des „sphärischen Baus“. Der einzelne Mensch sollte sich nicht als unverbundenen Teil, sondern als Glied eines harmonisch geformten Ganzen, des Staates, fühlen. Eine solche „Gemeinschaft“ stelle ein „Reich“ dar, im Gegensatz zu einer aus einzelnen Individuen zusammengesetzten „Gesellschaft“,[23] von der Salin in Anlehnung an Ferdinand Tönnies[24] sprach.[25] Verbunden würden alle Bereiche durch den *eros*, die Liebe zum Schönen, die die Harmonie der Kugel garantiere. „Sie gestaltet den Staat als aristokratisch-hierarchische Ordnung, nicht als demokratisch-individualistischen Vertrags-

---

18 SALIN (1921), Platon, 117.

19 Vgl. 25.

20 SALIN (1921), Platon 12f, 71, 86ff. 115.

21 SALIN (1921), Platon, 96.

22 SALIN (1921), Platon, 114f. Kugel und Linie als Bilder für verschiedene Formen der Geschichtsbetrachtung finden sich auch in Oswald Spenglers Buch von 1923 (SPENGLER (1923), Untergang), mit dem Salin sich intensiv auseinandersetzte in seiner Schrift SALIN (1918/19), Organische Geschichtsschreibung. Vgl. auch 138.

23 SALIN (1921), Platon, 6.

24 Tönnies ging der Frage nach, warum Menschen einander bejahen. Dies sei entweder in der Gemeinschaft der Fall, in der die Mitglieder sich gegenseitig als Mittel für die höheren Zwecke eines Kollektivs empfänden (z.B. in der Familie), oder in der Gesellschaft, in der sie sich willentlich verbündeten, um sich für ihre individuellen Zwecke rational dieser Zusammenschlüsse als Mittel zu bedienen. Zu Tönnies Begriffsdefinitionen vgl. z.B. OSTERKAMP, Frank, Gemeinschaft und Gesellschaft: Über die Schwierigkeiten einen Unterschied zu machen: Zur Rekonstruktion des primären Theorieentwurfs von Ferdinand Tönnies. Berlin 2005.

25 Ausführlich setzte sich zwei Jahre später Herman Schmalenbach, der dem Kreis ebenfalls nahestand, mit Tönnies Kategorien „Gemeinschaft“ und „Gesellschaft“ auseinander, neben die er noch die des „Bundes“ stellen wollte, vgl. SCHMALENBACH (1922), Kategorie. Salin kannte den Text bereits 1921 (SALIN (1921), Platon, 61).

bau."[26] Die Entwicklung des Individualismus, die schon bei Platons Schülern einsetze, wurde von Salin als Niedergang dieser idealen Polis, des *nomos* und des antiken Griechentums gewertet. Bereits bei Aristoteles in den *Politika* sah er nicht mehr den *eros* als verbindendes Element des Reichs, sondern nur noch den *logos*, der bei Platon zwar vorhanden, aber durch den *eros* begrenzt gewesen sei.[27] Ergebnis bei Aristoteles sei ein mathematischer Grundriss, aber kein harmonischer Bau.[28] Diese Verfallsgeschichte setzte sich Salins Ansicht nach in den späteren Utopien fort: Zenon hatte sich vom platonischen Ideal bereits so weit entfernt, dass ihm die Akademie Platons mit ihrer strengen Zucht als Vergewaltigung des Individuums erschien.[29] Auch Cicero habe seinen Staatsentwurf statt durch den *eros* nur durch ein wissenschaftliches und gedankliches Band zusammen gehalten.[30] Historisch betrachtet sah Salin schließlich in der christlichen Lehre die letzte Möglichkeit, das auseinander strebende römische Imperium noch einmal unter einer starken, verbindenden Idee zu vereinen und die nationalen Strömungen zurückzudrängen[31], und das, obwohl die neue, übernationale Religion von den Herrschenden zunächst als Bedrohung für das römische Weltreich empfunden worden war. Dass die antike Welt überhaupt für die neue, im Kern egalitäre Religion anfällig war, wertete Salin als Zeichen des Niedergangs. In der *Civitas Dei* des Augustinus sah er die Vorstellung vom hierarchisch gegliederten Ganzen und seinen Gliedern erneut zu einem Höhepunkt geführt, da die Kirche nun als Glied des Gottesreiches als Ganzheit gesehen werde.[32] Dennoch gehe mit der Etablierung des Christentums die Idee der Einheit verloren, indem das Reich des Kaisers strikt von dem Gottes getrennt würde. Auch der Mensch sei durch die Verdammung des Leiblichen keine Einheit von Geist und Leib mehr.[33] Nicht *eros* halte die neue, christliche Gemeinschaft zusammen, sondern *agape*, die Salin als dienend, duldend und glaubend beschrieb; der Herrscherwille werde ihr gegenüber abgewertet.[34]

Zentrum und Peripherie: Der hierarchische Staatsaufbau

Grundlegend für Salins Deutung der *Politeia* war seine Auffassung, der Begriff der „Gleichheit" sei von Platon in keiner Weise egalitär verstanden worden, vielmehr habe dieser die Menschen als rangmäßig verschieden betrachtet. Gleichheit meine in der *Politeia* „nicht die mathematische Gleichheit von Zahl, Gewicht und Maß, sondern die organische

---

26 Ebd., 9. Gerstner bringt diesen Gedanken, der sich auch bei den von ihr untersuchten Autoren findet, auf die knappe Formulierung „Harmonie durch Hierarchie" (GERSTNER (2008), Neuer Adel, 528).
27 SALIN (1921), Platon, 27, 166.
28 Ebd., 176. Der Rezensent Busse kritisierte: „Ist es nötig, den Schüler derart zu verunglimpfen, damit des Meisters Licht um so heller erstrahle?" (BUSSE (1922), [Rezension zu] Salin, 104).
29 SALIN (1921), Platon, 183.
30 Ebd., 254.
31 SALIN (1926), Civitas Dei, 145.
32 Ebd., 180.
33 Ebd., 24f.
34 Ebd., 60. In Nietzsches *Der Antichrist* war die Idee der *agape* präsent: „Man nennt das Christentum die Religion des Mitleidens. – Das Mitleiden steht im Gegensatz zu den tonischen Affekten, welche die Energie des Lebensgefühls erhöhn: es wirkt depressiv. Man verliert Kraft, wenn man mitleidet." (NIETZSCHE, Friedrich, Werke (Elektronische Ressource): mit der Biographie von Curt Paul Janz. Berlin 2004, 7903).

Gleichheit der Morphe, die die Schwächeren als Schwächere, die Stärkeren als Stärkere gebraucht."[35] Salin argumentierte hier also mit eben der Vorstellung von Gleichheit, die im George-Kreis allgegenwärtig war und z.B. in Friedrich Wolters *Herrschaft und Dienst*[36] oder in Robert Boehringers viel späterem Text *Cortesia del Cuore in der Divina Commedia*[37] ausgearbeitet wurde. Sie erschien Salin für das Bestehen des Staates essenziell und er sah sie in Platons Politeia in einem utopischen Staatsentwurf umgesetzt. Das Urchristentum dagegen, so fuhr er fort, sei demgegenüber von der Gleichheit aller Menschen vor Gott ausgegangen, was eine Gemeinschaft auf Dauer nicht ertrüge. Deswegen sei im Christentum die Entwicklung der kirchlichen Hierarchie mit den Bischöfen an der Spitze unausweichlich gewesen.[38] Schon bald habe sich die Erkenntnis durchgesetzt, dass es einen Unterschied gebe „zwischen der Fassungskraft des Weisen und des ‚gemeinen Mannes'". Die „Krönung des Glaubens und des Wissens" sei nur wenigen zugänglich.[39] Meist brauche es deswegen zur Durchsetzung der neuen Ordnung zunächst einen Tyrannen, der auch Gewalt anwende.[40] Erst dann könne der Herrscher-Weise die Herrschaft übernehmen und die neue Gemeinschaft durch Erziehung heranbilden, sodass sie die Hierarchie akzeptiere. Spätestens an diesem Punkt setzte damit in Salins Arbeit das ein, was Carola Groppe als „Krypto-Biographie"[41] Georges bezeichnet: Salins Beschreibung des Herrscher-Weisen und seines Kreises kann als Spiegelung der Struktur des George-Kreises verstanden werden.[42] Denn Salin schilderte konzentrische Kreise, die in strenger Hierarchie um eine Führungspersönlichkeit, einen „Tatmenschen" im Zentrum, aufgebaut seien. Als solche Führer oder Politiker nannte Salin zunächst Sokrates[43] und Platon, dessen Akademie er als geistesgeschichtliches Pendant des George-Kreises herausarbeitete.[44] Die Berufung auf elitäre Kreise endete aber nicht mit dem klassischen Griechenland, sondern wurde vielmehr bis in die jüngste

35 SALIN (1921), Platon, 30. Salin zitierte hier aus den *Nomoi* (757 B-D) und verwies auch auf die „Politeia" (395 D, 549D). Durch diese Regelung sei auch dem Wirken der Frau eine klare Schranke gesetzt (SALIN (1921), Platon, 30).

36 WOLTERS und LECHTER (1920), Herrschaft.

37 BOEHRINGER, Robert, Cortesia del Cuore in der Divina Commedia, in: Erwin von BECKERATH, Heinrich POPITZ und Hans Georg SIEBACK (Hrsg.), Antidoron. Edgar Salin zum 70. Geburtstag. Tübingen 1962, 258–271. Vgl. auch SCHNEIDER (2009), Staat und Kreis.

38 SALIN (1926), Civitas Dei, 41. Diese Überlegungen zeigen deutliche Parallelen zu Arthur Salz's Artikel: SALZ, Arthur, Zur Geschichte der Berufsidee, in: Archiv für Sozialwissenschaften 37 (1913), 380–423, 402ff. Salin zitierte Salz jedoch nicht namentlich, vielleicht, weil auch dieser bei George mittlerweile in Ungnade gefallen war?

39 SALIN (1926), Civitas Dei, 128.

40 SALIN (1921), Platon, 108.

41 GROPPE (2001), Macht der Bildung, 630.

42 Auch Bertram Schefold stellt eine „Analogie zwischen dem Werden der Gemeinschaft der Jünger und der des Kreises" fest (SCHEFOLD (2004), Civitas Dei, 227). Er meint, dass die „Parallele zwischen Christentum und der Bewegung um George [...] schon damals überzogen wirken musste. George wollte keine Kirche gründen." (ebd. 244).

43 SALIN (1921), Platon, 4f.

44 Am explizitesten in SALIN, Edgar, Platon Dion Aristoteles, in: Erich BOEHRINGER und Wilhelm HOFFMANN (Hrsg.), Robert Boehringer: Eine Freundesgabe. Tübingen 1957, 525–542. Hier beschrieb Salin Platons Beziehung zu Dion, mit dem eigentlich Aristoteles gemeint sei, in deutlicher Parallele zu Georges Beziehung zu Maximin. Die beiden wurden sogar namentlich genannt, was sonst im Kreis eher selten vorkam (ebd. 533ff).

Vergangenheit fortgedacht. Die „Tat“ konnte ebenso eine dichterische wie eine politische sein, was ein breites Spektrum von „Tätern“ eröffnete, die gestaltend die Ereignisse formten. Der Kaiser Augustus[45] stand ebenso in dieser Reihe wie Augustinus mit seiner klösterlichen Gemeinschaft in Cassisiacum[46] oder Cyprian.[47] An anderer Stelle reihte Salin auch Pindar, Alexander den Großen, Dante, Shakespeare, Napoleon und Goethe ein – sie alle hätten zu „Georges geistigen Ahnen“ gehört,[48] ja selbst Nietzsche hätte sich eigentlich einen Kreis von „Jüngern“ gewünscht, auch wenn er nicht zur Formung eines solchen in der Lage gewesen sei.[49] Die Beschreibung der Zirkel und ihrer ausstrahlungskräftigen Mittelpunkte in Salins Werk folgte dabei einem gleich bleibenden Muster,[50] für das beispielhaft die Beschreibung der Lebensgemeinschaft des Origines von Cäsarea zitiert werden kann, in der sich viele typische Elemente der idealen Gemeinschaft und ihres Führers nach Salin wieder finden.[51] Salin nannte die Gruppe eine von Origines „menschlich beherrschte, geistig bestimmte, wissenschaftlich gelenkte Gemeinschaft im Herrn.“ Geeint durch ein „Glauben- und Leben-können“[52] habe Origines jeden einzelnen Schüler durch seine Ausstrahlung, seine Schönheit, sein Wissen und seinen „inbrünstigen“ Glauben an sich gefesselt. Während ihn als einen großen Einzelnen sein ästhetischer Blick befähigt habe, die Welt als Gestalt zu sehen[53], war es nach Salin die Aufgabe der „Jünger“, sich dem Größeren bedingungslos unterzuordnen und anzuschließen.[54] „Denn unverändert und ewig sind Wesen und Geburt die Grundlage, Berufung und Macht die Legitimierung, Gefolgschaft und Untertanschaft die Säule aller Herrschaft…“[55]

Wie die Gemeinschaft, so stellte sich Salin auch den Staat hierarchisch um eine „schöpferische Mitte“, den *nomos*, herum aufgebaut vor, der durch den Herrscher-Weisen gesetzt und verkörpert werde.[56] Alle anderen gesellschaftlichen Bereiche wie die Wirtschaft oder das Recht seien diesem Zentrum unterzuordnen und sollten lediglich seine Basis bilden,

---

45 SALIN (1926), Civitas Dei, 13–20.
46 Ebd., 161f.
47 Ebd., 134.
48 SALIN (1954), Um George, 269. Insbesondere Georges *Stern des Bundes* deutete Salin als Zeugnis eines solchen „geistigen Leben[s] des Meisters mit seinen Jüngern“ (SALIN (1954), Um George, 235).
49 SALIN, Edgar, Jacob Burckhardt und Nietzsche (1. Aufl. 1938). 2. Aufl. Basel 1948, 94, 108.
50 Rainer Kolk spricht dieser Berufung auf kulturell autorisierte Traditionen der Meister-Jünger-Konstellation die Funktion zu, deren einstmals lebendige Realität zu demonstrieren und ihre Fortsetzung in der Gegenwart zu legitimieren (KOLK (1998), Gruppenbildung, 182f.).
51 Hans Leisegang kritisierte scharf, dass Salin Origines unterstellte, die Verbindung aus christlichem Reich Gottes und platonischer *Politeia* aus echter Glaubenskraft hergestellt zu haben. Vielmehr habe Origines dies von Philon abgeschrieben, was Salin wegen mangelnder Quellenkenntnis nicht erkannt habe (LEISEGANG, Hans, [Rezension zu] Salin, Edgar, Civitas Dei, in: Vierteljahresschrift für Sozial- und Wirtschaftsgeschichte 19, 4 (1927), 448–451, 450).
52 Dieses und die folgende Zitate aus SALIN (1926), Civitas Dei, 129f.
53 SALIN (1926), Civitas Dei, 213.
54 So sei etwa Jakob Burckhard nicht dazu in der Lage gewesen, „einem überragend Grossen letzte Hingabe, bedingungslose Nachfolge entgegenzubringen.“ Gemeint war hier Nietzsche (SALIN (1948), Burckhardt und Nietzsche, 50). Aber auch Nietzsche selbst war in der Deutung Georges ein untreuer „Jünger“, weil er von Wagner abgefallen war (SALIN (1954), Um George, 273).
55 SALIN (1921), Platon, 76. An anderer Stelle bezeichnete Salin die Hingabe an einen Größeren als „Weg der wahren Freiheit“ (SALIN (1954), Um George, 66).
56 SALIN (1921), Platon, 108.

ohne dass z.B. das Besitzstreben in irgendeiner Weise einen Eigenwert habe.[57] Verständlich werde dieses Konzept, so Salin, aus der Entstehungszeit der *Politeia*, in der die „zentrifugalen Kräfte“ in Athen immer mehr an Bedeutung gewonnen und das Zusammengehörigkeitsgefühl in der Polis aufgelöst hätten – womit in der Parallele zur Gegenwart der Weimarer Republik wiederum Salins eigener Präsentismus offenkundig wird. Dieser Verfallsprozess sei denn auch der Grund, warum das Problem der Einheit bei Platon überhaupt thematisiert werde. Von der Mitte, dem Herrscher aus, würden für alle Bereiche Gesetze erlassen, die dem Ganzen dienten, unabhängig davon, ob sie in den Teilbereichen als übertrieben hart empfunden würden, z.B. in der *Politeia* die Regelungen für die Kunst, die aus dem Staat verbannt würde, weil sie negative Auswirkungen auf die Urteilskraft der Bürger habe.[58] Denn Einzelregelungen hätten sowieso keine große Bedeutung, wenn sie nur von einer starken Mitte ausgingen, ja von hier aus ließen sich auch Überlieferungslücken oder Unstimmigkeiten in Platons Texten leicht ergänzen bzw. korrigieren. So kritisierte Salin Platons Aussage in den *Nomoi*, die spartanischen Syssitien bestünden nur wegen ihrer Tapferkeit. Das sei zwar das Ziel dieser Gemeinschaften, ihr Wesen liege aber in ihrer lebendigen „Keimkraft“.[59] Salins Selbstbewusstsein, in der georgeanischen Platondeutung den Schlüssel zum Verständnis des Werkes gefunden zu haben, ging also so weit, dass er sogar den Autor für „Fehler“ kritisierte, die nicht in sein Deutungskonzept passten.

Oberfläche und Tiefe: Der Führer und seine Verbindung zum Lebenszentrum

Die Bevorzugung des Zentrums vor der Peripherie und damit der hierarchische Staatsaufbau wurden legitimiert durch die Annahme, die Führungspersönlichkeit beziehe ihre besonderen Kräfte[60] durch eine außergewöhnliche Verbindung zum „Weltzentrum, wo alle lebendige Substanz wie in fruchtendem Schoße gesammelt ist und wo Leib und Seele, Raum und Zeit, das Schicksal und die Moiren von engem Kerne umfasst sind.“[61] Dieses in der Tiefe ruhende Zentrum könne man auch „Gott“ nennen. Salin schloss sich damit ganz der Deutung des *Jahrbuchs für die geistige Bewegung* an. Der „Wesenskern“ sei verantwortlich für alle Ausprägungen, die die Oberfläche annehmen könne, so z.B. die Gestalt einzelner Gesetze der *Politeia* und der *Nomoi* bei Platon. Zum entscheidenden geistigen Zentrum habe nur der Herrscher-Weise Zugang, weil er mit sich selbst in Harmonie lebe und eine Einheit von

57 Ebd., 118, 155. Systemtheoretisch reformuliert handelt es sich also um eine stratifikatorische Gesellschaft, die nicht funktional differenziert ist, vgl. BECKER und REINHARDT-BECKER (2001), Systemtheorie, insb. 82–85. Dies entsprach dem Ideal des George-Kreises.

58 SALIN (1921), Platon, 12f. Salin stimmte also nicht mit Singers Platon-Deutung überein, die Kunst werde nur deshalb aus der *Politeia* verbannt, weil es sich nicht mehr um die gute, ursprüngliche, Gott nahe Kunst handle, sondern um eine Kunst, die bereits im Verfall begriffen sei. (vgl. SINGER (1927), Gründer, 82ff). Vgl. auch 293.

59 SALIN (1921), Platon, 124.

60 In diesem Sinne deutete Salin Georges Verse „Ich bin ein funke nur vom heiligen feuer/ Ich bin ein dröhnen nur der heiligen stimme.“ (GEORGE, Stefan: Der siebente Ring (Sämtliche Werke in 18 Bänden. Bd. 6/7, 111). Salins Deutung: SALIN (1954), Um George, 254).

61 SALIN (1921), Platon, 20.

Geist, Seele und Körper, von Wissen und Tun darstelle.[62] Natürlich war das Paradigma für einen solchen Menschen Stefan George, den Salin an anderer Stelle beschrieb als „Mund und […] Künder des Gottes", als einen Menschen, „der durch den Boden hindurch zur Erde zu reichen und aus ihr eine Kraft zu empfangen schien."[63] Nur ein solcher Mensch könne zur letzten Stufe der Wissenden vordringen, der „Offenbarung". Aufgrund dieser Fähigkeit sei es ihm möglich, „Jünger" an sich zu binden und auch diesen den Zugang zum „Lebensquell" zu vermitteln, den sie selbst aufgrund ihrer „Teilhaftigkeit" verloren hätten.

Wie aber konnte sich der Lebenskern, sei es der *nomos* der *Politeia* oder die christliche Staatskonzeption bei Augustinus – und, so mag man hinzufügen, das *Neue Reich* Georges –, nun zu einem Staatswesen entwickeln,[64] wie der Samen zur „blütenhaften Entfaltung" gelangen?[65] Wichtig war Salin, dass die Entwicklung unterschiedliche Richtungen annehmen könne, da sie verschiedene Möglichkeiten enthalte. So sei in Leben und Lehre Jesu einerseits die gewaltsame Durchsetzung des neuen Glaubens angelegt, andererseits aber auch eine prinzipielle Friedfertigkeit der neuen Religion. „Was in Jesus selbst natürliche Einheit war, tritt in Mächte der Ordnung und Mächte der Auflösung auseinander."[66] Die Gemeinschaft Jesu sei deshalb gleichzeitig „Keim der katholischen Kirche wie des christlichen Staates."[67] Die Idee breite sich zunächst im kleinen Kreis aus, erschließe dann aber weitere Zirkel,[68] indem „sich neue Ringe um die zeugende Mitte" legten.[69] Die christliche Idee sah Salin dabei ambivalent: Aus ihr habe „die Moderne ihre besten Kräfte und den verderblichen Kern des Fortschritts" gesogen.[70]

Formung und Auflösung: Erziehung des Einzelnen und der Gemeinschaft

Solange eine große Führungspersönlichkeit im Zentrum eines Kreises stehe, könne es noch keine zu weit auseinanderstrebenden Entwicklungen an dessen Rändern geben, da sie die Gemeinschaft und den einzelnen „Jünger" nach ihrer Vorstellung forme. Durch Erziehung und Bildung stelle der „Meister" eine Verbindung zwischen den Mitgliedern des Kreises an der Oberfläche einerseits und der Idee im Zentrum andererseits her,[71] er „bildet den Zögling nach dem Bild des Gottes, auf daß der Gott sich in ihm verleiblicht und er den Gott in der Welt verbildlicht…"[72] Anregungen aus Georges Maximin-Dichtung sind offensichtlich,[73]

62 SALIN (1921), Platon, 25.
63 SALIN (1954), Um George, 19, 66.
64 Nach Schefold die Kernfrage von Salins *Civitas Dei*, vgl. SCHEFOLD (2004), Civitas Dei, 235.
65 Die Idee als Kern des sich entfaltenden und danach wie eine Blüte vergehenden Staatswesens findet sich auch bei Oswald Spengler, vgl. BREUER (1995), Konservative Revolution, 84. Die zyklische Geschichtsvorstellung ist typisch für den Neokonservativismus, vgl. DUPEUX (1994), ‚Kulturpessimismus', 291.
66 SALIN, Edgar, Urchristentum und Staat, in: Schmollers Jahrbuch 55 (1931), 21–36, 36.
67 SALIN (1926), Civitas Dei, 27.
68 SALIN (1921), Platon, 49.
69 SALIN (1926), Civitas Dei, 213.
70 Ebd., 198.
71 SALIN (1921), Platon, 7.
72 Ebd., 13.

d.h. Salins philosophische Schriften gehören nach Osterkamps Unterscheidung eindeutig zu der Gruppe von Geistbüchern, die den staatlichen Gründungsmythos des George-Kreises von Maximin integrierten.[74] Echte Erziehung als wichtige Aufgabe des Herrscher-Weisen sei immer politisch, sie solle zum Einklang des Menschen mit dem *nomos* führen und bilde so bei Platon die Voraussetzung für die Gründung des Reichs. „Echte Erziehung und echte Politik sind ihrem Wesen und ihrer Idee nach immer verbunden."[75] Der Erzieher müsse die Möglichkeiten des Zöglings, aber auch seine Grenzen erkennen.[76] „Wirkliches Wachstum besteht nicht im selbständigen Wuchern aller Triebe, sondern in der harmonischen Ausprägung des tiefsten Wesenskeims."[77]

Aber nicht nur die einzelnen „Jünger", sondern auch die Gemeinschaft müsse der Mensch im Zentrum formen, wie das etwa Jesus mit der urchristlichen Gemeinschaft getan habe.[78] Je weiter sich die Idee ausbreite, desto notwendiger seien hierarchische Strukturen, wie sie sich etwa in der Kirche entwickelt hätten. Die anfängliche charismatische Legitimation wurde durch eine Legitimation qua Amt ersetzt – hier orientierte sich Salin an Max Webers Theorie von der rituellen Versachlichung des Charismas.[79] Wie die Gemeinschaft, so müsse auch der Staat geformt werden, wozu eine Mischung verschiedener Verfassungen am besten geeignet sei.[80] Solange der „Staat des neuen Aion" jedoch noch nicht gebildet sei, müssten sich die Urchristen (und, so kann man ergänzen, auch die Georgeaner) für kurze Frist in den „Staat des alten Aion" einfügen, der ohnehin zu baldigem Absterben verurteilt sei.[81]

Nach Salins Vorstellung, wie er sie in seinen philosophischen Schriften darlegte, konnte eine Gemeinschaft nur dann bestehen, wenn sie die naturgegebenen Rangunterschiede zwischen den Menschen, die sich ihr als Glieder einzuordnen hätten, ernst nahm. Ein großer Einzelner in ihrem Zentrum verkörpere die leitende Idee und ermögliche den Zugang zur Tiefe. Durch seine Formkraft könnten sich kleine Gemeinschaften bilden und zu Reichen erweitern, wobei je nach den historischen Umständen verschiedene, im Urkern angelegte Möglichkeiten zur Entfaltung kämen. Salin stellte sich mit seinen philosophischen Texten, die anhand der georgeanischen Semantiken argumentierten, dezidiert in den Kontext des George-Kreises, indem er sich nicht nur auf Friedemann berief, sondern auch Wolters, Gundolf und Vallentin zitierte.[82] Für Fragen nach dem idealen Aufbau des Staates waren die

---

73 „Dem bist du kind · dem freund./ Ich seh in dir den Gott/ Den schauernd ich erkannt/ Dem meine andacht gilt." (GEORGE, Der Siebente Ring, 90).

74 OSTERKAMP, Ernst, Das Eigene im Fremden. Georges Maximin-Erlebnis in seiner Bedeutung für die Konzeption der ‚Werke der Wissenschaft aus dem Kreise der Blätter für die Kunst', in: Yoshinori SHICHIJI (Hrsg.), Internationaler Germanisten-Kongreß in Tokyo, Sektion 16–18. München 1991, 394–400, 396.

75 SALIN (1921), Platon, 157ff.

76 Ebd., 159.

77 Ebd., 29.

78 SALIN (1931), Urchristentum, 27.

79 WEBER, Gesammelte Werke, 5044.

80 SALIN (1921), Platon, 95.

81 SALIN (1931), Urchristentum, 30. Unverkennbar bezog sich Salin hier auf den George-Kreis.

82 Vgl. den Anmerkungsteil der *Civitas Dei*: Gundolf, *Caesar* (220), Schmalenbach, *Die soziologische Kategorie des Bundes* (228), Wolters, *Hymnen und Sequenzen* (238), Vallentin, *Der Engelsstaat* (245). Im *Platon* Friedemann, *Platon* (266), Wolters, *Herrschaft und Dienst* (ebd.), Hildebrandt, *Einleitung zur Übertragung von Platons Gastmahl* (269).

Georgeaner offenbar zitierfähig, während er sich in erkenntnistheoretischen Fragen eher auf Edith Landmann berief. Inwiefern aber übernahm Salin die oben dargestellten Argumentationsschemata in seine nationalökonomischen Schriften?[83]

1.2 Nationalökonomische Schriften vor 1933

Die Frage ist kritisch zu prüfen. Kurt Sontheimer warnt vor Automatismen: „Die Verknüpfung eines bestimmten philosophischen Denkansatzes mit politischen Urteilen ist eines der delikatesten Probleme der Ideologieforschung."[84] Dennoch legt er dar, dass viele Autoren der „Konservativen Revolution" aus der Beschäftigung mit scheinbar „weltfremden Dingen" heraus antidemokratische Ziele im Gegensatz zur demokratisch-liberalen Ordnung der Weimarer Zeit entwickelten. Lässt sich ein solcher Zusammenhang für Salin feststellen? Sein während des Ersten Weltkrieges entstandenes Manuskript *Volk und Heer*, in dem er ein dezidiert holistisches Staatsverständnis äußerte und eine Erneuerung der Volksgemeinschaft durch das Heer propagierte, legt diese Vermutung nahe.[85] Dieser in der Kriegsbegeisterung entstandene unpublizierte Text lässt jedoch keine Verallgemeinerung zu.[86] Vielmehr ist eine genaue Untersuchung von Salins wirtschaftswissenschaftlichen Schriften nötig.

---

83 Die Zeitgenossen verstanden Salins Arbeit als dezidiert politisch. Johannes Popitz (ab 1925 Staatssekretär im Reichsfinanzministerium) und Hans Dorn (ab 1926 Vorsitzender des Deutschen Vereins für Versicherungswissenschaft in Berlin) etwa hielten die *Civitas Dei* für eine bessere Empfehlung, als wenn er eine Finanzarbeit vorgelegt hätte, berichtete Salin an Landmann (Salin an Landmann am 29.19.1926 in SWA, HS 426 B16).

84 SONTHEIMER (1962), Denken, 57.

85 Manuskript *Volk und Heer* von 1914/1918 UB Basel, NSB B 305, 8: „Bestand und Geltung vor der Ewigkeit, vor Gott hat nur wo alles sich zum Ganzen rundet im einen Staat." George lehnte den Text empört ab, weil ein paar gehobene Schicksalsaugenblicke kein ganzes Volk ändern könnten (SALIN (1954), Um George, 27f und 306). Auch Gundolf zeigte sich skeptisch (Gundolf an Salin im Mai 1916, in GUNDOLF (1965), Briefe, 153ff).

86 Die Idealisierung des Schützengrabenerlebnisses ist typisch für Anhänger der „Konservativen Revolution", vgl. BREUER (1995), Konservative Revolution, 42f. Zum „Augusterlebnis" von 1914 und den Hoffnungen auf einen „nationalen Neuanfang" vgl. auch GEYER, Martin H., „Die Gleichzeitigkeit des Ungleichzeitigen". Zeitsemantik und die Suche nach Gegenwart in der Weimarer Republik, in: Wolfgang HARDTWIG (Hrsg.), Ordnungen in der Krise: Zur politischen Kulturgeschichte Deutschlands 1900–1933. München 2007, 165–187, 171f. Der Krieg wurde als Gelegenheit ergriffen, „um überhaupt wieder Ideen zu haben und die ebenso lethargische wie nervöse Leere der Vorkriegszeit abzuschütteln." (SCHÖNING, Matthias, Versprengte Gemeinschaft: Kriegsroman und intellektuelle Mobilmachung in Deutschland 1914–1933. Göttingen 2009, 7)

Salins Vorstellungen von den Aufgaben des Staates in der Wirtschaft: Die Konzentrationsdebatte vor 1933

Ein Themenfeld, mit dem Salin sich seit Beginn seines wissenschaftlichen Interesses ausführlich beschäftigte, war die Frage der Unternehmenskonzentration in der Wirtschaft, ein zu Beginn des 20. Jahrhunderts in Deutschland stark umstrittenes Forschungsfeld der ökonomischen Diskussion.[87] Schon vor 1914 hatten die zunehmenden Bildungen von Kartellen, Trusts oder Großkonzernen zu einer Verminderung der Anzahl der Anbieter geführt, was die Angst vor monopolartiger Marktbeherrschung in einzelnen Wirtschaftszweigen hatte wachsen lassen. Im Krieg verstärkten sich solche Befürchtungen durch die primär kriegswirtschaftlich bedingten Zwangssyndizierungen ganzer Gewerbezweige und die Stilllegungen von Industriebetrieben dann noch und die Schwerpunkte der Debatte verschoben sich:[88] Hatte man vor dem Krieg vor allem über Entstehung und Kulturbedeutung des Kapitalismus diskutiert, so ging es danach um die Möglichkeiten einer Umgestaltung des kapitalistischen Wirtschaftssystems[89] und um die Frage, ob der Sozialismus auf Grund seiner fehlenden Wirtschaftsrechnung überhaupt durchführbar sei.[90] Wie stellte sich Salin zu dieser Frage?

Er griff die Thematik bereits im Jahr 1914 in seiner Dissertation *Die wirtschaftliche Entwicklung von Alaska (und Yukon Territory). Ein Beitrag zu Geschichte und Theorie der Konzentrationsbewegung* auf.[91] Die Arbeit, die ganz im Sinne der später entwickelten Anschaulichen Theorie einen breiten wirtschaftsgeographischen Teil enthielt,[92] beruhte, wie oben erwähnt[93], auf eigenen Beobachtungen, die Salin auf seiner Reise nach Alaska mit seinem Großonkel Jakob Schiff, dem Bruder von Philipp Schiff, Salins Großvater mütterlicherseits, gemacht hatte, und auf der er viele wichtige Geschäftspartner des Großonkels kennen gelernt hatte. Jakob Schiff war im Alter von 19 Jahren in die Vereinigten Staaten ausgewandert und dort inzwischen Vollpartner des Bankhauses Kuhn, Loeb & Co. in New York geworden.[94] In seinem Reisetagebuch[95] beschrieb der Abiturient Salin ausführlich die

---

87 Vgl. ZUNKEL (1974), Staatssozialismus, 18ff. Die wichtigen Debatten über die Unternehmenskonzentration im Verein für Sozialpolitik waren in den Jahren 1905 und 1909 geführt worden, vgl. ALDENHOFF (1989), Nationalökonomie, 51ff.

88 ZUNKEL (1974), Staatssozialismus, 93.

89 KÖSTER, Roman und PLUMPE, Werner, Hexensabbat der Moderne. Max Webers Konzept der rationalen Wirtschaft im zeitgenössischen Kontext, in: WestEnd. Neue Zeitschrift für Sozialforschung 4, 2 (2007), 3–21, 16.

90 An dieser Diskussion beteiligten sich u.a. Ludwig v. Mises, Friedrich August von Hayek und Jacob Marschak, vgl. HAGEMANN (2008), Volkswirtschaftslehre.

91 SALIN (1914), Alaska. Aus dieser größeren Schrift gab Salin als Dissertation das Kapitel *Goldwäscherei und Goldbergbau am Klondike und in Alaska* ab (SALIN (1914), Goldwäscherei in Alaska).

92 FRIEDRICH, Ernst, [Rezension zu] Salin, Edgar: Die wirtschaftliche Entwicklung von Alaska (und Yukon Territory), in: Weltwirtschaftliches Archiv 9 (1917), 337–340, 338.

93 Vgl. 71.

94 Seine Ehefrau Therese, geb. Loeb, war die Tochter von Solomon Loeb, dem Mitbegründer des Bankhauses (SALIN, Edgar, Im Sonderzug nach Alaska. Tagebuch einer amerikanischen Reise 1910 (Das volkskundliche Taschenbuch. Bd. 36). Zürich 2004, 42, Fn 10). Jakob Schiff stammte aus einer traditionsreichen jüdischen Gelehrten- und Finanziersfamilie. Vgl. auch HOCK, Sabine, Jacob Henry Schiff, in: Frankfurter Biographie. Personengeschichtliches Lexikon. Bd. 2. Frankfurt a. M. 1996, 277f.

95 SALIN (2004), Sonderzug Alaska.

wirtschaftlichen Bedingungen in Alaska, die Fischereiwirtschaft, die Goldgräberei und den Eisenbahnbau. Dabei kam er auch auf die Funktion der großen Syndikate zu sprechen, insbesondere beim Aufbau einer funktionierenden Infrastruktur: Er stellte fest, dass der Bau der Eisenbahnen für das finanzierende Unternehmen, das Alascan Syndicat, gänzlich unrentabel sei. Deshalb habe John P. Morgan[96] zunächst gezweifelt, als die einflussreiche Familie Guggenheim und deren Geschäftspartner Hawkins ihn für das Projekt gewinnen wollten: „Morgan war zuerst abgeneigt, dann stellte man ihm vor, es sei im Interesse des ganzen Volkes gelegen, und daraufhin erklärte er, ohne sich weiter um die früheren Einwände zu kümmern: It is good for our people, let us go to build it."[97] Salin nannte die anscheinend uneigennützige Entscheidung begeistert eine „Pioniertat ersten Ranges"[98] und verstand in keiner Weise, dass die US-amerikanische Regierung das Projekt nicht unterstützte, obwohl alle seine amerikanischen Bekannten ihm beteuert hätten, die Entwicklung sei positiv und notwendig.[99] Die Monopolstellung des Syndikats interpretierte Salin als gerechte Entschädigung für die hohen Investitionen im Eisenbahnbau, er erklärte die Vorwürfe gegen das Syndikat für unberechtigt und bescheinigte ihm, dem kulturellen Fortschritt zu dienen.[100]

Für Salin stand also schon in diesem frühen, nichtwissenschaftlichen Text das Allgemeinwohl im Vordergrund, es war der eigentliche Zweck wirtschaftlichen Handelns. Dieses Endziel sah er durch das Syndikat trotz seiner monopolartigen Stellung am besten verwirklicht.

Nach drei Jahren Studium der Volkswirtschaftslehre verwandte Salin den gleichen Stoff für die Abfassung seiner Dissertation. Seine Beurteilung des Syndikats hatte sich jedoch gänzlich gewandelt. Kein Wunder also, dass er im Vorwort die Namen seiner privaten Reisebegleiter nicht nennen mochte,[101] war die Firma seines Großonkels Kuhn, Loeb & Co doch als Teil der Firma M. Guggenheim Sons Bestandteil des Alascan Syndicat, mit dem Salin nun hart ins Gericht ging. Er kritisierte, dass das Syndikat die Kupfer- und Goldindustrie ebenso beherrsche wie die Schifffahrt, das Eisenbahnwesen und den Handel in Alaska. Die Verluste beim Eisenbahnbau, die Salin immer noch erwähnte, würden „von dem Alaska Syndicate benutzt [...], um die Uneigennützigkeit seiner Tätigkeit in Alaska zu demonstrieren. Es ist klar, daß man darauf nicht allzu viel geben darf."[102] Letztendlich wollten sich die Großindustriellen damit die Transportwege für Kupfer- und Fischindustrie sichern, was nicht von Vorteil für die Gesamtwirtschaft Alaskas sei. In dieser Situation der notwendig unvollkommenen Konkurrenz bezeichnete Salin die Eindämmung des Einflusses des Syndikats als Zentralproblem der Wirtschaftspolitik des Bundesstaates.[103]

Theoretische Reflexionen über Konzentrationsprozesse in der Wirtschaft schlossen sich an: Salin gestand zu, dass die Konzentration typisch und unausweichlich für das kapitalistische Wirtschaftssystem sei,[104] da nur so die Versorgung einer wachsenden Menschheit ge-

---

96 Der Besitzer des einflussreichen Bankhauses J.P. Morgan & Co.
97 SALIN (2004), Sonderzug Alaska, 144.
98 Ebd., 144.
99 Ebd., 144.
100 Ebd., 148.
101 SALIN (1914), Alaska, VII.
102 Ebd., 185f.
103 Ebd., 187.
104 Ebd., 189.

währleistet werden könne.[105] Dennoch sah er viele negative Aspekte,[106] da ihre Organisationsformen ausschließlich auf das Streben nach höchstem Ertrag gerichtet seien.[107] In Alaska habe das Syndikat zwar zur Kolonisation beigetragen, aber die meisten Gewinne flössen sofort wieder aus dem Land ab und die Umwelt werde rücksichtslos ausgebeutet.[108] Deshalb forderte Salin zwar nicht ein Verbot, aber eine weitreichende Staatsaufsicht über die Kolonisation durch Assoziationen,[109] und er erwog die Verstaatlichung des Eisenbahnwesens und die „Heraushebung der *Rohstoffsphäre* aus dem privatkapitalistischen Zirkulationsprozeß".[110] Außerdem müsse ein „neuer Geist" Einzug halten.[111] Nach wie vor vertrat Salin also die Ansicht, die Wirtschaft müsse dem Gemeinwohl und der Gemeinschaft als ganzer dienen und sich ihr unterordnen. Statt einer fortschreitenden privatwirtschaftlichen Konzentration hielt er jedoch nun, am Ende seines Studiums und nach der Bekanntschaft mit George, die staatliche Lenkung der Wirtschaft für das probate Mittel zur Verwirklichung dieser Ziele. Privatwirtschaftliche Konzentration wollte er dagegen wie viele andere kapitalismuskritische Ökonomen seiner Zeit[112] nur dann dulden, wenn sie entweder einen direkten Nutzen für die Gemeinschaft erbrächte, oder aber wenn der Kontext es erlaubte, sie nicht als „kapitalistische Dekadenzsymptome" zu werten, sondern als Vorform und „Anzeichen einer neuen Wirtschaftsform"[113] – und diese neue Wirtschaftsform sollte *nicht* primär kapitalistisch geprägt sein. Salin setzte hier die im George-Kreis übliche Semantik vom Ganzen und seinen Teilen ein, um die staatlichen Eingriffe und das Primat der Politik über die Wirtschaft zu legitimieren. Diese Argumentationsstrategie vertiefte und untermauerte einerseits seine ökonomischen Untersuchungen und erwies sich so für den Ökonomen Salin als sinnvoll. Aber auch für den Georgeaner Salin war dieses Vorgehen opportun: Ähnlich wie Gundolf verfolgte er die Absicht, dem „Meister" den Wert der Wissenschaft, in seinem Fall der Ökonomie, dadurch zu beweisen, dass er georgeanische Semantiken in seiner Argumentation verwendete und so die Nähe der Wissenschaft zur Gedankenwelt Georges und den Anteil der Ökonomen an dessen „Geheimen Deutschland" unterstrich.

---

105 Aspekte der späteren sog. „Schmalenbach-Kontroverse" deuteten sich hier bereits an. Schmalenbach konstatierte 1928, die wachsenden Fixkosten der Produktion seien für die Kartellbildung verantwortlich. Er schloss daraus, dass die freie Wirtschaft längst zu existieren aufgehört habe (KROHN (1981), Wirtschaftstheorien, 87). Zu Salins Auseinandersetzung mit der Frage vgl. 165, Fn 228.

106 Kartelle definierte Salin als horizontale Zusammenschlüsse von Partnern zur Preisabsprache. Hier würde ein Höhepunkt erreicht in der „Konzentration der Leitung, in der Herabdrückung, der ‚Verbeamtung' der Menschheit, in der Entindividualisierung des Wirtschaftslebens." Der Mensch werde vom „Herrscher zum Beherrschten der Wirtschaft." (SALIN (1914), Alaska, 201). Unter Trusts, die er für erträglicher hielt, verstand Salin „die kapitalmäßige Zusammenfassung bisher selbständiger Unternehmungen zwecks monopolistischer Beeinflussung des Marktes"(ebd. 197). Hier sei ein höheres Maß an Selbständigkeit möglich.

107 SALIN (1914), Alaska, 198.

108 Ebd., 219.

109 Ebd., 211ff.

110 Ebd., 215f., 220 (Hervorhebung von Salin).

111 Ebd., 198f.

112 Als Hauptargument der Befürworter der Konzentration nennt Pribram die These, dass konzentrierte Großunternehmungen unter den Bedingungen eines streng begrenzten Wettbewerbs die Nachfrage viel effizienter abdecken könnten als der freie Markt, vgl. PRIBRAM und BRÜHMANN (1992), Geschichte ökonomisches Denken 2, 717.

113 HOCK und RITTERSHAUSEN (1960), Antikapitalismus, 65.

Die Forderung nach dem „starken Staat“

Die Vorstellung von einem starken, gestaltenden Staat war also bereits in Salins Frühwerk präsent, ebenso wie bei zahlreichen seiner Zeitgenossen nach dem Ersten Weltkrieg.[114] Die Erfahrungen mit der staatlich gelenkten Kriegswirtschaft von 1914–1918 sowie die Berichte aus der UdSSR hatten solche Ideen beflügelt und die Skepsis der kapitalistischen Wirtschaftsordnung gegenüber verstärkt: Wie viele Kollegen, so glaubte auch Salin kurz nach dem Ersten Weltkrieg nicht an eine Wiederherstellung der freien Wirtschaftsordnung.[115] Die Debatten um die Sozialisierung im Verein für Sozialpolitik wurden im September 1919 geführt, wobei sich die Befürworter letztendlich nicht durchsetzen konnten,[116] ebenso wenig wie in der praktischen Wirtschaftspolitik der Weimarer Zeit.

Dennoch erlebte die Einschätzung, der Kapitalismus stehe in seiner Endphase und der Beginn eines neuen Wirtschaftssystems sei absehbar, am Ende der 20er und zu Beginn der 30er Jahre und insbesondere in der Folge der Weltwirtschaftskrise in der deutschen Volkswirtschaftslehre einen neuen Aufschwung.[117] Diese „Denunziation“ des Kapitalismus[118] war „als bewusst vertretene geistige Richtung, als publizistisches Programm, als politisch-wirtschaftliche Ideologie“ üblich unter zahlreichen Ökonomen, weswegen Hock vom „Anti-Kapitalismus“ spricht.[119] Othmar Spann, Friedrich von Gottl-Ottlilienfeld, Werner Sombart und andere kritisierten, dass „die Verwirklichung des Liberalismus – und zwar besonders des ökonomischen Liberalismus – auf rücksichtslose Willkür im einzelnen, auf Zufälligkeit und Planlosigkeit im ganzen hinauslaufe.“[120] Der Kapitalismus wurde als Kampf beschrieben.[121] Man kritisierte die vorherrschende soziale Ungerechtigkeit und legte dar, dass der Freihandel nur englischen Interessen diene. Werner Sombart prägte für diese Verfallserscheinungen den Begriff des „Spätkapitalismus“.[122] Deshalb versuchten zahlreiche Öko-

---

114 Z.B. auch in SALIN (1923), Geschichte VWL, 1. Claus-Dieter Krohn nennt das vergleichbare Konzept Othmar Spanns eine „diffuse ‚Ganzheitsideologie‘“. (KROHN (1981), Wirtschaftstheorien, 54). Vgl. auch PAPCKE, Sven, Weltferne Wissenschaft. Die deutsche Soziologie der Zwischenkriegszeit vor dem Problem des Faschismus/Nationalsozialismus, in: Sven PAPCKE (Hrsg.), Ordnung und Theorie. Beiträge zur Geschichte der Soziologie in Deutschland. Darmstadt 1986, 168–222, 217f und JANSSEN (1998), Nationalökonomie und NS, 42.

115 Salin an Landmann am 9.9.1919 in SWA, HS 426, B10.

116 BOESE (1939), Verein für Sozialpolitik, 159ff.

117 Ganz ähnlich etwa auch Walter Eucken während der Weltwirtschaftskrise, vgl. HEUß, Ernst, Kontinuität und Diskontinuität in der Nationalökonomie nach dem 2. Weltkrieg: Ordoliberalismus versus Keynesianismus, in: Karl ACHAM, Knut Wolfgang NÖRR und Bertram SCHEFOLD (Hrsg.), Erkenntnisgewinne, Erkenntnisverluste: Kontinuitäten und Diskontinuitäten in den Wirtschafts-, Rechts- und Sozialwissenschaften zwischen den 20er und 50er Jahren. Stuttgart 1998, 331–355, 332f.

118 SCHEFOLD (2004, Dezember), Concept, 6. Salin sei stark von Marx beeinflusst gewesen, und seine Schlussfolgerungen hätten mit Stefan Georges Pessimismus im Hinblick auf die Moderne übereingestimmt.

119 Eine ausführliche Aufarbeitung dieses Phänomens findet sich bei HOCK und RITTERSHAUSEN (1960), Antikapitalismus. Vgl. auch PAPCKE (1986), Weltferne Wissenschaft, 213. Grundzüge des antikapitalistischen Denkens vieler Intellektueller in Weimar fasst zusammen STEINLE, Jürgen, Konservatismus jenseits der Parteien: Politischer Zeitgeist in der Weimarer Republik. Köln 1994, 71–74.

120 HOCK und RITTERSHAUSEN (1960), Antikapitalismus, 40.

121 Auch von Max Weber, vgl. KÖSTER und PLUMPE (2007), Hexensabbat, 6f.

122 Vgl. z.B. SOMBART, Werner, Die Wandlungen des Kapitalismus, in: Weltwirtschaftliches Archiv 28 (1928), 243–256. Vgl. auch KÖSTER, Roman, Technikkonzeptionen der Nationalökonomie in der Weimarer Republik, in: Prokla 145. Zeitschrift für kritische Sozialwissenschaft 36, 4 (2006), 563–582, 577.

nomen „das Funktionieren der Planwirtschaft theoretisch zu erfassen, gemeinwirtschaftliche Experimente im kapitalistischen Rahmen zu konzipieren“[123] oder sie forderten eine Lenkung der Märkte durch staatliche Planung, weil der Kapitalismus sich überlebt habe.[124] Zu ihnen gehörte auch Salin. Er zog in Erwägung, dass die dauernde wirtschaftliche Notsituation mehr sein könnte als nur eine der vielen immer wiederkehrenden Konjunkturkrisen, dass vielmehr der Kapitalismus selbst in Frage gestellt sein könnte und möglicherweise ein Zusammenbruch der alten Ordnung der Welt bevorstehe, da die Menschen ihren Glauben in das System verlören.[125] Je weiter die freie Konkurrenz durch die Unternehmenskonzentration verschwinde, desto mehr müsse der Staat in die Wirtschaft eingreifen, um Unternehmenszusammenbrüche zu verhindern und den Einzelnen vor wirtschaftlicher Not zu bewahren.[126] Man befinde sich also auf dem Weg zur staatlich gelenkten Wirtschaft, eine Entwicklung, die Salin begrüßte, ohne seine Vorstellungen über die praktische Umsetzung zu konkretisieren. In den 30er Jahren schien ihm die Verwirklichung seiner gemeinwirtschaftlichen Vorstellungen in greifbare Nähe zu rücken. Begeistert stellte er fest, dass die Wirtschaft wieder auf ihren alten Status als Mittel des Staates reduziert und durch staatliche Planung, Regelung und Grenzsetzung bestimmt werde.[127] Die Volkswirtschaft sei „etwas anderes [...] als die Summe der Einzelwirtschaften und Privatinteressen“ und der Staat müsse „um des Ganzen willen und in Vorsorge für die Zukunft Maßnahmen“ ergreifen, „welche den augenblicklichen, mit kurzen Zeiträumen rechnenden Belangen der Privatwirtschaft widersprechen. [...] Dann können ‚Interessenten‘ nicht beanspruchen den Kurs der Politik zu bestimmen. Sie finden ihre Rechtfertigung erst dadurch, daß sie sich eingliedern, und sie erhalten vom Ganzen her ihren Platz und ihre Grenze.“[128] Welche Namen man für eine solche staatlich gelenkte Wirtschaft verwenden wolle, hielt Salin für nebensächlich, und auch in den Detailfragen wurde er nicht allzu konkret.[129] Zentral war ihm, dass die Wirtschaft ein dem Wohle des Ganzen untergeordnetes Glied sein müsse, das seinem „Wesen“ nach in Dienst genommen werde. Wucherungen seien zu beschneiden und die gesunden Kräfte zur Entfaltung zu bringen.[130] Diese Kontroll- und Gestaltungsfunktion sei vom Staat zu übernehmen, dessen Kompetenzen nach Salins Willen weit ausgebaut werden sollten. Ganz selbstverständlich habe der einzelne dabei seine persönlichen Ziele und Vorstellungen denen der Allgemeinheit unterzuordnen. Um etwa die Arbeitslosigkeit zu mindern, die familiären Strukturen zu stärken, die Autarkie Deutschlands im Hinblick auf die Lebensmittelversorgung zu sichern und ein Bollwerk gegen die Slawen im Osten zu bilden, empfahl er die

---

123 SCHEFOLD (1994), Kulturwissenschaften, 216.

124 HOCK und RITTERSHAUSEN (1960), Antikapitalismus, 63; PRIBRAM und BRÜHMANN (1992), Geschichte ökonomisches Denken 2, 718.

125 SALIN (1932), Wirtschaft und Staat, 23, 74.

126 Ebd., 52.

127 Ebd., 52.

128 Ebd., 83 und 106f.

129 Klaus Novy bezeichnet es als Problem, dass die Wirtschaftsreformdebatte um die Sozialisierung bald abgebrochen wurde, da die Diskussion vorschnell in die Kategorien der Einflussgewinnung und der Machtpolitik überführt wurde, ohne sich intensiv mit ökonomischen Details zu befassen (NOVY, Klaus, Strategien der Sozialisierung: Die Diskussion der Wirtschaftsreform in der Weimarer Republik. Frankfurt a. M. u. New York 1978, 268). Dieses Phänomen zeigt sich auch bei Salin.

130 SALIN (1932), Wirtschaft und Staat, 138.

systematische Ansiedlung von Klein- und Kleinstbauern in den deutschen östlichen Grenzgebieten.[131] Salin ging jedoch *nicht* so weit, entschädigungslose Enteignungen von überschuldeten Landeigentümern zu billigen, sondern schlug statt dessen einen gesetzliche Festlegung des Höchstzinssatzes sowie von Beleihungsgrenzen vor[132] – hier zeigt sich sehr deutlich, bis wohin er mit seinen planwirtschaftlichen Überlegungen zu gehen bereit war, und wo er die Grenze zog, nämlich bei der Verletzung des privaten Eigentums.[133] Immer wieder betonte er jedoch die Gestaltungsmacht des Staates im Hinblick auf die Wirtschaft: Die wirtschaftliche Entwicklung müsse höheren Gesichtspunkten untergeordnet werden als dem Eigennutz, z.B. dem Schutz der Umwelt.[134] Gerade dadurch, dass die traditionellen Standortfaktoren durch neuere technische Entwicklungen an Verbindlichkeit verlören, bleibe mehr Gestaltungsfreiraum für den Staat. Salin argumentierte hier ganz im Rahmen eines erhöhten Gestaltbarkeitsbewusstseins, das Rüdiger Graf für das ausgehende 19. Jahrhundert diagnostiziert.[135] Diese „Illusionen über [die] Gestaltbarkeit"[136] der Wirtschaft, die ihr Comeback im Strukturfunktionalismus der 60er Jahre erleben sollten, plausibilisierte Salin insbesondere mit der Semantik von Formung und Auflösung, wie sie im George-Kreis üblich war. Der gewachsenen Verantwortung des Staates für seine Bürger entspreche es,[137] dass der Staat über die großen Wirtschaftsunternehmungen, die für deren Wohl und Wehe bedeutend seien, zumindest ein allgemeines Aufsichtsrecht habe,[138] besser noch sie gestalten und formen solle. Aber auch auf internationaler Ebene plädierte Salin immer wieder dafür, die Institutionen mit Macht auszustatten, um ihnen echte Gestaltungsräume zu eröffnen, z.B. die Bank für den Internationalen Zahlungsausgleich, die viel mehr Befugnisse brauche, um die nationalen Zentralbanken in Schach zu halten.[139]

---

131 Ebd., 111. Die Situation der Landwirtschaft im Osten des Deutschen Reichs hatte auch Max Weber jahrelang beschäftigt, z.B. in seiner Landarbeiter-Enquête. Vgl. RADKAU (2005), Leidenschaft des Denken, 133f. Salin zitierte aus Webers Arbeit von 1895, der Großbetriebe nicht ‚auf Kosten des Deutschtums' erhalten wissen wollte (SALIN (1932), Wirtschaft und Staat, 116).

132 Ebd., 117–139, insb. 127, 132. Hock legt ausführlich dar, dass Salin mit solchen Überlegungen in den 30er Jahren keinesfalls allein stand (HOCK und RITTERSHAUSEN (1960), Antikapitalismus). Das Thema „Die deutsche Agrarnot und der Osten" wurde vom Verein für Sozialpolitik 1930 in Königsberg diskutiert, wo es insbesondere um die Frage eines agrarischen Zollschutzes ging, vgl. BOESE (1939), Verein für Sozialpolitik, 220ff.

133 Salin verwendete den Begriff der „Planwirtschaft" sehr wohl (z.B. SALIN (1932), Wirtschaft und Staat, 85), aber dieser war in den 30er Jahren weitaus offener und experimenteller als während des Kalten Krieges und im heutigen Bewusstsein.

134 SALIN, Edgar, Standortverschiebungen der deutschen Wirtschaft, in: Bernhard HARMS (Hrsg.), Strukturwandlungen der Deutschen Volkswirtschaft. Berlin 1928, 76–106 oder mit dem Untertitel: „Im ersten Viertel des 20. Jahrhunderts" in: DERS., Lynkeus. Gestalten und Probleme aus Wirtschaft und Politik. Tübingen 1963, 122–150, 147ff.

135 GRAF (2003), Mentalisierung des Nirgendwo, 171. Graf argumentiert in Anlehnung an Reinhart Koselleck, KOSELLECK, Reinhart, Erfahrungsraum und Erwartungshorizont – zwei historische Kategorien, in: Reinhart KOSELLECK (Hrsg.), Vergangene Zukunft. Zur Semantik geschichtlicher Zeiten. Frankfurt a. M. 1995, 349–375.

136 Vgl. SCHEFOLD (1992), Anschauliche Theorie, 324.

137 SALIN (1932), Wirtschaft und Staat, 20.

138 Ebd., 20.

139 SALIN (1931), Zahlungsausgleich, insb. 18f.

Georgeanischer „Platonismus" als Präsentismus in der Gegenwart der Weimarer Republik

Aber nicht nur seine Forderung nach einer Unterordnung der Wirtschaft unter staatliche Zwecke übertrug Salin von seiner Platondeutung in seine ökonomischen Schriften. Vielmehr übernahm er auch manche politischen Anschauungen, die er in der Politeia vorzufinden glaubte, in seine Deutung der eigenen Gegenwart.[140] Den großen Präsentismus seiner Ausführungen zur athenischen Polis zeigt der Schluss seines Aufsatzes über den *„Sozialismus" in Hellas*: Hier zitierte er zwei Seiten lang aus Thukydides, und zwar die Stelle, an der dieser den Niedergang Athens als Folge des Sittenverfalls schildert[141] – ein Zitat, das man im „Krisenjahr der Republik" 1923 gar nicht anders als auf die aktuellen Geschehnisse bezogen verstehen konnte. Salin sprach nicht nur über das klassische Athen, sondern in typisch georgeanischer Doppeldeutigkeit urteilte er zugleich auch über die demokratische Verfassung der Weimarer Republik.

Von ausschlaggebender Bedeutung war dabei, dass Salin die Menschen nicht für gleich, sondern im Sinn seiner Platon-Deutung für rangmäßig verschieden hielt, und zwar in *jedem* Gemeinwesen, also sowohl in der griechischen Polis als auch in seiner eigenen Gegenwart. Das „Bekenntnis zur natürlichen Gleichheit und Freiheit der Menschen" bezeichnete er als „Pseudoreligion".[142] Die Abstufungen zwischen den Menschen müssten in der Verfassung des Staates berücksichtigt werden. Deshalb zog der Ökonom ins Feld gegen „den mystischen Glauben an die Weisheit der Überzahl."[143] „Aller Kommunismus ist egalitär, jede Gemeinschaft ist autoritär, aller Kommunismus geht aus von der Gleichheit, alle Gemeinschaft von der Ungleichheit der Menschen, aller Kommunismus will gleiches Recht und gemeinsamen Besitz für Alle, jede Gemeinschaft ist Herrschaft und Dienst."[144] Hier sprach Salin nicht nur vom vermeintlichen Sozialismus in Hellas, sondern auch von den aktuellen Entwicklungen in seiner Gegenwart. Solche Überlegungen waren die Begründung, warum er trotz aller Sympathie für planwirtschaftliche Experimente den Kommunismus in der UdSSR ablehnte: Er erschien ihm als mechanisches, egalitäres Gesellschaftsmodell. Salins Idealbild vom Staat orientierte sich dagegen an einem organischen Gemeinschaftsmodell: Er hielt eine autoritäre Gemeinschaft, die nach dem Prinzip von Herrschaft und Dienst aufgebaut sein sollte (hier wählte Salin die Begrifflichkeiten aus Friedrich Wolters gleichnamiger Schrift[145]), für das überlegenere Staatsmodell. „Ein menschenfressender Kampf" müsse die Folge sein, wenn immer mehr Menschen glaubten, der eine müsse dem anderen gleich sein.[146]

---

140 Die Gefahren, die in dem Versuch liegen, dieses georgeanische Modell der Platon-Deutung in die soziale Realität zu transformieren, bespricht eingehend KOLK (1998), Gruppenbildung, 465–482.

141 SALIN (1923), Sozialismus in Hellas, 58f. Er zitierte hier Thukydides III, 82–83.

142 SALIN (1932), Wirtschaft und Staat, 148. Ähnlich in SALIN, Deutsche Tribute, 50.

143 Ebd., 151.

144 SALIN (1923), Sozialismus in Hellas, 43.

145 WOLTERS und LECHTER (1920), Herrschaft.

146 SALIN (1930), Deutsche Tribute, 50. Ähnlich in SALIN (1932), Wirtschaft und Staat, 141. Hier kritisierte Salin die Hygieneerziehung, die nur zur sinnlosen Vermehrung aller Menschen führen würde und deshalb zu unterlassen sei. Er nannte sie einen „tiefe[n] Frevel" (ebd. 69). Dieses Argument verwendete Salin noch in den 70er Jahren, vgl. 283, Fn 287.

Gewiss sollte der einzelne in dieser Gemeinschaft eine Form der Freiheit behalten, die sich von aufgeklärten Freiheitsdefinitionen jedoch grundsätzlich unterschied: „Sinn, Ziel, Anwendung dieser Freiheit ist nicht die liberale Ausbildung der Persönlichkeit, sondern das eigene Mitraten und Mittun im Staat, also nicht die Loslösung des Individuums, sondern seine selbstverantwortliche Teilnahme an der Herrschaft."[147] „Freiheit zur Gefolgschaft" war die Freiheit, die Salin vorschwebte;[148] der Einfluss Georges auf diese Vorstellungen ist evident: „Das Wichtige ist: daß Gesetze seien, gleichgültig, ob sie den Individuumchen passen oder nicht."[149]

Der Verfassungsform der parlamentarischen Demokratie – versteht man diese ganz allgemein als „institutionalisierte Abhängigkeit der Regierung von der Mehrheit im Parlament"[150] – stand Salin dementsprechend ablehnend gegenüber. Nicht nur für die antike Polis wertete er es als Zeichen des Niedergangs, wenn die Beschlüsse der Volksversammlung über den *nomos* gesetzt wurden.[151] Auch für die Gegenwart legte er dar, dass der Parlamentarismus „zu Unrecht als der Demokratie zugehörig" empfunden werde. Sinn mache er aber nur in einer aristokratischen Welt wie im England des 18. Jahrhunderts.[152] In der Gegenwart dagegen sei er zu einer „Abstimmungsmaschine" verkommen, der demokratische Glauben sei erstorben.[153] Salins Ablehnung des Parlamentarismus erinnert in vielen Zügen an die Staatsphilosophie Carl Schmitts, den Salin las und zitierte.[154]

Es versteht sich von selbst, dass Salin und seine Zeigenossen mit „Demokratie" nicht die gleiche Vorstellung verbanden wie der heutige Leser. Wie wenig gefestigt das demokratische Denken der Weimarer Zeit war und wie groß die Bandbreite zwischen den Vorstellungen der einzelnen Denker, zeigt der Tagungsband von Christoph Gusy.[155] Erst im dadurch ermöglichten Vergleich mit anderen Intellektuellen seiner Zeit lässt sich die grundsätzliche Ausrichtung von Salins Demokratieverständnis herausarbeiten: Er verfolgte eine „gegen-

147 SALIN (1923), Sozialismus in Hellas, 47.

148 SALIN (1932), Wirtschaft und Staat, 151. Vgl. auch SALIN, Edgar, Über Vorzug und Gefahr der allgemeinen Bildung, in: Edgar SALIN (Hrsg.), Synopsis. Alfred Weber 30.7.1868–30.7.1948. Heidelberg 1948, 437–456, 448. Die Geringschätzung des Werts der individuellen Freiheit ist typisch für den deutschen Antimodernismus, vgl. HOCK und RITTERSHAUSEN (1960), Antikapitalismus, 32.

149 CURTIUS (1950), George im Gespräch, 156.

150 MÖLLERS, Christoph, Das parlamentarische Gesetz als demokratische Entscheidungsform – Ein Beitrag zur Institutionenwahrnehmung in der Weimarer Republik, in: Christoph GUSY (Hrsg.), Demokratisches Denken in der Weimarer Republik. Baden-Baden 2000, 415–468, 433.

151 SALIN (1923), Sozialismus in Hellas, 48.

152 SALIN (1932), Wirtschaft und Staat, 145.

153 SALIN (1932), Wirtschaft und Staat, 146f.

154 In SALIN (1926), Civitas Dei, 240 zitierte Salin SCHMITT, Carl, Römischer Katholizismus und politische Form. Heilerau 1923. Schmitt bezeichnete den Parlamentarismus als „unechte Fassade", der sich geistesgeschichtlich überholt habe, und optierte daher für einen souveränen Reichspräsidenten als Element der „echten Repräsentation". Das Parlament erschien ihm als Hort der Parteien und Partikularinteressen, wohingegen der demokratisch legitimierte Präsident für ihn die Einheit repräsentierte und als Souverän und „Hüter der Verfassung" die politische Substanz der Einheit garantierte (SCHMITT, Carl, Die geistesgeschichtliche Lage des heutigen Parlamentarismus. München 1923). Eine abgewogene Darstellung von Schmitts Antiliberalismus und seiner Wirkungsgeschichte gelingt MÜLLER, Jan-Werner, Ein gefährlicher Geist: Carl Schmitts Wirkung in Europa. Darmstadt 2007. Siehe außerdem LINDER, Christian, Der Bahnhof von Finnentrop: eine Reise ins Carl Schmitt Land. Berlin 2008.

155 GUSY (2000), Demokratisches Denken.

standsbestimmte" Demokratiekonzeption, wie Oliver Lepsius sie beschreibt: Ausgehend von einer Vorstellung eines homogenen Volkes als präexistenter Einheit verlangte er vom Parlament, den ontologischen „Volkswillen" nicht etwa zu erzeugen, sondern abzubilden – eine Maximalforderung, an der sämtliche Repräsentationsmodelle von Demokratie notwendig scheitern müssen.[156] Salin zog aus dieser ablehnenden Haltung die Schlussfolgerungen: Die Weimarer Republik, so stellte er schon 1919 klar, war nicht der Staat der Georgeaner, und die Staatsträger dieses neu geschaffenen Staates waren für ihn „alten Geistes".[157] Eine Verwirklichung von Georges *Neuem Reich* stand hier nicht zu erwarten.

Seine Enttäuschung über die Unmöglichkeit der Repräsentation des ontologischen Volkswillens in den Repräsentativsystemen der modernen Großstaaten ließ Salin daran zweifeln, dass in der Gegenwart „Demokratie" überhaupt möglich sei.[158] Sei die Mehrheit in einem demokratischen Staat nämlich antidemokratisch, führte er aus, begehe die Demokratie politischen Selbstmord, womit das System sich selbst ad absurdum führe.[159] Insbesondere nannte Salin hier das Frauenstimmrecht, das die große Gefahr in sich berge, dass die Unvernunft über den Verstand siegen könne.[160] Für funktionsfähig hielt er das demokratische System nur dann, wenn die Leitung des Staates *einem einzelnen* obliegen würde, der sich das Volk als „Werkzeug" schaffen und seinen Willen bilden könne.[161] Würde dieser einzelne *gewählt*, so könne man von Demokratie sprechen[162] – die einzige Funktion der Wahl sei die Legitimierung des Führers. Faktisch habe es sich im antiken Athen um „Herrschaft einer kleinen patrizischen Schicht über die Masse" gehandelt. Salin verstand unter Demokratie also das, was Max Weber als „plebiszitäre Demokratie" bezeichnete:[163] Weber sprach von der Ausstrahlung des Führers, der „Autorität der außeralltäglichen persönlichen Gnadengabe (Charisma)", und erklärte, dass dieses Charisma „die persönliche Hingabe und das persönliche Vertrauen zu Offenbarungen, Heldentum oder anderen Führereigenschaften eines einzelnen" ermögliche, also die „charismatische" Herrschaft, wie sie der Prophet, der Kriegsfürst, der plebiszitäre Herrscher, der große Demagoge und politische Parteiführer ausüben könne.[164] Diese „plebiszitäre" Form der Demokratie mit ihrer ausgeprägten elitären Kompo-

---

156 LEPSIUS (2000) Staatstheorie, 377–379. Dem gegenüber stellt Lepsius das „gegenstandserzeugende Modell", das z.B. Hans Kelsen und Richard Thoma vertraten: Aufgabe des Parlaments war es hier, die Willensbildung eines vielgestaltigen Volkes zu organisieren (ebd. 397).

157 Salin an Landmann am 30.1.1919 in SWA, HS 426, B10.

158 Christoph Gusy führt aus, dass es typisch war für die Debatte in Weimar, dass die Diskussion als eine Auseinandersetzung um die „wahre" Form der Demokratie geführt wurde, vgl. GUSY, Christoph, Einleitung: Demokratisches Denken in der Weimarer Republik – Entstehungsbedingungen und Vorfragen, in: DERS (Hrsg.), Demokratisches Denken in der Weimarer Republik. Baden-Baden 2000, 11–36, 26, Fn 53.

159 SALIN (1923), Sozialismus in Hellas, 51.

160 SALIN (1932), Wirtschaft und Staat, 152f.

161 SALIN (1932), Wirtschaft und Staat, 166.

162 SALIN (1923), Sozialismus in Hellas, 51.

163 Weber definierte: „Die ‚plebiszitäre Demokratie' – der wichtigste Typus der Führer-Demokratie – ist ihrem genuinen Sinn nach eine Art der charismatischen Herrschaft, die sich unter der Form einer vom Willen der Beherrschten abgeleiteten und nur durch ihn fortbestehenden Legitimität verbirgt. Der Führer (Demagoge) herrscht tatsächlich kraft der Anhänglichkeit und des Vertrauens seiner politischen Gefolgschaft zu seiner Person als solcher." (WEBER (2001), Werke, 1882). Zur Konzeption von Webers „Führerdemokratie" vgl. auch SCHMIDT (2000), Demokratietheorien, 178–197.

164 WEBER (2001), Werke, 10695.

nente hielt Salin in modernen Großstaaten für die einzig praktikable. Dabei vertrat er durchaus keinen dynamischen Elitenbegriff, der den Aufstieg von leistungsfähigen Persönlichkeiten aus der Unterschicht zugelassen hätte, sondern ging davon aus, dass die entscheidende „Wirkung der Person“ nur Menschen aus dem „alten agraren Adel oder dem städtischen Patriziat“ eigen sei,[165] wobei die edle Geburt von besonderer Bedeutung war.[166] Der Aufstieg von Führern aus den niederen Schichten sei dagegen als Niedergang zu begreifen.[167] Die Übertragung der politischen Gewalt an eine kleine Elite war auf das Engste mit der erkenntnistheoretischen Haltung Salins und des George-Kreises verknüpft: „Alles Geistige aber ist nur dem Empfänglichen zu vermitteln, kann daher stets nur Sache der Erlesenen, nie der Masse sein.“[168] Die Masse, die als Problem des Kulturverfalls verstanden wurde, brachte Salin so wie viele andere Denker des bildungsbürgerlichen Weimarer Milieus im Allgemeinen und des George-Kreises im Besonderen[169] in Verbindung mit der Demokratie als der ihr eigentümlichen Staatsform und „denunzierte so die demokratische Gleichheit als politisch unpraktikable Forderung mit nivellierender Auswirkung auf die Kultur.“[170] Demokratietheoretisch betrachtet, schloss sich Salin zu diesem Zeitpunkt also ganz einer „realistischen“ Sichtweise von Demokratie an, die eine aktive Mitwirkung der Bürger an der Meinungsbildung in der Massendemokratie für schädlich hielt und an ein „ehernes Gesetz der Oligarchie“ glaubte.[171]

In den Schriften der 30er Jahren entfernte Salin sich weit von demokratischen Vorstellungen, ohne über tragfähige nicht-totalitäre Alternativen zu reflektieren.[172] Im Jahr 1930 griff er in der Schrift *Die deutschen Tribute. Zwölf Reden* das Thema der deutschen Reparationsverpflichtungen auf, das er bereits in drei Veranstaltungen an der Universität behandelt hatte.[173] Er leitete das Buch mit einem Zitat aus Stefan Georges *Das Neue Reich* ein.[174] Zwei Jahre später erschien die Textsammlung *Wirtschaft und Staat*, die Friedrich Wolters gewid-

---

165 SALIN (1923), Sozialismus in Hellas, 51f.

166 Ganz in diesem Sinne vertrat Salin im Kontext seiner Untersuchungen des frühen Christentums die These, Jesus müsse aus dem Hause David abstammen und sich dessen auch bewusst gewesen sein, vgl. SALIN (1931), Urchristentum, 26, Fn 1. Salins Elitebegriff war hier also noch stark aristokratisch eingefärbt: nicht Leistung, sondern Geburt war für ihn das entscheidende Kriterium, vgl. GERSTNER (2008), Neuer Adel, 529.

167 SALIN (1923), Sozialismus in Hellas, 51f.

168 SALIN (1921), Platon, 24.

169 Die Verachtung für die Masse beschreibt Helmut Frenzel als typisches Element georgeanischer Wissenschaft, vgl. FRENZEL (1932), Geschichtswissenschaft, 14f.

170 LLANQUE, Markus, Massendemokratie zwischen Kaiserreich und westlicher Demokratie, in: Christoph GUSY (Hrsg.), Demokratisches Denken in der Weimarer Republik. Baden-Baden 2000, 38–70, 47.

171 Ähnlich wie Robert Michels 1911 oder Joseph A. Schumpeter 1943, vgl. LIEBER, Hans-Joachim, Politische Theorien von der Antike bis zur Gegenwart (Bundeszentrale für Politische Bildung. Bd. 299). 2. Aufl. Bonn 1993, 950f.

172 SCHEFOLD (2004, Dezember), Concept, 8.

173 Im Sommersemester 1920 Volkswirtschaftliche Übungen über den „Frieden von Versailles“, im Wintersemester 1926/27 Deutschland und das Reparationsproblem (vom Vertrag von Versailles zum Londoner Abkommen), im Sommersemester 1929 Das Reparationsproblem vom Frieden von Versailles bis zur Gegenwart, vgl. Vorlesungen, gehalten von Edgar Salin, UB Basel, NSB B 368.

174 SALIN, Edgar, Die deutschen Tribute. Zwölf Reden. Berlin 1930, Vorwort. Zitiert wurde der Vers: „Das von sich spie was mürb und feig und lau/ Das aus geweihtem träumen tun und dulden/ Den einzigen der hilft den Mann gebiert..“ (GEORGE, Das Neue Reich, 28–30, 30).

met war.[175] In beiden Schriften griff Salin als „Mann der Rechten“[176] Gedankengut aus dem rechtskonservativen Lager auf: die Kritik an den Parteien, die in Deutschland lediglich „religiöse oder weltanschauliche oder wirtschaftspolitische Vereinigungen“[177] seien, am Vertrag von Versailles und am „wortbrüchigen“ amerikanischen Präsidenten Wilson, die Warnung vor der Slawengefahr im Osten, der Ruf nach einer starken, das Volk formenden Führerpersönlichkeit,[178] und auch die Begeisterung für Benito Mussolini fehlte nicht.[179] Die Frage der Reparationen, die er „Tribute“ nannte, erklärt er zum „Prüfstein für die geistige Verfassung der Welt“[180] und protestierte energisch gegen dieses „Helotenjoch“.[181] Er warnte vor einem Friedensschluss, der Deutschlands Recht und Ehre vernachlässige,[182] und beklagte den Zerfall der ständischen Ordnung durch egalitäre Vorstellungen. Deutlich prägten „romantische, nationalkulturelle Elemente“ Salins Überlegungen.[183] Allerdings bewahrte der Ökonom in zentralen Punkten seinen wirtschaftspolitischen Realismus: So ging er nie so weit, ein staatliches Außenhandelsmonopol zu fordern, wie Wolfgang Hock dies den deutschen Antikapitalisten sehr pauschal unterstellt.[184] Solche Vorstellungen hielt Salin nicht für praktikabel.

Nicht nur in Zitaten und Widmungen machte Salin deutlich, dass er für sich in Anspruch nahm, auch für den George-Kreis zu sprechen. Wenn er etwa darlegte, dass jeder echte Staatsbürger „nicht in der Teilnahme am Geraufe der Vielen um einen kurzen Augenblick der leeren Macht, sondern in der stillen Vorbereitung, Erziehung und Schulung für die höhere Wirklichkeit des geistigen Reichs“[185] seine Aufgabe zu sehen habe, war der Bezug zu Georges „Geheimen Deutschland“ unübersehbar. Die Nähe der Schrift zum George-Kreis entging auch Edith Landmann nicht, die sie als typischen „Jahrbuchaufsatz“ bezeichnete.[186]

---

175 SALIN (1932), Wirtschaft und Staat. Bertram Schefold stellt fest, dass sich in dieser Schrift „grundsätzliche Orientierungslosigkeit, falsche Hoffnungen und düstere Ahnungen“ Salins zeigen (SCHEFOLD (1992), Anschauliche Theorie, 310).

176 JÖHR, Walter Adolf, Edgar Salin 1892–1974, in: Schweizerische Zeitschrift für Volkswirtschaft und Statistik 110 (1974), 265–269.

177 SALIN (1930), Deutsche Tribute, 12.

178 Ebd., 127, 143f, 215, 231; SALIN (1932), Wirtschaft und Staat, 165.

179 SALIN (1930), Deutsche Tribute, 41f. Salin stand mit seiner positiven Beurteilung des Faschismus unter den deutschen Ökonomen nicht alleine da, vgl. PAPCKE (1986), Weltferne Wissenschaft, 209f.

180 SALIN (1930), Deutsche Tribute, 35.

181 SALIN (1932), Wirtschaft und Staat, 59. In der Ablehnung der Reparationen sah Salin sich in Übereinstimmung mit George (SALIN (1954), Um George, 260f).

182 SALIN (1930), Deutsche Tribute, 46.

183 BLOMERT (1992 Juli), Salin, 155.

184 Salin übertrieb auch Autarkieforderungen und Reagrarisierungspläne nie, die in diesen Jahren in der deutschen Nationalökonomie intensiv diskutiert wurden (vgl. BOESE (1939), Verein für Sozialpolitik, 232ff. über die Debatte im Verein für Sozialpolitik in Dresden 1932). Ihm blieb bewusst, dass Deutschland aufgrund der natürlichen Gegebenheiten niemals von sämtlichen Importen unabhängig werden könne und auf internationalen Handel angewiesen sei (SALIN (1932), Wirtschaft und Staat, 83). Nach Breuer hing George solchen Autarkieträumen nach, vgl. BREUER (1996), Ästhetischer Fundamentalismus, 242.

185 SALIN (1932), Wirtschaft und Staat, 173f.

186 „Besonders hat mich gefreut dass Sie den unpolitischen Menschen als das echtere staatliche Wesen erkennen gegenüber dem politisch interessierten.“ (Edith Landmann an Salin, undatiert, in UB Basel, NSB C36 117).

Salin und der Nationalsozialismus

Verschiedene Quellen belegen, dass Salins antidemokratische Gesinnung seine Haltung zur aktuellen Tagespolitik der Weimarer Republik beeinflusste. So berichtete er im Jahr 1927 seinem Freund Julius Landmann empört, dass Alfred Weber ihn darauf hingewiesen habe, dass seine „schroffe[n] politische[n] Aeusserungen über Republik" seine Berufung in die „demokratische Stadt Frankfurt" unmöglich machen würden.[187] Salins Klage, dass die politische Position der Bewerber in Berufungsfragen eine so wichtige Rolle spiele, konterte Landmann mit der Mahnung, die Spielregeln des Wissenschaftsbetriebs einzuhalten: Wie man im kaiserlichen Deutschland keine Gegner der Monarchie berufen habe, noch in der Schweiz solche der republikanischen Verfassungsform, so mache eben auch in der deutschen Republik eine „prinzipiell anti-republikanische Haltung" eine Berufung unmöglich. Landmann drückte seine Hoffnung aus, dass eine solche Haltung bei Salin nicht vorliege.[188] Aber Salin war auch in der Folge nicht bereit, für die Weimarer Republik Partei zu ergreifen, selbst dann nicht, als diese durch den Machtzuwachs der Nationalsozialisten in Bedrängnis geriet. Es sei nicht Aufgabe der Wissenschaft, „den stürzenden Staat von gestern und vorgestern zu stützen", sondern sie fungiere höchstens als Warnerin. Die Staatsgewalt müsse sich schon selbst dieser Bedrohung erwehren.[189] Allerdings empfand Salin den Nationalsozialismus zu diesem Zeitpunkt weniger als Bedrohung, sondern vielmehr als Chance zur Verwirklichung der eigenen Staatsvorstellungen. In einem Brief an Bernhard Harms[190] vom 20.11.1930 äußerte er sich über Pläne im Vorstand der Friedrich List-Gesellschaft, eine Konferenz über das nationalsozialistische Wirtschaftsdenken abzuhalten. Zwar könne die Konferenz, wenn sie auf eine „eindeutige Negierung sämtlicher nationalsozialistischer Thesen" hinauslaufe,

> „gewiss für den gegenwärtigen Staat von positivem Nutzen sein. Ich verkenne diese Möglichkeit nicht, würde aber meinerseits ablehnen, darauf hinzuwirken. Denn bei aller Ablehnung einzelner Thesen bejahe ich die nationalsozialistische Haltung, und ich kann nur meine Ueberzeugung wiederholen: dass jeder wirkliche Staatsmann der Zukunft mit diesen Truppen arbeiten wird. Dies mögen Sie immerhin als meine private Meinung nicht für sich gelten lassen. Entscheidend scheint mir aber die allgemeine Erwägung: die Nationalsozialisten, gerade so lange sie in allem und jedem den wilden Mann spielen, stellen im Augenblick unser stärkstes politisches Aktivum dar."[191]

---

187 Salin an Landmann am 5.2.27 im SWA, HS 426 B16 (26/27).
188 Landmann an Salin, undatiert, sicher vor der Berufung Salins nach Basel 1927 (UB Basel, NSB C 38).
189 Brief an Harms vom 18.11.30, UB Basel, NSB Fb 1153. Zitiert auch bei NETZBAND (1984, Januar), 10. Todestag, 220.
190 Auch Harms sympathisierte mit dem NS. Ausgerechnet an Edith Landmann, die Autorin von *Omaruru*, schrieb er am 15.4.33: „Wir erleben jetzt Geschichte! Für eine unerhört grosse Tat halte ich die Herstellung der Reichseinheit. Auch die Proklamierung des 1. Mai als Feiertag entspricht einem Jugendtraum von mir. Die Überlassung dieses uralten Volksfeiertags an die Sozialdemokratie habe ich schon im ersten Semester als einen grossen Fehler angesehen." (UB Basel, NLB E4,11).
191 Salin an Harms am 20.11.30 in UB Basel, NSB Fb 1152.

Wenn schon Hitler selbst das Gewicht der Bewegung ständig schwäche, so wolle er, Salin, das nicht auch noch tun.[192] Natürlich stellte die Bejahung des Nationalsozialismus für Salin insofern ein Problem dar, als ihm als Juden der Antisemitismus der „Bewegung" natürlich nicht verborgen geblieben war und sich darüber hinaus der elitäre Intellektuelle von dem bescheidenen intellektuellen Niveau der Nationalsozialisten abgestossen fühlen musste.[193] Allerdings war er bereit, diese „persönlichen" Probleme hinter der allgemeinen Bejahung des Nationalsozialismus im Interesse der Gemeinschaft zurücktreten zu lassen,[194] ja er schlug sogar vor, die Konferenz mit Beteiligung von Nationalsozialisten, aber ohne jüdische Teilnehmer (und damit ohne ihn selbst) abzuhalten, da sonst eine produktive Diskussion nicht möglich sei. Die Abwesenheit jüdischer Diskutanten würde es den Nazis erschweren, sich auf ihre einfachen antisemitischen Erklärungsansätze zurückzuziehen, und das erleichtere eine sachliche Diskussion.[195] Salin suchte einen Ausweg aus dem Dilemma darin, die Bedeutung der „Rasse" für den Nationalsozialismus als „geistiger Bewegung" zu bagatellisieren. Entscheidend sei doch nicht das Blut, sondern der „deutsche Geist der Zukunft", von dem er selbst mehr habe als hundert Nationalsozialisten.[196] Der Antisemitismus schien ihm nicht der Kern nationalsozialistischer Ideologie, sondern in gewisser Weise von dieser abtrennbar. Noch in einer Vorlesung von 1960 unterschied Salin zwischen drei „geistigen Wurzeln des Nationalsozialismus": Er machte eine „romantische Komponente" aus, die sich insbesondere aus Wagner speise, eine „barbarische Komponente (‚Wenn Thor aufwacht…')", sowie den „Antisemitismus".[197] Er glaubte auch nicht an eine zwangsläufige Bindung der nationalsozialistischen Bewegung an ihren für die „geistige Elite" des George-Kreises intellektuell wenig attraktiven Führer Adolf Hitler, wie die oben zitierte Briefstelle belegt. Diese Gedankenfigur lässt sich auch für andere Mitglieder des George-Kreises feststellen,[198] etwa bei dem überzeugten Nationalsozialisten Walter Anton, der trotz begeisterter Bejahung der nationalsozialistischen Bewegung den „Uebergang zu einem besseren Führer" in Aussicht stellte.[199] Salin täuschte sich über den Charakter der nationalsozialistischen Be-

192 Ebd. Brüggelmann (BRÜGELMANN (1956), Politische Ökonomie, 120–131) referiert ausführlich über die Vorbereitungen zur Konferenz und zitiert auch aus diesem Brief an Harms, den er also kennt – allerdings übergeht er die hier zitierte Stelle. Diese Quellenauswahl legt ebenso wie die Darstellung die Vermutung nahe, Brüggelmann wolle sich mit Salins Sympathien für den Nationalsozialismus nicht auseinandersetzen.

193 Zum Verhältnis zwischen Judentum und deutschem Neokonservativismus vgl. MEHRING, Reinhard, Reflektierte Trennung. Vom Scheitern der deutsch-jüdischen Symbiose bei Carl Schmitt und Ludwig Feuchtwanger – nach ihrem Briefwechsel, in: Zeitschrift für Religions- und Geistesgeschichte 60, 1 (2008), 152–171.

194 Die „jüdische Frage" war für Salin ebenso wie für viele deutsche Liberale zu Beginn der 30er Jahre nicht von zentraler Bedeutung, vgl. KURLANDER, Eric, "I am no anti-semite, but I am also no Jew": German Liberalism and the "Jewish Question" in the Third Reich, in: GHI Bulletin 42 (2008), 49–63, 58.

195 Salin an Harms 17.11.30, 18.11.30, 20.11.30, in UB Basel, NSB Fb 1157, 1153, 1152.

196 Salin an Harms vom 18.11.30, UB Basel, NSB Fb 1153.

197 Mitschrift von Salins Vorlesung *Weltwirtschaft und Weltpolitik vom ersten Weltkrieg bis zur Gegenwart im* Sommersemester 1960, UB Basel, NSB B 379a, 80.

198 Wohl auch bei George selbst, wie ihm sogar Breuer zugesteht. George habe Hitlers kleinbürgerlichen Kunstgeschmack, sein positivistisches Wissenschaftsverständnis, seine Begeisterung für die moderne Technik und eugenische und rassenhygienische Ideen verachtet (BREUER (1996), Ästhetischer Fundamentalismus, 233).

199 Walter Anton, Denkschrift zum 31. Juli 32 *Für Cajo und ältere Ungläubige vom Löwen geschrieben in Ermanglung von Wolters und Hans*, StGA George IV, 465a. Eine anonyme Erwiderung auf diese Schrift, die

wegung wohl in zahlreichen Punkten, aber das, was er sich darunter vorstellte, bejahte er zu diesem frühen Zeitpunkt unzweifelhaft. Er hoffte, dass der Nationalsozialismus als geistige Bewegung eine Realisierung des „Geheimen Deutschlands" Georges werden könnte, in dem allein ein geistiges Deutschland lebe und wirke.[200] Keineswegs kann darum die Rede davon sein, dass er bereits bei Aufkommen der nationalsozialistischen Bewegung deren Falschheit und Gefahr erkannt habe, wie ihm Samuel Scheps attestiert.[201]

Auch nach seiner Berufung nach Basel beherzigte Salin Julius Landmanns Warnung nicht, sich mit republikfeindlichen Äußerungen zurück zu halten. Noch 1933 brachten demokratiekritische Kommentare seine Studenten in Basel sehr gegen ihn auf und riefen die anti-nationalsozialistische Presse auf den Plan.[202] Er hatte sich in Kolloquien kritisch über die Demokratie in der Schweiz geäußert, ja sie als „Pseudo-Religion" tituliert, was einige Studenten an die Presse trugen, sodass er schließlich diese Unterrichtsform sogar einstellte.[203] Ganz offensichtlich gingen diese Äußerungen an „Schroffheit" bzw. Republikfeindlichkeit noch weit über das Maß hinaus, mit dem Salin auch nach 1933 seine Basler Mitbürger gerne provozierte, etwa wenn er den „Nepotismus", „Ämtermissbrauch" und die „Klüngelwirtschaft" anprangerte, die man in der Basler Stadtgeschichte beobachten könne.[204] Die Reaktionen auf solche Aussagen fielen in Basel, das auf seine demokratische Tradition gerade in Abgrenzung zum nationalsozialistischen Deutschland besonderen Wert legte, entsprechend scharf aus.[205]

Allerdings sind bereits früh erste Anzeigen eines Umdenkens auszumachen. Schon 1932, zwei Jahre nach dem oben zitierten Brief an Harms, differenzierte Salin genauer. Er grenzte sich von der Sicht mancher Zeitgenossen ab, die annahmen, weil die Demokratie versage, müsse alles Antidemokratische gut sein. Das träfe weder für den Bolschewismus noch für den Faschismus zu, der nur eine neue Torheit sei, meinte Salin nun.[206] Auch Mussolini sah er

---

den Nationalsozialismus und Antons Text vehement ablehnte, zeigt die tiefe innere Zerrissenheit des George-Kreises in dieser Frage (George IV, 465b).

200 Salin an Harms vom 17.11.1930, UB Basel, NSB Fb 1157. Brügelmann zitiert auch aus diesem Brief, lässt aber die den George-Kreis betreffende Bemerkung aus (BRÜGELMANN (1956), Politische Ökonomie, 124).

201 Scheps, Samuel, *Edgar Salin.* UM, UB Basel, NSB Ga4.

202 SCHWEIZER, Felix, Professoren und Demokratie. Nach dem Züricher ein Basler Fall, in: Die Nation 1 (1934, 5. Januar).

203 Salins Ansprachen an seine Studenten wegen dieser Affäre in UB Basel, NSB, B 373 (25. April 1933) und B 374 (22. Juni 1933). Die Sache gefährdete sogar Salins Bemühungen um Einbürgerung, sodass sein Kollege Mangold am 15.10.35 beim Justiz- und Polizeidepartement für ihn intervenierte. Er bezeichnete die Vorwürfe als Verleumdungen fauler Studenten und bescheinigte dem Kollegen: „Salin ist nicht Fascist und nicht Nationalsozialist. Dass er es nicht sein kann, ergibt sich aus seinen ganzen Verhältnissen. Er ist Nichtarier und konfessionslos. [...] Er ist auch weder Sozialist, noch Kommunist, sondern parteilos." (UB Basel, NSB Fa, Beilage zu einem Brief von Mangold an Salin).

204 SALIN (1948), Burckhardt und Nietzsche, 23. Die Vorlesung zum Buch fand im Winter 1935 statt. Salin schilderte Basel durchaus nicht nur als „vom humanistischen Geist geprägte Polis", wie Karl Pestalozzi beschönigend meint (PESTALOZZI (1992), Stadt und Universität, 36). Ausführlich zu diesem Werk Salins FÖLLMI (2004, Februar), Salin Aspekte, 13f.

205 Positiv formuliert Sander: „Salin hat [...] auf vorbildliche Art starken Zeitströmungen widerstanden, [...] als er in Basel, wo er seit 1927 wirkte, mit seinen Vorlesungen über Burckhardt und Nietzsche inmitten antifaschistischen Soges den Augenschein demokratischer Schulweisheiten widerlegte" (SANDER, Hans-Dietrich, Der Geist weht, von wannen er will, in: Die Welt 119 (1974, 24. Mai), 31).

206 SALIN (1932), Wirtschaft und Staat, 168.

nicht mehr so euphorisch wie noch zwei Jahre vorher – das historische Urteil über ihn sei noch offen.[207]

Praktische Wirtschaftspolitik

Trotz Salins Lob des Unpolitischen als des besseren Bürgers enthielt er selbst sich in den letzten Jahren der Weimarer Republik keineswegs der Politik und Öffentlichkeit: In zahlreichen Artikeln in Kurt Singers Hamburger *Wirtschaftsdienst* versuchte er, die Leserschaft zu erreichen,[208] und als wirtschaftspolitischer Ratgeber wurde er bis in die höchsten politischen Kreise herangezogen, insbesondere im Rahmen der FLG, die sich mit der wirtschaftlichen Tagespolitik auseinander setzte. Die FLG veranstaltete unter maßgeblicher Beteiligung Salins zwei Konferenzen über das Reparationsproblem, die erste im Juni 1928 in Bad Pyrmont, auf der die Frage nach einem möglichen Transfermechanismus zur Übertragung der Reparationsleistungen an die Gläubiger im Vordergrund stand,[209] die zweite im November 1928 in Berlin, auf der vor allem die Kommerzialisierung der Reparationsleistungen behandelt wurde.[210] Man wollte, gemäß Salins Vorstellungen von Politischer Ökonomie, Theorie und Praxis gleichermaßen berücksichtigen und „sich nicht auf die Beurteilung der bisherigen Reparationspolitik beschränken, sondern auch der Gestaltung der zukünftigen dienen."[211] Tatsächlich waren die beiden Tagungsbände eine wichtige Materialbasis für die Teilnehmer der weiteren Reparationsverhandlungen.[212]

Der Salin, der sich auf den Konferenzen und im Umfeld der FLG bewegte, zeigte freilich ein ganz anderes Gesicht als derjenige, der dem Leser seiner nationalistischen Schriften entgegen trat. Weder zog sich Salin hier in die politische Enthaltsamkeit zurück, noch übte er destruktive Zeitkritik. Vielmehr griff er mit Vorschlägen und konstruktiven Beiträgen in die Debatten ein, organisierte den Kontakt von Politikern und Wirtschaftsvertretern und versuchte, aktiv auf die Wirtschaftspolitik Einfluss zu nehmen. So warnte er auf den Konferenzen vor der Gefahr, dass die kurzfristigen Kredite, durch die der größte Teil der Reparationen aufgebracht wurde, zurückgezogen werden könnten.[213] Zudem kritisierte er die

---

207 Ebd., 168f.

208 Als ein Beispiel unter vielen sei genannt der Artikel SALIN, Edgar, Tributleistung oder Kreditzurückzahlung? in: Wirtschaftsdienst 49, XVI (1931, 4. Dezember), 1965–1968.

209 SALIN (1929), Pyrmont. Vgl. zu den Konferenzen auch KLOTEN (1984, 9. April), List-Gesellschaft, 2 sowie JANSSEN (1998), Nationalökonomie und NS, 20–22; eine ausführliche Gesamtdarstellung mit eingehender Würdigung von Salins Rolle bietet BRÜGELMANN (1956), Politische Ökonomie, zu den Konferenzen insb. 74–97 sowie 132–139.

210 SALIN, Edgar (Hrsg.), Das Reparationsproblem. Teil 2: Verhandlungen und Gutachten der Konferenz von Berlin. Berlin 1929.

211 SALIN (1929), Pyrmont, VIII.

212 BRÜGELMANN (1956), Politische Ökonomie, 94.

213 Er legte dar, dass zwar die Möglichkeit bestehe, langfristige Kreditaufnahmen im Ausland z.B. durch eine Erhöhung der Kapitalertragssteuer zu verhindern, kurzfristige Anleihen jedoch aufgrund der mangelnden nationalen Disziplin nicht wirksam zu unterbinden seien. Deshalb bestehe die Gefahr, dass langfristige Kapitalbedürfnisse durch kurzfristige, jeder Zeit abrufbare Darlehen gedeckt würden (SALIN (1929), Pyrmont, 267ff). Das Thema „Auslandskredite" war im Jahr zuvor auch auf einer Konferenz des Vereins für Sozialpolitik in Zürich behandelt worden, vgl. BOESE (1939), Verein für Sozialpolitik, 205f.

Politik der Reichsbank scharf, die eine Inflation um jeden Preis verhindern wollte.[214] Die theoretische Begründung einer solchen Geldpolitik durch die rein „rationale" Volkswirtschaftslehre erschien dem anschaulichen Theoretiker unzureichend, weil sie die Praxis nicht genügend berücksichtige: „Die Währung ist nicht Selbstzweck, und ihre unverrückte Aufrechterhaltung kann nicht das höchste Ziel der Wirtschaftspolitik darstellen. Sonst könnte das Ergebnis ähnlich sein dem reichlich zweifelhaften Erfolg einer Operation, deren technisches Gelingen der Chef feststellt und die Assistenten bewundern – doch ist der Patient derweilen an der erfolgreichen Operation verstorben."[215] Salin als anschaulicher Theoretiker wollte das Gesamt der Volksgemeinschaft im Auge behalten. Aber nicht nur in theoretischer Hinsicht kritisierte er Brünings Deflationspolitik, sondern auch, weil er die politischen Folgen bedenklich fand, insbesondere die „Herabdrückung des Lebensstandards".[216] Dennoch hatte er Verständnis für die politischen Gründe, mit denen Brüning seine Politik rechtfertigte. Sein Ziel, die Aufhebung der Reparationen, erschien Salin so wichtig, dass dafür die Entbehrungen des Volkes in Kauf genommen werden konnten: Eine Devalvation, ein bewusst herbeigeführter Rückgang des Außenwerts der deutschen Währung, die zur Ankurbelung der Wirtschaft und zum Sinken der Preise hätte führen können, sei unter diesen Umständen „Selbstmord", da die Alliierten Deutschland in diesem Fall niemals seine Zahlungsunfähigkeit glauben und die Reparationen erlassen würden.[217] Nach der Abwertung des englischen Pfundes im September 1931, berichtete Salin später, habe er selbst allerdings trotz der Rücksicht auf die Reparationen dafür plädiert, die Parität der Mark aufzugeben und sie ebenfalls abzuwerten, und dies Reichsbankpräsident Hans Luther gegenüber auch vertreten.[218] Luther widersetzte sich jedoch standhaft einer solchen Devalvation.

---

214 Die Währungs- und Geldpolitik der deutschen Zentralbank in den 20er Jahren und ihren Präsidenten Schacht kritisierte Salin in mehreren Texten scharf, vgl. SALIN (1928), Theorie und Praxis, 10, 16; SALIN, Edgar, [Rezension zu] Schacht, Hjalmar, Das Ende der Reparationen, in: Weltwirtschaftliches Archiv 34 (1931), 115–117. Schachts Zickzackkurs in der Frage der Währungspolitik und der Auslandkredite wurde von zahlreichen Ökonomen kritisiert, z.B. von Walter Eucken, vgl. KROHN (1981), Wirtschaftstheorien, 119. Zu Schachts Rolle als Reichsbankpräsident vgl. auch PFLEIDERER, Otto, Die Reichsbank in der Zeit der großen Inflation, die Stabilisierung der Mark und die Aufwertung von Kapitalforderungen, in: Deutsche Bundesbank Frankfurt am Main (Hrsg.), Währung und Wirtschaft in Deutschland 1876–1975. Frankfurt a. M. 1976, 157–201, 194. Vgl. auch die jüngst erschienene Biographie KOPPER, Christopher, Hjalmar Schacht: Aufstieg und Fall von Hitlers mächtigstem Bankier. München [u.a.] 2006.

215 Salins Diskussionsbeitrag, vgl. SALIN (1929), Pyrmont, 192.

216 SALIN (1929), Pyrmont, 193f. Auf der Reparationskonferenz von Berlin betonte er, dass die Reichsbank durch die internationalen Verträge nicht zur Herbeiführung der Deflation verpflichtet sei. 1949 nannte er Brünings Deflationspolitik rückblickend sogar ein „abschreckendes Beispiel", ja ein „Verbrechen". (SALIN, Edgar, Währungsexperimente und Währungsreformen, 1945–1948, in: KYKLOS 3, 2 (1949), 97–115; oder in: SALIN, Edgar, Lynkeus. Gestalten und Probleme aus Wirtschaft und Politik. Tübingen 1963, 267–282, 273).

217 UUM *Der Staat und die Ordnung des Geld- und Kreditwesens* (UB Basel, NSB B 316), nach 1931, 10. 1933 betonte Salin dementsprechend, dass das Ende der Reparationen Brünings Verdienst sei (SALIN, Edgar, Das Ende der Tribute, in: Wirtschaftsdienst 1 (1933, 6. Januar), 3–6, 3). Vgl. auch HAHN, Ludwig Albert, Geld und Gold. Vorträge und Aufsätze, 1962–1968. Mit einem Geleitwort von Edgar Salin (Veröffentlichungen der List Gesellschaft, Reihe B, Studien zur Ökonomik der Gegenwart. Bd. 64). Basel 1969, VIII.

218 LUTHER, Hans, Vor dem Abgrund. 1930–1933; Reichsbankpräsident in Krisenzeiten. Einführung von Edgar Salin. Berlin 1964, 23f. Dies tat Salin tatsächlich in einem Brief an Luther vom 12.3.31, dem er einen Vorschlag über eine „Notstandsanleihe" beilegte, vgl. NETZBAND (1984, Januar), 10. Todestag, 218.

Im Jahr 1931 setzte man sich in der FLG intensiv mit Möglichkeiten und Folgen der Kreditausweitung auseinander.[219] Diskutiert wurde unter anderem der sog. Lautenbach-Plan,[220] ein Programm zur Belebung der Konjunktur, in dessen Zentrum ein staatlich finanziertes Beschäftigungsprogramm stehen sollte. Für Salin stand angesichts des kollabierenden Finanzsystems nicht die Beschäftigungspolitik, sondern, ganz ähnlich wie für John Maynard Keynes, die Währungspolitik im Vordergrund.[221] Er reflektierte das Problem, dass eine starke staatliche Wirtschaftslenkung mit einer liberalen Wirtschaftsverfassung nicht in Einklang zu bringen war, und die Tendenz bestand, in eine autoritäre Wirtschaftsverfassung überzugehen.[222] Dem Basler Ökonomen war klar, dass eine wirksame Durchsetzung von währungspolitischen und konjunkturellen Maßnahmen nur möglich war, wenn „der Staat das Recht und die Fähigkeit besitzt, seinen Spruch mit Gewalt durchzusetzen. Auf diese Weise sei gewiß eine Einschränkung der Krise möglich, aber um den Preis des Übergangs zu einem diktatorischen Staat."[223] John Maynard Keynes, der zur gleichen Zeit sein Werk *The general theory of employment, interest and money* veröffentlichte, verdeutlichte diesen Zusammenhang sogar im Vorwort zur deutschen Übersetzung seines Werkes.[224] Salins konjunkturpolitische Überzeugungen waren durch die Rezeption von Keynes' Schriften stark beeinflusst: Hier fand er seine Vorstellungen von einem starken Staat bestätigt. Schon Keynes Arbeit von 1919 *The Economic Consequences of the Peace* war bei Salin auf Begeisterung gestoßen, und zwar nicht nur, weil er in Keynes einen Bundesgenossen in der Ablehnung der Reparationen gefunden zu haben glaubte, sondern auch aufgrund der öko-

---

219 BORCHARDT, Knut und SCHÖTZ, H.O. (Hrsg.), Wirtschaftspolitik in der Krise. Die (Geheim-) Konferenz der Friedrich List-Gesellschaft im September 1931 über Möglichkeiten und Folgen einer Kreditausweitung (Monographien der List Gesellschaft e.V. Neue Folge. Bd. 13). Baden-Baden 1991; MEISTER, Rainer, Die grosse Depression: Zwangslagen und Handlungsspielräume der Wirtschafts- und Finanzpolitik in Deutschland 1929–1932. Regensburg 1991, 304–321. Ausführlich bespricht die Konferenz auch RIESE, Hajo, Edgar Salin und das Ende der liberalen Wirtschaftsverfassung der Weimarer Republik – Überlegungen zu seinem 100. Geburtstag am 10.2.1992, in: List Forum für Wirtschafts- und Finanzpolitik 18, 1–4 (1992), 7–18. Der Artikel ist eine hervorragende Zusammenfassung von Salins währungspolitischen Positionen der Zeit vor 1933.

220 Wilhelm Lautenbach, Oberregierungsrat im Reichswirtschaftsministerium, der den nach ihm benannten Plan entwickelt hatte, war bei der nichtöffentlichen Konferenz ebenso anwesend wie Reichsbankpräsident Hans Luther und der SPD-Wirtschaftsexperte Rudolf Hilferding.

221 Riese führt aus, Salin sei auf der Konferenz Außenseiter geblieben, weil er konsequent währungspolitisch und nicht konjunkturpolitisch argumentiert habe (RIESE (1992), Salin, 3, 7).

222 RIESE (1992), Salin, 6.

223 SALIN (1929), Pyrmont, 296. Nach Riese konnte unter Papen die Beschäftigungspolitik nur deshalb durchgeführt werden, weil eine autoritäre Wirtschaftsverfassung bereits durchgesetzt war (RIESE (1992), Salin, 13). Diesen Zusammenhang habe Salin früh erkannt, er habe also echt liberal gedacht. Allerdings konstatierte Salin lediglich diese Tendenz. Er war sich der zu erwartenden Folgen bewusst, lehnte den Plan deswegen jedoch nicht kategorisch ab.

224 In Keynes' Vorwort zur deutschen Auflage KEYNES, John Maynard, Allgemeine Theorie der Beschäftigung, des Zinses und des Geldes. München u. Leipzig 1936, ist die Rede davon, dass seine wirtschaftspolitischen Forderungen in einem totalen Staat wesentlich besser umsetzbar seien. Ob diese Einfügung, die im englischen Text nicht auftaucht, wirklich von Keynes stammt, untersucht Bertram Schefold (SCHEFOLD, Bertram, The General Theory' for a totalitarian state? A note on Keynes's preface to the German edition of 1936, in: Cambridge Journal of Economics 4 (1980), 175–176).

nomischen und politischen Analyse.[225] Im Jahr 1924 hatte sich Salin dann in einer Rezension mit Keynes' Werk *A Tract on Monetary Reform* beschäftigt.[226] Er machte sich Keynes' Forderung nach einer aktiven staatlichen Konjunkturpolitik zu Eigen. Die Vorstellung von einem lenkenden, gestaltenden Staat passte ebenso gut in Salins Argumentationsmuster wie Keynes' kritische Haltung gegenüber dem internationalen, individualistischen Kapitalismus.[227] Er wies jedoch immer wieder darauf hin, dass ähnliche Vorstellungen von deutschen Ökonomen bereits vorher entwickelt worden waren.[228]

Mit seiner Forderung nach einer Devalvation konnte Salin sich in den Jahren nach der Weltwirtschaftskrise nicht durchsetzen. Luther, der Schöpfer der Rentenmark, habe eine Abwertung bis zuletzt gescheut, weil er daran geglaubt habe, „daß in allerletzter Minute doch noch Brünings innenpolitische Konzeption eines wirklichen nationalen Sozialismus der Menschen anständiger Gesinnung und guten Willens sich verwirklichen lasse."[229] Auch Salin hegte diese Hoffnung wohl lange. Die Entlassung Brünings erschien ihm rückblickend als große Dummheit. Da habe bereits „der dämonische Trommler durch die unheimlichen Mächte des Irrationalen die Massen" fasziniert und die Erfolge von Brünings Arbeit, das Ende der Reparationen wie die Planung der Autobahnen, geerntet.[230] Den Vorwurf, eine andere Kreditpolitik, wie sie von ihm immer wieder gefordert worden war, hätte den Gang der Ereignisse verändern können, hielt Salin aus der Sicht von 1964 „nicht nur für töricht, sondern auch für lächerlich falsch."[231] Zwar hätte die Arbeitslosigkeit etwas gebremst werden können, aber vielleicht wäre dann das Ende der Reparationszahlungen nicht erreicht worden. Eine irrationale Bewegung wie der Nationalsozialismus hätte sich Salins Meinung nach wohl kaum durch eine andere Kreditpolitik bremsen lassen.[232] Dass diese nachträgliche Konstatierung der eigenen Machtlosigkeit im Angesicht einer dämonisierten national-

---

225 KEYNES (1971), Economic consequences. Vgl. SALIN (1930), Deutsche Tribute, insb. 25f.

226 KEYNES, John Maynard, A Tract on Monetary Reform. London 1923. Salins Rezension: SALIN (1924), Entthronung des Goldes.

227 HOCK und RITTERSHAUSEN (1960), Antikapitalismus, 39.

228 Eine ausführliche Darstellung solcher Vorstellungen in KROHN (1981), Wirtschaftstheorien, 142–148. Zur Diskussion um den Wagemann-Plan ebd. 155–166, sowie MEISTER (1991), Grosse Depression, 343–351.

229 LUTHER (1964), Abgrund, 26 (Zitat aus Salins Einleitung).

230 Ebd., 16, 25.

231 Ebd., 26f.

232 Diese Ausführungen lesen sich wie Salins Kommentar zum Historikerstreit, der einige Jahre später zunächst zwischen Carl-Ludwig Holtfrerich (siehe z.B. HOLTFRERICH, Carl-Ludwig, Die deutsche Inflation 1914–1923: Ursachen und Folgen in internationaler Perspektive. New York 1980) und Knut Borchardt entbrannte. Die umfangreiche Literatur, die in der Folge zu diesem Thema publiziert wurde, kann hier aus Platzgründen nicht diskutiert werden. Eine knappe Zusammenfassung bietet WINKEL, Harald, Der Glaube an die Beherrschbarkeit von Wirtschaftskrisen (1933–1970), in: Gerhard SCHULZ (Hrsg.), Die Große Krise der dreißiger Jahre. Vom Niedergang der Weltwirtschaft zum Zweiten Weltkrieg. Göttingen 1985, 17–43 oder neueren Datums RITSCHL, Albrecht, Knut Borchardts Interpretation der Weimarer Wirtschaft. Zur Geschichte und Wirkung einer wirtschaftsgeschichtlichen Kontroverse, in: Jürgen ELVERT und Susanne KRAUß (Hrsg.), Historische Debatten und Kontroversen im 19. und 20. Jahrhundert: Jubiläumstagung der Ranke-Gesellschaft in Essen 2001. Stuttgart 2002, 234–244, sowie PLUMPE, Werner, Der Reichsverband der Deutschen Industrie und die Krise der Weimarer Wirtschaft, in: Andreas WIRSCHING (Hrsg.), Herausforderungen der parlamentarischen Demokratie. Die Weimarer Republik im europäischen Vergleich. München 2007, 129–157.

sozialistischen Bewegung auch als Entschuldigung für die eigene Haltung gedeutet werden kann, wie sie viele antikapitalistische Autoren nach 1945 versuchten, liegt auf der Hand.[233]

Der deutliche Unterschied in Ton, Stil und Inhalt von Salins Diskussionsbeiträgen bei den Tagungen der List Gesellschaft im Vergleich zu seinen schriftlichen Beiträgen aus dieser Zeit ist bemerkenswert. Während sich Salin dort, wie oben dargestellt, in heftigen nationalkonservativen Angriffen auf die Weimarer Republik erging,[234] argumentierte er in Pyrmont und Berlin betont sachlich in klarer Sprache, er beschränkte sich auf wirtschaftliche Erwägungen, vermied jede Polemik und wies trotz seiner grundsätzlichen Forderung nach einer politischen Ökonomie in bester Weberscher Manier der Werturteilsfreiheit immer wieder darauf hin: „Die politische Folgerung aus diesen Darlegungen zu ziehen, ist nicht unsere Aufgabe."[235] In Stil und Inhalt passte sich Salin sehr genau dem Anlass, dem Publikum und der Wirkabsicht seiner Aussagen an. Trotz seiner Republikfeindlichkeit beteiligte er sich aktiv und konstruktiv an der Wirtschaftspolitik eben dieser von ihm abgelehnten Weimarer Republik. Diesen Widerspruch hat er, soweit ich sehe, nie thematisiert. Im Sinne der von ihm vertretenen „Politischen Ökonomie" wollte er sich in die Wirtschaftspolitik einmischen und der Wissenschaft so eine Verankerung im Leben geben, und dies war nun einmal nur in der in der real existierenden Gesellschaft möglich. Angesichts der schwierigen Situation der Zeit hatte Salin wohl das Gefühl, auf verschiedenen Ebenen denken und handeln zu müssen und sich in Anbetracht der Verantwortung für den Staat notfalls auch in Widersprüchen zu bewegen.

1.3 Gesinnungswandel nach 1933

In den 30er Jahren glaubte Salin nicht daran, dass seine Idealvorstellung vom starken Staat in einem demokratisch verfassten Gemeinwesen umsetzbar sei. Keineswegs waren seine wirtschaftspolitischen Vorstellungen zu dieser Zeit „unerlässlich an die politische Lebensform einer Demokratie gebunden", wie Hubert Ralph Schmitt das behauptet,[236] sondern die Demokratie schien ihm die Verwirklichung seiner Vorstellungen geradezu auszuschließen.

Salins Sympathien für den Nationalsozialismus scheinen jedoch schon kurz nach 1930 ihren Höhepunkt überschritten zu haben, bereits Mitte 1933 distanzierte er sich deutlich,[237] und 1935 bekam er die antisemitischen Repressionen durch die Nazis trotz seiner sicheren Lage in Basel auch am eigenen Leibe zu spüren, als er seine Mitherausgeberschaft am neun-

233 HOCK und RITTERSHAUSEN (1960), Antikapitalismus, 70f.

234 Salins Ablehnung der Republik entging den Zeitgenossen keineswegs. Salin an Othmar Spann vom 05.02.31: „Sie wissen offenbar nicht, dass ich es nicht mehr nötig habe, es mit den verschiedenen Kultusministerien erst noch zu verderben; so lange ich lehre bin ich aus politischen Gründen suspekt gewesen, und seit dem Erscheinen meiner ‚Zwölf Reden' ist schon gar kein Zweifel über meine Haltung möglich." (UB Basel, NSB Fb 2732–2734).

235 SALIN (1929), Pyrmont, 298.

236 SCHMITT (1987), Soziologische Aspekte, 140.

237 Er zeigte sich z.B. abgestoßen von Ernst Bertrams Versuch, sich bei den Nazis anzubiedern. Die Zahl der Menschen, die sich von der „Psychose" des Nationalsozialismus befreiten, wachse ständig (Salin an Wolfskehl am 19.06.1933, DLM, A: Wolfskehl/Salin, 32–35, 80.120/5).

ten Band der List-Ausgabe verschweigen musste, um die Gesamtausgabe im nationalsozialistischen Deutschland nicht durch die Mitarbeit eines „Juden" in Verruf zu bringen.[238] Nach der „Machtergreifung" der Nationalsozialisten und dem Tod Georges unterstützte Salin seiner eigenen Aussage nach von der Schweiz aus den deutschen Widerstand.[239] Auch seine Meinung über die Möglichkeiten demokratischer Willensbildung veränderte sich entscheidend, was von der bisherigen Forschung höchstens vorsichtig angedeutet wurde.[240] Insbesondere die vielen Artikel zu runden Geburtstagen, Jubiläen und anderen Feierlichkeiten haben eher akklamatorischen Charakter und sparen die heiklen Themen dementsprechend aus.[241] Im Folgenden soll deshalb versucht werden, den Prozess des Umdenkens nachzuzeichnen.

Der Basler Arbeitsrappen

Kurz nach Salins Umzug nach Basel bot sich ihm Gelegenheit, seine keynesianischen Vorstellungen in die Praxis umzusetzen. Ab dem Jahr 1929 wurde auch die Schweiz von der Weltwirtschaftskrise erschüttert,[242] die Arbeitslosigkeit nahm bedrohliche Ausmaße an, und bis 1936 war keine entscheidende Besserung der wirtschaftlichen Lage in Sicht.[243] Salin fungierte seit 1928 als Präsident des Schlichtungsamtes des Kantons Basel, der in den Lohnverhandlungen zwischen Arbeitnehmern und Arbeitgebern vermitteln sollte.[244] In dieser Funktion sprach er sich schon früh gegen eine Senkung der Löhne und eine Schwächung der Kaufkraft aus[245] und ergriff schließlich die politische Initiative: Er wollte durch Arbeitsbeschaffungsmaßnahmen gegen die Arbeitslosigkeit vorgehen, auch wenn er sich damit in Opposition zum Basler Finanzminister stellte, der eine Deflationspolitik im Stil

238 SALIN (1972), Nachwort Neudruck Werke Lists, 348.
239 SALIN (1967), Arthur Sommer. Ebenso Scheps, Samuel, *Edgar Salin*. UM, UB Basel, NSB Ga4.
240 Vorsichtige Andeutungen z.B. bei Kloten: „Gewiß, Salin war sich selbst sicher, dem Gesetz zu entsprechen, nach dem er in seiner Jugend angetreten war." (KLOTEN (1984, 9. April), List-Gesellschaft, 4) Auch Schefold deutet an, dass die Ökonomen im George-Kreis „ihre Positionen auch z.T. beträchtlich innerhalb der Jahre, in denen sie sich George verbunden fühlten", änderten (SCHEFOLD (2005), Welt des Dichters, 30), und dass insbesondere Salins politischer Standpunkt geschwankt habe (SCHEFOLD (1998), Nachklang, 64). Warum die einzige Monographie über Salin trotz ihrer intensiven Quellenstudien nicht auf den geistigen Umbruch seines Denkens eingeht, ist unverständlich (SCHMITT (1987), Soziologische Aspekte).
241 Eine Auswahl solcher Schriften, die Salin penibel sammelte und sogar durch Presseagenturen zusammenstellen ließ, in UB Basel, NSB A19.
242 Vgl. zur Weltwirtschaftskrise auch SHLAES, Amity, The forgotten man. A new history of the Great Depression. London 2007.
243 Zur Lage in Deutschland vgl. IRMLER, Heinrich, Bankenkrise und Vollbeschäftigungspolitik (1931–1936), in: Deutsche Bundesbank Frankfurt am Main (Hrsg.), Währung und Wirtschaft in Deutschland 1876–1975. Frankfurt a. M. 1976, 283–330, sowie ALBERS, Willi, Finanzpolitik in der Depression und in der Vollbeschäftigung, in: Deutsche Bundesbank Frankfurt am Main (Hrsg.), Währung und Wirtschaft in Deutschland 1876–1975. Frankfurt a. M. 1976, 331–366.
244 Zu Salins Tätigkeit als Schlichter vgl. SCHMITT (1987), Soziologische Aspekte, 128.
245 Z.B. in einem UM von 1932, in dem er für den Erhalt der Kaufkraft plädierte, vgl. NETZBAND (1984, Januar), 10. Todestag, 221.

Brünings verfolgte.[246] Salin argumentierte, dass eine solche Politik nur zu einem weiteren Rückgang der wirtschaftlichen Tätigkeit und damit auch der Staatseinnahmen führen würde und deshalb nicht hilfreich sein könne. Als Gegenvorschlag für Basel entwickelte er das Prinzip des Arbeitsrappens. Es besagte, dass jeder in Arbeit stehende Arbeiter von jedem verdienten Franken einen Rappen, also ein Prozent, in einen Fonds abgeben sollte, aus dem dann die Verzinsung von Arbeitsbeschaffungsanleihen finanziert werden konnte.[247]

Salin betonte später, dass er sein erstes Gutachten geschrieben hatte, ehe die *Allgemeine Theorie* von Keynes[248] publiziert und bekannt geworden sei. Die Ausgangssituation von Keynes' Arbeit sei der seinen aber ebenso ähnlich wie die Schlussfolgerungen.[249] Salin entfernte sich von der alten kathedersozialistischen und konservativen Vorstellung von Sozialpolitik, die lediglich durch Sozialfürsorge die Folgen des kapitalistischen Liberalismus abmildern und das Auseinanderfallen des Staates in arm und reich verhindern wollte.[250] Später berief er sich auf Keynes und das Recht der Bevölkerung auf Arbeit, das dieser den Bürgern zugesprochen habe.[251] Salin nannte die Haltung „ein Gefühl der Verpflichtung gegenüber jedem Staatsbürger, ihn als produktives Glied der Gemeinschaft in den Staats- und Wirtschaftsbau einzuschalten."[252] Da die Probleme in der überkommenen Wirtschaftsordnung begründet seien, müsse diese grundlegend reformiert werden, und zwar durch eine aktive staatliche Konjunkturpolitik, die die Privatwirtschaft unterstützen und stärken, nicht aber sie aufheben sollte. Als Arbeitsbeschaffungsmaßnahme ganz im Stile Keynes' schlug Salin ein großzügiges Bauprogramm mit einem möglichst hohen Anteil von Handarbeit vor.[253] In einem Vortrag von 1939, also drei Jahre nach der Verabschiedung des Arbeitsrappengesetzes, interpretierte Salin diesen als „Akt echter Solidarität", und zwar zwischen Arbeitern und Arbeitslosen ebenso wie zwischen Meistern und Arbeitern. „Durch eine feste Ord-

---

246 SALIN, Edgar, Lebendige Demokratie. Der Basler Arbeitsrappen von 1936, in: Theodor ESCHENBURG (Hrsg.), Festgabe für Carlo Schmid zum 65. Geburtstag. Tübingen 1962, 153–170, 155. Auch in der Weimarer Republik wurden mit dem Fortschreiten der Weltwirtschaftskrise die Stimmen immer lauter, die Arbeitsbeschaffungsmaßnahmen forderten, vgl. KÖSTER (2008), Theorie und Sozialphilosophie, 87. Köster warnt jedoch davor, sämtliche Empfehlungen für kontrazyklische Konjunkturpolitik, die zu Beginn der 1930er Jahre gemacht wurden, als Vorläufer keynesianischer Wirtschaftspolitik zu werten. Der deflationistische Konsens, der zu Beginn der Krise geherrscht habe, sei zu diesem Zeitpunkt bereits in sich zusammengebrochen (ebd. 318).

247 Die Bauvorhaben, die in Basel im Zuge dieses Programms durchgeführt wurden, illustriert MEIER, Eugen A., Der Basler Arbeitsrappen 1936–1984: Die Geschichte eines genialen Sozialwerkes und dessen Auswirkungen auf die städtebauliche Entwicklung Basels. Basel 1984.

248 KEYNES, John Maynard, The general theory of employment, interest and money. London 1936.

249 SALIN (1962), Lebendige Demokratie, 158. Salins Gutachten: SALIN, Edgar, Wege und Ziele der Arbeitsbeschaffung im Kanton Basel-Stadt, in: Ratschlag und Entwurf zu einem Gesetz über dringliche Maßnahmen zur Milderung der Wirtshaftskrise im Kanton Basel-Stadt, Drucksache Nr. 3579, Anhang B, 29. August 1936.

250 Vgl. PRIBRAM, Karl, Die Wandlungen des Begriffs der Sozialpolitik, in: M.J. BONN und M. PALYI (Hrsg.), Die Wirtschaftswissenschaft nach dem Kriege. Bd. 2: Der Stand der Forschung. München und Leipzig 1925, 223–267, 231.

251 SALIN, Edgar, Von der Sozialpolitik zum Recht auf Arbeit. Bemerkungen zur Sinndeutung der neuen Wirtschaftspolitik. Basel 1941, 260ff.

252 SALIN (1941), Sozialpolitik, 290.

253 SALIN (1965), Entwicklungshilfe, 122.

nung" und die Beschäftigung der Arbeitslosen sei die „Gefahr des Klassenkampfes" und einer Radikalisierung der Arbeiter gebannt worden.[254] Wichtig für die Erstellung und Einhaltung dieser Ordnung und für den nötigen „Opferwillen für die Allgemeinheit"[255] erschien ihm die Erziehung zur Solidarität und Kollegialität durch den Staat, die er schon in seinen Platon-Schriften gefordert hatte. Das Gesetz legte weitgehende staatliche Eingriffe in die Gestaltung der Wirtschaft fest. So wurde die Abgabepflicht für den Arbeitsrappen eingeführt, eine staatliche Kontrolle der Arbeitsverträge, der Löhne, Preise und Submissionsverordnungen, die Beschränkung der Zahl der Firmen, z.B. durch Meister- und Gesellenprüfungen, die Vergabe von Konzessionen und die Verpflichtung zur Stellung von Kautionen.[256] Der freie Wettbewerb werde so entscheidend eingeschränkt, stellte Salin fest. Er führte auch aus, welche Kritik es an diesem System gegeben habe: „Die einen sagten: das sei berufsständische Ordnung; die andern: faszistische Ordnung; die dritten: das führt zum Korporationsstaat."[257] Salins Antwort war bezeichnend: „Wir sagten damals, dass es uns gleich sei, wie man es nenne; die Hauptsache sei die Ordnung, die in der gewerblichen Wirtschaft endlich einmal geschaffen werden müsse."[258] Die Semantik von Formung und Auflösung verweist auch in dieser wirtschaftspolitischen Frage auf den George-Kreis zurück.

Neue Interpretationen

Für Salin persönlich hatte die Auseinandersetzung um den Basler Arbeitsrappen weit reichende Folgen. Denn die Einführung einer solchen Regelung war im Kanton Basel-Stadt natürlich nur auf der Basis einer Volksabstimmung möglich, und um hier eine Mehrheit für seinen Vorschlag zu erzielen, begab Salin sich mitten in den basisdemokratischen Entscheidungsprozess hinein und kämpfte für die Realisierung seiner Pläne: Er setzte sich mit Regierungsräten, Verbänden und Parteien auseinander, er verhandelte mit Arbeitgebern und Gewerkschaften und kam in direkten Kontakt mit der Wahlbevölkerung: „Vom 21. September bis zum 30. September [1936, Ko. S.] verging kaum ein Abend ohne Versammlung, Referat, Diskussionsrede, Schlußvotum."[259] Salin war offensichtlich zu dem Ergebnis gekommen, dass seine Vorstellung vom starken Staat mit der Verfassung der Demokratie, zumindest der schweizerischen Basisdemokratie, vereinbar war, und in der derzeitigen weltpolitischen Situation nur auf ihrer Basis zu verwirklichen. Fast dreißig Jahre später, im Jahr 1962, bewertete er rückblickend in einem Artikel mit dem bezeichnenden Titel *Lebendige Demokratie. Der Basler Arbeitsrappen von 1936*, die persönliche Bedeutung seines Einsatzes für eine demokratische Entscheidung. Er sei damals zu der Einsicht gekommen: „Die Politik ist die

---

254 SALIN, Edgar, Der Arbeitsrappen und seine wirtschaftliche und sozialpolitische Bedeutung. Referat von Prof. Dr. E. Salin, Basel, am Kongress des Christlichen Holz- und Bauarbeiterverbandes der Schweiz. Schwyz, 25. Juni 1939. Zürich 1939, 1, 3.
255 SALIN (1962), Lebendige Demokratie, 163.
256 SALIN (1941), Sozialpolitik, 273.
257 SALIN (1939), Arbeitsrappen, 11.
258 Ebd., 11.
259 SALIN (1962), Lebendige Demokratie, 165.

Stätte des Kompromisses. Wie sehr haben wir in unsrer Jugend uns gegen diese Einsicht gesträubt, wie verächtlich erschien uns ein Kompromiß, aus dem wir gleich auf eine ‚kompromißlerische Haltung' und auf Rückgratlosigkeit schlossen."[260] Auch seine politische Haltung während der Weimarer Republik reflektierte er und deutete sie als Folge des Erlebnisses vom Versagen der Monarchie am Ende des Kaiserreichs: „Wer das Versagen des Bismarck-Reiches durchlitten hatte, war nicht bereit, sich mit einer Wirklichkeit abzufinden, die wieder mehr Schatten- als Lichtseiten aufwies."[261] Eine echte politische Diskussion sei damals zwischen den parteipolitischen Grabenkämpfen gar nicht möglich gewesen. „Freie Diskussion aber war, ist und bleibt ein Lebenselement aller echten, funktionsfähigen Demokratie."[262] Der Umzug und die aktive politische Wirkung in der Schweiz sowie die Beobachtung des nationalsozialistischen Deutschlands vom neutralen Basel aus hatten das Umdenken bewirkt. „Erst die aktive Mitwirkung an der Sozialverwaltung und an der Gesetzgebung der Stadt" habe „den Frankfurter zum Bürger von Basel [...] werden lassen",[263] und als Bürger von Basel wurde Salin Demokrat. Das Umdenken reichte weit. Nicht nur gestand Salin rückblickend zu, die Wirkung der Dolchstoßlegende unterschätzt und die Reparationen zu einseitig „als Ausdruck politischer Hybris und wirtschaftlichen Mordversuchs" gedeutet zu haben.[264] Seine frühere Meinung von der Demokratie als Führerauslese zitierte Salin im Jahr 1936 aus dem Werk des „kluge[n] Soziologe[n]" Joseph A. Schumpeter[265] – und kritisiert dessen „Konkurrenzmodell" der Demokratie, das er in seinem Platonbuch und den Schriften vom Anfang der 30er Jahre noch selbst vertreten hatte.[266] Mit der „Anwendung der demokratischen *Methode* als Führerauslese" sei es nicht getan.[267] Im kleinen Rahmen seien auch „heute noch die Möglichkeiten der klassischen Demokratie vorhanden"[268], insbesondere in der Basisdemokratie.[269] Aber selbst der Massendemokratie gab Salin nun eine Chance, obgleich er immer noch einem elitetheoretischen Demokratieverständnis zuneigte. Immerhin gestand er den politischen Parteien nun ihre Berechtigung zu, selbst dann, wenn sie die Ideologie eines Standes oder einer Klasse verträten. Sogar in den vom George-Kreis so bitter befehdeten USA – man denke nur an Georges

---

260 Ebd., 154.

261 Ebd., 154.

262 Ebd., 153.

263 Ebd., 155.

264 LUTHER (1964), Abgrund, 14, insb. Fn 6, sowie 17. Allerdings empfahl er *Die deutschen Tribute* immer noch zur Lektüre.

265 SALIN (1962), Lebendige Demokratie, 168.

266 In seinem späteren Werk SCHUMPETER, Joseph Alois, Capitalism, socialism and democracy (Unwin University books 28). London 1943, entwickelte Joseph A. Schumpeter sein „Konkurrenzmodell" der Demokratie in Abgrenzung zum an Rousseau orientierten Modell der „identitären Demokratie". Demnach beschränkt sich das Volk darauf, im Wahlakt die für die Politik verantwortlichen Personen zu bestimmen, von denen es regiert werden will (vgl. LIEBER (1993), Politische Theorien, 945ff).

267 SALIN, Edgar, Nochmals: ein dritter Weg? (Bemerkungen zu Joseph A. Schumpeters Capitalism, socialism and democracy), in: Zeitschrift für schweizerische Statistik und Volkswirtschaft 80 (1944), 114–132, 129.

268 SALIN (1962), Lebendige Demokratie, 168.

269 Ebd., 169.

„angloamerikanische Normalameise“[270] – entdeckte er nun die Möglichkeit zur Entwicklung echter Demokratie.[271]

Die georgeanische Semantik von dem in der Tiefe schlummernden Lebendigen im Gegensatz zur Oberfläche ließ sich verwenden, um diese neuen Interpretationen zu plausibilisieren. Salin stellte fest, „daß das Leben der Demokratie sich niemals erschöpft in den Buchstaben der Verfassung und in den Reden und Handlungen der Behörden und Parlamente, sondern daß es seinen Ursprung, seine Kraft und seinen Erfolg nur dem fortdauernden, einsatzbereiten Staatsbewußtsein der Gesamtheit der demokratischen Bürgerschaft dankt.“[272] Sei die Staatsform in der Tiefe des Bewusstseins verankert und nicht nur auf der Oberfläche, dann sei eine sinnvolle Ordnung möglich.[273] Das zu Grunde liegende Staatsbewusstsein, die politische Kultur und ihre Wertvorstellungen, erschienen ihm wesentlicher für die Demokratie als demokratische Ordnungsprinzipien, zu denen er Verfassung, Bürokratie und Parlamentarismus zählte.[274]

Das ungedruckte Manuskript *Plato. Defender or oppressor of democracy?* aus dem Jahr 1952 illustriert eindrucksvoll Salins Umdenken auf philosophischer Ebene: Wie zu erwarten, musste auch die alte Platondeutung von 1921 gründlich modifiziert und dem neuen Denken angepasst werden. Salin führte aus, man könne Platon nur dann als Gegner der Demokratie verstehen, wenn man zusammenhangslos einzelne Stellen aus seinen Werken isoliere und den Kontext missachte.[275] In Wirklichkeit habe Platon lediglich die Gefahr dargestellt, dass sich bei Missbrauch aus der Demokratie leicht die Tyrannis entwickeln könne, wie das in den 30er Jahren in Deutschland in der Tat geschehen sei.[276] Salins Ergebnis war ein anderes als 1921: “There cannot be any doubt left that, for Plato at least, the relative value of democracy is much greater, and that the democratic man is held to be in a much higher rank than the tyrant.”[277] Allerdings verstehe Platon unter Demokratie nicht die moderne Massendemokratie, sondern eher ein Modell, das den Vorstellungen Rousseaus vergleichbar sei. Der Vergleich von Platon mit dem vom George-Kreis befehdeten Aufklärer Rousseau – eine für das Frühwerk unvorstellbare Aussage, die sich wohl nur aus Salins kritischer Auseinandersetzung mit Schumpeter erklären lässt, der sich von Rousseaus Modell der „identitären Demokratie“ dezidiert abgrenzte.[278] Salin, der mitt-

---

270 Edith Landmann zitierte George: „Was er kommen sähe, sei die Vernichtung aller eigentlichen Völker und der Sieg der anglo-amerikanischen Normalameise.“ (LANDMANN (1963), Gespräche George, 34).

271 SALIN (1953), Amerikanische Impressionen, 18.

272 SALIN (1962), Lebendige Demokratie, 170.

273 „Darum nennen sie das Weltall auch Kosmos, Ordnung, – nicht Unordnung und nicht Zügellosigkeit.“ (SALIN (1948), Allgemeinen Bildung, 453).

274 Demokratie als Verhaltensprinzip, wie sie Salin vorschwebte, ist Ausdruck einer bestimmten Kultur und ihrer Wertvorstellungen. Demokratie als Ordnungsprinzip meint demgegenüber nur „bestimmte Organisationsformen und Methoden der Konfliktregelung, die der demokratischen Forderung nach kontrollierter Herrschaft Geltung verschaffen sollen.“ (LIEBER (1993), Politische Theorien, 938).

275 UM *Plato. Defender or oppressor of democracy?* von 1952 (UB Basel, NSB B 323), hier 5.

276 Ebd., 6. Verwirrend ist, dass er im Gegensatz zu früheren Schriften über den Bewohner der griechischen Polis bemerkt: “In his civic life he was essentially ‘social’ or we may even say ‘communistic’.” (ebd. 9). Der alte Gegner Poehlmann aus dem *„Sozialismus“ in Hellas* schien vergessen (Vgl. 149).

277 Ebd., 8.

278 Eine Rehabilitation Rousseaus auch in dem Manuskript *Ueber die Voraussetzungen der politischen und wirtschaftlichen Ideengeschichte* von 1944, UB Basel, NSB B 378, 21f.

lerweile gegen Schumpeter für die klassische, an Rousseau orientierte Demokratietheorie eintrat, schien nun seine Abneigung gegen den Aufklärer zu verlieren. Für die moderne Massendemokratie könne Platon dagegen weder als "defender" noch als "oppressor" herangezogen werden, denn er habe, und hier verwendete Salin Max Webers Begriff, lediglich einen *Idealtypus* der Demokratie konstruiert.[279] Webers Idealtypus als Bezeichnung für Platons staatliche Utopie – die Bekämpfung der Weberschen Methodik schien vergessen, von „Wesenserkenntnis" war keine Rede mehr.[280] Salin blieb seiner früheren Platondeutung immerhin insofern treu, als er im Anspruch auf Egalität der Bürger immer noch eine Gefährdung der Demokratie erblickte.[281] Der Gedanke wurde jedoch nicht weiter ausgeführt, er blieb fragmentarisch und nahm in keiner Weise mehr die Breite ein, die er in den früheren Schriften hatte. Der Wert von Platon für die moderne Demokratie liege darin, dass er die Gefahren schildere, durch die sie in den Totalitarismus abgleiten könne, und zur Wachsamkeit dagegen aufrufe. Daneben thematisierte Salin wiederum den Konflikt zwischen individueller Freiheit und Gleichheit als den beiden tragenden Prinzipien der Demokratie, und er legte Nachdruck auf die Verwirklichung der rechtsstaatlichen Prinzipien, da ihm Freiheit und persönliche Entfaltungsmöglichkeiten im Vergleich zur Herstellung einer sozialen Homogenität als die höherrangigen und schützenswerteren Güter erschienen.[282]

Salins Wandlung zum Demokraten war perfekt, aber überraschender Weise hatte er keinerlei Schwierigkeiten, auch die *neue* Sichtweise auf George zurück zu führen, z.B. wenn er nun nicht mehr von Geburtseliten, sondern von Leistungseliten sprach. Hatte er in der *Civitas Dei* noch von Jesus als einem Spross aus dem Hause David gesprochen, so war nun die Rede vom jüdischen Zimmermannssohn. Träger des „hohen Geistes" könnten aus allen gesellschaftlichen Schichten stammen,[283] und dies habe auch George erkannt: „Neuen adel den ihr suchet/ Führt nicht her von schild und krone! [...]/ Stammlos wachsen im gewühle/ Seltne sprossen eignen ranges/ Und ihr kennt die mitgeburten/ An der augen wahrer glut."[284] Was sich in Salins Denken dennoch erhielt, war eine grundsätzliche Skepsis gegen die Massengesellschaft, in der die geistige Willensbildung von „kaum überwindlichen Hemmnissen" begleitet sei.[285] Salin sah zeitlebens herab auf die Menschen der „Masse", die über den Entzug des Fernsehers mehr klagen würden als über den ihrer wirtschaftlichen Selbständig-

---

279 UM *Plato. Defender or oppressor of democracy?* von 1952 (UB Basel, NSB B 323), 11.

280 Diese Tatsache ist umso erstaunlicher, als Salin in einem deutschen Manuskript *Ueber die Voraussetzungen der politischen und wirtschaftlichen Ideengeschichte* von 1944 die Wesenserkenntnis noch ganz im Stil des *„Sozialismus" in Hellas* eingefordert und gegen Max Weber polemisiert hatte: Seine Soziologie sei „hier ein Endpunkt und ein Warnungszeichen" (UB Basel, NSB B 378, 16, 23). Handelt es sich demgegenüber 1952 um ein Zugeständnis ans englischsprachige Publikum, das Weber kannte und schätzte?

281 UM *Plato. Defender or oppressor of democracy?* von 1952 (UB Basel, NSB B 323), 8.

282 Zur Abwägung von Freiheitsrechten und Gleichheitschancen in der Demokratie vgl. LIEBER (1993), Politische Theorien, 941.

283 SALIN (1948), Allgemeinen Bildung, 454; vgl. 267, Fn 166.

284 GEORGE (1993), Stern des Bundes, 85. Salin zitierte diese Zeilen in SALIN (1954), Um George, 243.

285 BOCKELMANN, Werner, HILLEBRECHT, Rudolf und LEHR, Albert Maria, Die Stadt zwischen Gestern und Morgen. Planung, Verwaltung, Baurecht und Verkehr. Mit einem Geleitwort von Edgar Salin (Sonderreihen d. List Gesellschaft e.V., Sonderreihe 1: Stimmen der Praxis. Bd. 2). Basel u. Tübingen 1961, X.

keit.[286] Dieses Unbehagen, das seinen Ursprung im George-Kreis hatte, führte teilweise zu anachronistisch anmutenden Schlussfolgerungen wie etwa der, die Förderung der Hygiene in Entwicklungsländern solle unterbleiben, da die dadurch eintretende massenhafte Vermehrung der Menschen die Probleme nur vergrößere.[287]

Salins Stil veränderte sich im Laufe der späten 30er und 40er Jahre ebenso erheblich wie der Inhalt: Das Pathos der frühen Jahre, das so stark an das *Jahrbuch für die geistige Bewegung* erinnerte, war nach dem Krieg verschwunden. Die georgeanischen Semantiken verwendete er dagegen weiter, wenn auch neu gefüllt mit modernen sozialpolitischen Konzepten bzw. zeitgemäßen philosophiegeschichtliche Auslegungen.

Eine begriffliche Klassifizierung von Salins Denken über den Bruch von 1933 hinweg muss differenziert ausfallen. Blomerts Charakterisierung „konservativ und antiaufklärerisch wie sein Meister George“[288] passt nicht auf das Gesamtwerk, sondern höchstens für die Zeit vor 1933. Im Gegenteil war Salin in seiner Zeit in Basel ein für Neuerungen offener Querdenker, der gegen den Strom des Zeitgeistes schwamm, und der es der Universität und der Wissenschaft geradezu als Aufgabe zuwies, Veränderung und Erneuerung zu bewirken, also die Rolle einer „institutionalisierten geistigen Opposition“[289] zu übernehmen. Was die ökonomischen Inhalte anging, mit denen er seine Methodik füllte, war Salin undogmatisch. So warnte er schon früh davor, mitten in der Begeisterung deutscher Ökonomen für den Keynesianismus, dic von Keynes und auch von ihm selbst vertretene Lehre von der Vollbeschäftigung zu verabsolutieren.[290] Die Arbeitsbeschaffung dürfe nicht zum Selbstzweck und eine in einem bestimmten historischen Kontext entwickelte Theorie nicht verabsolutiert werden.[291] Ebenso wenig kann Salin aber ein „bedingungsloser Anhänger des freiheitlichen Demokratiebegriffes“ genannt werden, wie Schmitt das tut.[292] Diese Bezeichnung trifft für sein Frühwerk in keiner Weise zu, für sein Spätwerk nur dann, wenn man nicht von einem egalitären Demokratieverständnis spricht. Insofern ist am ehesten Bertram Schefold zuzustimmen, der Salin „wertkonservativ“[293] nennt. Der Ökonom verlor nie seine Überzeugung, dass eine fest gefügte, auf traditionellen Werten beruhende Ordnung notwendig sei und diese Werte sich

---

286 SALIN, Edgar, Kartellverbot und Konzentration, in: Kyklos XVI (1963), 177–200, 189.

287 SALIN, Edgar, Von der Urbanität zur „Urbanistik“, in: Kyklos 23, 4 (1970), 869–881, 878. Ebenso hatte er schon in den 30er Jahren argumentiert, vgl. 264, Fn 146.

288 Im Gegensatz zu BLOMERT (1992 Juli), Salin, 155.

289 FÖLLMI (2004, Februar), Salin Aspekte, 13; ROGGE (1975), Erinnerung, hier 104.

290 SALIN, Edgar, Einleitung, in: Statistisches Institut der Universität Oxford (Hrsg.), Vollbeschäftigung. Sechs Studien zur Theorie der Wirtschaftspolitik. Bern 1946, 5–13, 5. Hätte Keynes länger gelebt, so Salins Überzeugung, wäre von ihm für die Wachstumsphase eine andere Theorie entwickelt worden, vgl. SCHEFOLD, Bertram, Der Weltkreis ruht von Ungeheuern trächtig, in: Frankfurter Allgemeine Zeitung (1992, 10. Februar). Zum Keynesianismus als bestimmender Strömung der Diskussion im Theoretischen Ausschuss des Vereins für Socialpolitik nach 1949 vgl. SCHEFOLD, Bertram, Wissenschaft als Gegengabe – Neugründung und Aktivitäten des Theoretischen Ausschusses im Verein für Socialpolitik von 1949–1973, in: Schmollers Jahrbuch 124 (2004), 579–608, 590f. Zum Keynesianismus und der Kritik daran in der frühen Bundesrepublik vgl. auch HESSE (2008), Volkswirtschaftslehre, 353–374.

291 SALIN (1941), Sozialpolitik, 291.

292 SCHMITT, Hubert-Ralph, Edgar Salin – Wegbereiter einer modernen sozialen Marktwirtschaft, in: Lothar BOSSLE (Hrsg.), Die Erneuerung der sozialen Marktwirtschaft: Festschrift für Heinrich Kürpick zum 60. Geburtstag. Paderborn 1995, 175–180, 175.

293 SCHEFOLD (2004, Dezember), Concept, 8.

letztendlich auch durchsetzen würden.[294] Er war stets einem humanistischen Denken verpflichtet. Wirtschaftsliberal[295] war Salin jedoch nie, sondern immer am Ideal des starken, gestaltenden Staates orientiert. Phasenweise sympathisierte er auch mit gemeinwirtschaftlichen Vorstellungen. Im Folgenden wird zu untersuchen sein, wie sich diese Konstellation auf die Beurteilung der wichtigen wirtschaftlichen Fragestellungen nach dem Zweiten Weltkrieg auswirkte, und ob das georgeanische Gedankengut Salins Wandlung auch in diesem Zusammenhang überdauerte.

Die Konzentrationsdebatte nach 1945

In seiner Dissertation von 1914[296] hatte Salin, darin anderen „antikapitalistischen" Autoren wie Otmar Spann oder Gottl-Ottlilienfeld ähnlich, Konzentrationsprozesse in der Wirtschaft positiv gewertet, wenn er sie als Vorstufe der Entwicklung einer neuen, nicht-kapitalistischen Wirtschaftsordnung und eines „neuen Geistes" interpretieren konnte.[297] Zudem hatte er auch anerkannt, dass für manche Bereiche Konzentration technisch nötig und unumgänglich war. Ihm ging es nicht um eine Restauration der gesellschaftlichen Verhältnisse der Goethe-Zeit, wie Hock den Antikapitalisten der 20er Jahre recht pauschal unterstellt,[298] sondern um eine staatliche Steuerung und Gestaltung der für unausweichlich gehaltenen Entwicklung. Bedenkt man diese Haltung zur Konzentrationsdebatte in seiner Jugend,[299] kann seine Position in den 1960er Jahren[300] kaum überraschen, die gleichwohl unter den Zeitgenossen einen Skandal auslöste, als er sie auf einer Tagung des Vereins für Sozialpolitik in Bad Kissingen im Jahr 1960 vorstellte.[301] Der ordoliberale Wilhelm Röpke unterstellte Salin gar den Versuch, „mit einer schwerbegreiflichen Schärfe des Ausdrucks [...] das zu zertrümmern, was immerhin einen wesentlichen Inhalt meines Lebens ausmacht."[302] Wie sah diese Zertrümme-

294 Dupeux sieht darin ein typisch neokonservatives Denken, vgl. DUPEUX (1994), ‚Kulturpessimismus'.

295 Alfred Bürgin im Interview auf die Frage, ob Salin ein Liberaler war: „Natürlich war er das, aber ein echter, kein Ordo- oder Neoliberaler. Gegenüber dieser deutschen Ideologie hatte er gerade als Deutscher ein tiefes Misstrauen. [...] Liberalismus, reduziert auf eine bloße Wirtschaftsordnung, war Salin mit Recht zu dünn und zu wenig." (BÜRGIN, Alfred, „Ökonomie ist Kulturwissenschaft". Interview mit Alfred Bürgin über Edgar Salin, in: Basler Zeitung 34 (1992, 10. Februar), 3). Salin als „neoliberal" zu bezeichnen, verfehlt seine Haltung in der Tat völlig (SCHMITT (1995), Salin Wegbereiter, 175).

296 SALIN (1914), Alaska.

297 Vgl. 260ff.

298 HOCK und RITTERSHAUSEN (1960), Antikapitalismus, 35f.

299 Ein tieferes Verständnis der Konzentrationsdebatte der 60er Jahre ist nicht möglich, wenn man sich wie Schmitt der Einsicht verweigert, dass sie mindestens bis zum Beginn des Jahrhunderts zurückreicht (SCHMITT (1995), Salin Wegbereiter, 178); wichtige Auseinandersetzungen über das Ausmaß staatlicher Eingriffe in Kartelle wurden im Verein für Socialpolitik bereits 1905 und 1909 geführt. Auch in der Weimarer Republik wurde die Problematik intensiv diskutiert, vgl. KROHN (1981), Wirtschaftstheorien, 79–86. Immerhin fasst Schmitt die Reaktionen auf Salins Vortrag übersichtlich zusammen (ebd. 98–109).

300 Nach langen Debatten war 1957 in der BRD das „Kartellgesetz" verabschiedet worden, das Wettbewerb beschränkende Absprachen zwischen Unternehmen grundsätzlich verbot und das Bundeskartellamt schuf, vgl. VON PROLLIUS, Michael, Deutsche Wirtschaftsgeschichte nach 1945. Göttingen 2006, 103.

301 Zur Konzentrationsdebatte in der Nachkriegszeit und zum „Furore" machenden Vortrag Salins in Bad Kissingen vgl. SCHEFOLD (1998), Nachklang, 40ff.

302 RÖPKE (1962), Herr Salin, 29ff.

rung aus? Salin blieb seiner anschaulichen Betrachtungsweise treu, welche die philosophische, soziologische und historische Perspektive mit einschloss, wie schon der Titel seines umstrittenen Vortrags *Soziologische Aspekte der Konzentration* im September 1960 zeigte: Er sah „eine unlösbare Verknüpfung von Soziologie und Ökonomik“[303] und interessierte sich für die Folgen dieses dynamischen Vorgangs für Individuum, Nation und internationale Gemeinschaft. Konzentration sei unausweichlich, wenn die Versorgung einer stetig wachsenden Weltbevölkerung ohne Senkung des Lebensstandards gewährleistet werden sollte, und zwar sowohl im Kapitalismus als auch im Kommunismus.[304] Hier griff Salin die Argumentation seiner Dissertation von 1914 wieder auf.[305] Auch rentierten sich Forschung und die Anschaffung neuer, großer Maschinen nur für eine erweiterte Produktion bei vereinheitlichten Konsumwünschen.[306] Zudem zwängen die großen Märkte der EWG zur Konzentration.[307] Das Ergebnis dieses dynamischen Prozesses könne man Kartell, Trust oder auch anders nennen, der Name sei nicht von Bedeutung. Der Konzentrationsprozess könne jedenfalls nicht monokausal erklärt werden und er sei auch nicht zu verhindern, sondern vielmehr „Ausdruck und [...] Motor der industriellen Gesellschaft“, „Begleiterscheinung und Folge des technischen Fortschritts.“[308] Es gehe dabei nicht so sehr um „Befriedigung privater Machtbedürfnisse oder [...] Schaffung privaten Reichtums“, sondern um die „möglichst rationale[r] Verwendung des im Vergleich zum unbegrenzten Bedarf immer knappen Kapitals“ und um die „Schaffung eines plangerechten Unternehmens.“[309]

Mit dieser These von der Unausweichlichkeit der Konzentration stellte sich Salin in Gegensatz zum Ordoliberalismus, der die Konzentration als Prozess begriff, der die freie Marktwirtschaft auszuhöhlen drohe und deshalb zu bekämpfen sei.[310] Die Ordo-Liberalen hielten es daher für die Aufgabe einer verantwortungsvollen Ökonomie, die Konzentration zu stoppen.[311] Salin dagegen zählte die Vorstellung, Konzentration durch staatliche Kontrol-

---

303 SALIN, Edgar, Soziologische Aspekte der Konzentration, in: Fritz NEUMARK (Hrsg.), Die Konzentration in der Wirtschaft. Verhandlungen auf der Tagung in Bad Kissingen 18.–21. September 1960 (Schriften des Vereins für Socialpolitik). Berlin 1961, 16–44, 16.

304 SALIN (1963), Kartellverbot, 181f. In diesem Text zählte Salin auch die Reaktionen auf seinen Vortrag auf (180f, Fn 5).

305 SALIN (1914), Alaska. Vgl. 259.

306 Salin nahm hier Argumente der Schmalenbach-Kontroverse der 1920er Jahre wieder auf, vgl. 260, Fn 105.

307 SALIN, Edgar, Unternehmer und Wirtschaftsverfassung, in: Vortragsreihe des Deutschen Industrieinstituts 12, 18 (1962), 1–4, 4 sowie SALIN, Edgar, Internationale Hemmnisse nationaler Konzentration, in: Horst BARTHOLOMEYCZIK (Hrsg.), Beiträge zum Wirtschaftsrecht: Festschrift für Heinz Kaufmann zum 65. Geburtstag. Köln-Marienburg 1972, 341–343, 342f.

308 SALIN (1961), Aspekte der Konzentration, 16f.

309 Ebd., 19. Ähnlich in SALIN, Edgar, Der Gestaltwandel des europäischen Unternehmers, in: Offener Horizont. Festschrift für Karl Jaspers. München 1953, oder in: SALIN, Edgar, Lynkeus. Gestalten und Probleme aus Wirtschaft und Politik. Tübingen 1963, 228–239.

310 Zu den wichtigsten Positionen des Ordoliberalismus vgl. z.B. HEUß (1998), Kontinuität, 332–340.

311 BÖHM, Franz, LUTH, Friedrich und MEIER, Fritz W., Das Ordovorwort, in: Ordo. Jahrbuch für die Ordnung in Wirtschaft und Gesellschaft 12 (1960/61), 31–48, 48. Mit dem technischen Aspekt der Unentrinnbarkeit setzt sich Heinz Müller auseinander (MÜLLER, Heinz J., Zu Salins These von der Unentrinnbarkeit der Konzentration, in: Zeitschrift für die gesamte Staatswissenschaft 118, 12 (1962, April), 278–295). Vgl. auch Alfred Bürgin, Edgar Salin und die Geschichte. Eine Rede anlässlich der Gedenkfeier zum hundertsten Geburtstag von Edgar Salin am 10. Februar 1992, in SWA, Biographisches Salin.

le verhindern und verbieten zu können, zu den „romantischen Torheiten", die nur staatliche Schwäche zeigten.[312] Die Angst vor Monopolen nannte er irrational.[313] Ein wesentlicher Aspekt des Vortrags war die Frage nach der Konzentration von Macht. Diese liege mittlerweile, so Salin, bei den angestellten Managern der großen Betriebe,[314] woran auch die Streuung des Aktienbesitzes nichts ändere, da eine Aktionärsversammlung Fragen nicht sachkompetent entscheiden könne. Diese Machtkonzentration bei den Manangern werde noch verstärkt, weil es zu Doppelämtern und Vernetzungen zwischen Banken und Firmen käme; eine solche Oligarchisierung sei unausweichlich. Darüberhinaus sei es eine soziologische Folge der Konzentrationsbewegung, dass soziale Unterschiede, z.B. zwischen Arbeitern und Angestellten, immer mehr eingeebnet würden, was Salin kritisch bewertete, da „in jeder Ordnung und jeder Herrschaft notwendig horizontale und vertikale Gegensätze bestehen, deren fruchtbare Überwindung – und nicht deren Leugnung – zumeist die Kraft und die Dauer des Gebildes bestimmen."[315] Die Gesamtargumentation verdeutlicht, dass die alte Semantik der Formung, die Salin schon in der Dissertation angewandt hatte, auch im Strukturfunktionalismus der 60er Jahre bruchlos einsetzbar war. Denn die geschilderten unausweichlichen Entwicklungen sollten nach Salins Vorstellung vom Staat durch bewusste Entscheidungen aktiv gelenkt und gesteuert werden, um so das Optimum für die Gemeinschaft zu bewirken;[316] Auswüchse seien durch Missbrauchsgesetzgebung zu verhindern.[317] Salin kritisierte den Ordo-Liberalismus scharf: Aus Angst vor staatlichem „Dirigismus" verneine er die Steuerungsfunktion des Staates[318] und verlange „nahezu einen Verzicht auf Wirtschaftspolitik"[319], anstatt dem Staat die Möglichkeit zuzusprechen, ordnend und gestaltend in die Wirtschaft einzugreifen, wie es seiner Verantwortung entspreche.

---

312 SALIN, Edgar, STOHLER, Jacques und PAWLOWSKY, Peter (Hrsg.), Notwendigkeit und Gefahr der wirtschaftlichen Konzentration in nationaler und internationaler Sicht (Veröffentlichungen der List Gesellschaft e. V. Bd. 62). Tübingen 1969, 214.

313 SALIN (1963), Kartellverbot, 191.

314 Zum Wandel des Managers vgl. auch Salins Artikel SALIN, Edgar, Manager, in: Handwörterbuch der Sozialwissenschaften, hg. von Erwin von BECKERATH. Bd. 7. Stuttgart 1959, 107 ff; oder in: DERS., Lynkeus. Gestalten und Probleme aus Wirtschaft und Politik. Tübingen 1963, 240–248.

315 SALIN (1961), Aspekte der Konzentration, 24.

316 SALIN, Edgar, Friedrich List – Kerneuropa und die Freihandelszone. Zwei Reden zur europäischen Politik (Recht und Staat in Geschichte und Gegenwart 227). Tübingen 1960, 12f.

317 SALIN (1963), Kartellverbot, 195. Problematisch wurde von den Kritikern empfunden, dass Salin keine Vorschläge macht, wie das geschehen könnte.

318 SALIN (1961), Aspekte der Konzentration, 28. Positiv am Ordoliberalismus fand Salin den Mut, „mit einem großen Sprung von der Zwangswirtschaft zur Marktwirtschaft zurückzukehren." (HAHN (1969), Geld und Gold, VII). Außerdem sah er als verbindendes Element „die gemeinsame Sorge um die Bedrohung der menschlichen Unabhängigkeit und Würde und das gemeinsame Suchen nach einem Weg, der einen letzten Rest der persönlichen, wirtschaftlichen und sozialen Freiheit zu bewahren erlaubt." (DIETZE, Constantin von, Lieber Freund Salin! in: Erwin von BECKERATH, Heinrich POPITZ und Hans Georg SIEBACK (Hrsg.), Antidoron. Edgar Salin zum 70. Geburtstag. Tübingen 1962, 6–10, 8). Man war sich einig in der Oppositionshaltung gegen den neoliberalen „Mainstream" nach 1945; Walter Eucken ging es ja ebenfalls um eine Verbindung von historischer Betrachtung und theoretisch-rationaler Analyse, und auch er legte einen stark normativen Begriff von Wissenschaft zugrunde, vgl. NÜTZENADEL (2005), Stunde der Ökonomen, 34ff.

319 SALIN (1963), Kartellverbot, 187.

Positionierung zwischen „Markt" und „Plan"

Die Debatte um die Konzentration der Wirtschaft ist eng verbunden mit der Diskussion um die richtige Gestaltung der Wirtschaftssysteme,[320] mit der sich Salin seit Beginn seiner Tätigkeit in Basel intensiv auseinandergesetzt hatte.[321] Diese Debatte wurde in den 40er und 50er Jahren im Rahmen der zunehmenden Spannungen zwischen Ost und West im Kalten Krieg weitergeführt. Salin griff in die Diskussion im Jahr 1944 mit einer Besprechung[322] von Joseph A. Schumpeters *Capitalism, Socialism and Democracy*[323] ein. Er forderte darin einen neuen, dritten Weg zwischen den starren Blöcken von Kommunismus und Kapitalismus, der die guten Elemente beider Systeme miteinander verbinden sollte.[324] Ohne dies an dieser Stelle weiter ausführen zu könne, war die Vorstellung eines solchen „Dritten Weges" nun keineswegs originell, sondern findet sich auch bei anderen Denkern, sowohl in der Weimarer Republik[325] als auch in der frühen Bundesrepublik.[326] Salin gestand dem Kapitalismus aufgrund der oben beschriebenen Unternehmenskonzentration in seiner bisher praktizierten Form kaum noch Lebenschancen zu, worin er mit Schumpeter und vielen andern Autoren übereinstimmte. Das kommunistische System in der Sowjetunion hielt er demgegenüber, ähnlich wie Schumpeter, durchaus für funktionstüchtig, da es das Selbstinteresse durch das Gruppeninteresse ersetze und ein funktionstüchtiger bürokratischer Apparat entstehe.[327] Schumpeter hielt dieses Wirtschaftssystem jedoch mit der Demokratie für unvereinbar, da sie darin höchstens noch in Restgebieten existieren könne. Salin stimmte mit ihm überein:

---

320 Auch diese Diskussion behandeln SCHEFOLD (1998), Nachklang, 53–58 sowie NÖRR, Knut Wolfgang, Im Wechselbad der Interpretationen: Der Begriff der Wirtschaftsverfassung im ersten Jahrzwölft der Bonner Republik, in: Karl ACHAM, Knut Wolfgang NÖRR und Bertram SCHEFOLD (Hrsg.), Erkenntnisgewinne, Erkenntnisverluste: Kontinuitäten und Diskontinuitäten in den Wirtschafts-, Rechts- und Sozialwissenschaften zwischen den 20er und 50er Jahren. Stuttgart 1998, 356–386.

321 Veranstaltung Sozialismus u. Kommunismus 1928/29, Seminar Krisentheorien u. Weltwirtschaftskrisen. Kapital u. Kapitalismus 1931/32. Kurz nach Abschluss des Basler Arbeitsrappengesetzes 1937/38 Seminar über Grundfragen des korporativen Staates u. der berufsständischen Wirtschaft, vgl. Vorlesungen, gehalten von Edgar Salin, UB Basel, NSB B 368.

322 SALIN (1944), Dritter Weg? Zum Verhältnis Salins zu Schumpeter vgl. auch SALIN, Edgar, [Rezension zu] Schumpeter, Joseph Alois, Social scientist, in: Kyklos 6, 2 (1953), 184–186. In früheren Jahren hatte Salin sich ebenfalls intensiv mit den Arbeiten Schumpeters auseinander gesetzt, wobei er vor allem das „Auseinanderklaffen von Theorie und Historie" kritisierte und Schumpeter einen „ahistorischen Menschen" nannte (SALIN (1921), Volkswirtschaftliche Theorie, 91–101, hier 100).

323 SCHUMPETER (1943), Capitalism. Schumpeter vertrat darin die These, der Kapitalismus habe sich aufgrund seiner eigenen Ineffizienz selbst unterminiert.

324 Schmitt nennt dies Salins „neuhumanistischen Weg", ohne näher zu erklären, wie er zu dieser Begriffsbildung kommt (SCHMITT (1987), Soziologische Aspekte, 144). Er spricht von einem „eingeschränkten Individualismus" Salins; er sei aber „keinesfalls auf den Weg des Kollektivismus" abgekommen (ebd. 146).

325 Vgl. LÜDDERS, Marc, Die Suche nach einem dritten Weg: Beiträge der deutschen Nationalökonomie in der Zeit der Weimarer Republik. Wien 2004.

326 Vgl. GALLUS, Alexander, Von Heinemann bis Havemann. Dritte Wege in Zeiten des Kalten Krieges, in: Deutschland Archiv. Zeischrift für das vereinigte Deutschland 3, 40 (2007), 422–430. Allerdings ging es Salin *nicht* um eine neutrale Haltung Deutschlands zwischen Ost und West, sondern um ein Wirtschaftssystem zwischen Kommunismus und Kapitalismus. Antidemokratische Momente, wie Gallus als typisch für solche Modelle bezeichnet, wies seine Argumentation nicht mehr auf (ebd. 429).

327 SALIN (1944), Dritter Weg?, 121.

Sozialismus sei immer ein System der Dezision, und zentral geleitete Staatswirtschaften tendierten zur Despotie. Demokratie, wie Schumpeter sie verstünde, sei also im Sozialismus kaum möglich.[328] Aber war die funktionsfähigere Wirtschaft das Opfer der Demokratie wert? Salin griff damit eben die Frage auf, die er bereits in seiner Habilitation über Platon behandelt hatte.[329] Sein Ausgangspunkt hatte sich jedoch grundsätzlich gewandelt: Hatte er damals noch eine rigorose Unterordnung der Interessen des Individuums unter die der Gemeinschaft gefordert, so schien ihm der Schutz der wesentlichen Grundrechte des Individuums, der Erhalt der Freiheit und der Kultur,[330] nun, nach der Erfahrung des Dritten Reiches, das wichtigste Kriterium zur Beurteilung eines Wirtschaftssystems.[331] Auf der Basis dieser veränderten Prämisse fiel nun auch das Ergebnis seiner Überlegungen differenzierter aus: Eine Verwirklichung gemeinwirtschaftlicher Ziele schien ihm nicht mehr den Preis einer Einschränkung der persönlichen Freiheit wert. Selbst die Vollbeschäftigung, die in einer Planwirtschaft zu erreichen wäre, lohne dieses Opfer nicht.[332]

Ein undemokratischer Sozialismus, wie er im Osten praktiziert wurde, konnte also keine Lösung sein. Andererseits lehnte Salin aber immer noch einen reinen Liberalismus ab, der die Menschen „der bergenden Gehäuse von Familie und Dorf und gewachsener Stadt beraubt, sie atomisiert und als Atome den leeren Totalitäten ausgeliefert" habe.[333] Außerdem habe sich dieses System als nicht funktionsfähig erwiesen. Salin wehrte sich gegen die Behauptung zahlreicher Autoren wie etwa Wilhelm Röpkes, eine Entscheidung zwischen den beiden Antipoden „Liberalismus", der nur im Kapitalismus zu verwirklichen sei, und „Kollektivismus", der nicht mit der Demokratie zu vereinbaren sei, sei unumgänglich. Salin lehnte diese angeblichen Unausweichlichkeiten ab und rief dazu auf, die Gestaltungsmöglichkeiten zu nutzen.[334] Der sozial-sozialistische Kapitalismus, wie er vielerorts bereits praktiziert werde, könne sehr wohl mit der Staatsform der Demokratie vereinbart werden.[335] Nötig sei eine echte Synthese der beiden konträren Positionen, „eine echte Versöhnung zwischen menschlicher Freiheit und Würde und wirtschaftlicher Ordnung und Notwendigkeit."[336] Zu einem „Nebeneinander von Gemeinwirtschaft und Privatwirtschaft", einem „dualistischen" Wirtschaftssystem, gebe es mannigfaltige Möglichkeiten.[337] Ein gewaltiger staatswirtschaftlicher Raum sei selbst in einem neoliberalen System unausweichlich.[338] Entscheidend sei,

---

328 1947 war er dagegen bereits der Meinung, dass durchaus auch ein demokratischer Sozialismus denkbar sei (SALIN, Edgar, Wirtschaft und Wirtschaftslehre nach zwei Weltkriegen, in: Kyklos 1 (1947), 26–56, 39).
329 Vgl. 248.
330 SALIN (1944), Dritter Weg?, 129.
331 Aron beschreibt Salins Freiheits-Begriff und den Unterschied zum Weberschen: « La différence, c'est que la liberté de Max Weber était vide, liberté de choisir son démon, qui n'était pas nécessairement divin. La liberté d'Edgar Salin est moins pathétique, plus traditionnelle. Elle est la liberté de l'homme responsable de lui-même, la liberté de l'homme qui s'élève à la raison par la maîtrise, mais non par la négation, de ses désirs ou de ses passionDu même coup, l'acceptation de l'histoire n'a pas, sous sa plume, l'accent tragique et comme révolté qu'elle avait sous celle de Weber. » (ARON (1962), Salin, 65).
332 SALIN (1948), Allgemeinen Bildung, 440.
333 SALIN (1947), Wirtschaft und Wirtschaftslehre, 34.
334 SALIN (1944), Dritter Weg?, 127.
335 Ebd., 115.
336 Ebd., 130.
337 Ebd., 127.
338 SALIN (1947), Wirtschaft und Wirtschaftslehre, 37, 41.

dass der soziale Frieden durch Maßnahmen einer „sozialen Demokratie“ garantiert werde.[339] Eine Synthese sei kaum theoretisch, sondern nur in der Praxis möglich.[340] Die Lösung würde in jedem Land anders aussehen.[341] Erste Ansätze einer solchen Synthese entdeckte Salin etwa bei Walter Eucken, aber auch bei James Edward Meade.[342]

Immer noch ging es Salin also um einen starken Staat, der aktiv gestaltend in die Wirtschaft eingreifen sollte, immer noch war die Wirtschaft nicht Selbstzweck, sondern als Teil der Gesamtgesellschaft ihr untergeordnet. Salin blieb Gestalttheoretiker, wenn er z.B. im Hinblick auf die Weltwirtschaft ausführte, „dass die überwölbende Einheit rückwirkend auch ihre Glieder und Teile formt.“[343] Aber die Grenze wurde nun ganz klar dort gezogen, wo die Rechte und die Freiheit des Einzelnen verletzt wurden. Die Erfahrung des totalitären „Dritten Reichs“, in dem der Staat die Lenkung der Wirtschaft weitgehend übernahm, aber die Menschenrechte mit Füßen getreten wurden, hinterließ in seinem Denken tiefe Spuren.

Salin war wenig dogmatisch und zum Umdenken bereit, weswegen er sich auch keinem ökonomischen „Lager“ der Nachkriegszeit einwandfrei zuordnen lässt. Als „Lynkeus“[344] traute er sich, falsche Prognosen und Ratschläge zu widerrufen. Bereits 1961 etwa rückte er von seiner in den 40ern erhobenen Forderung nach einer Verstaatlichung der Schlüsselindustrien ab. Man könne die gewandelte Situation nicht ignorieren. Die Argumente zugunsten der privaten Unternehmungen dürften „heute stichhaltiger, zahlreicher und wirkungsvoller sein als in den Jahren vor und nach dem Ersten Weltkrieg.“[345] Die Privatwirtschaft habe herausragende Leistungen beim Wiederaufbau Deutschlands erbracht und die großen Konzerne hätten immer auch das Interesse der Gesamtwirtschaft im Auge. Die privatwirtschaftliche Planung sei der staatlichen vor allem dadurch überlegen, dass sie schneller auf Veränderungen, z.B. technischer Art, reagieren könne und es keine Verzögerungen durch Pla-

---

339 Schmitt sieht hierin eine Parallele zu Franz Oppenheimer, der ebenfalls die „soziale Zersetzung“ befürchtete, die aus der Not der Bevölkerung erwachse (SCHMITT (1987), Soziologische Aspekte, 150). Unter „Sozialer Demokratie“ kann man eine Institutionenordnung verstehen, die auf Entwicklung der Humanressourcen und umfassende Verteilung und Umverteilung abzielt, vgl. SCHMIDT (2000), Demokratietheorien, 240–251, hier insb. 240. Zum Konzept der „Sozialen Demokratie“ gehören auch interventionsstaatliche Mittel im Rahmen einer rechtsstaatlichen Verfassung.

340 In einem Brief an Ota Sik über dessen neues Werk (SIK, Ota, Der dritte Weg: Die marxistisch-leninistische Theorie und die moderne Industriegesellschaft. Hamburg 1972) war Salin skeptischer: „Die grösste Frage ist heute, ob sich das quasi liberale marktwirtschaftliche System durch Aufnahme von planwirtschaftlichen Elementen fruchtbarer und haltbarer gestalten lässt? [...] Ich bin überzeugt, dass eine halbplanwirtschaftliche Entwicklung des Westens zu den Revolutionen führen wird, die Marx als Voraussetzung einer neuen Gestaltung der Wirtschaft und Gesellschaft gesehen hat.“ (UB Basel, NSB Fb 2603).

341 SALIN (1944), Dritter Weg?, 132.

342 MEADE, James Edward, Planung und Preismechanismus. Die liberalsoziale Lösung. Mit einer Einleitung von Edgar Salin (Hand- und Lehrbücher aus dem Gebiet der Sozialwissenschaften). Bern 1951, X. Zu Salins durchaus nicht unkritischer Haltung gegenüber Walter Eucken vgl. auch SALIN, Edgar, Walter Eucken in memoriam, in: Kyklos 4, 1 (1950), 1–4.

343 SALIN (1947), Wirtschaft und Wirtschaftslehre, 29.

344 Vgl. 243.

345 SALIN (1961), Energiepolitik, 471. Im Jahr 1954 hatte er noch von einer Reprivatisierung abgeraten (SALIN (1954), Wirtschaft und Technik, 14).

nungsbehörden gebe.[346] Dennoch sei eine übergreifende staatliche Planung, die staatliche Formung der Wirtschaft, für fast alle Bereiche der Wirtschaft unabdingbar. In diesem Sinne kann Salin als typischer Vertreter der „Neokonservativen" bezeichnet werden, die für sich in Anspruch nahmen, im Gegensatz zu den Rationalisten in Berührung mit dem Realen zu stehen, ja den „Realitätssinn" monopolartig für sich beanspruchten und unbedingt an die Gestaltbarkeit der gesellschaftlichen Phänomene glaubten.[347] Nur durch bewusste Formung war nach Salin der Auflösung des Gebildes entgegenzuwirken.[348]

1.4 Zusammenfassung

Die Untersuchung von Salins ökonomischer Methodenlehre hat gezeigt, dass er seine unter prägendem Einfluss des George-Kreises in den 20er und frühen 30er Jahren entwickelte Anschauliche Theorie fast unverändert in seiner ganzen Schaffenszeit anwendete und vertrat. Die Inhalte seiner ökonomischen Arbeit und seine Ansichten über den Staat unterlagen dem gegenüber einem tiefgreifenden Wandel. Salins staatliches Denken ist gezeichnet durch einen großen Umbruch Mitte der dreißiger Jahre, seine Wandlung zum Demokraten, die er aufgrund der nationalsozialistischen Entwicklung in Deutschland und seiner politischen Erfahrungen in der Schweiz vollzog.[349] Danach hielt er die Demokratie für die einzige Staatsform, in der sich seine Vorstellungen von einem starken, die Wirtschaft lenkenden und formenden Staat mit denen der Freiheit und der Menschenrechte vereinbaren ließen – er wurde aus rationalen Gründen Demokrat. Sein Ideal von weit reichenden staatlichen Eingriffen in die Wirtschaft modifizierte er im Laufe der Jahre ebenfalls: Sympathisierte er in den 20er Jahren noch mit gemeinwirtschaftlichen Modellen, die große Eingriffe des Staates in die Belange der Wirtschaft bedeuteten, so vertrat er später im Kalten Krieg nur mehr die Möglichkeit eines „Dritten Weges" zwischen Kommunismus und Kapitalismus.

---

346 SALIN, Edgar und KLAASSEN, Leo H., Kurzfristige Soziallösungen contra langfristige Regionalpolitik. Ein Dilemma der westlichen Demokratie: Das europäische Koordinationsproblem (Bergedorfer Protokolle. Bd. 14). Hamburg 1966, 31ff.

347 DUPEUX (1994), ‚Kulturpessimismus', 289ff.

348 Ein flammendes Plädoyer dafür in SALIN, Edgar (Hrsg.), Planung in der freien Marktwirtschaft. 13. Tagung am 27. Januar 1964 in Hamburg-Bergedorf im „Historischen Gasthof Stadt Hamburg" (Bergedorfer Protokolle. Bd. 7). Hamburg 1964.

349 Dieses Umdenken erfolgte bei Salin also wesentlich früher als bei großen Teilen der bundesdeutschen Elite, z.B. bei seiner Schülerin Marion Gräfin Dönhoff, vgl. SCHILDT, Axel, Immer mit der Zeit: Der Weg der Wochenzeitung Die Zeit durch die Bonner Republik – eine Skizze, in: HAASE, Christian und SCHILDT, Axel, Die Zeit und die Bonner Republik. Eine meinungsbildende Wochenzeitung zwischen Wiederbewaffnung und Wiedervereinigung. Göttingen 2008, 9-27.

2. Kurt Singer: Hoffnung auf ein „geistiges Reich"

Edgar Salin kann also als Neokonservativer bezeichnet werden, der sich zu seiner Ablehnung des Nationalsozialismus erst durchringen musste und starke Eingriffe des Staates in die Wirtschaft befürwortete. Haben wir es mit dieser Haltung mit der typischen Position der Ökonomen im Umfeld Georges zu tun? Gilt also das Gleiche auch für die anderen Wirtschaftswissenschaftler im George-Kreis, etwa für Kurt Singer?

2.1 Singers Platondeutung

Ähnlich wie die Platonschriften Salins lässt auch Kurt Singers Deutung des platonischen Werkes wesentliche Aspekte seiner Vorstellungen von Staat und Gesellschaft erkennen, da der „Kern des platonischen Werkes" für Singer die „Sorge für die Gestaltung des Menschen und seines Gemeinwesens" war.[350] Seine Auseinandersetzung mit Platon stand ebenfalls dezidiert unter dem Einfluss Georges. Seiner eigenen Aussage nach stimmte George auf Gundolfs Drängen hin der Publikation von Singers früherem Aufsatz über Platon zu[351] und billigte auch seinen Plan zu einem Buch, das das Gesamtwerk Platons beleuchten sollte,[352] obgleich Singer von sich selbst sagte, er sei „der griechischen sprache nicht meister". George habe ihm aufgetragen, sein Buch müsse sich zu Friedemanns Werk wie ein neuer Jahresring eines Baumes zum alten verhalten.[353] Er befolgte diese Auflage und bediente sich bei der Deutung von Platons Werk der im George-Kreis üblichen Semantiken, wobei er aber nicht nur die *Politeia* untersuchte, sondern die Gesamtheit der platonischen Dialoge. George war zufrieden. Nach dem Erscheinen habe er ihm für das Buch gedankt und ihm bestellen lassen, er habe es mit großer Anteilnahme gelesen und viel daraus entnommen.[354] Singer, als erfahrener Journalist wohl mit besten Beziehungen zu Kollegen im Pressewesen ausgestattet, konnte sogar Vorabdrucke in verschiedenen Zeitungen platzieren.[355]

Wie Salin, so verherrlichte auch Singer Platon als große Führungspersönlichkeit, deren Führungsanspruch auch in seiner adeligen Abkunft begründet sei.[356] Dieser Führungsanspruch wurde legitimiert durch die Semantik von Oberfläche und Tiefe: „Denn die großen

---

350 SINGER, Kurt, Platon und die europäische Entscheidung. Hamburg 1931, 32.
351 SINGER (1920), Griechentum.
352 SINGER (1927), Gründer.
353 Singer, Kurt, Beiträge zur Kenntnis Stefan Georges, Dezember 1960, handschriftliche Abschrift eines Originalmanuskripts von Singer, in: StGA, Singer I, 105, 22.
354 Singer, Kurt, Beiträge zur Kenntnis Stefan Georges, Dezember 1960, handschriftliche Abschrift eines Originalmanuskripts von Singer, in: StGA, Singer I, 105, 21. Dies widerspricht jedoch dem eher negativen Urteil Georges, das Edith Landmann festhielt: „Über das Platon-Buch von Singer: ‚Man darf derlei nicht zu viel lesen, damit man nicht einen zu grossen ungerechtfertigten Ekel vor dem Geist bekommt. Es steht im Ganzen nichts drin, was einen ärgern könnte. Viel Richtiges ist gesagt, aber das ist jetzt längst die Frage nicht mehr. Jetzt fragt man nicht: Ist das richtig? sondern: Darf er denn das?'" (LANDMANN (1963), Gespräche George, 175f).
355 SINGER, Kurt, Der Sinn von Platons Gastmahl, in: Hamburger Fremdenblatt (1927, 11. Mai), 1; SINGER, Kurt, Atlantis, in: Hamburgischer Correspondent (1927, 9. Juni), 2.
356 SINGER (1927), Gründer, 3.

Menschen der Wende-Zeiten, Jesaias [sic! Ko. S.] und Platon nicht minder als Dante und Hölderlin, schöpfen auch dort, wo sie die Zeit mit Bannflüchen belegen, die Mitlebenden schmähen und ihre volle Umkehr fordern, nur aus den tiefsten Quellen des Volkes selber, das sich in ihnen reinigt, wandelt und erhöht."[357] Singer schloss sich hier an die im George-Kreis üblichen Deutungen an, auch wenn auffällt, dass er neben den üblichen Figuren auch eine alttestamentarische einreihte – anderenorts tauchte bei ihm sogar Moses als „das mythische Urbild des gottgesandten Gesetzgebers" auf,[358] was Singers tiefe Verwurzelung im Judentum beweist.[359] Platon sei es um das Dasein eines geistigen Reiches gegangen, in dessen Zentrum das Vollkommene gestanden habe, von dem das Wesen ausgehen müsse.[360] Um die „königliche Mitte des heroischen Weisen" herum müssten sich die anderen „je nach ihrem Seinsrang" lagern, um „in Kampf und Liebe ihren Rang im Ganzen" zu empfangen.[361] Die Gestaltung des Menschen sei das oberste Amt der Könige.[362] Dementsprechend meinte Singer, dass für Platon „wie für Goethe jede Veränderung des staatlichen Gesamtzustands durch das Verhalten der Herrschenden bestimmt" sei, „nicht durch die Bewegungen der Unteren, wie es die Neueren zu sehen lieben. Der Staat beharrt, solange die Oberen einig sind: sie bilden im eigentlichen Sinn den Staat und so ist ihre Einheit die vornehmste Bedingung für den Fortbestand des Ganzen."[363] Allerdings unterstrich er immer wieder, dass Führungspersönlichkeiten nicht unbedingt politisch aktiv werden mussten, um ihre Sendung auszuführen. So habe etwa Platon in Athen die Unfruchtbarkeit solcher Tätigkeit im Angesicht der trägen und verdorbenen Masse erkannt, da das Staatswesen bereits im kulturellen und politischen Niedergang begriffen war. „Im meere weizen säen, überliess er den taschenspielern des marktes."[364] Der direkte Bezug zu Georges politischer Passivität ist unübersehbar. Mehr als zwei Jahrzehnte später wiederholte Singer diese These noch einmal mit direktem Bezug zu George, der, anders als Hofmannsthal, mit mitleidlosem „Wirklichkeits-Sinn" erkannt habe, dass man sich nicht mit den Kräften der ungemäßen Zeit verbünden dürfe, um diese zu ändern, sondern sich fernhalten müsse.[365] Die Vorstellung, dass ein Mensch sehr wohl „zu politischem Handeln geboren" sein konnte, obwohl „sein Abscheu vor jeder Art von kollektiver Wirksamkeit […] ihm aber jede öffentliche Tätigkeit" verbot, formulierte Singer öfters, z.B. im Hinblick auf Friedrich Bendixen, der ein Mann von der Art gewesen sei, „aus der sich frühere Völker ihre Herrschenden wählten."[366] Ähnlich wie Salin sah Singer darin keinen Widerspruch.

Vom Anteil des einzelnen am Wesen, am „Sein" der Gemeinschaft, hingen nach Singer seine Erkenntnismöglichkeiten ab: Insofern gebe es große Unterschiede zwischen den Menschen. Für ihn stand fest und er betonte es immer wieder, „daß gleiches nur von gleichem

357 SINGER (1920), Griechentum, 13.
358 SINGER (1931), Entscheidung, 35.
359 Vgl. den Exkurs *Der George-Kreis und das Judentum,* zu Singer 116ff.
360 SINGER (1920), Griechentum, 30.
361 SINGER (1927), Gründer, 72.
362 SINGER (1927), Gründer, 155.
363 SINGER (1927), Gründer, 129.
364 Singer, UM *Platon und die Politik* SUB, NKS A I 23.
365 SINGER (1951), Dichterbegegnung, 28.
366 KNAPP und BENDIXEN (1958), Theorie Geld, 244, 250.

erkannt wird, platonisch gesprochen: durch das an der gleichen Idee teilhabende."[367] Die Menschen ließen sich so nach ihrer Nähe zur Mitte in Schichten einteilen[368] – in diesem Sinne schien Singer die Idee eines ständisch gegliederten Staates folgerichtig.[369] Das Gefüge des platonischen Werks sei zu sehen „als lebendiges Ganzes", „dessen Gefüge aus Herrschaft und Dienst erwachsen ist" – bis in die Begrifflichkeit schloss er sich hier an die im Kreis übliche Platon-Deutung an.[370] Wie Salin, so dachte auch Singer die platonische Politeia als Kugel.[371] Er stellte klar, „daß ohne beständiges Befehlen und Gehorchen kein staatliches Leben möglich, daß ohne beständiges Hinsehen auf den Führer und ohne Zusammenhang mit dem Ganzen kein Tun erlaubt sein dürfte, auch das tapferste nicht."[372] Dementsprechend beschrieb er das griechische Freiheitsverständnis: „Freiheit ist hier überhaupt kein Rechtsanspruch des Einzelnen gegen die Gemeinschaft, sondern eine Forderung, der er genügen soll; frei zu sein von Kleinlichkeit, von Gier, aber auch von falscher Bescheidenheit und verkümmernder Geschäftigkeit, gemäss dem Urbild des adligen Menschen, der Grösse will und Würde wahrt."[373] Allerdings verstand er das Ideal der Freiheit durchaus in der Mitte zwischen Individualität und Gemeinwesen: In Sparta seien die Ansprüche der Gemeinschaft überbetont worden, was letztendlich zum Zerfall des staatlichen Gebildes geführt habe.[374] Worauf es Singer ankam, war, dass Freiheit nicht orientierungslos werden dürfe: „Auch der Mensch genügt dem Ruf zur Freiheit nicht in leerer Bestimmungslosigkeit, nicht in schwärmerischem oder verächtlichem Ueberfliegen der Schranken und Fügungen, sondern indem er sie ehrt, frei die ‚bedingten Bahnen' wandelnd."[375] Die Einzelbereiche müssten sich dementsprechend in der Politeia dem Ganzen unterordnen, so z. B. die Kunst unter die gegebenen Normen. Nur dort, wo sie Verfallserscheinungen zeige und nur mehr „sinnloser Zauber" sei, werde sie aus dem Staat ausgeschlossen, in ihrer ursprünglichen, rituellen Form dagegen sei hier für Platon „der Kern und Herd des Staats" begründet.[376]

Allerdings interpretierte Singer Platons Haltung zur Demokratie weitaus weniger rigoros ablehnend als Salin. Zwar konstatierte auch er: „Wenn der Rechte herrscht, so können die Gesetze schweigen, die seinem lebendigen Wissen notwendig nachstehen." Aber er schränkte ein: „[...] wo kein wahrer Herrscher zum obersten Amt gelangt, sind sie von einigem Wert." So habe bei Platon „in entarteter, normloser Zeit die demokratische Verfassung als bei weitem annehmbarste, die Einherrschaft als unerträglichste"[377] gegolten – mit Sicherheit empfand Singer seine Gegenwart als eine solche chaotische Epoche. Hielt er deshalb eine demokratische Verfassung in der Tat für die geeignete Staatsform der Weimarer Zeit?

---

367 SINGER (1931), Entscheidung, 37.
368 SINGER (1920), Griechentum, 31.
369 Vgl. MÜLLER (2002), Kurt Singers politische Einstellung, 145.
370 SINGER (1920), Griechentum, 32.
371 SINGER (1927), Gründer, 108.
372 Ebd., 253.
373 SINGER (1973 (Vortrag 1934)), Griechenland, 132.
374 Ebd., 133.
375 UUM *Über Griechenland* SUB, NKS AI34.
376 SINGER (1927), Gründer, 87, 147.
377 Ebd., 243.

2.2 Vorstellungen vom Staat in der Gegenwart

Zeitkritik an Weimar

Seine eigene Gegenwart empfand Singer in geistiger Hinsicht als durch und durch marode. Kritik an der seiner Meinung nach übereilten Modernisierung und dem Niedergang der geistigen Werte übte er schon als Gymnasiast[378], und sie schwächte sich im Laufe der Zeit keineswegs ab. Die Zeitkritik durchzieht Singers Werk als immer wiederkehrendes Element, es gibt kaum eine Schrift, die nicht kulturkritische Aspekte beinhaltet. Als größtes Übel erschien Singer die Überbewertung des Individuellen auf Kosten der Gemeinschaft. „An die Stelle der staatlichen Geltung tritt die Bewertung durch den Einzelnen, an Stelle der überindividuellen Gültigkeit die allgemeine Gleichheit individueller Sinneseindrücke oder Lebensprozesse."[379] Daraus erwuchsen nach seinem Verständnis die Probleme in allen gesellschaftlichen Teilbereichen: „Die Lage ist dadurch gekennzeichnet, daß der Staat geist- und seelenlos, die Religion gestalt- und machtlos, die Wissenschaft maß- und substanzlos geworden ist."[380] Den tieferen Grund dieser zentrifugalen Tendenzen sah Singer, ganz im Stil der Georgeaner, in einem Versiegen der Kräfte des Zentrums. „Die naturalistischen Rezepte, die Überschätzung der sozialen Aktualitäten, die positivistische Gesinnung, die Ausschaltung der künstlerischen Aktivität waren aus einem Zerfall der schöpferischen Kräfte hervorgegangen und halfen ihn nun fördern, indem sie ihn legitimierten."[381] Das Ergebnis dieser Entwicklungen war für ihn „Existenz ohne Substanz, Funktion ohne organische Bindung, Mechanisierung der Methoden und Institutionen die sich längst vom nährenden Boden des Menschlichen losgelöst haben und in einem gespenstischen Schein von Herrschaft die Welt mit den Schattenbildern ihrer zum Selbstzweck gewordenen Eigenbewegungen anfüllen."[382] Auch bei anderen Denkern wie etwa J. M. Keynes würdigte Singer es besonders, wenn sie „die tiefe Fragwürdigkeit des europäischen Wirtschafts- und Gesellschaftszustandes vor dem Kriege" erkannten.[383] Die Unterordnung unter Autoritäten erschien ihm für den Erhalt der Gemeinschaft unabdingbar, und so begeisterte ihn auch an Keynes, dass dieser sich in höherem Alter nicht mehr wie in der Jugend gegen Autoritäten aufgelehnt habe, sondern verbindliche Normen für die Gesellschaft akzeptieren gelernt habe.[384] Modernisierungen der Gesellschaft wie etwa die Emanzipation der Frau stand Singer kritisch gegenüber. Die Frau habe sich im Staat unterzuordnen, was Platon in seiner Staatskonzeption auf besonders geschickte Weise erreiche. Gerade durch die Teilhabe der Frau an Staat und Erziehung werde „das Frauenhafte als das Ewig-Weibliche selber aus der Polis gedrängt, wie immer im Beginn neuen Heils und neuen Staates."[385] Auch in Singers späten Texten finden

---

378 Krohn behauptet, Singers Zeitkritik habe erst nach den katastrophalen Erfahrungen der Hyperinflation eingesetzt (KROHN (2002), Kurt Singer, 52). Wie weiter oben ausführlich gezeigt werden konnte, setzte sie jedoch schon vorher ein, vgl. 94f.

379 SINGER (1920), Zeichen, 190.

380 SINGER (1931), Entscheidung, 24.

381 SINGER (1912), Wende, 121.

382 SINGER (1920), Zeichen, 205.

383 SINGER (1920/21), [Rezension zu] Keynes, 328.

384 SINGER (1951), Keynes, a memorial, 232.

385 SINGER (1927), Gründer, 103.

sich stets zeitkritische Passagen, wie z.B. das Kapitel *The adventure of the crisis* in *The Idea of Conflict*.[386]

Die parlamentarische Demokratie der Weimarer Republik

Sind nun bei Singer, ähnlich wie bei Salin, Rückschlüsse möglich von seinen Gedanken über die platonische Philosophie auf seine Vorstellungen von der Gestaltung seiner politischen und wirtschaftlichen Gegenwart, die er als krisenhaft empfand? Immerhin träumte er als Jugendlicher von der Verwirklichung eines „platonisch-brahmanischen Denkerstaat[es]".[387] Dass seine Darstellung der krisenhaften Zustände in Athen mit Gewissheit auf seine Gegenwart in der Weimarer Republik gemünzt war, beweisen nicht nur die vielen von ihm konstruierten Parallelen zwischen Georges und Platons Führertum. Auch die starke Stellung der Sophistik und des relativistischen Denkens in der antiken Polis hielt er seiner eigenen Gegenwart für vergleichbar.[388] Im Sinne seiner Semiotik verschlüsselte er auch Aussagen über aktuelle politische Vorgänge. Ein Beispiel ist eine Passage, in der er neun Jahre nach den revolutionsauslösenden Matrosenunruhen im Jahr 1918 in Hamburg und Kiel beschrieb, wie Herakleides, der politische Gegenspieler des Dion in Sizilien, sich bei seinen Umsturzversuchen vor allem auf die Matrosen gestützt habe, „die überall in Griechenland aus den ärmsten Bürgern genommen wurden, hier wie im Mutterland der stets bereite Boden für Ausartungen von Demokratie und Tyrannis."[389] Ganz offensichtlich schöpfte Singer hier aus seinen Erfahrungen aus der Revolutionszeit.

Trotz solcher Parallelen versteht es sich aber nicht von selbst, dass Singer wie andere neokonservative Denker die Verwirklichung eines Ständestaates mit einer staatlich gelenkten Wirtschaft für seine Gegenwart wünschte. Gewiss beurteilte er, ganz im Stile der „konservativen Revolutionäre", das Parteienwesen und die politische Praxis negativ. So schrieb er an Ernst Robert Curtius:

> „Die Sozialdemokratie hat sich des Bodensatzes jener Bewegung bemächtigt – es gibt heut keine Partei, die orthodoxer als sie die Repräsentation des Ewiggestrig-bürgerlichen wäre. Wo sollten diese rentenhungrigen abgehetzten Maschinenanhängsel und ihre bezahlten, verärgerten Tribunen die Glut bekommen, die allein Revolution legitimiert? Die anderen Parteien sind, in Deutschland, pure Interessenvertretungen, mit ideologischen Anleihen. Alle Politiker zusammen ein ungeheurer apparat, der uns sicher in den Zustand der absoluten Chineserei treiben wird, den der Abbe Galiani schon deutlich vorausgesprochen hat. Alles wird geordnet, administriert, mechanisiert: die Produktion der Güter wie der Menschen."[390]

386 SINGER (1973b), Schriften, 13–23.
387 Singer, Tagebucheintrag vom 15.10.1905, in SUB, NKS CI 13.
388 So MÜLLER (2002), Kurt Singers politische Einstellung, 147.
389 SINGER (1927), Gründer, 198.
390 Singer an Curtius, undatiert, in SUB, NKS BI 3,4, wohl vor 1914.

In seinen jungen Jahren hatte Singer ausgeprägte elitäre Vorstellungen. So kritisierte er 1905 die Tatsache, dass am Sonntag auch einfache Arbeiter nicht arbeiten müssten: „Wann wird man einsehen, daß nicht jeder Mensch das Recht hat, sich zu ‚amüsieren‘ und daß der Anblick der Plebs nur zu ertragen ist, wenn sie das Arbeitstier darstellt. Eine komische Hoffnung im Zeitalter der demokratischen Ideen…“[391] Diese Vorstellungen schlugen sich auch in seinen schroff elitären Betrachtungen über Politik nieder: „In § 88 der Verfassung steht, dass jeder Bürger offen seine Meinung aussprechen darf, natürlich jeder Bürger, der mitreden kann, nach Massgabe seiner Einsicht.“[392] Wenn man jedoch Singers Überlegungen einige Jahre später hinzuzieht, lässt sich ein Umdenken feststellen. In einer Phase, in der er noch deutlich an George zweifelte, klagte er bei Curtius gerade über das überzogen elitäre Denken im Kreis: „Ich sehne mich immer mehr, von höheren und niedereren Menschen zu sprechen; ich leugne die Unterschiede nicht: aber die Gliederung der Menschheit nach Rängen scheint mir wirklich schlechte preussische Tradition. Und etwas, was dem neuen Humanismus gerade entgegensteht. Auch die Geschichtsphilosophie des Kreises um George leidet darunter. Bei George selbst achte ich es; bei dem ungenannten Aphoristiker finde ich es pueril. Genug, genug: das fürchterlich starke Problem der modernen Demokratie tut sich auf, und ich breche ab.“[393] Singer verwarf die Demokratie also nicht in Bausch und Bogen. „Eine Theorie des Staates, die alle Menschen für gleich weise und gleich gewillt ihren Einsichten zu folgen erachten würde“, hielt er nicht für tragfähig.[394] Will man den Begriff des „Vernunftrepublikanismus“ indes so weit fassen, wie Andreas Wirsching das tut, und ihn definieren als Haltung *aller* Akteure, die ursprünglich einem anderen als dem parlamentarisch-demokratischen Modell anhingen (sei es dem Kaiserreich, einer linken Parteiherrschaft oder einer utopischen Lösung), sich dann aber doch aus Berufung auf die politische Vernunft zu einer pragmatischen Herangehensweise an die Zeitprobleme in der Lage zeigten, so kann man diesen Begriff für Singer gewiss verwenden.[395]

391 Singer, Tagebuch von 1905, SUB, NKS CI 13.
392 Singer, Tagebuch von 1901, SUB, NKS CI 15.
393 Singer an Curtius am 8.5.10 in SUB, NKS BI 3, 1.
394 SINGER (1932), Konjunktur-Theorie, 25.
395 WIRSCHING, Andreas, „Vernunftrepublikanismus“ in der Weimarer Republik, in: Andreas WIRSCHING und Jürgen EDER (Hrsg.), Vernunftrepublikanismus in der Weimarer Republik: Politik, Literatur, Wissenschaft. Stuttgart 2008, 9–26, 11. Wirsching sieht das Problem dieser Haltung in ihrem Funktionalismus: Viele Protagonisten unterstützten die Republik als zweckmäßigste Lösung nur so lange, wie es ihnen „vernünftig“ erschien, und wandten sich dann von ihr ab, ohne für sie zu kämpfen. Weil sie in ihrem vormodernen Verständnis von Staat und Gesellschaft den Pluralismus nicht akzeptieren konnten, waren die ganz unterschiedlichen Strömungen zudem unfähig, einander als potenzielle Kooperationspartner zu erkennen (ebd. 25f).

Wirtschaft und Staat in Weimar

Welche Aufschlüsse liefert nun eine Untersuchung von Singers wirtschaftspolitischen Vorstellungen und seinen Idealvorstellungen von Wirtschaft und Staat? Wie Salin, so graute auch ihm vor einem Zeitalter, das „den Geist zugunsten der Wirtschaft verraten“ hat.[396] Seine eigene Aufgabe als Ökonom sah er darin, diese verschobenen Relationen wieder ins Gleichgewicht zu bringen. „Sollte es nicht möglich sein, die Organisationsformen der Wirtschaft in den Kreislauf der Lebenskräfte einzubeziehen?.. Was mich immer wieder in die ökonomischen Sachen hineinführt, ist der Gedanke, nein: das Gefühl, dass man dies Souterrain unserer Welt nicht verdumpfen lassen darf ohne dass das geistige Leben darunter leidet. Es ist eine sehr bescheidene Arbeit, die da zu verrichten ist: aber sie muss getan werden.“[397] Wie stellte sich Singer eine so in den „Kreislauf der Lebenskräfte“ eingebundene Wirtschaft vor? Sollte es sich, wie bei Salin, um eine staatlich gelenkte Wirtschaft handeln?

Wenn auch nicht im gleichen Ausmaß wie Salin, so plädierte doch auch Singer im Krieg für staatlich festgesetzte Preise, da nur so die Versorgung der Bevölkerung mit Lebensmitteln zu gewährleisten sei – in deutlicher Abgrenzung zu seinem Förderer Bendixen.[398] Am Kriegsende dann sympathisierte er mit gemeinwirtschaftlichen Vorstellungen. Aus seiner Tätigkeit beim Reichskommissariat für Übergangswirtschaft im Jahr 1917 schied er deshalb bald wieder aus, weil er die dort betriebene Politik nicht billigte[399]: Er war nicht damit einverstanden, dass man sich in der Behörde für die Zeit nach dem Krieg eine schlichte Rückkehr zu den wirtschaftlichen und geldpolitischen Vorkriegsverhältnissen wünschte. Er wollte durchaus Modifikationen des Wirtschaftssystems.[400] Andererseits befürwortete er aber keine weitgehenden Sozialisierungen. Durch seine Arbeit beim nationalliberalen *Hamburgischen Korrespondenten*[401] stand er in großer Nähe zur liberalen Hamburger Kaufmannschaft, was ihn von solchen Forderungen wohl absehen ließ. Immerhin hielt auch er in der neuen

396 SINGER, Kurt, Der Tod Albert Ballins, unter dem Titel „Nach Ballins Tod“ in: Wirtschaftsdienst 46 (1918, 15. November), 1033–1035 oder in: DERS., Staat und Wirtschaft seit dem Waffenstillstand. Jena 1924, 8–13.

397 Singer an Curtius am 6.5.12, SUB, NKS BI 3, 2.

398 FELDMAN (1993), The great disorder, 65f.

399 Singer, Kurt, Abriss eines Lebenslaufes, SUB, NKS C II 1, 3. Vgl. auch 96.

400 SINGER, Kurt, Der Krieg und das Geldproblem – Vortrag gehalten am 28. März 1917 in der Sitzung des Vorstandes und Beirates des „Deutschen Wirtschaftsverbandes für Süd- und Mittelamerika“ im Hotel Atlantic zu Hamburg, in: J. B. ESSLEN, Dr. LIEFMANN und K. SINGER (Hrsg.), Drei Vorträge zum Geld- und Währungsproblem. Berlin 1917, 86–117, 86.

401 Der *Hamburgische Correspondent*, als älteste Hamburger Zeitung im Jahr 1731 gegründet, war im 18. Jahrhundert eine der am meisten verbreiteten Zeitungen Europas (Deutsches Pressemuseum Hamburg, Presseschau! 400 Jahre Zeitungen in Hamburg. Hamburg 2006, 33). Er ging 1869 in den Besitz der Aktiengesellschaft „Neue Börsenhalle“ über, deren Aktionäre auf jede Einmischung verzichteten, vgl. KASISCHKE, Daniela, Antisemitismus im Spiegel der Hamburger Presse während des Kaiserreichs (1884–1914). Hamburg 1997, 30. Dem zunehmenden Antisemitismus gegen Ende des Kaiserreichs war die Zeitung entgegengetreten (ebd. 445). Nach 1900 hatte sie ihren Höhepunkt überschritten, auch der Handelsteil verlor an Niveau (BAASCH, Ernst, Geschichte des Hamburgischen Zeitungswesens von den Anfängen bis 1914. Hamburg 1930, 136). Im Ersten Weltkrieg konnte die Zeitung es nicht verkraften, dass ihre wichtigen Auslandsverbindungen unterbrochen wurden. Sie verlor weiter an Leserschaft und wurde 1934 eingestellt bzw. ging in den *Hamburger Nachrichten* auf (Deutsches Pressemuseum Hamburg (2006), Presseschau! 35).

Lage neue Organisationsprinzipien für nötig, nämlich gemeinwirtschaftliche Formen. Ihm schwebte eine „neue Synthese freier und gebundener Wirtschaft" vor.[402] Allerdings schränkte er diese Pläne sofort ein: „Kein Urteilsfähiger wird glauben können, Gemeinwirtschaft ohne die Triebkraft des individuellen Interesses aufbauen zu können. Es geht nicht um Unterbindung des Einzelwillens, sondern um Steigerung der Gesamtleistung."[403] Anders als in der Kriegswirtschaft müsste in der Zeit nach dem Krieg wieder nach wirtschaftlichen und nicht nach sozialpolitischen oder militärischen Gesichtspunkten gewirtschaftet werden, aber dennoch dürfe der Staat nicht vor Eingriffen und Einschnitten in die Wirtschaft zurückschrecken[404]: So müsse er wegen der zu erwartenden Währungsprobleme den Auslandshandel kontrollieren, den Frachtraum rationieren, für eine planvolle Beschäftigung der Fabriken sorgen und notfalls auch die individuelle Bewegungsfreiheit einschränken.[405] Großes Interesse hatte Singer für den Plan des Hamburger Reeders Carl Vincent Krogmann,[406] der eine staatliche Steuerung der Im- und Exporte vorsah, um durch eine so steuerbare aktive Handelsbilanz punktgenau die Reparationen aufbringen zu können.[407] Singer war der Meinung, dass die Regierung die Wirtschaft führen und die Wirtschaft die Regierung lediglich unterstützen, ihr jedoch keinesfalls die Führung aus der Hand nehmen solle.[408] Aber seine gemeinwirtschaftlichen Phantasien hatten klare Grenzen: In den Wirren der Revolution riet er ab von jeder Radikalisierung und von Enteignungen. Eine dauerhafte Stabilisierung hielt er nur durch die Kooperation mit den alten Kräften für möglich, die ihre wirtschaftliche Selbstständigkeit behalten sollten.[409]

An der Weimarer Reichsverfassung kritisierte Singer, dass die Verfassungsväter nicht genug Mut aufgebracht hätten, die persönlichen Freiheiten einzuschränken, wo es nötig sei, sondern ständig Kompromisse eingegangen seien – wie in Salins Frühwerk, so ist auch bei

---

402 SINGER, Kurt, Zwischen Waffenstillstands-Angebot und Revolution, in: Wirtschaftsdienst (1918, 1. November, nach Singers Angabe, dort aber nicht nachweisbar), oder in: DERS., Staat und Wirtschaft seit dem Waffenstillstand. Jena 1924, 1–4.

403 SINGER, Kurt, Über einige Grundfragen der Uebergangswirtschaft, in: Europäische Staats- und Wirtschaftszeitung 2, 42 (1917), 990–994, 991.

404 Zur 1916/17 heftig umstrittenen Frage, wie viel Einfluss die staatlichen und militärischen Stellen nach Ende des Krieges noch auf die Wirtschaft haben sollten, vgl. ROTH, Regina, Staat und Wirtschaft im Ersten Weltkrieg: Kriegsgesellschaften als kriegswirtschaftliche Steuerungsinstrumente. Berlin 1997, insb. 391ff.

405 SINGER (1917), Uebergangswirtschaft, 993f.

406 Carl Vincent Krogmann war Hamburger Reeder, Bankier und Industrieller und wurde von 1933–45 Erster Bürgermeister der Stadt. Sein Plan in KROGMANN, Carl Vincent, Zur Regelung der Auslandsverschuldung, in: Wirtschaftsdienst 14 (1931, 3. April), 584–586. Vgl. auch GROSSEKETTLER, Heinz, Adolf Lampe, die Transformationsprobleme zwischen Friedens- und Kriegswirtschaften und die Arbeitsgemeinschaft Erwin von Beckerath, in: http://miami.uni-muenster.de/servlets/DerivateServlet/Derivate-2693/DB361AdolfLampe.pdf vom 28.07.08.

407 Anlage zum Nachlass Kurt Singers in SUB, NKS, Kopien aus dem Archiv der Freien Hansestadt Hamburg. Forschungsstelle für die Geschichte des Nationalsozialismus in Hamburg, IHK Hbg.-Krogmann-Plan, 227–11.

408 SINGER, Kurt, Bilanz des Jahres 22, unter dem Pseudonym „Spectator" mit dem Titel „Bemerkungen zur Lage" in: Wirtschaftsdienst 50 (1922, 15. Dezember), 1179–1180, oder in: DERS., Staat und Wirtschaft seit dem Waffenstillstand, Jena 1924, 166–171.

409 SINGER, Kurt, Der Umsturz und die Diktatur des Proletariats, unter dem Titel „Die Diktatur des Proletariats" in: Wirtschaftsdienst 47 (1918, 22. November), 1055–1057, oder in: DERS., Staat und Wirtschaft seit dem Waffenstillstand. Jena 1924, 13–18.

Singer dieser Begriff sehr negativ besetzt. Immerhin gestand er zu: „Parlamentstechnik und Parteikompromiß sind notwendig und an ihrer eigenen Stelle gut. Wo aber ein Volk am Rande des Abgrundes steht, hilft nur die Bereitschaft, die Notwendigkeit des Kommenden unerschrocken in seinen Willen aufzunehmen und ohne Schielen und Blinzeln nach rechts und links entschieden und souverän nach den Geboten der Stunde zu handeln.“[410] Singer argumentierte nicht gegen die Demokratie an sich, aber in der Notsituation hielt er sie für ungeeignet und wollte, ähnlich wie in der römischen Republik, eine oder mehrere starke Führerfiguren sehen: „Daß sie [die führenden Männer, Ko. S.] die rettende Tat in der Erfindung eines neuen Apparates suchen, statt in rücksichtenfreier Ausübung der diktatorischen Gewalten, die das am Rande seiner Kraft stehende Volk in ihre Hände zu legen bereit ist, wenn diese Hände mit unerschrockener Gerechtigkeit ihres Amtes walten, ist ein böses Vorzeichen.“[411] Seine Deutung aus den Platon-Arbeiten drehte Singer hier also gerade um: Erschien ihm im alten Athen die Demokratie gerade in Notzeiten die bessere Alternative zur Alleinherrschaft, so plädierte er in der Gegenwart, eben in Zeiten der Not, für eine stärkere Stellung der Eliten bzw. eines Führers. Wenn Singer diesen Widerspruch nicht thematisierte, darf man wohl daraus schließen, dass er eine vollständige Umsetzung der antiken Vorstellungen in der Gegenwart eben nicht anstrebte.

Sofort nach der Revolution wünschte Singer sich staatliche Eingriffe in die Wirtschaft, um eine Rationalisierung der Produktion im Interesse der Volkswirtschaft zu erreichen. Das politische Übergewicht der Arbeiterklasse erschien ihm dabei hinderlich,[412] aber dennoch plädierte er nicht für deren völlige Entmachtung.[413] Vielmehr stand er der Idee eines Reichswirtschaftsrates positiv gegenüber, der zu je einem Drittel aus Arbeiterschaft, Unternehmern und Konsumenten zusammengesetzt sein sollte.[414] Dieses Gremium sollte nicht mit legislativen Kompetenzen ausgestattet sein, sondern nur beratend und vorbereitend tätig werden, um in die Gesetzesinitiativen Sachverstand einzubringen[415]: „Hiermit ist wenigstens ein erster Versuch gemacht, die Gestaltung der Wirtschaftsordnung den Händeln der parlamentarischen Parteipolitik zu entziehen und die Träger und Führer der Wirtschaft selber zum Träger wirtschaftspolitischer Verantwortung zu machen.“[416] Andererseits konnte ihm

---

410 SINGER, Kurt, Für die Schaffung eines Reichswirtschaftsrates, unter dem Titel „Reichswirtschaft und Arbeiterräte“ in: Wirtschaftsdienst 7 (1919, 14. Februar), 127–128, oder in: DERS., Staat und Wirtschaft seit dem Waffenstillstand. Jena 1924, 23–28.

411 SINGER, Kurt, Die Lehre der Mandats Territoriaux und die Bedingungen der Währungsbefestigung, unter dem Titel „Wertbeständigkeit“ in: Wirtschaftsdienst 37 (1923, 14. September), 877–870, oder in: DERS., Staat und Wirtschaft seit dem Waffenstillstand, Jena 1924, 198–202.

412 Auch Singer sah also wie Salz eine „Krisis der Sozialpolitik“, vgl. 332.

413 SINGER, Kurt, Zum Problem der Gemeinwirtschaft I, unter dem Titel „Über die Denkschrift des Reichswirtschaftsministeriums“ in: Wirtschaftsdienst 27 (1919, 4. Juli), 505–507, oder in: DERS., Staat und Wirtschaft seit dem Waffenstillstand. Jena 1924, 42–47.

414 Die Idee eines Volkswirtschaftsrates stammte ursprünglich von Bismarck, der versucht hatte, durch ein solches Expertengremium den Einfluss des Parlaments zu minimieren, vgl. ZIMMERMANN, Beat R., Verbands- und Wirtschaftspolitik am Uebergang zum Staatsinterventionismus. Bern, Frankfurt a. M. u. Las Vegas 1980, 91f. Sie wurde in der Weimarer Zeit u.a. von der neokonservativen Zeitschrift „Tat“ propagiert, vgl. BREUER (1995), Konservative Revolution, 101f.

415 SINGER (1919, 14. Februar), Schaffung.

416 SINGER, Kurt, Die Wirtschaft in der neuen Reichsverfassung, unter dem Titel „Reichsverfassung und Volkswirtschaft“ in: Wirtschaftsdienst 43 (1919, 24. Oktober), 791–792, oder in: DERS., Staat und Wirt-

der Mangel an demokratischer Legitimation aber auch als Argument dienen, die Entscheidungsbefugnisse eines Gremium abzustreiten, wo das in seine Argumentation passte. Dass z.B. der Wiedergutmachungsausschuss, der enorme Macht habe, in geheimen Sitzungen tage und niemandem verantwortlich sei, könne von den Demokraten aller Länder, so Singer, nicht hingenommen werden.[417] Demokratischer Legitimation wirtschaftspolitischer Entscheidungsfindung stand Singer also recht opportunistisch, gemeinwirtschaftlichen Vorstellungen insgesamt ambivalent gegenüber. Auf eine Entscheidung für eine staatlich gesteuerte Wirtschaft brauche man sich bei der Schaffung des Reichswirtschaftsrates noch nicht festzulegen, betonte er und gab zu bedenken, dass bei einer unflexiblen planwirtschaftlichen Lenkung eine bürokratische Erstarrung zu befürchten sei.[418] Manchen Institutionen des Hochkapitalismus gestand er wichtige Funktionen zu. So versorge etwa die Börse die Wirtschaft flexibel, stetig und ausreichend mit Kapital – eine Aufgabe, die er planwirtschaftlich kaum für bewältigbar hielt.[419] Andererseits beklagte er Tendenzen, die Macht immer mehr vom Staat weg und zu Trusts und Gewerkschaften hin zu verlagern.[420] Auch auf dem Kapitalmarkt würden Monopolisten immer mehr Einfluss bekommen.[421] Eine radikale Planwirtschaft wie in Russland aber hielt Singer zu keinem Zeitpunkt für eine Alternative: Die „schrankenlose Zerstörung des Besitzes an den Produktionsmitteln“ würde keinen Vorteil im Vergleich zur „unumschränkte[n] Sorge für den Besitz an den Produktionsmitteln“ bedeuten.[422] Die Betriebe müssten in jedem Fall erhalten bleiben, aber Verantwortung für die Gesamtwirtschaft übernehmen. Auch auf internationaler Ebene hielt Singer Überlegungen zu gewissen planwirtschaftlichen Elementen durchaus für interessant[423], warnte allerdings vor der Illusion, den weltwirtschaftlichen Verkehr durch bewusste Eingriffe in größerem Maße steuern zu können, weil hier zu viele Faktoren eine Rolle spielten.[424]

Die rationale Umsetzung der Interessen der Volksgemeinschaft als ganzer war Singers erklärtes Ziel. Dementsprechend kritisierte er scharf, wenn er den Eindruck gewann, dass einzelne Akteure auf Kosten der Gemeinschaft ihre Privatinteressen durchsetzen wollten,

---

schaft seit dem Waffenstillstand. Jena 1924, 62–66.

417 SINGER, Kurt, Daß die Reparations-Frage vor einen Ausschuß von Sachverständigen gehört, in: Wirtschaftsdienst (1921, 11. Februar), oder in: DERS., Staat und Wirtschaft seit dem Waffenstillstand. Jena 1924, 99–101.

418 SINGER, Kurt, Zum Problem der Gemeinwirtschaft II, unter dem Titel „Der Gedanke der wirtschaftlichen Selbstverwaltung“ in: Wirtschaftsdienst 28 (1919, 11. Juli), 525–526, oder in: DERS., Staat und Wirtschaft seit dem Waffenstillstand, Jena 1924, 47–51.

419 SINGER, Kurt, Prolegomena zu einer Theorie des Geldmarktes, in: Schmollers Jahrbuch 52 (1928), 1–26, 17.

420 SINGER (1921, 18. November), Auflockerung, 277f.

421 SINGER (1928), Prolegomena, 20.

422 SINGER, Kurt, Ruhrkrieg, Staatsfinanzen, Goldrechnung und Währungszersetzung, in: Wirtschaftsdienst (1923, 1. August, nach Singers Angabe, dort aber nicht nachweisbar), oder in: DERS., Staat und Wirtschaft seit dem Waffenstillstand. Jena 1924, 187–194.

423 SINGER, Kurt, [Rezension zu] Hantos, Elemér, Die Weltwirtschafts-Konferenz. Probleme und Ergebnisse, in: Zeitschrift für die gesamte Staatswissenschaft 87, 1 (1929), 203–204, 204; SINGER, Kurt, [Rezension zu] Vissering, Gerard, International economic and financial problems, in: Weltwirtschaftliches Archiv 18 (1922), 450–453, 451.

424 SINGER, Kurt, Das Wesen der Zahlungsbilanz, in: Ausschuss zur Untersuchung der Erzeugungs- und Absatzbedingungen der deutschen Wirtschaft (Hrsg.), Die deutsche Zahlungsbilanz. Verhandlungen und Berichte des Unterausschusses für allgemeine Wirtschaftsstruktur. Berlin 1930, 5–18, 15.

etwa die Industrie, die die Not der Regierung bei der Aufbringung der Reparationen dazu missbrauchte, Forderungen nach der Entstaatlichung der Reichsbetriebe durchzusetzen oder sich durch eine „Magna Charta Libertatum" vor Vergemeinschaftungen und Lohnerhöhungen zu schützen.[425] Solche Versuche wertete Singer als egoistisch und verantwortungslos und polemisierte heftig dagegen. Ein Rezensent las sogar Singers Artikelsammlung *Staat und Wirtschaft seit dem Waffenstillstand*[426] als Schilderung eines Kampfes von „mächtige[n] Industrieherren und Erwerbsgruppen" einerseits und der Reichsregierung andererseits um den Primat im Staat.[427] Singer appellierte an die Verantwortung jedes einzelnen für die Gemeinschaft: „Ehe nicht jeder Deutsche weiß und bekräftigt, daß jeder für das Ganze verantwortlich ist, wird dieses deutsche Geschick nicht gewendet."[428] Egoismen würden lediglich zur „Auflockerung unseres staatlichen Gefüges" führen, weswegen Verantwortung für das Ganze nötig sei. Besonders scharf griff Singer in diesem Zusammenhang die „Goldmarkrechner" an, die bei fortlaufender Inflation ihre Rechnungen in Goldmark schreiben würden und dadurch als „Währungsdefaitisten" der bestehenden Währung Vertrauen entzögen.[429] „Indem sie sich zu sichern versuchen, entziehen sie dem Ganzen den letzten Halt. Sie sind gemeingefährlich."[430] Wenn Deutschland seine Währung und damit sich selbst aufgebe, dann sei die Katastrophe unabwendbar.[431] Bei der Verschlimmerung der Inflation wies Singer immer wieder darauf hin, dass es an der Wirtschaft sei, sich an den Reparationsleistungen zu beteiligen und die Währung zu stützen, „unter Verzicht auf jeden Inflations- und Valutagewinn, auch unter Verzicht auf Lösung des Wirtschaftsschicksals des einzelnen vom Schicksal des Staates."[432] Den neomarxistischen Standpunkt, die Wirtschaft stünde über dem Staat und ihre Logik müsse sich deshalb durchsetzen, lehnte Singer ab.[433] Das Wohlergehen der Wirtschaft lasse sich unter keinen Umständen von dem des Staates lösen, und deshalb

---

425 SINGER (1921, 18. November), Auflockerung, 277. SINGER, Kurt, Die Reichsregierung und die Industrie, unter dem Pseudonym „Spectator" mit dem Titel „Zur Lage" in: Wirtschaftsdienst 22 (1923, 1. Juni), 537–539, oder in: DERS., Staat und Wirtschaft seit dem Waffenstillstand. Jena 1924, 178–183.

426 SINGER (1924), Waffenstillstand; Einen interessanten Vergleich hierzu stellen die jüngst publizierten Zeitungsartikel des Spaniers Eugeni Xammar dar, der den Blick des Ausländers auf die deutschen Verhältnisse einnahm, XAMMAR, Eugeni, Das Schlangenei: Berichte aus dem Deutschland der Inflationsjahre 1922-1924. Berlin 2007.

427 NEUMARK (1926), [Rezension zu] Singer, 485.

428 SINGER, Kurt, Über die Notwendigkeit des Aufwachens, unter dem Titel „Die Lage" in: Wirtschaftsdienst 27 (1920, 02. Juli), 385–387, oder in: DERS., Staat und Wirtschaft seit dem Waffenstillstand. Jena 1924, 90–95.

429 Die Hinwendung zur „Goldrechnung" vollzog sich auf Initiative des damaligen Reichswirtschaftsministers Becker, nachdem im Frühjahr 1923 klar geworden war, dass ein weiteres Festhalten an der alten Währungseinheit sinnlos war. Während Industrie und Großhandel die Umstellung bejahten, verhielten sich die Reichsbank und der Zentralverband des Bank- und Bankiersgewerbes zunächst ablehnend, vgl. PFLEIDERER (1976), Staatsfinanzen, 179f.

430 SINGER, Kurt, Zur Kritik der Goldrechnung, unter dem Titel „Warnung vor Pfuschern" in: Wirtschaftsdienst 7 (1923, 16. Februar), 169–170, oder in: DERS., Staat und Wirtschaft seit dem Waffenstillstand. Jena 1924, 171–174.

431 SINGER, Kurt, Bilanz des Jahres 1921, unter dem Titel „Zur Lage" in: Wirtschaftsdienst 52 (1921, 30. Dezember), 707–708, oder in: DERS., Staat und Wirtschaft seit dem Waffenstillstand. Jena 1924, 129–132.

432 SINGER (1923, 14. September), Territoriaux.

433 SINGER, Kurt, Was ist Marxismus? in: Wirtschaftsdienst (1923, 26. Oktober), oder in: DERS., Staat und Wirtschaft seit dem Waffenstillstand, Jena 1924, 203–207.

müsse sie sich ihrer Verantwortung bewusst werden und danach handeln. Maßnahmen, die den Gesamtnutzen der Volkswirtschaft förderten, hielt Singer nur durch Kooperation aller Parteien für möglich, wie z. B. die Schaffung der Rentenmark, an der Politiker verschiedenster politischer Couleur beteiligt gewesen seien.[434] Auch auf internationaler Ebene plädierte Singer für die Wahrung des Gesamtinteresses gegenüber den Eigeninteressen, z. B. im Völkerbund, wo nicht jeder Staat nur an sich selbst denken solle.[435]

Reparationen

Singer nahm also in den meisten aktuellen wirtschaftlichen Fragen abgewogene und vermittelnde Positionen ein und neigte nicht zu Radikalismus. Auch in der Frage der Reparationen vertrat er, im Vergleich mit vielen Zeitgenossen, einen gemäßigten Standpunkt, der selten mit verbalen Verunglimpfungen der Gegner einherging[436]: Die Entschädigungsforderung der Alliierten zum Zeitpunkt von Wilsons 14 Punkten im Januar 1918 hielt er für berechtigt, die später daraus hervorgehenden Forderungen für völlig überzogen und betrügerisch. Obgleich er eine alleinige deutsche Kriegsschuld weit von sich wies[437], gestand er den völkerrechtswidrig überfallenen Staaten Belgien und Frankreich durchaus Reparationszahlungen zu, nicht aber den anderen Alliierten.[438] Einen Hinweis auf eine Akzeptanz der „Kriegsschuldlüge" konnte ich in seinen Schriften nicht finden. Nach der Ratifizierung des Vertrags von Versailles plädierte er für eine Minderung der Reparationszahlungen und eine Änderung des Vertrags.[439] Aber er warnte die Deutschen auch davor, sich in Selbstmitleid zu ergehen oder sich falschen Hoffnungen hinzugeben. Stattdessen müsste man tragfähige Angebote machen und Konzepte entwickeln.[440] Ausgangspunkt dafür müsse die Feststellung sein, dass Deutschland nicht in der Lage sei, mehr Reparationen zu bezahlen als den Gegenwert seiner

---

434 Singer, Kurt, Deutsche Währungs-Schicksale. Manuskript (1924/25), Druckort unbekannt, SUB, NKS. Die Initiative zur Schaffung der von Singer gelobten Rentenmark ging von Karl Helfferich aus, vgl. HUTTER, Michael, Wie setzen sich Theorien durch? Zur Entwicklung deutschsprachiger Geldtheorien in der Zwischenkriegszeit, in: Christoph BUCHHEIM, Michael HUTTER und Harold JAMES (Hrsg.), Zerrissene Zwischenkriegszeit. Wirtschaftshistorische Beiträge. Knut Borchardt zum 65. Geburtstag. Baden-Baden 1994, 123–155, 134.

435 SINGER, Kurt, Woodrow Wilson und die Friedensziele der Union, unter dem Titel „Die Friedensziele Woodrow Wilsons" in: Wirtschaftsdienst 45 (1918, 8. November), 1013–1014, oder in: DERS., Staat und Wirtschaft seit dem Waffenstillstand. Jena 1924, 4–8.

436 Dieter Krohn sieht nur die Ablehnung des Versailler Vertrags, nicht aber die relativierenden Aspekte in Singers Position (KROHN (2002), Kurt Singer, 50f).

437 SINGER, Kurt, Kriegsgrund und Kriegsentschädigung, unter dem Titel „Die Schuldfrage" in: Wirtschaftsdienst 51/52 (1918, 20. Dezember), 1029–1030, oder in: DERS., Staat und Wirtschaft seit dem Waffenstillstand. Jena 1924, 18–23; SINGER, Kurt, Die deutsche Entzweiung und die Schuldlüge, unter dem Titel „Zur Lage" in: Wirtschaftsdienst 43 (1923, 26. Oktober), 981, oder in: DERS., Staat und Wirtschaft seit dem Waffenstillstand, Jena 1924, 208–209.

438 SINGER, Kurt, Zur Geschichte der Kriegsentschädigungs-Forderungen I, unter dem Titel „Die Kriegsentschädigung" in: Wirtschaftsdienst 10 (1920, 5. März), 153–155, oder in: DERS., Staat und Wirtschaft seit dem Waffenstillstand. Jena 1924, 68–74.

439 SINGER (1921, 18. November), Auflockerung, 278.

440 SINGER (1922), Reparationspolitik, 856.

Ausfuhr, dass also die deutsche Zahlungsfähigkeit durch valutarische Überschüsse und Naturallieferungen festgelegt sei.[441] Singer warnte davor, eine verbesserte Zahlungsbilanz als automatisches Anzeichen für die steigende Zahlungsfähigkeit eines Landes zu interpretieren, da sie keine Aussagen über ursächliche Zusammenhänge erlaube.[442] Er plädierte für die Regelung der zwischenstaatlichen Schuldbeziehungen, und zwar nicht nur zwischen Deutschland und den Ententestaaten, sondern auch zwischen diesen und den USA: Die interalliierten Schulden müssten gestrichen werden, und die deutschen Reparationszahlungen dürften die Leistungsfähigkeit des Landes nicht übersteigen.[443] Singer konnte und wollte durchaus auch die Perspektive des Gegners einnehmen. So schlug er vor, Frankreich verlässliche Garantien für den Frieden und für die deutsch-französische Grenze zu geben, um es zu einem Einlenken in der Reparationsfrage zu bewegen.[444]

Geistiger Neuanfang und Führertum

Die realistischen Lösungsansätze für wirtschaftspolitische Probleme in Singers Texten werden erst auf den zweiten Blick deutlich. Bei der ersten Lektüre werden sie dagegen überlagert von anderen Überlegungen, die fast alle Texte dominieren, da sie sprachlich pathetisch gestaltet, in „etwas prätentiös anmutende[m] Stil“[445], oft als „krönender Abschluss“ ans Ende der Überlegungen gesetzt sind: Eine grundlegende Verbesserung der wirtschaftlichen Verhältnisse, die über die Lösung von Einzelfragen hinausging, hielt Singer nur durch eine elementare geistige Erneuerung für möglich, die er in der georgeanischen Semantik der schöpferischen Tiefe beschrieb: „Nichts anderes kann unsere Welt, zwischen Untergang und Anfang, retten, als das Aufspringen einer verborgenen Quelle, in der die Wasser eines neuen Lebens aus unlotbaren Tiefen sich sammeln und zum Strome werden, der die Bilder neuer Erde und neuen Himmels auf seinen Wellen trägt.“[446] Kaum einem seiner Artikel im *Wirtschaftsdienst* fehlte die Mahnung zum geistigen Neuanfang. Allerdings hielt Singer nur eine kleine Zahl von Deutschen für fähig, zur Erkenntnis dieser Notwendigkeit zu kommen[447] – ohne Zweifel dachte er dabei an die geistige Elite des George-Kreises. „Die Volksvernunft aber schläft und wartet auf den Tag, wo ein großer geistiger Hauch den mechanisch fort-

441 SINGER, Kurt, Über die Notwendigkeit, das valutarische und steuerliche Problem der Reparationen zu trennen, unter dem Titel „Eingriff in die Substanz?“ in: Wirtschaftsdienst 35 (1921, 2. September), 461–462, oder in: DERS., Staat und Wirtschaft seit dem Waffenstillstand. Jena 1924, 115–119.

442 SINGER (1930), Zahlungsbilanz, 12ff.

443 SINGER (1922), [Rezension zu] Vissering, 452f.

444 SINGER, Kurt, Das Gutachten der ausländischen Währungs-Sachverständigen und der Stand des Reparationsproblems, nebst einem Vorschlag, unter dem Titel „Die Möglichkeit der Stabilisierung“ in: Wirtschaftsdienst 46 (1922, 17. November), 1098–1099, oder in: DERS., Staat und Wirtschaft seit dem Waffenstillstand. Jena 1924, 158–163.

445 NEUMARK (1926), [Rezension zu] Singer, 485.

446 SINGER, Kurt, Deutschland und der Vertrag von Versailles, unter dem Titel „Die Entscheidung“ in: Wirtschaftsdienst 26 (1919, 27. Juni), 85–86, oder in: DERS., Staat und Wirtschaft seit dem Waffenstillstand. Jena 1924, 37–42.

447 SINGER, Kurt, Die Ratifizierung des Vertrags von Versailles, unter dem Titel „Deutschland und der Friede“ in: Wirtschaftsdienst 3 (1920, 16. Januar), 37, oder in: DERS., Staat und Wirtschaft seit dem Waffenstillstand. Jena 1924, 66–68.

existierenden Körper mit einem neuen Gesamtwillen beleben wird."[448] Bei seinen Lesern kam diese höhere Sinnsuche mit elitärer Note gut an. Selbst der wenig wohlmeinende Rezensent Däbritz gestand Singer zu, dass sein Blick „auf das Wesentliche gerichtet ist und von gestaltendem Willen, der aus dem Chaos immer wieder den Weg ins Freie sucht."[449] Überlegungen dieser Art sind bei Singer oft nationalistisch konnotiert. Die kleine Gruppe der Berufenen war für ihn ohne jeden Zweifel in Deutschland beheimatet, da er nur Deutsche in der Lage zum Schöpferischen und zur Überschreitung der reinen Rationalität sah, was er in metaphorischem Ton darlegte: „Angelsachsen und Teutonen, barbarischen Stämmen aus nördlichem Wald und Moor, muß es vorbehalten bleiben, auf das ungestalte Werdende zu horchen, die wirren Stimmen des Morgens zu vernehmen und die dunklen Säfte des Vergangenen im Leib der Völker kreisen zu fühlen. Dem Erben der Lateiner steht es allein an, in nackten, klaren Syllogismen zu denken."[450]

Wie aber war eine solche deutsche geistige Elite zu schaffen? Singer sah es zum einen als Aufgabe der Universitäten, an denen die Georgeaner sich in den 20er Jahren mehr und mehr um Präsenz bemühten, eine „Schar staatlicher und wirtschaftlicher Führer" heranzubilden.[451] Hier läge eine Möglichkeit, das deutsche Manko auszugleichen, nämlich die „Unfähigkeit, leitende Männer hervorzubringen."[452] Aus der Elite sollte eine neue Führungspersönlichkeit hervorgehen. Der Rang eines Staatsmannes bemesse sich danach, ob er hohe und irrationale Kräfte aufrufen und seinen Zielen dienstbar machen könne.[453] Nur ein schöpferisch-ordnender Geist mit unablenkbarem Willen wäre in der Lage, hohe Ziele zu weisen und große Aufgaben zu stellen.[454] Immer wieder bedauerte Singer, dass „kein Täter und Rufer aufstand, der es vermochte, das Auseinaderstrebende zu binden, das Schwankende zu befestigen, das Lahme zu beleben und aus den ungeheueren Möglichkeiten einer chaotischen Gegenwart die Ordnungen des künftigen Staatsbaues zu heben."[455] Diesen Mangel an großen Staatsmännern attestierte Singer nicht nur Deutschland, sondern ganz Europa, sodass z. B. dem Völkerbund eine klare Richtung fehle. „Niemand aber wird den Einbruch des Chaos in die Reste des europäischen Staatengefüges bannen können, der nicht selber unantastbar ist."[456] Nur von einer solchen Führungspersönlichkeit erwartete Singer eine grund-

---

448 SINGER, Kurt, Bilanz des ersten Nachkriegs-Abschnitts, unter dem Titel „Die Lage" in: Wirtschaftsdienst 21 (1920, 21. Mai), 305–306, oder in: DERS., Staat und Wirtschaft seit dem Waffenstillstand. Jena 1924, 85–90.

449 DÄBRITZ, Walter, [Rezension zu] Singer, Kurt, Staat und Wirtschaft seit dem Waffenstillstand, in: Zeitschrift für die gesamte Staatswissenschaft 81 (1926), 179.

450 SINGER, Kurt, Drei Monate Ruhrkrieg, unter dem Titel „Zur Lage" in: Wirtschaftsdienst 15 (1923, 13. April), 365–366, oder in: DERS., Staat und Wirtschaft seit dem Waffenstillstand. Jena 1924, 174–178.

451 SINGER, Kurt, Universität Hamburg, in: Wirtschaftsdienst 16/17 (1919, 25. April), 313f.

452 SINGER (1922), Reparationspolitik, 856.

453 SINGER, Kurt, Dr. Wirth und Dr. Cuno, unter dem Pseudonym „Spectator" mit dem Titel „Bemerkungen zur Lage" in: Wirtschaftsdienst 48 (1922, 1. Dezember), 1138–1139, oder in: DERS., Staat und Wirtschaft seit dem Waffenstillstand. Jena 1924, 163–166.

454 SINGER, Kurt, Der Stand der Reichsfinanzen nach dem Umsturz, unter dem Titel „Rechenschaft und Vorblick" in: Wirtschaftsdienst 9 (1919, 28. Februar), 172–173, oder in: DERS., Staat und Wirtschaft seit dem Waffenstillstand. Jena 1924, 28–32.

455 SINGER (1919, 23. Mai), Marxismus.

456 SINGER, Kurt, Europa vor der Konferenz, unter dem Titel „Die Lage", in: Wirtschaftsdienst 14 (1922, 7. April), 314–315, oder in: DERS., Staat und Wirtschaft seit dem Waffenstillstand, Jena 1924, 136–139.

sätzliche Verbesserung der Lage, und über Politiker wie Woodrow Wilson konnte er nur den Kopf schütteln, weil er Sprecher der einfachen Leute sein wolle, für die „Heroen wie Alexander und Cäsar nur als gigantische Störer bürgerlicher Ruhe erscheinen."[457]

Die Führungspersönlichkeit, die Singer für diese Wende für nötig hielt, sah er ausschließlich verkörpert im Seherdichter Stefan George, dem er als einzigem eine Verwandlung Deutschlands zutraute. Im Nachwort von *Staat und Wirtschaft seit dem Waffenstillstand* nannte Singer den George-Kreis sogar beim Namen: Eine echte „Veränderung der Denkweise" sei ein halbes Menschenalter zuvor in den *Blättern für die Kunst* angedacht worden, aus denen er die lange zeitkritische Passage zitierte, die das „Heilmittel nur aus einer anderen Welt" ankündigt.[458] George habe es geschafft, dass eine „unbedingt ergebene Schar von Freunden und Folgern sich ordnet, die von ihm ungeschriebenes Gesetz und Maß des Daseins nehmen; daß immer neue Schichten von Seelen- und Geiststoff sich mit dem Hauch ihres ersten Bewegers durchdringen, bis endlich, engere und weitere Kreise überfliegend, ein Funken der großen Seele noch in die ersten Bereiche unseres Gesamtlebens dringt."[459] Die Realisierung des geistigen Reiches stellte sich der Ökonom also ganz ähnlich vor wie Edgar Salin. Singer schien es nicht als Widerspruch zu empfinden, dass es zwar einerseits den großen geistigen Führer schon gab, aber andererseits Deutschland dennoch in die Kontingenz der Moderne verstrickt blieb. George war für ihn der Retter, auch wenn sich ihm nicht alle Deutschen anschlossen und er nicht in die politischen Geschicke Deutschlands eingriff.

Andere „Seher" neben George lehnte Singer vehement ab. So verfasste er einen polemischen Artikel über Walther Rathenau, dem er vorwarf, sich die Rolle des Propheten anzumaßen.[460] Diesen Text wollte er auch dann noch unbedingt veröffentlicht sehen, als die Zeitschrift, bei der er den Artikel eingereicht hatte, ihn nach der Ermordung Rathenaus durch die rechtsextreme Organisation Consul keinesfalls mehr drucken wollte und Singer dazu beglückwünschte, dass das nicht schon vorher geschehen war.[461] Nach Marnie Schlüter[462] hatte dieser Text für Singer deshalb so große Bedeutung, weil er auf einen „Wink" Georges hin entstanden war, wie der Ökonom selbst berichtete: George habe Rathenau schon 1918 als „falschen Propheten" betrachtet und ihm, Singer, drei Jahre später den Auftrag gegeben, dessen „Propheten-Anspruch" zu widerlegen[463] – was er in seinem Text dann intensiv tat und Rathenau „entlarvte"; sicherlich auch, um George gegenüber seine Gefolgschaftstreue

---

457 SINGER (1918, 8. November), Friedensziele.

458 SINGER, Kurt, Über Staat und Wirtschaft im letzten Menschenalter, in: Kurt SINGER (Hrsg.), Staat und Wirtschaft seit dem Waffenstillstand. Jena 1924, 223–229. Singer zitiert aus Blätter für die Kunst, 9. Folge, 1910.

459 SINGER (1930, 17. Januar), [Rezension zu] Wolters.

460 Rathenau seinerseits hatte Georges Prophetenanspruch in RATHENAU, Walther, Zur Kritik der Zeit (Gesammelte Schriften, Bd. 1). Berlin 1918, scharf zurückgewiesen. Statt sich vor der Masse als den „Vielzuvielen" zu ekeln, trat er für ihre Erlösung ein, vgl. GERSTNER (2008), Neuer Adel, 348f.

461 Erich Kahler hielt den Abdruck des Textes in *Wirtschaft und Staat* für unangemessen, weil er fragwürdige Bundesgenossenschaften entstehen lasse. Kahler an Singer am 9.10.24 in SUB, NKS BII15.

462 SCHLÜTER, Marnie, Geehrt im Namen des falschen Propheten. Kurt Singer und der Walther Rathenau-Preis, in: Achim ESCHBACH u.a. (Hrsg.), Interkulturelle Singer-Studien: Zu Leben und Werk Kurt Singers. München 2002, 119–136.

463 SINGER (1957), Erinnerungen, 305, 310.

zu beweisen.[464] Es mutet merkwürdig an, dass Singer trotzdem wenige Jahre später eine Hälfte des Walther-Rathenau-Preises verliehen bekam (die andere Hälfte der 3000 RM erhielt der Schriftsteller Friedrich Kayßler), und zwar auf Vorschlag von Max Dessoir und unter Fürsprache von Friedrich Gottl-Ottlilienfeld. Dessoir begründete seinen Vorschlag auffallend ausführlich, verschwieg aber die Existenz von Singers Rathenau-Text und scheint sogar Versuche unternommen zu haben, die Mitglieder der Walther-Rathenau-Gesellschaft von weiteren Nachforschungen über Singer abzuhalten, sei es, weil er Singers Urteil über Rathenau teilte, sei es, weil er selbst mit dem George-Kreis sympathisierte.[465] Die Strategie war jedenfalls erfolgreich und Singer wurde im Namen Rathenaus geehrt, obwohl seine Haltung ihm gegenüber keineswegs so unparteilich war, wie er später behauptete.[466]

Auch nach dem Zweiten Weltkrieg beharrte Singer auf seiner Forderung nach der geistigen Erneuerung, die er immer noch von elitären Zirkeln erhoffte:

> "The task is to re-establish respect for the spirit by setting it to work; to de-mass the masses by devising forms of life in which the dignity of man is re-established. It is of the essence of this task that it will have to be solved in a plurality of ways and, that a beginning will have to be made by small groups of men, each according to its time, space and endowment, renewing life 'from the cells' of society."[467]

Noch immer mahnte er an Bergson, auf den keiner hören wollte, als er "again demands full *Umkehr* (return), obeying the one unchanging message of the spirit, and pledging allegiance to a genuine hero. But no lesser price will buy a peace that is not just another name for virtual war – or for revolution, another aspect of the same dread power, as Lenin knew and did not hesitate to say."[468] Eine wirkliche Verbesserung der wirtschaftlichen und politischen Lage erwartete Singer nach wie vor ausschließlich von einer geistigen Erneuerung unter einem starken Führer. Im Kontext der weiteren historischen Entwicklung wirft dies die Frage auf, wie Singer sich dem aufkommenden Faschismus und Nationasozialismus gegenüber positionierte.

---

464 Julius Landmann gegenüber, der mit Rathenau befreundet war, sprach George dagegen weitaus freundlicher von Rathenau, vgl. LANDMANN (1963), Gespräche George, 26, 64. Vgl. dazu auch 91, Fn 383.
465 Vgl. SCHLÜTER (2002), Falscher Prophet, 131ff.
466 Singer gab im Lebenslauf an, gegen Rathenaus prophetischen Führungsanspruch opponiert, aber dennoch objektiv geurteilt zu haben. Sein Vermögen zum objektivem Urteilen habe auch seine Studenten im Kurs über den Italienischen Faschismus im Wintersemester 30/31 beeindruckt. Singer, Activities and attitudes during the inter-war period 1919–1939, SUB, NKS C II 2. Dies entspricht nicht dem Leseeindruck.
467 Singer, Observations occasioned by the unesco paper Cua/28, Anlage SUB, NKS ohne Signatur.
468 SINGER (1973), Schriften, 98.

2.3 Kurt Singer und der Faschismus

Singers Haltung zum Faschismus bzw. Nationalsozialismus wird in der Sekundärliteratur kontrovers diskutiert.[469] Der Vorwurf, er habe mit dem Nationalsozialismus weitgehend sympathisiert, beruht insbesondere auf einer Stellungnahme des Philosophen Karl Löwith in seinen Memoiren aus dem Jahr 1986.[470] Auch Löwith hatte seit 1918 über Percy Gothein in Kontakt mit dem George-Kreis gestanden, sich dann aber wieder distanziert.[471] Der Zufall wollte es, dass er und Singer sich im Exil in Japan wieder begegneten: Es verschlug sie beide nach Sendai, wo sie schon aus Mangel an Alternativen fast dazu gezwungen waren, miteinander zu verkehren, was durchaus nicht ohne Spannungen ablief.[472] Löwith beschrieb in seinen Memoiren Singers politische Haltung folgendermaßen:

> „Politisch war er Faschist: er haßte alle demokratischen Institutionen und verteidigte auch die japanische Invasion in China als eine weltgeschichtliche Sendung. Als Hitler, dessen Machtübernahme er nur aus der Ferne in Japan erlebt hatte, Österreich und das Sudetenland annektierte, sprach er zu mir mit strahlenden Augen und in der Haltung einer komisch wirkenden Strammheit vom werdenden ‚Reich', zu dem nun bloß die Ukraine noch fehle, und von ‚*unserer* deutschen Armee'! An sein Judentum ließ er sich nur ungern erinnern, und lieber als von den Leiden der Juden in Deutschland sprach er von der Vergewaltigung der Sudetendeutschen durch Tschechen. Äußerst klein und ängstlich, wie er mit Rücksicht auf seine Leiblichkeit war, hatte er in Gebärden und Worten den Zug zur ‚heroischen Größe'. Er besuchte in Japan mit Vorliebe die historischen Heldenstätten. [...] Abgesehen von seiner politischen Perversion war Kurt Singer aber ein geistreicher Mann mit liebenswürdigen Zügen. Es war aller Achtung wert, wie sich dieser 50jährige Junggeselle trotz des völligen Mangels an Austausch und Mitteilung geistig lebendig hielt und seine vielseitigen Kenntnisse und Interessen in Japan erweiterte."[473]

Um den Quellenwert dieser Zeilen abzuschätzen, ist zu bedenken, dass der zeitliche Abstand zwischen der gemeinsamen Zeit in Sendai und der Publikation der Passage fast fünfzig Jahre beträgt, auch wenn der Text bereits in den frühen 40er Jahren niedergeschrieben wurde. Zudem handelt es sich bei Löwiths Memoiren um die Lebenserinnerungen eines Mannes, der für seine scharfe Zunge bekannt war.[474] Den Text verfasste Löwith im Rahmen des Preisausschreibens *An alle, die Deutschland vor und nach Hitler gut kennen!*, das die Universität Harvard im Jahr 1940 auslobte, um von Emigranten Einblicke in das nationalsozialistische Deutschland zu erhalten – unter den 250 Einreichungen gehörte sein Text zu

---

469 Insbesondere in dem Sammelband ESCHBACH u.a. (2002), Singer-Studien.

470 LÖWITH, Karl, Mein Leben in Deutschland vor und nach 1933. Ein Bericht. Stuttgart 1986. In seinen Hauptwerken beschäftigte sich der Philosoph Karl Löwiths (1897–1973) insbesondere mit Nietzsche, Heidegger und Fragen der Geschichtsphilosophie.

471 KARLAUF (2007), Charisma, 540.

472 Vgl. auch WILHELM (1988), Denker in Sendai.

473 LÖWITH (1986), Leben, 22 (Hervorhebungen von Löwith).

474 Eschbach bezeichnet ihn als „lästerliches Schandmaul" in ESCHBACH (2002), Scienza nuova, 399. Den Wert der Aussage, die nicht für die breite Öffentlichkeit bestimmt war, bezweifelt auch MÜLLER (2002), Kurt Singers politische Einstellung, 149ff.

den ausgezeichneten. Die Schrift war ursprünglich also nicht zur Publikation bestimmt, und Löwith selbst war zum Zeitpunkt des Erscheinens im Jahr 1986 schon seit 13 Jahren tot. Wie aber hatten Singer und Löwith zu Lebzeiten zueinander gestanden? Das Verhältnis zwischen den beiden in Sendai scheint nicht ungetrübt gewesen zu sein, wie sich ihrem im Deutschen Literaturarchiv Marbach überlieferten Briefwechsel entnehmen lässt: Löwith gab Singer im Jahr 1939 einen Vortrag zu lesen, in dem er sich wohl abfällig über die Georgeaner geäußert hatte, was Singer aufs schärfste zurückwies.[475] Singer berichtete Edith Landmann in der Folge über einen heftigen Streit mit einem Exilgenossen (gemeint war wohl Löwith), von dem seine Mätresse alles abhalte, was „ihn in seinem überlegenheitswahn stören kann."[476] Nachdem Löwith dann aber kurz vor Singers Abreise aus Japan wieder einen besänftigenden Ton angeschlagen hatte, war Singer offensichtlich versöhnt und schrieb Löwith in der Folge regelmäßig bis 1965 sehr freundlich.[477] Vor allem während der Internierungszeit in Australien versorgte Löwith Singer auch mit Lektüre. Der Vergleich mit anderen Quellen ergibt ein gemischtes Bild: Einige Aussagen über Singer wurden so oder ähnlich auch von anderen Zeitgenossen gemacht, z. B. die über die aus seiner geringen Körpergröße resultierenden Komplexe.[478] Auch dass Singer die Expansion Japans guthieß, lässt sich nicht nur, wie oben angedeutet, seinem japanisch-chinesischen Kulturvergleich entnehmen,[479] sondern auch anderweitig belegen. In einem Brief an Salin schrieb er über Japan: „Man muss nur durch die märchen-, bühnen- und vignetten-welt durchschauen, um auf eine auch heute noch lebendige seelenschicht zu stossen, die bis ins urtümliche hinabreicht und sich durch mehr als zwei jahrtausende auf die aufgabe der beherrschung asiens vorbereitete."[480] Die Chinesen dagegen bezeichnete er als „wimmelnde Uebermenge", „wie Ströme und wie Ungeziefer, untilgbar zwischen stumpfgelber Erde und lichtblauem Himmel. [...] Wenn dies Toten-Geschlecht eines Tages zu neuem Leben erwachen sollte: wird das nicht der letzte Tag sein und das Gericht des Endes?" fragte er rhetorisch die Leser der Neue Züricher Zeitung 1936.[481] Nach seiner Emigration nach Australien deutete Singer die chinesische Kultur dagegen wesentlich positiver, die japanische kritischer, und er gratulierte Löwith zum Weggang aus dem „totalisierten Kirschenland".[482] Wird Löwiths Aussage in diesem Punkt also durch andere Quellen gestützt, ist hingegen kaum vorstellbar, dass Singer nicht an seine jüdische Herkunft erinnert werden wollte – er, der nach seiner eigenen Aussage von 1960 George seine Dienste in Verbindung mit einem dezidierten Bekenntnis zum Judentum anbot, und der seine an Bergson orientierte wissenschaftliche Methode explizit als Fortentwicklung der jüdischen Hermeneutik verstand. Singer bekannte sich in seinen ab

475 Singer an Löwith am 29.1.39 in DLM, A: Löwith, 99,17.109/1–12. Löwith berichtete auch über Edgar Salin, er habe sich noch nach der „Machtergreifung" seiner Beziehungen zu prominenten Parteigenossen in Berlin gerühmt, vgl. LÖWITH (1986), Leben, 21f.

476 Singer an Edith Landmann am 9.5.39 in SUB, NKS BI5.

477 Kurt Singer an Karl Löwith, DLM, A: Löwith, 99.17.109/1–12.

478 Vgl. 105.

479 Vgl. 190.

480 Die Fortsetzung des bereits auf 186 zitierten Briefes von Singer an Salin am 16.4.1933, in UB Basel, NSB Fa 8882–8975.

481 SINGER, Kurt, Chinesische Sichten, in: Neue Züricher Zeitung, 1659 (28. September 1936), 6.

482 Singer an Löwith am 19.4.41, in DLM, A: Löwith, 99.17.109.6; SINGER (1947, August), Formation. Japan trat im Dezember 1941 mit dem Überfall auf Pearl Harbor in den Zweiten Weltkrieg ein.

1939 geschriebenen Briefen an Karl Wolfskehl zum Judentum[483] und publizierte in *The Zionist.*[484] Es wäre immerhin möglich, dass er *deshalb* nicht über das Schicksal der Juden in Deutschland sprechen wollte, weil er schmerzlich davon berührt war. Singer scheint jedenfalls nicht vom „morbus iudaicus", dem jüdischen Selbsthass, angekränkelt gewesen zu sein.[485]

Über seine Haltung zum Faschismus gibt sein Aufsatz *Die geistesgeschichtliche Bedeutung des italienischen Faschismus* von 1932 Aufschluss, der 1933 noch einmal abgedruckt wurde.[486] Er selbst gab an, der Text sei ein Ergebnis eines Seminars an der Universität Hamburg im Wintersemester 1930/31 – man kann also davon ausgehen, dass Singer seine Studenten ganz ähnliches lehrte.[487] In diesem Text, der als zentrale Quelle im Folgenden ausführlich besprochen werden soll, finden sich einzelne Passagen, die sehr wohl Löwiths Urteil über Singer als „Faschisten" rechtfertigen können, wie das in der Sekundärliteratur mehrfach dargelegt wurde. Betrachtet man die Aussagen jedoch im Kontext, so wird klar, dass Singer bei aller prinzipiellen Hochschätzung des Faschismus doch auch Einschränkungen in seiner positiven Beurteilung machte.[488] Ausgangspunkt des Textes ist, wie kaum anders zu erwarten, eine ausführliche Zeitkritik, die die auflösenden Tendenzen der Moderne kritisiert.[489] Demgegenüber sei ein neuer „Glaube" dringend vonnöten, der dem Leben einen „gültigen Sinn" zu geben in der Lage sei, und diese Sinnstiftung beanspruche der Faschismus für sich – wie zahlreiche Denker aus dem Umfeld der konservativen Revolution zeigte Singer sich also insbesondere davon fasziniert, dass hier die Realität einer Idee unterworfen werden sollte.[490] Ziel des Faschismus sei es, als neues geistiges Reich „das Bild des antiken Staates zu erneuern, im Stoffe des germanisch-romanischen Menschen"[491]. Singer wollte diesen Anspruch überprüfen. Er verstand den Faschismus als eine neue Einheit von konservativen (d.h. das Alte und die Traditionen bewahrenden), liberalen (d.h. auf Fortschritt und Gegenwart gerichteten) und revolutionären Tendenzen, wobei die einzelnen Richtungen durch den Zusammenschluss in ihrem Wesen verändert würden[492] – die georgeanische Semantik vom Ganzen und den Teilen plausibilisierte Singers Deutung. Zudem fehlt auch die Auslegung im Sinne des élan vital von Bergson nicht: „Die Nation wird als ein Werdendes aufgefasst", das Volk „nicht als ein Gegebenes, sondern als ein erst zu Erzeugendes", wobei

---

483 WOLFSKEHL (1988), Briefwechsel aus Neuseeland, Bd. 1, 325–336.

484 SINGER (1944), Cain; SINGER (1948, Februar), Moses.

485 Zu diesem Begriff vgl. GILMAN, Sander L. und KÖNIG, Isabella, Jüdischer Selbsthaß: Antisemitismus und die verborgene Sprache der Juden. Frankfurt a. M. 1993.

486 SINGER, Kurt, Die geistesgeschichtliche Bedeutung des italienischen Faschismus, in: Schmollers Jahrbuch 56 (1932), 1203ff; SINGER, Kurt, Die geistesgeschichtliche Bedeutung des italienischen Faschismus, in: Arthur SPIETHOFF (Hrsg.), Festgabe für Werner Sombart: Zur siebenzigsten Wiederkehr seines Geburtstages 19. Jänner 1933. München 1933, 363–381.

487 Singer an Salin am 16.4.1933, in: UB Basel, NSB, Fa 8882–8975. Papcke nennt fälschlicherweise das WS 1932/33, als Singer schon in Japan war (PAPCKE (1986), Weltferne Wissenschaft, 199).

488 So auch MÜLLER (2002), Kurt Singers politische Einstellung, 139, der Papcke zu Recht vorwirft, er würde sinnentstellend aus Singers Artikel zitieren (PAPCKE (1986), Weltferne Wissenschaft, 194, 207).

489 SINGER (1933), Bedeutung, 363–371.

490 Vgl. BREUER (1995), Konservative Revolution, 128.

491 SINGER (1932), Faschismus, 380f.

492 Zum Zusammenhang von Faschismus und Moderne vgl. GRIFFIN, Roger, Modernism and Fascism. The Sense of Beginning under Mussolini and Hitler. New York [u.a.] 2007, insb. 66–69.

Singer unterstellte, dass es die „vornehmste Aufgabe" der faschistischen Bewegung sei, „die neue Aristokratie zu erzeugen, ohne die neues Volk nicht entstehen kann."[493] Dass er mit dieser Deutung die historische Realität des italienischen Faschismus nicht erfasste, bedarf hier keiner weiteren Untersuchung.[494] Was viel mehr interessiert, ist seine Deutung, und für diese konstituierend ist das Ausgehen von der Krise: Im antiken Modell sei die Stellung des Diktators als Überwinders der Krise gedacht. Da man sich diese in der Gegenwart als andauernde vorstelle, sei auch die Stellung des duce permanent. Eben diese Krisen- oder gar innere und äußere Kriegssituation rechtfertige auch die Einschränkung der bürgerlichen Grundrechte,[495] die zur Folge habe, dass der Faschismus nach außen hin „als bloße Gewaltherrschaft" erscheine[496] – diese Tatsache übersah Singer nicht. In der Sicht von innen sei jedoch die Frage nach Gelingen oder Misslingen die entscheidende. Die Idee der Freiheit habe im Faschismus eine „paradoxe Umschmelzung" erfahren: „Freiheit nicht mehr als naturgegebene Befugnis von irgend jemandem, sondern als Pflicht, die zu erfüllen ist ... die Überwindung des Individuums durch sich selbst, um im Opfer das höhere Selbst zu finden, das identisch ist mit der Substanz der Nation."[497] Der Vergleich zu Singers Deutung von Platons Politeia liegt auf der Hand, auch Singer wollte Freiheit vor allem als Verantwortung für das Ganze verstehen.[498] Für die große Führerpersönlichkeit Mussolini fand Singer lobende Worte: Er habe durch die Tat einen handlungsfähigen Verband geschaffen, sei vom Volk legitimiert und der fähigste Mann im Land. Aber, und nun nähern wir uns Singers Resümee, ein neues Schöpferisches sei bei ihm *nicht* festzustellen. „Auch sein neuer Führer trägt nicht das herrscherliche Antlitz, das sich den Völkern als Gesetz eines Neuen Lebens auferlegen kann." Zwar habe Mussolini die Dienstbarmachung und Bindung der widerstreitenden Kräfte in einer neuen politischen Form bewerkstelligt, aber „die Erhöhung des Menschen überhaupt" sei nicht gelungen, „und daher warten ihre Worte [gemeint sind die von Hegel und Nietzsche, Ko. S.] der Zeugung in edlerem Stoff."[499] In dieser Deutung war Singer wiederum stark von George abhängig, der nach Aussage Edith Landmanns geäußert hatte, Mussolini sei „ein poet aber ein schlechter, er ist ein täter – aber ein moderner." Ihm fehle das „wissen um höchste ziele", ohne die seine Macht wertlos bleibe.[500] Mussolini konnte in Singers Wahrnehmung ebenso wenig ein Konkurrent Georges um die geistige Führung seiner Zeit sein wie Rathenau.

Zweifellos zeigt dieser Text Sympathien für die faschistische Bewegung, von ihrer Ablehnung wie etwa bei Salz kann keine Rede sein. Allerdings, und das ist im Rahmen der

---

493 SINGER (1933), Bedeutung, 377.

494 Vgl. BOSWORTH, Richard J. B., Mussolini's Italy: life under the dictatorship, 1915–1945. New York 2006.

495 SINGER (1933), Bedeutung, 374.

496 Ebd., 375.

497 SINGER (1932), Faschismus, 378.

498 Vgl. 265.

499 SINGER (1932), Faschismus, 381.

500 Edith Landmann, Tagebücher, in StGA, Landmann I, 101, Bd. 7, nach August 1926. (Im Original: „e. poet aber e. schlechter, er ist e. täter – ab. e. moderner.") Georges Urteil über Mussolini insgesamt fiel zwar ambivalent aus, aber er schien gegen eine ähnliche politische Entwicklung in Deutschland keine Einwände zu haben, da sie dem politischen System von Weimar vorzuziehen sei, vgl. KARLAUF (2007), Charisma, 581.

Untersuchung entscheidend, sah Singer im italienischen Faschismus *nicht* die Verwirklichung von Georges *Neuem Reich*, und damit auch *nicht* die Erfüllung seiner Erlösungshoffnungen. Georges Ideal blieb unverrückbar sein Maßstab. Er hielt fest: „Das mass alles geschehens und die richtschnur meines handelns bleibt unverrückbar das Geheime Deutschland.“[501] Dass sein Text allerdings auch anders gelesen werden konnte, dessen war Singer sich sehr wohl bewusst und er nahm es in Kauf. In einem Brief an Salin vom 5.5.1935 heißt es: „Dass in England meine würdigung fascistischer bewegungen und mein decidierter nicht – ‚pacificism‘ die ohnehin schwachen möglichkeiten einer arbeits-stätte auf null reduciert haben, wird Ihnen vielleicht bekannt sein.“[502] Die Tatsache, dass Singer bei seinen Bitten um Hilfe bei den internationalen Komitees zur Rettung der deutschen Wissenschaftler als Referenzen Namen wie Werner Sombart oder Friedrich Gottl-Ottlilienfeld nannte, die sich dem nationalsozialistischen Staat andienten, mag dies zusätzlich erschwert haben.[503]

Lässt sich Singers Position gegenüber dem Faschismus nun vergleichen mit der gegenüber dem Nationalsozialismus? Er verließ Deutschland 1931, sodass er die „Machtergreifung“ der Nationalsozialisten nicht dort erlebte. Dennoch geben seine Briefe Aufschluss über seine Haltung zur nationalsozialistischen Bewegung. Am 16.4.1933 schrieb Singer von Kamakura in Japan an Salin in Basel, dass er über die nationalsozialistische Bewegung nur unzureichend informiert sei. Er bat ihn, zu berichten,

> „ob *irgend*eine verbindung zur geistigen bewegung besteht. was ich aus den zeitungen entnehmen kann, weist eher nach Bayreuth als nach Bingen und hat einen fatalen mittelstandsgeruch, geistig noch mehr als wirtschaftlich. und dass man keine starke einheitliche volksbewegung zustande bringen kann ohne auf die judenfeindschaft als stärkstes verbindendes zu verzichten scheint anzudeuten dass das deutsche nationalgefühl seiner selbst noch immer nicht sicher ist. intra muros ist das alles nicht wichtig. Wie sich aber die draussenstehenden verhalten haben, dies möchte ich gerne wissen. im übrigen bin ich dafür dass Hitler gelegenheit erhält zu zeigen was er *kann*.“[504]

In den Zeilen zeigt sich eher eine Befürchtung als eine Hoffnung, dass der George-Kreis („die geistige bewegung“) in den Nationalsozialismus verstrickt sein könnte. Zudem wird Singers Missbilligung darin deutlich, dass er dem Nationalsozialismus vorwirft, eine Volksbewegung nur durch das unangemessene Bindemittel des Antisemitismus zustande bringen zu können. Salins Antwort ist nicht erhalten – Singers nächster Brief lässt jedoch darauf schließen, dass Salin ihn hinsichtlich einer Beteiligung des George-Kreises beruhigte und seine Bedenken zerstreute.[505] Der Emigrant dankte für Salins Schreiben am 4.6.33 und zeigte sich erleichtert über die Zerstreuung seiner Befürchtung, dass Freunde von ihm verantwortlich „für die beleidigende schein-lösung eines problems sein könnten das allerdings weder

501 Singer an Edith Landmann am 9.11.33 in SUB, NKS BI5.

502 Singer an Salin am UB Basel, NSB, Fa 8882–8975.

503 Vgl. KROHN (2002), Kurt Singer, 58.

504 Singer an Salin am 16.4.1933, in: UB Basel, NSB Fa 8882–8975 (Hervorhebungen von Singer).

505 Ob es sich bei Salin um den „kühnen und wachen“ Freund handelte, dessen Briefe bis Mitte der 30er Jahre Singer im *Bericht über die japanischen Jahre* erwähnt, muss dahingestellt bleiben (SINGER (1957), Bericht, 598).

durch gewährenlassen noch durch augenschliessen gelöst werden kann."[506] An die „Judenfrage" konnte Singer zu diesem Zeitpunkt damit kaum denken, sodass er sich hier wohl auf die Frage nach der Schaffung eines starken deutschen Nationalgefühls bezog, vielleicht auch auf die Realisierung eines „geistigen Reiches", wie es George vorschwebte. Diese hielt Singer durch den Nationalsozialismus nicht für befriedigend gelöst, er sprach von einer „schein-lösung". Aber auch hier zog er das Fazit: „Den neuen männern der regierung kann ich nicht grollen. Sie handeln, gemäss ihrem herkunfts- und bildungshorizont, mit feuer, gesinnung und erstaunlich viel ordnungsvernunft. Aber denen die es besser wissen müssen und die so blind gehorchen als ob wahrhaft der Kriegsfürst aus dem Brand des Tempels über ihnen thronte, denen kann ich nicht vergeben."[507] Der Brief an Salin geht weiter:

> „Sehe ich nur auf die ziele, die grundanschauungen und selbst die wichtigsten programm-punkte, so kann ich der neuen regierung meine zustimmung nicht versagen. die ausführung geschieht allerdings bisher oft in einem material das der höhe der ziele nicht angemessen ist... die notwendige folge vorzeitigen tat-willens. so bedrückend dieser zustand ist und so viel in den seelen vieler jüngerer zerbrechen wird wenn ihnen die augen darüber aufgehen werden wie die dinge in wirklichkeit liegen, so bin ich tief davon überzeugt dass der geist, worunter ich den deutschen verstehe, in dieser bedrängnis und unter diesem druck endlich gewinnen wird. nie hat der stern des dichters reiner und unberührbarer über dem geräuschvoll-flachen mittelland gestanden. [...] über die säuberung verschiedener ställe, über die brechung des partei- und verbandswillens und vor allem über die herstellung der reichseinheit bin ich tief froh."[508]

Der Brief legt nahe, dass Singer den deutschen Nationalsozialismus, wie Salin ihn ihm beschrieb, ganz ähnlich beurteilte wie den Faschismus in Italien: Obwohl er einzelne Maßnahmen und Forderungen billigte, hielt er auch ihn nicht für die Errichtung des *Neuen Reichs* im Sinne Georges, das er nach wie vor als Ziel aufrecht erhielt. Auch wenn seine anfänglichen Sympathien nicht zu übersehen sind, kann man daher nicht davon ausgehen, dass Singer dauerhaft Anschluss an den Nationalsozialismus gefunden hätte, wenn er kein Jude gewesen wäre[509] – ein solches Pauschalurteil wird seiner vorsichtig abwägenden Haltung nicht gerecht. Schon ein Jahr später verschlechterte sich Singers Einschätzung des Nationalsozialismus rapide. An Martin Buber schrieb er:

> „In Deutschland in das ich zweimal hineingeboren bin, durch die eltern und durch George, ist jetzt für mich wohl kein raum, so sehr sich die meisten neuerungen auf wirtschaftlichem und im engsten sinne politischem gebiet in den bahnen bewegen (wenigstens nach dem was ich aus den zeitungen erfahre) die ich seit jahren für richtig gehalten habe. Da ich aber niemals gedacht habe, dass das innere, das heisst Georgische, und das äussere, wie auch immer revolutionierte Deutschland so bald zur Kongruenz gebracht werden

506 Singer an Salin am 4.6.1933 in UB Basel, NSB Fa 8882–8975.
507 Singer an Edith Landmann am 4.8.33, in SUB, NKS BI5.
508 Singer an Salin am 4.6.1933 in UB Basel, NSB Fa 8882–8975.
509 So KROHN (2002), Kurt Singer, 57.

> könnten, und da mir nicht zweifelhaft ist, auf welchem Niveau sich heut in jedem volk massenbewegungen allein abspielen können, bin ich an nichts irre geworden das mir wesentlich war. Ich bleibe George so verpflichtet wie ich es dem lebenden war, als angehöriger des stammes der auf die stimme aus dem brennenden busch zu *hören* hat, auch wenn sie von dem Gott von Midian ausgeht. Bleiben die Deutschen bei ihrer naturalistischen verarmung des volks-gedankens so werden freilich die rechnungen meines lebens nie mehr ohne rest aufgehen. Aber welche Lebensrechnung täte das!"[510]

Singer hielt einzelne politische Maßnahmen der Nationalsozialisten für richtig. Die Bewegung an sich war für ihn jedoch *keine* Erfüllung seiner georgeanischen Erlösungshoffnung, und dieser blieb er treu, was er auf seine jüdische Identität zurückführte.

Die Frage, inwiefern einer solch nachgiebigen Haltung gegenüber dem Nationalsozialismus eine Mitverantwortung für dessen Ausbreitung in Deutschland zugesprochen werden kann,[511] reflektierte z.B. der Georgeaner Arthur Salz im Exil.[512] Setzte sich auch Kurt Singer mit der Problematik der moralischen Schuld Georges und seines Kreises auseinander? Oberflächlich betrachtet finden sich in seinen Arbeiten kaum Anhaltspunkte, dass er sich dieser Thematik gestellt hätte. So weit ich sehe, beschrieb Singer nur an einer Stelle die in Deutschland für den Nationalsozialismus anfällige Schicht als "the German middle class of small rentiers, shopkeepers, white collar workers and employees, dispossessed by inflation and feeling helpless against the crushing powers of both late industrial capitalism and early proletarian socialism."[513] Eine moralische Dimension wird hier nicht angeschnitten, nur die realpolitischen Umstände werden erklärt. Stellte Singer die Frage nach der Verantwortung also gar nicht? Wenn wir die Erkenntnisse aus der Analyse seiner Methodologie ernst nehmen und das Verschlüsselungspotenzial der semiotischen Methode bedenken, zeigen sich doch Anzeichen für eine intensive Beschäftigung mit dieser Problematik in Singers Werk.

Während und nach seiner Zeit in Japan verfasste er das (oben bereits erwähnte) Buch *Spiegel, Schwert und Edelstein*, das bis heute als vortreffliche Darstellung der japanischen Kultur gilt.[514] Das englische Manuskript vollendete er 1950,[515] mittlerweile liegt auch eine

---

510 Singer an Buber am 16.2.34, in SUB, NKS BI 2 (in Kopie).

511 PAPCKE (1986), Weltferne Wissenschaft.

512 Vgl. 202.

513 SINGER (1947), Landlords, 248f.

514 Yoshihiko Ikegami hält die japanische Kultur für gut beschrieben, Vgl. IKEGAMI, Yoshihiko, Characterizing a Culture: Kurt Singer and his „Symbolic" Approach, in: Achim ESCHBACH u.a. (Hrsg.), Interkulturelle Singer-Studien: Zu Leben und Werk Kurt Singers. München 2002, 309–326, 312; Nobuo Ikeda dagegen wirft Singer vor, die Japaner als homogene Masse zu betrachten und der verlorenen Tradition zu sehr nachzutrauern, vgl. IKEDA, Nobuo, Singer und Sosekis Kokoro – die Begegnung mit der japanischen Literatur, in: Achim ESCHBACH u.a. (Hrsg.), Interkulturelle Singer-Studien: Zu Leben und Werk Kurt Singers. München 2002, 261–270, 269f. Wienold kritisiert, dass auf die wirtschaftlichen Strukturen und die sozialen Spannungen nicht eingegangen wird, dass also Singers Japan-Bild auf Traditionen hin gesäubert sei (WIENOLD (2002), Kurt Singers Japan, 236).

515 Es gab aber wohl auch eine frühere Fassung. In einem Brief an Martin Buber vom Juli 1944 beklagte Singer, das Manuskript des Buches, das er zur Oxford University Press in London und New York geschickt habe, sei offensichtlich verloren gegangen, vgl. ARNDT (2000), Jewish Scholar, 75. Es überrascht, dass er keinen Verleger fand, obwohl in den USA das Interesse an Japan durchaus gegeben war: So publizierte Ruth Benedict ihre Studie über die japanische Mentalität, die sie vor allem anhand der Befragung japanischer

deutsche, erweiterte Übersetzung vor.[516] Wie oben bereits angedeutet,[517] fällt in dem Werk der Versuch auf, die japanische Gesellschaft als Parallele zum antiken Griechenland einerseits und zum George-Kreis andererseits zu deuten – diese Tendenz stellt auch Wolfgang Wilhelm fest.[518] Obgleich Singer in anderen Arbeiten auch fundamentale Unterschiede zwischen der griechischen und der japanischen Mentalität herausarbeitete, vor allem den, dass die Japaner gerne alles verschleierten, während die Griechen im Sinne des „erkenne dich selbst“ zu großer Offenheit und Klarheit neigten,[519] ist in *Spiegel, Schwert und Edelstein* der Versuch zur Parallelisierung Japans mit dem George-Kreis eindeutig. Behält man diese verschlüsselte Deutungsebene im Hinterkopf, fällt eine Textpassage besonders ins Auge, in der Singer versuchte, die Entstehungsbedingungen des japanischen Faschismus zu beschreiben.

> „Der im Vergleich zu den europäischen Parallelbewegungen ausgesprochen leichte Übergang zeigte deutlich, daß der Faschismus in Japan einen heimischen Boden vorfand, der sich für seine Ziele besonders eignete, und eine psychische Verfassung, die für seine Slogans eigentümlich empfänglich war. Es ließe sich sogar mit größerem Recht sagen, daß der westliche Faschismus ein später, fremder Abkömmling politischer Ideen und Methoden war, wie sie sich in Japan in Einklang mit einheimischen Traditionen und hochgehaltenen Lebens- und Denkformen langsam und organisch herausgebildet hatten. Wenn wir Mussolinis Ausführungen über das Wesen des Faschismus in seinem Beitrag zur Encyclopedia Italiana (1932) mit den traditionellen Lehren der politischen Philosophen Japans vergleichen, stoßen wir auf übereinstimmende Denkmuster: Der Staatskörper wird als Gebilde von metaphysischer Bedeutung begriffen; Selbstaufopferung ist im Leben des einzelnen die höchste Bestimmung; es herrscht der Glaube an ‚eine organisierte, zentralisierte und autoritäre Demokratie‘; Liberalismus und Individualismus sind zu bekämpfen; dem Staat wird der Schutz der nationalen Kultur anvertraut in Sprache, Moral, Glauben und in den Werken des schöpferischen Genies, und er bringt Ordnung und Dauer in die Aufeinanderfolge der Generationen; für die Regierung zählen angeblich nicht so sehr territoriale und militärische Ziele als vielmehr ethische und geistige Normen; es geht um eine ‚Welt, in der Völker direkt oder indirekt über andere Völker dominieren, ohne deshalb notwendigerweise auch nur einen Fußbreit fremden Landes erobern zu müssen‘. Hier gilt es jedoch zu berücksichtigen, daß diese und andere von Mussolini verwendete Formeln so weitgefaßt und dehnbar sind, daß das von ihnen bezeichnete majestätische und vage Feld nicht nur den Faschismus und Nipponismus umfaßt, sondern auch eine große Anzahl östlicher und westlicher, klassischer und mittelalterlicher politischer Philosophien hohen Ranges, und daß jeder, der diese mit den tota-

Auswanderer erstellte, erstmalig 1946 (BENEDICT, Ruth, Chrysantheme und Schwert: Formen der japanischen Kultur. Übersetzt von Jobst-Mathias SPANNAGEL. Frankfurt am Main 2006).

516 Zur Problematik der deutschen Ausgabe, sowohl der Übersetzung als auch der Ergänzungen vgl. WIENOLD (2002), Kurt Singers Japan, insb. 212–231.

517 Vgl. 232.

518 WILHELM (1988), Denker in Sendai, 56.

519 Handschriftsliche Aufzeichnung Vom Wesen Japans (Japanische Aufzeichnungen aus dem dritten Jahr in Japan), SUB, NKS AI37.

litären Leitgedanken des 20. Jahrhunderts gleichsetzen wollte, ein mangelhaftes Unterscheidungsvermögen beweisen würde."[520]

In diesem Textabschnitt erklärte Singer, warum Japan so leicht von den Gedanken des Faschismus infiziert werden konnte: Da das japanische Leben in den Jahrhunderten, ja Jahrtausenden zuvor streng hierarchisch strukturiert war und autoritäre Strukturen aufwies, bot es Einfallstellen für das faschistische Gedankengut, ohne dass man dem alten Japan unterstellen konnte, faschistisch gewesen zu sein. Als gedankliches Experiment sei es nun erlaubt, in diesem Text das Wort „Japan" durch „George-Kreis" zu ersetzen. Singer spräche dann auf einer ersten Sinnebene über die Ausbreitung des Faschismus in Japan, auf einer zweiten aber über seine Ausbreitung im George-Kreis. Er würde in Japan eine Folie sehen für die Vorgänge im George-Kreis, auch wenn er dies nicht aussprach, sondern dem Leser nur chiffriert zu verstehen gab. Die Methode der Zeichen-Deutung würde somit zugleich dem Verschlüsseln von Erkenntnissen dienen, die der Leser, der die Methodik des Kreises kennt, verstehen kann, während sie sich dem ungeübten nicht aufdrängen. Welche Argumente sind für diese These vorzubringen? Zum einen hatte Singer eine Vorliebe für die Methode der Verschlüsselung und des Chiffrierens, wie oben ausführlich dargelegt wurde. Zudem wird die Annahme, dass eine solche verschlüsselte Schreibweise mit einer zweiten Sinnebene auch hier vorliegt, gestützt durch die Tatsache, dass die Passage sich nur in der deutschen Ausgabe findet, nicht in der, die Singer 1950 für das englische Publikum vorgelegt hatte, das mit Sicherheit im Hinblick auf den deutschen Dichter George weniger dechiffrierfähig war und zu diesem Zeitpunkt wohl auch keine Zitate von Mussolini, wie kritisch auch immer sie sein mochten, lesen wollte. Zudem passt die Aussage auf Singers Lebenssituation: Wie alle jüdischstämmigen Mitglieder des George-Kreises hat er in der Zeit der Emigration Überlegungen angestellt, wie es passieren konnte, dass einige Mitglieder des Kreises sich in der Zeit nach 1933 dem Nationalsozialismus zuwandten. Am 4.8.1933 schrieb er an Edith Landmann:

> „Dies wäre vielleicht nicht sehr wichtig wenn nur die jeweilige öffentlichkeit im spiel wäre. dass wir aber einmal freunde hatten die mit uns im Höchsten Eins waren und die nun schweigend zusehen wie man uns den Negern gleichordnet und unser gedächtnis auslöscht, dies geht über mein begreifen. ich verstehe es dass einer hand anlegt wo das land in gefahr ist und selbst die gröbsten missverhältnisse zwischen dem Reich von dieser und dem von jener welt für eine weile hinnimmt. Ist aber die ehre das heiligste nicht, und haben die freunde dieser männer keine Ehre?"[521]

Kurt Singer war tief getroffen von dem antisemitischen Verhalten der früheren Freunde, das er für nicht tolerierbar hielt, da es die Frage der Ehre tangierte. Gerade weil er einzelne Programmpunkte der Nationalsozialisten gut hieß, empfand er diese Lage geradezu als schizophren, da sie die Unmöglichkeit einer deutsch-jüdischen Existenz aufs Deutlichste klarmachte:

---

520 SINGER (2005), Spiegel, 199f

521 Singer an Edith Landmann am 4.8.33 in SUB, NKS BI5. Ausführlich zitiert aus dem Briefwechsel auch PHILIPP (2001), Thematisierung, 42ff.

„Ist eine phantastischere Lage denkbar? Als Menschen des Neuen Reiches, das freilich nicht von dieser Welt ist, sind wir Deutsche und dürfen das was den Juden geschieht, nicht einmal als Problem sehen. Als Bürger des Dritten Reichs sind wir Juden und werden als Pest des Deutschtums behandelt, auch wenn wir Jahrzehnte hindurch eben die Gedanken vertreten haben, nicht selten unter nicht kleinen persönlichen Gefahren, die jetzt eben zum Feldgeschrei geworden sind. [...] Der Mensch ist schliesslich ein Ganzes und hat seine Ehre in dieser *und* jener Welt.“[522]

Singer hat also sicherlich, wenn er dieses Problem in Japan überdachte, auch die entsprechende Problematik im George-Kreis reflektiert, und auch die Frage der eigenen Mitschuld an der Pervertierung des revolutionär-konservativen Gedankengutes durch den Nationalsozialismus gestellt. Zudem enthält der Text typisch georgeanisches Vokabular: Singer spricht von den „Werken des schöpferischen Genies“, die dem Staat im Faschismus anvertraut werden. An dieser Textstelle zitiert er sinngemäß aus Mussolinis Schrift über den Faschismus von 1932.[523] In diesem Text, den Singer ansonsten inhaltlich ziemlich genau wiedergibt – nur die Reihenfolge ist teilweise verändert – ist aber von „Werken des schöpferischen Genies“ keine Rede. Es heißt hier im italienischen Original schlicht „arte“. Die Vermutung liegt nahe, dass Singers freie Übertragung als Schlüsselwort und Hinweis auf George zu deuten ist. Zudem spricht er von „Philosophien hohen Ranges“ – und darunter rechnete der begeisterte „Jünger“ seines „Meisters“ die „Philosophie“ Georges ohne Zweifel.

Will man der Argumentation bis hierher folgen, so ist die Textstelle auf einer zweiten Sinnebene zu lesen als Verarbeitung der Tatsache, dass auch Georgeaner nach 1933 zu Nationalsozialisten wurden. Singer konstatierte, dass der George-Kreis hierarchisch strukturiert und autoritär aufgebaut war, ähnlich wie die japanische Gesellschaft vor 1930. So war für manche Anhänger Georges (bei weitem nicht alle, auch Beteiligte am Widerstand wie die Brüder von Stauffenberg hatten hier ihre Wurzeln)[524] und für viele Japaner nur ein kleiner Schritt nötig, der sie zum Faschismus führte. Dies sei für Japaner, und wohl auch für einige Georgeaner, dadurch erleichtert worden, dass für sie Leben „Selbstaufgabe“ statt „Selbsterfüllung“ geheißen habe. Singer konstatierte für Japan, dass „das Opfer des eigenen Willens mit [...] frageloser Bereitschaft, nicht selten mit [...] wilder Freude vollzogen“ werde.[525] Dennoch hielt er es nicht für legitim, die autoritären oder hierarchischen Strukturen mit dem Faschismus gleichzusetzen oder sie gar als protofaschistisch zu bezeichnen, weder in Japan noch im George-Kreis. Vielmehr würden diese faschistischen Bewegungen die jahrhundertealte Tradition ihres Landes dazu instrumentalisieren, um Gedanken und Methoden

---

522 Singer an Edith Landmann am 20.9.33, SUB, NKS BI5 (Hervorhebungen von Singer).

523 MUSSOLINI, Benito, La dottrina del Fascismo con una storia del movimento fascista di Gioacchino Volpe (Instituto della Enciclopedia Italiana, Fondata da Giovanni Treccani XII). Roma 1932. Singer zitierte in SINGER (2005), Spiegel, Mussolini indirekt. Auf Seite 199 erwähnte er die Übersetzung der Mussolini-Schrift ins Englische von 1933, womit der Zeitpunkt post quem der Zeilen gegeben ist. Der weitere Zusammenhang der Textstelle legt es jedoch nahe, dass sie noch später, erst nach 1945 geschrieben wurde, da einige Seiten vorher auch die japanische Kriegsniederlage erwähnt wird.

524 Vgl. RIEDEL, Manfred, Geheimes Deutschland: Stefan George und die Brüder Stauffenberg. Wien 2006.

525 SINGER (1955), Psychologie, 10. Die „schlechthinige Hingabe, Opferbereitschaft, rest- und rückhaltloses Sichschenken [...] des Selbst“ bezeichnete Hermann Schmalenbach schon 1922 als wesentliches Kriterium eines jeden „Bundes“, z.B. des George-Kreises, vgl. SCHMALENBACH (1922), Kategorie, 73.

der totalitären westlichen Massenstaaten umzusetzen, und gegen diesen Missbrauch waren weder die japanischen Traditionen noch das „schöne Leben“ des George-Kreises gefeit.

Wieder diente also die japanische Gesellschaft Singer als Parallele und Zeichen für den Kreis um Stefan George, und er nutzte diese Deutungsfolie, um dem Leser verschlüsselt seine Interpretation der historischen Geschehnisse und der Entwicklungen im George-Kreis zu vermitteln. Er griff also sehr wohl in die Diskussion über die geistigen Voraussetzungen des Faschismus ein und hoffte sogar, einen großen Leserkreis mit seiner Schrift zu erreichen, auch wenn nur ein kleiner Teil davon alle Ebenen dieser Deutung erfassen konnte.

2.4 Zusammenfassung

Kurt Singer vertrat in vielen wirtschaftspolitischen und politischen Fragen weder eine durchgängig rechtskonservative Position wie Salin, noch war er dem liberalen Lager zuzuordnen wie Salz. Vielmehr wog er in Fragen der Tagespolitik zumeist die verschiedenen Standpunkte gegeneinander ab und entschied in jedem Fall so, wie es ihm für das Gesamtwohl des Volkes förderlich erschien, da dies seiner holistischen Betrachtungsweise entsprechend das ausschlaggebende Kriterium zur Beurteilung der Wirtschaftspolitik war. Das musste aber keinesfalls zwangsläufig eine Ausrichtung auf staatliche Steuerung bedeuten. Zwar dachte Singer teilweise gemeinwirtschaftliche Lösungen an und hielt die Wirtschaft für ein Gebilde, das der Gestaltung bedürfe, was er als Traditionslinie zu Schmoller, Knapp und Gottl-Ottlilienfeld verstand.[526] Aber dort, wo es ihm für das Gemeinwohl sinnvoll erschien, plädierte er durchaus für eine liberale Wirtschaftspolitik. Ebenso wenig wie in wirtschaftspolitischen Fragen ist Singer auch in Verfassungsfragen bzw. in der Politik nicht auf eine eindeutige Linie festzulegen: Wo er es für nötig erachtete, plädierte er für die Einschränkung der Freiheit und für Unterordnung unter einen Führer, aber wenn er das Gegenteil für effektiver hielt, empfahl er durchaus auch eine Stärkung der demokratischen Elemente der Verfassung. Der entscheidende Moment seiner Staatsvorstellung ist die Übernahme von Verantwortung, die er allen Staatsbürgern zumuten und aus der er keinen entlassen wollte. Singer beobachtete die faschistische Bewegung in Italien ebenso wie den Nationalsozialismus sehr genau und setzte durchaus Hoffnungen in sie, nicht zuletzt deshalb, weil sie seine nationalistischen Erwartungen ansprachen. Allerdings merkte er früh, dass diese Bewegungen nicht die Verwirklichung eines geistigen Reiches bedeuteten, wie es George vorschwebte. Nach dem Zweiten Weltkrieg reflektierte Singer die Gefahren, die aus der Unterordnung unter hierarchische und autoritäre Bewegungen entstehen konnten.

---

526 SINGER (1954), Klassiker, 210.

3. Arthur Salz: Ein liberaler Demokrat

3.1 Der Kapitalismus als überlegene Wirtschaftsform

Im Jahr 1919 war Arthur Salz in die Unruhen bei der Niederschlagung der Münchner Räterepublik verwickelt. Den Ruf, mit dem Sozialismus zu sympathisieren, wurde er in der Folge nicht mehr los, was seiner Karriere erheblichen Schaden zufügte.[527] Die Untersuchung seiner ökonomischen Schriften zeigt jedoch, dass der Vorwurf unbegründet und Salz kein Sozialist war. Vielmehr hielt er den Kapitalismus für das „einzig bewährte Mittel", um – trotz all seiner negativen Nebenwirkungen – „rasch zunehmende Bevölkerungsmassen auf schmaler natürlicher Subsistenzbasis zu ernähren, zu beschäftigen und davor zu bewahren, daß sie sich gegenseitig selbst auffressen."[528] Dies sei die Voraussetzung, die jedes Wirtschaftssystem zu erbringen habe, und Salz sah sie bei Gesellschaftsordnungen, die „im Sinne einer höheren, idealen Gerechtigkeit, ob kommunistisch, sozialistisch, feudalistisch, berufsständisch"[529] die kapitalistische Wirtschaft verändern wollten, nicht gewährleistet. Deshalb war für ihn das kapitalistische System „fatale Notwendigkeit" und er hielt die Versuche der kommunistischen Theoretiker, diese Frage zu umgehen, für „eine intellektuelle Unehrlichkeit".[530] Die sozialistische Philosophie nannte Salz gar eine „Dekadenzphilosophie", den Marxismus eine „Massenreligion oder doch ein Surrogat einer solchen."[531] Salz war kein Antikapitalist, sondern vielmehr ein Verfechter des kapitalistischen Wirtschaftssystems. Er setzte sich intensiv mit den marxistischen und neomarxistischen Positionen auseinander und versuchte, sie zu widerlegen. So untersuchte er aus historischer Sicht die These, der Kapitalismus sei schuld an der Entstehung von verarmten Bevölkerungsmassen. Salz hielt dem entgegen, dass es schon vor der Entstehung des Kapitalismus Arme gegeben habe und dass deren Situation vor der Industrialisierung nicht besser gewesen sei als danach. Der Kapitalismus habe das Bevölkerungswachstum bereits vorgefunden und sei entstanden, um die Versorgung der Menschen zu gewährleisten und die überflüssigen Arbeitskräfte aufzunehmen.[532] Die explosionsartige Bevölkerungszunahme in Europa habe eine neue, leistungsfähigere Wirtschaftsform unabdingbar gemacht, da sich der Nahrungsmittelspielraum immer weiter verengt habe. Das kapitalistische Wirtschaftssystem sei als einziges in der Lage, nicht nur die Grundversorgung zu gewährleisten, sondern darüber hinaus zu einer merklichen Erhöhung des Lebensstandards und zur Schaffung eines rechtlichen Status zu führen. Denn im Gegensatz zum Handel, der eher improvisierend sei, würde in der Industrialisierung dauerhafte Wertschöpfung betrieben. Die Kapitalakkumulation sei nicht illegal erfolgt durch Gewalt, Kriege, Macht oder Privilegierung, sondern durch Arbeit.[533]

---

527 Vgl. 64.
528 SALZ (1924), Sinn Wirtschaftsordnung, 578.
529 Ebd., 578.
530 Ebd., 580f.
531 SALZ, Arthur, Klassenstaat und Nationalstaat, in: Oesterreichische Rundschau. Deutsche Kultur und Politik 19, 3 (1923, März), 217–224, 220, 223.
532 SALZ (1924), Sinn Wirtschaftsordnung, 595. Ähnlich in SALZ (1928), Sombarts Hochkapitalismus, 39.
533 SALZ, Arthur, Freiheit und Gebundenheit in der kapitalistischen Wirtschaftsordnung, in: Carl CLODIUS (Hrsg.), Sozialpolitische Studien: Festgabe für Ignaz Jastrow zum 70. Geburtstag. Berlin 1929, 49–82, 53.

Salz, der als Gestalttheoretiker auf der Suche nach dem Sinn der kapitalistischen Wirtschaftsordnung im Kosmos war, stellte fest: „Der ökonomische Rationalismus ist also eine Reaktionserscheinung des menschlichen Geistes auf äußere und innere Lagen“,[534] er ist „Anpassungsprozeß an gewisse vorgegebene Tatsachen und Verhältnisse, an Lebensnotwendigkeiten.“[535] Insofern verstand Salz den Kapitalismus nicht als „Urfrevel[s]“, als „Pathologie des Erwerbsinnes, als die Geschichte der Entartung des menschlichen Geistes, als eine Krankheitserscheinung dieses Geistes“,[536] wie dies von antikapitalistischer Seite geschah, sondern als Heilungsversuch. Aufgrund seiner positiven Bewertung des Kapitalismus lehnte er Sombarts These vom Niedergang des Kapitalismus folgerichtig ab, obwohl er dessen *Hochkapitalismus* schätzte.[537] In einer negativen Deutung des Kapitalismus, wie Sombart sie vorlegte, sah Salz eine Bagatellisierung dieses weltgeschichtlichen Phänomens.

Dies hinderte ihn jedoch nicht, den Kapitalismus in manchen seiner Ausprägungen scharf zu kritisieren und Missstände aufzuzeigen. So urteilte er z.B. negativ über die großen Schifffahrtsgesellschaften, die sich auf Kosten der auswanderungswilligen armen Europäer bereichern würden. Hier wurde Salz sehr drastisch, wenn der Schifffahrtstrust als „Riesentier[e]“[538] oder als „vielarmiger, menschenhungriger Polyp“[539] bezeichnet wurde, dessen Vermittler gar als „Milben auf einem großen Käse“, „Kreaturen“, „Parasitenvolk“, „Schmarotzer“.[540] In diesem Zusammenhang fielen für Salz seltene Sätze wie dieser: „Das Kapital gleicht den falschen Propheten, die in Schafskleidern kommen, inwendig aber reißende Wölfe sind.“[541] Solche negativen Erscheinungen konnten Salz′ prinzipiell positives Urteil über den Kapitalismus jedoch nicht revidieren. Dieses Wirtschaftssystem entspreche der menschlichen Natur und sei deshalb noch lange nicht im Niedergang begriffen: “Without indulging in prophecies, it can be fairly stated that the sun of capitalism has not yet set forever.”[542]

Inschutznahme des Kapitalismus gegen Angriffe von marxistischer und antikapitalistischer Seite

Als Gestalttheoretiker hielt Salz nicht nur die Wirtschaft an sich, sondern auch den Kapitalismus für ein sinnhaftes Gebilde. Dementsprechend lehnte er den Gedanken ab, er sei eine

---

534 SALZ (1928), Anmerkungen, 266.
535 SALZ (1928), Sombarts Hochkapitalismus, 35.
536 Ebd., 53.
537 Ebd., 22.
538 SALZ, Arthur, Auswanderung und Schiffahrt. Mit besonderer Berücksichtigung der österreichischen Verhältnisse, Teil 1 und 2, in: Archiv für Sozialwissenschaft und Sozialpolitik, 39 (1915), 90–124 und 42 (1916/17), 842–884, 876.
539 SALZ (1915), Schiffahrt 1, 93.
540 SALZ (1916/17), Schiffahrt 2, 877f.
541 SALZ (1915), Schiffahrt 1, 123. Nachdem der Text vor dem Ersten Weltkrieg geschrieben wurde, wie Salz in der Einleitung erwähnte, und damit kurz vor der Fertigstellung von Salins Dissertation, könnten Salz′ Ausführungen über die Familie Morgan, die er als Beispiel für die kritisierten Schifffahrtstrusts nannte, durchaus Salin inspiriert haben, vgl. SALZ (1916/17), Schiffahrt 2, 854). Zu Salin vgl. 259.
542 UM *The capitalistic system as a whole* im LBI, II/3, Kapitel *Statement of the problem*, 3.

anarchische Wirtschaftsform. Zwar sei er viel autonomer als andere, „er lebt von seinen eigenen Regeln und Prinzipien, ohne sich viel um die Gesetze und Normen anderer Instanzen (Staat, Religion, Familie usw.) zu kümmern."[543] Aber Prinzipien seien in seinem sinnhaften Bau nichtsdestoweniger vorhanden, auch wenn sie nicht von übergeordneten Gewalten stabilisiert würden. Für Salz stellte die kapitalistische Wirtschaftswelt dennoch einen Kosmos, ein kunstvoll angeordnetes Gefüge dar, in dem jeder gewisse Rechte und Pflichten habe und alle aufeinander angewiesen seien.[544] Die Menschen müssten diese Zusammenhänge nur erkennen und dann in der Verantwortung für das Ganze handeln, z.B. die Unternehmer für die Gesamtheit der Wirtschaft.[545] Wie Salin argumentierte auch Salz aus einer universalistischen Sicht heraus, auch wenn seine wirtschaftspolitischen Forderungen denen Salins gerade entgegengesetzt waren. Auch ihm ging es um das Wohl des Ganzen, das bei allen wirtschaftspolitischen Entscheidungen als wichtigstes Ziel anzupeilen sei, so z.B. bei der Einführung einer Sozialversicherung, bei der man immer prüfen müsse, ob die Versicherung das Leistungsniveau einer bestimmten Gruppe und damit der ganzen Nation erhöhe, wie das z.B. bei einer Arbeiterversicherung der Fall sei, oder eher vermindere, wie es bei einer Versicherung für die Selbstständigen zu erwarten sei, wenn sie sich auf der Hoffnung einer gesicherten Fürsorge ausruhen könnten.[546] Die Sorge für das Ganze hatten alle Klassen und Gruppen gemeinsam zu tragen, jeder war verantwortlich.

Einseitige, negative Deutungen des Kapitalismus lehnte Salz deshalb ab. So widersprach er der neomarxistischen These, dass der Arbeiter im Kapitalismus unfrei geworden sei, weil ihm gar nichts anderes übrig bleibe, als seine Arbeitskraft an den Unternehmer zu verkaufen, um zu überleben. Salz hielt dem entgegen, dass unter Freiheit nicht die Freiheit von Arbeit zu verstehen sei, denn arbeiten musste der Mensch auch schon im Naturzustand, um nicht zu verhungern.[547] Daran habe sich also nichts geändert, im Kapitalismus habe der Arbeiter als Konsument aber weit reichende Macht hinzugewonnen, weil er über seine Nachfrage in einem sozusagen demokratischen Verfahren die Preise bestimmen könne.[548] Der Kapitalismus habe den Arbeiter als Konsumenten also eher aufgewertet. Auch die marxistische Interpretation des Unternehmers lehnte Salz ab: Dieser sei nicht völlig frei in seinen Entscheidungen, sondern durch ökonomische Gesetze gebunden. Wenn er gegen diese verstoße, würden die Fehler durch wirtschaftlichen Misserfolg sanktioniert. „Die primitiven Gesetze des Kapitals bilden die eherne Mauer für den freien Willen und die schöpferischen Ideen des lebendigen Unternehmers."[549] So könne der Kapitalist nicht nach Lust und Laune Arbeiter einstellen oder entlassen, sondern das Maß an Arbeit, das er brauche, sei im Produktionsprozess ziemlich starr festgelegt.[550] Ferner sei der Unternehmer auch durch die Rücksicht auf Konventionen, auf seinen guten Ruf und auf den Konsumenten gebunden. So

---

543 SALZ (1928), Sombarts Hochkapitalismus, 34.
544 SALZ (1928), Anmerkungen, 260.
545 SALZ, Arthur, Ist der Kapitalismus „kulturfähig"? in: Der deutsche Volkswirt 4, 35 (1930, 30. Mai), 1181–1185, 1184.
546 SALZ, Arthur, Kritische Bemerkungen zum österreichischen Gesetzentwurf einer Sozialversicherung, in: Archiv für Sozialwissenschaft und Sozialpolitik 30 (1910), 425–454, 444f.
547 SALZ (1930), Macht und Wirtschaftsgesetz, 147.
548 SALZ (1929), Freiheit und Gebundenheit, 55.
549 SALZ (1912), Unternehmer, 17.
550 SALZ (1929), Freiheit und Gebundenheit, 76.

könne er nicht einmal in einem Monopol von den Interessen der Konsumenten völlig absehen, wenn er auf lange Sicht denke. Mit Rücksicht auf die öffentliche Meinung müsse der Preis immer ein Kompromisspreis sein.[551] Der Kapitalist sei letztlich ein „Diener der Konsumenten".[552] Im Fall einer Kapitalgesellschaft müsste er zusätzlich die Interessen der Aktienbesitzer einbeziehen.[553] Im Kapitalismus sei jeder gezwungen, eine Leistung für den anderen zu erbringen, um selbst zu überleben. Salz ging so weit, den Kapitalismus als „System eines unhumanitären, unsentimentalen und undoktrinären Altruismus" zu bezeichnen.[554]

Einerseits verteidigte Salz den Kapitalismus also gegen seine Gegner auf neomarxistischer Seite. Andererseits versuchte er aber auch, die Vorwürfe zu entkräften, die diesem Wirtschaftssystem am Ende der 20er Jahre von antikapitalistischer Seite gemacht wurden, also z.B. von Othmar Spann, Werner Sombart oder Edgar Salin. Salz sah den Kapitalismus nicht im Niedergang begriffen. So lehnte er die Behauptung ab, der echte kapitalistische Unternehmer sei ausgestorben und die nachwachsende Industriellen-Generation sei ohne Vermögen und Begabung ihrer Väter.[555] Der moderne Unternehmer konnte nach Salz durchaus „mit dem Instinkt des Täters das All formen."[556] Er sei keine rationalistische Maschine, sondern verbinde „irrationale Motive und Antriebe mit höchstem virtuosenhaften Rationalismus". Der wirkliche Unternehmer wolle höher hinaus als nur auf die Erzielung von Profit, es gehe ihm um sein Werk.[557] Der Vergleich zu Salin zeigt, welche unterschiedlichen wirtschaftspolitischen Forderungen die georgeanischen Ökonomen mit der Semantik der Formung und Auflösung untermauerten.

Der modernen Arbeitsteilung konnte Salz positive Aspekte abgewinnen, da sie die bestmögliche Anpassung an die Außenbedingungen sei, auch wenn sie eine Verlagerung vom ganzen Menschen weg auf das Teilhafte hin bedeute.[558] Sie sei so unvermeidlich wie der Kapitalismus selbst. Selbst die starren Organisationsschemata der Kartelle, in denen Sombart den Untergang der Marktwirtschaft heraufdämmern sah, konnten nach Salz vom schöpferischen, lebendigen Geist des Unternehmers kreativ gefüllt werden, obwohl er im Kartell einen Teil seiner Freiheit und Selbstbestimmung aufgeben müsse.[559] Trusts und Kartelle würden aber das Bedürfnis nach Sicherheit befriedigen und seien für die großen Herausforderungen der Gegenwart notwendig. Da sie sich langsamer wandelten als der Rest der Wirtschaft, der sich ständig in dynamischer Veränderung befinde, könnten sie als „statische Monaden" gelten, die Stabilität garantierten,[560] zudem aber besser planten als staatliche Stel-

551 Ebd., 58.
552 Ebd., 64.
553 Ähnlich wie Salin stellte auch Salz fest, dass die Aktiengesellschaften nur zum Schein demokratisch, de facto aber oligarchisch bestimmt seien, vgl. SALZ (1929), Freiheit und Gebundenheit, 70.
554 SALZ (1930), Macht und Wirtschaftsgesetz, 149.
555 SALZ (1912), Unternehmer, 28.
556 Ebd., 33. Auch Walther Rathenau integrierte in seiner Vorstellung vom Unternehmer intellektuelle Schöpferkraft und bürgerliches Leistungsdenken, vgl. GERSTNER (2008), Neuer Adel, 259.
557 SALZ (1928), Sombarts Hochkapitalismus, 38, 45. Eine ähnlich positive Deutung des Unternehmers, bei dem noch viel vom „bund"-haften Geist lebendig sei, findet sich bei SCHMALENBACH (1922), Kategorie, 82.
558 SALZ (1937), Spezialisation, 284.
559 SALZ (1912), Unternehmer, 36.
560 Ebd., 39ff. An anderer Stellt äußerte Salz sich jedoch auch kritisch über die Konzentration in der Wirtschaft, da sie dadurch immer starrer und unfreier würde, vgl. SALZ (1930), Macht und Wirtschaftsgesetz,

len.[561] Deshalb akzeptierte Salz die Konzentrationserscheinungen als Teile eines lebendigen, sich wandelnden Kapitalismus, ohne wie Salin dadurch dessen Selbstauflösung präfiguriert zu sehen. Außerdem betonte er, dass die Unternehmenskonzentration keine eindeutige Tendenz sei; vielmehr gebe es durchaus auch gegenläufige Entwicklungen in manchen Bereichen, die eher zu einer Zersplitterung führen würden. „Dem rationalen Optimum entsprechen eben jeweils verschiedene Betriebsgrössen."[562] In solchen gegenläufigen Tendenzen sah Salz kein grundsätzliches Problem, da er den Kapitalismus als vielschichtiges Gebilde begriff.

Irrationale Elemente des Kapitalismus

Salz hielt das moderne Wirtschaftsleben durch viel mehr Faktoren bestimmt als durch bloße Rationalität: „Das Wirtschaftsleben der Gegenwart ist viel reichhaltiger, mannigfaltiger, verwickelter."[563] Er griff mit der Frage nach der spezifischen Rationalität des modernen Kapitalismus ein Thema auf, mit dem Max Weber sich intensiv beschäftigt hatte.[564] Der Kapitalismus brauche zu seiner Entfaltung, so Salz, neben rationalen auch irrationale Motive, ebenso wie die moderne Wissenschaft, die ebenfalls emotionale Elemente enthalte.[565] Den Kapitalismus verstand er „geradezu als eine Mentalität."[566] Sombarts These, der Kapitalismus sei als fortschreitende Rationalisierung zu verstehen, widersprach Salz. Auch wenn die einzelnen Vorgänge, Handlungen und Institutionen der kapitalistischen Ordnung durch eine fortschreitende Rationalisierung geprägt seien, so könne doch der Kapitalismus als ganzer sehr wohl irrationale Elemente haben, wie auch ein Krieg als ganzer irrational sein könne, obwohl er mit rationalen Mitteln ausgetragen werde.[567] Neben dem Glauben an die unsichtbare Hand wies Salz noch andere irrationale Elemente des Kapitalismus nach. In Anlehnung an Max Webers *Protestantische Ethik* hielt er die Entwicklung des Kapitalismus bedingt durch stärkere Kräfte als rein materielle. Nicht die Produktionsverhältnisse schafften die Menschen, sondern die Strukturierung und Umwandlung der menschlichen Sinnesart führe zur Entstehung der Produktionsverhältnisse.[568] Weber habe aufgezeigt, dass „der kapitalistische Unternehmer der neueren Zeit sich die höhere Sanktion für sein an sich sinnloses

121. Außerdem würden die Vereinbarungen über den Kopf des Staates hinweg geschlossen, der aber bei Spannungen dann doch wieder schlichtend eingreifen solle (SALZ (1916/17), Schiffahrt 2, 858).

561 UM *Stability and Expansion* von 1955 im LBI, I/1, 6.

562 SALZ (1928), Anmerkungen, 270f.

563 Ebd., 263.

564 Weber beschrieb die moderne Gesellschaft als entscheidend geprägt durch den rationalen Staat und die rationale Wirtschaft mit ihrer Dominanz zweckrationaler Verfahren, vgl. KÖSTER und PLUMPE (2007), Hexensabbat, insb. 9ff.

565 SALZ, Arthur, [Rezension zu] Barnes, Harry Elmer und Becker, Howard, Social Thought from Lore to Science, in: The Philosophical Review 48, 3 (1939, Mai), 326–332, 327.

566 FRIED (2004), Wirtschaftswissenschaftler, 289.

567 SALZ (1928), Anmerkungen, 266. Salz unterschied also zwischen Zweck- und Mittelrationalität, wiederum in Anlehnung an Max Weber.

568 SALZ, Arthur, Wirtschaftsstruktur und Kapitalwirtschaft, in: Bernhard HARMS (Hrsg.), Kapital und Kapitalismus. Vorlesungen gehalten in der Deutschen Vereinigung für Staatswissenschaftliche Fortbildung. Berlin 1931, 3–31, 11.

Tun von der Religion geholt hat [...]. Der Unternehmer hatte also offenbar das Bedürfnis, sein Tun und – sein Unterlassen sich selbst und der Welt gegenüber als richtig und in Einklang mit der göttlichen Weltordnung auszuweisen."[569] Ganz im Sinne Webers wollte Salz Religion dabei verstanden wissen als einen von vielen Aspekten, der die Entstehung und Entwicklung des Kapitalismus befördern könne, neben der Trennung der Kapitalbildung von der -verwertung, der Ausbildung und Verfeinerung des Bankwesens.[570] Salz ging in seiner idealistischen Begründung der ökomischen Vorgänge sogar noch weiter, indem er behauptete, sogar die Differenzierung in Berufe sei ursprünglich in der religiösen Sphäre entstanden, weil man einzelnen Clans oder Sippen besondere Kräfte und „wesenshafte" Beziehungen zu bestimmten Gegenständen zuerkannt habe, sodass sie sich auf deren Herstellung spezialisiert hätten. Wie vom Beruf, der in der Gegenwart als Ausdruck des rationalen Handelns gelte, so könne man auch von anderen ökonomischen Institutionen sagen, dass sie „mit ihren Wurzeln hinab- und hineinreichen in das Absolute und von ihm her Gestaltung und Färbung empfingen."[571] Den Gedanken Webers, dass der Kapitalismus in seiner weiteren Entwicklung diese ursprünglich religiösen Antriebe gerade degeneriere, indem er z.B. die Erfüllung der Berufspflicht zur reinen Routinehandlung mache,[572] übernahm Salz dagegen nicht. Für ihn blieb das Irrationale auch im entwickelten Kapitalismus bestehen. Seiner Ansicht nach musste man bei der Erklärung von ökonomischen Phänomenen also immer auf deren geistige oder religiöse Wurzeln zurückgehen. Die georgeanische Semantik von Oberfläche und Tiefe plausibilisierte sein Verständnis der Ökonomie: „Die Welt der Sichtbarkeiten ist nur eine Wirkung; um diese Wirkungen zu modifizieren, muß man zu den wahren Ursachen (den Müttern) herab- oder heraufsteigen."[573]

Kapitalismus und Imperialismus

Vor allem von neomarxistischer und sozialdemokratischer Seite wurde dem Kapitalismus der Vorwurf gemacht, ursächlich an der Entstehung des Imperialismus mit seiner Ausbeutung der Kolonialländer beteiligt zu sein. Diese Debatte, die in Deutschland seit Ende der 1890er Jahre insbesondere von Karl Kautsky, Rudolf Hilferding und Rosa Luxemburg bestimmt und bis in die 1920er Jahre intensiv geführt wurde,[574] griff Salz mit der für ihn typischen „Verspätung" zu Beginn der 1930er Jahre wieder auf. Er versuchte, den Kapitalismus auch gegen diesen Vorwurf in Schutz zu nehmen, ein Unterfangen, aus dem eines seiner wenigen publizierten Bücher sowie zahlreiche Artikel hervorgingen.[575]

---

569 SALZ (1928), Sombarts Hochkapitalismus, 44.

570 SALZ (1931), Wirtschaftsstruktur, 13.

571 SALZ (1928), Volkswirtschaftliche Ausbildung, 383. Ebenso in SALZ (1937), Occupation, 425f.

572 KÖSTER und PLUMPE (2007), Hexensabbat, 12.

573 SALZ (1928), Volkswirtschaftliche Ausbildung, 391.

574 FOSTER, John Bellamy und HEININGER, Horst, Geschichte der Imperialismus- und Monopoltheorie. Hamburg 2002, 5.

575 SALZ (1931), Wesen des Imperialismus. Immerhin findet Salz' Arbeit Erwähnung in MOMMSEN, Wolfgang J., Imperialismustheorien: Ein Überblick über die neueren Imperialismusinterpretationen. 2. Aufl. Göttingen 1980, 10.

Salz stand dem Imperialismus zunächst kritisch gegenüber. Er verstand darunter eine Außenpolitik, die als letztes Mittel zur Erreichung ihrer Zwecke auch Krieg akzeptierte, was er ablehnte.[576] Der Kontrast zu Singers „nicht -‚pacificism'" könnte größer nicht sein.[577] Dies galt zunächst vor allem für den US-amerikanischen Imperialismus, den Salz z.B. in einer historischen Studie von 1922 über die politischen Verhältnisse in Lateinamerika scharf angriff als eine rein materiellen Interessen dienende Ausbeutungspolitik.[578] Er bestritt allerdings die neomarxistische Sicht, dass der Kapitalismus in seiner Spätform gar keine andere Möglichkeit habe als den Imperialismus, weil er sich immer weiter ausdehnen müsse, um neue Absatzmärkte in noch nicht industrialisierten Ländern zu schaffen und so seinen eigenen Zusammenbruch hinauszuzögern.[579] Solche Erklärungen lehnte Salz ab und nahm den Kapitalismus gegen diese Angriffe in Schutz: Es liege im Wesen dieses Wirtschaftsform, den friedlichen Handel zu suchen, Gewalt sei ihr dagegen wesensfremd, da man das Gegenüber als Kunden gewinnen wolle. Der Kapitalismus sei deshalb geradezu als „Antiimperialismus" zu verstehen.[580] Die negative Sicht auf das internationale „Finanzkapital", das insbesondere Rudolf Hilferding als konstitutives Moment des Imperialismus bezichtigt hatte, lag Salz völlig fern.[581] Von besonderem Interesse ist der Aufbau seiner Argumentation: Er versuchte ganz im georgeanischen Stil, das Wesen des Wirtschaftssystems zu erkennen, indem er über die Unterscheidung zwischen Oberfläche und Tiefe argumentierte.

Salz setzte sich aber nicht nur mit den linken Imperialismustheorien auseinander, sondern auch mit Schumpeters Theorie, „deren historische Relativierung des Imperialismusphänomens im Sinne eines rudimentären Feudalismus abgelehnt und durch eine politisch-soziologische Theorie von der Eigengesetzlichkeit des Staates ersetzt wird."[582] Schumpeter hatte in einer Arbeit von 1919 den Imperialismus nicht etwa als zwingende Auswirkung des Kapitalismus definiert, sondern vielmehr als „Atavismus" vorindustrieller Epochen und als Interessenspolitik bestimmter gesellschaftlicher Gruppen.[583] Salz griff diese Argumentation auf und entwickelte sie weiter: Der Kapitalismus könne nicht für die Entstehung des Imperialismus verantwortlich gemacht werden, weil er viel jünger sei als dieser; vielmehr habe er viele Ursachen des Imperialismus wie Armut und Angst vor Hungersnot beseitigt, wie sie in Antike und Mittelalter noch vorgelegen hätten.[584] Der Imperialismus sei also nicht auf den

---

576 SALZ (1931), Wesen des Imperialismus, 15. Das Schlusskapitel des Buches publizierte Salz bereits 1930 unter dem Titel SALZ, Arthur, Die Zukunft des Imperialismus, in: Weltwirtschaftliches Archiv 32 (1930), 317–348.

577 Vgl. 311.

578 SALZ, Arthur, Der Imperialismus der Vereinigten Staaten, in: Archiv für Sozialwissenschaft und Sozialpolitik 50 (1922/23), 565–616.

579 Diese These vertrat insbesondere Rosa Luxemburg, vgl. FOSTER und HEININGER (2002), Imperialismustheorie, 9.

580 SALZ (1931), Wesen des Imperialismus, 49. Dies bezeichnet der Rezensent Ernst von Hippel als wichtigste These des Buches (HIPPEL, Ernst v., [Rezension zu] Salz, Arthur: Das Wesen des Imperialismus, in: Archiv des öffentlichen Rechts NF 23 (1933), 359).

581 FOSTER und HEININGER (2002), Imperialismustheorie, 6f.

582 WEIGMANN, Hans, [Rezension zu] Salz, Arthur, Das Wesen des Imperialismus, in: Weltwirtschaftliches Archiv 38 (1933), 124–127, 124.

583 SCHUMPETER, Joseph Alois, Zur Soziologie der Imperialismen. Tübingen 1919; Vgl. MOMMSEN (1980), Imperialismustheorien, 21.

584 SALZ (1931), Wesen des Imperialismus, 51.

Kapitalismus zurückzuführen, aber auch nicht auf eine bestimmte Sozialstruktur oder überkommene politische Strukturen, wie Schumpeter meinte. Vielmehr beruhe er auf irrationalen Ideen. So seien beispielsweise die Vorstellung von nationaler Ehre und das Selbstwertgefühl in der Idee der Nation so eng miteinander verknüpft, dass die Ehre um jeden Preis verteidigt werden müsse.[585] Wieder zeigte sich Salz beeinflusst durch Max Weber, der auf die Steigerung der Macht und des Prestiges als Motiv moderner Großstaaten im „Beutekapitalismus" hingewiesen hatte.[586] Fragen der Ehre hielt Salz sogar noch für weitaus wichtiger als Weber, der neben der Problematik der Prestigesteigerung auch die spezifisch ökonomischen Interessen betont hatte, die den Imperialismus förderten. Salz dagegen hielt Fragen der Ehre auch dann für den Auslöser von kriegerischen Konflikten, wenn wirtschaftliche Interessen vorgeschoben würden: Diese seien letztendlich nie entscheidend. Die imperialistischen Kriege könne man deshalb nicht ursächlich auf die kapitalistische Wirtschaftsform zurückführen, so sein Ergebnis. Schumpeters Polemik gegen den Monopolkapitalismus, der im Gegensatz zum „Konkurrenzkapitalismus" sehr wohl den Imperialismus befördere, machte Salz nicht mit.[587] Eine tragfähige Alternative zum Imperialismus sah er für eine gereifte Nation letztendlich nur in einem entwickelten Kapitalismus, weil dieser trotz des „Sündenkontos" dieser Wirtschaftsform die internationalen Akteure auf friedliche Weise untereinander verknüpfen könne.[588]

Nach seiner Auswanderung in die USA änderte Salz seine Haltung gegenüber dem US-amerikanischen Imperialismus. In einem Brief an Toni Stolper gestand er ein, bisher „aus westeuropäischen Lebenserfahrungen abgezogene Kategorien, Ideen und Begriffe unveraendert auf Verhaeltnisse angewendet zu haben, fuer die sie nicht passen. [...] Die Amerikaner [...] haben *nicht* die gleiche Staatsidee wie wir." Insofern hätten sich die Europäer eine „hochmuetige und unfaire Verflachung" zu Schulden kommen lassen.[589] In vielen Texten, die allerdings meistens nicht publiziert wurden, versuchte er den US-Bürgern einzuschärfen, dass sie sich nicht auf die Isolationspolitik zurückziehen dürften, sondern ihrer veränderten Machtposition gerecht werden müssten, indem sie Verantwortung in der Welt übernähmen, auch in Europa.[590] Weltpolitische Ambitionen der USA wurden nun also positiv bewertet und sogar eingefordert. Salz machte zahlreiche Versuche, den US-amerikanischen „weltpolitischen Star zu stechen" und die Amerikaner von ihrer Naivität zu befreien.[591] So riet er nicht nur zu mehr weltpolitischem Engagement,[592] sondern auch zu

585 Salz' Deutung des Begriffs der Ehre war auch durch Georg Simmel beeinflusst, vgl. FRIED (2004), Wirtschaftswissenschaftler, 290f. Fried betont, dass die Untersuchung der „Ehre" hier nicht als Irrationalismus zu verstehen sei, sondern „die Bedingung eines komplexen menschlichen, psychologisch analysierbaren, ökonomisch relevanten, politisch gestaltenden und gesellschaftlich einigenden Wirkungszusammenhangs" darstellte (ebd. 292).

586 MOMMSEN (1980), Imperialismustheorien, 19.

587 Ebd., 24.

588 SALZ (1931), Wesen des Imperialismus, 196ff.

589 Arthur Salz an Toni Stolper am 20.02.1942, LBI, I/6.

590 Z.B. in UUM im LBI, IV/1 sowie in UUM *Brief character sketches of several european nations* im LBI, III/6; Ähnlich in UM *Recriminations, altercations, aspersions, strictures among friends* von 1956 im LBI, II/8.

591 Toni Stolper an Arthur Salz am 26.02.1942, LBI, I/6.

592 Z.B. in UUM *The Impact of World-politics on the united States* im LBI, IV/3.

einer liberaleren Einwanderungspolitik: Im amerikanischen Westen sei die Bevölkerungsdecke noch viel zu dünn und man dürfe den aus dem überbevölkerten Europa fliehenden Menschen nicht die Tür vor der Nase zuschlagen.[593] Er riet dringend zu einer fairen Behandlung Europas in Handelsfragen und vor allem zu Nachsicht mit Deutschland, das andernfalls in die Arme der UdSSR getrieben werden könnte.[594] Dass die meisten in den USA entstandenen Texte nicht gedruckt wurden, obwohl Salz sie teilweise Verlagen oder Zeitschriften anbot,[595] überrascht kaum, da er sich der Attitüde, als Europäer den „geschichtslosen" Amerikanern die Welt erklären zu können und zu müssen, nicht immer enthalten konnte.[596] Seine politischen Vorschläge, die meist stark an deutschen Interessen ausgerichtet waren, konnten die US-Bürger wohl kaum überzeugen, zumal er viele Antworten auf selbst gestellte Fragen schuldig blieb: Was war z.B. der tiefere Sinn des von ihm geforderten weltpolitischen amerikanischen Engagements, wenn nicht die Verbreitung der Demokratie?[597]

Bejahung der liberalen Wirtschaftsordnung

Nachdem Salz den Kapitalismus als Wirtschaftsform bejahte, vertrat er eine weitgehend liberale Wirtschaftspolitik, da nur durch Eigenverantwortung der Menschen ein adäquater Einsatz des Einzelnen zu erreichen sei. Zu viel staatliche Fürsorge hielt er für schädlich, weil der Staat dadurch „das ‚Nichtwirtschaften' als das eigentlich erstrebenswerte und vom Staat privilegierte Wirtschaftsideal hinstellt und einimpft" und der Bevölkerung so „den wichtigsten Stachel der Betriebsamkeit und kräftig fortschreitender Initiative" nehme.[598] In diesem Sinne hielt er auch in ökonomischen Krisen eine zu starke Intervention des Staates für fehl am Platze und näherte sich neoklassischen Positionen an: „Krisen der kapitalistischen Wirtschaft sind Selbstheilungsprozesse des Organismus." Ihr Sinn bestehe darin, dass der Wirtschaftskörper „mögliche Krankheitsstoffe ausscheidet und sich damit vor Dauererkrankungen schützt."[599] Noch 1933 konnte Salz demgemäß Arbeitsbeschaffungsmaßnahmen nicht gutheißen.[600]

Die Deutschland nach dem Ersten Weltkrieg auferlegten Reparationen lehnte Salz aus seiner liberalen Position heraus ab, weil sie einen normalen Kapitalismus unmöglich mach-

---

593 UM *Go west, young man, go west* von 1939 im LBI, I/1.

594 UUM *Economic Inconsistencies, Anomalies, Entanglements* im LBI, III/6.

595 Verstreut im Archivmaterial im LBI finden sich die Absagebriefe einiger Verleger.

596 UUM *Brief character sketches of several european nations* im LBI, III/6.

597 Ebd.

598 SALZ (1910), Gesetzentwurf, 453.

599 SALZ (1929), Freiheit und Gebundenheit, 80. Ebenso in SALZ (1930), Macht und Wirtschaftsgesetz, 182, und in SALZ (1930), Grenze, 7, Fn 2. Ähnlich noch 1932 in SALZ, Arthur, Das Gläubiger-Schuldner-Problem. Nationalökonomische Irrlichter II, in: Der deutsche Volkswirt 6, 47 (1932, 19. August), 1547–1549, 1549. In späteren Texten relativierte Salz diese Ansicht: "To rely in each case on the self-healing power of nature and presume that everyone (every individual or each firm established in business) is his own best doctor might be a false pretense [sic! Ko. S.] ending in frustration." (UM *Stability and Expansion* von 1955 im LBI, I/1, 12).

600 SALZ, Arthur, Das Programm der Weltwirtschaftskonferenz II, in: Der deutsche Volkswirt 7, 21 (1933, 24. Februar), 663–665, 664.

ten.[601] Dabei war ihm jedoch bewusst, dass eine Weigerung Deutschlands, den Frieden von Versailles anzunehmen, noch viel verheerendere Folgen gehabt hätte.[602] So finden sich bei ihm nirgends Vorwürfe gegen die verantwortlichen Politiker, den Versailler Vertrag unterzeichnet zu haben, wie sie etwa Salin erhob. Außerdem konnte er in nationaler Hinsicht den Reparationen sogar noch etwas Positives abgewinnen: Er sah darin die Möglichkeit, dass aus dem gemeinsamen Gefühl der Erniedrigung und „Versklavung einer ganzen Nation" ein neues deutsches Nationalbewusstsein erwachsen könnte, wenn man sich nur zu gegenseitigem Vertrauen durchringen könne.[603] Dies hinderte ihn jedoch nicht daran, vor allem gegen Frankreich, das er für hauptverantwortlich für die harte Behandlung Deutschlands sah, zu polemisieren und im nationalistischen Duktus ein Ende der Reparationen zu fordern. Vom westlichen Nachbarland behauptete er, „daß es als ein Parasit seine Kraft und Nahrung aus dem Mark eines ihm ausgelieferten Wirtsvolkes saugt, und daß sein Beitrag zum europäischen Gesamtleben mit der Aufzehrung der Substanz eben dieses europäischen Lebens allzu teuer erkauft ist." Es sei ein „Vampir im Herzen Europas."[604] Aber auch vor den USA warnte Salz, man möge sich hinsichtlich ihrer Motive keinen Illusionen hingeben, sie seien kein milder Gläubiger.[605]

Bei der praktischen Aufbringung der Reparationen sprach Salz sich dafür aus, nicht einseitig das Kapital zu belasten, weil dies für die Gesamtwirtschaft nicht förderlich sei. Vielmehr müssten die Opfer gleichmäßig verteilt werden und auch die unteren Schichten hätten sich zu mäßigen und dürften keine überzogenen Forderungen stellen: „Die Reparationen, die von einem großen Teil des Volkes als eine Strafe der Besitzenden für einen angeblich aus kapitalistischer Profitgier angezettelten Krieg angesehen wurden, um derentwillen kein noch so weitgehender sozialer Anspruch zurückstehen dürfe, hat, statt zu einer geregelten Finanzwirtschaft zu führen, diese geradezu verhindert."[606] Dementsprechend stand Salz staatlichen Arbeitsbeschaffungsprogrammen kritisch gegenüber und forderte stattdessen flexible Arbeitslöhne, damit auf niedrigerem Lohnniveau neue Arbeitsplätze entstehen könnten und die Abwanderung von Kapital ins Ausland verhindert würde.[607]

---

601 SALZ (1930), Macht und Wirtschaftsgesetz, 76.

602 Ebd., 82.

603 SALZ (1923, März), Klassenstaat, 223.

604 SALZ, Arthur, Das ewige Frankreich (Einzelschriften zur Politik und Geschichte, Beiträge aus dem Archiv für Geschichte und Politik 3). Berlin 1923, 83f. Salz' negative Beurteilung Frankreichs setzte sich nach der Emigration fort, z.B. in UUM *Brief character sketches of several european nations* im LBI, III/6, wo er über die Franzosen äußerte: "The French are by nature a querulous, splenetic disgruntled lot, both individually and collectively; uncompanionably, hard to cooperate with save on their own terms and highly unsportsmanlike to boot in that they appease the thirst for revenge on an enemy when he is flat on the back and thoroughly out and done for. It might turn out to be easier to come to terms with Russia than to get on with 'la douce France' (sweet France)."

605 SALZ (1922/23), Imperialismus der Vereinigten Staaten, 616. Zudem warf er den USA ganz in Übereinstimmung mit Salin vor, keinen einzigen von Wilsons vierzehn Punkten eingehalten zu haben, SALZ, Arthur, [Rezension zu] O'Donnell, C.J., The Lordship of the World, in: Weltwirtschaftliches Archiv 20 (1924), 558–559, 559.

606 SALZ, Arthur, Die Gefährdung der Demokratie, in: Der deutsche Volkswirt 10 (1931), 310–313, 312.

607 SALZ, Arthur, Der Kampf gegen die Arbeitslosigkeit, in: Die Volkswirte. Volkswirtschaftliche Blätter für Verwaltung, Interessensvertretung und Forschung 30, 4 (1931), 105–111, 110.

Ablehnung der Planwirtschaft

Als wirtschaftspolitisch liberaler Denker lehnte Salz natürlich eine planwirtschaftliche Entwicklung der Wirtschaft ab, wie sie in Deutschland nach dem Ersten Weltkrieg intensiv diskutiert wurde.[608] Zwar gestand er zu, dass „das kapitalistische Wirtschaftsprinzip doch nirgends und nie die ganze Wirtschaftsführung eines Volkes restlos zu beherrschen vermochte."[609] Den reinen Kapitalismus könne es also gar nicht geben „außer in den Lehrbüchern in idealtypischer Gestalt"[610]. Ein gewisses Maß an Liberalismus hielt er jedoch für unabdingbar, und dieses wurde seiner Meinung nach in der Weimarer Republik weit unterschritten. Salz sah ihre Verfassung „nicht bloß mit einem Tropfen sozialen Öles gesalbt, sondern [...] mit ganzen Fässern von lebendigem Sozialismus durchtränkt."[611] Dementsprechend lehnte er eine weitere Zurückdrängung des Kapitalismus ab und stand Verstaatlichungen von Wirtschaftsbetrieben kritisch gegenüber. Auch Enteignungen hielt er nicht für ein probates Mittel, selbst wenn dadurch das Nationalgefühl der Arbeiter durch Beteiligung an den Produktionsmitteln geringfügig gehoben werden könnte.[612] Der Preis dafür, die Verletzung der Eigentumsrechte, sei zu hoch. Die strukturellen Probleme könnten nicht auf Dauer durch die Beraubung der Besitzenden und der Kirche überdeckt werden, wie das in der UdSSR der Fall sei. Als einzige akzeptable Möglichkeit mochte sich Salz kapitalistische Inseln innerhalb des sozialistischen Systems vorstellen, in denen sich die private Initiative relativ frei entfalten könne.[613]

Seine Skepsis gegenüber gemeinwirtschaftlichen Modellen begründete er folgendermaßen: Er hielt es für zweifelhaft, ob damit eine stetigere und produktivere Kapitalakkumulation gewährleistet werden könnte, wie die Antikapitalisten behaupteten. Vielmehr würden Unternehmerenergien und Kapitalien kaum so billig und stetig zur Verfügung stehen, wenn die Menschen nicht das Gefühl hätten, ihren Eigennutz zu verfolgen. Zudem seien Staatsbetriebe immer schwerfälliger und ineffektiver als private.[614] Die Versorgungskapazitäten würden also in der Planwirtschaft eher schrumpfen. Salz gab deshalb zu bedenken, „daß jede solche Planwirtschaft ohne Kontingentierung der Bevölkerungsziffer Improvisation wäre."[615] Schon zur Zeit der Novemberrevolution in Deutschland wies er darauf hin, dass die Planwirtschaft in der UdSSR schwere ökonomische Probleme mit sich bringe und kein Vorteil sei im Vergleich zum angeblich chaotischen Kapitalismus.[616] Die Tatsache, dass die staatliche Zwangswirtschaft als Kriegswirtschaft während des Ersten Weltkriegs gut funktioniert habe, dürfe über die prinzipiellen Probleme einer solchen Wirtschaftsform nicht hinwegtäuschen. Für die Friedenszeit sei eine weitgehende staatliche Planung nicht

---

608 1919 wurde vom Parlament eine Sozialisierungskommission eingesetzt, die die Möglichkeiten prüfen sollte, vgl. PRIBRAM und BRÜHMANN (1992), Geschichte ökonomisches Denken 2, 714.

609 SALZ (1928), Anmerkungen, 264.

610 SALZ (1931), Wirtschaftsstruktur, 16.

611 Ebd., 16.

612 SALZ (1923, März), Klassenstaat, 218ff.

613 SALZ, Arthur, Amerikanische Arbeiterhilfe für Rußland, in: Wirtschaftsdienst 35 (1922, 1. September), 856–858.

614 SALZ (1930), Macht und Wirtschaftsgesetz, 124f.

615 SALZ (1924), Sinn Wirtschaftsordnung, 622.

616 SALZ (1918/19), Literatur Bolschewismus, 795.

geeignet.[617] Salz versuchte neben dieser pragmatischen Argumentation auch, die Antikapitalisten mit ihren eigenen Waffen zu schlagen, indem er zu bedenken gab, dass eine Entwicklung in Richtung Planwirtschaft noch stärkere Rationalisierungen bedeuten würde als Sombart sie dem „altersschwachen Kapitalismus“ unterstellt hatte.[618]

Im Laufe der Jahre verstärkte sich Salz′ Engagement gegen planwirtschaftliche Elemente in der Wirtschaft. Im Jahr 1931 kritisierte er scharf, dass der Staat sich viel zu sehr in die Kapitalverwendung einmische, den freien Fluss des Kapitals behindere und dessen Verwendung stark politisiere: „Wir haben es heute zu tun mit einer politisch kontrollierten Kapitalverwertungswirtschaft, die man mit einem starken Maß von Euphemismus als planwirtschaftlich organisierte Kapitalverwendung innerhalb des kapitalistischen Wirtschaftssystems bezeichnen kann.“[619] Die öffentliche Investitionspolitik sei systemlos und planlos und wirke deshalb krisenverschärfend,[620] und durch die staatliche Kontrolle über die Kapitalverwertung würde ein wichtiger Pfeiler des kapitalistischen Wirtschaftssystems untergraben, das dann seine Funktion, den Reichtum der Nation zu steigern, nicht mehr erfüllen könne.[621] Fehlinvestitionen ließen sich auch durch staatliche Kontrolle nicht besser vermeiden als durch die ökonomischen Gesetze, die irrationales Investitionsverhalten von Unternehmern ohnehin sanktionieren würden.[622] Vielmehr handle es sich bei der Forderung nach staatlicher Kontrolle der Kapitalverwendung um eine rein politische Forderung, um „Nachwirkungen der Kriegsmentalität“, die nur „mit einem Wirtschaftsargumentchen verbrämt“ würden.[623] Salz protestierte gegen die zunehmende staatliche Steuerung der Wirtschaft. Dabei erinnerte er immer wieder daran, dass der Gestaltbarkeit der Wirtschaft durch die Politik Grenzen gesetzt seien, die man anerkennen müsse. Auch nach seiner Auswanderung in die USA beurteilte er den Versuch skeptisch, die Ökonomie durch staatliche Kontrolle zu steuern, wie er ihn im “New Deal” gegeben sah.[624] “The watchword today is that the invisible hand ought to be arrested or contained and that only the State wields the power and has the means of transmogrifying the economic environment after a planned model – not by a frontal attack though, but by a circuitous move.”[625]

---

617 SALZ (1930), Macht und Wirtschaftsgesetz, 77ff.
618 SALZ (1928), Anmerkungen, 268.
619 SALZ (1910), Gesetzentwurf, 9.
620 SALZ (1931), Wirtschaftsstruktur, 20.
621 Ebd., 22.
622 SALZ (1931), Wirtschaftsstruktur, 23f. Die Frage nach der Gefahr von Fehlinvestitionen beschäftigte Salz auch nach seiner Auswanderung. Er stellte z.B. fest, dass eine vermehrte Selbstfinanzierung der Unternehmen die Gefahr dazu kaum erhöhen würde. Zwar würde im Fall der Selbstfinanzierung die Kontrolle durch den Kapitalmarkt wegfallen, diese habe sich jedoch ohnehin als wenig effektiv erwiesen. Andererseits könnten die reinvestierten Gewinne in Notzeiten an die Arbeiter zurückfließen, was den Schock einer Depression mildere (UM von 1937 im LBI, II/4, 10, 13ff).
623 SALZ (1931), Wirtschaftsstruktur, 28.
624 Ähnlichkeiten zwischen der faschistischen, der nationalsozialistischen und der Politik des “New Deal”, auch in wirtschaftlicher Hinsicht, arbeitet heraus SCHIVELBUSCH, Wolfgang, Entfernte Verwandtschaft. Faschismus, Nationalsozialismus, New Deal 1933–1939. München [u.a.] 2005. Einen Vergleich der faschistischen Bewegungen in Italien, der UdSSR und Deutschland liefert ROBERTS, David D., The totalitarian experiment in twentieth-century Europe: understanding the poverty of great politics. New York [u.a.] 2006, insb. 412–452.
625 SALZ, Arthur, The metamorphosis of power, in: Edgar SALIN (Hrsg.), Synopsis. Festgabe für Alfred Weber zum 80. Geburtstag. 30.VII.1868–30.VII.1948. Heidelberg 1948, 459–476, 469.

Die Macht des Staates und die Wirtschaft

Immer wieder thematisierte Salz die Frage, in welchem Verhältnis denn Macht und ökonomisches Gesetz zueinander stünden, eine Diskussion, die nach dem Ersten Weltkrieg insbesondere von Eugen von Böhm-Bawerk und Rudolf Stolzmann geführt wurde.[626] Salz kam darauf gute fünfzehn Jahre später zurück. Bei der Definition von Macht berief er sich, wie so oft, auf Max Weber.[627] Er lehnte die marxistische Vorstellung ab, dass die bestehenden Machtverhältnisse das einzig ausschlaggebende Moment für die ökonomische Ordnung seien. Vielmehr schloss er sich in dieser Frage Böhm-Bawerk an, der davon ausging, dass die politische Macht nur *innerhalb* der ökonomischen Gesetze wirken, sie also nicht aufheben, sondern nur bestätigen und erfüllen könne.[628] Allerdings gebe es auch andere Fragen, wie z.B. die nach dem Besitz von Erdölquellen und Rohmaterialien, die eindeutig durch Machtfaktoren entschieden würden.[629] Das Kapital versuche dann meist im Nachhinein, die einmal hergestellten Machtverhältnisse zu stabilisieren, indem man ihnen eine höhere, staatliche Sanktion verleihe und sie in Recht umsetze, wobei der Staat sich aber nicht übervorteilen lassen dürfe.[630] Reine Wirtschaftsfragen ohne jeden Einfluss von Machtstrukturen gebe es nicht,[631] aber auch keine reinen Machtfragen, die völlig von den ökonomischen Gegebenheiten absehen könnten. Salz konstatierte gegenseitige Abhängigkeiten.[632] Seine Untersuchung der Antinomie von Politik und Wirtschaft lief stets darauf hinaus, die zeitbewegenden Kräfte „im Sinne des Zueinanderfindens von Staat und Wirtschaft"[633] zu interpretieren, bei dem der Staat sich aber weitgehend aus wirtschaftlichen Fragen heraushalten sollte. Zudem forderte er, die Macht, die im Staat unerlässlich sei, müsse trotz aller Institutionalisierung dennoch human bleiben, um "as a veritable deus ex machina to curb the Moloch of mechanical and economic power."[634]

Nicht nur aus pragmatischen Gründe sprach er sich gegen Einmischungen des Staates in die Wirtschaft aus, sondern auch aus ideellen:[635] Er fürchtete einen Zerfall der staatlichen

---

626 Böhm-Bawerks grundlegende Position in dem Artikel BÖHM-BAWERK, Eugen von, Macht oder ökonomisches Gesetz?, in: Zeitschrift für Volkswirtschaft, Sozialpolitik und Verwaltung 23 (1914), 205–271; Vgl. zu der Debatte auch ESSER, Hans A., Macht oder ökonomisches Gesetz: Zur wert- und verteilungstheoretischen Kontroverse zwischen Rudolf Stolzmann und Eugen von Böhm-Bawerk. Köln 1971.

627 SALZ (1930), Macht und Wirtschaftsgesetz, 35. Ebenso in SALZ (1948), Metamorphosis of Power, 461, Fn 2.

628 SALZ (1929), Freiheit und Gebundenheit, 50, Fn 1. Vgl. BÖHM-BAWERK (1914), Macht oder ökonomisches Gesetz? 266. Allerdings war Salz′ Meinung über Böhm-Bawerk, der der österreichischen Schule angehörte, nicht durchgängig positiv, wie auch nicht anders zu erwarten. An anderer Stelle bezeichnete er die Aussagen des Österreichers über Investition, Beschäftigung und Kapital als "economic mythology" (UM von 1937 im LBI, II/4, 8).

629 SALZ (1929), Freiheit und Gebundenheit, 66.

630 SALZ (1915), Schiffahrt 1, 860, 884.

631 SALZ (1930), Macht und Wirtschaftsgesetz, 21.

632 Ebd., 166–180.

633 WEIGMANN (1932), [Rezension zu Salz], 185.

634 SALZ (1948), Metamorphosis of Power, 469.

635 Auch in anderen politischen Fragen war Salz bereit, ideellen Argumenten einen höheren Stellenwert einzuräumen als wirtschaftlichen, so z.B. wenn er im Jahr 1919 den Anschluss Österreichs an Deutschland

Macht durch zu großes wirtschaftliches Engagement. Diese Macht sah Salz ohnehin im Abnehmen begriffen, er konstatierte das Fortschreiten eines „staatlichen Machtverzichtes oder Machtverfalls".[636] Dem Staat würden viel zu viele Aufgaben zugemutet, für die er eigentlich gar nicht zuständig sei.[637] So übernehme er immer mehr Aufgaben in der Fürsorge für seine Bürger und habe deshalb auch immer größere Ausgaben zu bewältigen, wodurch er von Krediten abhängig werde.[638] Salz hielt es für ein Problem der Weimarer Verfassung, dass sie sowohl individualistische als auch kapitalistische und kollektivistische Ansätze enthalte, sodass der Staat letzten Endes als omnipotent erscheine und große Erwartungen wecke, auch wenn es sich teilweise nur um pathetische Deklarationen handle, deren Umsetzung unklar sei.[639] Deshalb schlug er eine weitgehende Enthaltung des Staates von ökonomischen Transaktionen vor: Der Staat solle sich nicht profanieren und von der Wirtschaft für ihre Zwecke instrumentalisieren lassen, die politische Macht solle sich nicht „zum Büttel und Werkzeug der Erwerbsgier des Kapitalismus" hergeben[640] – eine Entwicklung, wie Salz sie etwa in Frankreich gegeben sah.[641] Vielmehr sei der Staat ein primärer Wert, „trotzdem, ja vielleicht sogar weil er keine wirtschaftlichen Wunder vollbringt."[642] Würde er sich zu sehr ins ökonomische Alltagsgeschäft einlassen, würde er den letzten Rest seines Mythos, der ihm aus dem deutschen Idealismus erwachsen sei, verlieren.[643] „Die wirtschaftliche Betätigung setzt […] den Staat der Gefahr aus, Mißerfolge zu haben und sich zu blamieren. Wirtschaftliche Mißerfolge werden ihm zugerechnet, wirtschaftliche Erfolge sind nach der populären Meinung nicht Verdienst, sondern Glückssache."[644] Das Ziel von Salz′ Buch *Macht und Wirtschaftsgesetz* ist dem Rezensenten Hans Weigmann zufolge, „die Rehabilitierung der Staatsidee, ist die Annäherung von Staat und Wirtschaft durch die säuberliche Trennung ihrer Zuständigkeiten, durch die Befreiung des Staates von den Einflüssen der Interessensgruppen."[645] Eine zu enge Verknüpfung von Staat und Wirtschaft, wie sie im Totalitarismus gegeben war, hielt Salz für gefährlich: „Wo aber Staat und Wirtschaft so eng verknüpft sind wie im heutigen Russland oder auch im heutigen Italien, da ist das Risiko, daß Fehlschläge der Wirtschaft den Staat selbst gefährden, viel größer als in der privatkapitalistischen Wirtschaft."[646] Dennoch propagierte Salz keinen gänzlichen Laisser-faire-Staat. Vielmehr sah er im Staat trotz seiner prinzipiellen Skepsis gegen ein Zuviel an staatlicher Wirtschaftspolitik einen „Treuhänder nicht nur der Gegenwart, sondern gerade auch der zukünftigen und noch ungeborenen Geschlechter."[647] Seine Aufgabe sei es, den Irratio-

---

vehement forderte. Dies sei ein „idealpolitisches und kein wirtschaftliches Postulat." (SALZ, Arthur, Der Anschluß Deutschösterreichs, in: Deutsche Politik 4, 40 (1919, 3. Oktober), 424–428, 426).

636 SALZ (1929), Freiheit und Gebundenheit, 51.

637 SALZ (1930), Macht und Wirtschaftsgesetz, 91ff.

638 SALZ (1929), Freiheit und Gebundenheit, 68.

639 SALZ (1930), Macht und Wirtschaftsgesetz, 101ff.

640 SALZ (1929), Freiheit und Gebundenheit, 60.

641 SALZ (1923), Frankreich, 62, 78f.

642 SALZ (1929), Freiheit und Gebundenheit, 81.

643 SALZ (1930), Macht und Wirtschaftsgesetz, 99.

644 Ebd., 162.

645 WEIGMANN (1932), [Rezension zu Salz], 187.

646 SALZ (1931), Wirtschaftsstruktur, 24.

647 Ebd., 31.

nalismus der Menschen, die oft nicht genügend an die Zukunft dächten, auszugleichen. Wie das jedoch ohne großes wirtschaftspolitisches Engagement möglich sein sollte, führte Salz nicht konkret aus.

3.2 Sozialpolitik

Im Hinblick auf die Sozialpolitik ist eine Veränderung von Salz' Denken zu konstatieren. Er wandte sich diesem Thema, das in der ökonomischen Debatte nach 1900 in der Tradition der Historischen Schule eine wichtige Rolle spielte,[648] schon zu Beginn des Ersten Weltkrieges zu.[649] Salz war wie viele Bürgerliche von der nationalen Solidarität großer Teile der Arbeiterbewegung überrascht und ließ sich von diesem positiven Erlebnis beeinflussen.[650] Zwar definierte er die Sozialpolitik in seinem Text *Die Rechtfertigung der Sozialpolitik (Ein Bekenntnis)* als „Begrenzung und Einschränkung der wirtschaftlichen Gesetze durch sittliche Grundsätze".[651] Obgleich dies zu seiner wirtschaftsliberalen Position auf den ersten Blick wenig passte, hielt er Sozialpolitik jedoch dennoch für unumgänglich, und zwar nicht nur im Sinne der Historischen Schule, weil sie ein Gebot der Humanität war oder weil es aus politischer Klugheit ratsam schien, die Verteilung der Güter in der Volkswirtschaft vorsichtig zu reformieren, um keinen gewaltsamen Umsturz zu provozieren.[652] Vielmehr erklärte Salz im vollen nationalen Einheitsgefühl die Sozialpolitik zum Produkt des und zur Gewähr für das Kollektivbewusstsein in einem liberalen Staat:[653] „Jeder für sich, keiner für alle, ist uns eine energische Sozialpolitik eine Garantie dafür, dass wir noch ein Volk sein können und sein wollen, sie ist wie ein Ritus, in dem sich die Idee des Volkes immer neu gebiert, und indem wir es durch die Tat erzeugen und bewähren, erleben wir uns als Volk."[654] Ohne ein großes

---

648 PRIBRAM (1925), Wandlungen Sozialpolitik.

649 Wie zahlreiche deutsche Gelehrte versuchte Salz hier eine positive Sinnstiftung des Krieges durch den Verweis auf eine spezifisch deutsche Organisation und einen typisch deutschen Sozialismus, vgl. HOERES, Peter, Die Kultur von Weimar: Durchbruch der Moderne. Berlin 2008, 29f.

650 KAUFMANN, Franz-Xaver, Sozialpolitisches Denken. Die deutsche Tradition. Frankfurt a. M. 2003, 77ff. Mit Beginn des Krieges hatten die Gewerkschaften sämtliche Arbeitskämpfe sofort abgebrochen, vgl. PRELLER, Ludwig, Sozialpolitik in der Weimarer Republik. Düsseldorf 1978, 34.

651 SALZ (1914), Rechtfertigung Sozialpolitik, 12. Ganz im Gegensatz zum *Jahrbuch*, wo Gundolf und Wolters zwei Jahre vorher die Sozialpolitik abgelehnt hatten: „Der staat will die schwachen, die krüppel schützen, aber er bewirkt eine verschwächung und verkrüppelung des ganzen menschtums, der staat verbietet die sklaverei, aber er bietet alles auf dass jedermann sklave wird." (GUNDOLF, Friedrich und WOLTERS, Friedrich, Einleitung der Herausgeber, in: Jahrbuch für die geistige Bewegung 3 (1912), III–VIII, V). Zu Julius Landmanns Kommentar zu dem Text vgl. 219.

652 Vgl. KROHN (1981), Wirtschaftstheorien, 48f.

653 Ernst Kantorowicz kommentierte die Schrift seines Schwagers am 26.01.1915 Fine von Kahler gegenüber: „Was Du über Salzens Broschüre schreibst, ist natürlich ganz richtig, sie übertreibt oder verkehrt vielmehr die Bedeutung dieses sekundären Handelns: wir werden niemals ein Volk werden oder sein, weil wir Sozialpolitik betreiben, sondern sie ist heute wie früher, da wo sie gedanklich *und* gefühlsmäßig rein betrieben ist, schon ein *ausfluss* unseres Volksgefühls (Volksgefühl: im nationalen nicht im socialen Sinn) weil z.B. das Deutsche, das Geistige Deutsche geschädigt, geknechtet, beleidigt sind in einem Deutschen, der unwürdig leben muss." (StGA, Kahler III, 5433. Hervorhebungen von Kantorowicz).

654 SALZ (1914), Rechtfertigung Sozialpolitik, 26.

gemeinsames Projekt, wie es etwa die Sozialpolitik sei, könne eine Nation auf Dauer nicht als ein Ganzes bestehen. Wie viele Georgeaner, so wurde auch Salz zu Beginn des Ersten Weltkrieges von der nationalen Begeisterung ergriffen.[655] Seine Beurteilung der Sozialpolitik als Teilgebiet der nationalen Identität überrascht nicht, wenn man Georges Aussagen hierzu kennt: „Alle Teil-Emanzipationen, Teil-Reformen (‚Frauenfrage', Kinder-Erziehung, Arbeiterfrage) sind wahnsinnig."[656] Nur als harmonischen Teil etwas größeren, des Volkes als ganzem, wollte Salz die Sozialpolitik deshalb gelten lassen.

Nach Krieg und Revolution, als sich diese Emotionen gelegt hatten und die Gewerkschaften enorm an Macht gewonnnen hatten – man sprach von der „Krisis der Sozialpolitik"[657] –, stand Salz der Sozialpolitik kritisch gegenüber, bedeutete sie doch einen Eingriff in die von ihm geforderte liberale Wirtschaft. Dennoch war er bereit, ihre noblen Motive anzuerkennen, wenn sie im Sinne des Ganzen gedachten werde: Sie entspringe dem „lebendigen und wachen Gefühl der einzelnen Teile der Gesellschaft"[658] und habe als solche ihre Berechtigung.[659] Zudem sei der Kapitalismus durchaus in der Lage, einige nicht-liberale Elemente zu verkraften, da er ja ohnehin aus vielen verschiedenen „Säulen" zusammengesetzt sei, die zusammen ein organisches Ganzes bildeten.[660] Trotz seiner Ablehnung von zu weit gehenden sozialpolitischen Forderungen bemühte sich Salz stets, den Forderungen der Arbeiter Gerechtigkeit widerfahren zu lassen: Es könne nicht angehen, dass die Kapitalisten ihre Weigerung, höhere Löhne zu zahlen, mit angeblichen ökonomischen Gesetzen,

655 Als Beleg dafür kann sein Text *Ver sacrum* gelten, in dem er seine Erwartung darlegte, daß die Not „die zersprengten Volksteile, die einander fremd geworden, wieder zu einem machtvollen, von heiligem Leben durchglühten Ganzen zusammenschweißt." So könnten die Juden durch den Krieg ins deutsche Volk integriert werden (SALZ (1913), Ver sacrum, 172). Salz' Begeisterung führte soweit, dass er im Oktober 1914 neben Altmann als einziges von neun Mitgliedern des Heidelberger InSoSta die „Erklärung der Hochschullehrer" unterzeichnete und sich damit hinter die Kriegspolitik der Reichsregierung stellte, vgl. JANSEN (1997), Institut der Außenseiter, 38.

656 Diesen Ausspruch Georges gibt Curtius wieder in CURTIUS (1950), George im Gespräch, 154.

657 Viele Ökonomen empfanden nun die Gewerkschaftspolitik als Hemmschuh der wirtschaftlichen Erholung Deutschlands, vgl. KAUFMANN (2003), Sozialpolitisches Denken, 82ff. Heinrich Herkner kritisierte auf der 50. Jubiläumstagung des Vereins für Sozialpolitik 1922 deshalb so massiv die Gewerkschaften, dass Lujo Brentano daraufhin den Verein verließ, vgl. KROHN (1981), Wirtschaftstheorien, 50. Zusammenfassend SCHULZ, Günther, Bürgerliche Sozialreform in der Weimarer Republik, in: Rüdiger VOM BRUCH (Hrsg.), „Weder Kommunismus noch Kapitalismus": Bürgerliche Sozialreform in Deutschland vom Vormärz bis zur Ära Adenauer. München 1985, 181–217, insb. 204–208 sowie SCHMIDT, Manfred G., Sozialpolitik in Deutschland: Historische Entwicklung und internationaler Vergleich. 3. Aufl. Wiesbaden 2005, 45–58. Das Thema „Grundlagen und Grenzen der Sozialpolitik" wurde im Verein für Sozialpolitik dann im Jahr 1930 in Königsberg noch einmal diskutiert, vgl. BOESE (1939), Verein für Sozialpolitik, 218f.

658 BELLOC (1925), Sklavenstaat, Vorwort von Salz, 22. Keineswegs dürfe die deutsche Sozialpolitik als Versuch missverstanden werden, den Sklavenstaat durch Knechtung des Proletariats wieder herzustellen (ebd. 20).

659 Salz ging also nicht so weit wie Adolf Weber oder Otto von Zwiedineck-Südenhorst, die die Gewerkschaften ablehnten, weil sie der wirtschaftlichen Weiterentwicklung hinderlich seien, auch wenn er ebenso wie sie Kritik an seiner Meinung nach überzogenen Forderungen der Gewerkschaften übte, vgl. KROHN (1981), Wirtschaftstheorien, 52.

660 UM *The capitalistic system as a whole* im LBI, II/3, Kapitel *The third pillar: the integration of several systems*, 5. Auch hier unterschied sich Salz' Verständnis der Sozialpolitik fundamental von dem Zwiedinecks, vgl. KROHN (1981), Wirtschaftstheorien, 52.

z.B. von der Begrenztheit des Lohnfonds, zu begründen suchten, um sich ihrer Verantwortung gegenüber den Arbeitern zu entziehen.[661] Salz kam im Rahmen seiner langjährigen Tätigkeit an der Akademie der Arbeit in Frankfurt mit Arbeitern und ihren Meinungen und Ansichten in direkten Kontakt, eine Erfahrung, die er vielen Universitätskollegen voraushatte. „Die Fragestellungen und Interessen, welche mir aus dem Kreise der Hörer zukamen, haben meine eigene geistige Entwicklung stark beeinflußt.[…] Darum rechne ich meine Erfahrungen an der Akademie der Arbeit zu den gelungensten Wagnissen meines Lebens."[662]

3.3 Ablehnung des Totalitarismus und der „Führerdemokratie"

Wie wirkten sich Salz' wirtschaftspolitische Ideale auf seine politische Haltung aus? Er hatte der demokratischen Verfassungsform gegenüber eine weitgehend positive Einstellung, da er sie als die dem Kapitalismus entsprechende Staatsform betrachtete. Salz stand politisch der linksliberalen DDP nahe.[663] Der Kapitalismus könne nur in Staaten funktionieren, wo die Bürger auch politische Freiheiten hätten: „Gerade die maximale Unfreiheit ist mit ihrem [gemeint ist die kapitalistische Wirtschaftsordnung, Ko. S.] Wesensgesetz nicht vereinbar, wohl aber ein relativ großes Maß von politischer, rechtlicher und auch weitgehend wirtschaftlicher Freiheit."[664] Deswegen habe sich mit der Entwicklung des Kapitalismus auch die Demokratie entwickelt: „Die Entstehung des Kapitalismus ist unlöslich mit einer Mehrung der wirtschaftlichen und gesellschaftlichen Freiheit verknüpft."[665] Die Wirtschaftsform des Kapitalismus sei so geradezu zur Schöpferin eines neuen Rechts geworden oder hätte dessen Entstehung zumindest beschleunigt.[666] Ökonomischer und politischer Liberalismus gehörten für Salz zusammen. Im Zuge dieser Entwicklung wurden frühere gesellschaftliche Bindungen aufgehoben, was er aber nicht *nur* negativ beurteilte wie Salin. Vielmehr stellte er fest, dass die Menschen zu dieser Zeit die sozialen Bindungen nicht als „soziale Rückendeckung" sondern überwiegend als Last empfunden und deshalb deren Auflösung begrüßt hätten.[667] Im US-amerikanischen Exil zog Salz die Grenzen zwischen politischem und ökonomischem Liberalismus schärfer, ohne seine Hochschätzung beider Denkrichtungen aufzugeben: Der ökonomische Liberalismus hätte zwar seine Wurzeln im philosophischen, aber er würde zu dessen Verteidigung nicht ausreichen: "Economic liberalism might possibly find vindication within the framework of categorical liberal philosophy, but it is not sufficient in itself to confirm or uphold that general liberal philosophy."[668] Beide würden sich gegenseitig ergänzen. Denn während der ökonomische Liberalismus ein geeigneter Weg

---

661 SALZ (1930), Macht und Wirtschaftsgesetz, 9.
662 SALZ (1931), Akademie der Arbeit, 104.
663 JANSEN (1997), Institut der Außenseiter, 37.
664 SALZ (1924), Sinn Wirtschaftsordnung, 616.
665 SALZ (1929), Freiheit und Gebundenheit, 51.
666 SALZ (1930), Macht und Wirtschaftsgesetz, 145.
667 SALZ (1929), Freiheit und Gebundenheit, 52.
668 SALZ, Arthur, Economic liberalism reinterpreted, in: John Eric NORDSKOG (Hrsg.), Contemporary social reform movements: principles and readings. New York 1954, 54–63, 60.

dazu sei, außerökonomische Werte zu bewahren, wie “liberty, freedom, tolerance, dignity of man, individual initiative etc.”[669], könne er doch nur in einem philosophisch liberalen Klima gedeihen, den Wohlstand erhöhen und dauerhaften Frieden sichern, und zwar für die Mehrheit der Menschen, nicht nur für eine Elite.[670] Salz musste die Integration in den USA mit einer solchen Geisteshaltung wesentlich leichter fallen, als sie es etwa für Salin gewesen wäre.

Bei Salz sind keine grundsätzlich antidemokratischen Reflexe nachzuweisen, auch wenn er zuweilen darauf hinwies, dass die in der Demokratie vorausgesetzte Gleichheit der Menschen eine Fiktion sei.[671] Je stärker sich die Menschen voneinander unterschieden, je weniger ihre Gleichheit wirklich in der „Lebenssubstanz“ verwurzelt sei und nur eine Erscheinung der „Epidermis“ darstelle, desto schwieriger sei die Integration in einer Demokratie.[672] Hier unterschied sich seine Argumentationsstrategie über die Semantik von Oberfläche und Tiefe also kaum von der, die Salin sich nach 1945 zu Eigen machte.[673] Den Begriff der Freiheit hielt Salz für schwer bestimmbar,[674] und er sah ihn als einen Gegensatz zu dem der Gleichheit an, sodass ständig ein Ausgleich zwischen beiden gesucht werden müsse. Trotz dieser Schwierigkeiten war Salz vom demokratischen Prinzip überzeugt, und zwar in allen Phasen seines Lebens, da er keine bessere Möglichkeit sah: “And if complete equality is our fate, is it not better to be levelled by free institutions than by despotic power?”[675] Ohne die Augen vor den mit der Demokratie verbundenen Schwierigkeiten zu verschließen, hielt Salz sie trotz ihrer Nachteile dennoch für das überlegene Prinzip. So gab er zwar zu, dass die Demokratisierung des englischen Wirtschaftslebens eine Vergröberung des Tones und der Praktiken gebracht habe, aber er hielt dagegen, sie bringe auch eine Verjüngung der Nation mit sich und schütze vor phantasieloser Routine.[676] Salz konnte der Demokratie viel Positives abgewinnen, vor allem, was die Freiheiten des einzelnen anging. Dementsprechend vertrat er stets die Ansicht, dass es üblich sei, „jede Gesellschafts- und Wirtschaftsform in dem Grade als gut und besser als eine andere gelten zu lassen, je mehr Freiheit sie dem einzelnen läßt.“[677] In diesem Zusammenhang übte er Kritik am Kommunismus, die über die rein ökonomischen Fragestellungen hinausging, und zwar auch während der Münchner Räterevolution von 1918, in die er verwickelt war. Dem Sozialismus warf Salz vor, gerade in der Frage der Freiheit zu versagen.[678] Durch die Revolution würden zwar die alten gesellschaftlichen Bindungen und Konventionen zerstört; ob in einem darauf folgenden kommu-

669 SALZ (1954), Economic liberalism, 60.

670 Allerdings gestand Salz zu, dass auch faktisch undemokratische Länder wie Russland oder Frankreich [sic! Ko. S.] durchaus zu einem “rapid economic headway” in der der Lage seien (UM *Stability and Expansion* von 1955 im LBI, I/1, 9).

671 SALZ, Arthur, Der Volksstaat und die auswärtige Politik, in: Deutsche Politik 4 (1919), 392–400, 393.

672 SALZ, Arthur, Das Land ohne Mittelalter, in: Weltwirtschaftliches Archiv 23 (1926), 90–117, 108.

673 Vgl. 281.

674 SALZ (1929), Freiheit und Gebundenheit, 51.

675 UUM *Empire – a challenge or a scourge?* im LBI, II/2, 140.

676 SALZ (1928), Sombarts Hochkapitalismus, 41.

677 SALZ (1930), Macht und Wirtschaftsgesetz, 143f.

678 Der Text SALZ (1918/19), Literatur Bolschewismus erschien 1918, d.h. es ist anzunehmen, dass Salz sich Ende 1918 während der Revolution in Deutschland intensiv mit der bolschewistischen Literatur auseinandersetzte. Er befand sich zu dieser Zeit im revolutionären München.

nistischen Staat aber tatsächlich eine freiwillige Gewöhnung an gesellschaftliche Regeln sich einstellen würde, hielt Salz für sehr zweifelhaft. Groß schätzte er die Gefahr ein, das Übergangsstadium, in dem die Regeln des Sozialismus durch einen autoritären Staat durchgesetzt werden sollten, könnte zum Dauerzustand werden.[679] Er kritisierte, dass in den totalitären Staaten „der Druck des neuen Staates unverhältnismäßig stärker und empfindlicher ist deshalb, weil er den *ganzen* Menschen ergreift, denn der ‚Mensch' wird vergesellschaftet, sozialisiert, es bleibt kein staatsfreier Rest als ein Asyl mehr übrig."[680] Die „Aufopferung des Individuums zugunsten eines abstrakten obersten Wohles des Ganzen" hielt Salz für „reaktionär".[681]

Offensichtlich verstärkte das Erlebnis der Münchner Räterevolution Salz′ demokratische Haltung noch und brachte letzte kritische Einwände aus der Zeit vor dem Ersten Weltkrieg zum Verschwinden.[682] Nach der Revolution lehnte er die Idee eines autoritären Führertums ab und stand dem „Schrei nach dem Führer" skeptisch gegenüber.[683] Bereits im Jahr 1923 wurde er noch deutlicher in seiner Ablehnung des Totalitarismus und Faschismus, von dem er sagt, er sei

> „nach allem, was wir von ihm wissen, kaum etwas anderes als organisiertes Brigantentum. […] Wenn der kapitalistische Klassenegoismus sich mit dem Mäntelchen des nationalen Idealismus verbrämt und wenn der Sozialismus seinerseits verspricht, nach Erringung der wirtschaftlichen Diktatur national zu werden, was hindert dann gelegentlich den kapitalistischen und imperialistischen Machtwillen, sich in die Maske des Sozialismus zu kleiden? Dies aber ist der Fall im fascistischen Nationalismus."[684]

Er könne sich auf Dauer nur durch Krieg und Kriegsvorbereitungen am Leben erhalten.

Je mehr in Deutschland Einflüsse des Nationalsozialismus zu spüren waren, desto vehementer verteidigte Salz die Freiheit des Individuums. Im Jahr 1931 benannte er die Gefahr immer weiterer staatlicher Steuerung der Wirtschaft, nämlich dass „auf die Freiheit und die Idee der Freiheit verzichtet wird und diese billig, ja unter pari abgegeben wird. Der Einzelne und seine Verantwortung sollen nichts mehr gelten vor dem grandiosen Ziel der Gesamtheit, uns von allen wirtschaftlichen Übeln zu erlösen." Er kritisierte scharf die „Tendenz zur Kontrolle und Beeinflussung des Konsums und der Konsumgewohnheiten überhaupt." Dieser Wunsch sei eine durch die Medien verstärkte „Massenpsychose oder Massenneurose",[685] die negative Folgen für Wirtschaft und Staat haben werde. Zudem hielt er kreative Wissen-

---

679 SALZ (1918/19), Literatur Bolschewismus, 793.
680 Ebd., 902.
681 SALZ (1910), Bolzano, 503.
682 1913 hatte Salz für Österreich-Ungarn noch die direkte Teilnahme der Bürger an der Gesetzgebung vorgeschlagen, selbst wenn diese die Gefahr des Cäsarismus in sich berge: „Ein Caesarismus, der gut funktioniert, verdient in jeder Beziehung den Vorzug vor einem verlogenen und faulen Parlamentarismus." (SALZ, Arthur (als Pseudonym Kritias), Das Parlament in Österreich oder die innere Gefahr. Heidelberg 1913, 15).
683 SALZ (1921), Wissenschaft, 11.
684 SALZ (1923, März), Klassenstaat, 221.
685 SALZ (1931), Wirtschaftsstruktur, 29f.

schaft und Technik auf Dauer nur in einem liberalen Staat für möglich.[686] Nach seiner Emigration in die USA vertrat er die These, dass die nationalsozialistische Ideologie durch den deutschen romantischen Konservativismus entscheidend begünstigt worden sei. Adam Müller, dessen Werk er selbst fünfzehn Jahre vorher mit Begeisterung ediert hatte, sah er nun als “spiritual ancestor of the ideology, although not of the methods, of National Socialism” und warf ihm vor, dass man die in Deutschland verbreitete Opposition gegen den Liberalismus, den Kapitalismus, die Demokratie, die Republik, das kosmopolitische Denken und die Humanität letztlich auf ihn zurückführen könne.[687] Salz′ Artikel in der Encyclopaedia of the Social Sciences von 1937 betonen explizit die Verantwortung der konservativen Denker der deutschen Geistesgeschichte für die Entstehung des Nationalsozialismus: Hier zeichnet sich die ganze Enttäuschung eines desillusionierten, wertkonservativen jüdischen Flüchtlings über das Versagen der deutschen Intellektuellen gegenüber dem Nationalsozialismus ab.[688] Salz beantwortete die Frage der Verantwortung des deutschen Konservativismus also ganz ähnlich wie Kurt Singer, aber keineswegs verschlüsselt und sehr viel anklagender.[689]

Seine Ablehnung des Totalitarismus setzte sich auch nach 1945 fort: Im Kalten Krieg, den Salz in den USA erlebte, stellte er fest, dass totalitäre und autokratische Staaten zwar mehr Steuerungsmöglichkeiten in der Wirtschaft hätten; diesen Zustand könne ein demokratisches Land aber dennoch nicht anstreben, ohne seine Integrität zu verlieren.[690] “Freedom and dignity of the individual are sacrosanct.”[691] Diese Prämisse setzte Salz nicht nur in wirtschaftlicher, sondern auch in kultureller Hinsicht. So stellte er bereits im Jahr 1926 fest, dass in den USA die Schaffung einer erzwungenen Einheitskultur für die Bürger und Einwanderer mit völlig verschiedenem kulturellem Hintergrund zwar machbar sei, aber dem Geist der amerikanischen Verfassung widerspräche und deshalb einem Verzicht auf die Demokratie gleichkäme. Die Alternative, die Salz für die USA sah, war ein „kultureller Pluralismus“, in dem „Demokratie Selbstverwirklichung bedeute durch Selbstbeherrschung und Selbstzucht.“[692]

Staat und Nation

Trotz dieser Befürwortung der Demokratie argumentierte aber auch Salz mit organizistischen Vorstellungen vom Staat: Die Semantik vom Ganzen und seinen Teilen hat auch in

---

686 UM *Empire – a challenge or a scourge?* im LBI, II/2, 151f.

687 SALZ (1937), Müller.

688 Neben SALZ (1937), Müller (vgl. 202) ist zu nennen einen Artikel über Johann Karl Rodbertus, dem Salz sein kollektivistisches und antiindividualistisches Denken vorwarf, das auch ihn zu einem Vorläufer des Nationalsozialismus gemacht habe (SALZ (1937), Rodbertus, 414). Sogar in seinem Artikel über Constantin Rössler hebt er negativ hervor, Rössler habe nach 1862 nach einer „Diktatur für einen Mann“ gerufen (SALZ, Arthur, Rössler, Constantin, in: Edwin R.A. SELIGMAN (Hrsg.), Encyclopaedia of the social science Bd. 13/14. New York 1937, 440). Salz sah den deutschen Konservativismus in der Verantwortung für die Entwicklung des Nationalsozialismus.

689 Zu Singer vgl. 315.

690 UM *Stability and Expansion* von 1955 im LBI, I/1, 17.

691 SALZ (1948), Metamorphosis of Power, 474.

692 SALZ (1926), Mittelalter, 116.

seinem Werk einen hohen Stellenwert, und zwar nicht nur in methodologischer Hinsicht. So sah er das Verhältnis des Staates zu seinen Bürgern in den Demokratien, die er erlebte, vor allem in der Weimarer Republik, als belastet an, weil sie zwar viel vom Staat erwarteten, aber wenig für ihn zu geben bereit waren. „Der moderne individuelle und individualisierte Mensch ist – was man auch sagen möge – ein unstaatliches Wesen, obwohl er in einem demokratischen Staate lebt, in einem Staate, der ihm gehört, den er täglich mit schafft, den er in seiner Person vertritt.“[693] Salz beklagte, dass der Staat nicht mehr als Voraussetzung für ein gutes Leben begriffen würde, sondern eher als dessen Hemmschuh.[694] Echte Loyalität würde eher Verbänden zuteil, nicht mehr dem Staat selbst, und gerade darin sah Salz das Problem einer langfristigen Störung der Harmonie. Nur dann nämlich, wenn jeder Bürger eine verantwortungsvolle staatsbürgerliche Gesinnung an den Tag lege und rational handle, würde die Summe dieser Handlungen auch wirklich das allgemeine Beste zeitigen, könne sich also z.B. die Wirtschaft dem klassischen Ideal immer mehr annähern.[695] Deshalb müsse sich gerade in der Demokratie jeder Bürger für den Staat verantwortlich fühlen: „Die moderne Demokratie mit dem Grundsatz: jedem Mann und jeder Frau eine Stimme beruht auf der Ideologie, daß jeder vollreife Staatsbürger verantwortlich und haftbar für den Staat sei, dessen Schicksal bestimmt wird durch die gemeinsame Willensbildung einer Vielheit von einzelnen latenten oder potentiellen Staatsmännern, nämlich den vollreifen, wahl- und stimmberechtigten Bürgern.“[696] Sei dies nicht der Fall und jeder würde nur seinen Eigennutzen verfolgen, ohne ans Ganze zu denken, dann würde man sich von harmonischen Gesellschaftsmodellen immer mehr entfernen.[697] Deswegen riet er von rein negativer Kritik am Staat ab und forderte stattdessen eine neue, positive Grundhaltung und Verantwortungsbewusstsein ihm gegenüber. „Aber ich kann nur wiederholen, daß gerade diejenigen, die, wie ich selbst, den Staat positiv bewerten und ihn bejahen, durch diese scheinbar bloß negative Kritik hindurchgehen müssen, um unser Bild vom Staate und unser Verhältnis zu ihm neu zu formen.“[698]

Für Salz war der Staat von entscheidender Bedeutung für das Leben des Bürgers, da er allein in der Lage sei, das Individuum in neue gesellschaftliche Bindungen einzubetten. „Denn ebenso wie der Mensch durch alle Höllen der Vereinzelung und Vereinsamung hindurchgejagt wurde, ehe er inneward, was Bindungen für ihn bedeuten, Bindungen irrationaler, traditionaler Art, so müssen wir vielleicht gedanklich durch eine Verzweiflung am Staate hindurchgehen, um zu erkennen, was dennoch Staat bedeutet oder bedeuten könnte.“[699]

---

693 SALZ (1930), Macht und Wirtschaftsgesetz, 66.

694 Ebd., 85f.

695 SALZ (1931), Wirtschaftsstruktur, 31.

696 SALZ (1928), Volkswirtschaftliche Ausbildung, 594.

697 So beklagte Salz dreißig Jahre später, die Menschen in den USA orientierten sich so sehr an der Doktrin vom Eigennutz, dass das ökonomische Gesetz de facto mittlerweile fast universell gelte. Der Gesamtnutzen, der sich aus den Einzelinteressen ergeben sollte, werde dagegen nicht berücksichtigt und könne sich deshalb auch nicht verwirklichen (UM *Empire and Democracy* von 1962 im LBI, IV/1, 12).

698 SALZ (1930), Macht und Wirtschaftsgesetz, 160. Salz war insgesamt skeptisch gegen überzogen schwarzseherische Zeitkritik, die er für unverantwortlich hielt, vgl. SALZ (1921), Wissenschaft, 13. „Ich fühle mich nicht berufen, den Chor derer zu verstärken, die heute an allen Straßenecken uns die Schmach der Zeit ins Antlitz schreien. Zu sehr fühle ich mich mit dieser Zeit und mit dieser Gemeinschaft, die auch noch mein Leben trägt, verbunden.“ (ebd. 21).

699 SALZ (1930), Macht und Wirtschaftsgesetz, 161.

Besondere Bedeutung maß Salz der Nation zu, bei der es sich um eine irrationale Idee handle, die gerade deswegen in der Lage sei, die Kluft zwischen Gesellschaft und Staat zu überbrücken.[700] Den religiösen Charakter dieses Konzepts betonte er auch nach seiner Emigration, z.B. in einem Brief an Toni Stolper: „Dass die (moderne) Idee der *Nation* im letzten Grund religioes verwurzelt ist, glaube ich allerdings als eine geschichtliche und psychologische Tatsache aufrecht erhalten zu koennen.“[701] In vielen Schriften taucht die Frage auf, ob ein Nationalbewusstsein dazu in der Lage sei, einen aus vielen verschiedenen Ethnien zusammengesetzten Staat wie etwa Österreich-Ungarn oder die USA zu einen, und Salz versuchte dementsprechend, den Amerikanern das europäische Konzept der Nation als eines sich entwickelnden Organismus, der Menschen und Generationen verbinden sollte, zu vermitteln.[702] In einigen Schriften sprach er von der Möglichkeit, “from barbarism via nationality toward humanity” zu gelangen.[703] Briefe aus dieser Zeit zeigen allerdings, dass sich Salz′ Begeisterung für die Idee der Nation bzw. des Nationalismus zumindest abgeschwächt hatte: An Toni Stolper schrieb er, „dass Nationalismus als Organisationsprinzip und als Ideologie ausgespielt hat, nachdem dieses Prinzip alle in ihm liegenden guten und ueblen Moeglichkeiten erschoepft hat und zur Karikatur seiner selbst geworden ist.“[704] Dies hinderte Salz allerdings nicht daran, seiner potentiellen amerikanischen Leserschaft das europäische Konzept von „Nation“, zu der neben Land und Volk auch irrationale Aspekte wie Dichtung, Sprache, Taten und ein kollektives Gedächtnis hinzu kommen müssten, wiederholt und ausführlich zu erläutern und zu empfehlen.[705]

Die Aristokratisierung der Demokratie

Die einzige Möglichkeit, Totalitarismus und Autokratismus zu vermeiden und ein harmonisches Verhältnis zwischen Individuum und Staat herzustellen, sah Salz in der Demokratie, trotz der Schwierigkeiten, die die Umsetzung in der Realität brachte. Selbst 1919, nach den Wirren der Revolution, stellte er unerschütterlich fest, dass „die demokratische Freiheit, angewandt auf die inneren Verhältnisse des Staates, mehr Gutes, als die Mängel demokratischer Regierung Übel erzeugen.“[706] Diese prinzipielle Bejahung des demokratischen Prinzips hielt Salz aber nicht davon ab, Vorbehalte zu äußern an den existierenden Demokratiemodellen seiner Zeit. Salz zeigte sich von Demokratietheorien des 19. Jahrhunderts beeinflusst, insbesondere Alexis de Tocqueville und John Stuart Mill: Die Bedenken gegen eine unmittelbare, ungesteuerte und unmoderierte Partizipation breiter Bevölkerungsteile an der Politik ist auch bei ihm zu bemerken.[707] Die Demokratie sei zwar, ähnlich wie der Kapita-

700 SALZ (1931), Wesen des Imperialismus, 96.
701 Arthur Salz an Toni Stolper am 20.02.1942, LBI, I/6 (Hervorhebungen von Salz).
702 Z.B. UUM *Epilogue* im LBI, II/1.
703 Ebd., 28.
704 Arthur Salz an Toni Stolper am 20.02.1942, LBI, I/6.
705 UUM *Brief character sketches of several european nations* im LBI, III/6.
706 SALZ (1919), Volksstaat, 392.
707 LLANQUE (2000), Demokratisches Denken, 51. Salz beschäftigte sich intensiv mit der Tocqueville, wie seine Briefe an Gottfried Salomon-Delatour zeigen (z.B. Salz an Salomon am 20.11.1919, am 3.1.20 in ISH, Gottfried Salomon-Delatour-Papers).

lismus, aus der Distanz betrachtet groß und schön, aus der Nähe mit all ihren Details besehen jedoch hässlich.[708] Sie habe das gleiche Problem wie der Kapitalismus: „Es kommt auf den Typus Mensch an, der sich herausbildet oder der die Demokratie vertritt, denn – wie Thukydides sagt: Menschen und nicht Mauern bilden die Polis."[709] Würde dieser Mensch nicht an den Staat glauben und sein Handeln am Nutzen der Allgemeinheit ausrichten, dann wäre die Demokratie ernstlich in Gefahr, zumal eine rein egalitäre Demokratie hohe Anforderungen an die menschlichen Qualitäten stelle und „demokratisch qualifizierte[n] Menschen" verlange, um nicht reine Utopie zu bleiben.[710] Salz machte neben der mangelhaften Staatsgesinnung auch die demokratische Willensbildung dafür verantwortlich, dass immer mehr Ansprüche und Erwartungen an den Staat herangetragen würden, die er finanziell nicht mehr meistern könne. Nicht nur für die Weimarer Zeit erhob er solche Vorwürfe, sondern auch für Österreich-Ungarn vor dem Ersten Weltkrieg, wo er den Parlamentarismus eine „Farce" nannte, die Abgeordneten der dauernden Obstruktion anklagte und das Parlament als reine Geldverschwendung bezeichnete.[711] Es sei nur gut für „Lakaien und Faulenzer", die sich ihre Diäten sichern wollten.[712] Hier zeigt sich, dass Salz trotz der Bejahung des demokratischen Prinzips doch einer „gegenstandsbestimmten" Demokratiekonzeption anhing. Nur deshalb konnte er dem Parlament den Vorwurf machen, den Willen des Volkes, den er als präexistent ansah, nicht angemessen zu repräsentieren.[713] In Salz′ schärfstem antiparlamentarischen Text *Das Parlament in Österreich oder die innere Gefahr*, der unter einem Pseudonym gedruckt wurde, machte er den Parlamentariern zudem den Vorwurf, sie würden die Völker der Donaumonarchie, die in Frieden miteinander leben wollten, voneinander trennen. Salz griff auch die Presse scharf an, sie sei „eine halbamtliche Institution" und mit „künstlicher Taubstummheit geschlagen."[714] Außerdem kritisiert er die politischen Parteien, die stets nur den Anschein erwecken wollten, als seien sie tüchtig und tätig, und alles vom Staat verlangten, um den Wähler zufrieden zu stellen, auch wenn ihre Forderungen nicht umsetzbar seien. Im Hinblick auf die Tätigkeit der Parteien sprach Salz von „nutzloser Zeitverschwendung"[715], beschuldigte sie „kleinlicher Gesinnung" und Feindschaft gegen den Staat.[716]

In der Weimarer Zeit setzte sich Salz′ Skepsis gegen politische Parteien[717] und Parlamentarismus fort. Wenn die politischen Forderungen der Abgeordneten und Parteien über das

708 SALZ (1930), Macht und Wirtschaftsgesetz, 225.

709 SALZ (1929), Freiheit und Gebundenheit, 56.

710 SALZ (1928), Volkswirtschaftliche Ausbildung, 595.

711 SALZ (1913), Parlament Österreich, 4.

712 Ebd., 8f.

713 LEPSIUS (2000), Staatstheorie, 376f. Vgl. auch 266, Fn 156. Dass eine solche Haltung jedoch nicht automatisch eine Stellungnahme gegen die Demokratie beinhalten musste, macht Ulli Rühl am Beispiel Hermann Hellers plausibel. Auch als Anti-Positivist konnte man Republikaner sein (RÜHL, Ulli F. H., Nationale Demokratie und Parteienstaat, in: Christoph GUSY (Hrsg.), Demokratisches Denken in der Weimarer Republik. Baden-Baden 2000, 469–504, 478f.).

714 SALZ (1913), Parlament Österreich, 6f.

715 SALZ (1910), Gesetzentwurf, 454.

716 SALZ (1913), Parlament Österreich, 8.

717 Aber auch Kritik an den Parteien musste keineswegs zu einer Ablehnung der Demokratie führen: sie findet sich auch bei dem dezidierten Demokraten Gustav Radbruch, vgl. RÜHL (2000), Nationale Demokratie, 473.

hinausgingen, was im Kapitalismus zu finanzieren sei, dürfe man nicht von einer Fehlleistung des kapitalistischen Wirtschaftssystems sprechen, sondern müsse „Fehlleistungen der modernen Staatsverfassung“ konstatieren. „Anstatt also mit zähem, aber unergiebigem Eifer immer in den angeblichen Gebrechen des kapitalistischen Wirtschaftssystems herumzustochern, hätte man die Frage schon längst auf die demokratische Staats-Regierungs-Lebensform abstellen sollen.“ Salz kritisierte, dass durch die „demokratische Tyrannei“ „die Freiheit zugunsten der Gleichheit geopfert wurde und die Brüderlichkeit völlig in Trümmer ging.“[718] Zur Vermeidung von weiteren „finanziellen Exzessen“ war Salz bereit, weit zu gehen: „Ohne strenge und rechtzeitige Selbstdisziplinierung, die bis zur zeitweiligen Außerkraftsetzung demokratischer Grundeinrichtungen geht, ist bisher noch jede Demokratie an dem Fels der Finanzen gescheitert.“[719] Die Demokratie müsse sich an die Gesetze des Kapitals halten und dürfe ihre finanziellen Möglichkeiten nicht überspannen, sonst sei sie nicht überlebensfähig.

Trotz der Kritik an den demokratischen Institutionen und dem Parlamentarismus wollte Salz zu keinem Zeitpunkt die Demokratie als solche abschaffen. Schon im Jahr 1913 betonte er, „daß die Rückkehr zu vorkonstitutionellen Zuständen, zu den Einrichtungen des alten ständischen Staates, auf Dauer ein unrealisierbares Postulat“ sei[720] und nur die Einrichtung des Zentralparlaments zu überdenken sei. Auch in der Weimarer Zeit hielt er Reformen und Veränderungen für nötig, um die Demokratie als Prinzip zu *erhalten*. Konkret riet er zu einer Neuordnung des Finanzwesens, einem Umbau der Verwaltung und zur Schaffung eines „Niveaus politischer Kultur“ durch Erziehung, das verhindern sollte, dass jede Wahl zu einer Existenzfrage des Staates werde. Der Staat an sich dürfe nicht strittig sein, wenn man über Details seiner Gestaltung streite.[721] Wie die Demokratie ohne Parlamentarismus verwirklicht werden sollte, führte Salz jedoch nicht aus. Das wichtigste Heilmittel sah er in der Stärkung von aristokratischen Elementen, ganz ähnlich wie Hugo Preuß, der ebenfalls immer wieder betonte, dass auch und gerade die Massengesellschaft letztlich von einer kleinen Anzahl von Menschen geführt werde.[722] Diese Meinung vertrat Salz über die Jahre hinweg konstant. So forderte er bereits im Österreich-Ungarn vor dem Ersten Weltkrieg eine Stärkung des Herrenhauses gegenüber dem Volkshaus: „Seine Debatten stehen an Sachverständnis und Ernst turmhoch über dem windigen Querulantentum und der eitlen Popularitätshascherei, die sich in dem Volkshause breit macht, und in seiner gedämpften Kühle haben politische Talente vor der erhitzten Wirtshausatmosphäre des anderen Hauses ein Refugium gesucht und gefunden.“ Deswegen empfahl er, das Herrenhaus aufzuwerten und zum „Lichtträger der Verfassung“ zu machen.[723]

Auch in der Zeit der Weimarer Republik hielt er eine Entwicklung hin auf eine gestärkte Funktion der Eliten für notwendig:

---

718 SALZ (1931), Demokratie, 311. Angst vor einem „Parlamentsabsolutismus“ lässt sich bei zahlreichen Denkern der Zeit nachweisen, weswegen man in der Weimarer Verfassung als Alternativen zur parlamentarischen Gesetzgebung auch die Präsidialerlasse bzw. die Volksbegehren verankert hatte, vgl. MÖLLERS (2000), Gesetz, 434.

719 SALZ (1931), Demokratie, 312.

720 SALZ (1913), Parlament Österreich, 7.

721 SALZ (1931), Demokratie, 313.

722 LLANQUE (2000), Demokratisches Denken, 57.

723 SALZ (1913), Parlament Österreich, 12.

> „Die Zukunft der Demokratie – dieses Wort verstanden als gesellschaftliche Lebensform und Daseinsprägung – scheint mir davon abzuhängen, ob es gelingt, die Idee und Realität des Staates mit aristokratischem Gehalt zu erfüllen und diesen Aristokratismus zu popularisieren, ihn in den breiten Schichten des Volkes zu verankern und Ehrfurcht vor dem Gebilde des Staates zu wecken. […] Nach Wegfall aller sonstigen lebendigen aristokratischen Vorbilder bleibt nur die Aristokratisierung der Institutionen: des Staates und der Nation."[724]

Wie sich Salz eine solche Aristokratisierung in der Praxis vorstellte, verdeutlicht beispielsweise sein Text *Der Volksstaat und die auswärtige Politik*, in dem er vorschlug, in der Außenpolitik die Besten als Repräsentanten des Volkes auszuwählen.[725] Die entscheidende Qualifikation hierfür sei Bildung,[726] in der Zusammenarbeit mit fremden Völkern verstanden als „Interesse für lebendige Eigenart, liebevolles Versenken (nicht feindlich abwehrendes Verhalten), Ergriffenheit und Ehrfurcht vor den Äußerungen fremden Seelenlebens, einfühlendes Verständnis."[727] Arthur Salz, der den Ersten Weltkrieg im osmanischen Reich verbrachte, mahnte selbst im Jahr 1916, Deutschland könne zur Weltherrschaft nicht gelangen durch „brutale Ausbeutung, noch ein angemaßtes Schiedsrichteramt […], sondern Kraft des Miterlebens" und dem Austausch mit den anderen Völkern.[728] Im Jahr 1920 notierte er: „Am Weltwesen wird Deutschland genesen."[729] Er forderte, das Ziel der staatswissenschaftlichen Ausbildung müsse der „wahre Staatsmann" sein, der „für das Wohl des Ganzen und nicht bloß für sein Ressort" verantwortlich sei und sich durch „Geschmeidigkeit und Feinfühligkeit des Geistes", Bescheidenheit gegenüber anderen Nationen und „Souveränität des politischen Denkens" auszeichne.[730] Das Konzept der Aristokratie war bei Salz durch Bildung bestimmt und nicht durch Geburt, die noch für den frühen Salin die entscheidende Rolle gespielt hatte,[731] und wiederum zeigt sich Salz auch von Weber beeinflusst, der ebenfalls verantwortungsvolle Führungspersönlichkeiten zur Führung der Massen forderte, die sich in der Praxis bewähren sollten.[732] Salz glaubte an die „Lehr- und Lernbarkeit menschlicher und staatsmännischer Größe", die er schon bei Platon beschrieben sah.[733] Bildung verstand er als die Formung des ganzen Menschen: Man müsse sich besinnen, „daß der Mensch mehr ist (oder auch weniger!) als die Summe seiner Kenntnisse und praktischer Fähigkeiten, wie das

724 SALZ (1930), Macht und Wirtschaftsgesetz, 161f.
725 In diesem Text nannte Salz als Eigenschaften der wahren Aristokratie neben Ehre und Stolz auch „Unterordnung unter Führerschaft" (SALZ (1919), Volksstaat, 394f).
726 Bildungsakkumulation als wesentliches Element der Elitenbildung bespricht auch SDVIŽKOV, Denis A., Das Zeitalter der Intelligenz: Zur vergleichenden Geschichte der Gebildeten in Europa bis zum Ersten Weltkrieg. Göttingen 2006, 195f.
727 SALZ (1919), Volksstaat, 396.
728 SALZ (1916), Dostojewski, 475.
729 Salz (1920), 614.
730 SALZ (1920, 22. Oktober), Staatswissenschaftliche Studien.
731 SALZ (1928), Volkswirtschaftliche Ausbildung, 604. Zu Salin vgl. 267, Fn 166.
732 LLANQUE (2000), Demokratisches Denken, 64f.
733 SALZ (1928), Volkswirtschaftliche Ausbildung, 605.

Leben mehr ist als die Summe von Arbeitsakten.“[734] Die Semantik vom Ganzen und seinen Teilen taucht hier ebenso auf wie beim frühen Salin, obwohl sich die inhaltlichen Aussagen unvereinbar gegenüberstehen. Die Frage der Legitimation des Führungsanspruches der Elite durch die Geführten diskutierte Salz dagegen kaum.[735]

Salz′ Skepsis gegenüber dem Parlamentarismus, seine Hochschätzung der Aristokratie und Bevorzugung des Zentrums gegenüber den zentrifugalen Kräften setzte sich auch nach seiner Auswanderung in die USA fort. So warf er in einem undatierten Manuskript, das in den USA entstand, den amerikanischen Repräsentativorganen vor, nicht wirklich repräsentativ zu sein, sondern viel von ihrer Würde und ihrem Prestige verloren zu haben und eher "decorative ornaments, make-believe or public ventriloquism"[736] darzustellen. Die reale Macht liege vielmehr bei Unternehmer- oder Arbeitnehmerorganisationen, bei Lobbyisten und der Presse. Deshalb plädierte Salz für eine Stärkung der Exekutive, die allein in der Lage sei, "to hold out and hold against the splitting forces." Als Präsident sollte sich derjenige durchsetzen, der "intellectually and spiritually best equipped for the job of holding and running an empire" sei.[737] Die Demokratie, von der es ja mehr als eine mögliche Form gebe, müsse sich so den veränderten Anforderungen an die USA als Weltmacht anpassen,[738] und dazu sei auch "more than a drop of aristocratic oil" notwendig, worunter Salz verstanden wissen wollte "the rule of the best, the pick of the nation, an elite not by virtue of pedigree, but rather of character, of mind and manners, of character, refinement, culture, talent and training, the aristocratic mentality being, as it were, the alloy necessary for turning out rust-resisting steel."[739] Um einen wirklichen geistigen Neuanfang möglich zu machen, sei es nötig, "to graft the scraps of the aristocratic ethos upon the philosophy of a radical democracy."[740] Ob die Übertragung solcher alt-europäischen Semantiken auf die Neue Welt tragfähig sein konnte, bleibt fraglich. Salz′ Schwager Ernst Kantorowicz, dem er das Manuskript zu lesen gab, machte den Autor darauf aufmerksam, dass die Bürger der USA als „radikale“ Demokraten niemals für aristokratische Elemente zu gewinnen seien.[741] Salz Reaktion auf diesen Einwand ist nicht überliefert. Das Manuskript gelangte jedoch, wie so viele andere aus den amerikanischen Jahren, nicht in Druck.

---

734 SALZ (1919), Volksstaat, 398.

735 Gusy nennt als wichtiges Kennzeichen des demokratischen Denkens in der Weimarer Republik, dass die Legitimation der elitären Führer nicht mehr als Folge ihrer besonderen Eigenschaften verstanden wurde, sondern durch die Geführten in institutionell festgelegten Formen erfolgen sollte (GUSY, Christoph, Fragen an das „demokratische Denken“ in der Weimarer Republik, in: DERS. (Hrsg.), Demokratisches Denken in der Weimarer Republik. Baden-Baden 2000, 635–663). Salz reflektierte diese Frage nicht, sein Elitenbegriff blieb wenig konkret.

736 UUM im LBI, IV/1.

737 Ebd.

738 UM *Empire and Democracy* von 1962 im LBI, IV/1, 4.

739 Ebd., 8f.

740 Ebd., 9.

741 Ernst Kantorowicz an Arthur Salz am 13.10.1962, LBI, IV/1.

3.4 Zusammenfassung

Arthur Salz glaubte, im Gegensatz zu Salin, fest und unerschütterlich an die Zukunft des Kapitalismus, den er für die einzige der Gegenwart angemessene Wirtschaftsform hielt. Dementsprechend trat er für eine liberale Wirtschaftsordnung ein und wollte staatliche Eingriffe in die Wirtschaft möglichst vermeiden. Die dem wirtschaftlichen Liberalismus angemessene Staatsform war für Salz die Demokratie, weswegen er totalitären Tendenzen eine kategorische Absage erteilte. Salz hing einer organizistischen Staatsvorstellung an, die die Funktion der demokratischen Institutionen vor allem in ihrem Beitrag zur Einheitsbildung des Volkes sah. Das staatliche Ideal blieb dabei die Homogenität, während Salz sich mit der tatsächlich gegebenen Heterogenität der modernen Massengesellschaft nicht auseinandersetzen wollte.[742] Er hielt an der Fiktion der Einheit fest.

Was eine klare Einordnung von Arthur Salz so schwierig macht, sind die vielen verschiedenen Loyalitäten, die er kannte: zum Alten Österreich, aber auch zu Deutschland, das er nationalistisch überhöhte; zum Judentum, aber auch zur Arbeiterbewegung, und gleichzeitig zum deutschen Romantizismus; zu George und seiner Gestalttheorie, aber auch zu Max Weber und zur Neoklassik. Salz versuchte, die ganz heterogenen geistigen Strömungen seines Zeitalters in sich aufzunehmen, doch die Synthese gelang ihm nicht immer überzeugend. Zur Plausibilisierung dieser teilweise widersprüchlichen Anschauungen verwendete er jedoch stets die georgeanischen Semantiken, insbesondere wo er für Verantwortungsgefühl der Bürger gegenüber dem Staat warb oder für die Aristokratisierung der Demokratie.

742 Bei diesem organizistischem Staatsverständnis, dem auch Rufold Smend anhing, fielen Norm und Wirklichkeit zusammen. Der Weimarer Republik und insbesondere dem Parlamentarismus warf Smend ganz ähnlich wie Salz deshalb eine suboptimale Integrationsleistung vor. Roland Lhotta bezeichnet dies als „typisch romantische Realitätsflucht“ vor dem Pluralismus der modernen Massengesellschaft, vgl. LHOTTA, Roland, Rudolf Smend und die Weimarer Demokratiediskussion: Integration als Philosophie des „Als-ob“, in: Christoph GUSY (Hrsg.), Demokratisches Denken in der Weimarer Republik. Baden-Baden 2000, 286–325, 300ff.

4. Julius Landmann: Vertreter der Bankinteressen auf dem Weg zum Universalisten

Unter ganz anderen politischen Bedingungen als die deutschen Ökonomen arbeitete Julius Landmann in der Schweiz. Auch sein Wirkungsfeld war ein anderes, da er zunächst in der Praxis tätig war, im Dienst für das Internationale Arbeitsamt und die Schweizerische Nationalbank (SNB). Hinterließ die Bindung an Stefan George unter diesen Umständen überhaupt einen Reflex in der Arbeit des Ökonomen, der über methodologische Aspekte hinausreichte?

4.1 Perspektivenwechsel

Julius Landmann startete von einem Punkt sehr weit „links" im Parteienspektrum seiner Zeit: In seiner Jugend in Lemberg war er Mitarbeiter der Sozialistischen Partei und sympathisierte mit dem Anarchismus, eine Tatsache, die er später nicht verschwieg, sondern die im Familien- und Freundeskreis bekannt war: Sowohl die Freunde Salin und Kantorowicz als auch der Sohn Michael wussten davon und rechneten ihm diese Vergangenheit positiv an.[743] Sicher spielte bei Landmanns politischer Überzeugung anfänglich auch die Oppositionshaltung gegen die politischen Überzeugungen seiner Elterngeneration eine Rolle,[744] ebenso wie sein jugendlicher Enthusiasmus.[745]

Der Arbeiterschutz

Jedenfalls schien er am Ende seiner Studienzeit nicht zuletzt durch seine politische Haltung geradezu prädestiniert für die Tätigkeit beim Internationalen Arbeitsamt, die Traugott Geering ihm auf seine Bitte um ein gesichertes Beschäftigungsverhältnis hin verschaffte.[746] Während seiner Tätigkeit als dessen Generalsekretär in den Jahren 1901–1906 befasste er sich insbesondere mit der Zusammenstellung des schweizerischen Arbeitsrechts, sowohl auf Bundes- als auch auf Kantonalebene, eine Fleißarbeit, deren Ergebnis nach vierjähriger Tätigkeit erscheinen konnte. Es handelte sich um eine detaillierte Sammlung aller Verordnungen zum Arbeiterschutz in der Schweiz, die als Grundlage für die Vereinheitlichung der kantonalen Arbeiterschutzgesetzgebung auf Bundesebene dienen sollte und vom Handels-, Industrie und Landwirtschaftsdepartement gefördert wurde.[747] Eine solche bundesweite Re-

743 Vgl. 84.

744 GROPPE (2001), Macht der Bildung, 529.

745 BAUDRAZ (1997), Landmann, 8. Baudraz führt aus, dass der Sozialismus in Lemberg sich von dem in den großen Städten der Zeit deutlich unterschied, es habe sich um eine Gedankenwelt vergleichbar dem Lassalleschen Staatssozialismus gehandelt (ebd., Fn 15). Vgl. auch HIMKA, John-Paul, Socialism in Galicia, the emergence of Polish social democracy and Ukrainian radicalism (1860–1890). Cambridge 1983.

746 Landmann klagte Geering am 8.9.1900, keine gesicherte Stellung zu haben, SWA, HS 372 Z 10 12, vgl. auch BAUDRAZ (1997), Landmann, 18, Fn 45.

747 LANDMANN (1904), Arbeiterschutzgesetzgebung, Vf. Landmann an Bundesrat Forrer am 20.4.1903 in BAR, E23 Bd. 2. Bernhard Harms lobte in seiner Rezension Ausdauer und Fleiß des Autors dieser Samm-

gelung für alle Arbeiter, auch für diejenigen außerhalb der Fabriken, die bisher noch nicht auf bundesstaatlicher Ebene geschützt wurden, hielt Landmann für unabdingbar.[748] Seine Beiträge, die im Umfeld dieser Arbeit entstanden und die Landmann teilweise auch in der Tagespresse publizierte, lassen eine deutliche Parteinahme für die Seite der Arbeiter erkennen und sind teilweise durch die Verwendung von sozialistischem Vokabular geprägt. Explizit beklagte Landmann etwa die „Missverhältnisse zwischen der wirtschaftlichen Machtstellung des Arbeitgebers und des Arbeitnehmers“[749] und forderte Verschärfungen und Präzisierungen der Gesetze, strengere Kontrollen und härtere Strafen gegen Arbeitgeber, die die Verordnungen übertraten.[750] Erst eine gesetzlich festgelegte Arbeitsdauer ermögliche dem Arbeiter „ein in kultureller und moralischer Hinsicht menschenwürdiges Dasein“.[751] Hier bestätigt sich also Groppes These, dass Edith und Julius Landmann die Arbeiterbewegung vor allem als ‚Bildungsbewegung‘ verstanden, „in deren Rahmen bildungsbürgerliche Protagonisten als ‚Erzieher‘ des bildungsbedürftigen Volkes auftreten konnten.“[752] Diesen Eindruck bestätigen auch andere Arbeiten von Julius Landmann, z.B. die über den Alkoholkonsum der Arbeiter, den Landmann als Hemmnis auf dem „Wege zur Sanierung der sozialen Verhältnisse der Gegenwart“ sah.[753] Die Tatsache, dass er hoffte, seine Arbeit zur Arbeitsgesetzgebung in der Schweiz werde, wie eine vergleichbare Arbeit in Frankreich, schon nach kurzer Zeit in gekürzter Fassung „zu billigem Preise“ herausgegeben werden, also zur Information der Arbeiter über ihre Rechte, zeigt deutlich seinen pädagogischen Impetus.[754] Dieser arbeiterfreundlichen Haltung, die sich in weiten Teilen mit den Zielsetzungen der liberalen Sozialreformer in Deutschland, z.B. Lujo Brentano, deckte,[755] blieb Landmann treu: Gute fünfzehn Jahre später tauchten die gleichen Vorstellungen über den Arbeiterschutz, inklusive der Versicherungsregelungen und des 10-Stunden-Tages, in seinem Entwurf für ein Gewerbegesetz in Liechtenstein wieder auf.[756] Diese arbeitnehmerfreundliche Haltung bewahrte Landmann sich zeitlebens.

---

lung, vgl. HARMS, Bernhard, [Rezension zu] Landmann, Julius, Die Arbeiterschutzgesetzgebung der Schweiz, in: Jahrbücher für Nationalökonomie und Statistik 3/F. 30, 85 (1905), 272–273. Auch Heinrich Herkner war voll des Lobes, vgl. HERKNER, Heinrich, [Rezension zu] Landmann, Julius: Die Arbeiterschutzgesetzgebung der Schweiz, in: Jahrbuch für Gesetzgebung, Verwaltung und Volkswirtschaft im Deutschen Reich 29 (1905), 787–788.

748 LANDMANN, Julius, Die gesetzliche Beschränkung der Arbeitsdauer der in Handel und Industrie der Schweiz beschäftigten Arbeiter und Angestellten (Schweizerische Vereinigung für Förderung des Internationalen Arbeiterschutzes. Bd. 16). Bern 1906, 86f. Das eidgenössische Fabrikgesetz von 1877 sollte ausgebaut und auf Angestellte bzw. Arbeiter außerhalb der Fabriken, die bisher nur durch kantonale Gesetzgebung geschützt waren, erweitert werden. Landmanns ursprünglich auf 15 Bögen geplante Arbeit umfasste am Ende 39,5 Bögen, vgl. Verlag Helbing & Lichtenhahn an Eidgenössisches Industriedepartement am 30.8.1906 BAR, E 23 Bd. 2.

749 LANDMANN (1904), Arbeiterschutzgesetzgebung, LXXV.

750 LANDMANN (1904, 8.–11.03), Arbeiterinnenschutz-Gesetz, Heft 60.

751 LANDMANN (1904), Arbeiterschutzgesetzgebung, LXXIX.

752 GROPPE (2001), Macht der Bildung, 529.

753 LANDMANN und BLOCHER (1903), Arbeitsbudget und Alkoholgenuß, 5.

754 LANDMANN (1904), Arbeiterschutzgesetzgebung, V.

755 PRIBRAM (1925), Wandlungen Sozialpolitik, 234f.

756 LANDMANN, Julius, Entwurf eines Gewerbegesetzes für das Fürstentum Liechtenstein. Vaduz 1923, 14, 26f.

Bankgesetzgebung im Interesse der Banken

Noch während seiner Zeit beim Internationalen Arbeitsamt hatte Landmann allerdings seine Beschäftigung mit einem ganz anderen Themenfeld fortgesetzt, nämlich der Bankgesetzgebung, die er ja bereits in seiner Dissertationsarbeit und in seiner ersten Publikation von 1899 behandelt hatte.[757] Schon dort war seine Haltung gegenüber den Banken durchaus positiv, etwa wenn er sich vom Zeitgeist distanzierte, der „dem Grosskapital gegenüber eine etwas animose Stellung" einnehme und „die grossen Kapitalassociationen im weitgehendsten Umfange zu Leistungen an die Staatskasse" heranziehe.[758] Er sprach sich gegen Zinssenkungen aus, da die Zinsen völlig legitim und keinesfalls „Liebesgaben" der Banken ans Kapital seien, wie das von den Agrariern dargestellt werde, die sich ständig benachteiligt fühlten.[759] Landmann nahm in diesen frühen Publikationen eine sehr kapital- und bankfreundliche Position ein, die er offenbar nicht als Widerspruch zu seinem Engagement für die Arbeiter empfand. Sein Interesse an der Bankgesetzgebung verstärkte sich während seiner Tätigkeit für das Internationale Arbeitsamt. Seit 1900 setzte er sich aus verschiedenen Gründen verstärkt für die Errichtung einer zentralen Notenbank in der Schweiz ein. Insbesondere hielt er eine solche für wichtig, weil „das zentrale Wirtschaftsleben [...] eines zentralisierten Rechtes und zentraler Institutionen"[760] bedürfe, auch wenn dies eine Zunahme der Macht der Zentralregierung bedeute. Nur so sah Landmann eine Vereinheitlichung der Geldmengenpolitik und die Liquidität der Notenbank gewährleistet, die er bei der damaligen Vielzahl der Emissionsbanken für sehr gefährdet hielt.[761] Außerdem sei die zentrale Notenbank der einzige Weg, der eine planmäßige Stabilisierung der Valuta dem Ausland gegenüber ermögliche und durch überlegte Steuerung in Krisenzeiten Panik am Geldmarkt verhindern könne.[762] Seine Arbeiten publizierte Landmann, ebenso wie die zum Arbeiterschutz, auch in der Tagespresse, um für die Umsetzung der Pläne für eine zentrale Notenbank zu werben.[763] Zu dieser Strategie gehörte, dass er niemals kategorische Positionen vertrat, sondern stets um Ausgleich und Kompromisse zwischen den beteiligten Akteuren bemüht war. In manchen Fragen, z.B. der nach einem weiteren Ausbau des Postcheque- und Giroverkehrs in der Schweiz, vertrat er explizit Positionen der Bankiers.[764]

Als die Gründung der Zentralbank endlich alle gesetzgeberischen Hürden genommen hatte, stand Landmann bereits im Ruf eines guten Kenners des schweizerischen Bankwesens, was ihm Anfang 1907 die Stelle als Sekretär des Bankrates und des Bankausschusses

---

757 LANDMANN (1900), Diskontpolitik; LANDMANN (1899), Bankgesetz.

758 LANDMANN (1899), Bankgesetz, 26. Seine Kritik an einer Erhöhung der eigenen Mittel der Reichsbank gab Landmann in einem gleichnamigen Text zehn Jahr später auf, LANDMANN (1908/09), Deutsches Bankgesetz.

759 LANDMANN (1899), Bankgesetz, 27. Karl Helfferich bemängelte Landmanns viel zu negative Zukunftserwartungen, vgl. HELFFERICH (1900), [Rezension zu] Landmann.

760 LANDMANN (1905), Bankgesetz, 88.

761 LANDMANN (1903), Notenbankfrage, 27f., 36.

762 Ebd., 49.

763 Wie Landmann im Vorwort schrieb, gingen diese Artikel aus der Neuen Zürcher Zeitung ein in seine Arbeit LANDMANN (1905), Bankgesetz.

764 LANDMANN, Julius, Postscheck- und Giroverkehr der Schweiz, in: Schweizerische Blätter für Wirtschafts- und Sozialpolitik, 1 (1907), 37–47.

sowie als Vorsteher des Statistischen Büros und Prokurist des Direktoriums der Schweizerischen Nationalbank eintrug[765], Tätigkeiten, die er anscheinend zur allgemeinen Zufriedenheit drei Jahre lang ausübte.[766] Unter anderem regte er die Gründung der Bankiersvereinigung Association des Représentants de la Banque en Suisse (ASB) an.[767] Sein Wechsel zur Universität im Jahr 1910 war keineswegs auf Konflikte mit dem Bankenmilieu zurückzuführen, vielmehr wurde sein Gehalt an der Universität teilweise vom Bankverein finanziert, der sich bei der Besetzung ein Mitspracherecht ausgebeten hatte und dessen Wunschkandidat Landmann war.[768] An der Universität fungierte er als Kenner des schweizerischen Bankwesens; in seinen Artikeln, z.B. für das *Handwörterbuch der Staatswissenschaften*, stellte er die Gründung der Zentralbank stets als wichtige Entwicklung des schweizerischen Bankwesens dar.[769] Seine Haltung zu den Banken blieb im Großen und Ganzen positiv, und nur gelegentlich mischten sich Überlegungen zu ihrer besseren Kontrolle in seine Abhandlungen. So forderte er in einem Gutachten für das Basler Finanzdepartement für die Fälle, in denen der Kanton Garantien für die Kantonsbanken übernommen hatte, die formelle Bankverfassung in bessere Übereinstimmung mit den materiellen Verantwortungen zu bringen und den politischen Entscheidungsträgern mehr Mitspracherecht einzuräumen.[770] Landmann agierte als unabhängiger Experte und als Vermittler zwischen den Banken einerseits und der Politik andererseits.[771]

Sein bankpolitisches Credo war das Plädoyer für eine krisensichere Liquidität der Banken, da nur so das Vertrauen des Publikums erhalten werden könne. Ständig wiederholte er es als „oberste[n] Grundsatz der inneren Bankökonomie", dass „kurzfälligen Schulden liquide Forderungen gegenüberstehen müssen, und dass nur die an eine mehr oder weniger lange Kündigungsfrist gebundenen fremden Gelder mehr oder weniger immobilisiert werden dürfen."[772] Transparenz erschien ihm bei allen Arten von Bankgeschäften entscheidend, weswegen er z.B. abriet von der Zulassung von Diskontierungen offener Buchforderungen, also der Verpfändung eigener Forderungen gegenüber einem Dritten an die Bank, weil sie

765 Landmann genoss die besseren Arbeitsbedingungen im Vergleich zum Internationalen Arbeitsamt. In einem Brief an Rudolf Borchardt vom 17.10.1906 schwärmte er über sein neues herrliches Büro und stellte fest: „Haute-banque ist doch etwas anderes als Arbeitsamt." (DLA, A: Borchardt).

766 In den Sitzungen des Bankausschusses vom 6.1.1910 und des Bankrates vom 26.2.1910 wurden Landmanns „ausgezeichnete" Verdienste um die SNB anlässlich seines Abschieds lobend hervorgehoben, in ASNB, Bankausschuss, Bankrat.

767 GEERING (1927), Abschied Schweiz, 553. Vgl. auch BAUDRAZ (1997), Landmann, 28f.

768 Dazu ausführlich BAUDRAZ (1997), Landmann, 25f.

769 LANDMANN, Julius, Die Banken in der Schweiz, in: Handwörterbuch der Staatswissenschaften. Bd. 2. Jena 1909, 500–509; Der Aufsatz findet sich auch in der zweiten Auflage LANDMANN, Julius, Die Banken in der Schweiz, in: Handwörterbuch der Staatswissenschaften. Bd. 2. Jena 1924, 239–262. Auch für die Encyclopaedia of the Social Sciences wurde Landmann als Autor beauftragt, vgl. LANDMANN, Julius, Commercial banking, in: Encyclopaedia of the social sciences 2 (1930), 423–431.

770 LANDMANN, Julius, Gutachten zur Revision des Gesetzes betreff Errichtung einer Basler Kantonalbank. Basel 1911, 50ff. Dem Kontrollorgan gehörte Landmann auch selbst bis 1918 an, vgl. BAUDRAZ (1997), Landmann, 36f.

771 GUEX, Sébastian, « Est-il encore possible de vivre heureux dans notre patrie? » Spendeurs et misères d'un expert financier du Conseil fédéral: l'éviction de Julius Landmann (1914–1922), in: Schweizerische Zeitschrift für Geschichte, revue suisse d'Histoire 45, 3 (1995), 398–414, 400.

772 LANDMANN (1908/09), Deutsches Bankgesetz, 163.

rechtlich unsicher und für alle Beteiligten nicht zuverlässig seien.[773] In Krisensituationen hielt er es für die Aufgabe der Banken, insbesondere der Zentralbank, das Vertrauen des Publikums durch die großzügige Vergabe von Krediten und Diskontierung wieder herzustellen, um die Panik vor einem Mangel an Zahlungsmitteln abzuwehren, die den Ansturm nur noch vergrößern würde.[774] Liquidität auch in solchen Krisen garantiere Stabilität, und eben die sei die Aufgabe der Schweizerischen Nationalbank, der sie aber nur dann gerecht werden könne, wenn man nicht auch noch Rentabilität von ihr verlange.[775] Wohltätigkeit und die Vergabe möglichst billiger Kredite an benachteiligte Bevölkerungsschichten, z.B. die Agrarier, sah Landmann *nicht* als Aufgabe der Zentralbank.[776]

Die Hoffnungen und Anforderungen, die Landmann an das Schweizerische Banksystem stellte, sollten allerdings schon bald erschüttert werden. Mit Beginn des Krieges, den er wie viele Zeitgenossen zunächst befürwortete, wurden für ihn Schwachstellen des schweizerischen Bankensystems sichtbar. Denn den Banken gelang keineswegs ein überzeugendes Krisenmanagement, sondern sie begingen, in Landmanns Augen, einen Fehler nach dem anderen. So klagte er 1916 in einem Entwurf für ein Bundesgesetz zur Bankaufsicht, dass der Grund für den Zusammenbruch vieler Banken in den letzten Jahre nicht nur in falscher Organisation und Geschäftsführung zu suchen sei, sondern auch in „frivoler Pflichtverletzung, Betrug, Unterschlagung, Fälschung".[777] Zudem war er tief enttäuscht, dass die Bankiers in der Krise bei Kriegsausbruch 1914 seiner Meinung nach grundfalsch reagiert hatten: Statt in der Situation der plötzlichen erhöhten Geldnachfrage dieses großzügig an die Kunden auszugeben, hatten sie sich auf die Aussetzung der Rückzahlungspflicht berufen, das Bargeld zurück gehalten und so das Vertrauen der Öffentlichkeit verspielt, indem sie die Sparguthaben nicht auszahlten – in Landmanns Augen ein fundamentaler Fehler, da aufgrund der Mobilmachung in der Schweiz der erhöhte Geldbedarf der Bürger völlig berechtigt gewesen sei.[778] Prompt plädierte er für schärfere Kontrollen der Banken:[779] Sie seien von so großer Bedeutung für die schweizerische Volkswirtschaft, dass ein öffentliches Interesse an einer soliden Geschäftsführung gegeben sei, die notfalls auch erzwungen werden müsse. Für Landmann war nun die „Verwaltung der nationalen Kapitalreserven nicht ein rein privatwirtschaftlicher Akt, sondern eine gemeinwirtschaftliche Funktion von besonderer Bedeutung".[780] Deshalb plädierte er für unabhängige Kontrollen durch Treuhandrevisionen, die den staatlichen Stellen in Problemfällen Bericht erstatten sollten. Der Staat sollte Führungsfehler mit Strafen bis zum Geschäftsverbot hin ahnden können.[781] Über die Banken finden sich im Text kritische Worte, die eine völlig neue Dimension in Landmanns Werk darstell-

773 LANDMANN, Julius, Die Diskontierung offener Buchforderungen, in: Zeitschrift für schweizerische Statistik 50 (1914), 290–312.

774 LANDMANN, Julius, Geldmarkt und Bankpolitik in der Schweiz im 3. Quartal 1914: Nach einem Vortrag, in: Zeitschrift für schweizerische Statistik 50 (1914), 290–312, 297.

775 LANDMANN (1914), Geldmarkt, 307.

776 LANDMANN (1899), Bankgesetz, 14.

777 LANDMANN (1916), Bundesgesetz Banken, 17, 32f.

778 Ebd., 36ff. Ebenso in LANDMANN (1914), Geldmarkt, 296.

779 Obgleich Friedrich Wolters ihn warnte, dass eine Einschränkung der „Gewinnfreiheit" der Banken nur schwer praktisch durchführbar sei, vgl. Wolters an Landmann, undatiert, SWA, HS 426 B6.

780 LANDMANN (1916), Bundesgesetz Banken, 74.

781 Ebd., 78–94.

ten, etwa wenn er mahnte, diese Reformen schnell anzugehen, da „der Geschäftskreis und die Macht der Banken“ sowie ihr Widerstand von Jahr zu Jahr wüchsen.[782] Es verwundert nicht, dass die Banken versuchten, die Publikation dieses Gutachtens, das Julius Landmann im Auftrag von Bundesrat Edmund Schulthess im Volkswirtschaftsdepartement erstellt hatte, mit allen Mitteln zu verhindern und damit zumindest eine mehrmalige Verzögerung erreichten.[783]

Zunächst erscheint Landmanns zunehmendes Bedürfnis nach staatlicher Lenkung im Kontext der Kriegswirtschaft erklärlich, die in allen europäischen Ländern die freie Wirtschaft einschränkte.[784] Allerdings hätte er dann mit dem Ende des Krieges ab 1918 zumindest teilweise wieder zu seiner alten Position zurück finden müssen. Dies war jedoch nicht der Fall, wie sich an Landmanns Arbeiten zum Steuerrecht zeigt.

Steuergesetzgebung im Interesse der Gemeinschaft

Der Krieg hatte einen erhöhten Finanzbedarf des Bundes zur Folge, und Landmanns Arbeiten als Gutachter für das eidgenössische Wirtschaftsdepartement von 1914 bis 1923 und für das Finanzdepartement von 1916 bis 1920 befassten sich zum überwiegenden Teil mit der unpopulären Frage, wie dieser Bedarf zu decken sei, also mit der Steuergesetzgebung. So verfasste er im Jahr 1916 ein Gutachten über die Möglichkeit der Einführung einer Stempelsteuer in der Schweiz, die als indirekte Kapitalbesteuerung bei jeder Übertragung von Kapital, also etwa dem Verkauf von Aktien, bei dem in diesem Fall notwendigen amtlichen Stempelvorgang erhoben werden sollte.[785] Sein Ton gegen die Kundschaft der Banken war keineswegs mehr so freundlich, wie diese es bisher von ihm gewohnt war: Die „starken Schultern“ der Aktionäre könne man ruhig höher belasten,[786] zumal viele von ihnen sich ja bisher ohnehin um die Steuern drücken würden. Landmann schimpfte über „die Giftpflanze der durch verkehrte Steuerpolitik grossgezogenen und schliesslich sogar gesetzlich [...] sanktionierten Steuerunehrlichkeit.“[787] Der Vorsteher des eidgenössischen Finanzdepartements Giuseppe Motta und Landmann handelten allerdings diesmal noch einen Kompromiss mit den Banken aus, indem sie den Kapitalanlegern in der Frage der ausländischen Kapitalanlagen Zugeständnisse machten. Die Banken kamen im Stempelsteuergesetz alles in allem gut davon.[788] Die Tatsache, dass Landmann zusammen mit Adolf ImHof und Adolf Jöhr[789] zum Text des Gesetzes, das 1917 in Kraft trat, eine weitere Erklärung veröffentlichte, lässt

---

782 Ebd., 42.

783 Landmann an Bundesrat Edmund Schulthess am 16.5.1920, 11.2.1922, in BAR, J 1.6 1000/1355 BD: 2. Vgl. auch BAUDRAZ (1997), Landmann, 38ff.

784 Auch Baudraz betont, dass Landmann nach dem Krieg verstärkt die staatliche Reglementierung des Wirtschaftslebens forderte, BAUDRAZ (1997), Landmann, 119.

785 LANDMANN (1916), Stempelabgaben, 2.

786 Ebd., 18.

787 Ebd., 8f.

788 BAUDRAZ (1997), Landmann, 43f.

789 Adolf ImHof war seit 1915 Vorsteher des Justizdepartements des Kantons Basel-Stadt; Adolf Jöhr war 1915–18 Mitglied des Direktoriums der Schweizerischen Nationalbank Zürich. Vgl. BRUCKNER (1938), Neue Schweizer Biographie, 256 und 269.

allerdings auf Rechtfertigungsbedarf schließen. Landmann betonte, um Ausgleich bemüht, den Grundsatz der Steuergerechtigkeit, nach der die Belastungen alle Bürger nach ihrer Leistungsfähigkeit zu treffen hätten: „Das Recht des Volkes, den Besitzenden Opfer aufzuerlegen, hat zur sittlichen Voraussetzung, dass das Volk in seinen breitesten Schichten an diesen Opfern mitbeteiligt ist. Diese Beteiligung ist mit einer auch sozialpolitisch befriedigenden Gestaltung des Steuersystems sehr wohl vereinbar."[790] Der Konflikt wurde für dieses Mal noch entschärft, nicht zuletzt, weil alle Beteiligten die Diskretion wahrten. Landmann war seinem Ruf als Vermittler zwischen den Interessen der Banken und des Staates noch einmal gerecht geworden.

Die Stempelsteuer wurde in der von Landmann vorgeschlagenen Form eingeführt, der erhöhte Finanzbedarf des Bundes war damit aber noch lange nicht gedeckt. Landmann schlug also eine Erweiterung dieses steuerpolitischen Instruments vor: Griff der Staat bisher nur dann auf mobilen Kapitalbesitz zu, wenn dieser bewegt oder übertragen wurde und ließ ihn unversteuert, wenn die Wertpapiere ruhig bei einem Besitzer verharrten, so sollten mit einer neuen Steuer auf die Coupons, auf denen die Zinsen bzw. Gewinnanteile gutgeschrieben wurden, auch die regelmäßig anfallenden Erträge besteuert werden.[791] Landmann erschien diese erweiterte Steuer gerechtfertigt, weil sie auf „arbeitsloses" Einkommen erhoben wurde. Es müsse unterschieden werden zwischen dem Kapitalisten, der als Unternehmer in der Volkswirtschaft tätig sei, und dem untätigen Rentner. Dieser verbrauche als „blosser Nutzniesser der Volkswirtschaft, von andern erarbeitete Güter ‚und leidet darüber keine Gefahr, weder an Leib noch an Waren, arbeitet nicht, sitzt hinter dem Ofen und brät Äpfel' (Luther)."[792] Dass solche Zitate die Bankierswelt gegen Landmann aufbrachten, musste ihm klar sein. Er wischte diese Einwände beiseite: Bei diesem Widerstand handle es sich lediglich um „scheinheilige Schlagworte, die in steuerpolitischen Kämpfen der Selbstsucht als beliebter Deckmantel dienen".[793] Sein Kampf für eine gerechtere finanzielle Belastung spiegelte sich in zahlreichen Texten aus dieser Zeit wider und radikalisierte sich immer mehr. So plädierte er im gleichen Jahr für eine durch Steuern finanzierte Altersfürsorge, bei der jeder nach seiner individuellen wirtschaftlichen Leistungsfähigkeit herangezogen werde, was viel gerechter sei als ein allgemein erhobener, für alle gleicher Beitrag.[794] Auch wenn er sich dagegen verwahrte, hier eine dezidiert sozialdemokratische Position zu vertreten[795], ist sein „Linksruck" doch unübersehbar. Diese Tendenz verstärkte sich noch in einem Referat über die Besteuerung des Luxusverbrauchs, das Landmann in der *Neuen Zürcher Zeitung* publizierte.[796] Er durchbrach damit das ungeschriebene Gesetz der Diskretion und der Vermitt-

---

790 LANDMANN, Julius und GEERING, Walter, Das Bundesgesetz über die Stempelabgaben vom 4. Oktober 1917 nebst Vollziehungsverordnung vom 20. Februar 1918 (Sammlung schweizerischer Gesetze. Bd. 99–108). Zürich 1918, 6.

791 LANDMANN, Julius, Gutachten zur Frage der bundesgesetzlichen Einführung einer Stempelabgabe auf Coupons und Zinsgutschriften mit Gesetzesentwurf und Begründung. Bern 1919, 13.

792 LANDMANN (1919), Gutachten Stempelabgaben, 14f.

793 Ebd., 25.

794 LANDMANN, Julius, Altersversicherung und Altersfürsorge. Basel 1919, 7.

795 Ebd., 20.

796 LANDMANN, Julius, Zur Frage der Besteuerung des Luxusverbrauches. Nach einem Referat vor der Finanzkonferenz in Kandersteg, 30. August bis 3. September 1920. Separatdruck aus der „Neuen Zürcher Zeitung" Nr. 1694, 1703, 1712, vom 15., 17., 18. Oktober 1920. Basel 1920.

lung hinter den Kulissen, indem er mit seiner Meinung an die breitere Öffentlichkeit ging.[797] Hier wütete er gegen die Reichen, deren Verschwendung von „Putz und Tand" sowie ihren Verbrauch von „Reizungs- und Betäubungsmitteln".[798] Dennoch blieb er Realist genug, um keine Luxussteuer auf einzelne Konsumgüter zu fordern. Sarkastisch bemerkte er, der Aufwand wäre immens, jede davon gegen die jeweils betroffene Interessensgruppe durchzufechten, z.B. gegen die „Vereinigung notleidender Kriegsgewinner".[799] Stattdessen schlug er eine allgemeine Umsatzsteuer vor, die nur Grundnahrungsmittel aussparen sollte und deren Ertrag zur Finanzierung der Sozialversicherung zu verwenden sei. Diese Umwälzung der Kosten auf das „wertvollste Aktivum jedes Staatswesens, die gute Laune der Bevölkerung"[800] sei nicht zu vermeiden, aber er riet den Arbeitern, die Belastung durch die Erkämpfung von Lohnerhöhungen zu vermindern. Dass Landmann sich mit solchen Publikationen keine Freunde im Lager der Bankiers machte, versteht sich von selbst. Er lehnte ein „Einknicken" des Staates vor den Interessen der Privatwirtschaft radikal ab und war nicht bereit, auf Einnahmequellen zu verzichten, nur weil sie mit dem bestehenden Instrumentarium nicht ausreichend kontrolliert werden konnten.[801]

Ihren Höhepunkt erreichten Landmanns Provokationen jedoch in der immer noch virulenten Auseinandersetzung um die eidgenössische Couponstempelsteuer, die schließlich zum endgültigen Bruch mit seinen einstmaligen Unterstützern aus der Bankenwelt führte.[802] Der Antrag, den Landmann als Mitglied der Stempelsteuerkommission zur Einführung der neuen Steuer eingereicht hatte, war im Nationalrat zunächst blockiert worden.[803] Aggressiv gab er daraufhin in einer weiteren Rechtfertigung zu bedenken, dass die teure Grenzbesatzung während des Krieges „dem, der viel hat, viel und dem, der wenig hat, wenig geschützt hat, daß folglich an die Deckung der Grenzbesatzungskosten, wer viel besitzt, viel, und wer wenig besitzt, wenig beizutragen hat."[804] Er stellte fest, dass die Kapitalerträge in den letzten Jahren, auch während des Krieges, gestiegen seien und beschuldigte die Aktiengesellschaften, dies durch Verschleierungstaktiken und „Kapitalverwässerungspolitik" zu verdunkeln, anstatt ihren Beitrag zum Staat, von dessen stabilen und zuverlässigen Institutionen sie profitierten, ehrlich zu erbringen.[805] Wenn die Kapitalisten beklagten, dass durch die Couponstempelsteuer die Möglichkeit zur Kapitalbildung geschwächt würde, dann, so schleuderte Landmann ihnen entgegen, handle es sich um „Vorspiegelung volkswirtschaftlicher Zwecksetzungen zur Vertretung privater Interessen einer kleinen sozialen Gruppe".[806] Als dann das

---

797 BAUDRAZ (1997), Landmann, 46f.

798 LANDMANN (1920), Besteuerung Luxusverbrauch, 15.

799 Ebd., 26.

800 Ebd., 25.

801 GUEX, Sébastian, L'introduction du droit de timbre fédéral sur les coupons 1919–1921, in: Sébastian GUEX, Martin KÖRNER und Jakob TANNER (Hrsg.), Staatsfinanzierung und Sozialkonflikte (14.–20. Jh.). Zürich 1994, 209–239, 231ff.

802 LANDMANN, Julius, Zur Frage der Einführung eines eidgenössischen Couponstempels. Nach einem Referat vor der Konferenz in Kandersteg, 30. August bis 3. September 1920. Separatdruck aus der Neuen Zürcher Zeitung Nr. 1572, 1609, 1637, 1645 vom 25. September, 1., 6., 7. Oktober 1920. Basel 1920.

803 LANDMANN (1920), Couponstempel, 10.

804 Ebd., 5.

805 Ebd., 27f.

806 Ebd., 33.

Gesetz betreffend die Stempelabgabe auf Coupons im Juni 1921 schließlich doch verabschiedet wurde, war der Bruch zwischen Landmann und den Vertretern der Banken, die erbitterten Widerstand geleistet hatten, nicht mehr zu heilen. In einem „nachträglichen Votum" beklagte er, dass die Steuergesetzgebung „Niederschlag politischer Doktrinen und einer bestimmten Konstellation von Machtpositionen" sei, und Ideale wie die Steuergerechtigkeit doch nur eine untergeordnete Rolle spielen würden.[807] Die Bankiersvereinigung war über Landmanns Umschwenken entsetzt: In der Expertenkommission wurde er explizit aufgefordert, seinen Ton zu mäßigen.[808] Dazu war er aber nicht mehr bereit. Aggressiv trug er seine Forderungen vor, ohne an einem echten Ausgleich mit der Gegenseite noch Interesse zu zeigen.

Zur gleichen Zeit eröffnete Landmann noch eine zweite Front in der Frage der Pfandbriefgesetzgebung.[809] Hier ging es um die Frage, wie die Ausgabe von langfristigen Pfandbriefen an das Publikum zur Deckung von Hypotheken zu organisieren sei. Landmann stimmte mit dem Bauernverband darin überein, dass Hypotheken durch langfristige Pfandbriefe gedeckt sein müssten, die in der Krise nicht einfach zurückgezogen werden könnten.[810] Dennoch lehnte der Bauernverband sein Gutachten ab, weil er zu wenig auf die Bedürfnisse der Schuldner eingegangen sei. Aber auch den Privatbankiers machte er es nicht recht: Sie waren empört über den Vorschlag einer zentralen Pfandbriefstelle und wollten die Pfandbriefe selbst ausgeben. Als dritte Gruppe sprachen sich die kantonalen Banken gegen den Entwurf aus, weil ihnen die Gründung einer Zentrale zusammen mit den privaten Hypothekarinstituten vorgeschlagen wurde.[811] Alle Beteiligten gingen also gegen den Vorschlag in Opposition, was dazu führte, dass Landmann sich am Nachtragsgutachten vom April 1922 nicht mehr beteiligte. Der Gesetzestext, der schließlich erst im Juni 1930 angenommen wurde,[812] enthielt nur noch wenige seiner ursprünglichen Ideen.

Politisch hatte Landmann in den Debatten um die Couponsteuer und um das Pfandbriefwesen den Rubikon überschritten,[813] und seine Gegner in der Schweizerischen Bankiersvereinigung ASB, deren Gründung er einst selbst angeregt hatte,[814] setzten zum Gegenschlag

---

807 LANDMANN (1921), Eidgenössische Stempelabgaben, 474.

808 Protokoll der Verhandlungen der Expertenkommission betreffend die eidgenössische Finanzreform, Sitzungen vom 30. und 31. August, 1., 2., und 3. September 1920 in Kandersteg, 15. und 16. September 1920 in Bern, als Typoskript vervielfältigt. Bern 1920.

809 LANDMANN, Julius, FREY, Julius und HUBER, Eugen, Gutachten zur Frage der bundesgesetzlichen Regelung des Pfandbriefwesens mit Gesetzentwurf und Begründung. Bern 1919. Das Gutachten erstellte Landmann zusammen mit Eugen Huber, Ferdinand Virieux und Julius Frey (1912–1917 Präsident der Schweizerischen Bankiersvereinigung, vgl. Schweizerische Bankiersvereinigung (Hrsg.), Bankiertag 1987. 75 Jahre Schweizerische Bankiersvereinigung. Bern 1987).

810 LANDMANN, FREY, HUBER und VIRIEUX (1919), Gutachten Pfandbriefwesen, 45f.

811 TEMPERLI, Ernst, Die Kreditpolitik der schweizerischem Landwirtschaft insbesondere des Schweizerischen Bauernverbandes. Zürich 1945, 61f.

812 TEMPERLI (1945), Kreditpolitik, 72ff.

813 So GUEX (1995), Vivre heureux, 411.

814 Auf einer Sitzung der Statistisch-volkswirtschaftlichen Gesellschaft in Basel, vgl. Schweizerische Bankiersvereinigung (1987), Bankiertag 1987, 15. Im Band von 1962 wurde Landmann im Zusammenhang der Gründung nicht namentlich erwähnt, so tief war die Enttäuschung über seinen „Frontwechsel", vgl. Schweizerische Bankiersvereinigung (Hrsg.), 50 Jahre Schweizerische Bankiersvereinigung 1912-1962. Jubiläumsbericht und 50. Jahresbericht über das Geschäftsjahr vom 1. April 1961 bis 31. März 1961. Basel 1962.

an.[815] Hinzu kam, dass der Landmann wohl gesonnene Bundesrat Motta im Finanzdepartement 1920 durch den katholisch-konservativen Jean-Marie Musy ersetzt worden war,[816] der sich zudem auf einen starken bürgerlichen Block im Nationalrat stützen konnte.[817] Die Angriffe gegen den Gutachter nahmen schnell eine fremdenfeindliche und antisemitische Färbung an, insbesondere bei den Verhandlungen des Schweizerischen Juristenvereins im September 1921.[818] In der Frage des Pfandbriefwesens konnte Landmann sich nicht durchsetzen, Musy rückte von ihm ab.[819] Landmann, der zur „persona non grata" geworden war,[820] zog die Konsequenz:[821] Im September 1921 reichte er bei Musy seinen Rücktritt als Mitglied der Stempelkommission ein.[822] Zwar behielt er bis 1924 über die Verbindungen zu seinen Freunden Julius Frey und Ernst Laur auch weiterhin als „graue Eminenz" einen gewissen Einfluss auf das Gesetzgebungsverfahren.[823] Aber er zog sich mehr und mehr aus den verschiedenen Bereichen seiner öffentlichen Tätigkeit zurück. 1922 trat er aus der Statistisch-wissenschaftlichen Gesellschaft von Basel aus,[824] nachdem es zu Anfeindungen gekommen war,[825] 1924 beendete er seine Tätigkeit als Ratgeber für Bundesrat Schulthess im Wirtschaftsdepartement,[826] 1925 gab er die Tätigkeit als Redaktor der *Zeitschrift für schweizerische Statistik und Volkswirtschaft* auf.[827] Landmann zog sich aus allen öffentlichen Ämtern zurück. Seine neue universalistische Vorstellung vom Staat war mit der seiner einstigen Unterstützer aus der Privatwirtschaft nicht mehr kompatibel.

Nicht nur der sozialistische Duktus seiner Gutachten zeigt, wie weit nach „links" Landmann sich in der Zeit nach dem Ersten Weltkrieg wieder bewegte. In einer Vorlesung von 1931, also zehn Jahre nach den Kontroversen in der Schweiz, beschrieb er die verschiedenen wirtschaftspolitischen Positionen in einer Weise, die eine Einordnung seiner eigenen Haltung erlaubt. Zwar wies er seine Studenten darauf hin, dass jede wirtschaftspolitische Meinung ideologisch bedingt sei und deshalb vom Wissenschaftler nicht im Sinne eines Wertur-

---

815 Protokoll der siebenten Generalversammlung der Schweizerischen Bankiervereinigung vom 25. 09.1920, Wirtschaftsarchiv Basel, zitiert nach GUEX (1995), Vivre heureux, 412.

816 BAUDRAZ (1997), Landmann, 58f.

817 GUEX (1994), Timbre fédéral, 214.

818 Vgl. AMSTUTZ, Paul, Zehn Jahre eidgenössischer Stempelabgaben. Chef der Sektion für Stempelabgaben der eidgenössischen Steuerverwaltung in Bern, in: Zeitschrift für schweizerische Statistik und Volkswirtschaft 63, 5 (1927), 629–646, 634f. Die Diskussion auf der Juristenvereinstagung lässt sich nachvollziehen in den Gegengutachten von Blumenstein und Gautier sowie der Diskussionsmitschrift in: Zeitschrift für Schweizerisches Recht 1921, 1a–217a und 1922, 284f.

819 BAUDRAZ (1997), Landmann, 60.

820 GUEX (1994), Timbre fédéral, 232.

821 Die Geschehnisse verletzten Landmann wohl sehr. Salin schrieb über ihn und Bernhard Harms: „Beide konnten grimmig hassen, – nichtiges Gewürm konnte beide so ärgern und stören, daß sie seiner Bekämpfung kostbare Zeit und Kraft opferten." (BRÜGELMANN (1956), Politische Ökonomie, XVIf.).

822 LANDMANN, FREY, HUBER und VIRIEUX (1919), Gutachten Pfandbriefwesen, 61f.

823 BAUDRAZ (1997), Landmann, 64ff.

824 In einem Brief an den Vorstand legte er dar, dass er den in der Gesellschaft immer stärker betonten Gegensatz zwischen Theoretikern und Praktikern nicht für sinnvoll halte. Der Brief wurde abgedruckt in MANGOLD (1931), Statistisch-Volkswirtschaftliche Gesellschaft, 50ff.

825 GUEX (1995), Vivre heureux, 413.

826 LANDMANN, FREY, HUBER und VIRIEUX (1919), Gutachten Pfandbriefwesen, 68.

827 Protokoll der Vereinssitzung in Zug vom 11.10.1925, in: Zeitschrift für Schweizerische Statistik und Volkswirtschaft 61/Heft 4, 1925, 474f.

teils beurteilt werden könne[828] – zwischen den Zeilen bzw. in der Ergänzung durch andere Texte scheinen Landmanns eigene Präferenzen aber dennoch durch. Wie beurteilte er nun die verschiedenen wirtschaftspolitischen Strömungen? Der Liberalismus bekam keine gute Zensur: „Aus dem Vertreter eines ganzen Wirtschaftssystems, das für alle Beteiligten vorteilhaft sein sollte, wird der Liberalismus zum Vertreter einer bestimmten Funktion: des Kapitals und des Unternehmers."[829] Der Liberalismus war für Landmann die Vertretung von Sonderinteressen, die sich nicht um das Wohl der Gesamtheit scherte. Bedenkt man die bis zu diesem Zeitpunkt vollzogene, oben beschriebene Wende zu einem universalistischen Gesellschaftsbild, wird klar, dass dies eine negative Wertung implizierte. Eher negativ wurde auch der Konservatismus gezeichnet, dem es vorrangig um „Konservierung und Förderung solcher Schichten, die sich ohne staatlichen Schutz als nicht mehr lebenfähig [sic! Ko. S.] erweisen", gehe, vor allem des Kleinhandels und des Großgrundbesitzes.[830] An anderer Stelle äußerte Landmann sich allerdings positiv über die konservative Gesinnung, wie sie z.B. Günther Holstein vertreten habe, „die sich der Verantwortung gegen das Neue nicht minder wie der gegen das Alte bewusst ist, und die das Alte bewahrt, indem sie es in immer wieder gefordertem schöpferischen Denken und Handeln neu gestaltet."[831] Einen solchen positiv bewerteten Konservativismus konnte Landmann in der wirtschaftspolitischen Debatte seiner Zeit jedoch nicht ausmachen.

Als dritten Punkt charakterisierte Landmann in der Vorlesung auch die steuerpolitische Position der Sozialdemokraten: Die Arbeiterschaft wolle in der Steuerdebatte den Arbeitsertrag möglichst schonen und habe teilweise Forderungen des frühen Sozialliberalismus übernommen.[832] Der Unterschied liege darin, dass sie letztendlich die Überführung der Produktionsmittel ins Eigentum der Gesellschaft anstrebe, also die Umbildung des Wirtschaftssystems, eine Forderung, die Landmann ablehnte.[833] Er war kein Sozialist, und schon gar kein Bolschewist, wie ihm seine politischen Feinde vorwarfen.[834] Dennoch hielt er manche Forderungen der Sozialdemokratie, etwa die Verstaatlichung einzelner Unternehmen oder die Monopolisierung ausgewählter Unternehmungsgebiete, im Rahmen der gegebenen Wirtschaftsverfassung für realisierbar und deshalb auch für diskutabel, da sie keine Sozialisierung der Wirtschaftsordnung bedeuteten.[835] Wo sich die Arbeiter ihrer Verantwortung bewusst wurden und entgegen ihrer alten Doktrin an einer sinnvollen Gestaltung des Steuer-

828 Vorlesung über Finanzwissenschaft vom SS 1931, UB Basel, NLB A2a, Anlage Die Steuerprogramme der politischen Parteien im Deutschen Reich, Nr. 31e, 5.

829 Ebd., 1.

830 Ebd., 3.

831 Landmann, Nachruf auf Günther Holstein, 1931, im Typoskript in UB Basel, NLB B6 (Hervorhebungen von Landmann).

832 In einem Brief an Heinrich Hagemann vom 12.08.31 betonte Landmann, dass in der Weimarer Zeit eine sozialliberale oder sozialkonservative Partei auch nicht anders hätte handeln können als die SPD dies getan habe, zitiert nach LANDMANN (1980), Erinnerungen George, 89ff.

833 Vorlesung über Finanzwissenschaft vom Sommersemester 1931, UB Basel, NLB A2a, Anlage Die Steuerprogramme der politischen Parteien im Deutschen Reich, Nr. 31e, 2.

834 Gegen diesen Verdacht nahmen ihn sowohl Kantorowicz (KANTOROWICZ (1932), Landmann, 7f.) als auch Mangold (MANGOLD (1939), Landmann, 467) in Schutz.

835 Landmann, Gutachten zur Motion Grimm vom 5. Dezember 1918, ob und welche Zweige des Imports und Exports der Schweiz dem staatlichen Monopol zu unterwerfen seien (Konzept), in UB Basel, NLB D3, 13.

systems mitwirkten, sparte Landmann nicht mit Lob.[836] Obgleich er betonte, dass er „keiner sozialistischen Parteiorganisation angehöre" und „die spezifisch-sozialistischen Zielsetzungen sowohl im Gebiet der Wirtschafts- wie der Finanz- und der Sozialpolitik, nicht zuletzt im Gebiet der Kulturpolitik"[837] ablehne, lagen seine Sympathien bei einer sozialdemokratischen Wirtschaftspolitik. Auch mit keynesianischem Gedankengut konnte er sich anfreunden. So stellte er zwar mit Schumpeter die „Kaufkrafttheorie" in Frage, der eine „Hebung des Lebensstandards der breiten Masse nicht Selbstzweck ist, sondern Mittel zur Steigerung der Ergiebigkeit der nationalen Wirtschaft"[838], wohinter man auch seine Abneigung gegen die Konstruktion ökonomischer Gesetzmäßigkeiten erkennen kann. Dagegen schien es ihm keineswegs ausgeschlossen, dass „eine Gewerkschaftspolitik, die auf Stetigkeit der Löhne gerichtet ist, unter bestimmten Voraussetzungen und in gewissem Umfange nicht auch für den Produktionsprozess günstige Wirkungen auszulösen vermöchte. Namentlich, sobald die Periode der primären Investitionen vorbei ist, und es nun gilt, den Absatz der reifgewordenen Konsumgüterproduktion zu erleichtern."[839] Die auch von Salin vertretenen keynesianischen Positionen wirkten gerade in seinen letzten Jahren auf Landmann ein, der der Sache der Arbeiter schon immer aufgeschlossen gegenüber gestanden hatte.

Verantwortung für die Gemeinschaft

Wie oben bereits gezeigt wurde, eignete sich Julius Landmann im Laufe seiner wissenschaftlichen Laufbahn mehr und mehr ein universalistisches Weltbild an. Dies galt nicht nur in methodischer Hinsicht, sondern auch in wirtschaftspolitischer. Der Georgeaner Wolters kommentierte begeistert Landmanns Steuergesetzgebung für Liechtenstein, die fast antik gedacht sei: „Die staatlich-Unmündigen gehen frei aus und die Staatsträger sind auch finanziell die Staatserhalter."[840] Dem entspricht, dass die Vorstellung der Verantwortung des einzelnen und der gesellschaftlichen Gruppen für die Gesellschaft als ganze einen immer größeren Stellenwert in seinem Denken einnahm. Ansätze dazu finden sich schon in seinen ersten Publikationen, z.B. seine Kritik an den Partikularinteressen und dem Egoismus der ostelbischen Agrarier.[841] Auch in seiner ersten Arbeit zum deutschen Bankwesen setzte er sich für eine möglichst unabhängige Stellung der Zentralbank ein, welche die Interessen der Gesamtwirtschaft vertreten und aus eben diesem Grunde auch nicht völlig verstaatlicht wer-

---

836 COLM, Gerhard und NEISSER, Hans, Kapitalbildung und Steuersystem. Verhandlungen und Gutachten der Konferenz von Eilsen, Bd. II. Berlin 1930, 71.

837 Landmann an Heinrich Hagemann am 12.8.1931, zitiert nach LANDMANN (1980), Erinnerungen George, 89ff.

838 COLM und NEISSER (1930), Konferenz von Eilsen I, 183.

839 Landmann an Saitzew am 14. 8.31, in UB Basel, NLB E 1, 5.

840 Wolters an Landmann am 13.1.1923, in SWA, HS 426 B14. Wolters bedauerte, dass Landmann dieses Prinzip nicht konsequenter umgesetzt habe. „Es wäre der Tod der Europäischen Demokratie und aus den Aktivbürgern erwüchse langsam die neue Adelsklasse." Diese Aussicht schien Wolters in keiner Weise beklagenswert.

841 LANDMANN (1899), Bankgesetz, 4. Salin, dem diese Denkweise völlig entsprach, kommentierte diesen frühen Text Landmanns begeistert: „Bei aller jugendlichen Überspitztheit manchen Ausdrucks" habe er doch schon die richtige Richtung getroffen, vgl. SALIN (1933), Landmann, 17.

den solle, um den Einfluss der Politiker nicht übermächtig werden zu lassen. In besonderem Maße gilt die von Salin konstatierte Leitlinie des Landmannschen Denkens aber für seine späteren Arbeiten: „Gegenüber dem ‚Hineintragen von allerlei Sonderinteressen' in alle wirtschaftspolitischen Beratungen besteht die Aufgabe, ‚die allgemein volkswirtschaftlichen Gesichtspunkte' geltend zu machen."[842] In der Tat reagierte Landmann zunehmend gereizt, wenn er den Eindruck gewann, dass Einzel- oder Gruppeninteressen den Belangen der Gemeinschaft vorgezogen wurden. So unterstellte er sarkastisch den Vertretern der Banken eine egoistische Haltung ohne Rücksicht auf die Volkswirtschaft als ganze: ‚Wir sind Alle bereit, unser Blut für die gemeinsame Sache zu opfern, ihr das meine, ich das eure.'[843] Aber seine Kritik traf nicht nur die Bankiers. In den verschiedensten Fragen trat Landmann für die Interessen des Ganzen gegenüber der einzelnen Gruppe ein. So witterte er Einzelinteressen auch dort, wo sich der Mittelstand dagegen wehrte, eine rationelle und fiskalisch ergiebige Weiterbildung der Tabaksteuer in Deutschland mit zu tragen, weil eine Umbildung der Tabakbesteuerung ohne die Einführung von Monopolen für die Tabakhändler nicht zumutbar sei.[844] Landmann dagegen hielt einen Ausbau sehr wohl für möglich und für steuerlich sehr viel versprechend.

Besonders erzürnte ihn, wenn die Interessensvertreter auch noch versuchten, ihren Privatvorteil als den der gesamten Volkswirtschaft hinzustellen. Das galt aber nicht nur im Falle der Kapitalanleger, sondern auch dann, wenn die Schuldner, z.B. der landwirtschaftliche und städtische Grundbesitz, ihren Eigennutzen, nämlich den Wunsch nach billigen Krediten, als Gemeininteresse ausgaben. Ihnen hielt Landmann entgegen: „Die Sachwalter der auf eine solche Politik gerichteten Bestrebungen gebärden sich als Vertreter des volkswirtschaftlichen Gemeininteresses an billigen Zinssätzen gegenüber den privatwirtschaftlichen Interessen an hochverzinslichen Kapitalanlagen."[845] Er bezweifelte allerdings, ob der Nutzen der gesamten Volkswirtschaft überhaupt objektiv festgestellt werden könne: „Ein objektiv feststehendes volkswirtschaftliches Gemeininteresse ist nicht vorhanden; je nach den idealen Zielen, an welchen das wirtschaftliche Weltbild des Einzelnen orientiert ist, wird sich ihm auch das volkswirtschaftliche Gemeininteresse verschieden darstellen."[846]

Seine kompromissbereite Haltung zu Beginn des Jahrhunderts, die stets alle gegensätzlichen Interessen ernst genommen und für berechtigt gehalten hatte und bemüht gewesen war, zwischen ihnen einen für alle zufrieden stellenden Kompromiss zu schließen, wich mehr und mehr einer nagenden Ungeduld mit den auseinanderstrebenden Interessensgruppen, die alle nur an sich selbst dachten. Seine Freude an der Diskussion und Kompromissfindung ging verloren, und mehr und mehr wünschte er sich unkompliziertere Entscheidungsfindungen. Sein prinzipieller Optimismus zu Beginn des Jahrhunderts, mit dem er noch in der ver-

---

842 SALIN (1933), Landmann, 18.

843 LANDMANN (1920), Couponstempel, 15. Bei Landmann in Anführungszeichen als Zitat ohne Angabe des Fundortes.

844 COLM und NEISSER (1930), Konferenz von Eilsen II, 65f.

845 LANDMANN (1916), Kapitalexport, 12.

846 Ebd., 13. Hier entsteht der Eindruck, Landmann habe den Volkswillen nicht als präexistente, ontologische Größe gesehen, die es aufzufinden galt, sondern als Produkt des parlamentarischen Prozesses, ein Denken, das Christoph Gussy als Kriterium für das demokratische Denken in der Weimarer Zeit nennt (GUSY (2000), „Demokratisches Denken", 660). Das Zitat bleibt allerdings singulär und widerspricht vielen anderen Texten von Landmann, in dem er einem „gegenstandsbestimmten" Staatsmodell zuneigte, vgl. 365, Fn 898.

fahrensten Situation an die Möglichkeit eines sinnvollen Kompromisses und einer rationellen Lösung der Probleme geglaubt hatte, wich mehr und mehr der Resignation. So klagte er über die zunehmende „Vogelstraußpolitik" der schweizerischen Regierung in der Frage der Finanzierungslücken, und stellte enttäuscht fest: „Aus der Geschichte kann man gewiß viel lernen; aus der Finanzgeschichte, nach einem Ausspruch von Thiers, vor allem, daß eine Nation in einer finanziellen Krise noch niemals die Voraussicht erwiesen und den Mut aufgebraucht hat, notwendige Opfer vorwegzunehmen, um dadurch deren Umfang zu mildern."[847] Es kann vermutet werden, dass dieser Wunsch nach weniger komplexen Strukturen des Entscheidungsprozesses durch den Kontakt zu George angestoßen oder zumindest begünstigt wurde. Der Dichter äußerte z.B. auf einem seiner häufigen Besuche bei Landmanns in den Jahren 1925/26 über den George-Kreis: „Dass es so bequem sei im Staat, wenn es heisse: der Meister hat es so angeordnet. ‚Ordnung ist immer bequem.'"[848] Eben diese Sehnsucht nach Ordnung wurde in der Entwicklung von Landmanns wirtschaftspolitischen Vorstellungen immer stärker.

Statt zwischen den unterschiedlichen Interessen zu vermitteln und so das möglichst Beste für alle zu erreichen, wie er es bisher getan hatte, verlangte Landmann nun, dass jeder von sich aus zum Wohl der Gemeinschaft beitragen und die eigenen Vorteile zurückstellen solle. Seine anfängliche Begeisterung für die Kriegsführung der Deutschen scheint gerade auf diesem Punkt zu beruhen: Er hatte den Eindruck, hier echte Verantwortung für die Gemeinschaft erleben zu können. In den Kriegsvorbereitungen „zeigt sich das Maß der Solidarität der Wirtschaft mit dem Staate, das Maß der Unterordnung der wirtschaftlichen Interessen unter staatliche Aufgaben"[849], schwärmte er 1915. Für diese Unterordnung des Eigeninteresses unter das der Gemeinschaft konnte Landmann sich begeistern. In der Schweiz dagegen, bedauerte er, dächten die Menschen so liberal-individualistisch, dass der Staat ihnen nicht als ein Ideal erscheine, „das in den Herzen lebt, und dem das Opfer persönlicher Interessen zu bringen" sei.[850] Ein universalistisches Staatsverständnis werde in der Schweiz als mit den „modern-demokratischen Grundsätzen" unvereinbar empfunden, und dieser Individualismus arte teilweise in die „Freiheit der ziellosen Verneinung des Staates" aus. Auch nach dem Krieg war Landmann der festen Meinung, der einzelne, auch der einzelne Wirtschaftszweig, müsse Nachteile in Kauf nehmen, wenn die politischen Entscheidungsträger den Beweis führen könnten, dass die Vorteile die angestrebte Regelung für den Staat als ganzen überwögen.[851] Landmann hielt ein Umdenken für nötig, und die politischen Parteien sollten sich an dieser neuen Bewusstseinsbildung beteiligen. „Durch staatsbürgerliche Erziehung der widerstrebenden Steuerkräfte mitzuwirken, ist heute das hohe Lehrmeisteramt der politischen Parteien, wenn sie nicht den Widerstand der Interessenten gegen den Staatsbedarf stützten, sondern die Mitverantwortung für die Art seiner Deckung ihre Mitglieder lehren

---

847 LANDMANN, Julius, Die Finanzkrise in Frankreich, in: Weltwirtschaftliches Archiv 24 (1926), 215–228, 228.

848 25.12.1915 bis 6.2.1926 und 7.–15.3.1926 in Basel, LANDMANN (1963), Gespräche George, 152.

849 LANDMANN (1915), Kriegsfinanzen, 20.

850 LANDMANN (1916), Kapitalexport, 17.

851 LANDMANN, Julius, Soll die Schweiz die Haager Opiumkonvention ratifizieren? Eine Denkschrift, dem Eidgenössischen Volkwirtschaftsdepartement unterbreitet von den Unternehmungen der schweizerischen pharmazeutischen Industrie; August 1923. Als Manuskript gedruckt. Basel 1923, 86f.

wollen."[852] Die Parteien hätten die Pflicht ihre Mitglieder zu der Einsicht zu erziehen, „daß das Notwendige, das nach stoischer Weisheit niemals ein Übel sein kann, in einem Staate, der an seine Zukunft glaubt, auch politisch möglich sein muss."[853] Mehr und mehr mischte sich Kritik an dem ausschließlichen Gewinnstreben der wirtschaftlichen Akteure in Landmanns Texte. Daneben müsse es auch noch andere, wichtigere Ziele geben. „Die Erhaltung des gegebenen Niveaus der Wohlstandsmöglichkeit muss nicht allein Ziel sein, es gibt höhere Interessen, die eine solche Besteuerung rechtfertigen, welche Minderung der Kapitalbildung zur Folge hat."[854] Dementsprechend verwahrte sich Landmann scharf dagegen, den Staat für die Wirtschaft in Dienst zu nehmen. So äußerte er in der Frage, welche Sicherheiten die valuta-schwachen Länder nach dem Ersten Weltkrieg ihren Gläubigern anbieten könnten, um Kredite für dringend benötigte Importe zu erhalten: „Der Bedarf an Rohstoffen und Lebensmitteln, der zu decken ist, ist Bedarf der Volkswirtschaft, nicht des Staates. Es steht daher schon aus diesem Grund der Staat als Schuldner nicht in Frage. [...] Schuldner und Pfandobjekt kann infolgedessen nur die *Volkswirtschaft* der valuta-schwachen Länder selber sein."[855] Zu diesem Zweck sollten die Aktiengesellschaften in Valuta-Kredit-Zweckverbänden zusammengeschlossen werden. Eine Indienstnahme des Staates für die Wirtschaft schloss Landmann dagegen kategorisch aus, wie er auch in einem Brief an Heinrich Hagemann betonte: „Nicht schön ist aber eine wirtschaftspolitische Haltung, die, verhüllt im Begriffsnebel individualistischer und freihändlerischer Ideologien, zum tatsächlichen Inhalt die Forderung hat: Privatisierung der Gewinne und Sozialisierung der Verluste."[856]

Nur dort, wo er als unumstrittener Gesetzgeber auftreten konnte, der über den widerstreitenden Einzelinteressen stand, nämlich in seiner Beratungstätigkeit in Liechtenstein, konnte Landmann seine Ideale von sozialer Gerechtigkeit und Berücksichtigung aller Interessen umsetzen, ohne sich zermürbenden Auseinandersetzungen stellen zu müssen. So fand er etwa in einem schwierigen Problem bei der Einführung der Frankenwährung in Liechtenstein, die wegen des fortschreitenden Verfalls der österreichischen Krone, mit der man bisher gezahlt hatte,[857] nötig geworden war, eine geradezu salomonische Lösung. Es ging um die Frage, ob man alte, noch in Kronen gemachte Schulden zum aktuellen Tageskurs in Franken umrechnen solle, was wegen der vorangegangenen hohen Inflation die Gläubiger schädigen und den Schuldnern nützen würde, oder zum Vorkriegskurs, was die Schuldner über Gebühr schädigen und die Kriegsgewinnler fördern würde. Landmann plädierte für Ausgleich: Die Schulden sollten nach dem Kurs des Monats umgerechnet werden, in dem sie gemacht worden waren.[858] Diese Art der Lösungsfindung durch Experten, die sich nicht

---

852 Landmann, Julius, Gutachten Finanzbedarf des Bundes (ohne Datum), in UB Basel, NLB D3, 9.

853 COLM und NEISSER (1930b), Konferenz von Eilsen II, 71.

854 LANDMANN (1929), Finanzwissenschaft, 77.

855 Gutachten Ueber die Gründung von Valuta-Kredit-Zweckverbänden und die Einrichtung eines internationalen Clearinghouse als Mittel zur Wiederanknüpfung der internationalen Kredit-Beziehungen, ohne Datum, in UB Basel, NLB D3, 10 (Hervorhebung von Landmann).

856 Zitiert nach LANDMANN (1980), Erinnerungen George, 89ff.

857 Vgl. KLEINE-HARTLAGE (1988), Schweiz-Liechtenstein, insb. 24–35.

858 LANDMANN (1919), Gutachten Frankenwährung, 10f. In Liechtenstein wurde diese Frage abschließend erst im Oktober 1921 geklärt: man rechnete jeweils zum Jahresdurchschnittskurs um, eine Regelung, die die Vorkriegssparer benachteiligte, vgl. KLEINE-HARTLAGE (1988), Schweiz-Liechtenstein, 34f.

dem parteipolitischen „Gezänk" aussetzen mussten, entsprach Landmanns neuem Ideal von seiner Rolle als überparteilicher Gutachter. Insofern war es folgerichtig, dass er sich aus Liechtenstein zurückzog, als sein neues Steuergesetz zum Gegenstand heftiger Diskussionen in der politischen Debatte wurde.[859]

4.2 Minimierung der staatlichen Eingriffe

Mochte Landmann auch das Interesse des Gemeinwesens über das des einzelnen stellen, so vertrat er in der Wirtschaftspolitik doch im Großen und Ganzen liberale Positionen. Annette Baudraz, die Landmann eine stark staatsinterventionistische Position unterstellt,[860] muss widersprochen werden. Der Staat sollte sich seiner Meinung nach nur in bestimmten Bereichen und nicht zu stark in der Wirtschaft engagieren und auf Steuerung und Regeln weitgehend verzichten. Schon in seiner Dissertation hatte Landmann erklärt, dass der Diskontsatz nicht gesetzlich zu regeln oder einzuschränken sei, sondern sich auf dem Markt ergeben müsse.[861] Eine solche liberale Haltung lässt sich im Laufe der Jahre für verschiedene Bereiche nachweisen. So betonte er nach dem Krieg, dass eine Rückkehr von der Kriegswirtschaft zu privatwirtschaftlichen Wirtschaftsweisen unbedingt nötig sei, selbst für die schweizerischen Bundesbahnen, die ihren Bedarf nun wieder selbst decken müssten.[862] In der bei Kriegsende strittigen Frage nach einer staatlichen Steuerung des Im- und Exports vertrat Landmann ebenfalls eine liberale Position: Er hielt die Chancen, den Export der Schweiz zentral zu steuern, für sehr gering und sah es keinesfalls als erwiesen an, dass eine staatliche Importorganisation die Konsumenten billiger mit Waren beliefern könne.[863] Die einzige Möglichkeit zur Exportförderung sah er darin, Auslandsinvestitionen zu tätigen und darauf zu achten, dass die aus diesen Investitionen hervorgehenden Aufträge an schweizerische Firmen vergeben wurden. Wenn man Waren exportieren wolle, müsse man auch Kapital exportieren.[864] Dementsprechend vertrat er auch in der Frage nach einer staatlichen Begrenzung des Kapitalexports die liberale Position: Man könne diesen trotz des erhöhten eigenen Kapitalbedarfs der Schweiz nicht künstlich begrenzen.[865] Warenverkehr und Devisenverkehr müssten frei bleiben und dürften nicht staatlich beaufsichtigt werden.[866] Auch die

859 Landmann an die Steuerverwaltung Liechtensteins am 3.2.1924 in SWA, HS 426 B15.
860 BAUDRAZ (1997), Landmann, 120.
861 LANDMANN (1900), Diskontpolitik, 190.
862 LANDMANN, Julius, BOHREN, Arnold und STAEHELIN, Max, Gutachten über die Beitragsleistungen der Schweizerischen Bundesbahnen an ihre Pensions- und Hülfskassen vom Dezember 1920. Basel u. Luzern 1920, 8.
863 Landmann, Gutachten zur Motion Grimm vom 5. Dezember 1918, ob und welche Zweige des Imports und Exports der Schweiz dem staatlichen Monopol zu unterwerfen seien (Konzept), in; UB Basel, NLB D3, 13.
864 LANDMANN und FREY (1913), Rapport, 9.
865 LANDMANN (1916), Kapitalexport.
866 LANDMANN, Julius (Redner), Protokoll über die Verhandlungen der engern Expertenkommission für die Valutafragen (Bern, 26. April 1920), in: Jacques FREYMOND und Oscar GUAYE (Hrsg.), Diplomatiche Dokumente der Schweiz. Documents diplomatiques Suisses 1848–1945. Bd. 7/2 (1918–1920). Zürich 1981, 636–642, 641.

Aufrechterhaltung des staatlichen Getreidemonopols und den Verkauf des Getreides in der Schweiz zu sozialpolitisch motivierten Preisen unterhalb des Einkaufspreises im Ausland, der noch im Jahr 1930 praktiziert wurde, lehnte er mit dem Argument ab, dies erinnere an die Kriegswirtschaft und habe mit Handelsfreiheit nichts zu tun.[867] Unerreichbaren Idealen wie dem der wirtschaftlichen Autarkie der Schweiz nachzulaufen, lehnte Landmann ab.[868] Er vertrat keineswegs eine planwirtschaftliche Wirtschaftspolitik. Sogar einzelnen Verstaatlichungen von Betrieben stand er eher kritisch gegenüber, auch wenn er sie nicht völlig ausschloss und von Fall zu Fall billigte. Die Nachteile des Staatsbetriebes beschrieb er folgender Maßen: „Er arbeitet ohne Konkurrenz, also ohne vergleichenden Ansporn, er kann sich untauglicher Menschen nicht entledigen, und er leidet am Aberglauben der Ancienneität."[869] Die Folge sei ein Mangel an Verantwortungsgefühl und unternehmerischer Energie, weswegen Landmann vor allem bei spekulativen Geschäftsfeldern wie dem Außenhandel von Verstaatlichungen abriet. Der Staat solle diese Nachteile im Vergleich zur Privatwirtschaft nur dort in Kauf nehmen und sich so die Verantwortung aufladen, wo es nicht anders möglich sei, z.B. in der aus technischen Gründen monopolisierten Kraft-, Licht- und Wasserversorgung.[870]

Auch in seiner Zeit in Kiel schätzte Landmann die Möglichkeiten des Staates zur Wirtschaftsgestaltung eher gering ein, so beispielsweise in der Frage, ob durch die Steuerpolitik die Wirtschaft zu lenken und z.B. eine Produktionsförderung der Industrie zu bewirken sei. Landmann verneinte. Höchstens bei der Verwendung der Steuererträge könnte die Produktionsförderung angepeilt werden, nicht aber bei ihrer Einziehung.[871] Die Illusion der Deutschen, es könnte anders sein, hielt er für gänzlich praxisfern: „Freilich ist dieses deutsche Interesse an den wirtschaftsfördernden und verteilungsändernden Nebenzwecken der Besteuerung mehr für die Lehrbuchtradition denn für die finanzpolitische Wirklichkeit kennzeichnend."[872] Bei der Steuereinziehung könne man sich höchstens bemühen, die hemmenden Auswirkungen zu reduzieren.[873] Deshalb plädierte Landmann für ein Steuersystem, das „die Kapitalbildung am wenigsten beeinträchtigen und die Investitionsrichtung des neugebildeten Kapitals am wenigsten beeinflussen" sollte.[874] Der Unterschied dieser seiner Position zu einem extremen Liberalismus liege allein darin, dass er bei der Verwendung der Steuern sehr wohl große Gestaltungsspielräume sehe.[875] Tatsächlich musste sich Landmann 1930 in Bad Eilsen gegen den Vorwurf des extremen Liberalismus verteidigen – größer könnte der Abstand zum Kapitalismuskritiker Salin kaum sein. Während beide sich darin einig waren, dass der einzelne seine Interessen im Zweifelsfall hinter die der Gemeinschaft

867 LANDMANN, Julius, Die Getreidemonopolwirtschaft in der Schweiz 1914 bis 1928, in: Zeitschrift für Nationalökonomie 1, 4 (1930), 561–569, 569.

868 LANDMANN (1916), Kapitalexport, 18.

869 Landmann, Gutachten zur Motion Grimm vom 5. Dezember 1918, ob und welche Zweige des Imports und Exports der Schweiz dem staatlichen Monopol zu unterwerfen seien (Konzept), in; UB Basel, NLB D3, 13.

870 Ebd.

871 COLM und NEISSER (1930), Konferenz von Eilsen I, 171.

872 Ebd., 173.

873 Ebd., 228.

874 Ebd., 187.

875 Ebd., 263.

zurückstellen müsse,[876] galt dies keineswegs für die praktischen wirtschaftspolitischen Implikationen. Salin war im Nachruf dennoch bemüht, Landmanns wirtschaftsliberale Haltung herunterzuspielen und ihn in die Nähe der Kapitalismuskritik zu rücken. So unterstellte er dem Kollegen, schon früh „die Gefährdung des hochkapitalistischen Wirtschaftssystem durch die ihm eigentümliche Kreditorganisation" gesehen und deshalb auf die Erhöhung der flüssigen Bankmittel gedrängt zu habe.[877] Landmanns Eintreten für Liquidität und Stabilität des Bankbetriebes, das oben besprochen wurde, in Richtung einer kapitalismuskritischen Haltung zu interpretieren, ist keineswegs zwingend. Haben wir es also hier mit einer bewusst pro-georgeanischen Ausdeutung zu tun, oder setzte Landmann auch in der Frage der Wirtschaftspolitik am Ende seines Lebens zu einer Korrektur alter Positionen an? Christian Eckert berichtete, Landmann habe in seinen letzten Jahren daran zu zweifeln begonnen, ob und inwieweit die kapitalistische Wirtschaftsordnung nach der „Fülle von Einbauten" aus sozialen und staatlichen Zielsetzungen noch funktionsfähig sei.[878] Mit der Herausgeberschaft der *Modernen Organisationsformen der öffentlichen Unternehmung*[879] begann Landmann die Beschäftigung mit einem Themenbereich, der ihm bisher kaum ernsthaft diskussionswürdig erschienen war, war ihm doch die Überlegenheit der privatwirtschaftlichen Unternehmung als evident erschienen. Im Vorwort zum Sammelband kündigte er nun an, die Aufgaben und Grenzen der öffentlichen Unternehmung sowie die Folgen ihrer Ausdehnung auf das Wirtschaftssystem und die Wechselwirkungen des Phänomens mit der Politik untersuchen zu wollen.[880] In der Tat lassen sich also auch hier erste Anzeichen eines Umdenkens wahrnehmen. Die Vermutung liegt nahe, dass es auch Einflüsse der Georgeaner waren, die Landmann dazu brachten, seine zunehmend universalistische Perspektive in seinen Arbeiten nun auch umzusetzen und nicht mehr vom einzelnen Unternehmer, sondern von der Gesamtheit aus zu denken. Teilweise berief sich Landmann nun auch explizit auf den jüngeren Salin.[881] Dieser hatte Landmanns liberalem Plädoyer in Bad Eilsen entgegengehalten: „Es gibt Zeiten, in denen volkswirtschaftliche Gesichtspunkte dazu führen können, daß die privatwirtschaftliche Rentabilität nicht den Ausschlag gibt."[882] Die überlieferten Briefe lassen kein eindeutiges Urteil zu. Jedenfalls mischten sich in Landmanns letzten Jahren mehr und mehr zeit- und kapitalismuskritische Elemente in seine Schriften, wie z.B. die Kritik an der Pflichtvergessenheit der Börsianer,[883] das Bedauern über die „Massenhaftigkeit" als „das

---

876 Vgl. Salins zustimmendes Votum zu Landmanns Rede auf der Konferenz von Eilsen. Salin führte aus, dass es wieder sittliches Gebot für die Staatsbürger werden müsse, den Staatsgesetzen zu gehorchen, nicht aber nach eigenem Ermessen darüber zu urteilen oder sie zu umgehen (COLM und NEISSER (1930), Konferenz von Eilsen I, 212).

877 SALIN (1933), Landmann,21.

878 ECKERT, Christian, Nachruf auf Julius Landmann, in: Schriften des Vereins für Socialpolitik 1 (1932), 5–8, VII.

879 LANDMANN, Julius (Hrsg.), Moderne Organisationsformen der öffentlichen Unternehmung (Schriften des Vereins für Socialpolitik. Bd. 176). München 1931–32. Auf Grund eines Beschlusses des Vereins für Sozialpolitik im September 1930 in Königsberg leitete Landmann den entsprechenden Unterausschuss, vgl. BOESE (1939), Verein für Sozialpolitik, 210f.

880 LANDMANN (1931–32), Organisationsformen, XIff.

881 LANDMANN (1930), Auslandsverschuldung, 30f, Fn 18. Er zitierte SALIN (1929), Stellung und Bedeutung.

882 COLM und NEISSER (1930), Konferenz von Eilsen I, 226.

883 LANDMANN (1933) Zur Psychologie des Börseaners, 71f.

kennzeichnende Merkmal des Jahrhunderts"[884] oder die Überlegung, dass im Kapitalismus „die Masse der Nichtbesitzenden zu Nutznießern des Systems werden" müsse, um dieses zu erhalten. Hier spiegeln sich Gespräche mit George wieder, der die Landmanns auf die Problematik der wachsenden Großstädte hinwies: „Bei der Menge muss die Qualität abnehmen."[885] Landmann durchsetzte seine Argumentation mehr und mehr mit solchen georgeanischen Denkfiguren.

4.3 Bejahung der parlamentarischen Demokratie

Wie für Salin, Salz und Singer muss auch für Landmann die Frage gestellt werden, welche Auswirkungen seine wirtschaftspolitischen Überzeugungen auf seine politische Haltung hatten. Hier ist insbesondere eine Auseinandersetzung mit der These von Annette Baudraz nötig, die für Landmann ein konservatives, romantizistisches und eher antidemokratisches Denken konstatiert.[886] Sie stützt sich unter anderem auf die Trauerrede Hermann Kantorowicz', der Landmann einen typisch aristokratischen Anstrich zu geben versuchte: Ihm habe nichts gelegen „an der Schätzung der vielzuvielen".[887] „Ein aufgeklärter Despotismus, der alles für das Volk, nichts durch das Volk geschehen lassen wollte, hätte wohl am meisten seinen Neigungen entsprochen oder ihnen am wenigsten widersprochen, und so verstehen wir positiv seinen negativen Ausspruch auf eine ihm gestellte Frage nach seiner politischen Gesinnung: ‚Konservativ, aber nicht im Sinne der Kreuz-Zeitung, demokratisch, aber nicht im Sinne der Frankfurter Zeitung'."[888] Landmann erschien hier also gerade nicht als überzeugter Befürworter der parlamentarischen Demokratie. In die gleiche Kerbe schlug Salin, der seine Sicht vor allem an Landmanns Beschreibung des Berner Stadtstaates festmachte, die auch Kantorowicz erwähnte. Angeblich zeige die Schilderung des aristokratisch-konservativen Stadtstaates Bern Landmanns „Vorliebe für ein geordnetes, überschaubares, selbst- und grenzbewußtes Gemeinwesen"[889] mit aristokratischer Verfassung. Trafen die Georgeaner mit dieser Einschätzung den Kern von Landmanns politischem Denken, wie Baudraz annimmt? Die These muss anhand der Quellen überprüft werden. Zu untersuchen ist insbesondere die Arbeit über den Berner Staatsschatz,[890] die sowohl Salin als auch Kanto-

---

884 LANDMANN (1927), Öffentlicher Kredit, 513.

885 3.1.–2.1929 in Kiel, LANDMANN (1963), Gespräche George, 197.

886 BAUDRAZ (1997), Landmann, 117ff. Dass romantizistisches Denken nicht unbedingt antidemokratisch sein muss, konnte oben bereits für Arthur Salz gezeigt werden, vgl. 340.

887 KANTOROWICZ (1932), Landmann, 6. Damit griff Kantorowicz ein Zitat aus Landmanns Vortrag *Zur Psychologie der Börseaner* auf, in dem Landmann diese bestimmte als „der Allzuvielen Lebenssinn". Er verglich den Börseaner mit einem in ständiger sinnloser Bewegung befindlichen Kreisel, vgl. ebd. 84.

888 KANTOROWICZ (1932), Landmann, 7f. Die Neue Preußische Zeitung wurde wegen des Kreuzes auf der Titelseite Kreuzzeitung genannt und vertrat einen preußisch und protestantisch geprägten Konservativismus. Sie erschien von 1848 bis 1939. Die Frankfurter Zeitung erschien 1856–1943 und war ein wirtschaftsliberales, demokratisches Blatt. Siehe zu Landmanns Beurteilung von Konservativismus und Liberalismus 359. In der dort zitierten Vorlesung wurde Landmann sehr viel konkreter als in diesem von Kantorowicz zitierten Ausspruch.

889 SALIN (1933), Landmann, 18.

890 LANDMANN (1903), Kapitalanlagen.

rowicz für ihre Argumentation heranzogen. Bei genauerer Betrachtung zeigt sich, dass Landmann das Berner Patriziat durchaus nicht ausschließlich positiv beurteilte, wie die bei Kantorowicz und Salin angeführten Passagen glauben machen. Vielmehr berichtete er über das Bürgertum, es habe in seiner „verknöcherten Welt" nicht die Weisheit gehabt, demokratische Tendenzen in die Verfassung aufzunehmen. „Die Art und Weise, wie dieses Patriciat die Herrschaft ausübte, hat äusserlich etwas ausserordentlich Bestechendes. Ein gewaltiger Zug von Tatkraft, Majestät, hervorragender Menschenkenntnis und wirtschaftspolitischer Klugheit charakterisiert dieses Regime. Es fehlte ihm aber an der tieferen politischen Einsicht."[891] Landmann trennte klar zwischen dem strahlenden Bild nach außen und den inneren Problemen, die er nicht übersah. Rechtfertigte seiner Meinung nach wenigstens die kulturelle Blüte die oligarchische Herrschaft? In keiner Weise. Landmann stellte fest, „dass wir es hier mit einer Aristokratie zu tun haben, die bereits zur Oligarchie auszuarten begann, und man ist fast geneigt, Buonapartes Ausspruch von den bürgerlichen Sklaven der Oligarchen in Bern zu wiederholen. Das alte Bern kann nicht einmal, wie so manche der Aristokratieen [sic! Ko. S.] der italienischen Renaissance, die hohe kulturelle Bedeutung seiner leitenden Männer der Unfreiheit der Massen gegenüberstellen."[892] Von einer rein positiven Charakterisierung der Berner Aristokratie kann keine Rede sein, vielmehr von handfester Kritik.[893] Annette Baudraz übernimmt dennoch ungeprüft das Urteil Salins und Kantorowicz´ und unterstellt Landmann « une vision romantique et idéalisée de la noblesse », obwohl gerade das von ihr ausgewählte Zitat deutlich die kritische Distanzierung Landmanns zeigt.[894]

Wie sieht es mit Landmanns anderen frühen Arbeiten aus? In der Tat findet sich in einem Zeitungsartikel um die Jahrhundertwende eine Passage, die das allgemeine und gleiche Wahlrecht in Frage stellt und Sympathie für ständestaatliche Modelle zeigt: Landmann überdachte, ob es nicht verfehlt sei, „alle Wähler, ohne auf ihren individuellen Eigenwert Rücksicht zu nehmen, als überall gleiche Ziffern nebeneinander zu stellen, und die Bevölkerung ohne Rücksicht auf ihre gesellschaftliche und wirtschaftliche Gliederung in eine unorganische Masse aufzulösen." Er reflektierte, ob eine „berufsmäßige Scheidung der Wählerschaft dem heutigen Systeme nicht vorzuziehen wäre."[895] Nach diesem kurzen kritischen Absatz setzte er sich jedoch ausführlich und detailliert mit der Möglichkeit auseinander, *innerhalb* der Institution des allgemeinen und gleichen Wahlrechts die Minoritäten in den Volksvertretungen durch ein Verhältniswahlrecht zu repräsentieren.[896] Vor der Volksabstimmung über diese Frage in der Schweiz empfahl er ein solches Verhältniswahlrecht dringend, weil er sich davon die Möglichkeit versprach, weite Bevölkerungskreise, die sich ansonsten stets unterrepräsentiert fühlten und resignierten, für die Politik zu interessieren.

---

891 Ebd., 4f.

892 Ebd., 2.

893 Landmann differenzierte sehr genau: Die *Züricher* Oberschicht beurteilte er weitaus positiver, vgl. LANDMANN (1905), Leu und Co, 147f.

894 BAUDRAZ (1997), Landmann, 94.

895 LANDMANN, Julius, Das Proportional-Wahlrecht, in: Die Zeit (Wien) XXV, 315 (1900, 13. Oktober).

896 Hier drängt sich der Vergleich zu Arthur Salz auf: Wie Salz, so ging auch Landmann als Gestalttheoretiker von einer „gegenstandsbestimmten" Demokratiekonzeption aus, ohne deshalb zum Antidemokraten zu werden. Vielmehr setzte er sich trotz seiner kritischen Haltung intesiv mit den Fragen der richtigen Gestaltung des Wahlrechts und dem Minoritätenschutz auseinander, wie dies auch Hans Kelsen tat, vgl. RÜHL (2000), Nationale Demokratie, 477.

Gerade die Tatsache, dass die SPD im Mehrheitswahlrecht oft leer ausging, schien ihm korrekturbedürftig.[897] Ganz offensichtlich war er also trotz seiner Kritik am allgemeinen und gleichen Wahlrecht dennoch bereit, im bestehenden demokratischen System aktiv gestaltend mitzuarbeiten, was seinen anfänglichen Einschränkungen eher den Charakter einer bloßen Auflehnung gegen die Verhängung jeglichen Denkverbots verleiht. In seinen späteren Schriften konnte ich keine weiteren positiven Bemerkungen zu ständestaatlichen Modellen finden.

Gerade in der Frage nach Landmanns Haltung zur Demokratie muss also scharf unterschieden werden zwischen schwärmerischen romantizistischen Träumereien einerseits und Landmanns Positionen in seiner konkreten wissenschaftlichen und gutachterlichen Tätigkeit andererseits.

Seine Bewunderung für den Prinzen Karl von Liechtenstein etwa, den Landmann mit der veralteten Formel „mein Prinz" ansprach,[898] zeichnet ihn noch nicht als Antidemokraten aus, selbst wenn er im Prinzen das Idealbild des für sein Volk fürsorgenden, patriarchalischen Monarchen sah.[899] Man kann sich leicht vorstellen, dass der zu Hause in der Schweiz von allen Seiten angegriffene Landmann sich in der Rolle des Gesetzgebers in Liechtenstein gefiel, der über allen Parteistreitigkeiten stehen konnte. Wie die „Familiensaga" Salcia Landmanns berichtete, reiste Landmann mit dem Fürsten monatelang durch ganz Liechtenstein, um der Bevölkerung das neue Steuergesetz vorzustellen und ihre Meinung dazu einzuholen. Die beiden seien erst dann weiter gezogen ins nächste Dorf, wenn ein totaler Konsens erreicht war, berichtete Salcia Landmann.[900] Die Feudalstrukturen führten so angeblich zu einer weitaus engeren Verbundenheit zwischen Volk und Regierung, als das in der Demokratie möglich sei.[901] Hier handelt es sich jedoch um *zugeschriebene* Bewertungen, nicht um die von Julius Landmann. Entscheidend ist, inwiefern sich solche nostalgischen Schwärmereien für den Ständestaat oder die Monarchie in seinen wissenschaftlichen Texten widerspiegeln, wofür Baudraz keine überzeugenden Belege anführt. Sie zitiert ebenso wie Guex einen Brief von Rappard vom 23.5.1914, in dem dieser Landmann Angriffe auf Demokratie und Liberalismus sowie eine nostalgische Verehrung für das Ancien Régime vorwarf.[902] Landmanns Originalbrief scheint nicht erhalten zu sein. Es muss jedoch genau un-

---

897 LANDMANN, Julius, Wahlreform in der Schweiz, in: Die Zeit (Wien) XXV, 318 (1900, 3. November).

898 N.N., Eindrückliches Beispiel von Volksverbundenheit, in: Liechtensteiner Vaterland (1991, 24. Juli), 2.

899 BAUDRAZ (1997), Landmann, 53f.

900 LANDMANN (1983), Galizien.

901 N.N. (1991, 24. Juli), Volksverbundenheit.

902 BAUDRAZ (1997), Landmann, 93; GUEX (1995), Vivre heureux, 403. Auch einem Brief von Rathenau an Landmann kann man entnehmen, dass Landmann mit aristokratischen Führungsmodellen sympathisierte. Rathenau antwortete ihm, auf sein Schreiben Bezug nehmend, am 20.7.1917: „Mein Ziel ist niemals Volksherrschaft, die, wie ich glaube, nur in Zeiten des Aufruhrs bestehen kann, sondern ganz in Ihrem Sinne die Abspaltung. Und hier habe ich nichts dagegen, wenn die abgespaltenen Teile mehrere Menschenalter lang führend bleiben; nur darf die Herrschaft des Familienstammes und des Ständestammes nicht die einzige unveränderliche und ewige sein. Was in Ihrem Schweizer Kanton möglich ist, versagt im mechanisierten Dasein. Jede dritte Generation ist abgenutzt, und unser Fluch ist nicht, daß wir Enkel sind, sondern daß wir von Enkeln geführt werden." RATHENAU (2006), Briefe 2, 1733f; Orginalbrief im Nachlass Rathenau, Russisches Staatliches Militärarchiv, Sonderarchiv, Moskau; Kopien der Briefe in Freiburg, vgl. RATHENAU (2006), Briefe 1, 32. Mit „Abspaltung" meinte Landmann wohl aristokratische Führung, die er offensichtlich empfahl. In seinen publizierten Schriften ist davon aber nicht die Rede.

terschieden werden zwischen Äußerungen in einem privaten Brief und solchen in einer wissenschaftlichen Arbeit. Es mag sein, dass Landmann sich im Privaten solchen Vorstellungen von einer harmonischen Gesellschaft hingegeben hat, aber in seinen publizierten Arbeiten spielten sie keine Rolle, auch nicht in der Gesetzgebung für Liechtenstein. In der Arbeit über den Berner Staatsschatz spürt man zwar Landmanns Nostalgie für die alte Schweiz in den Passagen, in denen er die Eroberung des Landes durch französische Truppen schilderte, aber andererseits betonte er, dass „die Zeit der alten Eidgenossenschaft mit ihren Vorzügen und Schwächen vorüber war."[903] Keineswegs kann man also behaupten, er würde die Vergangenheit einseitig verklären. Sowohl Baudraz als auch Guex führen außerdem die Zugehörigkeit zum George-Kreis als Beweis für Landmanns restaurative Geisteshaltung an. Dass dieser Schluss nicht automatisch richtig ist, konnte am Beispiel Arthur Salz′ bereits deutlich gemacht werden.

Dagegen lassen sich zahlreiche Publikationen ausfindig machen, in denen Landmann sich positiv zur Demokratie äußerte. Demokratische Entwicklungen in der schweizerischen Geschichte, wie etwa die Demokratisierung der Züricher Zinskommission, schilderte er in keiner Weise negativ.[904] Expliziten Rechtfertigungsdruck empfand er, wenn er über eine der von ihm verehrten historischen Persönlichkeiten, z.B. den langjährigen Präsidenten der Züricher Zinskommission Johann Conrad Heidegger, berichten musste, dieser habe empfohlen, wichtige Entscheidungen in möglichst kleinen Gremien zu treffen. Landmann nahm ihn in Schutz: „Er war durchdrungen von dem platonischen Grundsatz, dass Regieren eine Kunst sei, die, wie jede andere, gelernt sein müsse."[905] Diese Auffassung hätte aber keineswegs im Widerspruch zu Heideggers republikanischer Grundauffassung gestanden, beeilte sich Landmann zu betonen.

In seinen Arbeiten über die Einrichtung der schweizerischen Nationalbank erscheint er, im Vergleich zu anderen Georgeanern, geradezu als ein Verfechter des politischen Kompromisses. Immer wieder schilderte er breit und durchwegs zustimmend den schwierigen Weg zum Kompromiss, z.B. in der Kontroverse, ob die schweizerische Zentralbank eine Privat- oder eine Volksbank sein sollte.[906] Als die Lösung, eine Beteiligung sowohl des Staates als auch des privaten Kapitals an der Notenbank, endlich gefunden war, dann aber am Widerstand des Ständerates noch einmal scheiterte, konnte Landmann seine Erbitterung nicht unterdrücken und unterstellte dem Präsidenten des Ständerates, den mühsam erkämpften Kompromiss „kalt lächelnd"[907] abgelehnt zu haben. Im Weiteren stritt man sich um den Sitz der Zentralbank, und trotz der festgefahrenen Situation äußerte Landmann seinen unbedingten Glauben an die Möglichkeit eines Kompromisses: „Wie so oft schon wird

---

903 LANDMANN (1903), Kapitalanlagen, 101.
904 Schlusswort in LANDMANN (1905), Leu und Co.
905 Ebd., 55f.
906 LANDMANN (1903), Notenbankfrage, 53–61. Man kann zwischen den Zeilen durchaus Landmanns persönliche Präferenz für eine staatliche Zentralbank herauslesen, auch wenn er kein ausdrückliches Urteil in dieser Frage abgab, wie der Rezensent bemerkte (GYGAX, P., [Rezension zu] Landmann, Julius, Das schweizerische Bankgesetz, in: Jahrbücher für Nationalökonomie und Statistik 3/ F. 31, 86 (1906), 557–558). Landmann stand also auf Seiten der Freisinnigen und der Sozialliberalen, vgl. ZIMMERMANN, Rolf, Volksbank oder Aktienbank? Parlamentsdebatten, Referendum und zunehmende Verbandsmacht beim Streit um die Nationalbankgründung, 1891–1905. Zürich 1987, 210.
907 LANDMANN (1903), Notenbankfrage, 62.

auch diesmal ein Kompromiß zwischen den beiden Parteien geschlossen werden können."[908] Auch von Diffamierungen des politischen Gegners kann bei ihm keine Rede sein. Er erkannte an, dass auch seine Gegner „die sich der Schaffung der Nationalbank entgegenstellten, [...] doch insgesamt in ihrer Art dem Gesamtwohle zu dienen bestrebt waren."[909] Landmanns Haltung war die beste Voraussetzung für eine Kompromissfindung auf parlamentarischem Wege in den Bahnen der zunehmend durch Experten dominierten schweizerischen „Verhandlungsdemokratie".[910] Nachdem die Gründung endlich erfolgt war – man hatte sich darauf geeinigt, den juristischen Sitz der Bank in Bern, das Direktorium dagegen in Zürich anzusiedeln – schilderte er detailliert die vorangegangenen Beratungen, deren Ergebnis am 16.1.1906 in Kraft trat.[911] Seine Ausführungen über die Gründung der Zentralbank wurden sogar ins Englische übersetzt, und hier zitierte er ohne jedes Zeichen einer Distanzierung den Nationalrat Vigier, der für die Annahme des Kompromisses plädierte: "It is a compromise, and the politics of compromise has thus far brought about not evil but good fortune in economic questions."[912] Landmann kann in keiner Weise als Gegner des Parlamentarismus bezeichnet werden. Im Gegenteil ging seine Begeisterung für die parlamentarische Kompromissfindung so weit, dass er sich in einigen Passagen eher kritisch über die direkte Demokratie äußerte, weil sie der Diplomatie kaum zugänglich sei, ganz im Gegensatz zu Salin und Singer, die in ihren frühen Arbeiten vom Cäsarismus schwärmten. So gab er in der Frage nach der Zentralbank zu bedenken: „Das Referendum ist nicht nur eine Instanz mehr, deren Zustimmung es zu erlangen gilt, es ist auch gleichzeitig diejenige Instanz, die sich bei ihren Entscheidungen durch die parlamentarische Diplomatie nicht beeinflussen läßt und auf die gegenseitigen Konzessionen der parlamentarischen Parteien keinerlei Rücksicht nimmt."[913] Trotz dieser Erschwernis akzeptierte Landmann die direkte Demokratie der Schweiz. In einem Gutachten über die Frage, ob die Schweiz die Haager Opiumskonvention unterzeichnen sollte, wies er darauf hin, dass dies eine nennenswerte Einschränkung der Freiheit der chemischen Industrie wäre und deshalb nicht ohne Volksabstimmung möglich sei:

> „Hierbei durfte nicht ausser acht gelassen werden, dass der Grundsatz der Volkssouveränität in der Schweiz eine spezifische Gestalt, die der Verfassungssouveränität, angenommen und in dieser Gestalt die Bedeutung eines Gewohnheitsrechtssatzes des Verfassungsrechtes hat, dass nämlich keine, in die Sphäre individueller und wirtschaftlicher Freiheit tief eingreifende, über den Kreis gewohnter Gesetzgebungseingriffe hinausgehende Massnahme der Gesetzgebung getroffen werden darf, ohne dass dem Bunde zuvor die Ermächtigung hierzu durch eine Verfassungsabstimmung gegeben worden wäre. Weitere Konsequenz dieser Verfassungssouveränität ist, dass bei solchen Neural-

908 Ebd., 66.
909 LANDMANN (1905), Bankgesetz, V.
910 ZIMMERMANN (1987), Volksbank, 213.
911 LANDMANN (1906), Schweizerische Nationalbank, 193.
912 LANDMANN, Julius, The Swiss banking law: Study and criticism of the Swiss Legislation respecting Banks of Issue, and especially of the Federal Act of October 6, 1905, concerning the Swiss National Bank (United States Congress, Senate Congress 61, Ses. 2, Doc. 401). Washington 1910, 162.
913 LANDMANN (1903), Notenbankfrage, 4.

> gien und in der Sphäre bisheriger Freiheit tiefeingreifenden Massnahmen den einzelnen Verfassungsrechtssätzen durch gekünstelte Interpretationen kein Sinn untergeschoben werden darf, der im Augenblicke der Verfassungsabstimmung vom Volke nicht vorausgesehen werden konnte."[914]

Keinerlei kritische Distanzierung Landmanns zu diesen basisdemokratischen Grundsätzen ist dem Text zu entnehmen – er hieß eindeutig die demokratische Verfassung der Schweiz gut.[915]

Die Quellen belegen, dass sich seine grundsätzliche Zustimmung zur parlamentarischen Demokratie in späteren Jahren nicht änderte, obwohl er sich immer mehr nach einer konfliktloseren, geordneteren Gesellschaft sehnte und immer ungeduldiger mit den auseinanderstrebenden Interessensvertretern wurde.[916] So schrieb er 1926 an Louise Sommer von der Überlegenheit des parlamentarischen Systems: „Sie können bei dem von Ihnen geschätzten Max Weber des genauern nachlesen, dass heute von den sämtlich möglichen Formen der Lösung der politischen Probleme der Wirtschaft immer noch die Lösung durch die zentralen Organe der politischen Willensbildung, Parlament und Regierung, die beste ist."[917] Die gleiche prodemokratische Position vertrat der oben zitierte Brief an Salin.[918] Nicht das parlamentarische System an sich wollte Landmann verändert sehen, sondern die Einstellung der Menschen, die sich mehr am Gesamtwohl und weniger an ihrem Eigennutz orientieren sollten. Selbst in den letzten Vorträgen aus dem Nachlass, die in so vielen Punkten auf ein Umdenken schließen lassen, nahm Landmann seine positive Haltung zur Demokratie nicht zurück. Zwar findet sich hier sehr wohl die Hochschätzung des großen Einzelnen in der Geschichte, z.B. des französischen Finanzminister Jean-Baptiste Colbert, der gewiss nicht als Demokrat bekannt wurde. Allerdings beruht das positive Urteil nur darauf, dass Colbert es geschafft habe, in der Frage des Getreidepreises zwischen den widerstreitenden Interessen der Produzenten, der Manufakturbesitzer, der Konsumenten und des Fiskus einen genialen Augleich zu finden[919] – Landmann bewunderte nicht den diktatorischen Gesetzgeber, sondern den gewandten Organisator von Kompromissen. Kritisch gab er allerdings zu bedenken, dass diese Lösung erstens durch dauernde starre Verbote geprägt gewesen sei und zweitens nur durch Colberts geniale Persönlichkeit aufrecht erhalten werden konnte, nach seinem Abtreten von der politischen Bühne jedoch nicht von Dauer gewesen sei.

Die Untersuchung zeigt, dass von allen vier untersuchten Ökonomen Landmann der einzige war, der ein klares und uneingeschränktes Bekenntnis zum *parlamentarischen* System der Schweiz bzw. der Weimarer Republik ablegte und dieser Haltung ein Leben lang treu blieb, obgleich er sich einen „neuen Geist" *innerhalb* dieses Systems im universalistischen Sinne sehr wohl wünschte. Er machte sich selbst nie Illusionen oder veröffentlichte gar ernst

914 LANDMANN (1923), Opiumkonvention, 110f.

915 Und das, obwohl die plebiszitären Elemente in der Schweiz seit etwa 1880 immer wichtiger wurden und alle politischen Parteien die Drohung mit einem Plebiszit in der politischen Auseinandersetzung vermehrt einsetzten, vgl. ZIMMERMANN (1980), Staatsinterventionismus, 148f.

916 Zumal die politischen Verbände in der Schweiz mehr und mehr Einfluss, auch im Gesetzgebungsverfahren und in der Vorbereitung desselben durch Expertenrunden, gewannen, vgl. ebd.

917 Landmann an Louise Sommer am 6.8.1926, in UB Basel, NLB E1, 3.

918 Vgl. 269.

919 LANDMANN (1933), Abbé Galiani, 32f.

gemeinte politische Vorschläge, wie sein schwärmerisches Ideal der harmonischen Gesellschaft *außerhalb* der parlamentarischen Demokratie zu verwirklichen sei. Über das politische System der Weimarer Republik sind keine Bewertungen von Julius Landmann erhalten. Der Revolution von 1919 stand er skeptisch gegenüber: „Es ist ein eigen Ding um die deutsche Revolution, und die Kräfte, die sie an die Oberfläche bringt, können Einem fast den Glauben an eine deutsche Zukunft (sofern eine solche Zukunft im Bilde eines als Staat und Macht organisierten Volkes gegeben werden soll) rauben."[920] Die Aussage bleibt zu allgemein, um erkennen zu können, ob Landmann Georges Meinung über die Weimarer Republik als „niedrigem Spiesserregiment, das sich als Republik ausgab"[921], teilte. Ich konnte in Landmanns Werk keine Hinweise auf eine solche Haltung finden.

4.4 „Wehrhafter Nationalismus"?

Nach seinem Umzug nach Deutschland musste Landmann sich selbstverständlich auch mit dem drückendsten finanziellen Problem der deutschen Zwischenkriegszeit beschäftigen, mit der Reparationsfrage. Er tat dies insbesondere auf der Reparationskonferenz der Friedrich List-Gesellschaft, aber auch in einigen Aufsätzen und in seinen Vorlesungen. Der Brüningschen Deflationspolitik stand er ablehnend gegenüber, und zwar zunächst aus ganz grundsätzlichen Überlegungen heraus. Eine Deflation, so Landmann, habe stets Vermögenseinbußen und Massenarbeitslosigkeit zur Folge.[922] Für die internationale Ebene war er außerdem der Meinung, dass eine geringe Inflation für die Gesundung der Weltwirtschaft unbedenklich und sogar notwendig sei.[923]

In der besonderen Situation Deutschlands kritisierte Landmann, dass die Reichsbank sich viel zu stark von Gesichtspunkten der Senkung oder Aufhebung der Reparationen leiten lasse, und darüber die Prinzipien der Diskontpolitik vernachlässige.[924] Auch auf der Reparationskonferenz der FLG betonte er seine Zweifel an der Möglichkeit einer deflatorischen Politik, insbesondere deswegen, weil sie Gegenkräfte hervorrufen würde, die ihre eigene Wirkung durchkreuzten. So würde die Deflation den technischen Fortschritt lähmen, der entscheidend für die Ausnutzung des komparativen Kostenvorteils sei.[925] Außerdem warnte er vor dem Erstarken derjenigen politischen Kräfte, die aus ganz anderen Gründen reparationsfeindlich eingestellt seien; gemeint waren die extremistischen Parteien. Landmann riet deshalb, die Reichsbank sollte ihre Diskontpolitik betreiben, ohne auf die Reparationsproblematik einzugehen.[926] Er plädierte für eine Drosselung der öffentlichen Kreditnachfrage

---

920 Landmann an Wolters am 6.2.1919, in StGA [ohne Signatur].
921 3.1.–2.1929 in Kiel, LANDMANN (1963), Gespräche George, 193.
922 Vorlesung Theorie des Geldes von1927 im Typoskript, UB Basel, NLB A7, Schlusskapitel 5ff.
923 Gutachten Ueber die Gründung von Valuta-Kredit-Zweckverbänden und die Einrichtung eines internationalen Clearinghouse als Mittel zur Wiederanknüpfung der internationalen Kredit-Beziehungen, ohne Datum, in UB Basel, NLB D3, 10.
924 LANDMANN (1930), Auslandsverschuldung, 9.
925 SALIN (1929), Pyrmont, 206.
926 Ebd., 208f.

einerseits und für die Einführung langfristiger Bankobligationen andererseits, um die Liquidität der Banken zu sichern.[927]

Bei den bisher untersuchten deutschen Ökonomen zeigte sich in der Reparationsfrage bei Salin und Singer eine stärkere, bei Salz eine geringere Tendenz zum Revisionismus. Sind solche Ansichten auch bei Landmann auszumachen? Hermann Kantorowicz sprach in seiner Trauerrede immerhin davon, Landmann habe im Laufe der Jahre einen „wehrhaften Nationalismus" entwickelt.[928] Diese Aussage wirft jedoch von Anfang an viele Fragen auf. Für welches Land hätte Landmann denn national fühlen sollen? Für die untergegangene österreichische Vielvölkermonarchie, in der er geboren war? Für Polen, für dessen Sprache und Kultur er sich zwar als Jugendlicher begeistert, das er aber schon lange vor der Erlangung seiner Unabhängigkeit verlassen hatte?[929] Für die Schweiz, wo er zwar lange gelebt, aber dennoch ein Fremder geblieben war? Oder gar für Deutschland, wo er, abgesehen von seiner Studienzeit, nur vier Jahre seines Lebens verbrachte? Schon der biografische Überblick erlaubt Zweifel an Kantorowicz' Behauptung.[930] In Landmanns Arbeiten fehlen nationalistische Töne fast vollständig. Einzige Ausnahe ist jener im Jahr 1915 geschriebene Text über die *Kriegsfinanzen der Großmächte*, in dem er die Produktivkraft der Wirtschaft und die sittlichen Werte des Volkes als ausschlaggebende Faktoren für den Sieg darstellte, der demgemäß Deutschland zuzufallen habe.[931] Auch in seinen Briefen an Wolters aus der Zeit des Ersten Weltkrieges äußert sich Landmann sehr deutschlandfreundlich, etwa wenn er darlegte, dass die Rechtsverletzung Deutschlands gegenüber Belgien „ihr positives oder negatives sittliches Vorzeichen erst durch die Werte erhält, um derentwillen der Rechtsbruch begangen wurde."[932] Ansonsten fallen seine Arbeiten eher durch ihre sachliche Unparteilichkeit auf. Seine Darstellung der Finanzprobleme in Frankreich aus dem Jahr 1926 ist ruhig und sachlich,[933] gerade auch im Vergleich mit Arthur Salz' Schriften über Frankreich,[934] und sogar für die Krise von 1929 machte er nicht die französische Politik, sondern die Entwicklung am internationalen Geldmarkt und die deutschen Zahlungsverpflichtungen verantwortlich.[935] Von einem „Nationalismus" Julius Landmanns kann meines Erachtens nach nur dann

---

927 SALIN (1929), Stellung und Bedeutung, 37.

928 KANTOROWICZ (1932), Landmann, 7f.

929 Zu Landmanns jugendliche Begeisterung für den polnischen Nationalismus vgl. 83. Noch einmal ist explizit darauf hinzuweisen, dass Landmanns Muttersprache Polnisch war und er in seiner Heimat in Lemberg nicht deutsch, sondern polnisch sozialisiert wurde, anders als Arthur Salz, der ein deutsches Gymnasium besuchte.

930 Dies umso mehr, wenn man wie Peter Walkenhorst Nationalismus definiert als politische Ideologie, die die Homogenität aller „Volksgenossen" anstrebe (WALKENHORST, Peter, Nation – Volk – Rasse: Radikaler Nationalismus im Deutschen Kaiserreich 1890–1914. Göttingen 2007, 304). Ein solches Konzept schwebte Kantorowicz jedoch sicher nicht vor.

931 LANDMANN (1915), Kriegsfinanzen, 11. Tatsächlich stellte sich der deutsche Weg, den Krieg über Anleihen statt über Steuererhöhung wie z.B. in England zu finanzieren, als katastrophale Entscheidung heraus, vgl. HALLER, Heinz, Die Rolle der Staatsfinanzen für den Inflationsprozeß, in: Deutsche Bundesbank Frankfurt am Main (Hrsg.), Währung und Wirtschaft in Deutschland 1876–1975. Frankfurt a. M. 1976, 115–155, 115ff.

932 Landmann an Wolters am 27.5.1915 in StGA [ohne Signatur].

933 LANDMANN (1926), Finanzkrise Frankreich.

934 Vgl. 327.

935 COLM und NEISSER (1930), Konferenz von Eilsen II, 96.

die Rede sein, wenn man annimmt, dass dieser sich auf ein „Geheimes Deutschland“ im Sinne Georges bezog, auf das auch er wie die anderen Ökonomen des Kreises seine Erlösungshoffnungen richtete.

4.5 Zusammenfassung

Julius Landmanns wirtschaftspolitisches Denken veränderte sich im Laufe seiner wissenschaftlichen Karriere. Der ehemalige Mitarbeiter der sozialistischen Partei setzte sich gleichzeitig mit der Arbeiterschutzgesetzgebung und mit der Bankgesetzgebung auseinander, wobei er eine sehr kapitalfreundliche Position vertrat, die ihm die persönliche Unterstützung der Bankiers sicherte. Nach seiner Bekanntschaft mit George und dem Beginn des Ersten Weltkrieges rückte Landmann mehr und mehr nach „links“, wodurch er das Wohlwollen der Bankiers vollständig verlor. Das Kriegserlebnis mag dabei ebenso eine Rolle gespielt haben wie die Freundschaft zum Dichter. Landmann dachte zunehmend universalistisch und argumentiert immer stärker vom Interesse der Gemeinschaft her. Den wirtschaftlichen Akteuren, die nur ihre Eigeninteressen durchsetzen wollten und nicht bereit waren, hinter der Gemeinschaft zurückzutreten, begegnete er mit wachsender Ungeduld. Trotz der Schwierigkeiten, auf die er bei dem Versuch stieß, seine Vorstellungen von sozialer Gerechtigkeit im politischen System der Schweiz, Liechtensteins und Deutschlands umzusetzen, hielt Landmann Zeit seines Lebens das System der parlamentarischen Demokratie für das einzig mögliche. Romantizistische Schwärmereien für harmonischere Gesellschaftsmodelle hegte er zwar im Privaten, trat in seiner Arbeit jedoch nie für deren Verwirklichung ein.

5. Exkurs: Das „Wesen“ des Geldes

> „Der moderne kapitalismus ist nur ein weiteres glied – vorläufig das lezte erkennbare – in der zentrifugalen reihe von emanzipationen.. von einer leibhaften mitte her immer freier, immer abstrakter, immer leerer. Das geld, die unwirklichkeit als gegenstand, die abstrakte geltung an sich, als der herr der welt: das ist das sinnbild des zustandes den wir konstatieren.“
>
> (Friedrich Gundolf)[936]

Vor dieser Äußerung Friedrich Gundolfs, die auch durch Georg Simmels *Philosophie des Geldes* inspiriert scheint,[937] überrascht es zunächst, dass sich alle Ökonomen im George-Kreis mit Geldtheorie beschäftigten. Was interessierte sie ausgerechnet an diesem von Gundolf ebenso wie von George abfällig kommentierten Thema, oder, andersherum gefragt, wie rechtfertigten sie dem Dichter gegenüber ihre Beschäftigung damit?

5.1 Kurt Singer und die Staatliche Theorie des Geldes

Kurt Singer hielt Fragen von Geld und Währung für eng verknüpft mit sonstigen Wirtschaftsfragen und interessierte sich deshalb sehr dafür.[938] Er war ein erklärter Anhänger von Friedrich Knapps *Staatlicher Theorie des Geldes*[939], die bei ihrem Erscheinen im Jahr 1905 von den Ökonomen der Historischen Schule begeistert begrüßt worden war.[940] Das Buch war für Singer der Grund gewesen, nach Straßburg zu Knapp zu wechseln. Unter seiner Betreuung entstand dort Singers Dissertation *Die Motive der indischen Geldreform.*[941] Singer versuchte in dieser Arbeit, ausgehend von Knapps Verständnis vom Wesen des Geldes, die Entwicklung der indischen Währung zu erklären und so einen empirischen Nachweis für die Richtigkeit der Theorie seines Doktorvaters zu geben. In seiner Zeit in Hamburg wurde Singer zudem durch den wesentlich wirtschaftsliberaleren Bankdirektor Friedrich Bendixen beeinflusst,[942] der unter Berufung auf Knapp[943] versuchte, eine wirtschaftliche

---

936 GUNDOLF (1911), Wesen und Beziehung, 18.

937 Obgleich Simmel die erweiterten Entfaltungsmöglichkeiten des Individuums in der Moderne konstatierte, beklagte er zugleich, dass das Geld allen Verhältnissen und Verhaltensweisen seinen Stempel aufdrücke und sämtliche Lebensbereiche quantifiziere und nivelliere, vgl. BOLLENBECK, Georg, Eine Geschichte der Kulturkritik: Von J. J. Rousseau bis G. Anders, München 2007, 256.

938 SINGER, Kurt, Die Stabilisierung der Mark: Eine Forderung an die Konferenz von Genua, unter dem Titel „Es ist Zeit!“ in: Wirtschaftsdienst 10 (1922, 10. März), 198–199, oder in: DERS., Staat und Wirtschaft seit dem Waffenstillstand. Jena 1924, 132–135.

939 KNAPP (1905), Theorie des Geldes.

940 JANSSEN (1998), Nationalökonomie und NS, 70f.

941 SINGER (1910), Geldreform. Die gesamte Arbeit wurde gedruckt in der Reihe Abhandlungen aus dem staatswissenschaftlichen Seminar zu Straßburg, die von Knapp und Wittich herausgegeben wurde.

942 So war es für Bendixen die Aufgabe des Diskontsatzes, das Verhältnis von Angebot und Nachfrage an Sparmitteln auszudrücken, wohingegen Singer mit Knapp seine Abhängigkeit von der Politik der Zentralbank hervorhob, vgl. SINGER, Kurt, Bendixen, Friedrich, in: Handwörterbuch der Staatswissenschaften. Jena

Theorie des Geldes als Grundlage einer rationalen Geldpolitik zu entwickeln und so die Argumentation der Banking-School[944] auszubauen. Singer schloss sich dieser neuen Richtung der Geldlehre begeistert an – möglicherweise spielte dabei auch die charismatische Ausstrahlung von Friedrich Knapp, wie Fritz Neumark sie beschreibt, eine Rolle[945] – und vertrat sie nicht nur in seinen wissenschaftlichen Arbeiten, sondern auch in seinen journalistischen Beiträgen.[946] Auch in späteren Jahren war er noch der Meinung, Knapps Lehre sei eminent einflussreich gewesen,[947] insbesondere wegen ihrer Auswirkungen auf den Keynesianismus.[948] John Maynard Keynes habe sich in seinem *Treatise on Money* von 1930 die Grundgedanken von Knapps Theorie vorbehaltlos zu Eigen gemacht.[949]

Was waren nun die inhaltlichen Eckpunkte der Knappschen Geldlehre, so wie Singer sie rezipierte? Einiges wurde bei der Betrachtung von Singers Semiotik bereits kurz angerissen, wobei auf die Knappsche Terminologie verzichtet wurde, was auch im Folgenden beibehalten werden soll.[950] Dieses Vorgehen entspricht dem Singers, wenn er die Zusammenhänge einem Publikum erklären wollte, das nicht in der befremdlichen Terminologie der *Staatlichen Theorie des Geldes* bewandert war. Friedrich Knapp interessierte sich ausschließlich für die Fragen nach dem *Wesen* des Geldes, das er als „Geschöpf der Rechtsordnung" verstand,[951] ohne sich um Fragen des Preisniveaus oder die Determinanten der umlaufenden

1956, 753–755, 755. Singer kritisierte Bendixens Oberflächlichkeit in manchen Punkten, vgl SINGER, Kurt, Besprechung von Bendixen, Friedrich, Das Wesen des Geldes, 2. Aufl. 1918, in: Weltwirtschaftliches Archiv 14 (1919), 469–471.

943 Schumpeter kommentierte, Bendixen habe eigenständig eine „Anweisungstheorie" des Geldes entwickelt und dann in „liebenswürdiger Bescheidenheit Knapp nicht als Bundesgenossen, sondern als Meister" anerkannt, obwohl er aus anderen Quellen geschöpft habe (SCHUMPETER, Joseph Alois, Das Wesen des Geldes, hrsg. von Fritz Karl MANN. Göttingen 1970, 85f).

944 Die geldtheoretischen Debatten in Großbritannien nach 1821 zentrierten sich um die Frage, ob die umlaufende Geldmenge zu 100% durch Gold gedeckt sein müsse, um eine übermäßig Ausgabe von Banknoten zu verhindern und so das Preisniveau stabil zu halten (Currency-School), oder ob die Geldmenge letztlich nachfragedeterminiert sei und deshalb der Notenumlauf gar nicht zu groß werden könne, solange man Noten ausschließlich gegen kurzfristige Handelswechsel (sog. „real bills") ausgebe. Man könne deshalb auf eine Regelbindung der Notenausgabe verzichten (Banking-School). Vgl. GEBAUER, Wolfgang, Geld und Währung. 2. Aufl. Frankfurt a. M. 2004, sowie SCHWARTZ, Anna J., Banking School, Currency School, Free Banking School, in: John EATWELL, Murray MILGATE und Peter NEWMAN (Hrsg.), The New Palgrave: A Dictionary Of Economics - Vol. 1, A-D. London, New York u. Tokio 1996, 182–185, 182. Singer vertrat die Position der Banking-School.

945 NEUMARK (1989), Deutsche Ökonomen, 130.

946 Auch in seinen Artikeln in der *Neuen Hamburgischen Börsen-Halle*, z.B. in der Abendausgabe vom 1.8.1914 im Artikel *Eine Frage an die Reichsbank*, wo er diese scharf dafür kritisierte, in der angespannten Lage noch Gold ans Publikum auszuzahlen.

947 Immerhin widmete Howard Ellis noch 1934 in seinem Standardwerk der *Staatlichen Theorie des Geldes* das erste, 29 Seiten starke Kapitel, vgl. ELLIS, Howard Sylvester, German monetary theory 1905–1933 (Harvard economic Studies Vol. 44). Cambridge Massachusetts 1934, 13–41.

948 Der Einfluss Knapps auf Keynes Geldtheorie wird in der Literatur keineswegs allgemein so hoch veranschlagt, wie Singer und Salin das taten, vgl. HUTTER (1994), Deutschsprachige Geldtheorien, 139.

949 KNAPP und BENDIXEN (1958), Theorie Geld, 231.

950 Vgl. 181.

951 Paul Einzig führt aus, dass Knapp mehr eine Erklärung "for the validity of money than for its value" gegeben habe (EINZIG, Paul, Primitive money. In its ethnological, historical and economic aspects. London 1949, 417).

Geldmenge zu kümmern.[952] Das Geld, egal in welcher stofflichen Form, erhält nach Knapp seine Funktion als gesetzliches Zahlungsmittel einzig und allein durch die staatliche Setzung als solche, durch den „proklamatorischen Akt“[953], der konsequent durchgeführt und durchgehalten werden müsse. „Die Grundlagen einer Papierwährung sind die selben wie die einer Goldwährung: die Rechtsordnung des Staates.“[954] Führe der Staat also einen unbeschränkten Annahmezwang für eine bestimmte Geldart ein und nehme diese auch selbst an allen Zahlstellen an, so erhalte sie Geltung als gesetzliches Zahlungsmittel. „Daß diese Geltung bei den papierenen Geldzeichen vom Staat oder von einer vom Staat ausdrücklich oder stillschweigend autorisierten Stelle bestimmt wird, ist eine schlichte Lehre der Erfahrung, die durch Geldwirren ebenso wenig widerlegt wird, wie etwa das Dasein von Regierungen durch Revolutionen widerlegt werden kann.“[955] Andere nominalistische Geldtheorien, die das Geld als „Schöpfung des sozialen Handelns“, als Ergebnis einer gesellschaftlichen Übereinkunft verstehen wollten, lehnte Singer dementsprechend ab.[956]

Im Gegensatz zu den Metallisten, die davon ausgingen, dass der Wert des Geldes sich von seiner Substanz, dem Edelmetall, herleite[957], glaubten die so genannten Nominalisten, dass die stoffliche Beschaffenheit des Geldes keine Rolle für seine Eigenschaft als Zahlungsmittel spielen würde: Es könne ebenso gut aus Metall sein wie aus stofflich wertlosem Papier. Das Papiergeld sei in diesem Fall aber wohlgemerkt kein Surrogat für das Metall, was eine Auszahlungsgarantie in Gold nötig machen würde, sondern die Noten selbst seien das Geld. Deshalb sei auch eine Golddeckung dieses Papiergeldes nicht notwendig, oder höchstens aus psychologischen Gründen ratsam, da sie das Vertrauen in die Währung stabilisiere.[958] Mit den Verteidigern der Golddeckung befand Singer sich deshalb in einer heftigen Kontroverse[959]: Bei ihnen scheine „das Schicksal so manchen skeptischen Geistes sich zu wiederholen, der auszog, den Lindwurm einer Tradition zu erlegen, und der schließlich als Romantiker heimkehrt in den beruhigenden Schoß irgendeiner Orthodoxie.“[960] Bestätigt sah er diese These sogar durch die Erfahrungen bei der Einführung der Rentenmark in

---

952 Schumpeter kritisierte scharf, dass in Knapps Theorie das Geldwesen nichts mit dem Preisniveau zu tun habe. Knapps Lehre sei deshalb trotz ihrer Originalität und mancher glücklicher Formulierungen im Kern nicht haltbar, vgl. SCHUMPETER (1970), Wesen, 83f.

953 SINGER (1910), Geldreform, 4.

954 KNAPP und BENDIXEN (1958), Theorie Geld, 230f.

955 SINGER (1917), Krieg, 90.

956 GERLOFF, Wilhelm, Die Entstehung des Geldes und die Anfänge des Geldwesens. 3. Aufl. Frankfurt a. M. 1947, 201. Gerloff setzte sich noch 35 Jahre nach ihrer Publikation scharf mit der *Staatlichen Theorie des Geldes* auseinander, indem er unterstrich, nicht der Staat sei der Schöpfer des Geldes, sondern dieses sei ganz ohne sein Zutun aus den Bedürfnissen des gesellschaftlichen Lebens entstanden (ebd. 214f).

957 SINGER (1910), Geldreform, 10.

958 SINGER, Kurt, Der Gedanke des Weltgeldes, in: Handbuch der Politik 5. Berlin 1922, 142–143.

959 KAEMMERER, G.H., Metallismus, Knapp und die Reichsbank, in: Bank-Archiv XIII, 19 (1914, 1. Juli), 317–320. Singer konterte den Angriff Kaemmerers in SINGER, Kurt, Irrlehre gegen Aberglaube. Eine Entgegnung, in: Bank-Archiv XIII, 20 (1914, 15. Juli), 339–342. Eine Diskussion der Standpunkte auch im Diskussionsteil in SINGER (1917), Krieg, 104–117.

960 Singer, Kurt, [Rezension zu] Walter Behrens, das Geldschöpfungsproblem, Jena 1928, Druckort unbekannt, in SUB, NKS AI 69.

Deutschland:[961] Ihre Durchsetzung als gesetzliches Zahlungsmittel sei so lange ungewiss gewesen, bis die staatlichen Stellen die Bürger zur Annahme gezwungen und diese proklamatorische Festsetzung energisch durchgeführt hätten – nur dadurch sei die Rentenmark zum Erfolg geworden.[962] Dass vielmehr das *Vertrauen* der Bürger in die durch Rentenpapiere auf Sachwerte, Hypotheken und Schuldverschreibungen auf Immobilien der Landwirtschaft, der Industrie und des Gewerbes gedeckte Rentenmark ausschlaggebend für ihren Erfolg gewesen sein könnte, zog Singer dagegen nur sekundär in Betracht.[963] Für ihn war die staatliche Setzung ausschlaggebend, die solches Vertrauen erst schaffen könne.[964] Wodurch eine Durchsetzung dieser Proklamation erfolge, sei von sekundärer Bedeutung. In der Französischen Revolution etwa seien Verstöße gegen die Annahmepflicht durch Terrormaßnahmen bestraft worden, was zumindest phasenweise die Währung stabilisiert habe.[965] Probleme des Währungssystems sah Singer meist darin begründet, dass die Regierungen die autoritäre Setzung des Zahlungsmittels mit ungenügender Konsequenz durchführten, und erst solche Fehler führten zum Verlust des Vertrauens in die Währung. So sei die Inflation in Preußen nach 1810 nur deshalb so gravierend geworden, weil der Annahmezwang von der Regierung nicht konsequent durchgesetzt worden war.[966]

Scharf kritisierte Singer den „Glauben" an den Metallismus, der verheerende Folgen haben könne. So legte er in seiner Dissertation dar, dass die indische Regierung fälschlicherweise davon ausgegangen sei, dass der Außenwert der Rupie vollständig vom Silberpreis abhänge. Sie habe sich also ständig um eine Kontrolle des Silberpreises bemüht, anstatt sich auf die Stabilisierung der intervalutarischen Kurse zu konzentrieren, was einen immer weiteren Wertverfall des Wechselkurses der Rupie zur Folge gehabt habe.[967] Ausgehend von Knapp kam Singer zu dem Ergebnis, dass die wirklichen Verhältnisse genau umgekehrt lägen, dass nämlich der Silberpreis vom intervalutarischen Kurs zwischen englischer und indischer Währung beeinflusst werde. Die metallistischen Vorstellungen wies Singer weit zurück: Das englische Pfund sei nicht deshalb so stark gewesen, weil es eine Goldwährung

---

961 Zur Einführung der Rentenmark als wertbeständigem Zahlungsmittel vgl. PFLEIDERER (1976), Staatsfinanzen,182ff.

962 SINGER, Kurt, Zur Geschichte und zur Beurteilung der Rentenmark, unter dem Titel „Zum Streit um die Rentenmark" in: Wirtschaftsdienst 13 (1924, 28. März), 349–352, oder in: DERS., Staat und Wirtschaft seit dem Waffenstillstand. Jena 1924, 214–222.

963 Ludwig von Mises betonte, dass der Staat nur insofern eine neue Geldart einführen könne, als er die Mittel habe, die gebräuchliche zurückzuziehen und durch eine neue zu ersetzen, vgl. MISES, Ludwig, Theorie des Geldes und der Umlaufsmittel. München u. Leipzig 1912, 64.

964 Immerhin gesteht auch Otto Pfleiderer zu, dass die restriktive Finanz- und Notenbankpolitik in Deutschland entscheidend für die Währungsstabilisierung gewesen sei, und bestätigt insofern ein Stück weit Singers Sicht, vgl. PFLEIDERER (1976), Staatsfinanzen, 191.

965 SINGER, Kurt, Assignaten, in: Ludwig ELSTER, Adolf WEBER und Friedrich WIESER (Hrsg.), Handwörterbuch der Staatswissenschaften. Bd. 1. Jena 1923, 1063–1068, 1067f.

966 SINGER, Kurt und SCHMIDT-ESSEN, Alfred, Inflationen, ihre Entstehung, ihr Verlauf und ihre Heilung an geschichtlichen Beispielen dargelegt, in: Sonderbeilage der bei Gelegenheit des V. Allgemeinen Deutschen Bankiertages erschienenen Ausgabe des „Bank-Archiv" vom 25. Oktober 1920, hrsg. vom Bank-Archiv, Zeitschrift für Bank- und Börsenwesen. Berlin 1920/21, 1–20, 5. Ausführlich bespricht diesen Text, der Inflationen in verschiedenen historischen Kontexten untersuchte, FELDMAN (1993), The great disorder, 215.

967 SINGER (1910), Geldreform, 52, 57.

sei, sondern weil England die größte Handelsmacht mit großem wirtschaftlichem Prestige und einer aktiven Zahlungsbilanz sei.[968]

Ausgehend von den Problemen seiner Gegenwart beschäftigte Singer sich intensiv mit der Frage nach den Gründen der Inflation. Entsprechend der nominalistischen Lehre ging er davon aus, dass auch eine Goldwährung nicht vor einer Inflation schützen könne, wenn zu viel Gold ins Land käme. Andererseits müsse eine Papierwährung ohne Einlösungspflicht die Gefahr einer Inflation keineswegs erhöhen. Wichtig sei es nur, dass die Geldmenge nicht unkontrolliert erhöht, sondern planvoll der wachsenden Wirtschaft angepasst werde.[969] Eine an der klassischen Geldtheorie orientierte liberale Geldpolitik, die nach einmal erfolgter Festsetzung der „richtigen“ Geldmenge den staatlichen Einfluss minimieren wollte, hielt Singer für ungeeignet, da er nicht an eine automatische Selbstregulierung des Geldsystems glaubte.[970] Er verstand es als Aufgabe der Zentralbank, die Wirtschaft mit genügend Bargeld zu versorgen, selbst in Zeiten des Spitzenbedarfs wie etwa am Quartalsende. Geldschöpfung billigte er also, aber nur nach festen Richtlinien: Die Anlageproportionen könnten erhalten bleiben, wenn die Zentralbank sich darauf festlege, nur echte Warenwechsel zu diskontieren.[971] „Sobald die Ware ihren letzten Käufer gefunden hat und also aus Einkommen bezahlt worden ist, verschwindet auch eine entsprechende Summe Geld.“ Der Parallelismus zwischen Geldmenge und Warenmenge bleibe so voll gewährleistet.[972] Die deutsche Inflation nach dem Ersten Weltkrieg führte Singer darauf zurück, dass die Reichsbank dem Reich zur Kriegsfinanzierung große Mengen von Geld geliehen habe, und zwar über die Diskontierung kurzfristiger Kreditpapiere durch inflatorische Vermehrung des Papiergeldes.[973] Singer sah also bereits 1919 die Ursache für die Inflation in der ungehemmten Notenvermehrung[974], die durch das fortwährende planlose Stopfen immer weiterer Löcher in den Staatsfinanzen hervorgerufen wurde.[975] Eine geplante und konsequent durchgeführte Inflation, wie Bendi-

---

968 SINGER (1917), Krieg, 103.

969 SINGER (1920), Zeichen, 115.

970 SINGER (1910), Geldreform, 53.

971 SINGER, Kurt, Inflation, in: Ludwig ELSTER, Adolf WEBER und Friedrich WIESER (Hrsg.), Handwörterbuch der Staatswissenschaften. Bd. 5. Jena 1923, 444–446, 445. Singer war also ein Vertreter der “real bills doctrine”, die besagt, “that bank notes which are lent in exchange for ‘real bills’, i.e. titles to real value or value in the process of creation, cannot be issued in excess; and that […] any superfluous notes would return automatically to the issuer, at least in the long run.” GREEN, Roy, Real bill doctrine, in: John EATWELL, Murray MILGATE und Peter NEWMAN (Hrsg.), The New Palgrave: A Dictionary Of Economics. Vol. 4, Q-Z. London, New York u. Tokio 1996, 101–102, 101. Vgl. auch 373, Fn 944.

972 KNAPP und BENDIXEN (1958), Theorie Geld, 237.

973 SINGER (1919, 28. Februar), Reichsfinanzen. Diese Art der Kriegsfinanzierung wurde abgesichert über das Kriegsgesetz vom 4. August 1914, vgl. HALLER (1976), Rolle der Staatsfinanzen, 121.

974 Claus-Dieter Krohn unterstellt ihm dagegen, die Ursache der Inflation nicht in der ungehemmten Notenvermehrung der Reichsbank, sondern in den Reparationsleistungen und den sie begleitenden Devisenspekulationen gesehen zu haben. Er wirft ihm deshalb „Fehldiagnosen“ vor und bezichtigt ihn einer „kaum noch vorstellbarer Blindheit“ (KROHN (2002), Kurt Singer, 51). Erst viel zu spät habe Singer die wirklichen Zusammenhänge erkannt. Krohns Vorwurf wird durch den oben zitierten Text entkräftet.

975 SINGER, Kurt, Kriegsanleihen und Finanznot I, unter dem Titel „Die deutsche Finanzwirtschaft am Scheideweg“ in: Wirtschaftsdienst 32 (1919, 8. August), 602–603, oder in: DERS., Staat und Wirtschaft seit dem Waffenstillstand. Jena 1924, 51–56; SINGER, Kurt, Kriegsanleihen und Finanznot II, unter dem Titel „Die deutsche Finanzwirtschaft am Scheideweg II“ in: Wirtschaftsdienst 33 (1919, 15. August), 621–623, oder in: DERS., Staat und Wirtschaft seit dem Waffenstillstand. Jena 1924, 56–62.

xen sie in dieser Lage für notwendig ansah, hielt Singer demgegenüber für sinnvoller, auch wenn die Vorteile der Inflation für die heimische Wirtschaft durch die „Exportprämie" nur vorübergehend seien.

Neben der Versorgung der Wirtschaft mit Geldmitteln hielt Singer es für die zweite Aufgabe der Zentralbank, die intervalutarischen Kurse im Pari zu halten, wofür sie ihre Goldvorräte verwenden solle.[976] Für diese wichtige Aufgabe müsste das Gold reserviert bleiben, das man nicht für die Einhaltung einer willkürlich gesetzten Deckungsnorm oder gar durch eine Auszahlungsgarantie der Banknoten in Gold verschleudern dürfe – hier schloss sich Singer Bendixen an.[977] Bei der Schaffung der Reichsmark 1924[978] begrüßte er dementsprechend, dass die Zentralbank sich nun nicht mehr starr an eine Deckungsvorschrift halte, sondern die Höhe des Notenumlaufs an der Höhe des Zahlungsmittelbedarfs bemesse, ein Umdenken, das Bendixen und Keynes – und auch Singer selbst – schon seit Jahren gefordert hatten.[979]

Kurt Singer vertrat also in Fragen der Geldpolitik keine liberale Position, sondern sah den Staat in der Verantwortung, steuernd und planvoll einzugreifen, eine Haltung, die er selbst als der englischen Klassik entgegengesetzt beschrieb.[980] Selbstverständlich betrachtete er deshalb die Zentralbank, eine amtliche Behörde, als Zentralorgan des Geldwesens, und nicht etwa die Börse[981], wo kein Gesamtplan vorliege und die Akteure auch nicht verantwortlich seien.[982] Auch wenn er immer wieder betonte, dass er keinem „absurden Glauben an die Allmacht des Staates" anhänge, ging es ihm dennoch darum, „daß der Geldverwaltung die Möglichkeit verschafft wird, die Währungspolitik elastisch und wirksam zu gestalten."[983] Dazu wollte er dieses Zentralorgan mit weit reichenden Befugnissen ausgestattet sehen, um, wenn möglich, auf die Geldnachfrage flexibel reagieren, im Notfall aber auch autoritär den Geldmarkt steuern zu können. Von entscheidender Bedeutung bei dieser Gestaltung erschien ihm ein ruhiges und planvolles Vorgehen, das auch Krisen überdauere, an den Erfolg der eigenen Maßnahmen glaube und diese mit unerbittlicher Autorität durchsetze – und dieses traute er vor allem großen Einzelpersönlichkeiten zu wie etwa Napoleon, der durch seine „staatsschaffende Tat" die Assignatenwirtschaft beendet und eine stabile Geldverfassung errichtet habe.[984]

---

976 SINGER (1917), Krieg, 96. Dies schlug Singer auch Reichsbankpräsident Havenstein vor, der sich aber weigerte, die Goldvorräte der Reichsbank für diesen Zweck anzugehen, vgl. FELDMAN (1993), The great disorder, 44.

977 SINGER (1914, 15. Juli), Irrlehre, 342.

978 Zur Schaffung der Reichsmark im Jahr 1924 vgl. STUCKEN, Rudolf, Schaffung der Reichsmark, Reparationsregelungen und Auslandsanleihen, Konjunkturen (1924–1930), in: Deutsche Bundesbank Frankfurt am Main (Hrsg.), Währung und Wirtschaft in Deutschland 1876–1975. Frankfurt a. M. 1976, 249–329, 253ff.

979 SINGER (1924/25), Währungs-Schicksale.

980 SINGER, Kurt, Die Entstehung der englischen Währung: Akademische Antrittsvorlesung, gehalten an der Hamburgischen Universität, in: Weltwirtschaftliches Archiv 17 (1921/22), 49–69, oder in: DERS., The idea of conflict. Vermehrt um ausgewählte Schriften zu Wirtschaft und Staat; Ein Gedenkband, hrsg. von Peter PAWLOSKY (Veröffentlichungen der List Gesellschaft 70). Basel 1973, 179–199, 181.

981 SINGER (1914, 15. Juli), Irrlehre, 341.

982 SINGER (1928), Prolegomena, 26.

983 SINGER (1917), Krieg, 116.

984 SINGER (1923), Assignaten, 1068.

5.2 Edgar Salin: Geldpolitik als „Politische Ökonomie“

Die Währungspolitik war auch für Edgar Salin ein immer wiederkehrendes Thema, ja man kann in Salins Texten geradezu die „Schlüsselstellung des Geld- und Kreditwesens als Instrument staatlicher Politik“[985] feststellen. Seine Beschäftigung mit Geld und Währung setzte früh ein.[986] Ab 1924 begann dann eine intensive Auseinandersetzung mit Keynes anhand seines Textes *A Tract on Monetary Reform*,[987] den Salin in dem Aufsatz *Die Entthronung des Goldes*[988] lobend besprach. Allerdings gab er zu bedenken, dass viele Aspekte keineswegs originell seien, sondern bereits in den Arbeiten deutscher Ökonomen wie Spiethoff, Schumpeter und Albert Hahn vorweggenommen worden seien. Insbesondere stellte er ebenso wie Singer große Ähnlichkeiten zwischen der Knappschen und der Keyneschen Geldtheorie fest. Salin schloss sich Knapp in der Frage nach dem Wesen des Geldes an: Schon bei Platon habe der Stoff dafür keine Rolle gespielt.[989] „Nur wenn die staatliche Proklamation allein entscheidend für den Charakter, das Wesen des Geldes ist, kann eine solche Währung bestehen, die wir ‚gewillkürte‘ nennen wollen im Gegensatz zur ‚automatischen‘ der Vorkriegszeit.“[990] Allerdings kritisierte Salin an Knapp, dass dieser das Geld ausschließlich als gesetzliches Zahlungsmittel definiere. Diese staatliche Betrachtungsweise sei zwar unerlässlich, aber nicht die einzig mögliche und auch nicht ausreichend – hier sprach der „anschauliche“ Theoretiker, der das Wesen von allen Seiten her erfassen wollte.[991] Die isolierte Betrachtung als gesetzliches Zahlungsmittel sei unzureichend, denn in der Hyperinflation habe sich das Gefühl des Missbrauchs eingestellt, auch wenn das Inflationsgeld unzweifelhaft ein Geschöpf der Rechtsordnung gewesen sei.[992] Man müsse den Erkenntnisgegenstand also auch volks- und privatwirtschaftlich betrachten – in Sinne Edith Landmanns könnte man sagen, keine wichtigen Perspektiven vernachlässigen, wie es der Anschaulichen Theorie entspricht.[993] Aus volkswirtschaftlicher Perspektive dürfe daher die Frage nach der Kaufkraft des Geldes nicht vernachlässigt werden.

Die Währungsfrage gewann am Höhepunkt der deutschen Hyperinflation drängende Brisanz. In dieser Situation stellte Salin fest, dass es keine Möglichkeit gebe, bei schwankendem Außenwert der Währung zugleich das innere Preisniveau und die Valuten stabil zu

985 NETZBAND (1984, Januar), 10. Todestag, 214.

986 Vgl. z.B. SALIN, Edgar, Reichsfinanzen und Valuta, in: Wirtschaftsdienst 48 (1919, 28. November), 876–878. Zudem hielt Salin auch zahlreiche Lehrveranstaltungen zu Geld- und Währungsfragen ab, vgl. UB Basel, NSB B 368.

987 KEYNES (1923), Monetary Reform.

988 SALIN (1924), Entthronung des Goldes. Keynes selbst fand die Rezension außerordentlich treffend und dankte Salin in einem Brief dafür, vgl. NETZBAND (1984, Januar), 10. Todestag, 214.

989 NEUMARK, Fritz, Zyklen in der Geschichte ökonomischer Ideen, in: Gottfried BOMBACH und René L. FREY (Hrsg.), Symposion in memoriam Edgar Salin. Basel 1975, 16–42, hier 22.

990 SALIN (1924), Entthronung des Goldes, 254.

991 Ganz ähnlich kritisierte allerdings auch Ludwig von Mises als Vertreter der österreichischen Schule, dass Knapp das Geld nur als Zahlungsmittel, nicht aber ökonomisch, d.h. als Tauschmittel, definiere. Zum Tauschmittel könne ein Gut nur durch die „Gewohnheit der am Tauschverkehr Beteiligten werden.“ (MISES (1912), Umlaufsmittel, 58f.).

992 UUM *Der Staat und die Ordnung des Geld- und Kreditwesens* (UB Basel, NSB B 316), nach 1931, 5f.

993 Dass man Geld von unterschiedlichen Perspektiven her betrachten könne, erklärte auch Edith Landmann im Rückgriff auf Simmel (SIMMEL (1920), Philosophie; in LANDMANN (1923), Transcendenz, 116). Vgl. 41.

halten. Das Ziel einer an Keynes orientierten Währungspolitik sei in diesem Fall offenkundig: „Nicht Stabilität der Währung, sondern Stabilität der Preise muß erstrebt werden.“[994] Die Stabilität des inländischen Preisniveaus genoss für ihn Priorität vor der der Wechselkurse. Der Staat habe die Aufgabe, durch eine planwirtschaftliche Kreditpolitik, die mehr sein müsse als eine rein reagierende Diskontpolitik, die Festhaltung des Preisstandes zu gewährleisten, wie das in Amerika teilweise bereits der Fall sei.[995] Eine rein konstatierende Diskontpolitik, wie Salin sie dem Liberalismus unterstellte,[996] sei nicht ausreichend, da über die Festlegung des Zinses die Zentralbank immer in die Entwicklung der wirtschaftlichen Wechsellagen eingreife. Wenn dieses Vorgehen schon nicht vermieden werden könne, so solle es lieber bewusst und überlegt geschehen als im Verborgenen. Über die Mittel einer solchen Diskontpolitik müsse man diskutieren: Salin riet zu einer „offenen Markt-Politik“ auf dem inländischen Geldmarkt.[997] Nach 1931 empfahl er eine Devalvation, auch wenn es verständlich sei, dass Deutschland aufgrund seiner besonderen Lage aus politischen Gründen vor einer solchen zurückschrecke.[998] Jedenfalls sei eine starre Goldbindung der Währung oder eine starre Deckungsgrenze, die Salin als „Midaswahn“[999] bezeichnete und die die Gestaltungsmöglichkeiten der Zentralbank einschränke, nicht sinnvoll, um eine aktive Konjunkturpolitik zu gestalten.[1000] An Stelle des Goldstandards[1001] forderte er eine abgestimmte Politik der Notenbanken der führenden Industrieländer, und auf lange Sicht hielt er eine stabile Weltordnung als Voraussetzung für einen funktionierenden internationalen Zahlungsverkehr für unabdingbar.[1002]

---

994 SALIN (1924), Entthronung des Goldes, 259. Bei dieser Forderung blieb Salin auch nach dem Krieg (SALIN (1949), Währungsexperimente).
995 SALIN (1928), Theorie und Praxis, 10, 16.
996 Julius Landmann wies Salin allerdings in einem Brief vom 23.03.1928 darauf hin, dass der Liberalismus nicht unbedingt eine weniger aktive Währungspolitik bedeute: „Unzutreffend ist die Ansicht, die Konstatierungspolitik sei die Konsequenz der liberalen Wirtschaftstheorie und lediglich Diskontpolitik im Sinne der Konstatierungstheorie entspreche den Grundsätzen des wirtschaftlichen Liberalismus. Bereits aus der Polemik zwischen der Currency- und der Bankingschule geht zur Genüge hervor, wie gerade von den Grundsätzen liberaler Wirtschaftstheorie aus eine aktive Diskontpolitik gefordert wird.“ (UB Basel, NSB C 38). In der Tat fordert der Neoliberalismus, z.B. Milton Friedman, gerade eine strenge staatliche Steuerung der Geldmenge.
997 UUM *Der Staat und die Ordnung des Geld- und Kreditwesens* (UB Basel, NSB B 316), nach 1931, 14. Von einer unkontrollierten Giralgeldschöpfung durch die Banken riet er ab, es sei vielmehr staatliche Kontrolle nötig.
998 Vgl. 273.
999 SALIN (1928), Theorie und Praxis, 17. Bis 1928 war der im Ersten Weltkrieg ausgesetzte Goldstandard international wieder eingeführt, wenn auch mit zahlreichen Unterschieden zum Goldstandard der Vorkriegszeit, vgl. HABERLER, Gottfried, Die Weltwirtschaft und das internationale Währungssystem in der Zeit zwischen den beiden Weltkriegen, in: Deutsche Bundesbank Frankfurt am Main (Hrsg.), Währung und Wirtschaft in Deutschland 1876–1975. Frankfurt a. M. 1976, 205–248, 207f.
1000 Riese betont, dass die Gemeinsamkeiten zwischen Keynes und Salin 1931/32 größer gewesen seien als die zwischen Salin und Lautenbach: Keynes und Salin hätten den Schwerpunkt nicht auf ein nationalwirtschaftlich orientiertes Beschäftigungsprogramm gelegt, sondern auf währungspolitische Maßnahmen (RIESE (1992), Salin, 7). Angesichts der Gefahr eines kollabierenden Finanzsystems sei die Beschäftigungspolitik Ende 1931 für Salin zweitrangig gewesen.
1001 Zur verheerenden Rolle des Goldstandards in der Weltwirtschaftskrise siehe EICHENGREEN, Barry, Golden Fetters. The gold standard and the great depression, 1919–1939. Oxford 1992, XIff.
1002 SALIN (1949), Währungsexperimente, 281.

Seinen währungspolitischen Überzeugungen blieb Salin im Prinzip treu. Fast 30 Jahre später forderte er deshalb ein Realignment, also die Neufestsetzung der im Bretton Woods Abkommen festgelegten Währungsparitäten in Anpassung an die geänderten wirtschaftlichen Fundamentaldaten,[1003] um das fundamentale Ungleichgewicht in der Zahlungsbilanz auszugleichen. Zudem sprach er sich für eine drastische Erhöhung des Goldpreises aus.[1004] Währungspolitische Maßnahmen ohne gleichzeitige wirtschaftspolitische Interventionen hielt er jedoch nun, in einer gänzlich veränderten wirtschaftlichen Lage, für sinnlos.[1005] Währungsfragen waren für ihn auch in den 70er Jahren im Sinne der Politischen Ökonomie mehr denn je politische Fragen.[1006] Unter Berufung auf Knapp und Keynes stellte er fest, „daß jede Währung nicht nur politischer Beeinflussung unterliegt, sondern sichtbarster Ausdruck staatlichen Willens und staatlicher Macht ist, – dies haben Kriegs- und Nachkriegsjahre allzu deutlich den Völkern vor Augen geführt."[1007] Immer wieder betonte er den Bezug der Währungstheorie zur Praxis: „Die Politik der Währung ist letztlich eine Kunst und keine Wissenschaft."[1008]

Eng verknüpft mit der Frage nach der Gestaltung der Währung in Europa war für Salin die nach einer europäische Währungsunion – er forderte zumindest eine gemeinsame europäische Recheneinheit und eine europäische Zentralbank,[1009] um die internationalen Geldgeschäfte zu vereinfachen und zu stabilisieren und ein wirksames Gegengewicht zur US-amerikanischen Währungspolitik zu bilden.[1010] Denn allein könnten vor allem die kleineren Länder ihr Preisniveau nicht stabilisieren. Die wirtschaftliche Einigung ging für ihn, den Vertreter der Anschaulichen Theorie, mit der politischen Hand in Hand. Eins sei ohne das andere gar nicht möglich, auch wenn die Nationalstaaten dafür auf Souveränitätsrechte verzichten müssten.[1011] Bei dieser Argumentation berief Salin sich auf Friedrich List, aber auch

---

1003 Zur westdeutschen Geldpolitik nach dem Zweiten Weltkrieg vgl. SCHLESINGER, Helmut, Geldpolitik in der Phase des Wiederaufbaus (1950–1958), in: Deutsche Bundesbank Frankfurt am Main (Hrsg.), Währung und Wirtschaft in Deutschland 1876–1975. Frankfurt a. M. 1976, 555–608.

1004 SALIN, Edgar, Für ein Alignement der Währungen, in: Kyklos 13, 4 (1960), 437–455; oder in: DERS., Lynkeus. Gestalten und Probleme aus Wirtschaft und Politik. Tübingen 1963, 283–298, insb. 290ff.; SALIN, Edgar, Die EWG im Koma (ein weiteres Kapitel der Politischen Ökonomie), in: Kyklos 26, 4 (1973), 723–735, 729.

1005 SALIN (1970, 18. September), Nationalisierung.

1006 SALIN, Edgar, Die Aufwertung der DM, das Faktum und die Folgen, in: A. HEERTJE (Hrsg.), Schaarste en welvaart: Opstellen aangeboden aan Prof. Dr. P. Hennipman ter gelegenheid van zijn vijfentwintig-jarig hoogleraarschap aan de Universiteit van Amsterdam. Leiden 1971, 196–201, 199.

1007 SALIN (1932), Wirtschaft und Staat, 49f. Föllmi stellt Salins Affinität zu Knapps *Staatlicher Theorie des Geldes* fest, die seiner Meinung nach folgenreicher war als „sein Vertreten keynesianischer Positionen" (FÖLLMI (2004, Februar), Salin Aspekte, 16).

1008 UUM *Der Staat und die Ordnung des Geld- und Kreditwesens* (UB Basel, NSB B 316), nach 1931, 18.

1009 SALIN, Edgar, Is the collapse of the world economy at hand? in: Wolfgang SCHMITZ (Hrsg.), Convertibility, multilateralism and freedom: World economic policy in the seventies; essays in honour of Reinhard Kamitz. Wien u. New York 1972, 69–74, 74.

1010 Zur Europäisierung der Geldpolitik nach 1950 vgl. GLESKE, Leonhard, Nationale Geldpolitik auf dem Wege zur europäischen Währungsunion, in: Deutsche Bundesbank Frankfurt am Main (Hrsg.), Währung und Wirtschaft in Deutschland 1876–1975. Frankfurt a. M. 1976, 745–788.

1011 SALIN, Edgar, Die Krisis der EWG (Ein neues Kapitel der Politischen Ökonomie), in: Kyklos 25, 1 (1972), 3–23; oder in: SCHEFOLD, Bertram (Hrsg.), Floating, Realignment, Integration (Gespräch der List Gesellschaft: Protokolle und Gutachten. Bd. 9). Tübingen 1972, 151–166, 155.

auf Theodor Heuss.[1012] Weniger aus emotionalen, sondern vielmehr aus rationalen Gründen war Salin überzeugter Europäer. Anders als in einer Gemeinschaft mehrerer Staaten schien es ihm nicht möglich, die Herausforderungen der Zukunft, auch eines immer mehr zusammenwachsenden Weltmarktes, zu meistern. Dabei vertrat er die Idee der Europäischen Wirtschaftsgemeinschaft (EWG), eines starken Kerneuropas, was ihm in Basel, wo viele eher dem Modell der European Free Trade Association (EFTA) zuneigten, Kritik einbrachte.[1013] Salin sah in der Alternative einer kleinen Freihandelszone nur zentrifugale Tendenzen:[1014] „Solch ein loses Gefüge hat kein Zentrum, das abstossen oder anziehen könnte." Die EFTA könnte also höchstens „den Weg zu einem späteren Grossgebilde" bereiten.[1015]

5.3 Julius Landmann: Der Ursprung des Geldes aus *Herrschaft und Dienst*

Ähnlich wie Salin und Singer war auch Julius Landmann in Währungsfragen ein Anhänger Friedrich Knapps und seiner *Staatlichen Theorie des Geldes*. So übernahm er Knapps Theorie über die Entstehung des Geldes und dozierte seinen Studenten:

> „Viel älter als Markt und Tausch sind Herrschaft und Dienst, nicht aus marktwirtschaftlichen, sondern aus Herrschaftsverständnissen heraus ist die Entstehung des Geldes zu verstehen. Auch vor Ausbildung des Tauschverkehrs müssen bestimmte dem Ermessen des Einzelnen entzogene Zahlungen geleistet werden: Tribute und Steuern, an den Häuptling oder Herrscher, Abgaben an den Grundherrn, Gerichtsbussen an den Gerichtsherrn, Brautpreis, Mitgift, Wergeld, und die öffentliche Gewalt bestimmt das Gut, mit welchem diese Zahlungen zu leisten sind."[1016]

Landmann vollzog auch Knapps Schlussfolgerungen mit: „Das Geld ist nicht ein Produkt der Wirtschaft, wurde ursprünglich nicht als Tauschmittel ausgebildet, sondern es ist ein

---

1012 Ebd., 155. Heuss sah wirtschaftliche und politische Union als „Schwestern".

1013 Sogar die Schweizerische Botschaft in der BRD nahm Kenntnis von Salins europabegeistertem Vortrag und berichtete ans Eidgenössische Politische Departement, man sollte Salins Äußerungen, die so gar nicht ins Konzept der Schweizerischen Neutralität passten, genau im Auge behalten, vgl. Akten E 2001 1972/73, Az. A. 15.45.0, Bd. 34.

1014 Manuskript *Brückenschlag zwischen EWG und EFTA?*, Entwurf für einen Artikel in Die politische Meinung, vom 22.5.61, UB Basel, NSB B337, 3. Deswegen kritisierte Salin auch de Gaulle, allerdings nur ungern, da er „sich zum zweiten Mal als Retter Frankreichs und damit des Kontinents erwiesen hat." (ebd.).

1015 Manuskript *Brückenschlag zwischen EWG und EFTA?*, Entwurf für einen Artikel in Die politische Meinung, vom 22.5.61, UB Basel, NSB B337, 10f. In einem Zeitungsausschnitt der W.W. (Wirtschaftswoche?) vom 24.06.1960 (UB Basel, NSB B 330) wurde Salin zitiert: „Ich liebe die Leute von Seldwyla, aber es wäre bedauerlich, wenn einst die Lage entstünde, dass der europäische EWG-Express-zug an der Schweizer EFTA-Postkutsche vorbeisaust."

1016 Vorlesung Theorie des Geldes von 1927 im Typoskript, UB Basel, NLB A7, 9. Auch Landmann stand damit in klarem Gegensatz zur Geldtheorie etwa der österreichischen Schule. Deren Vertreter von Mises bestritt vehement die These, dass bestimmte Güter nur deshalb zu Tauschmitteln würden, weil der Staat verlange, dass darin die ihm zu entrichtenden Leistungen erbracht werden müssten (MISES (1912), Umlaufsmittel, 64).

Geschöpf der öffentlichen Gewalt und ursprünglich nur oktroyiertes Zahlungsmittel."[1017] Dementsprechend lobte er Knapps Einsicht, dass die Verpflichtung der Staatskassen zur Annahme eines Zahlungsmittels entscheidend sei für seine Stellung innerhalb der nationalen Geldverfassung.[1018] Von besonderem Interesse ist, dass Landmann die Ausführungen über Knapps Theorie in der Vorlesung von 1927 mit dem Titel von Wolters Schrift *Herrschaft und Dienst* verband, was zeigt, dass gerade die Einbeziehung der politischen Machtkonstellationen in Knapps Geldtheorie diese besonders attraktiv für die Georgeaner machte. George selbst hatte Landmann darauf aufmerksam gemacht: „Dienen ist ein Weltgesetz."[1019] Landmann übertrug diese Erkenntnis auf seine ökonomische Arbeit und die geldtheoretischen Vorstellungen. Seine Zustimmung zu Knapp war jedoch viel älter als seine Verbindung zu George. Schon in seiner Dissertation hatte er bemängelt, die Currency-Theorie sei aufgrund ihrer „methodologisch falsche[n] Isolierungsverfahren" verkehrt[1020] und werde mehr und mehr von der Banking-Theorie verdrängt.[1021] Später gelang es ihm, die Theorie Knapps in seine zunehmend stärker von George geprägte Gedankenwelt zu integrieren. Eine Goldumlaufwährung lehnte Landmann, ebenso wie Singer, ab.[1022] Die Goldreserven sollten vielmehr in der Hand der zur Bewachung der Valuta berufenen Zentralbank vereinigt werden.[1023] Auch wenn die Stabilität langfristig von einer ausgeglichenen Zahlungsbilanz abhängig sei, so könne doch kurzfristig eine starke Zentralbank die Valuta stabilisieren, indem sie künstlich die Nachfrage nach der eigenen Währung auf den internationalen Märkten reguliere.[1024]

Allerdings hielt Landmann nicht einmal auf internationaler Ebene das Gold für zwingend notwendig: In einem Gutachten entwickelte er vielmehr die Idee eines Clearing-Houses, das Welt-Checks ausgeben sollte, die im internationalen Handel die Bindung an den Goldstandard ersetzen könnten.[1025] Auf nationaler Ebene plädierte er dennoch für eine Goldkernwährung.[1026] Zwar hielt er theoretisch auch eine nicht ans Gold gebundene Währung, eine sog. schwebende Währung oder Indexwährung, für möglich. Er war sich aber der Tatsache bewusst, dass die Öffentlichkeit einer solchen misstraue, weil sie der Zentralbank zu große Macht geben würde. Die Bindung ans Gold und dessen Produktionsbedingungen dagegen könne die willkürliche Beeinflussung des Geldumlaufs, zumindest in der Wahrnehmung des Publikums, minimieren. Außerdem, so Landmann, seien bei Einführung einer

---

1017 Vorlesung Theorie des Geldes von1927 im Typoskript, UB Basel, NLB A7, 9.

1018 LANDMANN (1908/09), Deutsches Bankgesetz, 182.

1019 28.1.–21.2.1928 in Kiel, in LANDMANN (1963), Gespräche George, 184.

1020 LANDMANN (1900), Diskontpolitik, 190.

1021 Ebd., 47.

1022 LANDMANN (1907), Aufgaben Nationalbank, 3.

1023 LANDMANN (1908/09), Deutsches Bankgesetz, 181. Ebenso in LANDMANN (1907), Aufgaben Nationalbank, 8.

1024 Ebd., 20, 23.

1025 Landmann, UM *Über die Gründung von Valuta-Kredit-Zweckverbänden und die Einrichtung eines internationalen Clearinghouse als Mittel zur Wiederanknüpfung der internationalen Kredit-Beziehungen*, in UB Basel, NLB, D3 10.

1026 Unter einer Goldkernwährung ist ein Währungssystem zu verstehen, bei dem Gold bei der Zentralbank nur noch als Reserve für den internationalen kommerziellen zwischenstaatlichen Zahlungsverkehr gehalten wird, während Papiergeld und Scheidemünzen umlaufen. Private haben keinen Anspruch auf Währungsgoldmünzen (Kurantmünzen) beim Präsentieren von Banknoten und Scheidemünzen bei den Zentralbankkassen.

Indexwährung Preiskontrollen zur Stabilisierung der Preise nötig, und das würde eine „tiefgreifende Reform der Wirtschaftsordnung bedeuten."[1027] Wie Salin, so ahnte auch Landmann die politischen Folgen einer konsequenten Umsetzung keynesianischer Ansätze. Auch in der Frage der richtigen Diskontpolitik der Zentralbank ähnelten sich die Vorstellungen. Ebenso wie Singer hielt auch Landmann die Inflationsgefahr für gebannt, wenn bei der Reichbank nur „wirklichen Handelsoperationen entstammende Wechsel zugelassen werden."[1028] Es müsse geprüft werden, ob wirkliche Güterübertragungen stattgefunden hätten.[1029] In diesem Fall sollten die Diskontierungen großzügig vorgenommen werden, auch am Quartalsende.[1030] Oft berief sich Landmann bei seinen Ausführungen zur Geldtheorie auf Bendixen[1031] und den Knapp-Schüler Helfferich.[1032] Im Brief an Louise Sommer im Jahr 1926 fasste er seine Hochschätzung für den „Klassiker" Knapp, die dem heutigen Ökonomen kaum noch nachvollziehbar ist, zusammen, indem er ihrer Aussage, die *Staatliche Theorie des Geldes* sei bereits erledigt, scharf widersprach: „Die staatliche Geldtheorie ist heute so wenig überwunden, dass wir, wie wir einem deutschen Gedicht, dessen Verfasser und dessen Entstehungszeit wir nicht kennen, doch ohne weiteres anmerken, ob es vor Goethe oder nach Goethe entstanden ist, so auch bei jeder geldtheoretischen Arbeit erkennen können, ob der Verfasser durch die Schule Knapps gegangen ist oder nicht."[1033] Er ging sogar soweit, auch ganz gegensätzliche Strömungen der Geldtheorie auf Knapp zurückzuführen, deren Autoren sich solche Parallelisierungen gewiss verboten hätten: Selbst „Fishers Kompensationsdollar oder die neuesten währungspolitischen Ideen von Keynes" seien nur aus der nominalistischen Theorie heraus zu verstehen.[1034] Zu einem wirklichen Verehrer von Keynes entwickelte sich Landmann aufgrund seines frühen Todes nicht mehr. Seine Ansätze hatte er jedoch bis dahin rege rezipiert.[1035]

1027 Vorlesung Theorie des Geldes von1927 im Typoskript, NLB A7, Schlusskapitel 9.

1028 LANDMANN (1908/09), Deutsches Bankgesetz, 165. Auch Landmann war also Verfechter der "real bills doctrine", vgl. 373, Fn 944.

1029 LANDMANN (1900), Diskontpolitik, 86.

1030 LANDMANN (1908/09), Deutsches Bankgesetz, 188.

1031 Ebd., 169.

1032 Z.B. in LANDMANN (1908/09), Deutsches Bankgesetz, 163. Die Anlehnung an Helfferich bemerkte auch Arthur Spiethoff als Landmanns Rezensent in SPIETHOFF, Arthur, [Rezension zu] Landmann, Julius, System der Diskontpolitik, in: Jahrbuch für Gesetzgebung, Verwaltung und Volkswirtschaft im Deutschen Reich N.F. 25, 1 (1901), 405. Karl Helfferich war einer der bekanntesten Schüler Knapps und hatte schon vor dessen *Staatlicher Theorie des Geldes* im Jahr 1903 sein Werk HELFFERICH, Karl, Das Geld. Leipzig 1903 publiziert. Später war er Direktor der Deutschen Bank sowie im Ersten Weltkrieg Staatssekretär im Reichsschatzamt. Er trug durch die irrationale Kriegskostenfinanzierung Mitverantwortung für die deutsche Nachkriegsinflation, was wesentlich zu dem Vorwurf beitrug, Knapps Lehre sei stabilitätsgefährdend, vgl. NEUMARK (1989), Deutsche Ökonomen, 130.

1033 Landmann an Louise Sommer am 6.8.1926, UB Basel, NLB E1, 3.

1034 Ebd.

1035 Vgl. 356.

5.4 Arthur Salz: Die Magie des Geldes

Auch Arthur Salz interessierte sich in den wenigen Schriften, in denen er sich mit Geldtheorie beschäftigte, insbesondere für dessen „Wesen“, und auch er schloss sich an die *Staatliche Theorie des Geldes* an. Den Wert des Geldes sah er nicht durch seinen Stoff gegeben, sondern durch die Magie und charismatische Autorität dessen, der dem Metall den Stempel aufgedrückt habe. „Der Wert des Geldes ist also kein rationaler, materieller, sondern ein irrationaler und letztlich [...] religiöser Wert.“[1036] Von der „modernen Geldtheorie“ distanzierte sich Salz damit ausdrücklich. Das Geld gehörte für ihn zu den irrationalen Facetten des Kapitalismus, die insbesondere durch psychologische Determinanten erklärt werden konnten. So hielt er etwa ein Festhalten am Goldstandard nur aus psychologischen Gründen für gerechtfertigt,[1037] auch auf internationaler Ebene. Denn die Benutzung des Goldes als Maßstab würde auf die Staaten einen heilsamen Zwang ausüben, „bei Gestaltung ihrer Wirtschaftsverhältnisse nicht nur ihre eigenen Sonderinteressen, sondern auch die aller anderen Länder zu berücksichtigen und in eine Einheit zusammenzufassen.“[1038] Die für Salz typische Rede von der Verantwortung einerseits (er sprach von der Notwendigkeit einer “economic chivalry”[1039]) und die Semantik vom Ganzen und seinen Teilen andererseits kamen auch hier zum Einsatz. Ganz im Sinne des Nominalismus sah Salz eine solche internationale Geldverfassung jedoch nicht an die Verwendung eines Edelmetalls gebunden: Auf einer höheren Stufe der Entwicklung der Weltgemeinschaft, wo das Gold nicht mehr zur Vertrauensbildung notwendig sei, könnte auch ein weniger kostspieliger Maßstab wie Papiergeld verwendet werden.[1040] Auch die Semantik von Formung und Auflösung spielte in Salz geldtheoretischen Überlegungen eine prominente Rolle: “Ultimately, money and credit are not sacrosanct; they not only admit but postulate for a lot of control and regulation.”[1041]

5.5 Zusammenfassung

So unterschiedlich die Ansätze der Georgeaner auf den verschiedenen Gebieten der Wirtschaftspolitik auch waren, so zeigen sich in Währungsfragen doch überraschende Gemeinsamkeiten. Alle vier Ökonomen waren überzeugte Anhänger von Friedrich Knapps *Staatlicher Theorie des Geldes*. George scheint die Vorliebe seiner Anhänger für Friedrich Knapp gebilligt zu haben, auch wenn dessen Geldtheorie außerhalb seines Interessensgebietes lag. Er äußerte sich halbwegs positiv über das, was er von Knapp kannte, nämlich seine Lebenserinnerungen.[1042] Knapp wiederum kannte und las Georges Gedichte. Was aber begeisterte

---

1036 UUM im LBI, III/2.

1037 UM *The capitalistic system as a whole* im LBI, II/3, Kapitel VI *The pillar of money*, 35.

1038 So auch in UM *The problem auf Gold*, 1942/43, in LBI, IV/3, 4.

1039 Ebd., 22.

1040 SALZ, Arthur, Das Programm der Weltwirtschaftskonferenz, in: Der deutsche Volkswirt 7, 20 (1933, 17. Februar), 631–633, 632.

1041 UM *The ordeal of inflation*, 1957 im LBI, AR 6288, IV/4, 5.

1042 Edith Landmann berichtete „Als ich v. d. Jugenderinnerungen v. Knapp sprach, daß ich nun verstände, daß E.G. [gemeint ist Eberhard Gothein, Ko. S.] ihn so gern gehabt – denn er sei bewunderungswürdig echt,

die georgeanischen Ökonomen an Knapps *Staatlicher Theorie des Geldes*? Eine Antwort auf diese Frage wird greifbar, wenn man die Fortsetzung der oben zitierten Textpassage von Friedrich Gundolf liest. Gundolf kritisierte:

> „Solange die welt eine bindende leibhafte mitte hatte, war geldwirtschaft, aber kein kapitalismus möglich, da überall in einem lebhaft begrenzten ein maass gegeben war. Heut rollt das geld aus sich selbst, und von dieser welt aus ist ein ende nicht abzusehen. Der weg führt vom zentrum weg ins unendliche, und nur ein zentrum das seine organe in der gewalt hat könnte dem zentrifugalen taumel begegnen. Solch bindekräftiges zentrum fehlt, seit an stelle des göttlichen leibhaften die abstraktionen getreten sind."[1043]

Vor dieser massiven Kritik aus den Reihen des George-Kreises, der sicher auch George selbst beipflichtete, wollten die Ökonomen das Geldwesen ganz offensichtlich in Schutz nehmen. Sie interpretierten das Geld deshalb gerade nicht als „aus sich selbst" rollend, als Ausdruck eines „zentrifugalen taumel[s]". Die Vorstellung, der objektive Tauschwert der Dinge sei nur auf die subjektive Wertschätzung der einzelnen Güter durch die Individuen zurückzuführen, wie etwa die österreichische Schule sie vertrat,[1044] wäre der georgeanischen Gestalttheorie völlig entgegengesetzt gewesen. Ebenso wenig passte die Vorstellung vom Geld als einer sich autonom entwickelnden, letztlich vom Agieren der Individuen abhängigen Größe, die Ergebnis einer ungesteuerten Vergesellschaftung sei,[1045] zu der georgeanischen Idealvorstellung von einer organischen, hierarchischen Gemeinschaft. Bestimmte man das Geld in der Tradition der Neoklassik oder der österreichischen Schule als Schöpfung des „chaotischen" sozialen Handelns, dann hätte man es als Georgeaner in der Tat abfällig beurteilen müssen, so wie der Literaturwissenschaftler Gundolf das tat, und letztendlich die Beschäftigung damit einstellen.

Da die Auseinandersetzung mit der Geldtheorie aber ein wesentlicher Aspekt ihrer Arbeit war, wählten die Ökonomen einen anderen Weg: Sie schlossen sich der *Staatlichen Theorie des Geldes* von Knapp an. Diese ermöglichte es ihnen, das Geld als „Geschöpf der Rechtsordnung", als Produkt eines autoritären Aktes, als Ausdruck der von ihnen idealisierten Ordnung von *Herrschaft und Dienst* zu interpretieren. Alle vier verwendeten in diesem Zusammenhang die Semantik der Formung, wie sie typisch für den George-Kreis war. Auch ihre geldpolitischen Schlussfolgerungen glichen sich: Die Formgebung des Währungssystems hielten sie nur von einem „bindekräftige[n] zentrum", einer Zentralbank aus, für möglich, die weit reichende Gestaltungs- und Handlungsspielräume haben sollte. Die dominante gedankliche Figur der Knappschen Geldlehre, die Idee einer organischen Geldschöpfung durch eine Autorität innerhalb der Gemeinschaft nach den Regeln einer natürlichen Ord-

ohne alle literar. Aufmachung. Er: ja ja, die verstanden sich – sind beide über 70 jahre alt." Edith Landmann, Tagebücher, Bd. 7 nach Januar 1926, hier nach Februar 1927, in StGA Landmann I. Vgl. auch 4.8.–1.9. 1926 Basel, LANDMANN (1963), Gespräche George, 171. Das Zitat kann aber durchaus auch dahingehend gedeutet werden, dass George sowohl Gothein als auch Knapp zur Generation der „alten" Wissenschaft zählte, die es zu erneuern gelte.

1043 GUNDOLF (1911), Wesen und Beziehung, 18.

1044 MISES (1912), Umlaufsmittel, 98.

1045 GERLOFF (1947), Geldwesens, 201.

nung,[1046] passte perfekt zur Vorstellung der Georgeaner vom Ganzen und seinen Teilen, die als harmonische Einheit gedacht wurden. Interpretierte man das Geld in diesem Sinne als ordnende, das Leben der Gemeinschaft formende Setzung einer starken Zentrale, so konnte man die Beschäftigung mit der Geldtheorie als Teil der staatlichen Ordnung sehr wohl auch im Sinne des „Meisters" begründen. Allerdings lässt sich die Begeisterung für Knapp im Fall Landmanns und Singers schon für die Zeit *vor* ihrer Bekanntschaft mit George nachweisen. Ganz offensichtlich fühlten sich gerade solche Ökonomen von George angesprochen, die Knapps Staatsvorstellungen nahe standen, und diese wiederum ließen sich in besonderer Weise durch die georgeanischen Semantiken plausibilisieren: Knapp und George scheinen gut ineinander gegriffen zu haben. Andere Strömungen der zeitgenössischen Geldtheorie, die sich letztendlich als wegweisend erweisen sollten wie etwa die 1911 erschienene Arbeit von Irving Fisher,[1047] konnten die Georgeaner dagegen nicht für die eigene Arbeit fruktifizieren, da sie dem georgeanischen Denken zu konträr waren.

1046 HUTTER (1994), Deutschsprachige Geldtheorien, 143.

1047 FISHER, Irving, The purchasing power of money: Its determination and relation to credit interest and crises. New York 1911, in der deutschen Übersetzung als FISHER, Irving, Die Kaufkraft des Geldes: Ihre Bestimmung und ihre Beziehung zu Kredit, Zins und Krisen, hrsg. von Harry G. BROWN, aus dem Englischen übersetzt von Ida Strecker. Berlin 1916.

F. Fazit: „Die aber wie der Meister sind, die gehen, und Schönheit wird und Sinn wohin sie sehen."

Ausgangspunkt der Untersuchung war die Frage, warum sich unter den Anhängern des Dichters Stefan George neben Historikern, Germanisten und Philosophen auch einige Nationalökonomen finden, obwohl der Abstand zwischen den Bereichen der Dichtung und der Volkswirtschaftslehre aus heutiger Perspektive fast unüberbrückbar scheint. Worin lag die Faszination dieses Dichters für die Ökonomen, die sich seinem Kreis anschlossen? Wurden sie durch ihn und durch die Zugehörigkeit zu seinem Kreis in ihrer wissenschaftlichen Arbeit beeinflusst, und wie könnte eine solche Beeinflussung ausgesehen haben? Die Untersuchung hat neue Ansätze zur Beantwortung dieser Fragen ergeben. Der George-Kreis wurde dabei im systemtheoretischen Sinne verstanden als literarische Gruppierung, in der bestimmte Semantiken gepflegt wurden, um sich gegen die Umwelt abzugrenzen und diese sinnhaft zu deuten.

Die biografischen Skizzen der vier untersuchten Ökonomen zeigten, dass die Wege zu George ganz unterschiedlich aussehen konnten: Während Arthur Salz und Edgar Salin schon zu Beginn ihres Studiums in seinen Bannkreis gezogen wurden, machten Kurt Singer und Julius Landmann seine Bekanntschaft erst, als sie bereits beruflich etabliert waren. Während Salz, Salin und Singer durch die Vermittlung Friedrich Gundolfs zum Kreis stießen und mit seiner „Verbannung" den Kontakt zum „Meister" wieder verloren, gelangten die Landmanns durch Robert Boehringer und das Ehepaar Vallentin in sein Umfeld und blieben auch nach dem Bruch mit Gundolf enge und oft besuchte Freunde des Dichters. Auch die Intensität und Hingabe war unterschiedlich: Restlos und lebenslang hingerissen von George zeigten sich insbesondere Salin und Singer, obwohl sie nur wenige Jahre in seiner Nähe verbrachten, wohingegen Julius Landmanns innere Haltung aufgrund der Quellenlage kaum rekonstruiert werden kann. Salz dagegen scheint sich im Laufe seines Lebens und insbesondere nach seiner Emigration eher distanziert zu haben.

Wo aber lagen die Gründe für die Hinwendung der Ökonomen zu George? Sein Wissen über wirtschaftliche Zusammenhänge, so konnte gezeigt werden, war dafür nicht ausschlaggebend, interessierte sich der Dichter doch höchstens oberflächlich für ökonomische Themen. Zwar ließ er sich von den Nationalökonomen über ihre Arbeit berichten, doch eher um Einblick in ihre geistige Entwicklung zu nehmen denn aus tieferem Interesse an der Sache selbst. Wirtschaftliche Fragen spielten in seiner Welt eines ästhetischen Absolutismus der Kunst keine Rolle, und er nahm nur dort an ihnen Anteil, wo sie direkt seine eigene Existenzbasis tangierten.

Praktische Vorteile einer Zugehörigkeit zum Kreis waren zwar vorhanden, spielten jedoch ebenfalls nur eine untergeordnete Rolle: Zwar bildete der George-Kreis mit all seinen Filiationen ein Netzwerk, dessen Inanspruchnahme den jungen Ökonomen bei der Umsetzung ihrer Karriereambitionen von Nutzen sein konnte. Allerdings ersetzte es keineswegs die wissenschaftliche Qualifikation, und es bleibt zu bedenken, dass nur zwei der vier Wirtschaftswissenschaftler, Salin und Landmann, wirklich erfolgreich ihre Laufbahn vorantrieben, wohingegen Singer und Salz trotz der Zugehörigkeit zum Kreis im Wissenschaftsbetrieb nicht Fuß fassen konnten. Die pragmatische Hoffnung auf Förderung durch andere Georgeaner oder Freunde des Dichters war also ebenfalls nicht ausschlaggebend, auch wenn sie im Einzelfall, etwa für Edgar Salin, sehr wirkungsvoll sein konnte.

Für alle Ökonomen spielte dagegen der Wunsch nach einer anderen, höheren geistigen Welt jenseits ihres wissenschaftlichen Alltags eine entscheidende Rolle für ihre Hinwendung zum Dichter. Paradigmatisch ist eine Aussage Berthold Vallentins gegenüber Julius Landmann: „Da bin ich sogar in einer rechten inneren Krise, ob es erlaubt ist, bei so viel geistigem Werk und Vorhaben, was noch vor mir liegt, meine besten Jahre an das Alltägliche und Unfruchtbare wegzuwerfen. Jedenfalls muss in irgendeiner Weise ein Ausgleich geschaffen werden, der dem Geistigen und Menschlichen gegenüber den primitiven Gegebenheiten und Erfordernissen zu seinem Recht verhilft."[1] Der George-Kreis bot eine geistige Alternativwelt zum anstrengenden, ermüdenden, manchmal auch langweiligen Alltag der Universität, der bei weitem nicht die Entwicklung aller intellektuellen Potenziale der Wirtschaftswissenschaftler erlaubte. Allerdings hätten die Ökonomen diese Sehnsucht nach einer ästhetischen Parallelwelt in der Kunst auch in anderen künstlerischen Zirkeln der Zeit befriedigen können. Genannt sei hier als Beispiel nur Rudolf Borchardt, mit dem die Landmanns eine enge Freundschaft pflegten, die sie schließlich um Georges willen aufgaben. Die starke Bindung an diesen einen Dichter, ja der bewusste „Wechsel" von Borchardt zu George, ist so kaum zu erklären. Andere Gründe müssen hinzugekommen sein.

Die Ökonomen hatten in der „Krise der Moderne" auch ein eminentes Bedürfnis nach Transzendenz, eine Sehnsucht nach Erlösung, die von ihrer traditionellen Religion – alle vier waren Juden – zumeist nicht ausreichend befriedigt werden konnte. Ihre jüdische Religiosität, die bei jedem von ihnen anders ausgeprägt war, war dabei von unterschiedlicher Bedeutung: Während Salin als Paradigma des assimilierten Intellektuellen jüdischer Herkunft gelten kann, für den seine religiösen Wurzeln kaum mehr eine Rolle spielten, stand für Arthur Salz sein intensiver Glaube einer völligen Hingabe an den Dichter eher im Weg – insofern stellt er unter den Ökonomen des George-Kreises eine Ausnahme dar. Den Landmanns, in deren Leben die jüdische Religion ebenfalls eine eher untergeordnete Funktion einnahm, erfüllte der Dichter auf eindrucksvolle Weise auch transzendentale Bedürfnisse: Seine Gedichte wurden in der Familie wie Thoraverse notiert. Für Kurt Singer dagegen stellte George geradezu eine Verkörperung der messianischen Figur dar, wie sie im Chassidismus Martin Bubers präsent war, sodass er den Dichter als bekennender Jude verehren konnte. Die jüdische Hermeneutik kombinierte Singer mit den georgeanischen Wissenschaftsvorstellungen. Gemäß dem ganz verschiedenen Zugang zu Religiosität und den unterschiedlichen transzendentalen Bedürfnissen, mit dem die Ökonomen an George herantraten, verbietet sich ein Pauschalurteil, wie es in der Literatur zum Thema der Juden im George-Kreis gerne gefällt wird, von selbst.

Die entscheidende Bereicherung, die George seinen „Jüngern" bieten konnte, ist damit also immer noch nicht erfasst. Nachdem alle vier Ökonomen sozusagen „Vollblut-Wissenschaftler" waren, für die ihre wissenschaftliche Tätigkeit einen sehr hohen Stellen-

1 Vallentin an Landmann am 21.1.1920, in SWA, HS 426, B12.

wert in ihrem Leben einnahm, überrascht es jedoch nicht, dass gerade hier seine entscheidende Anziehungskraft nachgewiesen werden konnte.

Das Fach der Nationalökonomie empfand sich zu Beginn des 20. Jahrhunderts, verstärkt noch in der Weimarer Republik, als in einer tiefen Krise befindlich, da sich nach dem Ende der Historischen Schule kein neues wissenschaftliches Paradigma herausbilden und stabilisieren konnte. Viele Wirtschaftswissenschaftler, unter ihnen die Ökonomen, die sich zu George hingezogen fühlten, empfanden diese methodologische Desorientierung als tiefe Verunsicherung, die ihnen ihre wissenschaftliche Arbeit extrem erschwerte, wenn nicht gar unmöglich machte. In George fanden sie ein neues Gravitationszentrum, eine „bewegende mitte“, einen „magnetberg, der alles anzieht“, an dem sie ihr Tun und Leben ausrichten konnten.[2] Die dezidierte Hinwendung des Kreises zu Fragen der Wissenschaft, die im *Jahrbuch für die geistige Bewegung* in den Jahren 1910–1911 ihren Ausdruck fand, bedeutete eine Übertragung der im George-Kreis gepflegten Semantiken ins Wissenschaftssystem, wo sie von den Ökonomen verwendet werden konnten. Dieses bewusste Ausgreifen hatte der Kreis anderen künstlerischen Zirkeln des späten Kaiserreichs und der Weimarer Republik voraus. Gerade in der Zeit nach der Publikation der drei Bände des *Jahrbuchs* stießen Salin, Landmann und Singer zum Kreis. Die Ökonomen bezogen hier die methodologische Sicherheit, die auch viele Geisteswissenschaftler zum „Meister“ hinzog. Michael Landmann berichtete folgende Anekdote: „Gundolf wurde gefragt, wie er es fertiggebracht habe, seine Bücher in so jungen Jahren zu schreiben, wo andere arbeiten, bis sie 60 sind, und doch zu nichts kommen. Gundolf antwortete: Wo für euch die Probleme liegen, da habe ich festen Grund; erst von da an fängt es für mich an, interessant zu werden.“[3] Gerade dieser Aspekt spielte für die Ökonomen die ausschlaggebende Rolle: Der George-Kreis bot ihnen die methodologische Orientierung, die sie in ihrer Wissenschaft selbst nicht finden konnten.

Alle vier Ökonomen griffen deshalb immer wieder auf die georgeanischen Semantiken vom Ganzen und seinen Teilen, von Tiefe und Oberfläche, von Zentrum und Peripherie und von Formung und Auflösung zurück, um ihre Arbeitsweise zu plausibilisieren. Der erste Begriff dieser Gegensatzpaare bezeichnete dabei jeweils das Idealbild (sei es als Forderung für die Zukunft, als Rückgriff auf die idealisierte griechische Antike oder als Verweis auf die „staatliche“ Gemeinschaft des George-Kreises), wohingegen der zweite zur zeitkritischen Beschreibung der realen Gesellschaft verwendet wurde. Diese Leitunterscheidungen, die im *Jahrbuch für die geistige Bewegung*, aber auch in ersten wissenschaftlichen Werken des Kreises wie Gundolfs *Goethe* eine Übertragung vom Kunst- ins Wissenschaftssystem erfahren hatten, waren seither konstitutiv für die Arbeiten, die im Umfeld des George-Kreises entstanden. Die Ausformulierung der gepflegten Semantiken in einem geschlossenen erkenntnistheoretischen System in Edith Landmanns *Transcendenz des Erkennens* im Jahr 1923 stellte eine weitere Hilfe bei ihrer Operationalisierung in der fachwissenschaftlichen Arbeit dar, die insbesondere für Edgar Salin unabdingbare Voraussetzung für die Formulierung seiner Anschaulichen Theorie wurde. Er konnte sich nun auf ein aktuelles philosophisches System berufen, was in der Ökonomie der Weimarer Zeit von hoher Bedeutung für die Reputation einer ökonomischen Arbeit war.

---

2 BOEHRINGER (1965), Ewiger Augenblick, 63.
3 LANDMANN (1980), Erinnerungen George, 60.

Allen Ökonomen gemeinsam war die gestalttheoretische, organizistische Sichtweise, und zwar sowohl im Verständnis des Erkenntnisobjekts als Ganzheit als auch in methodologischer Hinsicht. Der gestalttheoretische Ansatz des George-Kreises führte die Ökonomen zu dem bewussten Entschluss, ihre Erkenntnisobjekte als organische, präexistente Ganzheiten zu interpretieren, als wohlgeordnete (oder doch zumindest: als zu ordnende) Gebilde, und öffnete ihnen die Augen für deren „Schönheit".[4] Hugo von Hofmannsthal hielt dies für das entscheidende Kriterium der „Jünger" Georges: „Die aber wie der Meister sind, die gehen, und Schönheit wird und Sinn wohin sie sehen", dichtete er über die Georgeaner.[5] Die Idealvorstellung der Ökonomen vom Staat einerseits und von der Wirtschaft andererseits war die von geordneten, sinnvollen und damit auch „schönen" Organismen, die als Ganzheiten mehr darstellten als die Summe ihrer Teile und von einem starken, gestaltenden Zentrum aus ihre Peripherie ordnen sollten. Ganz anders als Cassey Lee und Peter Lloyd dies für die moderne Ökonomie darstellen, war für die *georgeanischen* Ökonomen dieser Wunsch nach Schönheit und die Sehnsucht nach einem ästhetischen Weltempfinden ein wesentliches Kriterium bei dem Versuch, die Wirtschaft zu erklären.[6] Ästhetische Gesichtspunkte waren von ausschlaggebendem Gewicht und konnten in manchen Phasen sogar die ethischen überwiegen.[7] Dies beinhaltete auch, dass die Wertmaßstäbe zur Beurteilung als den Erkenntnisgegenständen immanent gedacht wurden, die der Wissenschaftler nur noch erfassen müsse. Deswegen traten die Georgeaner für eine bewusst wertende Nationalökonomie ein, die Edgar Salin als „Politische Ökonomie" bezeichnete. Der georgeanische Gestaltbegriff erlaubte manchen der Ökonomen eine Anknüpfung an andere organizistische Wirtschaftstheorien der Zeit wie Gottl-Ottlilienfelds „Allwirtschaftslehre" oder Otmar Spanns „Romantischen Universalismus". Trotz partieller Überschneidungen der Konzepte blieb die Kombination der Semantiken jedoch ein spezifisch georgeanisches Charakteristikum, das einen nahtlosen Anschluss an andere volkswirtschaftliche Strömungen der Zeit verhinderte und die georgeanischen Ansätze gegenüber anderen Entwicklungslinien abgrenzte. Eine nur-ökonomische Theorie, und sei es eine metaphysisch fundierte wie Gottls „Allwirtschaftslehre", schien den Ökonomen nicht auszureichen, hätten sie doch hier auf wesentliche Elemente der an George orientierten Erkenntnistheorie verzichten müssen: Die Hingabe an den Dichter, der eine „höhere" Welt der Kunst jenseits der Wissenschaft verkörperte und somit jenseits alles wissenschaftlichen Geplänkels unangreifbar in einer absoluten Welt der Dichtung stand; den durch diese autoritäre Mittlerfigur garantierten Glauben an die Existenz sinnvoller Gestalten, der die eigene wissenschaftliche Arbeit von Erkenntniszweifeln und -ängsten befreite; das Gefühl des Aufgehobenseins in einer interdisziplinären, elitären akademischen Gemeinschaft, die sich den gleichen wissenschaftlichen Grundüberzeugungen verpflichtet fühlte.

---

4 SALIN (1979), Wissenschaftlicher Kreis um George, 41.

5 HOFMANNSTHAL, Hugo von, Der Tod des Tizian. Leipzig 1892, 29.

6 LEE und LLOYD (2005), Beauty and the Economist.

7 Die Ästhetik der Dinge war manchen Georgeanern in der Tat wichtiger als ihre ethische Qualität, wie Robert Norton dies für den Dichter selbst feststellt (NORTON, Robert Edward, Das „schöne Leben" als ethisches Ideal, in: Roman KÖSTER u.a. (Hrsg.), Das Ideal des schönen Lebens und die Wirklichkeit der Weimarer Republik. Vorstellungen von Staat und Gemeinschaft im George-Kreis. Berlin 2009, 123–134). Allerdings veränderte sich diese Bewertung z.B. bei Edgar Salin nach dem Zweiten Weltkrieg: Nun war die Humanität eines Staatswesens für ihn das entscheidende Kriterium zu dessen Beurteilung. Auch diese neue Sicht plausibilisierte Salin unter Verwendung der georgeanischen Semantiken.

Die universalistische Denkweise ermöglichte aber zugleich einen Anschluss an die Jüngere Historische Schule, in der alle Ökonomen sozialisiert worden waren. Obwohl man den eigenen Lehrern zunächst heftig die mangelnde theoretische Durchdringung des Stoffes sowie ihren Relativismus und Positivismus vorgeworfen hatte, zeigten sich im Laufe der Jahrzehnte, insbesondere in der Forderung nach einer bewusst *wertenden* Wissenschaft, große Überschneidungen. Je mehr sich in der Zeit nach 1945 das neoklassische Paradigma in der Nationalökonomie durchsetzen konnte, umso mehr wurden sich die Georgeaner, im Angesicht eines gemeinsamen Gegners, der Überschneidungen ihrer eigenen Positionen mit denen der wissenschaftlichen Vätergeneration bewusst.

Auch in methodologischer Hinsicht verfolgten alle Ökonomen den gestalttheoretischen Ansatz: Das in der Tiefe, hinter allen Oberflächenphänomenen schlummernde Wesen des präexistenten Erkenntnisgegenstands sollte nicht rein rational, sondern auch intuitiv erfasst werden. Konstruktivistische und relativistische Erkenntnismodelle, die den Erkenntnisgegenstand sozusagen erst im Auge des Betrachters entstehen lassen wollten, lehnte man insbesondere in der Auseinandersetzung mit Max Weber dagegen scharf ab. Zu einer intuitiven Erkenntnis war zum einen die Verbindung zum „Meister“ nötig, zu einem „großen“ Menschen, der sich die ursprüngliche Verbindung zu den in der Tiefe schlummernden Lebensmächten erhalten hatte und seine „Jünger“ daran partizipieren lassen konnte. Zum anderen verfochten die Ökonomen aber auch einen interdisziplinären Ansatz, der es ermöglichen sollte, das Erkenntnisobjekt aus möglichst vielen verschiedenen Perspektiven zu beleuchten, um es in seiner Ganzheit erfassen zu können. Deswegen wollten sie als echte „Universalgelehrte“, historische, philosophische, ökonomische und soziologische Methoden kombinieren. Die beeindruckend große Bandbreite der Themengebiete, mit denen die Ökonomen sich beschäftigten, reicht weit über den Horizont der heute üblichen Volkswirtschaftslehre hinaus: Nicht nur mit genuin ökonomischen Themen wie der Frage nach der Gestaltung von Wirtschaftssystemen, der Sozialpolitik, der Konjunkturtheorie oder der Geldtheorie setzten sie sich auseinander, sondern es entstanden auch Arbeiten über Dichtung und Literatur, über Gesellschaftsstruktur und Wirtschaftsgeschichte, aus dem Bereich der Ethnologie, der Japanologie und der Philosophiegeschichte. Rein „rationale“ ökonomische Erkenntnis, gar noch mit mathematischen Methoden, konnte den Ökonomen deshalb im Sinne Edith Landmanns höchstens „Teilerkenntnis“ sein, niemals „Gesamterkenntnis“, weswegen sie alle mehr oder weniger gegen die neoklassische Nationalökonomie mit ihren vereinfachenden Modellen polemisierten.

Die grundsätzlichen methodologischen Prämissen waren entscheidend für das Selbstverständnis der Ökonomen als georgeanische Wissenschaftler. Die Charakteristika dagegen, die dem Publikum als wesentliche Elemente der „scienza nuova“ des Kreises erschienen, waren demgegenüber nur von untergeordneter Bedeutung. Zwar pflegten sowohl Singer als auch Salin in der Weimarer Zeit eine enigmatische, dunkle Sprache, die sie nach dem Zweiten Weltkrieg jedoch ablegten. Zwar neigten die beiden ebenso wie Arthur Salz dazu, in ihre Texte verschlüsselte Bedeutungsebenen einzubauen, die oftmals verborgene Hinweise auf den George-Kreis enthielten, und sie pflegten einen prophetischen Duktus, der an Georges Anspruch als Seher und Mahner orientiert war. Auch neigten sie alle drei dazu, die Geschichte als die Folge der Taten „großer Männer“ zu interpretieren und für die eigene Arbeit Traditionslinien zu konstruieren, in die sie die eigene Arbeit einbetten konnten. Diese Arbeitsweisen sind bei Julius Landmann jedoch nur in Ansätzen zu finden, und dennoch wurde er von den anderen als vollwertiger „Jünger“ Georges akzeptiert. Der georgeanische „Duktus“ kann demzufolge nicht entscheidend gewesen sein, sondern neben der persönlichen Nähe zum Meister ging es vielmehr um die dahinter stehenden methodologischen Überzeugungen.

Während Arthur Salz diese georgeanische Methodologie zwar ein Leben lang in seinen Schriften anwendete, sie aber nie systematisch ausarbeitete, entwickelte Edgar Salin den gestalttheoretischen Ansatz des Kreises unter Berufung auf Edith Landmann zu einer wirklichen Methodologie weiter, seiner Anschaulichen Theorie. Kurt Singer dagegen bildete in einer Kombination georgeanischer Wissenschaftsvorstellungen mit Elementen der Lebensphilosophie Henri Bergsons seine semiotische Methode heraus, die er nicht nur für die Ökonomie, sondern auch für seine japanologischen, soziologischen, historischen und ethnologischen Studien verwenden konnte. Am schwersten tat sich mit den Vorstellungen des Kreises Julius Landmann, der mit ganz anderen methodologischen Prämissen wissenschaftlich sozialisiert worden war. Es konnte gezeigt werden, dass er im Laufe seines Lebens in vielen Fragen zu Positionen umschwenkte, die typisch für den George-Kreis waren. Ob die Verzweiflung, die zu seinem Selbstmord führte, auch auf die Verunsicherung zurückzuführen ist, die diese umwälzenden Veränderungen für ihn bedeuteten, muss Spekulation bleiben.

Trotz der unterschiedlichen Schwerpunktsetzungen im Detail empfanden die Georgeaner ihre methodologische Vorgehensweise als verwandt. So schrieb der Exilant Salz 1937 seinem einstigen Widerpart in der Debatte um die Werturteilsfreiheit der Wissenschaft, Erich Kahler, über dessen neueste Arbeiten[8]: „Sollten die zwei englisch geschriebenen Bücher, die ich inzwischen verbrochen habe, je das Licht der Welt erblicken (was nur davon abhängt ob es gelingt, einen Verleger zu finden), so werden Sie sehen – obwohl ich relativ untergeordnete Dinge behandle – wie nahe sich die Denk- und Schreibweisen berühren, wie verwandt die Gedanken*struktur* ist.“[9] Diese Gedankenstruktur, die im George-Kreis gepflegten Semantiken, die eine feste Orientierung boten, waren die entscheidende Bereicherung für die Ökonomen. Michael Landmann berichtete einen Ausspruch des Dichters, der eben dieses Phänomen bezeichnet: „Von seinen Schülern: sie sähen mit seinen Augen, die er ihnen geliehen, in Gegenden, in die er sonst nicht sähe – darum gehörten ihre Werke eigentlich ihm an. Er lebe mit vielen Leibern.“[10] George eröffnete den Ökonomen, von deren Fachgebiet er kaum etwas verstand, eine verlässliche und stabile Perspektive auf die Welt „mit seinen Augen“. Dieses Angebot an methodologischer und lebensweltlicher Geborgenheit war es in erster Linie, das sie in einer als Krise empfundenen chaotischen Zeit magisch anzog.

Aus der Sicht des „Meisters“ erfüllte die wissenschaftliche Arbeit mit den im George-Kreis gepflegten Leitunterscheidungen dabei eine doppelte Funktion: Zum einen wurde die georgeanische „scienza nuova“ auf ein neues Gebiet der Wissenschaft übertragen, die Na-

---

8 Bereits anlässlich von Kahlers Buch über das Judentum (KAHLER, Erich, Judentum und Judenhass: Drei Essays. Wien 1991) hatte Salz festgestellt, ihre Wege hätten sich nun, im Exil, endlich getroffen: „Ich bekenne mich rückhaltlos zu dem was Sie sagen, nein, was Sie sind, und es ist nicht einmal eine Bekehrung sondern eine Heimkehr zu den Müttern, oder vielmehr zu den Vätern.“ (Salz an Kahler am 20.12.1935, DLM, A: Kahler, 91.88.267).

9 Salz an Kahler am 26.10.1937, DLM, A: Kahler, 91.88.214 (Hervorhebung von Salz).

10 LANDMANN (1980), Erinnerungen George, 64.

tionalökonomie, wo weitere „Jünger" geworben und Einfluss auf die Universitäten gewonnen werden konnte. Für die Ökonomen bedeutete die Anwendung der Leitunterscheidungen zum anderen aber auch „Exerzitien, welche die Jünger desto fester und tiefer im gemeinsamen Bewusstsein wurzeln ließen, je mehr sie ihre Kraft darauf verwendeten, das Weltgeschehen vorwärts und rückwärts an diesen Werten zu messen und an konkreten Beispielen [...] gleichsam neu zu schaffen."[11] Ebenso wie für Friedrich Gundolf das Übersetzen von Shakespeares Werken unter der strengen Aufsicht Georges, wie für die „erste Generation" der Georgeaner das Verfassen von Gedichten in den Blättern für die Kunst, wie für die „dritte Generation" das Formen von Büsten und plastischen Kunstwerken dazu diente, die Georgeaner selbst im Sinne des „Meisters" zu erziehen und zu formen,[12] so war es für die Wissenschaftler der „zweiten Generation" das Verfassen von Werken einer georgeanischen Wissenschaft, das sie zu „Jüngern" und Folgern Georges umbilden sollte. Aufgabe der Wissenschaft war in diesem Sinne auch die Menschenbildung.[13] Der Dichter nahm so direkten Einfluss auf ihre geistige Entwicklung, und die Ökonomen erlebten diese strenge autoritäre Führung als große Bereicherung, was der Sehnsucht vieler Zeitgenossen nach einer starken Führerpersönlichkeit entsprach. Die Möglichkeit zur Bildung der Gesamtpersönlichkeit wurde so unter den Bedingungen der moderenen Industriegesellschaft rekonstituiert.[14]

Im methodologischen Bereich führte die Verwendung der georgeanischen Semantiken also zu ähnlichen, wenn auch nicht zu gleichen Perspektiven. Traf dies auch auf die Vorstellungen der Ökonomen über Wirtschaft und Staat und ihrem Verhältnis zueinander zu? Immerhin neigten die Ökonomen zu einer zeitkritischen Haltung, die mit den staatlichen und ökonomischen Verhältnissen der Gegenwart scharf ins Gericht ging, gerne vor der Folie einer idealisierten griechischen Antike oder der Gemeinschaft des George-Kreises, der sich selbst als „Staat" beschrieb. Im Vergleich zu diesen Idealbildern konnte die Realität, sei es die wirtschaftliche Situation des späten Kaiserreichs, der Weimarer Zeit und der frühen Bundesrepublik ebenso wie die demokratischen Strukturen, die sich in den untersuchten Jahrzehnten nach schmerzhaften Rückschlägen schließlich etablieren konnten, nur als defizitär empfunden werden, was aber nicht alle Ökonomen dazu führte, sie rundheraus abzulehnen. In der Frage nach dem Idealbild des staatlichen Zusammenlebens gab es in einigen Punkten Gemeinsamkeiten. So hielten alle Georgeaner die staatliche „Gemeinschaft" nicht etwa für ein Konstrukt, sondern vielmehr für eine präexistente Einheit mit einem „Volkswillen", den es im demokratischen Prozess nicht etwa zu bilden, sondern lediglich abzubilden galt. Deshalb waren sie auch alle überzeugt von den Möglichkeiten des Staates, die Wirtschaft, die ihm als Mittel untergeordnet sei, nach seinen Bedürfnissen zu formen, um zentrifugalen Tendenzen entgegenzuwirken. Wie diese Formung dann aussehen sollte, war hinge-

---

11 LANDFRIED (1975), George, 145. Der Begriff „Werte" könnte im Verständnis dieser Arbeit durch den der „Semantiken" ersetzt werden.

12 Ludwig Thormaehlen, Alexander Zschokke und Frank Mehnert bildeten immer aufs Neue das Haupt des „Meisters" in verschiedenen Materialien nach, vgl. (RAULFF (2008), Steinerne Gäste, 11ff). Ebenso formten die Wissenschaftler der zweiten Generation Werke nach Georges Vorstellung von Wissenschaft in immer neuen Kontexten.

13 FRENZEL (1932), Geschichtswissenschaft, 8.

14 Vgl. GROPPE, Carola, Bürgerliche Lebensführung im Zeichen der Balance, in: Roman KÖSTER u.a. (Hrsg.), Das Ideal des schönen Lebens und die Wirklichkeit der Weimarer Republik. Vorstellungen von Staat und Gemeinschaft im George-Kreis. Berlin 2009, 137–150.

gen offen. Außerdem betonten alle vier Ökonomen immer wieder, dass der einzelne Verantwortung für das Gemeinwesen zu übernehmen habe, ohne die ein harmonisches Zusammenleben nicht möglich sei. Gemeinsam war ihnen auch die Hochschätzung aristokratischer Elemente, die selbst die demokratisch denkenden Georgeaner für unabdingbar für ein geordnetes Staatswesen hielten. In manchen Fragen wie etwa der Geldtheorie und -politik gab es sogar weitergehende Gemeinsamkeiten: Alle Georgeaner neigten der historisch-organischen Geldtheorie Friedrich Knapps zu, die zahlreiche semantische Überschneidungen mit den georgeanischen Denkmustern aufweist, insbesondere die starke Stellung des Staates, der durch seine autoritäre Setzung ein Tauschmittel zum gesetzlichen Zahlungsmittel erheben kann. Geldtheoretische Ansätze, die die Entstehung des Geldes aus dem „chaotischen", ungesteuerten Umgang der Individuen erklärten, lehnten die Georgeaner hingegen ab.

Trotz solcher Gemeinsamkeiten gab es jedoch zwischen den einzelnen Ökonomen zahlreiche Differenzen in wirtschaftspolitischen und politischen Fragen: Das Feld reichte von Edgar Salin, der in der Zeit der Weimarer Republik mit gemeinwirtschaftlichen Vorstellungen sympathisierte und die demokratische Staatsform kategorisch ablehnte, sich jedoch nach dem Zweiten Weltkrieg zu einem Verfechter eines „Dritten Weges" zwischen Kommunismus und Kapitalismus entwickelte und eine Verwandlung zum Demokraten durchmachte; über Kurt Singer, der sich in der Zeit der Weimarer Republik lediglich gemeinwirtschaftliche Modifikationen der Marktwirtschaft wünschte und eine kurze Zeit lang ernsthaft die Möglichkeit prüfte, ob der Faschismus die Verwirklichung von Georges *Neuem Reich* bringen könne, eine Hoffnung, in der er bitter enttäuscht wurde; über Arthur Salz, der eine liberale Wirtschaftsordnung mit minimalen staatlichen Eingriffen wünschte und eine demokratische Verfassung mit aristokratischer Ausrichtung anstrebte, ohne in diesen Vorstellungen konkreter zu werden; bis hin zu Julius Landmann, der sich vom Vertreter der Bankinteressen zum Verfechter des Gemeinwohls entwickelte, dabei aber nie die Hoffnung auf die Möglichkeit parlamentarischer Kompromissfindung aufgab. George, der selbst in den wenigen Punkten, in denen er sich überhaupt äußerte, den Anschauungen von Salin und Singer zugeneigt haben dürfte, zwang niemanden, seine eigenen wirtschaftspolitischen und politischen Ansichten zu übernehmen. Die Ökonomen hatten in Fragen der Wirtschaftspolitik keine bindenden Vorgaben vom „Meister", und sie nutzten diese Freiheiten, sodass eine große Bandbreite von wirtschaftspolitischen Konzepten und politischen Haltungen nachzuweisen ist. Eine gemeinsame Weltanschauung des Kreises hat es, wie Salin treffend feststellte, nie gegeben, die „Verschiedenheit der Blicke und Sichten" blieb bestehen.[15] Die große Spannweite der politischen Schattierungen im George-Kreis, auch dem Nationalsozialismus gegenüber, ist nur so zu erklären.

Auch ohne Übereinstimmungen mit dem „Meister" im wirtschaftspolitischen und politischen Bereich konnte man sich als georgeanischer Wirtschaftswissenschaftler fühlen, wenn man die im Kreis üblichen methodologischen Ansätze teilte. Jedoch war die Berufung auf George gerade bei *den* beiden Ökonomen am stärksten und explizitesten, bei denen sich auch die grobe politische Orientierung mit der seinen deckte, und Salin und Singer waren es auch, für die der „Meister" nach seinem Tod noch ihr „Stern" blieb, trotz aller Modifikatio-

---

15 SALIN (1979), Wissenschaftlicher Kreis um George, 41.

nen und tief greifender Veränderungen, die ihr Weltbild durchmachte. Für Julius Landmann lassen sich solche Überlegungen aufgrund seines frühen Todes nicht anstellen. Arthur Salz hingegen als Vertreter eines wirtschaftlichen und politischen Liberalismus berief sich nach 1933 nicht mehr explizit auf George, wohingegen er in *methodologischen* Fragen dem Standpunkt des Kreises verpflichtet blieb. Nicht nur seine tiefe jüdische Religiosität, sondern auch die Differenzen mit George in wirtschaftspolitischen und politischen Fragen scheinen ein Grund dafür gewesen zu sein, dass er nie mit letzter Hingabe am Dichter hing.

All die unterschiedlichen wirtschaftspolitischen und politischen Positionen ließen sich jedoch durch die Leitunterscheidungen des George-Kreises plausibilisieren, die sich durch ihre große Flexibilität auszeichneten. Es gelang den „Jüngern" ihres „Meisters", sehr verschiedene wirtschaftspolitische Positionen allesamt durch die im George-Kreis gepflegten Semantiken zu begründen. So argumentierte etwa Julius Landmann, dass die Banken als Teile des Staates ihre Interessen denen des Gemeinwohls unterzuordnen hätten und dazu durch staatliche Kontrollen auch gezwungen werden sollten. Arthur Salz dagegen plausibilisierte mit der Semantik vom Ganzen und seinen Teilen gerade die gegenteilige Haltung, dass die Wirtschaft als Organismus nur dann harmonisch funktionieren könne, wenn alle Glieder Verantwortung für ihr ungestörtes und unbeeinflusstes Funktionieren übernähmen, was für ihn eine wirtschaftsliberale Position zur Folge hatte. Während für Salin eine „Formung" der Wirtschaft weitgehende staatliche Lenkung derselben bedeutete, verstand Arthur Salz darunter lediglich die Schaffung stabiler staatlicher Rahmenbedingungen, innerhalb derer man die Wirtschaft sich selbst überlassen sollte. So verschieden die wirtschaftspolitischen Schlussfolgerungen auch waren, die im George-Kreis gepflegten, stabilen Semantiken erlaubten ihre Plausibilisierung und sinnhafte Deutung in den Augen der Ökonomen.

Aber nicht nur untereinander gab es große Unterschiede, sondern in der zeitlich diachronen Perspektive gelang es auch dem einzelnen, sich trotz eigener Wandlungen und eigenen Umdenkens im Laufe der Jahrzehnte immer auf George zurück zu beziehen und so das eigene Leben sinnhaft zu deuten. Paradigmatisch kann hier Edgar Salin genannt werden, der in der Zeit der Weimarer Republik die demokratische Staatsform ablehnte, weil sie eine Emanzipation der Teile von ihrem untergeordneten Dienst am Ganzen bedeute, er aber nur durch eine hierarchische Unterordnung der Glieder unter ein dominantes Zentrum eine stabile staatliche Struktur gewährleistet sah. Nach seinem Umdenken in der Zeit des Nationalsozialismus dagegen hielt er die Demokratie für die einzig funktionsfähige Staatsform, wenn sie nicht nur ein Oberflächenphänomen, sondern in der Tiefe des Staatsbewusstseins der Bürger verankert sei. Die Semantiken vom Ganzen und seinen Teilen, von Oberfläche und Tiefe erlaubten es, im eigenen Denken, das sich mit der lebensweltlichen Realität veränderte, einen Sinn zu sehen und es im Rückgriff auf vertraute semantische Denkmuster zu deuten. Diese klare Orientierung, die sie aus der Nähe zum „Meister" bezogen, blieb dreien der Ökonomen ein Leben lang erhalten und schützte vor der Verunsicherung durch die Kontingenz der Moderne. Den vierten, Julius Landmann, konnte die Nähe zu George jedoch nicht davor bewahren, in so große Verzweiflung zu versinken, dass er sein Leben nicht mehr sinnhaft zu deuten vermochte und ihm ein Ende setzte.[16]

---

16 Julius Landmann blieb nicht der einzige Fall eines Selbstmordes im George-Kreis. Neben ihm nahmen sich auch Johann Anton, Bernhard von Uxkull und Adalbert Cohrs das Leben (KARLAUF (2007), Charisma, 475–479, 593). Überlegungen, inwiefern diese „Jünger" sich auch durch Georges autoritäres Auftreten ein-

Kann bei diesen weit verzweigten Deutungsmöglichkeiten im wirtschaftspolitischen und politischen Bereich überhaupt noch von etwas spezifisch Georgeanischem gesprochen werden? War hier nicht der Beliebigkeit Tür und Tor geöffnet? Waren diese gepflegten Semantiken nicht derart flexibel, dass man eigentlich alles und jedes damit plausibilisieren konnte und von einem georgeanischen Standpunkt gar nicht gesprochen werden kann? Deutet nicht gerade auch das Auseinanderbrechen des Kreises nach dem Tod des „Meisters" im Jahr 1933 darauf hin, dass in den wesentlichen Fragen, welche die nächsten Jahrzehnte stellten, der Traum vom neuen, geistigen Reich weit entfernt von seiner Realisierung in der Realität sang- und klanglos unterging? Die Georgeaner selbst empfanden dies anders. Edgar Salin hatte sich schon in den 20er Jahren intensiv mit der Frage beschäftigt: „Wie wird […] ein geistiges Reich irdisch-politische Wirklichkeit?"[17] Er hatte es als Charakteristikum einer jeden Lehre definiert, aus der ein geistiges Reich entstehen solle, dass in ihr verschiedene Richtungen und Möglichkeiten angelegt seien, so wie etwa im Wirken Jesu die Durchsetzung des neuen Glaubens mit dem Schwert einerseits und die Friedfertigkeit der neuen Religion andererseits.[18] Nur durch diese verschiedenen Möglichkeiten der Entfaltung könne sich die in der Mitte stehende Idee weitere Zirkel erschließen,[19] indem „sich neue Ringe um die zeugende Mitte" legten.[20] In der Figur des Gründers seien diese noch in einer harmonischen Einheit begriffen, die später zerfalle. Ganz unterschiedliche Entwicklungen könnten sich so als Fortsetzung des Ursprungs verstehen, und nur in den verschiedenen Spiegeln der „Jünger" sei der ganze Reichtum des Herren und seiner Botschaft fassbar.[21] Es liege in der Natur der Sache, dass alle späteren Zweige sich trotz ihrer Diversität immer auf den Ausgangspunkt zurückberufen würden.

In eine ganz ähnliche Richtung weist auch eine Tagebuchaufzeichnung von Kurt Singer:

> „In den aufzeichnungen Leonardo da Vinci's soll der satz zu finden sein: ‚wer sich an einen stern bindet, kehrt nicht um'. Niemals ist ein grösseres wort gesprochen worden; es enthält den ganzen adel des menschtums. Aber es rechtfertigt die träger nicht, die ihren stern an der selben stelle des uns sichtbaren himmels suchen; noch weniger die starren denen blosses Wissen um die unveränderlichkeit des gestirns genügt. Einem stern darf nur der mensch sich verknüpfen der sich in seinem dienst zu wandeln und wieder zu wandeln bereit ist. Denn beides zusammen ist für Gott und Heraklit die eine zweigestalte wirklichkeit: die stete des gestirns und das Wechseln des Irdischen."[22]

Auch Singer betonte also die Wandlungsfähigkeit geistiger Konzepte als entscheidende Voraussetzung für ihre Weiterentwicklung.

Das „geistige Reich" erscheint in Salins Deutung als holistische, organische Einheit. Auch Singers Selbstbeschreibung geht von einem gestalttheoretischen Ansatz aus, den er

geengt oder gar unter Druck gesetzt fühlten, bleiben spekulativ. Die Frage kann wohl wenn überhaupt nur für den Einzelfall beantwortet werden.

17 SALIN (1926), Civitas Dei, V. Vgl. 249.

18 Vgl. 255.

19 SALIN (1921), Platon, 49.

20 SALIN (1926), Civitas Dei, 213.

21 SALIN (1954), Um George, 127.

22 Singer, Tagebuchaufzeichnung vom Mai 38, in SUB, NKS CI 28.

mit dem lebensphilosophischen Konzept der Dynamik verknüpfte. Kann eine solche Selbstdeutung in einer systemtheoretischen Betrachtungsweise, wie sie hier vorgenommen wurde, überhaupt Erklärungswert besitzen? Widersprechen sich hier die gestalttheoretische Selbstdeutung der Georgeaner und der systemtheoretische Ansatz nicht diametral? Bei genauerer Betrachtung zeigt sich, dass dies nicht unbedingt der Fall sein muss. Michael Hutter etwa zieht eine Linie von der Metapher des Organismus, die in der deutschen Geistesgeschichte seit dem 18. Jahrhundert eine herausgehobene Rolle spielte, hin zu modernen systemtheoretischen Ansätzen. Als Gemeinsamkeit sieht er, dass auch in der Systemtheorie Gesellschaft als ein lebendiger, sich selbst reproduzierender Organismus beschrieben werde, allerdings mit dem Unterschied, dass hier nicht Individuen, sondern Kommunikationsereignisse als Elemente des Systems bezeichnet werden.[23] Daneben unterscheiden sich die Ansätze selbstverständlich auch darin, dass die Gestalttheorie als eine letztendlich transzendentale Theorie mit absolutem Wahrheitsanspruch stark normativ ist, sich also selbst im Hinblick auf ihre Erkenntnisvoraussetzungen nie reflektieren kann, ohne den eigenen objektiven Wahrheitsanspruch zu gefährden – ganz im Gegensatz zur Systemtheorie, die sich von allen normativen Ansprüchen auf einen reinen Beobachterstatus zurückzieht.[24] Diese großen Unterschiede sollen keineswegs klein geredet werden, doch auch die Parallelelen sind unübersehbar. Die geistesgeschichtliche Entwicklungslinie, die die beiden Ansätze trotz aller tief greifenden Brüche verbindet, lässt sich am Beispiel des George-Kreises auch biografisch nachvollziehen: Niklas Luhmann, der „Vater" der Systemtheorie, war ein Schüler Talcott Parsons, der seinerseits im Jahr 1927 bei Edgar Salin in Heidelberg promoviert wurde.[25] Insofern verwundert es nicht, dass sich die Fragestellungen der Gestalttheorie und der Systemtheorie zuweilen in frappanter Weise ähneln, auch wenn die Antworten meist ganz verschieden ausfallen. In dem *einen* Punkt, der hier von Interesse ist, entsprechen sich jedoch die Deutungsansätze, auch wenn die Sprache selbstverständlich eine ganz andere ist. Luhmann würde nie nach der „Realisierung eines geistigen Reiches" fragen, sondern höchstens nach den Bedingungen der evolutorischen Entwicklung gepflegter Semantiken. Er weist explizit darauf hin, dass diese nur im Erleben und Handeln real seien, welches sie aktualisiert, dass sie jedoch keine separate, „ideale Existenz" hätten.[26] Insofern müssten sie in der Lage sein, sich verändernden gesellschaftlichen Verhältnissen anzupassen. Er betont, dass begriffsgeschichtliche Forschungen deshalb nicht von den Bedingungen und Formen der Ausdifferen-

23 HUTTER, Michael, Organismus als Metapher in der deutschsprachigen Wirtschaftstheorie, in: Selbstorganisation. Jahrbuch für Komplexität in den Natur-, Sozial- und Geisteswissenschaften 3 (1992), 87–112, 87f. Dieser Unterschied erlaube die Vermeidung von Fehlentwicklungen der Gestalttheorie, wie sie im Nationalsozialismus eingetreten seien, so Hutter. Würde man diese Neuerung beachten, dann habe der Organismus als Metapher für soziale Systeme die fruchtbarste Phase seiner Anwendung möglicherweise noch vor sich (ebd. 112).

24 LUHMANN (2002), Wissenschaft, 13.

25 PARSONS, Talcott, The "Capitalism" in recent German literature: Sombart and Weber. Phil. Diss. Heidelberg vom 12. April 1929, in: The Journal of Political Economy 36 (1929), 641–661; 37 (1929), 31–51. Zu Parsons Stellungnahme zu Max Webers Postulat der Werturteilsfreiheit vgl. GERHARDT, Uta, Zäsuren und Zeitperspektiven. Überlegungen zu „Wertfreiheit" und „Objektivität" als Problemen der Wissenschaftsgeschichte, in: Rüdiger VOM BRUCH, Uta GERHARDT, Alexandra PAWLICZEK (Hrsg.), Kontinuitäten und Diskontinuitäten in der Wissenschaftsgeschichte des 20. Jahrhunderts. Stuttgart 2006, 39–67, 62f.

26 LUHMANN (1980), Gesellschaftsstruktur, 20f.

zierung abstrahieren könnten, denen die gepflegte Semantik ihre eigene Aktualisierbarkeit verdankt. „Solche Ausdifferenzierungen bleiben ihrerseits gebunden an Rückbeziehbarkeiten in den Alltag des gesellschaftlichen Lebens; sie müssen Übergänge und Anschlüsse bereithalten, dürfen die Hochformen der Semantik nicht zu stark hiatisieren, oder sie müssen, wenn das geschieht, entsprechende Sprünge und Negationsverhältnisse institutionalisieren.“[27] Ein hohes Sinndeutungspotenzial im Hinblick auf die gesellschaftlichen Phänomene, kommunikative Anschlussfähigkeit, die Fähigkeit zur Reduktion von Komplexität und eine große Flexibilität erscheinen bei Luhmann als Voraussetzung für die Durchsetzung der Semantiken – ebenso wie in Salins Deutung. Deshalb steht *in diesem Punkt* die systemtheoretische Beschreibung nicht im Gegensatz zur gestalttheoretischen, georgeanischen Selbstdeutung, sondern erscheint vielmehr als deren Fortentwicklung: Beide erklären den Einfluss und die Bedeutung des George-Kreises auf ähnliche Weise: Die dort gepflegten Semantiken waren in einem so hohen Maße flexibel, dass sie auch bei wachsender Komplexität des Gesellschaftssystems eine sinnhafte Beschreibung desselben ermöglichten. So konnten sie auch in der gewandelten Gesellschaft Deutschlands bzw. der Schweiz nach 1945 oder im gänzlich fremden kulturellen Kontext Japans, Australiens oder der USA das Erleben und Handeln der Ökonomen führen, ohne den Zugriff auf die Realität zu versperren.[28] Sie wurden unter ganz unterschiedlichen Bedingungen und in ganz verschiedenen Formen verwendet, um die umgebende Welt sinnhaft zu deuten und ihre gefühlte Kontingenz zu reduzieren.[29] Die Sprünge und Umdeutungen, die dafür nötig waren, empfanden die Ökonomen auch in der Zeit nach dem Tod des „Meisters“ nie als unüberbrückbar. Deshalb konnten sie sich in allen Fährnissen ihres Lebens als Georgeaner fühlen und beschreiben, um durch die Zugehörigkeit zum George-Kreis ihrem Leben einen Sinn zu geben.

27 Ebd., 20f.
28 Ebd., 22.
29 Ebd., 15.

G. Verzeichnisse

1. Abbildungsverzeichnis

2. Abkürzungsverzeichnis

AL	London/ UK: Gundolf Archiv des Institute of Germanic Studies, University of London
ASB	Association des Représentants de la Banque en Suiss
ASNB	Bern/Schweiz: Archiv der Schweizerischen Nationalbank
BAR	Bern/Schweiz: Schweizerisches Bundesarchiv

DLM	Marbach: Deutsches Literaturarchiv
EFTA	European Free Trade Association
EWG	Europäische Wirtschaftsgemeinschaft
FLG	Friedrich List Gesellschaft
Fn	Fußnote
ISH	Amsterdam/ Niederlande: International Institute of Social History
Ko. S.	Korinna Schönhärl
LBI	New York/USA: Leo Baeck Institut
M./ d.M.	Der Meister, gemeint ist Stefan George (in Briefen und Zitaten)
I. L.	Julius Landmann (in Edith Landmanns Tagebuchaufzeichnungen)
OSUA	Ohio/USA: The Ohio State University Archives
SNB	Schweizerische Nationalbank
StAB	Basel/ Schweiz: Staatsarchiv des Kantons Basel-Stadt
StGA	Stuttgart: Stefan George Archiv
SUB	Hamburg: Staats- und Universitätsbibliothek
SWA	Basel/Schweiz: Schweizerisches Wirtschaftsarchiv
U Albany SPA	Albany/USA: University of Albany Libraries, Special Collections & Archives, German & Jewish Emigré Collection
UB Basel	Basel/Schweiz: Archiv der Universitätsbibliothek
UA Heidelberg	Heidelberg: Universitätsarchiv
UA Köln	Köln: Universitätsarchiv
UM	Unveröffentlichtes Manuskript
UUM	Unveröffentlichtes undatiertes Manuskript

3. Quellen- und Literaturverzeichnis

3.1 Archivbestände

Für Archive, in denen mehrere Bestände benutzt wurden, verweisen die fett gedruckten Bestandteile der Signatur auf die Zitation im Text und in den Fußnoten. Die Angaben in eckigen Klammern dienen der näheren Beschreibung oder Kennzeichnung des Bestandes zur besseren Orientierung und gehören nicht zur offiziellen Archiv-Signatur.

Albany/ USA: University of Albany Libraries, Special Collections & Archives, German & Jewish Emigré Collection (U Albany SPA)

Else Staudinger (Ger-017)
[Korresponenz Kurt Singer – American Council of Learned Societies]

Amsterdam/ Niederlande: International Institute of Social History (ISH)

Gottfried Salomon-Delatour-Papers
[Korrespondenz Arthur Salz – Gottfried Salomon-Delatour]

Basel/ Schweiz: Archiv der Universitätsbibliothek (UB Basel)

Nachlass Julius Landmann NL 198 **[NLB]**

Nachlass Edgar Salin NL 114 **[NSB]**

Basel/ Schweiz: Schweizerisches Wirtschaftsarchiv (SWA)

Nachlass Julius Landmann (SWA **HS 426**, A, B 1-16, C)

Nachlass Traugott Geering (Z 10 12 Korrespondenzen, **HS 372**)

Biographisches Landmann, Julius

Biographisches Salin, Edgar

Basel/ Schweiz: Staatsarchiv des Kantons Basel-Stadt (StAB)

Arbeitsbeschaffung und Arbeitsrappen **B 2,3**

Prof. Landmann-Stiftung **ED-REG 1 192-11**

Erziehungsakten **CC 21** 1855–1927, 1928–1942

Bern/ Schweiz: Archiv der Schweizerischen Nationalbank (ASNB)

Protokolle über die Verhandlungen des **Bankrat**es der Schweizerischen Nationalbank (1906–1910)

Protokolle des **Bankausschusses** (1906–1910)

Protokolle des **Direktoriums** (1907–1910)

Bern/ Schweiz: Schweizerisches Bundesarchiv (BAR)

Arbeiterschutz und Bildungswesen **(E 23)**

Rappard William **(J1.149/ 177/ 135)**

Schulthess Edmund **(J1.6)**

Annahme von **Orden**, Auszeichnungen, Titeln und Pensionen, Zeitraum: 1958–1972, Bde 35-36 (E 2001 (E)-01, 1971/2, Az A.15.61.

Vorträge – Allgemeines (in Deutschland), Zeitraum 1958–1960, Bd. 34 (E 2001 (E), 1972/33, Az. A.15.45.0).

Korrespondenzen. Landmann J., Professor, Experte des EVD, Basel/Kiel, Zeitraum: 1920–1931, Bd. 2 (J1.6, 1000/1355, Az. 2).

Hamburg: Staats- und Universitätsbibliothek (SUB)

Nachlass Kurt Singer NL Singer, 18 **NKS**, A I-II, B I-II, C I-II

Heidelberg: Universitätsarchiv (UA Heidelberg)

Personalakte **PA 5581** Arthur Salz

Personalakte **PA 5578** Edgar Salin

Promotionsakte **H-IV-757/14, Nr. 56** Elisabeth Salomon

Köln: Universitätsarchiv (UA Köln)

Zug 317-11, Nr. 1129 (Bd.2)

London/UK: Gundolf Archiv des Institute of Germanic Studies, University of London (AL)

Correspondence and papers of Friedrich Gundolf, 1902–1931, GB 0367 FGU **[NGL]**

Papers of Elisabeth Gundolf VIII (C2), E1-30 **[NEGL]**

Marbach: Deutsches Literaturarchiv (DLM)

A: **Borchardt** [Korrespondenz Edith und Julius Landmann – Rudolf Borchardt]

A: **David** [Korrespondenz Claude David – Edgar Salin]

A: **Gundolf/Mallachow** [Korrespondenz Arthur Salz – Amalie Gundelfinger]

A: **Jaspers** [Korrespondenz Karl Jaspers – Edgar Salin]

A: **Jaspers / 50. Geburtstag** [Korrespondenz Arthur Salz – Karl Jaspers]

A: **Jaspers / 80. Geburtstag** [Korrespondenz Edgar Salin – Karl Jaspers]

A: **Japers / Jaspers, Gertrud** [Korrespondenz Edgar Salin – Gertrud Jaspers]

A: **Kahler** [Korrespondenz Edith und Julius Landmann – Erich Kahler; Kurt Singer – Josephine von Kahler; Kurt Singer – Erich Kahler; Alice von Kahler: Verschiedenes]

A: **Kahler/ Der deutsche Charakter** [Korrespondenz Arthur Salz – Erich Kahler, Kurt Singer – Erich Kahler, Kurt Singer – Josephine Kahler]

A: **Kahler/ Israel unter den Völkern** [Korrespondenz Edith Landmann – Erich Kahler; Arthur Salz – Erich Kahler]

A: **Löwith** [Korrespondenz Kurt Singer – Karl Löwith, Edgar Salin – Karl Löwith]

A: **Osswald** [Korrespondenz Kurt Osswald – Edgar Salin]

A: **Piper** [Korrespondenz Verlag Piper – Edgar Salin]

A: **Rychner** [Korrespondenz Edith Landmann – Max Rychner]

A: **Steiner** [Korrespondenz Edgar Salin – Wolfram von den Steinen; Kurt Singer – Herbert Steiner; Edgar Salin – Herbert Steiner; Arthur Salz – Herbert Steiner]

A: **Sternberger** [Korrespondenz Edgar Salin – Emil Belzner]

A: **Wolfskehl** [Korrespondenz Edgar Salin – Karl Wolfskehl; Arthur Salz – Karl Wolfskehl; Wilhelm Meyerstein – Arthur Salz; Edgar Salin – Hanna Wolfskehl; Arthur Salz – Hanna Wolfskehl; Kurt Singer – Max Pretzfelder; Karl Wolfskehl – Edith Landmann]

A: **Wolfskehl/Salin** [Korrespondenz Karl Wolfskehl – Edgar Salin]

A: Zuckmayer [Korrespondenz Carl Zuckmayer – Edgar Salin]

A: Zuckmayer/ Heinrich-Heine-Preis [Korrespondenz Edgar Salin – Carl Zuckmayer]

D: Zeitschrift Merkur [Korrespondenz Merkur – Edgar Salin; Merkur – Kurt Singer]

New York/ USA: Leo Baeck Institut (LBI)

Arthur Salz Collection (**AR 6288**, Box I-IV)

Ernst Kantorowicz Collection (**AR 7216**, Box V)

Toni Stolper Papers (**AR 7212**, Briefwechsel „S")

Ohio/ USA: The Ohio State University Archives (OSUA)

Personalakte Arthur Salz (Biographical Vertical file Sala-Salz)

Stuttgart: Stefan George Archiv (StGA)

Brasch [Korrespondenz Kurt Singer – Robert Boehringer]

E. Gundolf [III: Korrespondenz Ernst Gundolf – Friedrich Wolters, – Edgar Salin, – Edith Landmann]

F. Gundolf [II: Korrespondenz Friedrich Gundolf – Arthur Salz]

George [II: Korrespondenz Stefan George – Julius Landmann; III: Korrespondenz Stefan George – Kurt Singer, – Edgar Salin, – Arthur Salz, – Julius Landmann]

Glöckner [III: Korrespondenz Ernst Glöckner – Friedrich Gundolf]

Hildebrandt [III: Korrespondenz Kurt Hildebrandt – Friedrich Gundolf, – Robert Boehringer]

Kahler [II: Korrespondenz Erich Kahler – Fine von Kahler, – Ernst Kantorowicz; III: Korrespondenz Erich Kahler – Fine von Kahler, Ernst Kantorowicz – Fine von Kahler]

Kantorowicz [V: Korrespondenz Ernst Kantorowicz – Edgar Salin, – Robert Boehringer]

Landmann [I: Tagebücher Edith Landmann; II: Korrespondenz Edith und Julius Landmann – Charlotte Salin; III: Korrespondenz Edith Landmann – Ernst Gundolf, – Friedrich Gundolf, – Berthold und Diana Vallentin, – Edgar Salin, – Melchior Lechter, – Kurt Singer]

Salin [III: Korrespondenz Edgar Salin – Ernst Gundolf, – Friedrich Gundolf, – Ernst Gundolf]

Singer [I: Beiträge zur Kenntnis Stefan Georges; II: Korrespondenz Kurt Singer – Edith Landmann, – Ernst Robert Curtius (Typoskript), – Martin Buber (Typoskript); III: Korrespondenz Kurt Singer – Friedrich Gundolf, – Hans Brasch, – Karl Wolfskehl]

Stauffenberg [V: Korrespondenz Edgar Salin – Robert Boehringer]

Wolfskehl [II: Korrespondenz Karl Wolfskehl – Edgar Salin; III: Korrespondenz Karl Wolfskehl – Friedrich Gundolf]

Wolters [III: Korrespondenz Friedrich Wolters – Kurt Singer, – Walter Elze, – Arthur Salz]

Korrespondenz **Georg Peter Landmann – Robert Boehringer**, ohne Nummerierung

3.2 Verwendete Literatur

ACHAM, Karl, NÖRR, Knut Wolfgang und SCHEFOLD, Bertram, Erkenntnisgewinne, Erkenntnisverluste: Kontinuitäten und Diskontinuitäten in den Wirtschafts-, Rechts- und Sozialwissenschaften zwischen den 20er und 50er Jahren. Stuttgart 1998.

ALBERS, Willi, Finanzpolitik in der Depression und in der Vollbeschäftigung, in: Deutsche Bundesbank Frankfurt am Main (Hrsg.), Währung und Wirtschaft in Deutschland 1876 – 1975. Frankfurt a. M. 1976, 331–366.

ALDENHOFF, Rita, Nationalökonomie und Kulturwerte um 1900, in: Rüdiger VOM BRUCH, Friedrich Wilhelm GRAF und Gangolf HÜBINGER (Hrsg.), Kultur und Kulturwissenschaften um 1900. Stuttgart 1989, 45–62.

ALFERS, Sandra, Metaphern der Auflösung. Der Tod als poetische Grenzerfahrung in Das Sterben der Gertrud Kantorowicz, in: Theresienstädter Studien und Dokumente 13 (2006), 150–161.

ALLERT, Tilman, Das gebrochene Pathos der Auserwähltheit. Zwischen Stefan George und Georg Simmel. Eine interkulturelle Biografie Kurt Singers, in: Achim ESCHBACH, Viktoria ESCHBACH-SZABO und Nobu IKEDA (Hrsg.), Interkulturelle Singer-Studien: Zu Leben und Werk Kurt Singers. München 1992, 9–42.

ALT, Peter-André, Zwischen Wissenschaft und Dichterverehrung. Friedrich Gundolf in seinen Briefen und Briefwechseln, in: Zeitschrift für deutsche Philologie 106 (1987), 251–281.

AMSTUTZ, Paul, Zehn Jahre eidgenössischer Stempelabgaben. Chef der Sektion für Stempelabgaben der eidgenössischen Steuerverwaltung in Bern, in: Zeitschrift für schweizerische Statistik und Volkswirtschaft 63, 5 (1927), 629–646.

ANDRES, Jan, Gegenbilder. Stefan Georges poetische Kulturkritik in den „Zeitgedichten" des „Siebenten Ringes", in: George-Jahrbuch 6 (2006/07), 31–54.

ARNSBERG, Paul, Salin, Edgar, in: Deutsche Biographische Enzyklopädie. Bd. 8. Darmstadt 1998, 498–499.

ANTRICK, Otto, Die Akademie der Arbeit in der Universität Frankfurt a. M.: Idee, Werden, Gestalt. Darmstadt 1966.

ARNDT, H.W., Kurt Singer: Wandering Jewish Scholar, in: History of Economics Review: Supplement 32 (2000), 72–76.

ARON, Raymond, Edgar Salin, in: Erwin von BECKERATH, Heinrich POPITZ und Hans Georg SIEBACK (Hrsg.), Antidoron. Edgar Salin zum 70. Geburtstag. Tübingen 1962, 56–67.

BAASCH, Ernst, Geschichte des Hamburgischen Zeitungswesens von den Anfängen bis 1914. Hamburg 1930.

BACH, Jaacov, Edgar Salin in der Erinnerung von Freunden und Schülern, in: Gottfried BOMBACH und René L. FREY (Hrsg.), Symposion in memoriam Edgar Salin. Basel 1975, 107–110.

BACKHAUS, Jürgen G., Die politische Ökonomie der Schutzzolltheorie, in: Jürgen G. BACKHAUS (Hrsg.), Studien zur Entwicklung der ökonomischen Theorie. Bd. X. Berlin 1990, 103–114.

BARALDI, Claudio, CORSI, Giancarlo und ESPOSITO, Elena, GLU: Glossar zu Niklas Luhmanns Theorie sozialer Systeme. Frankfurt a. M. 1997.

BAUDRAZ, Annette, Julius Landmann (1877–1931). Législateur du Prince. Mémoire de licence universite de Lausanne (als Manuskript). Lausanne 1997.

BAUER, Stephan, L'office international du travail: Son organisation et son but: Discours, prononcé le 25 juin 1901 au sein de la section locale bernoise de l'Association suisse pour l'avancement de la protection internationale des ouvriers. Zürich 1901.

BECK, Hermann, The fatefull alliance: German conservatives and Nazis in 1933: the 'Machtergreifung' in a new light. New York [u.a.] 2008.

BECKERATH, Erwin von, Lynkeus: Gestalten u. Probleme aus Wirtschaft und Politik. Tübingen 1962.

BECKER, Frank und REINHARDT-BECKER, Elke, Systemtheorie. Eine Einführung für die Geschichts- und Kulturwissenschaften. Frankfurt a. M. [u.a.] 2001.

BECKER, Frank, Geschichte und Systemtheorie: Exemplarische Fallstudien. New York 2004.

BECKMANN, Ulf, Von Löwe bis Leontief: Pioniere der Konjunkturforschung am Kieler Institut für Weltwirtschaft (Beiträge zur Geschichte der deutschsprachigen Ökonomie 15). Marburg 2000.

BELLOC, Hilaire, Der Sklavenstaat, hrsg. von Arthur SALZ. Berlin [u.a.] 1925.

BELOW, Georg v., Zur Stellung G. Schmollers in der Geschichte der Nationalökonomie, in: Schmollers Jahrbuch 48 (1924), 315–319.

BENEDICT, Ruth, Chrysantheme und Schwert: Formen der japanischen Kultur. Übersetzt von Jobst-Mathias SPANNAGEL. Frankfurt am Main 2006.

BERG, Nicolas, Ökonomie und Kollektivität. Fragen zur Metaphorisierung von Judentum in nationalökonomischen Schriften um 1900, in: Raphael GROSS und Yfaat WEISS (Hrsg.), Jüdische Geschichte als Allgemeine Geschichte. Göttingen 2006, 49–75.

BERTRAM, Ernst, Nietzsche. Versuch einer Mythologie. Berlin 1918.

BEßLICH, Barbara, Der deutsche Napoleon-Mythos: Literatur und Erinnerung. Darmstadt 2007.

BEßLICH, Barbara, Wege in den „Kulturkrieg“: Zivilisationskritik in Deutschland 1890–1914. Darmstadt 2000.

BESTERS, Hans (Hrsg.), Die Bedeutung Friedrich Lists in Vergangenheit und Gegenwart (Gespräche der List Gesellschaft e.V. N.F. Bd 12). Baden-Baden 1990.

BINSWANGER, Hans Christoph, Goethe als Ökonom. Chancen und Gefahren der modernen Wirtschaft im Spiegel von Goethes Dichtung, in: Bertram SCHEFOLD (Hrsg.), Studien zur Entwicklung der ökonomischen Theorie. Bd. XI. Berlin 1992, 109–131.

BLAICH, Fritz, [Rezension zu] Singer, Kurt, The Idea of Conflict, Basel 1973, in: Vierteljahresschrift für Sozial- und Wirtschaftsgeschichte 63 (1976), 507–508.

BLOCH, Kurt, [Rezension zu] Salin, Edgar, Geschichte der Volkswirtschaftslehre, in: Archiv für Politik und Geschichte 2 (1924), 624–627.

BLOMERT, Reinhard, Arthur Salz, in: Harald HAGEMANN und Claus Dieter KROHN (Hrsg.), Biographisches Handbuch der deutschsprachigen wirtschaftswissenschaftlichen Emigration nach 1933. Bd. 2. München 1999, 600–603.

BLOMERT, Reinhard, Edgar Salin, in: Ruperto Carola. Heidelberger Universitätshefte 85, 44 (1992, Juli), 155–157.

BLOMERT, Reinhard, EßLINGER, Hans Ulrich und GIOVANNI, Norbert, Einleitung, in: DIES. (Hrsg.), Heidelberger Sozial- und Staatswissenschaften: Das Institut für Sozial- und Staatswissenschaften zwischen 1918 und 1958. Marburg 1997, 11–23.

BOCKELMANN, Werner, HILLEBRECHT, Rudolf und LEHR, Albert Maria, Die Stadt zwischen Gestern und Morgen. Planung, Verwaltung, Baurecht und Verkehr. Mit einem Geleitwort von Edgar Salin (Sonderreihen d. List Gesellschaft e.V., Sonderreihe 1: Stimmen der Praxis. Bd. 2). Basel u. Tübingen 1961.

BÖHLER, E., [Rezension zu] Landmann, Julius, Der Schweizerische Kapitalexport, in: Weltwirtschaftliches Archiv 10 (1917), 125–126.

BÖHM-BAWERK, Eugen von, Macht oder ökonomisches Gesetz?, in: Zeitschrift für Volkswirtschaft, Sozialpolitik und Verwaltung 23 (1914), 205–271.

BÖHM, Franz, LUTH, Friedrich und MEIER, Fritz W., Das Ordovorwort, in: Ordo. Jahrbuch für die Ordnung in Wirtschaft und Gesellschaft 12 (1960/61), XXXI–XLVIII.

BOEHRINGER, Robert, Cortesia del Cuore in der Divina Commedia, in: Erwin von BECKERATH, Heinrich POPITZ und Hans Georg SIEBACK (Hrsg.), Antidoron. Edgar Salin zum 70. Geburtstag. Tübingen 1962, 258–271.

BOEHRINGER, Robert, Das Leben von Gedichten. Breslau 1932.

BOEHRINGER, Robert, Ewiger Augenblick. Düsseldorf [u.a.] 1965.

BOEHRINGER, Robert, Mein Bild von Stefan George. Textband und Tafelband. 2. Aufl. Düsseldorf u. München 1968.

BÖSCHENSTEIN, Bernhard, EGYPTIEN, Jürgen, SCHEFOLD, Bertram (Hrsg.), Wissenschaftler im George-Kreis. Die Welt des Dichters und der Beruf der Wissenschaft. Berlin [u.a.] 2005.

BOESE, Franz, Geschichte des Vereins für Sozialpolitik 1872–1932. Berlin 1939.

BOLLENBECK, Georg, Eine Geschichte der Kulturkritik: Von J. J. Rousseau bis G. Anders, München 2007.

BONNIOT, Béatrice, Die Republik, eine „Notlösung"? Der preußische Kultusminister Carl Heinrich Becker im Dienste des Weimarer Staates (1918–1933), in: Andreas WIRSCHING und Jürgen EDER (Hrsg.), Vernunftrepublikanismus in der Weimarer Republik: Politik, Literatur, Wissenschaft. Stuttgart 2008, 299–309.

BORCHARDT, Knut und SCHÖTZ, H.O. (Hrsg.), Wirtschaftspolitik in der Krise. Die (Ge-heim-) Konferenz der Friedrich List-Gesellschaft im September 1931 über Möglichkeiten und Folgen einer Kreditausweitung (Monographien der List Gesellschaft e.V. Neue Folge. Bd. 13). Baden-Baden 1991.

BORCHARDT, Rudolf, Briefe, bearbeitet von Gerhard Schuster. Bd. 1 1895–1906, Bd. 2 1907–1913. München 1992.

BORCHARDT, Rudolf, Intermezzo, in: Rudolf Borchardt: Prosa I. Textkritisch revidierte, chronologisch geordnete und erweiterte Neuedition, hrsg. von Gerhard SCHUSTER. Stuttgart 1957, 105–138.

BOSWORTH, Richard J. B., Mussolini's Italy: life under the dictatorship, 1915–1945. New York 2006.

BRANDT, Karl, Entwicklungslinien der deutschen Volkswirtschaftslehre in der ersten Hälfte des zwanzigsten Jahrhunderts, in: Jahrbücher für Nationalökonomie und Statistik 206, 4–5 (1989), 295–306.

BRASCH, Hans, Die Verstreuten. Ein Gespräch 1943, in: Castrum Peregrini 60 (1963), 29–36.

BRAUNGART, Wolfgang, Ästhetischer Katholizismus. Stefan Georges Rituale der Literatur (Communicatio Bd. 15). Tübingen 1997.

BRENNER, Wolfgang, Walther Rathenau: Deutscher und Jude. München 2007.

BREUER, Stefan, Anatomie der konservativen Revolution. Darmstadt 1995.

BREUER, Stefan, Ästhetischer Fundamentalismus. Stefan George und der deutsche Antimodernismus. Lizenzausg. Darmstadt 1996.

BREUER, Stefan, Die Völkischen in Deutschland: Kaiserreich und Weimarer Republik. Darmstadt 2008.

BREYSIG, Kurt und GEORGE, Stefan, Kurt Breysig – Stefan George. Gespräche – Dokumente, in: Castrum Peregrini 42 (1960).

BREYSIG, Kurt, Die schöpferische Macht der Wissenschaft, in: DERS, Das Recht auf Persönlichkeit und seine Grenzen. Berlin 1944, 115–142, oder leicht gekürzt in: BREYSIG, Kurt und GEORGE, Stefan, Kurt Breysig – Stefan George. Gespräche – Dokumente, in: Castrum Peregrini 42 (1960), 91–105.

BRINTZINGER, Klaus-Rainer, Die Nationalökonomie an den Universitäten Freiburg, Heidelberg und Tübingen 1918–1945. Eine institutionenhistorische, vergleichende Studie der wirtschaftswissenschaflichen Fakultäten und Abteilungen südwestdeutscher Universitäten (Hohenheimer volkswirtschaftliche Schriften. Bd. 21). Frankfurt a. M. [u.a.] 1996.

BRUCKNER, Albert, Neue Schweizer Biographie = Nouvelle Biographie Suisse = Nuova biografia svizzera. Basel 1938.

BRÜGELMANN, Hermann, Politische Ökonomie in kritischen Jahren. Die Friedrich List-Gesellschaft e.V. von 1925–1935. Mit einer Einleitung von Edgar Salin, in memoriam Bernhard Harms. Tübingen 1956.

BRUMLIK, Micha, Die Ikonisierung Stauffenbergs. Stefan George, Karl Wolfskehl und das „Geheime Deutschland“, in: Blätter für deutsche und internationale Politik 52, 10 (2007), 1209–1220.

BÜRGIN, Alfred, „Ökonomie ist Kulturwissenschaft“. Interview mit Alfred Bürgin über Edgar Salin, in: Basler Zeitung 34 (1992, 10. Februar), 3.

BÜRGIN, Alfred, Zur Soziogenese der politischen Ökonomie: wirtschaftsgeschichtliche und dogmenhistorische Betrachtungen, 2. Aufl. Marburg 1996.

BURCHARD, Hans-Joachim und MÜLLER-MICHAELIS, Wolfgang, Europas Energiestruktur im Wandel. Mit einem Vorwort von Edgar Salin (Sonderreihen d. List Gesellschaft e.V., Sonderreihe 1: Stimmen der Praxis. Bd. 4). Basel u. Tübingen 1967.

BURCKHARDT, Helmut, Der Energiemarkt in Europa. Mit einem Vorwort von Edgar Salin (Sonderreihen d. List Gesellschaft e.V., Sonderreihe 1: Stimmen der Praxis. Bd. 3). Tübingen 1963.

BÜRGIN, Alfred, Zur Soziogenese der politischen Ökonomie: wirtschaftsgeschichtliche und dogmenhistorische Betrachtungen, 2. Aufl. Marburg 1996.

BUSSE, Adolf, [Rezension zu] Salin, Edgar, Platon und die griechische Utopie, in: Preussische Jahrbücher 188 (1922), 103–104.

CAREY, John, Hass auf die Massen: Intellektuelle 1880–1939. Göttingen 1996.

CASSEL, Gustav, Theoretische Sozialökonomie. Leipzig 1918.

CASSIRER, Ernst, Zur Logik der Kulturwissenschaften. Fünf Studien. Darmstadt 1961.

COLM, Gerhard und NEISSER, Hans, Kapitalbildung und Steuersystem. Verhandlungen und Gutachten der Konferenz von Eilsen, Bd. I und II. Berlin 1930.

COLM, Gerhard, Julius Landmann, in: Frankfurter Zeitung 859 (1931, 18. November).

CURTIUS, Ernst Robert, Max Weber über Wissenschaft als Beruf, in: Die Arbeitsgemeinschaft. Monatsschrift für das gesamte Volksschulwesen 1 (1919/20), 197–203.

CURTIUS, Ernst Robert, Stefan George im Gespräch, in: DERS. (Hrsg.), Kritische Essays zur europäischen Literatur. Bern 1950, 138–157.

DÄBRITZ, Walter, [Rezension zu] Singer, Kurt, Staat und Wirtschaft seit dem Waffenstillstand, in: Zeitschrift für die gesamte Staatswissenschaft 81 (1926), 179.

DAHMS, Hans-Joachim und NEUMANN, Michael, Sozialwissenschaftler und Philosophen in der Münchener Räterepublik, in: Carsten KLINGEMANN, Michael NEUMANN und Karl-Siegbert REHBERG (Hrsg.), Jahrbuch für Soziologiegeschichte 1992. Opladen 1994, 115–146.

DAVID, Claude, Le „Jahrbuch“ für die Geistige Bewegung (1910–1911), in: Etudes Germaniques (1955), 276–299.

DELEUZE, Gilles, Henri Bergson zur Einführung. Herausgegeben und übersetzt von Martin Weinmann (Zur Einführung Bd. 236). 3. Aufl. Hamburg 2001.

DEMM, Eberhard, Ein Liberaler in Kaiserreich und Republik. Der politische Weg Alfred Webers bis 1920 (Schriften des Bundesarchivs. Bd. 38). Boppard am Rhein 1990.

Deutsches Pressemuseum Hamburg, Presseschau! 400 Jahre Zeitungen in Hamburg. Hamburg 2006.

Die rechts- und staatswissenschaftliche Fakultät der deutschen Universität in Prag, Über den Angriff Professor Dr. Max Webers gegen Professor Dr. Paul Sander, in: Schmollers Jahrbuch 38 (1914), 555–571.

DIETZE, Constantin von, Lieber Freund Salin! in: Erwin von BECKERATH, Heinrich POPITZ und Hans Georg SIEBACK (Hrsg.), Antidoron. Edgar Salin zum 70. Geburtstag. Tübingen 1962, 6–10.

DRÜLL-ZIMMERMANN, Dagmar, Heidelberger Gelehrtenlexikon. 1803–1932. Berlin 1986.

DÜE, Thomas, Fortschritt und Werturteilsfreiheit: Entwicklungstheorien in der historischen Nationalökonomie des Kaiserreichs. Bielefeld 2001.

DÜREN, Albrecht, Schlusswort des Schriftführers der List Gesellschaft, in: Gottfried BOMBACH und René L. FREY (Hrsg.), Symposion in memoriam Edgar Salin. Basel 1975, 43–44.

DUMONT, Louis, Individualismus: Zur Ideologie der Moderne. Paris 1991.

DUPEUX, Louis, ‚Kulturpessimismus‘, Konservative Revolution und Modernität, in: Manfred GANGL und Gérard RAULET (Hrsg.), Intellektuellendiskurse in der Weimarer Republik. Zur politischen Kultur einer Gemengelage. Frankfurt u. New York 1994, 287–299.

DURZAK, Manfred, Stefan George und die Familie Landmann, in: Gert MATTENKLOTT (Hrsg.), „Verkannte Brüder“?: Stefan George und das deutsch-jüdische Bürgertum zwischen Jahrhundertwende und Emigration. New York [u.a.] 2001, 153–161.

ECKERT, Christian, Nachruf auf Julius Landmann, in: Schriften des Vereins für Socialpolitik 1 (1932), 5–8.

EGYPTIEN, Jürgen, Georges Haltung zum Judentum, in: Gert MATTENKLOTT, Michael PHILIPP und Julius H. SCHOEPS (Hrsg.), „Verkannte brüder“? Stefan George und das deutsch-jüdische Bürgertum zwischen Jahrhundertwende und Emigration. New York [u.a.] 2001, 15–29.

EICHENGREEN, Barry, Golden Fetters. The gold standard and the great depression, 1919–1939. Oxford 1992.

EICK, Hugo, Das Erbe des Rokoko, in: Jahrbuch für die geistige Bewegung, 1 (1910), 118–127.

EINZIG, Paul, Primitive money. In its ethnological, historical and economic aspects. London 1949.

EISERMANN, Gottfried, Friedrich Lists Lebenswerk, in: Bertram SCHEFOLD (Hrsg.), Studien zur Entwicklung der ökonomischen Theorie. Bd. X. Berlin 1990, 11–62.

EISERMANN, Gottfried, Wirtschaft und Gesellschaft im klassischen französischen Roman, in: Bertram SCHEFOLD (Hrsg.), Studien zur Entwicklung der ökonomischen Theorie. Bd. XI. Berlin 1992, 133–190.

ELLIS, Howard Sylvester, German monetary theory 1905–1933 (Harvard economic Studies Vol. 44). Cambridge Massachusetts 1934.

ESCHBACH-SZABO, Viktoria, Kamakura und Athen, in: Achim ESCHBACH, Viktoria ESCHBACH-SZABO und Nobu IKEDA (Hrsg.), Interkulturelle Singer-Studien: Zu Leben und Werk Kurt Singers. München 2002, 161–182.

ESCHBACH, Achim, Scienza nuova und Semiotik, in: Achim ESCHBACH, Viktoria ESCHBACH-SZABO und Nobu IKEDA (Hrsg.), Interkulturelle Singer-Studien: Zu Leben und Werk Kurt Singers. München 2002, 381–402.

ESCHBACH, Achim, ESCHBACH-SZABO, Viktoria und IKEDA, Nobu (Hrsg.), Interkulturelle Singer-Studien: Zu Leben und Werk Kurt Singers. München 2002.

ESCHENBACH, Gunilla und SCHÖNHÄRL, Korinna, Elisabeth Salomon, in: Achim AURNHAMMER, Wolfgang BRAUNGART, Stefan BREUER und Ernst OSTERKAMP (Hrsg.), Stefan George und sein Kreis. Ein Handbuch zu Leben und Werk Stefan Georges, zu den Mitgliedern seines Kreises und zu dessen Wirkung. Voraussicht. 2010 (im Druck).

ESSER, Hans A., Macht oder ökonomisches Gesetz: Zur wert- und verteilungstheoretischen Kontroverse zwischen Rudolf Stolzmann und Eugen von Böhm-Bawerk. Köln 1971.

EULENBURG, F., [Rezension zu] Moriz-Eichborn, Kurt, Das Soll und Haben von Eichborn & Co. in 175 Jahren und zu Landmann, Julius, Leu & Co 1755–1905, in: Jahrbuch für Nationalökonomie und Statistik 3/F. 31, 86 (1906), 113–114.

FAULSTICH, Werner (Hrsg.), Die Kultur der zwanziger Jahre (Kulturgeschichte des zwanzigsten Jahrhunderts). Paderborn 2008.

FELDMAN, Gerald D., The great disorder: Politics, economics, and society in the German inflation, 1914–1924. Oxford 1993.

FISCHER, Wolfram, Friedrich List und seine Zeit, in: Hans BESTERS (Hrsg.), Die Bedeutung Friedrich Lists in Vergangenheit und Gegenwart (Gespräche der List Gesellschaft e. V. N.F. Bd. 12). Baden-Baden 1990, 20–46.

FISHER, Irving, The purchasing power of money: Its determination and relation to credit interest and crises. New York 1911, in der deutschen als FISHER, Irving, Die Kaufkraft des Geldes: Ihre Bestimmung und ihre Beziehung zu Kredit, Zins und Krisen, hrsg. von Harry G. BROWN, aus dem Englischen übersetzt von Ida Strecker. Berlin 1916.

FLOTOW, Paschen von, Geld, Wirtschaft und Gesellschaft: Georg Simmels Philosophie des Geldes. Frankfurt a. M. 1995.

FÖLLMER, Moritz, GRAF, Rüdiger und PER, Leo (Hrsg.), Die „Krise" der Weimarer Republik. Zur Kritik eines Deutungsmusters. Frankfurt u. New York 2005.

FÖLLMI, Anton, Edgar Salin – Aspekte aus seinem Leben und Denken. Vorlesungsskript, Senioren Universität Basel. 2004, Februar (aktualisiert im April 2006).

FÖLLMI, Anton, Edgar Salin – sein Leben und Denken, in: Georg KREIS (Hrsg.), Zeitbedingtheit – Zeitbeständigkeit. Professoren-Persönlichkeiten der Universität Basel. Basel 2002, 75–95.

FÖLLMI, Anton, Salin, Edgar Bernhard Jacques, in: Neue Deutsche Biographie, hrsg. von der historischen Kommission bei der Bayerischen Akademie der Wissenschaften, Bd. 22. Berlin 2005, 372f.

FOSTER, John Bellamy und HEININGER, Horst, Geschichte der Imperialismus- und Monopoltheorie. Hamburg 2002.

FRANKEL, Richard E., Bismarck´s shadow: The cult of leadership and the transformation of German right, 1898–1945. New York 2005.

FRENZEL, Helmut, George-Kreis und Geschichtswissenschaft. Darstellung und Kritik der Auffassung des George-Kreises vom geschichtlichen Erkennen, Waldenburg in Sachsen 1932.

FRIEDEMANN, Heinrich, Platon, seine Gestalt. Berlin 1914.

FRIEDRICH, Ernst, [Rezension zu] Salin, Edgar: Die wirtschaftliche Entwicklung von Alaska (und Yukon Territory), in: Weltwirtschaftliches Archiv 9 (1917), 337–340.

FRIED, Johannes, George und seine Juden. Vortragsmanuskript (unpubliziert). Heidelberg 2008.

FRIED, Johannes, Zwischen „Geheimem Deutschland" und „geheimer Akademie der Arbeit". Der Wirtschaftswissenschaftler Arthur Salz, in: Barbara SCHLIEBEN, Olaf SCHNEIDER und Kerstin SCHULMEYER (Hrsg.), Geschichtsbilder im George-Kreis: Wege zur Wissenschaft. Göttingen 2004, 249–302.

FRITZSCHE, Peter, Landscape of Danger, Landscape of Design. Crisis and Modernism in Weimar Germany, in: Thomas W. KNIESCHE und Stephen BROCKMANN (Hrsg.), Dancing on the Volcano. Essays on the Culture of the Weimar Republic. Columbia 1994, 29–46.

FUCHS, Harald, [Rezension zu] Salin, Edgar, Civitas Dei, in: Gnomon (1927), 43–47.

GALL, Lothar, Walther Rathenau: Portrait einer Epoche. München 2009.

GALLUS, Alexander, Von Heinemann bis Havemann. Dritte Wege in Zeiten des Kalten Krieges, in: Deutschland Archiv. Zeischrift für das vereinigte Deutschland 3, 40 (2007), 422–430.

GAMPER, Michael, Masse lesen, Masse schreiben: Eine Diskurs- und Imaginationsgeschichte der Menschenmenge 1765–1930. München 2007.

GAY, Peter, Die Republik der Aussenseiter: Geist und Kultur in der Weimarer Zeit, 1918–1933. Frankfurt a. M. 1970.

GEBAUER, Wolfgang, Geld und Währung. 2. Aufl. Frankfurt a. M. 2004.

GEERING, Traugott, Zum Abschied von der Schweiz, in: Zeitschrift für schweizerische Statistik und Volkswirtschaft 63, 5 (1927), 551–561.

GEORGE, Stefan und KLEIN, Carl August, Blätter für die Kunst. Bd. 1: Eine Auslese aus den Jahren 1892–1898, Berlin 1899; Bd. 2: 1898–1904, Berlin 1904; Bd. 3: 1904–1909, Berlin 1909.

GEORGE, Stefan und WOLFSKEHL, Karl, Goethe (Deutsche Dichtung, Bd. II). Berlin 1902.

GEORGE, Stefan und GUNDOLF, Friedrich, Briefwechsel, hrsg. von Robert BOEHRINGER, München [u.a.] 1962.

GEORGE, Stefan und WOLTERS, Friedrich, Briefwechsel 1904–1930, hrsg. von Michael PHILIPP, in: Castrum peregrini 233–235 (1998).

GEORGE, Stefan, Sämtliche Werke in 18 Bänden, Bd. 1–14. Stuttgart 1982–2008.

GERHARDT, Uta, Zäsuren und Zeitperspektiven. Überlegungen zu „Wertfreiheit" und „Objektivität" als Problemen der Wissenschaftsgeschichte, in: Rüdiger VOM BRUCH, Uta GERHARDT, Alexandra PAWLICZEK (Hrsg.), Kontinuitäten und Diskontinuitäten in der Wissenschaftsgeschichte des 20. Jahrhunderts. Stuttgart 2006, 39–67.

GERLOFF, Wilhelm, Die Entstehung des Geldes und die Anfänge des Geldwesens. 3. Aufl. Frankfurt a. M. 1947.

GERSTNER, Alexandra, Neuer Adel: Aristokratische Elitekonzeptionen zwischen Jahrhundertwende und Nationalsozialismus. Darmstadt 2008.

GEYER, Martin H., „Die Gleichzeitigkeit des Ungleichzeitigen". Zeitsemantik und die Suche nach Gegenwart in der Weimarer Republik, in: Wolfgang HARDTWIG (Hrsg.), Ordnungen in der Krise: Zur politischen Kulturgeschichte Deutschlands 1900–1933. München 2007, 165–187.

GIBLIN, L.F., The Dyason Foundation. For the study of Psychology of Conflict, in: The Australian Outlook 4, 2 (1950, Juni), 77–79.

GIDDENS, Anthony, Konsequenzen der Moderne. Frankfurt a. M. 1996.

GIERSCH, Herbert und BORCHARDT, Knut, Diagnose und Prognose als wirtschaftswissenschaftliche Methodenprobleme (Schriften des Vereins für Socialpolitik N.F. Bd. 25). Berlin 1962.

GILMAN, Sander L. und KÖNIG, Isabella, Jüdischer Selbsthaß: Antisemitismus und die verborgene Sprache der Juden. Frankfurt a. M. 1993.

GLESKE, Leonhard, Nationale Geldpolitik auf dem Wege zur europäischen Währungsunion, in: Deutsche Bundesbank Frankfurt am Main (Hrsg.), Währung und Wirtschaft in Deutschland 1876–1975. Frankfurt a. M. 1976, 745–788.

GOLDBERG, Ann, The Black Jew with the Blonde Heart: Friedrich Gundolf, Elisabeth Salomon, and conservative Bohemianism in Weimar Germany, in: The Journal of Modern History 79 (2007, Juni), 306–334.

GRAF, Rüdiger, Die Mentalisierung des Nirgendwo und die Transformation der Gesellschaft. Der theoretische Utopiediskurs in Deutschland 1900–1933, in: Wolfgang HARDTWIG und Philip CASSIER (Hrsg.), Utopie und politische Herrschaft im Europa der Zwischenkriegszeit. München 2003, 145–173.

GRAF, Rüdiger, Optimismus und Pessimismus in der Krise – der politisch-kulturelle Diskurs in der Weimarer Republik, in: Wolfgang HARDTWIG (Hrsg.), Ordnungen in der Krise: Zur politischen Kulturgeschichte Deutschlands 1900–1933. München 2007, 115–140.

GRAF, Rüdiger, Die Zukunft der Weimarer Republik: Krisen und Zukunftsaneignungen in Deutschland 1918–1933. (Ordnungssysteme 24) München 2008.

GRASSL, Basilius Franz, Geschichte und Beschreibung des Stiftes Tepl. 2. Aufl. Pilsen 1929.

GREEN, Roy, Real bill doctrine, in: John EATWELL, Murray MILGATE und Peter NEWMAN (Hrsg.), The New Palgrave: A Dictionary Of Economics - Vol. 4, Q-Z. London, New York u. Tokio 1996, 101–102.

GRETZ, Daniela, Die deutsche Bewegung: Der Mythos von der ästhetischen Erfindung der Nation. München 2007.

GRIESECKE, Birgit, Singer und Wittgenstein. Über Gewinn und Gefahr „synoptischer Darstellung", in: Achim ESCHBACH, Viktoria ESCHBACH-SZABO und Nobu IKEDA (Hrsg.), Interkulturelle Singer-Studien: Zu Leben und Werk Kurt Singers. München 2002, 327–350.

GRIFFIN, Roger, Modernism and Fascism. The Sense of Beginning under Mussolini and Hitler. New York [u.a.] 2007.

GRIMMER-SOLEM, Erik, The rise of historical economics and social reform in Germany 1864–1894. Oxford 2003.

GRÖZINGER, Karl Erich, Jüdisches Denken. Theologie, Philosophie, Mystik. Bd. 2: Von der mittelalterlichen Kabbala zum Hasidismus. Frankfurt a. M. 2005.

GROPPE, Carola, Widerstand oder Anpassung? Der George-Kreis und das Entscheidungsjahr 1933, in: Günther Rüther (Hrsg.), Literatur in der Diktatur. Schreiben im Nationalsozialismus und DDR-Sozialismus. Paderborn [u.a.] 1997, 59–92.

GROPPE, Carola, Die Macht der Bildung. Das deutsche Bürgertum und der George-Kreis 1890–1933. Köln, Weimar u. Wien 2001.

GROPPE, Carola, Konkurrierende Weltanschauungsmodelle im Kontext von Kreisentwicklung und Außenwirkung des George-Kreises: Friedrich Gundolf – Friedrich Wolters, in: Wolfgang BRAUNGART, Ute OELMANN und Bernhard BÖSCHENSTEIN (Hrsg.), Stefan George: Werk und Wirkung seit dem „Siebenten Ring". Tübingen 2001, 265–282.

GROPPE, Carola, Bürgerliche Lebensführung im Zeichen der Balance, in: Roman KÖSTER, Werner PLUMPE, Bertram SCHEFOLD und Korinna SCHÖNHÄRL (Hrsg.), Das Ideal des schönen Lebens und die Wirklichkeit der Weimarer Republik. Vorstellungen von Staat und Gemeinschaft im George-Kreis. Berlin 2009, 137–150.

GROSSEKETTLER, Heinz, Adolf Lampe, die Transformationsprobleme zwischen Friedens- und Kriegswirtschaften und die Arbeitsgemeinschaft Erwin von Beckerath, in: http://miami.uni-muenster.de/servlets/DerivateServlet/Derivate-2693/DB361AdolfLampe.pdf vom 17.05.2008.

GRÜNEWALD, Eckhart, Ernst Kantorowicz und Stefan George: Beiträge zur Biographie des Historikers bis zum Jahre 1938 und zu seinem Jugendwerk „Kaiser Friedrich der Zweite". Wiesbaden 1982.

GUEX, Sébastian, L'introduction du droit de timbre fédéral sur les coupons 1919–1921, in: Sébastian GUEX, Martin KÖRNER und Jakob TANNER (Hrsg.), Staatsfinanzierung und Sozialkonflikte (14.–20. Jh.). Zürich 1994, 209–239.

GUEX, Sébastian, « Est-il encore possible de vivre heureux dans notre patrie? » Spendeurs et misères d'un expert financier du Conseil fédéral: l'éviction de Julius Landmann (1914–1922), in: Schweizerische Zeitschrift für Geschichte, revue suisse d'Histoire 45, 3 (1995), 398–414.

GUNDOLF, Ernst, Über Stil, in: Jahrbuch für die geistige Bewegung 2 (1911), 116–122.

GUNDOLF, Ernst, Die Philosophie Henri Bergsons, in: Jahrbuch für die geistige Bewegung 3 (1912), 32–92.

GUNDOLF, Friedrich, Gefolgschaft und Jüngertum, in: Carl KLEIN (Hrsg.), Blätter für die Kunst. Eine Auslese aus den Jahren 1904–1909. Berlin 1909, 114–118.

GUNDOLF, Friedrich und WOLTERS, Friedrich, Jahrbuch für die geistige Bewegung. Bd. 1–3. Berlin 1910–1912.

GUNDOLF, Friedrich, Das Bild Georges, in: Jahrbuch für die geistige Bewegung 1 (1910), 19–48.

GUNDOLF, Friedrich, Hölderlins Archipelagus. Heidelberg 1911.

GUNDOLF, Friedrich, Wesen und Beziehung, in: Jahrbuch für die geistige Bewegung 2 (1911), 10–35.

GUNDOLF, Friedrich und WOLTERS, Friedrich, Einleitung der Herausgeber, in: Jahrbuch für die geistige Bewegung 3 (1912), III–VIII.

GUNDOLF, Friedrich, Vorbilder, in: Jahrbuch für die geistige Bewegung 3 (1912), 1–20.

GUNDOLF, Friedrich, Goethe. 5. Aufl. Berlin 1918.

GUNDOLF, Friedrich, Dichter und Helden. Heidelberg 1921.

GUNDOLF, Friedrich, Shakespeare und der deutsche Geist. 6. unveränd. Aufl. Berlin 1922.

GUNDOLF, Friedrich, Gedichte. Berlin 1930.

GUNDOLF, Friedrich, STEINER, Herbert und CURTIUS, Ernst Robert, Briefwechsel, hrsg. von Wolfgang FROMMEL und Claus Victor BOCK. Amsterdam 1963.

GUNDOLF, Friedrich, Briefe: Neue Folge, hrsg. von Wolfgang FROMMEL und Claus Victor BOCK. Amsterdam 1965.

GUSY, Christoph (Hrsg.), Demokratisches Denken in der Weimarer Republik. Baden-Baden 2000.

GUSY, Christoph, Einleitung: Demokratisches Denken in der Weimarer Republik – Entstehungsbedingungen und Vorfragen, in: DERS. (Hrsg.), Demokratisches Denken in der Weimarer Republik. Baden-Baden 2000, 11–36.

GUSY, Christoph, Fragen an das „demokratische Denken" in der Weimarer Republik, in: DERS. (Hrsg.), Demokratisches Denken in der Weimarer Republik. Baden-Baden 2000, 635–663.

GYGAX, P., [Rezension zu] Landmann, Julius, Das schweizerische Bankgesetz, in: Jahrbücher für Nationalökonomie und Statistik 3/ F. 31, 86 (1906), 557–558.

HAASE, Christian und SCHILDT, Axel, Die Zeit und die Bonner Republik. Eine meinungsbildende Wochenzeitung zwischen Wiederbewaffnung und Wiedervereinigung. Göttingen 2008.

HABERLER, Gottfried, Die Weltwirtschaft und das internationale Währungssystem in der Zeit zwischen den beiden Weltkriegen, in: Deutsche Bundesbank Frankfurt am Main (Hrsg.), Währung und Wirtschaft in Deutschland 1876–1975. Frankfurt a. M. 1976, 205–248.

HAGEMANN, Harald, Sommer, Louise, in: Brigitta KEINTZEL und Ilse KOROTIN, Wissenschaftlerinnen in und aus Österreich. Leben – Werk – Wirken. Köln u. Weimar 2002, 690–695.

HAGEMANN, Harald, Volkswirtschaftslehre in den 1920er Jahren, in: Roman KÖSTER, Werner PLUMPE, Bertram SCHEFOLD und Korinna SCHÖNHÄRL (Hrsg.), Das Ideal des schönen Lebens und die Wirklichkeit der Weimarer Republik. Vorstellungen von Staat und Gemeinschaft im George-Kreis. Berlin 2009, 27–46.

HÄUSER, Karl, Das Ende der historischen Schule und die Ambiguität der deutschen Nationalökonomie in den zwanziger Jahren, in: Knut Wolfgang NÖRR, Bertram SCHEFOLD und Friedrich TENBRUCK (Hrsg.), Geisteswissenschaften zwischen Kaiserreich und Republik: Zur Entwicklung von Nationalökonomie, Rechtswissenschaft und Sozialwissenschaft im 20. Jahrhundert; aus den Arbeitskreisen „Methoden der Geisteswissenschaften" der Fritz-Thyssen-Stiftung. Stuttgart 1994, 47–74.

HÄUSER, Karl, Gründe des Niedergangs, Überlebendes und Überlebenswertes, in: M. BOCK, H. HOMANN und P. SCHIERA (Hrsg.), Gustav Schmoller heute: Die Entwicklung der Sozialwissenschaften in Deutschland und Italien. Berlin und Bologna 1989, 31–61.

HÄUSER, Karl, Deutsche Nationalökonomie in der Diaspora: Die dreißiger und vierziger Jahre bis Kriegsende, in: Karl ACHAM, Knut Wolfgang NÖRR und Bertram SCHEFOLD (Hrsg.), Erkenntnisgewinne, Erkenntnisverluste: Kontinuitäten und Diskontinuitäten in den Wirtschafts-, Rechts- und Sozialwissenschaften zwischen den 20er und 50er Jahren. Stuttgart 1998, 173–222.

HAHN, Ludwig Albert, Lieber Edgar Salin, in: Erwin von BECKERATH, Heinrich POPITZ und Hans Georg SIEBACK (Hrsg.), Antidoron. Edgar Salin zum 70. Geburtstag. Tübingen 1962, 15–18.

HAHN, Ludwig Albert, Geld und Gold. Vorträge und Aufsätze, 1962–1968. Mit einem Geleitwort von Edgar Salin (Veröffentlichungen der List Gesellschaft, Reihe B, Studien zur Ökonomik der Gegenwart. Bd. 64). Basel 1969.

HALLER, Heinz, Die Rolle der Staatsfinanzen für den Inflationsprozeß, in: Deutsche Bundesbank Frankfurt am Main (Hrsg.), Währung und Wirtschaft in Deutschland 1876–1975. Frankfurt a. M. 1976, 115–155.

HARADA, Tetsushi, Der andere Nachfolger der historischen Schule der deutschen Nationalökonomie: Edgar Salin im George-Kreis, in: Roman KÖSTER, Werner PLUMPE, Bertram SCHEFOLD und Korinna SCHÖNHÄRL (Hrsg.), Das Ideal des schönen Lebens und die Wirklichkeit der Weimarer Republik. Vorstellungen von Staat und Gemeinschaft im George-Kreis. Berlin 2009, 195–210.

HARDTWIG, Wolfgang, Ordnungen in der Krise: Zur politischen Kulturgeschichte Deutschlands 1900–1933. München 2007.

HARMS, Bernhard, [Rezension zu] Landmann, Julius, Die Arbeiterschutzgesetzgebung der Schweiz, in: Jahrbücher für Nationalökonomie und Statistik 3/ F. 30, 85 (1905), 272–273.

HATTORI, Fumio, Kurt Singers ‚Spiegel, Schwert und Edelstein' (Japanisch), in: Seminaristenhefte des Hattori-Seminars 122 (1994), 4.

HEARN, Lafcadio, Izumo: Blicke in das unbekannte Japan. Frankfurt a. M. 1907.

HEISE, Jens, Anmerkungen zur Semiotik Singers aus der Sicht der „Philosophie der symbolischen Formen", in: Achim ESCHBACH, Viktoria ESCHBACH-SZABO und Nobu IKEDA (Hrsg.), Interkulturelle Singer-Studien: Zu Leben und Werk Kurt Singers. München 2002, 109–118.

HELBING, Lothar und BOCK, Claus Victor, Stefan George. Dokumente seiner Wirkung aus dem Friedrich Gundolf Archiv der Universität London (Publications of the Institute of Germanic Studies University of London 18), in: Castrum Peregrini 111–113 (1964).

HELFFERICH, Karl, [Rezension zu] Landmann, Julius, Zur Abänderung des deutschen Bankgesetzes. Eine kritische Studie auf dem Gebiete der Bankpolitik, in: Jahrbücher für Nationalökonomie und Statistik 3/ F. 19, 2 (1900), 288–291.

HELFFERICH, Karl, [Rezension zu] Landmann, Julius, System der Diskontpolitik, in: Jahrbücher für Nationalökonomie und Statistik 3/ F. 22, 77 (1901), 284–285.

HELFFERICH, Karl, Das Geld. Leipzig 1903.

HERF, Jeffrey, Reactionary modernism. Technology, culture, and politics in Weimar and the Third Reich. Cambridge 1984.

HERKNER, Heinrich, [Rezension zu] Landmann, Julius: Die Arbeiterschutzgesetzgebung der Schweiz, in: Jahrbuch für Gesetzgebung, Verwaltung und Volkswirtschaft im Deutschen Reich 29 (1905), 787–788.

HERKNER, Heinrich, Zur Stellung G. Schmollers in der Geschichte der Nationalökonomie, in: Schmollers Jahrbuch 47 (1924), 3–10.

HERRMANN, Friedrich-Wilhelm von, Die zarte, aber helle Differenz. Heidegger und Stefan George. Frankfurt a. M. 1999.

HESSE, Jan-Otmar, Die Volkswirtschaftslehre der frühen Bundesrepublik. Strukturwandel und Semantik (Manuskript Habilitation). 2008.

HEUß, Ernst, Kontinuität und Diskontinuität in der Nationalökonomie nach dem 2. Weltkrieg: Ordoliberalismus versus Keynesianismus, in: Karl ACHAM, Knut Wolfgang NÖRR und Bertram SCHEFOLD (Hrsg.), Erkenntnisgewinne, Erkenntnisverluste: Kontinuitäten und Diskontinuitäten in den Wirtschafts-, Rechts- und Sozialwissenschaften zwischen den 20er und 50er Jahren. Stuttgart 1998, 331–355.

HIDEHARU, Ando, Die Interviews mit Else Jaffé, Edgar Salin und Helmuth Plessner über Max Weber 1969/70, in: Kölner Zeitschrift für Soziologie und Sozialpsychologie 55 (2003), 596–610.

HILDEBRANDT, Kurt, Hellas und Wilamowitz, in: Jahrbuch für die geistige Bewegung 1 (1910), 64–117.

HILDEBRANDT, Kurt, Romantisch und Dionysisch, in: Jahrbuch für die geistige Bewegung 2 (1911), 89–115.

HILDEBRANDT, Kurt, Romantisch und Dionysisch II, in: Jahrbuch für die geistige Bewegung 3 (1912), 115–131.

HILDEBRANDT, Kurt, [Rezension zu] Edith Landmann: Die Transcendenz des Erkennens. Berlin 1924.

HILDEBRANDT, Kurt, Erinnerungen an Stefan George und seinen Kreis. Bonn 1965.

HIMKA, John-Paul, Socialism in Galicia, the emergence of Polish social democracy and Ukrainian radicalism (1860–1890). Cambridge 1983.

HIPPEL, Ernst v., [Rezension zu] Salz, Arthur: Das Wesen des Imperialismus, in: Archiv des öffentlichen Rechts NF 23 (1933), 359.

HOCK, Sabine, Jacob Henry Schiff, in: Frankfurter Biographie. Personengeschichtliches Lexikon. Bd. 2. Frankfurt a. M. 1996, 277f.

HOCK, Wolfgang und RITTERSHAUSEN, Heinrich, Deutscher Antikapitalismus. Der ideologische Kampf gegen die freie Wirtschaft im Zeichen der grossen Krise (Veröffentlichungen des Instituts für Bankwirtschaft und Bankrecht an der Universität Köln, Wirtschaftswissenschaftliche Reihe. Bd. 9). Frankfurt a. M. 1960.

HOERES, Peter, Die Kultur von Weimar: Durchbruch der Moderne. Berlin 2008.

HÖFLER, Heinrich, [Rezension zu] Salin, Edgar, Civitas Dei, in: Blätter für Geisteskultur/ Beilage zum Pfälzer Boten, 6 (1926).

HOFFMANN, Peter, Claus Schenk Graf von Stauffenberg: Die Biographie. München 2007.

HOFFMANN, Peter, FIDORA, Alexander und NIEDERBERGER, Alexander, Thomas von Aquin: Kommentar zum Trinitätstraktat des Boethius I. (Herders Bibliothek der Philosophie des Mittelalters). Freiburg im Breisgau [u.a.] 2006.

HOFMANNSTHAL, Hugo von, Der Tod des Tizian. Leipzig 1892.

HOFMANNSTHAL, Hugo von, Gedichte und lyrische Dramen. Wien 1952.

HOLTFRERICH, Carl-Ludwig, Die deutsche Inflation 1914–1923: Ursachen und Folgen in internationaler Perspektive. New York 1980.

HÜBINGER, Gangolf, Individuum und Gesellschaft in der intellektuellen Streitkultur der 1920er Jahre, in: Roman KÖSTER, Werner PLUMPE, Bertram SCHEFOLD und Korinna SCHÖNHÄRL (Hrsg.), Das Ideal des schönen Lebens und die Wirklichkeit der Weimarer Republik. Vorstellungen von Staat und Gemeinschaft im George-Kreis. Berlin 2009, 3–13.

HUSSERL, Edmund, Die Krisis der europäischen Wissenschaften und die transzendentale Phänomenologie. Eine Einleitung in die phänomenologische Philosophie, hrsg. von Elisabeth STRÖKER (Philosophische Bibliothek 292). 3. Aufl. Hamburg 1996.

HUSSERL, Edmund, Die Krisis der europäischen Wissenschaften und die transzendentale Phänomenologie, hrsg. von Walter BIEMEL, Samuel IJSSELING, Herman Leo VAN BREDA, Rudolf BERNET (Husserliana: gesammelte Werke. Aufgrund des Nachlasses veröffentlicht vom Husserl-Archiv (Leuven) unter Leitung von Rudolf Bernet. Bd. 6). 2. Aufl. Den Haag 1962.

HUTTER, Michael, Organismus als Metapher in der deutschsprachigen Wirtschaftstheorie, in: Selbstorganisation. Jahrbuch für Komplexität in den Natur-, Sozial- und Geisteswissenschaften 3 (1992), 87–112.

HUTTER, Michael, Wie setzen sich Theorien durch? Zur Entwicklung deutschsprachiger Geldtheorien in der Zwischenkriegszeit, in: Christoph BUCHHEIM, Michael HUTTER und Harold JAMES (Hrsg.), Zerrissene Zwischenkriegszeit. Wirtschaftshistorische Beiträge. Knut Borchardt zum 65. Geburtstag. Baden-Baden 1994, 123–155.

IKEDA, Nobuo, Singer und Sosekis Kokoro – die Begegnung mit der japanischen Literatur, in: Achim ESCHBACH, Viktoria ESCHBACH-SZABO und Nobuo IKEDA (Hrsg.), Interkulturelle Singer-Studien: Zu Leben und Werk Kurt Singers. München 2002, 261–270.

IKEGAMI, Yoshihiko, Characterizing a Culture: Kurt Singer and his „Symbolic“ Approach, in: Achim ESCHBACH, Viktoria ESCHBACH-SZABO und Nobuo IKEDA (Hrsg.), Interkulturelle Singer-Studien: Zu Leben und Werk Kurt Singers. München 2002, 309–326.

IMMISCH, Otto, [Rezension zu] Salin, Edgar, Platon und die griechische Utopie, in: Vierteljahresschrift für Sozial- und Wirtschaftsgeschichte 16 (1922), 451–456.

IRMLER, Heinrich, Bankenkrise und Vollbeschäftigungspolitik (1931–1936), in: Deutsche Bundesbank Frankfurt am Main (Hrsg.), Währung und Wirtschaft in Deutschland 1876–1975. Frankfurt a. M. 1976, 283–330.

JAFFÉ VON RICHTHOFEN, Else, Lieber Edgar Salin, in: Erwin von BECKERATH, Heinrich POPITZ und Hans Georg SIEBACK (Hrsg.), Antidoron. Edgar Salin zum 70. Geburtstag. Tübingen 1962, 22–23.

JAHRAUS, Oliver, Nachwort. Zur Systemtheorie Niklas Luhmanns, in: Oliver JAHRAUS (Hrsg.), Niklas Luhmann. Aufsätze und Reden. Stuttgart 2001, 299–333.

JANSEN, Christian, Das Institut der Außenseiter. Inneruniversitäre Spannungen und Öffentlichkeit, in: Reinhard BLOMERT, Hans Ulrich EßLINGER und Norbert GIOVANNI (Hrsg.), Heidelberger Sozial- und Staatswissenschaften: Das Institut für Sozial- und Staatswissenschaften zwischen 1918 und 1958. Marburg 1997, 25–54.

JANSEN, Christian, Professoren und Politik: Politisches Denken und Handeln der Heidelberger Hochschullehrer 1914–1935. Göttingen 1992.

JANSSEN, Hauke, Nationalökonomie und Nationalsozialismus. Die deutsche Volkswirtschaftslehre in den dreißiger Jahren (Beiträge zur Geschichte der deutschsprachigen Ökonomie 10). Marburg 1998.

JAUN, Rudolf, Management und Arbeiterschaft: Verwissenschaftlichung, Amerikanisierung und Rationalisierung der Arbeitsverhältnisse in der Schweiz, 1873–1959. Zürich 1986.

JÖHR, Walter Adolf, Edgar Salin 1892–1974, in: Schweizerische Zeitschrift für Volkswirtschaft und Statistik 110 (1974), 265–269.

JOLLES, Frank, Die Entwicklung der wissenschaftlichen Grundsätze des ‚George-Kreis‘, in: Etudes Gérmaniques 22 (1967), 346–358.

KAEMMERER, G.H., Metallismus, Knapp und die Reichsbank, in: Bank-Archiv XIII, 19 (1914, 1. Juli), 317–320.

KAHLER, Erich, Das Geschlecht Habsburg. München 1919.

KAHLER, Erich, Der Beruf der Wissenschaft. Berlin 1920.

KAHLER, Erich, Judentum und Judenhass: Drei Essays. Wien 1991.

KAHN, Ernest, Jews in the Stefan Georges Circle, in: Year book of the Leo Baeck Institute 8 (1963), 171–183.

KANTOROWICZ, Ernst Hartwig, Kaiser Friedrich der Zweite. Berlin 1927.

KANTOROWICZ, Ernst Hartwig, Das Geheime Deutschland. Vorlesung, gehalten bei der Wiederaufnahme der Lehrtätigkeit am 14. November 1933. Edition von Eckhart Grünewald, in: Institute for advanced study Princeton. Johann Wolfgang Goethe-Universität Frankfurt (Hrsg.), Ernst Kantorowicz. Erträge der Doppeltagung. Stuttgart 1997, 77–93.

KANTORWICZ, Hermann (unter dem Pseudonym Kuno Zwymann) und GOESCH, H., Aesthetik der Lyrik. Das Georgesche Gedicht. 2. Aufl. Berlin 1904.

KANTOROWICZ, Hermann, Trauerrede auf Julius Landmann. Kiel 1932.

KARLAUF, Thomas, Stefan George: Die Entdeckung des Charisma. München 2007.

KASISCHKE, Daniela, Antisemitismus im Spiegel der Hamburger Presse während des Kaiserreichs (1884–1914). Hamburg 1997.

KAUFMANN, Franz-Xaver, Sozialpolitisches Denken. Die deutsche Tradition. Frankfurt a. M. 2003.

KEUTH, Herbert, Wissenschaft und Werturteil: Zu Werturteilsdiskussion und Positivismusstreit. Tübingen 1989.

KEYNES, John Maynard, A Tract on Monetary Reform. London 1923.

KEYNES, John Maynard, Allgemeine Theorie der Beschäftigung, des Zinses und des Geldes. München u. Leipzig 1936.

KEYNES, John Maynard, The economic consequences of the Peace (1919). (The Collected Writings of John Maynard Keynes. Bd. II). London 1971.

KEYNES, John Maynard, Einstein (The Collected Writings of John Maynard Keynes. Essays in Biography. Bd. X.) London 1972, 382–384.

KEYNES, John Maynard, The general theory of employment, interest and money. London 1936.

KIEL, Anna, Erich Kahler. Ein ‚uomo universale' des zwanzigsten Jahrhunderts – seine Begegnungen mit bedeutenden Zeitgenossen, vom Georgekreis, Max Weber bis Hermann Broch und Thomas Mann. Bern 1989.

KING, J.E., Kurt Singer, in: J.E. KING (Hrsg.), A Biographical Dictionary of Australian and New Zealand Economists. Cheltenham und Northampton 2007, 253–254.

KITAGAWA, Sakiko, Soziologische Ästhetik – Georg Simmel, Kurt Singer und Japan, in: Achim ESCHBACH, Viktoria ESCHBACH-SZABO und Nobuo IKEDA (Hrsg.), Interkulturelle Singer-Studien: Zu Leben und Werk Kurt Singers. München 2002, 271–294.

KLEINE-HARTLAGE, Michael, Der Währungsvertrag Schweiz-Liechtenstein. Mit einem währungsgeschichtlichen Rückblick und unter besonderer Berücksichtigung seiner Bedeutung für die Geschäftspolitik der liechtensteinischen Banken. Bamberg 1988.

KLOTEN, Norbert, Der Methodenpluralismus und das Verstehen, in: DERS. (Hrsg.), Systeme und Methoden in den Wirtschafts- und Sozialwissenschaften: Erwin Beckerath zum 75. Geburtstag. Tübingen 1964, 207–236.

KLOTEN, Norbert, Die List-Gesellschaft: Tradition und Verpflichtung, in: Deutsche Bundesbank. Auszüge aus Presseartikeln 29 (1984, 9. April), 1–8.

KNAPP, Georg Friedrich und BENDIXEN, Friedrich, Zur staatlichen Theorie des Geldes. Ein Briefwechsel 1905–1920, hrsg. von Kurt SINGER (Veröffentlichungen der List Gesellschaft 10). Basel 1958.

KNAPP, Georg Friedrich, Staatliche Theorie des Geldes. Leipzig 1905.

KÖHLER, Walther, [Rezension zu] Salin, Edgar, Civitas Dei, in: Zeitschrift für die gesamte Staatswissenschaft 82, 1 (1927), 151–159.

KÖPPE, H., [Rezension zu] Landmann, Julius, Die Kriegsfinanzen der Großmächte, in: Jahrbücher für Nationalökonomie und Statistik 3/F. 53, 108 (1917), 252–254.

KÖSTER, Roman und PLUMPE, Werner, Hexensabbat der Moderne. Max Webers Konzept der rationalen Wirtschaft im zeitgenössischen Kontext, in: WestEnd. Neue Zeitschrift für Sozialforschung 4, 2 (2007), 3–21.

KÖSTER, Roman, Technikkonzeptionen der Nationalökonomie in der Weimarer Republik, in: Prokla 145. Zeitschrift für kritische Sozialwissenschaft 36, 4 (2006), 563–582.

KÖSTER, Roman, Zwischen Theorie und Sozialphilosophie. Die Krise der Nationalökonomie in der Weimarer Republik (Manuskript Dissertation). 2008.

KÖSTER, Roman, PLUMPE, Werner, SCHEFOLD, Bertram und SCHÖNHÄRL, Korinna (Hrsg.), Das Ideal des schönen Lebens und die Wirklichkeit der Weimarer Republik. Vorstellungen von Staat und Gemeinschaft im George-Kreis. Berlin 2008.

KÖSTER, Roman, Universalismuskonzepte in der Nationalökonomie der Weimarer Republik, in: Roman KÖSTER, Werner PLUMPE, Bertram SCHEFOLD und Korinna SCHÖNHÄRL (Hrsg.), Das Ideal des schönen Lebens und die Wirklichkeit der Weimarer Republik. Vorstellungen von Staat und Gemeinschaft im George-Kreis. Berlin 2009, 47–61.

KOLB, Gerhard, Geschichte der Volkswirtschaftslehre. 2. Aufl. München 2004.

KOLK, Rainer, Das schöne Leben. Stefan George und sein Kreis in Heidelberg, in: Hubert TREIBER und Karol SAURLAND (Hrsg.), Heidelberg im Schnittpunkt intellektueller Kreise. Opladen 1995, 310–327.

KOLK, Rainer, Literarische Gruppenbildung. Am Beispiel des George-Kreises 1890–1945. Tübingen 1998.

KOLK, Rainer, „Verkannte brüder", „entjudete Juden". George-Kreis, deutsch-jüdisches Bürgertum und die politische Rechte 1918–1933, in: Gert MATTENKLOTT, Michael PHILIPP und Julius H. SCHOEPS (Hrsg.), „Verkannte brüder"? Stefan George und das deutsch-jüdische Bürgertum zwischen Jahrhundertwende und Emigration. New York [u.a.] 2001, 55–68.

KOPPER, Christopher, Hjalmar Schacht: Aufstieg und Fall von Hitlers mächtigstem Bankier. München [u.a.] 2006.

KOSELLECK, Reinhart, Erfahrungsraum und Erwartungshorizont – zwei historische Kategorien, in: Reinhart KOSELLECK (Hrsg.), Vergangene Zukunft. Zur Semantik geschichtlicher Zeiten. Frankfurt a. M. 1995, 349–375.

KRAFT, Werner, Stefan George. München 1980.

KRAUCAUER, Siegfried, Die Wissenschaftskrisis. Zu den grundsätzlichen Schriften Max Webers und Ernst Troeltschs, in: DERS. (Hrsg.), Das Ornament der Masse: Essays. Frankfurt a. M. 1977, 197–208.

KRAUSE, Detlef, Luhmann-Lexikon: Eine Einführung in das Gesamtwerk von Niklas Luhmann. 3. Aufl. Stuttgart 2001.

KROGMANN, Carl Vincent, Zur Regelung der Auslandsverschuldung, in: Wirtschaftsdienst 14 (1931, 3. April), 584–586.

KROHN, Claus-Dieter, Wirtschaftstheorien als politische Interessen. Die akademische Nationalökonomie in Deutschland 1918–1933 (Campus Forschung 226). Frankfurt a. M. [u.a.] 1981.

KROHN, Claus-Dieter, Ökonom wider Willen. Kurt Singers frühe intellektuelle Biographie, in: Achim ESCHBACH, Viktoria ESCHBACH-SZABO und Nobuo IKEDA (Hrsg.), Interkulturelle Singer-Studien: Zu Leben und Werk Kurt Singers. München 2002, 43–59.

KÜNG, Heinrich, Edgar Salin in der Erinnerung von Freunden und Schülern, in: Gottfried BOMBACH und René L. FREY (Hrsg.), Symposion in memoriam Edgar Salin. Basel 1975, 94–100.

KURLANDER, Eric, "I am no anti-semite, but I am also no Jew": German Liberalism and the "Jewish Question" in the Third Reich, in: GHI Bulletin 42 (2008), 49–63.

KURZ, Heinz D., Die deutsche theoretische Nationalökonomie zu Beginn des 20. Jahrhunderts zwischen Klassik und Neoklassik, in: Ökonomisches Denken in klassischer Tradition. Marburg 1998, 275–334.

KURZ, Heinz D., Joseph A. Schumpeter: Ein Sozialökonom zwischen Marx und Walras. Marburg 2005.

KUSAYANAGI, Daigoro, In Griechenland (Japanisch), in: Sekai 247 (1966), 235ff.

LANDFRIED, Klaus, Stefan George – Politik des Unpolitischen (Literatur und Geschichte Bd. 8). Heidelberg 1975.

LANDMANN, Edith, Analyse der ästhetischen Kontemplation (Malerei und Plastik), in: Zeitschrift für Psychologie und Physiologie der Sinnesorgane 28 (1901), 199–252.

LANDMANN, Edith, Georgika. Das Wesen des Dichters Stefan George: Umriss seines Werkes, Stefan George: Umriss seiner Wirkung. Heidelberg 1920.

LANDMANN, Edith, Die Transcendenz des Erkennens. Berlin 1923.

LANDMANN, Edith, Wissen und Werten, in: Schmollers Jahrbuch 54 (1930), 95–111.

LANDMANN, Edith, Die Lehre vom Schönen. Wien 1952.

LANDMANN, Edith, Gespräche mit Stefan George. Düsseldorf [u.a.] 1963.

LANDMANN, Edith, Eine Aufzeichnung aus dem Jahr 1948 über Assimilation und Zionismus, in: Emuna. Horizonte zur Diskussion über Israel und das Judentum 10 (1975), 45–48.

LANDMANN, Julius, Zur Abänderung des deutschen Bankgesetzes: Eine kritische Studie auf dem Gebiete der Bankpolitik. Leipzig 1899.

LANDMANN, Julius, Das Proportional-Wahlrecht, in: Die Zeit (Wien) XXV, 315 (1900, 13. Oktober), 17–19.

LANDMANN, Julius, Die Principien der Diskontpolitik. Bern 1900.

LANDMANN, Julius, Wahlreform in der Schweiz, in: Die Zeit (Wien) XXV, 318 (1900, 3. November).

LANDMANN, Julius, Die auswärtigen Kapitalanlagen aus dem Berner Staatsschatz im 18. Jahrhundert. Zürich 1903.

LANDMANN, Julius, Die Notenbankfrage in der Schweiz. Geschichte und gegenwärtiger Stand, in: Zeitschrift für Volkswirtschaft, Sozialpolitik und Verwaltung 12 (1903), 1–70.

LANDMANN, Julius und BLOCHER, Hermann, Die Belastung des Arbeitsbudgets durch den Alkoholgenuß. Eine sozialstatistische Studie auf dem Gebiete der Alkoholfrage. Basel 1903.

LANDMANN, Julius, Die Arbeiterschutzgesetzgebung der Schweiz. Basel 1904.

LANDMANN, Julius, Die Ausdehnung des Arbeiterschutzes in Frankreich, in: Archiv für Sozialwissenschaft und Sozialpolitik 19 (1904), 348–377.

LANDMANN, Julius, Zur Revision des Basler Arbeiterinnenschutz-Gesetzes. Vortrag (in vier Teilen), in: Basler Vorwärts, 57–60 (1904, 8.–11. März).

LANDMANN, Julius, Das schweizerische Bankgesetz: Untersuchungen zur Geschichte und Kritik der schweizerischen Notenbankgesetzgebung, insbesondere des Bundesgesetzes vom 6. Okt. 1905 über die schweizerische Nationalbank. Zürich 1905.

LANDMANN, Julius, Leu und Co. 1755–1905: Ein Beitrag zur Geschichte der öffentlichen und privaten Kreditorganisation. Zürich 1905.

LANDMANN, Julius, Die gesetzliche Beschränkung der Arbeitsdauer der in Handel und Industrie der Schweiz beschäftigten Arbeiter und Angestellten (Schweizerische Vereinigung für Förderung des Internationalen Arbeiterschutzes. Bd. 16). Bern 1906.

LANDMANN, Julius, Die Schweizerische Nationalbank, in: Zeitschrift für Volkswirtschaft, Sozialpolitik und Verwaltung 15 (1906), 187–201.

LANDMANN, Julius, Die währungspolitischen Aufgaben der Schweizerischen Nationalbank und deren Förderung durch den Bund. Bern 1907.

LANDMANN, Julius, Postscheck- und Giroverkehr der Schweiz, in: Schweizerische Blätter für Wirtschafts- und Sozialpolitik, 1 (1907), 37–47.

LANDMANN, Julius, Zur Abänderung des deutschen Bankgesetzes, in: Bank-Archiv 8 (1908/09), 56.

LANDMANN, Julius, Die Banken in der Schweiz, in: Handwörterbuch der Staatswissenschaften. Bd. 2. Jena 1909, 500–509.

LANDMANN, Julius, Die Finanzlage der Helvetischen Republik. Bern 1909.

LANDMANN, Julius, The Swiss banking law: Study and criticism of the Swiss Legislation respecting Banks of Issue, and especially of the Federal Act of October 6, 1905, concerning the Swiss National Bank (United States Congress, Senate Congress 61, Ses. 2, Doc. 401). Washington 1910.

LANDMANN, Julius, Gutachten zur Revision des Gesetzes betreff Errichtung einer Basler Kantonalbank. Basel 1911.

LANDMANN, Julius, Zur Entwicklungsgeschichte der Formen und der Organisation des öffentlichen Kredites, in: Finanzarchiv (1912), 1–69.

LANDMANN, Julius, Ratschlag betreffend die Errichtung von Fachkursen zur Ausbildung von Handelslehrern und Bücherrevisoren. Basel 1913.

LANDMANN, Julius und FREY, Julius, Rapport sur les moyens des banques pour soutenir et faciliter l'exportation de la Suisse, in: Vereinigung von Vertretern des Schweizerischen Bankgewerbes: Procès-verbal de la assemblée générale de l'Association des Représentants de la Banque en Suisse (Hrsg.), Basel 1913, 3–25.

LANDMANN, Julius, Die Diskontierung offener Buchforderungen, in: Zeitschrift für schweizerische Statistik 50 (1914), 290–312.

LANDMANN, Julius, Geldmarkt und Bankpolitik in der Schweiz im 3. Quartal 1914: Nach einem Vortrag, in: Zeitschrift für schweizerische Statistik 50 (1914), 290–312.

LANDMANN, Julius, Die Kriegsfinanzen der Großmächte. Basel 1915.

LANDMANN, Julius, Der schweizerische Kapitalexport. Referat auf der Generalversammlung der Schweizerischen Statistischen Gesellschaft am 22. und 23. Oktober 1916. Bern 1916.

LANDMANN, Julius, Entwurf eines Bundesgesetzes betreffend den Betrieb und die Beaufsichtigung von Bankunternehmungen nebst Motivenbericht. Bern 1916.

LANDMANN, Julius, Gutachten zur Frage der bundesgesetzlichen Einführung von Stempelabgaben. Bern 1916.

LANDMANN, Julius und GEERING, Walter, Das Bundesgesetz über die Stempelabgaben vom 4. Oktober 1917 nebst Vollziehungsverordnung vom 20. Februar 1918 (Sammlung schweizerischer Gesetze. Bd. 99–108). Zürich 1918.

LANDMANN, Julius, Altersversicherung und Altersfürsorge. Basel 1919.

LANDMANN, Julius, Gutachten über der Frage der Einführung der Frankenwährung in Lichtenstein. Basel 1919.

LANDMANN, Julius, Gutachten zur Frage der bundesgesetzlichen Einführung einer Stempelabgabe auf Coupons und Zinsgutschriften mit Gesetzesentwurf und Begründung. Bern 1919.

LANDMANN, Julius, FREY, Julius und HUBER, Eugen, Gutachten zur Frage der bundesgesetzlichen Regelung des Pfandbriefwesens mit Gesetzentwurf und Begründung. Bern 1919.

LANDMANN, Julius, Die Volkswirtschaftslehre im Rahmen des staatswissenschaftlichen Studiums, in: Zeitschrift für schweizerische Statistik 56 (1920), 315–334.

LANDMANN, Julius, Zur Frage der Besteuerung des Luxusverbrauches. Nach einem Referat vor der Finanzkonferenz in Kandersteg, 30. August bis 3. September 1920. Separatdruck aus der Neuen Zürcher Zeitung Nr. 1694, 1703, 1712, vom 15., 17., 18. Oktober 1920. Basel 1920.

LANDMANN, Julius, Zur Frage der Einführung eines eidgenössischen Couponstempels. Nach einem Referat vor der Konferenz in Kandersteg, 30. August bis 3. September 1920. Separatdruck aus der Neuen Zürcher Zeitung Nr. 1572, 1609, 1637, 1645 vom 25. September, 1., 6., 7., Oktober 1920. Basel 1920.

LANDMANN, Julius, BOHREN, Arnold und STAEHELIN, Max, Gutachten über die Beitragsleistungen der Schweizerischen Bundesbahnen an ihre Pensions- und Hülfskassen vom Dezember 1920. Basel u. Luzern 1920.

LANDMANN, Julius, Das Basler Bankwesen, in: National-Zeitung (1921, 20. Februar), 5.

LANDMANN, Julius, Zur Beurteilung der eidgenössischen Stempelabgaben. Ein nachträgliches Diskussionsvotum, in: Zeitschrift für schweizerisches Recht 40 (1921), 464–474.

LANDMANN, Julius, La Suisse économique et sa législation sociale: Exposé publié par le département fédéral de l'économie publique. Bern 1922.

LANDMANN, Julius, Steuergesetz von 1922: Entwurf zur Vorlage an die Finanzkommission des Landtages. Liechtensteinisches Landes-Gesetzblatt. Vaduz 1922.

LANDMANN, Julius, Entwurf eines Gewerbegesetzes für das Fürstentum Liechtenstein. Vaduz 1923.

LANDMANN, Julius, Soll die Schweiz die Haager Opiumkonvention ratifizieren? Eine Denkschrift, dem Eidgenössischen Volkwirtschaftsdepartement unterbreitet von den Unternehmungen der schweizerischen pharmazeutischen Industrie; August 1923. Als Manuskript gedruckt Basel 1923.

LANDMANN, Julius, Steuergesetz. Liechtensteinisches Landes-Gesetzblatt. Vaduz 1923, 26. Januar.

LANDMANN, Julius, Die Banken in der Schweiz, in: Handwörterbuch der Staatswissenschaften. Bd. 2. Jena 1924, 239–262.

LANDMANN, Julius, Die schweizerische Volkswirtschaft. Volkswirtschaft, Arbeitsrecht und Sozialversicherung der Schweiz. Einsiedeln 1925.

LANDMANN, Julius, Die Finanzkrise in Frankreich, in: Weltwirtschaftliches Archiv 24 (1926), 215–228.

LANDMANN, Julius, Geschichte des öffentliche Kredites, in: Handbuch der Finanzwissenschaft. Bd. 2 (1927), 479–515.

LANDMANN, Julius, Finanzwissenschaft. Nach dem Kolleg von Julius Landmann. Kiel 1929.

LANDMANN, Julius, Notwendigkeit und Wirksamkeit der Diskontpolitik im Transfermechanismus [Referat], in: SALIN, Edgar (Hrsg.), Das Reparationsproblem. Teil 1: Verhandlungen und Gutachten der Konferenz von Pyrmont. Berlin 1929, 204–210.

LANDMANN, Julius, Commercial banking, in: Encyclopaedia of the social sciences 2 (1930), 423–431.

LANDMANN, Julius, Die Getreidemonopolwirtschaft in der Schweiz 1914 bis 1928, in: Zeitschrift für Nationalökonomie 1, 4 (1930), 561–569.

LANDMANN, Julius, Kurzfristige Auslandsverschuldung – ein Problem der inneren Kapitalpolitik?, in: Archiv für Sozialwissenschaft und Sozialpolitik 63 (1930), 1–42.

LANDMANN, Julius (Hrsg.), Moderne Organisationsformen der öffentlichen Unternehmung (Schriften des Vereins für Socialpolitik. Bd. 176). München 1931–32.

LANDMANN, Julius und COLM, Gerhard, Vergleichbarkeit der Vorkriegs- und Gegenwartsschätzungen der Volksvermögen und Volkseinkommen, in: Allgemeines statistisches Archiv: ASTA; Journal of the German Statistical Society 22 (1932), 539–555.

LANDMANN, Julius, COLM, Gerhard und GROSS, Herbert, Agrarpolitik und internationale Exportfähigkeit, in: Fritz BECKMANN, Bernhard HARMS, Theodore BRINKMANN, Hermann BENTE, Edgar SALIN und Werner HENKELMANN (Hrsg.), Deutsche Agrarpolitik im Rahmen der inneren und äußeren Wirtschaftspolitik im Auftrag des Vorstandes der Friedrich List-Gesellschaft e.V. Bd. 2. Berlin 1932, 600–623.

LANDMANN, Julius, Vorträge aus dem Nachlass. Basel 1933.

LANDMANN, Julius, Der kuriale Ursprung der hohen Finanz [Vortrag, gehalten am 13. November 1929 im Christian-Albrecht-Haus der Universität Kiel], in: DERS., Vortraege aus dem Nachlass. Basel 1933, 9–25.

LANDMANN, Julius, Des Abbé Galiani Dialoge über den Getreidehandel und der Methodenstreit in der heutigen Wirtschaftswissenschaft [Vortrag, gehalten am 16. Mai 1930, zur Einleitung eines Seminars über Handelspolitik], in: DERS., Vortraege aus dem Nachlass. Basel 1933, 27–61.

LANDMANN, Julius, Zur Psychologie des Börseaners [Vortrag, gehalten am 6. Juli 1931 im Christian-Albrecht-Haus der Universität Kiel], in: DERS., Vortraege aus dem Nachlass. Basel 1933, 63–84.

LANDMANN, Julius (Redner), Protokoll über die Verhandlungen der engern Expertenkommission für die Valutafragen (Bern, 26. April 1920), in: Jacques FREYMOND und Oscar GUAYE (Hrsg.), Diplomatiche Dokumente der Schweiz. Documents diplomatiques Suisses 1848–1945. Bd. 7/2 (1918–1920). Zürich 1981, 636–642.

LANDMANN, Michael, Erinnerungen an Stefan George. Seine Freundschaft mit Julius und Edith Landmann, in: Castrum Peregrini 141–142, 2. Aufl. (1980).

LANDMANN, Michael, Figuren um Stefan George. Zehn Porträts, in: Castrum Peregrini 151–152 (1982).

LANDMANN, Michael, Figuren um Stefan George. Zweiter Band, in: Castrum Peregrini 183 (1988).

LANDMANN, Salcia, Erinnerungen an Galizien. 2. Aufl. München 1983.

LAUER, Gerhard, Die verspätete Revolution: Erich von Kahler. New York 1995.

LEE, Cassey und LLOYD, Peter, Beauty and the Economist: The Role of Aesthetics in Economic Theory, in: Kyklos 58 (2005) 1, 65–86.

LEISEGANG, Hans, [Rezension zu] Salin, Edgar, Civitas Dei, in: Vierteljahresschrift für Sozial- und Wirtschaftsgeschichte 19, 4 (1927), 448–451.

LENGER, Friedrich, Werner Sombart: 1863–1941. 2. Aufl. München 1995.

LEPSIUS, Oliver, Staatstheorie und Demokratiebegriff in der Weimarer Republik, in: Christoph GUSY (Hrsg.), Demokratisches Denken in der Weimarer Republik. Baden-Baden 2000, 366–414.

LEVEKNECH Helmut, Kurt Singer „Mystischer Ökonom aus Hamburg" und bedeutender Japankenner, in: http://www.wirtschaftsdienst.eu/historie/kurt_singer.php vom 02.01.2009.

LEWIN, Wera, Die Bedeutung des Stefan George-Kreises für die deutsch-jüdische Geistesgeschichte, in: Year book of the Leo Baeck Institute 8 (1963), 184–213.

LHOTTA, Roland, Rudolf Smend und die Weimarer Demokratiediskussion: Integration als Philosophie des „Als-ob", in: Christoph GUSY (Hrsg.), Demokratisches Denken in der Weimarer Republik. Baden-Baden 2000, 286–325.

LICHTBLAU, Klaus, Kulturkrise und Soziologie um die Jahrhundertwende. Zur Genealogie der Kultursoziologie in Deutschland. Frankfurt a. M. 1996.

LICHTBLAU, Klaus, Krise als Dauerzustand? Weltanschauliche Implikationen der Weimarer Soziologie, in: Roman KÖSTER, Werner PLUMPE, Bertram SCHEFOLD und Korinna SCHÖNHÄRL (Hrsg.), Das Ideal des schönen Lebens und die Wirklichkeit der Weimarer Republik. Vorstellungen von Staat und Gemeinschaft im George-Kreis. Berlin 2009, 15–26.

LIEBER, Hans-Joachim, Politische Theorien von der Antike bis zur Gegenwart (Bundeszentrale für Politische Bildung. Bd. 299). 2. Aufl. Bonn 1993.

LIEFMANN, Robert, Grundsätze der Volkswirtschaftslehre. 2 Bd. Berlin 1917–1919.

LINDENLAUB, Dieter, Richtungskämpfe im Verein für Sozialpolitik: Wissenschaft und Sozialpolitik im Kaiserreich vornehmlich vom Beginn des „Neues Kurses" bis zum Ausbruch des Ersten Weltkrieges (1890–1914). 2 Bd. Wiesbaden 1967.

LINDER, Christian, Der Bahnhof von Finnentrop: eine Reise ins Carl Schmitt Land. Berlin 2008.

LINHART, Sepp, Das Bild der kreisenden Drei. Sansukumi und die japanische Sozialstruktur, in: Achim ESCHBACH, Viktoria ESCHBACH-SZABO und Nobuo IKEDA (Hrsg.), Interkulturelle Singer-Studien: Zu Leben und Werk Kurt Singers. München 2002, 183–208.

LIPPHARDT, Veronika, Biologie der Juden: jüdische Wissenschaftler über ‚Rasse' und Vererbung. Göttingen 2008.

LIST, Friedrich, Das nationale System der politischen Oekonomie. Tübingen 1989.

LIST, Friedrich, Das natürliche System der politischen Ökonomie. Nach der französichen Urschrift erstmals herausgegeben und übersetzt von Edgar SALIN und Arthur SOMMER (Schriften, Reden, Briefe. Bd. IV). Berlin 1927.

LIST, Friedrich, Das nationale System der politischen Ökonomie. Ausgabe letzter Hand vermehrt um einen Anhang. Hrsg. von Arthur SOMMER (Schriften, Reden, Briefe. Bd. VI). Berlin 1930.

LIST, Friedrich, Der Kampf um die politische und ökonomische Reform 1815–1825. Erster Teil: Staatspolitische Schriften der Frühzeit. Hrsg. von Karl GOESER und Wilhelm von SONNTAG (Schriften, Reden, Briefe. Bd. I). Berlin 1932.

LLANQUE, Markus, Massendemokratie zwischen Kaiserreich und westlicher Demokratie, in: Christoph GUSY (Hrsg.), Demokratisches Denken in der Weimarer Republik. Baden-Baden 2000, 38–70.

LOENHOFF, Jens, Zwischen subjektivem Sinn und objektiver Form. Kurt Singers Verhältnis zur sozialwissenschaftlichen Methodologie, in: Achim ESCHBACH, Viktoria ESCHBACH-SZABO und Nobuo IKEDA (Hrsg.), Interkulturelle Singer-Studien: Zu Leben und Werk Kurt Singers. München 2002, 351–362.

LORENZ, Thomas, ‚Die Weltgeschichte ist das Weltgericht!': der Versailler Vertrag in Diskurs und Zeitgeist der Weimarer Republik. Frankfurt [u.a.] 2008.

LÖWE, Adolf, Replik, in: Wirtschaftsdienst 37 (1926, 17. September), 1271–1276.

LÖWE, Adolf, Berichtigung, in: Wirtschaftsdienst 44 (1926, 5. November), 1516–1517.

LÖWITH, Karl, Mein Leben in Deutschland vor und nach 1933. Ein Bericht. Stuttgart 1986.

LÜDDERS, Marc, Die Suche nach einem dritten Weg: Beiträge der deutschen Nationalökonomie in der Zeit der Weimarer Republik. Wien 2004.

LUHMANN, Niklas, Die Gesellschaft der Gesellschaft. Frankfurt a. M. 1998.

LUHMANN, Niklas, Die Wissenschaft der Gesellschaft. Darmstadt 2002.

LUHMANN, Niklas, Einführung in die Theorie der Gesellschaft. Darmstadt 2005.

LUHMANN, Niklas, Gesellschaftsstruktur und Semantik. Studien zur Wissenssoziologie der modernen Gesellschaft. Bd. I. Frankfurt a. M. 1980.

LUHMANN, Niklas, Soziale Systeme: Grundriss einer allgemeinen Theorie. Frankfurt a. M. 1987.

LUHR, Geret, Ästhetische Kritik der Moderne: Über das Verhältnis Walter Benjamins und der jüdischen Intelligenz zu Stefan George. Marburg 2002.

LUTHER, Hans, Vor dem Abgrund. 1930–1933; Reichsbankpräsident in Krisenzeiten. Einführung von Edgar Salin. Berlin 1964.

MAKROPOULOS, Michael, Theorie der Massenkultur. München 2008.

MANGOLD, Fritz, Die Statistisch-Volkswirtschaftliche Gesellschaft zu Basel 1870–1930: Im Rahmen der wirtschaftlichen Entwicklung Basels und seiner Einrichtungen für das wirtschaftswissenschaftliche Studium. Basel 1931.

MANGOLD, Fritz, Prof. Dr. Julius Landmann, in: Zeitschrift für schweizerische Statistik und Volkswirtschaft 75 (1939), 446–468.

MANN, Fritz Karl, [Rezension zu] Salin, Edgar, Geschichte der Volkswirtschaftslehre, in: Schmollers Jahrbuch 54 (1930), 131–138.

MARSHALL, Alfred, Handbuch der Volkswirtschaftslehre 1. Stuttgart u. Berlin 1905.

MARX, Karl: Das Kapital, in: Karl MARX und Friedrich ENGELS: Ausgewählte Werke (Elektronische Ressource der Digitalen Bibliothek). Berlin 2004 (vgl. MEW Bd. 23).

MATTENKLOTT, Gert, Bilderdienst. Ästhetische Opposition bei Beardsley und George. 2. Aufl. Frankfurt a. M. 1985.

MAURER, Michael, Eberhard Gothein (1853–1923). Leben und Werk zwischen Nationalökonomie und Kulturgeschichte. Köln, Weimar u. Wien 2007.

MAURER, Michael, Eberhard Gothein – Marie Schröter. Briefwechsel aus der Privatdozenten- und Brautzeit (1882–1885), in: Rainer BAASNER (Hrsg.), Briefkultur im 19. Jahrhundert. Tübingen 1999, 141–168.

MAURER, Michael; SÄNGER, Johanna; ULRICH, Editha (Hrsg.), „Im Schaffen genießen". Der Briefwechsel der Kulturwissenschaftler Eberhard und Maria Luise Gothein (1883–1923). Köln, Weimar u. Wien 2006.

MCCRAW, Thomas K., Joseph A. Schumpeter: eine Biographie. Hamburg 2008.

MEADE, James Edward, Planung und Preismechanismus. Die liberalsoziale Lösung. Mit einer Einleitung von Edgar Salin (Hand- und Lehrbücher aus dem Gebiet der Sozialwissenschaften). Bern 1951.

MEHRING, Reinhard, Reflektierte Trennung. Vom Scheitern der deutsch-jüdischen Symbiose bei Carl Schmitt und Ludwig Feuchtwanger – nach ihrem Briefwechsel, in: Zeitschrift für Religions- und Geistesgeschichte 60, 1 (2008), 152–171.

MEIER, Eugen A., Der Basler Arbeitsrappen 1936–1984: Die Geschichte eines genialen Sozialwerkes und dessen Auswirkungen auf die städtebauliche Entwicklung Basels. Basel 1984.

MEINONG, Alexius, Philosophenbriefe: Aus der wissenschaftlichen Korrespondenz von Alexius Meinong, hrsg. von Rudolf KINDINGER. Graz 1965.

MEISTER, Rainer, Die grosse Depression: Zwangslagen und Handlungsspielräume der Wirtschafts- und Finanzpolitik in Deutschland 1929–1932. Regensburg 1991.

METZGER-BUDDENBERG, Ingrid, Verzeichnis des schriftlichen Nachlasses von Edgar Salin. 1892–1974. Basel 1984.

MEYER-LEVINÉ, Rosa, Leviné: Leben und Tod eines Revolutionärs; Erinnerungen; mit einem dokumentarischen Anhang. Frankfurt a. M. 1974.

MEYER, Thomas, „Vorrede zur Magna Charta der Deutschen Republik" – Ernst Cassirer, der Kreis um Aby Warburg und der Vernunftrepublikanismus, in: Andreas WIRSCHING und Jürgen EDER (Hrsg.), Vernunftrepublikanismus in der Weimarer Republik: Politik, Literatur, Wissenschaft. Stuttgart 2008, 109–128.

MEYER, Ursula I., Edith Landmann, in: Ursula I. MEYER und Heidemarie BENNENT-VAHLE (Hrsg.), Philosophinnen Lexikon. Bd. 2. Aachen 1994, 205–206.

MILLMOW, Alex, Edward Clarence Evelyn Dyason, in: KING, J. E. (Hrsg.), A Biographical Dictionary of Australian and New Zealand Economists, Cheltenham (UK) u. Northampton (MA, USA) 2007, 93–94.

MISES, Ludwig, Theorie des Geldes und der Umlaufsmittel. München u. Leipzig 1912.

MÖLLERS, Christoph, Das parlamentarische Gesetz als demokratische Entscheidungsform – Ein Beitrag zur Institutionenwahrnehmung in der Weimarer Republik, in: Christoph GUSY (Hrsg.), Demokratisches Denken in der Weimarer Republik. Baden-Baden 2000, 415–468.

MOELLER, Hero, [Rezension zu] Salin, Edgar: Lynkeus. Gestalten und Probleme aus Wirtschaft und Politik, in: Weltwirtschaftliches Archiv 92 (1964), 12–14.

MOHLER, Armin und WEIßMANN, Karlheinz, Die konservative Revolution in Deutschland 1918–1932: Ein Handbuch. 6. Aufl. Graz 2005.

MOLSBERGER, Josef, Der Beitrag Friedrich Lists zur Gewerbe- und Industriepolitik, in: Hans BESTERS (Hrsg.), Die Bedeutung Friedrich Lists in Vergangenheit und Gegenwart (Gespräche der List Gesellschaft e. V. N.F. Bd. 12). Baden-Baden 1990, 120–136.

MOMMSEN, Wolfgang J., Imperialismustheorien: Ein Überblick über die neueren Imperialismusinterpretationen. 2. Aufl. Göttingen 1980.

MORAT, Daniel, Von der Tat zur Gelassenheit: Konservatives Denken bei Martin Heidegger, Ernst und Friedrich Georg Jünger 1920–1960 (Veröffentlichungen des Zeitgeschichtlichen Arbeitskreises Niedersachsen. Bd. 24). Göttingen 2007.

MÜLLER, Adam Heinrich, Zwölf Reden über die Beredsamkeit und deren Verfall in Deutschland, hrsg. von Arthur SALZ. München 1920.

MÜLLER, Adam Heinrich, Vorlesungen über die deutsche Wissenschaft und Literatur, hrsg. von Arthur SALZ. München 1920.

MÜLLER, Heinz J., Zu Salins These von der Unentrinnbarkeit der Konzentration, in: Zeitschrift für die gesamte Staatswissenschaft 118, 12 (1962, April), 278–295.

MÜLLER, Jan-Werner, Ein gefährlicher Geist: Carl Schmitts Wirkung in Europa. Darmstadt 2007.

MÜLLER, Rudolf Wolfgang, Gestalt, Reich und Mythos. Zu Kurt Singers politischer Einstellung zwischen den Weltkriegen, in: Achim ESCHBACH, Viktoria ESCHBACH-SZABO und Nobuo IKEDA (Hrsg.), Interkulturelle Singer-Studien: Zu Leben und Werk Kurt Singers. München 2002, 137–160.

MUßGNUG, Dorothee, Die vertriebenen Heidelberger Dozenten: Zur Geschichte der Ruprecht-Karls-Universität nach 1933. Heidelberg 1988.

MUSSOLINI, Benito, La dottrina del Fascismo con una storia del movimento fascista di Gioacchino Volpe (Instituto della Enciclopedia Italiana, Fondata da Giovanni Treccani XII). Roma 1932.

NAU, Heino Heinrich, Der Werturteilsstreit: Die Äusserungen zur Werturteilsdiskussion im Ausschuss des Vereins für Sozialpolitik (1913). Marburg 1996.

NEISSER, Hans, Der Gegensatz von „anschaulich" und „rational" in der Geschichte der Volkswirtschaftslehre, in: Archiv für Sozialwissenschaft und Sozialpolitik 65, 2 (1931), 225–250.

NETZBAND, Karl-Bernhard, Zum 10. Todestag Edgar Salins, in: List Forum 12, 4 (1984, Januar), 205–227.

NEUMARK, Fritz, [Rezension zu] Singer, Kurt, Staat und Wirtschaft seit dem Waffenstillstand, in: Jahrbücher für Nationalökonomie und Statistik 3,/ F. 69, 124 (1926), 484–485.

NEUMARK, Fritz, Deutsche Ökonomen des frühen 20. Jahrhunderts, in: Bertram SCHEFOLD (Hrsg.), Studien zur Entwicklung der ökonomischen Theorie. Bd. 7. Berlin 1989, 127–140.

NEUMARK, Fritz, Zyklen in der Geschichte ökonomischer Ideen, in: Gottfried BOMBACH und René L. FREY (Hrsg.), Symposion in memoriam Edgar Salin. Basel 1975, 16–42.

NICOLAYSEN, Rainer, Kurt Singer und die Hamburger Universität. Typoskript 1998.

NIETZSCHE, Friedrich, Werke. Mit der Biographie von Curt Paul Janz (Elektronische Ressource der Digitalen Bibliothek). Berlin 2004.

N.N., Bibliographie Edith Landmann, in: Castrum Peregrini 25 (1955), 123–128.

N.N., Eindrückliches Beispiel von Volksverbundenheit, in: Liechtensteiner Vaterland (1991, 24. Juli), 2.

N.N., Landmann, Julius, in: Vereinigung der Sozial- und Wirtschaftswissenschaftlichen Hochschullehrer (Hrsg.), Werdegang und Schriften der Mitglieder. Vereinigung der Sozial- und Wirtschaftswissenschaftlichen Hochschullehrer. Bd. 1. Köln 1929, 134–136, 134.

N.N., [Rezension zu] Landmann, Julius, Vorträge aus dem Nachlass, in: Nationalzeitung 390 (1934, 26. August).

NÖRR, Knut Wolfgang, Im Wechselbad der Interpretationen: Der Begriff der Wirtschaftsverfassung im ersten Jahrzwölft der Bonner Republik, in: Karl ACHAM, Knut Wolfgang NÖRR und Bertram SCHEFOLD (Hrsg.), Erkenntnisgewinne, Erkenntnisverluste: Kontinuitäten und Diskontinuitäten in den Wirtschafts-, Rechts- und Sozialwissenschaften zwischen den 20er und 50er Jahren. Stuttgart 1998, 356–386.

NÖRR, Knut Wolfgang, SCHEFOLD, Bertram und TENBRUCK, Friedrich, Geisteswissenschaften zwischen Kaiserreich und Republik: Zur Entwicklung von Nationalökonomie, Rechtswissenschaft und Sozialwissenschaft im 20. Jahrhundert. Stuttgart 1994.

NORTON, Robert Edward, Secret Germany. Stefan George and his circle. Ithaca [u.a.] 2002.

NORTON, Robert Edward, Das „schöne Leben“ als ethisches Ideal, in: Roman KÖSTER, Werner PLUMPE, Bertram SCHEFOLD und Korinna SCHÖNHÄRL (Hrsg.), Das Ideal des schönen Lebens und die Wirklichkeit der Weimarer Republik. Vorstellungen von Staat und Gemeinschaft im George-Kreis. Berlin 2009, 123–134.

NOVY, Klaus, Strategien der Sozialisierung: Die Diskussion der Wirtschaftsreform in der Weimarer Republik. Frankfurt a. M. u. New York 1978.

NÜTZENADEL, Alexander, Stunde der Ökonomen. Wissenschaft, Politik und Expertenkultur in der Bundesrepublik 1949-1974. Göttingen 2005.

NUTZ, Maximilian, Werte und Wertungen im George-Kreis. Zur Soziologie literarischer Kritik. Bonn 1976.

OHTA, Hidemichi, Kurt Singers Leben und Wissenschaft 1–7 (Japanisch), in: UP 9–12; 2,3,6 (1984/1985).

OSTERKAMP, Ernst, Das Eigene im Fremden. Georges Maximin-Erlebnis in seiner Bedeutung für die Konzeption der ‚Werke der Wissenschaft aus dem Kreise der Blätter für die Kunst‘, in: Yoshinori SHICHIJI (Hrsg.), Internationaler Germanisten-Kongreß in Tokyo, Sektion 16–18. München 1991, 394–400.

OSTERKAMP, Ernst, „Ihr wisst nicht wer ich bin“. Stefan Georges poetische Rollenspiele (Themen. Hg. von der Carl Friedrich von Siemens Stiftung). München 2002.

OSTERKAMP, Frank, Gemeinschaft und Gesellschaft: Über die Schwierigkeiten einen Unterschied zu machen: Zur Rekonstruktion des primären Theorieentwurfs von Ferdinand Tönnies. Berlin 2005.

OTT, Alfred E., Die ideengeschichtliche Bedeutung Friedrich Lists für die Nationalökonomie, in: Hans BESTERS (Hrsg.), Die Bedeutung Friedrich Lists in Vergangenheit und Gegenwart (Gespräche der List Gesellschaft e. V. N.F. Bd. 12). Baden-Baden 1990, 47–69.

PANTZER, Peter und SAALER, Sven (Hrsg.), Japanische Impressionen eines kaiserlichen Gesandten. Karl von Eisendecher im Japan der Meiji-Zeit. München 2007.

PAPCKE, Sven, Weltferne Wissenschaft. Die deutsche Soziologie der Zwischenkriegszeit vor dem Problem des Faschismus/Nationalsozialismus, in: DERS. (Hrsg.), Ordnung und Theorie. Beiträge zur Geschichte der Soziologie in Deutschland. Darmstadt 1986, 168–222.

PARKER, Randall E., The economics of the great depression: a twenty-first century look back at the economics of the interwar era. Cheltenham [u.a.] 2007.

PARSONS, Talcott, The "Capitalism" in recent German literature: Sombart and Weber. Phil. Diss. Heidelberg vom 12. April 1929, in: The Journal of Political Economy 36 (1929), 641–661; 37 (1929), 31–51.

PASCHA, Ahmed Djemal, Erinnerungen eines türkischen Staatsmannes. München 1922.

PESTALOZZI, Karl, Stadt und Universität bei Edgar Salin, in: Uni nova: Mitteilungen aus der Universität Basel 67 (1992), 36–39.

PETERSDORF, Dirk von, Stefan George – ein ästhetischer Fundamentalist? in: Bernhard BÖSCHENSTEIN, Jürgen EGYPTIEN, Bertram SCHEFOLD (Hrsg.), Wissenschaftler im George-Kreis. Berlin und New York 2005, 49–58.

PETROW, Michael, Der Dichter als Führer? Zur Wirkung Stefan Georges im „Dritten Reich". Marburg 1995.

PEUKERT, Detlev J. K., Die Weimarer Republik. Krisenjahre der Klassischen Moderne (Moderne deutsche Geschichte: Von der Reformation bis zur Vereinigung; in 12 Bänden, hrsg. von Hans-Ulrich Wehler, Edition Suhrkamp, Neue historische Bibliothek. Bd. 9). Frankfurt a. M. 1987.

PFLEIDERER, Otto, Die Reichsbank in der Zeit der großen Inflation, die Stabilisierung der Mark und die Aufwertung von Kapitalforderungen, in: Deutsche Bundesbank Frankfurt am Main (Hrsg.), Währung und Wirtschaft in Deutschland 1876–1975. Frankfurt a. M. 1976, 157–201.

PHILIPP, Michael, „Im Politischen gingen halt die Dinge anders". Die Thematisierung des „Jüdischen" im George-Kreis vor und nach 1933, in: Gert MATTENKLOTT, Michael PHILIPP und Julius H. SCHOEPS (Hrsg.), „Verkannte brüder"? Stefan George und das deutsch-jüdische Bürgertum zwischen Jahrhundertwende und Emigration. New York [u.a.] 2001, 31–53.

PIEGER, Bruno, Menschliche Gemeinschaft oder ‚Das Leben von Gedichten', in: Roman KÖSTER, Werner PLUMPE, Bertram SCHEFOLD und Korinna SCHÖNHÄRL (Hrsg.), Das Ideal des schönen Lebens und die Wirklichkeit der Weimarer Republik. Vorstellungen von Staat und Gemeinschaft im George-Kreis. Berlin 2009, 151–169.

PLATO, Von Mensch und Staat, ausgewählt und übertragen von Edgar SALIN. Basel 1942.

PLATO, Apologie. Beigefügtes Werk: Kriton, hrsg. von Edgar SALIN. Basel 1945.

PLATO, Theaitet, hrsg. von Edgar SALIN. Basel 1946.

PLATO, Euthyphron, Laches, Charmides, Lysis, hrsg. von Edgar SALIN. Basel 1950.

PLATO, Gastmahl. Beigefügtes Werk: Phaidros, hrsg. von Edgar SALIN. Basel 1952.

PLATO, Phaidros, deutsch von Edgar SALIN mit Erläuterungen von Jean BOLLACK. Frankfurt a. M. 1963.

PLATON, Der Staat, übersetzt und hrsg. von Karl VRETSKA. Stuttgart 1982.

PLUMPE, Gerhard, Mythische Identität und modernes Gedicht. Stefan Georges „Maximin", in: Alice BOLTERAUER (Hrsg.), Moderne Identitäten. Wien 1999, 109–121.

PLUMPE, Gerhard, Die Idee des „schönen Lebens" im Kontext der Avantgarde, in: Roman KÖSTER, Werner PLUMPE, Bertram SCHEFOLD und Korinna SCHÖNHÄRL (Hrsg.), Das Ideal des schönen

Lebens und die Wirklichkeit der Weimarer Republik. Vorstellungen von Staat und Gemeinschaft im George-Kreis. Berlin 2009, 65–76.

PLUMPE, Werner, Gustav von Schmoller und der Institutionalismus. Zur Bedeutung der Historischen Schule der Nationalökonomie für die moderne Wirtschaftsgeschichtsschreibung, in: Geschichte und Gesellschaft 25, 2 (1999), 252–275.

PLUMPE, Werner, Die neue Institutionenökonomik und die moderne Wirtschaft. Zur Wirtschaftshistorischen Reichweite institutionenökonomischer Argumente am Beispiel des Handlungsmodells der Rationalität, in: Karl-Peter ELLERBROCK und Clemens WISCHERMANN (Hrsg.), Die Wirtschaftsgeschichte vor der Herausforderung durch die New Institutional Economics. Münster 2004, 31–57.

PLUMPE, Werner, Der Reichsverband der Deutschen Industrie und die Krise der Weimarer Wirtschaft, in: Andreas WIRSCHING (Hrsg.), Herausforderungen der parlamentarischen Demokratie. Die Weimarer Republik im europäischen Vergleich. München 2007, 129–157.

PLUMPE, Werner, Die Geburt des „Homo oeconomicus“. Historische Überlegungen zur Entstehung und Bedeutung des Handlungsmodells der modernen Wirtschaft, in: Wolfgang REINHARD und Justin STAGL (Hrsg.), Menschen und Märkte. Studien zur historischen Wirtschaftsanthropologie. Wien, Köln u. Weimar 2007, 319–352.

POEHLMANN, Robert von, Geschichte der sozialen Frage und des Sozialismus in der antiken Welt. 2. Aufl. München 1912.

POHLE, Richard, Max Weber und die Krise der Wissenschaft: Eine Debatte in Weimar. Göttingen 2009.

POPPER-LYNKEUS, Josef, Phantasien eines Realisten. 17. Aufl. Dresden 1899.

PRELLER, Ludwig, Sozialpolitik in der Weimarer Republik. Düsseldorf 1978.

PRIBRAM, Karl und BRÜHMANN, Horst, Geschichte des ökonomischen Denkens, Bd. 2 (Suhrkamp-Taschenbuch Wissenschaft. Bd. 1356). Frankfurt a. M. 1992.

PRIBRAM, Karl, Die Wandlungen des Begriffs der Sozialpolitik, in: M.J. BONN und M. PALYI (Hrsg.), Die Wirtschaftswissenschaft nach dem Kriege. Bd. 2: Der Stand der Forschung. München und Leipzig 1925, 223–267.

PRZYWARA, Erich, [Rezension zu] Landmann, Die Transzendenz des Erkennens, in: Stimmen der Zeit 106/107, 54 (1924), 65–68.

RADKAU, Joachim, Max Weber: Die Leidenschaft des Denkens. Wien 2005.

RASCHEL, Heinz, Das Nietzsche-Bild im George-Kreis (Monographien und Texte zur Nietzsche-Forschung 12). Berlin 1984.

RATHENAU, Walther, Briefe. Bd. 1: 1871–1913, Bd. 2: 1914–1922, hrsg. von Alexander JASER, Clemens PICHT und Ernst SCHULIN. Düsseldorf 2006.

RATHENAU, Walther, Zur Kritik der Zeit (Gesammelte Schriften, Bd. 1). Berlin 1918.

RAULET, Gérard, Das Zwischenreich der symbolischen Formen. Ernst Cassirers Erkenntnistheorie, Ethik und Politik im Spannungsfeld von Historismus und Neukantianismus (Schriften zur politischen Kultur der Weimarer Republik. Bd. 9). Frankfurt a. M. [u.a.] 2005.

RAULFF, Ulrich, Steinerne Gäste. Im Lapidarium des George-Kreises, in: Marbacher Magazin 121 (Das geheime Deutschland. Eine Ausgrabung. Köpfe aus dem George-Kreis) (2008), 5–33.

REBENICH, Stefan, „Dass ein strahl von Hellas auf uns fiel“. Platon im George-Kreis, in: George-Jahrbuch 7 (2008/2009), 115–141.

RECKTENWALD, Horst Claus (Hrsg.), Lebensbilder grosser Nationalökonomen: Einführung in die Geschichte der politischen Ökonomie. Berlin 1965.

REINKE, Andreas, Geschichte der Juden in Deutschland: 1781–1933. Darmstadt 2007.

RETALLACK, James N., The German right: 1860–1920. London 2006.

RICKERT, Heinrich, Thesen zum System der Philosophie, in: Logos XXI (1932), 97–102.

RIEDEL, Manfred, Geheimes Deutschland: Stefan George und die Brüder Stauffenberg. Wien 2006.

RIEDNER, Johannes, Edith Landmann als philosophische Interpretin und Zeugin Stefan Geoges. Zu Problemen der Assimilation im George-Kreis, in: Marburger Forum. Beiträge zur geistigen Situation der Gegenwart 3, 4 (2002), 1–14.

RIESE, Hajo, Edgar Salin und das Ende der liberalen Wirtschaftsverfassung der Weimarer Republik – Überlegungen zu seinem 100. Geburtstag am 10.2.1992, in: List Forum für Wirtschafts- und Finanzpolitik 18, 1–4 (1992), 7–18.

RIETER, Heinz, Alfred Marshall und die viktorianische Kunst, in: Bertram SCHEFOLD (Hrsg.), Studien zur Entwicklung der öknomischen Theorie. Bd. XI. Berlin 1992, 191–238.

RIETER, Heinz, Der deutsche Volkswirt 1926–1933. Eine Fallstudie zur publizistischen Umsetzung wirtschaftspolitischer Konzeptionen, in: Erich STREISSLER (Hrsg.), Studien zur Entwicklung der ökonomischen Theorie Bd. 17, Teil 2: Die Umsetzung wirtschaftspolitischer Grundkonzeptionen in die kontinentaleuropäische Praxis des 19. und 20. Jahrhunderts. Berlin 1998, 95–153.

RIETER, Heinz, Historische Schulen, in: Otmar ISSING (Hrsg.), Geschichte der Nationalökonomie. München 2002, 127–162.

RINGER, Fritz K., Die Gelehrten. Der Niedergang der deutschen Mandarine 1890–1933. Stuttgart 1983.

RITSCHL, Albrecht, Knut Borchardts Interpretation der Weimarer Wirtschaft. Zur Geschichte und Wirkung einer wirtschaftsgeschichtlichen Kontroverse, in: Jürgen ELVERT und Susanne KRAUß (Hrsg.), Historische Debatten und Kontroversen im 19. und 20. Jahrhundert: Jubiläumstagung der Ranke-Gesellschaft in Essen 2001. Stuttgart 2002, 234–244.

ROBERTS, David D., The totalitarian experiment in twentieth-century Europe: Understanding the poverty of great politics. New York [u.a.] 2006.

RÖMPP, Georg, Heideggers Philosophie: Eine Einführung. Wiesbaden 2006.

RÖPKE, Wilhelm, Lieber Herr Salin, in: Erwin von BECKERATH, Heinrich POPITZ und Hans Georg SIEBACK (Hrsg.), Antidoron. Edgar Salin zum 70. Geburtstag. Tübingen 1962, 28–32.

ROGGE, Peter, Edgar Salin in der Erinnerung von Freunden und Schülern, in: Gottfried BOMBACH und René L. FREY (Hrsg.), Symposion in memoriam Edgar Salin. Basel 1975, 101–106.

ROHKRÄMER, Thomas, Eine andere Moderne? Zivilisationskritik, Natur und Technik in Deutschland 1880–1933. Zürich 1999.

ROHKRÄMER, Thomas, A single communal faith? The German Right from Conservatism to National Socialism. New York 2007.

ROTH, Regina, Staat und Wirtschaft im Ersten Weltkrieg: Kriegsgesellschaften als kriegswirtschaftliche Steuerungsinstrumente. Berlin 1997.

RUEHL, Martin A., In this time without emperors. The politics of Ernst Kantorowicz's Kaiser Friedrich der Zweite reconsidered, in: Journal of the Warburg and Courtauld Institutes 63 (2000), 187–242.

RÜHL, Ulli F. H., Nationale Demokratie und Parteienstaat, in: Christoph GUSY (Hrsg.), Demokratisches Denken in der Weimarer Republik. Baden-Baden 2000, 469–504.

R.W., Gedenkblatt für Edgar Salin, in: Neue Beiträge zur George-Forschung 17 (1992), 28–29.

SALIN, Edgar, Die wirtschaftliche Entwicklung von Alaska (und Yukon Territory). Ein Beitrag zu Geschichte und Theorie der Konzentrationsbewegung (Archiv für Sozialwissenschaft und Sozialpolitik Ergänzungsheft XII). Tübingen 1914.

SALIN, Edgar, Goldwäscherei und Goldbergbau am Klondike und in Alaska. Tübingen 1914.

SALIN, Edgar, Organische Geschichtsschreibung, in: Archiv für Sozialwissenschaft und Sozialpolitik 46 (1918/19), 762–774.

SALIN, Edgar, Reichsfinanzen und Valuta, in: Wirtschaftsdienst 48 (1919, 28. November), 876–878.

SALIN, Edgar, Die deutsche volkswirtschaftliche Theorie im 20. Jahrhundert, in: Zeitschrift für schweizerische Statistik und Volkswirtschaft 57, 1 (1921), 87–117.

SALIN, Edgar, Platon und die griechische Utopie. München [u.a.] 1921.

SALIN, Edgar, Zu Methode und Aufgabe der Wirtschaftsgeschichte, in: Schmollers Jahrbuch 45 (1921), 179–201.

SALIN, Edgar, Der „Sozialismus" in Hellas, in: DERS. (Hrsg.), Bilder und Studien aus drei Jahrtausenden, Eberhard Gothein zum siebzigsten Geburtstag als Festgabe dargebracht. Leipzig 1923, 15–59.

SALIN, Edgar, Geschichte der Volkswirtschaftslehre (Enzyklopädie der Rechts- und Staatswissenschaft. Abteilung Staatswissenschaft. Bd. 34). 1. Aufl. Berlin 1923; 2. Aufl. Berlin 1929; 3. Aufl. Bern 1944; 4. Aufl. Bern 1951.

SALIN, Edgar, Die Entthronung des Goldes (Bemerkungen zu Keynes „A tract on monetary reform"), in: Schmollers Jahrbuch 48 (1924), 95–112; gekürzte Fassung in: DERS., Lynkeus. Gestalten und Probleme aus Wirtschaft und Politik. Tübingen 1963, 251–266.

SALIN, Edgar, Zur Stellung G. Schmollers in der Geschichte der Nationalökonomie, in: Schmollers Jahrbuch 48 (1924), 307–314.

SALIN, Edgar, Civitas Dei. Tübingen 1926.

SALIN, Edgar, Zur Frage der Listschen Preisschriften, in: Mitteilungen der List Gesellschaft 1, 3 (1926), 33–43.

SALIN, Edgar, Hochkapitalismus, in: Weltwirtschaftliches Archiv 25 (1927), 314–344; oder mit dem Untertitel „Eine Studie über Werner Sombart, die deutsche Volkswirtschaftslehre und das Wirtschaftssystem der Gegenwart" in: DERS., Lynkeus. Gestalten und Probleme aus Wirtschaft und Politik. Tübingen 1963, 182–212.

SALIN, Edgar, Standortverschiebungen der deutschen Wirtschaft, in: Bernhard HARMS (Hrsg.), Strukturwandlungen der Deutschen Volkswirtschaft. Berlin 1928, 76–106 oder mit dem Untertitel: „Im ersten Viertel des 20. Jahrhunderts" in: DERS., Lynkeus. Gestalten und Probleme aus Wirtschaft und Politik. Tübingen 1963, 122–150.

SALIN, Edgar, Theorie und Praxis staatlicher Kreditpolitik der Gegenwart (Recht und Staat in Geschichte und Gegenwart. Bd. 57). Tübingen 1928.

SALIN, Edgar (Hrsg.), Das Reparationsproblem. Teil 1: Verhandlungen und Gutachten der Konferenz von Pyrmont. Teil 2: Verhandlungen und Gutachten der Konferenz von Berlin. Berlin 1929.

SALIN, Edgar, Stellung und Bedeutung des Unternehmers in der deutschen Wirtschaft der Gegenwart, in: Bericht über die außerordentliche Hauptversammlung des Arbeitgeberverbandes für den Bezirk der nordwestlichen Gruppe des Vereins deutscher Eisen- und Stahlindustrieller. Düsseldorf 1929, 20–32.

SALIN, Edgar, Die deutschen Tribute. Zwölf Reden. Berlin 1930.

SALIN, Edgar, Die drei Nationalökonomien in geschichtlicher Beleuchtung, in: Schmollers Jahrbuch 54 (1930), 123–128.

SALIN, Edgar, Staat und Handel in Hellas in archaischer und klassischer Zeit, in: Zeitschrift für die gesamte Staatswissenschaft 89 (1930), 353–361.

SALIN, Edgar, [Rezension zu] Schacht, Hjalmar, Das Ende der Reparationen, in: Weltwirtschaftliches Archiv 34 (1931), 115–117.

SALIN, Edgar, Die Bank für Internationalen Zahlungsausgleich, in: Weltwirtschaftliches Archiv 33 (1931), 1–29.

SALIN, Edgar, Tributleistung oder Kreditzurückzahlung? in: Wirtschaftsdienst 49 (1931, 4. Dezember), 1965–1968.

SALIN, Edgar, Urchristentum und Staat, in: Schmollers Jahrbuch 55 (1931), 21–36.

SALIN, Edgar, Wirtschaft und Staat. Drei Schriften zur deutschen Weltlage. Berlin 1932.

SALIN, Edgar, Das Ende der Tribute, in: Wirtschaftsdienst 1 (1933, 6. Januar), 3–6.

SALIN, Edgar, Julius Landmann. Rede gehalten bei der Gedenkfeier der Philosophischen Fakultät der Universität Basel am 14.12.1931. Tübingen 1933.

SALIN, Edgar, Wege und Ziele der Arbeitsbeschaffung im Kanton Basel-Stadt, in: Ratschlag und Entwurf zu einem Gesetz über dringliche Maßnahmen zur Milderung der Wirtshaftskrise im Kanton Basel-Stadt, Drucksache Nr. 3579, Anhang B, 29. August 1936.

SALIN, Edgar, Der Arbeitsrappen und seine wirtschaftliche und sozialpolitische Bedeutung. Referat von Prof. Dr. E. Salin, Basel, am Kongress des Christlichen Holz- und Bauarbeiterverbandes der Schweiz. Schwyz, 25. Juni 1939. Zürich 1939.

SALIN, Edgar, Von der Sozialpolitik zum Recht auf Arbeit. Bemerkungen zur Sinndeutung der neuen Wirtschaftspolitik. Basel 1941.

SALIN, Edgar, Werner Sombart, in: Sonntagsblatt der Basler Nachrichten (1941, 1. Juni), oder in: DERS., Lynkeus. Gestalten und Probleme aus Wirtschaft und Politik. Tübingen 1963, 41–46.

SALIN, Edgar, Nochmals: ein dritter Weg? (Bemerkungen zu Joseph A. Schumpeters Capitalism, socialism and democracy), in: Zeitschrift für schweizerische Statistik und Volkswirtschaft 80 (1944), 114–132.

SALIN, Edgar, Die deutschen Katakomben, in: Schweizer Annalen 2 (1945), 80–92.

SALIN, Edgar, Einleitung, in: Statistisches Institut der Universität Oxford (Hrsg.), Vollbeschäftigung. Sechs Studien zur Theorie der Wirtschaftspolitik. Bern 1946, 5–13.

SALIN, Edgar, Die Tragödie der deutschen Gegenrevolution, in: Schweizer Annalen 3 (1947), 719–729.

SALIN, Edgar u.a., Einführung, in: Kyklos 1 (1947), V–IX.

SALIN, Edgar, Wirtschaft und Wirtschaftslehre nach zwei Weltkriegen, in: Kyklos 1 (1947), 26–56.

SALIN, Edgar, Jacob Burckhardt und Nietzsche (1. Aufl. 1938). 2. Aufl. Basel 1948.

SALIN, Edgar, Letzte Begegnung mit Friedrich Gundolf in Paris, in: Rhein-Neckar-Zeitung (1948, 11. Dezember).

SALIN, Edgar, Über Vorzug und Gefahr der allgemeinen Bildung, in: Edgar SALIN (Hrsg.), Synopsis. Alfred Weber 30.7.1868–30.7.1948. Heidelberg 1948, 437–456.

SALIN, Edgar, Der Dichter Robert Boehringer, in: Deutsche Rundschau (1949, 7. Juli).

SALIN, Edgar, Währungsexperimente und Währungsreformen, 1945–1948, in: Kyklos 3, 2 (1949), 97–115; oder in: DERS. Lynkeus. Gestalten und Probleme aus Wirtschaft und Politik, Tübingen 1963, 267–282.

SALIN, Edgar, Walter Eucken in memoriam, in: Kyklos 4, 1 (1950), 1–4; oder unter dem Titel „Walter Eucken" in: DERS., Lynkeus. Gestalten und Probleme aus Wirtschaft und Politik. Tübingen 1963, 47–50.

SALIN, Edgar, Amerikanische Impressionen (1. Aufl. 1952). 2. Aufl. Tübingen 1953.

SALIN, Edgar, Der Gestaltwandel des europäischen Unternehmers, in: Offener Horizont. Festschrift für Karl Jaspers. München 1953, oder in: DERS., Lynkeus. Gestalten und Probleme aus Wirtschaft und Politik. Tübingen 1963, 228–239.

SALIN, Edgar, [Rezension zu] Schumpeter, Joseph Alois, Social scientist, in: Kyklos 6, 2 (1953), 184–186.

SALIN, Edgar, Die Dichtung Stefan Georges, in: Etudes Germaniques 9, 1 (1954), 49–55.

SALIN, Edgar, Um Stefan George. Erinnerung und Zeugnis (1. Aufl. Godesberg 1948). 2. Aufl. München u. Düsseldorf 1954.

SALIN, Edgar, Wirtschaft und Technik als politische Realität. Ein Vortrag; [Vortrag auf der Arbeitstagung des Verbandes kommunaler Unternehmen in Mannheim im April 1954]. Köln 1954.

SALIN, Edgar, Ökonomik der Atomkraft. Vor einer neuen Etappe der industriellen Revolution. Köln-Marienburg 1955.

SALIN, Edgar, Politische Ökonomie – heute, in: Kyklos 8, 4 (1955), 369–388; oder in: DERS., Lynkeus. Gestalten und Probleme aus Wirtschaft und Politik. Tübingen 1963, 213–227.

SALIN, Edgar, Stand und Aufgaben der Konjunkturforschung, in: Arthur SPIETHOFF und Edgar SALIN (Hrsg.), Die wirtschaftlichen Wechsellagen. Aufschwung, Krise, Stockung (Hand- und Lehrbücher aus dem Gebiet der Sozialwissenschaften). Tübingen [u.a.] 1955, 1–10.

SALIN, Edgar, Industrielle Revolution, in: Kyklos 9, 3 (1956), 299–317; oder in: DERS., Lynkeus. Gestalten und Probleme aus Wirtschaft und Politik. Tübingen 1963, 345–358.

SALIN, Edgar, Sombart and the German Approach, in: Frederic C. LANE (Hrsg.), Architects and Craftsmen in History. Festschrift für A.P.Usher. Tübingen 1956, 41 ff.

SALIN, Edgar, Die neue Etappe der industriellen Revolution, in: Harry W. ZIMMERMANN (Hrsg.), Zur Ökonomik und Technik der Atomzeit. Tübingen 1957, 97–173.

SALIN, Edgar, Platon Dion Aristoteles, in: Erich BOEHRINGER und Wilhelm HOFFMANN (Hrsg.), Robert Boehringer: Eine Freundesgabe. Tübingen 1957, 525–542.

SALIN, Edgar, Auf der Suche nach dem Standort der Zeit, in: Kyklos 11, 3 (1958), 318–340; oder unter dem Titel „Alfred Weber" in: DERS., Lynkeus. Gestalten und Probleme aus Wirtschaft und Politik. Tübingen 1963, 58–74.

SALIN, Edgar, Der Mensch in der Wirtschaft des Westens (Schriften der Gesellschaft für Sozialen Fortschritt e.V. 9). Berlin 1958.

SALIN, Edgar, Stefan Georges Wiederkehr. Zu seinem 25. Todestag am 4.12.1958, in: Die Zeit (1958, 5. Dezember).

SALIN, Edgar, Friedrich List und der europäische Zollverein, in: Mitteilungen der List Gesellschaft 2, 8 (1959), 157–171.

SALIN, Edgar, Israelische Impressionen, in: Mitteilungen der List Gesellschaft 2, 10 (1959), 225–238, oder in: DERS., Lynkeus. Gestalten und Probleme aus Wirtschaft und Politik. Tübingen 1963, 310–322.

SALIN, Edgar, Manager, in: Handwörterbuch der Sozialwissenschaften, hg. von Erwin von BECKERATH. Bd. 7. Stuttgart 1959, 107 ff; oder in: DERS., Lynkeus. Gestalten und Probleme aus Wirtschaft und Politik. Tübingen 1963, 240–248.

SALIN, Edgar, Probleme der Automation, in: Mitteilungen der List Gesellschaft 2, 11/12 (1959), 253–265; oder in: DERS., Lynkeus. Gestalten und Probleme aus Wirtschaft und Politik. Tübingen 1963, 390–401.

SALIN, Edgar, Unterentwickelte Länder: Begriff und Wirklichkeit, in: Kyklos 12, 3 (1959), 402–427, oder in: DERS., Lynkeus. Gestalten und Probleme aus Wirtschaft und Politik. Tübingen 1963, 323–342.

SALIN, Edgar, Abschluss, in: Harry W. ZIMMERMANN (Hrsg.), Aspekte der Automation. Die Frankfurter Tagung der List Gesellschaft (Veröffentlichungen der List Gesellschaft e.V., Reihe C, Gutachten und Konferenzen. Bd. 16). Tübingen 1960, 383–400.

SALIN, Edgar, Friedrich List – Kerneuropa und die Freihandelszone. Zwei Reden zur europäischen Politik (Recht und Staat in Geschichte und Gegenwart 227). Tübingen 1960.

SALIN, Edgar, Für ein Alignment der Währungen, in: Kyklos 13, 4 (1960), 437–455; oder in: DERS., Lynkeus. Gestalten und Probleme aus Wirtschaft und Politik. Tübingen 1963, 283–298.

SALIN, Edgar, Berufung und Beruf. Rektoratsrede an der Jahresfeier der Universität Basel am 24. November 1961 (Basler Universitätsreden. Bd. 46). Basel 1961.

SALIN, Edgar, Energiepolitik europäischer Industriestaaten oder europäische Energiepolitik? in: Kyklos 14 (1961), 451–481.

SALIN, Edgar, Soziologische Aspekte der Konzentration, in: Fritz NEUMARK (Hrsg.), Die Konzentration in der Wirtschaft. Verhandlungen auf der Tagung in Bad Kissingen 18.–21. September 1960 (Schriften des Vereins für Socialpolitik). Berlin 1961, 16–44.

SALIN, Edgar, Ein Nachwort zur List-Ausgabe als Vorwort für künftige List-Leser. Einlage: „Zur Nachlese", Originalgetreue Wiedergabe der im Jahr 1935 unterdrückten Einführung zu Band IX der Gesamtausgabe der Werke von Friedrich List (III–XVIII), in: Mitteilungen der List Gesellschaft 3, 11/12 (1960/62), 345–348.

SALIN, Edgar, Lebendige Demokratie. Der Basler Arbeitsrappen von 1936, in: Theodor ESCHENBURG (Hrsg.), Festgabe für Carlo Schmid zum 65. Geburtstag. Tübingen 1962, 153–170.

SALIN, Edgar, Spiethoff, Arthur, in: Staatslexikon. Recht Wirtschaft Gesellschaft, hrsg. von der Görres-Gesellschaft. Bd. 7. 6. Aufl. Freiburg 1962, 504–506.

SALIN, Edgar, Unternehmer und Wirtschaftsverfassung, in: Vortragsreihe des Deutschen Industrieinstituts 12, 18 (1962), 1–4.

SALIN, Edgar, Friedrich Lists Lehre von den Wirtschaftsstufen und die Bedeutung der Typik, in: DERS., Lynkeus. Gestalten und Probleme aus Wirtschaft und Politik. Tübingen 1963, 301–309.

SALIN, Edgar, Kartellverbot und Konzentration, in: Kyklos 16 (1963), 177–200.

SALIN, Edgar, Lynkeus: Gestalten u. Probleme aus Wirtschaft u. Politik. Tübingen 1963.

SALIN, Edgar, Ernst H. Kantorowicz, 1895–1963, in: Historische Zeitschrift 199, 3 (1964), 551–557.

SALIN, Edgar, „Im Dienste des Meisters". Zum 80. Geburtstag von Robert Boehringer, in: Frankfurter Allgemeine Zeitung (1964, 30. Juli).

SALIN, Edgar (Hrsg.), Planung in der freien Marktwirtschaft. 13. Tagung am 27. Januar 1964 in Hamburg-Bergedorf im „Historischen Gasthof Stadt Hamburg" (Bergedorfer Protokolle. Bd. 7). Hamburg 1964.

SALIN, Edgar (Hrsg.), Entwicklungshilfe – Mittel des Aufstiegs oder des Verfalls? Diskussionsleiter: Edgar Salin. Referent: E. F. Schumacher. Korreferent: Walter Rau (Bergedorfer Protokolle. Bd. 9). Hamburg [u.a.] 1965.

SALIN, Edgar, Friedrich List, in: RECKTENWALD, Horst Claus (Hrsg.), Lebensbilder grosser Nationalökonomen: Einführung in die Geschichte der politischen Ökonomie. Berlin 1965, 227–229.

SALIN, Edgar, Johann Heinrich von Thünen, in: RECKTENWALD, Horst Claus (Hrsg.), Lebensbilder grosser Nationalökonomen: Einführung in die Geschichte der politischen Ökonomie. Berlin 1965, 194–205.

SALIN, Edgar, Die automatische Mittelpufferkupplung. Technischer Fortschritt als finanz- und wirtschaftspolitisches Problem. Mit Kostenschätzungen für 8 europäische Länder (Sonderreihen der List Gesellschaft, Sonderreihe 2, Zur Politik der Gegenwart 5). Basel [u.a.] 1966.

SALIN, Edgar und KLAASSEN, Leo H., Kurzfristige Soziallösungen contra langfristige Regionalpolitik. Ein Dilemma der westlichen Demokratie: Das europäische Koordinationsproblem (Bergedorfer Protokolle. Bd. 14). Hamburg 1966.

SALIN, Edgar und SCHARPENACK, Friedrich, Strukturwandel der Wirtschaft im Gefolge der Computer. Frankfurter Gespräch der List Gesellschaft 03.–05. März 1966; Protokolle und Gutachten (Veröffentlichungen der List Gesellschaft e.V., Reihe D, Gutachten und Konferenzen 55). Basel [u.a.] 1966.

SALIN, Edgar, Die Heidelberger Zeit des Georgekreises, in: Rhein-Neckar-Zeitung (1967, 2./3. Dezember).

SALIN, Edgar, Politische Ökonomie (Hand- und Lehrbücher aus dem Gebiet der Sozialwissenschaften). 5., erw. Aufl. Tübingen 1967.

SALIN, Edgar, Über Arthur Sommer, den Menschen und List-Forscher, in: Mitteilungen der List Gesellschaft 6, 4/5 (1967/68), 81–90.

SALIN, Edgar, STOHLER, Jacques und PAWLOWSKY, Peter (Hrsg.), Notwendigkeit und Gefahr der wirtschaftlichen Konzentration in nationaler und internationaler Sicht (Veröffentlichungen der List Gesellschaft e. V. Bd. 62). Tübingen 1969.

SALIN, Edgar, Nationalisierung der Währungspolitik? in: Die Zeit 38 (1970, 18. September).

SALIN, Edgar, Von der Urbanität zur „Urbanistik“, in: Kyklos 23, 4 (1970), 869–881.

SALIN, Edgar, Die Aufwertung der DM, das Faktum und die Folgen, in: A. HEERTJE (Hrsg.), Schaarste en welvaart: Opstellen aangeboden aan Prof. Dr. P. Hennipman ter gelegenheid van zijn vijfentwintig-jarig hoogleraarschap aan de Universiteit van Amsterdam. Leiden 1971, 196–201.

SALIN, Edgar, Die Krisis der EWG (Ein neues Kapitel der Politischen Ökonomie), in: Kyklos 25, 1 (1972), 3–23; oder in: SCHEFOLD, Bertram (Hrsg.), Floating, Realignment, Integration (Gespräch der List Gesellschaft: Protokolle und Gutachten. Bd. 9). Tübingen 1972, 151–166.

SALIN, Edgar, Internationale Hemmnisse nationaler Konzentration, in: Horst BARTHOLOMEYCZIK (Hrsg.), Beiträge zum Wirtschaftsrecht: Festschrift für Heinz Kaufmann zum 65. Geburtstag. Köln-Marienburg 1972, 341–343.

SALIN, Edgar, Is the collapse of the world economy at hand? in: Wolfgang SCHMITZ (Hrsg.), Convertibility, multilateralism and freedom: World economic policy in the seventies; essays in honour of Reinhard Kamitz. Wien u. New York 1972, 69–74.

SALIN, Edgar, Nachwort zum Neudruck der Werke Friedrich Lists, in: Mitteilungen der List Gesellschaft 7, 14 (1972), 345–350.

SALIN, Edgar, Die EWG im Koma (ein weiteres Kapitel der Politischen Ökonomie), in: Kyklos 26, 4 (1973), 723–735.

SALIN, Edgar, Das dichterische Werk Stefan Georges. Vortrag im Südwestfunk am 29.12.1968, in: Neue Beiträge zur George-Forschung 4 (1979), 29–37.

SALIN, Edgar, Der wissenschaftliche Kreis um Stefan George. Vortrag im Südwestfunk am 5.1.1969, in: Neue Beiträge zur George-Forschung 4 (1979), 38–42.

SALIN, Edgar, Laudatio für Karl Barth, in: Zeitschrift für neuere Theologiegeschichte 1 (1994), 305–312.

SALIN, Edgar, Im Sonderzug nach Alaska. Tagebuch einer amerikanischen Reise 1910 (Das volkskundliche Taschenbuch. Bd. 36). Zürich 2004.

SALOMON, Elisabeth, Die Papierindustrie des Riesengebirges in ihrer standortmäßigen Bedingtheit (Über den Standort der Industrien, hrsg. von Alfred WEBER. Bd. 2, 5). Tübingen 1920.

SALZ, Arthur, Beiträge zur Geschichte und Kritik der Lohnfondstheorie. Stuttgart 1905.

SALZ, Arthur, Wallenstein als Merkantilist, in: Mitteilungen des Vereins für Geschichte der Deutschen in Böhmen 47, 4 (1909), 433–461.

SALZ, Arthur, Bernard Bolzanos Utopie „Vom besten Staat“, in: Archiv für Sozialwissenschaft und Sozialpolitik 31 (1910), 498–519.

SALZ, Arthur, Kritische Bemerkungen zum österreichischen Gesetzentwurf einer Sozialversicherung, in: Archiv für Sozialwissenschaft und Sozialpolitik 30 (1910), 425–454.

SALZ, Arthur, Leibniz als Volkswirt, ein Bild aus dem Zeitalter des deutschen Merkantilismus, in: Jahrbuch für Gesetzgebung Verwaltung und Volkswirtschaft im Deutschen Reich 34 (1910), 1109–1134.

SALZ, Arthur, Kulturtendenzen in der Frühzeit des Industriekapitalismus, in: Archiv für Sozialwissenschaft und Sozialpolitik. Ergänzungshefte 33 (1911), 500–522.

SALZ, Arthur, Über Arbeitswert und Arbeitsleid. Eine wertkritische Studie, in: Zeitschrift für Volkswirtschaft, Sozialpolitik und Verwaltung 20 (1911), 289–351.

SALZ, Arthur, Der Unternehmer unserer Zeit. Heidelberg 1912.

SALZ, Arthur (als Pseudonym Kritias), Das Parlament in Österreich oder die innere Gefahr. Heidelberg 1913.

SALZ, Arthur, Geschichte der böhmischen Industrie in der Neuzeit. München [u.a.] 1913.

SALZ, Arthur, Zur Geschichte der Berufsidee, in: Archiv für Sozialwissenschaften 37 (1913), 380–423.

SALZ, Arthur, Die Rechtfertigung der Sozialpolitik. Heidelberg 1914.

SALZ, Arthur, Entgegnung, in: Deutsche Literaturzeitung für Kritik der internationalen Wissenschaft Jahrgang 35, 7 (1914), Sp. 445f.

SALZ, Arthur, In eigener Sache, in: Archiv für Sozialwissenschaft und Sozialpolitik 38 (1914), 527–538.

SALZ, Arthur, Ueber einige Beziehungen des Naturrechtes zur Sozialphilosophie, in: Archiv für Sozialwissenschaft und Sozialpolitik 39 (1914/15), 525–556.

SALZ, Arthur, Ver sacrum, in: Verein jüdischer Hochschüler (Bar Kochba) in Prag (Hrsg.), Vom Judentum. Ein Sammelbuch. Leipzig 1913, 169–172.

SALZ, Arthur, F. M. Dostojewskis Politische Schriften, in: Archiv für Sozialwissenschaft und Sozialpolitik 41 (1916), 475–492.

SALZ, Arthur, Auswanderung und Schiffahrt. Mit besonderer Berücksichtigung der österreichischen Verhältnisse, Teil 1 und 2, in: Archiv für Sozialwissenschaft und Sozialpolitik, 39 (1915), 90–124 und 42 (1916/17), 842–884.

SALZ, Arthur, Literatur des Bolschewismus, in: Archiv für Sozialwissenschaft und Sozialpolitik 46 (1918/19), 784–805.

SALZ, Arthur, Der Anschluß Deutschösterreichs, in: Deutsche Politik 4, 40 (1919, 3. Oktober), 424–428.

SALZ, Arthur, Der Volksstaat und die auswärtige Politik, in: Deutsche Politik 4 (1919), 392–400.

SALZ, Arthur, Zur Reform der staatswissenschaftlichen Studien, in: Wirtschaftsdienst 43 (1920, 22. Oktober), 613–614.

SALZ, Arthur, Ueber das Problem der „Dekadenz" des Islam, in: Archiv für Sozialwissenschaft und Sozialpolitik 47 (1920/21), 376–417.

SALZ, Arthur, Die Mohammedaner in China, in: Weltwirtschaftliches Archiv 16 (1920/21), 333–347.

SALZ, Arthur, Für die Wissenschaft. Gegen die Gebildeten unter ihren Verächtern. München 1921.

SALZ, Arthur, Zu Friedrich List's Gedanken, in: Oesterreichische Rundschau. Mitteleuropäische Politik, Kultur und Wirtschaft 17, 1 und 2 (1921, November), 1092–1104.

SALZ, Arthur, Amerikanische Arbeiterhilfe für Rußland, in: Wirtschaftsdienst 35 (1922, 1. September), 856–858.

SALZ, Arthur, Djemal Pascha, in: Oesterreichische Rundschau. Deutsche Kultur und Politik 18, 17 und 18 (1922, September), 789–794.

SALZ, Arthur, [Rezension zu] Hartmann, M., Zur Geschichte des Islam in China, Leipzig 1921, in: Weltwirtschaftliches Archiv 18 (1922), 441–442.

SALZ, Arthur, Der Imperialismus der Vereinigten Staaten, in: Archiv für Sozialwissenschaft und Sozialpolitik 50 (1922/23), 565–616.

SALZ, Arthur, Das ewige Frankreich (Einzelschriften zur Politik und Geschichte, Beiträge aus dem Archiv für Geschichte und Politik 3). Berlin 1923.

SALZ, Arthur, Klassenstaat und Nationalstaat, in: Oesterreichische Rundschau. Deutsche Kultur und Politik 19, 3 (1923, März), 217–224.

SALZ, Arthur, Der Sinn der kapitalistischen Wirtschaftsordnung, in: Archiv für Sozialwissenschaft und Sozialpolitik 52 (1924), 577–622.

SALZ, Arthur, [Rezension zu] O'Donnell, C.J., The Lordship of the World, in: Weltwirtschaftliches Archiv 20 (1924), 558–559.

SALZ, Arthur, Kapital, Kapitalformen, Kapitalbildung, Kapitaldynamik (Grundriß der Sozialökonomik, Abt. 4: Spezifische Elemente der modernen kapitalistischen Wirtschaft, Bd. 1, bearbeitet von S. ALTMANN). Tübingen 1925, 209–257.

SALZ, Arthur, Vermögen und Vermögensbildung in der vorkapitalistischen und in der modernen kapitalistischen Wirtschaft (Grundriß der Sozialökonomik, Abt. 4: Spezifische Elemente der modernen kapitalistischen Wirtschaft, Bd. 1, bearbeitet von S. ALTMANN). Tübingen 1925, 160–208.

SALZ, Arthur, Das Land ohne Mittelalter, in: Weltwirtschaftliches Archiv 23 (1926), 90–117.

SALZ, Arthur, Der Begriff der „Elastizität" in der theoretischen Nationalökonomie, in: Archiv für Sozialwissenschaft und Sozialpolitik 57 (1927), 336–391.

SALZ, Arthur, Memorials of Alfred Marshall, in: Archiv für Sozialwissenschaft und Sozialpolitik 57 (1927), 194–200.

SALZ, Arthur, Theorie und Praxis in der Wirtschaft, in: Der deutsche Volkswirt 2, 9 (1927, 2. Dezember), 269–272.

SALZ, Arthur, Anmerkungen zu Werner Sombarts „Hochkapitalismus“, Teil I und II, in: Zeitschrift für die gesamte Staatswissenschaft 85 (1928), 21–53, 256–272.

SALZ, Arthur, Gedanken über das Lehrziel der volkswirtschaftlichen Ausbildung, in: Deutsche Vierteljahrsschrift für Literaturwissenschaft und Geistesgeschichte 6, 4 (1928), 581–610.

SALZ, Arthur, Grundsätze einer Theorie vom Arbeitslohn, in: Hans MAYER (Hrsg.), Die Wirtschaftstheorie der Gegenwart III: Einkommensbildung. Allgemeine Prinzipien, Lohn, Zins, Grundrente, Unternehmensgewinn, Spezialprobleme. Wien 1928, 49–84.

SALZ, Arthur, Freiheit und Gebundenheit in der kapitalistischen Wirtschaftsordnung, in: Carl CLODIUS (Hrsg.), Sozialpolitische Studien: Festgabe für Ignaz Jastrow zum 70. Geburtstag. Berlin 1929, 49–82.

SALZ, Arthur, Das Prinzip der „Grenze“ in der theoretischen Nationalökonomie, in: Studi nelle scienze giuridiche e sociali 14 (1930), 137–153.

SALZ, Arthur, Die Zukunft des Imperialismus, in: Weltwirtschaftliches Archiv 32 (1930), 317–348.

SALZ, Arthur, Ist der Kapitalismus „kulturfähig“? in: Der deutsche Volkswirt 4, 35 (1930, 30. Mai), 1181–1185.

SALZ, Arthur, Macht und Wirtschaftsgesetz. Ein Beitrag zur Erkenntnis des Wesens der kapitalistischen Wirtschaftsverfassung. Leipzig [u.a.] 1930.

SALZ, Arthur, Das Wesen des Imperialismus. Umrisse einer Theorie. Leipzig u. Berlin 1931.

SALZ, Arthur, Der Kampf gegen die Arbeitslosigkeit, in: Die Volkswirte. Volkswirtschaftliche Blätter für Verwaltung, Interessensvertretung und Forschung 30, 4 (1931), 105–111.

SALZ, Arthur, Die Gefährdung der Demokratie, in: Der deutsche Volkswirt 6, 10 (1931, 4. Dezember), 310–313.

SALZ, Arthur, Oeffentliche Wirtschaft. Einige grundsätzliche Bemerkungen, in: Der deutsche Volkswirt 6, 7 (1931, 13. November), 213–217.

SALZ, Arthur, Was mir die Akademie der Arbeit bedeutet, in: Ernst MICHEL (Hrsg.), Die Akademie der Arbeit in der Universität Frankfurt am Main 1921–1931. Frankfurt a. M. 1931, 102 ff.

SALZ, Arthur, Wirtschaftsstruktur und Kapitalwirtschaft, in: Bernhard HARMS (Hrsg.), Kapital und Kapitalismus. Vorlesungen gehalten in der Deutschen Vereinigung für Staatswissenschaftliche Fortbildung. Berlin 1931, 3–31.

SALZ, Arthur, Das Gläubiger-Schuldner-Problem. Nationalökonomische Irrlichter II, in: Der deutsche Volkswirt 6, 47 (1932, 19. August), 1547–1549.

SALZ, Arthur, Die Kontrolle des technischen Fortschritts. Nationalökonomische Irrlichter III, in: Der deutsche Volkswirt 6, 49 (1932, 02. September), 1607–1609.

SALZ, Arthur, Die Kontrolle des technischen Fortschritts. Nationalökonomische Irrlichter V, in: Der deutsche Volkswirt 6, 52 (1932, 23. September), 1700–1703.

SALZ, Arthur, Das Programm der Weltwirtschaftskonferenz, in: Der deutsche Volkswirt 7, 20 (1933, 17. Februar), 631–633.

SALZ, Arthur, Das Programm der Weltwirtschaftskonferenz II, in: Der deutsche Volkswirt 7, 21 (1933, 24. Februar), 663–665.

SALZ, Arthur, Müller, Adam Heinrich, in: Edwin R.A. SELIGMAN (Hrsg.), Encyclopaedia of the social sciences. Bd. 11/12. New York 1937, 80.

SALZ, Arthur, Occupation, in: Edwin R.A. SELIGMAN (Hrsg.), Encyclopaedia of the social sciences. Bd. 11/12. New York 1937, 424–435.

SALZ, Arthur, Rodbertus, Johann Karl, in: Edwin R.A. SELIGMAN (Hrsg.), Encyclopaedia of the social sciences. Bd. 13/14. New York 1937, 414–416.

SALZ, Arthur, Rössler, Constantin, in: Edwin R.A. SELIGMAN (Hrsg.), Encyclopaedia of the social sciences. Bd. 13/14. New York 1937, 440.

SALZ, Arthur, Spezialisation, in: Edwin R.A. SELIGMAN (Hrsg.), Encyclopaedia of the social sciences. Bd. 13/14. New York 1937, 279–285.

SALZ, Arthur, [Rezension zu] Barnes, Harry Elmer und Becker, Howard, Social Thought from Lore to Science, in: The Philosophical Review 48, 3 (1939, Mai), 326–332.

SALZ, Arthur, The present position of economics, in: American Economic Review Supplement 34, 1 (1944, March), 15–24.

SALZ, Arthur, The metamorphosis of power, in: Edgar SALIN (Hrsg.), Synopsis. Festgabe für Alfred Weber zum 80. Geburtstag. 30.VII.1868–30.VII.1948. Heidelberg 1948, 459–476.

SALZ, Arthur, Economic liberalism reinterpreted, in: John Eric NORDSKOG (Hrsg.), Contemporary social reform movements: principles and readings. New York 1954, 54–63.

SALZ, Arthur, A note from a student of Simmel's, in: Kurt H. WOLFF (Hrsg.), Georg Simmel: 1858–1918. Columbus 1959, 233–236.

SALZ, Arthur, Per la scienza contro i suoi colti detrattori (La cultura storica, Domini 5). Napoli 1999.

SANDER, Hans-Dietrich, Der Geist weht, von wannen er will, in: Die Welt 119 (1974, 24. Mai), 31.

SANDER, Paul, [Rezension zu] Salz, Arthur, Geschichte der böhmischen Industrie in der Neuzeit, München und Leipzig 1913, in: Deutsche Literaturzeitung für Kritik der internationalen Wissenschaft (1913, 18. Oktober), Sp. 2675–2681.

SANDER, Paul, Antwort, in: Deutsche Literaturzeitung für Kritik der internationalen Wissenschaft 35, 7 (1914), Sp. 446ff.

SCHANZ, Georg, [Rezension zu] Landmann, Julius, Leu & Co 1755–1905, in: Finanzarchiv 22, 2 (1905), 398–400.

SCHÄFER, Annette, Die Kraft der schöpferischen Zerstörung: Joseph A. Schumpeter. Die Biographie. Frankfurt am Main [u. a.] 2008.

SCHEER, Christian, Die deutsche Finanzwissenschaft 1918–1933 – ein Überblick, in: Heinz RIETER (Hrsg.), Studien zur Entwicklung der ökonomischen Theorie. Bd. 13. Deutsche Finanzwissenschaft zwischen 1918 und 1933. Berlin 1994, 111–141.

SCHEFOLD, Bertram, The General Theory for a totalitarian state? A note on Keynes's preface to the German edition of 1936, in: Cambridge Journal of Economics 4 (1980), 175–176.

SCHEFOLD, Bertram, Schmoller als Theoretiker, in: J. BACKHAUS, Y. SHIONOYA und B. SCHEFOLD (Hrsg.), Gustav von Schmollers Lebenswerk (Kommentarband „Vademecum" zur Faksimileausgabe von Schmollers ‚Grundriss' (1900/1904) in der Reihe ‚Klassiker der Nationalökonomie'). Düsseldorf 1989, 77–103.

SCHEFOLD, Bertram, Der Weltkreis ruht von Ungeheuern trächtig, in: Frankfurter Allgemeine Zeitung (1992, 10. Februar).

SCHEFOLD, Bertram, Nationalökonomie als Geisteswissenschaft – Edgar Salins Konzept einer Anschaulichen Theorie, in: List Forum für Wirtschafts- und Finanzpolitik 18, 1–4 (1992), 303–324.

SCHEFOLD, Bertram, Spiegelungen des antiken Wirtschaftsdenkens in der griechischen Dichtung, in: DERS (Hrsg.), Studien zur Entwicklung der öknomischen Theorie. Bd. XI. Berlin 1992, 13–89.

SCHEFOLD, Bertram, Nationalökonomie und Kulturwissenschaften, in: Knut Wolfgang NÖRR, Bertram SCHEFOLD und Friedrich TENBRUCK (Hrsg.), Geisteswissenschaften zwischen Kaiserreich und Republik: Zur Entwicklung von Nationalökonomie, Rechtswissenschaft und Sozialwissenschaft im 20. Jahrhundert (aus den Arbeitskreisen „Methoden der Geisteswissenschaften" der Fritz-Thyssen-Stiftung). Stuttgart 1994, 215–242.

SCHEFOLD, Bertram, Der Nachklang der historischen Schule in Deutschland zwischen dem Ende des zweiten Weltkrieges und dem Anfang der sechziger Jahre, in: Karl ACHAM, Knut Wolfgang NÖRR und Bertram SCHEFOLD (Hrsg.), Erkenntnisgewinne, Erkenntnisverluste: Kontinuitäten und Diskontinuitäten in den Wirtschafts-, Rechts- und Sozialwissenschaften zwischen den 20er und 50er Jahren. Stuttgart 1998, 31–75.

SCHEFOLD, Bertram, Stefan George. Dichter einer anderen Moderne. Vortrag am 21. Mai 1997 in Zürich, in: Castrum Peregrini 237–238 (1999), 15–21.

SCHEFOLD, Bertram, Die Wirtschafts- und Sozialordnung der Bundesrepublik Deutschland im Spiegel der Jahrestagungen des Vereins für Socialpolitik 1948–1989, in: Richard HAUSER (Hrsg.), Die Zukunft des Sozialstaats: Jahrestagung des Vereins für Socialpolitik in Rostock vom 22.–25. September 1998. Berlin 2000, 201–228.

SCHEFOLD, Bertram, Political Economy as 'Geisteswissenschaft' (Manuskript der Konferenz: In Search of the Secret Germany: Stefan George. His Circle and the Weimar Republic im Queens College, 2002).

SCHEFOLD, Bertram, Edgar Salin and his Concept of "Anschauliche Theorie" ("Intuitive Theory") during the Interwar Period, in: Annals of the Society for the history of economic thought 46 (2004, Dezember), 1–16.

SCHEFOLD, Bertram, Edgar Salins Deutung der „Civitas Dei", in: Barbara SCHLIEBEN, Olaf SCHNEIDER und Kerstin SCHULMEYER (Hrsg.), Geschichtsbilder im George-Kreis: Wege zur Wissenschaft. Göttingen 2004, 209–247.

SCHEFOLD, Bertram, Wissenschaft als Gegengabe – Neugründung und Aktivitäten des Theoretischen Ausschusses im Verein für Socialpolitik von 1949–1973, in: Schmollers Jahrbuch 124 (2004), 579–608.

SCHEFOLD, Bertram, Die Welt des Dichters und der Beruf der Wissenschaft, in: Bernhard BÖSCHENSTEIN, Jürgen EGYPTIEN und Bertram SCHEFOLD (Hrsg.), Wissenschaftler im George-Kreis. Berlin u. New York 2005, 1–34.

SCHEFOLD, Bertram, Robert Boehringer. Unternehmer und Helfer, Wissenschaftler und Dichter, in: Helmut KNÜPPEL [u.a.] (Hrsg.), Wege und Spuren. Verbindungen zwischen Bildung, Wissenschaft, Kultur, Geschichte und Politik. Festschrift für Joachim-Felix Leonhard. Berlin 2007, 579–593.

SCHEFOLD, Bertram, Einleitung, in: Roman KÖSTER, Werner PLUMPE, Bertram SCHEFOLD und Korinna SCHÖNHÄRL (Hrsg.), Das Ideal des schönen Lebens und die Wirklichkeit der Weimarer Republik. Vorstellungen von Staat und Gemeinschaft im George-Kreis. Berlin 2009, IX–XL.

SCHEFOLD, Bertram und SCHÖNHÄRL, Korinna, Eberhard und Marie Luise Gothein, in: Achim AURNHAMMER, Wolfgang BRAUNGART, Stefan BREUER und Ernst OSTERKAMP (Hrsg.), Stefan George und sein Kreis. Ein Handbuch zu Leben und Werk Stefan Georges, zu den Mitgliedern seines Kreises und zu dessen Wirkung. Voraussicht. 2010 (im Druck).

SCHEFOLD, Bertram und Schönhärl, Korinna, Edgar Salin, in: Achim AURNHAMMER, Wolfgang BRAUNGART, Stefan BREUER und Ernst OSTERKAMP (Hrsg.), Stefan George und sein Kreis. Ein Handbuch zu Leben und Werk Stefan Georges, zu den Mitgliedern seines Kreises und zu dessen Wirkung. Voraussicht. 2010 (im Druck).

SCHEFOLD, Bertram und SCHÖNHÄRL, Korinna, Georg Peter Landmann, in: Achim AURNHAMMER, Wolfgang BRAUNGART, Stefan BREUER und Ernst OSTERKAMP (Hrsg.), Stefan George und sein Kreis. Ein Handbuch zu Leben und Werk Stefan Georges, zu den Mitgliedern seines Kreises und zu dessen Wirkung. Voraussicht. 2010 (im Druck).

SCHEFOLD, Bertram und SCHÖNHÄRL, Korinna, Julius Landmann, in: Achim AURNHAMMER, Wolfgang BRAUNGART, Stefan BREUER und Ernst OSTERKAMP (Hrsg.), Stefan George und sein Kreis. Ein Handbuch zu Leben und Werk Stefan Georges, zu den Mitgliedern seines Kreises und zu dessen Wirkung. Voraussicht. 2010 (im Druck).

SCHEFOLD, Bertram und SCHÖNHÄRL, Korinna, Der Georgeaner Kurt Singer in Japan: „Die aber wie der Meister sind, die gehen, und Schönheit wird und Sinn wohin sie sehen", in: Heinz KURZ (Hrsg.), Studien zur Entwicklung der ökonomischen Theorie, voraussichtlich Berlin 2009 (im Druck).

SCHEPS, Samuel, Julius Landmann, in: DERS., The Dethronement of gold. Toward a new image of currencies (im Ergänzungsteil ohne Seitenangaben). London 1971.

SCHERF, Harald, Die Rolle der Wirtschaft im deutschen Roman des 20. Jahrhunderts, in: Bertram SCHEFOLD (Hrsg.), Studien zur Entwicklung der ökonomischen Theorie. Bd. XI. Berlin 1992, 257–278.

SCHIEWER, Gesine Leonore, Wissenssoziologie und Semiotik. Karl Mannheims Ansatz einer „kultursemiotischen Hermeneutik" und der Gebilde-Begriff Kurt Singers, in: Achim ESCHBACH, Viktoria ESCHBACH-SZABO und Nobu IKEDA (Hrsg.), Interkulturelle Singer-Studien: Zu Leben und Werk Kurt Singers. München 2002, 363–380.

SCHIEWER, Gesine Leonore, Das Problem des Politischen in der Philosophie Edith Landmanns, in: Roman KÖSTER, Werner PLUMPE, Bertram SCHEFOLD und Korinna SCHÖNHÄRL (Hrsg.), Das Ideal des schönen Lebens und die Wirklichkeit der Weimarer Republik. Vorstellungen von Staat und Gemeinschaft im George-Kreis. Berlin 2009, 77–94.

SCHILDT, Axel, Immer mit der Zeit: Der Weg der Wochenzeitung Die Zeit durch die Bonner Republik – eine Skizze, in: HAASE, Christian und SCHILDT, Axel, Die Zeit und die Bonner Republik. Eine meinungsbildende Wochenzeitung zwischen Wiederbewaffnung und Wiedervereinigung. Göttingen 2008, 9-27.

SCHIVELBUSCH, Wolfgang, Entfernte Verwandtschaft. Faschismus, Nationalsozialismus, New Deal 1933–1939. München [u.a.] 2005.

SCHLAFFER, Heinz, Das entfesselte Wort: Nietzsches Stil und seine Folgen. München 2007.

SCHLESINGER, Helmut, Geldpolitik in der Phase des Wiederaufbaus (1950–1958), in: Deutsche Bundesbank Frankfurt am Main (Hrsg.), Währung und Wirtschaft in Deutschland 1876–1975. Frankfurt a. M. 1976, 555–608.

SCHLIEBEN, Barbara, SCHNEIDER, Olaf und SCHULMEYER, Kerstin, Geschichtsbilder im George-Kreis. Göttingen 2004.

SCHLÜTER, Marnie, Geehrt im Namen des falschen Propheten. Kurt Singer und der Walther Rathenau-Preis, in: Achim ESCHBACH, Viktoria ESCHBACH-SZABO und Nobu IKEDA (Hrsg.), Interkulturelle Singer-Studien: Zu Leben und Werk Kurt Singers. München 2002, 119–136.

SCHMALENBACH, Herman, Die soziologische Kategorie des Bundes, in: Die Dioskuren. Jahrbuch für Geisteswissenschaften 1 (1922), 35–105.

SCHMIDT, Manfred G., Demokratietheorien. 3. Aufl. Opladen 2000.

SCHMIDT, Manfred G., Sozialpolitik in Deutschland: Historische Entwicklung und internationaler Vergleich. 3. Aufl. Wiesbaden 2005.

SCHMITT, Carl, Die geistesgeschichtliche Lage des heutigen Parlamentarismus. München 1923.

SCHMITT, Carl, Römischer Katholizismus und politische Form. Heilerau 1923.

SCHMITT, Horst, Ein „typischer Heidelberger im Guten wie im Gefährlichen". Arnold Bergstraesser und die Ruperte Carola 1923–1936, in: Reinhard BLOMERT, Hans Ulrich EßLINGER und Norbert GIOVANNI (Hrsg.), Heidelberger Sozial- und Staatswissenschaften: Das Institut für Sozial- und Staatswissenschaften zwischen 1918 und 1958. Marburg 1997, 167–196.

SCHMITT, Hubert Ralph, Der soziologische Aspekt im Denken und Werk von Edgar Salin: Edgar Salin als Kultur-, Literatur- und Wirtschaftssoziologe. Diss. Würzburg. 1987.

SCHMITT, Hubert-Ralph, Edgar Salin – Wegbereiter einer modernen sozialen Marktwirtschaft, in: Lothar BOSSLE (Hrsg.), Die Erneuerung der sozialen Marktwirtschaft: Festschrift für Heinrich Kürpick zum 60. Geburtstag. Paderborn 1995, 175–180.

SCHMITZ, Walter H., Kurt Singers „The Idea of Conflict", in: Achim ESCHBACH, Viktoria ESCHBACH-SZABO und Nobu IKEDA (Hrsg.), Interkulturelle Singer-Studien: Zu Leben und Werk Kurt Singers. München 2002, 295–308.

SCHNEIDER, Ernst, RINTELEN, Friedrich und BACH, Jaacov, Zum 80. Geburtstag von Edgar Salin, in: Mitteilungen der List Gesellschaft 7, 14 (1972, Juli), 351–361.

SCHNEIDER, Wolfgang Christian, Staat und Kreis, Dienst und Glaube. Friedrich Wolters und Robert Boehringer in ihren Vorstellungen von Gesellschaft, in: Roman KÖSTER, Werner PLUMPE, Bertram SCHEFOLD und Korinna SCHÖNHÄRL (Hrsg.), Das Ideal des schönen Lebens und die Wirklichkeit der Weimarer Republik. Vorstellungen von Staat und Gemeinschaft im George-Kreis. Berlin 2009, 97–122.

SCHOEMANN, J.B., Stefan George verdeutlicht durch Kurt Singers Platon, in: Philosophisches Jahrbuch der Görres Gesellschaft 42, 3 (1929), 323–341.

SCHOEPS, Julius H., Deutsch-jüdische Symbiose oder die missglückte Emanzipation. Darmstadt 1996.

SCHÖNHÄRL, Korinna, Die Ökonomen des George-Kreises zwischen Historischer Methode und Ökonometrie 1918–1933. Der Ökonom Kurt Singer und die Methode der Semiotik, in: Die Auskunft 27, 4 (2007), 551–568.

SCHÖNHÄRL, Korinna, Die Nationalökonomen im George-Kreis und ihre Vorstellungen von Wirtschaft und Staat, in: Roman KÖSTER, Werner PLUMPE, Bertram SCHEFOLD und Korinna SCHÖNHÄRL (Hrsg.), Das Ideal des schönen Lebens und die Wirklichkeit der Weimarer Republik. Vorstellungen von Staat und Gemeinschaft im George-Kreis. Berlin 2009, 173–194.

SCHÖNHÄRL, Korinna, „Die Transcendenz des Erkennens". Erkenntnistheoretische Grundlagen der ökonomischen Methodendiskussion im George-Kreis, in: Archiv für Kulturgeschichte 2 (2009), (im Druck).

SCHÖNHÄRL, Korinna, „Wie eine Blume die erfroren ist". Edith Landmann als Jüngerin Stefan Georges, in: Bertram SCHEFOLD und Bruno PIEGER (Hrsg.), Stefan George: Dichtung – Ethos – Staat. Denkbilder für ein geheimes europäisches Deutschland, voraussichtlich 2009 (im Druck).

SCHÖNHÄRL, Korinna, Edgar Salins Wiederentdeckung von Friedrich List: Die Legitimation der „Anschaulichen Theorie" durch die Suche nach Vordenkern, in: Christian CARSTENSEN, Susanne JAUERNIG, Henry KAMMLER und Karl-Heinz KOHL (Hrsg.), Transfer und Wiederaneignung von Wissen. Berlin 2010 (im Druck).

SCHÖNHÄRL, Korinna und FRIED, Johannes, Arthur Salz, in: Achim AURNHAMMER, Wolfgang BRAUNGART, Stefan BREUER und Ernst OSTERKAMP (Hrsg.), Stefan George und sein Kreis. Ein Handbuch zu Leben und Werk Stefan Georges, zu den Mitgliedern seines Kreises und zu dessen Wirkung. Voraussicht. 2010 (im Druck).

SCHÖNHÄRL, Korinna, Kurt Breysig, in: Achim AURNHAMMER, Wolfgang BRAUNGART, Stefan BREUER und Ernst OSTERKAMP (Hrsg.), Stefan George und sein Kreis. Ein Handbuch zu Leben und Werk Stefan Georges, zu den Mitgliedern seines Kreises und zu dessen Wirkung. Voraussicht. 2010 (im Druck).

SCHÖNING, Matthias, Versprengte Gemeinschaft: Kriegsroman und intellektuelle Mobilmachung in Deutschland 1914–1933. Göttingen 2009.

SCHULZ, Günther, Bürgerliche Sozialreform in der Weimarer Republik, in: Rüdiger VOM BRUCH (Hrsg.), „Weder Kommunismus noch Kapitalismus“: Bürgerliche Sozialreform in Deutschland vom Vormärz bis zur Ära Adenauer. München 1985, 181–217.

SCHUMPETER, Joseph Alois, Zur Soziologie der Imperialismen. Tübingen 1919.

SCHUMPETER, Joseph Alois, Capitalism, socialism and democracy (Unwin Univerity books 28). London 1943.

SCHUMPETER, Joseph Alois, Das Wesen des Geldes, hrsg. von Fritz Karl MANN. Göttingen 1970.

SCHUSTER, Tim, Wissen und Visionen. Das Gesellschaftsbild des George-Kreises im Kontext des Krisendiskurses zwischen Kaiserreich und Weimarer Republik. Magisterarbeit (Manuskript). Frankfurt a. M. 2004.

SCHWARTZ, Anna J., Banking School, Currency School, Free Banking School, in: John EATWELL, Murray MILGATE und Peter NEWMAN (Hrsg.), The New Palgrave: A Dictionary Of Economics - Vol. 1, A-D. London, New York u. Tokio 1996, 182–185.

SCHWEIZER, Felix, Professoren und Demokratie. Nach dem Züricher ein Basler Fall, in: Die Nation 1 (1934, 5. Januar).

Schweizerische Bankiersvereinigung (Hrsg.), 50 Jahre Schweizerische Bankiersvereinigung 1912-1962. Jubiläumsbericht und 50. Jahresbericht über das Geschäftsjahr vom 1. April 1961 bis 31. März 1961. Basel 1962.

Schweizerische Bankiersvereinigung (Hrsg.), Bankiertag 1987. 75 Jahre Schweizerische Bankiersvereinigung. Bern 1987.

SCHWENTKER, Wolfgang, Max Weber in Japan: Eine Untersuchung zur Wirkungsgeschichte 1905–1995. Tübingen 1998.

SDVIŽKOV, Denis A., Das Zeitalter der Intelligenz: Zur vergleichenden Geschichte der Gebildeten in Europa bis zum Ersten Weltkrieg. Göttingen 2006.

SEEKAMP, Hans-Jürgen, OCKENDEN, Raymond C. und KEILSON, Marita, Stefan George: Leben u. Werk; Eine Zeittafel. Amsterdam 1972.

SEGNER, Franz, [Rezension zu] Landmann, Julius, Die auswärtigen Kapitalanlagen aus dem Berner Staatsschatz im 18. Jahrhundert, in: Finanzarchiv 1, 23 (1906), 441–443.

SEIDEL, Alfred, Bewusstsein als Verhängnis. Aus dem Nachlass hrsg. von Hand PRINZHORN. Bonn 1927.

SEIDENFUS, Hellmuth Stefan, Wilhelm Andreae, in: Hans Georg GUNDEL, Peter MORAW und Volker PRESS (Hrsg.), Lebensbilder aus Hessen. Marburg 1982, 1–5.

SHLAES, Amity, The forgotten man. A new history of the Great Depression. London 2007.

SIK, Ota, Der dritte Weg: Die marxistisch-leninistische Theorie und die moderne Industriegesellschaft. Hamburg 1972.

SIMMEL, Georg, Philosophie des Geldes. 3. Aufl. Leipzig 1920.

SIMMEL, Georg, Stefan George. Eine kunstphilosophissche Studie, in: DERS. (Hrsg.), Zur Philosophie der Kunst. Philosophische und kunstphilosophische Aufsätze. Potsdam 1922, 29–45.

SIMONIS, Annette, Gestalttheorie von Goethe bis Benjamin. Diskursgeschichte einer deutschen Denkfigur (Kölner germanistische Studien N.F. Bd. 2). Köln [u.a.] 2001.

SIMON, Ralf, Das Wasser, das Wort. Lyrische Rede und deklamatorischer Anspruch beim späten Stefan George, in: Wolfgang BRAUNGART (Hrsg.), Stefan George: Werk und Wirkung seit dem „Siebenten Ring". Tübingen 2001, 48–68.

SINGER, Kurt, Der venezianische Epilog, in: Neue Rundschau 17 (1906), 1374–1380.

SINGER, Kurt, Anmerkung zu Simmels ‚Religion', in: Neue Rundschau 18 (1907), 1145–1146.

SINGER, Kurt, Apologie der Logik, in: Neue Rundschau 18 (1907), 511.

SINGER, Kurt, Das Bild von Sais, in: Neue Rundschau 18 (1907), 379–380.

SINGER, Kurt, Der Blütenzweig in der Vase, in: Neue Rundschau 18 (1907), 767.

SINGER, Kurt, Die lyrische Legende, in: Neue Rundschau 18 (1907), 1353–1358.

SINGER, Kurt, Kritik der Masken, in: Neue Rundschau 18 (1907), 195–199.

SINGER, Kurt, Umkehr, in: Neue Rundschau 18 (1907), 633–635.

SINGER, Kurt, Melancholia, in: Neue Rundschau 19 (1908), 1246–1247.

SINGER, Kurt, Die Motive der indischen Geldreform. Inaugural-Dissertation. Strassburg 1910.

SINGER, Kurt, Die Wende des deutschen und französischen Geistes, in: Cahiers Alsaciens. Elsässer Hefte 3 (1912), 119–125.

SINGER, Kurt, [Rezension zu] Gundolf, Friedrich: Shakespeare und der deutsche Geist, in: Neue Rundschau 23 (1912), 1627–1629.

SINGER, Kurt, Von der Sendung des Judentums. Ideen zur Philosophie Henri Bergsons, in: Verein jüdischer Hochschüler (Bar Kochba) in Prag (Hrsg.), Vom Judentum. Ein Sammelbuch. Leipzig 1913, 71–100.

SINGER, Kurt, Irrlehre gegen Aberglaube. Eine Entgegnung, in: Bank-Archiv XIII, 20 (1914, 15. Juli), 339–342.

SINGER, Kurt, Der Krieg und das Geldproblem – Vortrag gehalten am 28. März 1917 in der Sitzung des Vorstandes und Beirates des „Deutschen Wirtschaftsverbandes für Süd- und Mittelamerika" im Hotel Atlantic zu Hamburg, in: J.B. ESSLEN, Dr. LIEFMANN und K. SINGER (Hrsg.), Drei Vorträge zum Geld- und Währungsproblem. Berlin 1917, 86–117.

SINGER, Kurt, [Rezension zu] George, Stefan: Der Krieg, in: Der Tag (1917, 09. Oktober).

SINGER, Kurt, Über einige Grundfragen der Uebergangswirtschaft, in: Europäische Staats- und Wirtschaftszeitung 2, 42 (1917), 990–994.

SINGER, Kurt, Simmels Goethebuch, in: Neue Rundschau (1918, Januar), 140–142.

SINGER, Kurt, Die Krisis, in: Wirtschaftsdienst 44 (1918, 1. November), 993–994.

SINGER, Kurt, Zwischen Waffenstillstands-Angebot und Revolution, in: Wirtschaftsdienst 44 (1918, 1. November, nach Singers Angabe, dort aber nicht nachweisbar), oder in: DERS., Staat und Wirtschaft seit dem Waffenstillstand. Jena 1924, 1–4.

SINGER, Kurt, Woodrow Wilson und die Friedensziele der Union, unter dem Titel „Die Friedensziele Woodrow Wilsons“ in: Wirtschaftsdienst 45 (1918, 8. November), 1013–1014, oder in: DERS., Staat und Wirtschaft seit dem Waffenstillstand. Jena 1924, 4–8.

SINGER, Kurt, Der Tod Albert Ballins, unter dem Titel „Nach Ballins Tod“ in: Wirtschaftsdienst 46 (1918, 15. November), 1033–1035 oder in: DERS., Staat und Wirtschaft seit dem Waffenstillstand. Jena 1924, 8–13.

SINGER, Kurt, Der Umsturz und die Diktatur des Proletariats, unter dem Titel „Die Diktatur des Proletariats“ in: Wirtschaftsdienst 47 (1918, 22. November), 1055–1057, oder in: DERS., Staat und Wirtschaft seit dem Waffenstillstand. Jena 1924, 13–18.

SINGER, Kurt, Kriegsgrund und Kriegsentschädigung, unter dem Titel „Die Schuldfrage“ in: Wirtschaftsdienst 51/52 (1918, 20. Dezember), 1029–1030, oder in: DERS., Staat und Wirtschaft seit dem Waffenstillstand. Jena 1924, 18–23.

SINGER, Kurt, Besprechung von Bendixen, Friedrich, Das Wesen des Geldes, 2. Auflage 1918, in: Weltwirtschaftliches Archiv 14 (1919), 469–471.

SINGER, Kurt, Für die Schaffung eines Reichswirtschaftsrates, unter dem Titel „Reichswirtschaft und Arbeiterräte“ in: Wirtschaftsdienst 7 (1919, 14. Februar), 127–128, oder in: DERS., Staat und Wirtschaft seit dem Waffenstillstand. Jena 1924, 23–28.

SINGER, Kurt, Der Stand der Reichsfinanzen nach dem Umsturz, unter dem Titel „Rechenschaft und Vorblick“ in: Wirtschaftsdienst 9 (1919, 28. Februar), 172–173, oder in: DERS., Staat und Wirtschaft seit dem Waffenstillstand. Jena 1924, 28–32.

SINGER, Kurt, Universität Hamburg, in: Wirtschaftsdienst 16/17 (1919, 25. April), 313f.

SINGER, Kurt, Die Krisis des Marxismus, unter dem Titel „Die Krisis der sozialen Revolution“ in: Wirtschaftsdienst 21 (1919, 23. Mai), 389–391, oder in: DERS., Staat und Wirtschaft seit dem Waffenstillstand. Jena 1924, 32–37.

SINGER, Kurt, Deutschland und der Vertrag von Versailles, unter dem Titel „Die Entscheidung“ in: Wirtschaftsdienst 26 (1919, 27. Juni), 85–86, oder in: DERS., Staat und Wirtschaft seit dem Waffenstillstand. Jena 1924, 37–42.

SINGER, Kurt, Zum Problem der Gemeinwirtschaft I, unter dem Titel „Über die Denkschrift des Reichwirtschaftsministeriums“ in: Wirtschaftsdienst 27 (1919, 4. Juli), 505–507, oder in: DERS., Staat und Wirtschaft seit dem Waffenstillstand. Jena 1924, 42–47.

SINGER, Kurt, Zum Problem der Gemeinwirtschaft II, unter dem Titel „Der Gedanke der wirtschaftlichen Selbstverwaltung“ in: Wirtschaftsdienst 28 (1919, 11. Juli), 525–526, oder in: DERS., Staat und Wirtschaft seit dem Waffenstillstand, Jena 1924, 47–51.

SINGER, Kurt, Kriegsanleihen und Finanznot I, unter dem Titel „Die deutsche Finanzwirtschaft am Scheideweg“ in: Wirtschaftsdienst 32 (1919, 8. August), 602–603, oder in: DERS., Staat und Wirtschaft seit dem Waffenstillstand. Jena 1924, 51–56.

SINGER, Kurt, Kriegsanleihen und Finanznot II, unter dem Titel „Die deutsche Finanzwirtschaft am Scheideweg II“ in: Wirtschaftsdienst 33 (1919, 15. August), 621–623, oder in: DERS., Staat und Wirtschaft seit dem Waffenstillstand. Jena 1924, 56–62.

SINGER, Kurt, Die Wirtschaft in der neuen Reichsverfassung, unter dem Titel „Reichsverfassung und Volkswirtschaft“ in: Wirtschaftsdienst 43 (1919, 24. Oktober), 791–792, oder in: DERS., Staat und Wirtschaft seit dem Waffenstillstand. Jena 1924, 62–66.

SINGER, Kurt, Das Problem Nietzsche, in: Neue Rundschau 4 (1919), 497–503.

SINGER, Kurt, Die Ratifizierung des Vertrags von Versailles, unter dem Titel „Deutschland und der Friede“ in: Wirtschaftsdienst 3 (1920, 16. Januar), 37, oder in: DERS., Staat und Wirtschaft seit dem Waffenstillstand. Jena 1924, 66–68.

SINGER, Kurt, Zur Geschichte der Kriegsentschädigungs-Forderungen I, unter dem Titel „Die Kriegsentschädigung“ in: Wirtschaftsdienst 10 (1920, 5. März), 153–155, oder in: DERS., Staat und Wirtschaft seit dem Waffenstillstand. Jena 1924, 68–74.

SINGER, Kurt, Bilanz des ersten Nachkriegs-Abschnitts, unter dem Titel „Die Lage“ in: Wirtschaftsdienst 21 (1920, 21. Mai), 305–306, oder in: DERS., Staat und Wirtschaft seit dem Waffenstillstand. Jena 1924, 85–90.

SINGER, Kurt, Über die Notwendigkeit des Aufwachens, unter dem Titel „Die Lage“ in: Wirtschaftsdienst 27 (1920, 02. Juli), 385–387, oder in: DERS., Staat und Wirtschaft seit dem Waffenstillstand. Jena 1924, 90–95.

SINGER, Kurt, Max Weber und diese Zeit, unter dem Titel „Zum Gedächtnis Max Webers“ in: Wirtschaftsdienst 28 (1920, 09. Juli), 403–404, oder in: DERS., Staat und Wirtschaft seit dem Waffenstillstand. Jena 1924, 95–99.

SINGER, Kurt, Das Geld als Zeichen. Jena 1920.

SINGER, Kurt, Platon und das Griechentum: Ein Vortrag. Heidelberg 1920.

SINGER, Kurt, Die Krisis der Soziologie, in: Weltwirtschaftliches Archiv 16 (1920/21), 246–261.

SINGER, Kurt, [Rezension zu] Keynes, John Maynard, The economic consequences of the peace, in: Weltwirtschaftliches Archiv 16 (1920/21), 326–330.

SINGER, Kurt, Replik, in: Weltwirtschaftliches Archiv 16 (1920/21), 455.

SINGER, Kurt und SCHMIDT-ESSEN, Alfred, Inflationen, ihre Entstehung, ihr Verlauf und ihre Heilung an geschichtlichen Beispielen dargelegt, in: Sonderbeilage der bei Gelegenheit des V. Allgemeinen Deutschen Bankiertages erschienen Ausgabe des „Bank-Archiv“ vom 25. Oktober 1920, hrsg. vom Bank-Archiv, Zeitschrift für Bank- und Börsenwesen. Berlin 1920/21, 1–20.

SINGER, Kurt, Daß die Reparations-Frage vor einen Ausschuß von Sachverständigen gehört, in: Wirtschaftsdienst (1921, 11. Februar), oder in: DERS., Staat und Wirtschaft seit dem Waffenstillstand. Jena 1924, 99–101.

SINGER, Kurt, Oswald Spengler und der Zeitgeist, unter dem Titel „Über die Aufgaben der Gegenwart“ in: Wirtschaftsdienst 33 (1921, 19. August), 429–431, oder in: DERS., Staat und Wirtschaft seit dem Waffenstillstand. Jena 1924, 110–115.

SINGER, Kurt, Über die Notwendigkeit, das valutarische und steuerliche Problem der Reparationen zu trennen, unter dem Titel „Eingriff in die Substanz?“ in: Wirtschaftsdienst 35 (1921, 2. September), 461–462, oder in: DERS., Staat und Wirtschaft seit dem Waffenstillstand. Jena 1924, 115–119.

SINGER, Kurt, Die Krisis der Erfüllungspolitik und die Auflockerung des Staatsgefüges, unter dem Titel „Die neue Krisis“ in: Wirtschaftsdienst 46 (1921, 18. November), 621–622, oder in: DERS., Staat und Wirtschaft seit dem Waffenstillstand. Jena 1924, 125–129.

SINGER, Kurt, Bilanz des Jahres 1921, unter dem Titel „Zur Lage“ in: Wirtschaftsdienst 52 (1921, 30. Dezember), 707–708, oder in: DERS., Staat und Wirtschaft seit dem Waffenstillstand. Jena 1924, 129–132.

SINGER, Kurt, Die Entstehung der englischen Währung: Akademische Antrittsvorlesung, geh. an der Hamburgischen Universität, in: Weltwirtschaftliches Archiv 17 (1921/22), 49–69.

SINGER, Kurt, Die Stabilisierung der Mark: Eine Forderung an die Konferenz von Genua, unter dem Titel „Es ist Zeit!“ in: Wirtschaftsdienst 10 (1922, 10. März), 198–199, oder in: DERS., Staat und Wirtschaft seit dem Waffenstillstand. Jena 1924, 132–135.

SINGER, Kurt, Europa vor der Konferenz, unter dem Titel „Die Lage“, in: Wirtschaftsdienst 14 (1922, 7. April), 314–315, oder in: DERS., Staat und Wirtschaft seit dem Waffenstillstand, Jena 1924, 136–139.

SINGER, Kurt, Zur Diagnose der Währungs-Zerrüttung, unter dem Pseudonym „Spectator“ mit dem Titel „Die neue Lage“ in: Wirtschaftsdienst 41 (1922, 13. Oktober), 986–987, oder in: DERS., Staat und Wirtschaft seit dem Waffenstillstand. Jena 1924, 153–156.

SINGER, Kurt, Das Gutachten der ausländischen Währungs-Sachverständigen und der Stand des Reparationsproblems, nebst einem Vorschlag, unter dem Titel „Die Möglichkeit der Stabilisierung“ in: Wirtschaftsdienst 46 (1922, 17. November), 1098–1099, oder in: DERS., Staat und Wirtschaft seit dem Waffenstillstand. Jena 1924, 158–163.

SINGER, Kurt, Dr. Wirth und Dr. Cuno, unter dem Pseudonym „Spectator“ mit dem Titel „Bemerkungen zur Lage“ in: Wirtschaftsdienst 48 (1922, 1. Dezember), 1138–1139, oder in: DERS., Staat und Wirtschaft seit dem Waffenstillstand. Jena 1924, 163–166.

SINGER, Kurt, Bilanz des Jahres 22, unter dem Pseudonym „Spectator“ mit dem Titel „Bemerkungen zur Lage“ in: Wirtschaftsdienst 50 (1922, 15. Dezember), 1179–1180, oder in: DERS., Staat und Wirtschaft seit dem Waffenstillstand, Jena 1924, 166–171.

SINGER, Kurt, Der Gedanke des Weltgeldes, in: Handbuch der Politik 5. Berlin 1922, 142.

SINGER, Kurt, Keynes und die deutsche Reparationspolitik, in: Wirtschaftsdienst 35 (1922), 855–856.

SINGER, Kurt, [Rezension zu] Vissering, Gerard, International economic and financial problems, in: Weltwirtschaftliches Archiv 18 (1922), 450–453.

SINGER, Kurt, Wirtschaftslehre als Problem, in: Kritische Blätter. Literaturanzeiger für Staat, Wirtschaft und Gesellschaft. Monatliche Beilage des „Wirtschaftsdienst“ 1, 1 (1923, 26. Januar), 117–118.

SINGER, Kurt, Zur Kritik der Goldrechnung, unter dem Titel „Warnung vor Pfuschern“ in: Wirtschaftsdienst 7 (1923, 16.Februar), 169–170, oder in: DERS., Staat und Wirtschaft seit dem Waffenstillstand. Jena 1924, 171–174.

SINGER, Kurt, Drei Monate Ruhrkrieg, unter dem Titel „Zur Lage“ in: Wirtschaftsdienst 15 (1923, 13. April), 365–366, oder in: DERS., Staat und Wirtschaft seit dem Waffenstillstand. Jena 1924, 174–178.

SINGER, Kurt, Die Reichsregierung und die Industrie, unter dem Pseudonym „Spectator“ mit dem Titel „Zur Lage“ in: Wirtschaftsdienst 22 (1923, 1. Juni), 537–539, oder in: DERS., Staat und Wirtschaft seit dem Waffenstillstand. Jena 1924, 178–183.

SINGER, Kurt, Die Krisis statt der Wirtschaft, unter dem Titel „Wirtschaft?“ in: Wirtschaftsdienst 28 (1923, 13. Juli), 685–687, oder in: DERS., Staat und Wirtschaft seit dem Waffenstillstand. Jena 1924, 183–188.

SINGER, Kurt, Ruhrkrieg, Staatsfinanzen, Goldrechnung und Währungszersetzung, in: Wirtschaftsdienst (1923, 1. August, nach Singers Angabe, dort aber nicht nachweisbar), oder in: DERS., Staat und Wirtschaft seit dem Waffenstillstand. Jena 1924, 187–194.

SINGER, Kurt, Die Lehre der Mandats Territoriaux und die Bedingungen der Währungsbefestigung, unter dem Titel „Wertbeständigkeit“ in: Wirtschaftsdienst 37 (1923, 14. September), 877–870, oder in: DERS., Staat und Wirtschaft seit dem Waffenstillstand, Jena 1924, 198–202.

SINGER, Kurt, Die deutsche Entzweiung und die Schuldlüge, unter dem Titel „Zur Lage“ in: Wirtschaftsdienst 43 (1923, 26. Oktober), 981, oder in: DERS., Staat und Wirtschaft seit dem Waffenstillstand, Jena 1924, 208–209.

SINGER, Kurt, Was ist Marxismus? Unter dem Pseudonym „Spectator“ in: Wirtschaftsdienst 43 (1923, 26. Oktober), 982–984, oder in: DERS., Staat und Wirtschaft seit dem Waffenstillstand, Jena 1924, 203–207.

SINGER, Kurt, Assignaten, in: Ludwig ELSTER, Adolf WEBER und Friedrich WIESER (Hrsg.), Handwörterbuch der Staatswissenschaften. Bd. 1. Jena 1923, 1063–1068.

SINGER, Kurt, Inflation, in: Ludwig ELSTER, Adolf WEBER und Friedrich WIESER (Hrsg.), Handwörterbuch der Staatswissenschaften. Bd. 5. Jena 1923, 444–446.

SINGER, Kurt, Zur Geschichte und zur Beurteilung der Rentenmark, unter dem Titel „Zum Streit um die Rentenmark“ in: Wirtschaftsdienst 13 (1924, 28. März), 349–352, oder in: DERS., Staat und Wirtschaft seit dem Waffenstillstand. Jena 1924, 214–222.

SINGER, Kurt, Staat und Wirtschaft seit dem Waffenstillstand. Jena 1924.

SINGER, Kurt, Über Staat und Wirtschaft im letzten Menschenalter, in: DERS. (Hrsg.), Staat und Wirtschaft seit dem Waffenstilltstand. Jena 1924, 223–229.

SINGER, Kurt, Deutsche Währungs-Schicksale. Manuskript (1924/25), Druckort unbekannt, NKS.

SINGER, Kurt, Bemerkungen zur Konjunkturforschung, in: Wirtschaftsdienst 26 (1926, 2. Juli), 875–879.

SINGER, Kurt, Duplik, in: Wirtschaftsdienst 37 (1926, 17. September), 1276–1279.

SINGER, Kurt, Entgegnung, in: Wirtschaftsdienst 44 (1926, 5. November), 1517.

SINGER, Kurt, [Rezension zu] Budge, Siegfried, Der Kapitalprofit, in: Weltwirtschaftliches Archiv 18 (1922), 220–221.

SINGER, Kurt, Der Sinn von Platons Gastmahl, in: Hamburger Fremdenblatt (1927, 11. Mai), 1.

SINGER, Kurt, Atlantis, in: Hamburgischer Correspondent (1927, 9. Juni), 2.

SINGER, Kurt, Platon, der Gründer. München 1927.

SINGER, Kurt, Kreditkreation und Konjunktur: Ein Gutachten über Erkenntnis und Darstellung der Wirtschaftlichen Wechsellagen, in: Beiträge zur Wirtschaftstheorie, hrsg. von Karl DIEHL. Zweiter Teil: Konjunkturforschung und Konjunkturtheorie. Wissenschaftliche Gutachten. München 1928, 295–336.

SINGER, Kurt, Prolegomena zu einer Theorie des Geldmarktes, in: Schmollers Jahrbuch für Gesetzgebung 52 (1928), 1–26.

SINGER, Kurt, [Rezension zu] Hantos, Elemér, Die Weltwirtschafts-Konferenz. Probleme und Ergebnisse, in: Zeitschrift für die gesamte Staatswissenschaft 87, 1 (1929), 203–204.

SINGER, Kurt, Das Wesen der Zahlungsbilanz, in: Ausschuss zur Untersuchung der Erzeugungs- und Absatzbedingungen der deutschen Wirtschaft (Hrsg.), Die deutsche Zahlungsbilanz. Verhandlungen und Berichte des Unterausschusses für allgemeine Wirtschaftsstruktur. Berlin 1930, 5–18.

SINGER, Kurt, Stefan George und die Seinen. [Rezension zu] Friedrich Wolters: Stefan George und die Blätter für die Kunst, in: Münchner Neueste Nachrichten 83, 16 (1930, 17. Januar), 1f.

SINGER, Kurt, Platon und die europäische Entscheidung. Hamburg 1931.

SINGER, Kurt, Die geistesgeschichtliche Bedeutung des italienischen Faschismus, in: Schmollers Jahrbuch 56 (1932), 1203ff., oder in: Arthur SPIETHOFF (Hrsg.), Festgabe für Werner Sombart: Zur siebenzigsten Wiederkehr seines Geburtstages 19. Jänner 1933. München 1933, 363–381.

SINGER, Kurt, Von den Prinzipien der Konjunktur-Theorie. Tokio 1932.

SINGER, Kurt, Sieben dringliche Aufgaben der Wechsellagenforschung, in: Albert AFTALION (Hrsg.), Der Stand und die nächste Zukunft der Konjunkturforschung. Festschrift für Arthur Spiethoff. München 1933, 268–269.

SINGER, Kurt, Staat und Wirtschaft in Griechenland (in Japanisch), in: Keizaigaku-Ronshu (Journal of Economics) 5, 12 (1935, Januar), 1–15.

SINGER, Kurt, Chinesische Sichten, in: Neue Züricher Zeitung, 1659 (28. September 1936), 6.

SINGER, Kurt, The currency of Japan: Dimensions and proportions, in: The economic journal 46 (1936), 246–278.

SINGER, Kurt (Hrsg.), An economic history of Japan. By Takao Tsuchiya. Translation by Michitaro Shidehara, revised by Neil Skene Smith. Edited, with an Introduction an Notes, by Kurt Singer (Transaction of the Asiatic Society of Japan, 2nd. Series. Vol XV). Tokio 1937.

SINGER, Kurt, Das Bild der kreisenden Drei: Über das japanische Tomoe-Symbol und seine westlichen Gegenbilder. Tokio 1938.

SINGER, Kurt, Differences of Chinese and Japanese Culture, in: Yale Review 27 (1938), 772–789.

SINGER, Kurt, Proposals for Future Research Work, in: ACEP. American Council for Emigrés in the Profession 6, 78 (1938), ohne Seitenangabe.

SINGER, Kurt, Observations on Cain, in: The Zionist (1944), 40–41.

SINGER, Kurt, Polarities of Chinese and Japanese Art. Melbourne 1944.

SINGER, Kurt, Landlords and tenant farmers of Japan, in: The economic record 23 (1947), 238–249.

SINGER, Kurt, The Formation of Japanese Ethics, in: Australasian Journal of Psychology and Philosophy 25, 1–2 (1947, August), 34–52.

SINGER, Kurt, Martin Buber and his "Moses". On the occasion of his seventieth birthday, in: The Zionist (1948, Februar), 7–10.

SINGER, Kurt, Poems by Karl Wolfskehl. [Rezension zu] Karl Wolfskehl: An die Deutschen, in: Meanjin (Melbourne) 7, 3 (1948), 184–186.

SINGER, Kurt, Robot economics, in: The economic record 25 (1949, June), 48–73.

SINGER, Kurt, The Idea of Conflict. Melbourne 1949.

SINGER, Kurt, The Meaning of Conflict, in: Australasian Journal of Philosophy 27, 3 (1949, Dezember), 145–170.

SINGER, Kurt, The Resolution of Conflict, in: Social Research 16 (1949), 231–245.

SINGER, Kurt, Über das japanische Gedicht, in: Neue Rundschau 60 (1949), 556–572.

SINGER, Kurt, Die Spur einer Dichterbegegnung. George und Hofmannsthal, in: Castrum Peregrini 4 (1951), 7–29.

SINGER, Kurt, [Rezension zu] Misch, Georg, The Dawn of Philosophy: A Philosophical Primer, in: The Australien Quaterly (1951, September), 85–88.

SINGER, Kurt, Rede auf Goethe, in: Neue Rundschau 63 (1952), 382–395.

SINGER, Kurt, Bentham as an Economist, in: The economic record 29 (1953), 267–270.

SINGER, Kurt, [Rezension zu] Patai, Raphael, Israel between east and west – A study in human relations, in: The Australian Outlook (1953), ohne Seitenangaben.

SINGER, Kurt, Über Wesen und Stand der Nationalökonomie, in: Schmollers Jahrbuch 54 (1930), 113–122.

SINGER, Kurt, Zur Wirtschaftspolitik und Theorie der englischen Klassiker, in: Kyklos 1/2 (1954), 21–36.

SINGER, Kurt, Das verborgene Volk. Zur allgemeinen Psychologie der Japaner, Teil 1, in: Merkur 9, 1 (1955), 1–11.

SINGER, Kurt, Erinnerung an die Georgika, in: Castrum Peregrini 25 (1955), 50–58.

SINGER, Kurt, Schumpeter's epilogue, in: The economic record 31 (1955, November), 324–329.

SINGER, Kurt, Bendixen, Friedrich, in: Handwörterbuch der Staatswissenschaften. Jena 1956, 753–755.

SINGER, Kurt, Aus den Erinnerungen an Stefan George, in: Neue Rundschau 68 (1957), 298–310.

SINGER, Kurt, Bericht über die japanischen Jahre (1931–1939), in: Erich BOEHRINGER und Wilhelm HOFFMANN (Hrsg.), Robert Boehringer: Eine Freundesgabe. Tübingen 1957, 591–603.

SINGER, Kurt, Georg Simmel zum Dank, in: Kurt GASSEN und Michael LANDMANN (Hrsg.), Buch des Dankes an Georg Simmel. Briefe, Erinnerungen, Bibliographie. Zu seinem 100. Geburtstag am 1. März 1958. Berlin 1958, 294–298.

SINGER, Kurt, The logic of pure expansion: An economist's appraisal of a mathematician's contribution, in: Jahrbuch für Sozialwissenschaft 11, 1 (1960), 32–64.

SINGER, Kurt, Der Streit der Dichter. Gedanken zum Briefwechsel George-Hofmannsthal, in: Castrum Peregrini 60 (1963), 5–28.

SINGER, Kurt und BRASCH, Hans, Antithule. Deutsche Gedichte aus Australien. Düsseldorf u. München 1969.

SINGER, Kurt, Mirror, Sword and Jewel. Edited with an introduction by Richard STORRY. London 1973.

SINGER, Kurt, The Idea of Conflict vermehrt um ausgewählte Schriften zu Wirtschaft und Staat. Ein Gedenkband, hrsg. von Peter PAWLOWSKY (Veröffentlichungen der List Gesellschaft 70). Basel 1973.

SINGER, Kurt, Staat und Wirtschaft in Griechenland (Vortrag von 1934), in: Peter PAWLOWSKY (Hrsg.), The Idea of Conflict. Vermehrt um ausgewählte Schriften zu Wirtschaft und Staat (Veröffentlichungen der List Gesellschaft Bd. 70). Basel 1973, 127–137.

SINGER, Kurt (Hrsg.), The life of ancient Japan. Selected contemporary texts illustrating social life and ideals before the era of seclusion. Mit einer Einleitung von Kurt Singer (1. Aufl. 1939). Neudruck in der Japan Libary Tokio-Kanda 2002.

SINGER, Kurt, Some Notes on early Japanese marriage Institutions, in: Kurt SINGER (Hrsg.), The life of ancient Japan. Selected contemporary texts illustrating social life and ideals before the era of seclusion. Mit einer Einleitung von Kurt Singer (1. Aufl. 1939). Neudruck in der Japan Libary Tokio-Kanda 2002, 279–309.

SINGER, Kurt, Spiegel, Schwert und Edelstein. Strukturen des japanischen Lebens (Edition Suhrkamp 3327). 5. Aufl. Frankfurt a. M. 2005.

SOMBART, Werner, Das Wirtschaftsleben im Zeitalter des Hochkapitalismus. München 1927.

SOMBART, Werner, Die drei Nationalökonomien. Geschichte und System der Lehre von der Wirtschaft (1. Aufl. 1930). München [u.a.] 1967.

SOMBART, Werner, Die Wandlungen des Kapitalismus, in: Weltwirtschaftliches Archiv 28 (1928), 243–256.

SOMMER, Louise, Abbé Galiani und das physiokratische System, in: Zeitschrift für Volkswirtschaft und Sozialpolitik N.F., 5 (1927), 318–341.

SONTHEIMER, Kurt, Antidemokratisches Denken in der Weimarer Republik: Die politischen Ideen des deutschen Nationalismus zwischen 1918 und 1933. München 1962.

SPARR, Thomas, „Verkannte Brüder". Jüdische George-Rezeption, in: Merkur. Deutsche Zeitschrift für europäisches Denken 46, 11 (1992), 993–1000.

SPENGLER, Oswald, Der Untergang des Abendlandes. Umrisse einer Morphologie der Weltgeschichte. München 1923.

SPIETHOFF, Arthur, [Rezension zu] Landmann, Julius, System der Diskontpolitik, in: Jahrbuch für Gesetzgebung, Verwaltung und Volkswirtschaft im Deutschen Reich N.F. 25, 1 (1901), 405.

SPIETHOFF, Arthur, Zum Abschluß, in: Schmollers Jahrbuch 48 (1924), 321–324.

SPIETHOFF, Arthur, Die allgemeine Volkswirtschaftslehre als geschichtliche Theorie. Die Wirtschaftsstile, in: Schmollers Jahrbuch 56, 2 (1932), 51–84.

SPIETHOFF, Arthur, Anschauliche und reine volkswirtschaftliche Theorie, in: Edgar SALIN (Hrsg.), Synopsis. Festgabe für Alfred Weber zum 80. Geburtstag. Heidelberg 1948, 568–664.

Ständiger Ausschuß des Vereins für Socialpolitik (Hrsg.), Verhandlungen des Vereins für Socialpolitik in Wien 1909. Bd. 132, 3. Leipzig 1910, 592–594.

STARKE, Ernst Eugen, Das Plato-Bild des George-Kreises. Köln 1959.

STEINLE, Jürgen, Konservatismus jenseits der Parteien: Politischer Zeitgeist in der Weimarer Republik. Köln 1994.

STERN, Fritz Richard, Kulturpessimismus als politische Gefahr: Eine Analyse nationaler Ideologie in Deutschland. Stuttgart 2005.

STRAUSS, Herbert A. und RÖDER, Werner, Arthur Salz, in: Herbert A. STRAUSS und Werner RÖDER (Hrsg.), International Biographical Dictionary of Central European Emigrés 1933–1945. Bd. 2. München 1983, 1015.

STRODTHOFF, Werner, Stefan George: Zivilisationskritik und Eskapismus (Studien zur Literatur der Moderne, Bd. 1). Bonn 1976.

STUCKEN, Rudolf, Schaffung der Reichsmark, Reparationsregelungen und Auslandsanleihen, Konjunkturen (1924–1930), in: Deutsche Bundesbank Frankfurt am Main (Hrsg.), Währung und Wirtschaft in Deutschland 1876–1975. Frankfurt a. M. 1976, 249–329.

TÄUBLER, Eugen, Heidelberger Gespräch, in: Eugen TÄUBLER (Hrsg.), Ausgewählte Schriften zur Alten Geschichte. Stuttgart 1987, 305–325.

TEMPERLI, Ernst, Die Kreditpolitik der schweizerischern Landwirtschaft insbesondere des Schweizerischen Bauernverbandes. Zürich 1945.

THIERSCH, Paul, Form und Kultus, in: Jahrbuch für die geistige Bewegung 2 (1911), 123–136.

THOMMEN, Rudolf, Die Universität Basel in den Jahren 1884–1913. Basel 1914.

TROELTSCH, Ernst, Die Revolution in der Wissenschaft. Eine Besprechung von Erich von Kahlers Schrift gegen Max Weber „Der Beruf der Wissenschaft" (1920) und der Gegenschrift von Arthur Salz „Für die Wissenschaft gegen die Gebildeten unter ihren Verächtern" (1921), in: Ernst BARON (Hrsg.), Aufsätze zur Geistesgeschichte und Religionssoziologie von Ernst Troeltsch. Bd. 4. Tübingen 1925, 653–677.

TUCKER, Maya V., Dyason, Edward Clarence Evelyn, in: Bede NAIRN und Georffrey SERLE (Hrsg.), Australian Dictionary of Biography. Bd. 8. Melbourne 1981, 391–392.

VALLENTIN, Berthold, Der Engelstaat, in: Kurt BREYSIG, Fritz WOLTERS und Berthold VALLENTIN (Hrsg.), Grundrisse und Bausteine zur Staats- und Geschichtslehre. Zusammengetragen zu Ehren Gustav Schmollers. Berlin 1908, 41–120.

VALLENTIN, Berthold, Napoleon. Berlin 1923.

VALLENTIN, Berthold, Zur Kritik des Fortschritts, in: Jahrbuch für die geistige Bewegung 1 (1910), 49–63.

VERWEY, Albert, Ausgewählte Gedichte. Hrsg. von Edgar SALIN. Düsseldorf 1954.

VITZTHUM, Wolfgang Graf, Weimarer Republik und Völkerbund aus der Sicht von Berthold Graf Stauffenberg, in: Roman KÖSTER, Werner PLUMPE, Bertram SCHEFOLD und Korinna SCHÖNHÄRL (Hrsg.), Das Ideal des schönen Lebens und die Wirklichkeit der Weimarer Republik. Vorstellungen von Staat und Gemeinschaft im George-Kreis. Berlin 2009, 211–234.

VOM BRUCH, Rüdiger, Bürgerliche Sozialreform im deutschen Kaiserreich, in: DERS. (Hrsg.), „Weder Kommunismus noch Kapitalismus": Bürgerliche Sozialreform in Deutschland vom Vormärz bis zur Ära Adenauer. München 1985, 61–179.

VOM BRUCH, Rüdiger, GRAF, Friedrich Wilhelm und HÜBINGER, Gangolf (Hrsg.), Kultur und Kulturwissenschaften um 1900. Krise der Moderne und Glaube an die Wissenschaft. Stuttgart 1989.

VOM BRUCH, Rüdiger, Nationalökonomie zwischen Wissenschaft und öffentlicher Meinung im Spiegel Gustav Schmollers, in: DERS., Gelehrtenpolitik, Sozialwissenschaften und akademische Diskurse in Deutschland im 19. und 20. Jahrhundert, hrsg. von Björn HOFMEISTER und Hans-Christoph LIESS. Stuttgart 2006, 311–331.

VOM BRUCH, Rüdiger, Zeitungswissenschaft zwischen Historie und Nationalökonomie, in: DERS., Gelehrtenpolitik, Sozialwissenschaften und akademische Diskurse in Deutschland im 19. und 20. Jahrhundert, hrsg. von Björn HOFMEISTER und Hans-Christoph LIESS. Stuttgart 2006, 394–430.

VOM BRUCH, Rüdiger, GERHARDT, Uta und PAWLICZEK, Alexandra (Hrsg.), Kontinuitäten und Diskontinuitäten in der Wissenschaftsgeschichte des 20. Jahrhunderts. Stuttgart 2006.

VON PROLLIUS, Michael, Deutsche Wirtschaftsgeschichte nach 1945. Göttingen 2006.

WAGENFÜHR, Horst, „Theoretische" und „historische" Volkswirtschaftslehre vom heutigen Stand der Forschung, in: Schmollers Jahrbuch 52 (1928), 27–52.

WALKENHORST, Peter, Nation – Volk – Rasse: Radikaler Nationalismus im Deutschen Kaiserreich 1890–1914. Göttingen 2007.

WEBER, Marianne, Max Weber: Ein Lebensbild. Tübingen 1926.

WEBER, Max, Redaktionelles Nachwort, in: Archiv für Sozialwissenschaft und Sozialpolitik 38 (1914), 539–550.

WEBER, Max, Zu dem redaktionellen Geleitwort im Märzheft 1914, S. 539f. gegen Herrn Prof. Dr. Sander in Prag, in: Archiv für Sozialwissenschaft und Sozialpolitik 39 (1915), 227–252.

WEBER, Max, Die „Objektivität" sozialwissenschaftlicher und sozialpolitischer Erkenntnis (1904), in: Johannes WINCKELMANN (Hrsg.), Gesammelte Aufsätze zur Wissenschaftslehre. Tübingen 1988, 146–214.

WEBER, Max, Wissenschaft als Beruf, in: Johannes WINCKELMANN (Hrsg.), Gesammelte Aufsätze zur Wissenschaftslehre. Tübingen 1988, 582–613.

WEBER, Max, Gesammelte Werke (Elektronische Ressource der Digitalen Bibliothek). Berlin 2001.

WEIGAND, Kurt, Von Nietzsche zu Platon. Wandlungen in der politischen Ethik des George-Kreises, in: Eckard HEFTRICH (Hrsg.), Stefan George Kolloquium. Köln 1971, 67–90.

WEIGMANN, Hans, [Rezension zu] Salz, Arthur, Macht und Wirtschaftsgesetz, in: Weltwirtschaftliches Archiv 35 (1932), 185–187.

WEIGMANN, Hans, [Rezension zu] Salz, Arthur, Das Wesen des Imperialismus, in: Weltwirtschaftliches Archiv 38 (1933), 124–127.

WEIHE, Richard, Die Paradoxie der Maske: Geschichte einer Form. Paderborn 2004.

WEILLER, Edith, Max Weber und die literarische Moderne: Ambivalente Begegnungen zweier Kulturen. Weimar 1994.

WEITZ, Eric D., Weimar Germany: promise and tragedy. Princeton [u.a.] 2007.

WENDLER, Eugen, Friedrich List: Eine historische Gestalt und Pionier auch im deutsch-amerikanischen Bereich. München 1989.

WENDLER, Eugen, Durch Wohlstand zur Freiheit: Neues zum Leben und Werk von Friedrich List. Baden-Baden 2004.

WIENOLD, Götz, Gibt es Kurt Singers Japan noch? Fragen zur Historizität von Singers Blick und zur doppelten Textgestalt, in: Achim ESCHBACH, Viktoria ESCHBACH-SZABO und Nobuo IKEDA (Hrsg.), Interkulturelle Singer-Studien: Zu Leben und Werk Kurt Singers. München 2002, 209–246.

WILHELM, Wolfgang, Drei bedeutende deutsche Denker in Sendai: Herrigel, Löwith, Singer, in: Jahresmitteilungen der Japanisch-Deutschen Gesellschaft Sendai 3 (1988), 42–58.

WINKEL, Harald, Der Glaube an die Beherrschbarkeit von Wirtschaftskrisen (1933–1970), in: Gerhard SCHULZ (Hrsg.), Die Große Krise der dreißiger Jahre. Vom Niedergang der Weltwirtschaft zum Zweiten Weltkrieg. Göttingen 1985, 17–43.

WINKLER, Michael, George-Kreis (Sammlung Metzler, Abt. D, Literaturgeschichte 110). Stuttgart 1972.

WINKLER, Michael, Stefan George. Stuttgart 1970.

WIRSCHING, Andreas, „Vernunftrepublikanismus" in der Weimarer Republik, in: Andreas WIRSCHING und Jürgen EDER (Hrsg.), Vernunftrepublikanismus in der Weimarer Republik: Politik, Literatur, Wissenschaft. Stuttgart 2008, 9–26.

WOLFSKEHL, Karl, Die Blätter für die Kunst und die neueste Literatur, in: Jahrbuch für die geistige Bewegung 1 (1910), 1–18.

WOLFSKEHL, Karl, Karl Wolfskehls Briefwechsel aus Neuseeland 1938–1948, Veröffentlichungen der Deutschen Akademie für Sprache und Dichtung Darmstadt. Bd. 1 und 2. 2. Aufl. Darmstadt 1988.

WOLFSKEHL, Karl, WOLFSKEHL, Hanna und GUNDOLF, Friedrich, Karl und Hanna Wolfskehl. Briefwechsel mit Friedrich Gundolf: 1899–1931, Bd. 1 und 2, hrsg. von Karlhans KLUNCKER (Publications of the Institute of Germanic Studies University London. Vol. 24), in: Castrum Peregrini 123–128 (1977).

WOLTERS, Friedrich und LECHTER, Melchior, Herrschaft und Dienst (1. Aufl. 1909) 2. Aufl. Berlin 1920.

WOLTERS, Friedrich, Gestalt, in: Jahrbuch für die geistige Bewegung 2 (1911), 137–158.

WOLTERS, Friedrich, Stefan George und die Blätter für die Kunst. Deutsche Geistesgeschichte seit 1890 (Werke aus dem Kreis der Blätter für die Kunst, Geschichtliche Reihe). Berlin 1930.

WOLTERS, Friedrich, Stimmen des Rheins: Ein Lesebuch für die Deutschen. Breslau 1923.

WOLTERS, Friedrich, Über die theoretische Begründung des Absolutismus im siebzehnten Jahrhundert, in: Kurt BREYSIG, Fritz WOLTERS und Berthold VALLENTIN (Hrsg.), Grundrisse und Bausteine zur Staats- und Geschichtslehre. Zusammengetragen zu Ehren Gustav Schmollers. Berlin 1908, 201–222.

XAMMAR, Eugeni, Das Schlangenei: Berichte aus dem Deutschland der Inflationsjahre 1922–1924. Berlin 2007.

ZIMBRICH, Ulrike, Bibliographie zu Platons Staat: Die Rezeption der Politeia im deutschsprachigen Raum von 1800 bis 1970. Frankfurt a. M. 1994.

ZIMMERMANN, Beat R., Verbands- und Wirtschaftspolitik am Uebergang zum Staatsinterventionismus. Bern, Frankfurt a. M. u. LasVegas 1980.

ZIMMERMANN, H.-J., Die Wirkung Stefan Georges auf die Wissenschaft. Ein Symposion. Heidelberg 1985.

ZIMMERMANN, Rolf, Volksbank oder Aktienbank?: Parlamentsdebatten, Referendum u. zunehmende Verbandsmacht beim Streit um die Nationalbankgründung, 1891–1905. Zürich 1987.

ZÖFEL, Gerhard, Die Wirkung des Dichters. Mythologie und Hermeneutik in der Literaturwissenschaft um Stefan George (Europäische Hochschulschriften. Reihe 1. Deutsche Sprache und Literatur. Bd. 986). Frankfurt a. M. u.a 1987.

ZUNKEL, Friedrich, Industrie und Staatssozialismus: Der Kampf um die Wirtschaftsordnung in Deutschland 1914–1918. Düsseldorf 1974.

4. Personenregister

Kursiv gedruckte Zahlen weisen auf eine Nennung ausschließlich in der Fußnote der entsprechenden Seite hin.

www.ingramcontent.com/pod-product-compliance
Lightning Source LLC
LaVergne TN
LVHW081518300926
849161LV00006B/1211